【城市区位】	沿海和长江两大经济开发带交会处
【城市性质】	现代化滨江港口工业城市
【土地面积】	986.73 平方千米（其中陆地面积 786.43 平方千米）
【户籍人口】	92.93 万人
【所辖区镇（街道）】	保税区　经开区（杨舍镇）　冶金园（锦丰镇）　高新区（塘桥镇）　乐余镇　凤凰镇　南丰镇　大新镇　常阴沙现代农业示范园区　双山香山旅游度假区　金港街道　后塍街道　德积街道
【张家港市树】	香　樟
【张家港市花】	菊　花
【张家港精神】	团结拼搏　负重奋进　自加压力　敢于争先
【2021 年部分荣誉】	全国文明典范城市创建试点城市 国家卫生城市（十连冠） 2021—2025 年度全国科普示范县（市、区） 国家水土保持示范县 全国县域足球典范 全国围棋之乡 2021 年中国领军智慧城市

辉煌六十年 奋进再出发

首届张家港发展大会

2022 年 8 月 27 日下午，“辉煌六十年，奋进再出发”首届张家港发展大会举行，百余名海内外张家港人和关心支持张家港发展的各界人士应邀参加。省委常委、苏州市委书记曹路宝出席并讲话。

曹路宝指出，“团结拼搏、负重奋进、自加压力、敢于争先”的张家港精神历久弥新、光彩夺目。奋斗的脚步从未停歇，崭新的征程已经开启。张家港要昂扬发展之势，用过硬成绩书写崭新篇章，立足服务构建新发展格局，抢抓长三角一体化、长江经济带、共建“一带一路”等战略机遇，着眼全省区域协调发展、苏州市域统筹发展，在高质量发展的轨道上奋勇争先、持续领先；要勃发创新之力，用优质资源汇聚澎湃动能，不断调轻调高调优产业结构，全面推进数字经济时代产业创新集群建设；要厚植文明之韵，用真心真情编织幸福生活，全力争创首批全国文明典范城市，持之以恒抓好长江大保护，唱响新时代“长江之歌”。

张家港市委书记韩卫在大会上致辞，市委副书记、市长蔡剑峰主持大会。中科院院士薛永祺，杭州万事利丝绸文化股份有限公司董事长李建华，江苏多维科技有限公司董事长、总经理薛松生，中央音乐学院教授刘育熙，青年作家卢思浩，作为乡贤和嘉宾代表，进行了现场演讲。大会播放了国外友好城市代表、海内外张家港籍人士代表“云祝福”“云探亲”视频，观看专题片《记忆・寻根》。

现场，“张家港市城市发展咨询委员会”揭牌，《中国式现代化的县域探索——张家港建县（市）六十年》新书发布，“中国社会科学院新闻与传播研究所国情调研张家港基地”“上海院士专家团张家港分中心”揭牌，张家港市“荣誉市民”和“城市贵宾”获颁荣誉牌，为苏州市跨国公司地区总部和功能性机构授牌，张家港“科招宝”特色金融产品上线。举行了项目签约仪式，总投资 259.2 亿元的 30 个项目现场签约。发展大会期间累计签约项目 145 项、总投资 847.6 亿元。

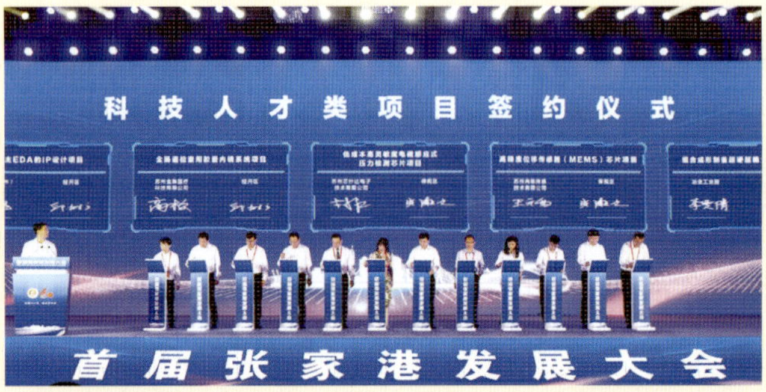

图片来源：市融媒体中心

ZHANGJIAGANG ALMANAC 2022

中国年鉴全文数据库收录年鉴

張家港年鑑

尉天池题

张家港市人民政府主办

中共张家港市委党史地方志办公室编

方志出版社

图书在版编目（CIP）数据

张家港年鉴. 2022 / 中共张家港市委党史地方志办公室编. —北京 : 方志出版社, 2022.11
ISBN 978-7-5144-5409-3

Ⅰ. ①张… Ⅱ. ①中… Ⅲ. ①张家港—2022—年鉴
Ⅳ. ①Z525.33

中国版本图书馆 CIP 数据核字(2022)第 236360 号

责任编辑：丛　珺
责任校对：刘玉霞
责任印制：梅中英
出 版 者：方志出版社
地　　址：北京市朝阳区潘家园东里 9 号（国家方志馆 4 层）
邮　　编：100021
网　　址：http://www.zgfzcb.cn
发　　行：方志出版社图书营销中心（010-67110500）
印　　刷：南京凯德印刷有限公司
开　　本：889 毫米×1194 毫米　1/16
印　　张：37
字　　数：1319 千字
版　　次：2022 年 11 月第 1 版
印　　次：2022 年 11 月第 1 次印刷
定　　价：210.00 元

张家港年鉴编纂委员会

名誉主任　韩　卫

主　　任　蔡剑峰

副 主 任　王亚方　卞东方　陈卫兵　梁　曦

委　　员　(按姓氏笔画排序)

毛建锋　尹　洁　成家武　孙建华　孙建忠
孙惠芳　严栋兴　巫　刚　李　星　李维兵
杨志刚　何　俊　汪丽菁　张宇洲　张　明
张　毅　陆文琰　陈　飞　陈　昕　金　鑫
周荣兴　周　颖　於海良　施建彬　夏立新
钱晓东　钱晓锋　徐溪椿　陶　惠　曹鹰飞
彭　炜　翟梓均　樊建兵　薛　奇

《张家港年鉴(2022)》

主　　审　孙建忠　钱晓锋

主　　编　陈飞健　毛建锋

副 主 编　汪丽菁　陆文琰　张　洁

编　　辑　汪丽菁　陆文琰　卢德兴　张　洁　沈立平
黄宏庆　陆正芳　朱永平　宋佳辰　陆婷婷

图片编辑　沈立平　秦红英

编　　务　马　俊　许建东

装帧设计　张家港市无界广告设计中心

序

以史为鉴　开创未来
高水平展现中国式现代化的张家港图景

欲知大道，必先为史。在全市上下深入学习宣传贯彻党的二十大精神的浓厚氛围中，泛着油墨清香的2022卷《张家港年鉴》如期与大家见面。该书篇幅宏大、内容翔实、图文并茂，全景展示了过去一年全市经济社会发展的扎实成效和崭新面貌，是一部记述张家港的精品佳作、助力发展的资政史鉴。

2021年在奋斗中成为过往。这一年，我们致敬党的百年风华，成功召开市第十二次党代会，在见证“小康”千年梦圆的基础上，全面开启张家港现代化建设新征程，经济社会发展取得积极成效，综合实力继续位列全国百强县（市）前三甲，全年地区生产总值达到3030.21亿元，比上年增长8%；一般公共预算收入达到264.13亿元，增长5.5%；城乡居民人均可支配收入达到6.61万元，增长9%。同时，“张家港湾”入选联合国可持续发展优秀实践案例，荣获世界卫生组织健康城市创新发展奖、国家卫生城市“十连冠”等一系列重大荣誉，张家港发展站上了新的更高平台。

2022年是党的二十大胜利召开之年，也是张家港建县（市）60周年。全市上下要始终坚持以习近平新时代中国特色社会主义思想为指导，深入学习宣传贯彻党的二十大精神，认真落实中央、省委、苏州市委部署要求，以奋发有为的状态“勇挑大梁”，以“时时放心不下”的责任感扎实工作，全面落实“疫情要防住、经济要稳住、发展要安全”重大要求，加快“调高、调轻、调优产业结构”，放大“全面综合、优质均衡”的发展优势，继往开来谱写现代化建设新篇章，更高水平展现中国式现代化的张家港图景。

年鉴集万卷于一册，缩一年为一瞬，承载着丰富的历史记忆，蕴含着宝贵的发展经验。立足新时代新征程，我们要发挥2022年卷《张家港年鉴》“存史、资政、育人”的积极作用，以史为鉴、开创未来，在中国式现代化建设的生动实践中勇做先行者、争当排头兵，坚定不移地向着新的奋斗目标阔步前进！

中共张家港市委书记 韩卫

2022年11月

六十年蝶变

张家港市（沙洲县）剪影

1962—2022

前　言

从 1962 年至 2022 年，张家港建县（市）60 周年，走过了从沙洲县到张家港市的非凡历程，发生了沧桑巨变，特别是党的十八大以来，张家港生产总值跨上 3000 亿元的台阶，持续位列全国百强县前三，蝉联全国文明城市“六连冠”，累计获得 200 余项国家级荣誉，城乡居民收入翻了一番，“强富美高”宏伟蓝图在全市展现出生动的现实图景。

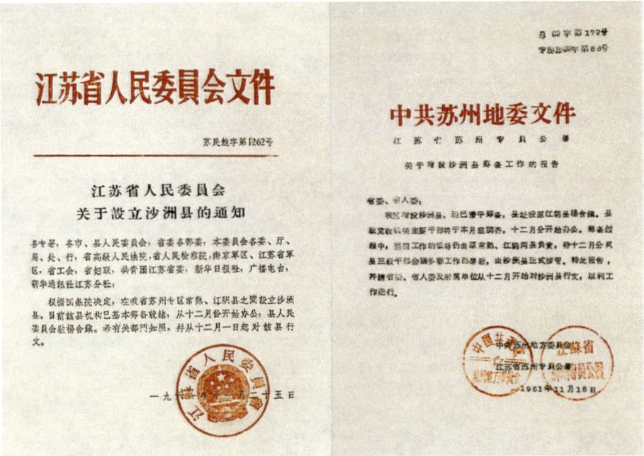

江苏省人民委員会文件

苏民勉字第1262号

江苏省人民委員会
关于設立沙洲县的通知

各专署，各市、县人民委員会，省委各部委，本委員会各委、厅、局、处、行，省高級人民法院，省人民检察院，南京軍区、江苏省軍区，省工会，省妇联，共青团江苏省委，新华日报社，广播电台，新华通訊社江苏分社：

根据国务院决定，在我省苏州专区常熟、江阴县之間設立沙洲县。目前該县机构已基本筹备就緒，从十二月份开始办公，县人民委員会駐楊舍鎮。希有关部門知照，并从十二月一日起对該县行文。

一九六二年十一月二十五日

中共苏州地委文件

江苏省苏州专員公署

关于增設沙洲县筹备工作的报告

省委、省人委：

我区增設沙洲县，现已着手筹备，县址设原江阴县杨舍镇。县级党政机关主要干部将于本月底调齐，十二月份开始办公。筹备过程中，当前工作的领导仍由常熟、江阴两县负责，待十二月份召开县三级干部会议部署工作后，由沙洲县正式接管。特此报告，并请省委、省人委及所属单位从十二月开始对沙洲县行文，以利工作进行。

中共苏州地方委員会
江苏省苏州专員公署
1962年11月18日

1962年，沙洲县成立。图为江苏省委、苏州地委关于设立沙洲县的文件

1986年9月，撤县设市。图为1986年12月1日,张家港市成立大会在大众影剧院（今张家港Atmos巨幕影城）召开

人民日報
RENMIN RIBAO

圆满结束对五国的正式友好访问
李鹏总理离瓦莱塔回国

会见美国《新闻周刊》和《美国新闻与世界报道》客人时
江主席谈中美关系、台湾问题、中国发展前景

鲍尼其总统会见李鹏总理
李鹏总理同阿达米总理会谈

小悟人杰地灵

伟大理论的成功实践
——学习张家港市坚持两手抓的经验

朱镕基会见希腊外长

应李鹏总理邀请
吉尔吉斯总理将访华

严格执法　热情服务
公安部召开学习济南交警先进经验现场会
授予济南市交警“模范交警支队”荣誉称号

今日第三版刊登通讯
坚持“一把手”两手抓
——张家港市两个文明建设一起抓纪实（上）

1992年2月提出“团结拼搏、负重奋进、自加压力、敢于争先”的张家港精神。左图为1992年4月，市委、市政府召开“三超一争”誓师大会；右图为1995年10月18日,《人民日报》头版刊登评论员文章“伟大理论的成功实践”推广张家港经验

1992年10月16日，张家港保税区成立。左图为张家港保税区揭牌仪式。1993年11月，江苏省张家港经济开发区成立。中图为开发区管委会办公大楼。2001年5月31日，江苏扬子江国际化学工业园成立。右图为江苏扬子江国际化学工业园在南京举行成立大会（2001年8月23日摄）

2004年3月，江苏省国有常阴沙农场划归张家港市，实行属地管理。2013年8月更名为常阴沙现代农业示范园区。左图为2004年的常阴沙农场场部所在地，右图为2019年的常阴沙现代农业示范园区稻田画

乡村振兴，南丰永联村成为全国闻名的富裕村。左图为20世纪90年代的永联村，右图为21世纪的永联小镇（2020年8月19日摄）

左图为20世纪90年代的杨舍镇青龙桥谷渎港街区，右图为2016年的杨舍镇青龙桥谷渎港街区新貌

六十年蝶变

张家港市（沙洲县）剪影

波澜壮阔的崛起之路

回望60年辉煌历程，张家港在搏击浪潮中奋勇争先，闯出了波澜壮阔的崛起之路。60年来，从建县市之初大兴农业生产，获评“全国大寨县”；到改革开放后“大办社队工业”，成为“苏南模式”的典型代表；再到喊出并实现“三超一争”，书写“伟大理论的成功实践”……张家港创造了“无名山丘崛起为峰”的时代传奇，“团结拼搏、负重奋进、自加压力、敢于争先”的张家港精神享誉全国。在神舟飞船、嫦娥工程、国产航母、港珠澳大桥这些“大国重器“世纪工程”上，都能找到“张家港制造”；在民族复兴、国家富强的历史征程中，张家港留下了浓墨重彩的奋斗印记。

1964年，在中共中央的号召下，沙洲县开展“农业学大寨、工业学大庆”运动。上图为1967年春，沙洲县大搞围圩造田，筑坝围垦场面；中图为1972年，塘桥三麦高产经验在全国推广，参观者在塘桥公社六大队观摩农业生产；下图为1978年，沙洲县七一棉纺厂被命名为大庆式企业(1986年摄）

1979年12月18日至20日，沙洲县委在妙桥公社欧桥大队召开学欧桥、争富裕经验交流会，推广欧桥大队依靠集体经济、走农副工综合发展道路的经验。图为1980年的欧桥大队针织厂

1983年，沙洲县计算机存贮器厂顺利完成中国同步卫星检测中心计算机存贮器的设计改造任务，为中国第一颗同步卫星的成功发射做出了贡献。图为1984年，国防科工委为该厂颁奖

1992年5月14日，全省第一家省级乡镇企业集团——江苏贝贝集团成立。至年末，张家港市有江苏华芳集团、江苏中港集团、江苏华菱集团、江苏永钢集团等6家企业集团相继成立。图为1996年的江苏永钢集团

2015年5月，埃塞俄比亚东方工业园成为国家级境外经贸合作区

沙洲县首家冶金企业——沙洲县轧钢厂，1976年更名为沙洲钢铁厂。1992年，组建江苏沙钢集团，成为全国最大的民营钢铁企业。上图为1984年，沙洲钢铁厂车间；下图为2018年的沙钢集团冷轧厂硅钢生产车间

2013年9月，张家港机器人产业园被列入工业和信息化部重点支持建设园区。图为张家港机器人产业园展台一角

国家级科技企业孵化器——沙洲湖科技创业园
（2016年4月18日摄）

2020年，江苏省张家港高新技术产业开发区与高铁新城实施“两高融合”。图为塘桥镇苏高新(张家港)节能环保产业园
（2020年10月11日摄）

中外合资东海粮油工业（张家港）有限公司
（2022年4月2日摄）

六十年蝶变

张家港市（沙洲县）剪影

1962—2022

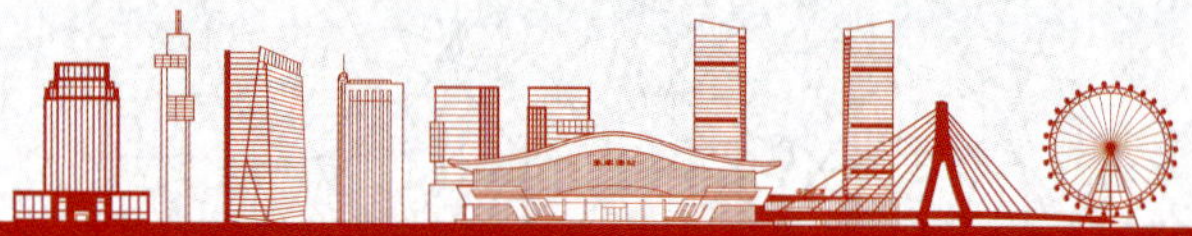

物阜民丰的文明之路

回望60年辉煌历程，张家港在共建共享中造福桑梓，开辟了物阜民丰的文明之路。60年来，一代代的张家港人用勤劳的双手耕耘美好家园，将“苏南北大荒”建设成了共同富裕的“小康社会范例”。这里民生富足，拥有全国最小的城乡居民收入差距、全省最大的强村群体。这里山清水秀，是全国第一个荣膺“联合国人居奖”的县级市，也是花草树木四季葱郁的国家生态园林城市。这里文明成风，是唯一荣膺全国文明城市“六连冠”、文明奖项大满贯的县级市。

20世纪90年代的张家港人用80万把笤帚扫出了首批全国卫生城市

垃圾分类新时尚（2020年6月15日摄）

20世纪70年代锦丰供销社布匹销售区

青草巷农副产品批发市场始建于1995年，2014年易地新建（2014年11月摄）

1982年的自行车车流

便捷的公共自行车点位（2012年7月2日摄）

步行街人流（2017年10月7日摄）

20世纪80年代的小商品市场

大润发（张家港店）超市（2016年9月25日摄）

1979年的杨舍街头小人书阅读摊

全国首个按照分级阅读理念布馆的县级少儿图书馆（2016年7月31日摄）

2012年，张家港新市民积分管理工作正式启动。图为2014年3月30日，新市民积分管理申请受理窗口

2020年2月3日，张家港企业生产的医用氧保供设备驰援武汉火神山医院

2021年4月29日，常阴沙现代农业示范园区常北社区居民在议政微广场议事

金港镇金都社区志愿服务队在新时代文明实践志愿广场开展“文明实践，志愿同行”志愿益集基层行主题活动（2021年4月30日摄）

2003年，由张家港移动分公司团支部爱心捐款捐物引发的“张闻明现象”席卷全城。图为“张闻明”为希望小学邮寄包裹现场

2020年10月20日，张家港市荣膺全国双拥模范城“七连冠”，成为江苏省唯一获此殊荣的县级市。图为海军“张家港舰”访问张家港（2012年4月23日摄）

2022年9月，张家港湾生态整治工程景观设计项目获国际大奖。图为张家港湾（2020年7月30日摄）

六十年蝶变

张家港市（沙洲县）剪影

1962—2022

源远流长的人文之路

回望60年辉煌历程，张家港在文化传承中根脉相连，坚守了源远流长的人文之路。这里诞生了被称作“良渚文明源头”的东山村遗址，孕育了“诗歌活化石”河阳山歌，留下了唐代鉴真大师成功东渡的足迹。60年来，张家港传承历史文脉，让长江文化、江海文化、江南文化深度交融，连续19年举办长江文化节。2022年，中央电视台中秋晚会更是相约张家港，“海上生明月、天涯共港城”。古今辉映的人文风韵，灿若繁星的文化瑰宝，独具特色的地方风物，是张家港人的文化记忆、情感共鸣。

2013年3月5日，鉴真第六次成功东渡启航地遗址——黄泗浦遗址入选全国重点文物保护单位。图为东渡苑（2019年5月4日摄）

1984年9月，经省政府批复同意沙洲职业工学院正式开学，为全国首家县办大学。上图为1984年的沙洲职业工学院校门；下图为江苏科技大学张家港校区（2016年6月13日摄）

2012年5月，经国务院批准，河阳山歌被列入第一批国家级非物质文化遗产名录。图为2017年，游客在河阳山歌馆欣赏山歌表演

非物质文化遗产传承人——张国珍（右二）推广剪纸艺术
（2018年11月6日摄）

张家港市第一人民医院是综合性三级甲等医院。上图为1972年的沙洲县人民医院；下图为2020年6月，张家港市首家“云医院”——市第一人民医院“互联网医院”正式上线运行

张家港沙洲优黄文化园获2022年度最佳商业类工厂和仓库特别提名奖。图为沙洲优黄文化园
（2021年6月19日摄）

张家港党史学习教育基地——乐余镇永利村（2021年7月10日摄）

上图为1973年的杨舍街头文艺表演；下图为杨舍老街看戏场景（2017年3月17日摄）

2004年起，张家港每年11月举办长江文化艺术节，依托长江流域灿烂文化，推进沿江区域交流与合作。图为2019年中国（张家港）长江文化艺术节暨金秋经贸周开幕式

2022年中央电视台中秋晚会主会场落户张家港暨阳湖生态园。图为中秋晚会实景舞台（2022年9月9日摄）

1983年3月，沙洲县橡胶厂与上海步云胶鞋厂联合发起组织振云儿童足球促进会，培养足球后备力量。是年8月，在国家体委支持下，振云儿童足球促进会在苏州举办首届“贝贝杯”儿童足球比赛。上图为2016年中国足协全国第十九届“贝贝杯”足球邀请赛；下图为2019年香山山地短程马拉松挑战赛

大江东流，一水双山。上图为长江中的生态岛——双山岛旅游度假区；下图为2017年5月27日，江苏省首届乡村旅游节期间的永联美食街

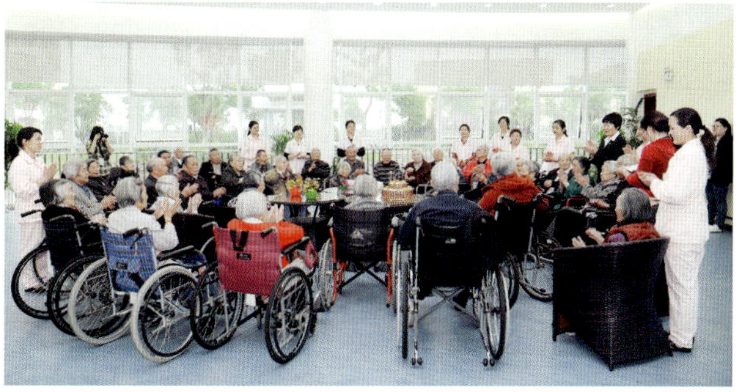

张家港养老服务体系由“老有所养”转向“品质养老”。左图为1978年的敬老院；右图为百岁寿星过生日（2013年5月17日摄）

1962—2022

六十年蝶变

张家港市（沙洲县）剪影

面向未来的通达之路

回望 60 年辉煌历程，张家港在开发开放中走向世界，铺设了面向未来的通达之路。60 年来，从接驳中华人民共和国成立后第一艘驶入长江的外籍货轮，到与全球 140 余个国家和地区建立港口贸易关系，张家港书写了“依港而兴”的壮丽篇章。随着沪苏通铁路开通运行，张家港已经昂首迈入“高铁时代”，不久的将来即将全面形成三条高铁交会、三条通道过江的枢纽格局，一跃成为横贯东西、承启南北的重要交通节点。长江“黄金水道”叠加高铁“黄金轨道”，共同铺设了通往未来的“康庄大道”，让市民追寻“诗和远方”更加便捷，也为四海朋友逐梦张家港提供了无限机遇。

1982年11月12日，全国人民代表大会常务委员会批准张家港港正式对外籍船舶开放。左图为1968年2月，张家港港开工建设；右图为2015年的张家港港口码头

左图为1983年5月7日，巴拿马籍“日本商人”号远洋货轮首次驶靠张家港港务集团码头；右图为张家港保税港区整车进口口岸（2016年8月8日摄）

张家港船闸是沟通苏南苏北的重要枢纽，也是苏南地区通往上海的重要水上进出口通道。左图为1976年的张家港船闸；右图为2012年12月通过交工验收时的张家港船闸

2004年8月16日，张家港对外交通新动脉——沿江高速公路建成通车，结束了境内无高速公路的历史。左图为1974年，妙桥公路建成通车；中图为沿江高速苏州段；右图为境内四通八达的高速公路（2020年10月29日摄）

2020年7月1日，沪苏通铁路张家港站启用仪式举行，标志着高铁在张家港正式开通运营，结束了境内无铁路的历史。左图为20世纪70年代的沙洲汽车站；中图为张家港站迎来南通游客首发团（2020年7月1日摄）；右图为张家港市民乘坐沪苏通高铁（2020年7月1日摄）

左图为20世纪80年代的通沙汽渡渡口
右图为沪苏通长江公铁大桥（2020年7月2日摄）

2019年2月22日，“智慧港城，5G先行”——张家港市首个5G基站开通发布会举行。左图为1978年的沙洲县邮电局插线话务员；右图为落户永联村的5G体验区（2019年4月29日摄）

创新转型的实力之城

张家港市始终坚持创新在现代化建设全局中的核心地位，强化科技创新战略支撑，释放项目建设强劲动能，放大优势产业集聚效应，推动经济发展跃上新台阶，打造创新转型的实力之城。紧扣“创新提质年”发展主线，全年实现地区生产总值3030.21亿元，比上年增8%；实现一般公共财政预算收入264.13亿元，比上年增5.5%。张家港市综合实力蝉联全国百强县（市）前三甲。

6月4日，苏州市科技局与张家港市政府联合召开局市工作会商会议，共同研究创新驱动发展战略（市科技局　提供）

7月11日，2021年（第十三届）苏州国际精英创业周张家港分会场暨张家港创新周·第十五届科技人才活动周开幕式举办
（市科技局　提供）

杨舍老街（侯成保　摄）

建设中的中车氢能产业园（保税区　提供）

苏高新科技（张家港）节能环保创新园（高新区　提供）

沙钢集团矿粉C型料场（沙钢集团　提供）

采埃孚汽车科技（张家港）有限公司（经开区　提供）

包容并蓄的 活力之城

张家港市主动服务和融入新发展格局，以更深层次的改革激发活力，以更高水平的开放链接资源，以更系统化的定位优化格局，推动改革开放跃上新台阶，打造包容并蓄的活力之城。2021 年全年实现进出口总额 434.6 亿美元，比上年增 29.8%；新增注册外资 21.18 亿美元；新增上市公司 8 家，累计达到 28 家。张家港市获评江苏省 2021 年度推进高质量发展先进县（市、区）。

8月7日，海易森纳斯达克上市活动举行（保税区　提供）

1月28日，江苏富淼科技股份有限公司成功登陆科创板（凤凰镇　提供）

8月28日，稻兴科技8K超高清视频（张家港）智能制造基地项目签约（冶金园　提供）

12月9日，张家港高新区重大外资项目集中签约（高新区　提供）

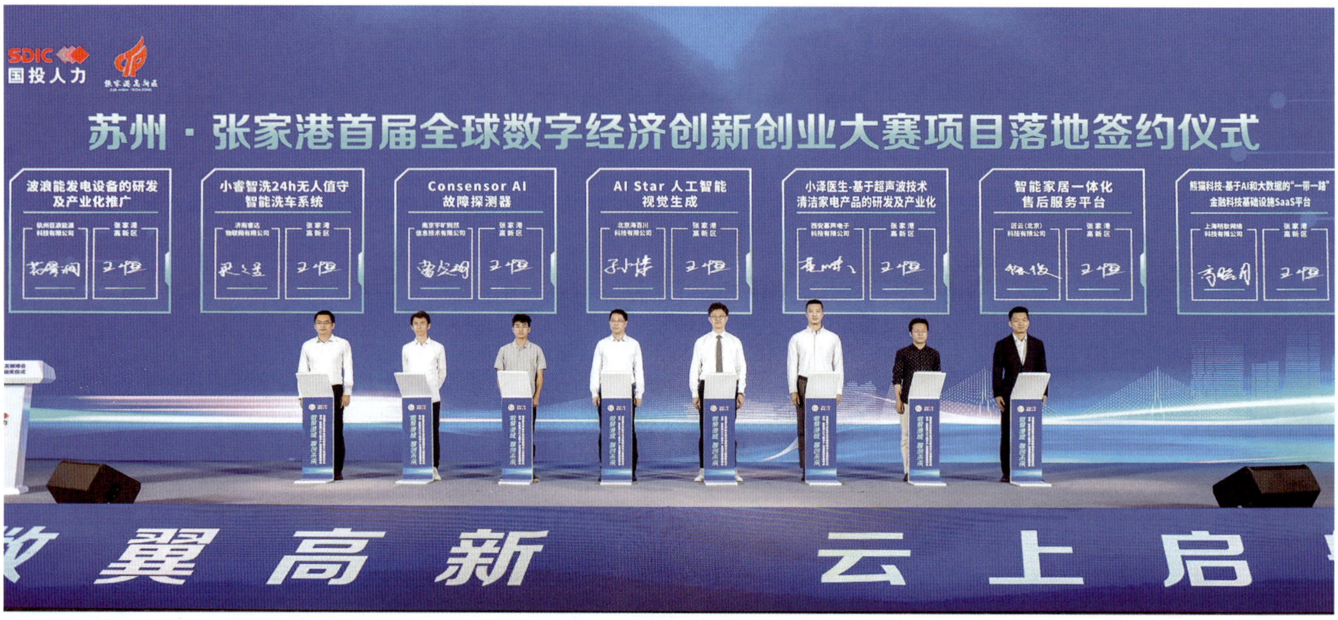

7月9日，苏州·张家港首届全球数字经济创新创业大赛项目落地签约仪式举行（高新区　提供）

江苏朗信电气有限公司（经开区　提供）

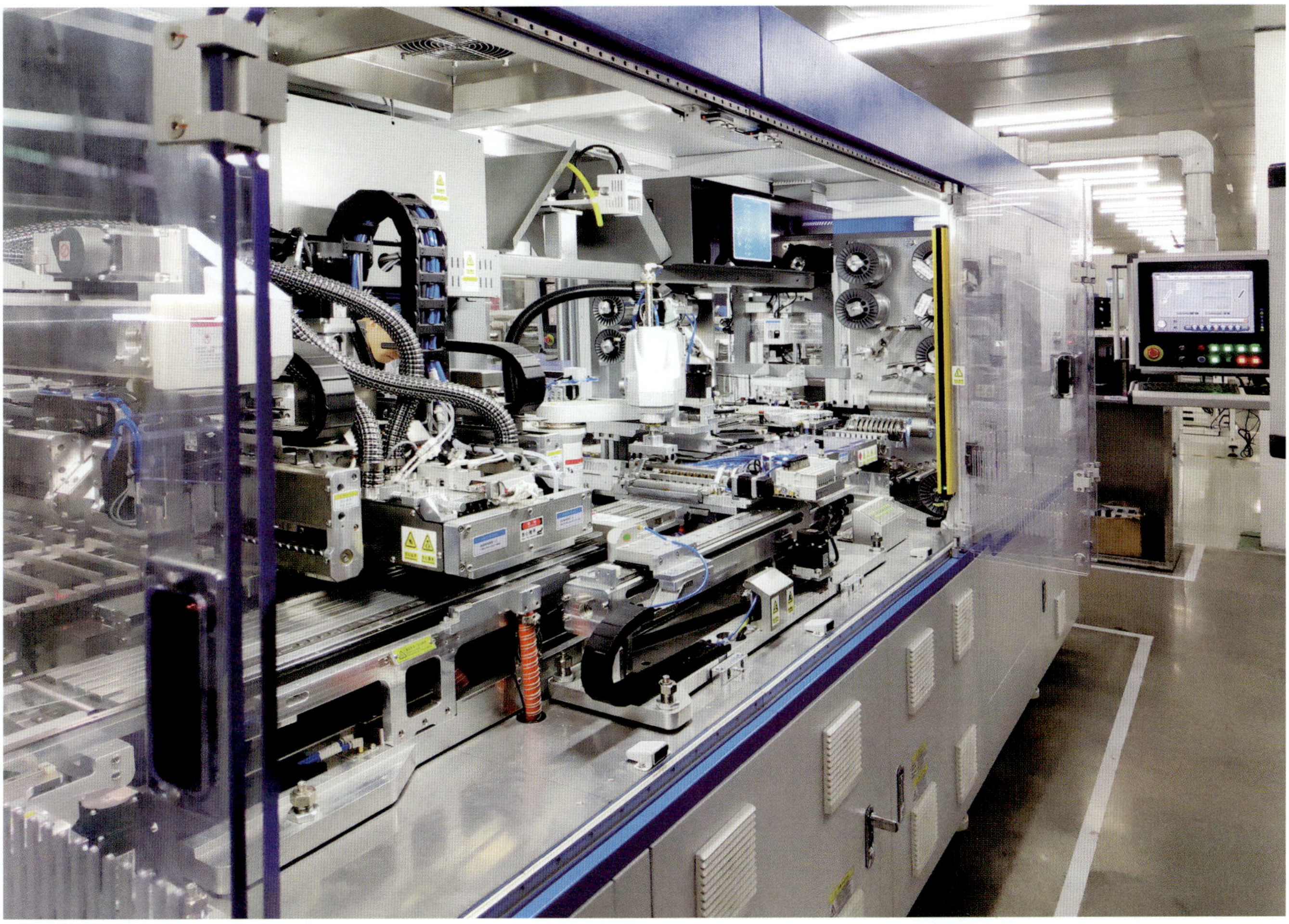

江苏省智能制造示范车间——江苏创基新能源有限公司车间（南丰镇　提供）

3月27日，大族控股电池级碳酸锂项目签约仪式举行（保税区　提供）

一体融合的协调之城

张家港市统筹谋划新型城镇化建设和乡村振兴，优化舒适宜居的城市功能品质，构建外联内畅的交通运输体系，打造优美富足的江南特色镇村，推动城乡建设跃上新台阶，打造一体融合的协调之城。张家港站全年完成铁路客运量323万人次。高标准推进“公厕革命”，全年建成江苏省特色田园乡村2个，实现特色宜居乡村全覆盖。

“橙趣无限”口袋公园（市住建局　提供）

谷渎港（侯成保　摄）

张家港站站前广场（新　泉　摄）

交通新时代（杨海平　摄）

一体融合的 协调之城

智能公厕（靳 泉 摄）

江苏省特色田园乡村——大新镇中山村伏兴三圩埭、伏兴四圩埭（大新镇 提供）

江苏省特色田园乡村——经开区（杨舍镇）善港村船坞里（黄国柱　摄）

德积街道朝南村（德积街道　提供）

文明善治的典范之城

张家港市扛起“举旗帜、聚民心、育新人、兴文化、展形象”的使命任务，开辟文明创建新境界，提升城市文化软实力，探索社会治理新路径，推动文化建设跃上新台阶，打造文明善治的典范之城。2021 年，紧扣庆祝中国共产党成立 100 周年主题，精心组织开展党史学习教育，全力抓好精神文明建设，不断提升长江文化品牌影响力，完成镇、村两级综合治理、网格化中心一体化建设。

党史学习教育（张家港边检站　提供）

拥军喜报（黄勤芬　摄）

6月5日，《邮票上的党史》主题巡展启动暨“童心永向党、共绘新时代”2021年第九届市少儿书信大赛颁奖仪式举行（市融媒体中心　提供）

6月30日，“伟大征程——永远跟党走”张家港市庆祝中国共产党成立100周年文艺演出举行（市融媒体中心　提供）

杨舍故事汇（吴丽萍　摄）

高新区（塘桥镇）蒋家村社会综合治理网格化联动工作站（高新区　提供）

10月23日，“特别的爱给特别的你”爱心助跑活动（顾　军　摄）

“保护长江母亲河”志愿服务活动（石小蛟　摄）

11月14日，“踏浪而行”2021年长江文化节“云”上开幕（市文体广电和旅游局　提供）

美丽和谐的宜居之城

张家港市自觉践行绿水青山就是金山银山理念，打造长江“最美岸线”，提升生态环境质量，始终坚持绿色发展，推动生态环境跃上新台阶，打造美丽和谐的宜居之城。2021 年，全市 $PM_{2.5}$ 年均浓度为每立方米 30 微克，比上年下降 11.8%；空气质量天数优良比率为 83.6%；严格落实能耗总量和强度控制任务，单位地区生产总值能耗比上年下降 3.7%；建设生态美丽河道 91 条。

暨阳湖湿地公园（黄国柱　摄）

香山梅岭（双山香山旅游度假区　提供）

张家港市第四水厂（陆之豪　摄）

美丽和谐的 宜居之城

保税区（靳　泉　摄）

江苏省幸福河道建设示范工程——朝东圩港（市水务局　提供）

黄泗浦生态园（新　泉　摄）

共建共享的 幸福之城

张家港市始终坚持人民主体地位，拓展富民增收渠道，改善公共服务供给，完善社会保障体系，优化城市人口结构，推动人民生活跃上新台阶，打造共建共享的幸福之城。2021 年，全市居民人均可支配收入 66101 元，比上年增 9%，困难群众服务保障覆盖率 100%，社区居家养老服务中心（站）实现全覆盖，19 个民生实事、409 个民生微实事项目高效推进。

2月5日，全市开展新冠肺炎疫情全员核酸检测实操演练（市卫健委　提供）

保税区政务服务驿站（保税区　提供）

12月15日，南丰镇永联社区卫生服务中心启用（永联村　提供）

市民在沙洲优黄文化园游玩（葛志文　摄）

10月9日，第四届市沙上体育运动会举办（大新镇　提供）

和谐家园（高新区　提供）

10月16日，“颂歌献给党，幸福舞起来”市广场健身舞展演活动举办（冶金园　提供）

12月23日，市“寻味沙洲·领头羊”推选活动暨首届乐余羊肉文化节开幕（乐余镇　提供）

双山岛跳伞飞行营地市民飞行体验（双山香山旅游度假区　提供）

高新区（塘桥镇）馨塘社区老年服务站（高新区　提供）

5月8日，市金港街道、后塍街道、德积街道正式挂牌成立，图为金港街道揭牌仪式（保税区　提供）

5月10日，《全国县级文明城市测评体系》修订工作座谈会在张家港市召开（市文明办　提供）

6月26日，“多链融合·提质增效”2021年张家港市重点产业链高质量发展大会举行（市工信局　提供）

7月3日，张家港市庆祝中国共产党成立100周年座谈会暨市“两优一先”表彰会议举行（市融媒体中心　提供）

8月2日，在东京奥运会男子10米气步枪决赛中，张家港籍运动员盛李豪以250.9环摘得银牌，为张家港历史上第二枚奥运奖牌（市文体广电和旅游局　提供）

12月8日，张家港市举行市、镇两级人大代表换届选举，图为冶金园（锦丰镇）书院五村的蒋勤生，在选举工作人员的帮助下到投票点，认真画票并投下神圣而又庄严的一票（市人大办　提供）

7月17日，张家港市“我为群众办实事”40年主题展览启动（市委史志办　提供）

12月30日，中共张家港市委十二届二次全体会议暨市委经济工作会议召开（市融媒体中心　提供）

编辑说明

一、《张家港年鉴（2022）》坚持以马克思列宁主义、毛泽东思想、邓小平理论、“三个代表”重要思想、科学发展观、习近平新时代中国特色社会主义思想为指导，坚持辩证唯物主义和历史唯物主义的立场、观点和方法，实事求是记载2021年张家港市经济建设、政治建设、文化建设、社会建设、生态文明建设等各方面的基本面貌和发展情况，为各界人士了解、研究张家港提供基本信息资料，为编修地方综合志书积累资料。

二、张家港年鉴是由中共张家港市委领导、张家港市人民政府主办、中共张家港市委党史地方志办公室负责逐年编纂的张家港市地方综合性年鉴。《张家港年鉴（2022）》为第二十七卷，主体记述时限为2021年1月至12月，人物和宣传画页照片内容适当外延。

三、张家港年鉴采用条目式记事体，分类编纂。基本结构为类目、分目、条目3个层次。《张家港年鉴（2022)》设类目35个，下设分目229个、条目1043个、表格124张。

四、《张家港年鉴（2022）》宣传画页篇首围绕庆祝建县市60周年，回顾60年蝶变；突出张家港继往开来打造“六个城市”，谱写全市现代化建设新篇章的工作举措。篇尾展示各区镇（街道）新时代新面貌及组建的张家港市史志联盟系列馆风采。

五、《张家港年鉴（2022）》正文将2021年重点和亮点“张家港市综合实力列全国县市前三名”“全市广泛开展党史学习教育”和“‘我为群众办实事’实践活动”设置为专文，并根据新形势新特点，在纲目和内容上作补充和调整。其中，进一步强化张家港地方特色，突出“文明引领”“数字张家港”和“乡村振兴与协作奔小康”类目及相关内容；根据区镇改革实际，调整保税区和三个街道的不同记载方向和内容；根据百姓关心的数据，在附录中增加“社会调查”分目。

六、《张家港年鉴（2022）》采用的稿件由全市各区镇、各部门提供，并经相关单位领导审核。文中所列数据，原则上依据《张家港统计年鉴（2021）》，统计年鉴中没有的以主管部门统计为准。有些数据因统计口径不同而有所差异，请读者在引用时加以注意。

七、《张家港年鉴（2022）》有纸质版和网络版两种版本。网络版通过手机微信二维码扫码可实现移动阅读。同时，大部分类目增加视频等资料链接，作为该类目内容的补充，读者可通过二维码扫码实现立体化阅读。

八、根据行文实际需要，《张家港年鉴（2022）》部分机构使用简称，机构全称与简称对照表列于目录前。文中“年初”“年内”“年末”特指2021年年初、2021年年内、2021年年末，“上年”指2020年。

九、数字用法、标点符号用法分别采用国家标准《出版物上数字用法》（GB/T 15835-2011）、《标点符号用法》（GB/T 15834-2011），计量单位采用国家技术监督局1993年12月发布的《量和单位》系列国家标准。

十、《张家港年鉴（2022）》卷首有总目和详细的中文目录、英文要目，卷末有按汉语拼音顺序排列的主题分析索引，各篇有该篇分目提示，文中信息可由目录、索引、书眉等获得。

十一、张家港年鉴编纂工作，得到了上级领导、部门和全市各区镇（街道）、各部门、各单位的大力支持和帮助。由于编辑水平有限，不足之处恳请广大读者批评指正。

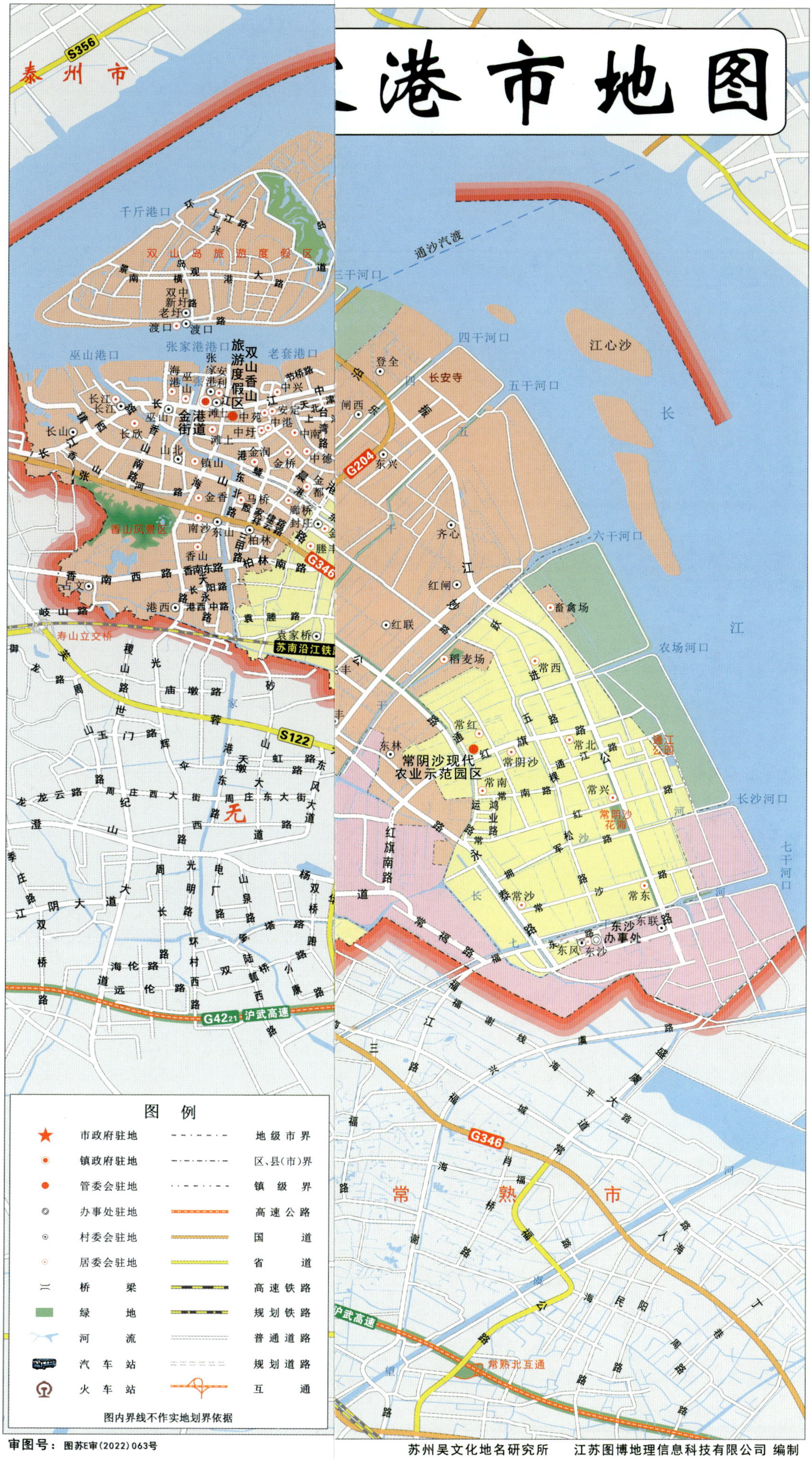

审图号：图苏E审(2022)063号

苏州吴文化地名研究所　江苏图博地理信息科技有限公司 编制

张家港城区图

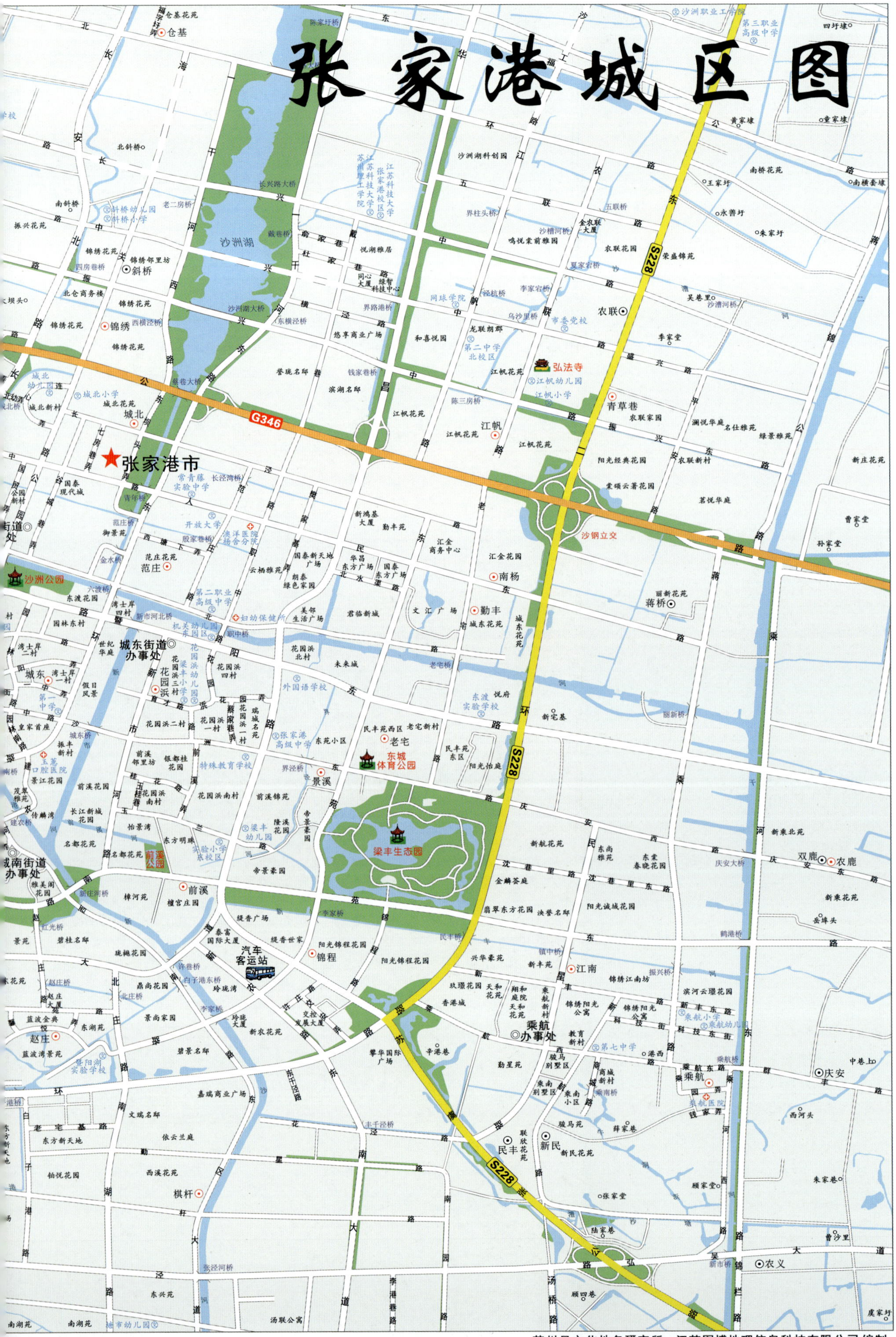

苏州吴文化地名研究所　江苏图博地理信息科技有限公司 编制

2021年张家港市部分机构简称、全称对照表

简　称	全　　称	简　称	全　　称
市委	中国共产党张家港市委员会	市委编办	中国共产党张家港市委机构编制委员会办公室
市人大	张家港市人民代表大会	市资规局	张家港市自然资源和规划局
市政府	张家港市人民政府	市住建局	张家港市住房和城乡建设局
市政协	政协张家港市委员会	市城管局	张家港市城市管理局
市纪委监委	中国共产党张家港市纪律检查委员会、张家港市监察委员会	市市场监管局	张家港市市场监督管理局
市委巡察办	中国共产党张家港市委员会巡察工作办公室	市人社局	张家港市人力资源和社会保障局
民革市基层委员会	中国国民党革命委员会张家港市基层委员会	市人武部	张家港市人民武装部
民盟市委	中国民主同盟张家港市委员会	市税务局	国家税务总局张家港市税务局
民建市基层委员会	中国民主建国会张家港市基层委员会	张家港住房公积金中心	苏州市住房公积金管理中心张家港分中心
民进市基层委员会	中国民主促进会张家港市基层委员会	市工商联	张家港市工商业联合会（总商会）
农工党市委	中国农工民主党张家港市委员会	团市委	中国共产主义青年团张家港市委员会
致公党张家港支部	中国致公党苏州市张家港支部委员会	市妇联	张家港市妇女联合会
经开区（杨舍镇）	张家港经济技术开发区（杨舍镇）	市侨联	张家港市归国华侨联合会
冶金园（锦丰镇）	江苏扬子江国际冶金工业园（锦丰镇）	市文联	张家港市文学艺术界联合会
高新区（塘桥镇）	张家港高新技术产业开发区（塘桥镇）	市社科联	张家港市哲学社会科学界联合会
市文明办	张家港市精神文明建设委员会办公室	市科协	张家港市科学技术协会
市委统战部	中国共产党张家港市委统一战线工作部	市残联	张家港市残疾人联合会
市委史志办	中国共产党张家港市委党史地方志办公室	市关工委	张家港市关心下一代工作委员会
市发改委	张家港市发展和改革委员会	张家港边检站	张家港出入境边防检查站
市工信局	张家港市工业和信息化局	张家港引航站	长江引航中心张家港引航站
市科技局	张家港市科学技术局	市人民银行	中国人民银行张家港市支行
市文体广旅局	张家港市文体广电和旅游局	市外汇管理局	国家外汇管理局张家港市支局
市卫健委	张家港市卫生健康委员会	沙钢集团	江苏沙钢集团有限公司
市医保局	张家港市医疗保障局	永钢集团	江苏永钢集团有限公司
市台办	张家港市人民政府台湾事务办公室（中国共产党张家港市委台湾工作办公室）	国泰集团	江苏国泰国际集团有限公司
市侨办	张家港市人民政府侨务办公室	骏马集团	江苏骏马集团有限责任公司
市外事办	张家港市人民政府外事办公室	华昌集团	江苏华昌（集团）有限公司

总　　目

目　　录

宣传画页

专　文

媒体聚焦

大事记

全国文明城市张家港概览

中共张家港市委员会

张家港市人民代表大会

张家港市政府

政协张家港市委员会

市纪委监委

民主党派 · 人民团体

法治·军事

文明引领

乡村振兴与协作奔小康

张家港港

生态环境

城乡建设

交通·水务

数字张家港

开放型经济

民营经济

农　业

工 业

建筑业·房地产业

服务业

财税·金融

综合经济管理

科学技术

教　育

文化·体育·旅游

卫生健康

人事人才与社会保障

居民事务

区镇（街道）

人物·先进集体

附 录

索 引

宣传画页

Contents

Rule of Law & Armed Forces

Civilization Leading

Rural Revitalization and Cooperation to Strive a Moderate Prosperity Society

Zhangjiagang Harbor

Ecological Environment

Urban and Rural Construction

Traffic & Water Conservancy

Digital Zhangjiagang

Open Economy

Private Economy

Agriculture

Industry

Architecture & Real Estate

Service Industry

Fiscal Taxation & Finance

Comprehensive Economic Administration

Science and Technology

Education

Culture & Sports & Tourism

Health

Personnel and Social Security

Resident Affairs

Zones and Towns (Streets)

Personages & Advanced Collectives

Appendices

Indexes

专文

Special Records

9月30日，张家港市委常委会党史学习教育专题（扩大）读书班在双山渡江战役展示馆开展实境研学　（市学教办　提供）

张家港市综合实力列全国县市前三名

全市广泛开展党史学习教育

“我为群众办实事”实践活动

張家港年鑑(2022)

张家港市综合实力列全国县市前三名

4月26日，在福建省福州市举行的第四届数字中国建设峰会上，"县域工业互联网发展指数"首次发布，张家港市位列全国第二。该指数通过基础设施、融合应用、产业生态、发展环境4个评价维度，对县域工业互联网产业基础实力，网络、平台、安全、数据体系支撑能力，社会、企业、经济等多领域赋能成效，以及人才、财政、科创等多方面保障水平进行全面评估。

8月4日，2021年赛迪百强县榜单出炉，张家港市全国排名第三。赛迪百强县榜单由赛迪顾问县域经济研究中心发布。围绕高质量发展主题，坚持"创新、协调、绿色、开放、共享"新发展理念，遵循科学性、系统性、权威性及可操作、可对比的原则，从经济实力、增长潜力、富裕程度、绿色发展四大维度构建包含24个三级指标的县域经济高质量发展评价体系，最终形成赛迪强县榜单。

12月1日，竞争力智库、《中国经济导报》、北京中新城市规划设计研究院等机构在北京发布首届《中国城市基本现代化监测报告》。报告运用各城市2020年公开数据，经数据的对比、核实，完成首届中国城市基本现代化监测评价工作。中国城市基本现代化指数以100为预期点，监测对象为全国所有地级市（含副省级城市）、县级市。其中，张家港市基本现代化指数为90.13，列全国县级市第二位。

12月16日，中国信息通信研究院主办的中国县域工业经济发展论坛（2021）在山东省青岛西海岸新区拉开帷幕。论坛期间，揭晓了2021年"中国创新百强县"榜单，张家港市位列"中国创新百强县"第二位。

全市广泛开展党史学习教育

在全党开展党史学习教育，是党中央立足百年党史新起点、着眼开创事业发展新局面作出的一项重大战略决策。年内，张家港市坚决贯彻落实中央、省委和苏州市委工作部署，扎实推进党史学习教育各项任务，形成以上率下、同向用力、一体推进的整体效应。

3月10日，在苏州市党史学习教育动员会结束后，张家港市以续会形式召开全市党史学习教育动员会议，第一时间学习贯彻苏州会议精神，部署开展全市党史学习教育，一周内全市各参学单位完成动员。市委成立党史学习教育领导小组并设立办公室，全市91个参学单位、3897个基层党组织同步成立相应党史学习教育工作机构，覆盖党员6.7万人。市委制定党史学习教育任务清单、学习（课程）清单、实事清单，梳理出7个阶段24项工作重点，为全市党员干部配发党史学习教育专用笔记本，细化要求、对标对表，推动各项任务落地落实。市委切实扛好主体责任，落实第一议题制度，主要领导多次主持召开市委常委会、党建工作领导小组会议、党史学习教育领导小组会议等，对党史学习教育工作提出要求、作出部署。市委党史学习教育领导小组办公室建立"日调度、周汇总、月总结""一线调研、常态督导"等工作机制，多次召开全市党史学习教育推进会、办公室主任会、联络员会、巡回指导组工作会、部门座谈会、专题调研会，及时掌握各区镇（街道）、各部门、各单位党史学习教育推进情况，确保动员到位、部署到位、落实到位。统筹运用市党史学习教育信息平台、市"先锋指数"党员积分管理平台、市新时代文明实践智慧云平台、市"创新提质年"重点项目清单，扎实推动全市党史学习教育走实、走深、走心。为确保学习活动取得实效，组建9个市委党史学习教育巡回指导组，制定督导清单，对全市各区镇（街道）、部门

3月10日，全市党史学习教育动员会议召开　（市学教办　提供）

4月21日，“沙洲解放·胜利之路”张家港解放日主题活动举办

（市学教办　提供）

单位开展巡回指导，通过查阅台账、座谈交流、听取汇报、实地走访等方式，完成多轮巡回指导工作，对党史学习教育开展情况实施过程评估和综合考核，对不符合要求的及时指出，督促整改到位。召开会议76次，列席会议活动549次，督导1458次，调阅材料2208份，访谈人员919人，提出建议347个，解决各类疑难问题617个，制定整改措施497个，确保党史学习教育扎实开展。

分层实施，专题学习“入脑入心”。一是以学为基，在全市开展“四学四比四争做”主题行动，引导全市党员干部用好“三会一课”制度，创新学习形式，拓展阵地载体，多动作、多层级、多平台联合联动发力，推动党史学习教育走深走实。坚持读原著、学原文、悟原理，学好用好《论中国共产党历史》《毛泽东、邓小平、江泽民、胡锦涛关于中国共产党历史论述摘编》《习近平新时代中国特色社会主义思想学习问答》《中国共产党简史》等指定学习材料，为党员干部配发指定学习材料28.7万册，实现党员干部覆盖率100%。二是示范带动学，市委常委会制定专题学习计划，明确25项重点任务，常委结合实际制定并实施个人专题学习计划。市委常委会开展集体学习研讨，及时跟进学习习近平关于党史和党史学习教育的重要论述，深入系统学习习近平在庆祝中国共产党成立100周年大会上的重要讲话、党的十九届六中全会精神，分级举办党史学习教育专题读书班、新任职市管干部学党史网上专题培训班。全市举办党史学习教育专题读书班、培训班220余个，参训1.6万人次。全市基层党组织累计开展专题组织生活会4346场，1067名科级以上领导干部累计开展专题党课1537场，形成领导带学、交流研学、全员普学的浓厚氛围。三是典型引领学，发挥秦振华、沈文荣、吴惠芳、郁霞秋等先进典型作用，组建“先锋讲师团”，录制《百年风华》《百年印记》《百名先锋述党史》系列栏目，编撰《岁月留声》口述史专题集、《大新镇革命斗争纪实》读本、《使命：红色印记·故事·党课汇编》等一批本土党史学习资料，用身边人讲身边事、用身边事教身边人，让红色基因代代相传。“张家港精神”的塑造者秦振华、“最美退役军人”吴惠芳分别在张家港和苏州市党史学习教育读书班作专题报告。四是交流研讨学，加强理论研究阐释，举办“学党史，悟思想”理论研讨会暨新时代基层理论宣讲名师工作推进会，共征集“悟思想”课题研究成果194篇，副科级以上党员领导干部心得体会1100余篇，普通党员学习感悟超5000篇。围绕党史学习感悟、学习贯彻习近平在庆祝中国共产党成立100周年大会上的重要讲话以及贯彻落实党的十九届六中全会精神，在《张家港日报》刊发“学习笔谈”42期，覆盖13个板块和29个部门单位。五是实境沉浸学，打造双山渡江战役展示馆、金村园茂里1926党支部旧址、谢恺烈士故居、大新抗战历史纪念园等党史学习教育实境课堂20余个，开设“万名党员进基地”党史专线，评选发布“沙洲印记·初心之旅”十大红色精品线路，累计接待党员群众16万余人次。

精准发力，宣传宣讲有声有色。把党史学习教育与“四史”宣传教育、“永远跟党走”群众性主题教育有机结合起来，把握社会宣传对象化、分众化、交互化特点，在全社会唱响爱党、爱国、爱社会主义的主旋律。组建党史学习教育市委宣讲团、党的十九届六中全会精神宣讲团，赴各区镇（街道）以及市级机关、市属企业、高校、村（社区）开展宣讲129场。组织“理论氧吧”“暨阳银辉”“四史”宣讲直通车等30余支理论宣讲队伍，运用“新时代讲堂”、“初心学堂”、“微风习习”理论课堂、“思想田园”分享汇等宣讲平台，创新推出“埭上课堂”“庭院课堂”“家庭党校”“理论小红车”“湖畔书房周末党史课”等特色宣讲品牌，累计完成基层理论宣讲3500余场，受众32.3万人。拓展线上阵地，推送党史学习教育“有声”明信片，开设“理论氧吧云课堂”，累计在线学习人数超3万人次。精心策划“节日里的党史教育”，充分挖掘重大节庆日、纪念日蕴含的丰富教育资源，抓住清明节、沙洲解放日、“五四”青年节、“七一”建党节、“八一”建军节、烈士纪念日、国庆节等重要时间节点，组织开展“清明祭英烈”、“沙洲解放·胜利之路”张家港解放日、“中国梦·劳动美——永远跟党走，奋进新征程”、“我是你的少年”、“伟大征程——永远跟党走”、“青春奋力‘十四五’与党同行展韶华”等系列主题活动，各类线下活动参与超100万人次。精心打造锡剧《云水谣》、小戏小品《从军行》、音乐舞蹈《炊烟·红云》、情景剧《情忆老围埭》和评弹《星火燎原红沙洲》《沙洲第一枪》等100余个党史题材文艺作品，组建党史“艺”演小分队，开展文艺演出184场，覆盖党员群众约4万人。梁丰小学原创锡剧《少年英雄童德载》在第25届“中国少儿戏曲小梅花荟萃”活动中荣获“小梅花集体节目”。由张家港市参与投资制作的31集重大革命历史题材电视剧《红旗渠》，被中宣部列为建党100周年献礼剧重点项目，在中央电视台一套黄金时间播出，收视率在同时段播出的电视剧中位居全国第一。用好"报、台、网、微、端"为一体的融媒体矩阵，开设"学习党的十九届六中全会精神""奋斗百年路，启航新征程""我为群众办实事""学党史，悟思想，办实事，开新局"等专栏，全平台刊播、发布、集纳各类稿件4600余篇。创作推出"百年光影，使命必达"SVG交互海报、"百个瞬间见百年"H5、党史学习教育全民线上答题等20余个全媒体作品，制作推出《张家港历史上的第一》系列短视频300余个，总阅读量超200万次。举办"党旗耀港城，启航新征程"2021年张家港市网络文化季活动，全网阅读量超5亿次。

聚焦重点，学习教育"全员覆盖"。突出抓好机关党员、农村党员、"两新"组织党员、国企党员、流动党员、青少年等重点群体，确保全面参与、全员覆盖、不漏一人。针对机关党员，坚持"读原著、学原文、悟原理"，依托理论中心组、"三会一课"、主题党日等学习载体，通过交流研讨、专题辅导、主题党课、学习先进模范等形式，做到学习工作两不误、两促进。针对农村（社区）党员，利用村（社区）新时代文明实践点、党群活动服务中心、农家书屋等场所，开展电影党课、文艺党课、"群星大舞台"巡演等活动，提高学习质效。针对"两新"组织党员，立足生产经营和岗位实际，依托"海棠新商汇"等阵地，打造住建系统"虹筑之家"开放式组织生活基地、运输系统"速递港湾"便民服务驿站、海事系统"党建桥·心港湾"船员服务中心等一批"联学之家"，以贴近实际、适应党员职工生产生活的方式，开展喜闻乐见的宣讲，引导党员职工带头学、主动学。组织"云端学堂"，借助"益企空中课堂"平台，打破空间限制，实现"云端学堂、千人共学"的大格局，有效拓展"两新"组织党员学习交流阵地。针对233名流出党员，坚持"离乡不离党、流动不流学"，由所在党组织牵头，制作"红色邮包"，开设"红色专栏"，提供"云端党课"，以全天候不打烊的"指尖课堂"，推动党史学习教育更加便捷高效。针对青少年群体，结合青少年成长阶段中的重要节点，依托共青团、少先队在"育新人"方面的政治优势，将党史学习教育融入入学仪式、成长仪式、青春仪式、成人仪式当中，通过品格涵养、文化传承、家风孕育等不同视角，设计主题明确、内容丰富、吸引力强的教育活动，上好开学第一课、团队课和班队会，通过升旗仪式、国旗下讲话等，集中学习国情、党情。梁丰高级中学举办江苏省暨苏州市"四仪"教育示范观摩活动"十八而志，梁木风华"，实验小学、市一中、二职中面向全市开设开学第一课——"童心（青春）向党，追梦成长"主题思政课等，在追寻历史、人物和故事中传承红色基因。

真抓实干，为民服务"见行见效"。融合推进"两在两同"建新功行动和"我为群众办实事"实践活动，引导党员干部把学习与实践结合起来，聚焦群众"急难愁盼"问题，践行党的初心使命。广征民意列清单，把察民情访民意作为"我为群众办实事"的第一步，聚焦高质量发展、乡村振兴、民生保障、政务服务、基层治理五大类重点热点问题，创设"书记讲给书记听"平台，推广"书记接待日""板凳议事法"，成立行动支部370余个，依托遍布城乡基层的800余个"海棠花红"先锋阵地和新时代文明实践点位，组织领导干部驻点调研。创设"市民诉求中心"平台，加强市民诉求中心和"12345"便民服务中心市民群众信访的综合分析研判，累计受理各类诉求8700余件，办结率100%。坚持一级做给一级看、一级带着一级干，结合"两在两同"建新功行动，发布市领导领办项目42项，分批公布推出市级重点项目114项、部门重点项目1014项，推出"惠民利民微实事"项目4799项。上线"我为群众办实事"实践活动项目平台，利用移动互联网客户端、智慧云平台、大数据等新技术新手段，全面展示项目清单、责任单位、项目进度，使实践活动的开展情况数据化、集约化、便捷化、可视化。在"办实事"中推进工作理念思路、体制机制、方法举措等各方面创新，把基层创造上升为顶层设计，形成可复制、可推广的经验做法，全市形成长效工作机制建设项目258项。其中，"幸福家长驿站""银龄互助点亮爱心灯塔——养老服务时间银行"、"慢病患者用药下沉社区"、"'驻村第一书记'助力乡村振兴"、"邻里港湾"、"口袋公园"、"八大员"职工关爱计划、"帮代办"企业审批服务、"家门口的暑托班"等一批有温度的常态长效工作机制，得到基层群众的充分认可与广泛好评，并在苏州广电总台时政访谈节目《共筑美好生活，苏城议事厅》宣传推广。构建"党史学习教育+志愿服务"新模式，全市新时代文明实践中心、所、站、点整体联动，利用新时代文明实践智慧云平台、港城网格通、友爱港城网等数字平台的募集调动、智慧统合功能，在"群众需求侧""实践供给侧"双向挖掘、精准匹配、高效实施，全市1300余支志愿服务队伍组织实施乡村振兴、扶贫帮困、社会治理等惠民项目3万余项，在"为民解难、为民解忧"中厚植为民情怀、彰显初心使命。"以文明实践之力绘民生幸福底色"入选中央文明办"建设新

9月15日，"我为群众办实事"实践活动工作推进会召开

（市学教办 提供）

时代文明实践中心怎么办”丛书，将文明创建与“我为群众办实事”实践活动相结合的特色做法被中央电视台《新闻联播》报道。

2021年，张家港市委贯彻落实中央、省委和苏州市委决策部署，从“讲政治”的站位组织谋划，以“走在前”的定位部署推进，用“促发展”的标准逐项检视，高标准高质量完成党史学习教育各项任务，全市广大党员、干部受到了一次全面深刻的政治教育、思想淬炼、精神洗礼，历史自觉、历史自信增强，创造力、凝聚力、战斗力提升，达到了“学党史、悟思想、办实事、开新局”的目的。张家港市党史学习教育各项工作，得到了省委第二巡回指导组、苏州市委第三巡回指导组的高度肯定。中央党史学习教育简报2期刊用张家港工作情况，省级以上主流媒体刊播相关报道440余篇。（学教办）

“我为群众办实事”实践活动

党史学习教育开展后，全市以传承弘扬40年前锦丰公社为民办实事的首创精神为契机，聚焦重点热点问题，用心用情用力解决群众的“急难愁盼”和企业的“难点堵点”问题，取得良好成效。

树牢办实事导向。把“听民声、察民情、访民意”作为开展“我为群众办实事”的先决条件，制定《“我为群众办实事”实践活动指导意见》，明确“开展一批专题调研、整改一批突出问题、领办一批实事项目、破解一批发展难题”的任务要求，让广大党员干部把身心沉下去、民意收上来。各级领导班子成员聚焦五大类重点热点问题，累计走访企业和基层单位6241个，解决企业和基层单位反映意见3727个。

稳固办实事基础。创设“书记讲给书记听”平台，设立“市民诉求中心”平台，成立行动支部370余个，依托“海棠花红”先锋阵地和新时代文明实践点位，组织领导干部驻点调研。副科职以上（包括县处级以上）领导干部带头领办，相关成果及时向社会公开展示。推出“惠民利民微实事”项目4799项，市、镇两级形成长效工作机制成果258项，一批群众的操心事、烦心事、揪心事得到有效解决。

真抓办实事见效。针对居家养老难题，创新推出养老服务时间银行项目，为2101名高龄困难老年人提供服务。“虚拟养老院”服务到村，为全市老年人提供人文关怀、康复理疗、生活照料和家政服务4个大类90余项“线上+线下”养老服务，参与上门服务的养老企业及社会组织108家，入院人数10.9万人，总服务1039.3万人次。针对社会较为关注的家校共育问题，打造面向全市家长的107个“幸福家长驿站”，通过“333”工作模式（成立三个团队、搭建三类平台、开展三大行动），积累1000余个家庭教育案例，建设专门功能性场馆，配置相关家庭教育的软硬件设施，组建课题领导小组和讲师团队，制定不同年龄段的针对性的课题实施方案，拓展家庭教育实施途径，提升家庭教育服务水平。针对群众反映强烈的各类违建“老大难”“硬骨头”问题，实施“拆治建靓”工程，腾出土地空间214.4公顷，完成8个苏州市特色康居示范区、56个苏州市特色康居乡村、23条美丽河道建设，因地制宜建设一批“口袋公园”、停车场、休闲广场等，打造“沙上田园·农乐伏兴”“肖家巷·粉黛草田”等美丽乡村精致样板，为群众提供“水清、岸绿、河畅、景美”的休憩游玩、亲近自然的好去处。针对疫情期间部分市民群众和老年人不便出门的问题，不断深化政务服务“帮代办”“暨时办”品牌，发挥“网格+帮代办”服务作用，为企业、群众提供“帮代办”服务，探索平台“政策找人”“精准链接”的智能识别和主动服务模式，真正做到服务“更走心”、群众“零跑腿”，至年末共完成各类“帮代办”服务7384件。针对群众反映强烈的停车难、停车烦问题，推出“停车位共享错时开放”“港城e停车”智慧应用项目，及错时开放机关共享车位，上线蓝色“限时停车泊位”，年内新增4810个停车位，有效提高停车泊位使用效率，缓解城市交通拥堵。

至年末，全市上线实事项目全部完成，群众满意度99.1%。（学教办）

乐余镇永利村“先锋使者”和农户一起制作草绳，助农增收

（市学教办　提供）

【编辑　朱永平】

媒体聚焦

Media Focus

鸷山桃花源　（靳泉　摄）

在新的赶考路上争当先行示范，书写好张家港现代化新答卷

打造城市“金字招牌”，“张家港精神”融入创新品格

张家港：打造长三角协同发展的合作典范

持续近 30 年精神文明建设，为张家港带来什么——寻找桃花源

江南小城的“幸福密码”

40 年前被《人民日报》头版头条报道，张家港续写我为群众办实事暖心篇章

江苏张家港市统筹规划城乡数字建设路径——这里的乡村很“智慧”

平台监管，惩治群众身边“微腐败”

江苏张家港：传承红色基因，建设文明典范城市

在新的赶考路上争当先行示范 书写好张家港现代化新答卷

韩 卫

凝心聚力谱新篇，奋楫扬帆启新程。江苏省第十四次党代会对今后五年江苏发展和现代化建设进行了系统部署，是谱写"强富美高"新江苏现代化建设新篇章的冲锋号和动员令。张家港市第一时间传达学习贯彻省党代会精神，推动全市上下切实把思想和行动统一到省党代会的各项部署要求上来。

踏上新的赶考之路，张家港市将始终坚持以习近平新时代中国特色社会主义思想为指导，深入贯彻落实省党代会精神，牢牢把握"履行三大光荣使命、实现六个'显著提升'"的决策部署，紧紧围绕"支持苏南地区巩固放大引领优势，加快打造现代化建设先行示范区"的要求，与时俱进大力弘扬张家港精神，探索具有张家港特色和内涵的现代化路径，全力书写好港城现代化建设新答卷，为奋力谱写"强富美高"新江苏现代化建设新篇章勇挑重担、扛起担当。

加快创新转型 打造更具竞争力先进制造业集聚区

创新是高质量发展的核心竞争力，转型是建设现代化经济体系的必然要求。近年来，张家港市不断加快创新转型步伐，入围全国首批创新型县（市）建设名单，引进了光束汽车、信义基地、杉金光电、天兵科技、大族激光、稻兴科技等旗舰型项目，获评省制造业创新转型成效明显地区，连续三年获评省及苏州推进高质量发展先进县（市、区）第一等次。围绕省党代会"综合发展实力显著提升"，以及"打造全国重要的创新高地、人才高地、产业高地"的目标任务，张家港将坚持"轻装上阵，加快产业转型"，为建设"科技强省""制造强省"加油助力。

以科技招商集聚创新资源要素。将创新作为发展的"第一动力"，深化落实《张家港市科技招商工作方案》，强化张家港市科技招商中心建设，大力开展科技招商，力争2022年新增科技招商项目超1000个、新认定高新技术企业超300家，做大做活科创型企业"蓄水池"。将人才作为发展的"第一资源"，协同推进人才招引与科技招商，确保5年内新增苏州市级以上人才（团队）超300个。积极推进国家级高新区创建，5年内新增科创孵化载体超260万平方米；深度融入长三角科技创新共同体、苏南国家自主创新示范区建设，5年内全球布局飞地创新中心超10家，确保获批国家创新型县（市），持续打响"创新张家港"品牌。

以项目建设激发产业转型动能。把招商引资作为"一号工程"，力争2022年引投超10亿元产业链节点项目超30个、围绕新兴产业链招引超亿元工业项目超200个，同步推动重大项目建设，到2025年建成冶金新材料、智能装备、化工新材料、高端纺织4条特色优势产业链，以及新能源、数字经济、生物医药及高端医疗器械、先进特色半导体4条新兴领域产业链，形成5个千亿级、若干个百亿级产业集群。同时，加快"产业数字化、数字产业化"进程，实现规上工业企业智能化改造和数字化转型全覆盖，到2025年实施智能制造示范项目超265个，争当全国县域"两业融合"示范。

以改革开放释放城市发展活力。加快政务服务数字化转型，擦亮"港城通·最舒心"营商服务品牌，确保"营商环境指数"继续位居全省第一方阵。稳步推进国企改革，推动区镇国有企业有效重组整合，发挥规模效应和协同效应。打造融入长三角一体化、"苏州市域一体化"新高地，主动承接上海资源要素，高点推进江苏自贸区联动创新发展区、苏州自贸片区联动创新区建设。主动服务"一带一路"建设，支持埃塞俄比亚东方工业园等境外产业园区发展壮大。积极融入长江经济带发展，推动"联动接卸、视同一港"模式尽快落地，在区域协同联动中增强比较优势。

改善民生福祉 打造共同富裕、幸福生活县域典范

民生福祉无小事，一枝一叶总关情。张家港作为"中国率先全面建成小康社会范例城市""中国最具幸福感"城市，始终坚持共享发展理念，着力解决发展不平衡不充分问题和人民群众急难愁盼问题，让百万港城人民共享高品质生活。围绕省党代会"人民生活品质显著提升""共同富裕水平显著提升"的目标任务，张家港将深入践行以人民为中心的发展思想，不断改善民生福祉，扎实推进共同富裕。

有效提升群众生活水平。拓展富民增收渠道，实施新一轮收入倍增计划，扩大中等收入群体比例，确保居民人均可支配收入和经济增长同步。精准办好政府民生实事工程和民生微实事项目，持续提高公共产品供给质量。推动教育、医疗、养老、托幼等公共服务优质均衡发展，加快建设全国义务教育优质均衡发展县（市、区），进一步丰富健康城市建设内涵，稳步提升社会保障统筹层次和水平，确保困难群众服务保障覆盖率达100%，更好地帮助群众减轻公共

服务领域支出负担。

大力推动城乡融合发展。制定城市有机更新规划，设立城市更新基金，走出一条具有张家港特色的城市更新之路。开展省“美丽宜居城市建设试点”，系统谋划高新区城市新中心、滨江新城、沙洲新城等新城区建设，不断提升城市功能品质。完善乡村振兴规划，稳步推进农房集中规划建设试点，科学规划农房翻建，打造优美富足的江南特色镇村。拓展村级联合抱团等多元化发展渠道，确保到2022年村均可支配收入超1600万元。

加快完善现代交通体系。加快推进节点型交通枢纽城市建设，配合做好通苏嘉甬、南沿江城际铁路建设工作，确保“十四五”期间顺利实现“三铁交会”。推动港口枢纽与铁路枢纽货物转运高效化便利化，实现长江“黄金水道”与高铁“黄金轨道”高效链接。紧扣打造“节点型交通枢纽”，配合做好过江通道建设相关工作，加快推进市域快速环路项目建设，加快构建高铁枢纽到全市的“半小时通勤圈”。

推动绿色发展　打造“长江大保护”生态文明县域典范

习近平总书记强调，“保护生态环境就是保护生产力，改善生态环境就是发展生产力”。张家港作为全国首个荣膺“联合国人居奖”的县级市，先后荣获首届“中国生态文明奖”“国家生态园林城市”等荣誉称号，“张家港湾”生态修复入选联合国可持续发展优秀实践案例。围绕省党代会“生态环境质量显著提升”的目标任务，张家港将深入贯彻习近平生态文明思想，持续深化“美丽张家港”建设，不断擦亮生态底色。

让临港产业更加低碳。坚定不移走绿色低碳循环的发展之路，严把项目建设环境准入关，持续实施“三优三保”、产业用地更新“双百”行动，积极争创全国自然资源节约集约示范县（市）。深入实施园区循环化提升工程和生态工业园区创建，加快老旧工业区整治提升，推动镇村工业集中区向特色产业园区转型。把碳达峰、碳中和纳入港城生态文明建设整体布局，深化国家低碳城市试点。

让滨江风光更加靓丽。严控长江岸线开发利用，全力打造高质量沿江绿色产业带，争创全省长江经济带绿色发展示范区。严格落实长江流域重点水域“十年禁渔”重大任务，促进长江生态系统休养生息。高标准推进沿江综合整治提升工程，统筹谋划沿江生态景观功能集成，加快“张家港湾”特色精品示范区建设，将双山岛打造成为“长江生态第一岛”，推动沿江生态景点串点成线、连线成片，倾力打造最美临江生态绿廊。

让城市环境更加美好。加强生态环境联防联控联治，突出抓好$PM_{2.5}$和臭氧“双控双减”，全面推行“河湖长制”，加强土壤污染防治，深入打好污染防治攻坚战，确保空气质量优良天数比例稳定提升，13个国省考断面、19条通江河道水质优Ⅲ比例保持100%，污染地块安全利用率不断提高。强化环境风险管控，构建现代环境治理体系，确保省级生态文明建设示范镇全覆盖，争创国家生态文明建设示范县（市、区）。

擦亮金字招牌　打造现代化“文明典范第一城”

文明，是一座城市的内在气质，赋予城市生生不息的发展力量。张家港作为全国唯一荣膺文明城市“六连冠”和文明奖项“大满贯”的县级市，始终坚持以文明浸润城市，以文化滋养市民。围绕省党代会“社会文明程度显著提升”“社会治理效能显著提升”的目标任务，张家港将放大“文明张家港”的示范性引领性，打造全面综合、优质均衡的现代化文明典范城市，为全省“建成全国文明城市群”先行探路。

开辟文明创建新境界。完善文明城市长效管理机制，实施新一轮文明创建扩量提质工程，建好全国文明城市建设展览馆，办好精神文明建设张家港研究与交流中心，深化拓展新时代文明实践中心建设，培育一批极富辨识度的“文明新地标”，确保“十四五”期间蝉联全国文明城市“七连冠”，首批获评“全国文明典范城市”，努力当好文明创建的“标准制定者”，通过文明创建推动其他各项工作迈上新台阶。

丰富城市文化新内涵。办好长江文化节，建设长江数字文化博物馆，探索成立长江文化联盟，打造长江沿线文化聚集展示新平台和文旅融合新品牌，将长江文化节打造成为长江文化对内展示和对外交流的标志性品牌，积极创建国家全域旅游示范区。实施文化惠民工程，优化公共文化产品供给和服务，打造便民利民的城乡文化生活圈。实施文化产业高质量发展行动计划，强化文化产业发展引导母基金、“文产贷”等金融支撑，确保到2025年文化产业增加值占地区生产总值比重实现翻番，持续做大规上文化企业规模。

探索社会治理新路径。加快“平安张家港”“法治张家港”建设，不断优化社会治理新路径，探索“党建+互联网+社会治理”模式，力争蝉联全国平安建设先进县（市、区）。统筹推进“防风险、守底线”工作，慎终如始抓好常态化疫情防控，全面加强公共卫生应急管理体系建设，深入开展安全生产专项整治，完善社会治安防控体系，全力防范化解各类风险隐患，确保实现公众安全感、社会治理综合绩效、城市精细化管理水平“三个全国领先”。

时代华章在团结拼搏中共同写就，壮美画卷在接续奋斗中徐徐铺展。张家港市将坚持以习近平新时代中国特色社会主义思想“定向领航”，按照省党代会“持续推进新时代党的建设新的伟大工程”要求，大力塑造具有新时代张家港精神特质的干部队伍，坚决扛起“争当表率、争做示范、走在前列”光荣使命，努力以过硬实绩让张家港精神焕发新的时代华彩，在新的赶考路上继续谱写更加精彩的奋斗篇章！

（摘自2021年12月30日新华日报社“北京西路瞭望”微信公众号）

打造城市"金字招牌" "张家港精神"融入创新品格

李仲勋 徐瑞雅

春天，走进全国文明城市张家港，迎面吹来的"创新春风"令人沉醉。

2月26日，在2021年全省重大项目建设推进会上，张家港36个产业项目开工，总投资646.2亿元，其中重大创新项目成为亮点；3月4日，张家港创新思路，主动联络南京、无锡、南通等地的8个长江保护志愿服务组织，启动长江大保护文明实践志愿服务联合行动；3月6日，张家港农村集体资金、资产、资源智慧管理平台启用，创新监管方式护好农民"钱袋子"……迎来"十四五"，这个县域发展排头兵全面吹响建设"创新张家港"的嘹亮号角。

"'十四五'期间，张家港将统筹推进以科技创新为核心的全面创新，奋力探索更具引领性的创新发展路径，力求为全国县域创新树立旗帜。"张家港市委书记潘国强说，张家港把创新的核心地位贯穿于现代化建设的各领域和全过程，全力打造"创新张家港"品牌，成为这座城市又一块"金字招牌"。

创新始终是贯穿张家港发展的鲜明主线。张家港成功入围全国首批创新型县（市）建设名单、稳居全国科技创新百强县市第一方阵。1100余家规模以上工业企业，近800家高新技术企业，900余名领军人才（团队）组成创新驱动的主力军；实施超3000项产学研合作项目、100多项国际科技合作项目，有效嵌入全球创新网络；总规模近800亿元的"张家港基金"精准对接科技创新金融需求。张家港还在全国率先探索实施"企业创新积分制"，对企业的创新能力进行量化评分，并集成政策资源给予精准扶持，至今累计兑现扶持资金超5.6亿元。

在苏州市2020年度综合考核中，张家港位列县级市（区）第一等次。踏入"十四五"，张家港在谋创新上展现出新的目标和追求，那就是启动"创新张家港"建设。围绕核心路径，2020年10月以来，张家港加快布局、频频落子：携手中国科学技术发展战略研究院，发布"创新张家港"建设五年行动计划；与省科技厅签署厅市工作会商协议，共同推进县域科技体制改革；在全国县域中率先成立市委创新委员会，形成创新的强大合力，解决创新发展的重点难点问题。

张家港将2021年确定为"创新提质年"。2月17日，春节假期最后一天，张家港即召开"创新提质年"动员大会暨作风效能建设会议，现场发布"创新提质年"工作清单，排出77项创新任务，一步步将"创新因子"植入城市肌理。

创新于张家港，不仅仅是发展战略，还是一种价值导向。根据清单，张家港将创新建设事项中心、材料中心、表单中心等7个中心，推进政务服务全程智能化；实施数字经济"五个一"工程，通过设立一只产业基金，举办一场创新创业大赛，成立一家专业招商公司，招引一批高质量项目，打造一个特色产业园，推动数字经济跨越式发展、传统产业加速数字化转型。

"'创新张家港'的内涵指向方方面面，包括在产业升级中厚植创新基因、在一体发展中深化创新合作、在社会治理中突出创新赋能等。"张家港市委副书记、市长韩卫表示，新时期的创新发展，一定要跳出思维定式，摆脱陈规束缚，以全面创新、全域创新为高质量发展赋能，为现代化建设蓄力。

建设"创新张家港"，政府是自觉践行者。"我们借助长三角一体化发展新机遇，推动市内创新高地组团发展、市外创新飞地靶向布局，从而集聚更多优质创新资源，推动创新要素优化配置。"张家港市科技局局长赵瑜介绍，张家港正大力实施科创载体"8521"行动，即聚焦冶金新材料、智能装备、数字经济、生物医药及高端医疗器械等8大重点产业链，规划建设5大组团专业性、现代化科创载体，新增面积超200万平方米，努力实现"苏南最高水平科创载体"一大目标。

建设"创新张家港"，企业尤其是规模企业勇做行动派。2020年，永钢集团克服疫情带来的影响，实现营业收入1010亿元，首次跨入"千亿"行列。永钢集团总裁吴毅表示，企业全力锻造创新引擎，与苏州市产业技术研究院共建绿色制造熔接技术研究所，发力解决高端焊接装备领域的"卡脖子"难题。与此同时，与智能制造公司合作，把333.33公顷钢铁生产制造基地打造成一流的数字化、信息化、智能化的江苏省智能工厂。

创新提质，还体现在齐心协力擦亮文明城市这个"金字招牌"上。张家港市委常委、宣传部部长朱艳说，连续六届获评全国文明城市后，张家港自加压力，提出"打造文明城市策源地、争当现代文明城市典范"，力求实现文明新跨越。

拥抱"十四五"，创新在张家港形成高度共识，成为全社会的自觉追求和一致行动。随着创新合力的迸发、创新能级的提升，张家港一定能够跑出高质量发展新速度，冲在县域现代化建设的最前列！

（摘自2021年3月26日《新华日报》头版）

张家港：打造长三角协同发展的合作典范

张轩　杨健

"好风凭借力，送我上青云。"面对长三角一体化发展、长江经济带建设等重大机遇，张家港主动跳出"县级市思维"，紧扣"一体化"和"高质量"两个关键，发力"沪苏同城化"，深度融入长三角、接轨服务大上海，在"一体化"浪潮中按下高质量发展"快进键"，全力打造长三角协同发展的合作典范。

经济产业一体化
深度融入长三角高质量产业体系

于张家港而言，2020年是承前启后、继往开来的一年。

2020年7月1日，沪苏通长江公铁大桥建成投用，沪苏通铁路开通运行。张家港，这座1994年以来一直位列全国百强县市前三的城市，迎来了重大发展机遇。

特别是随着通苏嘉甬、南沿江两条铁路加速推进，张家港"三铁交会"枢纽格局、长三角城市群中重要节点地位日益凸显。长江黄金水道和高铁黄金走廊加持，拥有长江沿线最大国际贸易商港之一的张家港如虎添翼。

"长三角一体化是当前张家港发展的最大历史机遇。"张家港市委书记潘国强表示，只有自觉服务和融入新发展格局，才能开拓城市发展的广阔天地。

乘高铁之风，踏"一体化"之浪。张家港实施新一轮融入长三角一体化发展计划，已经连续3年在上海举办城市说明会，分领域、分区（镇）举办产业、科创、文旅等专场推介。仅2020年，就开展对接上海交流350余次，达成合作成果120余项。

一次次紧锣密鼓的推介招商，一份份密集签订的合作协议，打响了张家港对外招商引资的主动战。其中，上海电气集团（张家港）变压器有限公司就是该市全面对接大上海、主动融入长三角一体化引进的代表项目之一。

经过择优比选，2019年，上海电气输配电集团与张家港本地企业江苏五洲电力科技有限公司以及张家港经开区等合资合作。上海电气输配电集团董事长牛汝涛表示，此次产业布局是"深思熟虑、优中选优"。在他看来，一方面，张家港的交通优势非常有吸引力；另一方面，张家港冶金工业基础雄厚，近年来又有机器人、新能源汽车、制氢设备等高端装备企业纷纷落户，产业链完备，市场需求潜力巨大。

事实也是如此。上海电气集团（张家港）变压器有限公司在2020年逆势而上，全年新接订单量远超年初既定任务。

招"大"引"强"，扎实推进产业协同发展。围绕以先进制造业为核心的实体经济，张家港广泛布局数字经济、新能源、生物医药等"3+n"先导产业。中车氢能、上海电气变压器、霍尼韦尔、PPG等一批"总部+基地"项目落地，着力构建沪港产业协作、布局合理的区域协同发展格局。

与此同时，张家港持续优化营商环境，全力服务沪港合作项目建设。设立行政审批"长三角一网通办"专窗，36项企业和个人服务事项全部实现长三角异地"一网通办"，积极推进全流程线上办理，提供线下咨询、代收、代发等服务，实现无缝对接，不断降低企业办事成本。

2021年2月，苏州市重大项目集中开工，其中张家港36个重大产业项目，总投资646.2亿元，列苏州第二。杉金光电偏光片生产基地、信义光伏太阳能装备用轻质高透面板项目等如期开工。2021年，张家港全年谋划实施的156个三级重大项目，总投资2728.8亿元。

当下，张家港正瞄准"产业基础高级化、产业链现代化"目标，重点打造冶金、智能装备、新材料、高端纺织4条特色优势产业链，以及新能源、数字经济、生物医药及高端医疗器械、先进特色半导体4条新兴领域产业链，布局建设一批创新动能强劲的现代产业社区、产业园区，招引一批"建链、强链、补链、延链"的重大项目，深度参与长三角一体化产业分工合作，精准布局先进制造业特色产业集群，不断深化对长三角区域高端要素、高端项目的有效承接。

科技人才一体化
构筑临沪科创产业高地

创新是引领发展的第一动力。

张家港市委副书记、市长韩卫表示，张家港始终坚持创新在现代化建设全局中的核心地位，以"创新提质年"推动"十四五"开局，持续深化"创新张家港"建设，主动融入上海科技创新中心建设，全力打造新时代创新驱动高质量发展的全国县域典范。

2月17日，春节假期还未结束，张家港市就召开了"创新提质年"动员大会，以全域创新赋能助力城市高质量发展。现场发布的"创新提质年"工作清单，以条目形式排出77项创新任务，打响"创新张家港"建设"发令枪"。

77项创新任务中，如何打造协同创新高地成为重要内容。

协同创新的方向和路径愈发明晰。

近年来，张家港不断加强与上海科学技术交流中心、上海市科学学研究所等长三角科研机构合作，持续推进苏州氢能创新中心、磁传感器公共服务平台、张家港市集成电路产业促进中心等载体建设。

围绕打造协同创新“强磁场”，张家港专门制定了对接上海科技创新三年行动计划，积极打造长三角一体化重大创新平台、上海张江·张家港创新中心、上海—张家港技术转移协同发展中心、张家港上海高校协同创新中心等，合作建设上海离岸孵化器，依托这些创新平台，张家港将加速推动科技成果跨区域转化，开辟出“沪张”两地产学研合作的“快车道”。

成效有目共睹。数据显示，张家港上海高校协同创新中心、上海—张家港技术转移协同发展中心、上海张江·张家港创新中心的建设运营，产生了超3000项产学研合作项目，100余项国际科技合作项目，让张家港有效嵌入全球创新网络。

3月24日，张家港启动“创新驱动发展张家港指数”研究，打造全国首个县域创新驱动发展指数评价体系，不仅是对张家港创新驱动发展的精准“画像”，更是对县域创新模式的全新探索。

打造区域创新共同体，推动科技创新与产业发展深度融合，人才是关键。

近年来，张家港不断强化顶层设计，精耕细作创新生态圈，通过产业引才、礼遇惠才，打造创新生态欣欣向荣的“最佳服务区”。

与此同时，通过举办张家港市—上海高校国家大学科技园合作恳谈会等活动，张家港持续面向上海高校开展校园引才计划，已有19个创赛项目在该市落户。

公共服务一体化
打造高品质城市环境

作为实施长三角一体化发展战略的重要内容，促进基本公共服务便利共享意义重大。多谋民生之利、多解民生之忧，张家港在一体化发展中不断补齐民生短板。

“没想到在家门口就能看到上海的专家，真的太方便了！”张家港市民黄先生之前在上海某医院做了甲状腺双侧叶切除手术，需要定期去医院复查。2019年，张家港市第二人民医院成立了长三角高级专家诊疗中心，每周六邀请上海的专家前来坐诊。从此，市民黄先生的复诊之路从100余千米缩短到了2千米。

张家港持续深化与上海十院、中山医院、同济医院等上海知名三甲医院的合作，加速推进“长三角高级专家诊疗中心”及“互联网云诊室”建设，让市民不出张家港就能享受到上海、苏州等地医院专家的服务。同时，与上海市虹口区合作，推进长三角养老服务一体化协作项目落地。

对于老百姓来说，医疗、教育上的变化，都会有最切身、直观的感受。

近年来，张家港还与上海院校加强交流合作，持续推进“国际化英语教育共同体”和“拔尖创新人才早期培育”等教育类合作项目；与世界顶级名校——英国莱爵公学签订了张家港智慧科学城莱爵幼儿园项目；与苏州大学签订了苏州大学张家港实验学校项目，依托苏州大学一流的教育理念、卓越的教学成就，进一步提升港城教育品质。

不断拓展两地文旅资源共享，张家港加快乡伴双山岛、常阴沙闲心公社等项目建设，深化长三角地区“互为旅游目的地”战略合作，开通上海游客旅游直通车，整合完善“长三角旅游友城卡”功能，打造更具吸引力和影响力的长三角最佳旅游目的地。

沪苏同城，落脚点在于提高群众生活幸福感和满意度。张家港以打造高品质城市生活为目标，推动与上海在公共服务、文化旅游等方面的互联互通、共建共享，不断增进民生福祉，全力创造高品质生活。

风从海上来，潮涌长三角。面对重大机遇、置身“沪苏同城化”发展大局，潘国强表示，张家港将以更加开阔的视野、更加开放的胸怀，全面发挥日益凸显的区位优势、城乡一体的内在优势，找准发展定位，强化外联内融，在协同联动中放大开放格局，在融合发展中提升城市能级，在落实国家战略中展现张家港作为。

（摘自2021年3月30日《解放日报》）

持续近30年精神文明建设，为张家港带来什么——寻找桃花源

堵力　李超

在高速发展的中国大地，太多地方的实际情况说明，物质文明实现后，并不能直接带来人的现代化，财富积累了，文化沙漠并不能因此化作绿洲，还有许多难题困扰着富裕以后的人们。在某种意义上，张家港精神文明建设经验，回应的正是这个全局性课题。

持续将近30年的精神文明建设，让张家港正从藏富于民，变成藏艺于民，藏美德于民，藏智慧于民。在张家港精神浸润下成长起来的干部都知道，桃花源不在他方，只在脚下。寻找桃花源是大多数中国人心底的渴望，高要鑫就是这样一个人。

在煤矿当了4年技术员的他，决定外出闯荡，找到自己心中的桃花源。几经辗转，来到张家港，他发现这个小城“好安静好干净，人都很温和”，便留下了，宁可当一名保安。

江苏张家港名声在外。一张名片，是江南水乡富庶安逸，集体经济发达，既出了改革先锋秦振华老书记，也有世界五百强民营企业沙钢集团。另一张名片，是这里的精神文明建设。

2020年11月10日，中央文明办公布了第六届全国文明城市入选名单和复查确认保留荣誉称号的前五届全国文明城市名单。“老典型”张家港再次获评全国文明城市，实现全国县级市唯一“六连冠”，并被中央文明办通报表扬。事实上，精神文明建设一直是这个县级市最硬的品牌之一。1995年、2014年、2017年，“全国精神文明建设经验交流会”“全国县级文明城市创建工作现场会”“全国创建文明城市工作经验交流会”三次重要会议都在张家港召开，总结推广张家港精神文明建设经验。

这个1962年由常熟和江阴两地一边拿出一块地拼起来的年轻县城，经历了几十年的发展，有什么过人之处，能让技术员高要鑫心甘情愿从保安做起？

有一点是肯定的，在中国现代化高速发展的进程中，张家港的引人之处绝不仅仅在于她的富庶。

新市民眼中的桃花源

高要鑫来了不久就发现，这里有一套新市民积分系统。外来人口通过为城市服务，可以“升级打怪”，享受同城待遇。张家港建设了全国县级市的首个“志愿者学院”，每10个张家港人中就有1个志愿者。

高要鑫从2013年12月开始做志愿者，因为他的热心和出众的组织能力，迅速成长为张家港市志愿者团队骨干。作为张家港同城伙伴志愿服务团团长，高要鑫累计志愿服务时长超过2000小时，年均服务时长300余小时。在当地利他利人便可利己的治理体系里，协会为他对接了共享的免费资源。因为高要鑫的志愿积分，大女儿享受到了同城优质教育，考入江苏海洋大学；小女儿也从私立的民工小学转入公办学校。

“对外地工友，我比大多数人都了解。”高要鑫说，张家港这些年建楼多、修桥多、工地多，工程队来了之后住在简易房里，流动性大、生活单调，长的五六年，短的一两年。志愿者整合成立了“虹筑之家·工友驿站”，给外来建筑工人理发、缝补衣服、测血压血糖，然后还发掘里面的艺术人才，搞演出。“我每天盯着天气预报，一旦下雨，建筑工地干不了活，志愿者就立刻出动，带着他们张家港一日游”。

甘其食、美其服、乐其俗，现代人基本都已实现，而“高下不相慕”——平衡的心态，发自内心的幸福感，是城乡二元社会、贫富分化的后工业时代最难解的一道题。

2000年，来自四川宜宾的肖国秋是一家羊毛衫厂的打工妹。她发现宿舍附近的凤凰山有人扔废品，就在晨练时带着四五岁的孩子上山捡垃圾。“那里有万亩桃园，要保护我们的桃花源！”不久，肖国秋组织起了当地住户的保洁团。

让肖国秋没想到的是，自己的想法得到了一个退休校长的赞赏，她的孩子进入了公立小学。后来，她加入城市的志愿者队伍，通过为城市服务的积分，孩子考入了沙洲中学读书，以新张家港人的身份参加高考，“现在在北京念大二，学机器人”。

有人说教育是阻断贫困代际传播的途径，张家港除了大力发展乡村教育外，通过志愿服务体系的构建，让普通人共享到优质资源，即使基层民工也有向上流动的通道。

肖国秋的微信头像是个小太阳，志愿者也都叫她“小太阳”，“我是谁啊？就是一个普通的家庭妇女，现在管理一个大大的团队，有4000多人。”她感觉这些年身上有使不完的劲，“孩子大了，也争气，我可以像太阳一样源源不断地把能量释放给志愿服务这个事业”。

对于高要鑫、肖国秋这些新市民来说，让他们的孩子享受公平优质的教育，是获得城市归属感的核心。而从另一方面讲，他们能得到这些，是因为当地志愿者协会有礼遇志愿者的“权力”。而如果没有张家港市委市政府授予，这些外来户又如何能发挥这样的光和热？

远看是桃花源，走进张家港再看，原来这里有一套催人向善的治理体系。无论是建立志愿者服务体系，打造新时代文明实践智慧云平台，还是书香城市建设、网格治理，都是一次又一次制度创新。

毕竟，在高速发展的中国大地，太多地方的实际情况说明，物质文明实现后，并不能直接带来人的现代化，财富积累了，文化沙漠并不能因此化作绿洲，还有许多难题都困扰着富裕以后的人们。

张家港经验，回应的是一个全局性课题。

一把手必须“两手抓”

精神文明怎样才能跟物质文明比翼齐飞？在张家港，面对记者的这个问题，从市里干部、镇长，到80多岁的村民，都很郑重地告诉记者一定要采访“老秦书记”。

老秦书记就是秦振华，如他的名字一样，他在张家港当镇党委书记、市委书记的时候，是如火如荼振兴中华的二十世纪八九十年代。2018年，表彰改革开放40年100名改革先锋的时候，82岁的秦振华作为苏南振兴功勋人物代表，得到了习近平总书记的接见。

沙洲县（1986年更名为张家港市）刚成立时，在苏州市排名倒数第一，被称为“小八子”。建设桃花源的过程，可没有田园诗般的曼妙。

秦振华担任张家港市委书记时是1992年，他56岁。站在市委门口往外看，路高高低低、坑坑洼洼。一下雨，街道变河道，机关干部都穿着高筒雨鞋，看见上学的孩子便将他们扛过去。

这个条件，怎么招商引资？

老秦书记分了两步走：一是用财政少得可怜的钱，修了一条50年不会过时的开阔大路，纵贯城市农村。二是全员搞卫生。大事成于细，难事成于易。通过争创全国卫生城市，将环境搞好，精气神创出来，把打工的和投资吸引来了，经济开始转好。

1994年，张家港人均地区生产总值就达2214美元。但秦振华认为，“口袋”富了不算富，“脑袋”富了才真富。知易行难，如何从行为规范上帮助人实现精神现代化？

当地1995年的政策相当超前：实行垃圾袋装化、城区禁放烟花爆竹、公共场所禁止吸烟、禁烧麦秸、闯红灯者要身穿黄马甲执勤等。

秦振华主政的时候，一个年纳税千万元的乡镇企业总经理因为参与赌博被公安机关抓获，有些领导给他说情。秦振华桌子一拍：沉溺赌博屡教不改，企业怎么会好？后来，来说情的镇党委书记想通了，主动在全镇大会上作检讨。

秦振华告诉记者：“没有物质基础，精神文明是搞不好的。所以要吃透政策，经济必须上去。但光讲经济，也是不行的。”

一把手必须“两手抓”。张家港的精神文明建设指标权重一直占城乡绩效考核的50%。张家港市对精神文明建设的追求，并没有因为老秦书记的退休而停下脚步。连续6次获得全国文明城市称号，靠的是张家港一代又一代领导和全市上下持之以恒的接续努力。

团结拼搏，负重奋进，自加压力，敢于争先——今天，每一个张家港干部的名片背后，都是老秦书记当年提炼的这16字张家港精神。这种精神已融入每个张家港人的血脉。

桃花源“最后一百米”

跟全国大多数农村一样，村里已几乎没有年轻人，80后、90后都向往热闹繁华的城市生活，空心村时代来了。一个个独栋别墅里，生活的都是空巢老人。

没有幸福感，何来桃花源？所以，很多地方距离桃花源永远相差100米。

张家港建农村80岁的孟坤祥的家，一楼书架里放满了油盐酱醋挂面，像个小型超市，而这就是大名鼎鼎的“鸡毛换糖”的典型场景。

孟大爷有两个儿子，都在城里。他和老伴深感寂寞，盼着每个月两次换糖的日子。

那两天，村民拎着家里垃圾来孟大爷门前——一起把垃圾分好类，由城里来的年轻志愿者清点后，再按质按量换给每家洗衣液、筷子、洗涤灵。大家一边聊天一边干活，屋里屋外爬着邻居两三岁的囡囡，大点儿的小朋友帮着分拣，热热闹闹的像节日，孟大爷乐得合不拢嘴。

老龄化是全球问题，而在中国，老人的烦恼会困扰他们在大城市大企业的子孙。让老人安享晚年、充满生机地生活，也是解决奋斗中年、奋斗青年后顾之忧的重要手段。

建农村是个保留村，家家都有小别墅，屋前自留地，房后小桥流水亭台楼阁。

建农村村委会的老主任倪平华今年76岁，3个女儿出嫁在外。“3个小家庭从不要我们经济支援，净给我们买东西。”夫妻二人的退休金加起来有5000元，在自留地种了十几种蔬菜，经常吃不了送邻居。

如今，吃喝不愁的倪平华脑子里转悠的是什么？

张家港是鱼米之乡，自古崇文尚教，既走出过苏州地区历史上第一个状元，也哺育了刘半农、刘天华这样的文化名人，还有张光斗、钱人元等中科院院士。农耕文化对倪平华这一辈的影响是很深的，光耕作、挣钱不够，还要读书、传承。

然而，这几十年现代文明的冲击是非常彻底的。祖上留下来的书籍和家谱，都因不断地搬家而流散了，等他明白过来，后悔晚了。

倪平华深知，他们村在社会主义商品经济的大潮中能迅速崛起，老祖宗留下来的文脉是他们的元气和底气。

倪平华建起了自己的“家风档案”：把一家人的各种证件、他被任命村支书的红头文件，以及家里保存已久的盆盆罐罐、像章、芦花鞋都摆在客厅旁边的柜子里。

现在，建农村每家都有自己的家风档案，“过去的家谱遗失了，从现在开始建立新的家谱、家训、家规。让后代知道我们怎么过来的，家是怎么兴旺的。”这位老书记说。

建农村的党员先锋岗、鸡毛换糖点等农家客厅，都是张家港“网络+网格”运行模式的一部分。所谓“网络”，就是构建以全市为整体，以新时代文明实践中心、所、站为基本单元，以分中心、点为重要补充，覆盖城乡的组织网络体系。目前已实现市中心、镇所、村（社区）站的全覆盖，并建成了5个分中心。

“档案、证件我们就放在外屋，晚上或者平时出门都不锁门。”倪平华认为，路不拾遗，夜不闭户，是社会文明的最重要标志。

倪平华旅游去过20多个国家，“欧洲都去了，还是我们张家港好，出国几次，我就更有制度自信、道路自信了”。

倪平华家前的空场是“共产党员先锋岗”。这里总是热热闹闹，无论是夏夜乘凉的时候，还是干完活休息的时候，他都组织大家一起读书读报，一起交流学习心得。

以家为家，才能以乡为乡，以国为国，以天下为天下。他说，“家国都是一体的”。

大手拉小手，一起城市化

强大的农村集体经济，是苏州“三农”发展的重要特征之一，位于张家港南丰镇的永联村，更是走在苏州农村集体经济发展的最前列，村级每年可用财力1.68亿元。

乡村振兴了，更多农民搬进了楼房，住进了社区，变成城市人。

永联村的年轻人多半在永钢工作，企业效益好，劳动强度大，很多双职工都没有时间管孩子。而这里的小学，有一条珍贵的地下通道。从校门口，直接通到“童梦工坊”。

这条通道解决了困扰很多地区双职工的“三点半现象”。孩子放了学自己从地下通道走过来，没有了飞驰的交通工具和陌生人，直接进“童梦工坊”，看书、做手工、写作业。有专门的退休老教师陪伴督促，等父母下班再来接走。这一切都是免费！

“五老志愿者协会”是这个儿童乐园的“操办人”。71岁的薛栋华是这个有108名会员、11支队伍的协会会长，老教师协会只是“五老”中的一支队伍。

拥有一两万住户的永联小镇，像各地城乡接合部一样，除了上楼的农民，还有大量外来人口，人员比较复杂。

永联村2019年村民人均可支配收入已经达到5.8万元，是江苏省全省农村居民人均可支配收入的2.5倍。这里有网球场、大戏台、健身房，还有大都市可望而不可即的农业生态园。富是富了，但楼道里长着“野火烧不尽，春风吹又生”的小广告，住户垃圾也乱堆乱放。

张家港的文明城市创建是靠卫生打响了第一炮。对待广告人员的“狗皮膏药游击战”，就只能发动群众“坚壁清野”。

“楼里卫生是动态的，必须随时随地发现问题解决问题。”薛栋华常常跟邻居们说，老天把幼小的我们给了父母，中年的我们给了国家，退休还给了我们自己。有事做有寄托，才能生活有质量，不给子女添乱。社区里老人占27%，他发动退休人员都来参加“银巢联盟志愿者服务队”。

协会老人会上门跟出租户签合同，大家都承诺及时清理自己门前的广告。负责督察的值班人员非常负责。张贴的广告上都留有电话号码，协会老人就一个个打电话，让乱贴小广告的人来清理“狗皮膏药”，不来，就通过行政管理部门把电话封了。

遇到打麻将赌博、传销、搞封建迷信活动，薛老说，都是大手拉小手，中小学生出面，要求家里长辈讲文明守公德，“没有解决不了的”。

永联的大戏台远近闻名，每天下午1点专业锡剧团在此准时开戏，《珍珠塔》《双推磨》……经典曲目多、名演员多，还是免费的，100张椅子场场坐满。有些老年人带着午饭、点心从常熟、无锡赶来听戏，更多的是张家港各处的老人拿着免费公交卡，一早就往这里赶。

“开始村里的人也懒得来，有空还不如打麻将。”村里的人想办法，每发出一张票都附赠小礼物，来看戏的人越来越多。戏院营造了一种高尚典雅现代的气氛，走进戏院，内心仿佛有了升华。

大戏台一开始就配备了全自动的水龙头，买了最好的沙发椅。有人担心这么高级的设施，很快不就被糟蹋了？

事实证明，这么多年走过来，大戏台已经改名为永联文化中心，而最早装的沙发椅一张也没损坏。

一个城市的内力从哪里来

“张家港的书店个个都是艺术品。”2020年国庆长假，龙泉夫妇哪儿也没去，带着两个孩子泡在她最喜欢的书店。研究生毕业在北京工作了两年，龙泉夫妻决定来张家港定居。小城风物，景美人美，在单位附近买了房，老人也从湖南老家搬过来一起照顾俩娃，所以生活没有大都市的匆忙和窘迫。

设计各有风格的书店，是张家港的城市亮点。梁丰生态园建成“森林书屋”，张家港公园建造“竹林童话书屋”；依托保利大剧院优质演艺资源打造“艺书房”，在恬庄古街、香山等旅游风景区抢占“C位”……

龙泉说，去书店不仅为了读书，“这里让美停留”。

张家港密密麻麻布满了快乐驿站，成本很低的小房子里兼具茶室、图书馆、公共厕所的诸多功能，干净又美观。有一张市民卡，哪怕半夜一两点也可进去打卡借书还书。“想不到吧？在手机当道的今天，我们张家港有那么多人在安静地读书”。

各美其美，才能美美与共。张家港人把家乡之美，调出了不同的色彩。这里有最美江堤、最美江村、最美江滩，还有在美的生活里遇到最美的自己。

永兴村甚至想把过去的美也留下来。对于离开宅基地的村民，他们集中规划出了一片忆乡林。

把拆迁户家门口具有年代和乡愁故事的树移植到这片忆乡林内，通过照片和视频相结合的方式，把最美好的乡愁瞬间永远定格在“记忆相册”中。

永兴村不是经济大村，没有异军突起的GDP，但走了另一条路，寻找乡愁的发展模式。他们从20世纪80年代就开始在安徽、江西等地搜罗明清民国的家具、楹联和匾额。古色古香的院落前，梨树上挂着个牌子：白首不分离；柿子树则写着：事事遂君心。“两个牌子可以说化腐朽为神奇”，客人问，院子这么风雅，你们请了哪里的设计师？33岁的小伙子施剑南说，我们书记就爱琢磨这些。客人又问：这么大的院子，那么多全国收集来的古董，是谁的资产啊？施剑南说，这是我们村集体的。

人说盛世藏宝，这个村的财产都是宝贝。在明清园前面，一个个旧式的房屋木质框架正在重新拼搭，他们要重修一条“明清街”，给大都市来的人留下一方安放身心之所。

乐土乐土，爰得我所。

爱这片土地，患难之间方见赤诚。2020年春节期间，“一个工厂要加急生产口罩，外地农民工过不来，每天需征召50个志愿者，每次却有上千人报名。”金港镇镇长何俊特别感慨。全市在疫情防控期间，社区防控、卡口执勤、物资生产、隔离服务、心理关怀等工作中活跃着近20万名志愿者，“这是文明港城内力的体现”。

江南水乡，田园风光，现代农庄。今天，持续将近30年的精神文明建设，让张家港正从藏富于民，变成藏艺于民，藏美德于民，藏智慧于民。

正如张家港市委书记潘国强所说：张家港一直在做的，就是不断发挥新时代文明实践平台的全覆盖优势，深入推进农村移风易俗，让文明新风“遍吹乡野”；同时以文化振兴来彰显乡村魅力，不断优化城乡公共文化设施布局，广泛开展群众性文化活动，积极打造农村“十里文化圈”，久久为功培育文明乡风、良好家风、淳朴民风。

在张家港精神浸润下成长起来的干部都知道，桃花源不在他方，只在脚下。

（摘自2021年1月7日《中国青年报》头版头条）

江南小城的“幸福密码”

王伟　黄洪涛

张家港市位于长江下游南岸，是江苏省苏州市管辖的县级市，原名沙洲县，1986年9月撤县，以境内天然良港张家港命名设市，位列全国百强县前三。

江南人，性格如水，利而不争，诗书传家；沙洲人，吃苦耐劳，崇尚自立。两种风格互相渗透，奠定了张家港城市性格的基础，塑造了“团结拼搏，负重奋进，自加压力，敢于争先”的张家港精神。在这种精神感召下，张家港人打造出精神文明建设的“张家港样本”，成为唯一连续六届高分蝉联全国文明城市的县级市。

走进这座江南小城，会发现诸多普通人家的平凡故事和他们的“幸福密码”。无数个普普通通的张家港人用一双双勤劳、智慧的手，编织着自家的温馨岁月，也绘就着这座江南小城的亮丽风景。

“小水滴”展示大文明

“小水滴”是钱雪英的微信名。

前不久，在张家港暨阳湖边的“湖畔书房”，记者见到了这位“网友”。

49岁的钱雪英，原是张家港一家影楼的职工，现在市环保志愿者协会工作。她还有别的一些“头衔”：美湖使者志愿服务团团长、江苏首届“最美民间河长”……

水清草绿，鸟鸣花开。在景色优美的暨阳湖，钱雪英告诉记者，“我家就在湖边不远。”

暨阳湖是张家港市区的一个人工湖，是当地市民的休闲中心。钱雪英几乎每天都会沿湖行走，不同于别人来看风景或锻炼身体，她要检查湖水水质、发放垃圾袋、规劝不文明行为……“这是我和同伴们的例行服务内容，沙洲湖、凤凰湖等地方，都有美湖志愿者常年服务。”

“这里的一块警示牌曾深深触动了我。”原来，人工湖最深的地方达6米，一到夏天，经常有人来游泳，溺水事件偶有发生。

“我想，能不能通过志愿者的宣传服务，减少溺水事件的发生？”

2013年7月，在张家港市文明办的支持下，钱雪英发起成立了“美湖使者志愿服务团”，每天到湖边开展“珍爱生命·防止溺水”宣传，普及溺水急救知识，提醒游人自我保护。

随后，钱雪英又策划了“保护生态·美丽港城”环保周周行活动，带领团员沿着湖岸捡拾垃圾、打捞湖面杂物，开展文明旅游、环保知识宣传等志愿服务。“暨阳湖是张家港的名片，作为志愿者，它的一草一木，我们都放在心上。”这些年，钱雪英和同伴们写了几十本巡湖日记。

开始也有游人不配合，甚至拿到宣传册顺手就丢进垃圾桶里，“但坚持做下去，情况就变了。现在路面、湖面这么干净，就是一个证明。”

2019年，钱雪英获得了江苏首届“最美民间河长”称号。

钱雪英和志愿者伙伴们还开了家“美好杂货铺”。这是一家处理闲置物品的公益商店，衣服、鞋子，文具玩具、绿植摆件，样样都有。“大部分都是市民捐赠，也有爱心企业的批量捐赠。”这么做，实现了旧物利用，低碳环保，同时，储蓄了“美好基金”，可以用来帮助有需要的困难群体。

钱雪英先后策划了“春蕾助学”“亲亲宝贝”“保护生态·美丽港城”环保周周行等多个志愿服务项目。

整天在外从事志愿服务，丈夫有时也会有些想法，但看到钱雪英晚上做志愿服务，他还是会默默地陪伴、接送。

女儿小时候抱怨钱雪英没时间陪她玩，钱雪英干脆带着女儿一起出去，如此，既陪了女儿，又让女儿受到了爱心教育，一举两得！“她大一时参加了学校的志愿者团队，现在已经是负责人了！”钱雪英不无自豪地说。

大家喊钱雪英为“水滴姐”。在她看来，每个志愿者、每个人的力量都是渺小的，但如果人人都愿意做一滴水，汇聚起来，就可以为社会做更多有意义的事。如今，“美湖使者”的数量已从几十人发展到了4000多人。

张家港在全国县级市中率先系统性出台了“志愿者礼遇办法”，引领“好人好报、德者有得”的文明新风尚。目前，全市共有注册志愿者21万余名，志愿团队1310支，累计志愿服务活动时长超567万个小时。

“村里发的福利就够了”

“我生孩子前一天，跑了几十里路，连10块钱都借不到。”顾秀琴对此记忆犹新。

68岁的顾秀琴，是张家港市永联村村民。漫步在小桥流水、风景如画的永联村，她告诉记者，“现在的日子，以前真是想都不敢想啊。”

“我刚来时，这里还是一片滩涂地。”顾秀琴回忆，1970年，她和爱人在一片滩涂地上搭建起一间土坯房，成了家。当时的永联村是沙洲县（张家港前身）最小最穷的村。“吃了上顿没下顿，饭里放一点酱油就是美味了。”顾秀琴说。

当年，这里地势低洼，十涝九灾，农民种地往往颗粒无收。上级先后派来六批工作组，带领村民发展生产，基本都无功而返。直到吴栋材老书记到来，一切才有了改变。

顾秀琴清晰地记得，1978年，吴栋材来到永联村后，带领村民干的第一件事就是挖鱼塘。“当时，真吃了不少苦。”

顾秀琴说，他们夫妻俩跟着村民一起，没日没夜地挖鱼塘。次年年底，顾秀琴家分到了十斤鱼，终于过了一个有“鱼”的新年。

随后，吴栋材在村里陆续筹办起玉器厂、花砖厂、枕头套厂等8个小厂，一些村民开始跟着干起小工。1984年，吴栋材抓住苏南农村建农房需要大量钢筋的商机，办起了轧钢厂，很快有了起色。随后，他果断关停了八个小厂，全身心投入轧钢厂的经营。

顾秀琴的爱人王良宝来到轧钢厂，干起搬运工、操作工，终于有了稳定的收入。

夫妻俩请村民帮忙，盖起二层小楼。1990年，在外学裁缝的儿子也到了轧钢厂，开吊车、搞维修。1992年，邻村姑娘嫁了过来，也进了轧钢厂，当了会计。

永联轧钢厂越做越大，慢慢发展成江苏永钢集团，永联的村民几乎家家户户都有人在钢厂工作。

永联村坚持走共建共享共同富裕的发展道路，村民在充分就业的同时，年底还能享受集体经济发展带来的红利。到2020年，永联村民从村集体经济中获得的分红年人均达1万元。

1995年，顾秀琴家以低价购入一套商品房，楼上居住，底层门面房出租，“家里条件很快就一天一个样了”。

到了2014年，得益于村里“拆归拆、分归分，一户一套，老年人住老年房”的动迁分配政策，儿子、儿媳住进了动迁后分得的140平方米大产权房，顾秀琴二老住进了不远处80平方米的老年公寓。

如今的永联村，产业兴旺，2020年年工农业销售收入突破1000亿元，利税60亿元；生态宜居，农民生活在绿色的环抱之中；乡风文明，连续六届被评为全国文明村；治理有方，村企产权清晰，社区平安和谐，居民自觉自治；生活富裕，农民人人有工作，家家有产权房，年人均纯收入近6万元。

“村里年轻人基本上都不出去打工，就在家门口上班。”顾秀琴的孙女在外地大学毕业后回到了张家港，在市里中学任教，孙女婿原本在市里工作，后来也来到永钢上班，小两口在永联也分到了一套房子。

“儿孙给钱，我们根本用不了，村里发的福利就够了。”顾秀琴说。在村里的活动中心，老年人经常聚在一起打球、打牌、下棋。

在城乡一体化建设过程中，永联村逐步实现居住方式城镇化、生活方式社区化、生产方式产业化、组织方式自治化、收入方式多元化，成为新农村建设的一个样板。

敢于争先的张家港一直是“三农”工作的先行军、城乡发展一体化的老典型。截至2020年底，全市162个集体经济组织资产总计249.65亿元，净资产113.89亿元，村均稳定性收入1249万元，农村居民人均可支配收入37935元，城乡居民收入比缩小到1.893∶1。

从“不愿来”到“不愿走”

“一开始听说分配来张家港，我还以为是要去张家界呢。”洋延镇说。

37岁的洋延镇，老家在山东聊城，现在是江苏申港锅炉有限公司的一名电焊工，2020年当选为“全国劳动模范”。记者第一次见到他时，他正在苏州全国劳模事迹馆给别人讲述自己“充满意外”的奋斗成长故事。

“说实在的，当时从上海分配到张家港，我们都闹情绪了。”洋延镇回忆，2003年，自己和一批山东老乡应聘到上海锅炉厂，学习焊接技术。没想到，半年后，公司决定分配他们一批13个人去张家港。洋延镇没想到，这个以前从没听说过的城市，会彻底改变自己的人生轨迹。

语言不通、饮食不习惯……初来张家港，大家内心有不少怨气。

“为了留住我们，老板是‘别有用心’。”洋延镇说，不久，公司从山东招来13名女焊工。公司工会还定期组织培训，举办联谊活动，逢年过节安排专车接送外来工，给大家创造各种接触交流的机会。很快，洋延镇顺利地和其中一名女焊工恋爱、结婚了。

考虑到大家米饭吃不惯，公司特意从北方请来厨师，专做面食。大伙儿住在公司集体宿舍，虽说条件一般，但感觉格外热闹。

受益于公司“师带徒”培养模式，洋延镇跟着师傅学艺，仅用了两年时间，就完全胜任了焊接工作，并渐渐喜欢上了这个岗位。当自己焊接的产品得到客户的肯定，洋延镇感到很开心。

2013年7月，张家港市举办首届“行行出状元”技能大赛。“那些天，我在实验室里每天练到晚上8点。”最终洋延镇取得了第一名的好成绩。同年，他在苏州技能状元大赛中又获得第一名；2014年，他在江苏省焊接比赛中获得三等奖，并因此晋升焊接高级技师。

得知洋延镇评上了全国劳模，聊城老家“炸”开了锅。村支书专程来公司看望洋延镇，镇上还特意打来电话咨询他是否有意愿回乡发展。洋延镇说，“我在张家港待了18年，早就习惯了这里的生活。是张家港、申港锅炉培养了我，我舍不得离开了。”

为了吸引并留住洋延镇这样的新市民，张家港市率先实行了外来人员积分落户制，还专门成立新市民事务中心，提供“一站式”高效便民服务。

如今，洋延镇已是两个孩子的父亲，在张家港买了房、落了户，决定长期定居这里。“新市民积分制让我们这些外来人员享受到了市民待遇。”洋延镇说，两个孩子上学的事都不用操心。

截至目前，在张家港通过积分政策，共有6万多名新市民子女获得参加本市居民基本医疗保险资格，5万多名新市民子女获得积分入读本市公办学校起始年级资格。

“我妈有时还做点面食，我倒有些不习惯了。”洋延镇说，现在一家人都爱吃米饭，孩子们都说普通话，大家都喜欢上了这座江南小城。

……

在张家港，无数个“钱雪英”“顾秀琴”“洋延镇”穿行在大街小巷，他们用一双双勤劳、智慧的手，编织着自家的温馨岁月，也绘就着这座江南小城的亮丽风景。

（摘自2021年7月1日《工人日报》）

40年前被《人民日报》头版头条报道 张家港续写我为群众办实事暖心篇章

李　飞

7月17日，江苏省张家港市“我为群众办实事”40年主题展览启动，并发布“我为群众办实事”第二批重点项目，围绕乡村振兴主题，聚焦乡村产业振兴、人才振兴、文化振兴、生态振兴、组织振兴和城乡融合发展等6个方面实施20个实事项目，着力提升农民群众幸福感获得感。

1981年7月13日，《人民日报》头版头条刊登长篇报道《沙洲县扎扎实实为农民办好事》，并配发编者按，给予充分肯定。江苏沙洲县（1986年撤县建市为张家港市）各级干部为农民办好事的经验在全国推广。

“可以说，沙洲县是江苏乃至全国形成为群众办好事、办实事这一传统的源头。”40多年前曾实地在沙洲县调研并撰写调研报告的原江苏省乡镇企业局局长邹国忠回忆，20世纪70年代末，沙洲县锦丰公社率先开展各级干部为农民办好事活动，随后，沙洲县委在全县加以推广，解决了许多农村群众的难题。

主题展览活动现场，一张张图文展板记录着40年来张家港党员干部用情用力“为民办实事”的初心故事。

20世纪70年代末，沙洲县锦丰公社率先开展各级干部为农民办好事活动，随后，沙洲县委在全县加以推广，解决了许多农村群众的难题。

从1994年开始，张家港更是将“政府实事工程”作为解决突出民生问题的重要抓手，以问题为导向，项目化推进，托起人民群众对美好生活的向往。

2018年，张家港又在江苏省率先启动“民生微实事”项目，通过“群众点菜、政府买单”的方式，短平快地解决居民身边的“小急难”事。

今年以来，张家港市深入开展党史学习教育“我为群众办实事”实践活动，将直接关联民生和发展、基层群众和企业意见建议比较集中的问题进行分类梳理，5月份，张家港公布首批20个“我为群众办实事”市级重点项目和641项参学单位“我为群众办实事”项目清单。

人口老龄化不断加速的当下，养老问题如何更好破题？在广泛听取民声的基础上，张家港创新推出养老服务“时间银行”项目，让低龄老人助高龄老人的志愿服务，低龄老人的志愿服务以“时间币”的形式存储，待自己年老时可享受相应时间的服务。首批1973名服务对象已享受志愿服务16817人次，志愿者及团队通过服务已获取“时间币”19820个。

据了解，包括“时间银行”在内，目前，张家港已完成“许可审批提速行动”“希望政府帮助解决员工住宿问题”“保障中高考安全优质供水专项行动”等328件实事。

张家港市还开通“市民诉求中心”平台，并升级上线“你来反映、我来服务、他来监督”——张家港市“我为群众办实事”实践活动项目平台，形成“凡事有交代、件件有着落、事事有回音”的闭环管理，推动实践活动从“政府端菜”向“百姓点菜”转变。

“弘扬首创精神，践行为民初心。”张家港市委常委、宣传部部长，市委党史学习教育领导小组副组长、办公室主任朱艳表示，张家港将继续把党史学习教育成果转化为为民服务的信心和动力，以实际行动，解决群众“急难愁盼”的关切问题，谱写张家港“我为群众办实事”的暖心篇章。

（摘自2021年7月19日《人民日报》客户端）

江苏张家港市统筹规划城乡数字建设路径 ——这里的乡村很“智慧”

李文博

通过常阴沙智慧农业服务平台可以实时查看下辖7个社区62个种植大户、170个小户1666.67公顷稻麦种植情况。

在数字化高速发展的时代，农业农村发展如何抓住机遇搭上班车，激发潜能，很多地方正在破题。作为数字乡村试点之一，江苏省张家港市积极探索数字乡村建设路径，与数字经济、城乡融合、智慧城市统筹规划，数字赋能乡村建设快速推进。近日，记者走访张家港市镇村，实地感受这场乡村建设的“数字革命”。

数字赋能 农业是这般“高大上”

不需要土壤、农药，就能生产出高品质的蔬菜，张家港市常阴沙现代农业示范园内的智慧植物工厂，有些高大上。

管道里的营养液，可以根据蔬菜的不同生长阶段，配出不同的营养液。这依托于网络通信、物联网、自动控制及软件技术和智能终端等，让在2400平方米的大棚内，实现温度、湿度、光照、二氧化碳浓度等实时监测，智能控制通风、遮阳、降温设施的开关。

不仅如此，通过对蔬菜种植过程数据的收集、存储、分析，建立出蔬果的种植模型，从而可将种植过程化繁为简，降低成本，实现蔬果的高品质、高效率种植。

农业生产的智能化，不仅在个体，局部的宏观管控上也日益显现。在常阴沙智慧农业服务平台，一块电子大屏上实时显示下辖的7个社区62个种植大户、170个小户1666.67公顷稻麦种植情况。随着鼠标点击某一具体田块，由谁负责、联系方式以及生产过程中插秧、打药、施肥情况一一呈现在眼前。常阴沙现代农业产业示范园农副业办公室负责人吴晶介绍，通过平台，既可以监测种植情况，也可以经过长期的数据积累，进行数据分析，优化生产过程。

在常阴沙稻麦示范方的田头，有两个“大家伙”，“这是我们的虫情监测站、气象监测站，平台上的数据支撑，也是我们进行预警、农业生产指挥调度的基础。”吴晶说。

眼下，常阴沙镇正在探索“1+1+N”的智慧农业服务模式，即由一批物联网基础设施与智能装备、1个智慧农业数据中心以及N个智慧农业场景化应用组成，面向常阴沙农业园绿色稻麦、高效果蔬、全域农旅等主导产业，实现“园区管理数据化、农业生产智能化、经营产销网络化、园区服务在线化、产业发展融合化”的科技服务模式。

数字化管控技术与传统农业生产深度结合，实现了常阴沙全域范围全业态的农业生产组织、过程管理、采收、精准营销、产业融合等条线业务数据的互联互通与共享交换，消除了信息孤岛，实现了最大程度的统一管理与调度，同时与江苏省农业物联网平台、全国农业物联网数据公共服务平台实现了无缝衔接，为现代农业产业园的数字化转型，乡村振兴战略稳步推进提供基础支撑。

张家港的数字技术在乡村产业广泛应用，农业物联网、智慧农机等先进智能装备研发普及力度加强，全市各类农业物联网应用基地50家。品牌特色农产品与电商融合发展风生水起，“十三五”以来，张家港农业电子商务交易额年均增速20%以上，2020年交易额达到12.98亿元。

数字联网 乡村服务有了“智慧脑”

在张家港市永联小镇的智慧永联网格化管理平台，记者看到了居民实时反映的问题。3月22日，一名注册网名为“风云”的居民，在“永联一点通”App上反映，楼下车库通道三个灯都坏了，存在安全隐患。几秒钟，信息已上传汇集到联动工作站，这项任务由物业管理部接收，并马上安排人员上门，得到反馈当天任务完成。

永联小镇地处农村，因知名度高，人流车流大，涉及的治理主体多，为了打破信息壁垒，全域划分为5个网格，实行网格化管理，同时打造了联动工作站，作为永联小镇常态化管理和服务的核心平台，以“线上”+“线下”服务体系，实现居民足不出户可以进行诉求反馈，通过“永联一点通”App、热线、网格员实地走访收集信息，最终汇总到联动工作站，由工作人员接收、派单，相关单位限期处理。

永联指挥中心是永联区域内重大事件调度、协调的平台，在遇到社区重点、难点问题，以及防洪、防疫等重大突发事件，指挥中心实时调度各类数据和资源，予以重点解决。

“乡村服务数字化，最终目的是让居民生活更加便利，以数字化的方式，最大可能的让居民不跑路、少跑路。”张家港市永联小镇负责人张爱峰介绍。

此外，永联小镇还开发各类智慧应用场景。比如医疗互助系统，针对小镇居民，以家庭为单位，个人付50元，村集体对应每人付100元，形成一个医疗互助基金，用于补贴医保之外的医疗费用。居民可以在系统内上传医疗凭证，报销一键生成，24小时内核实后直接将补贴汇至个人账户。

垃圾分类有了“智慧眼”，在永联小镇的居民都有自家专属的垃圾袋，上面有独属的二维码，正确分类投放垃圾能拿到奖励积分，如果错误投放，扫码便可找到源头，对其进行相应惩罚，强大的后台帮助实现垃圾投放的有源可溯。

智能化的服务模式已在全市范围铺开，张家港市整合“12345”、数字化城管、网格化等功能，规划建设了社会综合治理网格化联动系统，打造出联动指挥平台，通过热线电话、网格上报、联动张家港App、网络新媒体等，多渠道进行工单受理，实时显示工单受办理情况。张家港市社会治理现代化指挥中心每天的受理量在3500至4000件。

指挥中心梳理出了涵盖信息采集、治安巡防、隐患排查、矛盾纠纷、便民服务等八大类的网格事务清单，明确了主管部门、处置部门和处办时限，保障了联动质效。遇到网格事件中的疑难复杂问题，按照联席会议制度实行联合会办，各联动部门派人到联动中心集中会办。

数字管理 村集体资产来去有踪

前不久，张家港市杨舍镇七里庙村的集体资产账户中多了一笔43866元的款项，这是97.48平方米的门面房在苏州产权交易中心公示出租后，签订合同所获的收入。

杨舍镇全国领先的强村经济集群，包含23个行政村和18个涉农社区。2020年，村级集体总资产83.58亿元，净资产56.67亿元，村级可支配收入7.57亿元，村均1847万元，集体资产数量大、种类多、运营状况较为复杂，如何守护农村集体“钱袋子”，助推乡村振兴和农业农村现代化建设，是老百姓的期盼，也是杨舍镇的努力目标。

在三资管理专项整治的基础上，杨舍镇摸清了家底，

2020年开始打造以“三资”综合监管平台为核心，运用现代化信息技术，打通资金管理、资产管理、财务管理和农村产权交易等4个独立系统，自主开发农村集体“三资”智慧监管平台，实现一个平台管录入、管监管、管预警、管整改，形成了“平台运作、制度管人、流程管事、纪律管权”的运作模式，张家港市经开区（杨舍镇）农业农村局合作发展科科长薛秋亚介绍。

“以前村集体资产发生的业务都要在审核完成后，按照要求逐笔分录入到相关的独立系统，烦琐且工作量大，还得在各系统里不停切换，现在整合为一个系统，不仅工作量大大降低，管理规范了，对于各种应收款也能时时提醒。”七里庙村资产管理办负责人张美琳对“四网融合”很是认可，“以前每天都要跑到镇里报账，现在一周一次，这个系统太智能了。”

张家港市农业农村局副局长张晨悦说，这套四网融合的管理系统，除了更加规范业务操作外，还有了监督、预警的职能，通过模块间的关联，自动识别应收未收、应招未招、应进未进等非正常处置项，实现精准管理、有效管理，守牢老百姓的“钱袋子”。目前全市176个村级集体经济组织约239亿元总资产已全面纳入平台运转。

平台将数据自动对接苏州市农村产权交易信息服务平台，实现审批业务线上流转、全程留痕、同步管理。平台还预留苏州市基层廉勤监督平台以及民政、社保、公安等其他系统平台数据通道，通过充实“大数据池”，形成齐抓共管的大监督格局，探索构建综合治理、数字智能的立体监督阵列。

张家港的大胆探索，让更多数字元素涌现农村。数字化信息化浪潮澎湃的今天，农业农村紧跟发展步伐，乡村治理、乡村服务、乡村产业步入数字时代，奏出了乡村振兴新篇章。（摘自2021年3月31日《农民日报》）

平台监管，惩治群众身边“微腐败”

赵　兵　王伟健　王云娜

勇于自我革命是中国共产党区别于其他政党的显著标志。我们党历经千锤百炼而朝气蓬勃，一个很重要的原因就是我们始终坚持党要管党、全面从严治党，不断应对好自身在各个历史时期面临的风险考验，确保我们党在世界形势深刻变化的历史进程中始终走在时代前列，在应对国内外各种风险挑战的历史进程中始终成为全国人民的主心骨！

——摘自习近平在庆祝中国共产党成立100周年大会上的重要讲话

前不久，江苏省张家港市凤凰镇杏市村收到了一笔拖欠近10个月、金额达33万余元的厂房租金。“过去，有的企业觉得租的是村集体房子，租金能拖一天是一天；跟村干部说说情，钱能少交一点是一点。现在不行了，村里有了数字‘管家婆’，把村里‘三资’看得可紧了！”杏市村党总支书记张志强说。

张志强口中的“管家婆”正是张家港推出的农村“三资”智慧监管平台。该平台整合资产管理、财务记账、资金支付、产权交易四大系统，通过制度集成、数字赋能，把农村集体资金、资产、资源管起来。

农村“三资”关乎农民群众切身利益，此前一直是“微腐败”的重点领域。近年来，各级纪检监察机关持续整治群众身边的腐败和作风问题，综合运用各种技术手段，强化日常监督，守护群众利益。

走进位于张家港经济技术开发区管委会4楼的农村“三资”智慧监管平台指挥中心，一串串数字在蓝色大屏上跳动，哪个村的“三资”管理出了什么问题，实时更新，一目了然。“我们将全市174个农村集体经济组织的资产状况纳入系统，相当于给农村集体‘三资’贴上了‘数字证照’。”张家港市纪委书记、监委主任王永学说。

今年5月，工作人员在梳理平台数据时发现，塘桥镇金村村食堂1、2月份的食堂费用支出明显偏高。“就餐人数没有变，为何支出突然增加这么多？”工作人员深入调查，果真挖出一个腐败案件：金村村原党委书记张某等5人借办理村务之名，请客送礼、挥霍浪费19万余元。6月，塘桥镇纪委对张某等5人立案审查。

农村“三资”智慧监管平台还建立了预警机制，设置了14个预警项，对录入的数据自动比对、实时预警，并对预警问题的处置全程留痕。

在杨舍镇民丰村，有一笔近百万元的土地转让款被拖欠18年。今年年初，村里仅用不到3个月时间，就将欠款全部收回。事情迎来转机就得益于农村“三资”智慧监管平台。

去年9月，民丰村收到平台发来的欠款预警，村党支部书记陈某某却擅自予以核销。该笔核销引起市纪委监委的注意。在随后的调查中，村干部违反工作纪律、不正确履行农村集体“三资”管理职责的问题浮出水面。去年10月，杨舍镇纪委对4名相关人员立案审查。今年2月，经陈某某牵头主动追缴，欠款全额追回。

“依托平台预警功能，欠账问题得到解决，农民钱袋子得到切实守护。”张家港市纪委监委工作人员张婷介绍，截至目前，平台共发布预警4120个，已完成整改3878个。

（摘自2021年11月23日《人民日报》）

江苏张家港：传承红色基因　建设文明典范城市

苏　雁

“我们脚下这片土地，是当年渡江战线的最东端，这里打响了苏州解放的第一枪。”日前，双山岛的渡江胜利公园内，在江苏苏州张家港“沙洲解放·胜利之路”张家港解放日主题活动上，渡江战役亲历者、89岁的老党员陈品如带领大家重温那段战火纷飞的岁月时说。

从率先提出文明城市概念，到获评首批全国文明城市，再到成为唯一连续六届高分获评全国文明城市的县级市，在追求文明的漫漫长路上，张家港始终坚持传承红色基因，筑牢精神基础，不断实现城市文明的跨越。张家港市委书记潘国强表示，在中国共产党成立100周年之际，张家港将更好地传承红色基因，赓续精神血脉，汇聚红色力量，全力争创新时代全国文明典范城市。

红色故事活起来

渡江战役给双山岛这座江心小岛赋予了特殊的历史意义。如今的双山岛，不仅是张家港践行绿色发展理念的生态地标，更是开展党史学习教育的课堂。双山香山旅游度假区工作人员介绍，双山岛充分利用岛内红色资源，建设渡江胜利公园和双山岛渡江胜利展示馆，打造“寻渡江胜利印记、走江岛生态之旅”等“红色+生态”特色游学线路。

从1926年金村党支部旧址到双山渡江胜利公园，再到沙洲县抗日民主政府纪念馆……一个个红色地标蕴藏着宝贵的精神财富。如何用好红色资源，讲好红色故事，凝聚文明力量？张家港做足创新文章。

今年5月，张家港市启动“张家港e起走”云健步活动，市民登录云健步小程序，打卡张家港22个红色点位，参与线上学习党史知识、答题闯关，追寻红色足迹、开启初心之旅，捐赠健行步数还可以为公益慈善助力。

为了让久远的历史活起来，张家港巧打文化牌，把红色故事送到百姓身边。长春园书场里，张家港市评弹艺术传承中心创作的中篇评弹《沙洲第一枪》场场爆满；张家港市新时代文明实践中心推出文艺党课、电影党课，用艺术形式再现中国共产党的百年峥嵘岁月；张家港经开区（杨舍镇）精心打造“杨舍故事汇”特色品牌栏目，将党史、家风、文明故事编印成册，并定期开展讲故事大赛及故事巡讲活动，潜移默化弘扬社会正能量。

张家港市委常委、宣传部部长朱艳表示，传承红色基因，让广大干部群众在感受红色文化魅力的同时，使党的创新理论飞入寻常百姓家，打通宣传服务群众最后一百米。

传播矩阵连起来

傍晚的暨阳湖生态园景区西北角，“文明实践·益空间”湖畔书房格外引人注目。书房的一楼，各式各类的图书整齐地摆放在书架上，读者们正安静地阅读；二楼，“悦读先锋”青年学习社红色阅读分享会正热烈进行，张家港革命烈士谢恺的长孙谢步时，与青年们分享谢恺当年英勇斗争的故事。

“刚开始，湖畔书房就像一个网红景点，大家过来就是为了打卡。”张家港市图书馆馆长徐牡丹告诉记者。“慢慢地，市民被吸引了。即便在疫情期间，书房每天的‘流量’都有上千人。”徐牡丹说。

张家港是一座书香之城。像湖畔书房这样的图书馆驿站，全市目前共有50个点位，实现了24小时不打烊，市民只要刷市民卡或支付宝，就可以随时进入书房阅读。至今年4月，各24小时图书馆驿站已累计接待读者522万人次。

在文明城市建设过程中，张家港积极搭建文明传播矩阵。7个新时代文明实践分中心、9个区镇新时代文明实践所、265个村（社区）新时代文明实践站以及各类文明实践示范点聚焦发力，并通过打造“理论氧吧”宣讲品牌、“追梦学堂”志愿服务项目等常态化运行机制，使得红色文化融入百姓寻常生活。

幸福民生显出来

初夏，张家港经开区（杨舍镇）城东街道的初心广场上，一群精神矍铄的老人随着音乐悠然地打太极，不远处有人在抖着空竹。这座广场始建于20世纪80年代，最早是一个足球场，随着时代发展，场地设施老化，地面坑坑洼洼，周边的公共空间也被商业设施挤占。

2018年，张家港市将广场改造计划提上日程。经过广泛征求居民意见，结合当地社区人口老龄化程度较高的实际情况，张家港经开区（杨舍镇）对广场进行适老化改造，更新体育健身设施，新建党建长廊，还把之前的一间酒吧改造成初心书屋。

住在附近的小区居民顾阿姨告诉记者，广场改造好后，她每天早上都会到广场锻炼身体，只要一有空就会到初心书屋做志愿者。

良好的道德风尚在港城蔚然成风。截至今年5月，张家港全市共有注册志愿者21万余名，志愿团队1310支，累计志愿服务活动时长超567万小时。

“文明城市创建的最终目的，是让城市更美好，让人民更幸福。”张家港市委副书记、市长韩卫表示，张家港将引导广大党员深入社区、走访农户，倾听群众心声、了解群众诉求，用情用力解决好群众的实际问题，凝聚起建设文明典范城市的强大合力。

（摘自2021年06月10日《光明日报》）

【编辑　宋佳辰】

大事记

Chronicle of Important Events

益空间·湖畔书房　（靳泉　摄）

1月	7月
2月	8月
3月	9月
4月	10月
5月	11月
6月	12月

張家港年鑑(2022)

1月

5日至8日 政协张家港市第十二届委员会第五次会议举行。

6日至9日 张家港市第十四届人民代表大会第五次会议举行。

15日 陶氏张家港有机硅树脂工厂落成仪式在张家港保税区举行，总投资6900万美元。

23日 苏州市抗击新冠肺炎表彰暨冬春季疫情防控动员部署大会召开，张家港市38人和11个集体分别获评苏州市抗击新冠肺炎疫情先进个人和先进集体。

是日 张家港市“集聚创新驱动新势能，引领多链融合新发展”2021年第一季度项目集中开竣工活动举行。103个项目集中开竣工，总投资555.71亿元。

是日 张家港市“益空间·湖畔书房”启用暨“声音里的张家港”喜马拉雅官方电台上线仪式在暨阳湖湖畔书房举行。

28日 江苏富淼科技股份有限公司在上海证券交易所挂牌上市，成为张家港市第24家上市公司、第2家科创板上市企业。

2月

5日 张家港市新冠肺炎疫情全员核酸检测实操演练在经开区（杨舍镇）初心广场举行。

17日 张家港市“创新提质年”动员大会暨作风效能建设会议召开。

18日 苏州市2020年度综合考核工作总结暨作风建设大会召开。张家港市获2020年度综合考核县级市（区）第一等次。

19日 1头江豚在长江张家港段江面上戏水。江豚属国家一级保护动物，被称为水中“大熊猫”。长江禁捕后，水质明显改善，常有江豚出没，三五成群，有时达到10余头。

是月 张家港市核酸检测基地建成并通过验收。

是月 《小康》杂志发布“2021中国县域电商竞争力百强榜”，张家港市列第23位，在苏州大市各县（市、区）中列第二。

3月

5日 经开区（杨舍镇）第一季度重大产业项目集中开工仪式举行。15个项目集中开工，总投资267亿元。

6日 张家港市农村工作会议暨率先基本实现农业农村现代化工作推进会召开。

10日 苏州市召开党史学习教育动员会议，张家港市以续会形式部署开展张家港市党史学习教育。

14日 双山生态岛明珠灯塔开工仪式暨乡伴理想村文旅项目发布活动举行。乡伴理想村位于双山岛老街区域，占地面积40公顷。

18日 张家港市举行全国“两会”精神专题报告会。第十三届全国人大代表、南丰镇永联村党委书记吴惠芳作专题报告。

19日 全国政协副主席、党组副书记张庆黎率调研组到张家港市，就贯彻落实中央政协工作会议精神情况开展调研，省政协主席黄莉新等参加调研。

20日 2021年张家港市金融创新发展大会暨“春之融”苏州·张家港政银企恳谈签约活动举行。其中，落实融资合作项目215项，融资金额1270.17亿元；现场签约项目31项，签约总金额486.59亿元。“港城金融服务万企百亿融通工程”升级行动启动。

24日 张家港市携手中国经济信息社在北京召开“创新驱动发展张家港指数”启动会。

27日 张家港保税区第一季度重大项目集中签约仪式举行，总投资75亿元。

29日 国泰上海中心项目开工仪式在上海市嘉定区江桥镇举行。项目占地面积6.33公顷，总投资30亿元。

30日 “沪苏同城，创新提质”2021年张家港融入上海合作发展说明会在上海举行。总投资563亿元的55个合作项目现场集中签约。

是日 “数聚港城·智创未来”首届全球数字经济创新创业大赛在上海发布启动。

是日 江苏省2020年度高质量发展总结表彰大会召开，张家港市获“推进高质量发展先进县（市、区）”。

31日 中宣部、中央文明办公布2020年全国学雷锋志愿服务“四个100”先进典型名单。张家港市大新镇金银杏志愿者协会会长王志勇、古琴公益传播传承志愿者团队负责人孙海滨入选为最美志愿者，南丰镇永联爱心互助志愿者联合会橄榄绿志愿服务队入选为最佳志愿服务组织。

4月

7日 张家港市争创“全国文明典范城市”动员部署会召开。

12日 博枫—博桥联汽车零部件综合产业中心项目签约仪式在上海举行。项目落户张家港高新区，总投资1.55亿美元。

是日 冶金工业园（锦丰镇）举行“创新提质·医路辉煌”张家港医疗器械高新产业园励迪系列项目签约仪式。22个医疗器械项目集中签约，总投资70.8亿元。

15日 中科院过程所生物安全平台及检测设备项目落户张家港高新区，总投资6700万元。

是日 “伟大开端——中国共产党创建历史图片展”在张家港市博物馆开幕，至5月10日结束。

16日 “杉耀视界，金石为开”杉金光电启动仪式暨战略发布会在北京举行。由杉杉股份有限公司总投资11亿美元打造的LCD偏光片总部、生产基地和研发中心项目落户张家港经开区。

17日 张家港迪克汽车化学品有限公司奠基典礼在张家港保税区举行，总投资5亿元。

19日 由上海清算所和保税科技集团共同推进的大宗商品现货清算业务（“清算通”）签约仪式在张家港市举行。

20日 张家港经济技术开发区汽车产业大会暨光束汽车首届供应商大会在馨苑度假村举行，总投资51亿元。

21日 “沙洲解放·胜利之路”张家港解放日主题活动举行。

23日 张家港市“集聚创新驱动新势能，引领多链融合新发展”2021年第二季度项目集中开竣工活动举行。89个项目集中开竣工，总投资570.4亿元。

26日 第四届数字中国建设峰会“县域工业互联网发展指数”首次发布，张家港市列全国第二。

是日 展鑫电子（张家港）智能芯谷项目签约仪式举行。项目落户冶金园（锦丰镇），一期总投资20亿元。

29日 安迈工程设备张家港生产基地项目启动仪式在张家港经开区举行，总投资1.2亿美元。

30日 香港敏华控股高端家居智能核心部件制造基地项目签约。项目落户冶金园（锦丰镇），总投资10亿美元。

5月

6日 上海长三角科创企业服务中心苏南中心成立揭牌暨沪苏科创服务战略合作签约活动在苏州举行，现场启动张家港市助推人才企业上市“攀峰计划”行动，成立苏州科创企业上市服务战略合作联盟。

7日 法国埃顿集团高端装备产业园项目签约仪式在上海举行。项目落户南丰镇，总投资10亿元。

8日 张家港市金港街道、后塍街道、德积街道成立大会暨揭牌仪式举行。

10日至11日 《全国县级文明城市测评体系》修订工作座谈会在张家港市召开。

10日至11日 全国人大常委会副委员长吉炳轩率调研组到张家港市，就加强种质资源保护和育种创新、加强和改进新时代人大工作开展专题调研。

13日 最高人民检察院党组书记、检察长张军率调研组到张家港市，调研市检察院推进企业合规改革试点工作进展情况等。

21日 江苏奥洁生物科技有限公司生产基地项目在张家港保税区启动，总投资10亿元。

24日 张家港市入选第一批全国供应链创新与应用示范城市，成为全国唯一入选的县级城市。

25日 在2021年中国国际大数据产业博览会数字政府论坛上，中国信息协会发布数字政府创新成果入围名单，张家港市“三个通链”数字港城项目获评2021年数字政府管理创新奖。

26日 “对接粤港澳，携手创未来”张家港（深圳）创新发展合作交流会在深圳举行。32个项目签约，总投资405亿元。

27日 东方雨虹张家港绿色建材智能生产基地项目签约仪式举行。项目落户大新镇，总投资20亿元。

是日 国家体育总局公布首批全国县域足球典型名单，张家港市入选。

31日 百度张家港“三中心一基地”项目签约仪式举行。百度公司计划在张家港高新区建设云计算中心、AI算力中心、百度大脑创新体验中心，打造AAAAA级碳中和数据中心基地。

6月

1日 江苏博云塑业股份有限公司在深圳证券交易所挂牌上市，成为“创业板”改革并试点注册制后张家港市首家“创业板”上市企业。

3日 张家港市永联村入选江苏首批100个红色地名。

8日 张家港市乡村振兴局挂牌成立。

9日 张家港保税区第二季度重大项目集中开竣工活动举行。23个项目集中开竣工，总投资150.9亿元。

11日 江苏广大鑫盛精密智造有限公司精密零部件智造项目奠基仪式举行，总投资42亿元。

17日 高新区（塘桥镇）2021年度项目集中开竣工活动暨智能装备产业园·国泰智达特种设备项目开工仪式举行。18个项目集中开竣工，总投资153.1亿元。

18日 张家港市政府、华为公司在市联合举办县域城市智能体峰会。

19日 张家港市文化产业高质量发展现场推进会暨国家全域旅游示范区创建动员会召开。

26日 “多链融合，提质增效”2021年张家港市重点产业链高质量发展大会召开。

28日 “颂百年风华，忆入党初心，走胜利之路”主题活动暨双山岛渡江战役展示馆落成仪式举行。

是日 中国机械工业联合会授予张家港市“中国高端石化装备名城”称号。

29日 晨丰公路西段（港华路至一干河西）通车暨346国道张家港绕城段改扩建工程开工仪式举行。项目总投资46亿元，计划于2024年建成。

30日 “伟大征程——永远跟党走”张家港市庆祝中国共产党成立100周年文艺演出在保利大剧院举行。

7月

3日 张家港市庆祝中国共产党成立100周年座谈会暨

市“两优一先”表彰会议召开。

9日 法国液化空气集团十万标准立方米空分项目签约仪式举行，投资1.2亿美元。

10日 “童心向党·党的光辉照我心”张家港市新时代好少年红色研学教育实践活动暨“田园里学党史”沉浸式教育体验园开园仪式在乐余镇永利村举行。

11日 2021年（第十三届）苏州国际精英创业周张家港分会场暨张家港创新周·第十五届科技人才活动周开幕，中国经济信息社与张家港市联合研发的“创新驱动发展（张家港）指数”发布，这是全国首个县域创新驱动发展指数。

13日 爱舍伦医疗张家港创新基地暨乡村振兴项目集中签约活动在冶金园举行。

17日 张家港市“我为群众办实事”40年主题展览启动仪式暨深化“我为群众办实事”实践活动座谈会举行。

18日 “共通互融谋发展，创新提质筑健康”张家港市卫生健康领域融入长三角一体化合作项目集中签约仪式举行。

19日 2021年中国足球协会第二十三届“贝贝杯”青少年（12岁男子组）足球赛在凤凰镇开幕，决赛于24日举行。

是日 江苏清能新能源技术股份有限公司控股子公司Hyzon Motors在美国纳斯达克上市，这是张家港市首家在美国上市的公司。

21日 江苏沙钢集团有限公司捐款5000万元驰援河南防汛救灾。

25日 在东京奥运会男子10米气步枪决赛中，张家港籍运动员盛李豪以250.9环摘得银牌，获得张家港历史上第二枚奥运奖牌。

26日至28日 中国共产党张家港市第十二次代表大会举行。会议全面总结市第十一次党代会以来的工作成绩和经验，科学确立未来五年的奋斗目标和重点任务。

是月 联合国官网公布可持续发展目标实践行动优秀案例评选结果，《张家港湾：来自中国的生态修复实践》（《Zhangjiagang Bay : Practice of Ecological Restoration in China》）入选，成为江苏省首批入围的案例。

8月

2日 2021年《财富》世界500强排行榜发布，沙钢集团以2020年营业收入超386亿美元的业绩列榜单第308位。

3日 张家港中环海陆高端装备股份有限公司在深圳证券交易所创业板上市。

4日 张家港市入选2021年赛迪百强县榜，全国排名第三。

7日 “清能股份10周年”氢能商用车项目签约暨海易森汽车上市活动举行。

16日 永钢集团科创中心签约仪式举行。项目落户高新区（塘桥镇），总投资5亿元。

25日 张家港2021年第三季度项目集中开竣工活动举行。73个项目集中开竣工，总投资567.21亿元。

是日 张家港市开展新冠肺炎疫情处置工作实战演练。

是日 江苏焕电科技有限公司揭牌仪式举行。该公司由国家电力投资集团江苏公司和上海启源芯动力科技有限公司共同投资组建，是贯彻落实4月29日张家港市人民政府与国家电力投资集团签订碳达峰、碳中和能源战略研究及全面战略合作协议的省级平台公司。

28日 稻兴科技8K超高清视频（张家港）智能制造基地项目签约仪式在苏州举行。项目落户冶金园（锦丰镇），占地15公顷，总投资8亿美元。

30日 京东长三角智能产业基地项目签约仪式在张家港市举行。项目一期选址乐余镇，总投资20亿元。

9月

1日 中国科协发布2021—2025年度第一批全国科普示范县（市、区）名单，张家港市入选，示范期5年。张家港市已连续5次入选全国科普示范市。

3日 大新抗战历史纪念园开园仪式举行。

5日 在第十一届“中华慈善奖”表彰大会上，江苏永钢集团有限公司获评2017年至2019年在慈善领域作出突出贡献的捐赠企业。

10日 国富氢能装备产业基地一期竣工投产暨嘉化氢能加氢站投入运营仪式举行。

22日 沙洲中心粮库三期扩建项目开工建设，总投资9286万元，计划于2022年8月竣工。

是日 张家港海锅新能源装备股份有限公司在深圳证券交易所创业板挂牌上市。

25日 中国企业联合会、中国企业家协会发布“中国企业500强”榜单。张家港市4家企业上榜，其中江苏沙钢集团有限公司居第87位，江苏永钢集团有限公司居第220位，江苏国泰国际集团股份有限公司居第362位，澳洋集团有限公司居第486位。

是日 全国工商联发布“2021中国民营企业500强”榜单，张家港市有9家企业上榜。

10月

12日 大族激光华东区域总部基地签约仪式在苏州举行，项目落户张家港保税区。

12日　江苏省数字乡村建设现场会在张家港市举行。

15日　梵创产业园首期发布暨二期启动仪式举行。梵创产业园为张家港市首家民营科技产业园，总投资20亿元。

16日　变形积木总部项目签约仪式举行。项目落户南丰镇，总投资10亿元。

21日　张家港市与上海国盛集团全面战略合作签约仪式举行。

22日　雅保新时代锂电池材料工厂（保税区）项目签约仪式举行，一期项目投资5亿美元。

是日　“科技招商进行时”——凤凰镇“海外联合创新中心”暨“五芯红企党建联盟”“科创新动力新时代文明实践点”落成仪式举行。

27日　奎克好富顿集团高级工业介质项目（保税区）签约仪式举行，注册资本5000万美元。

31日　省委、省政府发布《关于表彰全省脱贫攻坚暨对口帮扶支援合作先进集体和先进个人的决定》和《关于对全省脱贫攻坚暨对口帮扶支援合作工作表现突出集体予以通报表扬的通知》，张家港市有2个集体、5名个人分别获评全省脱贫攻坚暨对口帮扶支援合作先进集体、个人。

11月

1日　张家港市创建文明城市，共享文明成果的生动实践被中央电视台《新闻联播》宣传报道。

3日　苏州海陆重工股份有限公司参与完成的年产400万吨煤间接液化成套技术创新开发及产业化项目获国家科学技术进步奖一等奖。

10日　杜邦张家港有限公司生产基地在张家港保税区奠基。

11日　总投资38亿元的劢迪医疗器械产业创新港、投资约1亿美元的爱舍伦医疗张家港创新基地在冶金园（锦丰镇）开工奠基。

14日　“踏浪而行”2021年长江文化节“云”上开幕，于12月22日结束。其间安排“考古里的长江文明”专题展览、第九届长江流域民族民间艺术节非遗主题展——“未来非遗”当代视觉艺术展等四大系列9项主题活动。

16日　江苏灿勤科技股份有限公司在上海证券交易所科创板挂牌上市。

17日　国泰新点软件股份有限公司在上海证券交易所科创板挂牌上市。

18日　中国科学院、中国工程院公布2021年院士增选名单，张家港籍朱敏入选中国科学院院士。

23日　《人民日报》发表《江苏张家港开展“民生微实事”项目，广泛听取群众意见、诉求——急事难事烦心事快报快批快处理（社会治理在身边）》的报道。

12月

1日　竞争力智库、《中国经济导报》、北京中新城市规划设计研究院等在北京发布首届《中国城市基本现代化监测报告》，揭晓“2021中国县级市基本现代化指数前100名”，张家港市基本现代化指数达到90.13，列全国县级市第二位，并被列为“2021中国高质量推进基本现代化典型城市”范例城市之一。

8日　张家港市举行市、镇两级人大代表换届选举，全市80余万名选民参与。通过选举，产生新一届市人大代表370余人、镇人大代表740余人。

9日　张家港高新区重大外资项目集中签约仪式举行。5个外资项目签约，总投资10.3亿美元。

16日　张家港市政府与中石化集团资本有限公司战略合作框架协议签约仪式举行。

是日　江苏博云高端材料研发生产基地暨冶金工业园12月项目集中开工仪式举行，3个项目集中开工，总投资16亿元。

是日　由中国信息通信研究院主办的中国县域工业经济发展论坛发布2021年“中国工业百强县”“中国创新百强县”榜单，张家港市分别列第4位和第2位，并入选《中国县域工业高质量发展典型案例》。

17日　农业农村部农村社会事业促进司、国家发展改革委社会发展司、国家乡村振兴局政策法规司、中国经济信息社联合公布第三批全国农村公共服务典型案例，张家港市民政局牵头实施的《全域推广乡村公益医疗互助》入选。

18日　张家港市同心学院和张家港市侨商联合会成立。

是日　“双12苏州购物节——嗨购张家港·多彩夜沙洲”启动，活动持续3个月。

22日　张家港市获评水利部“2021年度国家水土保持示范县”。

28日　张家港市东城社区卫生服务中心暨市中医医院东城分院投入试运行，位于华昌路450号，占地面积4660平方米，建筑面积9300平方米。

是日　张家港市首个农文旅一站式体验市集——乐余市集启用仪式举行。乐余市集由原乐余农贸商城改造而成，占地约7800平方米，总投资1600万元。

29日　在2021年第十六届中国全面小康论坛暨首届中国经济社会高质量发展论坛上，张家港市获评“2021年度中国高质量发展十大示范县市”。

30日　中共张家港市委十二届二次全体会议暨市委经济工作会议举行。会议动员全市各级党组织、广大党员和干部群众，与时俱进大力弘扬张家港精神，以实际行动迎接中共二十大、献礼建县（市）60周年。

【编辑　沈立平】

全国文明城市
张家港概览

The Overview of the National Civilized City of Zhangjiagang

香山湖　　（市委史志办　提供）

地情概要

人文风情

经济建设

政治建设

文化建设

社会建设

生态文明建设

張家港年鑑(2022)

地情概要

【地理位置】 张家港市位于长江下游南岸，江苏省东南部。东、东南连常熟市，西、西南接江阴市，北、东北、西北临长江，是位于沿海和长江两大经济开发带交会处的国际化、现代化港口城市。地理坐标北纬31°43′12″至32°02′，东经120°21′57″至120°52′。东南距上海市98千米；南近太湖，分别距无锡市58千米、苏州市90千米；西距常州市55千米、南京市200千米；北隔江距南通市62千米，是长江三角洲的重要组成部分。全市总面积986.73平方千米，占全省面积的0.92%、苏州市面积的11.62%。其中，陆地面积786.43平方千米，占全市总面积的79.7%；长江水域面积200.3平方千米，占20.3%。陆地东西最大直线距离44.58千米，南北最大直线距离33.71千米。北宽南窄，呈三角形。

【地质地貌】 *地层* 张家港境内主要是第四系沉积物覆盖。第四系覆盖层的厚度为90米至240米，是全新统现代沉积。西南零星出露基岩属泥盆系茅山群的紫红色沙砾岩。第四系覆盖层的可耕层为2米至3米，耕层下面是沙质黏土、黏土层，隔水性能较好，厚度为50米至70米；在地面以下70米至150米之间，有含水性较好、透水性较强的细沙层、黏质沙层、中沙层、砾石层，但中间夹有含砾黏土层、黏土层等不透水层。在地面140米至240米以下是砂岩、灰岩、砾岩层。在第四系覆盖层下有白垩系的杂色砾岩、粉砂岩及灰岩，厚度约210米；三叠系青龙群的灰岩和钙质泥岩，厚600米；二叠系龙潭组的海陆交互相岩层、砂岩、灰岩、泥岩等，厚450余米；石炭系的砂岩、灰岩和泥岩等，厚450余米。

地震地质 江苏省主要的地震带是西北部的郯庐断裂地震带和沿长江的扬铜地震带。张家港市主要受扬铜地震带所控制，在大地构造上属扬子准地台下扬子古拗陷的东部，苏锡中台拱的北东部，北邻苏北中新拗陷，南部和东部与钱塘褶皱带相连，西部是常州中拗陷。张家港境内基本构造格架为“二隆二拗”构造形式。“二隆”是段山—张家港褶断束、顾山—铜官山褶断束；“二拗”是祝塘—锦丰拗陷、谢桥拗陷。境内有北北西向、北西向和北东向（华夏）构造发育，形成网络系统。根据可考文字和有关地震研究，张家港市历史上未见强震记载。从地震强度背景值而论，境内所在位置介于强震和弱震的过渡区域，受扬州—铜陵地震带所控制。

工程地质 根据市建筑设计院历年工程地质勘探资料，境内的地耐力一般为每平方米10吨左右。其中，南部黏土一般为每平方米20吨左右，亚黏土一般为每平方米18吨左右，轻亚黏土一般为每平方米10吨左右；北部粉黏土一般为每平方米8吨左右。

地貌 张家港市地跨长江三角洲平原的两个地貌副区，即长江南岸古代沙嘴区和靖江常阴古沙洲区。北面临江，双山沙（福姜沙）孑立江中，长江沿岸滩地绵长。古长江岸线把境内陆地分为南、北两个部分，南部属老长江三角洲的古代沙嘴区，成陆8000年以上，地势高亢，高程（吴淞零点，下同）为5米至8米，散落着大小10座山丘；北部属新长江三角洲，由数十个沙洲积涨连接而成，成陆最早的800余年，地势低平，高程为3米至5米。根据地面黄海高程，全境地貌可分为丘陵、高平田、平田、低平田和圩田。其中，南部地区主要为高平田、平田和低平田，北部地区均为圩田，丘陵主要散落在塘桥镇的妙桥地区、金港镇的南沙地区和凤凰镇的少量地区。

【沿江岸线】 张家港市境内有沿江岸线63.57千米，其中不冻不淤的深水岸线约40千米。依托优越的沿江岸线，建有国际贸易商港张家港港，并由西向东排布着江苏省张家港保税区、江苏扬子江国际冶金工业园等各具特色的专业园区。西北部有江中小岛双山岛，离南岸1千米，是张家港港天然的避风屏障。双山岛与南岸之间的航道为福南水道。双山岛距北岸3千米，之间为福中水道和福北水道。双山环岛洲堤长16.8千米，面积20平方千米，高程4米至5米。

【自然资源】 *土地资源* 据市国土资源局统计，全市实有耕地30272.92公顷、园地3364.84公顷、林地201.44公顷、城镇村及工矿用地30114.75公顷、交通运输用地6446.54公顷、水域及水利设施用地27861公顷、其他土地411.05公顷。

水资源 境内水资源丰富。地表水中河港蓄水量丰水年为4.74亿立方米，中等干旱年为8624万立方米。据2020年统计，全市沿江各闸共引水23.8亿立方米，排水30.92亿立方米。泵站运行769小时，引水量7400万立方米。全年实际用水量：地表水19.68亿立方米（火电企业用水量为全口径计算），浅层地下水62.8万立方米。2021年全市有市级及以上骨干河道25条，总长365.09千米；镇级河道251条，总长674.05千米，其中跨界河道22条；村级河道7016条，总长3022.25千米。汛期，沿江口门自排水量21.02亿立方米，泵站累计排水5000万立方米（871小时）。

矿产资源 境内已发现的矿产品种主要有砂石、砖瓦黏土、矿泉水、煤炭、天然气等。其中，探明的储量有砂石约6000万吨，煤炭约2010万吨，天然气约8000万立方米，矿泉水约8000万立方米。2003年建成凤凰地热井温泉，水温45摄氏度，日产地热水624立方米。2021年乐余地热井温泉出水，出水温度42摄氏度，日单井出水量509吨。

野生动植物资源 境内共有野生动物资源13纲、292个品种。其中，鱼纲类有刀鱼、河豚、鲫鱼等96种，爬行纲类有龟、鳖、蛇等21种，鸟纲类有野鸡、野鸭、鹰、雀等105种，哺乳纲类有野兔、刺猬、鼠等8种，另有野生无脊椎动物63种。野生植物资源比较丰富，有百余科近500个品种，常见的有24个科、80个品种，分布在田间、山丘、河边、滩地，可用于农、牧、渔业生产，手工编织及疾病治疗。另有常见绿化植物314种。2016年1月，在双山岛发现10只被誉为鸟中“大

熊猫”的震旦鸦雀。2021年1月，在常阴沙沿江湿地发现“极危”鸟类青头潜鸭；3月和4月，沿江又先后发现国家一级保护动物中华秋沙鸭和勺嘴鹬。

【气候】 光照　全年日照时数2098.4小时，比上年多298小时，比常年（1991—2020年平均，下同）平均日照1807.2小时偏多291.2小时；年日照百分率（相对日照）为47%。日照时数最多的月份是12月，为208.3小时，占月可照时数的67%；月日照时数最少的月份是3月，为133.2小时，占月可照时数的36%。

气温　全年平均气温17.8摄氏度，比上年高0.5摄氏度，比常年16.5摄氏度高1.3摄氏度，气温偏高，为建站以来最高纪录。1月中旬到3月气温持续偏高，9月到10月气温偏高，其中2月、9月平均气温均创历史同期最高。7月是全年最热的月份，月平均气温为28.7摄氏度。年极端最高气温37.5摄氏度，出现在7月14日。全年达到35摄氏度的高温日数11天，比常年15天偏少4天，比上年度少10天，其中7月10日至15日出现一段连续高温。1月是全年最冷的月份，月平均气温为4.9摄氏度。年极端最低气温零下8.3摄氏度，出现在1月8日。全年日最低气温低于0摄氏度的低温日数22天，比上年多8天。

降水　全年降水量1158毫米，比上年少168.6毫米，与常年1192毫米相比少34毫米，年降水量正常。全年降水分布不均，12月降水量最少，月降水量2.9毫米；7月降水量最多，月降水量332毫米。与常年同期相比，5月降水量139.1毫米、7月降水量332毫米、10月降水量91.3毫米，明显偏多；6月降水量83.2毫米，较常年明显偏少，12月降水量2.9毫米，异常偏少。8月9日至27日出现持续阴雨天气，全月雨日15天。4月至9月汛期降水量875.2毫米，接近常年同期842.2毫米。全年有4个暴雨日，分别出现在7月4日、7月27日、7月28日、8月25日，降水量分别为64.9毫米、71.1毫米、68.2 毫米和82.4毫米。梅雨期自6月10日至7月10日，历时31天，比常年偏长8天。入梅比常年偏早，出梅同常年接近。总梅雨量207.9毫米，比常年偏少。

霜、雪、风、霾、雾及台风等灾害性天气　2021年度初霜日为2020年12月5日，终霜日为3月22日，霜期108天，全年无霜期246天，与常年232天相比偏多14天。全年降雪日数0天。年平均风速每秒1.9米，张家港国家气象站监测到8级以上大风2次。受东北冷涡影响，4月30日20时至21时全市普遍出现8至10级，局部11级偏北大风，全市最大出现在德积街道，每秒31.8米（11级）。全年共有23个霾天气，与上年相比减少19天，全年无严重霾天气过程。全年出现大雾22天，其中12月22日出现最小能见度44米的浓雾，能见度为全年最低。汛期共受到2个台风影响，8月无台风影响。第6号台风“烟花”移动缓慢，中心距离张家港最近约90千米，对全市主要影响时段为7月24日至28日白天，影响时段较长。受其影响，7月27日至28日连续两天全市出现暴雨，区域站最大过程雨量245.4毫米，出现在杨舍镇善港村。全市普遍出现7至9级，局部10级的东北大风，最大风力每秒25.4米，出现在常阴沙常东社区。受其影响，张家港市部分农田受淹、大棚受损。受“拉尼娜”事件影响，全年共出现7次寒潮天气。其中受1月6日至8日强寒潮天气影响，1月7日至12日出现持续严重低温冰冻天气。　（张育萍）

【建置沿革】 张家港市历史悠久。8000年前，南部地区就有人类活动。商末，属勾吴之地。春秋时期，属吴国延陵郡。秦代，属会稽郡。汉高帝五年（公元前202年），建毗陵县暨阳乡，为境内有据可查的最早的乡级行政建制。晋代，置暨阳县，为境内第一个县级行政建制。南朝梁代，在暨阳之墟建梁丰县。唐代以后，分属常熟、江阴两县。清代至民国，常通港以北属南通县（今南通市）。抗日战争时期，中国共产党曾一度在北部沿江地区建立沙洲县，南部及常熟、江阴两县的边界地区设立虞西县。新中国成立后，东部属常熟县（今常熟市），西部属江阴县（今江阴市）。1962年，常熟划出14个公社和常阴沙农场，江阴划出9个公社，建立沙洲县，隶属于苏州地区。1986年9月，经国务院批准，撤销沙洲县，以天然良港——张家港港命名设立张家港市，隶属于苏州市。2021年，张家港市下设7个区镇，3 个街道以及1个保税区、1个常阴沙现代农业示范园区和1个双山香山旅游度假区。

【行政区划】 2021年4月，凤凰镇恬源社区撤销，并入双塘村。至年末，全市有村委会144个，与上年持平，有社区居委会120个，比上年少1个。

【消亡自然村】 2021年，因“三优三保”环境保护项目、新区开发、铁路建设等，全市消亡自然村42个，其中金港街道2个、冶金园（锦丰镇）7个、高新区（塘桥镇）33个。至年末，全市共有自然村2090个，其中杨舍镇361个、高新区（塘桥镇）469个、冶金园（锦丰镇）253个、乐余镇124个、凤凰镇445个、南丰镇132个、大新镇62个、金港街道63个、德积街道76个、后塍街道84个、常阴沙现代农业示范园区21个。

2021年张家港市消亡自然村一览表

表1

镇（区）	自然村（所属行政村）	消亡原因	镇（区）	自然村（所属行政村）	消亡原因
金港街道	大桥巷（占文村）	申请动迁	冶金园（锦丰镇）	向阳村（郁家圩）	环境整治
	袁家高头（港西村）	“三优三保”项目动迁		向阳村（辰字一圩）	环境整治
冶金园（锦丰镇）	店岸村（小方圩）	环境整治		十一圩港村（务本庄）	环境整治
	店岸村（辰字头圩）	环境整治		耕余村（新永圩）	环境整治

续表1

镇(区)	自然村(所属行政村)	消亡原因	镇(区)	自然村(所属行政村)	消亡原因
冶金园(锦丰镇)	洪福村(永丰圩)	“三优三保”项目动迁	高新区(塘桥镇)	牛桥头(牛桥村)	“三优三保”项目动迁
高新区(塘桥镇)	三家村(周巷村)	“三优三保”项目动迁		蒋家巷(牛桥村)	“三优三保”项目动迁
	东坝桥(周巷村)	“三优三保”项目动迁		五圩(牛桥村)	“三优三保”项目动迁
	禄荡里(周巷村)	“三优三保”项目动迁		六圩(牛桥村)	“三优三保”项目动迁
	谈家湾(周巷村)	“三优三保”项目动迁		田家巷(刘村村)	“三优三保”项目动迁
	桃园里(周巷村)	“三优三保”项目动迁		火烧圩(刘村村)	“三优三保”项目动迁
	吴家宕(周巷村)	“三优三保”项目动迁		钱家宕(刘村村)	“三优三保”项目动迁
	老殷家宕(周巷村)	“三优三保”项目动迁		陈家巷(刘村村)	“三优三保”项目动迁
	水渠里(周巷村)	“三优三保”项目动迁		陈家宕(刘村村)	“三优三保”项目动迁
	黄家宕(青龙村)	“三优三保”项目动迁		塘湾组(顾家村)	铁路建设、“三优三保”项目动迁
	徐巷(青龙村)	“三优三保”项目动迁		刘成巷组(顾家村)	铁路建设、“三优三保”项目动迁
	陈家宕(青龙村)	“三优三保”项目动迁		桑家组(顾家村)	铁路建设、“三优三保”项目动迁
	荒田里(青龙村)	“三优三保”项目动迁		西阳塘六泾(欧桥村)	“三优三保”项目动迁
	上相堂(青龙村)	“三优三保”项目动迁		马家组(欧桥村)	“三优三保”项目动迁
	坝头巷(青龙村)	“三优三保”项目动迁	后塍街道	孙家埭(高桥村)	“三优三保”项目动迁
	后野菱湾(青龙村)	“三优三保”项目动迁		三水洞(高桥村)	“三优三保”项目动迁
	葛家宕(巨桥村)	“三优三保”项目动迁		陶家埭(晨阳村)	“三优三保”项目动迁
	狄家坝(巨桥村)	“三优三保”项目动迁		王家巷(封庄村)	“三优三保”项目动迁
	倪湾(巨桥村)	“三优三保”项目动迁		杨金斗(袁家桥村)	“三优三保”项目动迁
	巷路里(巨桥村)	“三优三保”项目动迁			

人文风情

【人口】 2021年年末，张家港市常住人口144.04万人，比上年增加0.6%。户籍登记317172户，总人口929339人，分别比上年减少1699户，减少850人。总人口中，男性453043人，女性476296人，性别比为95.12。0周岁至17周岁的127036人，占总人口的13.67%；18周岁至59周岁的540159人，占总人口的58.12%；60周岁及以上的262144人，占总人口的28.21%。全市出生人口4455人，出生率4.8‰，死亡人口7212人，死亡率7.8‰，人口自然增长率-3‰。全年迁入人口4018人，迁出人口1958人，机械增长2060人。

【方言】 张家港方言主要有虞西话、澄东(澄要)话、老沙话、常阴沙话(崇明话)、江北话五大类。其中，虞西话、澄东(澄要)话、老沙话和常阴沙话分布地域最广、使用人口最多，是境内有代表性的方言；江北话主要有南通话、如皋话和靖江话。其方言具体分区及其人口分布情况为讲虞西话的约有20万人，占户籍人口的21.5%，分布在凤凰镇的全部，塘桥镇塘桥地区全部，鹿苑地区的绝大部分，妙桥地区的大部分，杨舍镇乘航地区全部，杨舍、塘市、东莱地区的绝大部分，南丰镇的小部分地域。讲澄东(澄要)话的约有21万人，占户籍人口的22.6%，分布在金港街道南沙、港区和后塍街道的绝大部分，杨舍镇泗港地区的大部分，杨舍、塘市地区的小部分地域。讲老沙话的约有24万人，占户籍人口的25.8%，分布在德积街道的绝大部分，金港街道、后塍街道的小部分，双山岛的绝大部分；锦丰镇合兴地区的绝大部分，锦丰地区的小部分，大新镇(含晨阳并入部分)的绝大部分，南丰镇的小部分，塘桥镇妙桥、鹿苑地区的小部分，杨舍镇泗港、东莱地区的小部分，晨阳地区的绝大部分，乐余镇和常阴沙现代农业示范园区的小部分地域。讲常阴沙话(崇明话)的约有17万人，占户籍人口的18.29%，分布在锦丰镇锦丰地区的大部分，三兴地区的绝大部分，南丰镇的部分(含东沙地区的绝大部分)，乐余镇和常阴沙现代农业示范园区的绝大部分，金港街道、后塍街道、德积街道的小部分，杨舍镇东莱、泗港地区的小部分，塘桥镇妙桥地区的小部分，大新镇的小部分地域。讲江北话的有3万余人，分布在沿江一带，占户籍人口的3.23%。

【历代名人】 据史料记载,自唐宋至清末,张家港境内共出状元、榜眼、探花等进士数百名。唐代状元陆器是苏州范围内最早的状元,章卿赵氏自宋代至清末共出37名进士,鹿苑钱氏在明代有"一门九进士"之誉,港口蒋氏在清康熙、乾隆年间出了蒋廷锡、蒋溥父子大学士。境内官至大学士、尚书、御史、总督、巡抚者代不乏人。张家港人民有着光荣的爱国斗争传统。宋代有抗金名将丘崇;明代有抗倭英烈钱泮、徐督、许蓉、朱贵等,有斗阉直臣缪昌期、黄昭。在文化艺术方面,著述宏富的经学家有北宋职方郎中陆绾、清代国子监纂修庞大堃;享誉文坛的诗人学者有号称东南文宗的钱谦益、近代诗人杨云史、南社诗人庞树柏、新文学家刘半农;史学家有主纂《江阴县志》的北宋进士郭庭坚、纂修《元史》的元末明初学士陈基、主纂《常熟县志》的清代举人钱陆灿、进士庞鸿文;书画篆刻、工艺美术名人有清代篆隶书法家杨沂孙、近代金石篆刻家赵古泥、现代工艺美术家庞熏琹;乐坛耆宿有近代民族音乐家刘天华、刘北茂,古琴学家吴景略;医药名家有明代缪希雍、清代缪柳村,近代名医周憩堂、金兰升、章成器等。在社会主义现代化建设中,张家港涌现出一大批科学家、文学家等,张光斗、钱人元、曹楚南、章申、童秉纲、薛永祺、吴培亨、吴中伟、樊春海、朱敏10位院士为其中的杰出代表。其中朱敏于2021年11月当选中科院院士,重点研究方向为古鱼类演化生物学。

【地方特产】 中华绒螯蟹 养殖历史较久,但规模较小。进入21世纪后,在境内沿长江一带发展较快。锦丰镇、乐余镇、常阴沙现代农业示范园区等地均建有养殖基地。该蟹营养丰富,每100克蟹肉含蛋白质14克、脂肪5.9克、碳水化合物7克,维生素A为5960国际单位,热量139千卡,为一般水产品之冠。由于其所含脂肪为不饱和脂肪,对高血压、高血脂、高血糖、血管硬化有预防作用,蟹黄中富含的卵磷脂对智力发育亦有良好的促进作用。优质的蟹外观表现为青背、白肚、金爪、黄毛,在肉质与口味方面表现为肥、鲜、腥、甜。中华绒螯蟹曾获首届中国"华东杯"河蟹评比大赛"最佳种质奖"和"优胜奖"。

鹿苑鸡 因产于鹿苑而得名,相传已有200年的饲养历史。鹿苑鸡的毛、皮、嘴、脚均为黄色,颈羽、尾羽和翅羽间有稀疏黑毛。公鸡脚杆高壮,傲然挺立,大的体重可达到4千克以上,有"九斤王"之称。母鸡脚杆粗矮,浑重壮实,重2千克以上,年产蛋在140个至200个之间,平均蛋重54克。该鸡肉质细嫩、肥美、香鲜、味浓。民间传说,清代同治、光绪皇帝的老师翁同龢常把鹿苑鸡作为特产,带至京城赠送亲友和同僚。2014年,鹿苑鸡被确定为国家级畜禽遗传资源保护品种。

弄里芹菜 凤凰镇金谷村朱家弄种植的水芹,品质优良,历史悠久。在上海、苏州等地享有盛名,称"弄里芹菜"。相传宋代名将韩世忠和夫人梁红玉带兵驻守庆安,被金兵围困,军中缺粮,梁红玉率部遍寻野菜,至弄里一带见有大片野芹,味清香,采食充饥。以后,人们把野芹移植家种,称为"玉芹",并精心培育,世代栽种。芹菜品种有大青种、小青种、红种、麻栗等,具有嫩茎(俗称白头)长、叶柄青、质地脆、香味浓、存放时间较久等特点。无论是清炒,或与豆制品素炒,或与肉类混炒,都味道鲜美,各具风味;在开水里稍烫后,浇上酱油、麻油等佐料,拌作冷菜,则香脆、鲜嫩、爽口,能去腻、舒胃。是苏州、无锡、上海一带家庭日常生活和便宴常用的菜肴。

牛市街草头 草头学名黄花苜蓿,俗称金花菜、秧草。叶片与三叶草相似,小叶倒心形,先端稍圆或凹入,叶面浓绿色,叶柄短,主根长,多分枝。民国时期,凤凰鹜山一带的草头籽名扬沪杭。中华人民共和国成立后,尤其是农业合作化时期,各地均将草头作为绿肥播种在秧田内,并采摘嫩头作为蔬菜食用。改革开放后,农业生产不再积绿肥,草头成为日常蔬菜。锦丰镇以牛市街为中心的常家、南港等村种植的牛市街草头是当地有名的特色农产品之一。牛市街草头叶片鲜嫩,营养丰富,可作新鲜蔬菜炒食、烧汤,味道鲜美,也可作为包子、饺子、汤圆等馅料。有草头干、草头腌菜、草头汁、速冻草头等系列加工产品。草头耐寒、抗旱、抗病虫害能力强,整个生长过程不使用农药,是绿色生态食品。

血糯 又名"呕血糯",或称"红莲糯",是一种名贵的糯稻。谷粒皮壳呈浅紫色,其米殷红如鸭血,蛋白质含量高,有强身补血功效,清代列为"御米",民间视为营养和滋补食品,是制作八宝饭的主要原料。境内塘桥镇金村、凤凰镇一带均有种植。清《常昭合志·物产志》载:"血糯,亦名红莲糯,宜粥。"学者金鹤翀所撰《金村小志》载:"糯米之佳者曰'落霜青',曰'红莲糯'。江阴人亦来购取,云:唯产金村者为佳。"

凤凰稻 凤凰山附近长期培育成的优良粳稻,谷粒基部有双翼(护颖),似凤凰展翅,故名凤凰稻。清代《常昭合志》中列为著名物产。凤凰稻碾成的米,色洁白如珍珠,煮饭烧粥,性黏腻,香软适口,为粳米中的上品,载誉江南。

常阴沙大米 产于常阴沙现代农业示范园区。主栽品种"南粳5055",产地环境良好,间接引用长江水灌溉,米质优良,谷粒外观饱满,米粒晶莹透亮,整精米率高,蒸煮米饭色泽鲜明,口感较佳。2009年开始试种,株型紧凑,长势较旺,分蘖力较强,叶色较深,群体整齐度较好,穗型中等,偏直立,着粒较密,抗倒性强,产量高,属阴糯类型,为优质食味品种。2010年开始大面积推广试种,在苏州地区上市销售,广受好评,在第三届江苏省优质粳稻新品种食味品尝会上获评第一名。2011年被评为苏州地产大米金奖,在第六届全国粳稻米大会上被评为全国优质食味粳米。2011年和2012年在第十届和第十一届中国优质稻米博览交易会上分别获得"金奖大米"和"优质稻品"称号。2013年在首届江苏好品种评选活动——粳稻优质米品尝评比中荣获金奖,获得国家"大米地产地理标志商标"。2017年常阴沙现代农业示范园区参加第二届江苏优质稻米博览会获评“味稻小镇”称号。

常通港紫米　紫米因碾出的米粒细长，呈紫色而得名。境内在锦丰镇常通港北侧的耕余村已有几十年的种植历史。2020年，种植面积30公顷以上。常通港紫米颗粒均匀，颜色紫黑，食味香甜，甜而不腻，每千克含铁16.72毫克，比一般粳米高248.3%，每千克含钙138.55毫克，比一般粳米高116.5%，有益气补血、暖胃健脾、滋补肝肾、缩小便、止咳喘等作用，营养价值和保健价值高，是中老年人、孕妇、婴儿滋补的佳品。近年，周边地区百姓用紫米、粳米等制作成饭团、奶茶、紫米糕和八宝饭等在线下线上出售，提升了农产品附加值。

凤凰水蜜桃　自古凤凰适宜种植桃树，20世纪50年代前农户房前屋后均有种植。在1952年引进无锡水蜜桃品种的基础上，经长期选育，凤凰水蜜桃形成白凤、江花、湖景黄皮、小青等优良主栽品种，皮色有淡黄、乳白、微红色，具有果大、肉嫩、鲜甜、多汁、果皮易剥等特点，受到苏州、南京、上海等地居民喜爱。鸷山和凤凰山山麓是主要产地。2005年，凤凰水蜜桃获农业部签发的绿色食品证书；2010年，“凤凰水蜜桃”成为张家港市地理标志证明商标；2019年12月，凤凰水蜜桃成为张家港市首个“国家地理标志农产品”。

神园葡萄　种植起源于1987年，由杨舍镇杨港村农民徐卫东种植发展而成，时种植面积0.13公顷，有品种3种。1993年，葡萄园引进美国、日本等国家10余个葡萄新品种。1998年，成立市神园葡萄科技有限公司，种植面积扩大到3.3公顷，有葡萄品种80多个，被江苏省农林厅确认为省葡萄育种中心。1999年4月，葡萄注册“神园”商标。是年，神园葡萄以色艳、果大、皮薄、汁多、味甜获省优质水果评比金奖，并代表江苏省参加1999年昆明世博会和国庆50周年农业成果展，得到专家好评。2000—2002年，神园葡萄连续三年获省优质水果称号。2002年10月和2003年12月，公司基地先后通过“江苏省无公害葡萄生产基地”“无公害产地”和农业部无公害认证。2003年，获第三届江苏省园艺博览会二等奖。神园葡萄科技有限公司是江苏省最大的优质葡萄品种示范及育苗基地。

张家港绿茶　张家港绿茶产于境内长山、香山、凤凰山一带坡地。1966年，长山坡地开始种植茶树，1972年4月发展到3.3公顷，并建办茶场，当年被列入苏州地区“五大典型茶园”，翌年春建茶厂自己焙炒，1980年茶园扩大到13.3公顷。因地临长江，江雾弥漫，空气清新，气候润湿，土质富含多种人体必需的微量元素，无污染，所产茶叶具有条索紧结、色泽嫩绿、苗秀锋显、质味醇厚、香气袭人的天然品质。每年春秋两季采摘，尤其以谷雨前采摘的最为有名。1986年，长山坡地张家港绿茶在江苏省品茶会上获得第一名。1997年，被评为全国名优茶二等奖。2001年，茶叶年产量达23.68吨。2003年，被农业部产品质量安全中心认证为无公害产品。2004年，张家港绿茶被认定为苏州市名牌产品。2005年，经农业部食品质量监督检测中心检测，被认定为绿色食品。是年，茶园种植面积8公顷，年产茶4000余千克。2008年，通过食品质量安全认证。2021年6月，张家港绿茶获得“中茶杯”第十一届国际鼎承茶王赛绿茶组金奖。

凤凰白茶　凤凰山东麓凤凰山茶园一直以种植绿茶为主，其中碧螺春为主要品种，茶肉质优良，汤色嫩绿。2008年，凤凰山茶园批量引进安吉白茶良种，针对其适应性要求高的特点，改革栽培技术，创新加工工艺，形成“采摘把关、重视萎凋、注重杀青、回潮揉捻、薄摊二青、扬去末子、搓条整形、足干提香”的独特工艺流程。凤凰白茶以“叶白、脉绿、香郁、味醇”独树一帜，营养丰富，药用价值高，氨基酸含量高于普通绿茶2倍至5倍，味鲜爽不苦涩，受到消费者青睐，成为张家港市茶叶新品牌。

高庄豆腐干　凤凰高庄豆腐干始于清咸丰年间，已有100余年的历史。原料选用经精心筛选的地产小黄豆，制法独特，一般要经过磨豆、滤浆、点卤等11道工序，制作精细，风味独特。清末民初，已畅销常熟、江阴、无锡等地。高庄豆腐干有厚型、薄型两种，呈绛色，质地细实，五香佐料渗透入味，闲吃或做下酒菜，均属佳品。

周家桥羊肉　杨舍镇晨新村特产，在周边县市小有名气。烹制手艺独特，除去羊肉膻味的同时，保留羊肉本身鲜美的味道。红烧羊肉色泽红润、香气浓郁；白切羊肉味道鲜美、清淡爽口。20世纪90年代初，五六个个体户把周家桥羊肉做出了名气。1996年，晨新村干部带领羊肉店店主赴苏州藏书镇学习“藏书羊肉”的烹制工艺。是年，晨新村在国家工商行政管理总局注册“周家桥羊肉”商标，免费提供给当地的羊肉经营户共同使用。21世纪，周家桥羊肉四季飘香，打破了20世纪只有冬季才经营羊肉的常规，出现淡季不淡、旺季更旺的势头。

拖炉饼　杨舍、塘桥等地的著名传统风味小吃，已有150余年历史。其制作工艺独特，烘烤时需用两口炉，下面为底炉（平底），上面为顶炉（尖顶，呈锥状），烘烤时两口炉同时加热吻合，并以顶炉的热量将饼吊熟，大有顶炉拖底炉之势，故称拖炉饼。拖炉饼采用上等面粉、白糖、净板油（加工过的生猪油）、荠菜、芝麻、桂花等为原辅料。口味油而不腻，甜而不黏，清香可口。集酥、甜、松、脆、香于一体，外形饱满，色泽金黄，酥层清晰。

沙上沙酥　由苏州沙上人家食品有限公司制作生产。从第一代创业者沙学志落户沙洲，经100余年四代人传承探索，将优良的传统苏式手工制饼技艺与地域文化、气候环境、生活习惯等浸染融合而成。“沙上沙酥”保留了老苏式糕点制作工艺，起酥层次分明，触感柔软油润，入口酥香绵细，老少皆宜。酥皮用黄油制成，更香，外观更好看。因为黄油属动物油脂，会加大面皮的延展性，待焙烤静置后，油脂渐渐浸透出来，酥饼看上泛着浅黄的油润色，形状圆整，光泽明亮。“沙上沙酥”的馅料以绿豆为基底，有坚果、抹茶、蔓越莓三种口味。绿豆去皮、熬沙、洗滤，经过一道道繁杂的工序制成绿豆沙，绿豆沙入口即化、香甜适口。绿豆沙中加入坚果、莓干等，是顺应潮流的创新之举，可令口感层次更加丰富。“沙上沙酥”为纯手工制作，手工酥皮在180度高温烘烤后薄而不裂、酥而不散，起酥彻底，香味浓郁，是几代人通过实践探寻出的制饼精髓。缺点是速度慢、产量小。

梁丰乳制品　系江苏梁丰食品集团公司系列产品中的主导产品。“梁丰”商标为江苏省著名商标。梁丰牌乳制品先后获首届中国食品博览会银奖、首届北京国际博览会铜奖、江苏省第六届轻工业优秀新产品金奖、首届全国部分市场食品卫生质量监评“年年香”金杯奖。并先后获苏州市优良产品、轻工部优质产品、江苏省名牌产品、中国名牌产品、绿色食品、国际名牌食品、全国大商场推荐市场名优商品等荣誉称号。其中“金莎”“太阳花”果仁夹心巧克力曾作为国家领导人出访时的国宾礼品。

沙洲优黄　沙洲优黄(后塍黄酒)始酿于清光绪年间，已有100余年的历史。原料选用优质大米。其制作需经过过筛、浸渍、摊冷、落缸、发酵、压榨、澄清、勾兑、煎酒等十几道工序，工艺精细。所酿黄酒具有色泽金黄、酒体协调、清亮透明、醇厚爽口等特点，不仅营养丰富，而且在文化、工艺、保健和药用等方面有重要价值。产品历经江苏张家港酿酒有限公司数十年开发，已形成沙洲优黄、江南印象、吉星高照、太湖之星等系列150余种黄酒产品，酒龄为2年、3年、5年、6年、7年、10年、15年、20年等不同规格，沙洲优黄被誉为中国半甜型黄酒的典范。产品深受上海、苏州等地消费者欢迎，还远销海外。“沙洲”“沙洲优黄”商标被认定为中国驰名商标。

【名胜古迹】　先民的活动为张家港留下了珍贵的历史文化遗产，51处文物保护单位见证着这座城市从新石器时代到近现代丰富厚重的历史文化。全市有全国重点文物保护单位3处，分别是东山村遗址、黄泗浦遗址和杨氏宅第；省级文物保护单位3处，分别是徐家湾遗址、香山石室土墩群和弘济桥。东山村遗址位于张家港市金港街道东山村内，以马家浜和崧泽时期文化遗迹为主，是长江下游重要的史前文化遗址，是目前发现等级最高、保存最完整的崧泽文化遗址，入选2009年度“中国十大考古新发现”。塘桥镇境内的黄泗浦是唐代高僧鉴真第六次东渡日本并获得成功的起航地，20世纪90年代后陆续修建东渡纪念馆、碑亭和东渡禅院。黄泗浦遗址位于张家港市杨舍镇庆安村与塘桥镇滩里村交界处，主要发现了六朝至唐宋的诸多遗迹，出土可移动文物种类丰富，揭示了一处南朝至宋朝时期的港口型聚落遗址，是我国古代海上丝绸之路长江口区域的重要历史见证，且与鉴真东渡这一重要历史文化事件有着密切联系。黄泗浦遗址入选“2018年度全国十大考古新发现”。双山香山旅游度假区香山景区内古迹众多，有梅花堂、桃花涧、圣过潭、藏军洞、香山寺等，其中梅花堂由宋代大文豪苏东坡题写匾额，明代地理学家徐霞客曾在堂内小住并写下6首诗、2篇序文。张家港南部地区的集镇大多是明清以前建成的古镇。其中，杨舍镇是古暨阳、梁丰县的县治，明代多次发生抗倭斗争，当时建造的杨舍堡城是5座城池中规模最大的防御倭寇攻城的堡城；凤凰镇恬庄古镇保留有榜眼府、杨氏孝坊、杨氏南宅以及石板街道等古迹，街两旁建筑大多保留清代、民国时期的原有风貌。塘桥镇有王家花园、园茂里等明清建筑。凤凰境内的永庆寺、塘桥境内的永昌寺均属“南朝四百八十寺”之列，其中永庆寺所在的河阳山(凤凰山)周围有秀峰、醴泉、读书台、红豆树等名胜古迹。北部的乐余镇有保存较为完整的民国时期一条街——乐余民国商贸街。至2021年年末，全市有国家AAAA级旅游景区4个，分别是凤凰山景区、永联小镇景区、香山景区、暨阳湖生态旅游区；国家AAA级旅游景区2个，分别是东渡苑景区、常阴沙生态农业旅游区。省工业旅游区3个，分别是“钢铁是怎么炼成的”工业旅游区、大唐纺织工业旅游区和“酒的故事”沙洲优黄文化园。省级旅游度假区1个——双山香山旅游度假区。省级以上乡村旅游重点村2个，分别是永联村(国家级)、永兴村(省级)。

【革命传统纪念地】　张家港是一块英雄辈出、风雷激荡的红色热土。在战火纷飞的革命年代，张家港人民在中国共产党领导下，发动沙洲农民暴动起义，开展抗日救国运动，积极配合渡江作战，建立人民民主政权。境内重要的纪念设施有双山渡江战役展示馆、沙洲县抗日民主政府纪念馆、香山烈士陵园、巫山渡江战役登陆纪念碑、学勤广场、毋忘国耻纪念碑亭、南丰之战纪念广场、大新抗战历史纪念园等。其中双山渡江战役展示馆、大新抗战历史纪念园分别于2021年6月、9月正式开馆、开园。双山渡江战役展示馆位于双山岛渡江胜利公园，至年末，已获评江苏省党史教育基地。重要革命机构旧址有1926年中国共产党金村支部旧址、江南人民抗日救国军沙洲县办事处旧址、沙洲县抗日民主政府成立地旧址、蔡悲鸿办公旧址、重建后的沙洲县抗日民主政府活动地旧址、江南保安司令部警卫一团成立地、新四军六师十八旅后方医院第一疗养所旧址、新四军六师十八旅修械所旧址、地下情报站、交通站旧址等。重要历史事件纪念地有农民暴动纪念地(后塍农民暴动纪念地、占文桥农民暴动纪念地、杨舍农民暴动纪念地、店岸福利垦殖公司暴动纪念地)、拦门沙江心遭遇战纪念地、常家埭地洞旧址、恬庄“千人坑”纪念地、谭震林抗战动员讲话纪念地暨年旺街小学党支部旧址、血战南横套纪念地、收缴伪军武装纪念地等。重要人物故居及纪念地有：孙逊群烈士纪念地、谢恺烈士故居、茅学勤烈士纪念地、范醒之故居、田平故居、许亚故居、孙洁人故居等。

(史　志)

【张家港精神】　1992年，在改革开放的进程中，张家港人培育、塑造“团结拼搏、负重奋进、自加压力、敢于争先”的张家港精神，实现张家港的大变化、大发展。张家港精神是一种艰苦奋斗的创业精神，是一种科学务实的创新精神，是一种敢争一流的创优精神。1995年5月13日，时任中共中央总书记的江泽民赴张家港考察，并为“张家港精神”题词；是年10月，全国精神文明建设经验交流会在张家港召开，从此张家港精神在全国迅速产生极为广泛的影响，并被时任中央宣传部副部长的刘云山称赞为："张家港精神已经成为我们中华民族精神和时代精神的重要组成部分。"通过深入持久的教育和熏陶，张家港精神成为全市人民的自觉行动和共同追求，成为实现率先发展的强大动力，同时成为江苏"三创三先"（创业、创新、创优，争先、领先、率先）精神的一个生动典型和苏州科学发展"三大法宝"之一。在张家港精神激励下，全市文明城市创建结出丰硕成果，首批荣膺全国文明城市，首批成为江苏省全面小康达标县（市）。2020年11月，实现全国文明城市"六连冠"，成为唯一获"六连冠"的县级市，受到中央文明办通报表扬。2021年，张家港市获国家卫生城市"十连冠"，并被世界卫生组织亚太区健康城市联盟授予健康城市创新发展奖。至2021年年末，张家港市先后获国家级荣誉200余项。

经济建设

【综合实力】 2021年，全市实现地区生产总值3030.21亿元，按可比价计算，比上年增8%。其中，第一产业增加值33.7亿元，比上年增2.1%；第二产业增加值1550.88亿元，比上年增6.3%；第三产业增加值1449.58亿元，比上年增9.8%，三次产业比重为1.0∶51.2∶47.8。按常住人口计算，全市人均地区生产总值21.10万元，比上年增7.6%。

财政收支　全市实现一般公共财政预算收入264.13亿元，比上年增5.5%，税收收入425.46亿元，比上年增7.21%。其中，增值税和企业所得税分别比上年增9.5%和15.4%。完成一般公共财政预算支出244.4亿元，比上年增4.8%。

固定资产投资　全市完成全社会固定资产投资554.67亿元，比上年增5.4%。其中，工业投资212.48亿元，比上年增6%；服务业投资341.23亿元，比上年增4.8%；新兴产业投资199.05亿元，比上年增16.3%，占固定资产投资比重为35.9%。

【农业】 2021年，全市完成农、林、牧、渔业总产值55.04亿元。其中，农业产值34.93亿元，林业产值5.46亿元，牧业产值3.05亿元，渔业产值2.77亿元，农林牧渔服务业产值8.83亿元。水稻种植总面积16153公顷，主栽品种均为优良食味品种，包括南粳5055、南粳3908、南粳46和常香粳18134种，种植面积占水稻总面积的97.8%。小麦种植总面积为12619公顷，主栽品种为扬麦16、扬麦23、镇麦12号，种植面积占小麦总面积的99.9%。全市超额完成苏州市下达的优良食味水稻品种覆盖率90%以上、稻麦主要农作物商品种子覆盖率85%以上的指标。2021年，全市新建高标准农田2653.33公顷，基本达到"两区"（粮食生产功能区、重要农产品生产保护区）高标准农田动态全覆盖。改造高标准池塘70.07公顷，新（改、扩）建优质蔬菜基地71.8公顷。新认定苏州市级农业园区2个，累计有省级农业园区1个、苏州市级农业园区9个、张家港市级农业园区3个。全年新增各类农机具545台，报废农机具57台。全市粮食生产耕种收机械化水平97.55%，特色农业机械化水平68.67%，农机化综合水平达到94.91%。

【工业】 2021年，全市完成规模以上工业总产值5974.27亿元，比上年增19.7%；实现营业收入7291.03亿元，比上年增24.1%；利润总额434.43亿元，比上年增55.2%；利税总额560.56亿元，比上年增45.3%，其中规上总产值和利润总额均创历年来新高。全市五大主导行业产值占规模以上工业总产值比重为93.4%。其中，冶金行业产值2740.56亿元，比上年增26.4%；机电行业产值1002.26亿元，比上年增12%；化工行业产值867.33亿元，比上年增18.2%；纺织行业产值505.61亿元，比上年降1.7%；食品行业产值342.11亿元，比上年增38.2%。全市完成规模以上新兴产业产值2732.06亿元，比上年增14.4%，占规模以上工业比重为46.8%。其中，新材料行业产值1615.97亿元，比上年增14.1%；新装备行业产值506.18亿元，比上年增4.3%；新能源行业产值257.04亿元，比上年增32.1%；智能电网及再生利用行业产值271.23亿元，比上年增24%；新医药及其他行业产值81.64亿元，比上年增10.4%。

【建筑业】 2021年，全市完成建筑业总产值221.12亿元，比上年增18.5%。其中，建筑、安装工程产值220.25亿元，比上年增19%。竣工产值161.21亿元，比上年增13%，竣工率为72.9%。全市资质以上建筑业企业房屋施工面积1616.28万平方米，比上年降3.7%，其中，新开工面积604.49万平方米，比上年增1.6%。江苏德丰建设集团有限公司、张家港市双山建筑工程有限公司、江苏兴港建设集团有限公司获评2021年苏州市建筑业"优秀企业"。年内，全市受理各类企业资质事项申报308家次。全市建筑业资质企业总数518家，其中施工总承包企业226家、专业承包企业399家、劳务分包企业98家，企业主、兼营（增项）涉及专业32个。全市建筑业企业从业人员6.08万人，其中工程技术人员1.05万人，有国家一级注册建造师895人、国家二级注册建造师2983人。有国家注册监理工程师299人，国家一级注册结构师10人，一级注册建筑师13人，注册岩土工程师3人，注册设备工程师4人。

【服务业】 2021年，全年完成服务业增加值1449.58亿元，比上年增9.8%，高于全市GDP增速1.8个百分点，服务业增加值占地区生产总值比重为47.8%。完成服务业投资341.23亿元，比上年增4.8%，占全社会固定资产投资的61.52%。规模以上服务业企业实现营业收入355.14亿元，比上年增25.8%。重点行业稳健运行，社会消费品零售总额800.06亿元，比上年增16.2%。

港口物流　张家港港有码头企业26家，建有泊位146个，其中，1万吨级以上泊位78个。拥有对外开放泊位86个，其中，1万吨级以上对外开放泊位74个。2021年，张家港口岸完成货物吞吐量2.57亿吨，比上年增加2.68%。其中，金属矿石8571.04万吨、煤炭及其制品6379.28万吨、钢铁3069.64万吨、矿建材料1716.9万吨、化工原料及制品1327.96万吨、粮食1167.82万吨、木材487.67万吨、化肥及农药357.87万吨、石油天然气及制品224.4万吨、水泥100.36万吨、机械设备144.27万吨、其他1646.46万吨。外贸运量6593.66万吨，比上年增2.57%，其中外贸进口5457.3万吨，比上年下降0.83%。集装箱吞吐量86.84万标箱，比上年增3.13%。张家港保税港区进出口汽车3805辆，其中进口763辆。至年末，张家港口岸已开辟集装箱班轮航线40条，其中外贸近洋航线7条，外贸内支线18条，内贸航线15条。全市累计获评省重点物流基地4家、省级示范物流园区3家。全市经认定的苏州市级以上现代服务业集聚区达到11家，其中省级服务业集聚（示范）区4家。2021年年末，全市有AAA级以上物流企业40家。有邮政企业1家，为中国邮政集团公司张家港市分公司，2021年完成业务收入（不包括邮政储蓄银行直接营业收入）11.72亿元，比上年增12.01%；完成邮政行业业务总量11.13亿元，比上年增24.09%。全年全市完成快递业务出件量8660.52万件，比上年增29.95%，进件量12620.18万件，实名收寄终端在全市各寄递企业实现100%，邮件快件处理场所安检机配备覆盖率100%。快递业务完成收入9.07亿元，比上年增7.65%。

商品贸易　全市11家重点商贸流通企业实现销售额23.56亿元；属全省50强商品交易市场的5家市场实现成交额6208亿元，比上年增46.24%。全市实现社会消费品零售总额800.06亿元，比上年增16.2%。限额以上批发和零售业商品分类零售额中，汽车类下降5.6%，其中新能源汽车类增长256.6%；石油及制品类增长36.0%；粮油、食品类下降2.9%。

金融　全市银行业金融机构本外币各项存款余额4239.28亿元，比上年增15.14%。其中人民币各项存款余额4061.29亿元，比上年增15.15%；外币各项存款余额27.92亿美元，比上年增17.4%。在本外币存款余额中，住户存款余额1738.4亿元，比上年增13.9%；非金融企业存款余额1896.71亿元，比上年增17.58%；机关团体存款余额415.91亿元，比上年减7.51%；财政性存款余额31.51亿元，比上年增23.46%；非银行业金融机构存款余额122.84亿元，比上年增131.48%。全市银行业金融机构本外币贷款余额3507.36亿元，比上年增19.74%。全市保险机构实现标准保费收入67.23亿元，赔付支出19.95亿元，保险深度2.22%。

房地产　全市有房地产开发企业103家，其中一级资质企业2家、二级资质企业3家、三级资质企业1家、暂定二级资质企业60家、暂定三级资质企业37家。全市完成房地产开发投资277.62亿元，比上年增12.4%；商品房施工面积912.66万平方米，比上年减3.82%。新开工面积299.76万平方米，比上年增3.7%。竣工商品房面积238.23万平方米，比上年减36%。市区预销售面积140.16万平方米，比上年减2.69%。新核准预售商品房20612套、267.08万平方米，比上年增8.38%。新建商品房成交14836套、214.97万平方米，比上年减3.42%，二手住房成交13649套、176.53万平方米，比上年减1.46%。全市新建商品住房成交均价每平方米15530元，比上年增0.52%，其中市区成交均价每平方米17934元，比上年增0.9%。

【交通】　2021年，全市全年完成交通工程建设总量33.74亿元，其中道路建设23.28亿元、铁路建设9.77亿元、港航建设6870万元。晨丰公路一干河以西段建成通车；南沿江城际铁路桥梁主体工程建设基本完成，通苏嘉甬铁路北段合同工程全部完成，张家港站东站房暨站城融合核心区概念方案设计完成。LNG功能落户东沙作业区的规划审批加快推进，申张线凤凰段整治工程开工，申张线上塘桥开工建设。全市新建农村公交候车亭31个。至年末，有铁路客运站1个、一级汽车客运站1个（张家港汽车站）、公交场站52个。公交场站中，有公交停车场7个、公交枢纽站2个、公交中转站1个、公交首末站42个，另有公交候车亭1597个、公交站牌1106个。国省干线公路有桥梁107座（含互通立交桥梁），农村公路有桥梁703座。全市营业性交通运输完成公路、水路客运量923.8万人次，比上年下降56.36%。其中，公路443.5万人次，比上年下降78.12%；水路157.3万人次，比上年增75.75%。完成旅客周转量55026.6万人千米，比上年下降21.05%。其中，公路54403.9万人千米，比上年下降27.9%；水路622.7万人千米，比上年下降2.2%。完成公路货运量5178.4万吨，比上年增长20.4%；公路货物周转量779393.2万吨千米，比上年增24.6%；完成水路货运量68.2万吨，比上年降1.3%；水运货运周转量20174.8万吨千米，比上年增1.7%。完成公交运量3285.1万人次，周转量35095万人千米，分别比上年增13%、21.3%。张家港站完成铁路客运量323万人次，比上年增149.42%。张家港船闸全年共开放闸次22160次。

【水务】　2021年，全市完成水务投资13.1亿元，其中水利工程4.1亿元、供水工程2.6亿元、排水工程6.4亿元。全市共有长江堤防103.26千米，其中主江堤88.12千米（含双山岛洲堤16.34千米）、闸外港堤15.14千米；有沿江节制闸23座，出江（港）涵洞22座；有内河水闸43座，其中内河套闸9座、节制闸18座、泵站16座；有防洪圩区76个，排涝站359座，排涝流量每秒849.7立方米，装机总功率4.19万千瓦，有圩口涵闸428座。年内，投资1400万元完成市级河道岸坡整治工程，整治岸坡4处，新建护岸3430米，包括张家港河550 米、十太港2370 米、二干河490 米、朝东圩港20 米；投资327万元完成东湖苑小区河道整治工程，开挖河道底泥并外运固化3445立方米，拆除硬质河底4211立方米，外进土方回填河底4178立方米，并实施河道生态修复水域面积1.25万平方米。投资8450万元开展农村水系连片治理，建设生态美丽河道91条，疏浚镇村河道497

暨阳湖 （市委史志办 提供）

条，总长300千米，拆坝43处、建桥43座，建设排涝站2座、圩口闸7座。整治劣V类水体45个。

【旅游】 2021年，全市旅游业接待游客708.76万人次，旅游总收入142.55亿元。其中，暨阳湖欢乐世界、江南农耕文化园、凤凰山景区、香山景区和双山岛旅游度假区5个收费景区实现门票收入7319.05万元，景区营业收入18945.23万元。全市有旅游星级饭店8家，其中五星级3家、四星级3家、三星级2家。有旅行社43家，其中国际旅行社7家。星级旅行社6家，其中省四星级旅行社2家，省三星级旅行社4家。全市持证导游257人，其中高级导游1人，中级导游16人。全年累计组团人数8.19万人次，接待游客12.02万人次，营业总收入8298.68万元。旅游民宿行业规模增长迅猛，10家旅游民宿通过会办验收、取得资质，全市旅游民宿总量达14家。凤凰山景区入选首批省级非遗旅游体验基地，"原味长江、魅力乡村"生态之旅获评苏州乡村旅游精品线路，多彩凤凰迷你马拉松线路、慢岛双山分别荣获苏州市体育旅游精品线路和体育旅游示范基地。组织评选张家港市十大红色文旅精品线路，超10万人次参与。积极推动暨阳湖等景区游客中心、通景公路提质升优，打造永联小镇会客厅、肖家巷双创中心等文旅融合的全域旅游展示阵地。闲心公社、肖家巷和福前村成功创建苏州市共享农庄；"酒的故事"沙洲优黄文化园成功创建省级工业旅游点，香山景区成功创建首批省级文明旅游示范单位。

【数字张家港】 2021年，张家港市结合上级相关文件精神，编制出台《张家港市数字政府"十四五"规划》，提出争做"全国县域数字政府排头兵"总目标，按照打造三大城市视窗、四类数字应用、一大数字底座和四大保障体系的"3134"总体架构，集约化、一盘棋推进上接省市、下联村镇、横向到边、纵向到底全覆盖的整体型数字政府建设。全年通信运营商业务总收入22.12亿元。全市有固定电话用户18.2万户，全市投入信息化基础设施建设资金3.2亿元。新增光缆1998.16皮长千米，累计8.17万皮长千米。新建各类基站1560个，累计5962个。

【开放型经济】 2021年，全市实现进出口总额434.6亿美元，比上年增29.6%。其中，进口总额252.55亿美元，比上年增30.6%；出口总额182.05亿美元，比上年增28.2%。一般贸易进出口总额378.54亿美元，比上年增30.2%；一般贸易进出口总额占比为87.1%。全年新批外资企业64家，新增注册外资21.18亿美元；实际利用外资5.68亿美元，比上年增29%。新批境外投资项目28项，协议投资总额1.68亿美元，其中，中方协议投资额1.53亿美元。新派境外劳务人员总数8人。

【科技创新】 全市全年高新技术产业产值占规模以上工业总产值比重达到38.7%。净增高新技术企业67家，有效高新技术企业852家，入围省潜在独角兽企业2家、苏州"独角兽"培育企业10家。新开工科创孵化载体面积139.78万平方米；新增省工程技术研究中心7家；新增省企业研究生工作站9家。2021年度全市新增产学研合作项目254项。引进科技招商项目523项。张家港市被省政府办公厅表彰为"推进科技政策落实和科技体制改革成效明显的地方"。全市全年新增张家港市领军型创新创业人才119名，引进落地张家港市重大创新创业团队3个。新增国家重大人才工程A类人才3人、省"双创计划"人才15人、"姑苏计划"人才38人，长期引进外国专家57人。获批人力资源和社会保障部与江苏省人民政府共建中国张家港留学人员创业园。

政治建设

【党的建设】 2021年，市委召开常委会会议46次，全市领导干部会议11次。市委、市政府联合发文17份，市委发文36份。重要决策涉及“创新张家港”建设五年行动计划、加快推进人才引领智汇港城计划若干措施、文化产业高质量发展行动计划、健全生态环境治理能力现代化、法治张家港建设规划、支持“十四五”期间村级集体经济发展政策、开展“两在两同（同人民想在一起、干在一起，风雨同舟、同甘共苦）建新功”行动决策等方面。全市各单位举办各类培训班256期，完成省、苏州市调训任务25次，共培训17143人次，其中县处级703人次，科级及以下16440人次。市委研究调整干部875人次，提拔重用干部229人，职级晋升226人次。3月20日，全市完成264个村（社区）“两委”换届，选举产生“两委”委员2084人。5月24日至28日，全市各镇完成党委换届。7月25日至28日，张家港市第十二次党代会召开。市宣传思想文化战线紧扣庆祝建党百年主题，精心组织开展党史学习教育，全力抓好精神文明创建，不断提升长江文化品牌影响力，创新新闻舆论传播，加强党对宣传思想文化工作的全面领导，为奋力谱写现代化新篇章提供坚强思想保证和强大精神力量。

【人大监督】 市十四届人大五次会议后，市人大及其常委会紧扣港城高质量发展、民生福祉改善和法治建设等工作重点，对全市重大事项决定、重点工作督办、环境保护、民生实事、代表建议办理等进行工作监督，综合运用执法检查、工作评议、视察调研、专题询问等方式方法，聚焦监督重点，统筹推进严格执法、公正司法、依法行政等工作。加强宣传工作，年内编印《张家港人大信息》12期、《张家港市人大换届选举工作简报》6期，人大官网刊载信息200余条，人大微信发布信息300余篇，累计在《新华日报》《人民代表报》《人民与权力》《苏州人大》“学习强国”等刊发各类稿件250余篇；新闻通讯《美丽乡村的“民声夜话”——张家港市常阴沙现代农业示范园区人大工委通过“议政微广场”做到联系选民零距离纪实》获苏州人大新闻奖一等奖；市人大常委会办公室获省人大《人民与权力》杂志宣传通联标兵单位、苏州人大新闻奖组织奖。市人大常委会听取和审议“一府一委两院”专项工作报告35项，作出《关于批准张家港市2020年度财政决算的决议》《关于批准张家港市2021年地方政府新增债券预算安排的决议》《关于开展第八个五年法治宣传教育的决议》《关于批准张家港市2021年财政预算调整的决议》《关于设立张家港市人大常委会金港街道、后塍街道、德积街道工作委员会的决定》《关于授予马可等6名外籍人士张家港市荣誉市民称号的决定》《关于市镇两级人民代表大会换届选举时间和市第十五届人民代表大会代表名额分配及各镇新一届人民代表大会代表名额》等决议、决定及审议意见、评议意见21项。

【政务公开】 2021年，市政府召开常务会议14次，先后审议制造业智能化改造和数字化转型、政务信息化、养老服务高质量发展、优化营商环境、数字农业农村发展、数字经济和数字化发展、人才引领智汇港城、“港城制造”品牌建设、违法建设治理、城乡居民基本养老保险、生态环境治理、未成年人保护、村级集体经济、产业用地更新等年度重点工作事宜。召开全市性会议37次，其中市委、市政府联合召开12次。会议主题涉及创新提质、农业农村现代化、全国文明城市常态长效建设、重大项目建设、科创孵化载体高质量发展、安全生产、城市管理、疫情防控等方面。2月25日，市政府召开全体（扩大）会议，紧扣“创新提质年”发展主线，推进政府全年各项目标任务。召开专题学习会议15次，专题学习习近平“学党史、悟思想、办实事、开新局，以优异成绩迎接建党100周年”等重要讲话、全国“两会”精神、《中华人民共和国长江保护法》《中华人民共和国公务员法》、疫情防控相关事项等，收听收看上级电视电话会议41次。市政府牢牢把握高质量发展主题，始终紧扣“创新提质年”工作主线，统筹疫情防控和经济社会发展，完成年度各项目标任务，实现“十四五”开局首胜。2021年，张家港市政府确定实施民生实事项目19项。老旧小区宜居化改造、中小学生健康关爱行动、人力资源服务能力提升、停车位改造“补短板”、安全生产基础提升、老年人助餐服务能力提升、城区步道贯通、无障碍环境综合提升、“五彩门”全民健身智慧服务点建设、“美丽”小巷、“见缝插绿”、城市补“痕”、增“靓”、城市海绵化改造、建设张家港市生态文明暨环境教育中心、实施民生微实事等15个项目年内完工。

【政治协商】 2021年，市政协组织召开协商议政会议9次。其中，市政协常委会议分别就全市村级经济发展工作、工程建设领域施工质量和安全管理工作、全域旅游发展工作、经济社会发展及提案办理等议题，市政协主席会议分别就全市高质量就业工作、生活垃圾“四分类”工作、史志开发和利用工作、基层政协及专委会“我为群众办实事”实践与探索工作、重点提案督办等议题，与市政府及有关部门进行协商，形成《新形势下促进高质量就业打造就业创业福地的建议》《关于优化我市生活垃圾分类工作的若干建议》《张家港市村级经济增强发展后劲的几点建议》《关于加强我市建筑领域工程质量和安全监管的若干建议》《关于加强改进我市史志开发利用几点建议》《张家港市政协及专委会“我为群众办实事”的涟漪模式及案例分析》《关于推进我市全域旅游发展的若干建议》专题调研报告7篇，提出各类意见、建议70余条，专委会分别就利用社会资源助力教育发展工作情况、邮政工作情况、公共卫生体系建设工作情况、印染行业转型升级工作情况、群众体育建设工作情况、“反诈骗”行动工作开展情况、外事工作情况、5G建设和运用工作情况、少数民族工作情况、数字化改造、智能化转型工作情况、“4+4”产业链发展工作情况等课题开展对口通报协商活动11次。年末，张家港市政协作为全省10家县（市、区）政协之一，首批获评全省政协系统先进集体。市政协坚持建言资政和凝聚共识双向发力，完善谈心谈话、联系党外委员制度，进一步加强与市各民主党派、工商联、无党派人士及新的社会阶层人士的沟通联络，促进在交流中提高认识、在共商中集思广益。通过优先安排政协重要会议发言、联合开展重点调研视察活动、抓好集体提案督办等，为市各民主党派、工商联和无党派人士、各人民团体在政协更好履行职责创造良好条件。

文化建设

【教育事业】 2021年，全市有各类学校178所，在校学生22.35万人，其中，新市民子女11.41万人，中小学幼儿园20.76万人、高校1.59万人。新增事业编制教师739人、备案制教师232人，新增引进人才17人。年末，累计有事业编制教职员工10858人、备案制教师748人。张家港市教坛新秀、教学能手、学科教改带头人及以上骨干教师3369人，占公办中小学幼儿园在编专任教师总数的31%。全市高考本科达线率、职校对口单招本科达线人数连续多年位居苏州前列。在2021年省教育现代化建设监测中，张家港市综合得分位居全省前列，列苏州市各县市第一。

【文化广电和体育事业】 2021年，全市累计建成24小时图书馆驿站50个；市级图书馆总藏量278.36万册，其中，图书266.97万册；博物馆共有文物藏品5808件（套）；剧团总计演出1832场。全年志愿服务总时长157万小时，在江苏省县市区率先实现了全国学雷锋志愿服务“四个100”先进典型四个类型大满贯。市融媒体中心（传媒集团）紧扣“全媒体素养提升年”工作主线，统筹推进新闻生产、门户建设、经营创收、行政管理，融合改革稳中有进、稳中向好。利用报、台、网、端、微、屏、抖、户外等全媒体平台，推出专题专栏、系列报道150余个，融媒产品超8000个，策划开展大型商业活动50余场，各类直播近200场。年内，融媒体中心（集团）136件创优作品获奖，其中40件作品获国家级奖项、28件作品获省级奖项、68件作品获苏州市级奖项。体育运动蓬勃发展。张家港市籍射击运动员盛李豪参加东京奥运会获男子10米气步枪银牌。张家港籍运动员在第十四届全运会上共获4金2银1铜和群众展演项目2项荣誉，张家港市连续5个全运周期获评全国群众体育先进单位。入选首批省级体育消费城市试点单位，连续三年获省县级体育重点工作督察第一名。全市人均体育场地面积5.45平方米，万人体育健身设施拥有数92.45件。义务教育阶段累计建成全国青少年校园足球特色学校44所、全国校园篮球特色学校4所、江苏省足球后备人才示范学校3所。体育彩票销量达到4.57亿元。

【卫生健康事业】 2021年，全市有医疗卫生机构502个，其中医院39个（综合医院20个、中医医院1个、中西医结合医院1个、专科医院11个、护理院6个），基层医疗卫生机构453个（镇公立医院7个、社区卫生服务机构198个、门诊部27个，卫生室、诊所、护理站221个），专业公共卫生机构5个（卫生监督所、疾病预防控制中心、妇幼保健所、健康促进中心、红十字血站），其他卫生机构5个（卫生发展服务中心、医事联络服务中心、“120”急救指挥中心、医学检验所、健康体检中心）。全市医疗机构总诊疗1015万人次，比上年增加80.6万人次，增幅8.63%。其中门诊急诊1005.46万人次。住院治疗25.89万人次，比上年增加1.29万人次，增幅5.24%。全市村（居）民医疗互助覆盖群众59.91万人，累计补助1.48亿元。八大类慢病患者配药不出镇（区）比例80%，不出社区比例50%。全年异地就医门诊直接结算率为95.3%。

社会建设

【居民生活】 全市社会民生协调发展，人民生活得到持续改善。全体居民人均可支配收入66101元，比上年增9%。其中，城镇居民人均可支配收入77939元，比上年增8.5%；农村居民人均可支配收入41859元，比上年增10.3%。全体居民人均生活消费支出38644元，比上年增20.1%。其中，城镇居民人均生活消费支出44216元，比上年增19.3%；农村居民人均生活消费支出27234元，比上年增22.3%。全体居民人均可支配收入增速位居苏州地区前列。

【劳动就业】 2021年，全市城镇新增就业23645人，公益性岗位安置82人，高校毕业生就业率99.51%（其中特困家庭毕业生就业率100%），就业困难人员实现就业3883人，全市新增创业3557人，带动就业14613人。城镇登记失业率1.75%。年内发放稳岗返还补贴4747.22万元，用人单位吸纳社保补贴535.2万元，企业一次性吸纳就业补贴106万元；发放重点企业到苏就业补贴20.25万元，为2619人次发放技能提升补贴469.84万元；发放高校毕业生求职创业补贴60.6万元，就业见习补贴102.54万元；发放公益性岗位社保补贴229.19万元，公益性岗位补贴267.93万元；发放各类创业补贴1470.91万元，富民创业担保贷款85万元；发放苏州市级创业孵化基地绩效考核补贴82.5万元，苏州市创业孵化基地认定补助补贴6万元。年内，市人社局对3902名张家港市籍需就业的高校毕业生实名制管理，动态掌握高校毕业生就业创业情况。依托毕业生就业岗位信息采集机制，定期通过张家港人才网、微信公众号等渠道发布适合毕业生的就业岗位30528个。

【社会保障】 全年新增城镇就业23645人，开发公益性岗位82个，高校毕业生就业率99.5%，城镇登记失业率1.75%。新增社保参保人员5.35万人。低保标准提高到每月1095元，特困人员供养标准提高到每月1533元。全年发放城乡居民最低生活保障金2476.1万元，低保边缘重病困难对象生活救助金540.51万元，特困人员供养资金534.03万元，困难群众物价上涨动态补贴30.83万元，困难群众水电气电视补助136.05万元。开展临时救助，发放救助资金115.69万元。开展“安居工程”项目，发放项目补贴资金126.4万元。为困难群众发放“五一”“十一”慰问金69.09万元，发放2021年春节慰问金1.42亿元。发放残疾人两项补贴6216.69万元，发放困境儿童基本生活费补贴570.91万元，为困难家庭学生发放慈善助学金168.25万元。享受医疗救助的特定困难人员15.79万人次，发放救助金3825万元；享受大病保险1.6万人，发放大病保险补偿款9600万元。全市困难群众服务保障覆盖率100%；村（居）民医疗互助覆盖全市194个村（社区），参加人员总计59.91万人。新增住房公积金缴存职工4.28万人，其中，4月起苏州作为全国首批试点的五个城市之一，个体工商户、自由职业者等灵活就业人员纳入公积金缴存范围，张家港市个体工商户缴存148人、自由职业者缴存18人。社区居家养老服务中心（站）实现全覆盖，接受上门服务居家老人数占比17.7%，护理型床位数占养老机构床位数比例99.3%。

【平安张家港建设】 2021年，全市大力实施新时代平安建设工程，扎实推进社会治理现代化建设，群众安全感指数创历史新高，一度达到99.67%，列全省第一等次。1月，启动维护公共安全、社会矛盾化解两个专项行动；2月，组织全市社会治安重点地区和突出问题排查整治，开展提升群众安全感“大调研、大讨论”活动，委托第三方开展全市群众安全感测评。4月，印发《张家港市社会治理现代化项目计划书》。5月，启动新时代平安建设工程，开展提升群众安全感八大攻坚专项行动，推进打击治理电信网络新型违法犯罪暨止损控案百日会战专项行动。9月，市“城市智网指挥中心”入选“苏州市市域社会治理现代化实训基地”。10月，张家港市“法官与村官双向交流”“企业刑事合规”经验入选苏州市域社会治理创新案例。12月，试点运行苏州市矛盾纠纷化解系统（DEMO）；评估验收张家港市28个社会治安重点地区整治工作成效。年内，持续深化综治基层基础建设，镇、村两级综治、网格化中心一体化建设完成率100%；有力保障沪苏通铁路安全运行，建成启用凤凰镇铁路护路联防工作站，创新推出“五方联动”工作机制并获中央、省护路办肯定推广，在全国《铁道护路联防》杂志刊载。

生态文明建设

【生态保护】 2021年，按照《江苏省国家级生态保护红线规划》，长江张家港三水厂饮用水水源保护区、一干河新港桥饮用水水源保护区、沙洲湖（应急水源地）饮用水水源保护区、张家港暨阳湖国家生态公园（试点）和张家港暨阳湖省级湿地公园被列为国家级生态保护红线范围；按照《江苏省生态空间管控区域规划》，凤凰山风景区、双山香山旅游度假区香山片区、双山香山旅游度假区双山片区、长江（张家港市）重要湿地空间、一干河清水通道维护区、一干河新港桥饮用水源保护区、暨阳湖公园等7处为省级生态空间管控区域。市生态环境部门完成污水管网排查检测100千米，新建、改造城镇控源截污主支管网12.5千米，完成农村生活污水治理600户，市区、镇区、农村生活污水处理率分别达到98%、95%、90%。年内，实现城乡生活垃圾分类设施“全覆盖”，日处理2250吨生活垃圾焚烧发电项目完成主体工程，市餐厨处理厂和经开区2个厨余垃圾集中处置项目开工建设，每年140万吨金城永联建筑垃圾资源化处置项目稳定运行。建成投运飞翔年处理1万吨危废焚烧项目、光大年处理4万吨危废填埋项目和年处理3万吨危废焚烧项目，全市形成年处理12.46万吨危废焚烧、填埋集中处置能力及年处理3640万吨医疗废物处置能力。11月，张家港市环境保护案例被中华环保联合会选入“全国生态文明与污染防治案例”。张家港市全年$PM_{2.5}$浓度为每立方米30微克，比上年降9.1%；空气优良率83.6%；13个国省考断面及19条通江支流水质优Ⅲ比例均达到100%，地表水环境质量位列全省第四、苏州第一。

【城市建设】 2021年，市建筑工务处承担集中建设项目32项，总建筑面积约56万平方米，投资概算约39亿元。凤凰高级中学新建工程、东城卫生服务中心、城南（赵庄）小学新建工程、云盘小学悦丰校区、职校中德合作化工实训中心工程、市公安局办案中心扩建工程、市政协政策研究室改造、人武部“四个秩序”改造工程、畜禽综合屠宰场易地新建项目外围配套工程等9个项目竣工。梁丰高中创建“省高品质示范高中”项目、沙中北校区、市一院门急诊医学中心、高职园区中专校、云盘小学沙洲湖校区（教师发展中心）、实验幼儿园斜桥园区新建工程、南苑幼儿园北园、沙洲中心粮库扩建工程等实事工程、重点工程按计划推进。高标准推进“公厕革命”，竣工交付公厕40座。完成悦丰、斜桥、东莱农贸市场标准化改造。拆除违章建筑70万平方米、违规广告1.9万平方米，打造“暨阳客厅”8个。

【城乡绿化】 2021年，全市建设完成的白鹿小游园、花园浜二村（新市河路）小游园、花园浜路小游园、未来星园、三兴海沙二村社区等一系列口袋公园纳入苏州市“新增及改造100个口袋公园”项目，并入选苏州市十大民心工程。东渡小游园、白鹿小游园、幸福湾公园、林里亲慈（邻里青瓷）获评苏州市“园林杯”最美口袋公园；新泾路（弘吴大道高架段）桥上花箱与桥下隔离带绿化工程获2021年度苏州市海绵城市建设示范项目。至年末，城市建成区绿地率37.6%，绿化覆盖率41.5%，人均公园绿地面积14.8平方米。市林木覆盖率为20.33%，位居苏州四县市之首。

【编辑　张　洁】

中共张家港市委员会

Zhangjiagang Municipal Committee of the CPC

5月19日，市网络文化季启动暨“沙洲印记·初心之旅”红色路线发布仪式举行 （市融媒体中心 提供）

張家港年鑑(2022)

党代会

【市第十二次党代会】 7月25日至28日，中国共产党张家港市第十二次代表大会在沙洲宾馆会议中心召开。应到党员代表390人，因事因病请假13人，实到代表377人。代表中，各级领导干部214人，占54.9%；生产和工作一线的党员174人，占44.6%；解放军、武警2人，占0.5%。各类专业技术人员83人，占21.3%；各条战线先进模范人物91人，占23.3%。工人农民代表60人，占15.4%。女代表106人，占27.2%。大专以上文化程度的384人，占98.5%。45周岁及以下的203人，占52.1%。大会审议并批准潘国强代表中共张家港市第十一届委员会所作的《践行新思想、奋进新征程，全力谱写港城现代化建设新篇章》报告。大会指出，市第十一次党代会后，全市经济实力持续攀高，城乡建设水平稳步提升，生态环境面貌焕然一新，城市发展活力日益强劲，人民生活品质显著改善，全面从严治党不断加强，较好完成了市第十一次党代会确定的目标任务，全市展现出高水平全面建成小康社会的现实模样。大会强调，踏上向第二个百年奋斗目标进军的新征程，要全面贯彻习近平新时代中国特色社会主义思想这个马克思主义中国化的最新理论成果，准确理解落实好习近平对江苏的一系列重要讲话指示精神，扎扎实实办好自己的事，全力以赴把习近平擘画的宏伟蓝图，谱写在张家港大地上、镌刻在张家港现代化建设的新征程中；努力为苏州打造向世界展示社会主义现代化的“最美窗口”，扛起张家港担当；为“苏南地区打造可以代表国家水平、引领未来方向的现代化建设先行示范区”，奉献张家港力量；为江苏向着“强富美高”再出发，扛起“争当表率、争做示范、走在前列”的光荣使命，做出张家港贡献。大会指出，之后五年全市工作的指导思想是精准把握“新发展阶段、新发展理念、新发展格局”的核心要义，切实扛起“争当表率、争做示范、走在前列”的光荣使命，紧扣“强富美高”总目标总定位，坚持稳中求进工作总基调，坚定不移走高质量发展之路，与时俱进大力弘扬张家港精神，持之以恒推动改革创新，牢牢把握长江经济带发展、长三角一体化发展等重大战略机遇，全面推动“经济发展、改革开放、城乡建设、文化建设、生态环境、人民生活”跃上新台阶，全力打造“创新转型的实力之城、包容并蓄的活力之城、一体融合的协调之城、文明善治的典范之城、美丽和谐的宜居之城、共建共享的幸福之城”，继往开来谱写张家港现代化建设新篇章。大会强调，要牢记打铁必须自身硬的道理，增强全面从严治党永远在路上的政治自觉，全面落实新时代党的建设总要求，坚持思想引领，保持坚如磐石的政治定力；锤炼过硬本领，打造忠诚干净担当的干部队伍；强化组织保障，夯实执政为民的基层基础；严明纪律规矩，营造风清气正的政治生态。大会审查并批准中共张家港市第十一届纪律检查委员会书面提交的《持之以恒正风肃纪反腐，坚定不移全面从严治党，为全市谱写好“伟大理论的成功实践”新篇章提供坚强保障》工作报告。

【市、镇两级党委换届工作完成】 5月24日至29日，全市8个镇分别召开党代会，选举产生新一届镇党委班子成员75人，纪委班子成员35人。换届后，全市各板块班子成员共162人，平均年龄42.1岁，比上届下降1.4岁；35周岁以下年轻干部占19.8%，比上届提高9.4个百分点；大学以上学历占97%，比上届提高11.4个百分点。年内，全市以市镇两级换届为契机，坚持一手抓结构性人选刚性配备，一手抓功能性问题系统破解，加强统筹调配，推动各级领导班子整体功能显著提升、梯次结构明显优化、遗留问题有效化解。加速调优班子结构，全市各板块班子成员中，35周岁以下年轻干部38人，占23.1%，比上届提高12.7个百分点，老中青比例由上届的9∶10∶3优化为该届的7∶10∶7；加速配强专业力量，选拔25名成熟可用的紧缺专业干部进入乡镇班子，实现“让专业的人做专业的事”；加速化解存量问题，非公务员的存量人员消化42.5%，超职数配备干部消化75%。同时，将严肃换届纪律贯穿换届工作始终，突出全程督导、一线督导，有力保障换届期间心齐劲足、风清气正。

2021年张家港市各镇党代会情况表

表2 单位：人

单位	届次	召开时间	代表人数		选举情况		
			应到人数	实到人数	书记	副书记	委员
金港镇	九	5月24日	179	175	1	3	11
杨舍镇	十四	5月29日	198	193	1	3	11
锦丰镇	十二	5月24日	130	129	1	3	11
塘桥镇	十三	5月24日	130	128	1	3	11
乐余镇	十二	5月24日	119	118	1	3	11
凤凰镇	十三	5月28日	128	124	1	3	11
南丰镇	十二	5月28日	97	90	1	2	9
大新镇	十二	5月24日	89	88	1	2	9

【谱写现代化建设新篇章奋斗目标确立】 市第十二次党代会确立之后五年的奋斗目标是地区生产总值突破4000亿元，一般公共预算收入超360亿元，工业投资累计超1500亿元，实际利用外资累计超50亿美元，社会消费品零售总额年均增长8%以上，全员劳动生产率超每人40万元，制造业增加值占比超50%，全社会研发投入强度超4%，城乡居民人均可支配收入与经济增长保持同步，社会文明程度测评指数以及公众安全感、法治建设满意度保持全省领先，单位GDP能耗下降率、大气及地表水环境质量指标、主要污染物排放总量削减率、安全生产"双下降"幅度完成上级下达任务，奋力打造全国县域高质量发展示范标杆，确保经济社会发展整体水平继续保持全国百强县市前三甲。

市委全会

【市委十一届十三次全体会议】 5月10日在馨苑度假村会议中心召开。会议审议通过《关于召开中国共产党张家港市第十二次代表大会的决议》。会议决定，中国共产党张家港市第十二次代表大会定于2021年7月召开，会议的主要议程是：听取和审查中国共产党张家港市第十一届委员会的报告，审查中共张家港市第十一届纪律检查委员会的工作报告，选举中国共产党张家港市第十二届委员会，选举中国共产党张家港市第十二届纪律检查委员会，选举出席中国共产党苏州市第十三次代表大会代表。会议指出，市第十二次党代会是在全市上下深入学习贯彻党的十九大和十九届二中、三中、四中、五中全会精神，以及习近平视察江苏重要讲话指示精神，奋力开启"十四五"发展新征程、书写现代化建设新篇章的关键时期召开的一次十分重要的会议。会议强调，要坚决贯彻落实"十个严禁"换届纪律要求，切实增强责任感和使命感，带头讲大局、讲原则、讲纪律，确保换届各项工作顺利推进，圆满成功。

【市委十一届十五次全体会议】 7月17日在市政府圆形会议室召开。会议指出，踏上向第二个百年奋斗目标进军的新征程，全市上下要全面贯彻习近平新时代中国特色社会主义思想，认真落实中央、省委、苏州市委决策部署，精准把握"新发展阶段、新发展理念、新发展格局"的核心要义，切实扛起"争当表率、争做示范、走在前列"的光荣使命，紧扣"强富美高"总目标总定位，坚持稳中求进工作总基调，坚定不移走高质量发展之路，与时俱进大力弘扬张家港精神，继往开来谱写现代化建设新篇章。会议强调，2021年是实施"十四五"规划的开局之年，全市经济和社会建设各项任务十分繁重。全市上下要按照市委的决策部署，咬住全年目标任务不放松，凝心聚力，开拓进取，集中精力抓发展，争先率先再拼搏，以优异成绩迎接市第十二次党代表大会的胜利召开。会议讨论通过市第十二次党代表大会主席团和秘书长、主席团常务委员、副秘书长和代表资格审查委员会建议名单，审议通过十一届市委报告和市纪委工作报告。

【市委十二届一次全体会议】 7月28日在沙洲宾馆会议中心召开。会议选举产生中国共产党张家港市第十二届委员会常委，选举产生中国共产党张家港市第十二届委员会书记、副书记，通过中国共产党张家港市第十二届纪律检查委员会第一次全体会议的选举结果。会议强调，要切实增强使命感、责任感、紧迫感，与时俱进大力弘扬张家港精神，不忘初心、牢记使命，带领全市各级党组织和广大党员干部群众，团结拼搏、加压奋进，在全面建设社会主义现代化国家新征程中夺取新胜利。会议指出，要坚持率先垂范，着力建设坚强有力的领导班子；认真抓好市第十二次党代会精神的学习贯彻，合力谱写港城现代化建设新篇章；保持拼抢姿态，夺取港城"十四五"发展良好开局。会议强调，要紧密团结在以习近平同志为核心的党中央周围，以习近平新时代中国特色社会主义思想为指导，与时俱进大力弘扬张家港精神，同心协力、真抓实干，为谱写港城现代化建设新篇章而不懈奋斗。

【市委十二届二次全体会议暨市委经济工作会议】 12月30日在馨苑度假村会议中心召开。会议听取和讨论市委书记韩卫代表市委常委会所作的《迎接二十大、献礼六十年，在新的赶考路上书写好现代化建设新答卷》的工作报告，审议通过《中国共产党张家港市第十二届委员会第二次全体会议决议》。会议指出，在现代化建设的出征之年，全市上下拼搏争先再出发，科技创新迈出新步伐，产业升级实现新突破，改革开放取得新进展，城乡融合彰显新内涵，人民生活得到新改善，管党治党展现新作为，张家港在现代化建设新征程上迈出坚实第一步，全市发展站上新的更高平台。会议明确2022年工作的指导思想为：以习近平新时代中国特色社会主义思想为指导，全面贯彻党的十九大和十九届历次全会精神，深入贯彻习近平对江苏工作重要指示精神，紧扣"强富美高"总目标总定位，自觉扛起"争当表率、争做示范、走在前列"的光荣使命，落实中央、省委、苏州市委部署要求，立足新发展阶段，贯彻新发展理念，加快服务构建新发展格局，着力推动高质量发展，坚持"稳字当头、稳中求进、全面向好"的工作定位，统筹疫情防控和经济社会发展，统筹发展和安全，与时俱进大力弘扬张家港精神，紧扣"创新转型加速年"工作主题，继往开来打造"六个城市"，接续谱写张家港现代化建设新篇章，以实际行动迎接党的二十大、献礼建县（市）60周年。会议指出，要在"轻装上阵、转型升级"上彰显典范性，一着不让抓创新、强动能，推动从"产业城市"向"产业强市"的发展跃升，突出科技招商、集聚创新资源，增强看家本领、提升产业质效，深化改革开放、释放发展活力，坚持生态优先、推动绿色发展；在"全面综合、优质均衡"上彰显典范性，一以贯之走在前、作表率，推动从"文明高地"向"文明高峰"的发展跃升，加快打造更具示范引领意义的"文明典范第一城"，精细勾勒城乡错落有致、风貌相得益彰的美丽宜居新图景，努力打造共同富裕、幸福生活的县域典范。会议强调，要深入推进全面从严治党，全面落实新时代党的建设总要求，始终保持"对岗位负责、对组织负责、对张家港发展负责"的昂扬风貌，强化政治引领，坚持绝对忠诚的政治品格；聚焦事业发展，锤炼担当作为的干事本领；突出固本强基，夯实凝心聚力的战斗堡垒；从严正风肃纪，涵养风清气正的政治生态，努力打造能够担当现代化建设重任的干部队伍，让张家港精神焕发新的时代华彩。

重要决策

【概况】 2021年，市委召开常委会会议46次，全市领导干部会议11次。市委、市政府联合发文17份，市委发文36份。重要决策涉及"创新张家港"建设五年行动计划、加快推进人才引领智汇港城计划若干措施、文化产业高质量发展行动计划、健全生态环境治理能力现代化、法治张家港建设规划、支持"十四五"期间村级集体经济发展政策、开展"两在两同"（同人民想在一起、干在一起，风雨同舟、同甘共苦）建新功行动决策等方面。

【文化产业高质量发展行动计划出台】 经十一届市委第136次常委会会议和市政府第67次常务会议审议通过，2月21日，市委办、市政府办联合印发《关于实施张家港市文化产业高质量发展行动计划的意见》，提出坚持把社会效益放在首位，坚持社会效益和经济效益相统一的价值导向，以引进文化产业项目为抓手，以培育文化企业发展为支撑，以打造长江文化产业品牌为动力，助推全市文化产业跨越发展，推动规上文化企业数量实现翻番。明确八大主要任务，分别是做强创意设计产业，大力发展数字文化装备制造业，支持发展动漫游戏产业，加快发展资讯信息产业，推动工艺美术产业发展，促进文体旅融合发展，打造区域特色文化产业品牌和加快演艺娱乐产业发展。支持措施包括培育壮大市场主体、推动产业聚集发展、加大金融支持力度、促进文体旅消费、拓展对外文化贸易、优化营商环境、深化文化体制改革7个方面。保障措施包括加强组织领导、强化财税支持、提供人才保障、保障发展空间、强化考核督察5个方面。

【"创新张家港"建设五年行动计划出台】 3月27日，市委办、市政府办联合印发《"创新张家港"建设五年行动计划》，提出全面启动"创新张家港"建设，以打造创新驱动高质量发展的全国县域典范为总目标，以国家创新型县（市）建设为统领，以改革创新为根本动力，以协同创新为基本手段，以提升企业技术创新能力为重点，以市内"创新高地"和市外"创新飞地"为主阵地，通过实施"八大创新工程"，探索新时代县域创新驱动发展的有效路径，树立"创新资源集聚、创新生态完善、区域合作紧密、发展质量更高"的全国县域创新样板，形成具有全国影响力的"创新张家港"品牌。重点任务涵盖8个方面创新工程23条具体举措：实施新型体制机制创新工程，包括构建创新资源内部高效协同的体制机制、优化科技创新资源配置方式、建立市场配置人才资源新机制、打造县域科技金融创新试验田等；实施科技创新资源集聚工程，包括省部共建高新区模式、构建县域战略科技力量、推动创业平台专业化升级等；实施企业主体地位提升工程，包括全面增强企业创新主体地位、加快提升企业技术创新能力、大力培育一批创新型企业家等；实施重点产业链条培育工程，包括聚力发展新兴领域产业链、加快提升特色优势产业链等；实施科技创新成果转化工程，包括构建科技成果转化专业化服务体系、探索高校成果落地转化机制、加快知识产权强市建设等；实施科技创新为民惠民工程，包括打造全国县域可持续发展实验区、树立全国县域智慧城市建设标杆、加强科技创新对公共事业的支撑力度等；实施新型科技开放合作工程，包括主动融入长三角协同创新共同体、全力开创国际创新合作新局面、建设港城创新飞地生态圈等；实施城乡统筹创新发展工程，包括实施创新型乡镇培育计划、实施科技示范村引领行动等。保障措施包括加强组织领导、强化监测评价、营造浓厚氛围。

【推进人才引领智汇港城计划若干措施出台】 经十一届市委第145次常委会会议和市政府第69次常务会议审议通过，5月11日，市委、市政府联合印发《关于加快推进人才引领智汇港城计划若干措施》的通知，提出"打造引才体系、激发市场活力、加速项目发展、构筑人才支撑"4个方面11条具体举措。具体包括：打造更具竞争优势的引才体系，通过顶尖人才、高层次双创人才、重大创新创业团队、青年人才、高技能人才"5类引才计划"和多项政策举措，着力引进支持一批符合市重点产业发展的"高精尖缺"人才（团队）；激发更具市场活力的引才动能，通过支持企业引才用才、落实人才奖励、优化社会化引才模式"3项激励措施"，进一步引导企业主体增强引育创新人才意识，吸引国内外优质机构与张家港市开展引才合作，营造重才、爱才、敬才的浓厚氛围；推行更有力度的项目提速计划，通过实施人才企业"攀峰计划"、落实信贷融资、推进人才基金等项目发展举措，充分撬动更多社会资本、发展要素向重点人才企业和重大人才项目集聚，培育一批"引领示范"企业，助推一批"行业标杆"的人才企业上市发展；构筑更加完备的人才发展支撑，通过实施科创载体提升"8521"计划、出台重点产业"一业一策"、优化人才礼遇政策、推进人才安居保障等支撑举措，切实解决人才在全市创业发展的后顾之忧，助力人才企业深耕港城、做大做强。

【法治张家港建设规划出台】 经十一届市委第149次常委会会议审议通过，6月15日，市委印发《法治张家港建设规划（2021—2025年）》，提出积极开展中国特色社会主义法治体系张家港实践。总体目标是，到2025年，党领导全面依法治市体制机制更加健全，中国特色社会主义法治体系张家港实践探索走在全省乃至全国前列，到2035年，高水平的法治港城、法治政府、法治社会建设基本建成，人民平等参与、平等发展权利得到充分保障，治理体系和治理能力现代化基本实现。主要任务包括，全面贯彻实施宪法，建设高效的法治实施体系，建设严密的法治监督体系，建设有力的法治保障体系，建设完善的党内法规保障和实施机制，加强党对依法治市工作的集中统一领导。

【开展“两在两同”建新功行动决策】 经十二届市委第5次常委会会议审议通过，8月21日，市委印发《关于在全市党员干部中开展“两在两同”建新功行动的实施方案》的通知，提出“组织在行动、干部在一线、党员在身边”工作举措，并对应作出“3个引领、4个表率、6个先锋”任务安排。具体包括，推动行动一线建党组织、让党组织到一线行动，在推动改革发展、服务基层群众、锻造过硬队伍3个方面强化党建引领，领导干部带头深入基层一线，在调查研究深扎根、专项整治大排查、创新实干抓落实、干事创业解难题4个方面做好表率，围绕全国文明典范城市创建、乡村振兴、基层治理等重点工作，对机关事业单位、农村、社区、国有企业、“两新”组织、离退休6类不同领域党员群体提出针对性要求，推动党员充分发挥先锋模范作用。行动分3个阶段实施。8月为启动部署阶段。8月至11月为行动实施阶段。11月末前，各党委（党组）和领导干部要提交问题清单、任务清单和责任清单，领导干部还要提交调研报告和民情日记。各党委（党组）要召开理论学习中心组学习会，交流领导干部调研情况。12月为评估检验阶段。各党委（党组）系统总结经验成效，报送“两在两同”建新功专题汇报和“解难题”工作专报，党员个人在民主生活会或者组织生活会上作报告。

【健全生态环境治理能力现代化决策】 经市委全面深化改革委员会第十六次会议和市政府第75次常务会议审议通过，10月19日，市委办、市政府办联合印发《关于健全生态环境治理能力现代化的实施方案》，提出以“实现人与自然和谐共生”为目标，加快补齐生态环境治理体制机制短板，为推动生态环境根本好转，高质量建设美丽张家港提供强有力制度保障，明确到2025年，生态环境治理体系和治理能力现代化走在全省、全国前列，为率先基本实现社会主义现代化奠定坚实生态环境基础。聚焦生态环境治理关键环节和具体制度，提出健全八大生态环境治理体系：领导责任体系，包括落实党政主体责任、强化目标评价考核、建立常态督察机制3项工作；企业责任体系，包括加强排污许可管理、推进生产服务绿色化、强化治污能力建设、发挥行业监管效能4项工作；全民行动体系，包括加大社会监督力度、调动社会团体积极性、提高公民环保素养3项工作；环境监管体系，包括完善监管体制机制、创新环境监管模式、强化司法联动保障3项工作；风险防范体系，包括严格生态空间管控、强化环境风险防范、健全应急处置体系3项工作；治理市场体系，包括规范治理市场秩序、创新污染防治模式、强化环保产业支撑、健全价格收费机制4项工作；社会诚信体系，包括完善环境信用评价、加强企业信息应用2项工作；能力保障体系，包括提升基础设施支撑能力、提升清洁能源保障能力、提升碳排放管理能力、提升环境监测监控能力、提升财税金融激励能力、提升服务高质量发展能力6项工作。制定实现生态环境治理体系和治理能力现代化重点任务清单，着重明确正文部分28项工作任务、重点举措，落实完成时限、牵头部门等。

【支持“十四五”期间村级集体经济发展政策出台】 经十二届市委第9次常委会会议和市政府第77次常务会议审议通过，11月10日，市委办、市政府办联合印发《关于支持“十四五”期间村级集体经济发展政策的意见》，提出以实施乡村振兴战略为统领，按照“思想再解放、标准再提高、投入再加大、资源再集聚、内涵再丰富、改革再创新”的方式，夯实村级集体经济发展根基，探索村级集体经济运行新机制，努力推动村级集体经济高质量发展，为率先基本实现农业农村现代化的张家港实践提供有力支撑。基本原则包括，坚持党的领导、政府引导、集体所有、市场导向等。目标任务为：至2025年，村均可支配收入超1600万元，其中市级经济相对一般村超500万元，镇级经济相对一般村超600万元。工作举措包括，通过节约集约高效利用资源来扩大发展空间，通过产业载体提档升级来提高产出效益，通过完善各类发展模式来拓宽发展路径，从而实现村级集体经济的发展。政策支持包括，通过村级组织运转保障经费补助、经营性项目奖励、榜单激励奖励、建设规费减免等扶持措施来保障村级集体经济的发展。保障机制包括，建立村级集体经济发展工作推进机制，落实责任，健全长效考核激励和监督机制，加强宣传引导，推动集体经济转型。（刘克宁）

重要活动

【干部学习培训活动】 2021年，全市各单位举办各类培训班256期，完成省、苏州市调训任务25次，共培训17143人次，其中县处级703人次，科级及以下16440人次。开展中共十九届五中全会和习近平视察江苏重要讲话精神网上专题培训；组织党员干部全面系统学习总书记关于各领域各方面工作的重要论述和最新重要讲话精神，全市在职副科级以上干部全员完成在线学习并通过考试。以党史学习教育为契机，深度挖掘建党100年中张家港本土红色教育资源，与时俱进弘扬张家港精神“传家宝”，新建“张家港精神教育基地”，多次邀请秦振华作专题报告，引导干部用新的奋斗实践赋予张家港精神新的时代内涵。抓好新时代基层干部教育主题培训，注重用好干部在线学习中心、“张家港先锋”等线上平台，上传党史学习教育、社会经济热点等100门精品课程供各级干部在线选学。举办第十一期领导干部中央党校高级研修班，力争利用3年时间将全市所有正科职干部轮训一遍。以镇、村党组织换届为契机，组织全市2084名镇、村干部全部完成履新培训。围绕建设高素质专业化干部队伍的要求，结合张家港高质量发展的实际需求，以务实管用为原则，举办推进“长三角一体化”发展、金融发展、科技创新、产业招商、招才引智、产业链高质量发展等专题培训151期，培训各级各类干部8200余人次。开展暨阳夜学3场，领导干部菜单式讲座10场，通过分层分类、常态长效推进干部队伍培训，有力提升各级“一把手”和中坚力量的结构能级与梯队水平。建立128门精品课程库和72名领导干部师资库，创新打造“书记讲给书记听”“前浪讲给后浪听”等特色平台，助推各级干部开展自主式、点单式培训，提升解决实际问题能力。发挥退出领导岗位干部作用，推动各单位内部建立师徒结对培养机制；发挥专业领域专家型领导干部帮带作用，分专业类别成立由60人组成的5个专业研习社；发挥“85后”优秀年轻副科职干部示范作用，分工作领域通过“双选结对”方式成立由102人组成的8个“年轻干部成长营”，通过结对攻坚各类基层重点难点问题和复杂矛盾，推动年轻干部在实战实训中知行互促、知行相长。

【党政领导考察活动】 3月13日，市委书记潘国强率张家港市党政考察团赴苏州工业园区、苏州高新区考察学习，进一步学习借鉴推进自主创新能力提升、打造现代产业体系、营造良好创新生态等方面好的经验做法。3月23日至24日，市委副书记、市长韩卫带队赴国家发改委，就相关工作进行对接争取。3月29日至30日，市委书记潘国强带队赴上海市虹口区学习考察全链条“人工智能物联网”的数字化改造、“5G全球创新港”，就技术支持、资源互补、共同发展进一步加强沟通交流。举行“沪苏同城、创新提质”2021年张家港融入上海合作发展说明会，持续深化科技协同创新、产业融合发展、交通互联互通、生态共建共管。5月25日至26日，市委书记潘国强带队参观考察深圳企业，先后参观考察深圳市投资控股有限公司、坎德拉（深圳）科技创新有限公司、稻兴科技（深圳）有限公司，学习智能制造、企业管理、科技创新等经验做法。9月16日，市委书记韩卫带队赴河北保定考察，围绕深入推进经济社会高质量发展、重大项目投资建设等进行实地考察学习。12月2日至3日，市委副书记、代市长蔡剑峰带队赴河北保定考察，就进一步加快推动重大项目建设开展座谈交流。

【项目签约、奠基、竣工、开业等活动】 2021年，全市项目签约活动主要有：4月12日，张家港医疗器械高新产业园劢迪系列项目签约；4月25日，张家港市·东吴证券新时代深化全面合作签约；4月30日，香港敏华控股高端家居智能核心部件制造基地项目签约；5月6日，“上海长三角科创企业服务中心苏南中心”成立揭牌，沪苏科创服务战略合作签约；7月9日，法国液化空气集团10万标方空分项目签约；7月13日，爱舍伦医疗张家港创新基地暨冶金园乡村振兴项目集中签约；8月16日，永钢集团科创中心合作签约；8月28日，稻兴科技8K超高清视频（张家港）智能制造基地项目正式签约；10月8日，冶金园（锦丰镇）12个项目集中签约；10月12日，大族激光华东区域总部基地项目签约；10月16日，变形积木总部项目签约；10月21日，张家港市与上海国盛集团全面战略合作签约；10月22日，雅保新时代锂电池材料超级工厂项目签约；11月12日，张家港经开区与爱康光电、长城控股等16个项目集中签约；12月9日，张家港高新区5个外资项目集中签约。项目奠基开工主要有：天兵科技运载火箭及发动机智能生产基地项目、信义光能面板项目、杉金光电偏光片项目、江苏华盛新能源材料项目、劢迪医疗器械产业创新港项目、广大鑫盛高端装备零部件项目等。项目竣工投产主要有：天鹏极片中心项目、布伦泰格高端精细化工品项目等。全市举行3次项目集中开竣工：1月23日，举行一季度项目集中开竣工活动，总投资555.7亿元，有103个项目。4月23日，举行二季度项目集中开竣工活动，总投资超过570亿元，有89个项目。8月25日，举行三季度项目集中开竣工活动，总投资超567亿元，有73个重大项目。

【文化、教育、科技活动】 2021年，全市举办文旅融合、科技教育等领域活动20余次。主要文体旅融合活动有：升格举办长江文化节，持续擦亮“多彩夜沙洲”“周末趣港城”等活动品牌，实现全国学雷锋志愿服务“四个100”先进典型大满贯。主要科教活动有：2021年（第十三届）苏州国际精英创业周张家港分会场暨张家港创新周·第十五届科技人才活动周，2021年苏州·张家港全国创新创业大赛，首届全球数字经济创新创业大赛，科创孵化载体高质量发展推进大会，承办第六届中国创新挑战赛等。

调查研究

【概况】 2021年，市委办发挥“参谋助手”作用，高质量完成创新提质年动员大会暨作风效能建设会议等市委主要领导讲话稿，市第十二次党代会报告、市委十二届二次全会报告及《北京西路瞭望》《江苏通讯》等媒体署名文章、专项或综合汇报材料、致辞、请示等各类文稿材料500余篇、150余万字，编撰完成《张家港政务》月刊12期，为市委决策部署提供智力支持。紧扣“创新提质年”主线，围绕党代会报告、乡贤文化建设、产业数字化发展路径等选题，先后赴山东寿光、浙江慈溪等地调研考察，深入走访市发改委、科技局、工信局、统计局等职能部门，保税区、经开区、冶金园、凤凰镇等区镇，牵头撰写《关于张家港市推进乡贤文化建设的思考与建议》《张家港市产业数字化发展路径研究》《张家港市首创“企业创新积分制”》等一批针对性强、有深度的专题调研报告材料。

【专题调研】 围绕加强与海内外张家港籍知名人士、广大客商的沟通联系与交流合作，进一步开发乡贤资源、凝聚乡贤力量、繁荣乡贤文化，链接整合推动张家港高质量发展的内外资源和积极因素,市委办联合市委统战部、市商务局等部门组成调研组,赴多地学习考察,形成《关于张家港市推进乡贤文化建设的思考与建议》,以"三个一"系统总结各地乡贤文化建设的经验与做法,即夯实一个基础——建网络架桥梁,突出一个主题——引项目谋发展,传递一种情怀——叙乡情忆乡愁,因地制宜提出关于全市推进乡贤文化建设的对策与建议。具体包括,成立"两大机构",构建乡贤工作"大格局";搭建"五个平台",拓展乡贤联谊"朋友圈";设立"两只基金",激活乡贤回归"源动力";推出"五项政策",定制乡贤发展"大礼包"等。围绕打造数字经济新优势,培育规模更大、质效更高、竞争力更强的先进制造业集聚区,市委办明确调研选题清单,建立课题调研组,学习借鉴各地培育发展新经济的经验做法,形成《张家港市产业数字化发展路径研究》报告,梳理市产业数字化发展基本情况,总结出总量规模持续扩大、数字化改造成效显著、三次产业协同发展、基础配套日益完善等主要特征,指出市产业数字化发展面临政策扶持"滞后乏力"、专业人才"非常紧缺"、内生动力"明显不足"、数字应用"各自为政"4个方面的难点、痛点,并从加强重点产业数字化发展的"顶层设计"、完善促进产业数字化发展的"创新体系"、加速新一代信息基础设施的"全面部署"、培植数字化创新人才成长的"丰厚土壤"4个方面提出推动产业数字化发展的对策与建议。

【164条改革任务完成】 2021年,市委改革办紧扣高质量发展主题主线,统筹抓好改革任务落实、改革试点建设、改革攻坚突破、自主创新改革等方面工作,26个方面164条改革任务有效落地。改革机制不断优化。全年组织召开市委深改委会议5次,出台2021年改革工作要点,17项市领导挂钩联系重点改革任务取得阶段性成效;推动《关于张家港市文旅集团的组建方案》等重点改革文件落地,统筹协调智慧城市、长三角区域合作等重点工作专班及"一网通办"、全国"两业融合"等重点领域改革。改革影响持续放大。长江文化节、供应链创新与应用等列入苏州改革工作重点,2篇案例入选《苏州改革》典型案例,1篇案例入选江苏省高质量发展案例,1篇案例获评全国"2021年度地方全面深化改革典型案例"。改革试点亮点纷呈。作为唯一县(市)首批获评全国供应链创新与应用示范城市;涉案企业合规改革试点相关经验做法获最高人民检察院、省检察院主要领导调研肯定;创新设立全国首家"调裁审执"劳动保障维权一体化服务中心;获评全省首家"公立医院综合改革示范县";积极开展国家数字乡村试点,入选省级以上典型案例5个;企业创新积分制获评全国"2021年度地方全面深化改革典型案例",并在全国59个国家级高新区试点推广。释放改革动力活力。全国首发创新驱动发展(张家港)指数,被省政府办公厅表彰为"推进科技政策落实和科技体制改革成效明显的地方";5个项目入选省推进长江大保护和绿色发展特色工作清单,列苏州县市第一;探索推行开发区"去行政化"改革,行政体制活力更强。

(刘克宁)

组织工作

【概况】 2021年年末,全市有中共党员71450人。有基层党组织4459个,其中党委155个、党总支250个、党支部4054个,另有党工委38个。有副科级以上干部1642人。其中,女干部303人,占18.5%;非中共党员71人,占4.3%;全部为大专以上文化。年内新发展党员1800人,转入2757人,减少2653人。市委组织部向上级组织部门和市委办报送组工信息73篇,编印《张家港组工信息》17期,"张家港先锋"微信平台推送信息697条,"人才张家港"微信平台推送信息164条。加大人才引进力度,全年新增国家级重大人才计划专家4人,省"双创计划"人才(团队)15人(列苏州大市第二),上级人才计划完成总数创历史新高。全年人才企业销售90.9亿元,比上年增38.1%,纳税3.95亿元,比上年增75.6%。

【领导班子和干部队伍建设】 2021年,市委研究调整干部875人次,提拔重用干部229人,职级晋升226人次。其中提拔"75后"正职36人、"85后"副职41人,全市共配备"85后"正职11人、"90后"副职16人。注重提拔重用一贯兢兢业业、表现优秀的各年龄段干部,全年提拔重用"60后"干部7人、"70后"干部131人;提拔女干部53人、党外干部9人。进一步推进干部跨部门、跨条块、跨领域交流,全年共交流使用干部79人,有效激发干部队伍活力。连续两年实施"名校优生"计划,紧盯全国"双一流"顶尖高校,以"小规模、常态化"招录模式,引进第二届市委选调生72人,其中研究生占比69.4%,"C9联盟高校"占比58.3%,"90后"优秀年轻干部储备得到大幅补强。出台全市干部工作三年行动计划,市委主要领导牵头召开全市年轻干部工作推进会,立足长远,系统部署年轻干部工作。同步开展年轻干部能力强化班、挂职实训班,遴选60名年轻干部参训,突出"两班联动、多元赋能",加速推动年轻干部成长成才。承办苏州市年轻干部强化班"薪火相传,生生不息"学员论坛活动,有力促进优秀年轻干部互学互鉴、共同提高。连续5年开展担当作为好单位、好干部评选,年内评选100个好单位、200名好干部,同时对44名敢闯敢试的担当作为好干部提拔重用或晋升职级,树牢为改革发展前沿、基层工作一线岗位干部鼓劲加油的鲜明导向。持续加大"三项机制"运用力度,发布"三项机制"典型案例4期62例,苏州市委组织部录用6例,位居各板块前列。同时,为144名一贯表现优秀、工作经验丰富的领导干部晋升职级,释放职务职级并行政策红利。研究制定区镇国企集团化发展工作方案,探索在4个开发区和凤凰镇设置按正科职管理的国企,为增强区镇国企竞争力和畅通优秀编外人员成长通道提供体制机制保障。

【基层党组织和党员队伍建设】 3月20日，全市完成264个村（社区）“两委”换届，选举产生“两委”委员2084人，平均年龄38.1岁，大专以上占比92.8%、本科以上占比56.6%。6月23日，建立百家桥村、新民村、常家村、十一圩港村、牛桥村、学田村、北荫村7个村党委，建立暨阳湖社区、景巷社区、滨江社区、三兴社区、合兴社区、中心社区等6个社区党委，全市村（社区）党委增至82个；先后成立全市新型农业经营主体联合党委、快递服务行业党委、志愿服务综合党委3个“功能型”党委。市委组织部深化“组织生活开放日”制度，将党史学习教育定为贯穿全年组织生活的大主题，举办1200余场“开放式组织生活”，通过网上点赞、专家评选，确定市级组织生活开放日优秀活动案例33个。推进“海棠花红”先锋阵地建设，经开区（杨舍镇）党群服务中心、冶金工业园（锦丰镇）南岸创新社区党建人才综合体、大新镇中山村“田园学舍”网格先锋驿站入选第三批苏州市级“海棠花红”先锋阵地；李巷村“民情小店”先锋驿站等15个阵地纳入市级“红堡地图”。连续9年实施基层党建项目化推进机制，创建党建重点项目“揭榜挂帅”机制，围绕长三角一体化、科技创新、产业转型等重点方向，通过“组织揭榜、书记挂帅”，精准实施“科技e+”党建联盟、产业链先锋等党建重点项目30个。加强党建考核，4月30日，印发《2021年度全市党的建设考核实施方案》，定期召开考核分析会、督查指导会，通过平时检测、现场考核“双印证”的方式，推动工作抓实在日常、难题破解在平时。张家港市年度党的建设考核继续位列苏州各市区第一方阵。吴惠芳、黄强、长江村党委获评全国“两优一先”，沈彬、黄强、长江村党委获评江苏省“两优一先”，数量均列苏州大市第一。7月3日，召开学习习近平在庆祝中国共产党成立100周年大会上的重要讲话精神座谈会，四套班子领导参加并集体宣誓，表彰市级“两优一先”，授予秦振华、沈文荣、吴栋材、郁全和4位老一辈杰出代表“港城骄傲”荣誉。8月21日，市委印发《关于在全市党员干部中开展“两在两同”建新功行动的实施方案》，突出“4个表率”“6个先锋”，推动组织在行动、干部在一线、党员在身边，广泛开展“两在两同”建新功行动。12月7日，印发《张家港市开放式党建赋能高质量发展三年行动计划（2021—2023年）》，着眼一年重点突破、两年巩固深化、三年全面提升，构建开放融合的组织体系、开放多元的队伍体系、开放包容的活动体系、开放高效的服务体系、开放系统的保障体系等“五个体系”，全领域打造开放式党建。年内，以红堡关爱十项制度为主要抓手，深化党内关爱，发放关爱帮扶基金861万元，惠及困难党员群众11021人次，市领导带头发放“光荣在党50年”纪念章6944枚、“初心摆台”387个，为新党员定制发放“我在建党百年入党”纪念册1800本。加强基层组织建设，3月26日，全省新任村党组织书记示范培训班在善港农村干部学院开班；4月7日，举办“书记讲给书记听”活动——全市村（社区）书记履新第一课；4月，会同市农业农村局系统提炼片区联动、报团取暖、能人带动、资本撬动、产村联合、资源盘活、农旅互促、美村深耕等党建引领乡村振兴“八大典型路径”，持续放大全省最大强村群体示范效应；11月4日，张家港市第二届村级中青年后备人才培训班届满结业，70%的学员走上村（社区）两委“正职”岗位，第三届村级中青年后备人才培训班接续开班，遴选44名学员进行小班化、跟踪式培养；11月18日，召开“精耕区域共建，精绣美美家园”党建引领基层治理“根须工程”推进会，出台《张家港市党建引领基层治理“根须工程”微十条》，党建引领乡村治理“根系工程”入选“首批全省乡村治理典型案例”，被省委农工办《江苏农村要情》刊文推广。服务科技创新，4月30日，举行“聚力筑魂·燃梦港城”张家港站客运枢纽配套设施PPP项目决胜创标杆誓师暨“党建+学创行”联盟成立揭牌仪式。6月17日，成功举办长三角科创孵化载体党建工作座谈会，成立长三角科创孵化载体苏州（张家港）党建工作站，建立长三角科创孵化载体党建共建联盟。打造科创园区行业“科技e家”党建品牌，相关经验被国家科技部网站刊载。产业链党建“‘链’上党建赋能创新发展”案例入选全国“2021年度百个两新党建优秀案例”。7月8日，举行“初心百分百·惠企面对面——我为群众办实事”实践活动启动暨南岸创新社区党建人才综合体落成仪式，组建党群联企、金融惠企等“1+7”“暖心惠企党建大联盟”，累计开展惠企活动151场，服务企业7800家。年内，《敢为天下先》张家港精神电教片入选省委组织部《记忆100》系列党课。微视频《村里的青春风暴》获省委组织部“百年风华”党员教育全媒体作品创作大赛一等奖、五佳作品奖，《初心的力量》公益

11月4日，全市年轻干部工作推进会暨年轻干部能力强化班、挂职实训班、村级中青班开班仪式举行

（市委组织部 提供）

广告、《百年好“盒”·先锋礼赞》党建纪念品获二等奖，获奖名次和数量均列苏州大市第一。

【“美美乡村·扎根计划”实施】 3月24日，张家港市“美美乡村·扎根计划”赋能乡村振兴党建书记项目启动。该项目被列为苏州市委书记项目，立足放大全市县域“最大强村群体”“最强明星书记”示范效应，着眼建设一支政治过硬、本领过硬、作风过硬的乡村干部队伍，重点推进三项工作：打造村干部队伍“三级梯队”，年内培育20名乡村标杆书记、40名兴村特岗书记、70名青年尖兵村干，集中认定一批享受正科职、副科职公务员待遇的村书记典型；搭建村干部培育“三个平台”，以“书记讲给书记听”为乡村振兴疑难杂症“把脉问诊”“先锋擂台”让村书记交锋观点、共同成长，“六问”组织力现场考验村书记抓党建思路抓手；实施村干部履职“三项认证”，创建村干部“基层党建、村级经济、依法治理”履职资格三项认证，作为村书记履职的前置条件。年内，郁霞秋、吴惠芳、赵建军、葛剑锋4人入选省“百名示范”村（社区）书记，数量列苏州大市第一；入选省“千名领先”村（社区）书记25人，入选苏州市、张家港市“乡村振兴带头人”64人。相关经验被《人民日报》、新华社《分析报告》、省政府研究室《调查研究报告》等权威媒体刊发。

【“速递先锋”党建品牌塑造】 年内，市委组织部聚焦快递行业从业人员流动性大、“口袋党员”多、组织归属感弱等问题，打造“速递先锋”快递行业党建品牌，加速新就业群体党的组织和工作覆盖，引领行业规范发展。主要实施四大先锋行动：实施“速递先锋”扎根行动，成立全市快递服务行业党委，建立由市交通运输局党委牵头，快递行业协会负责，联合市邮政公司、公安局、总工会、团市委多部门成立“速递先锋”党建联盟；实施“速递工匠”培育行动，计划培育100名快递行业“红色工匠”，组织3000名从业人员“云”上学习充电，建立快递小哥准入认证体系和快递行业综合素质评价体系；实施“速递港湾”关爱行动，新建“速递先锋”旗舰型驿站1个，整合“速递先锋”加盟型驿站79个，设立“速递基金”，整合多方资源为快递小哥开展医疗义诊、心理咨询等活动23场；实施“速递引擎”赋能行动，开发长三角区域“当日达”“即日达”等服务，建立“邮享购”线上超市平台，首推120余款特色农产品线上销售，累计带货1.35万件，节约物流成本数十万元。“速递先锋”党建品牌获评全国快递物流行业党建优秀案例。

【“两新·专先锋”培育】 10月18日，张家港市举行“两新·专先锋”试点推进暨“美美薪传·新生代企业家挂职”出征仪式，着眼深化“两新”组织党务工作者专业化建设全省试点，聚焦优秀在校大学生、“两新”组织党务干部和新生代企业家3支队伍，定制全链式、专业化培育体系，系统打造“两新·专先锋”。推出定向委培，依托沙洲职业工学院，成立市“两新”组织党务工作者专业化建设培训基地，每年遴选40名左右优秀学生组成“星火班”，定向培养一批既有专业技能、又懂党建业务的复合型高校毕业生。推进学训一体，成立长江两新党建学院，创设“小白特训营”“新锐成长营”“先锋创享营”三级进阶式培训，开发“知形识势”研修、“赛场赛马”实操等5大模块，丰富“红色沙盘”“小组实训”等八大教学招式，满足多样化培训需求。推动新老传承，遴选优秀创二代企业家挂任苏州市和张家港市两级涉企职能部门班子成员，搭建“创业分享会”“先锋擂台·创享会”等平台载体，开展“创新游学”“安全问诊”“卓越成长”等服务活动。年内，299人通过全省“两新”组织党务工作者专业资格认证，其中8人获高级专业资质认证，列苏州大市第一，遴选10名新生代企业家赴机关挂职培养，推动1家企业上市、4家企业入围独角兽榜单，相关经验在省委组织部座谈会上做交流。

【“人才新政4.0版”出台】 5月，市委组织部（人才办）推出《关于加快推进人才引领智汇港城若干计划措施》（人才新政4.0），着力完善人才“顶层设计”，优化人才发展生态，用心绘好新时代的“人才画卷”。全力打造既“顶天立地”又“铺天盖地”的人才支撑体系，给予顶尖人才（团队）最高1亿元综合资助，持续做强双创人才集群，不断壮大创新人才、青年人才、产业紧缺人才队伍，以差异化理念拓展引才合作空间，充分激发社会化引才活力。探索实施“人才举荐制”“区镇推荐制”等市场化、社会化人才评选机制，推行“风创投投资”“产业化转移”等多种直接认定模式，构建“评审认定+直接认定”的人才项目双认

7月11日，张家港市人才新政4.0正式发布 （市委组织部 提供）

定模式，进一步优化全市创新创业政策环境。全年新增国家重大人才工程入选者4名，省“双创计划”人才（团队）15名，9家人才企业入选苏州“独角兽”培育企业，52家人才企业新获评（复审通过）高新技术企业，占新获评总数的20.4%，近3年高新技术企业中人才企业占比逐步提升。张家港市成功获评2020年度“苏州市人才科技工作创新进步地区”。张家港高新区获评“国家创新人才培养示范基地”。相关做法获省委组织部宣传报道。

【人才企业“攀峰计划”实施】 为打造标杆型、旗舰型人才企业，有效解决全市人才企业“有高原、无高峰”的现实问题，4月，市委组织部（人才办）推出《关于助推人才企业上市“攀峰计划”行动实施方案》，着力构建以政府为引导，社会力量广泛参与的人才企业上市支持体系，致力以通过助推几家人才企业上市，实现“一马当先”催发“万马奔腾”的生动效果。优选37家重点人才企业，在上市募资、研发、金融、引才等方面“一企一策”给予最高4700万元的集成支持。至2021年年末，2家人才企业成功登陆资本市场（富淼科技、清能股份控股子公司分别在科创板和美国纳斯达克挂牌上市），21家“攀峰计划”人才企业市场估值达到198亿元，比上年增105%。相关经验做法获《中国组织人事报》、江苏省委组织部宣传报道。（张组轩）

宣传工作

【概况】 2021年，全市宣传思想文化战线紧扣庆祝建党百年主题，精心组织开展党史学习教育，全力抓好精神文明创建，不断提升长江文化品牌影响力，创新新闻舆论传播，加强党对宣传思想文化工作的全面领导，各方面工作取得新成效，为奋力谱写现代化新篇章提供坚强思想保证和强大精神力量。在全市县处级以上领导干部中开展专题读书调研活动。扎实开展基层党员冬训，获评“江苏省基层党员冬训工作示范市”，2个镇获评“江苏省基层党员冬训工作示范镇”。充分激发“理论氧吧”宣讲品牌活力，全年开展点单宣讲500余场，设计制作“百姓名嘴”来送“理”音频20期、“理论氧吧云课堂”专题党课43节，制作发放“红色系列”有声明信片1000份，点击收听收看量超3万人次。创新打造“理论氧吧”快递专线项目，建成基层理论驿站68个，投递“理论邮包”109个。制定《“理论氧吧”宣讲团成员管理办法》《“理论氧吧”点位管理办法》，1人被评为苏州市新时代基层理论宣讲名师。“追梦学堂”阵地建设提档升级，创新推出“新时代的我们”“国旗下的公开课”“追梦同学会”等品牌项目，全年组织活动332场，超1万人次参与。年内，与中央电视台联合出品的重大革命历史题材电视剧《红旗渠》被中宣部列为建党100周年献礼剧重点项目。张家港市作为全国唯一县级市，入选全国文明典范城市创建试点城市。

【主题宣传】 年内，市委宣传部全媒体重点打造“学习贯彻十九届六中全会精神”“新思想引领新征程”等专栏，发布相关稿件7000余篇，大力宣传贯彻党的十九届六中全会精神和习近平系列重要讲话精神。围绕“创新提质年”工作主线，紧密结合“六个城市”建设等市委、市政府中心工作，全媒体推出“砥砺奋进‘十四五’创新提质开新局”等专题专栏、系列报道150余个。结合新媒体平台“短平快”传播特点，打造一批可看性强、传播效果好的融媒产品，全年策划制作超8000个。中央电视台《新闻联播》等重点栏目采访报道张家港市30余次。“学习强国”全国平台录用稿件180余篇，位列苏州市第一。融媒体中心建设持续升级。“今日张家港”App二期建设稳步推进，用户下载量超63万次，累计接入政务事项1494项，服务功能模块68个，线上公共服务体系不断完善。开通“市民诉求中心”一站式服务平台。自4月上线至年末，受理各类诉求8700余件。市融媒体中心获评“2021年全国广播电视媒体融合先导单位提名奖”“江苏省县级融媒体中心新型传播平台建设优秀案例”等荣誉。

【版权管理】 年内，市新闻出版局审批印刷企业17家、出版物零售单位43个、影院2家。突出源头治理、渠道管控和案件查办，收缴非法出版物1.2万件，查处各类案件51起。11人被国家版权局第3批评为2020年度全国查处重大侵权盗版案件有功个人。加强内部资料性出版物管理，开展全市复打印点及发行网点专项治理行动。大力推进版权保护及宣传工作，2家企业获评“江苏省版权示范单位”，1家企业获评“苏州市版权工

2021年，理论宣讲志愿者将“理论邮包”投递到新时代文明实践站

（市委宣传部　提供）

作示范单位推进计划项目单位”，3件作品获评“苏州市优秀版权奖”，全市一般作品著作权登记量超2万件，市级党政机关办公软件正版化率达到100%。推进“扫黄打非”常态治理，塘桥镇被评为“江苏省2021年度‘扫黄打非’进基层示范点”。深入开展全市新闻出版领域危化品使用安全专项治理行动，实现对全市印刷企业安全检查全覆盖。

【网络新媒体管理】 年内，市委宣传部举办“党旗耀港城，启航新征程”2021年张家港市网络文化季系列活动，创新推出19个重点项目、近百场配套活动。开展“重温光辉党史，追寻红色足迹”云健步活动，推出“张家港正当红”读城等活动，相关微博话题阅读量超1.4亿次。“张家港正当红”城市红色IP项目获评苏州网络文化季季季红“苏美奖”（优秀项目），“风起黄泗浦”沉浸式实景“剧本杀”获“苏巧奖”（优秀作品）。1人获评第四届“江苏十佳网络公益达人”。大力开展网络生态治理，组织开展“清朗2021”“网上扫黄打非”等系列专项整治行动。深化网络安全保障体系建设，开展2021年张家港市网络安全宣传周系列活动，实施“网安2021”张家港行动、网络安全专项督察，“张家港市密码资源统一服务平台”入选“2021年江苏省网络安全优秀实践案例”。市委宣传部获评“中宣部2020年舆情信息工作优秀单位”“2020年度江苏省宣传信息工作先进单位”，1人获评“全省舆情信息工作先进个人”。

【社会科学】 9月，市社科联举办第十六届社科普及宣传周启动仪式暨“歌声里的党史”分享会，以“普及党史知识，传承红色基因”为主题，在全市范围内开展湖畔书房周末党史课、红色光影星播客、“暨阳银辉”理论宣讲等35个主题鲜明、内容丰富、形式多样的实践活动，向群众广泛宣传普及社会科学知识。仪式上，张家港市社会心理服务指导中心、暨阳湖生态教育馆、吴派古琴艺术馆、张家港湾展示馆等8家张家港市社科普及示范基地被授牌，市委史志办分享打造青少年红色文化“第二课堂”经验。仪式后，举行“歌声里的党史”分享会，并与江苏省暨苏州市第十八届社会科学普及宣传周开幕式进行连线互动。年内，市社科联完成2021年度市级社科应用研究课题74项。《苏州版画60年（1960—2020）艺术家群体发展与口述史研究》入选2021年度江苏省社科应用研究精品工程课题重点项目，为全省县级市唯一。《红色文化传承背景下乡村文化振兴有机融合研究》被确定为2021年度“江苏省社科应用研究精品工程”市县专项课题。《打造青少年红色文化“第二课堂”》获评“2021年度省社科联系统工作创新案例”、苏州社科普及创新一等奖。组织开展江苏省第十八届社会科学普及宣传周主题知识竞答活动，答题人次列苏州县（市、区）第一。

【庆祝中国共产党成立100周年主题宣传】 年内，市委宣传部组织开展“奋斗百年路，启航新征程——庆祝中国共产党成立100周年”大型融媒新闻行动，全媒体开设“庆祝中国共产党成立100周年——学党史、悟思想、办实事、开新局”等专栏专题10余个，集纳发布各类报道4000余篇，制作发布短视频、SVG交互海报、全民线上答题等融媒产品200余个，全方位、多角度、立体化展现高水平全面建成小康社会的张家港探索与经验。紧扣重大时间节点，组织开展数百场“永远跟党走”群众性主题宣传教育、文艺文体活动，重点举办“伟大征程——永远跟党走”全市庆祝中国共产党成立100周年大型音乐舞蹈史诗、“百年风华”全市大合唱网络PK赛、“礼赞一百年·繁花耀港城”优秀群众文艺团队百团大展演、“最美红色宣讲员”大赛、“信仰的力量”百个红色故事巡讲等活动。组织全市干部群众代表赴南京参观“百年征程，初心永恒——中国共产党在江苏历史展（1921—2021）”。在全市城乡发布建党百年、学习习近平“七一”重要讲话精神等主题宣传标语及公益广告，营造热烈氛围。

【全省数字乡村建设试点工作开展】 张家港市作为全省数字乡村建设试点城市，组织成立数字乡村试点工作领导小组，专题召开数字乡村试点推进会议，出台《张家港市数字乡村试点实施方案》等系列文件，并顺利通过江苏省国家级数字乡村试点阶段性评估。10月12日，张家港市承办江苏省数字乡村建设现场会，数字乡村“政务服务进农村，一网通报送便捷”案例入选《数字乡村建设指南1.0》。《点燃乡村振兴新引擎描画智慧田园新图景——张家港市扎实推进国家级数字乡村试点》获评“2021年度全省网信工作创新奖”，《乡村振兴的“数智密码”——张家港“数字乡村”试点建设情况调研报告》获评“2021年度全省网信工作优秀调研成果”。

（葛云涛）

统战工作

【概况】 2021年年末，全市有民革张家港市基层委员会、民盟张家港市委员会、民建张家港市基层委员会、民进张家港市基层委员会、农工党张家港市委员会、致公党张家港支部、九三学社张家港市基层委员会7个民主党派组织和无党派人士联谊会，有成员1111人。其中，民革107人、民盟294人、民建145人、民进34人、农工党278人、致公党29人、九三学社125人，无党派人士联谊会99人。有副科级以上党外领导干部44人。5月起，市委统战部在各民主党派中开展“四讲四做”活动，推动党派整体活力提升。9月至10月，协助民盟市委、农工党市委，民建基层委员会、致公党支部完成换届工作，协助民进支部升格为基层委员会并完成换届工作。11月，完成市工商联换届副主席（副会长）政治考察，以及相关人事工作。12月，完成新一届政协领导班子换届和365名市政协委员的协商提名推荐工作。全年召开市委双月座谈会5次，征求党外人士意见建议100余条。围绕全市中心工作，与各党派协商研讨确定年度调研课题，组织各民主党派、无党派人士联谊会围绕年

7月8日，市党外人士庆祝中国共产党成立100周年座谈会召开

（市委统战部　提供）

度调研课题分别赴广东、山东、四川等地开展专题调研，形成8篇有质量的调研报告。组织各民主党派、工商联、无党派人士联谊会部分党外人士召开庆祝中国共产党成立100周年座谈会。落实《张家港市民主党派代表人士队伍建设规划实施方案》，推动必配党外领导干部的政府工作部门和司法机关做好党外中层干部培养选拔工作。调整“市委领导与党外代表人士联系交友名单”，推动特约人员工作制度落实。以庆祝中国共产党成立100周年为抓手，围绕“学党史、悟思想、办实事、开新局”主题，打造“党建+业务”融合发展的党史学习教育新模式，制定落实“我为群众办实事”实践活动项目清单，共五大行动18个项目。开展“同心向党、砥砺奋进”主题宣传活动，征集优秀作品100个，进行评选表彰，组织集中宣传；围绕学习宣传《中国共产党统一战线工作条例》，邀请省委统战部领导进行宣讲，在微信公众号开设“一把手学条例”“统战微课堂”等栏目；围绕党史学习教育，开设“党史学习教育”“百年风华中共党史上的今天”等栏目。积极对外宣传，多篇文章在《中国统一战线》《挚友》《华人时刊》《团结报》《人民政协报》《新华日报》等媒体平台刊登。

【民族事务】 2021年年末，全市有常住少数民族人口4068人，比上年增加168人，有少数民族38个，比上年减少1个；有暂住少数民族人口16691人，比上年减少1811人，有少数民族成分45个，比上年增加1个。2月，市委统战部启动“新春慰问送温暖”走访少数民族困难户工作，对100户少数民族困难群众进行走访慰问，发放慰问金10万元。4月下旬，举行“同心向党，铭记党恩”张家港市民族宗教界庆祝中国共产党成立100周年系列活动启动仪式暨专题讲座活动。5月中旬，赴新疆阿克苏地区库尔干村考察“永钢情暖库尔干，助力脱贫攻坚战”——石榴籽扶贫帮困工程项目，实地考察永钢集团捐赠点位建设情况，走访慰问当地少数民族困难家庭。6月2日，在高新区（塘桥镇）启动为期1个月的民族宗教政策法规学习宣传月活动，悬挂横幅30余条，发放宣传资料1万余份，举办专题讲座20余场，开展民族团结进步宣传进企业等宣传活动20余次。6月下旬，开展“同心向党，铭记党恩”市民族宗教界庆祝建党100周年主题演讲比赛。7月20日，开展“中华民族一家亲，老少同乐共欢庆”民族团结公益活动。8月4日，指导市民促会开展“中华民族一家亲，情系郑州献爱心”向河南郑州灾区捐款活动。8月12日，开展“民族团结，同心防疫”活动。9月17日，开展“中华民族一家亲，中秋团圆迎国庆”活动。9月29日，开展“中华民族一家亲，同心向党迎国庆”活动和升国旗仪式，共同庆祝中华人民共和国成立72周年。11月，江苏永钢集团成立全省首家民营企业民促会。12月2日，组织开展市第三期国家通用语言文字学习培训班。年内为2名少数民族群众进行更改民族成分审核。张家港市被第九批命名为全国民族团结进步示范单位，市民促会工作获国家民委充分肯定，经验在全国推广。

【宗教事务】 2021年年末，全市有宗教活动场所26个，其中佛教15个、道教1个、天主教3个、基督教7个，有宗教教职人员135人（备案62人），比上年增加16人。年初，市委统战部联合相关区镇、安全第三方机构，在春节、复活节期间对全市26个宗教活动场所开展防疫安全专项检查，发现各类隐患37处全部完成整改，形成闭环。3月26日，召开2021年度市民族宗教工作领导小组成员单位（扩大）会议。4月2日，联合市应急管理局、消防救援大队等部门，对处在林区的香山寺和永庆寺开展森林防灭火检查。5月至7月，组织宗教团体赴安徽金寨、陕西延安、浙江嘉兴等地开展党史学习教育实践活动，加强市宗教界代表人士爱国主义教育。6月17日，对鹿苑天主教堂、杨舍基督教堂和香山寺进行安全督导检查。6月下旬，邀请安全第三方，联合相关区镇、街道有关部门开展联合检查，对发现的隐患问题当场通报给场所负责人。9月16日，组织全市民族宗教网格员约150人开展宗教“两个专项”培训。9月17日，联合相关区镇、街道有关部门开展中秋国庆节前安全检查。9月28日，指导市基督教三自爱国运动委员会召开第六次代表会议完成换届工作。11月9日，苏州市民宗局对河南禅寺和杨舍基督教堂进行安全督导检查。12月15日，市委常委、统战部部长、组织部部长朱艳带队赴大新基督教堂和双杏寺，对宗教活动场所安全管理、疫情防控常态化工作进行督察。全年开展安全督察检查14批次，累计检查场所110个，全部完成隐患整改。

【台湾事务】 年内,全市新批台资企业9家,总投资2797万美元。至年末,全市累计建办台资企业891家,注册资金33.03亿美元,全市台资企业实现销售85.14亿元,比上年增17.65%,入库税收3.65亿元。3月19日,市委统战部召开全市台属普查工作会议,摸底调查全市台属分布情况和岛内亲属交流情况。至5月,摸排出台属148户,其中包括外地在张家港工作生活的人员有台湾亲属关系25人、两岸婚姻53人。继续深化"两岸同行、筑梦未来"主题活动。3月20日,举办"两岸同行、筑梦未来"台资企业人才专场招聘会。开展"进社区、进院校、进企业、进基地、进机关"活动,先后组织台胞台属4批150人走进张家港湾、安全生产示范企业、高新区、新时代文明实践工作指导中心。5月23日,举行张家港市台青会与常熟市台青会交流合作协议签约仪式,双方建立交流和沟通机制,加强合作,助力台青更好融入苏州、融入长三角一体化。6月25日,组织以"新时代·新机遇·新挑战"为主题的两岸青年企业家交流活动,助推两岸产业融合发展。10月4日,举办张家港市第二届"港湾杯"两岸篮球邀请赛,深化两岸同胞了解,增进彼此情谊,促进两岸体育文化交流和认同。10月16日,举行张家港市青年联合会—台湾青年联合会交流合作协议签约仪式,成为大陆首家与台湾青年联合会签署的县级市青年联合会。先后开展"两岸同心,共绘中华情"手绘比赛和"两岸同行,共游美凤凰"文旅体验活动,弘扬中华传统文化,增强台湾青年情感认同。深化两岸同胞交流交往,先后接待前新党主席郁慕明、台湾青年联合会理事长何溢诚等台湾重要嘉宾到张家港开展寻根访亲和文化交流活动。12月18日,召开市台胞台属联谊会第八次会员代表大会,选举产生新一届台胞台属联谊会理事会,缪闻鼎当选第八届台胞台属联谊会会长。组织实施惠企赋能提质行动,举办台企安全生产"创蓝行动""进企业、送政策、解难题""政企直通车"等系列活动,缓解台企解决招工难问题,提升台企安全生产水平,优化台胞证件办理流程,打造"港城通·最舒心"营商环境。

【侨务】 2021年年末,全市有归国华侨12人,海外华侨华人、侨眷、归国留学生1万余人,侨资企业300余家。侨界有市人大代表2人、市政协委员12人。年内,市侨办为2名"三侨"考生办理中、高考加分事务,处理侨界咨询、协调事务10余次,开展侨法宣传活动4次。3月31日,举行港城高校侨务工作联盟成立和联盟"侨之家"建成启用仪式。联盟获评全省基层侨务工作优秀单位。5月26日,组织市优秀侨资企业家赴南通张謇纪念馆、南通科创园等地,培育民族精神、奋斗精神,激发投身港城建设的热情,坚定服务发展的信心。6月16日,在开放大学举行"高校侨界人士听党史"主题活动。9月17日,开展"月是故乡明"港城侨界人士中秋联谊活动,并对重点侨界人士和侨资企业走访慰问。10月17日,开展"网络安全进高校活动"。10月27日,举行"2021年海外华侨华人高层次人才江苏行"张家港专场活动,海外多个国家和地区的数十位侨领、侨商和海外华侨华人高层次人才,携高新技术项目参会,共吸引海内外4600余人次线上参与。11月至12月,联合市人才办等部门开展"服务侨企发展"专题走访调研活动,走访企业30家,了解企业所需所盼,帮助企业用好政策,助力企业发展。深挖引资引智潜力,引进阿里巴巴盒马(张家港)网格仓。完成春节走访慰问侨界人士工作,走访21名困难、空巢、老年、疾病侨界人士家庭和10余位在张家港创新创业的侨界人士。

【港澳工作】 年内,市委统战部开展"看家乡变化·叙亲情友情·助港城发展"系列活动2次,增选6名在张家港市香港籍人士为苏州海外联谊会理事。4月1日,承办苏州市委统战部"家在苏州"在苏州香港同胞张家港行活动,在金港镇汀悦酒店挂牌成立香港张家港联谊会会员之家。4月、10月,市海外联谊会名誉会长、香港新闻工作者联合会会长张国良回乡考察,市委主要领导、分管领导等会见张国良先生一行。春节和中秋节期间,市委统战部走访慰问香港张家港联谊会会员代表、亲属及内地港人,走访慰问港资企业10余家。

【无党派人士联谊会】 年末,全市有无党派人士联谊会会员99人。其中,具有高级职称的22人,具有硕士学位的20人。担任苏州市人大代表1人,苏州市政协委员1人,张家港市人大代表3人,张家港市政协委员16人。2021年,在市"两会"上,市无党派人士联谊会会员提交《坚持绿色发展理念,建设生态文旅张家港湾》《关于乡村振兴背景下,打造多维度康居特色村的建议》《关于后疫情时代,完善应急管理体系建设的建议》等集体提案5件,提交《关于规范物业费滞纳金标准及公开物业费用途的建议》等个人提案11件,提交《关于发展本地农旅企业的建议》《关于缓解道路交通拥堵问题的建议》等社情民意18篇。撰写《关于"双碳"目标下我市经济高质发展的建议》等调研报告4篇。

【新的社会阶层人士统战工作】 年末,新的社会阶层人士联谊会共有会员99人。年内,市委统战部打造江苏拐点文化传媒有限公司和凤凰镇河阳山歌馆("河阳新动力")2个新的社会阶层人士统战工作实践创新基地,"香樟联盟"、国贸弄71号工坊被评为苏州市新的社会阶层人士统战工作实践创新示范基地。优化11项制度,包括《理事会议制度》《财务制度》《会长轮值制度》等规章制度,健全运行机制,促进工作规范。推行副会长轮值制度,7位副会长每季度进行轮值,提升副会长的工作积极性。在经开区、凤凰镇成立新联会,发展会员75人。成立"新联先锋"行动支部,行动支部由新联会的11名党员组成。开启新风会"寻美港城"活动,引导网络人士积极宣传张家港之美,传播"港城好声音"。活动共拍摄抖音视频18条,累计播放238.6万次,点赞2.7万次。其中,有1条抖音视频登上苏州同城热搜榜第一名。在新联会会员中发起100个微心愿活动，献礼中国共产党成立100周年。“新联会·新讲堂”讲师团开设《RCEP下企业的机遇和挑战》《竹丝扣瓷》等多个专题讲座。

【归国留学人员统战工作】 年末，市欧美同学会有会员105人，其中硕士研究生及以上比例达到74.3%。建成实践创新基地6个。年内，盘活用好梁丰双语实验学校、湖畔书房等人气阵地，改造升级“海智咖啡”活动基地，高效利用“人才集中、要素集聚、产业集群”的保税区科创园，实现沉浸式学习、场景化体验、专业化赋能。突出党建引领，成立“智汇领航”党支部，打造5个“智汇+”项目（“智汇青创、智汇5G、智汇生态、智汇共融、智汇公益”），开展“寻迹峥嵘、永远跟党走”主题教育活动，启动“青智汇、享未来”“海归学长进校园”等项目活动。5月，全国人大常委会副委员长、欧美同学会会长丁仲礼调研江浙两省欧美同学会工作，张家港作为唯一县级市代表做交流。（崔文一）

机构编制管理

【概况】 2021年，市委机构编制委员会办公室（简称市委编办）深化体制机制改革，优化机构编制资源配置，全面提升机构编制保障水平。强化绩效考核管理，助推全市高质量发展。加强机构编制监督检查，完成第二次机构编制核查工作。年末，全市有各级行政机构83个，其中市级73个、乡镇（街道）10个。全市行政编制总量为3704名，其中党政群机关行政编制2199名、政法专项编制1505名。全市共有事业单位425家，其中全额拨款352家、差额补贴36家、经费自理37家。全市事业编制总量为19458名（含参公编制1226名），其中全额拨款14634名、差额补贴4486名、经费自理338名。另有省级统筹教育编制288名。

【机构编制资源管理】 年内，市委编办科学开展机构编制效能评估，实地走访调研全市240家机关事业单位，全面摸清底数，推动机构编制资源精准配、高效配、科学配。持续提升民生领域编制保障水平，从全市事业编制总量中调剂180名，增加至市年轻干部创新创业发展中心。累计核准事业编制270名，搭建高层次专业化年轻干部“人才池”。在教育领域保障招聘教师用编1003名，引进教育特聘人才用编21名，补充省筹教师编制288名；在卫生领域保障招聘医技人员用编353名，补充疾控人员编制26名。全力保障安全领域机构编制需求，将文体广旅局等8个部门的安全生产监督管理科调整为单独设置，增核科长职数，按职责分工落实各行各业安全生产监管工作。根据中央关于长江禁捕部署要求，为市农业综合执法大队参公编制核增至54名，确保市域内长江岸线每1.5千米配备1名渔政执法人员，并为沿线区镇各核增6名事业编制支撑长江禁捕力量。优化行政复议体制，在市司法局设置行政复议科、行政应诉科、行政复议立案科，理顺行政复议工作运转模式。补充司法系统编制8名，进一步配齐配强行政复议人员力量。提升事业单位登记管理水平，对460家事业单位完成年度报告公示工作，公示率100%。全年受理事业单位法人设立登记8件次，变更登记300件次，注销登记13件次，证书补领2件次。

【体制机制改革深化】 年内，市委编办深化综合执法改革暨指挥中心建设，围绕基层治理重点、难点、堵点问题，主导建成市镇（区、街）两级集成指挥平台，总体建成“1+N+10”的集成指挥体系，实现“一线通接、一网统管、一屏全览、一体指挥”的张家港社会治理现代化新格局，并通过苏州和省评估组评估验收。统筹推进审批服务执法便民益民，持续深化基层“三整合”改革成效，创新构建上下贯通的“三层五柱”基层治理架构，赋予基层审批服务事项39项、执法权限444项，推动社保、卫生、民政等民生事项进驻村（社区）办理，切实打通为民服务“最后一公里”。探索推进区街一体化管理，推动保税区和三个街道试行规划建设、财政管理、干部人事、指挥审批执法等“四个一体化”管理体制，并对党建、人事、财政、规划、社会事务五大方面职能进行职责划分，将保税区社会事业局、农村工作局整合为城乡发展局，负责统筹区域教育、卫生等公共资源，优化城乡区域发展格局，推进城乡融合一体化发展。加强地方金融监管体系建设，将市政府金融工作办公室由市政府办公室挂牌机构调整为单独设置，并更名为市地方金融监督管理局，对外加挂市政府金融工作办公室牌子，完成其“三定”规定制定。

【绩效管理量化指标】 年内，市委编办将上级42项高质量发展共性指标全部转化为张家港市落地指标。对21项全市主要经济指标进行责任分解，组织全市79个单位梳理职能工作目标1069项，其中履职指标595项，特色指标372项，创新指标102项，明确区镇高质量发展定性任务、扣分项目等41项监测细则。优化绩效考核办法，创新运用推进度考核关键指标数量、提高完成度考核分值上限、增加贡献度考核维度、放大贡献度考核系数等“四度工作法”方式，优化完善高质量发展量化指标。坚持动态监测通报、定期评估制度，每月对全市主要指标目标、高质量发展指标推进情况跟踪分析，每季度对职能工作目标、关键绩效指标推进情况进行跟踪通报，年度对各类指标进行考核计分，并将考核结果全市通报。经考核，市发展和改革委员会等17个部门、市市场监督管理局等24个部门、市残疾人联合会等14个部门、市税务局等12个部门、苏州市住房公积金管理中心张家港分中心等7个部门分别获评2021年度突出贡献奖、综合贡献奖、优胜贡献奖、服务地方优胜奖、服务地方奖。（马睿捷）

老干部工作

【概况】 2021年年末，全市有离休干部66人，比上年减少13人；享受县处级以上待遇市级老领导64人。离休干部中，除易地安置张家港3人和部省属单位4人外，享受县处级待遇19人，享受乡科级待遇40人。4月，中国老年报社、中央电视台、北京电视台、人民网、中国网等国家级媒体组成采访团采访张家港市老干部工作，调研全市破解离退休干部党员与在职党员"混编"难题、推进离退休干部党组织合理设置的创新实践。年内，茅永良被评为江苏省"百佳离退休干部党员"，丰鹤鸣、陶国良、格桑曲宗、陈爱度、李长生、钱三保、林平、吴士明、刘梅保、徐关兴被评为首届张家港市"银发好书记"，袁玉良、陈祝兴、徐根传、顾德法、张琦获首届张家港市"银发好书记"提名奖。

【老干部党建】 2021年，市委老干部局推行"云上学史"模式，在"张家港老干部工作"微信公众号开设"每日云微课"专栏，在全市离退休干部党组织中开展"百名书记云诵读"活动，运用"张家港老干部工作"视频号分享交流，浏览量8000余人次。指导全市离退休干部党组织采取党性教育基地现场教学、百年党史专题学习辅导、考察经济社会发展新成就等形式，开展"回望百年路，助力新征程"主题党日活动50余次。组织收听收看离退休干部党史学习教育网上专题报告会9场。4月，组织市委党史学习教育宣讲团为全市离退休干部党支部书记进行专场党史宣讲；举办全市离退休干部党支部书记培训班，92名离退休干部党支部书记参加。5月，组织市老干部兴趣团队党支部及市级机关离退休干部党委老干部赴南通如皋市开展"回望百年路，展望新征程"主题党日活动，48名老党员参加。7月，市委离退休干部工委举行"光荣在党50年"纪念章颁发仪式，向市级机关离退休干部党委老党员颁发纪念章。9月，走进结对联系村——乐余镇红闸村开展"党史宣讲进基层"活动。10月，市级机关离退休干部党委联合市"暨阳银辉"老干部宣讲团赴苏州、常熟等地开展主题党日活动，50余名老党员参加。11月，组织老干部兴趣团队5个党支部近40名老同志赴苏州开展"重温百年历程，打造'最美窗口'"党史学习教育沉浸式主题党日活动。加强"领头雁"队伍建设，开展首届张家港市"银发好书记"评选活动，通过遴选推荐、网络投票、评委评审和综合评定评选出"银发好书记"10人，"银发好书记"提名奖5人。全年为全市离退休干部党支部发放《离退休干部党支部学习参考》等学习资料5批次。

【老干部服务管理】 2021年，市委老干部局为全市离休干部和市级老领导订阅《银潮》和《中国老年报》，免费赠阅《张家港日报》和《秋韵》内刊，发放学习材料，认真落实文件阅读、听报告、参加重要会议和重大活动制度。全年刊发老干部宣传信息210余篇，公众号平台推送老干部理论学习体会文章155篇。坚持做好经常性上门走访慰问，在春节、夏季高温、中秋节和重阳节，分片组走访慰问全市离休干部、市级老领导以及遗属。及时看望慰问生病住院老干部，全年走访慰问660余人次。开展"两在两同"建新功与"我为群众办实事"实践活动，完成实事项目11项，涉及法律服务、精神关怀、生活照料、智能化应用培训等全方位"点单式服务"。实施"一人一策"圆梦行动，通过购买服务、协商提供服务等方式为老干部解决适老化改造、居家养老、医疗保障等实际困难。开创"线上+线下"联动学习模式，优化老干部图书室服务功能，建立"有声书吧"。为10位离休干部摄影拍照并精心制作"向党说句心里话"视频。开展"爱在港城，情暖夕阳"系列惠老服务项目。1月，组织市级老领导40余人，列席张家港市政协十二届五次会议和张家港市第十五届人大四次会议；召开老干部情况通报会，市委书记潘国强通报2020年全市经济社会发展基本情况以及2021年工作设想。4月，开展"医师工作站"服务，邀请市第一人民医院两名科室主任坐诊，为老干部提供一对一专科诊疗服务；开办市老年大学老干部班，改造设置艺术教室、书画教室、音乐教室等教学活动场所，开设舞蹈、声乐、书画等6门课程，招收学员153名。5月，组织市级老领导27人赴徐州进行保健疗养。6月，完成全市74名离休干部的走访工作，实施"一人一策"调研。7月，组织市级老领导参加张家港市第十二次党代会。10月，举行"我为群众办实事"实践活动推进会暨"爱在港城，情暖夕阳"惠老服务项目启动仪式；开展"情暖银龄"走访慰问活动，走访慰问独居、空巢离休干部24人。11月，组织部分市级老领导参加市政府工作报告（征求意见稿）座谈会。12月，举办市干部荣誉退休仪式暨"暨阳银辉"志愿服务联盟成立活动。3月、6月、9月、12月，分别组织市级老领导赴经开区（杨舍镇）、冶金园（锦丰镇）、高新区（塘桥镇）参观考察。

【老干部活动】 2021年，市委老干部局组织老干部开展各类文体活动30余次，参加活动近1000人次。1月，组织召开老干部兴趣团队年终工作总结交流会，兴趣团队主要负责人13人参加会议。3月，组织市老干部局摄影学会开展摄影采风活动；邀请苏州书画协会笔会交流。4月，举办"晚霞生辉——走向健康"乒乓球邀请赛；组织邀请政协联谊会象棋友谊赛；参加全市老干部"五一"假日门球赛。5月，参加苏州市"晚霞生辉——开启新征程，银发再出发"主题活动启动仪式暨"我心向党"全市离退休干部红歌会；参加苏州市老干部书画笔会；承办"2021年苏州市老干部桥牌友谊赛"；组织"学党史，铭党恩，当先锋"老干部艺术团主题党日活动；邀请中国摄影家协会会员、张家港市摄影家协会副主席肖顺清进行摄影作品赏析专题讲座。6月，与市委组织部、市人社局联合主办"永远跟党走，夕阳辉映党旗红"全市离退休干部庆祝建党100周年主题活动暨红色经典歌咏会；与市委组织部、市人社局联合举办离退休干部"百年初心永向党，翰墨光影颂华章"书画摄影作品展，共入选书画作品135幅，摄影作品150件，并出版书画摄影作品集；组织参加相城区乒乓球赛；组织迎"七一"桌球赛。7月，联合经开区（杨舍镇）庆丰社区在市银发先锋党群服务中心初心学堂开展"颂建党百年 做时代新人”青少年党史学习会，邀请市“暨阳银辉”老干部宣讲团讲师谢步时为青少年上党史课；组织老干部艺术团参加全市“百年风华”大合唱预选赛；组织参加全市庆“八一”门球赛。9月，组织参加苏州市“庆建党百年，展银龄风采”老干部门球友谊赛；组织参加“迎国庆”桌球赛。10月，举行“九九重阳节，浓浓敬老情”全市老干部趣味运动会，全市34个市级机关200余位老干部参加。12月，组织“引领新时代、展示新风采”老干部书画协会主题党日活动。举行“庆元旦，迎新年”2021年张家港市老干部文艺汇报演出，包含合唱、民乐小合奏、舞蹈、京剧、独唱等共10个节目。

【老干部作用发挥】 2021年，市委老干部局引导全市离退休干部投身“两在两同”建新功行动，聚焦红色传承、乡村振兴、基层治理、立德树人发挥作用。开展“开启新征程，银发再出发”志愿服务行动，指导全市12支老干部志愿服务团队160余名老干部志愿者，参与理论宣讲、疫情防控等，开展志愿服务活动近200次，服务群众2万余人。1月，组织老干部书画协会赴经开区（杨舍镇）景溪社区，开展“笔墨迎新、春联送福”银发生辉老干部志愿活动，赠送春联100余幅、书法挂历12幅。4月，成立市“暨阳银辉”老干部宣讲团，引导老干部走进学校、社区、机关等开展党的创新理论、光荣历史和优良传统等宣讲，全年宣讲105场，受众近1万人。

（施翠萍）

党　校

【概况】 2021年，中共张家港市委员会党校（简称市委党校）着力打造红色党校、活力党校、智慧党校、人文党校、竞先党校，全力推动党校事业高质量发展。全年共举办第二届市委选调生初任培训班、市委年轻干部能力强化班、2021年新录用公务员初任培训班、2021年事业单位新聘工作人员岗前培训班等各类培训班65期，培训学员7205人。建成江苏省委党校（江苏行政学院）现场教学基地，确定双山岛渡江胜利公园等首批23家现场教学基地（实境课堂）。选派5名教师参与市委党史学习教育领导小组办公室综合组、巡回指导组工作。选派56人次参加党史学习教育市委宣讲团、学习贯彻党的十九届六中全会精神市委宣讲团、市委宣传部“理论氧吧”、市总工会“劳模精神宣讲团”等宣讲团队，推出“理论宣讲大篷车”“红色光影星播客”“红色印记”等项目，成功挂牌苏州市新时代基层理论宣讲名师（张家港）工作站，累计理论宣讲531场，受众5.1万人次。探索建立“市主要领导圈定重点课题研究机制”，上报《咨政专报》6期，其中1期获市委书记批示，1期获市委书记、市长“双批示”。成功立结项江苏省社科联、江苏省委党校等各级各类课题33个，完成市委组织部、市人社局等部门委托课题6个，协助市委研究室搜集、提炼城市发展经验信息，上报《张家港信息摘要》25期。在《苏州日报》开设“崇学信行·前沿思享”专栏，刊发理论文章15篇。出版《前沿观察》理论季刊4期，编纂党史学习教育图书《使命：红色印迹·故事·党课汇编》1册。年内获评2020年度绩效管理和精神文明建设考核“综合贡献奖”、全国节约型机关、苏州市文明单位、苏州市健康场所、张家港市文明机关、张家港市先进基层党组织。“红色光影星播客”项目入选江苏省、苏州市社科普及创新项目。1名教师入选“江苏省党校（行政学院）系统‘三个一批’人才培养对象”，1名教师获苏州市“永远跟党走、奋进新征程”基层主题宣讲总决赛暨第六届“百姓名嘴”风采展示活动二等奖，2名教师被命名为“苏州市新时代基层理论宣讲名师”，2名教师参加“苏州市党校系统教学竞赛”分获一、三等奖，培训科被命名为“市青年文明号”，《坚持“四力”扛起党校担当》等办学治校经验在《江苏省委党校（江苏行政学院）工作通讯》刊发推广。12月23日，江苏省委党校副校长胡志军对张家港党校2021年工作作出批示：2021年，张家港市委党校深入学习习近平总书记关于党校治学办校系列重要讲话指示精神，坚持党校姓党根本原则，紧扣主责主业，全面履行“条例”赋予的重要作用，与时俱进大力弘扬张家港精神，党校事业内涵式高质量发展在全省县级党校系统处于第一方阵。希望张家港市委党校在新的一年中，大力弘扬伟大建党精神，奋力推动新时代党校工作不断取得新成效。12月25日，苏州市委党校印发《抄告单（第1号）》：2021年张家港市委党校围绕庆祝中国共产党成立100周年，扎实开展党史学习教育，深入学习习近平在庆祝中国共产党成立100周年大会上的重要讲话和关于党校办学治校重要讲话指示精神，大力弘扬伟大建党精神，

6月18日，“永远跟党走，夕阳辉映党旗红”张家港市离退休干部庆祝建党100周年主题活动暨红色经典歌咏会举行　（市委老干部局　提供）

坚持党校姓党根本原则，坚持明理增信、崇德力行，紧扣主责主业，积极发挥“条例”赋予的重要作用，为“强富美高”新张家港现代化建设提供了坚强保障。张家港市委党校2021年度内涵式高质量发展工作，取得的成绩在全市市（区）委党校中表现突出、位列第一等次。

【首批23家现场教学基地（实境课堂）授牌】 10月20日，市委党校在双山香山旅游度假区举行首批现场教学基地（实境课堂）授牌仪式，公布双山岛渡江胜利公园、沙洲抗日民主政府纪念馆、金村园茂里1926党支部、后塍红色街区（钱家祖宅、学勤广场等）、沙钢集团、张家港保税区（展示馆、开放口岸等）、永联村（永钢集团）、市新时代文明实践中心、大新镇新时代文明实践所、金都社区、塘市小学、张家港湾、永兴生态园、暨阳湖生态园、香山、市组织力提升基地、北城区域党建工作站、暨阳湖金融街党群服务中心、爱康集团红日之家、市民族团结促进会、长江村、善港村、肖家巷特色田园乡村等23家单位（点位）为市委党校首批现场教学基地（实境课堂），并进行授牌。双山香山旅游度假区党工委书记张平、市委党校常务副校长马狄武、各现场教学基地（实境课堂）负责同志等参加活动。

【市现代农村战略发展研究中心成立】 5月12日，市委书记潘国强，市委副书记、市长韩卫，市委副书记、政法委书记、党校（行政学校）校长陈羔，市委常委、组织部部长张志明等市领导对市委党校、张家港经开区管委会提交的《关于张家港市现代农村战略发展研究中心管理模式的情况汇报》作出批示，同意张家港市现代农村战略发展研究中心批准成立后的日常管理、运营模式。8月3日，市现代农村战略发展研究中心正式成立，性质为市委党校下属事业单位，主要职能为承担研究解读上级关于农村现代化发展和乡村振兴战略的政策部署，总结推广乡村振兴、美丽农村建设、现代农村发展的好经验好做法，助力脱贫攻坚、助推乡村现代化、助燃基层党建，开展乡村振兴与现代化农村治理、发展相关学术研究交流，推动张家港市建立完善适应新时代要求的现代农村建设的理论体系和工作机制等工作。市现代农村战略发展研究中心成立后具体职能全权委托张家港经开区（杨舍镇）管理运行。

（丁志宏）

史　志

【概况】 2021年，市委史志办以庆祝中国共产党成立100周年为契机，倾心服务全市党史学习教育，引进中共一大会址纪念馆的基本陈列展“伟大开端——中国共产党创建历史图片展”，完成沙洲解放日庆祝活动策划和前期方案，制作“沙洲解放·胜利之路”张家港党史流动展。两项展览于4月15日至5月15日在市博物馆展出，观展人数3万人次。张家港党史流动展在港城大厦、区镇等地巡展，观展人数突破10万人次。6月，根据地方史料中挖掘的40年前“沙洲县为农民办好事”这一亮点，与上级党史部门对接，促成全市“我为群众办实事”40年纪念活动，省委党史工办副主任万建清，原省乡镇企业局局长、1981年省委政策研究室调查报告起草人邹国忠等领导应邀参加。服务全市红色场馆建设，深度参与指导的双山渡江战役展示馆于6月28日开馆，大新抗战历史纪念园于9月13日建成。深入推进“我为群众办实事”重点项目，打造百姓喜爱的“两融三美”（传统志书与全媒体志书相融合，文字之美、光影之美、版式之美）新村志。开展史志文化进万家项目，推出史志场馆“线上+线下”提质工程，“一村一志一馆”建设推进。完成全省首部乡镇企业口述史编纂，编纂内刊《张家港史志（2021）》《张家港纪事（2021）》并作为会议材料在全市两会上发放。为《中华人民共和国年鉴》提供张家港内容，协助《中国影像方志·江苏张家港篇》面市。通过“张家港史志”微信公众号讲述张家港故事，刊登文章连续多月位居政务微信热门文章前十；全年专题推送党史知识、资源160余篇，阅读量15.9万次。为市委组织部“张家港先锋”微信公众号提供“百名先锋述党史”“百年风华·沙洲印记”等栏目所需的党史资料，为市融媒体及上级媒体党史故事、党史人物等专题宣传内容审稿和供稿。市委史志办连续五年获市“综合贡献奖”。

【党史编纂】 年内，根据上级党史部门要求，市委史志办继续编纂党史正本《中国共产党张家港历史（第三卷）》（1978—2012），至年末完成精编。承编的省级社科课题《江苏革命精神》之《张家港精神》一书，完成初稿编纂。继续开展口述历史资料搜集整理工程，年末编辑完成《岁月留声——张家港市乡镇企业口述资料集》，收录口述资料22篇，全书13.25万字，年末呈出版社立项。

【地方志工作】 年内，市委史志办完成《江苏省对口支援西藏建设志》《苏州对口支援新疆志》《苏州对口支援西藏志》等志书张家港市部分内容提供和校对，《张家港市对口支援和扶贫协作志》出版。开展区镇三轮修志试点，推进和指导《双山志》《冶金工业园（锦丰镇）志（1999—2020）》《凤凰镇志（2003—2020）》编纂。以“月度指导、季度商讨、全程服务、上下互动”专班服务模式，指导头部企业志《沙钢志》、重点部门志书编纂，全程指导服务的《张家港市政法志》《张家港市统战志》《南沙小学志》出版，《张家港市工会志》《德积小学志》进入出版程序，《张家港市妇联志》《张家港海关志》等稳步推进。6月，在乐余镇永利村承办苏州方志文化大讲堂；11月，在经开区（杨舍镇）百家桥村承办江苏省地方志办公室方志文化“六进”活动。张家港市有5篇论文被苏州市地方志编纂委员会办公室和苏州市地方志学会表彰为2020—2021年优秀论文，市委史志办获评组织工作先进单位。

【年鉴工作】 11月，《张家港年鉴（2021）》由方志出版社出版发行。全书突出地方年度特色，彩页突出

10月23日，“党史蕴村史，爱国爱家乡”市村史宣讲大赛在南丰镇举办

（市委史志办　提供）

“坚定不移走好高质量发展之路”主题，以“回眸‘十三五’”为题回顾“十三五”期间张家港与时俱进大力弘扬张家港精神，推动改革发展各项事业前进的举措。以“创新转型的实力之城”“包容并蓄的活力之城”“一体融合的协调之城”“文明善治的典范之城”“美丽和谐的宜居之城”“共建共享的幸福之城”为题展现2020年张家港推动高质量发展的年度重点和亮点工作，正文设置“文明引领”“乡村振兴与协作奔小康”等特色篇目，特载设置《“创新张家港”建设》《张家港市新冠肺炎疫情防控工作纪实》，后环设置“庆祝中国共产党成立100周年”专版。推广区镇年鉴，5月，在上年高新区（塘桥镇）、冶金园（锦丰镇）内部区镇级年鉴创刊基础上，凤凰镇、南丰镇又先后启动年鉴编纂。至年末，全市出版市、镇、村三级年鉴6部，其中市级1部、镇级4部、村级1部。年内，《张家港年鉴（2020）》获评全省一等年鉴，《塘桥年鉴（2020）》《冶金工业园（锦丰镇）年鉴（2020）》《永联年鉴（2020）》获评苏州市优秀镇村年鉴。

【全国首部全媒体村志《江苏名村·金村志》发行】 年内，市委史志办开展“两融三美”新村志编纂实践，4月，全国首部全媒体志书《江苏名村·金村志》由江苏人民出版社出版。该志上限尽量追溯，下限为2018年，设金村概览、千年古村等10个篇目，记述金村坚持走文化立村、经济强村、旅游兴村、生态美村之路，保护地方历史文化，创建江苏省三星级康居村、江苏省美丽乡村、江苏省水美乡村的过程，展示了金村的白云方糕、定胜糕等美食，国家级非遗金村庙会以及园茂里1926年中共金村支部、永昌寺、金村老街等江南水乡风情、生态田园风光。全书14万字，收录图片105幅，设置视频二维码16个，先后通过张家港市、苏州市、江苏省三级地方志部门的审核和验收。至年末，全市完成“两融三美”《江苏名村·善港村志》《江苏名村·柏林村志》《横泾村志》等编纂修改和设计排版。

【“红色星光号”党史宣传】 2021年，针对党史学习教育和“四史”教育的不同受众特点，市委史志办在全市开展“红色星光号”党史宣传直通车项目，采用党史知识巡展、党史微宣讲、小型知识竞赛和赠阅党史读本等切口小、易操作的宣传产品，通过线下和线上相结合的方式开展党史宣传普及。全年线下发放地方党史读本246套1682册，其他史志书籍1万余册，在全市各区镇、部分村、相关单位展出党史知识展板20套，开展党史知识宣讲50余场，联办党史知识竞赛3次，整个项目总受众24万余人。12月，该项目被评为张家港市社科普及一类扶持项目。

【《岁月留声》改革开放新时期张家港口述资料集发行】 年初，市委史志办编纂的改革开放新时期张家港口述资料集《岁月留声》（上、中、下）三册由广陵书社出版发行。市委史志办从2016年开始策划口述历史工程，并专门设立口述史采访室，制定采编计划，确定主题和对象。分三年采编资料59篇，并对采访对象进行录音、录像，保存了珍贵史料。2019年起，对稿件进行精心打磨。《岁月留声》重点聚焦改革开放时期张家港的大事件，例如张家港精神文明建设、保税区创设、张家港港建港、家庭联产承包、撤县建市、产权制度改革等选题，采访了各个阶层的、不同行业的典型人物60余人。全书48.2万字，16开简装，插入视频二维码21个。

【《张家港市对口支援和扶贫协作志》出版】 12月，市委史志办编著的《张家港市对口支援和扶贫协作志》由江苏人民出版社出版发行。该书主体设对口支援篇、东西协作篇、南北挂钩篇，附设4篇专记，通过图文并茂的形式，再现张家港市与十余个省（市）的21个县（市、区）镇、村受援地人民同呼吸、共命运，攻坚克难，砥砺奋进的情景，展示了受援地拔穷根、摘穷帽的华丽蝶变过程。对口支援和扶贫协作是党中央、国务院的重要战略决策。张家港市从20世纪90年代初开始，先后参与援助西藏、新疆、四川、陕西、重庆、湖北、贵州、宁夏等省市、自治区，体现了先富带后富的责任担当，相关案例和具体做法多次受到国家表彰和肯定推广，中央电视台《新闻联播》、《人民日报》等主流媒体多次作专题报道。该志2018年3月启动编纂，2019年年末形成初稿。2020年12月，通过出版社审核。2021年，开展五轮修改完善，根据市扶贫协作工作的实际，补充完善2020年后的相关工作内容及图片，并召开审稿会，吸收各相关部门和参与援建人员意见。全书72.6万字，16开本圆脊精装，全彩印刷。

【市三级史志馆联盟建成】 近年，张家港市史志场馆建设加快，市史志馆、江苏省首家青少年史志教育场馆——市青少年史志教育馆等先后建成开放，并形成覆盖全市各区镇(街道)的市、镇、村联盟体系。2021年，市委史志办对全市史志馆资源开展重点普查，摸清底数，提档升级，全市建成各级史志场馆46个，其中市、区镇史志场馆11个，村级史志场馆35个。年内依托这些基层史志场馆，创设各类喜闻乐见的情景和板块，打造青少年红色文化“第二课堂”项目，对未成年人等人群开展内容丰富、形式多样的党史地情教育。该项目融党史微宣讲、红色影视展播、党史书籍赠阅、党史知识问答等于一体，全年接受教育的青少年学生3万人次以上，入选苏州市社科普及一类创新项目，成为省社科系统创新案例。同时，探索数字化史志场馆建设，完成线上场馆拍摄10个。10月23日，张家港市委史志办在南丰镇文化中心举办全市宣传贯彻习近平在庆祝中国共产党成立100周年大会上的重要讲话暨“党史蕴村史，爱国爱家乡”张家港市村史宣讲大赛，各区镇(街道)的12名选手参与决赛，乐余镇永利村曹佳燕获一等奖。“同讲峥嵘发展史，共走乡村振兴路”市村史馆巡展同步推出，向全市人民进一步推介和展示了区镇(街道)极具代表性的15个史志场馆。

(史　志)

档　案

【概况】 2021年年末，全市有综合档案馆1个，有馆藏档案610445卷、869957件，资料17209万册；城建档案馆1个，馆藏档案130266卷；镇(村)级档案馆7个，馆藏档案368590卷、1625976件，底图档案9266张，资料2687册。年内，市档案馆接收档案10万卷、24万件，征集档案资料119卷、63件，数码照片1.77GB，向社会开放第八批档案15021卷、1173件。完成政府公开信息和档案资料查阅2.1万人次，利用档案2.6万卷(件)次，其中远程档案利用服务9644人次，经办长三角民生档案“异地查档”3件(次)。市档案馆服务党史学习教育，受理党史专题查档利用服务30批次、提供档案资料1500余件。开展“建立红色档案，赓续红色基因”活动，790名老党员、老战士建立红色档案18781件，成为党史学习教育生动素材。馆藏“张家港精神”相关档案入选“江苏省百件红色珍档”名录。市档案馆列入“重温百年历史打造‘最美窗口’”党史学习教育沉浸式主题党日活动现场教学点，接待参观400余人次。市档案馆组织学习新修订《中华人民共和国档案法》8场，700余人参加。推进全市档案事业“十四五”规划编制工作。全年设置检查任务47项，对10个单位开展档案执法检查。贯彻新修订《中华人民共和国档案法》要求，“单套制”工作取得进展，首批16家单位实现行政审批电子文件“单套”流转和归档管理。

8月20日，市档案馆组织开展老党员的红色故事直播访谈活动

(市档案局　提供)

【档案文化传播】 年内，市档案馆举办题为“档案话百年”的第14个“国际档案日”系列宣传活动，发布“先锋力量·光影留痕”摄影作品线上展，制作“档案寻初心，回望百年路——老党员的红色故事”专题直播节目，推出5款“竹声花影”主题档案文创产品，编辑出版《港城印象·致敬荣光》。市档案馆开展以“小家风·大政风”为主题的领导干部家风建档活动，以家庭档案为载体，传承好家风，助力营造廉洁从政的良好政治环境。至年末，全市294名领导干部建立家风档案。

【脱贫攻坚和疫情防控档案归集】 年内，市档案馆落实国家档案局关于做好脱贫攻坚和疫情防控“两类档案”工作要求，年度目标任务提前完成。至年末，归集脱贫攻坚文书档案11143件、照片档案1215张、录音录像档案462分钟。归集疫情防控文书档案5604件、照片档案5235张、实物档案8件及录音录像档案598分钟。“两类档案”专题数据库基本建成。

【国家级试点工作高分通过验收】 2021年，张家港市档案工作服务农村基层社会治理国家级整体试点工作达到优秀等级，通过专家组验收。试点期间，市、镇、村三级联动、多元参与体制机制探索创新，基层档案室规范建设，村务档案管理清单制定实施，档案资源建设形成“一村一品”，数字档案共享利用延伸到村，档案服务农村基层社会治理成效明显，贡献了有特色、能复制、可推广的张家港经验。

(徐　婷)

【编辑　黄宏庆】

张家港市人民代表大会

Zhangjiagang Municipal People's Congress

1月6日，市十四届人大五次会议开幕 （市人大办 提供）

人大会议　　执法检查

依法监督　　视察调研

审议与任免　　代表工作

張家港年鑑(2022)

人大会议

【市十四届人民代表大会第五次会议】 1月6日至9日召开。应到代表332人，6日下午第一次全体会议实到322人，8日上午第二次全体会议实到319人，9日上午第三次全体会议实到325人。会议听取和审议市人大常委会工作报告、市人民政府工作报告、市人民法院工作报告、市人民检察院工作报告，审查和批准张家港市国民经济和社会发展第十四个五年规划和二〇三五年远景目标纲要草案，审议张家港市2020年国民经济和社会发展计划执行情况与2021年国民经济和社会发展计划草案的报告，批准2021年国民经济和社会发展计划，审议张家港市2020年财政预算执行情况和2021年财政预算草案的报告，审查和批准2020年财政预算执行情况的报告和2021年财政预算，票决2021年张家港市人民政府民生实事项目。会议以无记名投票的方式，补选王亚方为市十四届人大常委会主任，韩卫为市人民政府市长，黄亚平、卢懂平为市十四届人大常委会副主任，徐凤琪、徐文虎、於海良、汤卫华为市十四届人大常委会委员。根据《江苏省实施宪法宣誓制度办法》，新当选的市人大常委会主任，市人民政府市长，市人大常委会副主任、委员进行宪法宣誓。会议以举手表决方式通过《关于张家港市人民政府工作报告的决议》《关于张家港市国民经济和社会发展第十四个五年规划和二〇三五年远景目标纲要的决议》《关于张家港市2020年国民经济和社会发展计划执行情况与2021年国民经济和社会发展计划的决议》《关于张家港市2020年财政预算执行情况和2021年财政预算的决议》《关于张家港市人民代表大会常务委员会工作报告的决议》《关于张家港市人民法院工作报告的决议》《关于张家港市人民检察院工作报告的决议》。此次会议收到代表建议、批评和意见124件。其中，城市建设管理方面28件，交通水利方面20件，教科文卫方面16件，民生保障方面10件，政法公安方面14件，三农方面12件，三产服务业方面1件，工业经济方面9件，生态环保方面5件，财政金融方面4件，其他方面5件。

【市十四届人大常委会会议】 年内，市十四届人大召开常委会会议10次。

第三十五次会议　2月2日召开。审议《张家港市人大常委会2021年度工作要点和工作安排》。传达学习江苏省十三届人大四次会议、苏州市十六届人大五次会议精神。

第三十六次会议　3月9日召开。审议有关人事任免事项。审议《张家港市人大常委会2021年工作评议实施方案》。听取和审议市人民政府关于全市环境状况和环境保护目标完成情况的报告。

第三十七次会议　4月10日召开。审议关于设立市人大常委会金港街道、后塍街道、德积街道工作委员会的决定。

第三十八次会议　5月27日召开。审议接受有关辞呈的决定。审议有关人事任免事项。听取和审议市人民政府关于贯彻实施《中华人民共和国道路交通安全法》情况的报告。听取市人社局、市卫健委、市发改委、市行政审批局工作情况报告，进行工作评议。

第三十九次会议　7月29日召开。审议有关人事任免事项。听取和审议市人民政府关于提请授予外籍人士“张家港市荣誉市民”称号情况的报告。听取和审议市人民政府关于2020年度财政决算的报告。听取市人民政府关于2021年上半年财政预算执行情况的报告。听取和审议市人民政府关于2021年地方政府新增债券预算安排的报告。听取和审议市人民政府关于2020年度财政预算执行及其他财政收支的审计工作报告。听取市人民政府关于2021年上半年国民经济和社会发展计划执行情况的报告。听取和审议市人民政府关于贯彻实施《中华人民共和国固体废物污染环境防治法》情况的报告。审议《张家港市人民代表大会常务委员会街道工作委员会工作办法（试行草案）》。审议《张家港市人大常委会规范性文件备案审查办法（修订草案）》。

第四十次会议　9月14日召开。审议有关人事任免事项。

第四十一次会议　9月29日召开。审议有关人事任免事项。听取和审议市人民政府关于“八五”普法规划情况的报告。听取和审议市人民政府关于国有资产管理情况的报告。听取市人社局、市卫健委、市发改委、市行政审批局整改情况报告，进行工作评议二次审议。审议换届选举有关事项。

第四十二次会议　11月25日召开。审议接受有关辞呈的决定。审议有关人事任免事项。审议2021年度优秀代表建议和先进承办单位名单。审议关于召开市十五届人大一次会议的决定。听取和审议市人民政府关于代表建议办结情况的报告。听取和审议市人民政府关于贯彻实施《中华人民共和国文物保护法》情况的报告。审议《市十四届人大常委会规范性文件备案审查工作情况的报告》。

第四十三次会议　12月17日召开。听取和审议市人民政府关于2021年国民经济和社会发展计划执行情况与2022年国民经济和社会发展计划草案的报告。听取和审议市人民政府关于2021年财政预算执行情况和预算调整及2022年财政预算草案的报告。听取和审议市人民政府关于2021年民生实事项目和“民生微实事”实施情况及2022年民生实事候选项目情况的报告，并对2021年民生实事项目完成情况进行满意度测评。审议市人大常委会工作报告（草案）、市人民法院工作报告（草案）、市人民检察院工作报告（草案）。

第四十四次会议　12月29日召开。审议有关人事任免事项。听取市十五届人大一次会议筹备工作情况汇报。审议市十五届人大一次会议有关事项。审议市人民政府工作报告（草案）。

【市十四届人大常委会主任会议】 年内，市十四届人大常委会召开主任会议11次。

第四十五次主任会议 1月26日召开。研究市人大常委会主任、党组书记、副主任、党组成员的工作分工。讨论市人大常委会2021年度工作要点和工作安排。听取市十四届人大五次会议代表建议、批评、意见情况的报告。研究和部署市十四届人大常委会第三十五次会议准备工作。

第四十六次主任会议 2月24日召开。听取市人民政府关于市十四届人大五次会议代表建议办理打算的报告。讨论《张家港市人大常委会2021年工作评议实施方案》。研究和部署市十四届人大常委会第三十六次会议准备工作。

第四十七次主任会议 4月10日召开。讨论2021年度市人大常委会重点督办代表建议。讨论《张家港市人大常委会关于2021年市政府民生实事项目联系监督工作实施方案》。研究和部署市十四届人大常委会第三十八次会议准备工作。

第四十八次主任会议 5月14日召开。传达学习全国人大常委会副委员长吉炳轩在张家港调研时的讲话精神。听取市人民政府关于全市构建家校协同育人机制情况的报告。研究工作评议调查报告，讨论工作评议意见。讨论《关于进一步加强全市人大信息宣传调研工作的建议方案》。

第四十九次主任会议 5月27日召开。研究市人大常委会有关领导工作分工调整。讨论市人大常委会及机关有关制度。

第五十次主任会议 6月29日召开。听取市人民政府关于2020年度财政决算的报告。听取市人民政府关于2020年度财政预算执行及其他财政收支的审计工作报告。听取市人民政府关于农村房屋规划建设情况的报告。研究和部署市十四届人大常委会第三十九次会议准备工作。

第五十一次主任会议 7月22日召开。听取市人民政府关于市十四届人大五次会议代表建议办理情况的报告。听取市人民政府关于新形势下外事工作情况的报告。听取市人民政府关于提请授予马可等6名外籍人士“张家港市荣誉市民”称号情况的报告。讨论《张家港市人民代表大会常务委员会街道工作委员会工作办法（试行）》《关于“人大代表进网格”工作的实施意见（试行）》。讨论《张家港市人大常委会规范性文件备案审查办法（修订草案）》。

第五十二次主任会议 9月9日召开。听取市人民政府关于快速环路建设情况的报告。研究和讨论工作评议整改调查报告。传达省人大关于做好换届选举工作的意见。讨论换届选举有关事项。研究和部署市十四届人大常委会第四十、四十一次会议准备工作。

第五十三次主任会议 10月26日召开。学习贯彻习近平在中央人大工作会议上的重要讲话精神。听取市人民政府关于全市村（居）民自治组织建设和社区治理情况的报告。听取市人大常委会各工委室关于重点建议督办情况的报告。研究和部署市十四届人大常委会第四十二次会议准备工作。

第五十四次主任会议 11月12日召开。学习贯彻中国共产党第十九届中央委员会第六次全体会议精神。学习贯彻市委主要领导在调研市人大工作座谈会上的讲话精神。研究讨论2021年度优秀代表建议和先进承办单位名单。讨论确定2021年度优秀人大代表小组和优秀人大代表名单。研究和部署市十四届人大常委会第四十三、四十四次会议准备工作。部署人代会筹备工作。

第五十五次主任会议 12月13日召开。听取市人民政府关于2021年度民生实事项目实施情况和2022年民生实事项目规划情况的报告。听取市人民政府关于2021年国民经济和社会发展计划执行情况与2022年国民经济和社会发展计划草案的报告。听取市人民政府关于2021年财政预算执行情况和预算调整及2022年财政预算草案的报告。讨论市人大常委会工作报告。讨论市十五届人大一次会议有关事项。各工委室交流2021年工作总结和2022年工作打算。

【市、镇两级人大换届选举】 根据中央和省委要求以及省和苏州市人大常委会决定，2021年下半年至2022年1月，张家港市开展市、镇两级人大代表换届选举。2021年10月20日至11月8日，年满18周岁、具备选民资格的公民到户口所在地选区的选民登记站进行选民登记，在职人员到工作单位所在的选区登记。11月15日，公布选民榜。全市设市级选区165个、镇级选区328个，共登记选民814553人。11月28日，市选举委员会按选

10月20日，市、镇两级人大换届选举启动选民信息登记工作

（市人大办 提供）

区张榜公布市、镇两级人大正式代表候选人名单和基本情况。全市产生市级人大正式代表候选人540人，镇级人大正式代表候选人1070人。12月5日至6日，市、镇两级人大正式代表候选人到所在选区与选民代表见面。12月8日，投票选举。至12月9日，共选举产生市十五届人大代表375人、镇级新一届人大代表742人（其中杨舍镇156人、塘桥镇107人、锦丰镇133人、乐余镇94人、凤凰镇93人、南丰镇83人、大新镇76人）。在换届选举中，有792241名选民参加投票，参选率97.26%。市、镇两级选区的一次选举成功率均为100%。在市十五届人大代表中，工人代表45人，占代表数的12%；农民代表105人，占代表数的28%；专业技术人员代表74人，占代表数的19.7%；党政干部代表82人，占代表数的21.9%；企业负责人代表43人，占代表数的11.5%；事业负责人代表5人，占代表数的1.3%；解放军代表3人，占代表数的0.8%；其他代表（民主党派和无党派人士、归侨及其他方面人员）18人，占代表数的4.8%。非中共党员代表142人，占代表数的37.9%；妇女代表125人，占代表数的33.3%。其中，连任代表114人，占代表数的30.4%。（补记：2022年1月4日至6日，全市7个镇陆续召开新一届人民代表大会第一次会议，依法选举产生新一届人大主席、副主席，镇长、副镇长。）

（何开元）

依法监督

【概况】 市十四届人大五次会议后，市人大及其常委会紧扣港城高质量发展、民生福祉改善和法治建设等工作重点，对全市重大事项决定、重点工作督办、环境保护、民生实事、代表建议办理等进行工作监督，综合运用执法检查、工作评议、视察调研、专题询问等方式方法，聚焦监督重点，统筹推进严格执法、公正司法、依法行政等工作。加强宣传工作，年内编印《张家港人大信息》12期、《张家港市人大换届选举工作简报》6期，在人大官网刊载信息200余条，在人大微信公众号发布信息300余篇，累计在《新华日报》《人民代表报》《人民与权力》《苏州人大》和“学习强国”学习平台等刊发各类稿件250余篇。新闻通讯《美丽乡村的“民声夜话”——张家港市常阴沙现代农业示范园区人大工委通过“议政微广场”做到联系选民零距离纪实》获苏州人大新闻奖一等奖，市人大常委会办公室获省人大常委会《人民与权力》杂志宣传通联标兵单位、苏州人大新闻奖组织奖。

【重大事项决定】 4月，市十四届人大常委会第三十七次会议表决通过《关于设立张家港市人大常委会金港街道、后塍街道、德积街道工作委员会的决定》。会议强调，街道设立人大工委，不仅有利于坚持和完善人民代表大会制度，而且有利于发挥各级人大代表的作用，还有利于推进街道、社区建设和基层民主政治建设。人大街道工委要把工作重点放在保证人大各项职权的有效行使上，充分发挥人大街道工委职能作用；加强自身建设，完善机构设置，加强制度建设，强化干部队伍建设，努力提高依法履行职责的能力和水平；依法履职尽责，争创工作亮点和品牌，坚持把人大常委会的监督、人大代表的监督和人民群众的监督有机结合起来，将人大的监督职能不断引向深入。7月，市十四届人大常委会第三十九次会议听取市政府关于提请授予外籍人士“张家港市荣誉市民”称号情况的报告，经审议，决定授予德国籍马可、德国籍博涛、韩国籍裴宰铎、荷兰籍梅晓东、日本籍斎藤寿、韩国籍尹锺晚“张家港市荣誉市民”称号，并授权市政府颁发证书。9月，市十四届人大常委会第四十一次会议审议换届选举有关事项，表决通过《关于市、镇两级人民代表大会换届选举时间和市第十五届人民代表大会代表名额分配及各镇新一届人民代表大会代表名额的决定》《关于设立张家港市选举委员会的决定》《关于任命各镇选举委员会组成人员的决定》。会议强调，各镇（区、街道、机关）人大要在党委的领导下，提高思想认识，把握总体要求，把牢关键环节，切实贯彻落实有关文件及会议精神，认真细致、全力以赴完成市、镇两级人大换届选举各项任务，确保换届选举取得圆满成功。

【环境保护工作监督】 3月，市十四届人大常委会第三十六次会议听取和审议市政府关于2020年度全市环境状况和环境保护目标完成情况的报告。针对产业结构不够合理、环保能力建设仍有短板、部门协同意识还不够强、环境质量现状和群众期盼还有一定差距等问题，要求市政府及相关职能部门要深入贯彻习近平生态文明思想，牢固树立“生态优先、绿色发展”的理念，继续凝心聚力、攻坚克难，深入打好污染防治攻坚战；加强生态空间管控，依法禁止或限制开发建设活动，严守生态环境底线，确保全市受保护区面积不减少、类别不改变、功能不降低；对重点区域、重点行业和产业布局开展规划环评，调整优化不符合生态环境功能定位的产业布局、规模和结构；夯实环境保护基础建设，加强长江沿线、国省考断面河道及支流支浜沿线入河排口排查和整治，深入开展雨污分流、清污分流，加快污水收集系统配套管网建设，全力补齐污水处理能力缺口，开展重点区域雨污管网排查治理，坚决杜绝管道错接漏接；加大监管和执法力度，依法从严从重查处各类破坏生态和污染环境的违法行为，积极开展经常性巡查和突击检查，加强对重点区域、重点企业的环境监管，严厉打击偷排、直排等严重环境违法行为；强化公众参与，积极关注和着力解决社会和群众反映的相关热点、难点问题；创新监管手段，加强环境监测、应急预警等能力建设，努力提高环境监管的规范化和科学化水平。

【文化产业发展情况监督】 3月，市人大常委会对全市文化产业发展情况进行专项督察。针对文化旅游融合程度不深、文旅资源开发力度不大、文旅创意产品质量不高、文旅知名项目容量不够等问题，市人大常委会要求，市政府及有关部门和板块要对标高质量发展要求，深入贯彻落实市委市政府关于文化产业发展方面的决策部署；结合实际，科学规划布局文化产业，注重因地制宜，有效挖掘特色资源；积极招引优质文化产业项目，推动文化资源和要素向优质文化企业、优势文化产业集聚；注重文化产业与区域环境、旅游、体育等多方面深度融合发展，积极推动文化业态创新、产品创新、模式创新；大力营造良好的文化产业发展环境，不断加强文化产业发展政策供给、金融服务、项目载体建设等。

【财政运行监督】 6月，市十四届人大常委会第五十次主任会议听取市政府关于2020年财政决算情况的报告和2020年度财政预算执行及其他财政收支审计情况的报告。7月，市十四届人大常委会第三十九次会议听取和审议2020年度财政决算的报告，听取2021年上半年财政预算执行情况的报告，听取和审议2021年地方政府新增债券预算安排的报告，听取和审议2020年度财政预算执行及其他财政收支情况的审计工作报告。针对新的财源增长点较少、个别项目绩效自评不够客观、政府性债务负担较重、经营性债务增长过快等问题，要求市政府及相关职能部门要提升预算编制水平，严格规范预算执行，认真贯彻落实预算法实施条例，细化丰富财政政策实施情况、重点支出、重大政府投资项目和资金使用情况等内容，提升预算编制的科学性和预算执行的准确性，为人大预算审查监督重点向支出预算和政策拓展提供支撑；积极培育优质税源，增强财政保障能力，强化经济运行宏观研判和微观把控，加强当前经济形势下对税收运行态势的预测分析，不断增强组织收入的预见性；强化预算绩效管理，提高资金使用效益，不断加强预算绩效管理，树立全面预算绩效管理理念，加快构建“全方位、全过程、全覆盖”预算绩效管理体系；加大审计监督力度，健全整改长效机制，坚持问题导向，加大对预算执行和专项资金绩效的审计力度，加强对重点领域、重大项目和重大政策措施贯彻落实情况的跟踪审计，督促推动问题整改，落实问题整改清单和销号台账制度，确保问题整改到位。

【代表建议办理工作监督】 6月，市人大常委会对市十四届人大五次会议代表建议办理情况组织专题督察。7月，市十四届人大常委会第五十一次主任会议听取市政府关于市十四届人大五次会议代表建议办理情况的报告。11月，市十四届人大常委会第四十二次会议听取和审议市人民政府关于代表建议办结情况的报告。针对个别部门依旧存在重答复轻落实的现象；对一时无法马上解决的问题，与代表的沟通还需加强；涉及多部门的建议，相关承办单位的协作力度仍需加大等不足，会议要求市政府和各承办单位要切实提高对办理人大代表建议的认识，不断增强办理工作的自觉性和使命感，将代表建议办理作为推动全市开启全面建设社会主义现代化新征程中争当排头兵的重要抓手，加强组织领导，明确要求，落实责任，把代表建议办理工作与履行部门职责、提升部门效能紧密结合，推动办理工作抓深抓实，让代表和群众真正感到满意；注重加强与代表的沟通联系，着力抓好协商、面商工作，做到办前与代表沟通了解实情，办中认真听取代表真实想法充分交换意见，办后及时反馈结果征求代表意见，实现良性互动，在协商中达成共识，在协作中解决问题，有效推进办理工作；主办单位要主动加强与协办单位沟通，以问题为导向，共同研究探讨，发挥各自职能优势，形成办理工作合力；对代表建议科学分类，对一些群众关注度高、涉及面广的问题，要优化办理机制，创新办理工作。同时，要加大督察力度，跟踪办理结果，巩固办理成果，提高办理质量，使代表建议办理取得实效。

【国有资产管理情况监督】 9月，市十四届人大常委会第四十一次会议听取和审议市政府关于国有资产管理情况的报告。针对国有企业整体竞争能力还不强、创新驱动发展的基础不够牢固、行政事业性国有资产管理不够规范等问题，要求市政府及相关职能部门要充分认识加强国有资产管理的重要性和必要性，增强依法依规管理使用国有资产的意识，建立健全严格有效的国有资产管理制度，切实把国有资产管理抓好抓实；完善国资监管体制，激发国有企业内生动力，深化国企改革，紧紧围绕“管好国有资本布局、规范资本运作、提高资本回报、维护资本安全”的目标，以建立全面覆盖、分级管理的国有资本经营预算体系为抓手，推进国资监管由“管企业”为主向“管资本”为主转变，不断完善国资监管体制机制；增强主体责任意识，提升国有资产管理能力，完善各项行政事业性资产管理体系，切实转变“重资金、轻资产”“重增量、轻存量”观念，建立健全与行业匹配的资产配置使用管理办法，推进各类行政事业单位国有资产精细化管理。积极探索行政事业性国有资产集中统一监管的有效途径，加大资产、资源、资金、人员整合力度，加强资产管理队伍建设，建立健全资产共享共用机制，切实提高资产使用效能；要坚持节约集约理念，强化自然资源资产管理，根据全市自然资源资产的特点，进一步摸清底数，加快推进以发展规划为引领、以空间规划为基础、以专项规划和区域规划为支撑的统一规划体系。准确把握全市未来发展的方向和定位，秉承绿色发展理念，深度谋划全市国土空间资源，科学勘定生态保护红线、永久基本农田红线、城镇开发边界等，做到科学规划、合理布局，促进区域协调发展。

【“八五”普法规划工作监督】 9月，市十四届人大常委会第四十一次会议听取市政府关于“八五”普法规划情况的报告，审议通过《张家港市人大常委会关于开展第八个五年法治宣传教育的决议》，要求市政府及相关职能部门要坚持习近平法治思想引领全民普法工作，紧紧围绕服务“十四五”时期全市经济社会发展大局，以法治成为社会共识和基本准则，以大力弘扬社会主义法治精神、提升全体公民法治素养、提升法治宣传的针对性和实效性、深化社会主义法治文化建设、加强普治融合推进依法治理、加强组织实施和监督检查等为工作重点，推动普法工作守正创新、提质增效、全面发展，为全市经济社会高质量发展营造良好法治环境；认真落实国家工作人员学法用法制度，重点抓好“关键少数”，建立领导干部应知应会法律法规清单制度，发挥领导干部学法守法带头示范作用；加强青少年法治教育，提升学校教师法治素养，全面落实《青少年法治教育大纲》，完善政府、司法机关、学校、社会、家庭共同参与的青少年法治教育新格局；对村（社区）干部、企业经营管理人员、新市民等其他普法对象，实行分层分类有针对性开展法治宣传教育，把普法融入法治实践、基层治理和日常生活。

【推进义务教育优质均衡发展工作监督】 9月，市人大常委会对全市推进义务教育优质均衡发展工作情况进行专题询问，针对全市义务教育资源配置不平衡、学区招生和办学管理模式有待优化等问题，要求市政府及其相关职能部门要以专题询问为契机，进一步增强责任感和使命感，以更高站位和更严要求，高标准创建全国义务教育优质均衡发展县（市、区），切实提升全市人民群众的获得感、幸福感；正确理解“双减”政策，不折不扣落实“双减”要求，统筹兼顾、精准施策，努力探索形成具有可复制可推广的“张家港方案”；正视不足找准差距，正确认识全市义务教育存在的“大班额”“大校额”以及城乡之间、区域之间、公办和民办学校之间发展不平衡的客观问题，认真研究在落实落细“双减”政策方面存在的现实矛盾；积极回应社会关切，不断强化资源供给，合理规划学校布局，有序扩充学位供给，切实化解“大校额”“超标班额”等问题，确保适龄儿童能就近上学；不断促进优质均衡，始终坚持义务教育的公益性、公平性和普适性原则，科学配置教育资源，促进优质资源共享，进一步推进区镇之间、公办民办学校之间的教育协同发展，力争实现全市每位学生都能“上好学”；强化师资队伍建设，进一步统筹教师资源配置，加强交流轮岗管理，实现教师在城乡间、校际间均衡配置；落实好教育人才引进政策，优化教师队伍结构，提高师资水平；营造良好社会氛围，大力弘扬尊师重教的良好风尚，保障教师各类待遇；加强家庭教育指导，加大“双减”政策宣传，积极构建政府、学校、家庭、社会“四位一体”的教育新格局，为全市中小学生营造良好的素质教育新环境。

【政府工作评议】 年内，市人大常委会组织对市人社局、市卫健委、市发改委、市行政审批局4个部门进行工作评议，成立工作评议领导小组和四个调研组，通过深入走访相关部门和服务对象、实地察看、民主测评等方式，广泛听取人大代表、基层群众、服务对象及条线上级部门的意见。围绕被评议部门依法行政和履职尽责情况，推出整改问题清单：市人社局存在给予基层指导不够及时、政策宣讲不够到位、劳动监察执法水平有待进一步提高等问题；市卫健委存在医卫服务能力水平不够均衡，医药卫生体制改革不够深入等问题；市发改委存在综合协调不够到位、改革创新不够有力等问题；市行政审批局存在政务服务线上线下服务能力需进一步优化提升，市、镇、村三级政务服务体系需进一步规范完善等问题。调研组形成调查报告8篇，提出意见建议66条，先后召开两次常委会会议进行满意度测评，推动被评议部门改进作风，提高行政效能，推进政府依法行政。在市十四届人大常委会第三十八次会议上，市人社局、市卫健委、市发改委、市行政审批局的工作评议满意度测评结果分别为87.5%、84.4%、81.3%、90.6%。会后，四个工作评议调研组分别召开通报会，通报评议调查情况和评议意见，各被评议部门按照评议意见，共制定整改措施34条，全力抓好整改落实。在市十四届人大常委会第四十一次会议上，组织工作评议二次审议和测评，二次审议满意度测评结果为市人社局87.1%、市卫健委87.1%、市发改委90.3%、市行政审批局83.9%。 （何开元）

9月15日，市人大常委会召开“推进义务教育优质均衡发展”专题询问会议

（市人大 提供）

审议与任免

【审议工作】 2021年，市人大常委会听取和审议“一府一委两院”专项工作报告35项，作出《关于批准张家港市2020年度财政决算的决议》《关于批准张家港市2021年地方政府新增债券预算安排的决议》《关于开展第八个五年法治宣传教育的决议》《关于批准张家港市2021年财政预算调整的决议》《关于设立张家港市人大常委会金港街道、后塍街道、德积街

道工作委员会的决定》《关于授予马可等6名外籍人士"张家港市荣誉市民"称号的决定》《关于市镇两级人民代表大会换届选举时间和市第十五届人民代表大会代表名额分配及各镇新一届人民代表大会代表名额》等决议、决定及审议意见、评议意见21项。先后听取和审议市政府关于2021年上半年国民经济和社会发展计划执行情况的报告、关于2020年度财政预算执行及其他财政收支的审计工作报告、关于张家港市"八五"普法规划制定情况的报告、关于张家港市2020年度国有资产管理情况的报告、市十四届人大常委会规范性文件备案审查工作情况的报告、关于2021年民生实事项目实施情况和2022年民生实事候选项目情况的报告等。

【人事任免】 全市坚持党管干部和人大依法任免相统一的原则，进一步规范人事任免程序，促使被任命干部强化人大意识、法治意识和责任意识，增强人大人事任免的规范性和严肃性。全年依法任免国家机关工作人员95人次，其中包括市人大常委会工作人员26人次，市政府工作人员30人次，市监察委员会工作人员12人次，市人民法院工作人员19人次，市人民检察院工作人员8人次。接受辞去张家港市第十四届人民代表大会常务委员会委员职务1人，接受辞去张家港市人大代表职务1人。接受辞去张家港市市长职务1人、副市长职务3人。

2021年张家港市人大常委会任免"一府一委两院"及人大机关人员情况表

表3

时间	会议	任免情况
3月9日	市十四届人大常委会第三十六次会议	任命钱晓锋为市政府办公室主任，任命沙立平为市发展和改革委员会主任，任命李星为市交通运输局局长，任命卞春生为市商务局局长，任命樊建兵为市市场监督管理局局长，任命黄耀平为市信访局局长，任命李秋菊为市地方金融监督管理局局长，任命陈振振为市人民法院凤凰人民法庭庭长，任命吴晓敏为市人民检察院副检察长、检察委员会委员、检察员；免去刘东兴市政府办公室主任职务，免去袁政国市发展和改革委员会主任职务，免去朱瑞栋市交通运输局局长职务，免去尹洁市商务局局长职务，免去田文华市市场监督管理局局长职务，免去邵继东市信访局局长职务，免去丁峰市医疗保障局局长职务，免去陈振振市人民法院凤凰人民法庭副庭长职务，免去杨雪松市人民检察院检察委员会委员、检察员职务
5月27日	市十四届人大常委会第三十八次会议	接受戴丽君辞去张家港市第十四届人民代表大会代表职务的请求；任命彭烨为市人大常委会金港街道工作委员会主任，任命卢向群为市人大常委会后塍街道工作委员会主任，任命瞿锋为市人大常委会德积街道工作委员会主任，任命何俊为市医疗保障局局长，任命孙朝枫为张家港保税区监察工作委员会副主任；免去夏琼张家港保税区监察工作委员会副主任职务，免去陆鹏程市人民检察院副检察长、检察委员会委员、检察员职务
7月29日	市十四届人大常委会第三十九次会议	接受卞东方辞去张家港市人民政府副市长职务的请求，接受陈卫兵辞去张家港市人民政府副市长职务的请求；任命张志明为市人民政府副市长，任命翁羽人为市人民政府副市长，任命徐卫杰为市监察委员会副主任，任命赵品锋为市监察委员会委员，任命陆定峰为张家港保税区监察工作委员会主任，任命刘芬为市人民检察院检察员，任命崔晨程为市人民检察院检察员；免去茅哲峰市监察委员会副主任职务，免去袁胜华市监察委员会委员职务，免去温献民张家港保税区监察工作委员会主任职务，免去孙国忠市人民法院行政审判庭庭长职务，免去黄彩霞市人民法院乐余人民法庭副庭长职务，免去杨宇红市人民检察院检察员职务
9月14日	市十四届人大常委会第四十次会议	接受韩卫辞去张家港市人民政府市长职务的请求；任命蔡剑峰为张家港市人民政府副市长、代理市长
9月29日	市十四届人大常委会第四十一次会议	任命张庆为市人民政府副市长，任命卞干国为市人民法院民事审判第一庭庭长，任命黄薇为市人民法院乐余人民法庭副庭长；免去卞干国市人民法院金港人民法庭副庭长职务，免去黄薇市人民法院立案庭（诉讼服务中心）副庭长职务，免去季新宏市人民法院民事审判第一庭庭长职务，免去张晓波市人民法院乐余人民法庭副庭长职务

续表3

时 间	会 议	任 免 情 况
11月25日	市十四届人大常委会第四十二次会议	接受於海良辞去张家港市第十四届人民代表大会常务委员会委员职务的请求；任命彭炜为市人大常委会办公室副主任，任命李锦华为市人大常委会人事代表联络工作委员会副主任，任命张天若为市人大常委会人事代表联络工作委员会副主任，任命陈霞为市人大常委会监察和司法工作委员会副主任，任命陈晓锋为市人大常委会监察和司法工作委员会副主任，任命陆一珉为市人大常委会财政经济工作委员会副主任，任命苏花兰为市人大常委会财政经济工作委员会副主任，任命陆洲为市人大常委会财政经济工作委员会副主任，任命高翔为市人大常委会教科文卫（外事民宗侨台）工作委员会主任；任命瞿秋霞为市人大常委会教科文卫（外事民宗侨台）工作委员会副主任，任命翟海燕为市人大常委会教科文卫（外事民宗侨台）工作委员会副主任，任命蓬元为市人大常委会农业农村工作委员会副主任，任命沙卫军为市人大常委会后塍街道工作委员会主任，任命丁萍芬为市人大常委会德积街道工作委员会主任，任命於海良为市卫生健康委员会主任，任命陆小玲为市审计局局长，任命周国忠为经开区监察工委副主任；任命吴丹为市人民法院副院长、审判委员会委员，任命洪春为市人民法院副院长，任命卞干国为市人民法院审判委员会委员，任命陶萍为市人民法院审判员，任命余爱华为市人民检察院副检察长、检察委员会委员、检察员；免去李锦华市人大常委会监察和司法工作委员会副主任职务，免去张天若市人大常委会教科文卫（外事民宗侨台）工作委员会副主任职务，免去苏花兰市人大常委会教科文卫（外事民宗侨台）工作委员会副主任职务，免去唐红英市人大常委会教科文卫（外事民宗侨台）工作委员会主任职务，免去蓬元市人大常委会人事代表联络工作委员会副主任职务，免去卢向群市人大常委会后塍街道工作委员会主任职务，免去瞿锋市人大常委会德积街道工作委员会主任职务，免去王卫国市卫生健康委员会主任职务，免去袁勋市审计局局长职务，免去张婷市监察委员会委员职务，免去金炯经开区监察工委副主任职务，免去余爱华市人民法院副院长、审判委员会委员、审判员职务，免去季新宏市人民法院审判委员会委员职务，免去唐勇市人民法院民事审判第二庭（金融审判庭）副庭长、审判员职务，免去张知悦市人民法院行政审判庭副庭长职务，免去寿仕元市人民法院审判员职务，免去陈俊市人民检察院检察委员会委员、检察员职务
12月29日	市十四届人大常委会第四十四次会议	接受吴剑辞去张家港市人民政府副市长职务的请求；任命蒋鹏为市人民政府副市长，任命钱飞为市人民政府副市长、公安局局长，任命倪建鑫为市监察委员会委员；免去吴剑市公安局局长职务

（何开元）

执法检查

【概况】 年内，市人大常委会自觉维护宪法和法律权威，发挥法治建设中的职能作用。根据省、苏州市人大常委会统一部署安排，上下联动开展《中华人民共和国精神卫生法》《中华人民共和国固体废物污染环境防治法》执法检查，同时组织对《中华人民共和国道路交通安全法》《中华人民共和国文物保护法》等法律法规贯彻实施情况进行检查，共指出问题13个，提出意见23条。

【道路交通安全法执法检查】 4月，市人大常委会就全市贯彻实施《中华人民共和国道路交通安全法》情况进行执法检查。针对贯彻实施中交通参与者遵法守法意识不够强，交通违法行为时有发生，全民道路交通文明意识、守法意识未完全形成，交通设施配套建设与安全畅通出行的要求还有差距，部门协作不够紧密，管理信息未能实现共享，重点车辆管理存在失管漏管现象等问题，要求市政府及相关职能部门要加强对交通流的分析，科学合理组织交通，在提高通行能力、通行效率上下功夫，特别是在城区道路资源利用、信号灯路口机动车快速通过、道路减少冲突点、解决堵点等方面加强研究，优化处理；结合“八五”普法宣传活动，注重创新和改进宣传教育的方式、方法，运用信息科技手段，扩大道路交通安全动态信息的传播，增强交通宣传的针对性、提示性、时效性；完善道路交通安全管理工作联席会议制度，职能部门要各司其职，形成合力，加强交通安全隐患的排查和治理，持续开展交通秩序、交通安全专项整治行动，保持高压态势，严格查处各类交通违法犯罪行为；科学制定交通安全设施与建设规划，最大限度地避免道路规划建设带来的区域性拥堵问题，加大道路及配套设施建设和维护力度，优化城市路网结构，因地制宜对易堵路口进行渠化调整，提高通行效率，积极推进智慧交通系统建设，增强交通智能管控能力，提升道路交通安全管理水平。

【固废法执法检查】 5月，市人大常委会就全市贯彻实施《中华人民共和国固体废物污染环境防治法》情况进行执法检查。针对贯彻实施中监管职责落实尚不到位，小微企业固废管理仍存在漏洞，生活垃圾源头分类不到位、反复性大，医疗废弃物精细化管理尚需完善等问题，要求市政府及相关职能部门要增强固废污染防治工作合力，构建以政府为主导、企业为主体、社会组织和公众共同参与的治理体系，强化部门协调配合，逐步建立部门和区域联防联控机制；落实企业主体责任，确保固体废物处理规范运作；切实提升固废处理水平，统筹推进固废处置设施建设，减少重复投入，提高利用效率；加强对工业危废处理的全程监管，切实解决恶意倾倒工业危废等行为；探索更科学高效的建筑垃圾二次利用方式，鼓励和推广建筑垃圾再生产品的市场应用；依法加强医疗废物处置设施和能力建设，不断提升精细化管理水平；推进生活垃圾分类工作，加强源头管理，全面提升源头分类质量，科学规划、统筹布局分类设施建设，补齐垃圾处置能力缺口，高标准实现生活垃圾“前端分得清、中端收得好、末端处得了”；加快生活垃圾分类信息管理系统建设，积极构建“投、收、运、处”全流程可追溯的闭环监管体系，进一步提高信息化监管水平；严格固废污染防治执法监管，依法建立目标责任制和考核评价等制度，把各级政府和部门的责任压紧压实，强化行政执法和刑事司法有效衔接，重拳打击非法转移、倾倒、处置固体废物环境污染违法犯罪行为。

【文物保护法执法检查】 8月，市人大常委会就全市贯彻实施《中华人民共和国文物保护法》情况进行执法检查。针对贯彻实施中对文物保护宣传不够广泛深入、文物保护长效机制不够健全、对文物资源的活化利用不够充分等问题，要求市政府及相关职能部门要不断强化文物保护责任感、使命感、紧迫感，始终把“保护”放在第一位，依法依规组织实施文物保护工作，正确处理好文物保护与城乡建设、旅游开发、经济发展的关系，筑牢文物安全底线；不断加大文物保护宣传的力度、广度和深度，采取“专业+特色”相结合、“线上+线下”相结合，创新讲好新时代“文物故事”，将文物的全部价值和历史信息完完整整、原汁原味传承世人；结合实际深入研究文物保护相关政策，在保障日常管护所需的基础上，同步管好用好专项资金，促进全市文物保护工作稳定有序开展；切实加强文物保护队伍建设，不断健全专业人才培养、使用、评价和激励机制，确保队伍稳定可靠，逐步壮大文物保护事业发展力量；充分发挥文物资源以史育人、以文化人的优势作用，不断提升博物馆和文物保护单位公共文化服务水平；研究社会力量参与文物保护利用机制，广泛搭建文物领域跨界合作平台，促进“文物+教育”“文物+科技”“文物+创意”“文物+旅游”融合发展；全力做好文物保护与旅游开发整体规划和论证工作，以项目带动文化产业发展，促使文物保护与旅游开发相互促进、相得益彰，使文物资源在文化产业和旅游产业的发展中发挥独特作用，共同助力全市“文明典范城市”创建。

（何开元）

5月12日，市人大常委会开展《中华人民共和国固体废物污染环境防治法》执法检查

（市人大 提供）

视察调研

【概况】 年内，市人大常委会配合全国人大常委会开展加强种质资源保护和育种创新以及加强和改进新时代人大工作专题调研，并先后就全市退役军人工作、农村房屋规划建设情况、构建家校协同育人机制情况、防汛排涝工作、新形势下外事工作、快速路建设推进情况等进行调研和视察50余次，撰写《“双减”之下“家校共育”的路径选择——关于做好新时代“家校共育”工作的实践与思考》《“后疫情时代”营商环境优化趋势分析——以张家港市优化营商环境对策为例》《以乡风文明之“魂”引领乡村振兴之“路”——以张家港市多维度推进乡风文明建设为例》等调研报告50篇。其中，《关于我市农村房屋规划建设管理情况的调研报告》《关于为我市三甲医院减负及优化急需人才招引机制的建议》获市委主要领导批示，《在推进“民生微实事”中践行全过程人民民主》获评全省人大

优秀调研成果三等奖、苏州市人大优秀调研成果一等奖,《以乡风文明之"魂"引领乡村振兴之"路"——以张家港市多维度推进乡风文明建设为例》获评苏州市人大优秀调研成果二等奖。

【全国人大常委会调研组专题调研】5月10日至11日,全国人大常委会副委员长吉炳轩率全国人大常委会调研组到张家港市围绕加强种质资源保护和育种创新以及加强和改进新时代人大工作开展专题调研。调研组实地察看了杨舍镇福前村、神园葡萄育种基地、塘桥镇人大代表履职中心、凤凰镇双塘村,并召开会议听取苏州市人大常委会、张家港市委和市人大常委会工作汇报。吉炳轩指出,张家港市人大通过推进代表工作机制、载体和服务创新,真正实现了人大代表与群众融为一体,更有效地反映民意、集中民智、凝聚民心。吉炳轩强调,"十四五"时期是中国全面建成小康社会后向2035年基本实现农业农村现代化、乡村振兴取得决定性进展战略目标迈进的第一个五年,要加强种质资源保护和育种创新,加快科技创新,为保障国家粮食安全、实现农业现代化打牢坚实基础;以促进农村产业转型升级、提升农村公共服务质量、推动农民持续增收致富、全面提升综合治理能力为重点,加快推进美丽乡村、智慧乡村和善治乡村建设,促进乡村全面振兴;牢固树立新发展理念,按照产业兴旺、生态宜居、乡风文明、治理有效、生活富裕的总要求,着力建立健全城乡融合发展的体制机制和政策体系,加快推进乡村治理体系和治理能力现代化,加快推进农业农村现代化,走出一条具有中国特色的社会主义乡村振兴之路。

【全市退役军人工作调研】3月8日,市人大常委会对全市退役军人工作开展调研。调研组实地察看了市双拥展示馆、退役军人服务中心,并召开会议听取全市退役军人工作情况汇报。针对退役军人服务保障体系有待推进完善、有关服务保障法律法规还需加大宣传等问题,市人大常委会强调,市政府及相关职能部门要准确把握新时代退役军人工作新要求,坚持以习近平新时代中国特色社会主义思想为指导,深入学习贯彻习近平总书记关于退役军人工作的重要论述,全面落实全国、省、苏州市以及市退役军人相关工作会议精神;坚持党的全面领导,以退役军人工作面临的重点难点问题为导向,进一步解放思想、开拓创新,坚持以退役军人为中心,进一步完善服务保障体系等,深入贯彻落实《中华人民共和国退役军人保障法》,坚持严管和厚爱相结合,褒扬彰显退役军人的精神特质,讲好新时代退役军人故事,努力把全市退役军人工作做到"人无我有""人有我优""人优我精",在各项工作中"争当表率、争做示范、走在前列"。

【农村房屋规划建设情况调研】3月8日至16日,市人大常委会对全市农村房屋规划建设情况开展调研。调研组先后实地察看了金港镇巫山村君秀埭、凤凰镇金谷村、杨舍镇李巷村虎泾口等19个农房集中规划建设点,并听取市政府关于全市农村房屋规划建设情况的报告。针对全市农村房屋规划建设总体进度不快,与周边县市(区)相比呈滞后态势,面临主体资格认定复杂、允许建房区域受限、土地资金要素制约、政府部门与区镇协作机制不够健全等问题,市人大常委会强调,市政府及相关部门要切实加强领导,把农房规划建设作为实施乡村振兴战略、率先基本实现农业农村现代化目标的重中之重,积极推进农房改造和集中规划点建设,全面提高农房建设水平,切实改善农民居住质量,使发展增后劲、百姓添福祉、党委政府得民心;加快推进农房集中居住点位建设,指导区镇根据点位建设目标,强化调度、完善措施,确保按时高质量完成建设任务,尽早发挥出示范带动作用。优化完善农房翻建政策,研究推进农房建设主体资格认定、合理调整确定允许翻建区域,优化农房建筑标准、改善参考图集等方面问题,为农房改造翻建提供有益指导;统筹协调,把农房翻建与农村建设各项工作有机融合,坚持"重规划"与"抓建设"并重,因地制宜、科学谋划、有序推进,注重保护传统村落和乡村特色风貌,把农房规划建设与乡村振兴、农村人居环境整治、农村产业发展、生态治理等工作相融合。深入细致做好群众工作,加快配套基础设施和公共服务设施建设覆盖,强化农村环境与秩序的常态化、长效化管理,让农村更美丽宜居、让农民生活更舒心惬意。

【构建家校协同育人机制情况调研】4月7日,市人大常委会对全市构建家校协同育人机制情况开展调研。调研组实地察看花园浜幼儿园、梁丰初级中学、港区小学、白云小学、德积小学等,并召开会议听取市政府关于构建家校协同育人机制情况的报告。针对支撑家校合作的队伍、阵地、教育资源等服务保障体系不够优化,家校协同育人的整体效果参差不齐,家庭、学校和社会在分工教育方面不够明晰,在协同育人方面不够紧密等现状,市人大常委会强调,市政府及相关职能部门要坚持"以学生为中心"的育人理念,从保障学生身心健康出发,切实把家校协同育人工作抓紧抓实;深入挖掘优质教育资源,培育壮大专业队伍,补强家庭教育指导力量。统筹推进家庭教育阵地建设,建立健全政府购买家庭教育公共服务等多元化补充机制。保障相关经费落实、规划制定、资源整合等重要事项,强化家庭教育工作督导评价机制;引导树立正确的家庭教育观念,坚持把培育和践行社会主义核心价值观作为主旋律。尊重和体现学生的主人翁地位,坚持正确的人才评价机制,切实保障困境家庭的教育需求。与时俱进丰富教学内容,提供更加优质便捷的线上线下家庭教育指导服务;不断完善全方位协同育人工作网络和责任,优化家校社协同合作机制,形成各级政府重视、部门齐抓共管、社会热情支持、家长广泛参与的良好格局。不断扩大宣传家校社协同育人的重要性,积极营造良好氛围,进一步推进协同育人工作蓬勃发展。

【镇（区、机关）人大代表工作及换届选举工作调研】 4月16日，市人大常委会对镇（区、机关）人大代表工作及换届选举工作开展调研。调研组实地察看了塘桥镇牛桥社区人大代表联系点、凤凰镇人大代表履职中心、港口人大代表工作站，并召开会议听取各镇（区、机关）关于人大代表之家“一中心多站点”工作体系推进情况、开展“人大代表进网格”工作打算以及市、镇两级人大换届选举工作相关情况的报告。市人大常委会强调，各镇（区、机关）人大要突出重点，持续推进“一中心多站点”建设，进一步优化代表联络站点布局、完善功能，提档升级、打造特色；进一步完善制度、丰富活动，以“双联系”、代表轮值制、“三进站”、主任接待日等为抓手，开展丰富多彩、生动活泼、行之有效的代表联系选民活动；促进“双线”（线上线下）联动，推动信息化建设。要注重实效，创新开展“人大代表进网格”工作，把构建“全面覆盖、科学规范、贯通融合、务实高效”的网格化代表履职体系作为最终目标，力争做到“每个代表进网格、网格处处见代表”，积极推动全市五级人大代表走进村（社区）网格，常态化联系选民，全力打造特色品牌和创新经验。要全力以赴，高标准落实市、镇两级人大换届选举工作，市、镇两级人大换届选举是人民政治生活中的一件大事，更是践行全过程人民民政的生动实践，要把“坚持党的领导、充分发扬民主、严格依法办事”的原则贯穿于工作始终，提高站位、提前部署、精心组织、严明纪律，确保换届工作顺利有序开展。

5月19日，市人大常委会领导视察防汛排涝工作　　（市人大　提供）

【防汛排涝工作视察】 5月19日，市人大常委会对全市防汛排涝工作进行视察。视察组实地察看了市级防汛物资仓库、二干河堤防加高加固工程、常沙河闸站改建工程、一支河与二支河沟通工程等，并听取相关情况汇报。针对基础设施不够完善、调度能力不够强、管理机制不够健全等问题，要求市政府及相关职能部门要坚持底线思维，把可能出现的情况想在前面、做在前面，做到宁可备而不用、不能用而无备，坚决打好防汛抗灾的主动仗；增强风险防范意识，充分做好“无灾当有灾、小灾当大灾”的思想准备和工作准备，从最坏处着想，向最好处努力，把问题想得多一些、重一些，一时一刻不放松，一丝一毫不懈怠，尽量将风险影响降到最低；综合研判防汛方面的短板、漏洞、缺项，抓好谋划、规划工作，争取建设一批既利当前又利长远的重大工程，同时在管理制度、机制方面不断健全和完善，做到建设、管理两手抓，两手都要硬；坚持问题导向，在汛前检查的基础上，对防汛薄弱环节、风险部位继续深入排查，对发现的隐患该加固的加固、该检修的检修，对需要协调解决的抓紧协调解决，务必把隐患提前消除、不留后患；进一步健全防汛指挥体系，制定完善应急预案，特别是对接机制、应急抢险、应急保障等内容，要细化响应处置流程，全面提高调度指挥能力。

【新形势下外事工作调研】 6月15日至16日，市人大常委会对新形势下地方外事工作开展调研。调研组实地走访了浦项（张家港）不锈钢股份有限公司、信义玻璃（江苏）有限公司、加特可（苏州）自动变速箱有限公司等单位，并召开会议听取市政府关于新形势下外事工作情况的报告。针对与国际友城交流深度不够，优质外事资源有待进一步挖掘，外事工作标准有待提高等问题，市人大常委会强调，市政府及相关职能部门要进一步强化外事服务保障作用，不断促进国际交流合作；提高政治站位，加强党对外事工作的领导，坚持以习近平新时代中国特色社会主义思想为指导，深入贯彻落实中央对外大政方针和省、苏州以及市委决策部署，积极服务国家总体外交；深入学习贯彻习近平外交思想，不断提高外事工作队伍的政治判断力、政治领悟力、政治执行力，自觉站在围绕中心、服务大局的高度谋划推进外事工作；加强统筹协调，不断提高外事服务保障水平。面对“后疫情”时代和国际形势环境的深刻变化，一方面要时刻紧绷疫情防控之弦，牢固应对境外疫情输入的防线；另一方面要积极融入国内国际双循环，充分发挥外事功能优势，大力推进高水平对外开放，积极开展招商引资，促进全市外资外贸稳定发展。要持续加强对外交流，广交国际朋友，在对外文化交流、促进开放发展、拓宽合作空间等方面，创新方式方法，探索新形式新业态。要主动融入“一带一路”建设，加强国际友好城市结对建设，巩固与友城合作成果，争创更多对外交流合作品牌。要不断拓宽外宣渠道，加大对全市宣传推广力度，不断推动全市外事工作再上新台阶。

【快速路建设推进情况调研】 7月20日至21日，市人大常委会对全市快速路建设推进情况开展调研。调研组实地察看了西二环涉铁路段改造工程、346国道张家港绕城段改造扩建工程、东三环（张杨公路至苏虞张公路）新建工程等地，并召开会议听取市政府相关部门和有关区镇的工作汇报。针对城区快速路项目规模大、路线长、情况复杂，推进过程中仍存在项目用地落实难、建设资金压力大等现状，市人大常委会强调，市政府及相关职能部门要加强领导统筹谋划，精心组织，周密部署，统筹推进工程进度；完善会办工作机制，加强督导力度，严格问责制度，协调解决重点难点问题，全力推进项目建设。相关职能部门要注重分工协作，上下步调一致，形成推动城区快速路建设的强大合力。要多措并举全力攻坚，进一步完善项目实施路线图，倒排工期，挂图作战，明确目标任务和责任分工，确保任务要求明确、时间节点明确、工作责任明确，有序推进各项工程建设。进一步强化问题导向，聚焦工程建设过程中的重点、难点、痛点、堵点问题，做好相关政策研究，科学推进拆迁清障、管线迁移等前期工作，着力解决土地、资金等资源要素问题，切实为工程顺利推进提供有力保障。要严格管理落实责任，严守安全生命线，落实安全生产主体责任，高度重视工程安全、环保等工作，科学研究并精心优化交通导改方案，确保施工期间交通通行安全。严把工程质量关，着力完善质量安全管理体系，进一步加强现场管控，推行精细化管理，强化全过程监督，全面提升工程建设质量和管理水平。强化一线操作人员的安全意识，推进建筑市场诚信体系建设，切实把城区快速路项目打造成经得起时间检验的精品工程。

【“两院”工作情况视察】 7月22日，市人大常委会视察“两院”（市人民法院、人民检察院）半年度工作情况。视察组实地察看了道路交通事故一站式服务中心，听取“两院”半年度工作情况汇报。市人大常委会要求“两院”要紧扣市委决策部署，紧密联系工作实际，不断增强服务市委工作大局、服务经济社会发展的自觉性和主动性，在深入推进企业合规改革试点、提升破产审判质效、服务数字经济高质量发展等方面，创新服务举措，聚力提质增效，充分发挥审判和检察职能；秉持“司法为民、公正司法”的宗旨，始终把维护公平正义作为做好审判和检察工作的第一要求，充分发挥职能作用，努力让人民群众在每一个司法案件中都能感受到公平正义；深入学习贯彻习近平总书记对政法工作的重要指示精神以及中央政法工作会议精神，既立足当前做好教育整顿“后半篇文章”，又着眼长远走好队伍建设“新长征路”，坚持思想不松、标准不降、力度不减，加强政治建警，深化查纠整治，健全长效机制，以钉钉子精神不断巩固教育整顿成果；持续深化司法体制综合配套改革，更好搭建切合实际的司法干警成长平台，在司法工作实践中坚持政治历练与专业训练相结合，不断锤炼司法干警素质，着力提升司法服务质效，持续锻造一支信念坚定、清正廉洁、实力过硬、业务精湛的司法铁军，为助推全市法检工作再上新台阶夯实队伍根基；更加自觉接受人大监督，进一步创新工作思路，努力为人大代表深入了解、广泛参与和有效监督“两院”工作创造条件、提供平台、做好服务，以更加务实有效的司法举措服务港城高质量发展。

【全市医疗保障工作调研】 8月3日，市人大常委会对全市医疗保障工作开展调研。调研组实地察看了江苏海鹏医药连锁有限公司、经开区（杨舍镇）卫生服务中心、市医保服务大厅，并听取全市医疗保障工作情况汇报。市人大常委会指出，市医疗保障局成立后，围绕市委、市政府的重点工作和改革任务，不断创新突破，医保高质量发展取得了较好成效。市人大常委会强调，市医疗保障局要坚持以人民为中心，全心全意为人民健康提供医保服务；建立健全多层次医疗保障制度和政策体系，结合全市实际情况，持续研究、持续完善、持续推进；不断加强医保基金监督管理，保障其安全、发挥其功效；协同相关部门形成监管合力，充分发挥医保基金作用；不断提升医疗保障公共服务水平，增强人民群众在医保服务中的幸福感和获得感。

【村（居）民自治组织建设和社区治理情况调研】 9月3日至7日，市人大常委会对全市村（居）民自治组织建设和社区治理情况开展调研。调研组实地走访了乐余镇永利村、向群村，经开区（杨舍镇）联谊社区、景巷社区等地，并召开会议听取市政府关于村（居）民自治组织建设和社区治理情况的报告。针对居民参与社区建设的主动性不高、村（社区）行政负担过重、村（社区）自治功能有待增强、村（社区）建设与发展不平衡等问题，市人大常委会强调，市政府及相关职能部门、各区镇要始终坚持党的全面领导，全力构建以基层党组织为核心、基层政府为主导、基层群众性自治组织为基础、城乡居民为主体、多方共同参与的城乡社区治理体系，充分发挥多元主体在社区治理中“协同协作、互联互补、相辅相成”作用；聚焦多元共治，全面推进社区治理创新。通过搭建共建平台、培育志愿组织、发动群众有序参与社区治理等形式，提高社区服务的专业化水平，推动建立“以社区为平台、社会组织为载体、社会工作专业人才队伍为支撑”的社区服务体制，全面推进社区共建、共治、共享。把服务群众、造福群众作为基层治理的出发点和落脚点，积极推进公共服务向社区延伸，加强社区公共服务软硬件建设，促进社区基本公共服务均等化；聚焦减负增效，持续激发社区自治活力。切实按照市政府“政社互动”依法履职和依法协助“两份清单”，对进入社区的工作进行有效规范，依照“权随责走、费随事转”的原则，充分考虑基层的承接能力，下放有关“事权”，并提供必要的经费、专业培训和人员支持，在减负的同时全面提升社区管理和服务效能。

【义务教育“双减”工作调研】 9月14日，市人大常委会对全市义务教育“双减”工作开展调研。调研组实地察看了梁丰小学西校区、市一中等地，并召开会议听取市教育局关于全市义务教育“双减”工作的汇报。针对现阶段教师人员结构配置不均衡、课后服务较单一，升学压力大、作业减负难落实等问题，市人大常委会强调，“双减”工作是一项长期性、系统性工程，要进一步提高站位，积极回应社会关切，认真落实好“双减”各项举措；不断提高教学质量，以课堂教学的高质量，实现学生的“轻负担”，全面落实好立德树人根本任务；加强协同配合，形成工作合力，为推进“双减”工作提供有力保障，以落实“双减”政策为契机，持续推进全市义务教育优质均衡发展。

【民生实事项目视察】 11月19日，市人大常委会就2021年民生实事项目（含“民生微实事”）实施情况开展视察。视察组实地察看新南社区沿河步道修缮亮化改造工程、停车位改造“补短板”、梁丰高中高品质提升工程、老年人助餐服务能力提升等民生实事项目，听取市政府关于2021年民生实事项目和“民生微实事”实施情况的报告。针对个别项目因前期准备工作不充分从而影响建设进度等问题，市人大常委会强调，市政府及相关职能部门要进一步增强实施民生实事项目的使命感和责任感，以高度负责的态度和扎实有效的工作作风，全力保障重点民生实事项目建设进度。要强化沟通协调，及时了解项目推进过程中遇到的实际困难，采取行之有效的举措扎实推进项目开展。要打造精品工程，盯牢项目质量，切实提升项目实际效用。要抓实安全生产，从严从细落实安全生产各项措施要求。要聚焦长效管理，加大宣传力度，定期向社会公布项目运营情况，引导群众充分了解民生实事项目（“民生微实事”）的实际效用，扩大民生实事项目的影响力和美誉度。要科学谋划明年实事项目，把握好民生实事项目的“程序性”“可行性”“普惠性”，充分做好前期分析研判，对项目建设用地、资金落实等严格把关；项目列入后，要迅速制定建设计划，保障项目按计划顺利实施；充分发扬民主，紧贴港城人民对美好生活的热切期盼，深入调研、广泛听取意见；健全履职机制，构建“民生实事项目征集、审议、票决、监督、评估”全流程工作闭环，提升民生实事项目决策的科学化、民主化，确保项目高效率推进、高标准建成、高水平惠民。

（何开元）

11月19日，市人大常委会领导视察民生实事项目

代表工作

【概况】 年内，市人大常委会围绕《2021年度张家港市人大代表在人代会闭会期间开展活动的意见》，持续高质量打造人大代表之家“一中心多站点”工作体系，全市建成人大代表履职中心11家，代表联络站和联系点134个，比上年增加49个；注重实效，阵地运行常态化，全市各履职中心、代表联络站点实行代表轮值制，广泛开展领导、职能部门和代表“三进站”联系选民活动，面对面交流，架通代表与群众的“连心桥”，组织2000余人次代表参加570余次活动，接待联系选民6300余人，收集并答复意见建议1500余条，解决了一批群众关心的身边“急难愁盼”事；提质增效，履职平台规范化，制定《市人大代表线上履职平台信息管理实施方案（试行）》，不断完善代表履职积分管理办法，以“互联网+”为抓手，搭建代表履职服务网络系统，确保代表工作“线上线下”同步呈现。通过组织召开代表工作推进会、代表履职培训等，加强对基层人大代表工作的指导，持续巩固提升代表依法履职能力。5月，全国人大常委会副委员长吉炳轩在张家港市调研时指出：张家港市人大工作亮点突出，通过推进代表工作机制、载体和服务创新，真正实现了人大代表与群众融为一体，更加有效地反映民意、集中民智、凝聚民心。市人大常委会工作经验《打造代表履职保障体系》入选《中国人大年鉴（2021）》。

【“主任接待日”活动】 年内，根据市人大常委会工作安排，组织开展“主任接待日暨常委会领导及组成人员联系代表和选民活动”，进一步落实“以人民为中心”的发展理念，为代表依法履职搭建平台，拓宽群众反映问题的渠道，坚持“民有所呼、我有所应”，全面推动人大常委会联系代表、代表联系群众的“双联系”制度走向规范化、常态化。全年组织开展11场活动，市人大常委会组成人员35人参加，听取收集37名市人大代表、43名镇人大代表和49名选民的建议和意见，共计115条。其中，提交市级层面处理83条、镇级层面处理32条。代表和选民的建议和意见，主要围绕加大企业政策扶持力度、加快优质中小型企业引进培育、助力发展乡村旅游、规范充电设置和管理等方面，年内均已答复办理完成，汇编成册印发，并通过小组活动、代表联系选民活动等方式召开座谈会，将市、镇两级建议答复办理的情况向代表和选民进行反馈，进一步提高闭会期间意见建议办理成效。

6月4日，塘桥镇人大开展"人大代表进网格，送学送法暖人心"活动

（市人大　提供）

【"推动高质量发展，人大代表在行动"主题活动】 年内，市人大常委会深入开展"推动高质量发展，人大代表在行动"主题活动，指导各镇人大按照选准切口、精准发力的思路，通过项目化运作等方式，确保主题活动出特色、出亮点、出成效、出经验。各镇提前谋划，精选课题，全市各级人大代表踊跃参与，累计开展主题调研20余场，300人次代表参与。代表小组通过开展专题调研、视察、走访及问卷等多种形式，紧扣社会关注度高的热点、难点问题，扎实开展调查研究，形成《探索厨余垃圾资源化利用新方式》《创新驱动 科技兴城——高新区（塘桥镇）"高精尖"产业发展现状及对策分析》《关于提升区镇养老服务水平的调查和思考》《关于专题研究沙洲新城与城北科教城联动发展的调研报告》《加快发展壮大村级集体经济，奋力推进乡村实现全面振兴》《书写乡村振兴新篇，乐享田园幸福生活——关于张家港市常阴沙现代农业示范园区农文旅融合深度发展的调研与思考》等调研成果23篇，为党委政府决策提供参考。

【"人大代表进网格"】 7月，市人大常委会印发《关于"人大代表进网格"工作的实施意见（试行）》，围绕"五级代表全参与、选区网格全覆盖、工作流程全闭环、服务群众零距离"的总体目标，贯通"线下+线上"双网联动，线下走访联系网格内选民，广泛收集民情民意，线上市代表履职平台与市网格化联动指挥平台互通，反馈上传信息，反映民情，帮助解决选民身边的问题。各镇（区、街道、机关）因地制宜制定工作方案，依托人大代表（议政代表）之家"一中心多站点"和市社会综合治理网格，累计开展各具特色代表进网格活动40余场，线上、线下收集反馈答复意见建议200余条，使代表履职与保障服务民生、深化基层社会治理、助推经济发展等工作深度融合，助力港城高质量发展。

【镇（街道）人大工作】 7月16日，市人大常委会召开镇（街道）人大工作座谈会，听取各镇（街道）人大工作汇报。针对全市基层人大工作存在履职缺乏主动性、工作开展不平衡、形式比较单一等问题和不足，市人大常委会强调要坚持抓重点，在完成本届目标任务上凝心聚力；突出抓好各级党委文件精神的贯彻落实，抓好代表进网格等工作的落细落实，抓好"一镇一品"工作品牌的内涵提升。要坚持破难点，在有效提升履职成效上系统谋划；紧扣中心大局，聚焦主责主业，主动担当作为，使人大监督过程成为凝聚力量、促进工作、推动发展的过程。要坚持创亮点，在发挥代表主体作用上持续发力；继续完善"一中心多站点"建设，深化闭会期间活动，不断创新代表工作形式，着力打通人大服务群众的"最后一公里"。

【重点建议督办】 年内，市人大常委会完善"常委会分管领导牵头、各工委（室）和代表专业小组负责、主任会议督办"机制，坚持突出重点督办、对口联系督办和分类跟踪督办相结合，督促承办单位以实实在在的"办成率"，提升代表和群众的"满意率"。确定《关于加强建筑垃圾循环利用的建议》《关于解决交通拥堵、加快推进交通工程建设的建议》《关于加强校外辅导班管理的建议》《关于因村制宜分类指导推动农村人居环境整治的建议》《关于合理规划农村居住点建设的建议》《关于加强财政资金对城市基础设施维护保障的建议》《关于建立涉企法律咨询综合服务平台的建议》7件关乎民生、质量较高、涉及面广的重点督办建议。此外，市人大常委会会议审议通过10件优秀代表建议和市政府办、市教育局、市交通运输局、市农业农村局、市住建局、市卫健委、市公安局、市财政局、市自然资源和规划局、市市场监督管理局10家先进承办单位，引导代表提出更高质量的建议，激励各承办单位提高办理建议的积极性、主动性，推动代表建议办理工作取得新成效。

2021年张家港市优秀代表建议一览表

表4

建议号	建议人	建议事项	承办单位
6	何　剑	关于调整集中居住区规划建设相关实施办法的建议	市资规局
10	张刘瑜	关于加强建筑垃圾循环利用的建议	市住建局
16	钱　耿	关于优化整合资源，缓解停车难问题的建议	市城管局
32	曹　俊	关于解决交通拥堵、加快推进交通工程建设的建议	市交通局
53	蒋　锋	关于优化我市养老护理服务人员从业环境的建议	市民政局
62	吴广勤	关于加强校外辅导班管理的建议	市教育局
76	张耀明	关于因村制宜分类指导推动农村人居环境整治的建议	市农业农村局
78	向　一	关于合理规划农村居住点建设的建议	市资规局
96	孙永华	关于持续优化营商环境、转变政府职能的建议	市发改委
106	邓根保	关于建立涉企法律咨询综合服务平台的建议	市司法局

【联系监督民生实事项目】 年内，市人大常委会制定《张家港市人大常委会关于2021年市政府民生实事项目联系监督工作实施方案》，成立6个民生实事项目联系监督小组，每个小组由市人大常委会领导带队、各工委牵头，分别联系3个民生实事项目，组织开展民生实事项目情况督察视察。12月17日，市十四届人大常委会第四十三次会议举行，市人大常委会组成人员以无记名投票方式对2021年度18项民生实事票决项目完成情况进行满意度测评。此次会议应到市人大常委会组成人员34人，实到29人，发出测评表29张，收回29张，有效29张。

2021年民生实事票决项目完成情况满意度测评结果报告表

表5

序号	项目名称	测评结果						
		满意票（张）	满意率	基本满意票（张）	基本满意率	不满意票（张）	不满意率	弃权票（张）
1	老旧小区宜居化改造	27	93.10%	1	3.45%	1	3.45%	—
2	中小学生健康关爱行动	29	100.00%	—	—	—	—	—
3	人力资源服务能力提升	28	96.55%	1	3.45%	—	—	—
4	停车位改造“补短板”	27	93.10%	2	6.90%	—	—	—
5	安全生产基础提升	28	96.55%	1	3.45%	—	—	—
6	老年人助餐服务能力提升	27	93.10%	2	6.90%	—	—	—
7	城区步道贯通	27	93.10%	2	6.90%	—	—	—
8	无障碍环境综合提升	28	96.55%	1	3.45%	—	—	—
9	“五彩门”全民健身智慧服务点建设	28	96.55%	1	3.45%	—	—	—
10	“美丽”小巷	28	96.55%	1	3.45%	—	—	—
11	“见缝插绿”	29	100.00%	—	—	—	—	—
12	城市补“痕”、增“靓”	28	96.55%	1	3.45%	—	—	—
13	城市海绵化改造	27	93.10%	2	6.90%	—	—	—
14	建设张家港市生态文明暨环境教育中心	27	93.10%	2	6.90%	—	—	—
15	建设市第一人民医院急诊医学中心	28	96.55%	1	3.45%	—	—	—
16	新建沙洲中学北校区	29	100.00%	—	—	—	—	—
17	“菜篮子”工程提升	28	96.55%	—	—	—	—	1
18	原第四自来水厂深度处理改造	29	100.00%	—	—	—	—	—

（何开元）

【编辑　宋佳辰】

张家港市政府

Zhangjiagang Municipal People's Government

5月8日，张家港市金港街道、后塍街道、德积街道成立大会举行 （张家港保税区 提供）

重要会议

政府施政

政务服务

外事工作

应急管理

信访工作

机关事务管理

張家港年鑑(2022)

重要会议

【概况】2021年，市政府召开常务会议14次，先后审议制造业智能化改造和数字化转型、政务信息化、养老服务高质量发展、优化营商环境、数字农业农村发展、数字经济和数字化发展、人才引领智汇港城、“港城制造”品牌建设、违法建设治理、城乡居民基本养老保险、生态环境治理、未成年人保护、村级集体经济、产业用地更新等年度重点工作事宜。召开全市性会议37次，其中市委、市政府联合召开12次。会议主题涉及创新提质、农业农村现代化、全国文明城市常态长效建设、重大项目建设、科创孵化载体高质量发展、安全生产、城市管理、疫情防控等方面。2月25日，市政府召开全体（扩大）会议，紧扣“创新提质年”发展主线，推进政府全年各项目标任务。召开专题学习会议15次，专题学习习近平“学党史、悟思想、办实事、开新局，以优异成绩迎接建党100周年”等重要讲话、全国“两会”精神、《中华人民共和国长江保护法》《中华人民共和国公务员法》、疫情防控相关事项等，收听收看上级电视电话会议41次。

【市政府常务会议】1月12日，市十四届政府第66次常务会议召开，听取关于全市冬春季新冠肺炎疫情防控工作情况及下阶段工作安排的汇报，审议《张家港市人民政府关于废止和宣布失效部分规范性文件的决定》《张家港市人民政府关于公布继续施行和拟修改规范性文件目录的通告》《张家港市行政规范性文件制定和监督管理实施办法》《张家港市市属国有企业违规经营投资责任追究实施办法（试行）》和《张家港市推进制造业智能化改造和数字化转型的若干措施》。

2月7日，市十四届政府第67次常务会议召开，研究全市近阶段疫情防控工作安排，审议《关于进一步推动我市养老服务高质量发展的实施意见》《张家港市政务信息化项目管理办法》《张家港市2021年度政务信息化项目计划》《关于实施张家港市文化产业高质量发展行动计划的意见》《张家港市沿江港口安全事故应急预案》《张家港市市属国有企业投资监督管理办法》《投委会议事规则》《张家港市企业投资建设项目全程代办工作办法（试行）》《张家港市2021—2023年全面深化服务贸易创新发展试点实施方案》《关于调整被征地农民征地保障相关政策的请示》和《关于支持全市研发机构建设助力创新驱动高质量发展的若干措施》。

3月23日，市十四届政府第68次常务会议召开，传达学习全国“两会”精神和全国、江苏省、苏州市新冠疫苗接种工作电视电话会议精神，研究部署全市新冠病毒疫苗接种工作，审议《张家港市2021年优化营商环境重点任务清单》《2021年度张家港市重大行政决策目录》《张家港市数字乡村试点实施方案》《张家港市数字农业农村发展三年行动计划》《张家港市争创全国法治政府建设示范市工作方案》《关于推行城乡社区“全员全科社工”服务模式的实施意见》。

4月12日，市十四届政府第69次常务会议召开，专题学习《长江保护法》，审议《关于全面实施预算绩效管理的实施意见》《张家港市推进数字经济和数字化发展三年行动计划（2021—2023年）》及8个专项工作方案，《张家港市新市民积分管理办法（2021年修订）》《关于加快推进人才引领智汇港城计划若干措施》《关于助推人才企业上市“攀峰计划”行动实施方案》《关于完善地方国有金融资本管理的实施意见》。

5月10日，市十四届政府第70次常务会议召开，审议《进一步加强违法建设治理行动方案》《张家港市城区排水设施一体化运维工作实施方案（试行）》《2021年“爱满港城”慈善募捐活动方案》《张家港市民生微实事项目实施办法（修订）》。

5月31日，市十四届政府第71次常务会议召开，专题学习《未成年人保护法（修订）》，听取常态化疫情防控及疫苗接种工作推进情况，审议《2021年张家港市生活垃圾分类工作行动方案》《“港城制造”品牌建设三年行动计划（2021—2023年）》。

6月15日，市十四届政府第72次常务会议召开，听取全市安全生产和安全发展示范城市创建工作情况，部署下阶段工作。传达上级“大棚房”问题专项清理整治行动“回头看”工作推进视频会议精神，对全市下一步工作作出安排。审议《关于建立健全我市加强违法建设治理工作有关推进机制的意见》《张家港市房屋建筑违法建设和违法违规审批专项清查工作方案》《张家港市关于促进3岁以下婴幼儿照护服务发展的实施意见》《关于公布第六批张家港市非物质文化遗产代表性项目名录和代表性传承人名单的请示》。

7月8日，市十四届政府第73次常务会议召开，学习《中华人民共和国安全生产法（修订）》，审议《关于全面加强危险化学品安全生产工作的实施方案》《张家港市深化农村公路管理养护体制改革实施方案》《张家港市关于全面推进农村公路“路长制”的实施意见》《关于调整城乡居民基本养老保险和被征地农民社会保障相关待遇标准的请示》《关于调整张家港市征地补偿和被征地农民社会保障相关标准的请示》。

8月9日，市十四届政府第74次常务会议召开，听取全市疫情防控工作情况及下阶段工作安排，审议《张家港市工业企业资源集约利用综合评价实施细则（修订）》《张家港市推进省级体育消费试点城市建设实施方案》。

8月20日，市十四届政府第75次常务会议召开，听取关于1月至7月全市经济运行分析及下阶段重点工作建议，审议《张家港市既有建筑安全隐患大排查大整治专项实施方案》《关于健全生态环境治理体系推进生态环境治理能力现代化的实施方案》《关于调整市区禁止使用高排放非道路移动机械有关规定的通告》。

9月13日，市十四届政府第76次常务会议召开，听取上级关于能耗“双控”和“两高”项目相关工作要求及全市贯彻落实情况的汇报，传达苏州防御“灿都”视频会议精神并部署全市防台工作，审议《关于在全市公民中开展法治宣传教育的第八个五年规划(2021—2025年)》《关于推进张家港市基层社会工作站(室)建设的实施方案》《张家港市创建全国未成年人保护示范市工作实施方案》《张家港市污水处理费征收使用管理办法》《张家港市关于加强建筑垃圾管理促进资源化综合利用的实施意见(试行)》《张家港市高端纺织项目认定规则(试行)》《张家港市纺织印染技改项目审批规则》《张家港市促进航空航天产业发展若干措施》。

10月9日,市十四届政府第77次常务会议召开,学习《中华人民共和国乡村振兴促进法》《江苏省"十四五"安全生产规划》,专题研究生态环境保护工作,审议《关于支持"十四五"期间全市村级集体经济发展政策的意见》《张家港市文化产业企业信贷风险补偿资金使用管理的指导意见》。

11月5日,市十四届政府第78次常务会议召开,传达上级疫情防控会议精神,研究部署全市疫情防控能力建设及重点工作。听取全市城市管理有关工作情况的汇报;传达全省严格土地执法工作电视电话会议精神,听取下一步工作建议。审议《市政府关于修改〈张家港市城乡居民基本养老保险实施办法〉的决定》。

12月1日,市十四届政府第79次常务会议召开,审议《2022年度基本建设项目计划及资金安排》《张家港市产业用地更新"两集聚两提升"行动实施方案(2020—2024)》。

(陆家成)

政府施政

【概况】 2021年,市政府牢牢把握高质量发展主题,始终紧扣"创新提质年"工作主线,统筹疫情防控和经济社会发展,完成年度各项目标任务,实现"十四五"开局首胜。经济建设方面:完成规模以上工业总产值5842亿元,比上年增19.7%。沙钢集团连续13年入围"世界500强",获"省长质量奖"。4家企业入围"中国企业500强",9家企业入围"中国民营企业500强",14家企业入围"中国服务业企业500强",列全国县(市)第一。新增市场主体2.68万户,比上年减15.2%。新增社会融资超900亿元,比上年增11%,实体经济贷款余额超2700亿元。重大项目方面:完成固定资产投资568亿元、工业投资221亿元,分别比上年增8%、10.5%。稻兴科技、大族激光、天兵科技等产业项目以及货拉拉、正创等新零售新业态项目签约落户,广大鑫盛高端装备零部件、信义光能面板等项目开工建设,天鹏极片中心、布伦泰格高端精细化工品等项目竣工投产。改革开放方面:在全国首创大宗商品"清算通"业务,建成运营上海长三角科创企业服务中心苏南中心。张家港综保区2.0方案成功过审。实现国际贸易"单一窗口"报关全覆盖。入选首批全国供应链创新与应用示范城市。金港镇撤镇改设金港、后塍、德积三个街道。城市建设方面:南沿江铁路快速推进。城区快速路杨锦公路锦丰段启动建设;346国道改建工程西段(港华路至一干河)建成通车,东段(一干河至张杨公路)开工建设;东三环新建工程超计划完成年度目标任务。各区镇至高铁枢纽实现公交线路全覆盖。生态环境方面:坚持把修复长江生态环境摆在压倒性位置,扎实开展突出环境问题整改"回头看",统筹推进大气污染联防联控,钢铁行业超低排放改造评估基本完成。全市$PM_{2.5}$年均浓度降至每立方米30微克。民生福祉方面:慎终如始抓牢常态化疫情防控,全人群疫苗接种有序推进。19个民生实事、405个民生微实事项目高效推进。城镇新增就业2.25万人,发放稳岗返还资金4747万元。课后服务"5+2"模式实现义务教育阶段全覆盖,18所新建改扩建学校投入使用,新增学位1.6万个。张家港市获评省新时代首批义务教育优质均衡发展县(市、区)。实现苏州大市医保"一卡通",创成全省首家公立医院综合改革示范县,获世界卫生组织"健康城市创新发展奖"。养老服务"时间银行"工作站实现村(社区)全覆盖,村(居)民医疗互助项目入选全国农村公共服务典型案例。镇级退役军人服务站"示范型"创建100%达标。实现全国学雷锋志愿服务"四个100"先进典型"大满贯"。长江文化节升格举办。全运会实现历史最佳成绩,获评首批"全国县域足球典型"。实现全国科普示范县(市、区)"五连冠"。政务服务方面:98%政务服务事项实现"一网通办",工程建设项目审批常态化实现"653"("653":从立项到竣工验收,政府投资项目审批时间控制在60个工作日内,一般社会投资项目审批时间控制在50个工作日内,带方案出让用地的社会投资项目及小型社会投资项目审批时间控制在30个工作日内)。华为·张家港数字政府联合创新中心成立,《"三个通链"数字港城》项目获评2021数字政府管理创新奖。入选全省综合行政执法改革暨指挥中心建设试点,构建形成"1+N+10"集成指挥体系[指以市社会治理现代化指挥中心为统领,以市场监管、应急管理、农业农村、交通运输等专业平台为补充,以10个区镇(街道)集成指挥中心为基础,建立健全横向到边、纵向到底的集成指挥体系,市指挥平台与区镇(街道)、部门专业平台实现数据实时双向推送]。"12345"热线获评全国服务企业满意热线优秀单位。市政府办理人大代表建议124件、政协提案184件。

【市"十四五"规划和二〇三五年远景目标纲要印发】 3月3日,市政府印发《张家港市国民经济和社会发展第十四个五年规划和二〇三五年远景目标纲要》,提出"十四五"时期(2021—2025年),是推动"强富美高"新江苏建设再出发的关键时期,也是张家港市践行新发展理念,推动高质量发展,积极抢抓国家战略叠加交汇、"高铁时代"红利释放等重大机遇,在江苏"争当表率、争做示范、走在前列"中展现更大作为,奋力走在全面建设社会主义现代化新征程前列的重要阶段。纲要阐明"十四五"时期的发展思路、主要目标、重点任务和政策导向,至2025年,全市经济力争超4000亿元,一般公共预算收入超360亿元,综合实力保持全国百强县(市)前列。展望2035年基本实现社会主义现代化的目标愿景，人均地区生产总值和城乡居民收入在2020年基础上翻一番以上。政府将以纲要为履行法定职责的重要依据，指导全市人民共建共治共享。

【制造业智能化改造和数字化转型推进】 2月24日，市政府办公室印发《张家港市推进制造业智能化改造和数字化转型工作方案（2021—2023年）》，提出推动制造业加速向数字化、网络化、智能化发展，加快数字产业化和产业数字化。充分发挥全市制造业体量大、需求强、基础好的优势，推动云计算、大数据、工业互联网、5G、人工智能等新技术为工业经济高质量发展提供新动能，促进全市制造业向产业链、价值链中高端攀升。计划2021年起用3年时间完成全市1290家规上工业企业智能化改造和数字化转型全覆盖，智能化改造和数字化转型项目主要包括智能制造诊断服务项目、智能化数字化改造项目、企业上云项目、示范标杆项目、智能制造基础管理能力提升项目等。至2022年，完成市域范围5G基站全覆盖。

【全民健身实施计划出台】 12月23日，市政府印发《张家港市全民健身实施计划（2021—2025年）》，创新推进体卫、体教、体旅等融合发展，提升全民健身公共服务智能化、信息化、数字化水平，构建更高水平的全民健身公共服务体系，推动全民健身各项工作高质量发展，为建设“全民运动健身模范县（市）”和“新时代体育强县”发挥积极作用。目标至2025年，全市全民健身公共服务体系更加完善，人民群众体育健身意识普遍增强、健康水平持续提高，全民健身发展水平在全省处于领跑地位、在全国县域地区位居前列，广大市民幸福感和获得感进一步增强。

【助力企业纾困解难保障经济加快恢复】 11月1日，市政府办公室印发《关于积极应对疫情影响助力企业纾困解难保障经济加快恢复若干政策措施的实施办法》，提出贯彻落实省政府以及苏州市政府关于积极应对疫情影响助力企业纾困解难保障经济加快恢复的决策部署。加大财税政策扶持。对因受疫情影响不能按期办理纳税申报的纳税人，准予延期申报；对确有困难而不能按期缴纳税款的纳税人，依法准予延期缴纳税款，延期缴纳税款期限最长不超过3个月；对承租市属国资、国有控股企业、行政事业单位土地房产（住宅用途除外）的全市范围内的小微企业和个体工商户，免收8月份房租或延迟租期1个月或下年租金抵扣1个月，免收的租金在国企年度经营业绩考核管理中视作利润。强化金融信贷支持。发挥央行再贷款、再贴现资金作用，用足用好新增专项再贷款额度，引导金融机构加大对小微企业和个体工商户的纾困帮扶力度，合理降低贷款利率，促进融资成本下行。切实减轻企业负担。发生突发疫情等紧急情况时，确保医疗机构先救治、后收费，医保基金先预付、后结算。帮助企业稳定用工。继续实施普惠性稳岗返还政策。加大企业信用服务力度。推进“信易贷”工作，重点引导金融机构对疫情防控相关小微企业开展首贷、加大信用贷力度；引导企业诚信守法经营，疫情防控期间对申请移出异常名录的生产、经营疫情防控相关物资的企业，履行相关义务，申请材料齐全的，可简化流程、尽快移出。保障企业物流通道畅通。严格落实应急运输专用通道政策。扩大消费和投资需求。开展旅游促销活动，发放旅游业扶持补助，实施文体旅、演艺活动补贴，深化“多彩夜沙洲”夜经济品牌内涵，开展举办购物活动补贴，开展高品质夜市奖励活动，开展促进餐饮消费活动。强化安全生产监管。继续紧盯高危行业领域重点企业，加强线上巡查力度和调度频次，落实“不见面”审批。持续提升便利服务水平。进一步提升企业通关效率，支持企业综合运用汇总征税、关税保证保险等作业模式快速通关；及时组织专家团队为企业在线答疑解惑，帮助受疫情影响而难以按时履行国际贸易合同的企业出具不可抗力事实性证明书；深化政务服务“一网通办”改革，推行网上办、掌上办、预约办、延时办等多种办理方式；完善帮办代办服务体系，丰富线上线下服务方式，助力企业事项不见面指导和办理，利用“e沙洲”帮办代办三级服务体系，靠前服务协助企业完成各类事项办理。

【数字乡村试点实施方案出台】 4月6日，市政府印发《张家港市数字乡村试点实施方案》，提出坚持农业农村优先发展，按照产业兴旺、生态宜居、乡风文明、治理有效、生活富裕的总要求，着力发挥信息技术创新的扩散效应、信息和知识的溢出效应、数字技术释放的普惠效应，加快推进全市农业农村现代化；着力发挥信息化在推进乡村治理体系和治理能力现代化中的基础支撑作用，繁荣发展乡村网络文化，构建乡村数字治理新体系；着力弥合城乡“数字鸿沟”，培育信息时代新农民，走中国特色社会主义乡村振兴道路，让农业成为有奔头的产业，让农民成为有吸引力的职业，让农村成为安居乐业的美丽家园。

（陆家成）

【民生实事项目】 2021年，张家港市政府确定实施民生实事项目19项。老旧小区宜居化改造、中小学生健康关爱行动、人力资源服务能力提升、停车位改造“补短板”、安全生产基础提升、老年人助餐服务能力提升、城区步道贯通、无障碍环境综合提升、“五彩门”全民健身智慧服务点建设、“美丽”小巷、“见缝插绿”、城市补“痕”、增“靓”、城市海绵化改造、建设张家港市生态文明暨环境教育中心、实施民生微实事等15个当年度项目年内完工，建设市一院急诊医学中心、新建沙洲中学北校区、“菜篮子”工程提升、原第四水厂深度处理改造4个跨年度项目结转至2022年。公共体育场馆提档升级、低收入残疾人家庭“幸福亮居”改造、学校新建工程、新建城东社区卫生服务中心、新建凤凰高级中学5个往年结转项目完成。

（张　芮）

【政府信息公开】 2021年，全市贯彻落实上级关于政务公开工作的各项决策部署，着眼深化“放管服”改革优化营商环境，以公开促落实、促规范、促服务。持续深入推进决策、执行、管理、服务、结果“五公开”,聚焦政府重点工作,及时做好重大政策、权威信息的发布工作。印发《张家港市2021年政务公开工作要点》,细化分解全年任务。进一步规范全市政府信息公开申请受理、审查、处理、答复和收费等程序,加强工作人员业务培训,提升处理能力和水平,确保答复内容依法有据、严谨规范。升级改版市政府门户网站,优化法定主动公开内容,实现政务服务事项及用户体系与市政府门户网站对接,手机移动端同步提供PC端页面的全部信息和服务功能,实现线上线下同频共振,构筑从“指尖”到身边的立体矩阵,打通连接群众的“最后一公里”。全市60个政务新媒体发挥在信息发布、政策解读、业务办理、政民互动方面便捷快速的功能,让更多的优质信息和服务资源向移动端集聚。全年全市通过市政府网发布政府信息6159条,政策解读84件,回应公众关注热点和重大舆情163次,举办在线访谈12期,新开设专题专栏9个。收到政府信息公开申请358件,均依法办结。

(贾　翰)

2021年张家港市民生实事项目情况表

表6

序号	项目名称	建设内容	投资额(万元)	完成情况
1	老旧小区宜居化改造	对市区暨阳花园、城市花园和东渡花园三个老旧小区进行改造,主要包含雨污分流、外立面刷新、室外停车位、道路及绿化改造等	7288.00	已完成
2	中小学生健康关爱行动	对全市10至17岁在校学生实施脊柱侧弯筛查,指导有侧弯、驼背、斜肩、形体不正等问题的中小学生进行形体训练;对中小学生的眼外观、异常视觉行为、视力和屈光度进行检查	256.50	已完成
3	人力资源服务能力提升	建设智慧人力资源市场,包含建设线下智能化人力资源市场和线上人才供需对接平台,建立人才举荐激励机制	805.00	已完成
4	停车位改造“补短板”	全市范围内新增停车位4810个,包括:市区二环路范围内新增停车位1500个、二环路以外新增停车位3310个	1758.80	已完成
5	安全生产基础提升	推动全市双重预防机制建设和“创蓝工程”实施,进行宣传、辅导、核查,对双重预防机制建设标杆企业和“蓝码争创企业”“蓝码标杆企业”进行奖补	300.00	已完成
6	老年人助餐服务能力提升	建成20家标准型老年人助餐点,完善老年助餐服务网络,满足老年人就近、便捷、价廉、卫生的助餐服务需求	1000.00	已完成
7	城区步道贯通	建设暨阳湖至张家港公园(港城大道西侧)、城北路滨河步道连接2个步道项目;建设东横河(港城大道至永安路)步道项目	2666.00	已完成
8	无障碍环境综合提升	包括张家港市出行无障碍地图综合服务平台、共享辅具、公交无障碍、无障碍道路维护改造、公园无障碍改造、无障碍停车位建设、交通安全无障碍、无障碍文旅等项目8个方面内容	1440.00	已完成
9	“五彩门”全民健身智慧服务点建设	服务校园体育场馆对外开放,在全市推行15个“五彩门”全民健身智慧服务试点,开发使用人脸识别、市民卡验证通行、红外扫描监管以及语音播报服务等功能	300.00	已完成
10	“美丽”小巷	对城区4条背街小巷进行改造,主要包括:原混凝土路面黑色化改造,人行道(盲道)提档升级,梳理整治随道路的架空管线,街边绿地、广场改造	9300.00	已完成
11	“见缝插绿”	包括实施城市微更新项目、市区行道树补植及完善工程、市区自然老化绿化改造修复	960.00	已完成
12	城市补“痕”、增“靓”	包括城区部分沥青路面及人行道大修、市区部分游园广场陈旧木地板及部分河道栏杆改造、商业街区部分景观灯具改造、文化中心周边道路部分路灯加装景观灯饰、金港大道全线路灯LED改造	1565.20	已完成

续表6

序号	项目名称	建设内容	投资额（万元）	完成情况
13	城市海绵化改造	对百桥路（泗杨路—梁丰路段）、万红小学南侧广场、青少年社会实践基地等进行海绵型生态改造	2200.00	已完成
14	建设张家港市生态文明暨环境教育中心	建设生态文明建设展示中心及电子化展示平台，用于环境保护和污染防治技术的宣传推广	200.00	已完成
15	实施民生微实事	在全市城市社区开展社区治理营造、消除安全隐患、整治社区环境、文化体育特色和关爱居民公益等民生微实事项目，充分发挥居民议事会作用，解决社区居民身边的小事、急事、难事	2000.00	完成工程类项目248项、服务类项目157项；社区覆盖率100%
16	建设市一院急诊医学中心	包括急诊、急救及平战结合区域，EICU、手术室、内外科护理单元、创伤中心等功能区，总建筑面积1.6万平方米，其中地上1.2万平方米，地下0.4万平方米	11300.00	12月末完成主体工程建设
17	新建沙洲中学北校区	于一干河西侧、大南路北侧新建沙洲中学北校区，占地约8万平方米，建筑面积4.8万平方米，办学规模16轨48班	39100.00	12月末完成主体封顶和室内二次结构
18	"菜篮子"工程提升	分两年新建或改造标准化集贸市场16家	25000.00	12月末新建或改造标准化集贸市场14家，2家进行开工准备
19	原第四水厂深度处理改造	包含每天40万立方米深度处理改造工程和新建1座纳滤车间	41500.00	12月末完成地下结构和纳滤膜车间主体施工

（张 芮）

政务服务

【概况】 2021年，市行政审批局深入贯彻落实"放管服"改革，加快构建线上线下深度融合的"一网通办"服务体系，积极推进政务服务事项"应进必进"工作，基本实现行政许可事项全量进驻市级政务服务大厅，公共服务事项镇村全覆盖。全市各级政务服务大厅全部完成综窗改革工作，基本形成"前台统一受理、后台分类审批、综合窗口出件"的服务模式。至年末，市行政审批局政务大厅可办理政务服务事项1035项，其中行政许可类包括办理企业登记、建筑工程施工许可证等561项，行政确认类包括不动产登记、核发居民身份证等96项，其他类包括建设工程档案验收等247项。至年末，办理各类行政审批服务事项37.9万件，承诺件按期办结率100%。2021年，由市行政审批局申报的政务服务"一网通办"业务中台获"2021年数字政务建设突出成果"全国大奖。

【"一网通办"平台体系建设】 年内，市行政审批局持续健全完善"一网通办"平台体系，实现对全市政务服务事项全流程统一管理，按照"统一受办""受办分离""受办独立""二次录入"4种接入模式，打破部门、层级、系统壁垒阻隔，全市35个部门1296个依申请政务服务事项实现"一网通办"全覆盖，全年共办理全市政务服务事项96.6万件。完成江苏省政务服务网张家港旗舰店全新改版升级，为企业群众提供线上政务服务一站式汇聚，以"今日张家港"App为基础的"一网通办"移动总门户稳定运行，提供包括苏康码、通信大数据行程卡、自助移车、生活缴费、公积金查询等61个高频特色民生服务。深入推进张家港市政务服务业务中台建设，并全部下沉至智慧城市数字底座，基于"七个中心"（政策法规中心、事项中心、证照中心、材料中心、表单中心、办件中心、AI审批中心）和数字化通用能力，从业务和管理维度，搭建全市通用共享的基础业务支撑功能，实现对全市政务服务事项的精细化、数字化管理。

11月4日，市政务服务中心帮办代办服务点打通服务企业群众"最后一千米"

（市政务服务中心 提供）

11月25日,市行政审批局"e沙洲"帮办代办服务助推市级重大项目格雷斯机械装备制造及研发基地高效落地　　（市行政审批局　提供）

【工程建设项目审批制度改革】 4月,以市委办、市政府办名义印发《张家港市企业投资建设项目全程代办工作办法(试行)》,累计为全市43个重大项目提供全程代办服务,节约审批时间近70%,工程建设项目审批常态化实现"653"改革目标,进一步优化项目策划生成、一张蓝图及联合审批系统,2021年共办理相关项目审批业务1812个,涵盖29个工改事项868个项目。完成全市政府部门87项行政审批中介事项清单调整并提请市政府发文,推进中介超市建设,升级完善平台功能,实现涉审中介事项流程化、规范化、标准化管理,至年末,已上线66个中介服务事项,入驻中介机构225家,完成合同备案380件。建立健全帮办代办服务工作机制,梳理并公布全市帮办代办服务"一张清单",包括17项基础及152项特色服务事项,全市服务站点增至41个,服务队伍扩充至158人,年内累计开展帮办代办服务7214件。同时,以"e沙洲"帮办代办服务品牌入选"我为群众办实事"主题实践活动重点项目为契机,不断扩展帮办代办服务点位,并向各区镇延伸,逐步实现全市帮办代办服务市、镇、村三级全覆盖。

【企业登记管理】 年内,市行政审批局创新升级企业开办"4+3"服务模式,将"社保登记""医保登记"和"住房公积金缴存登记"3个环节纳入"一窗",并实现乡镇全覆盖(除保税区),至年末,"一窗融合"总办件量4993家,全量实现1个工作日办结,0.5天办结率持续提升至80%。全市登记各类新设市场主体29043户,其中新登记内资企业(非私营)1103户,注册资本182.92亿元;新登记私营企业8382户,注册资本401.3亿元;新登记个体工商户19463户,注册资金27.15亿元;新登记农民专业合作社4户,注册资金151万元;新登记外商投资企业91户,投资总额45.14亿美元,注册资本24.25亿美元,其中外方认缴17.69亿美元;34家外资企业办理增资手续,增加投资8.61亿美元(保税区无数据),注册资本10.56亿美元,其中外方认缴1.08亿美元(保税区无数据);50家外商投资企业办理注销登记手续。至年末,全市登记有内资企业(非私营)6450家,注册资本2871.58亿元;私营企业63447家,注册资本4000.7亿元;个体工商户138280户,资金数额162.93亿元;农民专业合作社414家,资金总额9.59亿元;外商投资企业1267家,投资总额324.28亿美元,注册资本182.8亿美元,其中外方认缴132.3亿美元。全市市场主体总数突破21万户,全年发放电子营业执照9576户。通过深化政银合作,为企业免费提供从执照申领到公积金开户"一条龙"服务,实现企业开办"零成本、就近办",已在工、农、中、建四大银行5个合作网点开设专窗,至年末,通过该项目服务企业45家。落实印章费用减免服务,累计为新办企业减免刻制印章费用约177万元。

【政务服务"数字化转型"】 年内,市行政审批局在高标准完成"苏服码"省级试点工作的基础上,进一步拓展"苏服码"在政务服务以及社会化领域的应用范围,张家港市级742项政务服务事项在业务办理过程中可通过"苏服码"进行身份验证,242项政务服务事项可利用"苏服码"调用电子证照减免材料,实现一部手机惠享服务、一码办理惠企便民,成功打造"人码合一"、无感认证、以码代证、精准推送的政务服务新体验。充分发挥"一网通办"业务中台的桥梁纽带作用,先后与省、苏州及本级电子证照库对接,实现身份证、营业执照、户口簿、居住证等31类高频电子证照的核验调用功能。积极推进电子档案单套制归档工作,与市档案局电子档案系统对接,实现政务服务平台办件一键归档功能,首批7个试点事项已完成自动归档945件。创新应用RPA流程自动化机器人技术,系统解决"一网通办"平台对接"二次录入"数据问题,自10月上线至年末,已有25个部门业务系统与"一网通办"平台实现对接部署,累计节省人工操作时间约9600小时,大幅减少业务人员的重复性工作。此外,积极探索AI智能辅助审批功能应用,完成危险化学品经营许可等21个政务服务事项的智能辅助审批功能开发,并于10月末正式上线运行,至12月末,共完成智能审批办理658件。

【政务服务"跨区域通办"】 8月,市行政审批局印发《关于加快推进政务服务"省内通办""跨省通办"实施方案》,与19个省、自治区、直辖市的140个城市签订"异地通办""跨省通办"合作框架协议,完成市、镇两级"省内通办""跨省通办"线下专窗建设工作,至年末,已有28项企业服务事项和8项个人服务事项在长三角区域实现"跨区域通办"(沪苏浙皖三省一市)。充分运用数据共享、情形引导、业务整合等基础能力,完成开办动物诊所、开办游泳馆等100个"一件事"的设计开发及上线运行,并在各区镇推广运行,年内,共办理各类"一件事"业务2060件。同时,以区镇为试点,探索"一业一证"改革,核发养生馆行业、美容美发行业等5类"行业综合许可证"。从"构建评价体系、畅通评价渠道、处理评价意见、运用评价结果、提升社会影响"五个方面发力,推进政务服务"好差评"制度推广工作,市级政务服务大厅和8个镇级服务大厅实现"好差评"全覆盖(除常阴沙),2021年,共收到评价数据10万余条,满意度99.99%,主动评价率位列苏州大市范围内第一。开展"中午不打烊"延时服务,全年办理延时服务业务1100余件。

(殷　明)

外事工作

【概况】 2021年,张家港市因公出国(境)2批3人次;申办APEC商务旅行卡8张,累计申办510张。市政府外事办受理并处置涉外事(案)件7起;接待外宾6批40人次。受新冠肺炎疫情影响,外事工作重点仍为严防境外疫情输入。年内,评选张家港市荣誉市民6人、城市贵宾12人;获评苏州市荣誉市民1人、苏州之友荣誉奖或纪念奖3人。2月,市政府办公室外事科被市委、市政府授予"担当作为好单位"称号。

【入境人员疫情零脱管】 2021年,境外疫情形势严峻复杂,严防境外疫情输入仍是抗疫工作的重中之重。市政府外事办秉承"慎终如始"的理念,靠前站位,主动作为,常态化做好涉外疫情防控工作。先后紧抓境外返市人员信息摸排,强化"3+11"上海入境到(返)市旅客接驳转运工作管理,统筹外籍人员疫苗接种工作,合力处置外轮船员阳性事件,共摸排在张家港的外籍人士1600余人,累计接驳从上海口岸入境到市人员319趟1236人,未发生一例人员脱管事件。

(姚　佳)

应急管理

【概况】 2021年,市应急管理局贯彻落实习近平总书记关于安全生产、应急管理的重要论述和指示批示精神,坚持人民至上、生命至上,以"双下降、双杜绝"(死亡人数、事故起数双下降,杜绝发生重特大事故、较大事故)为目标,扎实推进"1+3+1"重点工作(1:安全生产专项整治"三年行动";3:工业企业安全生产风险报告、危化品使用安全专项治理、安全发展示范城市创建;1:自然灾害综合风险普查),强化重点领域安全风险管控,有力筑牢安全生产基础,推动全市安全生产形势平稳好转。与上年相比,各类安全生产事故起数和死亡人数实现双下降,未发生较大及以上事故。年内,市应急管理局获评苏州市危化品监管先进集体、苏州市安全生产月活动先进单位、苏州市应急管理新闻宣传暨"学报用刊"先进单位、苏州市第六届安全生产综合执法演练竞赛团体三等奖,获张家港市绩效考核"综合贡献奖"。

【安全监察】 市应急管理局持续推动企业落实安全生产主体责任,开展"七查七必罚"行动,将重点领域、关键环节、特殊作业作为日常检查重点,严厉打击违法违规行为。年内,实施事前处罚875起,处罚金额1987.95万元。借助第三方力量,继续在危化品、冶金、一般工贸企业中广泛开展安全指导服务。启动市应急管理局党建服务品牌"安全到家——'12530'行动",成立危化行业、重工行业、建筑行业安全联盟,定期开展互看互学、论坛交流活动。在危险化学品领域印发危化品使用安全专项治理工作方案和行动计划,制定工作任务清单以及各部门职责清单,切实做好5个时序环节、26项工作任务,累计排查危化品使用单位4971个,发现隐患6284条。联合公安部门,开展违法违规生产、经营、储存危险化学品、烟花爆竹专项整治。切实做好危化品储罐治理,排查出危化品储罐2262个,涉及458个单位。严格落实重大危险源安全包保责任,全市42家危化品重大危险源企业122个重大危险源全面完成包保责任制工作。在冶金领域加大整治力度,淘汰落后产能,对15家经过整治依然达不到安全要求的金属冶炼和铸造企业进行关停。委托中钢集团武汉安全环保研究院对全市所有金属冶炼铸造企业开展安全"托管式"服务和企业负责人业务培训,累计发现并整治安全隐患3860项,其中重大隐患65项。开展冶金企业"双对标"活动,组织沙钢、永钢等企业赴首钢开展两轮对标学习,推动沙钢、永钢分别实施安全提升计划142项、236项;在工贸领域继续实施"一带一帽"(安全带、安全帽)专项行动,严肃查处专项整治中发现的违法违规行为,推动"一带一帽"强制入轨。开展重工(重装)、船舶修造行业专项整治,对全市23家相关企业实施专项检查和安全提升工程,对其中5家龙头企业开展安全生产标准化创建辅导。创新开展"创蓝行动",利用信息化技术科学评估企业安全水平,助力企业分级监管,年内共有6079家企业参与"创蓝"自评,蓝码率69.98%,红码率8.88%。开展安全标准化提档升级,将1亿元以上企业作为重点,召开专题会议明确标准化创建的工作责任、时限和要求,全年创成安全生产一级标准化企业1家、二级标准化企业1家、三级标准化企业375家。

【安全宣传教育】 市应急管理局全年举办各类安全培训班397期,培训各类人员36895人。其中,社会化安全知识培训班60期,培训8661人;"三项岗位"人员法定持证培训班337期,培训各类人员总计28234人,发证22641人(高危企业负责人、安全员培训班88期,培训4350人,发证4056人;特种作业培训班249期,培训23884人,发证18585人)。持续开展"百团进百万企业千万员工"安全宣讲活动,成立宣讲团进机关部门、乡镇、村(社区)、企业、医院等,开展新安全生产法宣传贯彻活动,在四个区镇、街道开展党政主要负责人"四个一”说安全活动，大力宣传习近平总书记关于安全生产的重要论述，累计宣讲512场，覆盖人群22万余人；组织收看《生命重于泰山——学习习近平总书记关于安全生产重要论述》专题片，全市各板块、各部门累计组织观看1530场，观看人数7.5万人；巩固拓展线上线下宣教阵地，在各类媒体大力开展安全宣传，累计在苏州市级以上媒体刊登信息报道140余篇。

【应急救援和防灾减灾】 年内，市应急管理局做好市级专项应急预案审核工作，全市47个专项预案全部完成修编，其中43个正式发文公布；会同相关区镇、部门开展危化品事故应急救援演练、危化品检维修事故桌面推演、大面积停电应急演练、特种设备事故应急演练、森林火灾应急演练；成功处置衡叶树脂“8·9”盐酸储罐坍塌事故、苏虞张公路“9·10”煤油运输车泄漏事故；及时掌握“烟花”“灿都”等台风动态，根据响应等级，制定差别化应对措施，并重点强化危化品、冶金、工贸企业使用危化品等行业领域的检查防范工作；完善防灾减灾工作机制，与相关部门建立协作机制，强化防灾减灾救灾应急联动，及时发布各类自然灾害预警信息；持续优化应急管理信息平台，实现对42家危化品重大危险源企业、161家粉尘涉爆企业以及9200余家工贸企业信息化监管，汇聚市公安、交通、水务等部门近100类应用数据，整合涉及城市安全运行视频监控500余路，基本建成全方位、立体化的城市安全信息网。

【重点领域安全生产专项整治】 年内，市应急管理局紧盯中国共产党成立100周年、全国“两会”、重要节假日等关键时段，强化安全防范工作部署，深入推进既有危化品、冶金、建筑安全、城镇燃气等重点领域专项整治，累计排查各类隐患320088项，完成整改289357项。推进“一年小灶”回头看，制定78项任务清单以及各专委会“问题治理清单”，实行挂图作战，每月调度推进情况，对推进不力的进行通报，确保各项任务落实到位。持续开展安全生产专项督导，认真整改上级督导反馈问题，持续提升专项整治工作成效。

【安全发展示范城市创建】 年内，市政府专门拨付820万元专项资金，用于专业机构聘请、应急平台建设、教育场馆改造、安全公益宣传等重点项目，为安全发展城市创建提供坚实保障。全年市政府及相关部门多次召开会议部署推进安全发展示范城市创建工作。多部门联动配合，分解落实各项任务，“清单化、项目化”推进创建工作。城市安全风险数据采集范围涵盖14个行业领域3972家企事业单位，最终辨识全市总体风险源数量57687条，评估计算得出全市整体安全风险指数为93.5，全市整体风险等级为一般风险。在创建过程中，市水务集团投入723万元对建成区内806个市政消火栓进行全部更新，保税区投入270万元增设双向六车道中间隔离护栏约9千米，各基层社区添置相当数量的微型消防站。在“一报两台”“张家港应急与管理”微信公众号上开设专栏，年度阅读点击量7.5万人次，在户外道旗、广告牌、电子屏投放宣传海报及标语1500余处，打造安全文化公交线路8条，并建设“2+3+4+N”应急体验教育阵地（2：以青少年社会实践基地和张家港市公共安全教育基地为核心；3：以步行街王府广场、南丰镇安全文化主题广场、梁丰生态园为重点；4：以安全生产警示教育馆、气象科普馆、市民急救体验馆、消防安全体验中心为特色；N：社区、企业警示教育馆为末端），形成铺天盖地的安全发展示范城市创建宣传态势。

5月12日，防灾减灾日活动　　（市应急管理局　提供）

【自然灾害综合风险普查】 年内，成立普查领导小组，召开工作部署会议、领导小组会议，建立普查工作专班，投入1493万元作为经费保障，全面开展房屋、基础设施、公共服务系统、资源和环境等承灾体调查与评估，调查承灾体和减灾能力对象共计1090家。其中，公共服务设施555家、危化品承灾体238家、综合减灾能力对象297家。历史灾害调查729起，其中年度历史灾害706起，重大历史灾害23起。家庭减灾能力调查完成抽样家庭调查1206户。全部数据通过5轮苏州市质检、4轮江苏省质检、3轮国家级质检。

【消防安全保障】 2021年，市消防救援大队围绕防灭火中心工作，提高服务和保障经济建设和社会发展的能力，保持火灾形势和队伍管理“双稳定”。年内，全市消防救援队伍共接处警 2970 起，出动人员53460人次，出动车辆8910车次，营救遇险和疏散被困群众542人。其中，处置火灾警情1615起（含草坪垃圾、户外电气设施686起），抢险救援757起，社会救助450起，公务执勤148起。年内，稳步推进消防队站建设，推动保税区特勤站、化工专业消防站完成主体工程建设，推动步行街消防站、凤凰消防站等2个结转项目、沙洲新城消防站新建项目纳入2022年全市城建计划，协调推动属地政府加快消防队站建设进度。编制新一轮消防规划，完成全市消防规划（2021—2035年）初稿编制，确保在与城市空间总体规划保持一致性基础上，具备可行性与科学性。强化技术防范手段应用，在全市推广安装独立式感烟火灾探测报警器4016个、电气火灾监控系统25套、简易喷淋19套、电动自行车智能充电装置897套，全市各区镇新建市政消火栓108个。大队水域救援专业队完成跨区域赴河南、徐州抗洪救灾、“7·12”吴江四季开源酒店辅房坍塌事故救援任务，完成各类节假日期间前置备勤及其他消防安保工作。年内，市消防救援大队获苏州市消防救援支队冬训体能对抗赛团体第三名，19名个人参加省、市组织的培训竞赛并获得名次，1人参加全国首届消防行业职业技能竞赛集训。强化应急救援处置能力，针对“高低大化”等重点场所，组织联合实战演练11次、无预案拉动16次，开展水域救援、地震、化工等专项培训演练7次，扎实推进各类专业队建设。强化联勤联训，组织各消防救援站，巡查单位2800余家次，对804名村（社区）微型消防站站长开展实战化培训。开展疫情处置训练30余次，对全市52家集中隔离点制定火灾事故应急救援处置预案。市消防救援大队被苏州市文明委评为“2018—2020年度苏州市文明单位”；在2021年度市级机关（单位）绩效考核中，获评服务地方优胜奖；被张家港市人民政府授予“高技能人才培养先进单位”。城北、塘桥政府专职消防救援站被苏州市消防救援支队评为“先进政府专职消防队”，获苏州市消防救援支队2021年灭火救援装备革新个人防护降温（供气）装置项目一等奖，获苏州市消防救援支队“法制专业技能竞赛优秀大队”“火调比武竞赛团体三等奖”。

【消防安全整治】 结合安全发展示范城市创建，深入推进消防安全专项整治三年行动、高层住宅建筑消防安全专项检查、大型商业综合体消防安全管理达标建设等工作。年内，消防部门及全市公安派出所共检查单位7218个次，发现火灾隐患8357处，督促整改8318处，下发责令改正通知书6274份，行政处罚756起，罚款367.5万元，临时查封6起，拘留25人；排摸高层住宅小区244个，完成自查2792栋，发现火灾隐患277处，整改81处；万达广场、曼巴特广场、吾悦广场、远祥生活广场4家5万平方米以上的综合体完成达标创建。推动2020年2家未完成整改的苏州市级挂牌督办单位（东莱五金机电广场、华盛大厦）及2021年1家苏州市级挂牌督办单位（唯牌制衣有限公司）、2家张家港市级挂牌督办单位［兴塍苑顾家庭院文化酒店、福罗德莱（张家港）包装制品有限公司］完成整改，开展重大火灾隐患“回头看”行动，严防隐患“回潮”。与市“331”机制办、公安派出所等部门联合开展“三合一”场所、群租房、电动自行车、“九小”场所（小学校或幼儿园、小医院、小商店、小餐饮场所、小旅馆、小歌舞娱乐场所、小网吧、小美容洗浴场所、小生产加工企业）等火灾防控薄弱领域集中排查治理，接受公安派出所移送出租房违法行为线索183起，查处35家履行电动自行车停放管理职责不到位的物业企业两类主体。

【消防主题宣传】 市消防部门突出公众教育，广泛开展消防宣传“五进”工作，出动消防宣传车流动播放各类警示教育视频100余次，全市288块电子屏全天循环播放流动字幕，组织派出所消防民警、消防文员及志愿者开展“敲门行动”1100余家次，利用全市300余个村（社区）大喇叭高频次播放防灭火自救常识和各类警示提醒。加强警示教育，在火灾发生单位开展“打铁趁热”消防宣传，引导相关人员吸取教训、警钟长鸣。对全市2748名重点单位消防安全责任人和管理人、行业部门和乡镇（街道）负责人、消控室值班操作人员开展免费实名制培训。培育志愿队伍，打造消防文化主题广场（王府广场），建立特色消防志愿服务队伍，倡导火灾发生单位员工参与消防志愿服务，组织1500余人次志愿者参与步行街消防文化主题广场“面对面”宣传820余次。 （侯 燕 常 妍）

信访工作

【概况】 2021年，市信访局接到信件542件次，市长信箱收到邮件2561件次，较往年同期相比略有上浮；群众到市走访1261批3739人次，较2019年比（2020年因受疫情影响较大，不具可比性）下降15.6%，其中集访162批2154人次，比上年下降12.4%，未发生有影响的群体性事件和个人极端事件。持续保持全省信访工作先进行列，被省信访局评为省信访示范县（市、区）。市人民来访接待中心被苏州市委、市政府表彰为“抗击新冠肺炎疫情先进集体”，获张家港市“担当作为好单位”称号，副局长李磊被省信访局表彰为全省信访系统“岗位之星”。此外，《四个提升促信访工作效能再提升》《张家港信访六字工作法》《张家港三步走深化条例学习贯彻》《张家港网上信访既快又好》《张家港“绘好信访四张表”》等信访工作经验，分别被央媒《法治日报》或《江苏法治报》刊载报道。

【市党政领导接访下访工作】 年内，市信访局以“我为群众办实事”实践活动为牵引，推进“天天听民声”接访下访活动。全市党政领导干部累计接待到访群众200余批270余人次，所有信访事项均能及时反馈和有效处置。在强有力的高位推动下，全市信访事项平均办结时限始终保持在18天以内，据国家局统计数据显示，张家港市信访部门和责任部门的群众满意率均位列苏州地区第一。在高质量发展考核中，全市“每万常住人口重复信访量”下降35.8%，综合指数位列苏州地区前茅。

【社会面涉众型矛盾处置】 2021年，“民代幼、事改企”、校外培训机构倒闭、江南建材城关停搬迁和“华夏赢嘉”投资受损等维权群体反复到市集访，市信访局依托市专班平台多次牵头反复会商，持续合力攻坚，最终均得到有效钝化和平息。针对涉疫、涉企、劳资欠薪、城乡建设类矛盾多发频发的现状，始终坚持强化主体责任，牢固树立底线思维，对各类苗头性、隐患性、倾向性矛盾坚持提前介入，主动协调职能部门、公安、属地等单位合力做好矛盾化解攻坚工作，及时回应群众诉求，引导到访群众理性表达信访诉求，依法维护自身合法权益，坚持网上网下同步开展工作，注重舆论引导，严防各类矛盾久拖不决后发酵升级。市信访联席办围绕各重大活动、敏感节点，提前牵头组建市级安保专班，迅速组织各条线、各板块对信访问题比较突出的重点领域、重点问题进行“全覆盖、拉网式”大排查，化解处置各类矛盾隐患，上级交办的重点案件，均按照“一案一策”的方式全部落实化解吸附措施，实现“四个确保和五个决不允许”的工作目标和要求，顺利完成党的十九届六中全会、上海进博会、省第十四次党代会和中国共产党成立100周年等重大活动信访保障任务。同时，市信访联席办开展集中治理重复信访、化解信访积案专项工作。至年末，上级交办的536件重复信访事项，成功化解490件，化解率91.42%。积案交办指标数8件，化解6件，化解率75%，成功化解11名多年信访人员信访事项。

（单忠鹏）

机关事务管理

【概况】 2021年，市级机关事务管理中心履行管理、保障、服务职能，为市级机关创造良好办公条件和工作环境，为市级重大活动做好后勤保障。全年完成会议接待2142次，提供用车服务1800次，会议音响服务745次，为5个集中办公区提供设备设施维修3900余次，收发信邮件1.8万封、包裹3.7万件，7个机关食堂每天平均为1800余人提供餐饮服务。抓好常态化疫情防控，严格落实会务、车辆、物业、餐饮保障等重点领域的防疫措施，全力守牢机关疫情防控线。建立外包物业监管和考核机制，新负责市边检站后勤服务工作，综治大厦物业管理获评省级示范物业管理项目。加强集中办公区安保能力建设，通过完善应急预案等安防制度、安装电动车集中充电设备、启用人脸识别等智能化系统、增设物流安检机、建改高清监控等措施，实现安保水平和效率双提升。履行公务用车和办公用房管理职责，开展公车使用管理专项检查，完成度假村会议中心中央空调噪音治理、机关大院围墙加固维修、政协理论研究会装修等12项维修工程，拟定全市《党政机关办公用房权属统一登记工作实施方案》，协助民政局完成解决县乡人民政府驻地迁移历史遗留问题。加强信息平台建设，完成99个单位54万平方米办公用房现场测绘及数据录入“省网”平台工作；持续实施公车管理平台扩容升级，事业单位共560辆业务用车纳入平台管理，新安装车载定位终端412辆。加强党政机关生活垃圾分类督导，开展集中办公区垃圾分类志愿活动，完善党政机关垃圾分类设施，推进垃圾分类落实。指导推进健康机关建设，市委党校和市融媒体中心2个单位创建“苏州市级健康机关”通过考核验收。

【公共机构节能工作】 市级机关事务管理中心持续推进节能技改和新能源应用，完成公共卫生服务中心照明系统改造，累计完成LED灯具改造约26.1万支，党政机关改造率100%，下属单位60%左右；在市法院、市教育局等市级主管单位区域内增设电动汽车充电桩52个；市委党校200立方米既有建筑雨水回收系统建成投用；公共机构屋顶分布式光伏发电站新增2家累计13家。扩面推进公共机构能耗监测网建设，能耗检测覆盖120余个单位。注重节能示范创建和宣传，经开区（杨舍镇）获评“国家水效领跑者”，报业大厦获“江苏省公共机构节能示范单位”，港城大厦创建“省级水效领跑者”、市总工会等7个单位创建节水型机关申报均已完成，20家党政机关创成“节约型机关”；出台《张家港市公共机构严格控制用电工作方案》，在世界地球日、节能宣传周等重要时间节点，举办书画巡回展、节水知识竞赛等宣教活动20余场。至年末，全市创建“全国节约型公共机构示范单位”累计5个，“江苏省公共机构节能示范单位”累计16个，“江苏省公共机构能效领跑者”累计2个，“江苏省节水型单位”7个、累计86个，“江苏省节约型机关”20个、累计52个。公共机构节能管理科获评2021年“张家港市担当作为好单位”称号。

【公务用车管理】 市级机关事务管理中心推进公务用车管理“一张网”建设，规范公务用车配备、使用、处置，优化公车资源调配，对公车购置、报废、拍卖实行全周期管理，巩固公务用车制度改革成果。年内，规范完成车辆审核报批及区镇特种车辆备案，定期对各派驻车辆的运行情况进行梳理分析，对出车频次低、使用效率低的车辆及时调整派驻，有效保障公务出行需求。在公务用车编制、标准、配备、经费、使用、处置、公务出行租赁及保险、维修、加油等管理工作方面拟定配套细则，落实定点加油、定点维修、定点保险+定点租赁“3+1”制度，通过公开招标确定4家公务用车定点维修供应商，按照市级党政机关公务用车定点租赁招标文书相关要求，以最低价格确定6家公务用车定点租赁供应商。抓好《张家港市党政机关公务用车管理办法》的贯彻落实，严格把控公车编制、排量和价格，严把车辆标识喷涂、定位安装、旧车拍卖等关口，全年累计审核报批党政机关公务用车42辆、事业单位保留用车48辆、国有企业10辆、直属企业3辆，完成区镇特种车辆备案13辆，累计拍卖车辆39辆，成交额136.22万元。

（曹　倩）

【编辑　宋佳辰】

政协张家港市委员会

Zhangjiagang Municipal Committee of the CPPCC

1月5日，市政协十二届五次会议开幕　（市政协办　提供）

政协会议

协商议政

民主监督

政协会议

【市政协十二届五次会议】 1月5日至8日在市馨苑度假村会议中心举行。应出席委员328人，实到317人。会议审议通过市政协主席黄雪元代表常务委员会所作的工作报告和副主席景惠新代表常务委员会所作的提案工作情况报告。与会委员列席市十四届人大五次会议，听取并讨论市政府工作报告和其他报告。会议收到提案232件，立案196件。

【市十二届政协常委会会议】 2021年，市十二届政协举行常委会议8次。

第二十八次会议 1月6日召开。听取市政协十二届五次会议各讨论组讨论市委书记潘国强在大会开幕式上的讲话和审议市政协常委会两个报告的情况汇报，协商市政协十二届五次会议选举办法（草案），提出有关人事候选人建议名单和选举工作人员名单（草案），协商《中国人民政治协商会议江苏省张家港市第十二届委员会第五次会议决议（草案）》。

第二十九次会议 1月7日召开。听取市政协十二届五次会议各讨论组讨论政府工作报告、"十四五" 规划纲要及其他报告的情况汇报，通过市政协十二届五次会议选举办法（草案），确定有关人事候选人建议名单和选举工作人员名单（草案），通过《中国人民政治协商会议江苏省张家港市第十二届委员会第五次会议决议（草案）》。

第三十次会议 3月23日召开。视察乡村振兴相关点位，听取市政府关于乡村振兴工作的情况通报，审议通过市政协有关人事任免事项，传达学习十三届全国人大四次会议及全国政协十三届四次会议精神，听取市政协常委代表发言。

第三十一次会议 5月25日召开。协商村级经济发展工作，审议通过市政协有关人事任免事项。

第三十二次会议 8月5日召开。审议通过市政协有关人事任免事项，听取市政府关于全市上半年经济社会发展及提案办理工作情况通报，传达学习市第十二次党代会精神及市委应对新冠肺炎疫情工作领导小组会议精神，协商建筑领域工程质量和安全监管工作。

第三十三次会议 10月28日召开。审议通过有关市政协委员免职事项，听取全市统战工作情况通报，协商推进全市全域旅游发展工作。

第三十四次会议 12月6日召开。审议通过市政协有关人事任免事项，审议通过《市政协协商工作规则（草案）》，传达学习党的十九届六中全会精神及省第十四次党代会精神，听取市政协常委年度履职报告。

第三十五次会议 12月24日召开。协商通过十三届市政协界别设置和委员名单事项，听取市政府关于全市经济社会发展及政协提案办理情况的通报，审议通过市政协常委会工作报告（草案）、提案工作报告（草案），审议通过《关于召开市政协十三届一次会议的决定（草案）》，审议通过市政协十三届一次会议有关事项。

【市十二届政协主席会议】 2021年，市十二届政协举行主席会议12次。

第五十次会议 2月4日召开。审议张家港市政协社情民意信息工作激励表扬办法（草案），听取关于调整部分界别委员之家主任建议方案的汇报，听取市政协办公室及各专委会月度工作交流，组织开展集体学习活动。

第五十一次会议 3月3日召开。听取市政协十二届五次会议提案审查情况汇报，审议关于组织政协委员赴湖南大学培训的建议方案，审议通过市政协十二届三十次常委（扩大）会议议程（草案），听取市政协办公室及各专委会月度工作交流，组织开展集体学习活动。

第五十二次会议 4月1日召开。审议民主评议市科技创新工作实施方案，听取市政协十二届五次会议重点提案分工督办的情况汇报，听取关于调整部分界别委员之家主任、副主任建议方案的汇报，听取市政协党组2021年度对区镇"党的建设" 考核指标评价细则的情况汇报，听取市政协办公室及各专委会月度工作交流。

第五十三次会议 5月6日召开。协商促进劳动就业、构建和谐劳动关系工作，协商讨论《现阶段张家港市增强村级经济发展后劲的几点建议》调研报告，审议通过市政协十二届三十一次常委会（扩大）会议议程（草案），听取市政协办公室及各专委会月度工作交流，组织开展集体学习活动。

第五十四次会议 6月4日召开。协商优化生活垃圾 "四分类" 工作，听取关于调整部分界别委员之家副主任建议方案的汇报，听取市政协办公室及各专委会月度工作交流，组织开展集体学习活动。

第五十五次会议 7月5日召开。协商讨论《关于加强工程建设领域施工质量和安全管理的若干建议》调研报告，听取市政协民主评议各工作组情况汇报，审议市政协《关于对市科技创新工作的民主评议意见》，审议通过市政协十二届三十二次常委会（扩大）会议议程（草案），听取市政协办公室及各专委会月度工作交流。

第五十六次会议 7月31日召开。市委书记潘国强调研政协工作，政协主席会议听取市政协办公室及各专委会月度工作交流，组织开展集体学习活动。

第五十七次会议 9月2日召开。审议通过《市政协十三届一次会议筹备工作方案》，部署市政协机关党员干部 "两在两同" 建新功行动相关工作，听取市政协办公室及各专委会月度工作交流，组织开展集体学习活动。

第五十八次会议 10月9日召开。协商全市史志开发和利用工作，协商基层政协及专委会 "我为群众办实事" 实践与探索工作，协商讨论《关于推进我市全域旅游发展的若干建议》调研报告，审议通过市政协十二届三十三次常委会（扩大）会议议程（草案），听取市政协办公室及各专委会月度工作交流，组织开展集体学习活动。

第五十九次会议 11月8日召开。审议《政协张家港市委员会协商议政质量评价工作办法（试行）》《政协张家港市委员会委员向专委会述职实施办法(试行)》《政协张家港市委员会协商工作规则》《政协张家港市委员会"有事好商量"协商议事工作质效评价办法(试行)》,听取市政协换届工作有关情况的汇报,审议2021年度优秀政协委员的建议方案,审议市政协十二届五次会议期间十件有影响力提案的建议方案,听取市政协办公室及各专委会月度工作交流。

第六十次会议　12月2日召开。审议市政协常委会工作报告(讨论稿)和提案工作报告(讨论稿),审议市政协十三届一次会议议程(草案)及日程(草案),审议关于确定2021年度优秀委员的建议方案,审议关于确定市政协十二届五次会议期间十件有影响力提案的建议方案,审议通过市政协十二届三十四次常委会(扩大)会议议程(草案),听取市政协办公室及各专委会2021年以来工作情况及2022年工作设想的汇报。

第六十一次会议　12月22日召开。审议市政协十三届一次会议历次会议主持人、报告人名单,听取各筹备工作组关于市政协十三届一次会议筹备工作情况的汇报,审议通过市政协十二届三十五次常委会(扩大)会议议程(草案),组织开展集体学习活动。

2021年张家港市政协人事任免情况表

表7

时间	会议	任免情况
3月23日	市政协十二届三十次常委会议	任命周小军为市政协副秘书长、办公室副主任,尹洁兼任市政协港澳台侨(民族宗教)委员会副主任,李刚兼任市政协经济科技和农业农村委员会副主任;免去樊建兵兼任的市政协港澳台侨(民族宗教)委员会副主任职务,免去唐雷刚兼任的市政协港澳台侨(民族宗教)委员会副主任职务,免去丁浩兼任的市政协提案委员会副主任职务,免去黄建浩兼任的市政协锦丰镇工作委员会主任职务,免去吴文军兼任的市政协凤凰镇工作委员会主任职务
5月25日	市政协十二届三十一次常委会议	任命黄蓉为市政协提案委员会副主任,施律兼任市政协杨舍镇工作委员会主任,陈卫菊兼任市政协锦丰镇工作委员会主任,王皓琼兼任市政协锦丰镇工作委员会副主任,谢丹丹兼任市政协塘桥镇工作委员会副主任,葛霞兼任市政协乐余镇工作委员会副主任,薛奇兼任市政协凤凰镇工作委员会主任,高蕾兼任市政协南丰镇工作委员会副主任,牛楠兼任市政协大新镇工作委员会副主任,张惠锋兼任市政协金港街道工作委员会主任,程艳杰兼任市政协后塍街道工作委员会主任,丁萍芬兼任市政协德积街道工作委员会主任;免去赵志刚兼任的市政协港澳台侨(民族宗教)委员会副主任职务,免去李忠影兼任的市政协社会事业委员会副主任职务,免去赵琦萍兼任的市政协杨舍镇工作委员会主任职务,免去褚辉兼任的市政协锦丰镇工作委员会副主任职务,免去潘晓忠兼任的市政协塘桥镇工作委员会副主任职务,免去陈兰兼任的市政协乐余镇工作委员会副主任职务,免去严武兼任的市政协南丰镇工作委员会副主任职务,免去秦燕军兼任的市政协大新镇工作委员会副主任职务,免去张左平兼任的市政协常阴沙现代农业示范园区工作委员会主任职务,免去张惠锋兼任的市政协金港镇工作委员会副主任职务,免去刘金坤市政协金港镇工作委员会副主任职务
10月28日	市政协十二届三十三次常委会议	任命李建华为市政协城乡建设委员会副主任,陈立兼任市政协南丰镇工作委员会主任;免去姜嵘兼任的市政协港澳台侨(民族宗教)委员会副主任职务,免去邵浒兼任的市政协南丰镇工作委员会主任职务,免去杨彬兼任的市政协常阴沙现代农业示范园区工作委员会副主任职务
12月6日	市政协十二届三十四次常委会议	任命黄蓉为市政协港澳台侨(民族宗教)委员会主任,匡雄华为市政协提案委员会副主任,朱文焰为市政协提案委员会副主任,张澄为市政协社会事业委员会副主任,张舟为市政协城乡建设委员会副主任,陈永泽为市政协文化文史委员会副主任,陈丽为市政协文化文史委员会副主任,金俊龙兼任市政协港澳台侨(民族宗教)委员会副主任,王世芳兼任市政协港澳台侨(民族宗教)委员会副主任,张溢兼任市政协塘桥镇工作委员会主任,朱文骁兼任市政协大新镇工作委员会主任,朱江兼任市政协大新镇工作委员会副主任,管陈浩兼任市政协常阴沙现代农业示范园区工作委员会副主任,柏杨兼任市政协金港街道工作委员会副主任,陆云松兼任市政协德积街道工作委员会主任,王浈兼任市政协德积街道工作委员会副主任;免去陆一珉市政协港澳台侨(民族宗教)委员会主任职务,免去陈丽市政协副秘书长、办公室副主任职务,免去黄蓉市政协提案委员会副主任职务,免去陆洲市政协社会事业委员会副主任职务,免去朱文焰市政协文化文史委员会副主任职务,免去陈刚兼任的市政协提案委员会副主任职务,免去朱栋裕兼任的市政协塘桥镇工作委员会主任职务,免去卞振磊兼任的市政协大新镇工作委员会主任职务,免去牛楠兼任的市政协大新镇工作委员会副主任职务,免去丁萍芬兼任的市政协德积街道工作委员会主任职务

(谭　晔)

协商议政

【概况】 2021年年初，市十二届政协有委员328人。年内，有17人由于工作变动等原因，不再担任该届政协委员。根据《中国人民政治协商会议章程》规定，经市政协十二届三十次、三十一次、三十二次、三十三次常委会（扩大）会议审议通过，调整增补政协委员22人。至年末，市十二届政协有常委会组成人员65人、委员333人。其中，界别分布为中共16人、民盟12人、农工党12人、工商联17人、无党派人士8人、总工会8人、共青团（青联）5人、妇联7人、科协7人、文艺新闻界8人、科技界15人、经济界51人、农业和农村界15人、教育界19人、体育界5人、医卫界24人、侨联界12人、民族宗教界8人、社会福利和社会保障界20人、社会科学界12人、特邀人士52人。年内，市政协组织召开协商议政会议9次。其中，市政协常委会议分别就全市村级经济发展工作、工程建设领域施工质量和安全管理工作、全域旅游发展工作、经济社会发展及提案办理等议题，市政协主席会议分别就全市高质量就业工作、生活垃圾“四分类”工作、史志开发和利用工作、基层政协及专委会“我为群众办实事”实践与探索工作、重点提案督办等议题，与市政府及有关部门进行协商，形成《新形势下促进高质量就业打造就业创业福地的建议》《关于优化我市生活垃圾分类工作的若干建议》《张家港市村级经济增强发展后劲的几点建议》《关于加强我市建筑领域工程质量和安全监管的若干建议》《关于加强改进我市史志开发利用几点建议》《张家港市政协及专委会“我为群众办实事”的涟漪模式及案例分析》《关于推进我市全域旅游发展的若干建议》专题调研报告7篇，提出各类意见、建议70余条，专委会分别就利用社会资源助力教育发展工作情况、邮政工作情况、公共卫生体系建设工作情况、印染行业转型升级工作情况、群众体育建设工作情况、“反诈骗”行动工作开展情况、外事工作情况、5G建设和运用工作情况、少数民族工作情况、数字化改造、智能化转型工作情况、“4+4”产业链发展工作情况等课题开展对口通报协商活动11次。年末，张家港市政协作为全省10家县（市、区）政协之一，首批获评全省政协系统先进集体称号。

【高质量就业工作协商】 5月，市政协召开主席会议，协商促进劳动就业、构建和谐劳动关系工作。会议针对新形势下实现高质量就业面临的系统性抓好就业创业工作仍存在滞后，就业创业领域显露出的新态势、新特点需要认真对待，就业创业、招才引才措施落实与新态势新发展存在一定脱节等问题，提出要依托人口普查等大数据分析，加强就业创业的战略研究，有的放矢招才引智、精准促进就业创业；夯实就业创业首选城市的基础，优化就业服务体系，强化城市吸引力，做好就业创业配套，提升就业创业首选城市的舒适度；发挥奖补政策引导作用，升级调整对技能型人才引进培育的措施，围绕实习、择业、住房、落户、子女入学等关键环节制定一揽子政策；基地化推进校企合作，大力发展职业教育，有针对性地开展与企业生产高度匹配的系统培训，促进校企、人岗精准对接；扩增对劳动者的荣誉鼓励，大力开展劳模精神、工匠精神的宣传激励，适度扩大劳模评选总量和覆盖面；在高新区（塘桥镇）设立人力资源服务产业园，人力引进国际、国内知名人才人力服务机构入驻，将人力资源公共服务平台整合进人力资源服务产业园区，提供“一站式”“一体化”人力人才服务；整合资源强化行动合力，完善各部门在促进就业创业中的职能，建立制度化的部门协调机制，优化各类人力人才的梯度配置；包容审慎支持灵活就业，引导零工经济、夜间经济等健康有序发展，研究出台灵活用工管理办法；多方联动构建和谐劳动关系，完善劳调组织调解、人民调解、行政调解、仲裁调解、司法调解“五位一体”调解机制等，以法治化手段保障和促进和谐劳动关系建设。

【村级经济发展工作协商】 5月，市政协召开常委会议，协商增强村级经济发展后劲工作。会议围绕村级经济来源单一、持续增长动能不足、产业升级机制缺失、在地资源转化困难、保值增值渠道不多、扶持机制尚待完善等问题进行讨论，提出在盘活存量资源层面，建议以善港农村干部学院“张家港市现代农村战略发展中心”为基础，成立张家港市乡村振兴服务中心，建设一个懂经济、懂法律的乡村振兴智库。盘活政策资源，落实农业产业用地指标，确保不低于5%的比例用于公共服务设施、休闲农业及乡村旅游等乡村振兴项目，将“三优三保”节地后的土地指标形成高效的产业注入，通过结余建设用地开发、有效产业运营等把一定比例的节地空间变为可持续收益的资产；盘活资金资源，指导村积极稳妥开拓投资渠道，对村股权投资等经济行为进行专业的可行性研究和风控把关；盘活沉睡资源，在公共文化设施、党建设施点位周边增加经营性用房、叠加经营项目；盘活设施点位，成立村级农文旅协会，以参股方式参与农家乐等的经营，规范村级农文旅发展秩序、提升经济效益。在拓展增量资源层面，建议成立全市村级经济产业平台，加强市、镇、村三级协调，让村级工业区融入全市产业链发展大局；加强村级产业规划与定位指导，对优化后的镇村工业集中区的产业定位、产业方向进行细致梳理；坚持产业先行，新建村级工业集中区根据总体产业定位、主体产业目录，确定产业链招商上下游及进驻企业工艺流程；村级工业集中区周边安排中小企业办公、共享、吃住娱、专业服务机构，升级为村级产业社区。在村级团队建设层面，建议加强村干部培训与培养，按资产管理办法提高村级带头人待遇，同时充分挖掘乡村人力资源潜力；提高带头人待遇，村干部待遇绑定村级经济发展的贡献业绩，按一定比例实行年金制度；挖掘人力资源潜力，通过“党建引领、共建共享、多元自治”新路径，挖掘乡村人力资源潜力，增加村集体经济收入。

【生活垃圾分类工作协商】 6月，市政协召开主席会议，就全市生活垃圾分类工作进行研究协商，形成调研报告《关于优化我市生活垃圾分类工作的若干建议》。会议围绕生活垃圾分类工作中存在的源头管理有待加强、体制机制有待完善、终端处置有待提升等问题进行讨论，提出要进一步深化垃圾分类片区建设，以专项经费保障以及深入广泛的宣传引导，推动居民小区、公共机构、沿街商铺及其他各类企业和场所等垃圾分类主体责任落实；大力推动终端处置能力建设，在完成分类投放、分类收集、分类运输后，以足够的处置能力及规范的处置流程形成垃圾分类的闭环体系；强化文明引领，将垃圾分类纳入全市文明工作考评体系，评分权重适当提高，体现导向性；做好经验典型的宣传报道，对反面例子设立“曝光台”，形成“处处有分类，件件考分类”的良好氛围；充分发挥社区、农村、企事业单位基层党组织的“轴心”作用，在垃圾分类工作的前期动员、中期指导、后期监督中发挥党员带头作用；加强执法保障，完善各板块专业执法队伍，确保执法行为覆盖到各行各业，建立小微快速处理机制，促进执法保障快速有效；探索形成多元合作共治工作路径，发挥好政府“主导者”作用，加强顶层设计和组织协调，支持和培育更多的社会组织参与垃圾分类，在宣传、模式创新方面发挥积极作用；强化群众主体意识，广泛深入开展政策法规和典型事例宣传活动，采用“以奖代罚”及劝导方式，从外部和内部双向激发居民环保意识；发挥市场主体作用，监督指导企业承担市场主体责任，对从事垃圾分类行业的企业采取有效措施推动收运、处置的效率和质量。

【建筑行业工程质量和安全管理工作协商】 8月，市政协召开常委会议，就全市建筑行业工程质量和安全管理工作进行协商，形成调研报告《关于加强我市建筑行业工程质量和安全管理的若干建议》。调研报告针对商品住宅质量投诉数量大、占比高，新材料、新工艺施工管理水平不高，施工安全事故仍处于高位，小型工程质量、安全监管不健全，市、镇两级监管力量相对薄弱，违规转包分包屡禁不止，监理企业作用发挥不够明显等问题，提出要坚持法治工作方向，有效压实参建各方责任，政府部门加大法律法规宣传，引导企业开展常态化质量、安全隐患排查，加大执法监管力度，进一步整顿、规范建筑市场秩序，加强工程质量和安全检查，督促企业加强从业人员培训；深入开展优质示范工程创建活动，发挥样板工程的引领示范作用，提升项目质量管理的均质化水平，针对商品住宅工程质量通病多、投诉量大的情况，加强质量通病防治，高度重视对全装修住宅的质量管控；深入推进建筑行业安全生产专项整治，健全建筑施工现场和市场“两场联动”机制，进一步落实建设单位、施工单位、监理单位等参建各方在安全生产方面的职责，开展房产开发项目、外地施工企业安全生产集中整治，深入开展用电管理、高处坠落等专项整治；加强全市建筑行业质量安全监管能力建设，配齐配强市、镇两级部门监管力量，强化区镇小型工程监管属地职责、相关部门监管责任、建设单位的首要责任和施工单位的主体责任，理顺工作体系和责任机制，充分发挥工程监理的作用，积极引导监理市场有序健康发展，营造公平竞争和优胜劣汰的良好机制。

【“我为群众办实事”实践与探索工作协商】 10月，市政协召开主席会议，立足专委会角度，对市政协“我为群众办实事”工作进行研究协商，形成《张家港市政协及专委会“我为群众办实事”的涟漪模式及案例分析》调研报告。调研报告指出，市政协在活力政协、智慧政协、有为政协、书香政协“四个政协”建设中，聚焦中心工作、集聚履职能量，以政协及专委会平台为履职原点，通过“涟漪模式”层层扩散，建设委员同心履职的三大环路，形成标准化、可复制的为群众办实事模式，生动践行了“人民政协为人民”的理念。“涟漪模式”中，市政协紧紧围绕市委决策部署，以全市改革、发展、民生等方面的重点问题为中心靶点，以政协平台所汇聚的区镇、部门等政务资源为履职能量，通过专委会、协商议事室、名委员工作室等服务联络机构，为委员搭建层层扩大的履职环路，包括建立委员与部门连接环路：搭建“委员知情明政直通车”，让委员沟通部门、掌握市情；建立委员与村、社区的连接环路：推动委员联村、联社区，让委员深入群众、知晓民情；建立各部门各阶层的总协商环路：完善“有事好商量”平台，让委员协商对策、解决问题。以此推动政协服务与委员履职涟漪式扩散，形成最大同心圆，取得最大边际效益。社会各个阶层的政协委员通过涟漪模式的三大环路，把党委政府的声音传递出去、把政府服务扩散出去，同时把基层问题和需求反馈到中心决策机构，推动委员履职与为民办事深度融合。

【史志开发利用工作协商】 10月，市政协召开主席会议，协商加强改进全市史志开发利用工作。会议围绕史志工作人员配备不足、结构老化，开发利用经费投入不足、宣传教育广度不够，市级史志场馆阵地滞后、建设力度不足等问题进行讨论，提出要强化政治站位，打造过硬人才智库，秉持“党史姓党”“官志官修”的原则，把张家港的地方史志编写好、宣传好、维护好，树立更为正确的人生观和世界观，打造一支政治过硬、专业过硬、成果过硬的史志人才队伍；健全人员进出和奖励机制，培育史志战线新人，积极提拔使用在史志事业上做出卓越成绩的同志，选配年轻干部使史志队伍年轻化、活力化，对区镇人员队伍在梯队培养、培训上出台相关培训计划和方案，培养和培训好新一批区镇、街道史志人员队伍；加大场馆载体建设力度，高标准规划建设史志馆，对市史志馆进行提档升级，与黄泗浦生态园等旅游景区设施建设相结合，将史志文化与旅游相融合，继续开展镇史志分馆建设及“一村一志一馆”工程，与“最美乡村”建设相结合，因势利导建立适合各村实际的村情展示场所；积极保障宣传投入，努力提升史志教育效应，拓宽全市史志开发利用宣传网络和宣传渠道建设，增加宣传经费，开展好史志“六进”工程，开发利用好新媒体，探索云场馆等建设，充分整合社会力量，加大与地方高校、部门的协作，更好地挖掘和发挥爱好史志、关心史志工作的人员和单位的作用，参与好史志宣传和开发利用，为史志事业高质量发展提供动能。

【全域旅游发展工作协商】 10月，市政协召开常委会议，就推进全域旅游发展工作进行协商，形成《关于推进我市全域旅游发展的若干建议》。调研报告针对全市全域旅游发展缺少高能级的旅游产品供给、缺少耳目一新的旅游融合项目、缺少辨识度高的特色旅游品牌、缺乏凝神聚气的文化旅游抓手等问题，提出要加快推进市旅游相关专项规划编制，明确文旅集团运营机制，承担全市文化产业发展的战略研究、开发运营、品牌建设等职能，推动全市文体旅资源整合；因地制宜打造全域旅游核心区域和线路，在核心项目建设上，推动香山—双山—张家港湾—永兴村统一运营，形成“一山一岛一湾一村”的区域组团，在区域主题项目建设上，以黄泗浦生态园为依托，以东渡文化为内核，高起点打造黄泗浦文旅园区；积极鼓励引导，抓住重点特色，做好融合文章，在建好沙洲优黄展示中心项目、金陵文化体育产业园项目等优质融合项目的基础上，激发更多龙头骨干企业积极性，找准切入点投资工业旅游项目；紧扣张家港产业特色抓工业旅游、农业旅游融合项目，以创意项目增强对游客探索求知的吸引力；发动公众参与，优化公共服务，营造浓厚氛围，全面提升酒店高品质住宿条件，优化周边生活生态环境，加快形成旅游咨询服务网络，推进高铁站旅游集散中心建设，完善旅游咨询服务中心功能设置，加大推介力度，编写统一的全域旅游指引手册，完善提升城市宣传标语的内涵和张力；借力发力，主动融入长三角和周边全域旅游城市圈，与常熟、江阴、南通等沿江城市协调联动，搭建沿江全域旅游城市联盟。 （谭 晔）

民主监督

【概况】 年内，市政协坚持建言资政和凝聚共识双向发力，完善谈心谈话、联系党外委员制度，进一步加强与市各民主党派、工商联、无党派人士及新的社会阶层人士的沟通联络，促进在交流中提高认识、在共商中集思广益。发挥人民政协作为实现新型政党制度重要政治形式和组织形式的作用，通过优先安排政协重要会议发言、联合开展重点调研视察活动、抓好集体提案督办等，为市各民主党派、工商联和无党派人士、各人民团体在政协更好履行职责创造良好条件。贯彻党的民族宗教政策，走访联系民族宗教界代表人士，组织民族宗教界委员参与市政协相关活动。视察少数民族工作情况，关注新侨人才创新创业，围绕企业发展面临的问题积极建言献策。加大宣传工作力度，全年外宣发稿130篇，其中《人民日报》《人民政协报》等中央新闻单位录用24篇，《新华日报》《江苏政协》等省主要媒体报道93篇，《苏州日报》《苏州政协》等苏州主要媒体录用13篇。坚持开门办文史，发挥统战优势，加强文史研究员队伍建设，借助各方力量开展文史编撰；以挖掘整理地方历史文化资料为主线，全年广泛征编全市经济社会发展方面的文史资料70万余字，合作编撰出版《港城老风俗》和《张家港史志》（文史资料第42辑），续编《张家港政协志》。全年就氨纶纱产业集聚发展、台资企业、文旅产融结合、侨胞之家建设、防汛排涝、文明城市创建常态长效、大院大所科创孵化项目、养老服务多样化及专业化、新侨创新创业基地建设、双山旅游综合开发、民办学校发展、快速路建设、宗教活动场所、城西新区建设、非遗建设、老旧小区改造、民生实事项目建设工作等课题组织开展专题视察活动17次，提出各类合理化意见建议70余条，助推相关部门职能工作。全年组织市政协党组理论学习中心组、党组会议、主席会议、常委会会议等集体学习活动30余次。依托委员读书群、政协大讲堂、政协履职App“云书房”等平台，坚持理论学习与历史学习、书本学习与现场学习、线上学习与线下交流相结合。组织开展政协委员轮训工作，组织2个批次120名委员赴湖南大学参加“推进长江经济带高质量发展”及“协商议政能力提升”专题培训，组织市政协镇（区、街道）工委主任、副主任赴南京市雨花台区政协、镇江句容市政协开展学习培训，使广大委员加深对党的历史、党的创新理论的理解把握，不断提高政治判断力、政治领悟力、政治执行力。

【提案办理】 市政协十二届五次会议期间收到提案232件，其中集体提案60件、个人提案172件。经审查，立案196件，其中经济科技类53件、城乡建设类54件、社会事业、民生保障类89件。市政协坚持提案工作在政协工作中的全局性地位，突出抓好“提、立、办、督”等关键环节，推动提案质量和办理效果实现“双提升”。通过改进服务工作、召开座谈会、评选表扬优秀提案等形式，进一步激发提案人积极性，推动提案提交由数量型向质量型转变。市委、市政府主要领导领办督办重点提案，高位推动提案办理工作，全面提升提案办理层级，有力推动提案办理落实落地。选取《关于加快“两高”融合，助推港城经济高质量发展的建议》《关于发挥载体叠加优势，促进科创要素集聚的建议》《关于进一步支持和鼓励民营企业参与“一带一路”走出去战略实现跨越式发展的建议》《关于改善港城西南大门形象进一步融入文明城市发展的建议》《关于壮大经济相对一般村集体经济助推乡村振兴的建议》《关于全面推进梁丰高中高品质示范高中建设的建议》《关于借助工业互联网，加快推动制造业数字化转型的建议》《关于整治金港镇香山南路交通问题的建议》《关于健全公共体育设施（场所）配套管理的一些建议》9件提案作为市委、市政府领导牵头领办督办提案。选取《关于提升杨舍主城区能级、服务全市高质量发展的建议》《关于在东渡寺建造成功宝塔的建议》《关于抢抓“双循环”政策新机遇，加快构建城市智能生命体的建议》《关于打造全域旅游品牌争创全国全域旅游示范区的建议》《关于推进我市公园城市建设的建议》《关于在城北东片区域增加公交线路的建议》6件提案作为市政协主席会议、主席、副主席督办重点提案。同时结合政协专委会工作实际，将《关于切实解决全市农村居家养老机构建设不平衡、发展不充分等问题的建议》，合并《关于优化村级工业集中区发展的建议》《关于乡村振兴背景下，打造多维度康居特色村的建议》为1件提案，合并《关于关注灵活就业的建议》《关于企业人才流失用工难的建议》为1件提案，合并《关于提升城市精细化管理水平，推动城市高质量发展的提案》《关于切实落实〈苏州市物业服务收费管理实施细则〉第十四条的建议》为1件提案，合并《关于加快“科技+旅游”融合，助推我市旅游高质量发展的建议》《关于推进“农文旅”产业深度融合发展、打造地域标识品牌的建议》为1件提案，共5件提案列入专委会联合督办范畴。

张家港市政协十二届五次会议期间“10件有影响力提案”一览表

表8

提案单位(人)	案　由	主办单位
政协塘桥镇工委	关于加快“两高”融合　助推港城经济高质量发展的建议	市高新区(塘桥镇)
民建市基层委员会	关于完善印染行业产业链，打造高端纺织集聚地的建议	市工信局
政协杨舍镇工委	关于提升城市精细化管理水平，推动城市高质量发展的提案	市城管局
九三学社市基层委员会	关于推进志愿服务精准化，让志愿者成为百姓的“暖心人”的建议	市文明办
民盟市委	关于深度融入长三角、共享优质医疗资源的建议	市卫健委
民盟市委	关于打造青春港城，实现“后浪”奔涌的建议	市人才办
农工党市委	关于优化政策吸引外来蓝领技工的建议	市人社局
教育界	关于进一步推动校医队伍建设的建议	市教育局
无党派人士联谊会	关于提升杨舍主城区能级、服务全市高质量发展的建议	市发改委
卞振磊	关于发挥载体叠加优势，促进科创要素集聚的建议	市科技局

【“有事好商量”协商议事工作深化】 年内，市政协大力推进“有事好商量”协商议事工作，召开市政协“有事好商量”协商议事工作巩固提升推进会暨协商议事月启动仪式，研究部署“有事好商量”协商议事巩固提升工作。在实现镇、村、界别三个全覆盖基础上，指导基层打造杨舍镇棋杆社区协商议事室、乐余永利果园议家、金港香山书局协商议事室、后塍诸葛会谈、德积江湾民声议事堂等一批特色协商议事阵地。举办“有事好商量·助力幸福养老”协商议事会，三级委员联动协商、主会场分会场互动协商，共同为全市养老事业、养老产业发展建言资政，苏州市政协主席周伟强、张家港市委书记韩卫参加活动并给予高度肯定。以开展“有事好商量·民生专题协商议事月”活动为抓手，充分发挥政协专委会、各镇(区、街道)工委、界别委员之家牵头作用，重点围绕“完善村规民约，树立文明新风”组织专题协商议事，动员广大委员聚焦民生关切，深入基层调研，开展灵活多样的协商议事活动。全年集中开展民生专题协商议事活动100余场次，参加的委员和群众超过1500人次，进一步打响“有事好商量”协商议事品牌。

【“书香政协”建设】 年内，市政协深入贯彻习近平总书记关于加强读书学习的重要论述，积极推进“书香政协”建设。举办“书香政协·同心筑梦”读书活动启动仪式，在机关高标准筹建“政协书屋”，依托政协各镇(区、街道)工委及委员之家等，建成一批政协书房、政协书柜、政协书吧。增加委员履职App功能模块，建设“云书房”，开设“微课堂”，搭建“云上”阅读平台，打造“全天候”的委员阅读空间。结合党史学习教育，举办“学史凝共识党建助履职”读史交流分享会暨联系委员集体谈心谈话活动，以界别委员之家为基础组织6批委员上讲台，分享党史学习教育阅读体会。在张家港政协微信公众号、政协网站分别开设“学史明理”“学四史”网上微课堂，累计推送小故事、小视频40余期。围绕新思想学习、党史学习教育等，组织开展委员线上线下读书交流活动100余次，参与委员2000余人次，进一步彰显政协系统崇学善读的书香底色，形成委员自我教育与引领界别群众相互促进的良好局面。

【特色履职品牌建设推进】 年内，市政协不断创新工作理念和举措，持续推进“政协大讲堂”“委员知情明政直通车”“委员联村(社区)”“委员之家(委员工作室)”等特色履职品牌建设，在完善机制、做实平台、丰富内容、提高水平上下功夫，努力以特色品牌的影响力，推动地方政协工作活起来。“秦建忠委员工作室”获评首届全国人民政协“杰出委员工作室(站)”。邀请专家就《中华人民共和国民法典》《学习“四个历史”，坚定“四个自信”，开启全面建设社会主义现代化新征程》《习近平法治思想》《书香致远——“三位一体”与“六分理念”下的全民阅读推广》作专题讲座，举办“政协大讲堂”4期。聚焦党委政府阶段性重点工作和群众关注的热点问题等，邀请党政部门为委员作情况通报，先后以乡村振兴、社会治理现代化、快速环路建设、多层公寓加装电梯等为主题，举办4期“委员知情明政直通车”活动，500余名委员参加活动。开展“委员联村（社区）”活动4轮，广大委员通过深入挂钩联系村（社区），访民情、解民忧、献良策，收集反映群众意见建议300余条，有力促进基层社会的和谐稳定。

【社情民意信息收集】 年内，市政协共收集各类社情民意信息675条，向省、苏州政协报送201条，被苏州市政协采用90条。其中《关于避免医院使用电子票据后引发欺诈骗保行为的建议》被全国政协办公厅采用，收录到《每日社情》；《完善生育津贴，助推“三孩”政策》的社情民意被省领导批示；《新冠疫苗接种工作目前面临三方面困难亟须解决》的社情民意得到时任苏州市副市长批示。向市委、市政府报送《社情民意信息专报》7期，市委、市政府领导多次作出重要批示，氨纶纱行业集聚发展、制定老年人能力综合评估标准、建立养老护理员教育培训体系、供热企业蒸汽定价等一批群众关注的问题得到及时反映和妥善解决。

2021年张家港市政协委员反映的重点社情民意信息解决情况表

表9

反映信息	现状及解决情况
关于加快制定统一的老年人综合能力评估标准的建议	市养老机构涉及老年人综合能力评估的，均按照民政部印发的《养老机构管理办法》第十五条执行：“养老机构应当建立入院评估制度，对老年人的身心状况进行评估，并根据评估结果确定照料护理等级”，评估依据为《老年人能力评估》（标准编号：MZ/T039-2013）。2018年7月起，全市开始长期护理保险试点工作，市医保部门根据《苏州市长期护理保险失能等级评估参数表》对老年人综合能力进行评估。市民政局会同市人社局、市卫健委、市医保局就加快制定统一的老年人综合能力评估标准召开专题座谈会，交流了各部门评估老年人生活能力工作现状，明确了统一评估标准的基本思路。2021年7月中旬，市民政局按照部门座谈会的协商结果，拟定了《张家港市老年人能力评估管理办法（试行）》初稿，旨在建立各部门互认的老年人能力评估标准，评估结果作为老年人享受各类养老补贴的重要依据，同时，积极培育全市老年人能力评估机构，进一步规范老年人能力评估工作。文件广泛征求市相关部门、评估师培训机构、评估机构意见，下一步，将进一步完善并加快出台《张家港市老年人能力评估管理办法（试行）》，依据试行办法内容，统一全市老年人综合能力评估标准
关于建立统一的养老护理员培训体系的建议	全市从2010年开始组织养老护理员培训。市社会福利服务中心、澳洋职业培训学校是市人社部门认定的定点培训机构，已累计组织养老护理员持证免费培训1918人次。2018年7月起，全市开始长期护理保险试点，上门服务工作人员由市医保局单独组织培训发证，累计培训合格941人。为加快建立全市统一的养老护理员培训体系，2021年7月8日，市民政局会同市人社局、市卫健委、市医保局，召开专题座谈会，就职业技能培训政策、医院护工培训渠道、长护险服务人员培训情况、整合养老护理员培训方案等方面进行充分协商交流。7月中旬，市民政局按照专题座谈会的协商结果及现场调研情况，制定《张家港市养老从业人员职业培训实施方案》，将养老护理员、长护险居家护理员培训进行整合，按规定完成培训并经考试合格，颁发养老护理员职业技能培训合格证书（初级）及长期护理保险居家护理服务《培训结业证书》，实现一次培训、一次考核完成两项认定，避免重复培训
关于鼓励小区发展“物业服务+养老服务”双驱动服务模式的建议	2020年12月3日，住建部等六部门发布《关于推动物业服务企业发展居家社区养老服务的意见》，提出推行“物业服务+养老服务”居家社区养老模式，支持物业公司养老服务营收实行单独核算，支持养老服务品牌化连锁化经营，组建专业化养老服务队伍。2021年3月9日，全市印发《关于进一步推动我市养老服务高质量发展的实施意见》的通知，要求全面放开养老服务市场，放宽准入条件，落实小微企业普惠性税收减免政策，加大养老服务扶持力度。3月16日，市住建局会同市民政局、市物业管理协会召集多家物业公司探讨物业公司开展养老服务的可行性。市民政局从养老服务人员培训、养老用房配置、政策补贴等多个方面介绍了全市养老服务的工作，鼓励广大物业公司积极进入养老服务领域，利用物业公司的优势补齐养老服务短板。同时，市住建局会同保税区、金港街道、后塍街道、德积街道商定，确定以张家港保税区长乐物业公司为试点，开展居家养老服务，探索虚拟养老服务，逐步形成可复制化的“物业+养老”模式。长乐物业成立养老工作小组，摸排保税区养老服务情况，申请成立民非企业社会组织，取得养老护理员证，在塍丰社区开展居家养老服务活动，开展养老助餐配送中心改造工作
关于提升养老服务科学监管水平的建议	针对养老服务领域的消防安全监管，市民政局、消防救援大队等部门始终按照“管行业必须管安全、管业务必须管安全、管生产经营必须管安全”要求，建立健全信息共享、情况通报等工作机制，推动部门落实消防安全职责。相关部门严格按照“双随机、一公开”工作机制，开展检查指导，深化“四个能力”建设，推动养老机构开展自查自纠，定期组织防火巡查，制定完善应急预案，及时整改消防安全隐患，全面提升养老机构的自我防范能力。严格督促养老服务单位开展“三自主两公开一承诺”活动，推行“1234+N”消防安全管理机制，推进养老机构重点单位标准化管理达标创建活动。下一步，将进一步加强养老服务机构科学监管，不断提升养老服务质量。深化长效工作机制，依托双随机抽查监管工作系统，规范抽查工作程序，明确抽查比例、频次、方式、流程等事项，实现监管信息互联互通，避免重复检查；建立信用评价机制，引导养老机构诚信守法经营，通过“信用港城”平台、“信用中国”网站等渠道将违法违规行为向社会公开，实现违法失信行为信息的在线披露和信息共享，并根据企业信用等级高低采取差异化监管措施；加强消防宣传培训，通过发放宣传资料、开展主题讲座、实地演练等形式，深入开展宣传教育活动，进一步提高养老机构从业人员和老年群体的消防安全素养。同时，加强养老机构从业人员执业行为监管，做好养老护理员岗前培训和岗位职业技能提升等工作

续表9

反映信息	现状及解决情况
关于积极引导社会资本进入养老服务产业的建议	2007年起，全市出台多个政策性文件，引导社会力量参与养老服务，持续提高养老机构建设补贴、扩大政府购买基本养老服务范围、提升养老服务从业人员待遇、加大各项税费减免力度，各项补贴标准位于苏州前列。2015年起，由社会力量投资新建的澳洋优居壹佰如意、吉祥家园、澳洋护理院、合兴护理院、华青老年公寓等重大项目陆续投运，累计吸引社会资本近10亿元，新增养老机构床位近3000张，初步形成全市中高端养老机构集群。2017年，举办社区养老服务社会化推介会，出台养老服务社会化专项扶持政策，对连锁经营品牌化项目给予资助。华夏乐龄、永联惠民和麦卅介护等一批本土养老服务社会组织快速发展，完成从公益组织到集社区、居家、机构、长护等服务为一体专业为老服务机构的成功转型。至2021年8月，全市有24家养老服务机构参与社区养老社会化运营，社会化运营率达100%。2021 年5月，大新镇区域性养老服务中心完成公建民营招标，全市8家区域性养老服务中心全部实现社会化运营，湖南普亲、上海夕悦等国内领先的养老机构运营商相继加入，推动了全市养老机构的专业化发展。下一步，将积极与泰康人寿、苏州康养集团对接，就康养旅居、综合性养老服务中心等项目进行洽谈，吸引更多的社会资本进入市养老服务产业
关于促进农村养老事业发展的建议	2013年起，张家港建立覆盖全市特殊困难老年人和80周岁以上老年人的政府援助补贴制度，依托亲情（虚拟）养老院开展居家养老上门服务，实现农村社区服务全覆盖，累计服务近1000万人次。在苏州各板块率先推出覆盖60周岁以上老年人意外伤害保险。市政府连续多年将社区养老服务设施建设列入民生实事工程，大力推进农村社区养老服务发展。至2020年年末，全市农村社区居家养老服务中心（站）实现全覆盖，社会化运营率100%，基本满足农村老年人走出家门享受日托、就餐、文体娱乐、精神关爱等服务需求。为推动农村敬老院提档升级，市、镇两级投入2亿余元，将8个区镇农村敬老院新改建为区域性养老服务中心，推动养老机构专业化发展。2021 年3月9日，全市印发《关于进一步推动我市养老服务高质量发展的实施意见》，进一步加强养老服务政策体系建设，提出制定实施差别化的支持政策，推动社会资源向居家社区、农村、医养融合等领域倾斜。年内，制定《居家养老服务实施细则》，优化农村社区养老服务设施建设运营管理，打造20个标准型老年人助餐点，建设养老服务大数据平台，以“智能化服务、大数据应用、全流程监管”为宗旨，将互联网引入养老服务各个领域、环节，健全养老服务综合监管机制，持续推进养老护理员免费培训，提升农村养老服务水平
关于优化养老服务“时间银行”的建议	2020年7月，全市试点养老服务“时间银行”，市、镇、村三级管理网络基本建立，确立11家“时间银行”工作站、261家“时间银行”服务点，18 家养老服务社会组织和4家爱心商家加入“时间银行”，2041名高龄困难老年人纳入服务对象，725名低龄老年人志愿者和48个志愿者团队注册加入，完成志愿服务数量22096个，发放“时间币”共计20.41万个。全市养老服务“时间银行”定位为“低龄助高龄”养老志愿服务，主要为鼓励低龄老年人走出家门，发挥余热，让更多的高龄困难老年人就近享受到便捷的养老服务，从而缓解全市养老服务力量不足的矛盾。“时间银行”尚属起步探索期，在实施期间需严格把控志愿者和服务对象的数量比例，保障时间币的科学管理和良性循环。一方面，鼓励年轻志愿者以加入团队的形式参与“时间银行”，团队积累的“时间币”允许分配给团队成员，再由成员自行选择转赠他人。个人通过加入团队服务后，可获得友爱港城网的个人志愿服务时长记录。另一方面，优化养老服务“时间银行”的服务流程，经过多次征求老年人和村社区意见，最大程度简化小程序操作流程，要求村（社区）服务点的工作人员（含社会组织的社工）主动帮助没有智能手机或不会使用智能手机的老年人进行下单接单，有多个镇（区、街道）开展老年人智能手机使用培训和教学活动，同时开通“12345”养老服务热线，帮助老年人线上报名和下单接单

【科技创新工作评议】 4月至6月，市政协紧扣党政关注、群众关切的重点工作，发挥政协协商式监督优势，对市科技创新工作开展民主评议。组成5个评议工作小组，深入市科技局机关和各区镇，先后召开11个座谈会，实地走访18家企业，发放调查问卷351份，广泛征询科技工作者、企业代表和社会各界人士对科技创新工作的意见和建议，进行总结梳理，从深化体制改革、突出企业主体、集聚优秀人才、建设科创载体、整合创新资源5个方面提出15条意见建议，形成对科技创新工作的民主评议意见，推动全市科技创新工作持续加强和改进，为促进全市科技创新工作高质量发展，助推完成“创新提质年”的目标任务发挥积极作用。市科技局根据评议意见，认真研究，从深化科技体制改革，夯实创新核心地位；打造人才引进高地，集聚创新发展力量；提升载体建设水平，释放科技创新活力；强化科技服务供给，优化创新创业生态等5个方面制订15条整改措施，认真推进实施。同时，根据市委统一部署，市政协围绕疫情防控、安置房建设等，广泛开展监督性调研视察，充分发挥政协系统组织优势，积极参加苏州安全生产专项民主监督工作“回头看”活动，为破解问题、推动工作贡献“张家港方案”。 （谭　晔）

【编辑　宋佳辰】

市纪委监委

Municipal Commission for Discipline Inspection and Municipal Supervisory Commission

新任村（社区）书记廉政教育大会　（市纪委监委　提供）

党风廉政体制建设

廉政宣传教育

正风肃纪

专项治理

巡察工作

張家港年鑑(2022)

党风廉政体制建设

2月7日，市第十一届纪律检查委员会第六次全体会议召开

（市纪委监委 提供）

【概况】 2021年，市纪委监委持续正风肃纪反腐，充分发挥监督保障执行、促进完善发展作用，围绕上级和市委决策部署贯彻落实情况强化政治监督，持续推动完善全面从严治党制度体系，打造科学有效、标本兼治的体制机制。探索推进“智慧纪委监委”建设。持续打造“一码一链一中心”（码上监督、链上监督和大数据分析研判中心）。凝聚“12345”服务热线、融媒体中心、联动指挥中心、行政审批局等合力，依托“今日张家港”App搭建“监督一点通”服务平台，通过平台公开权责清单，开设投诉举报端口，跟踪掌握和分析研判监督数据，有效拓宽社会群众监督渠道、提升社会群众监督的便利性和监督效果，实现基层小微权力“码上监督”，解决群众反映问题14万条。探索“链上监督”模式，在公车管理、行政审批、公共资源交易等业务平台分别嵌入监督模块，实现大数据制权。建成大数据分析研判中心，运用多样化技术手段辅助监督办案。深度运用营商环境监督平台，推行“520”亲清政商关系工作法，推动解决涉企营商环境问题71条。通过基层廉勤监督平台等信息化手段，有效拓宽社会群众监督渠道，为全市经济社会发展提供坚强作风纪律保障。年内，市纪委监委连续第7次获评“全省纪检监察系统先进集体”。

5月20日，“520我爱廉”港城清韵宣教月启动仪式举行

（市纪委监委 提供）

【党风廉政建设】 年内，市纪委监委在夯实主体责任上完善机制链条。用好“两个责任”监督监测平台，常态化督导“两个责任”落实，聚焦“关键少数”，推动出台《关于落实全面从严治党“第一责任人”责任的实施办法》，明确“一把手”履责的正负清单，细化述责述廉、履责纪实、党内谈话等六大工作抓手，压紧压实党建工作领导小组、纪检监察、市委巡察、组织、宣传等多方监督监管职责，打造上下贯通、各方联动、层层落实的责任链条，营造风清气正的良好政治生态。全市各级党委（党组）“一把手”制定“第一责任人”责任清单77份，开展党内谈话21次。推动出台《退出领导岗位干部廉洁自律“负面清单”》，围绕思想认识、工作担当、遵纪守法、社会生活4个方面，明确退出领导岗位干部应当重点防范的20条多发易发问题，省纪委监委内网、新华日报等对此作了专题报道。统筹做好政治生态监测工作。把“衡镜”系统作为政治生态监测重要手段，印发《关于进一步健全完善政治生态监测评估工作机制的意见》，打造集数据收集、审核上报、抄告提醒、专题会商、整改提升为一体的工作闭环，逐月分析研判系统内所有指标内容，协调指导各有关单位及时准确提供监测数据。推广运行“三不指数”监测评价体系。巩固各区镇试点运行“三不指数”监测评价体系成果，印发《关于推广运行“三不指数”监测评价体系一体推进不敢腐不能腐不想腐的通知》，优化完善监测指标，完善推动、监测两大功能，并将监测评价范围从各区镇拓展至市级机关，发挥市纪委、市委办、市委组织部、市委宣传部等责任主体协同作用。坚持以“以案促改”为重要抓手，常态化对各级

党委(党组)一体推进“三不”情况进行智能分析、直观展示、及时纠偏,并对半年度监测评价结果开展系统性分析。

【纪检监察体制改革】 年内,市纪委监委坚持稳中求进总基调,积极稳妥推进纪检监察体制改革工作,持续释放体制机制活力,全面构建党统一领导、全面覆盖、权威高效的监督体系。深化派驻机构改革,提升派驻监督工作实效。探索建立“室组联动、组组协同”联动协作机制,将第六、第七监督检查室分别与17个派驻纪检监察组力量捆绑,制定“协同查信办案、协同监督检查、协同工作调研、协同研学交流”工作制度,采取“协作会议、联合督查、工作交流、交叉检查”工作模式,实现优势互补、形成监督合力。做好市纪委换届工作,选举产生新一届市纪委委员17人,其中市纪委常委7人,市委组织部、市委宣传部各1人,开发区纪检负责人2人,执法执纪监督部门负责人6人,平均年龄47.7岁,研究生以上学历9人。选优配强乡镇纪委委员,新一届纪委委员年龄、学历、岗位等要素较上届有明显提升。推进纪检监察信息化建设,打造智慧纪委监委。联系区镇的第十一监督检查室监督联系单位由3个调减为1个,增赋其技术支持职责,率先实现监督审查技术室实体化运作。建好用好大数据查询研判中心,创新打造农村集体“三资”智慧监管平台建设,依托“一码一链一中心”深化电子政务环境下的廉洁风险防控新路径,推动信息技术与纪检监察业务工作深度融合,实现“智慧办案、智慧监督、智慧管理”。 (尹 喆)

廉政宣传教育

【概况】 2021年,市纪委监委在苏州市级以上报刊媒体发表党风廉政建设报道328篇,其中省级以上媒体刊发37篇。“清廉张家港”微信公众号发布信息206条,浏览量82452次。3月,发动全市以“传家风”为主题,用书画作品、家风故事作载体,发掘、凝练、传播优秀家风,参与《党的生活》杂志社“廉廉看,我书我画”传家风书画故事大赛,获优秀组织奖及书画优秀奖。5月,选取查处的具有典型意义的71个违纪违法案例,编印发放警示教育读本《镜戒》。6月,开展新提拔领导干部“一次廉政谈话、一次警示教育、一张提醒卡、一本廉政书籍”的“四个一”廉政教育活动。10月,邀请上海市委讲师团“四史”专家宣讲团成员、上海市委党校党史党建教研部教授、复旦大学特聘教授、党建研究院院长刘红凛为全市领导干部作《廉洁自律,防范“权力陷阱”》线上廉政专题讲座。11月,对有典型性、有影响力的案件深度剖析,拍摄警示教育片《迷途》,深化以案明纪、释法、说责、讲德、述廉。全年开展党风廉政教育56场,受教育党员干部4280人次。

【清廉家风培育】 3月,为发挥“关键少数”在家风建设中的带动作用,市纪委监委下发《开展全市领导干部“立家规家训,树优良家风”主题活动的通知》,开展立家规家训、写家风心得、建家风档案、强阵地建设、亮家风成果、浓清正氛围的家风系列活动。7月,下发《开展“小家风·大政风”领导干部建立家风档案实施方案的通知》,倡导、引导、指导领导干部家庭,通过收集、整理在学习、工作、生活中形成的各类资料,以档案为载体,记录家庭成员爱岗敬业、甘于奉献、廉洁自律、诚实守信等优良家风,构筑家庭反腐倡廉的牢固防线,使廉洁家风成为党员干部家庭新常态。8月起,在挖掘当地人文历史基础上,依托凤凰镇恬庄古建筑,围绕“润心·传家”主题,建设面向党员干部,集家风家规家训展示宣讲、教育培训、文化传承为一体的张家港家风教育基地。家风培育系列活动共收到领导干部家规家训972条,其中294人自愿建立家风档案。

【廉洁文化建设】 市纪委监委注重“文化育廉”,弘扬廉洁文化,广泛营造“不想腐”的浓郁氛围。5月,开展“清风莲韵,品格传家”“520”宣教月主题活动,围绕红色初心、清廉故事、家风传承主题,创作出系列廉洁文化作品,以“廉洁文化+”的N种组合,实现廉洁文化建设的N次方成效。督促职能部门党委(党组)把各类行政审批服务窗口大厅作为廉洁文化建设的重要阵地,开展廉洁从政主题教育、做好廉洁氛围场景布置,发挥好廉洁文化导向、凝聚、规范作用,推动窗口服务人员转作风、扬清风。发动各区镇各单位将廉洁文化融入社会发展、乡村振兴、基层治理的方方面面,

家风档案建设推进 (市纪委监委 提供)

以书画创作、微视频微动漫、家风故事等载体，立体展示正风肃纪反腐成效，厚植“学廉、思廉、崇廉、敬廉”氛围。其中，微视频《温水煮青蛙》被中央纪委网站录用，《滴水莲恩》入围由中国纪检监察杂志社、浙江省纪委监委牵头主办的第三届“玉琮杯”清廉微电影微视频大赛。（尹　喆）

正风肃纪

【概况】 年内，市纪委监委把深入落实中央八项规定及其实施细则精神作为政治任务，持之以恒推进作风建设，释放越往后执纪越严的强烈信号。在纠治享乐主义奢靡之风方面，坚守重要节点，常态化组织开展“清风行动”，对节日期间正风肃纪工作早研究、早提醒、早部署，围绕违规吃喝、违规收送礼品礼金等难点焦点问题，部署开展自查自纠，针对岁末年初“突击花钱”、公务接待“吃公函”等隐性变异问题开展专项监督，共查处享乐奢靡问题49起，批评教育帮助和处理94人，市镇两级点名道姓通报曝光62起。在整治形式主义、官僚主义方面，督促各级纪检监察组织从讲政治高度深化整治形式主义、官僚主义，对贯彻上级决策部署做选择、搞变通、打折扣，特别是搞“包装式”落实、“洒水式”落实、“一刀切式”等突出问题精准施治，汇集上报形式主义、官僚主义问题8起，处理11人，市镇两级通报曝光典型问题11起。对全市8个主要惠企政策落实情况进行自查自纠，查处落实疫情期间房租减免政策不力的典型问题，给予党纪处分1人，诫勉谈话2人。把握党史学习教育有利契机，督促各级党组织查找作风建设方面的风险漏洞、制度短板，健全作风建设长效机制。认真落实“三个区分开来”要求，贯彻激励干事担当“1+5”制度体系，组织各单位实施上报容错纠错28人、风险报备26起、澄清正名18人。

【政治监督】 年内，市纪委监委坚持党中央重大决策部署到哪里、政治监督就跟进到哪里。紧盯疫情防控实施“一体化”督战，纠偏提醒防控不力或不正确履行职责为21起。紧盯上级和市委重大决策部署实施“清单式督办”，对全市优化营商环境68项重点任务、1333个政务服务事项实现全方位“跟踪问诊”。研究制定《以高质量监督进一步优化提升营商环境的实施方案》，组织开展政商交往“作风提振”、政务服务“提档升级”、人文环境“优上加优”等三大行动，逐一明确15项监督工作举措，助力各项政策落实、项目落地，以高质量监督推动构建一流营商环境。印发《进一步加强重大项目专项监督工作通知》，持续巩固重大项目专项监督成果，推动重大项目早落地早见效。紧盯“关键少数”压实“一把手责任”，办理“一把手”案件24件，对党组织和班子问责5件。紧盯换届风气监督，出台《换届期间迎来送往“四项禁令”》，完成3540次廉政意见回复，严防“带病提拔”“带病上岗”。围绕全市中心持续深化“1+N”政治监督工作模式，统筹协调“四项监督”工作力量。推进隐性债务专项监督，组织召开隐性债务化解工作协调会，会同财政、审计等部门对苏州下转的65笔债务开展调查核实，并对背后可能存在的利益输送、谋私贪腐等问题进行深挖彻查。

【领导干部廉洁自律】 年内，市纪委监委认真抓好领导干部重大事项报告工作，56名领导干部报告了婚丧嫁娶、因私出国（境）等重大事项。严格禁止领导干部违规收受礼金礼券行为，市廉政办收到领导干部上交礼金礼券240.77万元。做好廉政公积金管理工作，审核办理廉洁公积金619人次。依据相关要求，严把审核审批关，对符合定期返还条件的，组织开展廉政公积金返还工作，对受到“第一种形态”以及党纪政务处分的44名公职人员，进行廉政公积金扣缴工作。

【执纪查案】 2021年，市纪委监委收接各类信访举报225件（不含巡视巡察转办信访件），其中信件128件、到访10件、电话37件、网络48件、其他2件。全市各级纪检监察组织立案443件，其中自办案件356件，查处乡科级干部38人，采取留置措施12人，移送司法机关19人。运用“四种形态”处理1381人次，第一、二、三、四种形态分别占71%、23.5%、1.7%和3.8%。（尹　喆）

专项治理

【概况】 2021年，市纪委监委坚持解决一个问题、总结一类规律、治理一个领域，持续整治群众普遍关注、反映强烈的问题，归集上报惠农惠民、“三资”管理、教育、行政审批等领域查处的违纪问题58起93人，督促市镇两级出台制度文件26项。深化“一领域一专项”工作，按月汇总上报医保基金使用情况专项监督、公共停车收费管理专项监督、套取养老惠民资金问题专项监督的成效，及时跟进教育“双减”专项监督、绿化工程建设领域专项整治、供销合作社系统腐败专项整治、政法干警违规从事律师职业专项监督、村级商业保险购买问题专项监督、工程建设领域违规挂证专项监督、农村集体“三资”智慧监管平台使用管理情况专项监督等工作进展，确保专项监督取得实效。

【涉黑涉恶腐败整治】 2021年，市纪委监委贯彻关于常态化开展扫黑除恶斗争、查处涉黑涉恶腐败和“保护伞”工作各项部署要求，将“打伞破网”工作作为整治群众身边腐败和不正之风的重要内容，作为全面从严治党向基层延伸的重要战场，纳入党风廉政建设和反腐败斗争全局统筹推进。通过主要负责人亲自抓，分管负责人具体抓，不断完善“打伞破网”工作领导组织架构，将常态化“打伞破网”工作制度化、规范化。延续专项斗争期间与扫黑除恶各成员单位建立的战斗纽带，持续做好“一案三查”“回头看”等深挖彻查工作。聚焦信息网络、自然资源、交通运输、工程建设四大重点行业领域整治，持续深入开展常态化"打伞破网"工作。共查处涉黑涉恶腐败和"保护伞"问题14人，其中立案处理11人，移送司法处理1人，组织处理3人。有5件立案和3件组织处理属于省纪委监委专题部署的查处"沙霸""矿霸"背后腐败和"保护伞"重点领域，1件查处"沙霸""矿霸"背后腐败和"保护伞"案件被选为典型案例上报。做好监督"后半篇文章"，由监委委员带队，扫黑除恶查处办、相关监督检查室和派驻纪检监察组共同参与，对5份监察建议整改落实情况开展专项督察和评估，助力补齐治理短板。

【粮食购销领域腐败问题专项整治】2021年，市纪委监委贯彻落实习近平总书记关于国家粮食安全系列重要讲话和重要指示批示精神，开展全市粮食购销领域腐败问题专项整治工作。第一时间出台专项整治工作方案，成立工作协调小组，督促市发改委、财政局、国资办、市场监管局等部门压实主体责任和监管责任，突出纪检监察机关"监督的再监督"职责，坚持工作到位不越位、推动不替代。运用"室组地"联动机制，抽调纪检监察系统骨干力量组成专班，对市粮食购销总公司购销主营业务情况，以及中共十八大后的基建工程、零星工程、粮库设备、粮食机械设备的购买和运营情况进行全面梳理排查。联络市审计局对市粮食购销总公司、下属粮库及市粮油行业协会的财务账册进行全面梳理，重点排查优质订单种植、报销费用、考察费用及各类奖金补贴发放情况。派驻财政局纪检组负责梳理排查2013年后全市涉粮财政补贴发放到位情况。监督检查室协同派驻发改委纪检组对市粮食购销总公司下属国有粮库开展专项督察，派出监察员办公室协同镇（区）纪（工）委对私营粮油购销公司执行国家粮食收购政策情况开展专项督察，实地入库检查粮食保管情况。排查三大重点环节、7种典型"靠粮吃粮"腐败问题和12项廉政风险点，通过巡视巡察、监督检查、审查调查等方式深挖粮食系统深层次腐败问题，发现各类问题线索6件，立案7人，留置1人，给予党纪处分2人，运用第一种形态处置2人，在全市通报典型案例1起2人。市发改委和市粮食购销总公司通过自查自纠发现问题6个，省委巡视组和苏州联动巡察组在对基层粮库的检查中发现并指出问题3个。至年末，全部完成整改。推动行业主管部门在防治公职人员私设"小金库"、完善粮食销售出库提货流程等方面制定改革措施2项，进一步明晰权责边界，规范操作和资金运转步步留痕。

对市粮食购销总公司下属国有粮库开展专项督察　（市纪委监委　提供）

【供销合作社系统腐败专项整治】2021年，市纪委监委拟定《关于开展全市供销合作社系统腐败问题专项整治工作的方案》，深挖彻查供销合作社系统深层次结构性腐败问题，强化日常监督和常态化监督，补齐供销系统的党风廉政建设短板。了解历史、尊重历史，系统排查全市供销合作社机构性质历史演变、供销系统改革运行及公有资产管理情况。对中共十八大后接受处置的24件供销系统问题线索进行梳理排查、分类处置，重点对需进一步依规依纪处置的问题线索开展重新核查。对专项审计中发现的供销合作社系统问题线索进行重新核查，对8个基层供销社9个"一把手"违反中央八项规定精神、滥发津贴补贴问题进行立案审查，对有关基层社领导借红色教育之机借道旅游问题立案审查，共立案并给予党纪处分10人，清退超发津贴补贴12.3万元。对部分基层社财务人员违规通过个人账户发放工资奖金、支用公用经费、收取租户租金、公款购买理财产品等问题，运用第一种形态处置6人。督促市供销合作总社规范资产管理、资金使用，对供销系统租赁资产租期过长、租金明显偏低、租金长期未增长等情况进行系统梳理排查。对总社掌握的资产台账账实不符问题立即整改、全面核实。对部分参股企业无法掌握其真实经营状况、集体利益无法充分保障问题，充分酝酿、集体研究，最大限度保障集体利益保值增值。对部分基层社人浮于事、管理松散软问题，要求强化组织领导，科学合理整合资源，常抓常管、抓早抓小，优化基层社人员结构，筑牢人员思想防线。推动市供销合作总社出台《关于印发深化基层供销社工作人员薪酬改革的方案（试行）的通知》《张家港市供销合作总社关于进一步规范津贴补贴发放的意见》2项"小特精"制度。

【医保基金专项整治】2021年，市纪委监委开展欺诈骗取医保基金专项整治工作。重点对就诊划卡异常、逝者划卡、病种数量异常、疑似欺诈骗保、医护人员高额划卡、疑似违规报销等六大类异常数据进行逐一梳理排查，坚持研判先行，运用大数据碰撞等分析研判工具，从海量数据中分析疑点，逐步缩小范围。在锁定可疑问题线索后，协调市医保局调取可疑人员医保卡刷卡数据、住院病例等材料，会同市卫健委、医保局专家分析研判。先后筛查可疑数据5451条，摸排出问题线索3374个，在逝者划卡、欺诈骗保、病种数量异常等问题上立案30人，给予党纪政务处分28人，运用第一种形态处置34人，挽回医保基金损失1427.21万元，将2家民营医院和1名个人涉嫌存在采取不正当手段将应当由参保人员个人负担的费用列入医疗保险基金结付等欺诈骗保行为移送公安机关依法侦办，分2批通报党员干部骗取医保基金11起11人的典型案例，力求"查处一人、教育一批、警醒一片"的综合整治效果。推动主管部门启动医保基金宣传月，组织517家定点零售药店、2650名医保医师、943名医保药师签署防范欺诈骗保承诺书，通过医保微信公众号对全社会曝光12批、52个典型医保违规案例。发现并推动职能部门整改问题7个，与市法院达成每月将判处刑罚数据报送社保、医保部门，与卫健委达成每月将死亡人员数据报送社保、医保部门的共识，推动市医保局出台《医保待遇关联数据共享和运用管理办法（试行）》《医保违规行为通报管理办法》《医保清算追偿工作流程》3项制度。

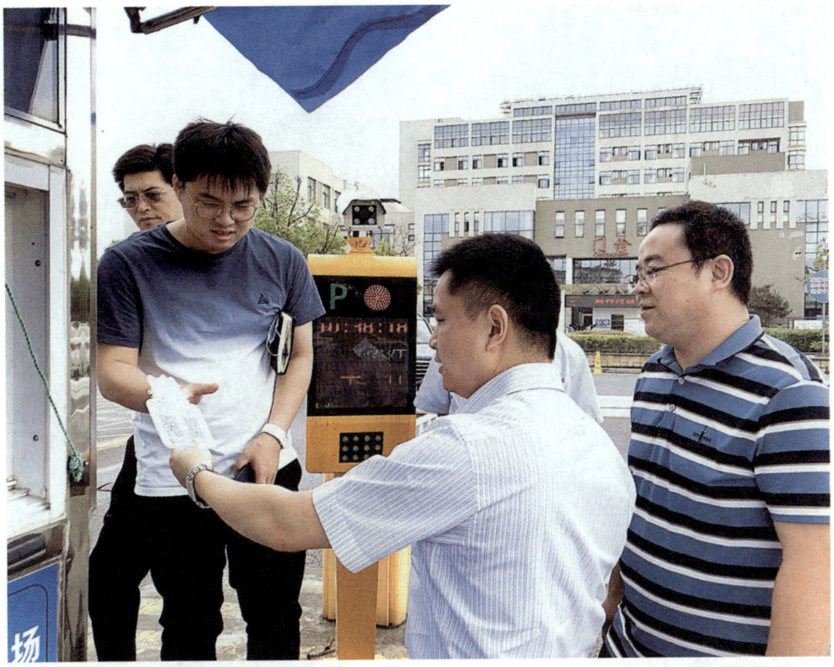

公共停车场收费管理督察 （市纪委监委 提供）

【公共停车收费管理领域专项整治】 2021年，市纪委监委紧盯利用公共停车资源谋私贪腐问题，监督推动公共停车收费管理专项整治工作。制定《张家港市纪委监委监督推动全市公共停车收费管理专项整治工作方案》，组织职能部门召开联席会议6次，开展"室、组、地"联动协作46人次。督促相关职能部门对全市停车场、公共道路停车泊位设置、管理及运营情况全面摸排，主要围绕利用公共停车资源谋私贪腐等八类问题，在市城管局摸排公共停车场所基础上，研判分析"12345"、信访局、市场监督局等部门提供的信访投诉、行政处罚等记录378条，排查疑似问题信息15条。实地走访全市21条收费管理道路、169个实行政府指导价的停车场、90个实行市场调节价停车场。专项监督采取"周汇报、月小结、重要事项及时报"工作机制，"点穴式"分析研判，"清单化"对账销号，主要发现涉嫌违规转包分包、超用地红线收费、收费员违规收费以及部分职能部门工作人员履职尽责不到位等疑似问题。先后查处腐败和作风问题22个，党纪政务处分11人，批评教育帮助处理13人，推动整改问题39个，追回损失71.68万元。推动建立完善6项规定标准，督促出台《建立公共停车收费管理专项整治五项工作推进机制》。

【职业资格证书挂证取酬专项整治】 2021年，市纪委监委以工程建设领域异地违规挂证取酬为切入口，开展细分领域专项整治，深挖住建、交通、水利、资规等领域共19类职业资格证书的挂靠情况，查找疑似问题信息，推动改善工程建设市场环境。借助信息化手段，构建异地挂证取酬监督模型，依托"三库两平台"，即党员库、监察对象库、社保参保人员信息库、全国建筑市场证书注册监管服务平台、江苏建设公共基础数据平台，筛选出223条疑似挂证人员信息。在"事前排查、事中研判、事后处置"各环节加强统筹协调，通过跨地区联动，推动源头共治。按照"大数据+片区化+铁脚板"工作模式联动协作、分类处置。先后党纪政务立案查处61人，给予政务警告处分21人、党内警告38人，挽回损失61.12万元。

（尹　喆）

巡察工作

【概况】 2021年，张家港市委巡察机构多次以市委常委会、市委书记专题会、巡察工作领导小组会议等形式研究和听取巡视巡察工作，坚持高起点谋划、高标准推进、高质效完成，有力推动全面从严治党向基层延伸。围绕夯实巡察制度保障，研究制定《2021年巡察工作要点》，紧盯十一届市委巡察"全覆盖"总目标，明确全年巡察覆盖对象、监督重点、组织方式、成果运用等事项。制定印发《巡察整改督查督办协作联动机制工作规程》《市委巡察组与被巡察党组织主要负责人沟通情况工作机制》和《加强巡察队伍建设提升干部能力素质实施

巡察干部调研助农项目　　（市纪委监委　提供）

办法》等制度，修订《市委巡察工作实施办法》，进一步规范全市巡察工作。围绕强化巡察监督质效，严格执行市县两级巡察机构工作会商、沟通和研判机制，全面对接苏州市委巡察工作，优化巡视巡察联动方式。聚焦市委中心工作和群众关注问题，推进“四个监督”统筹衔接，加强巡察与审计、财会、统计、群众、舆论等监督的协调协作。组建巡察工作专家库，为巡察组及时通报情况、提供政策咨询、给予专业人员和技术支撑。依托上级巡视巡察信息工作平台，完善巡察整改监督体系，助力提升巡察监督质效。围绕融入巡察信息化格局，总结上报张家港特色巡察方式方法，全年苏州市级以上录用巡察信息64条。7月26日，市委巡察办作为先进单位在苏州市信息工作会议上作经验交流。

【政治巡察】 2021年，市委巡察机构持续突出政治巡察定位，切实把巡察指导督导成效转化为推动全市巡察工作规范化、高质量发展的动力，圆满完成十一届市委巡察“全覆盖”目标。2月，完成对十一届市委第十一轮巡察的保税区（金港镇）下辖44个村（社区）、双山香山旅游度假区下辖4个村（社区）党组织，以及对危化品安全生产专项巡察的保税区（金港镇）、经开区（杨舍镇）、冶金园（锦丰镇）、塘桥镇、乐余镇、凤凰镇、南丰镇、大新镇等8个区镇，市工信局、公安局、交通运输局、应急管理局、市场监督管理局、生态环境局6个单位巡察情况反馈工作。3月，启动十一届市委第十二轮巡察，对经开区（杨舍镇）下辖58个村（社区）、冶金园（锦丰镇）下辖21个村（社区）党组织，市酒店管理集团、长江生态保护发展有限公司等2家市属国有企业开展巡察。9月，启动十二届市委首轮巡察，对乐余镇及下辖4个村（社区）、南丰镇及下辖4个村（社区）、经开区（杨舍镇）下辖6个村（社区）党组织开展巡察。十一届市委历经5年，巡察“全覆盖”共反馈问题4386个，移交问题线索270个，立案78件，立案人数96人，移送司法机关7人。对巡察中发现的普遍性、倾向性问题和其他重大问题，先后向市委报送专题报告18篇，为市委主要领导和有关部门决策提供依据参考，有力推动相关问题解决。

【村（社区）巡察】 2021年，市委巡察机构立足基层实际，充分运用实践经验，选优配强干部队伍，从区镇、审计、财政、税务等单位抽调业务骨干参加对村（社区）巡察工作。各巡察组围绕“聚焦党中央各项决策部署在基层的落实情况、聚焦群众身边腐败问题和不正之风以及群众反映强烈的问题、聚焦基层党组织建设”监督重点，以推动基层治理体系和治理能力现代化发展为着力点，深入开展村情民意调查，有效打通全面从严治理“最后一公里”，努力探索对村（社区）巡察张家港模式。全年共巡察村（社区）93个，反馈问题731个，移交问题线索31条，立案处理3人。

【巡视巡察上下联动】 9月，市委巡察机构贯彻落实中央、省委及苏州市委关于巡视巡察上下联动试点工作相关要求，围绕承担的政治生态评估体系、深化运用村情民意调查表、推出“砺剑”系列联训品牌等三项具体任务，研究制定试点工作方案，探索建立政治生态评估机制，优化对村（社区）巡察方式方法，出台《关于进一步深化村情民意调查提升对村（社区）巡察质效的实施意见》，认真筹备苏州市第7期“砺剑讲堂”，撰写上下联动经验材料，并在巡察中深入挖掘典型案例，形成“小特精”制度5个，经验材料、工作信息和典型案例17篇，为苏州试点成效贡献县市经验。10月，张家港市作为江苏县级巡察办代表在全国上下联动试点工作座谈会上作经验交流。接受苏州巡察指导督导第一组对巡察工作指导督导，通过对巡察流程性跟踪指导，发现指正存在问题。积极配合苏州市委涉粮问题专项联动巡察第一组专项巡察张家港市粮食购销领域、苏州市开发区高质量发展专项巡察第一组专项巡察经开区（杨舍镇）相关工作，并根据开发区高质量发展专项巡察部署要求，授权市委第四巡察组联动巡察经开区（杨舍镇）所属相关村（社区），推动涉粮领域和开发区高质量发展存在问题有效解决。

（尹　喆）

【编辑　朱永平】

民主党派·人民团体

Democratic Parties & Mass Organizations

5月15日，市家庭文化节开幕　（市妇联　提供）

中国国民党革命委员会张家港市基层委员会
中国民主同盟张家港市委员会
中国民主建国会张家港市基层委员会
中国民主促进会张家港市基层委员会
中国农工民主党张家港市委员会
中国致公党苏州市张家港支部委员会
九三学社张家港市基层委员会
张家港市总工会
中国共产主义青年团张家港市委员会
张家港市妇女联合会
张家港市科学技术协会
张家港市归国华侨联合会
张家港市工商业联合会（总商会）

张家港年鑑（2022）

扫码欣赏

初心不渝逐梦行

中国国民党革命委员会张家港市基层委员会

【概况】 2021年年末，中国国民党革命委员会张家港市基层委员会（简称民革市基层委员会）下属支部6个，有党员112人，其中在职党员110人、女党员33人，分别占总数的98%、32%。党员中，本科及以上学历107人，其中硕士和博士研究生24人，分别占总数的94%、23%。有苏州市人大代表2人、苏州市政协委员1人、张家港市人大代表2人、张家港市政协委员26人。全年召开主委办公会议6次，基层委员会中心组成员会议3次，各支部组织活动30次。年内，4个支部分别赴张治中纪念馆、冯玉祥纪念馆、双山渡江战役纪念馆、沙洲县抗日民主政府纪念馆开展“观故居、走多党合作之路”主题教育实践活动。有20余条信息被《苏州民革》、《江苏民革》杂志、民革江苏省委网站、《团结报》等录用。

【参政议政】 在市政协十二届五次会议上，民革市基层委员会提交集体提案5件、个人提案及联名提案12件。其中，《关于加快“科技+旅游”融合，助推我市旅游高质量发展的建议》列为主席督办提案。年内，收集社情民意30余条，有20件分别转化为大会发言、直通车、集体提案、个人提案和调研报告。其中，《关于深入整合公共资源交易网站进一步优化营商环境的建议》《关于提高院际会诊费支付标准和规范支付形式的建议》的社情民意被民革江苏省委录用，《关于加大“祖传名中医”传承保护的建议》《关于加快完善“互联网+护理服务”收费体系的建议》等2件社情民意被苏州市政协录用。

【社会服务】 年内，围绕急救护理、疾病预防、金融防骗、家电维修等项目，民革市基层委员会在金港街道金都社区开展志愿服务16次，受益居民200人次。组织律师党员，赴金港街道金都社区、金润小区等地举办“法教同行”讲座2次，受众100余人。先后赴经开区（杨舍镇）勤丰社区、凤凰镇双龙村、冶金园（锦丰镇）沙洲社区开展“送医、送药、送健康”活动3次。 （蔡克荣）

中国民主同盟张家港市委员会

【概况】 2021年年末，中国民主同盟张家港市委员会（简称民盟市委）下属支部11个，盟员294人，平均年龄51.15岁。其中，行政单位56人，教育界115人，科学技术界41人，文化艺术界15人，新阶层57人，公有制经济界10人。盟员中，有高级职称143人，中级职称82人，分别占48.64%和27.89%；江苏省人大代表1人，苏州市人大代表2人，苏州市政协委员1人，张家港市人大代表9人，张家港市政协委员32人。全年召开民盟市委主委会议、扩大会议、专题学习会议、支部学习会议等30余次，编印《张家港盟讯》4期，在《人民日报》《人民政协报》《团结报》《中国政协》《群言》等报刊发表文章简讯312篇次。10月13日，召开支部换届工作会议，集中对下属11个基层支部进行换届。11个支部共选举产生支委44人，平均年龄42.2岁。其中，博士3人、硕士7人，中高级职称29人。盟员积极参与民盟中央、民盟江苏省委、民盟苏州市委和中共张家港市委统战部、民盟张家港市委组织的各类征文征稿活动，创作各类主题文艺作品93篇（件）。民盟市委被民盟江苏省委评为宣传工作先进集体一等奖，获“庆祝中国民主同盟成立80周年表彰先进集体”称号。科技支部被民盟江苏省委评为庆祝中国民主同盟成立80周年先进基层组织。盟员个人获盟内荣誉96项，其中民盟江苏省委荣誉18人次、民盟苏州市委51人次。有盟员220人次在张家港市级以上获奖、发表、展出作品及举行公开课，6位盟员获省级奖项。

【民盟市第六次代表大会召开】 9月23日，中国民主同盟张家港市第六次代表大会在沙洲宾馆召开。88位盟员代表参加会议。大会听取、审议并通过中国民主同盟张家港市第五届委员会关于《坚守初心，接续奋斗，为我市现代化建设贡献民盟力量》的工作报告，选举产生民盟张家港市第六届委员会委员13人，高冰峰当选主任委员，周卫君、刘玉梅、严飞、童先峰当选副主任委员，季春晨任秘书长。该届委员会下设内部监督委员会、民盟工作研究会、办公室以及组织处、参政议政处、宣传处、社会服务处。

【参政议政】 在市十四届人大五次会议上，民盟市委提交人大代表建议3件；在市政协十二届五次会议上，提交集体提案5件、界别提案3件、个人提案20件。其中，人大代表建议《关于加大财政对卫生系统支持力度的建议》、民盟界别提案《关于全面推进梁丰高中高品质示范高中建设的建议》分别被副市长领办，集体提案《关于

9月23日，民盟市第六次代表大会召开 （民盟市委 提供）

打造青春港城,实现“后浪”奔涌的建议》《关于深度融入长三角、共享优质医疗资源的建议》获评“10件有影响力提案”。完成与中共市委统战部合作调研课题《关于推进我市普通高中教育高质量发展的建议》。组织盟员70余人次,针对教育质量、充电桩布局、5G建设、物业服务、老旧小区改造等课题开展调研12次。参与民盟江苏省委文化和生态文明、教育、城镇化论坛,提交论文8篇,其中4篇5人次获奖。报送社情民意信息197条,获省级以上录用40条。其中,《降低商业银行承兑汇票业务系统性风险的建议》被民盟中央录用,《关于中小学食堂试行大宗食材集中采购的建议》被苏州市领导批示。举办“盟员说”参政议政主题微沙龙3期,盟员40余人次参与。盟员参加各类民主协商会、双月座谈会、知情明政直通车、委员联村、专题视察等活动110余人次。盟员担任政府督学、政风监督员、人民陪审员、特约检察员等30人次。

【社会服务】 年内,民盟市委开展爱心济民、送医利民、法律助民、教育惠民、文化润民等社会服务13次,服务群众3600余人次,捐款捐物11.5万元。其中,组织送春联活动3次,送出春联400余副;开展捐资助学活动3次,为甘肃天祝天堂学校捐赠图书1031册;举办高等学校招生咨询会与民盟教育讲堂各1次,服务学生及家长3000余人次;开展健康加油站及义诊活动3次,惠及群众400余人次;开设法律助民讲座2次、法律咨询6次,服务群众200余人次。

【“人人争作为,建功新时代”主题教育】 年内,围绕庆祝中国共产党成立100周年、中国民主同盟成立80周年,民盟市委在全市盟员中开展“人人争作为,建功新时代”主题教育。组织中共党史、统战史及民盟盟史知识竞赛2次,开展“红色讲坛”讲座、阅读党史学习读本、参观红色主题展、收听收看习近平在庆祝中国共产党成立100周年大会上的重要讲话等活动20余次,选派7名盟员参加相关主题培训班,参与盟员240余人次。总结和提炼“正心、正德、正气,自律、自尊、自强”张家港民盟精神,创作并录制歌曲《张家港民盟之歌》,拍摄《初心不渝逐梦行》主题微视频等。

(朱敏娟)

中国民主建国会张家港市基层委员会

【概况】 2021年年末,中国民主建国会张家港市基层委员会(简称民建市基层委员会)下属6个支部和青年工作委员会、妇女工作委员会,有会员145人,比上年增加8人。会员中,本科及以上学历占88.9%,经济界人士占78.6%,有苏州市人大代表2人、苏州市政协委员2人、张家港市人大代表1人、张家港市政协委员24人。年内,民建市基层委员会召开班子(扩大)会议4次,组织开展各类主题活动28次,先后组织会员参加市政协、市委统战部和上级民建组织举办的各类学习培训活动13期43人次;编印《坚守初心、砥砺前行》专辑画册,举办“我与民建”主题征文活动,收集征文作品40余篇;组织会员参加张家港市委统战部、民建苏州市委和民建江苏省委庆祝中国共产党成立100周年系列征文、作品征集、读书分享等活动,投稿10篇。会员高倩被民建江苏省委评为参政议政工作先进个人。做好上级民建组织网站、会刊和“张家港统战”微信公众号的组稿工作,在民建苏州市委、民建江苏省委及民建中央网站登载信息15条次。

【民建市基层委员会第三次全体大会召开】 9月29日,民建市基层委员会第三次全体会员大会在馨苑度假村会议中心举行,140名民建会员参加。民建市第二届基层委员会主委刘会荪向大会作《凝聚共识,汇聚力量,为助推我市经济社会高质量发展努力奋斗》的工作报告,总结民建市基层委员会过去五年工作,对下一步工作提出意见和建议。会议选举产生民建张家港市第三届基层委员会委员7人,孟伟言当选主任委员,徐建龙、张萍当选副主任委员,20名优秀会员受到表彰。

【参政议政】 在苏州市政协十四届五次会议上和苏州市人大十六届五次会议上,民建市基层委员会分别提交提案与建议各1件;在张家港市十四届人大五次会议上,提交建议2件;在市政协十二届五次会议上,提交集体提案7件、个人提案19件。其中,集体提案《关于完善印染行业产业链,打造高端纺织集聚地的建议》被市政协列入“10件有影响力”提案,个人提案《关于整治金港镇香山南路交通问题的建议》被列为副市长领办提案,集体提案《关于抢抓“双循环”政策新机遇,加快构建城市智能生命体的建议》被列为市政协主席督办提案。年内,民建市基层委员会上报社情民意信息30余篇,其中被民建省委录用14篇,被民建中央、省政协分别录用8篇,被省委办公厅录用2篇,被全国政协录用3篇。根据市委“双月座谈会”议题和“一支部一调研”要求,民建市基层委员会组织会员围绕文旅产业、招才引智、数字化赋能、老旧小区电梯安装等课题开展专题调研。5月中旬,近20名骨干会员赴江西赣州崇义县、大余县和章贡区等地调研农文旅产业融合发展情况。会员撰写的《关于创新引领、深化融合,推动我市文旅产业高质量发展的调研报告》等6篇调研文章获市领导肯定。

【社会服务】 民建市基层委员会持续打造“张家港民建·春雨计划”公益品牌,开展志愿者、帮扶、公益等系列活动。年内,走访看望长期帮扶对象抗美援朝老军人朱阿婆4次;第三支部从全市遴选出5位家庭困难、品学兼优的学生给予定向捐资助学;联合乐余镇政府,开展向困难群众定向捐助活动,捐款3万元;向革命老区江西省新干县政协捐款2万元用于编撰相关史料书籍;参加民建苏州市委组织的扶贫宿迁花园村梨树认养项目,认养梨树6棵2160元;向民建中央对口扶贫地区河北丰宁县捐赠善款2万元。12月,民建市基层委员会公益品牌“春雨”计划被民建江苏省委授予“社会服务品牌创新奖”。

（马　福）

中国民主促进会张家港市基层委员会

【概况】 2021年10月，中国民主促进会苏州市张家港支部委员会（简称民进张家港支部）完成换届并升格为中国民主促进会张家港市基层委员会（简称民进市基层委员会）。李峰任主委，至年末有会员34人，在职33人，平均年龄43岁，其中女会员13人。会员中，有市人大代表2人、政协委员6人。4月11日，民进张家港支部一届五次全体会员（扩大）会议召开。5月10日，全国人大常委会委员、民进中央副主席兼秘书长高友东一行在省政协副秘书长、民进江苏省委专职副主委、一级巡视员朱毅民，民进江苏省委副主委、民进苏州市委主委钱振明等陪同下到张家港市就“金融业助力乡村振兴”主题开展调研。5月22日至23日，与农工党市医卫五支部联合开展“学党史、听党话、跟党走”——党史学习教育走进宿迁活动。6月30日，开展“同心学党史，永远跟党走”活动，组织会员走进市美术馆参观“奋斗百年路，起航新征程——张家港市书法美术摄影大型展览”。7月11日，组织会员赴市青少年社会实践基地开展“学党史、忆会史、走基地”活动。9月11日，举办庆祝教师节座谈会暨读书活动。10月1日，举办“庆国庆座谈会暨港城文化发展交流会”和《中共中央关于党的百年奋斗重大成就和历史经验的决议》专题学习会。10月23日，中国民主促进会苏州市张家港支部委员会完成换届，并升格成立民进市基层委员会，李峰任主委，李晓华任副主委，蒋恒、黄晓波任委员。根据会员的教育背景、工作履历和个性特长，成立教育支部、文化支部和综合支部，教育支部主委卞向前，副主委陈红兰；文化支部主委王璐，副主委陆亚云；综合支部主委邵建锋，副主委严秋萍。年内，民进市基层委员会被民进省委表彰为民进全省反映社情民意信息工作先进集体，委员蒋恒被表彰为民进全省反映社情民意工作先进个人，会员庞伟龙、李骏被民进省委表彰为民进全省社会服务暨脱贫攻坚工作先进个人。

【参政议政】 在市政协十二届五次会议上，民进张家港支部提交《关于健全学生心理预警机制防止校园自伤等恶性事件发生的建议》《关于借助工业互联网，加快推动制造业数字化转型的建议》2件集体提案，《推动普通高中校园志愿服务社团社会实践与职业生涯规划建设》等4件个人提案，全部立案。其中《关于健全学生心理预警机制防止校园自伤等恶性事件发生的建议》被民进苏州市委转化为苏州市“2021年各民主党派、工商联与政协各委、室合作研究课题”。年内，围绕市委双月座谈会议题，组织会员就市有限空间作业安全管理、推进中小企业智能制造和工业化转型等重大课题进行调研，撰写调研文章2篇，征集上报社情民意20条。围绕支部年度调研课题，组织会员赴深圳、珠海等地进行调研，完成《推动普通高中校园志愿服务社团社会实践与职业生涯规划建设》调研报告。

【社会服务】 2021年，民进市基层委员会持续打造“彩虹行动”社会服务品牌。2月6日，联合市政协文艺新闻界体育界委员之家、市图书馆等组织“春联迎新春·文化进万家”现场写春联活动，赠送给留市过年的市民。3月5日，民进张家港支部主委李峰带领部分会员到市红十字血站进行无偿献血。3月12日，联合市体育运动学校和市体彩中心志愿者，赴慧成教育儿童成长中心，开展“拥抱春天携手同行·种植希望同育梦想”公益活动。年内继续与市白云学校开展结对共建活动，赠送学习用品，捐建公益科学教室。

（蒋　恒）

10月23日，民进市基层委员会成立大会召开

（民进市基层委员会　提供）

中国农工民主党张家港市委员会

【概况】 2021年年末，中国农工民主党张家港市委员会（简称农工党市委）下属支部11个，农工党党员278人，其中在职党员187人，退休党员91人，平均年龄53岁。包括医药卫生、人口资源和生态环境等主界别152人，文教界56人，经济界28人。具有高级职称133人，中级职称114人，分别占比47.8%和41%。党员中，苏州市人大代表2人，苏州市政协委员2人，张家港市人大代表3人，张家港市政协委员29人。年内，围绕庆祝中国共产党成立100周年，开展主题征文、红色教育、书画摄影赛、“书香农工”悦读、“健康悦动”徒步暨历史文化和红色教育等系列活动50余次。“悦动前进门球队”“悦动篮球队”“悦

画班”等团队坚持定期开展培训。11月，农工党市委下属11个基层支部完成换届。成立“新党员成长营”，开展新老党员师徒结对、主委讲党课、外出学习教育及参政议政培训等，加强对新党员、骨干党员的教育培养。建成“农工之家”10个，基本实现支部“农工之家”建设全覆盖，通过“农工之家”，各支部开展学习交流、专题培训、结对共建等活动30余次。农工党市委被农工党中央表彰为“农工党脱贫攻坚工作先进集体”。编印《张家港农工》4期，微信公众号共发图文信息439篇，浏览量30万余次，关注人数471人。全年对外投稿91篇，在市级以上媒体刊登67篇，其中国家级2篇、省级25篇、苏州市级34篇。2篇理论文章分别获农工党中央优秀论文二等奖、农工党江苏省委优秀理论研究成果三等奖。

【农工党市第六次代表大会召开】 9月29日，农工党市第六次代表大会召开，82名农工党党员代表参加。市人大常委会副主任、农工党市第五届委员会主委顾放，向大会作了题为《聚力同心，履职尽责，在港城现代化建设中彰显农工党作为》的工作报告。工作报告从“强化思想建设、推进组织创优、提升履职实效、服务社会民生”等四个方面总结了农工党市第五届委员会的工作，并对下一届工作提出建议。会议选举产生农工党市第六届委员会委员13人，翟二生当选主任委员，杜思梅、蒋锋、苏国兴当选副主任委员，同时成立农工党市委第六届监督委员会。

【参政议政】 在市十四届人大五次会议上，农工党市委提交人大建议2件；在市政协十二届五次会议上，提交集体提案7件、个人提案19件。其中，《关于优化我市养老护理服务人员作业环境的建议》被评为优秀代表建议，《关于优化政策吸引外来蓝领技工的建议》被市政协列入“10件有影响力”提案，《关于切实落实〈苏州市物业服务收费管理实施细则〉第十四条的建议》被列为政协各专委会联合督办提案。农工党市委作《实施养老分级入院，推进我市养老事业高质量发展》口头发言，提交《关于进一步推进健康教育和健康促进工作的建议》书面发言。年内，完成《关于进一步健全完善老年助餐点建设和运营机制的建议》《关于统筹规划实施弯背塘区域综合整治提升城市南大门形象的建议》《关于加强我市“证照分离”改革衔接管理的建议》调研报告。上报社情民意140篇。其中，省级录用15篇，苏州市级录用58篇，1篇获农工党省委2020年度参政议政突出成果奖。

【社会服务】 年内，农工党市委及下属支部到高新区（塘桥镇）花园村、市第三职业高级中学、冶金园（锦丰镇）建设村等地开展健康服务活动10余次，参与党员200余人次，服务群众3000余人次。组织全市农工党党员开展爱心公益基金募捐活动，向农工党苏州市委捐赠2.9万元爱心款，党员蔡悦恺捐款10万元支援河南抗洪救灾。（陈莎莎）

中国致公党苏州市张家港支部委员会

【概况】 年内，中国致公党苏州市张家港支部委员会（简称致公党张家港支部）举行换届选举大会，产生致公党张家港支部新一届领导班子。年末有党员29人，其中海归、侨眷和有其他海外关系的人士占76%。党员中有苏州市政协委员2人，上海市普陀区政协委员1人，张家港市人大代表2人，张家港市政协委员5人。年内，致公党张家港支部致力打造“书香支部”，与市常青藤实验学校联合开展读书活动。“张家港致公”微信公众号发布信息40余条。

【参政议政】 在市十四届人大五次会议上，致公党张家港支部提交代表建议2件；在市政协十二届五次会议，提交集体提案2件、个人提案4件。支委李键代表致公党张家港支部在政协大会上作《关于打造更高品质营商环境的建议》发言。在第二次双月座谈会上，党员黄美华代表致公党张家港支部就食品药品安全作交流发言。致公党张家港支部与对口联系单位市商务局就开放型经济工作进行专题调研，与市住建局就老旧小区加装电梯工作进行调研。

【社会服务】 年内，致公党张家港支部响应致公党中央发出捐赠“致公爱心小包裹”倡议，通过宋庆龄基金会定向认购、捐赠30个，每份包裹包含口罩、护目镜、中药饮料等，助力海外华侨华人和留学生抗击新冠疫情。与市退役军人事务局联合开展“爱心献功臣”活动，春节前夕慰问退役老兵。7月，慰问结对贫困学生4人。党员孙祺代表齐力建设集团为市新时代文明实践基金注资102万元，党员李键走进市检察院课堂与青年干警分享职业成长体会，党员孙艺娜律师多次走进学校，开展普法教育活动。（温　虹）

九三学社张家港市基层委员会

【概况】 2021年年末，九三学社张家港市基层委员会有下属支社6个，社员121人。其中，在职社员105人，退休社员16人。社员中，具有高级职称的73人，中级职称的29人。有苏州市人大代表1人，苏州市政协委员1人，张家港市人大代表3人，张家港市政协委员18人。3月18日，九三学社铜仁市委专职副主委李胜君一行到九三学社市基层委员会，专程看望赴沿河对口医疗帮扶专家，并向市基层委员会赠送“善德永存”牌匾。5月2日，组织46名社员赴双山岛开展“赓续渡江精神，汲取奋斗力量”主题活动。9月5日，为庆祝九三学社成立76周年，组织63名社员开展“奋进新时代，携手再出发——张家港湾徒步行”活动。年内，九三学社市基层委员会被九三学社省委评为社会服务先进集体，被九三学社苏州市委评为宣传工作先进集体；王洁、顾云蕾、裴丽芳获评九三学社省委先进个人，4人获评九三学社苏州市委先进个人。在社员本职工作中，钱王平获全国自动化学会“CAA科学技术进步二等奖”，鲁怀敏主持的教学团队获机电一体化专业青蓝工程优秀教学团队称号，钱静义被苏州市总工会评为“2021年度苏州最美劳动者”。

【参政议政】 在市政协十二届五次会议上，九三学社市基层委员会提交政协48件提案，被采办集体提案5件、个人提案24件，人大代表建议2件。王洁、钱王平提交的《关于深化教育供给侧改革，全面促进义务教育优质均衡发展的建议》《关于加大科技创新扶持力度、助推我市制造业提档升级的建议》分获市政协“十件有影响力提案奖”。孙浩东《关于我市氢能源产业发展效能的建议》，冯天翔《关于强化应急管理基础保障和信息化建设，积极引导社会力量参与防灾减灾、应急救援的建议》，李晖、陈卓《关于加强科技创新，深化大院大所合作，加快材料科学姑苏实验室运行发展的建议》分别中标社市委课题。6月，五支社就《加快城乡社区智能化升级改造》的课题赴杭州市调研；10月，社员严红艳等赴山东济南、泰安就“提高社区用房使用效率”开展专题调研。

【社会服务】 4月，九三学社市基层委员会赴经开区（杨舍镇）小城市社区开展“慰问幸福百岁寿星”公益活动；7月，联合南丰镇开展“爱的助力”捐资助学活动；10月，部分社员参加市委统战部举办的“全市统一战线同心志愿服务活动”；11月，为纪念第33届“国际科学与和平周”，在经开区（杨舍镇）通桥社区对社区居民进行义诊。社员顾云蕾向贵州省安顺市镇宁县沙子乡甲山村捐赠5万元物品，向贵州医科大学捐赠100万元物品，社员张佐铭资助南丰镇贫困学生2000元。 （黄　河）

张家港市总工会

【概况】 2021年年末，市总工会下辖13个区镇街道工会、8个系统工会、33个直属工会。全市单独建会2966家，其中街道、村（社区）工会联合会187个，行业工会26个，涵盖单位15942家，有会员近52万人。年内，市总工会规范推进全市工会组织基础工作，重点开展“三新”领域（新技术、新业态、新模式下的从业人员）、小微企业的建会工作，有序推进“八大群体”（货车司机、快递员、保安员、商场信息员、护工护理员、家政服务员、网约送餐员、房产中介员）建会入会专项行动，开通网上入会渠道，实行会员实名制数据库管理。全市新建基层工会87家，新增基层工会涵盖单位465家，新增会员14549人。

【职工宣教】 年内，市总工会依托“初心·匠心”党建步道、三有书屋等阵地打造红色课堂，线下线上同步开展“湖畔春光中·我心向党”读书分享会等活动；利用工会网上平台打造云端课堂，开辟“党史上的今天”“每日一问”等专栏。成立思政教师讲师团、劳模精神宣讲团打造先锋课堂，组织点单式学习教育和宣讲活动138场；与市委宣传部等部门联合开发“重温光辉党史·追寻红色足迹”线上健步小程序；“匠心向党”活动征集职工征文132篇、思政教育案例30个。推选先进榜样，聚焦网格员、应急人等群体评选“最美职工”，801名职工获苏州市“最美劳动者”。推进职工文化阵地建设，市职工文体中心承接会议、活动等150余场，接待职工、市民26万余人次。推广“张家港职工之友”微信公众号、张家港工会网、“张家港工会通”云平台，发布推文346条（原创201条），阅读量83万人次，在“学习强国”学习平台刊发稿件36篇次。开展职工文体活动，结合中国共产党成立100周年主题，创作推出原创歌曲《向往》；举办全国总工会文工团“奋斗者之歌”大型文艺演出7场；开展职工书法篆刻创作大赛、职工子女才艺PK赛、“工会杯”篮球赛等活动，“职工才艺小课堂”设置课程46门（次），培训学员1万余人次。

【劳动竞赛】 年内，市总工会围绕“创新提质年”主题，搭建系统化、集成化竞赛体系，探索常态化运行机制，在交通、金融、质量三大领域开展立功竞赛；结合重大项目、民生工程，组织“六比六建”（比工程质量，建精品工程；比工程进度，建规范工程；比安全生产，建安康工程；比节能环保，建绿色工程；比技术创新，建科学工程；比文明和谐，建廉洁工程）劳动竞赛60场；在市级层面开展快递行业、客运行业等技能竞赛10项，在区镇工会开展各类竞赛89场，“行行出状元”职业技能大赛推选技能状元7人；结合全市“4+4”产业链（冶金新材料、智能装备、化工新材料、高端纺织4条特色优势产业链，新能源、数字经济、生物医药及高端医疗器械、先进特色半导体4条新兴领域产业链），评选职

“六比六建”南沿江铁路项目施工现场 （市总工会　提供）

工科技创新之星10人、职工科技创新成果10项。

【劳模管理】 年内，市总工会按照各级评选要求，做好全国、省、市三级劳模推荐评选工作，推选省劳模12人、苏州市劳模29人，命名张家港市劳模100人，1名职工当选“苏州市时代工匠”。发挥榜样示范作用，拍摄《弘扬劳模精神·铸就历史伟业》宣传片，推出劳模电台整点报时节目，开设“劳模榜样说”等专题专栏18期。优化劳模健康关爱、人文关怀等管理服务，推进“劳模创新工作室”提档升级，深化劳模支部“双创双提升”工程、“联盟化合作”模式。张家港市级劳模（工匠、职工）创新工作室建成10家，申报苏州市劳模创新工作室2家。

【民主管理】 年内，市总工会推进劳动关系和谐企业创建，扩大非公企业和中小企业参与面，各类建会企业创建率进一步扩大。加强民主管理工作指导，编印《职工代表大会操作指南》。指导区镇培育民主管理制度体系化建设试点单位，浦项（张家港）不锈钢股份有限公司被列入省级加强民主管理制度体系化建设试点单位。健全完善以职代会为基本形式的企业民主管理制度，加强职代会规范化指导，开展优秀职工代表提案征集工作，选树8家企业参评苏州市厂务公开民主管理工作先进单位。结合疫情防控实际，推进集体协商和集体合同提质增效，全市独立建会企业工资集体合同签订率保持在95%以上。

【职工维权】 年内，市总工会召开全市工会维权维稳工作会议，出台《关于工会购买社会组织服务的实施意见》，推行劳动领域政治安全、企业用工风险等零申报制度，企业劳动用工监督评估专项服务行动开展企业自评600余场、工作组评估9场。推进网络一体化覆盖，建立市、区镇、片区职工法律援助中心（站）14个，推动企业普遍成立劳动人事争议调解委员会、工会劳动争议调解组织；实施“法工同行”项目，线上开设“权益保障”专区，将普法宣传、阳光预警等产品上网上架；“集体协商要约行动”将女职工“五期”（经期、孕期、产期、哺乳期、更年期）保护、职工技能等级“能级工资”等纳入协商范畴，市总工会维权案例被中华全国总工会评为“互联网+工会维权服务典型案例”。

【职工帮扶】 年内，市总工会服务疫情防控大局，扶持实体经济发展，面向初创企业和小微企业提供“工会创业贷”1600余万元，小微企业工会经费先征后返政策为15922家次企业返还经费4548万元。加强阵地建设，依托职工文体中心打造服务“综合体”，在全市布点安康爱心驿站169个、妈妈驿站68个、职工心理服务分中心（站点）18个。致力脱困解困，突出线上线下结合，办好职工子女暑托班、“圆梦未来”勤工俭学、困难职工“微心愿”等公益活动；职工互助互济保障计划吸纳248个单位、6万余名职工参保，为115人发放保障金168万元。市职工援助服务中心被评为全省工会困难职工解困脱困工作优秀单位。推行优惠普惠，结合“我们的节日”等主题，开展线上普惠活动30场，惠及职工10万余人次。

【新时代张家港产业工人队伍建设改革】 年内，市总工会推进市新时代产业工人队伍建设改革，注重“多层次”试点探路，在全市、区镇、行业企业层面实施“普工英计划”“金牌蓝领”等项目试点，推出全省党建创新工作范例沙钢集团“四有”机制等一批创新成果，永钢集团智能炼钢车间被评为全国“工人先锋号”。搭建“精准化”赋能平台，在全市建成企业学院7家、高技能人才实训基地和技能大师工作室25家，新增“普工英学堂”15家、“普工英职业技能竞赛基地”5家。落实“多元化”服务保障，完善人才礼遇等政策，健全各类服务阵地，提高产业工人在“两代表一委员”中的比例，在全国、省、市三级劳模推荐评选中，全市一线产业工人占比均超30%。

【“张家港工会通”云平台】 年内，市总工会微信端开发“张家港工会通”云平台，对工会系统实施扁平化管理，再造业务流程，搭建“1:1”复刻的“非层级化”线上工会组织网络，制定分级密钥、实施分权管理，促进工会组织架构改革更加健全和完善；研究制定云平台运行扁平化管理责任清单，构建形成精简高效的组织运行体系。基层干部专责化，建立一支近2000人、覆盖“市、区镇（街道）、村（社区）、企业”的四级工会通管理员队伍，配套平台管理办法，分级分类开展管理员业务培训、互学互看、实操演练活动等30余场。工作机制“在线化”，推动基础性职能工作上移、创新性职能工作下沉，提升工作效率，强化监督监管；信息联通“在线化”，建立快速灵敏的传递机制，确保劳动关系风险预警、职工思想动态变化、职工急难急困情况等关键敏感信息即时上报、实时提醒、同步反应；维权服务“在线化”，开通政策信息、培训就业、法律维权、关爱服务等功能模块。 （吴　吉）

中国共产主义青年团张家港市委员会

【概况】 2021年年末，全市有团（工）委237个、团总支296个、团支部3665个，团员53084人。全年发展团员2730人。有各级少先队组织73个，少先队员112220人，少先队辅导员2666人。年内，召开共青团市委十六届四次全体（扩大）会议、市青年工作联席会议第二次全体会议、市中长期青年发展规划试点工作领导小组成员单位联络员会议及《张家港市“十四五”青年发展规划》专家论证会。团市委在2020年度共青团工作考核结果中，保持全省领先，列苏州第一，获评2020年度全省共青团工作先进单位、苏州市共青团工作先进单位标兵。

【青年思想引领】 3月，团市委召开“学党史、强信念、跟党走”学习教育动员部署会议。4月至6月，开展主题团日活动，举办共青团“学党史、强信念、跟党走”党史学习教育推进会暨“百年辉煌‘犇’向未来”青春趣味挑战赛、“奋斗百年路，启航新征程”市青年大合唱决赛等活动。7月，开展“百年青春正当燃，百名少年共祝愿”迎七一主题活动、“请党放心，强国有我”、“四史”教育电影课主题观影活动、“阅润风华青春，书启文明港城”主题青少年阅读活动。9月，举办“请党放心，强国有我”开学第一课活动，召开“两在两同”建新功行动动员部署大会。11月，举办“请党放心，强国有我”苏州市青年演说家大赛张家港分赛区初赛。12月，开展“红色青年讲师团”走进市港口学校宣讲活动。年内，开展意识形态专题学习会2次，“青年大学习”覆盖青年160万人次；建成青年学习社65家，开展活动314场。组建“青言青语述党史”青年宣讲志愿服务队，选拔13名优秀青年讲师集中宣讲71场，覆盖团员青年4758人次。评选出市级青年文明号30家、青年安全生产示范岗12家、青年岗位能手40人；“两红两优”先进团员青年80名、团组织35个。精选“青年学习社线路”10条、“重温党史路”红色寻访路线2条，参学人数超4000人次。

【青年联系服务】 1月，张家港市被团中央确定为全国《中长期青年发展规划（2016—2025年）》试点县（市、区、旗），团市委牵头联合相关部门会商后，以市委、市政府名义出台《张家港市“十四五”青年发展规划》。2月，开展“情留美凤凰，寻味最江南”春节主题活动。5月，举办“‘青’爱的你·520恋爱ING”优秀青年户外团建相亲交友活动。10月，举办两岸青年文化交流活动，张家港市青年联合会成为中国大陆首家与中国台湾青年联合会签约的县级市青年联合会；承办中央团校“未来之桥”拉美青年领导人培训交流营。年内，组建青年突击队190支，动员青年2340人志愿服务抗疫，并举办“勇挑重担绽放青春”市战疫青年分享交流会；持续巩固全国青联组织社团基础试点工作成果，推出“青春留港——暖心接力12棒”系列活动，开展“走进青联”活动10场、“青联大讲堂”3场、“乡村振兴·青年先行”活动4场，开展“机关开放日”11期；成立新兴青年促进会新兴青年文艺创作分会，启动“新文青”计划；联合驻沪青年人才联谊会举办“元蛋有礼，与爱同行”主题年会，开展“情牵沪港‘青’聚双城”看港城主题活动；实施“1010”创新创优工程（我为青年做件事专项）项目140项。推进“团代表联络站”“联青服务站”活动常态化，开展活动24场，联系服务青年950余人。

【青年创新创业】 4月，团市委联合市税务局、市金融系统团工委开展打卡式金融政策宣讲活动，联合市人才办举办苏州大学“青聚港城”校园大使选聘决赛。6月，集中开展“安全生产青年在行动”活动。7月，联合市科技局、市科协举办首届市科普达人赛。8月，开展抗疫一线有我——“新农菁英”助农行动，帮扶农户14户，助销各类农产品近5000千克。10月，推出“港城青年优享计划3.0”公益课程，有600余名青年报名参加。年内，组织青年参加2021年苏州·张家港全国创新创业大赛；推广“新农菁英贷”“青创贷”等金融产品，新发放贷款14笔、2970万元；联合开展农村青年人才寻访活动，新增入库人才41人；开展“新农菁英”就业见习计划，提供见习岗位21个。

【青年商会建设】 2月，市青年商会举办民法典专题讲座。3月，举办“对话青商走进农商行”交流活动。4月，开展“传承红色基因，凝聚奋进力量”党建主题学习活动。5月，开展“浓情五月天，感恩母亲节”个人形象照拍摄活动。6月，举办“青商‘炬’力”党建联盟启动仪式，组织会员赴四川大学开展青年企业家创新培训，开展“对话青商走进国家电网”——“优化营商环境服务综合能源助力双碳行动”活动，并联合市文明办、市教育局、市少工委、市青年商会举办“红心向党，奋力逐梦”2021年青商助学捐赠仪式暨特殊教育学校六一文艺会演。8月，赴基层一线开展防疫慰问活动。9月，举办“月满中秋·情系青商”中秋茶话会。10月，举办长三角青商“市县行”活动首站——走进张家港活动。12月，开展“青商聚力，携爱同行”青少年公益项目认购活动，认购项目24项，涉及经费共41.75万元。年内，开展党史学习教育宣讲系列活动3场，开展创二代“新菁英计划”集中授课8次。

【青年干部培养】 3月，团市委举办年轻干部座谈会，组织开展2021年度年轻干部锻炼遴选工作，选拔6名优秀青年到团市委挂职，选派1名干部赴团中央帮助工作。7月至8月，联合市委组织部、市人社局举办2021年知名高校大学生到市实习活动，参与学生92人。全年举办基层团干部培训班1期、直属团组织书记培训班1期、非公企业团组织培训班2期、少先队辅导员培训班1期、中学中职团干部培训班1期。年内，完成乡镇、村（社区）团组织集中换届选举工作，落实乡镇团组织书记专职化配备，推进“村（社区）‘两委’中年轻干部兼任团组织负责人”或“村（社区）团组织负责人进‘两委’”政策，达成率98%。

【青少年权益维护】 2月，团市委开展“青春自护·平安春节”青少年自护教育活动。5月，开展“风信子·心理护航计划”中高考减压活动，组织23名事实无人抚养儿童赴苏州大学附属儿童医院体检。7月，开展“缤纷夏日·快乐暑假”爱心暑托班活动，设立爱心暑托班办班点9个。9月，联合市慈善总会开展“张巩聚力，爱筑童梦”公益项目，募集资金5万余元。10月，开展“清朗网络空间，构筑青春长城”2021年青少年网络安全知识有奖竞赛活动。年内，开展“网小信”反诈防范宣传活动12场，覆盖人数超3000人；打造“网格青春行”品牌项目，结对帮教不良或严重不良青少年14人，开展心理咨询引导76次；实施“立体关护·成长护航”工程项目22项。

【少先队工作】 4月，团市委联合市教育局、市少工委召开“分批入队”“红领巾奖章”工作，召开2021

12月20日，少先队市第八次代表大会举行 (团市委 提供)

年度市少先队员形象大使“沙洲娃”评审会。5月，举办“红领巾心向党”市少先队新队员入队仪式，开展全市少先队活动优质课展评活动。6月，召开学习贯彻习近平总书记给淮安市新安小学五（8）中队少先队员回信精神专题培训暨“学党史、强信念、跟党走”少先队辅导员党史学习教育专题培训会，举办全市少先队辅导员基本功竞赛和“爱健康爱生活”市少年儿童绘画比赛。7月，举办“学百年党史，承红色基因”市第五期红领巾成长训练营，30人参加。

【少先队市第八次代表大会召开】 12月20日，中国少年先锋队市第八次代表大会在馨苑度假村召开。会上，团市委书记季晓阳作题为《筑梦新时代，争当好队员，当好港城社会主义现代化建设接班人》的工作报告。报告回顾过去三年张家港少先队的工作成果，并对未来三年的发展作出部署。会议通报表彰“张家港市十佳少先队员”“张家港市十佳少先队辅导员”“张家港市优秀少先队集体”等一批先进个人和集体。之后召开了市少工委八届一次全委会，季晓阳、葛敏亚当选第八届少工委主任，翟梓均当选为常务副主任，陆梁豪、范依炜、匡慧娟等当选为少工委副主任。

【青年志愿者行动】 3月，团市委启动“‘益’起学雷锋，青春志愿行”港城青年公益筑梦月系列活动，举办“同植青春绿，共筑生态城”主题活动，全市100余名青年志愿者代表参与。4月，联合开展“全民禁毒·志愿同行”2021年张家港市禁毒志愿者主题活动。5月，开展青训营——志愿者手工课堂活动。7月，开展2021年“快乐暑假”张家港市青少年暑期社会实践活动，参与学生240余人。8月，开展全国节能宣传周和全国低碳日活动。9月，开展“温暖补给站”公益服务项目。10月，开展“我与国旗合个影，我与祖国共庆生”活动，举办青商聚力携爱同行——“青小志”志愿服务成长营活动。11月，组织开展志愿服务培训。年内，开展“分小益”垃圾分类志愿活动，宣传55场；开展“河小志”巡河护河志愿活动，巡河1200余次，收集上报各类水质问题140余次；开展“清凉益夏”公益活动，在全市范围内设立爱心饮水纳凉点39个，发放解暑防疫小背包600个；开展“天生‘本’有用，爱捐‘本’不闲”线下活动10场；步行街青年志愿服务站全年累计服务人数超5万人。团市委获第五届江苏省母亲河奖“优秀组织奖”，“争当‘河小志’助力河长制”青年党团员护河志愿服务活动获“绿色项目奖”。

【“希望之光”助学工程】 1月，团市委联合市法院、市青年商会开展“希望之光”春节慰问活动，走访慰问困难学生36人；开展“暖冬行动”，走访慰问困境青少年127人和事实孤儿57人。2月，开展“提供新助力，播种新希望”点亮微心愿活动，收集认领“微心愿”171个。7月，赴新疆巩留县开展东西部协作交流活动，捐赠爱心包裹1000个、善款30万元。11月，开展“爱立方”助学活动，向51名贫困学子发放励志助学金5.1万元。年内，重点针对困境青少年及事实无人抚养儿童实施“梦想改造+”关爱计划，构建“1+3+6”结对帮扶机制，改造完成“梦想小屋”39户。

（陈宇峰）

张家港市妇女联合会

【概况】 2021年年末，全市有村（社区）妇联组织251个，区镇、街道妇联13个，系统妇联34个，行业妇联5个，市级机关工委妇联1个。新建新兴领域妇联组织12个，至年末，全市建成区域联合妇联、行业妇联、社会组织妇联、非公企业妇联等新兴领域妇联组织79个。3月，召开市妇联十一届五次执委（扩大）会议。4月，完成全市251个村（社区）妇联换届工作，共选举产生3627名村（社区）妇联执委。6月至7月，开展全市基层妇联干部大轮训40场。9月，召开市妇联十一届六次常委（扩大）会议。是年，推出并实施《基层妇联执委十项履职清单》，选树20个示范执委项目、100名优秀基层妇联执委。市妇联获评全国维护妇女儿童权益先进集体、全国妇联宣传舆论阵地建设优秀榜、《中国妇女》宣传舆论阵地建设奋进榜。是年，推选市文化中心志愿服务科获评全国巾帼文明岗。

【女性思想引领】 年内，市妇联持续打响“张家港她说”女性宣传思想品牌，挂牌巾帼党性教育基地5个。围绕建党100周年，开展“巾帼心向党，奋斗新征程”群众性宣教活动，举办学习习近平在庆祝中国共产党成立100周年大会上的重要讲话精神分享会、学习贯彻党的十九届六中全会精神宣讲会、庆祝中国共产党成立100周年广场健身舞精英赛、党史展板巡展等特色主题活动500余场。3月，举办“在港城,听‘她’说”——纪念“三八”国际妇女节111周年网络宣传系列活动,推出《在张家港,听见“她”说》主题宣传片、“在港城,听‘她’说”3D虚拟演播厅线上分享会、“最美巾帼奋斗者”九宫格有声海报,参与人数超10万人,活动获评省优秀融媒体工作案例、市网络文化季活动优秀项目。5月至12月,组织参加第三届江苏女性融媒体创意大赛全国邀请赛,入选百强作品6个,获一等奖作品1个、二等奖作品2个、三等奖作品1个,市妇联获大赛优秀组织奖。6月至10月,组织参加苏州女性融媒体创意大赛,获一等奖作品2个、二等奖作品1个。6月,省妇联融媒体中心在市妇女儿童活动中心挂牌省妇联“在你身边”(张家港市)工作室。是年,“暨阳玫瑰”微信公众号发布信息289条,在《中国妇女报》、“学习强国”学习平台、《江苏女性》等省级以上媒体刊发信息85篇,其中全国级以上信息12篇。培育省“三八”红旗手1人,“省巾帼志愿服务十大感动人物”“省十佳网络公益达人黄艳”等女性典型56人。

【女性创业创新】 年内,市妇联开展“健康有约”“木兰对话”等女企业家领跑助力计划系列活动11场,联合新疆巩留县妇联实施“长江水·天山情”爱心共建计划,打造“石榴花开”编织工作室,培育30余人的编织女能手团队。3月至12月,实施“暨阳玫瑰,美家美院”庭院提升行动,组建“女当家”队伍2支,开展庭院扮靓、变废为宝等活动31场,培育省级美丽家园示范点1个,苏州及张家港市美丽庭院349户、示范村1个,“美丽菜园”示范户10户、示范村8个。3月至12月,开展农产品展销集市、劳动力转移培训、乡村振兴能力提升等活动8场。4月至10月,实施女大学生成长助力计划,举办专场招聘会、职业规划等活动6场,提供就业、实践岗位932个,惠及女大学生400余人。6月至12月,举办“激扬巾帼志,奋斗新征程”巾帼建功30周年主题活动,组建巾帼建功宣讲团,开展“她说·党史中的巾帼英豪”宣讲16场。9月至12月,举办市初创女性联盟成立大会暨“We启创”成长课堂,组建创业创新导师团、“税花e站”顾问团,开展“暨阳玫瑰,We启创”活动8场。11月,召开“巾帼筑梦,花开正‘农’”市农村创业致富女能手协会第二次会员大会,指导协会换届,组建“花开正‘农’”导师团和51人的“巾帼新农人”队伍。年内,培育全国巾帼文明岗1个、省巾帼文明岗1个、苏州市最美巾帼文明岗3个,省巾帼建功标兵1人、苏州最美巾帼建功标兵2人,促成4个省级以上巾帼文明岗与村(社区)共建。

【妇儿权益维护】 年内,市妇联实施基层网格“安家”工程,制定“走亲”十项清单,在社会治理现代化指挥平台研发启用“安家”大数据模块,在全市基层网格全覆盖组建“安家”小组927个,常态化开展“安家小组”走亲行动,走访家庭28809户,排摸发现隐患家庭112户。2月至3月,联合市人社局、卫健委、总工会开展女职工权益专项执法行动。3月至12月,开展“暨阳玫瑰,法安万家”法治宣传进家庭活动,举办三八维权周志愿服务、“红心向党,典亮万家”打卡PK赛、“‘她’说民法典”等活动17场,惠及家庭3500余户。4月,成立市妇女儿童心理服务中心。7月至12月,实施“暨阳格格”赋能计划,开展婚姻家庭纠纷调解、心理疏导等活动7场,惠及“格格”骨干300人次。9月至10月,联合市人社局、卫健委、医保局、总工会开展女职工产假等权益专项执法行动。年内,实施“暨阳玫瑰,守护童心”儿童防性侵教育行动,赴全市幼儿园、中小学校、社区、企事业单位等授课371场,惠及1.5万人,“小雅姐姐”巾帼志愿服务队获评苏州市巾帼志愿服务十佳组织。“安家”婚姻家庭矛盾纠纷调解室调解婚姻家庭矛盾纠纷105起,成功调和65对,经验信息获《中国妇女报》、“学习强国”学习平台报道,并获评苏州市先进人民调解工作室。年内,深化“下基层、访妇情、办实事”活动,“四不两直”走访全市村(社区)110个。

【家庭文明建设】 5月,市妇联联合市文明办制定《张家港市文明家庭(标兵)推选办法》《张家港市文明家庭评比激励与管理办法》,推动礼遇关爱、学习宣传、日常管理制度化、规范化。5月至12月,开展“文以化人,家和业兴”家庭文化节系列活动,举办“文明有我,新风倡导”家庭趣味运动赛、“红色百年,家风传承”家庭主题分享汇、“廉齐家,正清风”清廉家风银行新品发布、“暨阳玫瑰,心系未来”家庭教育、“暨阳玫瑰,阅享童年”亲子阅读等家庭教育服务活动100余场。培育省级最美家庭2户,苏州市级最美家庭10户、健康家庭及标兵20户;选树市级文明家庭(标兵)50户、书香之家10户,命名12个家风实训基地,暨阳清风馆、钱氏名人馆获评首批“苏州市新时代家教家风实践基地”。6月,召开全市“三全”(社区全域、父母全程、家庭全类型)社区家庭教育支持行动推进会,邀请江苏家庭教育研究会成员、苏州市家庭教育研究会理事、副秘书长赵琴作《“三全”社区家庭教育支持行动的实务辅导》专题讲座。6月至12月,落实《江苏省家庭教育促进条例》,推进“三全”社区家庭教育指导服务工作,以5个省试点社区为引领,启动建设张家港市级试点18个。年内,命名全市首批“三全”社区家庭教育指导服务示范社区12个,先进经验在全省交流。持续做好责令涉案未成年人监护人接受家庭教育指导工作,为20户涉案未成年人家庭进行专业指导,相关工作入选全省涉案未成年人家庭教育指导工作6个典型案事例。

【妇儿民生服务】 年内,全市妇联系统深化落实“我为妇女群众办实事”实践活动,实施妇儿家庭公益项目、新时代文明实践巾帼志愿服务项目近300项,市妇联“暨阳玫瑰”巾帼志愿服务总队获评“省巾帼志愿服务十佳组织”。3月至12月,开展“暨阳玫瑰,守护她”妇女健康关爱行动活动12场,惠及800余人,帮助4名贫困妇女获中央专项彩票公益金“农村贫困母亲两癌救助专项基金”。5月至12月,举办“我爱我家”女性健康营养课堂2期16场,服务518人次。5月,启动“十四五”妇女儿童发展规划编制调研，赴区镇、街道、中小学开展妇女、儿童问卷调查，累计发放回收有效问卷6000余份。6月至10月，开展“暨阳玫瑰，幸福乐教”亲子体验之旅活动5期，惠及家庭100余户。7月至10月，举办“暨阳玫瑰，心悦心晴”职场女性心理减压公益项目10场，服务208人次。8月至12月，实施“8·26”爱心助学公益活动，推出“爱的N次方”暖心陪伴计划，成立“社会妈妈”爱心志愿服务队10支，开展“类亲情”陪伴、情感支持等志愿服务活动5期。年内，举办“因为爱你”婚恋指导公益项目13场，服务单身青年550人次。9月，参与腾讯99公益日活动，推出“益家有我”关爱项目，发动2.33万人次参与，完成筹款23.23万元，市妇联获评江苏妇女儿童慈善优秀组织奖。9月，成立市儿童友好城市建设工作领导小组。11月，召开全市儿童友好城市建设工作领导小组办公室会议。是月，举办“儿童友好，让张家港更美好”主题亮灯仪式，在万达双子楼、杨舍老街等地标、商圈点亮象征儿童友好的蓝色灯光。12月，举办张家港市“十四五”妇女、儿童发展规划编制专家论证会。是月，市政府办公室印发《张家港市妇女发展规划（2021—2025年）》《张家港市儿童发展规划（2021—2025年）》《张家港市儿童友好城市建设实施方案（2021—2025年）》。年内，指导参与公益创投，承接省、苏州妇儿家庭公益项目各1项、新时代苏州儿童“幸福港湾”实践项目5项，链接公益资金超100万元，《项目化管理有效激发妇联组织活力》入选2021年全省市县乡妇联主席云培训课程。

（朱忆宁）

张家港市科学技术协会

【概况】 2021年年末，全市有区镇、街道科协11个、企业科协12个、高校科协3个、市级学会19个、科普志愿者团队51个，科技、科普志愿者12560人，科普信息员11300人，科普讲师团成员126人；有科普场馆101家，科普教育基地63个，其中国家级1个、江苏省级10个，苏州市级16个；有科学教育特色学校24所，其中江苏省级5所、苏州市级8所。市科技工作者之家完成科技查新超500例，服务企业200余家。全年开展活动15场，发挥服务企业和科技工作者的作用。做好科技人才的托举工作，表彰首届“张家港最美科技工作者”，开展企业创新思维“萃智培训”，举荐优秀科技工作者参与上级评选，沙钢集团毛瑞获省、苏州市科协青年科技人才托举工程资助，市中医医院院长王利红获评“苏州市魅力科技人物”。年内，张家港市被中国科协评为2021—2025年度第一批“全国科普示范市”，市科协被省科协评为全省“县级科协创新发展能力提升计划”优秀单位。

【全域科普】 年内，市科协推进“科普中国”服务品牌，推动科普力量整合、资源共享，先后出台《张家港市村（社区）高位均衡科普服务指导标准》《张家港市关于推进全域科普工作的实施意见》，不断扩大民生科普有效供给。持续开展“安全生产，幸福你我”平安港城、“预防疾病，健康生活”健康港城、“垃圾分类，你我同行”美丽港城三大系列主题活动超100场，助力提升城市文明指数和群众幸福指数。围绕弘扬科学家精神，举办市第33届科普宣传周和2021年全国科普日张家港主场活动，被中国科协评为“全国科普日”优秀活动。作为市新时代文明实践五大分中心之一，发挥科普分中心作用，打造全国社区科普示范项目“科普细胞工程”“流动科技馆”等新时代文明实践品牌活动。以科普项目化的形式，引导鼓励社会力量参与科普，每年向全社会征集科普服务项目近50项，覆盖群众2万余人次。整合社会科普资源，将全市100余家各具特色的现代化科普场馆（基地、园）纳入市级全民科学素质、文明城市建设等示范教育体系，免费向市民开放。成立市级科技教育工作者之家，为全市科技辅导员、科技教育工作者搭建交流协作平台。在全市形成以科技教育工作者之家为引领，青少年科技创新联盟、科技场馆联盟、科技志愿服务联盟“三大联盟”为支撑，学校为主体，家庭广泛参与的家、联盟、学校“三位一体”的青少年科技教育新格局。广泛开展各类青少年科普活动，先后举办市第十届青少年科技创新小发明比赛、市第三届（线上）家庭创客大赛、好奇心·市第十一届青少年科技运动会、市第十届科普剧比赛、市科普达人赛等活动，为青少年科技创新提供展示舞台。

【科技经济融合专项行动】 年内，市科协与中国机械工程学会合作成立科技经济融合张家港服务站，3月举办“科创中国·高端装备制造科技服务

5月15日，市第33届科普宣传周开幕式举行　　（市科协　提供）

团江苏行”张家港科技经济融合专项行动推进会，组建中国机械工程学会张家港科技经济融合工作站专家库，并通过实地走访帮助企业解决技术难题12项。深入对接中国科协“科创中国”专家服务团，促成永钢集团与2021年到市调研指导的焊接技术专家马成勇团队合作，成立苏州思萃熔接技术研究所有限公司。会同乐余镇深度对接哈尔滨工业大学，促成哈尔滨工业技能学会付川团队在乐余镇成立苏州瀚华节能环保科技有限公司。发挥“中国张家港欧洲海外创新中心”作用，建立各区镇基层需求侧导向，举办2021年苏州·张家港国际创新创业合作云对接欧洲专场活动，征集高端装备及智能制造类海外人才项目30项，5个项目做云路演。

【学术交流】 年内，市科协促进学会活动联办，各学会举办各类专业技术培训130余场，学会科技工作者进社区、进农村等活动250余场，开展各类学术交流、科普宣传等活动100余场。促进学会工作向联合联办延伸，市科协牵线搭桥，市烹饪技术协会、市粮油协会共同助力夜经济；市农学会、市农业机械学会、市畜牧兽医学会、市农技协共同助力农民增产增收。举办首届市学术周活动，邀请同济大学院士汪品先作科技文化讲座，表彰苏州和张家港市科技论文获奖者。（宋梦莹）

张家港市归国华侨联合会

【概况】 2021年年末，全市有“侨胞之家”17个，市新侨服务中心1个，侨联委员35人，海外顾问11人。市侨联全年先后接待海外侨胞4批85人次到市参观考察。在春节、元宵、端午、中秋等传统节日为全市80余户归侨及困难侨眷发放慰问金和物资5万余元。3月23日，邀请中医专家在大新镇朝东圩港村开展“阳光侨界·爱在港城”健康知识讲座和义诊活动。4月12日，市侨联走访苏州市华侨文化交流基地——幸运艺术馆，开展新一轮“江苏省华侨文化交流基地”推荐申报工作。4月21日，召开市侨联六届二次全委（扩大）会议；“追梦中华·侨心向党”市侨界庆祝中国共产党成立100周年系列活动启动。4月23日，在高新区（塘桥镇）举办“侨联牵手·情系古村”书画下乡助力文化活动。5月9日，举办“侨聚港城·智汇发展”苏州生物医药专家港城行活动，侨界生物医药界企业家代表50余人参会。5月26日，启动第四届“侨法宣传月”主题活动。6月24日，在双山岛举办“追梦中华·侨心向党”——“红船精神永放光芒，不忘初心砥砺前行”诗歌会。6月29日，在江苏普格机械有限公司召开“创业中华筑梦港城”侨智分享活动。7月4日，组织侨联委员、侨资企业代表25余人赴渡江胜利公园开展党史学习教育现场观摩活动。8月16日，市委常委、组织部部长、统战部部长朱艳调研市侨联工作。10月12日，市侨联召开“情满重阳”老归侨侨眷座谈会。10月25日，举办侨联干部、侨联委员培训班。11月15日，举办“看家乡发展，聚侨界力量”侨界人士走基地看港城主题活动。11月25日，召开市侨联六届三次全委（扩大）会议，选举产生市侨联主席、副主席（挂职）。12月1日，组织召开沙洲职业工学院侨联第二次代表大会。

【市侨商联合会成立】 12月18日，市侨商联合会成立大会召开，43人参加。会议审议通过《张家港市侨商会章程》，市荣昌涤纶毛条有限公司总经理赵海荣担任第一届侨商会会长，并选举产生副会长、秘书长等。市侨商会是由华侨华人、归侨侨眷、留学归国创业人员等在张家港市投资的企业及个人自愿组成的联合性、非营利性社会组织，有会员61人。侨商会成立后，以服务侨企、致力发展为宗旨，凝聚侨心、汇聚侨智，维护会员合法权益，团结动员广大会员为张家港市高质量发展贡献力量。

【“五桥联五洲”五侨联动工程启动】 12月18日，张家港市“五桥联五洲”五侨联动工程启动。该工程由市人大教科文卫（外事民宗侨台）工作委员会、市政协港澳台侨（民族宗教）委员会、市侨办、市侨联、致公党张家港支部5个涉侨部门共同发起，积极搭建“涉侨工作共同推进、为侨服务协调联动、侨务活动共同搭台”的创新平台，包含“港之湾”侨益维护项目、“江之韵”文化交流项目、“侨之声”参政议政项目、“梦之翼”益企项目和“人之峰”汇智项目5个项目。通过发挥涉侨纠纷调解中心等阵地载体作用，维护侨胞合法权益；建设侨界代表委员工作室，开展走访调研，倾听侨界群众呼声，邀请海外乡贤为家乡发展建言献策。（李进达）

张家港市工商业联合会（总商会）

【概况】 2021年年末，全市建有各类商会54家，其中区镇商会9家、街道商会9家、行业商会26家，异地商会6家，村级商会3家，建有新一代企业家商会。有工商联会员单位4602个，其中企业会员4260个，团体会员54个，个人会员288个。年内，市工商联集中对南京市张家港商会、张家港市集智慧合作商商会、江北企业家商会，分离机商会、商业供配商会、密封件商会、浙江商会、冶金园（锦丰镇）商会、凤凰镇双龙村商会完成换届选举工作。市电子商务商会开展读书会、四季谈、商学院、精益生产研习社等特色小组活动；市装修装饰商会精心打造湾士岸装饰文化创意园，形成集建筑装饰设计，文化娱乐为一体的网红打卡地；市棉花商会创新使用网络直播形式召开“2021年中国棉花（张家港）论坛”，论坛网上点击量超过12万人次。

【市工商业联合会第十一次会员代表大会召开】 12月17日，张家港市工商业联合会第十一次会员代表大会在馨苑度假村会议中心召开。会议听取并审议市工商业联合会第十届执行委员会工作报告，选举产生市工商业联合会第十一届执行委员会委员211

12月17日，市工商业联合会第十一次会员代表大会召开

（市工商联　提供）

人，钱耿任会长。会议表彰“2021中国民营企业500强”“2021中国制造业民营企业500强”“2021中国服务业民营企业100强”上榜企业。沙钢集团董事局主席沈文荣被聘为市总商会荣誉总顾问，永钢集团董事局主席吴耀芳、江苏国泰国际集团董事长张子燕、江苏东渡纺织集团董事长徐卫民被聘为市总商会荣誉顾问。

【会员服务】 年内，市工商联组织“沪港融通、携手发展”上海市、张家港市新一代企业家交流恳谈会，两地50余位企业家代表研讨交流科技创新、金融资本、高质量发展等课题，全年开展两地商企交流和产业项目对接活动2次，考察项目4项，介绍推荐企业项目3项。4月，组织企业家考察团赴福建泉州、福州考察学习创新驱动、转型升级等先进经验。组织42家企业参与“2021全国工商联上规模民营企业调研”和“全国民营企业履行社会责任调研”，其中入围江苏省民营企业200强11家，入围苏州民营企业100强15家，入围全国民营企业500强9家，均列苏州第一。开展全市民营企业国际合作暨参与“一带一路”情况调研，组织企业家参与全市人才工作、食品药品安全、党风廉政和反腐败建设调研，积极建言献策。开展民营企业大走访活动，配合苏州市领导和张家港市四套班子领导走访调研全市民营企业300家，收集企业意见诉求109条，全部答复办理，企业满意度100%。联合市工信局开展《张家港市高质量发展产业扶持政策》宣讲解读，重点指导企业智能化改造和数字化转型等；联合电信公司举办企业家沙龙暨“5G+工业互联网”专题讲座，助力企业加快数字化转型进程；联合市法院建立商会商事纠纷诉讼对接工作机制，联合市司法局、律师协会举办法律大讲堂3场，联合市检察院、税务局开展法规、税务专题解读；走进张家港开放大学、校企互动，开展企业家进课堂公益活动3场。

【“红心联”党建品牌】 年内，市工商联举办全市民营企业理想信念教育专题报告会，邀请亨通集团党委书记、董事局主席崔根良，永钢集团董事局主席吴耀芳畅谈民营企业家共话改革发展之路。在民营企业中开展“学党史、感党恩”主题活动，举办“民营企业跟党走、创新提质再出发”文艺大党课专题音乐会、“丹青绘盛世、翰墨颂党恩”庆祝中国共产党成立100周年绘画展。市总商会和各商会组织以“线上+线下”学习形式，开展“书记上党课”7次，专题研讨会3次，实境走访红色教育基地21次。建成大新商会“新商汇”、港口商会等特色党建阵地，其中大新商会建成集党建指导、商务会晤、企业交流、组织培训等多种功能为一体的“海棠新商汇”会馆，成为全市商会会馆建设的标杆样板。以市企业家俱乐部为核心、16家商会阵地为点面，在商会“红心联”党建品牌带动下，先后孵化“徽骆驼”“香樟先锋”“浙商红盟”等商会特色党建品牌，举办“徽商在行动”等20余场专题活动，用接地气、赶时髦的活动形式，在商会队伍中唱响“听党话、感党恩、跟党走”主旋律。7月，河南多地洪涝灾情发生后，全市多家企业、商会自发捐款捐物6500余万元。12月16日，沙钢集团捐赠1.3亿元用于支持城乡建设及教育事业。年末，张家港市总商会“红心联”党建品牌获评苏州市“优秀党建品牌案例”。

【民营企业事前合规建设试点】 年内，市工商联在全国县级范围内率先启动民营企业事前合规试点，搭建以市检察院、市工商联等30余家部门及各区镇为成员单位的合规监管委员会，先后邀请北京大学法学教授、最高人民检察院咨询委员会委员陈瑞华，全国企业合规委专家委员会专家丁继华等专家学者开展4场专题培训，参训人员超过1000人。市工商联加强企业合规情况正面评价和政策激励，落实涉企“免罚轻罚”清单、实施包容审慎监管等惠企举措，在企业行政处罚、刑事追究上制定从宽处理等“一揽子”政策，监管委、监管人、企业各司其职，职责清晰、全员参与、协同联动、务实高效的多元共治合规管理体系和格局逐渐形成。首批50家试点企业、1家试点商会有序推进工作，于11月启动涉外法律风险领域事前合规工作。4月，作为全省唯一县级工商联赴全国工商联作专题经验交流，最高人民检察院检察长张军，全国工商联法律部部长王洪武先后到市专题调研事前合规建设情况，并对张家港市做法给予肯定。

（彭　嫣）

【编辑　沈立平】

法治·军事

Rule of Law & Military Affairs

市民服务中心公安窗口开设爱心通道优化老年人办证服务　（市公安局　提供）

法治综情

公　安

检　察

法　院

司法行政

人民武装

武　警

张家港年鉴(2022)

扫码欣赏

法院服务乡村振兴
宣传片

法 治 综 情

【概况】 2021年，张家港市开展争创全国法治政府建设示范市县活动，修订考核细则，实行短板弱项清单动态管理，督促落实法治政府建设各项目标任务。推行干部任前法律知识考试，落实会前学法制度。开展“关爱民生法治行”项目45项。落实制定行政规范性文件和重大行政决策各项法定程序，实现重大民生行政决策民意调查工作全覆盖。年内，办理市级重要文件、重大决策合法性审查62件。出台《张家港市行政规范性文件制定和监督管理实施办法》，完成涉及长江流域、外商投资和计划生育内容的行政规范性文件清理。出台《张家港市重大民生行政决策民意调查实施办法》，实现重大民生行政决策民意调查工作全覆盖。4月23日，省委依法治省办在张家港市召开争创全国法治政府建设示范市县活动推进会。在省争创全国法治政府建设示范市县活动中，张家港市获评先进地区、“全力构建行政执法规范化标准体系”获评优胜项目，市“创新探索新时代行政执法的张家港样本”被推荐申报2021年全国法治政府建设示范创建单项候选项目。

法治宣传 市法治宣传教育领导小组办公室制定“八五”普法规划，科学部署普法工作。梳理136项重点，制定“三单两书”（责任制清单、问题反馈单、任务提示单、普法通知书、工作评价书）制度，完善考核评估和激励机制，推动普法责任制落实。开展民法典宣传，组织“十百千万工程”“家在长江边·共护长江美”等活动，共建普法大格局。高标准打造法治宣传教育中心，做优“法润沙洲”法治文化惠民工程，创新“庭审直播普法公开课”“常晓法”普法志愿服务项目，繁荣法治文化建设。深化法治乡村建设，杨舍镇善港村获“全国民主法治示范村”“全国乡村治理示范村”称号。

行政执法监督 市司法局编制《行政执法工作规范行政处罚》，探索“区块链+公证”在行政执法全过程记录中的应用，培育执法规范化建设品牌，组织执法人员培训考试，规范行政执法行为。开展案卷评查和重点领域专项督察，梳理行政执法机关移送涉嫌刑事犯罪案件标准，加强行政执法监督。年内，市司法局成为司法部省市县乡四级行政执法协调监督工作体系建设试点单位。执行涉企“免罚轻罚”清单制度，推行证明事项告知承诺制，全年依法减免处罚逾6000万元，办理告知承诺证明事项超2万件。深化镇域综合行政执法改革，建立市、镇两级行政执法案件协调协作机制，探索构建“司法行政+主管部门+镇（街道）”执法监督模式。镇域相对集中行政处罚权工作通过苏州验收。

行政复议 年内，市司法局推进落实行政复议体制改革，完善改革的组织领导机制，出台行政复议体制改革实施意见，完成行政复议职责的统一行使。结合复议、诉讼中发现的行政执法突出问题，各区镇开展巡回培训，提高区镇综合执法能力。落实行政机关负责人出庭制度，负责人出庭率继续保持100%。年内办理行政复议、应诉案件101件和63件。

【张家港一体化推进企业合规建设】 2021年，张家港紧抓企业合规改革试点契机，探索一体推进企业行政合规与刑事合规工作，帮助企业建立健全预防、发现、处理违法犯罪行为的内部控制机制，有效降低企业违法犯罪率。制定《合规有效性审查办法(试行)》及有效性审查参考指标体系，开展企业合规建设分级评定，激发企业参与动力。强化预警辅导，研判大量行政处罚案件，系统收集整理近5年企业受到行政处罚的“高频”违法行为，在苏州首发《涉企行政合规指导清单》2批170项，帮助企业强化预防违法的合规意识。年末，有30家企业与律所签订事前合规服务协议，6家企业通过法律顾问或企业法务自行开展合规建设，20余家企业申请合规验收。市检察院深入探索企业合规改革试点，得到市委、市政府的有力指导和支持，成立由检察长任主任，司法局、工商联主要领导和市监委、检察院分管领导任副主任，成员单位包括法院、公安、各区镇、行政执法部门等37家组成的企业合规监管委员会，负责牵头制定企业合规建设工作指引，遴选组建合规监管人队伍，包括相关行政机关专业骨干61人，律师事务所11家，会计师事务所7家。实现财政经费专题保障、高标准建设企业合规法治护航中心，市司法局、工商联等部门无缝对接，各行政机关、各乡镇和相关部门各司其职，从涉案后的事后合规到以提前预防为核心的事前合规，再到向涉外法律风险领域的延伸，都在全市得到有序开展，最高人民检察院主要领导到市调研时予以充分肯定。对犯罪情节较轻、认罪认罚的民营企业负责人、技术骨干作不起诉处理22人、建议适用缓刑32人，清理立案后长期未处理的“挂案”18件。

【扫黑除恶斗争】 2021年是常态化开展扫黑除恶斗争的第一年，全市以“无黑城市”建设为引领，推进“365工程”（三个责任：党员干部要担起政治责任、区镇板块要落实属地责任、行业部门要强化主管责任；六个方面：宣传发动、案件查办、纪法衔接、行业整治、基层治理、“无黑”建设；五个机制：规范线索流转机制、兑现举报奖励机制、强化调查研究机制、落实联动协作机制、加强督导考评机制），完善常态化工作机制，提升扫黑除恶规范化、专业化水平，巩固深化专项斗争成果。加快推进已判决生效黑恶案件涉案财产处置工作，组织政法各部门开展打击农村黑恶势力服务保障乡村振兴专题调研，同时结合政法队伍教育整顿，开展涉黑恶案件及重点线索评查、倒查工作。9月，印发《张家港市关于常态化开展扫黑除恶斗争巩固专项斗争成果的实施方案》。是月，召开全市扫黑除恶斗争领导小组第一次全体会议暨扫黑除恶常态化工作推进会。建立非法金融活动治理工作联席会议制度，开展常态化扫黑除恶系列宣传活动，推动各区镇、各行业主管单位深入开展重点行业领域专项整治。全年收到群众各类举报线索84件、苏州市扫黑办线索10件、全国扫黑办“12337”智能化举报平台线索3件、核查成案9件；累计破获涉黑涉恶“九类”罪名案件（聚众斗殴、强迫交易、寻衅滋事、敲诈勒索、非法拘禁、组织卖淫、强迫卖淫、开设赌场、故意毁坏财物）256起；“张家港市长江河道采砂管理处”“张家港市组织力提升项目”分别获评2021年度苏州市“无黑城市”示范点、示范项目。群众对常态化扫黑除恶斗争的知晓率名列苏州第一，对举报平台的知晓率、举报反馈满意率均位居苏州前列。市委组织部、市水政监察大队2个集体，朱端冰、沈坚、高欣、曹京4人受到苏州市扫黑除恶斗争领导小组通报表扬。

【政法队伍教育整顿】 3月，全市组织开展政法队伍教育整顿，以各政法单位全体在编在职政法干警为对象，突出筑牢政治忠诚、清除害群之马、整治顽瘴痼疾、弘扬英模精神“四项任务”，抓实学习教育、查纠整改、总结提升“三个环节”，全面推进正风肃纪反腐强警工作。创新提出“三问三做”学习理念，组织全体干警签订政法队伍教育整顿忠诚履职承诺书，对照“6+1+N”顽瘴痼疾、“三对照三严查”等问题清单，组织开展3轮自查事项填报。深入开展“七查”，先后组织三轮次46场座谈会，公开发布全市顽瘴痼疾整治“6+1+N”清单，设立顽瘴痼疾整治举报电话和举报邮箱，组织开展“四长”（法院院长、检察院检察长、公安局局长、司法局局长）大宣讲4场。教育整顿期间出台制度102项，综合评定10名个人、5个集体为张家港市新时代政法英模。在苏州市推出的35个新时代政法英模中，张家港占5个，是唯一做到政法五家单位“满堂红”的板块，整顿成效得到中央督导组和省指导组肯定，相关经验做法在《法治日报》、中国长安网等中央和省级媒体宣传报道204次。

【社会治理现代化建设试点】 2021年，张家港市持续加强网格化社会治理，加快推进县域集成指挥体系建设。全市网格化服务管理水平高质量考核列苏州各区市第三，网格化工作知晓率和满意度保持领先；综合执法改革暨指挥中心建设试点通过省级评估，市社会治理现代化指挥体系入选“全国2021年政法智能化建设智慧治理创新案例”，张家港城市智网指挥中心首批入选“苏州市市域社会治理现代化实训基地”，市、镇两级指挥中心（分中心）收到市民锦旗及表扬信70余件。全市共划分社会治理一级（区镇级）综合网格10个、二级（村、社区级）综合网格248个、三级（基层级）综合网格943个，设立行政机关、企事业单位等专属网格380个。网格员队伍达到1355人。突出社会治理，围绕信息采集、治安巡查、隐患排查、矛盾调解、重点人员走访、城乡环境巡查、政策法规宣传、便民服务八大类，重新确定59项网格入格事务清单。加强网格巡查，组织开展网格领域涉稳隐患大排查、大化解专项行动，网格员排查上报各类涉稳矛盾纠纷415起、涉稳隐患1.74万起，化解率99%以上。参与“331”消防安全隐患、燃气安全隐患、既有房屋建筑安全隐患大排查，累计排查发现隐患1.7万起，整改率超过90%。全面推行“三官一律进网格”，试点开展“公共法律服务进网格”。全市进网入格法官、检察官、警官和律师共472人，提供公共法律服务500余次。积极开展网格反诈行动、妇联“安家工程”、“平安农机进网格”等工作，全力做好常态化疫情防控。依托“张家港网格学院”和区镇“网格学校”“网格微课堂”等载体，构建“老人+新人”“线上+线下”“集中+自学”“课堂+实践”培训模式，全年举办各级各类网格员培训班150期，培训网格员1.5万人次。市委、市政府成立社会治理现代化综合指挥部，制定实施指挥部联席会议制度、成员单位驻点办公制度、提醒督办和会商会办等制度。深化警网融合，加强联动共治。在苏州率先建立市指挥中心（“12345”热线）与检察机关协作联动机制，通过平台实时推送公益诉讼线索信息431条，检察机关立案受理45件，发出检察建议50件。实施党建引领“网格吹哨、部门报到”工作机制。“流动网格长”机制覆盖市、区镇（街道）及部门，开展各类活动218次，处置问题155个。“党建为核，聚力集成，推进社会治理现代化”入选市委组织部“书记揭榜挂帅”项目，牵头会同市委政法委、市编办、市司法局共建党建联合体，推进实施“党建凝心、网格聚力”系列活动，完成“网格聚力惠民生”“智网工程”“市民诉求中心解民忧”等2021年度“我为群众办实事”项目。张家港市“党建引领网格化社会治理”“大数据+指挥中心+综合执法”“流动网格长”等做法被中央电视台、人民网、新华网、“学习强国”学习平台等主流媒体宣传报道。“联动张家港”微信公众号累计关注用户超过25万人次，开播“我是网格员”电台访谈节目6期，组建成立“网格故事汇”宣讲团，举办网格宣讲20场。启动开展“沙洲网事”主题宣传系列活动。年内，市指挥平台（“12345”热线）日均受理网格员上报工单及市民各类诉求近1万件（次），受理案件总量超190万件，办结率99%以上。完成“空地联勤实时指挥系统”开发运行，发现处置问题4809起，处置率100%。拓展开发“长江大保护”“铁路护路”“文明创建”“灾害天气预警”“疫情防控”等模块，汇聚数据3135条。

（丁洪军　万　鑫
陈梦倩　任婉清）

公　安

【概况】 2021年，市公安局聚焦庆祝中国共产党成立100周年安保工作主线，紧扣现代化建设发展大局，保稳定、守平安、护安全、促发展，公安工作和队伍建设质态持续提升，在江苏省6月进行的群众安全感测评中，张家港市群众安全感达到99.67%，位列全省第一。年内，省公安厅和苏州市公安局有3个现场会在张家港市召开，张家港市公安局获评苏州市政法系统先进集体，在苏州市公安局和张家港市级机关的年度绩效考评中均位列第一等次，被张家港市委、市政府授予突出贡献奖。

疫情防控　年内，市公安局牵头全市疫情防控社会及社区防控组，围绕“内外同防”工作目标，高效运行常态化疫情防控核查管控机制，从严抓实数据研判、流调溯源、通道查控和社区管控，综合实施社区网格排查、鼓励自主申报、开展有奖举报的涉疫关联人员排查“三项举措”，织密数据定位、门磁报警、网络视频监控的居家管理“三道防线”，会同口岸管控组成立“口岸防控数据专班”，创新建立口岸防疫“两点一线”工作机制，由公安机关提供技术支撑，口岸防控组负责日常管理，确保涉疫重点人员、重点区域闭环管控到位。精准数据排查涉疫人员55.9万人，24小时见面率100%，中高风险地区到市人员核查率100%，涉疫违法查处2年苏州第一。主动保障企业复工复产，开通防疫物资运输车辆绿色通道，密切警企协作，护航经济复苏。

打击和防范犯罪　年内，市公安局坚持“专业打职业，团队打团伙”的工作导向，着力构建警种融合、手段叠加、机制互补的刑事侦查工作格局，提升违法犯罪打击能力，跨境赌博、网络贩毒、食品安全等领域的9起公安部或省公安厅督办案件全部告破，“八类”案件（放火、爆炸、劫持、杀人、伤害、强奸、绑架、抢劫）破案率95%，现行命案保持全破，刑事案件全口径破案率46.4%。推进星亮工程建设，违法犯罪警情14年连降。全面开展打击治理电信网络诈骗犯罪止损控案“双百会战”，电信网络诈骗案件破案数比上年增45%，发案数和经济损失数比上年降17%、16%。8月，市公安局联合市场监管局成功破获特大制售“毒毛肚”案件，抓获17名犯罪嫌疑人，扣押有毒有害泡发食品1.5吨。建立健全“渔警紧密联动，行刑高效衔接”工作机制，强化长江禁捕退捕全链条执法整治，无证驾驶船舶查处数列苏州五县（市）公安机关第一。

交通管理　年内，市公安局围绕道路交通“事故少、秩序好、安全畅通、群众满意”目标，推进道路交通秩序大整治大提升行动，开展货车超载专项整治、酒驾醉驾集中整治、电动二轮车专项整治，查处交通违法行为120.5万起，其中酒驾醉驾2051起、超载2874起、电动自行车违法25.3万起。实施道路隐患整改、交通设施优化，共排查整改路面隐患1377处，交通亡人事故数和亡人数16年连降基础上，分别比上年下降14%、15%。加强重点车辆监管，全市2771辆重点运输车辆全部安装右转弯声光提醒装置，列管车辆安装率100%。深化“警保联动”工作机制，在线快处交通事故2.36万起，占交通事故总数的43%，列苏州五县（市）第一。交通违法“掌上行政速裁”工作机制获省公安厅发文推广，“一校五方”校园周边交通治理机制获长安网专题报道。全年发生交通事故6812起，其中一般以上交通事故448起，死亡65人、伤416人，办理汽车注册登记4.4万辆，核发车辆检验合格标志22.1万辆。

治安管理　年内，市公安局常态化开展娼赌违法犯罪整治，全年查处娼赌案件1105起、治安处罚3195人，分别比上年增16.9%、17.4%。开展危险物品安全监管攻坚行动，列管危化品单位584个，检查7800余个次，推广第三方评价机制和“智慧危管”平台建设，风险评估完成率、存储场所改造率均达到100%。依托寄递业等级化管理模式，会同市邮管局推动标准化建设寄递网点“港城驿站”110家。围绕苏康码、行程码查验，重点地区人员核查，系统登记等重点环节，加强旅馆业、棋牌室等行业场所督导检查力度。依托“苏易住”登记系统，排查登记网约房262套，推广安装智能门锁，落实旅客实名登记，规范网约房管理。成立无人机协会，排查无人机573架，落实重大安保期间禁飞措施，规范无人机管理。

执法服务　年内，市公安局持续深化法治公安建设，获评省公安厅首批“六六战略”先进实践示范点，依托执法办案管理服务中心，在全省公安机关首创公检法司“一站式”办案中心，实现全省公安机关唯一的执法质量考评24年连优。深化依法治理，制定76件执法指引，涉电动自行车改装、出租房租赁违法案件查处居苏州五县（市）第一，办理消防违法案件历年最多。加速推进“放管服”改革，9个区镇服务中心、15个派出所建成公安综合服务窗口，户籍、出入境、交管等业务实现“一站式”办理，与南通如皋实现公安政务服务“跨域通办”，出台便民利企措施30项，打造“企业合成服务窗口”，推出老年人“免预约专窗受理”“专人全流程陪同”等服务举措，办理外籍人才永久居留申请比上年增217%，群众办事满意率列苏州五县（市）公安机关第一。

“110”接处警工作　2021年，市公安局指挥中心受理报警69.6万余起。其中，违法犯罪警情4.92万起、火灾警情2582起、交通警情12.95万起、纠纷警情4.56万起、群众求助警情11.97万起、其他警情35.27万起。通过快速指挥调度，直接抓获违法犯罪嫌疑人368人。

【打击治理电信网络诈骗犯罪“双百会战”】 3月，市公安局会同市网信办、市行政审批局、市市场监管局、市邮政管理局、市人民银行、三大电信运营商等部门，开展打击治理电信网络新型违法犯罪暨止损控案“百日会战”和“百日提质”，实体化运作市、镇两级工作专班，突出破案攻坚、技术攻坚、人员管控、宣传防范等重点措施，从源头上控制和压降发案。年内，电信网络诈骗案件破案数比上年增45%，发案数和经济损失数分别比上年降17%、16%，止损金额7272万余元。全市有7.6万人参与反诈宣传团队，240余个新媒体账号、170余部“反诈微视频”巩固宣传阵地。10月，全市召开打击治理电信网络诈骗犯罪止损控案“百日提质”总结会暨常态化治理部署会，对10家优秀单位、“四无创建”40家先进单位、“双百”攻坚行动10位先进个人进行表彰。

【公安政务服务便民利企30项举措出台】 4月，市公安局推出公安政务服务管理便民利企30项措施，涉及与群众息息相关的户政、车驾管、出入境、行政审批4个方面公安行政监管业务。在户政方面，不断扩大居民身份证异地受理范围，将办理权限进一步下放到大型综合警务站；全面落实取消群众办事提供材料复印件要求，推行“受理户口以及其他事项一次性提示告知单”制度等系列措施。在车驾管方面，全市51家汽车销售店启动机动车代办上牌服务，全市4家二手车交易市场、3家银行、4家邮政网点、

交警维持秩序 (市公安局　提供)

11个交警中队等开通机动车转移、抵押登记、核发检验合格标志等车驾管业务。在出入境和行政审批方面，市行政审批中心公安窗口打造"企业合成服务窗口"，提供涉企审批、便企咨询、安全指导等服务，开通涉企服务热线、线上服务渠道，建立企业诉求联动解决机制，全面汇聚、及时回应企业办事办证需求。

【"一校五方"共建共治机制落地】 年内，市公安局会同教育、规划、自然资源等部门，协调推动市第一中学、张家港高级中学、云盘小学、外国语学校4所高峰时段拥堵严重学校，落地以警方、校方、家长、志愿者及社区居民为责任主体的"一校五方"共建共治机制，保障高峰时段校园周边道路畅通有序。倡导学校利用操场地下部分区域，建成校内地下停车场，设置车辆专门入口，让乘车和步行两种入校方式做到"人车分离"，并设置停车场入校隔栏、门禁。科学设置校内地下停车场行车诱导标志标线，实行单向循环。针对不同年级学生家长，发放不同颜色停车证，按照放学时间段，分时入校停车。对于没有条件建设地下停车场的学校，推行指定公路路段15分钟停车免罚制度，缓解上下学高峰期校园周边停车供需矛盾。将校内地下停车场作为便民综合工程，利用小学、初中无晚自习的特点，在夜间和节假日向校园周边老旧小区居民免费开放停车，缓解小区停车供需矛盾。同时，市公安局自主开发"张家港文明交通"微信公众平台，在全市招募文明交通志愿者，将文明交通志愿者招募由线下转为线上，由公安交警部门集中招募。志愿者涵盖党政机关职工、公司职员、社会组织等全市各领域、各群体，并统一执勤标准、统一服务时长、统一分配点位。年内，该微信公众平台累计招募文明交通志愿者6200名，为"一校五方"的落地见效提供了充足的人力资源保障。

【辅警"四统一"改革】 年内，市公安局以"控量提质"为目标，深化辅警队伍正规化建设，系统实施统一身份、统一招录、统一保障、统一管理"四统一"改革，明确所有辅警统一与市公安局重新签订劳动合同，全部按照市财政保障标准核拨人员经费，建立工资逐年增长机制，优化辅警层级晋升办法，根据工作年限、立功受奖等情况逐级晋升，分级分岗发放补贴，制定《辅警人才遴选晋升办法》，每年开展遴选评定，落实人才津贴，规范辅警日常慰问和工会福利，全部投保人身意外险和互助互济保障，定期组织体检，制订辅警招聘工作规范，严格落实招聘简章"双备案"制度和报名资格审查、正式入职审查，确保聘用规范透明。 (刘　宇)

检　察

【概况】 2021年，市检察院深化落实《中共中央关于加强新时代检察机关法律监督工作的意见》，争当服务大局、司法为民、客观公正的示范，努力再创全国先进基层检察院。扎实开展"我为群众办实事""两在两同"建新功活动，2个项目纳入全市政法系统重点项目，1个项目获评苏州市政法系统优秀项目，1件案例获评最高检"检察为民办实事"典型案例；扎实推进基层检察院建设，2次受邀在全省检察机关专题会议上作经验交流，办理的案例入选最高检典型案例5个、省检察院典型案例9个，最高检研究课题立项2项，省检察院研究课题立项1项，经验做法获最高检转发推广3项，省检察院转发推广8项。派驻公安检察室办案组、"合规护企"检察办案团队获评全国检察机关优秀办案团队，43人次获苏州市级以上表彰。

刑事检察　市检察院全年批准逮捕301件374人，提起公诉1502件1990人。落实"少捕慎诉慎押"司法理念，持续深化繁简分流工作机制，90%以上案件适用认罪认罚程序，刑事案件速裁程序适用率为69.7%，共对犯罪情节轻微且认罪认罚的425名犯罪嫌疑人作不起诉处理决定。繁简分流工作经验在"江苏省检察机关深化适用认罪认罚制度新闻发布会"上作经验交流。强化检察监督，提起抗诉1件，提请抗诉1件，纠正各类违法行为50件。加强与侦查机关协作配合、制约监督，监督强制措施规范适用做法在省检察院和省公安厅联席会议作经验交流。

民事检察　市检察院全年受理民事监督案件207件，经审查向法院发出再审检察建议10件、审判程序违法监督检察建议25件、执行监督检察建议34件、支持起诉106件，终结审查17件，决定不支持监督申请11件。开展裁判结果、审判程序立体化监督，在一起破产案件中成功监督10起工资报酬虚假诉讼案件。依托与市法律援助中心的协作配合机制，及时监督农民工欠薪案件情况，支持50名农民工索要劳动报酬60余万元。

行政检察　市检察院全年受理各类行政监督案件26件，其中行政生效裁判监督5件，行政非诉监督15件，审判违法监督6件，发出检察建议18件，化解行政争议案件7件。针对工作中发现的部分公司通过恶意注销逃避行政处罚、法院执行的情况，向市委、市政府专题报告，推动全市建立公司注销信息互通机制。积极开展行政争议实质性化解，成功化解桃园拆除行政争议纠纷、27人群体性劳资纠纷等久拖不决的案件，促进矛盾源头治理。

公益诉讼检察　市检察院持续推进公益诉讼协作配合机制，共办理行政公益诉讼案件90件，制发公益诉讼诉前检察建议85份，持续保护安全生产、食品安全、生态环境、国有土地等领域社会公共利益。在办理一起涉危险物品管理行政公益诉讼案件中，根据《江苏省人民代表大会常务委员会关于加强检察公益诉讼工作的决定》相关授权，全省首次进入涉案场所开展自行调查核实，并对42箱449件烟花爆竹依法先行登记保存，确保关键证据不灭失，相关做法得到省检察院转发推广。从严惩处乱排乱埋有毒废水、废物等污染环境犯罪，提起公诉19人，一起案例获评"江苏省生态环境损害赔偿十大典型案例"。

【"融入式"监督护文明典范城市创建】 年内，市检察院主动对接市社会治理现代化指挥中心、便民服务中心、"12345"平台，将检察监督纳入网格管理、群众投诉平台处理及督办流程，"融入式"监督解决一批群众关注、久拖不决的问题。平台根据检察院工作职责、领域等标准，将生态环境、食药安全、未成年人保护等8类问题进行数据筛选并推送给检察院，共研判各类信息410条，开展调查核实120次，立案受理公益诉讼线索28件，发出检察建议22件，并督促相关职能部门及时整改到位。围绕全国文明典范城市争创任务，先后办理扬尘治理、垃圾倾倒、河道污染、城市无障碍设施等与文明城市建设密切关联公益诉讼案件45件，依托公益诉讼力量解决社会治理难题，推动清理各类垃圾7298.23吨、治理工地扬尘19处、拆除限高杆62处、整改不规范无障碍设施322处、清理加拿大一枝黄花12.2公顷。"张家港'12345'+检察公益诉讼"模式被《检察日报》等媒体宣传报道并被收录全国政务热线数字社会典型案例。

【"长江大保护"专业化办案团队组建】 年内，市检察院组建"长江大保护"专业化办案团队，实行刑事检察、公益诉讼检察融合办案，办理长江非法捕捞案件20件37人、非法采砂案件24件71人。贯彻落实"轻轻重重"办案理念，在一起非法捕捞蟛蜞案件中，对1名组织者、3名收购贩卖者提起诉讼，对10名平均年龄63岁的一般参与者相对不起诉，并在案发地召开公开听证会，开展现场普法，促进"十年禁捕"政策更好落地见效。4月26日，张家港市检察院与如皋市检察院、靖江市检察院在如皋市生态环境保护执法司法联动中心会签"长江大保护"公益诉讼检察协作共建机制实施意见，三方就共同加强长江下游流域生态保护，建立跨区域协作共建机制达成共识，并就下一步如何利用各自优势，发挥合力开展长江大保护进行深入沟通交流。同时，与市水务局、市长江生态公司建立"3+N生态长江"党建联盟协作机制，携手加强长江下游流域生态保护。

【"检立潮头"品牌强院】 年内，市检察院坚持"特色建院、品牌强院"，形成"文明典范·检立潮头"特色建院品牌以及8个部门子品牌，检察长先后2次受邀向全省检察机关分享基层院建设经验。完善"港检之星"典型选树机制，实施检察新秀培养和科目带头人计划，常态化开展"知行夜学"、案例演说会、"能说慧道"小课堂等学习、练兵活动，7名干警在苏州市级以上业务竞赛中获奖。推进专业化办案团队建设，2个团队获评全国优秀办案团队，系全国唯一连续两次入选的基层检察院。抓好检察理论研究，理论文章得到国家级知名期刊录用7篇，研究成果在省级以上评选中获奖8次，受邀参加省级以上法学论坛8人次。（陈梦清　任婉清）

法　院

【概况】 2021年，市法院坚持公正司法，统筹推进审判执行工作和党史学习教育、队伍教育整顿等专项活动，推动执法办案、司法改革、队伍建设等工作取得新进展，有13个集体和22名干警获得苏州市级以上表彰。全年受理各类案件43198件，办结40008件，分别比上年增21.67%和24.02%。

刑事审判　市法院全年受理刑事案件1552件，审结1465件1798人，其中审结危害公共安全罪669件673人，破坏社会主义市场经济秩序罪56件172人，侵犯公民人身权利、民主权利罪106件102人，侵犯财产罪424件545人，妨害社会管理秩序罪198件294人，贪污渎职犯罪12件12人。

民商事审判　市法院全年受理民商事案件21025件，审结19260件。其中，人格权纠纷143件，婚姻家庭、继承纠纷1755件，物权纠纷267件，合同、无因管理、不当得利纠纷11818件，知识产权与竞争纠纷218件，劳动争议、人事争议1452件，与公司、证券、保险、票据等有关的纠纷740件，侵权责任纠纷1404件，非诉讼程序案件1400件，特殊诉讼程序纠纷63件。

执行工作　市法院全年受理执行案件20290件，执结19008件，执行标的金额165.64亿元，执行标的到位金额71.1亿元，执结率99.86%。其中，执结刑事案件624件、民事案件7726件、行政非诉审查与执行案件235件，仲裁861件，保全案件9180件，执行异议案件337件，执行监督案件45件。

审判监督和行政审判　市法院受理再审案件19件，审结18件，受理申诉、申请再审案件32件，审结30件。受理行政案件109件，审结93件，其中驳回诉讼请求21件、裁定驳回起诉17件、准予撤诉12件、确认违法3件、不予受理39件，移送1件。受理行政非诉审查案件111件，审结111件。

【全国法院系统首个服务乡村振兴主题实践基地建立】 3月，全国法院系统首个以服务乡村振兴为主题的实践基地，江苏高级人民法院服务乡村振兴（张家港）实践基地在市法院设立。以此为契机，牵头全市14个单位成立“美美乡村·法治保障”联盟，并在永联村、长江村、善港村和农联村设立首批法治保障乡村振兴联系点，推进服务保障。围绕为乡村振兴“培养一批人、解决一类事”，在6个人民法庭展开“法官村官双向交流”活动，先后有219名村干部驻法庭培训，参与化解纠纷973件；法官常态化下沉网格参与基层治理，指导纠纷化解402件。该项工作机制获评苏州市域社会治理创新案例。市法院持续输出司法力量助推农业强、农村美、农民富的经验做法，被《人民法院报》报道。同时，为给乡村发展营造良好的法治化营商环境，市法院出台《关于加强产权与企业家权益保护的意见》，推动设立全国县级市首家产权和企业家权益保护中心。在澳洋集团设立全市首个“知识产权保护司法调研基地”，与经开区签订合作协议，搭建知识产权保护法治行府院联动平台，服务“创新张家港”建设。

【全省首创“免诉保”机制】 10月18日，市法院召开优化营商环境之“免诉保”机制启动仪式新闻发布会。发布会上，市法院与金港担保公司、金港担保公司与首家签约企业澳洋集团分别进行签约，标志着“免诉保”机制正式实施，该机制为全省法院首创。“免诉保”机制指由案件申请人提出财产保全后，被申请人针对该保全提供专业担保机构进行担保，免于对被申请人进行财产保全的一种机制。市法院打造“港城通·最舒心”品牌，深入开展优化营商环境“一十百千”行动。在走访辖区千家规模以上企业的过程中，了解到部分企业因涉诉被冻结银行账户，造成银行转贷困难、招投标准入受限等问题。为避免财产保全对企业生产经营产生负面影响，经过前期调研和磋商，市法院与市国有担保机构金港担保公司签订司法协作框架协议，在全省率先探索设立“免诉保”机制。协议约定担保公司为张家港市辖区被起诉上市企业、规模以上企业提供最高额免于诉讼保全担保增信服务，并在提供担保的最高额范围内为被担保的被诉企业承担连带担保责任。“免诉保”的实施，避免了法院在采取保全措施后，给偿债能力强且诚信度较好的企业造成不必要的银行信誉、商誉等负面影响。

【交通事故纠纷一站式服务中心揭牌】 年内，市法院为解决交通事故当事人“往返跑、理赔难”的困境，联合市公安局、司法局、银保监会推动设立张家港市交通事故纠纷一站式服务中心，共建集事故处理、保险理赔、纠纷化解、诉讼保障四项功能于一体的平台，实现“走进一扇门，了结所有事”。3月21日，成员单位迁入中心试运行联合办公。5月17日，服务中心正式揭牌。服务中心推行“三三三”工作法，即坚持共建共治、专业高效、便民利民三项工作原则，优化警保联动、诉调对接、会商研判三项机制，开辟网上理赔通道、线上司法确认通道、门诊快审通道三条快速通道，全力打造具有张家港特点、体现样板水平的“e路通”服务品牌。至年末，一站式化解纠纷2737件，道路交通案件审理周期比上年降39.47%。

【深化民事诉讼程序繁简分流改革试点】 年内，市法院通过简化审判流程和裁判文书等举措，让大量简单案件通过简易程序快速处理，分别适用简易程序和小额诉讼程序审结案件13814件和2975件，比上年分别增33.74%和34.37%。深化刑事速裁机制，审结速裁案件943件，平均审理天数1.56天，“一站式”刑事速裁工作机制获评江苏法院司法改革案例。推进简案快审的同时，积极构建“繁案精审”机制，制定《民事案件普通程序合议庭成员组成规定》，从制度层面保障用专业化审判资源集中攻坚繁案难题；健全法律适用分歧解决机制，制定《“三步九要素法”解决法律适用分歧的意见》，统一裁判尺度，促进类案类判；规范电子数据规则适用机制，制定《电子数据适用规则指引》，破解新类型证据审查认定难题。

【劳动人事争议“调裁审执”一站式办理】 为贯彻落实《苏州劳动法庭建设三年规划（2021—2023年）》《苏州市中级人民法院、苏州市人力资源和社会保障局关于强化劳动人事争议仲裁与诉讼衔接机制建设的实施意见》部署要求，12月，市法院与市人社局共同打造的“调裁审执”劳动保障维权一体化中心成立。“调裁审执”劳动保障维权一体化中心是全省首个整合劳动监察投诉举报、联合调解、仲裁立案、诉讼立案、执行立案等功能于一体的综合服务平台。服务中心敞开“绿色通道”，发挥资源优势、放大联调合力，推动诉源治理，强化合作协同、共创示范品牌、实现便民利民。 （何　薇）

司法行政

【概况】 2021年，市司法局一手抓教育整顿，一手抓创新实践。获评江苏省司法行政系统高质量发展先进单位、张家港市2021年度绩效考核“综合贡献奖”等荣誉。市司法局有司法行政工作人员38人。全市有执业律师363人，公职（公司）律师92人，援助律师1人，基层法律服务工作者68人，公证员8人。

人民调解　市司法局在重要节点、重点领域持续开展社会矛盾纠纷排查化解。出台管理办法确定人民调解队伍长期发展规划，引入第三方审查机制规范个案补贴经费发放。优化驻法院调解工作室运行机制，提升诉前调解案件承办能力。推进辅警、网格员兼职人民调解员队伍建设，推广“苏解纷”小程序，有效实现矛盾纠纷提前介入、基层化解。全年矛盾纠纷化解数3.2万件。

社区矫正和安置帮教　市司法局通过“十条禁令”“三包”责任书、矫正对象法定不批准出境通报备案等举措，加强社区矫正对象管控。开展重点案件评查、交叉检查，提升执法规范化水平。开展“智慧矫正中心”第三方评估，做好创建准备。落实刑满释放人员“必接必送”制度，建立每日排查回访机制，同步纳入公安列管。运用“12348”客户端预约监狱远程会见，年内成功发起424起。树立后续照管典型培育对象，开展“平安关爱”行动，后续照管率和操守保持率100%。开展“感念党恩，护苗逐梦”活动，累计帮扶贫困特殊人员家庭及未成年子女52人，累计资助63800元。年末在册社区矫正对象377人，5年内在册刑满释放人员2116人，在册后续照管对象109人。

法律服务　市司法局启动“企业成长·法典相伴”活动，30个法治课程供企业点单。开展“律政先锋·百名党员律师进千企”服务，对接29家商会，推进“产业链+法律服务”，组建涉企综合法律咨询服务平台，为企业提供精准法律服务。积极参与企业合规建设试点工作，相关经验获司法部肯定推广。实施劳模法律服务项目，设立“律师公益岗”志愿服务项目，纳入市文明办志愿服务指导中心工作范畴。举办“律师大讲堂”、首届青年律师培训等活动，加强律师队伍建设，开展律师、公证、司法鉴定行业突出问题专项治理，推动法律服务行业规范从业。探索“区块链+金融债权文书网上赋予强制执行效力公证”，推出公证便民服务十项举措，改善群众体验。年内，10家基层法律服务所共担任各类法律顾问462家，代理各类案件2116件，参与仲裁案件310件，办理非诉讼法律事务39件；24家律师事务所共担任各类法律顾问1594家，代理各类案件10123件，办理非诉讼法律事务343件；市公证处办理各类公证8522件；市中医医院司法鉴定中心和新锐环境监测司法鉴定中心办理各类鉴定2295件。

法律援助　市司法局参与起草《江苏省法律援助事项范围负面清单试点工作评估指引》和《全国法律援助负面清单评估报告》，推动法律援助负面清单试点工作有效开展。完善公检法司部门联络机制，促进刑事案件认罪认罚从宽工作扎实有效开展。推出实习律师进法援学习实践制度、细化援助律师管理制度，提升法律援助工作水平。开展法律援助“七进”活动，拍摄公益宣传片，持续扩大法律援助知晓率。市法律援助中心被司法部评为“法援惠民生，扶贫奔小康”品牌活动表现突出单位。年内共办理法律援助案件2218件，接待到访咨询7349人次，接听“12348”热线12451人次。

【公共法律服务进网格试点启动】　年内，市司法局整合公共法律服务资源，聚焦“队伍、品牌、服务”三个维度，建成“覆盖城乡、便捷高效、均等普惠”的公共法律服务体系。大力推开“公共法律服务进网格”试点，积极探索“网格+调解”“网格+普法”“网格+律师”工作新模式，充分加强社情民意收集、政策法规宣传、矛盾纠纷化解、法律服务帮扶等功能，切实构筑基层公共法律服务对接体系，有效提升基层社会治理法治化水平。建立网格员矛盾纠纷定期排查、入户巡查和“法律明白人”动态管理机制，积极引导“法律明白人”参与基层社会治理，年内，共培育1082名“法律明白人”。

【市法治宣传教育中心建成】　12月9日，市法治宣传教育中心正式开馆，设有序厅、依法治国展厅、宪法权威展厅、良法善治展厅、法润沙洲展厅、尾厅及互动体验区（学法互动区、普法直播区、宪法宣誓厅、研讨活动室）、服务保障区，充分运用版面展示、实物陈列、多媒体影像及声光电、智能化设备、新媒体技术，展示全面依法治国战略部署、习近平法治思想、法治建设十六字方针、社会主义法律体系框架及张家港市法治建设实践成果。市法治宣传教育中心是集展示宣传、学习交流、互动实践等功能于一体的综合性法治建设展示体验馆，面向市民免费开放。年内接待市民5000余人，助力传播法治精神、弘扬法治理念。（万　鑫）

人民武装

【概况】　2021年，市人武部坚持以新时代党的强军目标为统领，圆满完成上级赋予的各项工作任务。年内，市人武部被中央军委政治工作部表彰为“军队参与脱贫攻坚先进集体”，被江苏省军区表彰为“全面建设先进人武部”。5月，市民兵整组工作接受省军区考核，成绩优秀。8月至9月，市人武部与市教育局合作，圆满完成全市15所高中、9704名学生军训任务。

战备训练　年内，市人武部党委按照上级关于战备拉动的指示要求，修订完善各类演训方案，加强机关军事理论、业务技能学习和体能训练，全体干部参加江苏省军区、苏州军分区集训考核总评成绩良好。严格落实战备制度，常态保持正规战备秩序，主动与市应急办对接，联合公安、交通、水利、气象、电信等部门制定完善战备方案和应急预案，应急能力进一步增强。1月，市人武部组织首长机关新年度开训活动，机关全体人员、专武干部和民兵应急分队进行战备拉动，以处置突发情况为演训内容，开展紧急出动、森林灭火、轻武器射击等课目现地演练，达到预期训练效果。5月，全市精心选拔5名民兵“四会”教练员参加苏州军分区集训，考核成绩总评第四名，女民兵马铃被苏州军分区评为优秀“四会”教练员。7月，女民兵马铃代表苏州军分区参加江苏省军区“四会”教练员比武竞赛，获个人单项第一和综合排名全省第三的优异成绩，受到江苏省军区通报表彰。8月，锦丰镇人武部及所属的协仁村、福利村民兵营承担苏州市规范化建设现场推进会试点任务，从硬件设施、软件资料、装备器材等方面完成各项建设，进一步提升基层人武部规范化建设水平。

国防教育　2021年，市人武部组织干部职工、专武干部和全体民兵全面深入学习党的十九大及历次全会精神，学习军委国防动员部、省军区和苏州军分区党委扩大会议精神。突出抓好党委中心组理论学习，建立每月“月读一书”和周四“小夜校”学习制度，每周集中政治教育必学习近平重要讲话精神，每次党团活动必读《习近平谈治国理政》《习近平谈强军兴军》。7月，组织全体人员、专武干部、民兵营（连）长和基干民兵450人分10场观看电影《守岛人》，开展“卫国戍边英雄群体”先进事迹学习，持续引导大家传承红色基因、砥砺初心使命。结合开展学习《军队安全管理条例》《军队保密条例》安全教育活动,重点围绕交流转改文职人员、新任职专武干部、新入队民兵和紧跟敏感热点事件等重点时段,组织学习相关案例并吸取教训,引导干部职工充分认清意识形态领域斗争的严峻性、复杂性。全年人武部在各级媒体累计上稿50余篇,其中省级以上用稿21篇。6月,《常阴沙现代农业示范园区开展防汛防台应急演训》被《中国国防报》头版报道,张家港市"百年风华老兵风采"传颂英雄事迹主题展览在中央人民广播电台节目《国防军事早报》报道,《夯实备战打仗国防动员基石》在《中国民兵》第3期发表,新闻宣传报道工作名列苏州军分区第一方阵。

兵役工作　年内,市征兵办以提高征兵质量为指引,以提升"五率"为抓手,以输送优质兵员为目标,先后两次召开征兵工作推进会,研究部署年度征兵工作。坚持"一手抓疫情防控,一手抓征兵工作",军地协作,强力推进。编印的《征兵政治考核材料范例》在全苏州推广应用。联合市委宣传部超前进行征兵宣传部署,组织开展征兵宣传进高校、进企业、进社区活动,鼓励高学历适龄青年报名参军。各区镇、高校均在公众号上进行征兵宣传推送,市征兵办在主要干道、繁华场所悬挂征兵宣传横幅,电子显示屏全天候滚动播放征兵公益广告及宣传标语,营造浓厚氛围。共印发征兵宣传单2万余份、廉洁征兵联系卡2000张,悬挂征兵宣传横幅600余条,订购征兵宣传挂图320套,利用退役大学生返校组织现身说法和现场交流,有效激发适龄青年特别是高学历青年参军热情。3月,市征兵办统一组织一线征兵工作人员分行业、系统开展征兵政治考核、体检标准办法、网上兵役登记、报名等业务培训,为做好征兵报名工作打下坚实基础。为确保兵员征集公开透明,严格规范审批定兵程序,专门开展廉洁征兵教育,征兵工作人员逐级签订廉洁征兵责任书,聘请55名廉洁征兵监督员,公布举报电话和信箱,纪检组全程参与征兵全过程,确保征兵工作始终处于组织监督、舆论监督和群众监督之中。役前训练期间,专门成立役前教育训练疫情防控工作领导小组,明确此次役前教育训练均由区镇专武干部担任,带队专武干部(高校老师)和民兵骨干与预定新兵同吃、同住、同训练、同劳动和同娱乐,及时了解预定新兵入伍动机,淘汰身体素质欠佳、献身国防事业意志不坚定人员,切实为部队输送"政治素质过硬、思想意志坚定、身体素质优良"的兵员。

【省军区司令员、政治委员到市调研】5月和9月,省军区司令员、政治委员分别带工作组,在苏州军分区司令员、政治委员陪同下,到市调研人民武装及国防后备力量建设情况。张家港市委书记韩卫,代市长蔡剑峰等陪同。在人武部机关,实地考察作战值班室和兵器室,详细了解基层人武部规范化建设等情况,对市人民武装及国防后备力量建设给予高度肯定。要求市人武部以省军区党委全会精神为指导,瞄准建设一流人武部的目标,凝心聚力,锐意进取。在新形势下,要高度重视基层武装工作,提高思想认识,加强制度建设,提升武装工作规范化水平。要严格教育训练,按照训练计划,抓好战备训练,切实提高民兵军事技能和综合素质;要严密组织,科学施训,加强安全保障措施,严防训练事故;要继续保持政治过硬、务实廉洁、战斗力强的工作作风,进一步发挥优势,积极参与地方经济建设,为国防建设和地方发展再立新功、再做贡献,奋力推进基层武装工作再上新台阶。调研期间,还先后实地参观了双山岛渡江胜利公园、善港农村干部学院、永钢集团民兵青年之家、永联村展示馆、永联议事厅等。

(陈　航)

武　警

【概况】武警张家港中队(以下简称中队)主要担负市看守所外围武装警戒任务。年内,认真完成临时性押解勤务,在确保固定执勤目标安全稳定的同时,还担负重大节日、敏感时期城市武装巡逻勤务,以"三种情况第一时间到现场"为目标,从严落实战备值班力量体系运行,协同市公安局确保张家港社会面安全稳定。中队党支部先后20次被武警江苏省总队表彰为"先进基层党组织",连续20年被表彰为"基层建设标兵中队",先后荣立集体一等功1次,集体二等功、三等功各7次。2021年被武警部队表彰为"四铁"先进中队。

【日常管理强化】2021年,市武警中队坚持将看齐追随作为政治航标,思想上不偏向;把理论滋养作为丰厚土壤,学习上不断线。中队在营区醒目位置立"做习主席的好战士"泰山石、"好战士的41个细节"漫画墙及"渡江第一船"模型,创作红色基因手抄报,拍摄强军故事《传承渡江精神》,举办"红心永向党"演讲比赛,组织祭扫张家港香山烈士陵园、参观双山岛渡江胜利公园,邀请中越边境自卫还击战一等功臣作报告。中队倡导"中队是我家,建设靠大家"和"只有把战士当主人来待,战士才能把中队当家来建"的理念,时刻关注官兵生活中的点点滴滴。开展"办实事、做好事、解难事"活动。坚持因人而异设计成长"路线图"、制订"计划表",依托地方资源成立电脑网络、水电维修、厨艺烹饪等兴趣班,为官兵成才搭建平台。严格"时间上高密度、内容上高负荷、强度上高极限"训练要求,将军事训练与评先、选送学兵、骨干培训和立功受奖等挂钩。年内,中队参与进博会安保和重大节日、敏感时期城市武装巡逻等重大维稳任务,在完成任务中不断磨炼官兵的过硬作风。日常管理坚持天天打基础、时时抓落实、分分保常态,大到执勤训练、教育管理,小到门窗玻璃、电灯开关,每天明确一两项工作、提醒一两个问题、表扬一两件好事。细化"日周月季年"工作规范,制作"标准卡""流程图",把抽象的要求具体化,把笼统的条款清晰化,把复杂的文字口诀化,保持营房门窗无损坏、墙面无污迹、桌椅无划痕,培养"无处不整洁、无处不井然、无处不规范"的作风。

(李鹤宇)

【编辑　张　洁】

文明引领

Civilization Leading

4月28日，市新时代文明实践中心开办文艺党课　（市委宣传部　提供）

張家港年鑑(2022)

文明创建

【概况】 2021年，全市群众性精神文明创建活动坚持以文明典范城市创建为目标，统筹推进文明村镇、文明单位、文明家庭、文明校园创建。张家港市先后召开争创全国文明典范城市动员部署会、建设全国文明典范城市推进会、深化全国文明城市常态长效建设推进会，承办《全国县级文明城市测评体系》修订工作座谈会，应邀参加《全国文明典范城市测评体系》研讨会，开展文明楼道、美丽庭院建设专项行动，推动文明城市长效管理19项突出问题清单化、项目化、节点化整治提升，承办中央文明办《全国县级文明城市测评体系》修订工作座谈会及专题调研活动，入选中宣部、中央文明办"奋斗百年路、启航新征程·文明城市谱新篇"和"建设更高水平文明城市"主题重点宣传城市，作为唯一县级城市入选全国文明典范城市创建试点城市，张家港市公共广场治理案例《40岁老旧广场实现"逆生长"》入选《全国文明城市创建实地点位治理案例汇编》。张家港市8个镇（街道）、24个村、8个社区、38个单位、5所学校获评2019—2021年度江苏省文明镇、文明村、文明社区、文明单位、文明校园，9个镇、40个村、30个社区、87个单位、27所学校获评2018—2020年度苏州市文明镇、文明村、文明社区、文明单位、文明校园。

【《全国县级文明城市测评体系》修订工作座谈会召开】 5月10日至11日，中央文明办在张家港市召开《全国县级文明城市测评体系》修订工作座谈会，并实地调研张家港市文明城市创建工作。中央文明办一行考察了市新时代文明实践中心，市社会治理现代化指挥中心，市社会心理服务指导中心，"益空间·湖畔书房"，经开区（杨舍镇）新时代文明实践所、花园浜社区、百家桥村新时代文明实践站，南丰镇新时代文明实践所、建农村、永联村、永钢展示馆等地。省委宣传部常务副部长、省新闻出版局局长、省电影局局长焦建俊，省委宣传部副部长、省文明办主任葛莱，苏州市委副书记、市长李亚平，苏州市委常委、宣传部部长金洁，以及张家港市委书记潘国强，市委副书记、市长韩卫等参加活动。

【中央主流媒体两次集中报道张家港文明城市建设】 5月，中宣部、中央文明办组织开展"奋斗百年路、启航新征程·文明城市谱新篇"主题宣传活动，以全国文明城市的百年沧桑巨变展现中国城市发展的伟大辉煌成就，张家港市是16个重点宣传的城市之一，由人民日报社、新华社、中央广播电视总台等中央、省、苏州市主流媒体组成的采访团走进张家港，深入阐释文明城市传承红色文化、不忘初心牢记使命的宗旨原则，集中报道文明城市发扬红色精神、提升城市文明程度的生动实践，全面展现文明城市创建汲取红色力量、促进城市精神文明和物质文明协调发展的丰硕成果。《人民日报》刊发重点报道《江苏张家港——传承红色精神，培育文明新风》。新华社刊发通稿《江苏张家港：传承红色基因 激发文明力量》。中央电视台《新闻联播》栏目播出新闻报道《张家港：文明创建让城市更美好》。此外《光明日报》刊发了题为《江苏张家港：传承红色基因 建设文明典范城市》的重点报道，《新华日报》头版刊发重点文章《张家港以独特优势开辟文明实践新境界——凝聚"红色力量"，争创文明典范城市》，《苏州日报》头版刊发重点报道《挖掘红色资源、讲好红色故事，构建道德风尚高地，涵养城市文明内涵——张家港：红色火炬照亮文明之路》……这些报道在主流媒体全媒体平台传播的同时，新浪网、网易网等平台大量转发，引得网民参与，进一步提高张家港的知名度和美誉度。为充分发挥全国文明城市先进典型的示范表率作用，10月，中央文明办在《人民日报》、新华社、中央广播电视总台、《光明日报》等中央主要媒体推出"建设更高水平文明城市"主题宣传，对14家全国文明城市进行宣传报道，张家港市是唯一入选的县级城市。这也是继"奋斗百年路、启航新征程·文明城市谱新篇"主题宣传活动后，中央主流媒体第二次集中报道张家港市文明城市建设。

【红色故事《第一个全国文明城市的"勋章"》】 6月6日，由教育部高等教育司、中宣部《党建》杂志社、央视网、中国传媒大学联合举办的百集视频微党课"红色文物青年说"启动仪式在中国传媒大学举办。活动邀请全国百所高校的大学生，接力讲述身边百件红色文物的故事。用融媒体方式将"党课"推向全国，落实习近平关于"用好红色资源、讲好红色故事、搞好红色教育，让红色基因代代相传"的重要精神，庆祝党的百年华诞。其中，关于张家港的奋斗故事——《第一个全国文明城市的"勋章"》由东南大学学生杨雯迪讲述。讲述了在张家港市档案馆，珍藏着一块金字招牌，实木、银底、红字，这就是第一块全国文明城市牌匾，一座城市的文明勋章。

【市公共广场治理项目入选全国案例】 7月，由中央文明办组织编写，指导全国各地深化文明城市创建工作的重要参考资料《全国文明城市创建实地点位治理案例汇编》一书正式出版发行。全书共有主要街道篇、背街小巷篇、老旧小区篇、农贸市场篇、城中村篇、城郊接合部篇、交通路口篇、公共广场篇、景区景点篇、市辖区乡镇篇10个篇章，从各省（市、自治区）推荐的典型案例中择优收录63个案例，供各地学习参考。江苏省共有4个案例入选，其中张家港市初心广场改造项目作为公共广场创建提升案例位列其中，系苏州市唯一入选案例。初心广场，原称中心广场，地处张家港主城区中心，毗邻沙洲公园，改造前的广场设施老旧、活动单一，缺乏吸引力。2018年，经开区（杨舍镇）对中心广场进行综合改造。一方面，进行适老化改造，广场内重新规划书法广场、弈棋角、韵律廊，配套新建了廊架、坐凳等休息设施，并对原有的绿化进行修复提升，以满足老人歇脚、放松身心的需求；另一方面，植入党建文化，以

“不忘初心 牢记使命”为主题，将党性教育、户外党组织生活、党员个人自主学习、先锋志愿实践等功能融入广场，将初心广场打造成为全市首个开放式党员教育基地。2019年6月改造完成，改造后的中心广场定名为初心广场，不仅是张家港万名党员进基地点位、红堡示范阵地，也是建立“10分钟党建圈”的重要举措，成为全市党员和群众的“城市温度打卡点”。

【建农村入选全国文明乡风建设典型】 9月，南丰镇建农村入选第二批全国村级“文明乡风建设”典型案例，成为江苏省唯一入选案例。建农村突出先锋模范带动作用，持续深化思想道德建设，弘扬中华传统美德，涌现出一批又一批好人模范、乡贤典范，依托和美主题公园、农民公园等阵地，打造“好人步道”“好人墙”，深入挖掘善行义举，并通过村微信公众号、文艺演出等形式加强宣传推广，感召和激励更多村民见贤思齐，共同践行道德理念。组建“和美建农”志愿服务总队，下设5支志愿服务分队，注册志愿者285人，并创新打造“和美乡风志愿岗”，在村民家中设立志愿岗53个，通过学习实践科学理论的先锋岗、宣传方针政策的科普岗、践行主流价值的民情岗和帮扶岗、丰富精神文化的阅读岗和文艺岗、倡导文明生活的环保岗和治安岗等8类志愿岗，将服务延伸至群众家门口。2016年起，创新施行“四德”文明家庭积分管理，每月由村干部、村民小组长和志愿者组成考核小组，对各户进行打分，每月一积分，每季一张榜，积分结果与村民年底股权固化分红相挂钩，以1分10元的标准对分红进行奖励和扣除。建农村在修订完善村规民约的基础上，将家庭成员的日常行为表现归纳为“个人品德、社会公德、家庭美德、职业道德”4个大类、22项指标，村民做到其中任何一项都有相应得分。至2021年，建农村已累计发放积分奖励金额70余万元。制定《建农村移风易俗管理条例》，修订《红白理事会章程》。通过党员干部带头、加强教育引导、鼓励相互监督等方式，推行喜事新办、白事简办、小事不办、人情适度、合理收礼、新式祝福的新风尚。同时，为群众制定《婚丧喜事“十”指引》，量身定制红白喜事“文明菜单”，对于积极响应参与移风易俗工作的村民家庭给予1000元奖励。通过破陋习、立新风双管齐下，逐步实现婚丧事宜规范化、民间习俗文明化、移风易俗常态化。（徐丽阳　徐永方）

文明培育

【概况】 2021年，张家港市重点从加强理想信念教育、加强主流价值引领、加强公民思想道德建设、加强青少年思想道德建设等方面，不断深化文明培育，培养担当民族复兴大任的时代新人。深入贯彻《新时代公民道德建设实施纲要》，组织开展第七届张家港市道德模范推荐评选活动、第六届张家港新时代好少年推荐评选活动，举办道德模范与身边好人现场交流活动。制定文明家庭激励与管理办法，推动帮扶礼遇、学习宣传、日常管理制度化规范化。启动实施乡村“复兴少年宫”试点建设工作，命名首批乡村“复兴少年宫”32家。健全家庭、学校、政府、社会相结合的德育体系，建成“幸福家长驿站”134个。深化未成年人“八礼四仪”教育，打造“童”字系列美育品牌，持续开展“三色花开,快乐成长”未成年人社会实践活动，倡导劳动创造幸福理念。推进诚信长效机制建设，持续开展诚信缺失突出问题专项治理。持续推进文明餐桌、文明交通、文明旅游、文明上网等系列专项行动。

【张家港市承办省第二届“童话里的世界”童话故事创作大赛】 2020年4月至2021年2月，张家港市承办江苏省第二届“童话里的世界”童话故事创作大赛。活动分4个阶段。第一阶段是启动征集期，2020年4月，第二届“童话里的世界”童话故事创作大赛启动，围绕“小康中国，大爱天地”主题，立足江苏、面向海内外，充分运用网络形式，广泛征集评选和宣传推广优秀童话故事作品。第二阶段是评奖结集期，大赛分小学组、中学组、成人组3个组别，自4月征稿至9月30日截稿，收到30个省市自治区和海外作品41912篇，经过专家组严格评选，有120篇稿件脱颖而出，分别获一、二、三等奖和优秀奖。第三阶段是优秀作品分享展示期，2021年1月8日下午，第二届“童话里的世界”童话故事创作大赛优秀作品分享展示活动在市精神文明建设张家港研究与交流中心（职工文体中心）大剧场举行。大赛各主办、承办单位负责同志、省内外专家学者、获奖者代表以及近1000名少年儿童参加活动。配合该次大赛，张家港市重点打造“童话小剧场”，以“经典之美、传统之美、现代之美”为主题引进18部童话剧演出，并开展首届市校园童话剧评比展演活动。打造“童话校园”“童话艺术空间”“竹林童话书屋”“星海童梦剧场”等载体，广泛发动全市中小学生参与“童话里的世界”童话故事征集活动，张家港市组织投稿1297篇，在此次大赛中获一等奖1个、二等奖1个、三等奖3个、优秀奖1个。第四阶段是优秀作品推广期，《第二届“童话里的世界”童话故事创作大赛优秀作品集》正式出版，主办方将获奖作品集免费赠送至全国各省级图书馆、江苏省所有少儿图书馆和中小学校，部分海外及中国港澳台地区学校。同时，利用中小学校和未成年人社会实践基地、青少年宫、儿童活动中心、乡村学校少年宫等校外阵地，组织开展青少年童话故事讲演活动。

【第六届市新时代好少年授奖仪式举行】 3月，市文明办、市教育局、团市委、市妇联、市少工委全面启动第六届张家港市新时代好少年的推荐评选活动，经过宣传发动、学校推荐、社会推荐、组织评审、社会公示等程序，最终评选出103名新时代好少年。其中，苏若齐（市万红小学）、杨梦珍（市崇真中学）、吴风朴（市暨阳高级中学）、蔡悠然（市云盘小学）、陈厚源（市实验小学南校区）、薛灿灿（市乘航小学）、吴诗豪（市塘市初级中学）、杨凯雯（市外国语学校）、金伊茹（市梁丰小学东校区）以及陈梓妍（市塘桥初级中学）、闻煜铖（市塘桥初级中学)、郭怡(市塘桥初级中学)、王品悦(市常青藤实验学校)13人获评新时代好少年标兵。为品悟时代道德力量,分享青春成长故事,6月15日,市文明委在市少年宫梦想剧场举办第六届市新时代好少年授奖仪式,四套班子分管领导,市文明创建成员单位分管负责人,各镇(区、街道)宣传委员、文明办主任及教管办主任,各中小学校分管负责人,获评道德模范、"中国好人"等先进典型代表,获评第六届市新时代好少年全体人员以及全市师生、市民代表等近400人参加授奖仪式。同时,以市文明委名义,对第六届张家港市新时代好少年进行表彰,利用各类媒体刊播新时代好少年事迹宣传片,组织全市广大青少年观看学习。通过举办新时代好少年评选、宣传,在未成年人群体中梳理正确的世界观、人生观和价值观,自觉践行社会主义核心价值观,为未成年人的健康成长营造良好的社会环境。

【第七届市道德模范评选】 5月,市文明委启动第七届张家港市道德模范的推荐评选活动。经过宣传发动、遴选推荐、资格审查、组织评审、媒体公示等程序,最终评出10人为第七届市道德模范,分别为助人为乐类:任文英(市暨阳湖实验学校教师,同城伙伴志愿服务团副团长)、刘建荣(市爱心义工协会会长)、黄健(市发改委安全监管和资产管理科副科长),见义勇为类:马国兴(大新镇龙潭村种植户),诚实守信类:张华春(平安保险公司张家港分公司职工),敬业奉献类:丁政(市第一人民医院医务处副主任)、宋卫群(市乐余中心小学书记、校长)、泮延镇(江苏申港锅炉有限公司焊培主任)、何敏波(中国邮政集团有限公司江苏省张家港市分公司投递员),孝老爱亲类:蒋琴华(后塍街道金丰社区居民)。10人为第七届市道德模范提名奖。分别是助人为乐类:吴丽萍(市资规局综合行政执法大队副大队长)、朱钱明(个体经营户)、朱建江(高新区(塘桥镇)妙桥社区党总支书记),见义勇为类:武广贝(冶金园(锦丰镇)联兴社区专职网格员),诚实守信类:钱志云(箭牌智能科技(张家港)有限公司董事长),敬业奉献类:沈坚(市人民法院刑事审判庭庭长)、陶健(市应急管理局党委委员、市安全生产监察大队大队长)、张玉丽(大新镇大新社区党总支书记、居委会主任),孝老爱亲类:蒋德明(乐余镇登全村村民)、常新霞(市虹雨针织有限公司总经理)。1月23日,市文明委在广电大厦一楼一号演播厅举行第七届张家港市道德模范授奖仪式,120人参加。颁奖典礼上,通过播放短片、现场讲述、宣读致敬辞等方式,生动展现道德模范的先进事迹,道德模范质朴的语言、不平凡的事迹和崇高精神深深打动现场观众,生动诠释了"美德之光"的深刻内涵。

【"家门口的暑托班"实践活动举办】 7月,市委宣传部依托全市乡镇、街道、村、社区的新时代文明实践所(站)阵地资源,牵头开展我为群众办实事——"家门口的暑托班"实践活动。通过文明实践志愿服务形式,招募志愿者,为全市未成年人提供公益看护、课业辅导、兴趣培养、红色文化教育等服务双职工家庭未成年人无人看护的问题,增强未成年人思想道德教育与文化素质教育。该项目实施以民意调查为前提,坚持"公益+志愿"理念。7月至8月,全市开设162个"家门口的暑托班",覆盖9个文明实践所、159个文明实践站。主要受益对象为小学生,适时向学龄前儿童延伸,服务未成年人6万余人次。市文明办协调新时代文明实践工作指导中心、教育局、民政局、团市委、妇联、关工委等相关单位,发动新时代文明实践所(站)就近小学教师、高校大学生、"五老"志愿者等资源加入志愿服务队伍,报名及参与服务志愿者2988人次,保障师资力量。对于参加暑托班的家长,均签订《"家门口的暑托班"文明实践活动告知书》,明确由家长负责的安全教育、午餐保障、人员接送等事项,确保安全落在实处。

【首批乡村"复兴少年宫"试点阵地启用】 根据中央文明办《关于开展乡村"复兴少年宫"建设的通知》文件精神,6月,张家港市启动乡村"复兴少年宫"试点建设工作。依托新时代文明实践中心(所、站),按照就近就便、资源整合原则,结合农村少年儿童的身心特点、兴趣爱好以及地方特色,整合"妇女儿童之家"、幸福家长驿站、农家书屋等阵地,选择适宜场所建设乡村"复兴少年宫",丰富课程内容及项目,着重从道德培育、文体娱乐、劳动实践3个方面进行提升优化。首批乡村"复兴少年宫"试点建设阵地有32家,覆盖各区镇。以志愿者为主要力量,以志愿服务为主要方式,鼓励小学教师、返乡高校学生、"五老"志愿者、市级文化志愿者、社科普及团队等加入志愿服务队伍,同时挖掘聘用市少年宫辅导老师、非物质文化遗产传承人、民间艺人等专业人才担任"复兴少年宫"活动辅导兼职教师,打造一专多能的辅导员队伍。有效整合乡村学校少年宫、未成年人社会实践基地、未成年人健康成长指导中心、"三色花开,快乐成长"未成年人社会实践驿站等阵地资源,围绕农村未成年人的道德培育、文体娱乐、劳动实践等方面,精心设计相关活动项目。根据少年儿童身心发展特点和各板块实际,开发书画、歌舞、器乐等文体活动,开设科学普及、国学经典、传统戏曲、非遗展示传承等课程项目,引入防控演练、社会服务、德育教育等社会实践活动。至年末,乡村"复兴少年宫"拥有整套10个大类55项特色课程体系,32个阵地结合自身特色以及学生意向,自行选择。

(刘 晴)

文明实践与志愿服务

【概况】 2021年,张家港市创新推进新时代文明实践工作,创新开展"影像观史,致敬百年"新时代文明实践电影党史课、"'艺'起学党史,经典'咏'流传"文艺党课等活动,举办全市文明实践与文明创建工作高质量发展培训班、全市新时代文明实践业务能力培训班,推进新时代文明实践智慧云平台开发建设,"今日张家港"App新时代文明实践版块上线。

建立新时代文明实践中心建设挂钩联系点制度，明确新时代文明实践所、站长和网格员文明实践任务清单，启用首个由非公企业打造、社会志愿者运营的金新城集团新时代文明实践点，成立苏州首个县区级新时代文明实践基金，成立中共张家港市志愿服务综合委员会。志愿服务团队达到1348支，志愿者20.6万人，年度志愿服务总时长157万小时。3月，“文明实践，志愿同行”张家港市2021年学雷锋全民志愿服务集中行动暨“家在长江边，共护长江美”长江大保护文明实践志愿服务联合行动启动，全年开展“洁美港城”、文明养犬、垃圾分类、“啄木鸟”公共设施巡查等八大志愿服务专项行动助力全国文明典范城市创建。先后应邀参加首届海南自贸港文明实践论坛、首届全国社会心理服务周暨应用交流大会，江苏卫视城市频道《德行天下》栏目专题宣传张家港市文明实践建设成效。年内，张家港市获评全国“十佳社会心理服务地区”称号。志愿者王志勇、孙海滨，南丰镇永联爱心互助志愿者联合会橄榄绿志愿服务队获评2020年度全国宣传推选学雷锋志愿服务“四个100”最美志愿者、最佳志愿服务组织，张家港市成为全省范围内唯一实现全国学雷锋志愿服务“四个100”先进典型“大满贯”的县市区。“港城车大夫”车辆义诊志愿服务项目和“足迹·乐娃成长录”未成年人建档志愿服务项目获第六届江苏志愿服务展示交流会金奖和优秀奖。

【长江大保护志愿服务项目启动】 3月4日，张家港市联合江苏省沿江8个城市的志愿服务组织共同启动“家在长江边，共护长江美”长江大保护文明实践志愿服务联合行动，启动“法润长江”“守护长江”“艺述长江”“亲清长江”四大志愿服务项目，全年开展“大手牵小手，护江齐步走”公益活动等194场，参与志愿者超5000人，以志愿行动守护绿水青山，传播“长江大保护”的张家港故事。

【“影像观史，致敬百年”新时代文明实践电影党史课开课】 3月20日，由市委组织部、市委宣传部牵头策划的“影像观史，致敬百年”张家港市新时代文明实践电影党史课正式启动，依托党建、文明实践阵地，整合公益电影资源库，围绕庆祝中国共产党成立100周年主题主线，甄选百部国产主旋律影片，以“电影+党课”“授课+观演”的形式，全方位、立体化、多视角还原中国共产党的百年峥嵘岁月，为基层党员群众构建汲取党史智慧、感悟思想伟力的全新渠道。年内开展活动100场，4562人次参与。

【全市首个非公企业新时代文明实践点启用】 6月2日，张家港市首个由非公企业打造，社会志愿者运营的新时代文明实践点——金新城集团新时代文明实践点落成并正式启用。该实践点由金新城集团提供运营经费，同城伙伴志愿服务团负责日常运营，以“征单、梳单、派单、接单”的形式收集整理新市民需求，为广大新市民朋友提供服务，通过解决诸多实际问题，提升新市民的获得感、幸福感，真正实现“新市民在哪里，文明实践就延伸到哪里”。年内组织实施“足印港城”、“小候鸟”在港城、“童心向党，感恩同行”等关爱新市民子女文明实践活动5个，“幸福家庭，和谐同行”“虹筑之家·工友驿站”“张闻明1号”等关爱民生幸福类文明实践活动5个，参与群众近4万人次。

【“‘艺’起学党史，经典‘咏’流传”文艺党课项目启动】 6月3日，“‘艺’起学党史，经典‘咏’流传”文艺党课项目在保利大剧院启动，由著名黄梅戏表演艺术家吴琼主演的大型红色经典黄梅戏《江姐》，给全市市民上了一堂生动形象的党史课。此次“文艺党课”通过“举”思想旗帜、“咏”红色经典、“忆”党史岁月、“传”红色精神4个维度，引进话剧《平凡的世界》、歌剧《洪湖赤卫队》、戏剧《江姐》《沙家浜》及主题音乐会《唱支山歌给党听》等12项特色鲜明的优秀演出，以多元化艺术展现中国共产党建党百年辉煌历程，以舞台为讲台，用艺术手法讲党史、咏经典，展现中国共产党人矢志不渝的坚定信仰与勇往直前的奋斗精神。年内共展出优秀剧目9台，售票8450张。

【苏州首个县区级新时代文明实践基金成立】 9月18日，苏州市首个县级新时代文明实践基金在张家港市成立，并发布《张家港市文明实践基金管理办法》。张家港爱心企业齐力建设集团与市新时代文明实践工作指导中心签约，为张家港市文明实践基金注入102万元启动资金，主要用于文明实践志愿服务项目实施和补助，道德模范、身边好人和志愿者帮扶礼遇及文明实践志愿服务先进典型等奖励，志愿服务培训等方面。张家港市将通过“志愿服务伙伴计划”等途径，源源不断地为基金注入资金，扩充文明实践基金规模。

【新时代文明实践登陆“今日张家港”App】 12月29日，在张家港市深化网络文明建设重点项目发布暨2021年网络文化季闭幕式上，新时代文明实践功能版块正式上线“今日张家港”App。该功能版块打破信息平台壁垒，接入新时代文明实践智慧云平台、友爱港城网的核心功能，涵盖活动掠影、实践地图、张闻明帮你忙、我的实践活动预约、志愿团队报名、志愿活动报名、志愿培训报名等八大模块，形成集宣传展示、服务供给、志愿指引于一体的文明实践“中枢”，让党的创新理论和文明实践信息更加“触手可及”。

【市企业社会责任联盟成立】 12月31日，市企业社会责任联盟成立仪式暨文明典范助力行动在市新时代文明实践中心举行。张家港市企业社会责任联盟由10家企业代表发起成立，联盟立足“政企纽带”定位，旨在引导更多企业在创造利润的同时，聚焦社会公益、环境保护等领域主动承担社会责任。仪式现场，发布2022年度文明实践志愿服务项目263项，9家爱心企业与12个志愿项目现场达成合作意向，为项目实施提供资金及其他支持。 （陈玉珠）

【编辑 张 洁】

乡村振兴与协作奔小康

Rural revitalization and poverty alleviation

全国乡村治理示范村善港村　（善港村　提供）

乡村振兴战略实施

农村资产管理

对口帮扶

全国贫困村创业致富带头人（善港）
培训基地

扫码欣赏

乡村振兴战略实施

【概况】 6月，市乡村振兴局在市农业农村局挂牌，标志着张家港市乡村振兴工作进入全面推进新阶段。年内，市委、市政府先后召开全市农村工作会议暨率先基本实现农业农村现代化工作推进会、市委农村工作领导小组会议暨乡村振兴工作推进会，出台《张家港市率先基本实现农业农村现代化2021年度工作意见》，下发《市领导挂钩联系乡村振兴工作手册》，提炼党建引领乡村振兴八大典型路径，进一步放大全市最大强村群体的示范效应。实施的"美美乡村·扎根计划"赋能乡村振兴党建书记项目，被列为省委常委、苏州市委书记许昆林包挂党建项目。选派15名"驻村第一书记"到基层第一线助力乡村振兴，选派40名兴村特岗书记投身乡村振兴实践，累计向村、社区输送全日制本科生218人。"第一书记办实事"被评为苏州市党史学习教育创新案例。邀请专家开展全市乡村振兴业务培训会2次。将乡村振兴工作重点指标纳入区镇绩效考核，首创覆盖全市的"率先基本实现农业农村现代化"项目库，涉及项目1108项，总投资220亿元。坚决防止耕地"非粮化"，全年粮食种植30009公顷，产量21.47万吨。建设高标准农田2653.33公顷，改造高标准池塘70.07公顷，新（改、扩）建优质蔬菜基地71.8公顷。市现代农业产业示范园挂牌首批省级现代农业产业示范园，张家港市入选全国、省农作物病虫害"绿色防控示范县"，绿色优质农产品比重达到74.46%。全市粮食生产耕种收机械化水平97.55%。获评江苏省乡村休闲旅游农业"一园两基地"（主题创意农园、亲子娱乐创意园、康美基地）3家，新增省级农业龙头企业2家，新增省级示范家庭农场2家。承办全省数字乡村现场会，初步完成常阴沙、永联村两个先行样板点位建设，获评苏州市"智慧农业示范生产场景"4个、苏州市"智慧农村"示范村10个。深入实施农村人居环境整治提升行动，对全市146个行政村2435个自然村全覆盖检查。全市农村生活垃圾分类覆盖率100%，农村无害化卫生户厕普及率100%，农村生活污水处理设施行政村覆盖率100%，农村生态河道覆盖率49.25%，获评苏州市农村人居环境整治示范镇2个、示范村18个。修订2021版镇村布局规划，出台农房集中规划建设第二轮试点工作方案，确定11个点位作为优选点位。加快推进"江海交汇第一湾——张家港湾"特色精品示范区建设，新增省级特色田园乡村2个。建成特色康居示范区3个、特色康居乡村49个，认定特色宜居乡村1026个，实现特色宜居乡村全覆盖。探索"微自治"，推动民主自治向村民小组、小区和自然村延伸，村（居）民议事会覆盖率100%。全市基层网格治理实现100%全覆盖。全市11个区镇（街道）112个村（社区）探索开展积分制管理。杨舍镇善港村获评第二批"全国乡村治理示范村"。《"根系工程"畅通乡村治理的"毛细血管"——张家港市党建引领驱动乡村治理走深走实》入选全省乡村治理典型案例。开展农村移风易俗工作，推进丧事简办、喜事新办，有效提升村民精神文明素养。南丰镇建农村入选第二批全国村级文明乡风建设典型案例。出台《关于支持"十四五"期间全市村级集体经济发展政策的意见》，张家港市农村集体"三资"（资金、资产、资源）智慧监管平台"四网融合"相关经验得到省委常委、苏州市委书记许昆林和苏州市纪委监委认可，并得到省纪委和省农业农村厅高度肯定。启动"主动发现精准救助"项目，精准服务困难群体。提高城乡低保标准，2021年7月1日起调整至每人每月1095元。推进乡村就业创业，全年扶持农村劳动力自主创业579人，完成新生代农民工职业技能培训8537人。每万人拥有全科医生数4.65人，农村义务教育学校专任教师本科以上学历比例达到94.93%，全市居家和社区养老服务社会化运作率达到100%。《江苏张家港：全域推广乡村公益医疗互助》入选第三批全国农村公共服务典型案例。全年举办农民培训19期，培训1833人，新认定新型职业农民659人。优化财政支农投入供给，提升支农政策效果和支农资金使用效益。推进农村集体经营性建设用地入市试点，全年成交农村集体土地4宗5.35公顷，出让成交额3886万元。积极引导金融机构支持乡村振兴，在全市金融创新发展大会上落实乡村振兴项目113亿元授信支持。桃综合气象指数保险试点通过全国农村改革试验区到期试验任务验收。2021年，全市村均可支配收入超1500万元，农村居民人均可支配收入达到41859元。张家港市在全省乡村振兴实绩考核和苏州市率先基本实现农业农村现代化实绩考核中均位列第一等次。

【美丽乡村建设】 年初，市农业农村局召开全市乡村建设大会，印发《关于明确2021年度开展乡村建设行动相关建设任务的通知》，明确年度重点任务。将特色康居（宜居）乡村建设纳入市级督察检查考核内容，同时列入全市"我为群众办实事"重点项目。召开美村建设项目评审会、推进会，定期组织市美村办成员部门召开工作例会，交流项目进展情况，协调解决推进过程中的困难和问题，并会同市财政落实特色康居乡村建设市级奖补资金9000万元。把特色康居乡村（示范区）建设纳入乡村振兴总体布局加以谋划，聚焦乡村产业发展，完善基础设施配套，加强实地建设的指导，先后召开市级方案评审2次，邀请专家开展业务培训，上门辅导，广泛征求市资规局、市文体广旅局、市水务局、市城管局、市财政局等部门意见，在形成共识的基础上完善设计方案，提高示范区创建质量。每月调研点位推进情况，实时跟踪调度项目进展，及时发现并会商解决工程建设中遇到的问题。11月，组织有关部门开展市级预验收，并提请苏州市级验收认定。根据2019年镇村布局规划，采用自下而上的方式，按照村自查、镇初评、市认定的流程分三批开展特色宜居乡村认定。认定要求，把农民群众生产生活需要作为建设的出发点，辐射完善周边健身步道、公共建设场地、邻里空间等设施设备，推进生态宜居、乡风文明、治理有效的乡村建设,推动农村风貌与文化底蕴、文明新风有机融合,严格把控建设质量。凸显美丽乡村辐射带动效应,放大农业特色产业优势,发挥龙头企业带动作用,将国家农业产业化龙头企业张家港酿酒有限公司、省产业化龙头企业永联天天鲜配送股份有限公司以及江南农耕园等实体纳入示范区建设范围,将农产品加工销售、工业旅游、黄酒文化、农耕文化一体打造。借助农文旅融合发展大趋势,助推乡村新业态发展,带动并促进农村土特产品销售,提升村级经济收入,激活乡村发展活力。至年末,全市累计建成苏州市特色康居示范区18个、特色康居乡村564个,认定并命名特色宜居乡村1026个,特色康居(宜居)乡村占比超95%。

【"根系工程"入选全省乡村治理典型案例】 随着乡村振兴战略的深入推进,农村动迁安置社区的集中化、规模化发展,张家港市面临着村域管辖范围大、治理资源组织难、群众服务感知度不高等乡村治理新挑战。为破解治理难题,全市发挥党的政治和组织优势,创新探索实施乡村治理"根系工程",通过有效整合凝聚各类治理要素和力量,把治理重心落到基层"根系末梢",实现服务精细投送、治理精准落地。全市打破条块分割组织架构,划分112个党建区域,整合村域内的组织、党员、阵地、资金等资源,实现机关部门、各类组织共同参与乡村治理。每年,980余个社会组织在基层一线实施养老照料、公益慈善、文体娱乐等志愿服务超350件。常态化开展"在职党员进村社"活动,市镇两级机关事业单位与全市264个村(社区)逐一包挂结对,将所属党员服务的现实表现纳入"先锋指数"积分考核。推出先锋治理"码上办",打造"云上红堡"线上平台,实现基层"云上"发布服务需求、党员"云上"认领服务任务。每年处理纠纷调处、环境整治、垃圾分类等治理服务订单超1万件。实施党建"项目化"管理机制,将群众所需转化为具体党建服务项目精准推进。全市实施党建服务项目2.3万个,为群众办实事3.6万件,形成"四点半学校""银发餐桌"等一批乡村治理品牌。针对村域管辖范围大、组织难的问题,设置由老党员、老干部、老教师等农村"根须力量"组成的村民议事会。事务性、职能性、技术性的民生事项由村民议事会决策实施。村民议事会每年解决毁绿种菜、"僵尸车"违停、农村服务设施修缮等治理难题超1万件。针对农村动迁小区激增的新变化,将治理重心下移,探索实施"小巷里的微自治",建立"海棠管家""红领微积分""小楼大家治"等"微自治"机制,凝聚起"村庄是我家、治理靠大家"的自治自觉和自治合力。年末,《"根系工程"畅通乡村治理的"毛细血管"——张家港市党建引领驱动乡村治理走深走实》入选全省乡村治理典型案例。（李志扬）

田间课堂　　（市委史志办　供稿）

【市现代农业产业示范园首批获评省级示范园】 5月21日,江苏省农业农村厅、省财政厅联合发布《关于公布首批省级现代农业产业示范园名单的通知》,市现代农业产业示范园榜上有名。该示范园位于常阴沙现代农业示范园区,占地总面积3733.33公顷,其中耕地面积2400公顷。自2017年10月入围省级现代农业产业示范园创建名单后,市现代农业产业示范园严格对标创建要求,按照"政府主导、市场运作、企业带动、农户参与、多元化投入"的建设模式,创新工作机制,通过三年努力,建成优质稻米基地1666.67公顷,优质食味水稻品种覆盖率100%。新建玻璃温室、日光温室、8432型连栋大棚7.4万平方米,创建省级园艺作物标准园1家。建成特色水产养殖基地130余公顷,其中高标准池塘面积100公顷。建成长江水域中华绒螯蟹物流园。园区拥有农业企业30余家,农民专业合作社44家,其中,联农农产品专业合作社获评国家级示范农民专业合作社。围绕"农业+旅游"产业深度融合,整合区域资源,丰富农业旅游业态,带动创业创新载体46家。努力实现"产区变景区、产品变商品、农房变客房",创建省级康居村庄1个、苏州市"康居特色村"4个、苏州市"特色田园乡村"1个,美丽乡村实现全覆盖。打造"稻田画"、3D艺术村、年代记忆村庄等旅游景点,常阴沙现代农业示范园区创建为省四星级乡村旅游景区、国家AAA级旅游景区。示范园主打"常阴沙"公共区域品牌,认证绿色食品14种、绿色优质农产品占种植总面积71.6%。通过引进推广"宁香粳9号""南粳3908""苏香粳100""武科粳7375"等优质食味稻米新品种,持续保障稻米品质。"常阴沙"大米先后获国家地理标志认证、绿色食品认证和苏州名牌产品称号。园区在第二届"苏家缘"杯江苏优质稻米博览会暨五彩农业展示会上获全省首批"味稻小镇"称号。创新建设投融资体制,充分发挥财政资金的导向和杠杆作用,吸引、撬动金融资本、社会资本参与现代农业产业园建设,培育多元化的市场主体。2018年引进闲心公社、扶摇种苗、三亩良铺等企业3家，2019年引进大农等农业科技企业5家，2020年引进瑞康牧业（张家港）有限公司、江苏绿港现代农业发展有限公司等企业2家。2021年引进回文生物、苏州苏克2家领军人才企业。园区建成为“产业特色鲜明、现代要素集聚、技术装备先进、生产方式绿色、运行管理有效、综合效益显著、辐射带动有力”的现代农业产业示范园。

（陈佩蕾）

农村资产管理

【概况】 2021年，全市农村村级集体可支配收入24.29亿元，比上年增加4.06亿元，增幅20.07%；村均集体可支配收入1518万元（不含涉农社区），增幅21.5%。至2021年年末，全市农村集体资产总额695.57亿元，负债517.15亿元，净资产178.42亿元。其中，镇级集体资产总额379.71亿元，净资产48.05亿元；村级集体资产总额315.86亿元，净资产130.37亿元。正式上线张家港市农村集体“三资”智慧监管平台，实现全市174个村（社区）农村集体资产管理全覆盖，村集体应收款下降74%，资产上线交易应进必进率和资产利用率均大幅提高。通过平台进一步规范农村集体资产资源交易行为，确保“应进必进”。全市农村产权交易在省、苏州平台交易10.06亿元。根据村级集体企业、村级工程管理需要，开发二期功能模块并开展试点。启动全市村级集体企业风险防控排查整顿专项行动，对村级集体企业开展风险评估并分类清理整顿。开展2021年度农村集体“三资”评级监管，共评出五星级村88个、三星级村82个、无星级村4个。

【土地承包管理】 年内，全市进一步深化农村承包地“三权”分置改革，落实集体所有权，稳定农户承包权，放活土地经营权。规范农村土地承包经营权流转程序，加强农村土地流转合同管理，督促指导土地通过农村产权交易平台进行流转，同时在确保农村稳定的基础上进一步理顺农村承包土地收益分配关系，维护农民合法权益。全面做好农村土地承包经营权确权登记颁证数据汇交，加强对承包土地流转管理和纠纷调处，切实化解农村土地矛盾，维护农村社会稳定。2021年，市农村产权交易中心共成交土地承包经营权流转土地面积12988.73公顷，成交金额24761万元。

【农民合作社】 年末，全市有进行工商登记的各类农民合作社416个，其中土地股份合作社106个、其他农民专业合作社310个。年内，新增省级示范家庭农场2个，累计20个；新增苏州市级示范家庭农场6个，累计21个。创建苏州市“十佳农民合作社”1个、“十佳家庭农场”2个、“十佳农业社会化服务组织”1个。完成1个国家农民合作社示范社监测、12个省级示范社复核监测。累计培育示范家庭农场265个、示范农民合作社70个。全市共有75个股份合作社进行股份分红，分红总额9630万元。

【“阳光惠民”】 年内，“阳光惠民”系统内共监管资金62080.96万元。其中惠民资金49994.15万元，涉及市农业农村局、市民政局、市残联、市教育局、市水务局、市医疗保障局、市慈善总会、市红十字会8个部门，共23条资金线；涉农资金12086.82万元，涉及市农业农村局、市科技局、市住建局、市城市管理局、市水务局5个部门，共37条资金线。进一步开展阳光惠民帮扶走访，全市1835名正股职及以上干部与1916户困难家庭结对帮扶，每季度至少进村入户走访一次。完成庙港村、桥头村、新闸村、蒋家村、东港村、新德村6个苏州市级集体经济相对薄弱村的脱贫转化工作，拨付帮扶资金520万元。

【村级集体企业风险防控排查整顿专项行动】 3月，市农业农村局启动全市村级集体企业风险防控排查整顿专项行动，重点围绕近三年财务状况，对村级集体企业综合运营情况进行全面梳理排摸。4月，各区镇组织开展村级集体企业专项审计，审查财务收支、经济活动、经营成果，查清资产状况和经营状况，对企业内控和廉洁风险进行审查。9月，市农业农村局对村级集体企业开展风险评估并分类清理整顿，根据风险等级，将企业划分为红、黄、蓝三类，实行分类管理，建立风险防控机制。全市共排查村集体企业210家，其中蓝色139家、黄色13家、红色58家。对红色企业进行“关、停、并、转、租”，加强企业内部管理。至年末，共清理红色企业43家，其中关闭19家、停业16家、合并6家、出租2家。12月，市农业农村局联合市纪委监委、市审计局开展专项督察验收，确保全面整改到位。

【农村集体“三资”智慧监管平台上线】 3月，张家港市农村集体“三资”智慧监管平台正式上线运行，全市174个村级集体经济组织、250余亿元村级集体资产全部上线运行，农村集体“三资”实现全流程立体化监管。同时，农村集体“三资”管理纳入区镇绩效考核。平台设资金管理、资产管理、财务管理、合同管理、应收款管理、产权交易管理、集体企业管理、农村“三资”评级、预警中心九大模块，实现农村集体资产管理系统、财务记账系统、资金支付系统、农村产权交易系统“四网融合”。平台首次在农村集体“三资”领域引入集团化多组织管理理念，首次将监管制度全方位嵌入业务流程，首次通过村级财务数据自主比对分析，实现远程监控实时预警。4月，苏州市农村集体资产管理信息化建设现场推进会在杨舍镇召开，推广张家港市“三资”智慧平台管理经验。6月，市农业农村局在张家港保税区试点开放村级集体企业和村级工程管理模块。8月，市农业农村局联合市纪委监委开展平台使用情况专项督察，对使用不规范的情况进行整改。12月，集体企业管理模块在全市推行。通过平台监管，各村集体账户由分散管理改为线上集中管理，并统一会计科目，统一资产台账，统一评级标准。至年末，村集体应收款下降74%。

（薛怡瑶）

对口帮扶

【概况】 2021年，张家港市继续对口帮扶江苏省宿迁市宿豫区，对口支援新疆维吾尔自治区巩留县、重庆市云阳县、西藏自治区林周县，“五方挂钩”帮扶江苏省徐州市丰县、接续帮扶贵州省铜仁市沿河土家族自治县，与陕西省子洲县、江西省井冈山市、宁夏回族自治区永宁县保持友好合作关系。除省财政在张家港市统筹的资金（项目）外，全年对上述地区实施对口帮扶项目13项，提供援助资金5552万元，其中市财政出资4101万元，各区镇财政、机关企事业单位和个人对口援助1451万元。其中，援助宿迁市宿豫区3291万元、巩留县928万元、沿河县712万元、丰县500万元、云阳县75万元、林周县46万元。年内，杨舍镇善港村被党中央、国务院授予全国脱贫攻坚先进集体，市发改委、市人社局被省委、省政府授予全省脱贫攻坚暨对口帮扶支援合作先进集体，陆德峰、陈世海、李刚、钱永明、李红波被省委、省政府授予全省脱贫攻坚暨对口帮扶支援合作先进个人，支援巩留工作组、帮扶沿河工作组获省政府通报表扬，支援巩留工作组党支部获评“新疆维吾尔自治区先进基层党组织”，市第一人民医院、市长江治理工程管理处徐光分别获省人力资源和社会保障厅脱贫攻坚记大功奖励。

【对口地区间交流】 年内，张家港市与对口地区开展形式多样的交流活动，特别是与贵州省沿河土家族自治县的友好合作没有因结对关系调整而中断，继续保持互访交流。张家港市领导出访4批。5月22日至23日，市人大常委会副主任、农工党张家港市主委顾放率团赴宿迁市宿豫区考察观摩党史学习教育工作。11月9日，苏州市副市长查颖冬在张家港市挂职宿豫区委副书记、张家港宿豫工业园党工委书记沈浩陪同下，赴宿豫考察推进南北挂钩工作。12月26日，张家港市委副书记、代市长蔡剑峰赴宿迁市参加苏州宿迁南北挂钩合作20周年暨苏宿工业园区建设15周年发展大会，并在宿迁市委书记、市人大常委会主任王昊，苏州市委副书记、代市长吴庆文，宿迁市委副书记、市长陈忠伟等与会领导见证下，与宿豫区委副书记、代区长徐源共同签署《张家港市人民政府、宿豫区人民政府全面加强南北挂钩合作框架协议（2021—2025年）》。12月27日，市委副书记、代市长蔡剑峰率队赴宿豫区对接研究新一轮南北挂钩合作工作，并看望慰问挂职帮扶干部。对口地区到访8批。1月14日，新疆维吾尔自治区驻江苏省工作组党委书记、组长宗宏斌，党委副书记、副组长张广文到张家港市考察，并深入江苏永钢集团等企业推进产业援疆、爱心援疆工作。4月20日至21日，沿河土家族自治县政协主席刘明军率队到张家港市考察，两地政协签订友好政协合作协议书。5月6日至7日，铜仁市人大常委会副主任、沿河土家族自治县委书记任廷浬率党政代表团到张家港市考察，并召开张家港·沿河东西部协作工作座谈会。张家港市向沿河县捐赠526.7万元，接续实施“春蕾计划”专项帮扶沿河困境女童、依托沙洲职业工学院实施教育帮扶、援建新时代文明实践驿站等，继续从儿童、青年、社会联动3个层面和扶困、扶智、扶志3个维度，助推衔接乡村振兴。6月22日，宿豫区委副书记、张家港宿豫工业园区党工委书记沈浩带队到张家港市考察推进教育精准帮扶工作。9月16日，宿豫区委副书记、代区长徐源率团到张家港市举办宿豫（张家港）投资环境说明会。10月12日，新疆驻江苏工作组党委书记、组长宗宏斌带队到张家港市调研民族团结进步事业。10月28日，宿豫区委书记殷其国率党政代表团到张家港市出席南北挂钩合作座谈会，签订《张家港市·宿豫区2021年度南北挂钩合作协议》。年内，巩留、宿豫等对口地区21名干部到张家港市政府办、市委组织部、市发改委等单位及各区镇挂职学习。市委组织部、市委党校和市教育、卫生系统等为对口地区培训干部人才2530人次。

【张家港宿豫工业园区建设】 2021年，张家港宿豫工业园区锚定高质量发展，突出招商命脉，突破重大项目，主要经济指标均保持两位数增长，示范引领效应明显增强。年内完成签约项目7项，分别是澹一生物医药、建友科技、联美环境、威龙机械、沪帆纺织、华晶电子和嵘隆紧固件项目；新开工项目4项，分别是浩欣科技项目、联美环境、沪帆纺织和骏马科技项目；竣工项目5项，分别是浩欣科技、联美环境、沪帆纺织、骏马科技和宇宏科技项目。实施设备投资超1000万元技改项目2项，建成省级、宿迁市级智能车间各1个，竣工绿色工厂项目1项，申报市级以上企业技术中心2个，认定三星级以上“上云”企业2家，打造互联网标杆企业1家，

9月16日，宿豫（张家港）投资环境说明会项目签约仪式

（市发改委　供稿）

认证“两化”融合贯标企业1家，实现高科技成果转化3项，新增企业发明专利3件。园区实现一般公共预算收入8180万元，比上年增23.2%；完成工业开票销售收入20.23亿元，比上年增19.75%；完成工业入库税收1.36亿元，比上年增28.35%；完成固定资产投资（制造业投资）11亿元，比上年增52.8%。年末，园区被宿豫区委、区政府表彰为工业经济和科技创新先进单位。

【援藏援疆】 年内，张家港市与西藏自治区林周县、新疆维吾尔自治区巩留县继续在业务、人才、项目、技术等方面开展全方位协作。援藏方面，塘桥镇支援西藏林周县边交林乡建设资金40万元，支援当杰、卡优、色康3个行政村共6万元。援疆方面，安排援疆资金20336万元实施项目20项，其中基建类6项、非基建类14项。深化智力援疆，组织当地中青班、乡村振兴专题班共127人到张家港市、延安干部学院开展干部党性教育和能力培训。在新疆举办干部培训班42期，培训2170人次。完成16名援疆专业人才的中期轮换工作，组织40余名柔性人才赴疆支援。创新实施“养老服务牵手计划”，9名民政系统柔性人才携手巩留职能部门、社会组织为153名老人提供居家养老服务。继续推进教育“银龄”三年柔性引才计划，9名校长（园长）深入当地学校、幼儿园，提出诊断提升方案12个。支医专家开展巩留县首例“中上胸椎椎弓根螺钉内固定术”，填补当地技术空白。强化产业援疆，通过“请进来”“走出去”，市援疆工作组专题拜访企业、行业协会（商会）、专业院校、产业基金会等60余家，定向举办招商座谈会7场，“点对点”对接投资方推进赴巩留项目考察洽谈20余批，引导项目落地1项，新增注册企业2家。助力巩留县特色产品“优品东进”，完成销售超8000万元。围绕“农文旅”一体发展，推进景区景点景观建设，帮助招引港中旅公司托管景区规范化运营、科学化开发、长效化管理。实化民生援疆，发放公益关爱基金218万元，落实“滴灌式”帮扶，对327人实施医疗救助、解决生活困难。引导张家港市10个区镇、10个规模企业加大对巩留县9个乡镇（场）、10个自治区级脱贫摘帽村的结对帮扶力度，实现社会捐赠近1000万元。优化文化润疆，围绕筑牢共同体意识，加强阵地建设，援建集政务服务中心、新时代文明实践中心、党群服务中心、图书馆、博物馆、规划展示馆于一体的巩留县公共文化服务中心。帮助建成石榴籽书屋102座，基本实现村村覆盖。带动青少年深化交往交流交融，以“万里鸿雁传真情”为主题，组织两地4000名青少年手拉手开展跨越万水千山的书信交友、互学互鉴活动。为帮助巩留县中小学生改善阅读条件，全市中小学、幼儿园开展“长江水、天山情，张巩心连心、共读一本书”活动，向巩留县捐赠图书12万册。

【善港村党委获评全国脱贫攻坚先进集体】 2月25日，中共中央、国务院召开全国脱贫攻坚总结表彰大会，中共张家港经济技术开发区（杨舍镇）善港村委员会获评全国脱贫攻坚先进集体。2009年起，善港村先后与陕西省延安市安塞县沿河湾镇方塔村、江西省井冈山古城镇沃壤村、陕西省延安市安塞区沿河湾镇侯沟门村、江苏省徐州市睢宁县姚集镇杜湖村、湖北省恩施州咸丰县高乐山镇杨柳沟村、贵州省沿河县中界镇高峰村6个贫困村挂钩，实施对点帮扶。2018年1月与高峰村建立整村帮扶协议后，从党的建设、产业致富、文化建设、乡村治理等方面协调推进，打造深度贫困村脱贫的“国家精准扶贫标准化建设试验区”“沿河乡村振兴先导区”。整村帮扶创新模式成为国家精准扶贫的一个成功案例。善港村农村干部学院成立后，又面向贵州、山东、青海、河北等地的贫困地区，开办创业致富带头人培育班和扶贫干部培训班，以短期集中培训和长期跟踪指导与服务为教学模式，培养有志、有智、有技、有为的“四有”乡村管理人才和创业致富带头人。至2021年年末，累计举办创业致富带头人培训班、扶贫干部培训班等各类培训班222期，培训学员1.74万人。

【市发改委获评全省脱贫攻坚暨对口帮扶支援合作先进集体】 市发改委（市对口帮扶办公室）持续推进与西藏自治区林周县、新疆维吾尔自治区巩留县、重庆市云阳县的对口援建，与宿迁市宿豫区、徐州市丰县挂钩协作，特别是紧扣助力贵州省铜仁市唯一的国家级深度贫困县沿河县高质量实现脱贫摘帽的历史重任，坚持规划引领、创优机制，策划和推动在全国率先开展市、镇、村、园区、企业“五位一体”帮扶机制创新探索，对沿河全县21个乡镇街道、50个深度贫困村、88所中小学、24家医疗单位实施结对帮扶，打造善港村“整村帮扶”、教育卫生“组团式帮扶”等先进典范，推动335名党政干部、160名专技人才赴沿河县实地帮扶，480批次、6925人次互访对接，完成342人到张家港市稳定就业。坚持靶向施策、补短强弱，“十三五”期间共筹集安排对口帮扶资金9.13亿元（含上缴省统筹），动员社会各界对口捐赠6300万元，引导市内200家企业以多种形式深度参与扶贫协作，托举实施帮扶项目221项。其中，向沿河县投入产业帮扶资金2.4亿元，帮助引进20个企业投资项目，到位投资27.55亿元，重点培育生态茶、生态果蔬等特色优势产业。两地协作品牌“洲州茶”的全国销售额突破1000万元。持续扶持巩留“民生坊”厂房、与宿豫区共建工业园区发展壮大。坚持智志双扶、接续赋能，谋划、制定、发布“港城政策”，发挥“文明张家港”先发优势，体系化援建新时代文明实践中心，柔性调动群众勤劳致富的主动性。倾力支持全国第三家致富带头人培训中心落地建设、发挥功效，通过“扶志、扶智、扶市场、扶管理”，培育“带头人”创业成功率达到83.5%，累计带贫减贫3万余人。研究编制专门预算1600万元，发挥沙洲职业工学院教育资源优势，规模化招录、资助约800名沿河学子到张家港市实现学业梦想。通过持续深化多层次、宽领域、全覆盖、深融合对口帮扶，先后创出全国典型案例7个。11月，市发改委被省委、省政府授予“全省脱贫攻坚暨对口帮扶支援合作先进集体”称号。

【市人社局获评全省脱贫攻坚暨对口帮扶支援合作先进集体】 近年，市人社局围绕对口扶贫劳务协作，与贵州省沿河县人社局精准对接、全力帮扶，做好各类专场招聘和就业培训工作。建立“两江家园”沿河·张家港劳务协作驿站，有效解决沿河籍务工人员到张家港就业空档期间无单位、无技能、无住处等问题，共接纳396名调整工作期间沿河籍务工人员，被贵州省人社厅评定为“贵州2019年度优秀劳务协作工作站”。组织“春风行动”沿河劳务协作专场招聘会，以入户送岗等方式开展“送雁行动”，实行“点对点”全程输送，组织务工人员来张家港就业。举办专场招聘会21场，提供就业岗位3万余个，组织3281名沿河籍务工人员到张家港市就业，稳定就业3个月以上建档立卡贫困劳动力342人。组织沿河务工人员开展“订制化”培训，免费提供就业援助等公共就业服务，根据个人就业意愿量身定制职业技能培训课程。探索校企合作新模式，促成东渡集团、张家港高级技工学校等单位与沿河县中等职业学校签订合作协议，定期开办各类培训班。联合张家港市环宇职业培训学校，开展以“培训、就业、服务”三位一体为导向的挖掘机、装载机驾驶技能“订单式”培训班。2018—2021年，共举办各类技能培训班83期，累计培训5300人次，其中建档立卡贫困劳动力1291人次。落实各项奖补政策，共发放规模用工输入奖励、职业介绍补贴、一次性稳定就业奖励45万元、企业吸纳建档立卡贫困劳动力社保补贴12.78万元。组织“爱心涌动•情暖沿河”捐款，建立“东西部对口扶贫关爱基金”。建立“一人一档”跟踪服务台账，组织在港就业的沿河籍务工人员代表开展“两江一家亲，携手看港城，共话致富路”专题活动，发放市民卡、保障卡、旅游年卡，开展“夏送清凉”“冬送温暖”慰问走访活动，走访到张家港市务工的沿河籍人员685人，为务工人员调整岗位327人次，发放慰问金5万余元。11月，市人社局被省委、省政府授予全省脱贫攻坚暨对口帮扶支援合作先进集体。 （谢 兵）

全国贫困村创业致富带头人(善港)培训基地

【概况】 善港农村干部学院位于经开区（杨舍镇）善港村，总建筑面积近1万平方米，拥有教学楼、学员公寓及会议、食宿、休闲等综合配套设施，可同时容纳500名以上学员学习培训，是全国贫困村创业致富带头人培训基地、江苏省党支部书记学院农村分院、苏州市干部党性十大教育基地。学院以“农”字头为底色，以助力创业致富、助推乡村振兴、助燃基层党建为己任，以打造创业致富带头人和基层党建带头人的“双带培训”品牌为目标，突出“农民是教员，田园是课堂，合作为纽带，共富为目标”的办学特色，融“扶志、扶智、扶市、扶管”四位一体，设置理念革新、模式推广、党建引领、项目扶持、专技讲堂五大模块、80余个专题，针对不同培训对象，量身定制培训套餐。学院由全国劳动模范、全国脱贫攻坚奖创新奖、全国农业劳动模范、第六批全国岗位学雷锋标兵等荣誉称号获得者、善港村党委书记葛剑锋任院长，聘请全国脱贫攻坚楷模、著名“三农”专家、时代楷模赵亚夫任名誉院长，建立以赵亚夫团队、赵亚夫农业农村研究院专家为主体，全国各类科研院校专家为补充的专家库，组建以全国脱贫攻坚奖获得者为主体，以国内外优秀创业致富带头人为补充，“既能说给学员听，又能做给学员看，还能领着学员干”的创业导师库，共入库各类专家和创业导师300余人。整合长三角地区丰富的革命传统红色教育资源、改革开放与现代化建设实践资源，开发形成“一点多题”和“一题多点”，点面结合、模块组合的现场教学点300余个。3月24日至26日，举办全省新任村党组织书记示范培训班。4月7日至9日，举办张家港市村（社区）书记履新培训班。4月19日至22日，举办江苏省新任村“两委”班子成员示范培训班。7月19日至27日，举办新疆生产建设兵团第七师胡杨河市优秀党支部书记、连长培训班。10月18日至23日，举办湖北省随州市随县澴潭镇刘庙村乡村振兴研修班。10月18日至23日，举办张家港市社区治理和服务创新专题培训班。2021年，举办各类培训班121期，培训学员9085人。其中，创业致富带头人培训班17期、1095人，基层党建带头人41期、3231人，空中课堂4期、1950人，研学47期、2040人，合作办班12期、769人。

【省新任村“两委”班子成员示范培训班开班】 4月19日至22日，由省委组织部和省民政厅联合主办的江苏省新任村“两委”班子成员示范培训班在江苏省党支部书记学院农村分院（善港农村干部学院）举行。全省113名村“两委”班子成员和13名设区市民政局业务处室负责人参加培训。培训结合党史教育，从加强基层党建、推进乡村振兴、深化村（居）民自治、做实网格化治理等方面进行，全面提升村（社区）“两委”班子成员的履职能力和责任担当意识。培训班既邀请省委党校、南京大学、复旦大学、南京师范大学等名师进行党史教育和理论宣讲，又邀请一线先进典型和部门专家传授实践经验，并安排现场考察、分组交流等，开阔学员的视野，激发干劲。

【经开区（杨舍镇）万名班组长管理技能培训班开班】 4月，为深化“我为群众办实事”实践活动，推动产业工人队伍建设改革，着力培养一支“精生产、善管理、懂经营”的高素质班组长队伍，经开区（杨舍镇）总工会在善港农村干部学院举办“金牌蓝领”赋能计划——经开区（杨舍镇）万名班组长管理技能培训。培训班采用理论知识和现场教学相结合，开设综合管理、沟通技巧、安全生产等10门线上课程，并举行金牌蓝领特训营，组织班组长相互交流畅谈工作经验，聆听全国劳动模范事迹，学习劳模精神，赴隆力奇、波司登等知名企业参观生产车间。至12月，全镇1300余名班组长参与培训，线上课程访问量超过10万次。 （王 斌）

【编辑 陆正芳】

张家港港

Zhangjiagang Harbor

保税港务码头　　（张龙法　摄）

港口航运

张家港海关

金港海关

海　　事

边防检查

长江引航

长航公安

口岸服务

張家港年鑑(2022)

港口航运

【概况】 张家港港建于1968年，1982年对外开放，作为苏州、无锡、常州地区对外开放的重要门户，拥有富庶的经济腹地和区港一体的自然条件，是长江内河流域第一批对外开放的国家一类口岸。张家港港东距上海吴淞口146.5千米，西离南京港219.4千米，南与杭嘉湖地区相连，北通苏北各港。根据苏州港总体规划意见，张家港港是苏州港三个港区之一，以服务长江中上游地区物资转运和张家港市临港产业开发为主，重点发展煤炭、铁矿石、粮食等大宗散货和集装箱、液体化工品、件杂货运输。岸线西起长山（与江阴交界），东至东沙（与常熟接界），全长80.4千米，其中长江岸线63.6千米。张家港港规划建设港口岸线40.1千米，已开发利用27.6千米，剩余12.5千米。港口主要由长山、张家港、化学工业园、段山港、冶金工业园、东沙6个作业区组成。2021年，张家港口岸完成货物吞吐量2.57亿吨，比上年增加2.7%。其中，金属矿石8571.04万吨、煤炭及制品6379.28万吨、钢铁3069.64万吨、矿建材料1716.9万吨、化工原料及制品1327.96万吨、粮食1167.82万吨、木材487.67万吨、化肥及农药357.87万吨、石油天然气及制品224.4万吨、水泥100.36万吨、机械设备144.27万吨、其他1646.46万吨。外贸运量6594万吨，比上年增2.6%，其中外贸进口5457.3万吨，比上年下降0.83%。集装箱吞吐量86.84万标箱，比上年增3.13%。张家港保税港区进出口汽车3805辆，其中进口763辆。至年末，张家港口岸已开辟集装箱班轮航线40条，其中外贸近洋航线7条，外贸内支线18条，内贸航线15条。

【码头泊位】 2021年，长江下游福南水道-12.5米进港航道委托第三方测量及维护疏浚，实施常态化委托管理建设。《苏州港总体规划（修订）》通过交通运输部综合规划司和江苏省交通运输厅联合组织的专家审查，作为《苏州港张家港港区东沙作业区专项规划》编制参考。与常熟市交通、海事部门对接，完成两地政府签署合作备忘录，协调常熟过驳锚地调整方案，推进苏州港张家港港区东沙作业区进港航道和锚地工程建设。沙洲电力码头2号泊位获得省政府批准对外开放，港新码头5号泊位获得省商务厅临时开放批复。至年末，张家港港有大新专用航道、东沙专用航道和张家港海轮锚地、8号锚地、危险品锚地。有码头企业26家，建有泊位146个，其中万吨级以上泊位为78个。拥有对外开放泊位86个，其中万吨级对外开放泊位74个。

【长江航道管理】 2021年，长江张家港航道处完成计划航标维护65536座次，完成计划的99.8%；航道维护尺度保证率100%；航标维护正常率100%。完成维护性测量2154换算平方千米，完成计划的100%。航道维护船舶开航296航次，恢复失常航标49座次，设置航标1座，调整航标21座次，撤销航标1座。

（房舟彤　许柏宏）

2021年张家港口岸码头泊位一览表

表10

作业区	码头单位	码头泊位名称	泊位（个）	主要用途	前沿水深（米）	码头长度（米）	靠泊能力（吨级）	投产年月	对外开放年月
长山作业区	锦隆重件	锦隆重件	4	重件 件杂货 件杂货	-8.00	540.00	1个8000 2个5000 1个2000	2011年8月	2016年3月
	久盛船业	久盛码头	2	船修	-8.00	300.00	1个30000 1个50000	2008年12月	2009年9月
	上海港机	港机厂码头	1	港机发运	-7.50至-9.00	84.00	10000	1997年12月	1998年5月
张家港作业区	港务集团	1号泊位	1	散杂货	-11.00	185.00	50000	2012年	1983年5月
		2号泊位	1	散杂货	-11.00	185.00	50000	2012年	1983年5月
		4、5号泊位	2	海轮泊位（可散货）	-11.85	581.00	100000	2016年	1983年5月
		6号泊位	1	件杂货	-10.50	180.00	10000	1985年12月	—
		7号泊位	1	件杂货	-10.50	180.00	10000	1985年12月	—
		8号泊位	1	海轮泊位（可散货）	-11.62	203.00	70000	2014年	1994年12月
		9号泊位	1		-11.62	185.00	70000		1994年12月
		10号泊位	1	暂时停用	-11.62	196.00	25000	1993年8月	1994年12月
		13号泊位	1	件杂货	-11.68	180.00	30000	2009年	1988年12月
		14号泊位	1	件杂货	-11.62	195.00	40000		1992年12月
		15号泊位	1	集装箱	-11.62	255.00	25000	1992年10月	1992年12月

续表10

作业区	码头单位	码头泊位名称	泊位(个)	主要用途	前沿水深(米)	码头长度(米)	靠泊能力(吨级)	投产年月	对外开放年月
张家港作业区	港务集团	16号泊位	1	集装箱	−11.62	250.00	25000	1997年10月	2015年12月
		17号泊位	1	集装箱	−11.90	217.00	30000	2006年10月	—
	江海粮油	1号泊位	1	粮油	−9.80	180.00	50000	2016年	1987年12月
		2号泊位	1	粮油	−10.00	220.00	70000		1991年11月
		3号泊位	1	粮油	−10.00	210.00	70000		1996年9月
		4号泊位	1	件杂货	−13.10	200.00	70000		2007年1月
	保税港务	保税港务码头	2	集装箱 多用途	−13.00	470.40	2个50000	2014年	2007年7月
化工园作业区	长江国际	1号泊位	2	化学品	−13.00	170.00	30000	2016年	1993年7月
		2号泊位	2	化学品	−13.00	280.00	50000		1993年7月
		3号泊位	1	化学品	−13.00	40.40	3000		2006年8月
	东海粮油	1号泊位	1	海轮泊位(可散货)	−11.00	284.00	70000	2016年	1995年7月
		2号泊位	1	杂货	−11.00	96.00	10000	2016年	1995年7月
		改扩建码头	1	散货	−11.00	290.00	50000 (可70000)	2004年2月	2004年9月
		3号泊位	1	杂货	−7.50	120.00	10000	2016年	—
	陶氏化学	陶氏化学	1	液体化学品	−14.00	244.25	25000 (可40000)	2002年7月	2002年6月
	孚宝仓储	孚宝码头	2	液体化工	−12.50	461.00	2个50000	2013年	2008年1月
		内港池	2	液体化工	−4.00	195.40	2个1000	2015年	—
	东华能源	东华能源码头	1	液化石油气	−11.00至 −14.00	280.00	54000	2013年	1999年11月
			1	液体化工	−11.00至 −14.00	217.50	20000	2012年	2011年11月
	双狮物流	液化泊位	1	液体化工	−14.90	312.00	50000	2005年2月	2005年6月
		散货泊位	1	散货	−15.20	275.00	50000	2005年2月	2005年6月
		内港池	5	液体化工	−4.05	403.60	5个500	2005年2月	—
段山港作业区	港新重装基地	长江泊位	5	重件 件杂货	−9.84	898.00	3个8000	2017年	2016年1月
							2个5000		—
		内港池泊位	5	件杂货	−4.20	455.00	5个2000		—
	华达码头	华达码头	5	散杂货	−10.50	908.00	3个20000 (其中2个可70000)	2016年	2008年7月
							2个10000	2007年11月	
	中油泰富	内港池	3	油品	−12.50	195.00	50000	2014年	2014年
		1号码头	1	油品	−12.50	195.00	50000		2007年12月
		2号码头	1	油品	−12.50	72.00	50000		1995年2月
	永恒码头	永恒码头	5	散货	−11.50	369.45	50000	2014年	2003年12月

续表10

作业区	码头单位	码头泊位名称	泊位（个）	主要用途	前沿水深（米）	码头长度（米）	靠泊能力（吨级）	投产年月	对外开放年月
段山港作业区	过产业重机	过产业码头	1	件杂货	—	115.00	3000	2003年12月	2004年5月
		2号码头	1	原材料	-7.90	46.00	5000	2005年11月	2006年2月
		过产业扩建码头	1	重建泊位	-7.50	202.00	10000（可30000）	2014年12月（未竣工验收）	—
	海螺水泥	海螺水泥码头	1	散货	-6.30	137.00	5000	2002年7月	—
			1	散货	-14.50	274.00	20000	2005年10月	2005年10月
冶金工业园作业区	浦项码头	浦项码头	3	废钢、成品钢	-14.50	546.00	1个35000（可50000）2个10000	2006年9月	2006年12月
	沙钢集团海力码头	浦沙码头	1	件杂货	-11.50	144.50	5000	1998年7月	1998年7月
		海力0号码头	1	散货	-12.50	289.00	50000	2007年	2009年12月
		海力1号码头	1	件杂货	-14.20	234.00	30000	2003年4月	2003年12月
		海力2号码头	3	钢铁 件杂货	-11.20	237.00	5000	1998年1月	2010年10月
							30000		1998年11月
						275.00	50000	2015年	2013年9月
		海力3号码头	1	钢铁辅料	-12.00	238.00	30000	2003年	—
		海力4号码头	2	件杂货	-12.00	450.00	70000	2016年	2000年8月
							70000		2001年11月
		海力5号码头	2	原料、散货	-12.00	388.00	50000 5000（可100000）	2017年	2005年6月
		海力6号码头	2	散货	-11.00	453.50	50000 5000（可120000）	结构加固改造待竣工验收	2006年2月
		海力7号码头	2	散货	-11.00	313.50	2个70000	2016年	2004年8月
		海力8号码头	2	煤炭 辅料	-12.00	398.00	5000 50000（2个均可70000）	2017年	2010年2月
		海力9号码头	2	散货	-13.00	640.00	2个40000（均可70000）		2007年
		宏源1号浮码头	2	重油	-5.50	80.00	2个3000	1997年3月	—
		宏源2号浮码头	2	钢铁	-5.50	96.00	2个3000	2000年4月	—
		宏源3号浮码头	2	钢铁	-5.50	97.00	2个1000	2001年1月	—
		润忠三线码头	5	件杂货	-3.45	258.00	5个1000	2001年2月	—
		九龙港池码头	14	散货	-2.70	1600.00	14个1000	2001年	—
		奔辉码头	2	通用	-16.00	481.00	2个50000（可100000）	2018年	2000年1月
	沙洲电力	重件码头	1	件杂货	—	97.00	3000	—	—
		煤炭码头	1	散货	-15.00	275.00	50000	2016年	—
		二期码头	1	煤炭	-15.00	325.00	100000	2018年	2021年10月

续表10

作业区	码头单位	码头泊位名称	泊位（个）	主要用途	前沿水深（米）	码头长度（米）	靠泊能力（吨级）	投产年月	对外开放年月
冶金工业园作业区	中东石化	石化码头	1	化工品	-11.00	96.00	5000（可20000）	2003年2月	2003年8月
	越洋码头	越洋A码头	1	化学品	-18.00	90.00	30000	2014年	1999年4月
		越洋B码头	1	化学品	-14.00	90.00	10000		1999年4月
		越洋C码头	1	化学品	-9.00	23.00	300		—
东沙作业区	宏泰物流	1号泊位	2	散货	-13.00	356.00	2个50000	2015年	2006年8月
	宏泰码头	通用码头	2	散货	-13.60	464.00	2个35000	2015年	2009年9月
	盛泰港务	通用码头	3	杂货、散货	-13.00	808.00	40000 50000 50000 （可100000）	2015年	2014年6月
	合计		146						

说明：对外开放时间为对外籍船舶开放时间，投产年月比对外开放时间晚的是重新改建的码头泊位

【港务集团推进绿色港口建设】 张家港港务集团有限公司（简称港务集团）始建于1968年，前身张家港港务局，是苏州区域历史最悠久、开放最早、规模最大、功能最全的社会公共码头企业，为全国首批开放的14个沿海港口之一，注册资本5.6亿元，有员工2000余人。经营范围有货物装卸、仓储、中转、驳运；理货；船舶拖带服务；港口机械制造维修、电器设备维修、安装；船舶代理、货运代理（危险货物除外）；货运经营；港湾疏浚、船舶供应；房地产开发、物业管理；国内贸易；港口工程开发建设、工程监理服务、混凝土连锁块制造，疏港车辆停放；港口服务以及港口信息业、租赁业务；货物或技术进出口（国家禁止或涉及行政审批的货物和技术进出口除外）。拥有长江岸线3353米，江心浮筒9个，内河港池1807米，15个万吨级以上长江泊位（其中18号泊位在建），最大可停靠15万吨级船舶，散杂货年吞吐能力6000万吨，集装箱年吞吐能力70万标箱。有起重、装卸等大型港口作业专用设备300余台，库场面积170万平方米。2021年，港务集团完成货物吞吐量7368万吨，其中外贸吞吐量1686万吨。完成集装箱吞吐量68万标箱。完成散杂货主要货种吞吐量，其中木材251万立方米、煤炭4078万吨、金属矿石2709万吨、钢材192万吨、化肥105万吨。年内，张家港口岸首个“移动式防护装备脱卸平台”投入使用，实现大轮梯口防疫红、黄、绿三区设置标准化，具有机动性强、移动便捷等特点，随时根据风向迅速调整，缩短联检准备时间，实行常态化疫情防控。建成港内“东西双循环”经典路线、“缘木台”“水云台”两大观景平台，完成3万平方米路面黑化，新增绿化面积1.2万平方米；建成港内交通公交化、主干道黑化、道路绿化、景观美化、现场亮化的绿色港口。（许咏梅）

【永嘉码头完成吞吐量68万标箱】 张家港永嘉集装箱码头有限公司（简称永嘉码头）成立于1992年5月，由张家港港务集团有限公司和中国香港永嘉投资有限公司共同投资建设，1992年12月建成开放。有职工234人。主要承接集装箱装卸、堆存、货物拆装、冷藏箱和危险品箱的运营管理以及船舶供水、船舶污染物接收和岸电接入等相关业务，其公共驳船网络已覆盖苏南地区90%以上区域，开辟了日本航线、韩国航线、长江内支线、沿海内贸线等精品航线，通过中转，集装箱可运抵世界各地。有3个万吨级泊位、拥有5万吨级集装箱船舶靠泊能力，码头岸线长722米，前沿水深10米，陆域面积48万平方米，集装箱堆场面积35万平方米，堆箱容量4万标箱，泊位设计年吞吐能力100万标箱。拥有2.57万平方米的专业化危险品集装箱堆场，以及冷藏箱堆场、冷危箱堆场和CFS仓库等各类专业设施；有3.1万平方米的口岸集装箱集中查验中心，配置了组合移动式集装箱货物检查系统，具备快捷便利的查验通关能力。有桥吊6台、场吊18台、空箱堆高机7台、集装箱正面吊3台，码头牵引车26台和各类叉车20余台。2021年，永嘉码头针对国内疫情反复、国际运价高位维持等不利因素，适时调整经营策略，采取对外改善口岸营商环境，拓展铁水联运业务；对内提升自身服务能力，推行无纸化业务办单控制成本等措施，各项指标运行平稳、持续向好。全年完成集装箱吞吐量68.08万标箱，比上年增2.28%。（龚华斐）

【海力码头吞吐量超8000万吨】 张家港海力码头有限公司（简称海力码头）为沙钢集团成员企业，前身张家港海力国际码头有限公司，成立于1997年8月22日，主要为解决沙钢集团各成员分厂提供生产所需的铁矿石、煤、焦炭等原辅材料的运输及冷热轧卷钢、超薄带、宽厚板、螺纹钢、线材等产成品的装卸服务。位于长江下游浏海沙水道南岸，拥有7.8千

米长的码头岸线，有员工1400余人，下设办公室、生产调度科、安全科、设备技术科，另设装卸、运输、汽修公司，保障码头前沿的生产、管理、后勤工作。建有万吨级以上码头11座，1000吨级至3000吨级岸壁式码头7座，1000吨级港池码头4座，其中对外开放码头11座、泊位20个。设施配备有40吨至60吨门座式起重机13台，每小时300吨至1800吨的桥式卸船机30台，45吨、75吨桥式装船机5台，每小时3000吨链斗卸船机2台，每小时1000吨螺旋卸船机1台；配备25吨至45吨卡尔玛及海斯特进口大型叉车12台，130吨移动吊2台，装载机31台，8吨至10吨叉车46台，实际吞吐能力8000万吨。卸废钢最高单船班产6000吨，卸17万吨大轮日作业量超6万吨，卸8.5万吨矿粉仅用40小时可完成，卸煤炭日产2.41万吨，装线材单机最高班产1800吨，出口线材单船最高日产9000吨，卷钢单机最高班产4365吨、出口卷钢单船最高日产1.35万吨，成品钢材装船最高日产5.6万吨，散货、件杂货单船作业水平达到国内领先水平。2021年，海力码头实现货物吞吐总量8053万吨，其中外贸吞吐量909万吨，实现营业收入3.74亿元。（江传磊）

【宏泰物流公司堆场污水处理工程竣工】 江苏永钢集团投资成立的江苏宏泰物流有限公司（简称宏泰物流公司），拥有宏泰物流码头、宏泰码头、盛泰码头3个长江码头和宏顺码头、永丰内河码头2个内河码头。其中，宏泰物流码头于2005年投产，拥有2个5万吨级散货泊位，占用长江岸线356米，设计年吞吐能力440万吨；拥有卸船、输送、起重等大型专用装卸设备48台，堆场面积25万平方米。宏泰码头于2009年投产，拥有2个7万吨级通用泊位，占用长江岸线464米，设计年吞吐量为300万吨；拥有装卸、输送、起重等大型专用装卸设备60台，库场面积7万平方米。盛泰码头于2014年6月投产，拥有5万吨级散货和散杂泊位各1个，4万吨级件杂泊位1个；码头结构兼顾10万吨级散货船，设计年吞吐量884万吨，占用长江岸线808米，有装卸、输送、起重等大型专用装卸设备52台，库场面积15万平方米。宏顺码头于2014年10月投产，长度为385米；拥有6个300吨级散杂货通用泊位（水工结构兼顾500吨级），有装卸、输送、起重等大型专用装卸设备8台，堆场面积5.8万平方米。永丰内河码头于2015年11月投产，占地面积6万平方米，采用挖入式港池形式，利用与走马塘相通的东滨河拓挖形成，先后建成3个2000吨级散货装卸泊位，设计年吞吐量为550万吨。2021年，5个码头共实现货物吞吐总量3354.63万吨，其中外贸货物吞吐量689.74万吨，实现营业收入4.37亿元。盛泰码头通过省重点物流企业认定。年内，宏泰物流公司获得实用新型专利3项，完成堆场污水收集能力、处理能力提升改造工程。永泰堆场新建排水沟480米，堆场混凝土道路硬化1200平方米，新建1个有效容积6000立方米的排涝池及配套排水沟，新增1套每小时70立方米污水处理设备及配套设施改造。盛泰堆场新建排水沟2141米，挡水墙950米，挡风墙场地硬化2150平方米，挡风墙基础格宾石笼护坡全长957米，新建1个有效容积5000立方米的排涝池，新增2套每小时70立方米污水处理设备及配套设施改造。改造后，永泰堆场原污水沟、池收集总容量3342立方米提升至9450立方米，污水处理能力由原每小时130立方米提升至每小时200立方米。盛泰堆场原污水沟、池收集总容量1750立方米提升至7290立方米，污水处理能力由原每小时65立方米提升至每小时205立方米。该工程总投资2430万元，于2020年8月1日施工，2021年4月15日竣工投用。（吴阳舒）

【长江国际打造“清算通”业务】 张家港保税区长江国际港务有限公司（简称长江国际），系张家港保税科技（集团）股份有限公司控股子公司，下辖张家港保税区长江国际扬州石化仓储有限公司和张家港保税区华泰化工仓储有限公司2个子公司。公司成立于2001年4月，注册资金11.8亿元，建有3万吨级、5万吨级2个散装液体化工用品专用码头，专业从事乙二醇、二甘醇、甲醇、甲苯、二甲苯、二辛酯等散装液体化工产品的码头接卸、保税仓储和分拨转运服务，同时为区内仓储、生产企业提供码头中转和管道物流配送服务。2021年，码头接卸船舶428艘次，接卸货物总量351.45万吨，吞吐量381.5万吨，进入储罐的货物总量达到341.95万吨。公司实现营业收入约2.9亿元，利润总额约1.2亿元。获评国家高新技术企业、省技术先进型服务企业、省级服务贸易重点企业、省物流行业先进集体、张家港市小巨人（培育）企业等荣誉。至年末，自主研发的集网上下单、费用结算、自助查询、提货预约、易交割等功能于一体的网上仓储智慧物流服务平台线上注册客户超1.9万家，CA单证占比100%。利用集团平台资源，与苏交网合作发展，在“易交割”“链交割”业务稳步发展基础上，与上海清算所共同打造“清算通”业务，自4月19日启动起，实现多银行交割支付结算体系的搭建，开启大宗商品支付结算的新时代。全年“清算通”累计清算金额超2200亿元，签约客户超1600家。11月25日，公司获评江苏省2021年度技术先进型服务企业。自2010年首次通过技术先进型服务企业认定后，连续第四个周期蝉联该项荣誉，为张家港地区首家获此殊荣的企业。（黄莉婷）

【保税港务码头获评省四星级绿色港口】 张家港保税港区港务有限公司（简称保税港务）成立于2001年9月，注册资本4.7亿元。由张家港保税区金港资产经营有限公司、张家港保税科技（集团）股份有限公司共同出资设立。码头建有2个万吨级泊位，最大靠泊能力可达到5万吨，拥有长江岸线532米，靠船装卸平台长432米，码头前沿水深13米，泊位设计年吞吐量40万标箱、件杂货25万吨。保税港务是江苏省唯一的汽车整车进口口岸业务运营码头，建有进口肉类查验储存一体化查验设施，业务范围涵盖整车进出口、集装箱、散杂货、油脂及港内拆装箱、保税仓储等。2009年，通过环境管理体系、质量管理体系以及职业健康安全IMS管理体系认证。2014年12月，通过普通货物码头二级安全标准化达标验收。2020年5月，通过港口危险货物码头一级安全标准化验收。2021年，船舶共作业3148艘次；完成集装箱吞吐量18.79万标箱，比上年增6.65%，其中外贸箱8.56万标箱，比上年增16.53%；散杂货自然吨244.37万吨，比上年增7.96%；进出口整车3805辆，其中进口763辆。将绿色港口理念融入港口规划、建设和运营全过程，推进港区环境治理，港容港貌得到显著提升。通过科技攻关改造、节能技术应用、优化设备结构等措施持续增强行业能效，提升整体环保管理水平。11月23日，获评江苏省四星级绿色港口。

（胡陈希）

张家港海关

【概况】 2021年，张家港海关征收税款194.62亿元。其中，关税32.93亿元，比上年增3.5%；代征进口环节税161.69亿元，比上年增5.8%。涉税商品超过1251种，其中，矿产品、农产品、化工品3类为主要税源货物，实征税款占比均在42.33%左右，税源企业主要集中在钢铁、粮油、化工等当地生产型和贸易型企业。监管进出口货运量6429.4万吨，比上年减10.3%；货值346.3亿美元，比上年增35.1%；监管进出境集装箱42.2万标箱，比上年增18.5%；监管国际航行船舶6414艘次，验放进出境人员66280人次。全年截获进境植物检疫性有害生物46种、3882种次。口岸主要检验检疫货物包括整车、化工品、油脂、羊毛、棉花、肉类、木材、大豆、粮食、矿产品等。推进张家港地区海关验估作业集约化改革试点，全年审价补税2.2亿元。全年报送统计监测预警信息36篇，其中海关要情录用21篇。

【口岸监管】 年内，张家港海关坚持让监管跑在风险前面，强化风险联合研判，人工布控查获率保持关区上游。深入推进全业务领域一体化改革，实现卫生检疫、检验鉴定等职能集约统一行使。“零疏漏”防范疫病疫情叠加输入，截获医学媒介生物400余只，捕获活体眼镜王蛇登顶微博热搜，互联网阅读量突破3亿次；拦截97.2吨不合格冻品，检出大宗资源型商品品质不合格167万吨、短重6.3万吨，涉及索赔金额2071.7万美元，全力守护人民群众生命财产安全。H986集装箱查验系统、木材远程AI智能识别等技术被相继应用；国家级木材实验室作为世界海关组织区域实验室重要组成部分，协助全国海关检出申报不符359批，包含CITES（濒危野生动植物种国际贸易公约）管制树种85批。坚持“外防输入、内防反弹”总策略不动摇，张家港海关党委全天候轮值、挂图作战，以科室为单位建立污点记录台账等举措，确保指挥体系高效运转。坚持“人、物、环境”同防，有效监管1454艘次进境船舶、船员2.5万人次和进口冷链食品1.3万吨，开展531次视频监控督查。强化全链条、全要素监管，检出不合格货物25批，及时退运出境233.6吨洋垃圾。紧盯重点敏感货物，全年监管进口危化品316.3万吨，验放进口整车763台。

【“国门利剑”打击走私专项行动】 2021年，张家港海关缉私分局立案侦办刑事案件11起，其中海关总署缉私局一级、二级挂牌督办案件各1起，案值11.53亿元，偷逃税额9604.4万元，抓获犯罪嫌疑人6人，逮捕9人，移送起诉13人；立案查办行政案件183起，其中一般案件26起、简易程序和快速办理案件157起，案值2.4亿元、涉税103.78万元；结处行政案件185起，罚没缴库2560.34万元，补缴税款340.49万元。开展打击走私“国门利剑2021”联合专项行动，严厉打击“洋垃圾”走私入境，联合海关业务部门现场查缉，立案调查固体废物违规入境案3起，查获固体废物已全部退运；严厉打击象牙等濒危物种及其制品走私专项行动，推进2起走私抹香鲸牙制品案件的侦查取证工作，加大已销售走私抹香鲸牙制品的追缴力度，该2起案件已全部移送起诉；严厉打击治理“水客”走私专项行动，全年移送起诉“水客”走私案件1起，法院作出有罪判决1人；联合地方公安、海事、市场监管等部门开展打击长江航道成品油走私“长江大保护”“净江行动”，运用“打团伙、摧网络”工作思路，联合苏州海关缉私分局、南通海关缉私分局侦办走私成品油案件6起，破获多起上游供货团伙、中巴运输团伙和下游货主团伙案，实现全链条打击，抓获犯罪嫌疑人26人，逮捕6人，捣毁走私团伙4个，查证走私柴油5.98万吨，该案件被海关总署缉私局列为一级挂牌督办案件；加大对重点涉税商品走私的打击力度，立案侦办走私汽车案2起，查证走私汽车988辆；立案侦办走私香烟案7起，查证走私万宝路、三五、七星、红双喜等品牌的走私免税烟约13万条；密切关注涉枪涉毒线索经营，对精麻药品线索开展核查，联合

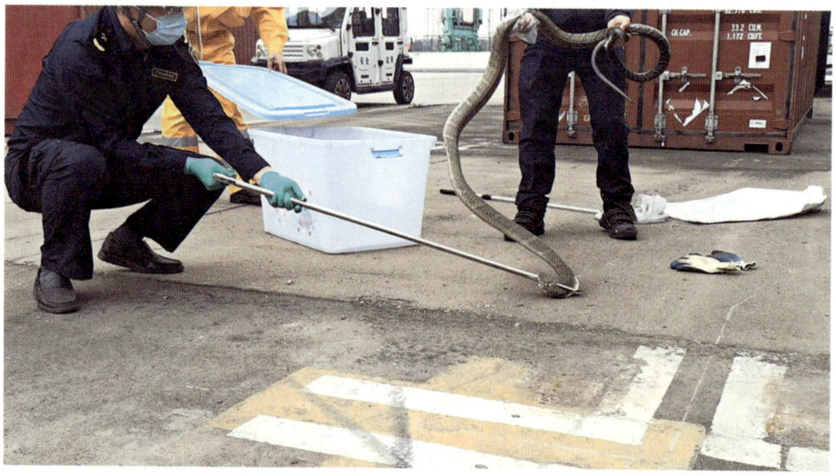

张家港海关捕获眼镜王蛇　（张家港海关　提供）

地方公安精准布控，立案侦办走私毒品案件等。

【海关助推外贸发展】 2021年，张家港海关始终坚持“六稳六保”、助推外贸稳定发展，“监管与服务”专题系列活动精准解决110余家外贸企业51个发展难题，采用54条优化口岸营商环境对策。开展两步申报、依申请检验等政策增点扩面工作，实施“船边直提”“抵港直装”试点，打通进口钢坯“水水运输”、出口豆粕“边生产边装船”等关键物流堵点；深化“两关协同检疫”，协调推动10.9万吨进境粮食顺利靠泊，5月末实现粮食滞港“问题清零”；先放后检叠加两港分卸压缩进口铁矿放行时间至3天，降低企业物流成本超2500万元；探索自主抽检与第三方采信相结合的检验模式，恢复平行进口汽车因国家第六阶段机动车污染物排放标准而停滞的通关业务。提出建立口岸服务中心平台倡议，初步建成口岸核酸检测实验室；围绕钢铁、煤炭、木材等重点行业和中澳关系、RCEP（《区域全面经济伙伴关系协定》）实施等政策变化，开展专题深度调研，为外贸发展提供政策依据。 （刘　玉）

金港海关

【概况】 2021年，金港海关受理进出口报关单1.94万份，比上年减12.77%；征收税款5.28亿元，比上年减8.3%；加工贸易进出口金额30.23亿美元，比上年增51.01%；签发原产地证书2.56万份、25.78亿美元，分别比上年减1.11%和增41.22%，其中优惠原产地证2.18万份、19.19亿美元，为企业减免进口国关税约1.13亿美元；监管进出境集装箱2.88万标箱，比上年减4%；完成进境货物检验检疫1668批、货值4.49亿美元，分别比上年增44.5%和33.61%；出境货物检验检疫1.95万批、货值12.11亿美元，分别比上年增23.81%和124.91%；检出不合格货物549批，退运处理1批。其中，监管进口棉花15.95万吨，货值3.11亿元，出具证书600份，截获疫情17种47种次，包括检疫性有害生物疏花蒺藜草、病媒生物南美洲蜚蠊、老鼠等。开展红火蚁监测5次，未发现有红火蚁。设置实蝇监测点7个，诱集到桔小实蝇、南瓜实蝇等4类实蝇2733头。开展辖区企业安全生产检查209家次，反恐督察13次，注销涉危企业3家，压缩罐容10.92万立方米。监管出口危险化学品及其包装1.37万批。查办“两简”案件（简单案件和简易程序案件）31起，移交违法案件线索2起，刑事立案2起。开展普法宣传活动36次，征集立法建议10条，被上级录用3条。

【海关企业管理和后续监管】 2021年，金港海关辖区新注册企业618家，变更365家，注销266家，特殊资质初审621批。核实区内注册登记企业信息161家，完成“断链刨根”专项整治企业排查30家。完成加工贸易手册设立895份、手册核销结案907份、审核区内账册变更857次、核销电子账册20本，完成保税核查12次。推行稽查改革，开展检验检疫领域稽查业务8家，完成稽查作业29家，主动披露12家，追补税款1028万元。拓展核查作业手段，开展“互联网+”核查11起，完成核查指令76个，按时办结率100%，核查有效率60.5%，完成核查补税339万元，移交缉私部门8起、移交相关部门8起，规范整改21起。

【海关优化企业服务】 2021年，金港海关推广“两步申报”“两段准入”“提前申报”等业务改革，持续压缩通关时长至70小时之内。持续落实优惠政策，拓展海关行政审批网上办理业务，推进原产地证书自助打印和智能审单工作，自助打印率超99%。优化企业内销流程，促进企业融入国内国际双循环，出口转内销补税2.12亿元。联合市政府、张家港海关开展“监管与服务”系列调研和政策辅导，为140余家重点企业送政策、送服务。协调解决异地出口删单重报引发来回运输增加成本问题，探索“进口棉花保税非保税转换二线进出区便捷模式”，持续推进“水运大型装备入区同步出区不落地监管模式”。

（缪宏伟）

海　事

【概况】 2021年，张家港海事局落实“放管服”改革，优化海事政务服务，推进“一网通办”“多证合一”改革试点。建成、投用沙钢集团、港务集团等3个政务自助服务站，沿江海事24小时自助服务全覆盖。推动江海联运枢纽建设，实现大型受限船舶“直进直出，直靠直离”，全年维护31.9万艘次船舶安全进出港，比上年增17.1%，其中国际航行船舶5949艘次、大型受限船舶2409艘次，抵港开普型船舶281艘，助力沙钢集团、永钢集团、港务集团等全市重点企业节省成本超8.3亿元。推动“港产城”融合，协调对接交通运输部长江航务管理局、江苏海事局为张家港港口重点项目审批、评审、落地提供精准服务。服务张靖皋长江大桥建设，助力海力码头、东海粮油、久盛船业等7座码头升等改造，推动东沙液化天然气项目加速审批，建成张家港南丰水上绿色综合服务区。服务沿江重点企业开辟全球市场，保障俄罗斯天然气、阿联酋氟化工等“一带一路”重点项目大件出运170航次。推动口岸疫情防控升级，建立运行在港国际航行船舶动态监控机制，开展国际航行船舶船岸界面检查1743次、船船界面检查1820艘次，实施非接触式港口国监督检查78艘次、船旗国检查1389艘次。严格执行水路口岸涉外疫情防控熔断机制和相关人员专班闭环管理要求，核查国际航行船舶船员12.3万人次，妥善处置涉外疫情9起，保障国际航行船舶392艘次、2747名船员安全换班。开辟绿色通道，保障614.8万吨煤炭、29.3万吨液化石油气等重要物资的运输供应。年内，张家港海事局被省人社厅、省交通厅评为江苏省交通建设有功集体。

【水上交通安全监管】 2021年，张家港海事局集中开展安全生产专项整治，组织重点领域专项整治行动。建立过驳作业治理、“三无”(无船名船号、无船舶证书、无船籍港)船舶整治长效管理机制,联合交通、公安等部门清理浮吊3艘,拆解“三无”船13艘,有效阻断过驳浮吊、“三无”船回流通道。实现涉砂码头信用管理,连续两年涉海运输内河船停泊作业“零发生”。推进海事新型监管机制建设,采用审批替代型承诺制度,实现对客汽渡等重点监管对象公开承诺,向社会公示信用承诺书995份。在寒潮大风、能见度不良以及季节转换期、洪汛期和台风过境期间,加强水上交通安全监管和事故的预防预控,完成春运、全国“两会”、七一、国庆、中共十九届六中全会等重点时段水上安保工作。全年维护横江渡运11.9万航次,保障325.9万人次、142.2万车次安全渡江。

【水上搜救】 2021年,张家港市水上搜救办公室修订《张家港市水上搜救应急预案》;编写《张家港市水上搜救能力建设“十四五”规划》,将水上交通安全管理纳入政府公共安全治理体系;建立健全成员单位信息沟通机制;召开全市2019—2021年度水上搜救工作会议,整合优化辖区应急救援力量调度,发展扩大水上搜救志愿者队伍,保障快速、高效、规范地处置水上突发事件。全年开展船舶碰撞桥梁应急演练、渡口渡船船岸应急联合演习,组织搜救行动10起,成功救助遇险船舶14艘、遇险人员177人,救助成功率100%。

【船舶污染防治】 2021年,由市打好污染防治攻坚战指挥部办公室牵头,张家港海事局协调市环保、交通、城管、水务等部门开展港口船舶污染防治联合检查、惩戒活动,建立覆盖“水、固、气”全覆盖和“船、港、城”一体化的船舶污染物治理体系,形成船舶污染防治监管合力,有效监管船舶生活垃圾699.73吨、生活污水上岸处置2.5万吨。推进高压岸电示范区建设,码头岸电覆盖率100%,泊位岸电覆盖率97.1%。推出岸电使用“惠船八条”“惠企六条”,建立标准服务流程,全省首个船舶岸电公共责任险投保,船舶使用岸电6.2万艘次、401.4万千瓦小时。创新建立船载危险货物安全监管“2311”系统治理体系(紧抓“航行和作业”两个行为,构建船载危险货物全过程监管链条;紧扣“人、船、环境”三个要素,织密船载危险货物安全监管网;打造“信用+智慧”一个监管平台,提高船载危险货物安全监管智能化;紧盯“不发生泄漏”一个目标,保障辖区安全形势持续稳定),推进危化品货主(码头)高质量选船机制,开展选船评估3179艘次、不予通过92艘次,保障8410艘次危化品船舶、4531.8万吨危险货物安全进出港。

【全要素水上“大交管”试点】 4月20日,张家港海事局在江苏海事局系统内率先全面启动全要素“水上大交管”试点运行工作,瞄准“港航一体化和片区协同”定位,系统升级水上动态执法模式。年内,建成以水上交通管理中心为核心、业务职能部门为支撑、快反处置中心为执行的动态管控新格局。水上交通管理中心运行风险管控、综合执法、交通组织、应急处置、片区协同、综合服务保障6项机制,实施立体巡航,统筹动态业务。快反处置中心组建7个快反执法单元,常态运行“1141”执法模式,即配备1组执法载具,由1名中层干部带领4名执法人员,在1个综合网格内开展常态化执法工作,对福南水道全方位实施卡口管理。年内,海事局全要素水上“大交管”被纳入市智慧口岸建设典型。 (陈有为)

边防检查

【概况】 2021年,张家港出入境边防检查站(简称张家港边检站)以庆祝中国共产党成立100周年安保为主线,打赢疫情防控和服务发展硬仗,推动港口边检业务走在前列。全年检查出入境(港)船舶5508艘次、人员10559人次,签发临时入境许可22份,登轮许可23350份,办理涉边案件14起,处置特殊勤务事件6起,查获在逃人员1人。年内,张家港边检站被国家移民管理局记集体二等功,获江苏出入境边防检查总站和市政府主要领导批示肯定11次。

【口岸安全管控】 2021年,张家港边检站建强情报队伍,联合市反恐办、市出入境管理大队等相关部门,全方位管控情报网络体系。全年为江苏出入境边防检查总站提供打击跨境赌博有效线索3条,移交市出入境管理大队案件1起。研究警务大数据、云计算应用发展,组建边检数据感知中心,探索建立核查模型,推行登离轮船员身份信息100%核查、船舶轨迹100%倒查“双百清查”制度。及时发现船舶IMO号申报错误1次,MMSI号申报错误1次,无有效证件外籍船员1人,发现出入境记录异常人员13人,其中船员涉嫌偷越国(边)境1人,开展中国籍船员换班2466人次。开展应急处突拉动演练22次,桌面推演6次。

【边检服务创新事迹获中央电视台报道】 2021年,张家港边检站立足边检形势任务和口岸发展需求,依托勤务再造、科技赋能、能力提升“三点发力”,在全省江海港口岸边检机关率先建立一班三组,驻点轮值的“7+7+7”(7天集中执勤+7天集中观察+7天居家观察)执勤模式,实现“小单元”作战。推进边检勤务流程再造,建立勤务岗位动态调整机制,形成“1+3+3”(指挥中心+综合执勤组+高风险执勤组)勤务模式,“情、指、勤”(情报、指挥、勤务)一体化指挥中心建设取得新进展。构建数据能力、辅助办案、服务保障、警务装备、合力攻坚五大体系,推进智慧边检建设,率先建成1个雷达、2个光电站,实现苏通片区“滤网”组网运行。前台办检和巡查岗位交叉轮岗,建立一线民警到地方派出所交流学习长效机制,定期开展典型案事件勤务处置交流研讨活动,培养江海港“一专多能”型检查员。全年为2232艘次在长三角地区港口间移泊的外籍船舶免办出入港手续,为363艘次国际航行船舶一次性办理入出境手续,对信用良好的修造船企业推行企业和船方自管，给予办理人员上下外轮、船舶搭靠外轮许可便利，开辟绿色通道救助受伤船员20人，相关事迹被中央电视台等媒体刊载报道。（刘传业）

长江引航

【概况】 2021年，长江引航中心张家港引航站严防疫情水上输入风险。全年引领中外籍船舶8971艘次，比上年减7.6%；总吨位20013万吨，比上年增0.2%；净吨位11149万吨，比上年增0.9%；载重吨34395万吨，比上年增1.5%。其中引领国际航行船舶7810艘次，引航总吨位19012万吨，净吨位10598万吨，载重吨32822万吨。引领受限船舶1578艘次，危化品船舶3270艘次，开普型船舶642艘次。其中，夜航船舶3412艘次，占引航总数的38.1%。引领进江靠泊张家港船舶吃水达到11.8米。

【保障疫情防控下港口物流供应链畅通】 2021年，张家港引航站按照省联防联控机制要求，先后采用“小专班”“大专班”“全员专班”引航管理模式，落实水路疫情防控要求，守住“外防输入，内防反弹”的水上国门第一道防线。克服专班管理模式下引航力量短缺困难，统筹做好引航生产，服务港航正常运转，确保疫情防控下港口物流供应链畅通。为江海粮油、东海粮油、东华能源码头船舶开辟“绿色通道”，保障国计民生物资优先进江。为张家港港新重装码头运载大型重件船舶提供个性化服务助力“一带一路”建设。精准服务保税港务国产汽车滚装船驶向中东、南美国家，提升地方整车物流国际竞争力。常态化将靠泊东海粮油码头的大型船舶吃水提升至11.8米，助力企业克服疫情影响逆势增长。（陈玉海）

长航公安

【概况】 长江航运公安局苏州分局系长江航运公安局所属16个分局之一，成立于2004年1月，为正处级建制单位，下设机关职能科室5个，直属实战单位4个和基层派出机构4个（张家港派出所、江阴派出所、常熟派出所、太仓派出所），其公安业务实行长江航运公安局和苏州市公安局双重领导，行使长江苏州、无锡江阴段南线（上至江阴石庄、下至太仓浏河）全长约175千米水域公安管理事权。2021年，破获刑事案件26起，打击处理139人，摧毁犯罪团伙15个。查处治安案件299起，其中普通程序168起、简易程序131起，行政拘留58人，办理内保案件24起。开展消防检查613次，检查陆域单位280次，检查船舶2623艘，发现并整改消防隐患965起。开展消防培训68次，培训人数2700人；举办消防演练32次。

【涉江违法犯罪打击】 2021年，长江航运公安局苏州分局紧抓长江大保护，坚持以打促安、以打促禁确保社会稳定，以控发案、防反弹为目标，形成破大案、打团伙、断链条、摧网络的格局，开展严厉打击非法捕捞、非法采砂、非法运输成品油等专项行动，破获刑事案件26起，其中被列为公安部打击长江非法采矿专项行动督办案件2起，办结公安部督办案件8起，打掉犯罪团伙6个，打击处理139人，移送起诉194人，涉案价值3660万元。非法捕捞、非法采矿发案率比上年减90%，辖区非法捕捞、非法采矿犯罪势头得到有效遏制，为服务保障长江经济带高质量发展创造安全稳定的环境。

【“情指勤舆”一体化建设】 2021年，长江航运公安局苏州分局常态化开展每日情况综合研判、重要节点专项研判、重大问题随时研判，融合组建研判团队5个，24小时值守轮流作战，实现一屏值守、同步展开，一体融合、协同作战，全天候保持情指战时状态。融入江苏省公安厅、苏州市公安局等工作平台，实现江阴、张家港、常熟、太仓四地公安20余万路视频监控资源共享，开发上线“长航公安苏州分局线索举报平台”小程序、“长江警务基础信息”应用程序，发挥情报引领和科技赋能双轮驱动效能。执行指挥中心实体化运行，通过自身研判、视频巡检直接破获非法捕捞案4起、危害珍贵、濒危野生动物案1起，抓获违法犯罪嫌疑人10人；破获移交海关缉私部门特大走私冻品案1起，此案抓获嫌疑人138人，涉案价值1亿元。（李泽宇）

口岸服务

【概况】 2021年年末，张家港口岸有各类口岸、港口服务企业110家，包括船舶代理、货运代理企业47家，理货企业3家，船舶港口服务企业60家。代理企业有中国张家港外轮代理有限公司、张家港保税区瑞创国际物流有限公司、张家港船务代理有限公司、张家港海德国际船务代理有限公司、张家港航姆国际船舶代理公司等。理货企业有张家港中理外轮理货有限公司、张家港中联理货有限公司和张家港检验认证有限公司。船舶物料和生活品供应企业有张家港保税区长航船舶燃料供应有限公司、张家港市昌隆船舶服务有限公司、张家港保税区益嘉船务有限公司等。船舶油料供应企业有江苏省中油泰富船舶燃料有限公司、江苏中石化长江燃料有限公司张家港保税区分公司、中石化浙江舟山石油有限公司张家港分公司等。围油栏供应企业有江苏海宇航务工程有限公司张家港分公司等。提供船舶污染物接收服务的企业有张家港沿江港务服务有限公司、张家港市通江船舶服务有限公司等。经营港口拖轮业务的企业有张家港港务集团有限公司船务分公司、张家港保税区港鑫船务有限公司等。（房舟彤）

【张家港电子口岸赋能经济发展】 张家港电子口岸有限公司成立于2007年，承担张家港电子口岸的建设、维护和运营任务，构筑跨部门、跨行业、跨地区的口岸公共信息平台，提供口岸通关、物流贸易的信息化服务。公司是长江港口服务平台联盟理事长单位、国家物流公共服务区块链供应商、江苏省智慧物流降本增效主体培育试点单位、江苏省重点物流企业、

共建绿色氢港战略合作签约仪式　　（张家港中外运　提供）

江苏省大数据企业、江苏省工业互联网服务资源池、苏州市服务业创新型示范企业、张家港市电子商务协会秘书长单位。近年依托智慧港口建设，先后推广应用系统至常熟、江阴、珠海、武汉、泸州等口岸。探索新经济新业态，发挥电子口岸的数据价值、平台价值，拓展智慧云仓、智慧供应链、网络货运等业务。2021年，参与张家港保税区转型升级，推行无感卡口管理，实现货物自动验放、车辆快速分流，获国家知识产权局颁发的智能验放系统实用新型专利证书；打造海关液体散化全生命周期信息化监管系统，实现对液体化工品实施全过程、全方位、全业态监管。网络货运平台于2019年4月获批无车承运试点资质，2020年3月取得网络货运资质和江苏省税务委托代征试点单位资质，2021年全年营收1.46亿元，纳税1365万元。（张春雨）

【张家港中外运共建绿色氢港】 中国外运长江有限公司张家港分公司（简称张家港中外运）是中国外运长江有限公司在张家港的分支机构。在张家港口岸已有44年的历史，总部设在金港街道，有员工270人，拥有先进的海运、仓储、物流信息、GPS车辆调度系统、钉钉办公管理系统、i-SCP智慧供应链平台；有卡尔玛大型设备、多台集装箱拖车和各种吨位的叉车、吊车；有3.5万平方米仓库和4.5万平方米集装箱堆场。海运货代依托驳船洋山线，自营日本、韩国航线和内贸航线，全年完成代理集装箱12.99万标箱；船代全年完成自揽船712艘次，自揽船净吨969.42万吨，自揽船货吨363.53万吨；仓储吞吐量50.55万吨，运输行驶里程41.09万千米；完成空运快件30473票，空运货代3271吨。年内与华昌化工公司、港城汽运公司、金龙汽车公司签署共建绿色氢港战略合作协议。根据协议，四方计划在氢燃料电池重卡应用领域展开氢燃料电池重卡发动机研发、整车集成、燃料电池重卡应用端示范运作及市场推广等合作，共同推动氢燃料电池重卡替代传统燃油重卡、推进氢燃料电池重卡的市场化应用。（成媛怡）

【张家港外代全力保障疫情期间企业供应链畅通】 中国张家港外轮代理有限公司（简称张家港外代）隶属中国远洋海运集团，始建于1980年5月20日，是张家港口岸最早从事船舶代理的企业，先后获江苏省文明口岸先进单位、苏州市重点服务贸易企业、AAAA级物流企业、海关AEO认证企业等称号和资质，已成为张家港口岸综合物流及供应链服务的重要企业。2021年，公司全年实现营业收入7.4亿元，代理船舶1050艘次，完成船舶代理量970万吨，代理出口6.1万标箱。落实疫情防控要求，协助能源企业完成7万吨液化气清关、粮油企业完成1.6万吨植物油进口清关，助力全国重要饲料进口商完成1000余吨饲料的仓储及分拨配送，保障苏州地区植物油、民用液化气、畜牧及家禽企业饲料的安全稳定供应。（王华龙）

【张家港中理理货升级智能理货系统】 张家港中理外轮理货有限公司（简称张家港中理理货）前身为1980年7月成立的中国外轮理货公司上海分公司第七理货队，1983年5月正式成立。有员工190余人，下设5个部门和1个分公司，在张家港口岸设有办事处7个，投资设立检验检测公司1个，建有专业检测实验室1个。公司通过ISO 9001:2015质量管理体系认证，检验检测业务通过中国合格评定国家认可委员会（CNAS）认证，实现了业务管理信息系统与张家港电子口岸、南京海关物流信息化管理系统的联网联动。2021年，公司创新推动智慧升级，传统理货业务建设完成件杂货、集装箱智能理货系统两大理货远程化项目。检验检测业务筹建专业检测实验室1个，11月通过CNAS定期监督评审。年内获评苏州市重合同守信用企业、劳动关系和谐企业。全年受理船舶2386艘次，完成理货量2622万吨。（胡杨杨）

【张家港中联理货拓展检验检测业务】 张家港中联理货有限公司（简称张家港中联理货）由中联理货有限公司控股、张家港港务集团有限公司和张家港市金城港口服务有限公司参股组建成立。2021年，张家港中联理货通过“GB/T 19001：2016质量管理体系认证”监督评审，实现永嘉码头桥吊集装箱智能理货全覆盖；依托中理公司检验品牌实力，拓展检验检测业务，该品牌获得中国计量认证（CMA）和CNAS双证书，提升检验与鉴定服务能力，为打造“检验、理货”一体化的第三方公正服务机构提供技术保证。开展货物残损鉴定、大宗设备丈量、箱检、货物监装监卸及各类海事检验等业务，全年检测液化品、油品、煤炭、矿产品等4644个样品，出具品质检测报告；受理船舶理货7058艘次、件杂货理货180万吨；受理集装箱理箱60.85万标箱。（李　健）

【编辑　沈立平】

生态环境

Ecological Environment

“六五”环境日主题活动暨环境宣传月启动仪式　（张家港生态环境局　提供）

生态建设

自然资源保护利用

环境保护

环境卫生整治

绿化美化

生态景区

扫码欣赏

资规局宣传片

生态建设

【概况】 2021年，全市以优化宜居生态环境为目标，以打好污染防治攻坚战为抓手，以纵深推进生态文明建设为突破口，全力推进“1351工程”(“一项目标”即紧盯“全力争当‘美丽中国’县域城市新样板”的目标。“三大任务”一是全面完成上级下达的各项环境质量改善任务；二是环境安全持续稳固，环境风险整体可控；三是群众满意度不断提升，信访总量较2020年进一步下降。“五个攀升”指在环境质量、监管效能、政务服务、风险防范和队伍建设五个方面实现新的攀升。“一流行列”指全力推动全市生态环境保护工作迈入全省乃至全国一流行列)。

生态空间管控 按照《江苏省国家级生态保护红线规划》，长江张家港第三水厂饮用水水源保护区、一干河新港桥饮用水水源保护区、沙洲湖(应急水源地)饮用水水源保护区、张家港暨阳湖国家生态公园(试点)和张家港暨阳湖省级湿地公园被列为国家级生态保护红线范围，总面积10.78平方千米；按照《江苏省生态空间管控区域规划》，凤凰山风景区、张家港双山香山旅游度假区(香山片区)、张家港双山香山旅游度假区(双山片区)、长江(张家港市)重要湿地空间、一干河清水通道维护区、一干河新港桥饮用水水源保护区、张家港暨阳湖公园7处为省级生态空间管控区域，总面积14619.94公顷。年内，分别对全市生态保护红线区域和生态空间管控区开展专项督察，“绿盾2021”自然保护地监管、生态空间保护区域人类活动变化情况核查有序推进，市域范围未发生生态保护红线区域受损和生态空间管控区域侵占等现象。为进一步强化空间管控、优化产业布局，全市着力构建“三线一单”(生态保护红线、环境质量底线、资源利用上线，生态环境准入负面清单)生态环境分区管控体系，结合自然禀赋、经济发展、产业布局，将市域范围划定为13个优先保护单元、41个重点管控单元、10个一般管控单元，在一张图上落实生态环境保护、环境质量管理、资源利用管控要求，按不同管控单元编制生态环境准入负面清单，形成生态环境管控集成化、空间化、清单化。

生态环境建设 市生态环境部门完成污水管网排查检测100千米，新建、改造城镇控源截污主支管网12.5千米，完成农村生活污水治理600户，市区、镇区、农村生活污水处理率分别达到98%、95%、90%。年内，实现城乡生活垃圾分类设施“全覆盖”，日处理2250吨生活垃圾焚烧发电项目完成主体工程，市餐厨厂和经开区2个厨余垃圾集中处置项目开工建设，每年140万吨金城永联建筑垃圾资源化处置项目稳定运行。建成投运飞翔年处理1万吨危废焚烧项目、光大年处理4万吨危废填埋项目和年处理3万吨危废焚烧项目，全市形成年处理12.46万吨危废焚烧、填埋集中处置能力及年处理3640万吨医疗废物处置能力。加快环境污染治理，将遏制“两高”项目(高耗能、高排放)盲目发展作为实现“碳达峰”“碳中和”的重要抓手，对“十三五”以后年耗能5000吨标准煤以上的63个存量、拟建、在建“两高”项目系统性梳理排查，形成清单化管理。严控煤炭消费总量，全市5家非电行业煤炭消费总量1311.9万吨，骏马热电整体关停到位。全市钢铁行业超低排放改造评估基本完成，督促141家涉VOCs(挥发性有机物)重点企业编制并实施“一企一策”综合治理方案，对908个挥发性有机物储罐进行全面排查，完成32个城镇污水处理提质增效达标区建设，试点启动工业固废“绿岛”项目，在全市域筹建小微企业危废集中贮存站点，形成年处理5000吨危险废物收集、贮存能力。主城区露天烧烤得以基本控制，扬尘污染、机动车船舶污染有效管控，重污染天气应急预案全面落实。全面落实“河长制”，年内完成450条农村河道疏浚、拆坝建桥26座，建成生态美丽河道91条。推进农业污染治理，作物秸秆机械化全量还田率90%以上，测土配方技术推广率95%以上，病虫害综合防治率85%以上，农药使用量保持“零增长”。年内，启动实施绿色种养循环农业试点，畜禽粪污综合利用率95%以上，改造标准化养殖池塘70.07公顷，农膜回收率98%。推进沿江区域整治,全面落实长江经济带“共抓大保护、不搞大开发”要求，在全省率先主动调减江苏扬子江化学工业园(北区)长江干流及主要支流岸线1千米范围内面积0.77平方千米。联动双山、香山旅游资源，打造张家港湾特色精品示范区。年内完成长江沿岸造林绿化3.33公顷。沙钢集团环境污染问题高质量整改经验在全省环境督察整改现场推进会上宣传推广。

产业绿色转型 全市新兴产业占规模以上工业总产值比重46.8%、服务业增加值占地区生产总值比重47.8%，新增高标准农田2653.33公顷，绿色优质农产品占比58.3%。全市“三区一园”完成循环化改造，全年完成60家企业清洁生产评估，国家、省级绿色制造企业11家。强化资源集约利用，单位GDP能耗下降3.7%，万元GDP用水量、耕地保有量完成上级任务，城镇绿色建筑占新建建筑比例100%。深入推进“三优三保”，拆旧复垦、“腾笼换凤”土地面积分别为776公顷、246.4公顷，自然湿地保护率68.7%，下拨省级生态补偿转移支付资金17437万元。加强生物多样性保护，全面落实长江禁渔，年内新增农村造林绿化面积38.98公顷，林木覆盖率20.33%。提升生态人居品质。持续开展生态细胞创建活动，年内建成苏州市特色康居示范区3个、特色康居乡村49个。杨舍镇、常阴沙现代农业示范园区和杨舍镇福前村分别获评江苏省生态文明建设示范镇、示范村。推行机关绿色办公，公共机构单位建筑面积能耗比下降5.5%、人均综合能耗比上年上升1.2%，人均用水量比上年下降7.8%。倡导绿色生活，引导居民选购节能产品和节水器具，争做文明用餐、绿色消费的“低碳达人”。鼓励绿色出行，全市清洁能源公交车占比67.5%，公交出行分担率18.7%。市区公共助力车日均骑行量3100人次，成为市民出行的优选方式。全长1.7千米的暨阳湖至张家港公园(港城大道西侧)步道工程和全长3.3千米的城北路滨河步道连接工程全面建成。

【污染防治攻坚战】 2021年,市污防攻坚办围绕上级下达的生态环境质量改善和各项任务指标,聚焦"提气、降碳、强生态,增水、固土、防风险"六大专项行动,以"从严抓早"为思路,以问题排查、问题交办、督察帮扶、通报曝光为手段,狠抓工作落实,全市污染防治攻坚重点任务有力推进。成立由市主要领导为总指挥、市各分管领导为副总指挥、各相关单位主要领导为成员的攻坚战指挥体系。落实领导干部生态文明建设责任制,市政府与各区镇签订2021年度深入打好污染防治攻坚战目标责任书,压实属地管理责任。5月18日,全市长江大保护工作暨深入打好污染防治攻坚战专题推进会议召开,全面部署推进全市2021年度污染防治工作目标任务;优化指挥部办公室组织架构和人员组成,从全市10个机关部门(单位)抽调15名精干力量脱产进驻,实体化运行。制定2021年度攻坚工作计划,排定22类100项重点工程项目。2021年累计落实投资420775万元,占年度计划总投资的145.3%。年内,市污防攻坚办围绕年度重点目标任务及突出环境问题进行摸排梳理,排定12项涉及水、大气、固废、突出环境问题整治等方面重点生态环境项目进行挂牌督办。印发《张家港市有机废弃物处理利用情况摸底调查实施方案》,牵头各责任单位组织现状调查,弄清有机废弃物产生、分布和处理利用情况。编制《环太湖地区城乡有机废弃物处理利用体系建设专题研究报告》,建立问题清单和需求清单,提升有机废弃物收储运和处理利用能力。2021年,在《中国环境报》专刊发布信息2篇,在《江苏生态环境》专刊发布信息2篇,被"美苏263"微信平台录用信息12篇,被"苏州263在行动"微信平台录用信息52篇。同时,做好"张家港263在行动"微信平台的运营和维护,做到每周更新3期以上,全年更新202期;把暗访、曝光、查处、问责几种手段结合起来,实施常态化、规范化暗访工作机制,共下发督办单65份,通过媒体曝光形式督办。同时,市纪委监委全程参与污染防治攻坚,主动启动问责机制,督促责任落实到位,累计问责19人次。规范全市污染防治综合监管平台的运行维护和使用管理,坚持每日线上抽查、每周线下督察、每月成效通报,积极运用"制度化、信息化、公开化"手段打好污染防治攻坚战。全年平台受理线索1578条,办结1535条,办结率97%。通过平台线下抽查问题432件,发现处置不到位问题20件,均及时通报督办,全部完成整改。市污防攻坚办分别与市检察院、市供电公司建立《关于在深入打好污染防治攻坚战中进一步加强协作配合的意见》、"散乱污"整治协作机制等工作机制。与相关职能部门联合开展全市疑似劣V类水体摸底排查、工业企业生活污水治理、船舶和港口污染防治检查、工地扬尘治理等专项督察,对遇到的困难和障碍,及时协调各相关职能部门商议解决。将突出环境问题及"散乱污"企业(作坊)整治成效再提升工作列入年度工作计划重点推进,制定专项检查工作方案。全年发现整治环境隐患问题33件、"散乱污"企业(作坊)598家。其中,整改提升337家、清理取缔261家。 (胡宇航)

自然资源保护利用

【概况】 2021年,市自然资源和规划局面对疫情常态化防控、服务发展和保护资源的多重压力与挑战,聚焦主责抓主业、逐事逐项抓落实,实现资源规划事业新突破。年内,节约集约综合评价得分位居全省第一;获评省级耕地保护激励单位,成为苏州唯一当选的县级地区;不动产登记营商环境评价连续三年全省第一;在张家港市绩效考核和苏州市系统综合考评中居第一等次,实现机构改革后"三连冠"。年内组织开展土地指标有偿交易活动5期,市场化配置年度计划指标24.63公顷,"三优三保"建新用地指标205.03公顷,形成土地和资金要素城乡间双向良性流动,促进了土地资源高效节约利用。累计对上报批51个批次,总面积349.41公顷,沙钢、广大鑫盛、杉金光电、安迈、天兵火箭、敏华等重点项目成功落地。

建设用地保障 全年张家港市落实供地215宗,面积632.2公顷。其中,签订出让合同156宗572.4公顷,出让金额1463089.3万元,划拨决定书59宗59.8公顷。出让供地中:工业(仓储)用地79宗371.2公顷,出让金额195081.9万元(含30年弹性出让合同23宗39.2公顷,出让金22244.1万元,收取履约保证金639万元;50年出让52宗331.7公顷,出让金额172687万元,收取履约保证金89.7万元;协议出让4宗0.4公顷,出让金150.8万元);房地产项目用地50宗109.6公顷,出让金额1195591.7万元(商业31宗23.3公顷,出让金71055万元);安置房用地23宗85公顷,出让金额67566万元;公共管理与公共服务用地4宗6.6公顷,出让金额4849.7万元。划拨供地中:公共管理与公共服务用地25宗18.3公顷;交通运输用地34宗41.5公顷。

耕地资源 全市严守31735.23公顷耕地保有量和28299.22公顷永久基本农田保护红线,推进数量、质量和生态"三位一体"保护。坚持早发现、早制止、早报告和早查处联动,市资规局立案查处违法用地2宗0.78公顷,处罚款14.67万元,拆除建构筑物面积173平方米,没收建筑面积511平方米。年内,全市经批准的19个使用计划指标的批次占用耕地66.67公顷(其中水田46.67公顷),按照"占一补一、占优补优、占水田补水田"的原则,全部严格落实耕地占补平衡。全市严格落实省级耕地质量提升指导意见,土地整治项目拆旧复垦前,征求生态环境局意见,对拟拆旧复垦项目是否开展污染检测进行审查,从源头上确保耕地质量;土地整治项目拆旧复垦后,提请农业农村局对涉及项目开展耕地质量评定工作,确保耕地质量达标后方可申请市级验收,从成果上确保耕地质量。

集约用地 市资规局落实开竣

工申报验收制度，结合自然资源部土地市场动态监测监管系统，按季度向市政府及各区镇通报征而未供、供而未用地块情况。对未能按合同约定按期开竣工的项目，通过电话通知、发函等方式督促企业尽快开工建设，并视情况分别采取办理延期、征缴违约金等措施。年内消化2009年至2018年批而未供土地111.7公顷，完成率114%，提前一个季度完成上级下达的任务，消化总量和完成率连续三年位居苏州大市前列。通过工矿废弃地复垦、城乡建设用地增减挂钩、收回重新供应、提高容积率、增资技改项目、已有存量建设用地转让等多种方式，盘活存量建设用地352.1公顷。开展工业用地调查年度更新及2022年低效用地再开发专项计划编制调整工作。全年完成低效用地再开发109宗265.3公顷。

【土地储备交易】 市土地储备中心严格按照土地储备管理“五统一”机制（统一计划编制、统一验收入库、统一配套要求、统一出让标准、统一市级收储），强化对全市经营性用地储备出让的统筹管理。全年储备经营性用地116宗，总面积321.27公顷，按收储区域划分：市区储备21宗，面积97.11公顷；镇区储备95宗，面积224.16公顷。全年储备产业用地70宗，总面积339.26公顷。全年出让经营性用地48宗，总面积107.07公顷，成交总价109.22亿元，规划总建筑面积204.22万平方米。其中，市区出让12宗，面积28.07公顷，成交价54.62亿元，规划总建筑面积59.86万平方米；镇区出让36宗，面积79公顷，成交价54.6亿元，规划总建筑面积144.36万平方米。全年出让安置房用地23宗，总面积91.30公顷，成交总价7.03亿元；另通过公开挂牌、拍卖的方式出让产业用地70宗，总面积339.26公顷，成交总价17.92亿元。年内通过举办“汇融长三角、共赢新时代”——张家港城市价值品鉴会暨2021年经营性用地招商推介会、微型招商座谈会，参加中国（宁波）城市土地展，开展多层次、广领域的土地推介活动，提升张家港土地市场的关注度，吸引诸多品牌房企到张家港市参加土地竞拍，龙湖、美好、爱情地产等8家房企第一次进入张家港，中锐、世茂等多家房企持续推进。

【“三优三保”行动】 全市继续深入推进“三优三保”行动，根据“以用地需求定复垦任务”的工作思路，经过统筹测算2021年的用地需求和全面摸排各区镇的复垦潜力，按照“宜建则建、宜耕则耕、宜绿则绿”原则开展土地整治工作。年内，完成《张家港市2021年度“三优三保”实施计划》编制，完成拆旧复垦面积422.8公顷（含结转），自开展“三优三保”专项行动起，全市累计完成拆旧复垦量1920公顷，验收通过量居苏州第一。

【全民自然资源资产清查工作开展】 年内,市资规局通过对2019、2020年度全民所有自然资源资产实物量清查，摸清全市全民所有自然资源资产数量、质量、分布、权属、用途、使用权、收益等方面信息，估算全民所有自然资源资产经济价值，探索核实国家所有者权益。按照《全民所有自然资源资产平衡表编制指南》要求，填报全民所有自然资源资产平衡表中各类账户，编制自然资源资产平衡表，以反映全民所有自然资源的收支、管理情况，为所有者、监管者进行相关决策，履行“两统一”职责提供支撑数据。探索符合张家港实际的全民所有自然资源资产清查和平衡表编制的工作路径、工作模式和协调机制，建立健全制度机制、技术规范和工作规则，为落实全民所有自然资源委托代理机制提供支撑，更好履行全民所有自然资源资产所有者职责。

（陈晓军）

环境保护

【概况】 2021年，全市生态环境保护工作以推动绿色高质量发展为目标，深入打好污染防治攻坚战，扎实推动各项年度目标任务。5月，制定并印发《张家港市“十四五”生态环境保护规划》。11月，张家港市环境保护案例被中华环保联合会选入“全国生态文明与污染防治案例”。张家港市全年$PM_{2.5}$（细颗粒物）浓度为每立方米30微克，比上年降9.1%；空气优良率83.6%；13个国省考断面及19条通江支流水质优Ⅲ比例均达到100%，地表水环境质量位列全省第四、苏州第一；全市无受污染耕地、污染地块开发利用，土壤环境质量总体保持稳定。

【环境质量】 *水环境质量* 全市地表水环境质量实现“四个百分百”，即13个国省考断面优Ⅲ比例100%、19条通江支流优Ⅲ比例100%、27个省级以上水功能区达标率100%、饮用水源地水质达标率100%。地表水评价主要因子均大幅下降，总磷浓度削减比例为25.4%，高锰酸盐浓度削减比例为17.3%，氨氮浓度削减比例为45.9%，总氮浓度削减比例为19.3%。长江生态岸线占比为65.95%，长江干流排污口数量为5个，与上年持平；长江支流排污口数量为28个，比上年减少1个。

空气质量 2021年，全市城区$PM_{2.5}$浓度均值为每立方米30微克，达到国家环境空气二级标准，比上年降9.1%。空气质量优天数为111天、良天数为194天，优良天数共计305天，优良率为83.6%，与上年持平。城区环境空气全年超标天数60天，其中首要污染物为$PM_{2.5}$的有10天，占16.7%，比上年减少9天；首要污染物为臭氧O_3的有43天，占71.7%，比上年增加4天；首要污染物为PM_{10}（可吸入颗粒物）的有5天，占8.3%，比上年增加4天；首要污染物为二氧化氮的有2天，占3.3%，比上年增加1天。

声环境质量 2021年，张家港市区域昼间声环境质量为较好；道路交通昼间声环境质量为好；1类声功能区昼间和夜间达标率分别为100%和87.5%，2类、3类、4a类声功能区昼间和夜间等效声级达标率均为100%；声环境质量总体保持稳定。

【水污染防治】 2021年，全市全力以赴保障水环境质量，确保达到考核目标。年内，建立月度监测提前会商调度机制，强化汛期应急调度。印发《2021年张家港水污染防治年度工作计划》，印发并实施张家港闸等5个国省考断面的“一断面一方案”。编制上报十一圩闸、大义光明村两个风险断面汛期应急预案。开展涉水企业应急处置设施专项督察整治行动。完成全市819家涉水企业排水量、排污口等34类信息的填报工作，现场检查重点企业，提升涉水企业污水收集处理和应急处置能力。市生态环境部门要求监理单位进行24小时值守，全年处理督办任务20849次，其中线上核查18065次，现场督办2203次，采样560次，例行比对重点排污单位150家，出具月报12份、半年报2份、CMA检测数据报告710份、比对报告150份，提出整改建议700余条，全年监理检查2000余厂次，发现监控涉嫌违法企业8家。

【大气污染防治】 2021年，全市深入实施治气重点工程，聚力打赢蓝天保卫战，空气质量持续改善。开展钢铁行业超低排放改造与评估，基本完成沙钢、永钢、浦项3项超低改造；推动工业窑炉、锅炉整治，完成工业窑炉规范化整治59台、天然气低氮改造42台，有机废气深度治理59家，有机废气无组织整治9家，清洁原料替代1家，活性炭提质115家，门禁系统提升34家，完成生物质锅炉规范化整治18台。深化秋冬季大气管控，梳理确定全市该年度秋冬季应急管控企业581家，对符合条件的59家企业申请豁免，实现经济和环保的双赢。强化柴油货车管控，完成路检207辆，入户调查64辆；强化非道路移动机械监督管理，组织开展非道路移动机械的核发上牌，完成6974辆非道路移动机械申领工作。

【土壤污染防治】 2021年，市生态环境部门动态更新土壤污染重点监管单位，督促重点监管单位严格执行有毒有害物质排放报告制度，按规定开展土壤污染隐患排查整治，完成年度土壤和地下水自行监测任务；全面排查各重点行业生产企业拆除活动污染防治要求落实情况，对8家企业拆除活动污染防治工作方案进行备案。开展土壤污染防治专项执法检查，对50个重点单位土壤污染防治责任落实情况组织抽查；加强公共服务类建设用地土壤污染状况调查管理，对所有公共服务类建设用土壤状况调查报告严格把关，全年评审107个公共服务类建设用地土壤状况调查报告。

【工业固废污染防治】 2021年，市生态环境部门强化固废管理，全面推行危废“二维码”电子标签，加大全生命周期监控系统运用力度，通过数据、视频、工况等多维度监控手段，建立关联预警机制。推进危废规范化达标化建设，对危废经营单位和重点产废企业开展达标建设，2021年达标建设评估考核位列苏州第一等次。加强危险废物贮存风险管控，重点督促化工企业及时转移处置危险废物，持续推进危险废物贮存量削减。加快危险废物跨省转移处置预审，降低库存积压周期。开展全市危废处置专项整治培训，共培训20余次，累计受众2000余人次，进一步提升区镇的危废处置管理的业务水平。组织开展“百团进百万企业千万员工”安全生产专题宣讲，全市各区镇分管领导及环保机构负责人、重点企业主要负责人约260人参加培训。

【环境监督】 2021年，市生态环境部门综合运用日常检查、夜间抽查、交叉互查等多种形式，持续开展各类专项执法行动。全年执法检查，累计出动12250余人次，开展污染源现场检查4919厂次，实施行政处罚313件，罚款3022万元，办理环保法配套办法案件23件（其中限产停产9件、行政拘留10件、查封扣押4件），移送涉嫌环境犯罪17件，执法效能在苏州大市范围内持续保持领先。依托“三联动一执法”工作机制，建立环境监控、环境监理、环境监测和环境执法的联动机制和闭环管理，有效规范自动监控设施的运行和管理。年内，开展非现场检查500余次，依靠科技监管发现问题并实施处罚14件，移送涉嫌污染环境犯罪案件1件。同时，持续配合上级检查组开展VOCs专项检查、太湖安全度夏专项执法检查及大气污染因子协同管控专项执法行动等。全年环境信访总量比上年下降15.7%。同时，强化排污许可证的相关管理工作，排污许可初审323家，发证310家（重点管理133家、简化管理177家），发放排污限期整改通知书3家，排污登记520家，注销排污许可证或排污

执法人员检查企业污染防治设施运行情况 （张家港生态环境局 提供）

限期整改通知书74家；完成2021年环统季报填报审核上报工作，共涉及24家重点工业企业和15家集中式污水处理厂；在2020年重点排污单位名单的基础上，结合水、气、土壤重点排污单位名单，确定2021年全市重点排污单位名单266家，并完成名录库基本信息录入工作；完成《张家港市健全生态环境治理体系推进生态环境治理能力现代化的实施方案》，通过市委和市政府审核并发文；开展环评单位全覆盖拉网式排查工作，对注册地在张家港的9家环评单位进行全覆盖检查，对检查出的问题进行通报并责令改正；推动保税区、经开区、高新区按规划环评范围开展污染物排放限值限量管理试点工作。

【核与辐射安全管理】 2021年，市生态环境部门组织全市涉源单位开展废旧、闲置放射源排查工作，共计排查出废旧、闲置放射源25枚，全部安全送贮至江苏省城市放射性废物库；组织全市18个Ⅳ类放射源使用单位和3家医用加速器使用单位开展安全风险隐患排查工作；强化辐射安全日常监管，开展夜间移动探伤突击检查2次，检查单位3个次，规范移动探伤企业作业行为；持续开展一般辐射单位“双随机”执法检查，检查58个次；持续开展移动源异地使用首次作业专项检查5个次；开展许可证首次申请、重新申请、延续申请现场检查19个次；查处企业违法行为2件，处罚金额2.9万元；全年妥善处理群众辐射信访8件，其中电离辐射信访2件、基站2件、变电4件，有效保障社会稳定；会同公安和卫健委按季度开展涉源单位联合执法检查和废旧金属熔炼企业入炉前放射性监督专项检查，全年检查4次，检查全市涉源单位45个次，废旧金属熔炼企业4家次。

【环保宣传】 2021年，公众参与环境保护工作不断深入，全市共举办4场生态环境新闻发布会，邀请群众走进张家港环境监测站、华兴电力、金港污水厂等场所；结合《江苏生态文明20条》主题宣传，设计鼠标垫、拼图、冰箱贴等一批喜闻乐见的文创产品，拍摄《我为江苏生态文明20条代言》宣传片，推出展现环保志愿者风采的宣传片《少年》；加强与主流媒体对接，并通过采风活动不断加大主流媒体宣传力度，纸媒类推出报道52篇，“学习强国”学习平台推出报道5篇。“张家港生态环境”微信公众号发布信息894条、“张家港生态环境”微博发布1013条。结合“六五”环境日、生物多样性日等主题宣传日，举办“人与自然和谐共生”“六五”环境日主题活动暨环境宣传月启动仪式，举行生态摄影展、生物多样性监测、环保市集读书会、巡江、观鸟等活动。

【生态环境保护综合治理新模式打造】 2021年，全市持续提升环境监管能力，创新建立“三联动一执法”、“三员一体”、环境保护与安全生产联动、水环境质量预警、大气污染联防联控5项工作机制，打造生态环境保护综合治理新模式。充分利用污染源在线监控、视频监控、云电力监控、大气走航车等手段强化非现场监管，通过实行分类监管、差异化监管，科学合理配置执法资源，进一步优化执法方式，提高执法效能，服务企业700余次，有效规范自动监控设施的运行和管理，严控重点排污单位达标排放，保障生态环境质量持续改善。强化自动监控应用，有效放大科技化监管的效果，把污染源自动监控的“哨兵作用”彻底扭转成“巡警作用”，实现自动监控稳定运行率99%以上，异常事件处置率100%。年内，接在线监控监理单位反映线索后查处超标行为7起，未保证监测设备正常运行2起，移送公安部门涉嫌污染环境犯罪案件1起。持续开展VOCs走航监测，通过走航发现异常情况线索，实施行政处罚11件，有效解决了废气溯源取证困难、手工监测精度不高等问题。此外，利用“云电力监管平台”和“全国排污许可证管理信息平台”，查处污染防治设施不正常运行案件2件，未执行排污许可证规定案件7件。相关部门围绕进一步建立健全重要信息及时共享、难点问题及时会商、重点案件联合督办等建立多项联动机制。张家港生态环境局、检察院、供电公司建立了《关于在深入打好污染防治攻坚战中进一步加强协作配合的意见》、“散乱污”整治协作机制等工作机制，进一步凝聚了工作合力。年内，张家港生态环境综合行政执法局获全国生态环境保护执法大练兵市级表现突出集体。

【环保志愿服务】 2021年，全市坚持将志愿者作为主体力量，将志愿服务作为基本模式，不断健全公众参与机制，激发基层群众主动参与到生态文明实践教育活动之中，探索构建“党员干部示范带动、广大群众积极参与、社会力量多方联动”的志愿服务体系，持续开展各类生态环境保护志愿服务，全年共开展环保志愿服务活动257场，受众人数43793人次，志愿服务人数2927人次，志愿服务总时长7285小时。其中，“生态环境80、90宣讲团”深入区镇、企业、广场开展11场集中宣讲，受众1000余人次，涉及大气、环保信用评价、执法典型案例、长江大保护等内容。在“张家港生态环境”微信公众号推出环保“云课堂”系列，2021年总计发布云课堂9次，通过线上线下互融共促，保障理论宣讲“不打烊”。将《江苏生态文明20条》宣讲、环保酵素、环保科普等项目在新时代文明实践云平台发布，接受群众点单。全年发布活动196次，其中下发社区点单活动33次。5月起，开展“美丽张家港，我们在行动”夜巡活动，巡视路面、店铺、小区环境。志愿者捡拾垃圾并向市民普及垃圾分类知识及《江苏生态文明20条》公约，增强公众的环保意识。增强与社区、学校联动，通过“环保公益课堂进校园”“环保小天使暑期夏令营”等形式将青少年环境教育活动深入推广到各学校和社区，以学生为切入点带动家庭、校园环境科学知识宣传和普及，从而形成学校、家庭和社会“三位一体”合力推动生态文明建设的良好氛围。全年开展未成年人社会实践活动48场，受众人数1330人次，志愿服务人数292人次，志愿服务总时长759.5小时。 （胡宇航）

环境卫生整治

【概况】 2021年，市城乡环境卫生指导中心坚持以人民健康为中心，广泛发动群众参与爱国卫生运动，国家卫生城市以及7个国家卫生镇顺利通过国家复审，国家卫生城市实现“十连冠”。张家港市高标准建成江苏省健康促进县。在第九届健康城市联盟网络会议上，张家港市申报的“互联网医院的创新发展”“全民健康信息平台及电子健康档案便民开放利用”“新冠肺炎疫情防控期间食品安全及流通的创新举措”3个项目获世界卫生组织西太区健康城市联盟“健康城市创新发展奖”。在2020年度全国健康城市评价中，张家港市以全国县级市第一的成绩获评全国健康城市建设样板市。

【卫生城市创建】 2021年是张家港市国家卫生城市（镇）复审之年。3月，市委、市政府专题召开爱国卫生和健康城市建设工作会议，成立由市政府主要负责人任组长的国家卫生城市（镇）复审迎检工作领导小组，在市城乡环境卫生指导中心设办公室，具体承担复审迎检工作，抽调相关部门工作人员集中办公。4月23日，举办国家卫生城市（镇）复审专题业务培训会，解读国家卫生城市（镇）相关标准要求，提升从业人员业务水平。市城乡环境卫生指导中心（复审办）严格对照国家卫生城市（镇）标准要求，对城中村、村（社区）、集贸市场、医疗卫生机构、高铁高速和城市主干道沿线等重点区域开展多轮次全覆盖排摸，共发现并整改落实问题36604个，编发情况通报12期。多次召开复审迎检工作协调会、通报会，集贸市场、医疗卫生单位专项督察情况反馈会，查找薄弱环节，落实问题整改。市财政专门安排复审专项经费，市绩效办将爱国卫生工作纳入区镇绩效考核，市文明办、市卫健委、市城管局等各成员部门协同推进，将巩固创卫成果与文明城市创建、城市精细化管理工作相结合。全市实施环境卫生、基础设施、公共秩序、公益广告、公共服务、文明素养六大提升行动，对老旧小区、背街小巷、集贸市场等重点区域存在的问题，对症下药、综合施策、确保实效。张家港市和7个国家卫生镇先后通过苏州市级、省级、国家级明察暗访，实现国家卫生城市“十连冠”。推进农村“厕所革命”，按照苏州下达的年度建设任务，张家港市新改建农村公共厕所50座，10月，张家港市首个通过苏州市考核验收。

【健康城市建设】 2021年，全市以建设江苏省健康促进县为契机，进一步深化健康场所建设内涵，巩固全国健康城市示范市建设成果。不断创新活动载体形式，6月，举办“健康港城、你我同行”健康科普微视频大赛，全民健康生活方式行动启动仪式暨“健康港城·我为控烟发声”主题活动，开展“将健康融入所有政策”专题讲座和业务指导。7月，举办“激情工作、快乐生活”心理健康沙龙。10月，举办“健康苏州杯”健康促进技能竞赛。11月，开展“艺荟港城、书画健康”健康城市月主题活动暨第四届“我眼中的健康城市”青少年绘画展等。全面落实公共场所控烟，制作并发放禁烟标识2万余份、控烟宣传海报1.5万张、控烟台卡5000个，会同市公安局、卫生健康委、城管局、市场监管局、教育局、文体广旅局等重点行业管理部门开展控烟督察，抽查点位242个。开展无烟党政机关建设，联合市委党校、市级机关事务管理中心举办“健康教育进机关暨无烟党政机关建设”专题讲座。创新健康“家”系列服务项目，新增7个健康“益”家服务项目，举办活动237场，直接受益人群1万余人次；开展健康“管”家项目，3月，健康专家委员会成立，启动16个村（社区）与30名健康管理师完成结对服务，开展专业化健康管理；实施健康“卫”家项目，审核通过“优质睡眠推广”等7个项目开展健康城市重点培育课题研究。推进各类健康场所建设，年内，建成健康主题广场5个、健康主题步道14条。乐余镇建成江苏省健康镇，杨舍镇章卿村、黎明村、庆丰社区、景巷社区，锦丰镇西港村、交通村、西界港村、福利村、滨江社区，塘桥镇青龙社区，乐余镇乐余社区，南丰镇永丰村、瑞丰社区，大新镇新东社区，常阴沙现代农业示范园区常红社区，金港街道长山村、东山村、中德社区等18个单位建成江苏省健康村（社区）；杨舍镇庆安村等13个单位建成苏州市健康村（社区），凤凰镇人民医院等10个单位建成苏州市健康单位。张家港市海螺水泥有限公司、大新镇新海坝村被苏州市列为2022年度健康场所重点培育单位。

【病媒生物防制】 年内，市城乡环境卫生指导中心规范开展春季灭鼠和露头蚊蝇消杀活动、健康港城灭蚊行动，共投放各类除害防制药品3.5吨，新改建陶瓷毒饵站3000座，增设捕蝇袋1万个。突出农贸市场、居民小区、医院等重点场所区域，完善防制基础设施，加强规范化管理。邀请苏州基层卫生协会进行第三方评估，组织开展区镇级病媒生物防制交叉互评。完成建设100个区镇级病媒生物监测评估点，发布5期蚊密度参考信息，指导各区镇科学开展针对性防制。会同省有害病媒生物防制协会，创新开展病媒生物防制指导员网络业务培训20余场，参与培训人员150余人。探索病媒生物防制工作从抓大（公共环境）到抓小（家庭）的有效途径，自10月起，开展“健康进万家”公益灭蟑活动，立足社区对外服务窗口，用2年时间，对城区所有老旧开放式小区、城中村居民家庭，实现灭蟑相关药物免费发放、灭蟑知识宣传教育全覆盖，至年末，发放“灭蟑套装”1万份，针对动手能力不足的家庭，开展上门灭蟑20余次。

【全民健康信息平台及电子健康档案便民开放利用】 为深化医改、改善民生，张家港构建了统一的全民健康平台、健康数据中心、电子健康档案、健康索引和千兆卫生专网，实现机构互联、信息共享。2021年，全民健康信息平台管理全市100余万人口的健康信息，占到常住人口的85%以上，每天为近3万人提供医疗和公共卫生服务。平台规范化管理100余万份电子健康档案和20余万份慢病专档，实现闭环和全流程管理。

【互联网医院开诊】 在疫情防控期间，为提供优质便捷的诊疗咨询服务、阻隔面对面病毒传播、提升医疗支援效率，张家港引进“互联网+医疗”服务模式，开通互联网诊疗服务、药师在线咨询服务；开设导诊咨询服务。增加关怀模式，方便老年患者使用；增加自助检验功能，手机上就可预约检验；增加核酸检测流行病学调查表；和长三角专家开通远程联合门诊等云端便民服务。2021年，互联网医院有40万人次实名认证，有35个科室、308位医生在线注册，直接受益居民5万余人次。

【新冠肺炎疫情防控期间食品安全及流通管理】 张家港依托“江苏冷链”平台构建全链条追溯体系，开展冷链食品安全风险排查，强化重点环节核酸检测；推动进口肉品水产经营户实施“江苏冷链”追溯平台注册登记和“第三方冷库”备案工作；做好进口冷链食品集中监管仓防疫工作，加强值班值守应急处置，建立“进口冷链食品集中监管仓”监管制度，组建24小时不间断值班队伍对集中监管仓远程值守，及时收集集中监管仓人员、货物情况，做到“人物共防”，最大程度降低新冠病毒通过进口冷链食品输入风险。 （吴　燕）

绿化美化

【概况】 2021年，全市绿化部门继续以功能为导向，合理布局小而精、功能全的小游园、小绿地，丰富公园绿地类型，满足多元化需求，深入推进城市“微更新”“口袋公园”建设，城市绿化“微更新”项目被中央电视台《新闻联播》系列报道“建设更高水平文明城市”进行了宣传报道。年内，全市建设完成的白鹿小游园、花园浜二村（新市河路）小游园、花园浜路小游园、未来星园、三兴海沙二村社区等一系列口袋公园纳入苏州市“新增及改造100个口袋公园”项目，并入选苏州市十大民心工程。东渡小游园、白鹿小游园、幸福湾公园、林里亲慈（邻里青瓷）获评苏州市“园林杯”最美口袋公园；新泾路（弘吴大道高架段）桥上花箱与桥下隔离带绿化工程获评2021年度苏州市海绵城市建设示范项目。至年末，城市建成区绿化覆盖面积2685公顷，绿地率为37.6%，绿化覆盖率41.5%，人均公园绿地面积14.8平方米。市林木覆盖率为20.33%，位居苏州四县市之首。

【绿地建设】 年内，全市投入财政资金6860万元（含结转），新建、改造各类绿化工程10个，新增改造绿化面积42.97万平方米。其中，投入4847万元建成新泾路（弘吴大道高架段）桥上花箱与桥下隔离带绿化工程（结转）、港华路拓宽项目绿化配套工程（结转）、晨丰公路（港华路至国泰路）绿化配套工程、晨丰公路（国泰路至一干河西路）绿化配套工程，新增绿化面积38.36万平方米；投入2010.6万元建成暨阳湖至张家港公园（港城大道西侧）步道工程、城北路滨河步道连接工程、梁丰生态园改造工程、白鹿小游园景观绿化提升改造工程、花园浜二村（新市河路）小游园、花园浜路小游园等环境整治工程，修复景观绿化面积4.61万平方米。新建杨舍镇章卿村大湖里、东村，杨舍镇晨南村长八圩埭2个省级绿美村庄。以三干河、新沙河、锡张高速北延绿化等重点工程建设项目为依托，新增农村造林38.98公顷，长江沿岸造林3.33公顷，全面完成市下达任务。

【绿化养护】 2021年，城区公共绿地养护面积676万平方米，四季草花面积2.3万平方米，行道树3.8万棵，景观造型树369棵，花箱1717组，雕塑72个，管理考核13家绿化养护企业、5家草花养护企业、1家雕塑养护企业。年内投资140余万元，在张家港公园、梁丰生态园、文化中心等重要节点，布置春节摆花、郁金香展、庆祝中国共产党成立100周年主题景观展等；围绕全国文明典范城市创建，开展各类清园、零星补缺、护栏增装等工作，总计清理2.06万吨园林绿化废弃物；针对人为踩踏、汽车辗轧以及苗木老化、退化等情况，零星绿地补缺4万余平方米；人民路、冯巷里路、戴巷路、河西南路等道路补种、增种行道树200余棵；道路两侧商铺较多区域、人为踩踏严重的隔离带等加装护栏3600米；做好绿化民生服务，全年办理社会综治网格化平台派单1468件，与“12345”平台对接，增加园林绿化服务社会功能专项模块，年内办结“12345”便民服务转办绿化求助事项657起。围绕“爱绿护绿”“双减”绿化科普等主题，开展各类科普进社区、进课堂活动20余次，发放宣传册200余份，受众1000余人次。市林业部门高标准开展农村市属绿化养护任务。农村市域主干道绿化管护面积为2536.96万平方米，全年拨付绿化土地租金5315万元，绿化养护经费3408万元。3月至5月开展市域主干道沿线大环境整治及春季补种工作，整治侵占绿地林地、种菜等75个点位，累计投入资金92.37万元；全年排查维护农村市属绿化带内破损设施6处，累计投入资金16.6万元；坚持农村绿化管护考核月度通报和月度例会制，全年开展农村市域主干道绿化养护考核12次，召开养护例会6次，全年办结“12345”便民服务转办绿化求助事项31起。

【绿化行业管理】 年内，市绿化部门协调各区镇、暨阳湖公司、城投集团等绿化建设主体，开展各种政策宣传及监督检查活动，结合园林绿化日常管理工作，做好日常绿化内河塘安全、防台防汛、高温抗旱等安全生产检查。组织开展各类建设工程、养护管理相关安全生产、危化品专项检查10余次，检查绿化企业70余次，发放《园林绿化工程安全生产指导图册》200册。配合做好江苏省危化品使用专项治理信息系统单位信息录入工作，张家港市住建局（园林条线）共录入危险化学品单位16个，审核完成16个。年内，完成附属绿地方案审查项目36项，绿化施工图备案项目15项。完成泱誉名邸、誉珑名邸、云樾兰亭、清源名邸、凤凰春晓花园、都会花园、暨阳湖苑等16个新建小区，创富大厦、金茂幼儿园、青草巷支路沿街商业体、美邻广场等6个商业或共建项目的配套绿化竣工备案工作，新增绿地面积33.86万平方米。办理行政许可案件57件，其中临时占用绿地17件，永久占用绿地40件，与交通、市政等部门联办12件，审批件按时办结率100%。参加土地出让会审20余次，参加各类控制性详规审查3次。做好苏州市园林绿化企业信用信息系统压力测试工作。市园林处联合市物业管理处出台《关于规范居住区绿化调整管理的通知》，并通过张家港住建微信公众号等网络平台发布《张家港市居住区绿化调整指导手册》，细化政策解读、技术指导、办事流程等内容。张家港市园林苗圃园林科技科研所与苏州科技大学合作，开展园林废弃物堆肥复配菌剂和设备研制项目，为全市园林废弃物就地资源化利用探索发展方向。年内，市风景园林学会创成AA级社会组织，发挥学会在行业管理、社会服务方面作用，先后邀请卜复鸣、任全进、仲子平等行业专家围绕苏州园林文化、花境营造、彩叶植物应用、病虫害防治、园林器械新技术等方面展开授课；4月，组织学会单位及个人会员40人参观考察江苏省园艺博览会（南京）；8月，在张家港公园组织开展"青山毓秀、绿水情怀"2021年度张家港市绿化工职业技能竞赛活动，7名选手围绕主题进行了2×3平方米花境营造，经过专家评审推荐华新、园建、自然绿公司选送3名选手参加苏州市级技能竞赛。9月，组织发动会员单位及个人10余人参加无锡花艺展；10月，组织会员参加全省美丽宜居城市园林绿化建设培训班。做好苏州市"园林杯"园林绿化优秀工程申报及现场考评工作，其中凤凰镇鹫山区域新城镇化项目绿化工程一标段等2个项目获苏州市"园林杯"园林绿化示范工程，新建"张家港湾"生态提升工程（江滩湿地修复）项目B区景观绿化工程等7个工程获苏州市"园林杯"园林绿化优秀工程；福前村特色田园乡村建设入口广场景观绿化工程等9个工程被评为2021年度张家港市园林绿化优质工程，2021—2023年度市区公共绿地养护服务6标段等8个项目被评为2021年度张家港市优质养护项目。江苏绿岩生态技术股份有限公司与中国地质环境监测院、中国地质大学（武汉）成立的"矿山生态效应与系统修复重点实验室"入选自然资源部办公厅重点实验室建设名单，其"类壤土基质技术在矿山（区）生态环境治理中的应用"项目获2021年度中国风景园林学会科学进步奖三等奖。

【湿地保护】 年内，市林业部门依法全面保护湿地资源，对湿地开展日常巡查工作，全年巡查13次。全面落实生态补偿，年内下拨湿地村生态补偿资金315万元。新建保护小区长江常阴沙湿地保护小区，自然湿地保护率提升到68.9%。利用长江双山岛"芦苇小课堂""湿地+红堡"点位，融合湿地生态绿和党建中国红，年内接待各级各类参观学习50余批次。深入探索"学校+湿地"模式，建成张家港世茂湿地自然学校，开展各类自然教育活动70余次。加强湿地宣传工作，《江苏张家港监测到5只世界极危鸟类青头潜鸭》在中央电视台新闻频道的《新闻直播间》播出，《全球不足1000只，极危鸟类青头潜鸭首次现身张家港市》在省级媒体发出，掀起湿地保护和鸟类观测热潮。

【公园管理】 2021年，张家港公园、沙洲公园和梁丰生态园深入推进"我为群众办实事"活动，提升文明窗口形象，做好国家卫生城市（镇）复审迎检宣传、"我为群众办实事"公益广告刊播等系列宣传10余次；配合做好学校、单位、各类协会团体在公园开展的亲子、义卖、春游、公益健步行、图片展等公益活动50余次，3个公园志愿者服务站点服务市民5000人次，全年接待市民游客约330万人次。通过"苏州市体育公园""无障碍公园""便民微更新"等工程实施，不断推升公园服务效能。年内，梁丰生态园投入300万元新建网式篮球场、网球场、1.3千米塑胶步道，增加青少年拓展设施、健身器械，建成苏州市体育公园；张家港公园投资118万元，新增两处无障碍升降设备，对无障碍通道、厕所全面改造，建立无障碍导盲提示信息系统，设置残疾人康体器材，建成"无障碍公园"；同步实施的城市公园"便民微更新"项目，新增树池盖板20处，更换健身设施5套，新增园林座椅30张、组合桌椅7套，增设停车管理系统及残疾人车位2处，新建老年人存放乐器场所2处，改造湖心岛150平方米市民休憩点。

【第二十四届菊花展开展】 10月23日，市第二十四届菊花展开幕，11月23日撤展，分梁丰生态园及沙洲公园2个会场。按照"预约制"、严格控制入园人流量，做好疫情防控的前提下，优化游客服务、确保游园安全。该届菊花展以"庆建党百年，看光辉历程"为主题，通过3.5万盆菊花盆花、2万余盆各类草花、100余盆配景植物等献礼中国共产党成立100周年，在梁丰生态园主展会场，沿线道路布置菊花诗词、互动合影框、热气球等造型，吸引市民拍照留念。园内设置"日出东方""星火燎原"等主题的菊景，以井冈山、南湖红船等为造型的菊花雕刻，寓意从"改革开放"走向"伟大复兴"的时钟造型菊花等，展示中国共产党百年奋斗的光辉历程，展示张家港新时代的精神风貌，丰富市民的精神文化生活。除梁丰生态园外，精品菊花展在沙洲公园同步开展。"月明星稀""慈育万物""金葵向阳""碧玉钩盘"等多个品种的菊花争奇斗艳，给市民带来一场视觉上的花卉盛宴。接待游客21万人次，最高峰日为3万人次。菊展期间，还举办菊花知识讲座、菊文化宣传、主题亲子绘菊、赏菊赠菊等活动，让市民游客在游览过程中参与互动，在欣赏美景的同时更好地了解菊花文化渊源，开展各类公益活动10余次。

（施卫东　陈晓军）

生态景区

【概况】 作为“江尾海头”的文明生态示范区，张家港自然山水、历史人文等资源丰富，全市有国家、省级重点文物保护单位各3处，其中，东山村遗址、黄泗浦遗址曾先后获评全国十大考古新发现。国家级非物质文化遗产项目4项、省级非物质文化遗产项目11项，非遗传承人103名。国家A级景区6个，其中国家AAAA级旅游景区4个，分别是凤凰山景区、永联小镇景区、香山景区、暨阳湖生态旅游区；国家AAA级旅游景区2个，分别是东渡苑景区、常阴沙生态农业旅游区。国家、省级乡村旅游重点村各1个，分别是永联村（国家级）、永兴村（省级）。省级旅游度假区1个——双山香山旅游度假区。省级工业旅游区3个，分别是“钢铁是怎么炼成的”工业旅游区、大唐纺织工业旅游区和“酒的故事”沙洲优黄文化园。星级酒店8家，其中五星级3家，四星级3家，三星级2家，旅游民宿16家，基本形成了吃、住、行、游、购、娱文化旅游相互配套的格局。年内，以“沙洲印记·初心之旅”为主题，创新推出“党史教育沉浸体验游”等十大红色旅游精品线路，2021年全市各红色旅游阵地接待市民和游客近15万人次。凤凰山景区入选首批省级非遗旅游体验基地，“原味长江、魅力乡村”生态之旅获评苏州乡村旅游精品线路，多彩凤凰迷你马拉松线路、慢岛双山分别荣获苏州市体育旅游精品线路和体育旅游示范基地。闲心公社、肖家巷和福前村成功创建苏州市共享农庄，“酒的故事”沙洲优黄文化园成功创建省级工业旅游点，香山景区成功创建首批省级文明旅游示范单位。

2021年年末张家港市省级以上旅游景区情况表

表11

类别	景区名称	景区级别	地址	电话
国家A级旅游景区	凤凰山景区	国家AAAA级	凤凰镇金谷路9号	58451336
	永联小镇景区	国家AAAA级	南丰镇永联村	58906066
	香山景区	国家AAAA级	金港街道望江路	58379500
	暨阳湖生态旅游区	国家AAAA级	杨舍镇金港大道	58268697
	东渡苑景区	国家AAA级	塘桥镇鹿苑办事处	58112400
	常阴沙生态农业旅游区	国家AAA级	常阴沙现代农业示范园区通江路3号	58633707
江苏省工业旅游区	大唐纺织工业旅游区	省工业旅游区	塘桥镇花园开发区	58351128
	“钢铁是怎么炼成的”工业旅游区	省工业旅游区	南丰镇永联村	58906066
	“酒的故事”沙洲优黄文化园	省工业旅游区	后塍街道塍东路	55611070
乡村旅游重点村	永联村	国家级	南丰镇永联村	58906060
	永兴村	江苏省级	德积街道永兴村	80618771
省级旅游度假区	双山香山旅游度假区	江苏省级	金港街道长江中路	58305066
省级非遗旅游体验基地	凤凰山景区	江苏省级	凤凰镇金谷路9号	58451336
省级文明旅游示范单位	香山景区	江苏省级	金港街道望江路	58379500

【凤凰山景区】 年内，凤凰山景区举办“2021年凤凰桃花节”，推出首届桃花杯数字摄影大赛、桃源非遗文创市集、恬庄古镇花朝节、状元闯花关等多元化节庆活动；5月、6月组织开展“游美丽乡村，庆百年华诞”2021年凤凰肖家巷乡村赏花季系列活动，举办肖家巷非遗文化夜市、肖家巷美好生活市集、“夏映好时光”露天电影放映、“花田奇遇”肖家巷花海音乐季演出、“河阳小剧场”山歌剧实景演出等活动。9月，创新推出《肖家巷里喜事多》河阳山歌剧目表演，全景呈现肖家巷非遗田园村的家长里短，展示凤凰民俗风情。党建联合方面，与沙洲职业工学院成功签约“大学生校外实践基地”。项目采取“校企融合”模式，在打造大学生教育基地的基础上专注培养导游讲解人才队伍，面向社会大众提供志愿讲解服务，普及凤凰历史文化底蕴。招募沙工大学生志愿者300名，组织培训16次，服务游客群众1800人。景区建设方面，启动张家港市家风教育基地建设项目，总投资1293.92万元，焕新古建展陈风貌。11月，河阳山歌馆被评为“苏州市非物质文化遗产分类保护示范基地-传播（展示）基地”。12月，凤凰山景区顺利通过国家AAAA级旅游景区复核验收。

【双山香山旅游度假区】 年内，度假区持续推进智慧旅游升级，完善线上平台。景区紧密围绕国学文化、文明旅游等元素，先后推出“梅”开眼笑梅花大赏、樱花节游园会、香山红叶节等活动；创新设立中国摄影报全国摄影拉力赛——张家港双山香山站，并结合张家港赏花季系列活动，定制赏花季旅游公交专线。全年累计接待游客53万人次，成功创建首批省级文明旅游示范单位。乡伴理想村屿光温泉酒店实现品质化运营，平均入住率达到60%。明珠灯塔完成基础施工。老街呈现成熟商业点位20个，特色餐饮、民宿初步形成集群效应。飞行营地完成机库及俱乐部两地块出让。5A级房车营地项目已完成立项手续办理。雅荟庄园完成土地出让。粮仓民宿启动报批报建手续。渡江胜利公园“信仰之脊”6月落成。拓展基地项目完成项目设计规划和前期筹备。双山岛生态环境提升和旅游配套设施PPP项目完成财政部入库并进入采购准备。南北码头综合整治完成港务集团集宿楼拆除和场地平整，初步完成南码头改造提升概念方案设计及控制性详细规划编制，南北码头泊位改造上报交通部纳入港口岸线规划。江岛绿舟完成改造装饰工程。“慢岛双山”号完成首航。皓景度假酒店、曼塔(Manta)水乐园、乡味菜园、“江岛之夜”星空露营地等一批项目签约，“星光岛·野享空间”9月28日开营。2月10日，总投资12.5亿元的张家港市“双山岛生态环境提升和旅游配套设施项目”成功入库，并于4月28日通过财政部政府和社会资本合作中心审核，在财政部PPP项目管理库中发布，成为张家港市首个通过财政部入库的旅游领域PPP项目。3月14日，双山生态岛明珠灯塔开工仪式暨乡伴理想村文旅项目发布活动举行。旨在打造集明珠灯塔、精品民宿、地方美食及非遗文创等为一体的业态集群。4月19日，“星火传承，映照时代”2021中国摄影报全国摄影拉力赛——张家港双山香山站在度假区举行，共入选20幅优秀作品。4月22日至25日，超级荔枝搜狐体育全国业余高尔夫球希望赛——双山站在双山高尔夫球场举办。6月28日，“颂百年风华，忆入党初心，走胜利之路”主题活动暨双山岛渡江战役展示馆落成仪式在双山岛举行。双山岛渡江战役展示馆位于双山岛渡江胜利公园，布馆面积500平方米，总投资约800万元。展示馆分序厅、“千里渡江最东端，苏州解放第一枪”“军民同心耸双山，势如破竹过大江”“大军自兹乘胜行，天翻地覆慨而慷”和尾厅5个部分，通过大量实物、模型和文献资料，展示沙洲人民与解放军在渡江战役中所发生的事迹故事，引导大家铭记历史、感怀先辈，奋斗新时代，实现新跨越。9月28日，“慢岛双山”号客渡船在双山岛北码头举行首航仪式并于当晚举行张家港秋天旅游季暨“江岛之夜”双山香山露营节启动仪式。11月1日，CLPGA中国女子职业高尔夫球巡回赛张家港双山挑战赛拉开序幕。入选2021年度长三角地区精品体育旅游目的地、苏州市体育旅游示范基地，获评文化和旅游部江苏培训基地现场教学点；渡江胜利公园获评江苏省双拥示范基地、江苏省党史教育基地、苏州爱国主义教育基地，入选2021年张家港市最美公共文化空间，成为张家港深入推动党史学习教育的实境新课堂；老圩村获评全国红色美丽村庄试点。在2020年全省49家旅游度假区发展考评中排名第35位。全年接待游客超118万人次。

【永联小镇景区】 年内，永联小镇景区累计完成投资额1800万元加强景点建设。6月完成永联小镇西侧公园建设，11月完成永联农耕园游泳馆建设，12月完成社区卫生服务中心建设。1月3日举办圣诞小镇活动，3月26号到4月5日樱花节活动，6月5日到20日举办鹿岛公园和企鹅展活动，10月1日到2日焰火节活动，10月29日到11月7日举办粉色恐龙节加鹿岛公司活动，12月3日到12日举办飘雪节活动。年内景区获评张家港基础科普项目、苏州市旅游创新产品奖。全年接待游客162.56万人次。

【暨阳湖生态旅游区】 年内，暨阳湖生态旅游区继续配合特检院做好游乐设备的检查工作，逍遥水母、青蛙跳和爬山车顺利通过延保，所有游乐设备均通过特检院检查；对未来城消防系统线路进行整体改造，更换消防报警主机、消防泵及消防设备设施，新增加消防报警控制微机系统，重新整理规划未来城消防分区，确保正常安全使用。全年共推出系列旅游活动主要包括元旦新年双节同庆、2021暨阳湖赏花季、首届暨阳湖杯皮划艇比赛、“浓情端午”2021年暨阳湖童话音乐啤酒节、喜迎中秋、欢度国庆、保护生态守家园，绿色志愿在行动、相约大自然——探访暨阳湖生态湿地公园、“凝聚生态情怀，放飞生态梦想”等活动。其中，童话音乐节期间丰富多彩的舞台活动、琳琅满目的特色美食和惊险刺激的游乐项目收获游客的一致好评。2021年，暨阳湖生态旅游区顺利通过国家AAAA级景区复核，所有公厕均通过A级公厕综合考评，其中舞台南厕被评为3A+公厕。

【常阴沙生态农业旅游区】 年内，常阴沙农旅融合项目闲心公社项目，成功申领7家民宿牌照，74间客房可提供116张床位，餐饮可日容纳近500人。林里小坐项目，以咖啡下午茶、星空屋为亮点，塑造网红打卡点位。woll森林自然营地项目包含路亚垂钓、丛林穿越、森林魔网、真人CS对战、露营烧烤等项目。2021年春季，3月20日第九届常阴沙油菜花节顺利开幕，园内新增网红秋千、花海小火车、旋转摇椅、汉服拍摄、霍比特小屋、兔子喂养、烧烤小吃等项目。四月底花海B区芍药花海首次对外开放。2021年秋季，以woll森林自然营地、闲心公社及林里小坐开业为契机，园区将稻田画、美丽乡村、大农水培与农事体验串联，策划常阴沙秋季二日游线路。全年累计接待游客11万人。

【东渡苑景区】 年内，东渡苑景区开通“东渡苑景区”微信公众号，并实现线上推广、预约入园等功能，同时在“君到苏州”微信公众号设立分时预约功能；完成对东渡苑景区安保、保洁、绿化、河道等第三方托管，加强了内部管理，提高了服务质量和服务水平。全年推出的系列旅游活动主要有：5月21日举办“颂党恩 传家风 共成长”主题交流活动、10月25日非遗走进东渡苑宣传活动、12月25日举办“人人参与垃圾分类共建绿色宜居家园”垃圾分类主题宣传活动，常态化开展“东渡环保行”“关爱自然 保护环境”等志愿活动，共开展各类活动104次。全年累计接待游客5.11万人次。 （雷作安）

【编辑 张 洁】

城乡建设

Urban and Rural Construction

海绵化改造后的万红小学南侧广场及周边道路　（市住建局　提供）

张家港年鉴(2022)

扫码欣赏

城 乡 规 划

【概况】 2021年,市自然资源和规划局履行规划职能,完成规划编制40项。编制完成《张家港市国土空间规划近期实施方案》《省级生态管控区优化调整》以及《张家港市加油(气)站规划》《张家港市科创孵化载体空间布局规划》2项专项规划。加快编制张家港市国土空间规划总体规划,推动区镇开展镇级国土空间总体规划编制。指导区镇完成《张家港高铁新城5号地块控制性详细规划》《张家港高铁新城6号地块控制性详细规划》《大新镇镇区(DXZQ-01-06基本控制单元)控制性详细规划调整》等25项控制性规划编制(调整)工作。指导区镇编制完成《张家港市南丰镇建农村村庄规划》《张家港市南丰镇永丰村村庄规划》《张家港市塘桥镇韩山村村庄规划》等10余项村庄规划。

【规划管理】 市自然资源和规划局贯彻落实《中华人民共和国城乡规划法》和《江苏省城乡规划条例》,严格执行规划委员会制度、规划公示制度、技术论证会制度等。加强规划实施的过程监督,做好规划批中、批后管理。全年完成规划验线96个、规划核实89个,发现和处理违法违章建设案件2起,实施行政处罚24.94万元,出具规划认定函移交市城管局248份,配合市行政审批局发放工商行政许可经营场所违建认定35份。做好信访工作,受理信访561件,接待到访群众128批207人次。加强信息公开工作,及时按照法律法规对各类规划进行公示、公开。在"张家港市人民政府"网站发布工作动态信息103条、主动公开信息698条、政务服务信息267条。在"张家港自然资源和规划"网站发布工作动态信息98条、主动公开信息216条、不动产公告2228条。办理群众政府信息依申请公开133件。主办市人大代表建议7件、政协委员提案8件,协办建议4件、提案12件。

新海坝湿地 (王 单 摄)

【规划服务】 年内,市自然资源和规划局做好市第一人民医院急诊医学中心、苏州外国语学校张家港校区、梁丰幼儿园南区、常阴沙客运中心、乐余公交首末站等项目规划服务工作。积极为国泰智达作业机器人、阳地钢装配式建筑、巢筑建设产业、博桥联实业、港城云联大数据中心等重点项目提供全程规划指导服务工作,确保项目提前落地,尽早投产。完成西二环快速改造、书径路、沿江城际铁路地方配套工程、海关路北延、一干河西路北延、城西污水泵站等规划选址工作。完成东二环高压燃气迁建、东三环高架杨塘路中压改造燃气管道工程等规划服务。

【城市测量】 年内,市自然资源和规划局共对沙钢集团、梁丰食品集团等357处的地形图进行修测和新测,保证地形图的现势性,为规划管理和规划设计提供翔实的科学数据。对七侠产业园项目、金港文化中心、信义玻璃等179个建设项目进行建设项目竣工验收阶段的联合测绘,为规划核实和绿化验收以及后期领取不动产证提供翔实的数据支持。完成智慧港创、东方雨虹等290个项目的规划放样测量,作为建设单位基础放样和细部放样依据。开展东莱小学、国泰新点软件等54个项目的控制点布设任务,为项目的精确定位提供控制基准。另外,全年共完成全市297个管线项目的规划监督测量,保证地下管线信息系统中数据的现势性。

【市国土空间规划近期实施方案编制】 3月,根据省自然资源厅统一部署,市自然资源和规划局对上级下达空间指标分解下达,充分征求部门意见、专家意见、群众意见后,编制形成《张家港市国土空间规划近期实施方案》。方案落实预支空间规模指标、追加流量指标及"三条控制线"等国土空间规划相关刚性管控要求,与编制中的市国土空间规划及全市"十四五"规划相衔接。实施期限至市国土空间总体规划批准时日止。方案明确,至市国土空间总体规划批准时日止,全市耕地保有量不低于31735.23公顷,永久基本农田保护面积不低于28299.22公顷,建设用地总规模控制在33655.47公顷。4月28日,方案获省政府批准,成为全市法定国土空间规划。

【省级生态管控区优化调整】 8月,市自然资源和规划局立足经济社会发展大局,按照"功能不降低、面积不减少、性质不改变"的总体要求,编制《张家港市生态空间管控区域调整方案》,优化调整全市省级生态管控区。省级生态空间管控区是指《江苏省生态空间管控区域规划》批准的生态空间管控区域名录、范围,与生态保护红线不交叉、不重叠,具体包括湿地公园、饮用水水源地保护区等15种生态空间保护区域类型。调整后,全市有省级生态空间管控区域7处,分别为凤凰山风景区、双山香山旅游度假区香山片区双山片区、长江(张家港市)重要湿地空间、一干河清水通道维护区、一干河新港桥饮用水源保护区、暨阳湖公园,总面积14619.94公顷。

【市2020—2021年航测大比例尺地形图项目完成】 2020年4月,市自然资源和规划局组织实施“张家港市2020—2021年大比例尺地形图航测项目”,2021年12月完成。项目主要完成全市现代测绘基准体系的建设,包括全市域真彩色航空摄影、全市域雷达航空摄影,全市域1:500、1:1000大比例尺地形图生产及建库;全市域现状用地分类、建(构)筑物、道路及其附属设施、水域、植被、行政区划、地名地址7大类29小类专题要素生产及建库;全市域1:5000地形图缩编等工作。项目成果实现了全市测绘基准体系维护与升级,形成现实性强、精度高、覆盖全、种类多的市基础地理信息数据库,为城市规划、城市建设、交通、水务等提供基础测绘数据保障。 (陈晓军)

城区建设

【概况】 2021年,市建筑工务处承担集中建设项目32项,总建筑面积约56万平方米,投资概算约39亿元。凤凰高级中学新建工程、东城卫生服务中心、城南(赵庄)小学新建工程、云盘小学悦丰校区、职校中德合作化工实训中心工程、市公安局办案中心扩建工程、市政协政策研究室改造、人武部“四个秩序”改造工程、畜禽综合屠宰场易地新建项目外围配套工程等9个项目竣工。梁丰高中创建“省高品质示范高中”项目、沙洲中学北校区、市第一人民医院门急诊医学中心、高职园区中专校、云盘小学沙洲湖校区(教师发展中心)、实验幼儿园斜桥园区新建工程、南苑幼儿园北园、沙洲中心粮库扩建工程等实事工程、重点工程按计划推进。高标准推进“公厕革命”,竣工交付公厕40座。完成悦丰、斜桥、东莱农贸市场标准化改造,拆除违建70万平方米、违规广告1.9万平方米,打造“暨阳客厅”8个。

2021年张家港市城区部分重点工程建设情况表

表12

项目名称	工程概况	进展情况
城南小学新建工程	建筑面积20591.26平方米,工程概算9340万元(不含内部设施费用)	2019年6月开工,2021年6月竣工
东城社区卫生服务中心	建筑面积9285.37平方米,工程概算4796万元(不含征地)	2020年1月开工,2021年11月竣工
云盘小学悦丰校区新建工程	占地约2公顷,建筑面积1.8万平方米,工程概算1.17亿元(不含拆迁征地及内部设施费用)	2020年1月开工,2021年8月竣工
市公安局业务技术用房新建工程(警务中心建设工程)	占地2.33公顷,工程概算14260万元(不含征地及设备设施费用)	2020年3月开工,计划2022年9月竣工
梁丰高中创建“江苏省高品质示范高中”项目	新建课程综合实践中心(综合楼)、体育运动综合馆,改建图文信息楼、实验楼、艺术楼、会议中心及宿舍楼	2020年11月开工,计划2022年7月竣工
南苑幼儿园北园(暂定名)新建工程	占地5439平方米,建筑面积5216.15平方米,工程概算3000万元(不含拆迁征地费用和内部设施费用)	2021年6月开工,计划2022年12月竣工
实验幼儿园斜桥园区新建工程	占地8000平方米,建筑面积6300平方米,工程概算3670万元(不含内部设施设备及征地费),占地8267平方米	2021年6月开工,计划2022年12月竣工
云盘小学沙洲湖校区、教师发展中心	占地3.8公顷,建筑面积2.7万平方米,工程概算1.35亿元(不含内部设施设备及征地费用)	2021年3月开工,计划2022年12月竣工
市第一人民医院急诊医学中心	建筑面积17178平方米,工程概算1.13亿元	2021年8月开工,计划2022年12月竣工
高职园区中专学校新建工程	占地22.67公顷,建筑面积21万平方米,工程概算17.3亿元(含征地拆迁费及设备设施费)	2021年5月开工,计划2023年6月竣工

【城东城西新区建设】 年内,城东新区坚持绿色生态宜居的功能定位,持续加快区域水系疏通,不断推进绿化项目建设,全面完善生态功能。黄泗浦生态公园湖心小筑、活力水湾、活力基地等配套用房竣工交付,智能化管控系统逐步完善。高铁枢纽区站房两侧综合体及蝴蝶造型天幕实现竣工,芯光荟商业项目根据商业业态、市民需求开展精准招商工作。全域旅游集散中心等地标形态初具。黄泗浦东侧、弘吴大道北侧新城开发建设提速,开工新建改造道路22条,推进AI城际空间站首期市政配套工程,完成6条框架道路架设。梁丰幼儿园东园区9月1日投入使用,实验小学乘航校区、市一中东校区处于基础施工阶段。城西新区始终在补齐民生短板上持续精准发力。实验小学西校区、梁丰初中西校区按期投入使用。精神文明建设张家港研究与交流中心暨城西文体广场项目,商业配套及教育用房竣工移交,酒店及后勤用房完成85%内部装饰。

(童　惠　姚亚运)

镇村建设

【概况】年内，锦丰镇投入1亿元，对16条劣V类河道进行治理，对锦丰64号、合兴66号开展达标区建设。塘桥镇紧扣核心区域片区开发建设，同步推进乡村建设，城建投资超25亿元。乐余镇提速推进82万平方米临江福苑安置房建设，投入2500元实施城市更新行动。凤凰镇总投资50.58亿元的乡伴·肖家巷理想村等7个服务业项目有序推进。南丰镇投入2000万元，建设苏州市特色康居（宜居）乡村点位。大新镇确立“中改、西进、南拓、北延”战略布局，一体规划、统筹推进城乡建设。常阴沙现代农业示范园区启动总投资4.09亿元的市现代农业科技示范园PPP项目建设。金港街道建成区建设总投资2.55亿元，村庄建设总投资14779万元。后塍街道总投资9000万元的澄杨路改造工程开工建设。德积街道成立全市首个街道24小时政务服务驿站。

【锦丰镇建设】锦丰镇有集镇7个，建成区面积26.53平方千米，其中中心镇区面积15平方千米。沙洲新城规划建设面积12.94平方千米，建成区面积7.65平方千米。年内有信义光伏、第六人民医院扩建、高速公路两侧及其他动迁项目，完成农户协议签订990户，拆除农房21.78万平方米；完成企业签订协议32家，拆除厂房16.98万平方米，货币补偿4.37亿元。全年安置动迁户1027户，1438套房，主要安置在悦兴花苑、合兴花苑、悦来五村、悦来六村、永盛花苑、大南六村等小区。总建筑面积27.3万平方米的永盛花苑三期、大南六村二期、港邻花苑、星火村安置房、星火村人才公寓建设有序推进。悦隆花苑、合兴片区安置项目、公用事业服务用房、锦丰学校改造、永盛幼儿园、向阳二村更新改造等项目启动前期工作，五棵松科创园一期进入收尾阶段。总建筑面积35.85万平方米的沙洲小学、钢研院厂房、永盛花苑（一期、二期）、聚兴苑二期安置房项目竣工交付。玖隆花苑二期、石榴江南院子商品房竣工28.89万平方米。“三优三保”拆旧复垦土地48.53公顷，沙洲小学项目被评为苏州市美丽城镇建设优秀示范项目。杨锦公路快速环线、环新南路东延、信义光伏西侧道路等一批重点项目快速推进。五棵松路改造、沙洲小学北侧新建道路、油车港西路南段新建、锦丰事务办改建停车场、三兴海沙二村社区口袋公园等民生实事工程竣工。投入516万元，对建设路、蒋锦线计6.42千米道路进行大中修。投入296万元，对148.61千米农村公路及沿线附属设施、45座乡村道桥梁开展小修保养，维修路面1.8万平方米、波形护栏974米。投入360.67万元，对振兴西桥、耕余中桥、郁家桥等桥涵1176米栏杆进行防撞能力提升改造。投入155万元，在部分农村公路的临河、高路堤路段设置波形护栏3637米、塑钢护栏154米、各类标线8613平方米、警示桩112根以及各类标志标牌65块。投入57万元，开展乡村道路及桥梁检测，乡村道综合好路率91.7%。鼎盛路获评苏州市美丽农村路。投入4000万元，完成锦丰集镇区、三兴集镇区雨污分流改造工程等污水项目，完成集镇区和农村污水管网建设18.6千米。投入1亿元，对16条劣V类河道进行治理和锦丰64号、合兴66号做达标区建设。投入435万元，完成十三圩港等1条镇级河道、95条村级河道疏浚，疏浚总长度66.4千米，土方34.8万立方米。投入194万元，完成拆坝建桥6座。投入185万元，完成星火村永盛排涝站改建1座，维修锦西河排涝站1座。投入346万元，完成十三圩港、横港、常通港、老三干河、南中心河5条镇级河道岸坡整治，长度3.5千米。投入175万元，治理改善锦丰10组河道环境。投入178万元，改造五棵松路北侧水系，治理长度400米。投入215万元，完成鼎盛、沙洲新城、长安路西侧3个项目区的水系连片治理，治理河塘24条。人居环境面貌持续改善，获评苏州市农村人居环境整治提升工作示范镇，新增苏州市农村人居环境整治提升工作示范村5个，投入5000万元启动金沙洲、临江福地2个特色康居示范区建设，其中金沙洲建成特色康居示范区1个。投入500万元，新建星火垃圾中转站1座，完成暂存仓库及再生资源回收中心建设。投入1200万元，对园镇小区内垃圾分类设施进行升级改造及信息化建设，其中34个小区被苏州市命名为三星级以上垃圾分类小区。（俞　峥）

【塘桥镇建设】塘桥镇有集镇7个，建成区面积21平方千米，其中中心镇区面积10平方千米。年内，紧扣核心区域片区开发建设，同步推进乡村建设，全年城建投资超25亿元。坚持规划引领，开展各类规划编制9项，完成项目方案和施工图设计近40项，专项规划、控制性规划实现全覆盖。完成塘桥基督教堂项目，新塘幼儿园项目等8个公共建筑项目建设交付。推进梁丰高中高新区实验学校、高新区创新创业服务中心、科创人才公寓等民生及公建配套项目建设，妙桥菜场等一批民生工程交付使用。完成梁丰高中高新区实验学校配套周边道路、维达路改造及星弈路、书径路等主要市政路网建设。新增机动车停车位2700余个。启动区（镇）已建未办证安置房约8000套的办证。会同市公证处完成牛桥小区28户、蒋家小区10户、横泾小区10户进入归并小区宅基地定位抽签。加快建设100万平方米安置房工程，青葵雅苑、青逸家园、花园五期等安置房顺利推进，韩山三期西区、妙景三期B区安置房竣工交付（12.8万平方米，688套），启动建设花园三期北区、花园五期北区、胡同西区A区、羊毛衫市场一期等13个安置房项目，共113万平方米。实施巨桥永粮塘、青龙支沟河周边及妙桥工业集中区150余家企业生活污水接管工程。完成总投资120万元的太湖入河排污口排查整治，铺设2.5千米生活污水管网，完成350户生活污水接管。发放垃圾分类宣传资料4.8万份。新建垃圾分类收集站50座，四分类垃圾房26个，添置分类垃圾桶400余个。新建改建标准化公厕17座及6处大型垃圾处置中心。完成4个垃圾分类星级小区创建，对老204国道沿线进行集中整治，整改拆除违

规户外广告250余处,开辟公共自行车服务站点45个。开展村庄清洁行动,20个特色宜居乡村点位通过市级验收。（卢嘉辉）

【乐余镇建设】 乐余镇有乐余、兆丰2个集镇,建成区面积8.7平方千米,其中中心镇区建成区面积5.8平方千米。年内,提速推进82万平方米临江福苑安置房建设,竣工乐江花苑三期二标段安置房5万平方米,动迁农户211户、企业15家,完成分房372套。完成乐江花苑一期1340套安置房办证。改造集镇主干道7条。乐园路南延段8月通车。铺设天然气管道8552户,完成乐江花苑一期、二期、三期,市场新村一期、二期,公园新村等六个小区2516户管道天然气入户改造。新建柏油马路1.64万平方米,新装路灯360盏,铺设污水管网7.2千米,新建公厕2座,整治桥梁3座。投入2500万元实施城市更新行动,改造老旧安置小区13个,新建口袋公园1个,新增停车位410个、充电棚31个。总投资1600万元的乐余农贸商城标准化改造工程竣工,乐余市集全新启用。永乐村在原有建房基础上新增投资200万元,建成全长200米的全市首个羊肉主题街区。投入1000万元实施学校安全提升改造。项目化治理违法建筑21.5万平方米。特色宜居乡村建设实现全覆盖。启动乐港河环形步道建设,建成"五彩门"全民健身服务点2个。开展太湖流域涉磷企业排查工作,关停搬迁13家涉磷企业。完成170余户农户生活污水治理,疏浚整治河道42条、32.07千米,建成生态美丽河道20条、13.59千米。（秦　香）

【凤凰镇建设】 凤凰镇有集镇6个,建成区总面积16.6平方千米,其中中心镇区面积7.37平方千米。年内,总投资3.5亿元的凤凰镇人民医院建成投用,总投资4000万元、建筑面积7000平方米的为民服务中心大楼启用,社会福利服务中心建成,凤凰高级中学投用。港口区域文化中心、黄泗浦巡检司项目建设进入最后扫尾阶段。总投资50.58亿元的乡伴·肖家巷理想村等7个重点服务业项目有序推进,总投资1.5亿元的雷迪森温泉度假酒店签约落地。投资2000万元建设港口学校二期工程,投资6.5亿元建设鹫山花园二期安置房工程,投资6000万元建设安庆4幢保障安置房工程,投资4.66亿元建设徐市印象花园三期工程。投资5559万元创建镇区南北区、恬庄古街及新城区域共5.73平方千米污水处理提质增效达标区。投资1885万元建设凤凰镇2021年美丽乡村建设点位农村生活污水收集工程、凤凰镇2014年以前原农村生活污水收集改造工程、凤凰镇2021年农村生活污水收集工程,新建农村生活污水管网44.3千米,治理农村生活污水687户。投资466万元完成拆除重建金谷桥、人民桥、白大荡桥及双塘南桥4座桥梁。全年新增路灯674盏,改造道路1.05千米。天然气接管1238户。建成苏州市特色康居示范区1个、苏州市特色康居乡村14个。（谢凤姣）

【南丰镇建设】 南丰镇有集镇7个,建成区面积7.8平方千米,其中中心镇区建成区面积4.32平方千米。年内,年丰新村安置房(二期B区)工程建筑面积9.1万平方米,房屋10幢,568套,完成外墙脚手架拆除、电梯安装和室外配套工程。瑞丰小区(年丰新村安置房三期)工程占地8.2公顷,建筑面积20.1万平方米,房屋19幢,1367套,完成2个地下车库打桩。泗兴佳苑(安置房五期)工程完成方案及施工图设计招标,占地7.9公顷,建筑面积23.8万平方米。南丰环卫工作站、静安园(二期)等工程在建。聚成苑社区服务用房改造工程竣工。永联社区卫生服务中心工程竣工,交付医院使用。建农村特色精品乡村外立面改造工程竣工。6月,四季花园小区、金城花园小区雨污分流工程竣工。9月,长安路下穿段挡土墙修复工程竣工。年末,南丰镇污水处理提质增效达标区创建完成,并通过张家港市级验收。格林污水厂外部道路改扩建工程项目开工建设。投资250万元打造镇生活垃圾分类信息化管理平台,实时掌握居民投放情况、车辆轨迹动态、分类准确程度等信息。投资1500万元新建其他垃圾中转站和厨余垃圾处理站,升级处理设备。投入2000万元,在东港村、海坝村建设苏州市特色康居(宜居)乡村点位6个,涉及农户280户。完成振兴南路南延绿化工程、北街小公园改造工程和综合执法站外围绿地海绵城市工程。完成金丰路、振兴南路南延路灯安装工程及南丰南路、南丰北路、南丰广场、建工大道LED灯头更换,完成长安路下穿铁路段路灯安装工程。建农村污水治理工程,完成管道铺设6千米,农户接管300户。疏浚河道30条,建成15条生态美丽河道,实施镇级河道洞子港南段、海丰河及永兴河综合整治、南中心河岸坡整治等工程,拆坝建桥5座。（徐永方）

【大新镇建设】 大新镇有集镇2个,建成区面积9.88平方千米。年内,确立"中改、西进、南拓、北延"战略布局,一体规划、统筹推进城乡建设。高标准启动《国土空间总体规划(2021—2035)》编制,中部实施9.73公顷存量建设用地更新,西部大新"外滩"设计成型,基础设施投入持续加大,南部经营性地块有序出让,北部更多优质项目先后落地,产业聚集效应显现。全年完成动迁民宅223户、企业46家。阳光家园450套安置房分房,有在建安置房小区4个、38.3万平方米、2270套房。大新中心小学东扩工程竣工,童星幼儿园开园,区域性养老服务中心规划建设,公共文体设施增加至42万平方米。锦江路改造、星光路人行道改造、中心小学老校区雨污分流等12个项目完工,新悦路新建、镇区绿化景观修复等5项工程有序推进。新凯村翟家埭、中山村中山圩埭等区域农污补接、泵站迁改工程通过验收。加装公路临水路段护栏10千米。实施主次干道沿线环境综合整治"781"专项行动,推进"无违示范路"建设,年内拆除违章建筑22.7万平方米。建成特色宜居村点位48个、特色康居村点位4个,中山村伏兴获评江苏省特色田园乡村,桥头村、龙潭村获评苏州市农村人居环境整治示范村。建成6条生态美丽河湖，完成新丰港、新润花苑南河等4条重点河道整治，地表水达到或好于Ⅲ类水体比例保持100%。华诚管桩锅炉改造等大气污染治理项目完成。

（刘康瑞）

【常阴沙现代农业示范园区建设】 常阴沙现代农业示范园区有集镇1个，建成区面积2.2平方千米。年内，完成7个社区92个村组的镇村布局规划（2021版）编制及常兴社区村庄规划。开展既有建筑安全大排查大整治专项行动，排查既有建筑5913幢、213.89万平方米，发现疑似隐患房屋2幢、9500平方米，并录入苏州市房屋安全使用平台。常兴社区获评全国生态文化村，常北社区获评美丽家园省级示范点，常东社区获评苏州市"智慧农村"示范村，常南、常西社区获评苏州市"十佳"休闲农业和乡村旅游精品村，美丽乡村实现全覆盖，园区成功创建苏州市特色康居示范区。投资1.1亿元、总建筑面积4.3万平方米的禾丰佳苑五期（5至11号）安置房项目，投资5500万元、建设总面积3.07万平方米的常顺、常瑞标准型厂房项目，主体结构均完成封顶。投资3400万元、建设总面积8200平方米的常阴沙农业综合服务中心项目，完成土建及室外配套。投资1300万元、建设总面积1900平方米的常阴沙客运中心，完成基础施工。投资800万元、总建筑面积3000平方米的珠江小区二期项目，投资260万元、总建筑面积730平方米的园区服务中心业务用房项目以及投资250万元的常北社区服务用房改造工程均完成建设。投资328.6万元完成常阴沙农村生活污水管网养护项目以及生活污水治理达标区建设项目，共铺设污水主次管网3.1千米，新增污水检查井280座，开挖修复道路2600平方米。全面启动总投资4.09亿元的江苏省张家港市现代农业科技示范园PPP项目建设，生产区包括种植玻璃温室、展示型玻璃温室、生产连栋温室等基础设施建设主体完工，附属设施设备进场。实施养殖池塘标准化改造10.98公顷。投资1200万元的规模化养殖场废弃物处理及资源化利用项目在常沙社区启动建设，实现11.67公顷生猪规模化养殖场废弃物处理及资源化利用，项目建设封闭式秸秆收贮场3300平方米，秸秆加工车间1000平方米，建有沼气池、灌溉系统及有机肥生产线，配置2台秸秆打捆机及配套设备，年内完成收贮水稻秸秆约1000吨。以中国共产党成立100周年和美丽常阴沙为主题，继续打造常北社区两幅稻田画。疏浚河道40条，土方11.14万立方米；新改建圩口闸2座，渠道800米，整治河道9条，新建护岸5.1千米，整坡1.1万平方米，建成生态美丽河道7条。民房动迁62户，拆旧复垦土地5.4公顷。 （陈佩蕾）

【金港街道建设】 金港街道有集镇3个，建成区面积2.9平方千米。年内建成区建设总投资2.55亿元，房屋投资1.43亿元，其中公共建筑投资5700万元、生产性建筑投资8600万元，市政公用设施投资1.12亿元。建成区住宅实有建筑面积339万平方米，公共建筑实有建筑面积46.35万平方米，生产性建筑实有建筑面积82.6万平方米。建成区供水管道309.1千米，排水管道162.5千米，排水暗渠40.2千米；道路长度300.75千米，道路面积320.4万平方米。绿化覆盖面积1075公顷。有生活垃圾中转站4座，公共厕所15座。村庄建设总投资14779万元，房屋投资7962万元，其中公共建筑投资447万元、生产性建筑投资7515万元，市政公用设施投资6817万元。村庄住宅实有建筑面积132.6万平方米，公共建筑实有建筑面积5.37万平方米，生产性建筑实有建筑面积95.47万平方米。村庄供水管道长度123.6千米，排水管道沟渠长度57.2千米；村庄内道路长度262.5千米，道路面积103.6万平方米。投资1045万元改造供水管道5.7万米，新建供水管道2.8万米。投资70.58万元改造户表208组，投资45.09万元周检更换水表2134组。投资20万元疏浚村级河道10条，涉及长江、长山、山北、柏林4个行政村。投资80万元拆坝2条、建桥涵2座。投资1060万元建生态河道14条，新建生态砌块挡墙1千米、木桩挡墙7.4千米。投资350万元整治张家港运河坡岸坍塌，新建生态石笼600米。投资100万元改建圩口闸1座。投资100万元整治长山村郁家埭河。生活垃圾集中处理率100%，污水处理率86%，垃圾无害化处理率100%。投资754万元实施83个零星工程，完成81个，通过验收54个。拆除6300平方米违章建筑，完成隔油池安装59个点位，跟进24家企事业单位雨污分流，完成6家。推进张家港河国考断面综合整治工作，断面水质优Ⅲ比例100%，张家港运河拆违建景项目入选全市"拆治建靓"典范案例。完成上报苏州摸排点位5661个。拆除违建点位725个，面积34.3万平方米。违法建设平台销项5万平方米。建成中兴便民服务疏导点1个，开设大型车辆专用停车场2个，增划机动车位900余个。上级挂牌的14条黑臭水体完成销号。推进集镇区门店垃圾分类收运，挂牌三星级分类小区11个，农村垃圾分类第三方测评得分在苏州70个镇（街）中位列前五。长山村特色康居乡村建设、长江村特色田园观光旅游项目快速推进，长江村殷家埭建成苏州市特色田园乡村。长山村、东山村、中德社区、中圩社区分别建成省、苏州健康村（社区）。东山村获评苏州市农村人居环境整治提升工作示范村。

（邱亚峰）

【后塍街道建设】 后塍街道有集镇1个，建成区面积4平方千米。年内，组织村、社区开展既有建筑全国第一次自然灾害综合普查，调查房屋建筑19723栋，建筑面积994.48万平方米。总投资9000万元的澄杨路改造工程开工建设，完成总投资1320万元的后塍农贸市场标准化改造，建设金湾花园、文星小区、府苑新村、康新路、东隆东路5个电动车停放和充电点位。完成两个标段区域内水环境综合治理工程，总投资1583万元。9月10日，市国税局后塍分局大楼资产转交后塍中心社区管理，开始建设"平安前哨工作站"，11月2日完工。12月25日，朱家宕村"乡村振兴学堂"开馆，建筑面积750平方米，设有文化大礼堂、妇儿之家、老年手工制作坊、老年休闲区、健身房等。拆除各类违章搭建24.62万平方米,“三优三保”拆旧复垦面积25.67公顷,其中低效用地6.87公顷、宅基地18.8公顷。新建提档升级智能充电棚216个,充电头2170个。完成特色康居乡村、宜居乡村创建工作,高桥村5个点位通过苏州市特色康居乡村验收,朱家宕村等7个村33个点位通过苏州市宜居乡村验收。新改建厕所12座。塍德、中心、塍丰社区获评苏州市垃圾分类三星级小区。黑臭河道全面消除销号,19条河道通过“美丽河道”考核,5条河道通过“生态河道”验收。

（邱晓华）

【德积街道建设】 德积街道有集镇1个,区域面积62.63平方千米。年内,组织村、社区配合第三方检测机构推进第一次全国自然灾害综合风险普查工作,排查国有土地房屋841幢,230.5万平方米。推进市政配套设施完善、老旧设施和老旧小区改造,对千禧南路、德申路、灿香路两侧破损设施进行更新,加快环宇北路街景提升项目建设,新增停车位1300余个,成立全市首个街道24小时政务服务驿站,科学设置街道为民服务大厅,推广“全员全科社工”模式,优化“1+1+N”审批服务模式。开展氨纶纱行业火灾隐患整治,开展日常巡查和集中夜查活动180余次,完成隐患整改2700余条,关停重点消防隐患企业9家、散乱污点位20个,拆除消防通道违规顶棚企业25家,释放1.8万平方米“生命通道”。检查(群)租房、“9+1”场所4700余户,整改各类安全隐患3400余处。拆除违法建设524宗26万平方米,腾退低效工业用地5.33公顷、企业22家。推动生态乡村建设,启动“333”污水处理提质增效专项行动,常态化推行河长巡河工作,街道在市第十期“河长制”通报中排名位居全市第一,拆除涉河违章3万余平方米,17条被挂牌督办黑臭水体实现销号清零。推进美丽乡村建设,成功创建永兴村、朝南村、小明沙村、双丰村7个特色宜居乡村点位,涉及农户317户。（张　翼）

公用事业

【概况】 2021年,全市继续推进以供电、供水、供气、污水处理等设施建设为重点的公用事业基础设施建设。张家港电网完成江苏苏州赵庄输变电新建工程、白鹿变3号主变扩建工程。新建供水管网36.8千米,新增天然气管道298千米。锦丰片区污水处理厂、乐余片区污水处理厂扩建工程建成投运。完成金港大道LED改造工程、文化中心周边道路景观照明新建工程、市区节点夜景灯光改造工程等民生实事项目。完成沥青及水泥混凝土路面维修2.1万平方米,新增及翻铺人行道2万平方米,维修游园广场木地板2700平方米。

【供电】 2021年,全市全社会用电量321.74亿千瓦小时,比上年增5.39%;日最高网供电量1024万千瓦小时(7月14日),比上年日最高网供电量增510万千瓦小时;最高用电负荷484.5万千瓦(7月14日13时23分),比上年最高用电负荷增16.7万千瓦。年平均负荷率90.45%,比上年增0.1个百分点;线损率1.21%,与上年持平。农网电压合格率100%,城市、农村供电可靠率分别为99.9865%、99.9974%。全市平均电价为每1000千瓦小时634.67元,比上年下降17.95元,回收各类电费175.62亿元。全年完成业扩报装户数3.48万户,完成容量123.03万千伏安。至年末,全市拥有500千伏变电站3座,主变6台,容量550万千伏安;220千伏变电站16座,主变37台,容量768万千伏安;110千伏变电站43座,主变88台,容量471.7万千伏安;35千伏变电站8座,主变16台,容量30万千伏安。至年末,35千伏及以上线路242条,共计1710.69千米。其中,220千伏线路62条,长度601.42千米,其中架空长度598.88千米,电缆长度2.54千米;110千伏线路105条,长度710.19千米,其中架空长度597.68千米,电缆长度112.51千米;35千伏线路65条,长度327.33千米,其中架空长度264.73千米,电缆长度62.59千米。10千伏变压器10006台,容量508.88万千伏安,线路922条,总长度6472.69千米,其中电缆长度3178.14千米;20千伏线路17条,回路长度71.32千米,电缆长度38.91千米。380伏线路7026.09千米,其中电缆3735.28千米;220伏线路9.19千米,电缆1.91千米。

【供水】 全市有地面水厂2座,日供水能力80万立方米;应急备用水源厂1座,日取水能力30万立方米。年内,推进老旧供水管网改造,新建供水管道36.8千米,改造供水管道23.7千米,全市内径75毫米以上供水管道总长4868千米。加强供水能力建设,总投资2.35亿元的第三水厂日深度处理20万立方米改造工程调试运行。第四水厂日深度处理40万立方米改造工程基本完成建设,累计完成投资2.39亿元。2021年,全市总供水量1.69亿立方米,总售水量1.52亿立方米,最高日供水量51.82万立方米,水质综合合格率100%,管网漏损率9.93%。年末,全市自来水用户63.77万户。

【供气】 全市有大型液化石油气中转站1家,管道燃气公司1家,民用液化石油气储罐场8家,工业液化石油气储罐场1家,汽车液化石油气加气站1家,LNG汽车加气站7家,瓶装液化石油气供应站点19家。全年新增天然气管道298千米,新增投资6656万元,累计天然气管网长度2115千米;新增工商用户368户,累计签约2422户;新增居民配套用户1.17万户,全市累计配套用户32.87万户。全年天然气供应总量5.47亿立方米,比上年增4676万立方米。全市天然气日均用气量150万立方米,日高峰用气量210.9万立方米。

【污水处理】 年内,锦丰片区污水处理厂、乐余片区污水处理厂扩建工程建成投运,全市新增污水日处理能力4.5万立方米。启动实施金港污水厂二期扩建项目,扩建规模日处理能力2.5万立方米,计划2022年6月完工。至年末,全市有城镇生活污水处理厂

9座，污水日处理能力33万立方米。其中，市区4座，污水日处理能力17.5万立方米，分别为第一污水处理厂、第二污水处理厂、第三污水处理厂和城南污水处理厂；镇区5座，污水日处理能力15.5万立方米，分别为金港片区污水处理厂、锦丰片区污水处理厂、塘桥片区污水处理厂、乐余片区污水处理厂和常阴沙污水处理厂。全年全市处理城乡生活污水8035万立方米，比上年增11.2%，尾水排放合格率100%；平均进水COD浓度每升255毫克，比上年增5%；处置污泥6.83万吨，比上年增27%，无害化处置率100%。

【路灯管理】 2021年，市市政服务中心完成金港大道LED改造工程、文化中心周边道路景观照明新建工程、市区节点夜景灯光改造工程等民生实事项目。根据城建计划有序推进晨丰公路、二干河东侧道路、南庄路、职中桥、园林路夜景提升等照明工程建设，共安装路灯1800余盏、景观灯1.1万套。处理数字化案卷、市民来电报修等450余起，维修路灯3500余盏、景观灯5.2万余套，辖区道路照明设施亮灯率平均99%，景观照明设施亮灯率95%，照明设施完好率95%，事故及时处理率100%。年内抽查区镇道路355条，抽查路灯40920盏，及时通知相关区镇排除照明安全隐患。8月，市政府发文批准《张家港市市区城市照明建设专项规划（2020—2035）》。

【市政养护和管理】 市公用事业管理处全年完成沥青及水泥混凝土路面维修2.1万平方米，新增及翻铺人行道2万平方米，同步整治起拱树穴560余个，维修游园广场木地板2700平方米。开展桥梁日常养护工作，对151座城市桥梁进行常规定期检测，维修桥梁病害问题300余处。对城区54条道路227个点位进行塌陷隐患排查，发现地下空洞、脱空、疏松体等病害问题13处，均落实相应措施。全年养护工程资金投入1500万元。上线网上审批，及时受理市政设施建设类（城市道路、城市桥梁）审批228份，发放许可证122份。落实临街开放式场地管护责任主体21家。牵头开展城市地下管网安全生产专项整治工作，协调管线单位完成隐患点位整改2490个，启动第三轮城市地下管网窨井盖提升整治工作，各管线单位共查改地下管网窨井盖问题2417个。严格市政工程施工企业及监理企业市场行为考评，开展市场行为交底28次、现场考评204次、市政项目目标后合同履约考评204次。全域化推进海绵城市建设，在城北科教生态城2个子单元控制性规划的修编中落实海绵城市建设要求，在33个房产开发类项目落实海绵指标，总面积105万平方米。全市在库海绵城市建设项目99项。梁丰路（东环路—园林路）海绵化改造工程获评2021年苏州市海绵城市建设示范项目，百桥路（泗杨路—梁丰路）海绵化改造工程入选2021年省城乡环境品质提升（园林绿化）专项资金项目。完成百桥路（泗杨路—梁丰路段）、万红小学南侧广场、青少年社会实践基地的海绵型生态改造。完成“美丽”小巷工程，园林路（暨阳路—沙洲路）、职中路（人民路—城北路）、龙潭路（人民路—通运路、暨阳路—梁丰路）、花园浜路（暨阳东路—沙洲东路）4条道路的基础设施功能得到提升。完成城市补“痕”项目，长安路等道路沥青路面、人行道及部分游园广场设施得到完善。对澄杨线（东横河）航道上滋生桥、华昌桥等11座涉水桥梁设置防撞设施，对市区部分桥梁进行大中修改造。会同交警部门对城区港城大道—张杨公路路口等5处拥堵点进行改造，缓解交通拥堵问题。配合市残联“无障碍环境综合提升”，完成11路公交线路沿线46座公交站台的无障碍改造工作。

【人防建设】 年内，市人民防空办公室积极参与国防动员委员会组织的演习和保障任务，参加苏州统一组织的区域联动训练，与嘉兴市人防办开展机动联训，先后组织3次三级指挥信息系统的联训。完成3台新增警报的布点和年度警报巡检工作，常态化推进重要经济目标防护建设。完成“9·18”防空警报试鸣任务，在全市380辆公交车车尾屏及2条线路公交车车身做警报鸣放公告宣传，全市各类警报及300块公共电子屏、2598台应急广播播放警报信号，警报鸣响率100%。在云盘小学悦丰校区开展人防知识进校园宣传，在万达广场组织人防知识广场宣传及机动警报车鸣放活动，活动现场实时上传上级单位，全市动用各类装备及设备近100台。结合警报鸣放活动，制作人防工程、警报、人防展馆宣传实景VR。推进标识标注整改工作，加强人防标识标注维护工作，完成墙体标识17万平方米，功能间标牌5000块，楼梯间、电梯间、单元间导引标识3050块，车位编号2.5万个。完成市区部分标识标牌维护保养，更换、加固标牌40处，重新贴膜300张，树干刷油漆180根。为缓解沙洲路和华昌路道路拥挤问题，对当地人防工程进行规划设计，把车辆引入人防工程，在工程内部完善各类标识标志，分地段、分时间、有序指挥进出车辆。全年办理新建民用建筑建设防空地下室审批65项，设防建筑面积44.7万平方米。全市人防建设经费征收89项，收缴人防易地建设费856.3万元。新开工人防工程48个，面积29.8万平方米，竣工项目35项，面积28.21万平方米；张家港市人民防空办公室分别被省人民防空办公室、苏州市人民防空办公室评为人民防空工作先进单位。

【2座变电站新（扩）建工程投运】 10月12日，赵庄输变电新建工程投运，工程新装容量5万千伏安主变压器2台、110千伏进线2回、10千伏出线24回，较好提高城南区域居民用电的可靠性。12月2日，白鹿变3号主变扩建工程投运，工程新增容量5万千伏安主变1台、110千伏进线1回、10千伏出线10回。

（曹生明　童　惠　何嘉佳　刘　祺）

城乡管理

【概况】 年内，市城管局紧扣全国文明典范城市创建目标，将群众反映强烈的市容环境问题和短板，作为城市管理工作的出发点和落脚点，项目化、清单化推进城乡环境综合治理，常态化、持续化开展城乡环境督察检查，优化提升城市环境质量。3月，镇域综合执法党建联盟成立，推进“党建引领+综合执法+志愿服务”工作模式，各区镇首批推出“善小善为”“跨界联动”“沙上啄木鸟”“微力量”“集中化执法”“执法36.5°”等25个项目、9个课题，成为基层自治创新的典型案例。

【市容环境管理】 市城管局发挥城管委办公室职能，定期召开工作部署、现场办公、专题协调等会议，以“四不两直”（不发通知、不打招呼、不听汇报、不用陪同接待，直奔基层、直插现场）、暗访视频等形式，协调解决城市管理领域的突出问题。调整完善《张家港市城市管理工作督查实施细则》，实体化运行市城乡环境督察考核专班，常态化排查主次干道、街巷新村、居民小区等区域的环境突出问题，全年通报各类环境问题4.2万余起，整改率超99.9%。组织开展市容市貌精细化管理整治提升行动，对112条重点道路逐条开展整治，评选公布月度和年度“红灰旗榜”道路。完成22个市容环境整治项目，集中整治背街小巷、主街背面、城郊接合部等重点区域，推动解决一批环境脏乱现象。会同市文明办、杨舍地区城管委开展“洁美港城”同创共建、“烟头不落地，港城更美丽”等志愿服务活动，助力全国文明典范城市创建。

【城管执法】 严查流动摊贩、占道经营、渣土车违章等，全年教育查处占道经营、流动摊贩1.47万起，查处渣土车抛撒泄漏、偷倒乱倒建筑垃圾等违规案件1100余起，查处机动车和非机动车违停25.14万起。持续开展小广告联动治理，违规小广告移交三大电信运营商停机5批2567个、查处1749起。年内城管条线查处一般程序8781起、简易程序16.62万起，处罚金额850.36万元。拆除各类户外广告设施（店招标牌）3950处，拆除面积3万余平方米，其中高炮广告7处，屋顶广告设施50处，屋顶镂空字147处，墙体广告27处，遮窗店招、多层多招等店招标牌380处。建成11座示范类城市管理服务站、2座达标类服务站，率先在苏州各县市中完成示范类服务站镇域全覆盖。服务站处置各类问题3500余个，接待服务市民2.2万余人次，开展活动100余次。

3月26日，镇域综合执法党建联盟揭牌仪式举行　　（市城管局　提供）

【智慧城管应用平台运行】 市智慧城管应用平台2020年12月10日启用，将全市综合行政执法、市容管理、垃圾分类、智能停车、户外广告等监管考核职能项目化、流程化、具象化，提高城市管理和综合执法的指挥协调和指导监管能力。视频监控系统采用人工智能技术，针对城市违法违规行为第一时间进行自动识别和告警，并派遣责任单位处置。自动抓拍如店外经营、占道经营、门前三包（脏乱）、乱堆物堆料、机动车乱停放、非机动车乱停放等城市管理违法违规事件，弥补传统执法管理过程中存在的巡查人力不足、执法取证困难、执法人员选择性执法、信息不对称等问题，为探索快速处置、非现场执法等新型执法模式提供有力支撑。至2021年年末，平台累计受理视频监控案件近3万起，结案率99.99%。

【垃圾分类】 市城管局有序推进全市生活垃圾分类工作，各区镇（街道）居民小区、行政村、单位（公共机构、相关企业）和公共区域实现生活垃圾分类基本全覆盖。至年末，全面完成垃圾分类全覆盖片区建设。年内，通过苏州市评定的五星级小区8个、四星级小区18个、三星级小区93个，新增省级达标小区54个，生活垃圾分类知晓率及生活垃圾分类集中处理率超95%。配备分类收运车辆1000余辆，稳定运行年处理能力140万吨的建筑垃圾处置终端，日处理能力2250吨的市级焚烧项目加快建设。全年共处理餐厨垃圾5.24万吨、建筑（装修）垃圾92.82万吨、园林绿化垃圾2.68万吨、大件垃圾1.21万吨、农贸市场有机垃圾2.31万吨、有害垃圾80吨、可回收物11.29万吨、家庭厨余垃圾8.67万吨，焚烧和填埋其他垃圾49.5万吨，生活垃圾回收利用率35%。

【市区城市照明建设专项规划出台】 8月25日，市城市管理局牵头编制完成的《张家港市市区城市照明建设专项规划（2020—2035）》经市政府批复，正式实施。规划范围为杨舍城区东至东二环（含环路）、西至西二环（含环路）、南至南二环（含环路）、北至北二环（含环路）范围，总面积44平方千米。实际规划研究范围拓展到杨舍城区，东至通锡高速、南至沪武（沿江）高速、西至疏港高速、北至晨丰高速。协调范围为整个张家港市区，包含黄泗浦公园与塘桥副中心。规划确定杨舍城区城市夜景照明总体结构为一环塑门户、三河汇堡城、三圈共聚辉、繁星耀港城。一环即城市二环路，是观赏现代城市风貌的主要通道。三河即“一干河—谷渎港—新沙河”景观轴，是联系城区各片区的重要生态廊道。三圈就是老城商业活动圈、暨阳湖商贸度假圈和沙洲湖创智科教圈。构建张家港城市照明典型特征，通过高要求规划设计、高标准建设、高水平维护管理带动整个城市的高品质夜景建设，形成具有中国特色社会主义县域样板城市的国韵夜景。　（何嘉佳）

【编辑　朱永平】

交通·水务

Traffic & Water Conservancy

公、铁、水同框　（市交通运输局　提供）

交通建设

交通运输

交通管理

水务建设

水务管理

扫码欣赏

“厚植生态底色，点亮幸福河湖”河长制工作回眸

文明交通 你我e起行

交通建设

【概况】 2021年，市交通运输部门在常态化做好疫情防控的同时，坚持以民生为导向，不断完善农村公共基础设施建设，公共交通服务水平进一步提升。年内，市交通局完成《张家港市综合立体交通网规划（2021—2050年）》，完善《港口岸线整合利用五年规划》，配合推进《苏州港总体规划》修订工作，将东沙作业区LNG接卸和加注码头功能正式纳入规划，并通过部省联合审查。全市全年完成交通工程建设总量33.74亿元，其中道路建设23.28亿元、铁路建设9.77亿元、港航建设6870万元。晨丰公路一干河以西段建成通车；南沿江城际铁路桥梁主体工程建设基本完成，通苏嘉甬铁路北段合同工程全部完成，张家港站东站房暨站城融合核心区概念方案设计完成。LNG功能落户东沙作业区的规划审批加快推进，申张线凤凰段整治工程开工，申张线上塘桥开工建设。

【铁路建设】 沪苏通铁路张家港段沿线环境综合整治工作由铁路中心牵头负责，通过路地联合，协调相关部门和单位，形成长效化、常态化管理机制，全年召开双段长联席会议4次，深入学校、社区、车站等地开展铁路安全宣传教育志愿活动6次。南沿江城际铁路张家港段征地动迁和工程建设等工作均位于全线最前列，获江苏南沿江城际铁路有限公司通报表扬。开展南沿江城际场增建存车线方案研究，并报国家铁路集团审查。该项目开创全国县（市）级中间站利用综合维修工区设置动车存车线的先河。率先启动铁路地方配套道路和沿线绿化建设，谋划沿线综合环境整治。通苏嘉甬铁路北段合同工程完成，未架梁段设计变更取得国铁集团批复；南段完成国家发改委工程许可咨询，并争取到将东站房纳入铁路同步建设，获批6000平方米建设规模，节省资金近1亿元。张家港市在江浙全线率先完成东站房暨站城融合概念设计方案。深化市域（郊）铁路方案研究，配合苏州市启动苏虞张线预可研、可研工作，开展锡张线、沿江都市快线方案研究，构建以市域（郊）铁路为主骨架、城市轨道交通为补充的轨道交通网络。至年末，全市铁路通车里程30千米，在建里程70千米。

【公路建设】 年内，晨丰公路一干河以西段建成通车，346国道张家港绕城段改建工程启动，东二环北段开工建设，东二环南段PPP项目入库并开展招标工作。东三环完成建设任务的53%，南二环完成施工图设计，西二环开展初步设计等前期准备工作。全年公路养护资金投入1.92亿元，包括国、省干道公路整治投入8000万元，市域一级主干道大中修投入1200万元，乡、村道养护工程投入1亿元。其中，乡、村道小修保养投入1950万元，修补路面10万平方米；乡、村道大中修投入8050万元，完成大中修工程18千米。完成G204动态称重系统升级改造工程，完成G346国道、604省道、228省道隐患整改和10条先导“平安公路”建设。至年末，境内国省干线公路MQI（路况综合指数）达到97，优良路率100%；县道MQI为93.34，优良路率96.47%；乡村道MQI为90，优良路率90.1%，比上年提高0.04个百分点，农村道路实现5个100%（县道三级以上等级公路100%，农村公路三类及以上桥梁100%，农村公路安全隐患治理率100%，农村公路政府财政稳定投入100%，路长制镇、村实施率100%）。至年末，境内公路总里程1527439米，其中国省干线公路173845米、县级公路268522米、镇级公路633669米，村级公路451403米，公路密度为每平方千米1966米。按技术等级分，一级公路246716米，二级公路716854米，三级公路132574米，四级公路431295米。

【港航建设】 苏州港张家港港区东沙作业区进港航道工程设计航道水深为10.5米，通航宽度245米，满足15万吨级散货船减载单向通航要求，概算投资1.58亿元。年内，完成纳泥区、疏浚吹泥管线布设等陆上建设内容，新设进港锚位1个，长宽均为522米，设计水深10.5米，总投资1100万元，至年末完成设备采购及沉石备料等工作。申张线凤凰段航道整治工程开工建设，完成护壁桩施打1487米、钢板桩施工3162米。上塘桥重建工程完成所有下部桩基、承台、盖梁施工。张家港船闸完成上游西侧引航道护岸维修一期工程，维修护岸及岸坡320米，总投资350万元。实现船舶通过量1.09亿吨，为二号闸建成通航起首次突破1亿吨。

【场站枢纽建设】 年内，全市新建农村公交候车亭31个。至年末，有铁路

公路立交　　（市交通运输局　提供）

客运站1个、一级汽车客运站1个(张家港汽车站)、公交场站52个。公交场站中,有公交停车场7个、公交枢纽站2个、公交中转站1个、公交首末站42个,另有公交候车亭1597个、公交站牌1106个。国省干线公路有桥梁107座(含互通立交桥梁),农村公路有桥梁703座。

【晨丰公路改造工程建成】 6月29日,晨丰公路改造工程建成通车。改造工程为老路拓宽,东起一干河桥西侧桥头,往西与港城大道、国泰路、杨新公路交叉,下穿疏港高速公路,至港华路,全长10千米,路基宽33米。路面为沥青混凝土,按六车道一级公路标准建设,其中一干河西至杨新公路采取高架形式,杨新公路至港华路采取地面快速公路形式,工程概算17.49亿元。道路主线设计车速为每小时80千米,辅道设计车速为每小时40千米。公路西段(国泰路至港华路)、东段(一干河西至国泰路)分别于2017年3月、2019年3月开工建设。晨丰公路是横贯张家港市的一条交通大动脉,连接保税区与主城区,起到承南启北、沟通东西的枢纽作用,是市域空间拓展的重要影响因素,对完善干线路网结构,改善居民出行条件,促进地方经济的发展都具有重要意义。

【港华路拓宽工程竣工验收】 年末,港华路拓宽工程竣工。港华路是259省道的一部分,也是市域内规划的"两横四纵"货流走廊中"四纵"之一,主要服务于张家港保税区、保税物流园区、化学工业园区等的货流集散。2018年3月,拓宽工程开工。道路采用一级公路标准设计,主线路段利用中央分隔带拓宽为双向六车道。全线新建张杨公路互通式立交1处、支线下穿通道1处、支线上跨简支梁桥1处,工程概算9.65亿元。主线设计车速为每小时80千米,互通匝道设计车速为每小时40至50千米。改造后,港华路将成为纵穿张家港市南北的交通大动脉,增强货流集散能力,促进沿线经济发展。

【南沿江城际铁路桥梁主体工程完工】 12月25日,南沿江城际铁路上跨疏港高速公路特大桥完成全桥最后一联上跨通锡高速连续梁合拢段施工,标志着张家港段228联连续梁施工任务圆满完成。南沿江城际铁路是国家"八纵八横"高速铁路网中"沿江"通道的重要组成部分,为沪宁第二通道高速铁路,全长278.53千米,设计车速每小时350千米,总投资503.01亿元,设8座车站。其中张家港段长38.5千米,投资约72亿元。2019年4月,正式开工建设。至2021年年末,全线征地动迁、管线迁改和桥梁主体工程基本完成,加快推进站后四电工程及轨道板铺设工作,计划2023年上半年建成通车。

【申张线凤凰段航道整治工程开工】 4月,为消除申张线张澄段水上运输的通航瓶颈,实现水资源综合利用,打造凤凰段航道沿线岸坡整洁、水面清洁的绿色生态走廊,申张线凤凰段航道整治工程开工。航道起于江阴市与张家港市交界处,止于常熟市与张家港市交界处,为五级航道,按三级航道标准整治。全线采用驳岸形式护岸,护岸结构形式有护壁桩、灌注桩及钢板桩驳岸,整治长度9447米,总投资4.91亿元。至年末,动迁民房29户、非住宅用房1户,共4783平方米,完成护壁桩施打1487米、钢板桩施工3162米,完成投资5750万元。申张线凤凰段航道整治工程是苏州港航"十四五"发展规划的重要工程项目。

【上塘桥重建工程开工】 上塘桥位于申张线航道凤凰镇段,是凤凰镇重要的南北通道,因多次受过往船舶撞击,桥体整体发生偏移,存在较大的通行安全隐患。7月,重建工程开工。新桥全长342米,主桥为跨径71.6米的双拱肋下承式预应力混凝土系杆拱桥,引桥采用20米预应力混凝土简支板梁,双向两车道,设计车速每小时20千米。桥面采用沥青混凝土铺装,总投资2189万元,建设工期24个月。年内完成下部桩基、承台、盖梁施工,完成投资620万元。上塘桥重建工程的实施,将明显改善群众道路出行体验,提升区域交通运输能力。

(房舟彤)

交通运输

【概况】 2021年,全市营业性交通运输完成公路、水路客运量923.8万人次,比上年下降56.36%。其中,公路客运量443.5万人次,比上年下降78.12%;水路客运量157.3万人次,比上年增长75.75%。完成客运周转量55026.6万人千米,比上年下降21.05%。其中,公路54403.9万人千米,比上年下降27.9%;水路622.7

申张线航道护岸

(市交通运输局 提供)

万人千米，比上年下降2.2%。完成公路货运量5178.4万吨，比上年增长20.4%；公路货运周转量779393.2万吨千米，比上年增长24.6%；完成水路货运量68.2万吨，比上年下降1.3%；水运货运周转量20174.8万吨千米，比上年增长1.7%。完成公交运量3285.1万人次，周转量35095万人千米，分别比上年增长13%、21.3%。张家港站完成铁路客运量323万人次，比上年增长149.42%。张家港船闸全年开放闸次22160次，比上年增长15.2%；放行单机船119552艘、船队889拖，分别比上年增长24.5%、33.9%；实现船舶通过量10972万吨，比上年增长41%；征收过闸费3977万元，比上年增长39.9%。船舶通过量、过闸费征收均创历史新高。

【铁路客运】 年末，全市有铁路枢纽站1个（张家港站），日停靠列车131列，其中上行62列，下行69列，直达全国15个省、4个直辖市、1个自治区、82个地级市。全年发送旅客323万人次，其中"五一"假期客流总量9.9万人次，日最高客流2.1万人次。

表13

2021年张家港站可达全国省市一览表

省、直辖市	地级市
北京市	—
天津市	—
河北省	廊坊
山西省	晋城、长治、晋中、太原
上海市	—
江苏省	南通、泰州、扬州、南京、盐城、连云港、徐州、淮安、宿迁
安徽省	亳州、滁州、阜阳、合肥、淮南、黄山、六安、宿州、宣城
浙江省	杭州、嘉兴、金华、丽水、宁波、衢州、绍兴、台州、温州
山东省	日照、青岛、烟台、威海、潍坊、淄博、济南
江西省	南昌、萍乡、上饶、宜春、鹰潭
福建省	福州、宁德、泉州、厦门、漳州、莆田
河南省	商丘、郑州、焦作、洛阳、三门峡
湖北省	恩施、黄冈、荆州、武汉、宜昌
湖南省	郴州、衡阳、长沙
广东省	潮州、广州、惠州、汕尾、揭阳、韶关、深圳、中山、珠海
四川省	成都、广元、绵阳、德阳、内江
重庆市	—
陕西省	渭南、西安、汉中
甘肃省	庆阳
宁夏回族自治区	银川

【公路、水路客运】 年内，全市新增、更新客运车辆37辆。至年末，有客运车辆2032辆，其中公交车936辆（含学生公交专线车106辆）、出租车557辆、长途班车137辆、旅游客车174辆（省、市际，不含县内）；有客运船舶7艘。客运企业共18家（包括旅游包车企业），其中公交企业1家、长途客运企业3家、出租客运企业5家、水路客运企业2家。开通长途客运省际班线42条，市际班线37条，县际班线4条。开通公交线路69条（均为无人售票线路），日发班次4572.5班，日接送旅客9万人次。

【公路、水路货运】 年内，全市新增、更新货运车辆3448辆，其中危化品运输车辆196辆。至年末，有各类货运车辆16044辆，其中集装箱车627辆、危险品运输车辆1496辆；有船舶14艘，载重吨位15755吨，其中液货运输船舶11艘，载重吨位15580吨。道路货物运输业户（企业）共5720户（家），其中个体运输业户4938户、专业运输企业988家（含集装箱运输企业79家、道路危险品运输企业41家）。道路运输（含代理、装卸、仓储等）服务业户48户。水路货物运输企业2家，水路运输服务业户72户，内河港口码头企业61家。

【汽修及驾驶员培训】 年末，全市有机动车维修企业955家。其中，一类维修企业52家（含品牌4S店29家、客车维修企业1家、危险品车辆维修企业3家），二类维修企业119家（含品牌4S店10家），三类维修业户808家。维修企业中，有"江苏快修"企业7家，"绿色汽修"企业3家，连锁汽修企业36家。行业全年实现产值50亿元，年维修能力超150万辆次。年末，全市有驾校8家，有教练车599辆，教练员1028人。全年全市学员报名人数为27394人，培训量为25803人，培训各类道路运输从业人员47人。

【邮政服务】 年末，中国邮政集团有限公司江苏省张家港市分公司（简称市邮政分公司）下设营业网点34处、营投部9个、城区普邮投递部1个，全年实现邮政业务总量3.02亿元。年内，市邮政分公司持续推进普遍服务提升工程，开展客户体验、普服重点检查、岗位练兵等活动，不断提升邮政服务质量。年初，市邮政分公司联合市总工会开展"工会解乡愁，把爱寄回家"活动。留守张家港的外地职工通过"张家港职工之友"微信公众号、"张家港职工之友"App预约登记，1月27日至2月26日，可在市邮政分公司营业窗口实现5千克以内年货包裹免费寄递。全市共免费寄递1000份。4月，市邮政分公司与常阴沙现代农业示范园区签订乡村振兴战略合作协议，助力"瑞出鸿翔"

"邮票上的党史"巡展　　　　（市邮政分公司　提供）

鹌鹑蛋进入"学习强国"积分商城销售，并提供寄递服务。开展"乡村振兴，邮你同行"邮企共建活动17场，与856家企业建联，邮银协同提供贷款、金融、寄递服务。6月5日，"邮票上的党史"主题巡展启动暨"童心永向党、共绘新时代"2021年第九届张家港市少儿书信大赛颁奖仪式在乐余中心小学举行。市邮政分公司联合市委党校、市委党史地方志办公室组建"红色邮路"志愿团队，先后在10家学校、37个企事业单位开展巡展活动。7月，与凤凰镇合作，开展水蜜桃直播活动，销售水蜜桃2400盒、5.5吨。全年为桃农寄递水蜜桃1.32万件。对《农业旅游护照》进行改版升级，增加张家港市特色景点、餐饮等，并增加市文体广电和旅游局作为护照发布方。9月6日，为庆祝第37个教师节，关心、关爱退休教师的生活，市邮政分公司联合市离退休教育工作者协会举办"家邮老师"公益项目启动仪式暨"贺卡传真情，感恩教师节"向退休教师送祝福活动。全市退休教师凭借退休证或身份证以及明信片可在全市32个邮政储蓄网点领取祝福礼品。年内，市邮政分公司获评2019—2021年度江苏省文明单位、2018—2020年度苏州市文明单位、2020年度张家港市优秀书香企业，何敏波劳模创新工作室获评2021年"苏州市劳模创新工作室"。

【首批无障碍清洁能源公交车投入营运】 1月，首批10辆无障碍"低地板"公交车在11路公交线正式投入营运。无障碍"低地板"公交车，属于一级踏板车（只有一个阶梯），车厢内有摆放轮椅的独立空间，配备乘车安全带、厚软靠背、安全扶手、应急阀等设施。尤其是车内安装导盲系统，为视障人群乘坐公交车提供无障碍安全出行环境。为服务残障人士公交便捷出行，全市加快无障碍公交建设，在公交6路、10路、13路公交车上安装公交导盲系统，为视障人士无障碍乘坐公交提供便利。实施免费乘坐公交车优惠政策，残疾人通过市民卡（爱心卡）刷卡免费乘坐公交车。2021年，"爱心卡"刷卡63.3万人次。

【"《中华人民共和国民法典》施行"纪念邮票首发】 1月1日，《中华人民共和国民法典》正式施行。上午，市邮政分公司联合市委政法委、市文明办、市司法局、市教育局、团市委、张家港保税区政法办在中兴小学举办"美好生活·法典相伴"主题宣传活动暨"《中华人民共和国民法典》施行"纪念邮票首发式。部分学校法治副校长、教师、学生及家长代表参加活动。首发仪式上，发行"《中华人民共和国民法典》施行"纪念邮票一套1枚，邮票面值为1.2元，计划发行800万套。现场还开展民法典案例解读、民法典主题沙画表演、诗朗诵、普法作品集邮展、书画作品展览、普法灯谜等系列普法宣传活动，并向普法宣传志愿者和小小普法宣传员赠送邮品。

【农村现代物流网络建设】 8月3日，市邮政分公司与市商务局、市农业农村局、市邮政管理局联合签订"携手惠农合作，助力乡村振兴"四方合作协议，共同建设农村现代流通网络，深入推进"快递向下"工作，多渠道拓宽农产品营销渠道，为惠农发展、三级物流体系打造争取发展政策和合作资源。以"两中心一站点"（县级中心+乡镇中心+村级站点）建设为主要模式，构建三级物流体系物流节点网络。年内，建成善港县域仓储配送处理中心，配置一体化收寄设备及集包笼，日均处理能力7.5万件。建成乡镇运营中心4处，其中东沙共配中心为交邮合作和邮快合作共配中心，年内配送快递近3万件。凤凰、后塍、乐余3处为乡镇仓储配送运营中心。市邮政分公司还利用村邮站、邮乐购加盟店、邮政营业网点、自提点等推进村收投服务站建设，建成服务站150余个，实现行政村覆盖率100%。借助省邮政惠农政策和苏州邮政电商平台，助力凤凰水蜜桃、沙洲优黄、常阴沙大米、鹌鹑蛋等张家港农产品线上销售。

交通管理

【概况】 年内，市交通运输局着力开展事业单位改革，统筹推进交通事业发展。年初，局机关内设科室8个，下辖公路管理处等事业单位20个。机构改革后，局机关内设科室10个，下辖交通运输综合执法大队等事业单位9个。市交通运输部门全年办理各类交通行政许可3281件，比上年增加13.4%；办理"不见面"业务5669件，窗口办理各类业务38656件，按时办结率100%。其中，办理道路运输经营户的经营许可证、营运车辆的道路运输证审验17594件，比上年减少16.2%。年内，市交通运输局被省交通厅评为2018—2020年度全省交通运输行业文明单位，被省文明委评为2019—2021年度江苏省文明单位。

【交通工程质量安全管理】 年内，交通运输局对5个重点工程开展质量安全监管，召开3个新开工重点工程项目质量监督交底会议，经现场评审核发工地试验室备案2个。对区镇25个项目进行指导和督察。全年开展质量综合监督检查、巡查40余次，工地试验室检查3次，综合督察4次，专项检查、飞行检查4次，发出通报11份，其中要求整改的10份。实施安全督察15次，下发督察通报15份，发现并当场指出各类安全隐患577处，整改率100%。在质量管理中实行定人、定点、定线“三定”管理，监督覆盖率100%。新泾路（塘桥西环路至沪苏通铁路）快速化改造工程、永泰路改造（港丰公路东延）工程获2021年度苏州市“姑苏杯”优质工程。张家港市东三环（张杨公路至苏虞张公路）新建工程获2021年度江苏省公路水运工程平安工地建设省级“示范工程”、2021年度苏州市公路水运工程平安工地建设省级“示范工程”和2021年度苏州市公路水运“平安百年品质工程”创建市级示范项目。年内，会同上海工务段、区镇开展铁路沿线外部环境摸排4次，对照上级下发清单开展现场确认4次，组织召开沪苏通铁路沿线安全隐患整治协调会4次、通苏嘉甬铁路沿线安全隐患整治协调会1次、江苏南沿江城际铁路沿线安全隐患整治协调会1次。

【运政管理】 市交通运输局全年办理机动车维修备案228件，查处道路运输违法行为973起，其中非法运营行为（黑车）156起、客运违法行为225起、货运违法行为131起。查处一、二类维修企业违法经营案件6起。开展超限超载整治，对18家混凝土企业安装称重和视频监控系统，对46家违章企业实施“责令停业整顿”处罚，并查处违法超限超载车辆172辆，卸载货物2699.54吨，公安部门计分912分，超限率降至0.17%。推进市场主体结构和运力调整，专业化车辆载重吨位比上年提高1.8%。治理列入淘汰范围的营运黄标车396辆，引进LNG插电式混合动力公交车12辆、LNG清洁能源货运车辆80辆。深化运输市场诚信体系建设，评选市级诚信维修企业10家，AAA级企业65家，占一、二类维修企业总数的39%。市金港汽车维修有限公司、市宏伟车辆维修有限公司、市联发汽车贸易有限公司、张家港伟杰雷克萨斯汽车销售服务有限公司、张家港达隆汽车销售服务有限公司5家企业获评全国诚信维修企业。开发汽修行业管理手机小程序“运管通系统”，建设掌上执法记录平台。全年检查汽修企业956家次。优化营运车辆技术管理，推进机动车检测机构改革，新建“三检合一”机动车检测站2家，检测评定营运车辆14761辆次。组织开展“两客一危”（从事旅游的包车、三类以上班线客车和运输危险化学品、烟花爆竹、民用爆炸物品的道路专用车辆）运输企业车辆技术管理专项检车行动6次，实现维修作业远程、动态、电子化的全覆盖监管。

【路政管理】 市交通运输局全年办理国省道路行政许可3件，县乡道路行政许可37件。坚持国省干线日巡查全覆盖制，农村公路每周不少于2次巡查覆盖制，全年巡查里程2.25万千米，实施并完成干线公路交通环境大整治，组织进行专项检查5次，下发整改通知书2份，清除障碍物24立方米，消除桥梁防抛网坠落风险2处，开展国省县道绿化遮挡交通标志专项清理3次，新增桥梁限载标志268套，清除摊点41处。深化和巩固“四好农村路”示范县创建成果，推进农村公路管养体制改革和三级路长制，完成提档升级工程18.3千米，改造危桥3座，实施安全生命防护工程55千米；开展桥梁安全防护提升改造6座，建成“美丽农村路”58.5千米。

【内河航政管理】 市交通运输局全年办理航道类许可30件，全年巡航里程1.25万千米，现场维护航标72座次，遥控3200座次，收取航道赔（补）偿费5.75万元，干线航道清障扫床141千米，干线航道通航保证率100%。开展“守护美丽航道，共建美好家园”《中华人民共和国航道法》实施六周年、“美好生活·民法典相伴”系列法制宣传活动。船闸管理处推进安全标准化建设，张家港船闸年内接受上级安全督察21次，开展安全检查12次，发现一般安全隐患19项，隐患整改率100%，被授予“2021年度交通运输船闸安全生产标准化一级达标单位”称号。1月至7月，共为430艘次过闸船舶建立诚信档案，其中157艘次船舶因违章停靠、未调度过闸、提前报港等失信行为被扣分，239艘次船舶因违章行为轻微被警告。34艘次船舶因诚信学习加分。8月1日起，《江苏省内河航道船舶过闸信用管理办法》执行，至年末，共有58025艘次船舶因守信行为加分，1053艘次船舶因失信行为减分。

【港口管理】 年内，市交通运输局港航事业发展中心组织实施内河码头综合整治提升行动，完成全市内河港口码头环评手续完善工作。全面落实安全监管责任，全年内河码头未发生责任安全事故。严格长江口岸疫情防控，建立“企业自查+派驻组检查+督察组检查”三级排查机制，做到每日开展督察，每两周对全港对外开放码头全覆盖。港口人员除不能接种外，全面完成新冠疫苗全程接种。推进张家港港区东沙作业区专项规划编制，加快推进LNG功能落户东沙作业区的规划审批进程。与常熟交通、海事部门对接，协调过驳锚地调整方案。开展危化品安全专项整治行动，将安全隐患排查治理与安全生产重点工作相结合；深化港口危化品企业安全联盟建设，年内对15家沿江危险货物码头组织4轮检查，共发现483处隐患，均整改完成。加快推进已建岸电设施检测和改造，联合海事部门对具备接电条件的船舶做到应接尽接，码头泊位覆盖率97%，岸电用电量比上年增长89.4%。持续开展港口水平运输机械治理，淘汰港口区域国三水平运输车辆111

台，新增新能源非道路移动机械118台。严格执行《张家港市船舶污染物接收、转运、处置联合监管制度及联单管理制度》，对船舶污染物实施闭环管理。全年接收油污水10618吨、洗舱水900吨、船舶垃圾685吨、生活污水24872吨。开展散货码头扬尘治理，推进防风抑尘设施设备建设，沿江和内河码头从事易扬尘货种装卸作业的码头企业全部完成粉尘在线监测系统的建设。年内，张家港保税港区码头、张家港海力码头获评四星级江苏绿色港口，张家港永恒码头获评三星级江苏绿色港口。

【内河水上交通安全管理】 年内，市交通运输局对地方海事管理继续实行“365全天候”工作制。全年上航1497艇次，5874人次，巡航时间2859.2小时，巡航里程39642.5千米，检查船舶806艘次,查处各类船舶违章运输行为483起。2021年，全市未实施交通管制，发布航行通告16次。实施“110”处警及船舶报警144次，出警304人次，救助船舶191艘，挽回各类经济损失267万余元，内河水上搜救成功率98%。全面落实“污染防治攻坚战”专项行动，全年实施船舶防污染登轮检查417艘次，实施船舶燃油硫含量抽检110艘次，实施船舶封舱检查723艘次，实施防污行政处罚372起，未发生船舶污染水体的事故。

【邮政管理】 疫情防控期间，在开通绿色通道保障防疫物资顺畅通行的同时，市邮政管理局加强服务监管，做好重大活动期间寄递渠道安保管理工作。实施快递末端整合，建设标准化网点。170家快递末端网点接入网上综合监管平台，118家港城驿站投入运营。全年对寄递企业开展日常监管222次，发现并督促企业整改寄递及安全隐患行为28起，验收信报箱项目23项，设置信报箱12158户。推进快递末端投递改革，约谈并鼓励服务商投放智能快递柜1084套，共计115668个格口。

【美丽农村路建设】 年内，市交通运输局组织开展“吴风雅韵·水墨丝路”农村公路品牌集群建设，探索实施“农村公路+特色产业+乡村旅游+电商物流”等富民新模式。3月，交通主管部门牵头梳理年度“美丽农村路”建设任务，全市共确定11条道路建设目标，制定实施方案并下发至各责任单位。5月，各责任单位根据实施方案要求对建设路段进行提升。利用生态木桩、砖砌挡土墙等方式，加固临河路堤，建设路域亲水平台；针对农村公路急弯陡坡、连续下坡、沿河、视距不良、路侧险要路段等实施道路改造工程，并添设标线、标志标牌、临河护栏、路灯等生命安全防护设施，提升安全通行环境。同时，通过在沿路、沿河等区域设立宣传栏，宣传内容涉及党建、垃圾分类、村规民约、爱路护路，完善沿线两侧种植绿植、布置小景、“渔文化”墙面彩绘等方式，融入乡村元素，共投入8000万元，打造具有特色美丽农村路。6月，各责任单位对建设路段进行自我评价并提交申报。10月，交通主管部门对申报路段进行现场核查和内业资料检查，并提出核查意见，责任单位对照建设标准开展查缺补漏工作，发现问题及时整改提高。年内，建成“美丽农村路”58497米，鼎盛路、凤凰大道、乐坤路、国泰北路、老张杨线、金田路、永钢大道、桥章线、新杨线、欧旺线、东金线获评2021年度苏州市“美丽农村路”。至年末，全市累计建成“美丽农村路”17条，总长728.77千米。

地方海事执法人员登船检查 （市交通运输局 提供）

【346国道张家港段精细化提升工程完成】 346国道张家港段东起“K115+322”，西至“K151+977”，全长36.66千米。G346是国家道路网横线之一，江苏段是省内东西向重要通道，起点为江苏与上海交界的太仓市浏河镇，终点为江苏省镇江市区与S243交界处，全长220千米，苏州段东起上海市宝山区，向西穿过太仓、常熟、张家港，在张家港西进入无锡市境内。G346张家港段长度为36.66千米，主要存在问题为视距不良、中间防护能力不足、中分带开口多等。2021年，为提高道路通行安全，最大限度降低事故损失，市交通运输局组织开展346国道张家港段安全生命防护精细化提升工程，新增中分带波形护栏21008米，增设防落网1918米，设置右转弯危险警示区50处，中分带开口封闭2处共56米，完善各类标志33套、各类标线6450米，警示桩224根，轮廓标1315个。工程于6月20日开工建设，10月15日完工。

【交通系统事业单位改革完成】 为建立适应经济社会发展的交通运输行

政执法体系，2018年，根据中共中央办公厅、国务院办公厅印发的《关于深化交通运输综合行政执法改革的指导意见》，全市开展交通运输综合行政执法改革调研。2019年，市交通运输局制定《张家港市交通运输局所属事业单位改革工作整体方案》，上报市编委办。2020年3月，市编委办批复明确下属事业单位职能、编制数、中层职数、内设科室等。2021年7月，在苏州市交通运输局明确方案的基础上，张家港市交通运输局成立行政职能事业单位改革工作领导小组和专项工作组，制定《张家港市交通运输局承担行政职能事业单位改革工作实施方案》《张家港市交通运输局机关事业单位改革人员分流安置工作方案》等，就人员划转、资产清查等指导各涉改单位制定相关具体工作方案。9月1日，市交通运输局召开机构行政职能事业单位改革动员部署会议。9月17日，市交通运输局举行"一大队四中心"转隶组建大会暨揭牌仪式，市交通运输综合行政执法大队、市公路事业发展中心、市港航事业发展中心、市交通工程建设服务中心、市交通运输应急指挥中心成立。"行政职能由行政机关承担、执法职能由综合行政执法机构承担、公益服务和技术保障职能由事业单位承担"的改革目标实现。

（房舟彤）

水务建设

【概况】 2021年，市水务部门持续推进水务工程建设，完成水务投资13.1亿元，其中水利工程4.1亿元、供水工程2.6亿元、排水工程6.4亿元，着力补齐水务基础设施短板，有效提升防汛保障能力，不断改善水生态环境和水务民生福祉。

【防洪治涝工程】 4月，长江堤防防汛通道贯通工程开工，11月完工，改建防汛道路约1300米，改造堤防道路大门40套，并安装智能门控系统，总投资500万元。7月，常沙河闸站改建工程完工。是月，长江干流江苏

乡村河道　（市水务局　提供）

段崩岸应急治理工程拦门沙险工段护岸工程开工，对崩岸幅度剧烈的河段进行护底、护岸加固。至年末完成抛石8.9万立方米，总投资1900万元。9月，太字圩港闸站改建工程获省水利厅水工程建设规划行政许可，12月开工建设，计划投资1.48亿元，主要建设内容包括拆除老闸，在下游180米处新建总宽28米三孔节制闸1座，新建排涝泵站1座，设计排涝流量每秒30立方米。年内，十一圩江边枢纽改建工程和走马塘江边泵站工程规模论证获水利部长江水利委员会批复，可研、初步设计获省发改委批复，并完成选址、土地预审、航评、稳评、环评、移民手续等前期工作。2个项目获省级以上补助2.8亿元。至年末，全市共有长江堤防103.26千米，其中主江堤88.12千米（含双山岛洲堤16.34千米）、闸外港堤15.14千米；有沿江节制闸23座，出江（港）涵洞22座；有内河水闸43座，其中内河套闸9座、节制闸18座、泵站16座；有防洪圩区76个，排涝站359座，排涝流量每秒849.7立方米，装机总功率4.19万千瓦，有圩口涵闸428座。

【水环境治理】 年内，全市投资1400万元完成市级河道岸坡整治工程，整治岸坡4处，新建护岸3430米，包括张家港河550米、十太港2370米、二干河490米、朝东圩港20米；投资327万元完成东湖苑小区河道整治工程，开挖河道底泥并外运固化3445立方米，拆除硬质河底4211立方米，外进土方回填河底4178立方米，并实施河道生态修复水域面积1.25万平方米。投资8450万元开展农村水系连片治理，建设生态美丽河道91条，疏浚镇村河道497条，总长300千米，拆坝43处、建桥43座，建设排涝站2座、圩口闸7座。整治劣Ⅴ类水体45个。

【劣Ⅴ类水体治理】 5月，苏州市污防攻坚办、河长办联合印发《关于开展消除劣Ⅴ类水体专项行动的通知》，市水务部门根据要求开展"消劣争优"攻坚工作。5月19日，市河长办与污防攻坚办联合印发《关于全面开展全市疑似劣Ⅴ类水体摸底排查专项行动的通知》，以"全排查、全覆盖、全确认、无遗漏"为目标，通过河长巡河、部门巡查和无人机、无人船等多种智能巡查手段，对全市河湖进行拉网式摸排。全市共摸排出劣Ⅴ类水体203个。8月31日，又印发《关于下达张家港市劣Ⅴ类水体整治计划（2021—2024年）任务安排的通知》。有关部门和各区镇（街道）对照清单任务，推进"一河一策"编制和水体整治工作。为保障治理成效，各单位积极探索优化河道水质的新

技术、新工艺，采用可移动纳米陶瓷膜生物治理设备，用于河道水质应急提升。同时，投入水面垃圾自动清理设备，及时清理河道有机污染物，抑制藻类，提升水体自净能力。至年末，45个劣V类水体整治任务全部完成。

【污水处理提质增效达标区建设】 城镇污水处理提质增效达标区建设是“333”工作的重要抓手，也是幸福河湖建设的重要环节。年内，市水务部门以污水处理提质增效达标区建设为抓手，精准攻坚城镇污水处理提质增效行动。全市共划分81个区，通过排口溯源、排水户摸底，理清问题清单，科学合理编制实施方案，并以“整治一片见效一片”为目标，推进排水户、排水管网及相关设施全面系统治理，解决雨污混流、管网破损、错接漏接等问题。至年末，完成城区11个、26.4平方千米，区镇43个、81.5平方千米的污水处理提质增效达标区建设，分别占城区和区镇建成区面积的70%、52%，并消除污水直排口130个，治理工业企业310家、“小散乱”排水户2000户，雨污分流改造小区73个、单位281个，检测雨污水管网817千米。2021年，张家港市获苏州市污水处理提质增效精准攻坚“333”行动考核优秀等次。

【常沙河闸站改建完成】 常沙河闸位于常阴沙现代农业示范园区常沙河入江口，始建于2004年。随着近年开发建设加快、不透水面积增加，闸站无法满足区域排涝需求。根据水利部、国家发展改革委、财政部联合印发的《加快灾后水利薄弱环节建设实施方案》，市水务部门实施常沙河闸站改建工程。该工程被列为省级重点水利工程，2020年1月开工建设，总投资4663万元。工程包括改建12米节制闸1座，设计排涝流量每秒55.5立方米、引水流量每秒88.9立方米；新建排涝泵站1座，装配3台套矩形进水开敞式出水立式轴流泵，总设计流量每秒20立方米。是年9月，通过水下工程验收。12月，完成楼梯间、启闭机房、厂房、副厂房、管理楼主体。2021年4月全部完工。5月至6月，完成机组启动并试运行。7月，通过完工验收。工程建成后，常阴沙现代农业示范园区35.1平方千米区域达到100年一遇防洪能力及20年一遇24小时暴雨、雨后1日排出的排涝标准，并可起到服务农业灌溉、改善水环境的作用。

水务管理

【概况】 9月，市水务局机关增设安全生产监督管理科。年末，市水务局机关内设6个科室，下辖8个直属事业单位。年内，共办理行政许可164件，办结行政处罚2起，水利工程管理、水资源管理、河道管理、供排水管理等工作有序推进，有效推动水务高质量发展。2021年，张家港市获评全国节水型社会建设达标县、国家水土保持示范县，市水务局、市水政大队获评2019—2021年度江苏省文明单位。

【水利工程管理】 年内，市水务部门完成堤防及泵闸站建筑物维修养护、越洋石化至十三圩段江堤维修等多个岁修项目；完成沿江22座、城区19座及内河29座重点泵闸站电气预防性试验及防雷检测，3座船闸、3座节制闸的水下检查；完成7座水闸、3座泵站安全鉴定工作，并通过上级主管部门安全鉴定审定。同时，完成三干河闸2号主机组和五节桥泵站3号主机组大修，走马塘闸、六干河闸、三干河闸、十一圩闸液压启闭机维修，完成城区4座泵站自动控制系统更新改造，实施堤防及泵闸站金属结构机电设备维修养护项目。常态化开展江堤巡查工作，全年当场制止违法违章行为85起，发出清障文书13份，开展行政指导15次，铲除违章种植3485平方米，清理违章占用堆放1435平方米，拆除违章建筑1659平方米，绿化补缺1.7万平方米。优化引排调度管理，全年沿江泵闸站共计引水26.09亿立方米、排水32.11亿立方米，其中汛期引水11.86亿立方米、排水18.82亿立方米，有效应对“烟花”“灿都”台风。

【长江水文勘测】 市水务部门完成老海坝节点（段山港至越洋码头段）水下地形监测（1:2000）3次，累计面积26.1平方千米；完成双山小北五圩（双山沙左侧段）测量（1:2000）2次，累计面积6.5平方千米；完成福姜沙右汊凹岸段水下地形监测（1:2000）2次，累计面积5.6平方千米；完成张家港湾（拦门沙）重点段区域水下地形监测（1:1000）4次，累计面积5平方千米；完成通州沙西水道四干河至五干河段水下地形监测（1:2000）2次，累计面积5.4平方千米。

【水资源管理】 市水务部门落实最严格水资源管理制度，全年审验取水许可证111份，占发证总数的100%，其中地表水85份、浅层水24份、地热水2份，办理取水许可申请审批17件，征收水资源费5176万元、水利工程水费937万元。继续推行节水型社会建设，至年末，全市累计建成各级节水型学校107所，其中部级节水型学校1所、省级节水型学校30所、苏州市级节水型学校76所，建成省级节水型企业45家、省级节水型单位50个、省级节水型社区17个。

【河道管理】 市水务部门强力管控河湖水域岸线，印发《张家港市河湖“四清”专项整治三年行动计划（2021—2023年）》，成立市级违建整治工作专班，全面完成市级河道涉河建设问题项目核查工作，整治存量问题600余项，并实行动态管理，巩固河湖“两违”“三乱”专项整治成效。结合农村人居环境整治，开展河道环境大整治“百日攻坚”，共整治农村河道3371条，清理岸坡垃圾8375吨、地笼网簖3110处、乱搭乱建912处。农村河道管护工作在省级绩效考评中获第一等次。通过无人机巡河、陆上巡查、水质检测等方式对河道管护状况进行全方位、常态化监管，并通过网上平台交办发现的问题，编发巡查通报7期督促落实整改，全年交办河湖问题1616个，发现和制止涉河违章行为40余起，送达水事巡查警示书9份，督促15个涉河项目办理行政许可。强化河道堤防占用管理，组织开展河道工程占用证年度审核工作，全年收缴河道堤防工程占用补偿费448万元。

【供排水管理】 市水务部门加强供水行业监管，持续开展供水企业出厂水、管网水、管网末梢水、二次供水水质监管，全年在张家港市政府网站公开饮水安全状况4次；组织行业专家开展公共供水安全检查评估2次，促进供水企业提升自来水厂建设运行、供水服务、水质检测与应急保障管理水平。张家港市给排水有限公司在2021年度苏州市供水企业服务质量第三方评估中获评五星级。加强排水行业监管，全方位开展污水处理厂站运行管理、出水水质、污泥处置、管网运维等行业监管考核，每半年组织省、苏州行业专家对全市9座污水处理厂、55座污水提升泵站以及57个行政村、101个自然村庄、100座农污泵站的运行管理水平进行考核，指导城区4座污水处理厂开展标准化管理提升行动，全市污水处理厂运行管理水平大幅提升，市第二、金港、塘桥3座污水处理厂获苏州市年度考核优秀等次。农村污水处理设施专业化运维覆盖面达到100%，全年市级奖补1400万元农污运维经费。开展排水许可下放专题培训，办理各类排水许可540件，依法开展48宗土地出让前排水设施规划审批，规范排水设施接入事前、事中、事后全过程管理。完成119家工业企业排水专项检查，启动48家工业企业废水规范接入评估工作，工业企业排水管理日趋规范。全覆盖排查全市960家汽修企业，推动问题排水户整治280家，处罚3家，促进汽修行业规范排水。排水防涝再提新标，贯彻落实国办关于加强城市内涝治理的实施意见，编制《张家港市城市排水防涝规划（2020—2035年）》，按照内涝治理30年一遇新标准，将城市拓展区89.44平方千米划分3个排水大片区、14个系统小片区，采用SWMM（暴雨洪水管理）模型模拟降雨过程，形成20年至50年不同标准的风险评估图，并制订《张家港市城市内涝治理系统化实施方案》，科学布置近远期城市排水工程规划，为城市排水防涝奠定规划支撑，让城市发展更有“韧性”。出台《张家港市污水处理费征收使用管理办法》，进一步规范城镇污水处理费征收、使用和管理，逐步实现污水处理服务“按质付费”。

【水土保持】 市水务部门通过书面检查、遥感监测和项目现场跟踪检查，全年检查生产建设项目80项，实现在建项目全覆盖。现场核查部、省级疑似违规图斑119个，对核实的51个未批先建项目，督促并指导建设单位按要求完成审批手续，逐一对账销号。全年共受理水土保持方案审批136个，其中市级批复水土保持方案114个，保税区批复水土保持方案22个。收缴生产建设项目水土保持补偿费704.55万元。出台承诺制管理办法，在水土保持审批权限和政策允许范围内优化简化水土保持编报范围、承诺方式；推进开发区区域评估工作，提高水土保持审批效率。

【水行政执法】 市水政大队全年组织日常水事巡查3257人次，出动执法车辆1447车次，制止各类涉河违章行为137起。持续打击长江非法采砂，共开展水政执法车辆巡查149次、水上巡航54次，出动人员675人次，抓获新型伪装式非法采砂船1艘，拆除采砂设备12台套，立案2起，罚款25.5万元。申请法院强制执行4起涉砂案件，共计缴纳罚款和违法所得114.8万元。拍卖公安部门委托刑事案件涉砂船舶1艘，拍卖金额16.92万元，并上缴国库。办理行政许可164件，其中河道管理范围内建设项目工程建设方案审批28件、生产建设项目水土保持方案审批114件，取水许可审批8件，城镇污水排入排水管网许可10件，水工程规划同意书审查2件，因工程建设需要拆除、改动、迁移供水、排水与污水处理设施审核2件，按时办结率100%。

【河湖长制】 4月7日，全市总河长会议暨城乡污水处理提质增效精准攻坚“333”行动推进会召开，全面部署年度工作，深化推进河湖长制工作高质量发展。年内，深化跨界河湖联合河长制度，与常熟签订深度合作协议，成立港虞治水联盟；建立“河长+检察长”机制，聘请检察官驻河长办；进一步完善多维民间河长体系，启动全市“小小河长”志愿服务项目，乐余镇创新设立“河长夜间工作站”。全年，全市410名河长共巡河1.2万次，办结苏州市级交办单6份，张家港市级交办单57份、督办单8份，镇河长办交办685项，巡检网下发问题整改1280项，解决大批河湖“疑难杂症”。开展线上线下宣传，推

市第二污水处理厂 （市水务局 提供）

4月16日，市委书记韩卫到乐余镇检查河长制工作　（市水务局　提供）

动全民共管共治，全年发布河长制工作信息181条。开展最美河长评比，评选最美河长45人，其中基层河长29人、民间河长16人。

【防汛抗旱】 4月29日，全市防汛工作会议召开，市政府与各区镇、8个重点成员单位签订防汛工作目标责任状，全市重点水利工程"三个责任人"（防汛行政责任人、技术责任人、巡查责任人）全部落实到位。8月11日，常阴沙现代农业示范园区出现最大小时雨强（一小时内的降雨量）70.9毫米的短时强降水。6月10日，全市入梅，7月11日出梅，梅长31天，比常年偏长8天。梅雨总量207.9毫米，比常年偏少21%。针对汛期各种情况，全市从严从紧从实抓好防汛各项工作，实现"不亡人、不伤人、少损失"目标。市防汛指挥部召开专题部署会议2次，发布防御通知6次、水情信息9期、行动专报3期，启动防汛Ⅳ级应急响应1次、防台应急响应2次，其中"烟花"台风应急响应从Ⅳ级提升到Ⅱ级，"灿都"台风应急响应从Ⅳ级提升到Ⅲ级。市防汛指挥部共执行上级防指指令35次，下发调度指令11次，十一圩港、张家港、走马塘的排水总量9.88亿立方米，其他沿江口门自排水量18.27亿立方米，沿江泵站累计排水144小时，排水720万立方米。各部门、各区镇、融媒体等以多种形式向社会宣传预警，组织人员避险撤离、停工和隐患整治，全市回港避风船只507条，转移人员1699人，停工工地894个，停工企业175家，拆除、加固广告牌499个，修剪、加固树木836棵，组织巡堤查险4574人次。防汛指挥部各成员单位、"12345"便民服务热线、"110"指挥中心、消防救援大队等发挥应急联动机制，及时处置有关问题，保障防汛形势平稳可控。"烟花"台风后期暴雨造成局部灾害，受淹农田261.1公顷，造成直接经济损失545.9万元。

【排水设施一体化运维】 全市按照"先城区、再乡镇"的工作思路，加速推进排水设施运维一体化管理。5月，市政府下发《张家港市城区排水设施一体化运维工作实施方案》，在全省率先迈出排水设施运维一体化的积极探索。方案明确，将城区范围内的所有污水处理厂、提升泵站、主支管网和机关单位、住宅小区、公园广场等内部排水管网设施，以及城投公司开发地块内、交通部门随道路配建的排水设施等，按照政府购买服务的方式，统一委托水务集团负责日常巡查检查、疏通养护、维修改造以及市民投诉问题处理等工作，着力从根本上解决以往存在的养护责任难落实、养护标准难统一等问题。年内，水务部门会同相关部门对城区排水设施进行摸底调查，建立运维管护设施清单，加快移交协议签订和养护工作落实，并将首批主支干道排水管网和泵站设施移交水务集团养护。同时，将城区排水设施一体化运维纳入2022年度市政府民生实事项目。

【张家港市获评国家水土保持示范县】 近年，张家港市通过统一规划、综合治理，落实生态修复、湿地建设、农村生态建设、饮用水源地保护等一系列水土流失防治措施，打造水土保持示范样板。2019年，市政府成立由市领导为召集人，多部门、各板块为成员的水土保持规划实施情况考核工作联席会议制度，强化责任落实、细化工作措施，将水土保持工作纳入全市国民经济和社会发展规划，并编制《张家港市水土保持规划（2021—2025年）》，对全市水土流失综合防治、监管监测等做出总体安排。市政府先后出台《张家港市生产建设项目水土保持监管工作规程》《张家港市生产建设项目水土保持监督工作意见（试行）》《关于明确张家港市生产建设项目水土保持承诺制管理有关事项的通知》等规范性文件，完善水土保持监管体系。探索建立监管辅助工作机制，通过引入第三方服务，在审查、监管等环节为业务部门提供技术支持，提高审批效率、提升监管质量。2019—2021年，全市共审批水土保持方案234个，征收水土保持补偿费1169.24万元；发放整改通知200余份，完成366个部级、50个省级遥感监管扰动图斑的现场核查及整改工作，责令停止违法行为4起，立案查处违法案件1件。全市完成长江沿岸造林绿化200公顷，建设高标准农田6780公顷，建成生态美丽河湖190余条，完成暨阳湖生态园、香山、张家港公园等生态修复，新增绿化面积328公顷。"张家港湾生态修复"入选联合国可持续发展优秀实践案例。2021年，张家港市被水利部评为国家水土保持示范县，是江苏省唯一获此荣誉的县级市。

（刘　祺）

【编辑　陆正芳】

数字张家港

Digital Zhangjiagang

中国电信张家港分公司落实方舱接种点通信保障工作　（电信公司　提供）

信息基础设施建设

通　　信

信息技术应用

信息化管理

張家港年鑑（2022）

扫码欣赏

李刚劳模创新工作室

信息基础设施建设

【概况】 2021年，全市投入信息化基础设施建设资金3.2亿元，新增光缆1998.16皮长千米，累计8.17万皮长千米。新建各类基站1560个，累计5962个。

电信网建设 年内，中国电信张家港分公司加速推进5G、工业互联网、数据中心等新型基础设施建设，支撑经济社会数字化转型。持续做好无线网络深度覆盖，新增5G站点558个，累计1061个，5G深度覆盖经开区、保税区、高新区及重点场景，其他区镇有序覆盖。围绕“五高一地”（高铁、高速公路、高密度住宅、高流量商圈、高校与地铁）场景推进无线优化，通过关键站址建设、质差小区优化、负荷优化扩容等措施，提升客户感知，打造高质网络。建设千兆光纤网络。全市电信光纤网络覆盖率100%，覆盖所有行政村。新增3000个千兆PON口，末级光交ODF千兆网络覆盖率100%。

移动网建设 年内，中国移动通信集团江苏有限公司张家港分公司全面建设4G、5G移动通信网络，新建5G站点429个，累计1140个；新建4G站点97个，累计1903个；新建通信管道80沟千米；新敷设光缆1859.16皮长千米。累计驻地网小区覆盖85万户。累计完成三线业务接入1.12万条，商务宽带16347条，提升全业务网络容量。

联通网建设 年内，中国联通张家港市分公司网络建设投资3000余万元，重点进行4G、5G无线网络建设和宽带千兆网络覆盖。全年新开通4G站点100个，累计946个；建设开通5G站点376个，累计912个。新建光缆139皮长千米，累计8000皮长千米，在完成千兆网络升级的同时新增完成61207户的家庭宽带用户覆盖。

广电网建设 年内，江苏有线张家港分公司以乐余镇红联村为改革试点，通过新建小区光纤化建设、原有网络按需改造的方式，推进光纤“薄覆盖”工程。全年实际完成光纤接入网建设覆盖住户6.6万户，累计完成FTTH接入网覆盖户数22.5万户。完成监控平台第五期扩容，达到接入1.8万路、存储1.33万路的业务容量。推进应急广播系统增点扩面建设，全市新增应急广播近600台套。持续推进“明厨亮灶”项目的覆盖延伸，新建明厨亮灶视频监控网络存储平台，完成全市180余所中小学、幼儿园明厨亮灶监控改造，视频接入近700路；承接全市近600家社会面餐饮门店1200路监控改造项目。推进综治网格工作站覆盖建设，全市累计有109个村、社区建设网格化工作站；在部分乡镇推进垃圾分类与防高空抛物监管系统建设，全市新增垃圾分类和防高抛监控点位超300个，配套喊话应急广播音箱130余个。为助力疫情防控，分公司突击完成10个长江航运码头人脸识别监控设备的安装，为全市167个核酸临时监测点安装225套监控、138个应急广播以及230套居家隔离门磁，对学校红外线测温仪、冷链视频监控等进行增点扩面。

【6个老旧小区完成通信基础设施改造】 2020年7月，国务院办公厅印发《关于全面推进城镇老旧小区改造工作的指导意见》，明确提出将光纤到户和移动通信设施与水电气同等对待，作为满足居民安全需要和基本生活需求的基础类内容，重点进行改造。工业和信息化部落实相关要求，结合“我为群众办实事”实践活动，指导全行业全力推进老旧小区通信设施改造，让更多百姓享受到“用得上、用得起、用得好”的信息服务。2021年，根据城镇老旧小区改造总体工作部署，结合宜居城市和完整居住社区建设要求，中国电信张家港分公司按照老旧小区通信基础设施改造与小区整体改造工程同步设计、同步实施、同步完工、同步交付原则实施改造整治工作。年内完成西门北村、湾士岸、花园浜北村等6个老旧小区通信线路整治，解决小区内通信线路乱、因线路凌乱产生的安全隐患等问题，做到管线架设有序、安全畅通、整齐美观，实现千兆光网和5G信号覆盖，为小区智慧化、数字化提升提供通信基础保障。

【电信“云改数转”战略推进】 中国电信自上而下按照“一张网、一朵云、一个系统、一套流程”，推进云、网、系统深度融合，加快推进云网融合和数字化转型，由此开启中国电信“云改数转”战略进程。经过多年的运营实践，中国电信积累丰富的云网资源，建成“固移融合、天地一体”的信息通信网络，拥有全球运营商规模最大的光网络、数据中心、综合接入局所和自主可控的云平台。建成的全球最大规模的NB-IoT网络，长期位居中国公有云市场前3位的天翼云等，均为垂直行业业务的扩展提供强有力的基础设施。这标志着中国电信“云改数转”战略呈现出专业化、融合化、生态化、市场化、智能化等特征。2021年，中国电信张家港分公司深耕医疗卫生、政务治理、农业农村、智慧社区、智慧交通、节能环保等重点领域，助力政府、企业信息化项目超100项，累计金额1.54亿元。协助工信、科技、发改等条线持续赋能企业，为超过200家企业提供上云服务，为超过40家企业提供星级上云服务。在企业车间、办公楼建设5G专网12个，申报“5G+工业互联网”项目3项，其中永钢集团5G转底炉车间标杆项目获得工信部“绽放杯”5G应用大赛三等奖。

（祁静娜 顾 玥 陈 莹 李怡玮）

通 信

【概况】 2021年，全市各通信运营商完成业务总量22.12亿元，主要经营范围包括移动通信业务、固话业务、宽带业务、互联网专线、数据通信等综合业务。至年末，全市有固定电话用户18.2万户，移动电话用户190.16万户，宽带用户74.36万户，有线电视和天翼高清用户55.1万户。

中国电信股份有限公司张家港分公司 简称中国电信张家港分公司，下设办公室、销售部、政企客户部、渠道运营中心、维护安装部及20个分局,有员工355人。至年末,公司年收入8.27亿元,拥有固定电话用户17.4万户,移动电话用户68.9万户,宽带用户34.96万户,天翼高清用户25.1万户。年内,张家港分公司获评张家港市无诈企业,“互联网+”展厅获评江苏省信息消费体验中心,李刚获江苏省劳动模范、全国电信与互联网行业职业技能竞赛个人一等奖、G60长三角网络安全技能大赛个人二等奖、全国工业互联网安全技术技能大赛三等奖等多项荣誉。

中国移动通信集团江苏有限公司张家港分公司　简称张家港移动公司,下设综合部、市场经营部、集团客户部和技术业务支撑中心4个部门及保税区、城北、城东、城南、城西、大新、凤凰、锦丰、乐余、南丰、高新区11个网格,有员工247人。2021年,公司年收入10亿元,年末有用户100.06万户,其中4G用户数62.7万户、5G用户数24.8万户,家庭宽带27.6万户。公司先后获评2018—2020年度苏州市文明单位、“全市打击治理电信网络诈骗犯罪止损控案‘双百’攻坚行动优秀单位”、2020年度张家港先进文明单位。

中国联合网络通信有限公司张家港市分公司　简称张家港联通公司,下设1个综合支撑中心、4个公众营服中心、5个政企客户部和1个网络综合运营室,有员工73人。2021年,公司年收入1.87亿元,年末有固定电话用户8000户,移动电话用户21.2万户,互联网用户2.8万户。年内,公司围绕国家乡村振兴战略部署,率先完成塘桥镇金村村的数字乡村平台搭建,积极打造数字乡村标杆村。公司先后获江苏省文明单位、苏州市文明单位、苏州市“消费者满意单位”、张家港市先进文明单位等荣誉。

江苏有线网络发展有限责任公司张家港分公司　简称江苏有线张家港分公司,下辖综合管理部、党群工作部(纪委办公室)、公众客户部、政企客户部、安播运维部、技术工程部6个部门及杨舍、金港、城区、塘桥、凤凰、锦丰、乐余、大新、南丰、常阴沙10个广电站,有员工364人。公司公众化业务,主要有数字电视、广电宽带、智能家居等;宣传载体建设,主要有应急广播、智慧社区、新时代文明实践平台和社区电子屏等;信息化业务建设,主要有数据专线、视频监控、视频会议、智慧社区及其他各类智慧广电业务等。2021年,实现经营收入1.98亿元。网内有线数字电视注册用户近30万户,其中高清互动用户21万户、宽带用户9万户。年内,江苏有线张家港分公司开拓创新,对景区客流统计系统、新时代文明实践手机端应用小程序、“明厨亮灶”手机端实时监看程序等进行开发,新建设苏州市临期食品线上处理交易平台,深入实施“智慧工地”监管项目,该项目被省广电局评为2021年度“江苏省智慧广电示范项目”。

【电信“爱心翼站”打造】　为打造有温度的公益优抚和服务专区,充分发挥电信营业厅便利服务作用,解决中老年人等群体使用智能终端困难、户外工作者休憩补给等难点,中国电信张家港分公司结合“爱有天翼”青年志愿服务活动,在全市各重点乡镇营业厅建设“爱心翼站”18个。升级服务,打造电信服务名片。每个驿站配有爱心大使,专人引导至爱心台席优先服务。服务专区提供进厅休息、饮水供给、手机辅导、手机充电、Wi-Fi网络、便民服务等标配项目,核心厅店额外提供餐食加热、手机消毒、助老助残产品体验等爱心便利服务,让用户切实感受到驿站热情服务,感受到关爱和尊重。分公司组建“爱心翼站”志愿团队,开展智能科普微讲堂,有为老年人普及智能手机应用及反诈防骗知识,讲解智能手机缴费、查话费、扫码支付等多种简单功能,让老年人享受数字化时代的精彩生活;有向户外工作者和青少年宣传防范通信信息诈骗知识和5G知识,一同感受5G、大数据等新一代信息技术的魅力。2021年累计开展宣讲12场,青少年暑期职业体验活动1场。参与宣讲活动的志愿者40余人,受益青少年300余人,活动多次受到上级公司及张家港市主流媒体报道。

(祁静娜　顾　玥
陈　莹　李怡玮)

信息技术应用

【概况】　2021年,全市信息工作响应打造“数字苏州”号召,瞄准“十四五”期间数字政府建设方向,继续围绕“打造全国智慧城市的县域标杆”目标,进一步放大数字政府基础设施能力优势,着力推动全市数字政府建设和数字经济发展。张家港党政通网注册人数20947人次,公务邮件收632.7万份,发85.2万份,公文交换收61131份、发6040份。会议分票系统发送会议票47场。“今日张家港”客户端、“张家港在线”网站共发布新闻信息66583条、图集648个、短视频167个、专题78个,网络直播181场,截至2021年年末,“今日张家港”客户端下载量62万次,注册用户48万人。“联动张家港”App、“12345”微信公众号等新媒体同步设立“网上市民诉求中心”。自4月21日上线至年末,累计受理市民各类诉求9700余件,办结率98.1%,满意率100%。全市金融系统取款机减少38台,累计48台;存取款一体机减少31台,累计509台;自助终端减少9台,累计562台。

【腾讯云(张家港)工业云基地建设】腾讯云(张家港)工业云基地由张家港市人民政府、经开区、腾讯云和江苏腾瑞智联数字科技有限公司四方共建。2019年5月签订战略协议,2019年11月开始建设,2020年6月上线张家港工业互联网平台,并于2020年12月获江苏省重点工业互联网平台认定。2021年,围绕“为企业降成本、为经济谋发展、为区域创品牌”的平台定位,充分利用政府高点和腾讯技术,全面推进“1125”发展计划,通过创建“1”个长三角重点工业互联网样板平台,打造“1”个腾讯云城市工业云标杆基地,构建“智能制造加速器、数字经济发展新引擎”两大核心功能,着力建设集应用体验、成果展示、创新孵化、培训教育、工业大数据五大中心于一体的张家港工业互联网创新发展基地,助力张家港重点产业链高质量发展，助推张家港数字经济发展。借力腾讯公司在互联网领域的优势生态体系，腾讯云（张家港）工业云基地引入山大华天、用友、金蝶云等生态合作伙伴，已签约60家生态服务商，引入工业应用300余个，导入工业互联网生态，积极发挥平台优势、行业地位和市场影响力。强化“最后一公里”接入能力，腾讯云（张家港）工业云基地初步建成了区域全覆盖的网格化运营模式，实现了张家港市1383家规模以上企业全触达，推动企业上云1099家、设备上云10939台；开展工业互联网平台走进社区、智能制造沙龙等供需对接活动35场，为企业提供317个解决方案，助力企业实施数字化项目126项，开展智能制造诊断61家，服务“两化融合”（信息化和工业化的高层次深度结合）贯标22家、获批江苏省三星级、四星级上云企业72家。

【“云智慧”公共资源交易平台推动全流程“不见面交易”】 年内，苏州市公共资源交易中心张家港分中心以“云智慧”公共资源交易平台为支撑，全面推进公共资源交易平台全流程电子化、智能化建设，加快实现公共资源交易数字化转型升级，提升服务质效，优化营商环境，不断激发市场主体活力。通过打造“云智慧开标大厅”，并引入智能客服“张小e”，实现全流程无人值守“不见面”开标，交易主体可随身、随地“云”上参与开标，同步在线解密文件，真正实现“线下不见面，线上面对面”。2021年，“不见面交易”比例成倍增长，全年完成“不见面交易”项目1082项。其中，工程建设不见面交易项目占项目总数比重达到81.52%，集中采购不见面交易项目占比达到89.25%；“不见面交易”金额占总交易额的90.21%。深入推进“一件事一次办，一件事一网办”改革，首次实现招投标双方“不见面”进行业务办理，交易业务线上办理比例达到100%，业务办理平均时间缩短80%以上，参与“不见面交易”投标企业23844家，累计节约交易成本3500余万元。自2020年10月“云智慧”公共资源交易平台上线后受到招投标各方一致肯定，被苏州市人民政府办公室评为2021年苏州市数字政府优秀案例，政府采购全流程电子化系统获苏州市公共资源交易管理委员会办公室的大力支持和推广，“公共资源交易智慧总控系统”项目获2021年度中国物流与采购联合会组委会颁发的“全球产业链供应链数字经济典型案例”奖。

【智慧工地监管平台在省级评比中获奖】 7月，江苏省广播电视局和江苏省工业和信息化厅联合举办的2021年度江苏省智慧广电示范项目评比活动落下帷幕，江苏有线张家港分公司参评的“张家港智慧工地监管平台”系统为入围获奖项目之一。“张家港智慧工地监管平台”系统紧扣安全和环保工作需求，创新方式方法，为文明施工、规范施工监督管理提供科学服务。平台利用可视化和云存储技术作为市住建局远程安全监督、监察以及行政执法的辅助手段，提高处置的精准性。具有人脸识别、大数据汇总分析功能，对人员在岗离岗流动考勤情况进行自动对比统计。平台扬尘监测系统具有警报功能，能实时发出施工现场粉尘等污染物超标提示，联动喷水降尘设备进行降尘动作，并将相关数据传递给监管后台。整个平台融合先进的无线数据传输技术和信息技术，突出多层级应用、受控施工、过程管理、影像留存、责任回溯、精准考核、自动警示等功能特点。平台通过政府采购方式对住建局原有视频监控中心进行改造升级，对前端监测设施和数据传输链路、存储服务采用租赁加一次性建设相结合的灵活方式，较好地实现社会效益与经济效益的统一。至年末，全市130余个在建规模型施工工地全部采用服务租赁与一次性建设相结合的方式部署智慧工地监管系统。

【数字永联全国第一张农村5G专享专网建成】 年内，张家港移动成功建成数字永联全国第一张农村5G专享专网，实现乡村治理数据不出永联，高安全、高可靠。张家港移动在永联村打造“5G专网+千兆宽带”新型网络，不但让网络速度得到极大提升，而且依托5G专网优势，让海量数据直接在当地机房处理，数据更安全、实时性更高，有效支撑数字化应用场景落地。张家港移动为永联村开通5G基站43个，让5G专网覆盖全域。有线宽带方面，打造千兆宽带家庭网络，覆盖村内所有居民家庭4000余户，大幅提升家庭网络速度、连接能力和稳定性，为高清互联网电视、远程办公、在线教育等应用走进永联百姓家打下坚实基础。同时，助其落地“数字永联一张图”，集中展示村内原有的管理信息系统，并基于5G专网高速传输、物联网设备及高清视频监控的数据采集，实现信息的实时调度和传达，提升乡村治理时效性和便捷性。其中使用最多的是“安全感知一张图”和“生态环境一张图”。“安全感知一张图”能实时显示村里5168个消防报警器、12个排涝站的水位监测器和泵机的位置及运行情况，以及高清视频监控和小区、商超等公共场所门禁设备采集到的人口流动信息。而“生态环境一张图”能对村内4个空气质量监测站点、34个水质监测点的空间分布和采集数据进行展示。

【沙钢集团5G专网建设】 年内，张家港移动建设沙钢集团中美超薄带科技有限公司5G专网。通过中国移动5G网络大带宽、低延时、大容量、高可靠的特性，解决工业Wi-Fi存在的切换延时、带宽有限、开放频谱易受干扰等一系列问题，满足钢铁信息化应用中对数据传输的高可靠承载要求。项目实现超薄带车间的5G专网信号深度覆盖，为该车间建设的无人行车、RGV、车间视频监控提供低延时承载，为车间运转提供稳定可靠的5G网络保障。项目同步发挥5G MEC边缘云平台提供的数据本地分流功能，灵活对接厂区各种业务系统，实现智能质量分析、智能排产、自动控制决策等智能化、自动化应用，提升沙钢集团生产线的生产质量和生产效率。后期将由江苏沙钢集团、中国移动集团、华为公司共同成立5G智慧钢铁联合实验室，探索基于5G专网的一系列新型应用。

（汪皖平　陈　玲　李怡玮）

信息化管理

【概况】 年内，张家港市贯彻上级相关文件精神，编制出台《张家港市数字政府“十四五”规划》，提出争做“全国县域数字政府排头兵”总目标，按照打造三大城市视窗、四类数字应用、一大数字底座和四大保障体系的“3134”总体架构，集约化、一盘棋推进上接省市、下联村镇、横向到边、纵向到底全覆盖的整体型数字政府建设。3月，《张家港市政务信息化项目管理办法》出台，以制度化形式明确“财政局管资金，大数据局管技术”的项目管控机制，进一步优化全市政务信息化建设模式。7月，《张家港市电子政务外网管理办法》《张家港市政务云管理办法》陆续印发，加强在云网接入、运维等方面的制度指引，促进全市云网资源规范有序管理。同时，加快工业企业智能化改造和数字化转型步伐，稳步推进工业互联网建设，深化制造业与互联网融合发展。推进企业“两化融合”工作，年内新增国家级“两化融合”管理体系贯标认证企业69家；新增“两化融合”贯标试点企业6家；新增省级工业互联网标杆工厂2家；新增省级工业互联网重点平台1家；新增苏州市级工业互联网重点平台1家；新增苏州市级工业互联网典型应用企业3家；新增苏州市级工业互联网专业服务商1家；新增省级示范智能车间10家；新增省级星级上云企业81家，其中四星43家、三星38家。累计创建国家级“两化融合”管理体系贯标认证企业178家，省级工业互联网标杆工厂3家，省级工业互联网重点平台4家，苏州市级工业互联网重点平台6家，苏州市级工业互联网典型应用企业14家，苏州市级工业互联网专业服务商15家，省级示范智能车间78家。

【政务信息化管理】 2021年，市大数据管理局建设政务信息化项目管理系统，全面对标苏州市数字政府项目要素可视化服务平台，结合张家港市管理实际，围绕项目要素的可视化、项目管理流程透明化、项目管理服务在线化，做好信息化项目全流程监管，11月实现和苏州市级平台的全面对接。同时，做好年度信息化项目评审工作，按照张家港市智慧城市和数字政府建设顶层框架设计开展项目评审，督促各部门有序按时推进项目建设。全年完成25个部门36个信息化项目评审工作，在已完成资金评审的项目中，财政资金核减率22.8%。按照《张家港市政务信息化项目管理办法》要求，向全市征集2022年度信息化建设与运维项目。至年末，年度项目计划基本形成。

【政务服务系统整合】 年内，全市推进政务服务系统整合对接，制定《张家港市政务信息系统、微信公众号、小程序清理整合工作方案》，推动全市各类信息系统向张家港党政通、“今日张家港”两大门户归并整合，已累计整合各类App、小程序12个。推广张家港党政通应用范围，持续推进各部门业务系统对接至党政通平台和统一身份认证系统，累计接入农业农村业务系统、数据张家港、河长制云平台等部门级应用66个。根据实际需求，改进优化党政通各项办公服务功能，提升党政协同办公效率。制定党政通全覆盖实施方案，准备推进全市范围内的党政协同办公一体化。积极向上对接“苏周到”“苏商通”，快速推进第一批30项“苏周到”服务事项实现全覆盖，推动“今日张家港”特色服务接入“十全十美”板块，协调督促科技创新服务平台、港城上市通、中介超市、税务云平台等应用接入“苏商通”。

【县域城市智能体峰会举办】 6月18日，以“智慧治理新探索，数字惠民新平台”为主题的2021年县域城市智能体张家港峰会举办，全国各市县的政府领导、专家学者、合作伙伴共同分享与见证县域智慧城市建设的最新成果、最优思路、最佳实践。张家港智慧城市运行中心数字展厅正式亮相，高标准对外展示张家港市近年在新型智慧城市和数字政府基础设施项目建设方面取得的重大成果。活动期间，张家港市人民政府与华为公司签署《张家港·华为“新型智慧城市”深化合作框架协议》，持续建设数字政府，全力打造数字化发展新样板，为下一阶段加速数字产业落地，持续优化营商环境提供良好支撑。张家港高新区携手多方数字科技企业，签署《张家港高新区数字产业集中区投资意向协议》。张家港智慧城市建设相关经验做法获《人民日报》《新华日报》、环球网、光明网、《中国日报》等超过110家主流媒体及各大网站报道，总阅读量接近1000万次，智慧城市县域标杆地位得到社会各界普遍认可。

【《张家港市推进制造业智能化改造和数字化转型工作方案（2021—2023年）》编制完成】 为加快推进全市制造业智能化改造和数字化转型，推动新一代信息技术与制造业深度融合，以数字化技术创新为驱动，促进工业经济各种要素资源高效利用，提升企业在设计、生产、管理和服务等各环节智能化水平，加速数字化赋能产业发展，促进制造强市建设，制定完成《张家港市推进制造业智能化改造和数字化转型工作方案（2021—2023年）》。智能化改造和数字化转型项目主要包括智能制造诊断服务项目、智能化数字化改造项目、企业上云项目、示范标杆项目、智能制造基础管理能力提升项目等。自2021年起，计划用3年时间，完成全市1290家规模以上工业企业智能化改造和数字化转型全覆盖。其中，2021年完成智能化改造和数字化转型项目600项，2022年完成690项，2023年巩固提升。到2022年，完成市域范围5G基站全覆盖，其中2021年累计建成5G基站2472个。

（汪皖平　陈　玲）

【编辑　张　洁】

开放型经济

Open Economy

陶氏化学（张家港）有限公司　（苏栋汇　摄）

招商引资

进出口贸易

对外及对港澳台经济技术合作

江苏国泰国际集团

張家港年鑑(2022)

招商引资

【概况】 2021年，市商务局克服新冠疫情影响，聚焦长三角、粤港澳大湾区等重点区域，紧盯世界500强、央企、产业链头部企业，常态化开展招商活动，赴北京、上海、深圳等地拜访相关机构，进一步拓展招商渠道，挖掘优质项目信息。3月，在上海举行"沪苏同城，创新提质"2021年张家港融入上海合作发展说明会，共完成签约55个项目总投资563亿元。聚力"4+4"重点产业链，进一步提升全市项目招引和产业优化，5月末在深圳举行"对接粤港澳，携手创未来"张家港（深圳）创新发展合作交流会活动，总投资405亿元的32个产业项目签约。制作专版招商宣传片，提高宣传针对性，创新活动形式，以知名第三方机构的角度来进行城市投资环境推介，同时邀请市主要领导与重要嘉宾进行互动对话，共谋张家港发展。全市新设外资和港澳台资投资项目64项，新增注册外资和港澳台资21.2亿美元，实际利用外资和港澳台资10亿美元。全年增资项目28项，新增注册外资和港澳台资3.3亿美元，占全市总额的15.6%；新设服务业外资和港澳台资项目43项，新增注册外资和港澳台资11.2亿美元，实际利用外资和港澳台资2.8亿美元；新设投资总额超1000万美元项目33项，新增注册外资和港澳台资20.7亿美元，占全市总额的97.6%。液化空气、科特迪获评江苏省跨国公司功能性机构。至年末，全市共有外商投资企业1103家，其中世界500强投资企业66家。

2021年张家港市主要新设（含增资）外资及中国香港地区项目情况表

表14

项目（企业）名称	投资方	所属行业	投资总额（万美元）	注册资本（万美元）	注册外资及港资（万美元）	外资或港资比例	备案时间
霍尼韦尔高新材料（中国）有限公司	美国	服务业	3000	3000	3000	100%	2月
默克电子科技（张家港）有限公司	德国	化工	10167	3954	3954	100%	12月
液化空气（张家港）工业气体有限公司（增资）	法国	化工	13337	10554	10554	100%	8月
安迈工程设备（苏州）有限公司	瑞士	机械制造	7500	2500	2500	100%	6月
亿恩科化工新材料（苏州）有限公司	韩国	化工	15000	5000	5000	100%	6月
张家港德联高端装备制造有限公司	中国香港	机械制造	9000	3000	3000	100%	2月
锐迈智能科技（张家港）有限公司	中国香港	家居制造	80000	40000	40000	100%	6月
信义科技（江苏）有限公司	中国香港	机械制造	50000	18000	18000	100%	8月
雅保锂业（江苏）有限公司	中国香港	化工	50000	17000	17000	100%	10月
正创新零售科技（张家港）有限公司	中国香港	服务业	10500	3500	3500	100%	10月

【开发区外资和港澳台资招引】 年内，保税区、经开区、高新区、冶金园"三区一园"共完成注册外资和港澳台资20.8亿美元，实际利用外资和港澳台资9.5亿美元。张家港保税区全年新设外资和港澳台资项目21项，新增注册外资和港澳台资8.6亿美元，实际利用外资和港澳台资3亿美元，分别占全市的40.4%和29.7%。其中新设投资总额超1000万美元项目13项，新增注册外资和港澳台资7.7亿美元。全年增资项目13个，新增注册外资和港澳台资8000万美元。新设亿恩科化工新材料、霍尼韦尔高新材料、雅保锂业等项目，PPG涂料、佐敦涂料等企业增资扩股。张家港经济技术开发区全年新设外资和港澳台资项目17项，新增注册外资和港澳台资1.6亿美元，实际利用外资和港澳台资3.1亿美元，分别占全市的7.5%和30.7%。其中新设投资总额超1000万美元项目4项，新增注册外资和港澳台资8000万美元。全年增资项目7项，新增注册外资和港澳台资9000万美元。新设德联高端装备、安迈工程、泰林智能装备等项目，揖斐电、艾斯贝等企业增资扩股。江苏扬子江国际冶金工业园全年新设外资和港澳台资项目8项，新增注册外资和港澳台资7.3亿美元，实际利用外资和港澳台资3亿美元，分别占全市的34.5%和30.1%。全年增资项目4项，新增注册外资和港澳台资1.5亿美元。新设熔兴高导科技、锐迈智能科技等项目，液化空气等企业增资扩股。高新技术产业开发区全年新设外资和港澳台资项目10项，新增注册外资和港澳台资3.3亿美元，实际利用外资和港澳台资4000万美元，分别占全市的15.5%和3.8%。新设信义科技、正创等项目。

【镇外资和港澳台资招引】 年内，乐余镇、凤凰镇、南丰镇、大新镇共完成注册外资和港澳台资4333万美元，实际利用外资和港澳台资5722万美元。其中，乐余镇新设外资和港澳台资项目3项，新增注册外资和港澳台资3430万美元，实际利用外资和港澳台资1249万美元；凤凰镇新设外资和港澳台资项目2项，新增注册外资和港澳台资160万美元，实际利用外资和港澳台资1510万美元；南丰镇新设外资和港澳台资项目2项，新增注册外资和港澳台资796万美元，实际利用外资和港澳台资2257万美元；大新镇新设外资和港澳台资项目1项，实际利用外资和港澳台资705万美元。

【高新区10亿美元重大外资项目集中签约】 12月9日,高新区重大外资项目集中签约仪式举行,总投资10.3亿美元。此次签约的5个外资项目涵盖智能装备、数字经济、新能源、新材料领域。5个签约项目中,日本通信设备研发生产基地项目总投资4亿美元,主要从事数码产品、通信设备、办公设备等的研发生产;正创新零售长三角数字产业基地项目投资3亿美元,将打造新零售数字产业集群,服务长三角区域线上、线下销售的分拨配送;日本丰港半导体设备项目总投资2亿美元,其中一期投资6000万美元,主要生产半导体用机器人系统、晶圆搬运设备、清洗设备、切割及分离设备;德国杰恩帝赛斯高端电动助力车研发生产总部项目投资1亿美元,主要生产电动助力车等智能短交通设备;品上电子MEMS芯片项目总投资3000万美元,其中一期投资1000万美元,将打造MEMS激励系统器件芯片的前道结构批量生产线。

(卢嘉辉)

进出口贸易

【概况】 2021年,全市完成对外及对港澳台进出口贸易总额434.6亿美元,比上年增29.6%,其中进口总额252.56亿美元,比上年增29.7%;出口总额182.05亿美元,比上年增28.2%;贸易逆差70.51亿美元。一般贸易进出口仍占主导地位,占全年进出口总额的87.1%。张家港保税区、张家港经济技术开发区、扬子江国际冶金工业园进出口额分别为204.03亿美元、95.34亿美元和70.83亿美元。2021年张家港市十大出口企业是江苏国泰国际集团股份有限公司、江苏沙钢集团有限公司、江苏一达通企业服务有限公司、江苏永钢集团有限公司、张家港市易华润东新材料有限公司、陶氏化学(张家港)有限公司、易高生物化工科技(张家港)有限公司、索尔维(张家港)精细化工有限公司、骏马集团、浦项(张家港)不锈钢股份有限公司。十大进口企业是中粮四海丰(张家港)贸易有限公司、江苏沙钢集团有限公司、江苏永钢集团有限公司、张家港孚宝仓储有限公司、东华能源股份有限公司、江苏国泰国际集团股份有限公司、陶氏化学(张家港)有限公司、天宇羊毛工业(张家港保税区)有限公司、苏州亿昂生物科技有限公司、浦项(张家港)不锈钢股份有限公司。

2021年张家港市进出口主要商品情况表

表15

商品名称	出口额(亿元)	比上年增长率(%)	商品名称	进口额(亿元)	比上年增长率(%)
机电产品	257.30	20.00	铁矿砂及其精矿	476.60	32.80
服装及衣着附件	228.10	10.20	大豆	421.80	24.20
纺织纱线、织物及其制品	191.70	9.40	基本有机化学品	119.80	14.30
钢材	150.00	17.80	食用植物油	110.10	44.80
塑料制品	66.50	3.30	纺织原料	81.80	35.20
基本有机化学品	58.10	32.50	机电产品	64.00	15.00
食品	24.20	308.90	初级形状的塑料	34.90	3.30
纺织原料	16.20	10.40	煤及褐煤	28.10	21.10
未锻轧铝及铝材	10.20	18.20	未锻轧铜及铜材	19.30	38.80
橡胶轮胎	10.00	0.70	肉类(包含杂碎)	16.40	-26.10

2021年张家港市进出口主要国家(地区)情况表

表16

国家(地区)	出口额(亿元)	比上年增长率(%)	进口额(亿元)	比上年增长率(%)
美国	220.00	-0.60	182.70	-0.30
巴西	22.50	50.20	390.70	46.00
澳大利亚	25.80	24.90	397.30	26.80
东盟组织	199.40	26.20	194.50	53.90
欧盟组织(除英国)	181.30	32.30	53.30	-2.30
韩国	82.60	11.90	59.60	29.40
日本	66.40	-0.20	44.30	-1.90
印度	36.90	24.50	25.50	9.70
乌克兰	3.20	26.60	53.90	3.40
沙特阿拉伯	9.30	46.20	45.80	10.60

【货物贸易进出口】 2021年，张家港市有进出口记录的企业3912家，其中进出口值超100亿元企业3家，在50亿元至100亿元区间的企业6家，在10亿元至50亿元区间的企业24家，超1亿元企业累计232家。从商品类别来看，出口量排名前五名的分别为机电产品，服装及衣着附件，纺织纱线、织物及其制品，钢材，塑料制品，出口额分别为257.3亿元、228.1亿元、191.7亿元、150亿元和66.5亿元，比上年分别增20%、10.2%、9.4%、17.8%和3.3%。进口量排名前五名的分别是铁矿砂及其精矿、大豆、基本有机化学品、食用植物油、纺织原料，进口额分别为476.6亿元、421.8亿元、119.8亿元、110.1亿元和81.8亿元，比上年分别增32.8%、24.2%、14.3%、44.8%、35.2%。从进出口主要国家看，进出口排名前五名的国家或地区是澳大利亚、巴西、美国、东盟、欧盟，进出口额分别是423.1亿元、413.2亿元、402.7亿元、394亿元、234.6亿元，比上年分别增26.7%、增46.3%、减0.5%、增38.5%和增22.4%。

对外及对港澳台经济技术合作

【概况】 2021年，在全力支持企业加快“走出去”步伐的过程中，市商务局协调市发改、外管等部门为企业提供系统性精准服务；联合市税务部门对全市骨干外经企业在投资、税收政策方面进行专业培训；充分利用第三方机构的资源满足不同企业的海外法律服务需求；用好用足各级扶持政策，组织企业争取对外投资专项扶持资金，聘请第三方审计机构对全市23个对外投资和经济合作资金项目进行审核，共计申报各级扶持资金870余万元；积极对接上级商务部门资源，加强企业培训交流，组织企业参与省商务厅举办的线上“走出去”培训8期、在线投资推介活动5场；扎实做好疫情防控和安全生产督导工作，常态化摸排境外投资企业在外中方人员情况，推动落实国家“春苗计划”，帮助企业外派人员在境外就近接种新冠疫苗，督促投资主体加强主体责任意识，做好海外项目安全工作。在境外疫情形势复杂严峻的情况下，张家港市企业实现境外投资稳步发展，全年新增境外投资项目28项，中方协议投资1.53亿美元，完成实际对外投资26.06亿美元（主要为沙钢集团收购GS项目资金），列全省第一，新签境外承包工程合同额2700万美元，纳入商务统计口径外派劳务8人。围绕国际产能合作，张家港国泰集团、沙钢集团等大型企业不断加强对外投资力度，爱丽家居、海狮机械等规模企业都在推进赴美投资计划，一批中小企业也积极筹备参与“一带一路”投资；中集圣达因低温装备有限公司利用自身在化工装备设计、制造、安装运营方面的优势，成功承接加纳化工装备的安装工程项目，完成备案，合同额2700万美元。

2021年张家港市对外及对中国香港投资企业（项目）情况表

表17

投资企业（项目）	投资目的地	投资总额（万美元）	张家港投资方出资（万美元）	投资行业	投资主体
美国地板有限责任公司	美国	3000.00	1530.00	建材	爱丽家居科技股份有限公司
红叶欧洲公司	西班牙	25.00	25.00	医疗器械	江苏日新医疗设备股份有限公司
国泰华荣（韩国）有限会社	韩国	200.00	200.00	化工	市国泰华荣化工新材料有限公司
东方纺织有限公司	新加坡	200.00	200.00	纺织服装	江苏联宏纺织有限公司
爱康新加坡私人有限公司	新加坡	50.00	50.00	新能源	苏州爱康光电科技有限公司
安瑞森电子材料（马来西亚）有限公司	马来西亚	300.00	300.00	化工	江苏安瑞森电子材料有限公司
缅甸国泰富驰服饰有限公司	缅甸	200.00	200.00	纺织服装	江苏国泰华盛实业有限公司张家港锦兴制衣有限公司
鸿盛服装公司	越南	300.00	300.00	纺织服装	江苏国泰国贸实业有限公司
国泰亿盛国际（越南）有限公司	越南	150.00	150.00	纺织服装	江苏国泰亿盛实业有限公司
恒韵服装有限责任公司	柬埔寨	280.00	280.00	纺织服装	江苏国泰国贸实业有限公司
新鸿睿（柬埔寨）服装有限公司	柬埔寨	280.00	280.00	纺织服装	江苏国泰国贸实业有限公司
国泰国盛（孟加拉）实业有限公司	孟加拉国	500.00	500.00	纺织服装	江苏国泰国盛实业有限公司
汉邦建筑材料有限公司	埃塞俄比亚	200.00	200.00	建材	江苏华尔达国际贸易有限公司
华嘉铝业有限公司	埃塞俄比亚	200.00	200.00	建材	市华嘉投资有限公司
几内亚水泥厂	几内亚	1000.00	1000.00	建材	张家港万衡木业有限公司
香港生命无限次方健康发展有限公司	中国香港	30.89	30.89	食品	苏州华赛生物工程技术有限公司
怡信有限公司	中国香港	10.00	10.00	机械设备	市格蕾丝机械有限公司

续表 17

投资企业（项目）	投资目的地	投资总额（万美元）	张家港投资方出资（万美元）	投资行业	投资主体
普瑞赛斯有限公司	中国香港	6.43	6.43	汽配	张家港佳惠汽车配件有限公司
鹿港科技（香港）有限公司	中国香港	320.00	320.00	纺织服装	江苏鹿港科技有限公司
香港芊亿集团有限公司	中国香港	154.90	154.90	化工	江苏季晴新能源科技有限公司
艾德旺生物能源（香港）有限公司	中国香港	50.00	50.00	化工	苏州丰倍生物科技有限公司
香港君仁国际贸易有限公司	中国香港	12.90	9.12	矿业	江苏君仁矿业有限公司

【埃塞俄比亚东方工业园】 由江苏永元投资有限公司于2007年在商务部境外经贸合作区中标创建。2015年4月，埃塞俄比亚东方工业园通过商务部、财政部考核，成为江苏省第二个国家级境外经贸合作区。经过10余年的开发建设，工业园成为江苏乃至中国在埃塞俄比亚的形象工程，中国企业走进非洲的良好平台，国内产业转移的优良载体。至2021年年末，埃塞俄比亚东方工业园累计完成基础设施投资2.8亿美元，建成40万平方米标准型厂房，1.85万平方米员工住宅楼，3000平方米综合办公及生活服务用房，12千米园区主干道、20万平方米绿化，每小时600吨供水系统、日处理1.3万吨污水站、25.2万千伏安总降站。吸引入区企业124家，主要涉及建材、鞋帽、纺织服装、汽车组装和金属加工等行业，协议投资10亿美元，实际投资7亿美元，总产值17亿美元，上缴东道国税费总额1.5亿美元。园区有员工总数1.8万人，其中中方人员约1200人。

【国泰缅甸服装产业园】 由江苏国泰全资下属公司江苏国泰海外技术服务有限公司投资设立，2017年1月开工建设，园区定位为各类纺织服装的加工、生产和销售，产品主要出口欧洲、日本，实际经营面积8.75万平方米。2018年8月，产业园二期批准设立，投资总额约3700万美元，计划建设各2万平方米的厂房8幢，约1万平方米的宿舍楼及相关生产、生活配套设备和设施。至2021年年末，12万平方米的6幢厂房及1万平方米的生活区基础建设完成，部分拟入驻工厂完成装修和设备调试。

（许柏宏）

江苏国泰国际集团

【概况】 国泰集团主要业务有供应链服务和化工新能源业务。2021年，供应链服务以消费品进出口贸易为主，面向国际国内两个市场，聚焦生活消费品，致力于提供全供应链一站式增值服务。全年国泰集团进出口呈现良好发展态势，累计进出口50.95亿美元，比上年增19.8%，其中出口43.65亿美元，比上年增19.2%。化工新能源业务方面，集团控股子公司瑞泰新材作为公司化工新材料和新能源业务的发展平台，主要从事电池材料以及有机硅等化工新材料的研发、生产和销售。11月25日，深圳证券交易所创业板上市委员会召开2021年第68次上市委员会审议会议，根据深交所当日发布的《创业板上市委员会2021年第68次审议会议结果公告》，江苏瑞泰新能源材料股份有限公司首发符合发行条件、上市条件和信息披露要求。全年瑞泰新材实现营业收入52亿元，比上年增186.66%；归属于母公司股东的净利润为6亿元，比上年增134.1%。3月22日，中国证券监督管理委员会第十八届发行审核委员会2021年第32次发行审核委员会工作会议对江苏国泰国际集团股份有限公司公开发行可转换公司债券的申请进行审核。根据会议审核结果，此次公开发行可转换公司债券的申请获得审核通过。国泰集团全年实现营业收入393.4亿元，比上年增30.69%；归属于上市公司股东的净利润为12.4亿元，比上年增26.44%。在“2021年中国企业500强”中，国泰集团列362位；在“2021年的《财富》中国500强排行榜”中，国泰集团位列339位。

【国泰上海中心项目奠基】 3月29日，国泰上海中心项目开工奠基仪式在上海市嘉定区举行。国泰上海中心项目位于上海市虹桥商务区的江桥北虹桥主城区板块内，项目总投资13.68亿元，占地面积6.33公顷，总建筑面积17.3万平方米，旁接京沪高速江桥出入口，邻近虹桥高铁及机场交通枢纽，地理位置优越。国泰集团在上海虹桥投资建设国泰上海中心，既是构建未来新发展格局的需要，也是积极融入以上海为龙头的长三角一体化发展的战略举措。国泰上海中心将充分利用虹桥政策、区位、人才等多方面优势，围绕服装时尚产业，打造集研发设计、商品展示、商务洽谈、接单成交为一体的国际化运行中心，为全球客户提供一站式服务。

【国泰集团获评最具爱心慈善捐赠企业】 9月29日，“爱满港城”金秋慈善晚会在保利大剧院举行。国泰集团获张家港市“最具爱心慈善捐赠企业”称号，苏州市国泰公益基金会获“抗击新冠肺炎疫情慈善捐赠突出贡献奖”，“希望之光”国泰奖学金项目获“最具影响力公益慈善项目”称号。晚会现场，集团向“爱满港城”活动捐赠慈善款项200万元，用于帮扶张家港市困难群众，开展以助医、助学、助孤、助老、助残、助困等为重点的慈善项目。国泰集团始终坚持履行企业的社会责任，在企业发展的同时，积极保障利益相关者的权益，持续不断投身社会公益事业。至2021年，累计捐款1500万元。 （展佳伟）

【编辑　黄宏庆】

民营经济

Private Economy

攀华集团　　（靳泉　摄）

民营经济综情

私营企业与个体工商户

资本市场

張家港年鑑(2022)

民营经济综情

【概况】2021年，市工业和信息化局持续引导全市民营企业向特色产业基地集约集聚发展。国家级新型工业化产业示范基地“中国高端石化装备名城”申报成功。以政府购买服务方式，支持完善协会组织架构，加强自身发展和促进行业高质量发展。发挥张家港市中小企业发展与服务联盟作用，整合优质资源，创新服务内容，为中小企业提供融资服务、法律咨询、财税指导等服务。注重发挥展会的渠道作用，组织企业参加广交会、西博会等国内知名展会场，并按照要求帮符合条件的企业申请展位费补助，为98家企业申请展位费用补助392.88万元。全市规模以上民营企业完成总产值3865.32亿元，比上年增18.1%，提高17.6个百分点。其中，沙钢集团（本部）全年完成营业收入1471.78亿元，比上年增32.2%；实现利税172.89亿元，比上年增87.2%。沙钢集团以2020年营业收入超386亿美元的业绩连续第13年入围世界500强企业，排名第308位，比上年上升34位，全球钢企排名第6位。全市有9家企业入围中国民营企业500强，入围企业数连续多年位居苏州之首。7家企业入围中国民营企业制造业500强。全市新增国家专精特新“小巨人”企业2家（广大特材、贝尔机械）。新增省级专精特新产品3个、省级“小巨人”（制造类）企业15家、省级“小巨人”（创新类）企业1家，创历史新高。全市累计创建省级专精特新“小巨人”企业49家。

2021年张家港市特色产业基地情况表

表18

类型	基地名称	公布时间
国家级新型工业化产业示范基地	中国高端石化装备名城	2021年
	张家港经济技术开发区现代装备制造业（石化）产业基地	2014年
省级新型工业化产业示范基地	张家港保税港区环保新材料产业园	2010年
	江苏·钢铁（精品钢材）产业基地	2012年
苏州市级特色产业基地	苏州市食品（张家港）特色产业基地	2006年
	苏州市汽车及零部件（乐余）特色产业基地	2006年
	苏州市纺织品毛衫（塘桥）特色产业基地	2006年
	苏州市五金（大新）特色产业基地	2006年
	苏州市氨纶纱（金港）特色产业基地	2006年
	苏州市毛纺织（杨舍）特色产业基地	2006年
	苏州市五金机械（锦丰）特色产业基地	2006年
	苏州市机械（南丰）特色产业基地	2007年
	苏州市装备制造（金港镇）特色产业基地	2009年
	苏州市汽车精密配件（凤凰镇）特色产业基地	2009年
	苏州市塑（饮）机（张家港）特色产业基地	2009年
	苏州市压力容器（张家港）特色产业基地	2009年
	苏州市锂电（张家港）特色产业基地	2011年
	苏州精密机械及锻造（凤凰）特色产业基地	2011年
	苏州新能源材料（张家港经济开发区）特色产业基地	2011年

2021年张家港市企业入围中国民营企业500强情况表

表19

企业名称	营业收入（亿元）	排名	企业名称	营业收入（亿元）	排名
江苏沙钢集团有限公司	2667.92	17	华芳集团有限公司	315.02	337
江苏永钢集团有限公司	1009.69	75	东华能源股份有限公司	290.82	370
江苏国泰国际集团股份有限公司	556.38	172	长江润发集团有限公司	247.31	460
澳洋集团有限公司	391.64	264	江苏东渡纺织集团有限公司	242.56	475
攀华集团有限公司	336.30	309			

2021年张家港市企业入围中国民营制造业企业500强情况表

表20

企业名称	营业收入(亿元)	排名	企业名称	营业收入(亿元)	排名
江苏沙钢集团有限公司	2667.92	10	华芳集团有限公司	315.02	195
江苏永钢集团有限公司	1009.69	39	长江润发集团有限公司	247.31	260
澳洋集团有限公司	391.64	150	江苏东渡纺织集团有限公司	242.56	268
攀华集团有限公司	336.30	179			

【民营企业管理人员培训】 2021年，市工业和信息化局围绕企业关注的热点、难点问题，以智能制造、创新转型内容为主，制订2021年张家港市企业"转型升级创新突围"大课堂系列课程，开展相关培训活动，依托中小企业服务联盟开展《后疫情时代企业突破增长》《企业发展与股权融资战略》讲座2次，参训企业人数200人次。组织苏州丰倍生物科技有限公司和江苏普格机械有限公司董事长参加苏州市高层次人才"爱国·奋斗·奉献"精神主题培训班；组织张家港威胜生物等企业12名高管参加全省优质中小企业上市培育扬州培训班；组织沙钢集团、永钢集团、长江润发机械、国富氢能、骏马化纤5家企业参加中国工业经济联合会制造业单项冠军现场会暨2021年第一期培训班；组织物润船联公司董秘等6名企业高管参加注册制下企业IPO上市规划及顶层设计公益辅导班；组织日新医疗等5家企业参加资本市场助力"专精特新"中小企业高质量发展培育活动；组织国富氢能参加江苏省2021年企业高管知识产权培训(智能制造)班；组织海狮机械等5家企业参加省重点产业链优质中小企业上市培育专题活动；组织沙钢集团等2家企业参加制造业单项冠军高质量发展峰会。组织苏州德睿电力科技有限公司、江苏绿岩生态技术股份有限公司、江苏兴业联合装备技术有限公司3家公司参加第六届"创客中国"江苏省中小企业创新创业大赛，其中2家入围苏州市区域赛前32强，晋级省级专题赛。

【11家企业上榜省民营企业200强】 9月23日，省工商联在南京举办2021年江苏民营企业百强发布会，发布"2021年江苏民营企业200强""2021年江苏民营企业制造业100强"，以及与省科学技术发展战略研究院联合发布的"2021年江苏民营企业创新100强"。张家港市共有11家企业上榜"2021年江苏省民营企业200强"，其中江苏沙钢集团有限公司以2667.79亿元营收总额列第3位，较上年上升1位。8家企业上榜"2021年江苏民营企业制造业100强"，其中江苏沙钢集团有限公司、江苏永钢集团有限公司进入"2021年江苏民营企业制造业100强"前十名。江苏沙钢集团有限公司、国泰新点软件股份有限公司、江苏新美星包装机械股份有限公司上榜"2021年江苏民营企业创新100强"。

【2家企业入围第三批国家级专精特新"小巨人"企业】 7月19日，工业和信息化部对第三批专精特新"小巨人"企业名单进行公示，张家港市2家企业成功入围，分别是张家港广大特材股份有限公司、江苏贝尔机械有限公司。全市累计创建国家级专精特新"小巨人"企业8家。专精特新"小巨人"企业是"专精特新"中小企业中的佼佼者，专注于细分市场、创新能力强、市场占有率高、掌握关键核心技术、质量效益优的排头兵企业。张家港广大特材股份有限公司是张家港市首家科创板上市企业，也是国内传统金属材料及制品行业首家登陆科创板的企业。2006年以来，企业始终致力于高品质齿轮钢等基础材料的研发生产，凭借自主创新，推动中国高端风电齿轮钢从净进口国向全球最大出口国的转变。公司高品质齿轮钢产品在轨道交通、风电齿轮箱领域应用实现国内第一，高铁锻钢制动盘材料实现进口替代。主导产品高品质齿轮钢材料，突破0.8毫米当量探伤缺陷，是中车、中国传动、ZF等企业的主要供应商。2014年，企业被认定为江苏省重点研发机构，累计申请专利50余项，授权发明专利19项。2020年，企业整体销售18.1亿元，利税近3.2亿元。江苏贝尔机械有限公司成立于1998年，是中国领先的塑料机械设备专业制造企业，建有省级企业技术中心、省博士后创新实践基地等研发平台，拥有专利100余项，其中发明专利20余项。企业自主研发的塑料产品资源化利用成套装备，集智能化模块化与环保低碳生产于一体，综合性能达到国际先进水平，填补了国内在塑料、建筑垃圾等高价值固废资源化利用关键领域的短板，近两年产品国内市场占有率10%以上，排名同行业第一。

【2家企业首次入围机械工业百强企业】 7月28日，中国机械工业联合会、中国汽车工业协会发布2021年中国机械工业百强和汽车工业整车20强、零部件30强企业名单。张家港市海陆重工、中集圣达因公司分别以第96位和第98位的名次入围机械工业百强。这是张家港市企业首次入围机械工业百强企业，张家港市也是入围企业数最多的县级市。中国机械工业百强企业和汽车工业整车20强、零部件30强企业发布会已举办17届，成为中国机械工业最权威、最具影响力的企业信息发布活动。中国机械工业百强企业主要从营业收入、利润总额、市场占有率等方面综合考评。2021年机械工业百强入围门槛营业收入19.18亿元，最大规模3048.82亿元。2020年海陆重工、中集圣达因分别实

现营业收入20.25亿元、19.81亿元。海陆重工是国内一流的节能环保设备专业设计制造企业，其工业余热锅炉国内市场占有率一直保持第一。中集圣达因是国内最大的低温贮运装备生产企业，其核心产品奥氏体不锈钢应变强化低温容器被认定为国家重点新产品，获得教育部科技进步奖一等奖及国家火炬计划项目等多项荣誉。

（邬理伟）

私营企业与个体工商户

【概况】 2021年，全市新注册登记私营企业4838家，比上年增8.26%。新增注册资本507.76亿元，比上年增14.54%。累计注册私营企业63439家，累计注册资本4000.53亿元。根据市行政审批局、保税区市场监督管理局统计结果，按照企业性质分类，全市有独资企业2160家、注册资本12.52亿元，有合伙企业912家、认缴出资金额753.78亿元，有有限责任公司60348家、注册资本3234.22亿元，有股份有限公司19家。按行业分类，从事农、林、牧、渔业215家、注册资本5.39亿元，从事采矿业2家、注册资本675万元，从事制造业15643家、注册资本708.77亿元，从事电力、热力、燃气及水生产和供应业48家、注册资本9.66亿元，从事建筑业4398家、注册资本274.28亿元，从事批发和零售业23149家、注册资本817.78亿元，从事交通运输、仓储和邮政业2490家、注册资本166.25亿元，从事住宿和餐饮业210家、注册资本4.86亿元，从事信息传输、软件和信息技术服务业685家、注册资本27.86亿元，从事金融业80家、注册资本107.2亿元，从事房地产业901家、注册资本79.09亿元，从事租赁和商务服务业5072家、注册资本997.18亿元，从事科学研究和技术服务业8443家、注册资本757.01亿元，从事水利、环境和公共设施管理业119家、注册资本5.69亿元，从事居民服务、修理和其他服务业893家、注册资本18.57亿元，从事教育371家、注册资本3.34亿元，从事卫生和社会工作177家、注册资本3.3亿元，从事文化、体育和娱乐业543家、注册资本14.21亿元。

年内，全市新注册个体工商户10855户，比上年增8.5%，新增注册资本17.21亿元，比上年增11.78%。至年末，累计注册个体工商户138468户，累计注册资本163.28亿元。全市经市行政审批局、保税区市场监督管理局登记的个体工商户按行业分类，从事农、林、牧、渔业791户、注册资本2.96亿元，从事采矿业5户、注册资本100万元，从事制造业16116户、注册资本25.7亿元，从事电力、热力、燃气及水生产和供应业11户、注册资本53万元，从事建筑业5045户、注册资本11.47亿元，从事批发和零售业63341户、注册资本64.79亿元，从事交通运输、仓储和邮政业10979户、注册资本10.57亿元，从事住宿和餐饮业14596户、注册资本19.86亿元，从事信息传输、软件和信息技术服务业1191户、注册资本9630.5万元，从事金融业2户、注册资本20万元，从事房地产业666户、注册资本6469万元，从事租赁和商务服务业7498户、注册资本5.82亿元，从事科学研究和技术服务业623户、注册资本8434万元，从事水利、环境和公共设施管理业101户、注册资本1632万元，从事居民服务、修理和其他服务业15073户、注册资本15.63亿元，从事教育676户、注册资本1.15亿元，从事卫生和社会工作160户、注册资本2502万元，从事文化、体育和娱乐业1579户、注册资本2.41亿元，从事其他工作15户、注册资本210万元。

（朱敏雯 陈彬彬）

【澳洋集团多产业转型发展】 2021年，澳洋集团以“调结构、保增长”为主基调，在扫清发展障碍、增强发展动力方面下功夫，各项工作在逆境中前行。集团集中精力发展健康产业，澳洋健康年内实现“三大突破”，打造“两大平台”。“三大突破”：下属港城康复医院营业收入全年突破8000万元，比上年增51%。通过完善经营管理、引进开发项目、开展新技术等提升业务收入，完成继续教育项目3项，科技立项1项，申请授权实用新型专利1项，实现专利零突破，医院成为全国康复医疗机构示范单位、苏州市工伤康复鉴定机构，品牌效应、社会影响力不断提升。板块非医保产业首次突破1亿元。健管公司加强品牌对外传播，确保业务的稳定增长；下属唯恩医美公司完善制度建设，规范工作流程，建设重点科室，细分客户来源，差异化经营取得实效。医药物流营收突破12亿元。全年通过区域整合调整，终端市场完成3个亿元大区的打造，维持客户活跃数5000家以上，全年新开客户1036家；医院市场实现一级以上新开客户37个，为业务重心转移奠定扎实基础。此外，澳洋医院启动三甲创建工作，内科晋级市级重点专科，市级肿瘤专病诊疗中心通过验收，成功申报江苏大学研究生工作站，检验科列入国家实验室认可机构名录，通过第三次JCI国际认证，与区镇49家社区卫生服务站建立医共体，构建长三角高级专家诊疗中心服务平台，位列“社会办医单体医院100强”32位，全年实现营业收入6.6亿元。板块整个医疗产业突破9亿元，实现稳定增长。“两大平台”：搭建医美产业平台。6月，江苏澳洋医美产业发展有限公司成立，包含医美服务及医美新材料两大业务内容，以张家港当地为主，做大医美业务范围和规模。搭建生物科技平台。10月，江苏澳洋生物科技有限公司设立，以中高端保健品、功能性食品为主体，线上线下相结合，打造自有健康产品，以虫草、海参、燕窝为主的贵玺品牌产品初步成型，进入市场销售。澳洋集团还紧盯重大项目处置，全面推进阜宁澳洋的剥离工作，经过多轮谈判，5月签订资产转让协议，9月通过反垄断调查，12月推进资产交割。同时，澳洋集团优化产业结构，创新管理模式，将优居壹佰和澳洋置业公司组建成独立的康养产业板块。公司完成东北集美江南项目建设，12月18日正式开盘；完成清河澳洋野山参文化展示中心建设，在当地9月人参节时开业；养老产业稳定运营，优居护理院荣登“2021年江苏省老年友善医疗机构”榜单。对澳洋生态和如意通2个拟上市公司进行重新规划。澳洋生态全面推行区域合伙人制度，改革经营管理模式，将分公司职能转化为独立经营主体，总部职能转变为风险管控，明确上市路径，拟挂牌“新三板”并于北交所上市。如意通与一家互联网公司达成初步战略合作，将近4000万规模的综合数据流量处理业务导入。推进澳洋纺织板块管理变革，改为经营承包制，集团作为大股东，不再参与具体经营管理，只做好监督审查。（何晓璞）

资本市场

【概况】2021年，全市新增上市企业8家，为历年新增数之最。至年末，全市共有上市企业28家，募集资金总额686.1亿元。其中，保税区（金港镇）8家，上市股票名称为保税科技、东华能源、华昌化工、长江健康、天沃科技、海易森汽车、利柏特、灿勤科技；经开区（杨舍镇）10家，名称为江苏国泰、澳洋健康、蔚蓝锂芯、海陆重工、富瑞特装、新美星、张家港行、金鸿顺、苏州龙杰、新点软件；冶金园（锦丰镇）5家，名称为沙钢股份、格兰奇、爱丽家居、江苏博云、中环海陆；凤凰镇2家，名称为广大特材、富淼科技；高新区（塘桥镇）1家，名称为银河电子；南丰镇2家，名称为金陵体育、海锅股份。1家“新三板”挂牌企业完成再融资，募集资金1.7亿元。至年末，全市“新三板”存量企业30家，其中，保税区（金港镇）10家，名称为物润船联、汉龙科技、华菱医疗、江苏神农、浦士达、骏昌通讯、福吉佳、奥斯佳、中天行、信东股份；经开区（杨舍镇）10家，名称为天乐橡塑、远大信息、瑞铁股份、耐维思通、爱上网、如意通、丰亿港营、固耐特、宏基铝业、金新城；冶金园（锦丰镇）3家，名称为保丽洁、迪威高压、荷普医疗；高新区（塘桥镇）2家，名称为索尔科技、友诚科技；凤凰镇2家，名称为先锋股份、华创特材；乐余镇2家，名称为飞驰环保、富丽华；现代农业示范园区1家，名称为赛康医疗。

2021年张家港市企业在国内上市情况表

表21

上市公司	证券代码	主行业归属	主营构成	上市时间	累计募资总额（亿元）	总股本（万股）	12月31日股价（元）	市值（亿元）
保税科技	600794	交通运输业	液体化工品的码头装卸及保税仓储业务	1997年3月	16.17	121215.22	3.23	39.15
沙钢股份	002075	黑色金属业	优特钢产品的生产与销售	2006年10月	24.84	220677.18	5.83	128.65
江苏国泰	002091	商业贸易业	外贸和化工新材料	2006年12月	127.51	156353.66	13.73	214.67
澳洋健康	002172	化工业	化学纤维及健康医疗	2007年9月	21.74	77648.14	4.03	31.29
东华能源	002221	化工业	生产、销售液化气并提供相关售后服务	2008年3月	77.66	164902.28	12.59	207.61
蔚蓝锂芯	002245	交通运输业	金属物流配送、LED芯片、新能源锂电	2008年6月	12.49	103582.15	27.51	284.95
海陆重工	002255	机械设备业	余热锅炉、大型及特种材质压力容器和核电产品的制造销售	2008年6月	29.11	84227.11	7.00	58.96
华昌化工	002274	化工业	化工原料、化工产品、化肥生产	2008年9月	18.98	95236.46	12.67	120.66
长江健康	002435	制造业	医药制造业	2010年6月	48.12	123598.30	5.27	65.14
银河电子	002519	家用电器业	数字电视智能终端、智能机电设备和电动汽车关键部件	2010年12月	29.84	112643.09	4.39	49.45
天沃科技	002564	机械设备业	非标压力容器的设计、制造	2011年3月	37.81	86937.53	4.74	41.21
富瑞特装	300228	机械设备业	低温储运应用设备、重装设备、发动机再制造	2011年6月	16.95	57540.63	9.67	55.64
新美星	300509	机械设备	液态食品包装机械的研发、生产与销售	2016年4月	2.64	29640.00	6.38	18.91
张家港行	002839	金融业	公司、个人、金融市场业务	2017年1月	32.90	180795.78	5.76	104.14

续表21

上市公司	证券代码	主行业归属	主营构成	上市时间	累计募资总额（亿元）	总股本（万股）	12月31日股价（元）	市值（亿元）
金陵体育	300651	制造业	综合性体育器材	2017年5月	5.10	12874.68	27.88	35.89
金鸿顺	603922	制造业	汽车模具、摩托车模具、夹具等汽车零部件	2017年10月	5.61	12800.00	21.26	27.21
苏州龙杰	603332	化学纤维制造业	化学纤维及化学纤维品制造	2018年12月	5.78	11893.80	16.86	20.05
广大特材	688186	金属制品业	特种材料的制造、加工、销售	2020年2月	20.30	21424.00	44.61	95.57
爱丽家居	603221	橡胶和塑料制品业	PVC塑料地板的研发、生产和销售	2020年3月	7.74	24000.00	9.31	22.34
富淼科技	688350	化学原料及化学制品制造业	功能性单体、水溶性高分子、水处理膜及膜应用的研发、生产和销售	2021年1月	4.15	12215.00	23.06	28.17
江苏博云	301003	橡胶和塑料制品业	改性塑料产品的研发、生产和销售。	2021年6月	8.14	5826.67	54.78	31.92
利柏特	605167	机械设备	工业模块的设计和制造	2021年7月	5.43	44907.00	9.85	44.23
中环海陆	301040	通用设备	工业金属锻件研发、生产和销售	2021年8月	3.39	10000.00	40.00	40.00
海锅股份	301063	机械设备制造	大中型装备专用锻件的研发、生产和销售	2021年9月	3.66	8424.00	39.20	33.02
灿勤科技	688182	通信设备	微波介质陶瓷元器件的研发、生产和销售	2021年11月	10.50	40000.00	24.13	96.52
新点软件	688232	软件开发	软件开发、运营维护	2021年11月	40.00	33000.00	43.45	143.39

2021年张家港市“新三板”挂牌企业情况表

表22

公司名称	证券简称	证券代码	主营业务	挂牌时间	总股本（万元）	营业收入（万元）
江苏物润船联网络股份有限公司	物润船联	831096	物流运输服务、在线船舶视频监控服务、撮合交易服务	2014年8月21日	4091.69	46407.29
江苏索尔新能源科技股份有限公司	索尔科技	831486	锂电池组件及管理系统的研发、生产和销售	2014年12月9日	10946.00	1559.64
张家港汉龙新能源科技股份有限公司	汉龙科技	831521	太阳能铝合金边框的研发、生产和销售	2014年12月16日	3360.08	35617.85
张家港天乐橡塑科技股份有限公司	天乐橡塑	831555	汽车用橡胶、塑料产品的开发、生产和销售	2014年12月19日	3924.00	8644.93
苏州飞驰环保科技股份有限公司	飞驰环保	831846	水面清洁船及相关配件的研发、生产和销售	2015年1月21日	2639.72	17735.21
张家港华菱医疗设备股份公司	华菱医疗	831826	消毒、灭菌等医疗器械的研发、生产与销售	2015年1月23日	—	—
江苏远大信息股份有限公司	远大信息	831897	监控系统软件和数据采集设备的研发、生产和销售	2015年1月28日	2900.00	8953.68

续表22

公司名称	证券简称	证券代码	主营业务	挂牌时间	总股本（万元）	营业收入（万元）
江苏神农灭菌设备股份有限公司	江苏神农	832369	消毒灭菌设备产品的研发、生产及销售	2015年4月16日	1045.00	7643.74
江苏保丽洁环境科技股份有限公司	保丽洁	832802	静电式空气净化设备的研发、生产和销售	2015年7月24日	5210.00	19491.07
江苏瑞铁轨道装备股份有限公司	瑞铁股份	833120	铁路轨道产品及装备的设计、制造、加工、销售和售后服务	2015年8月5日	5600.00	25013.90
江苏耐维思通科技股份有限公司	耐维思通	836373	研发、生产和销售航海电子产品及数字化港口系统集成服务	2016年3月10日	2145.00	2840.94
江苏浦士达环保科技股份有限公司	浦士达	836440	净水用椰壳活性炭及其相关产品的研发、生产及销售	2016年4月14日	3500.00	14437.89
苏州爱上网络科技股份有限公司	爱上网	837312	网上广告发布业务 、线下活动服务	2016年5月9日	100.00	742.14
江苏如意通动漫产业股份有限公司	如意通	837083	动漫作品的制作与授权,动漫衍生品和衍生产业 、动漫制作软件	2016年5月16日	5000.00	538.27
江苏迪威高压科技股份有限公司	迪威高压	837289	高档建筑五金件、水暖器材及五金件的研发、制造、销售	2016年5月18日	1683.51	12766.61
江苏荷普医疗科技股份有限公司	荷普医疗	839926	骨科医疗植入材料的研发、生产、销售	2016年11月14日	4800.00	4295.67
苏州丰亿港口运营股份有限公司	丰亿港营	839879	港口、码头运营管理及配套服务	2016年11月24日	2500.00	20414.59
苏州骏昌通讯科技股份有限公司	骏昌通讯	839982	连接器组件、手机天线等通信产品零配件的研发、生产与销售	2016年11月28日	2000.00	4701.33
江苏赛康医疗设备股份有限公司	赛康医疗	870098	医疗设备相关的设计、研发、制造、销售、服务	2016年12月16日	2480.00	15204.67
苏州华创特材股份有限公司	华创特材	870365	工业用冷拔无缝异型钢管制造、加工和销售	2016年12月29日	1858.62	12676.95
张家港福吉佳食品股份有限公司	福吉佳	871782	面包、蛋糕等西式烘焙类食品的生产及销售	2017年8月28日	3800.00	5168.18
江苏固耐特围栏系统股份有限公司	固耐特	872291	安防系统、周界围栏系统及应用材料的研发、生产及销售	2017年11月8日	2020.82	7539.97
江苏富丽华通用设备股份有限公司	富丽华	872473	空压机用风机、商用空调风机的设计、生产及销售	2017年12月19日	1000.00	11019.53
江苏奥斯佳材料科技股份有限公司	奥斯佳	872534	聚氨酯用改性有机硅、聚氨酯用催化剂、水性胶黏剂、纺织助剂、水性树脂等各类特种助剂的研发、生产和销售	2018年1月24日	4020.00	16640.63
江苏宏基铝业科技股份有限公司	宏基铝业	872588	铝制品的生产及销售	2018年1月24日	2580.00	48837.95
江苏金新城物业服务股份有限公司	金新城	873058	为住宅、商业物业等提供专业物业管理服务	2018年11月13日	2000.00	15529.79

续表22

公司名称	证券简称	证券代码	主营业务	挂牌时间	总股本（万元）	营业收入（万元）
张家港保税区中天行进出口股份有限公司	中天行	873142	进口房车底盘、房车专用零配件的经销业务	2019年1月7日	2133.00	11491.41
张家港友诚新能源科技股份有限公司	友诚科技	873087	新能源电动汽车充电连接装置、电源连接器的研发、生产及销售	2019年2月11日	8166.00	41201.68
信东仪器仪表（苏州）股份有限公司	信东股份	873137	流量仪表、液位仪表等测量仪器仪表及自动化控制系统产品的研发、制造、销售与综合服务	2019年2月25日	3542.44	2778.90
张家港先锋自动化机械设备股份有限公司	先锋股份	873529	一次性手套自动化机械设备及配件的研发、生产及销售	2020年10月28日	3138.00	28495.21

【企业上市培育】 2021年，市地方金融监管局着力提升金融服务实体经济能力，加快壮大资本市场张家港板块。年内，利柏特在上交所主板上市；富淼科技、灿勤科技、新点软件在上交所科创板上市；江苏博云、中环海陆、海锅股份在深交所创业板上市；海易森汽车在美国纳斯达克上市。瑞泰新材深交所创业板上市申请成功过会；华盛锂电上交所科创板上市申请获受理。新增境内上市企业数刷新单年历史记录，位居苏州大市第一；"富淼科技"上市，实现张家港市领军人才企业上市"零"的突破；"江苏博云"成为"创业板"改革并试点注册制以来张家港市第一家"创业板"上市企业；"海易森汽车"成为张家港市第一家纳斯达克上市企业；"新点软件"以40亿元融资达成苏州资本市场最大规模IPO，也实现张家港市数字信息技术领域上市"零"的突破。持续升级"港城上市通"，为47家上市及拟上市企业办结常规核查800余项。举办"跑出上市加速度，献礼建党一百年"——"港城上市通"2021年税企恳谈会，精准掌握和前置解决上市及拟上市企业需求，全面实践"线上+线下"互动新模式。健全全市上市后备企业库，持续开展"企业上市百企行"活动，走访企业40家次，"一企一策"提供精准服务和专业指导。加大"科创板""创业板""北交所"后备企业培育，10月举办"走进深交所、相约创业板"学习交流活动，"牵手北交所、共迎新起点"——张家港市"北交所"拟上市企业专题研修班。高标准运行上海科创企业服务中心苏南中心，5月6日，上海长三角科创企业服务中心苏南中心正式落地张家港，省委常委、苏州市委书记许昆林出席揭牌仪式。张家港市参与设立上海首支、国内规模最大的私募资产配置类基金"上海临港新片区道禾一期产业资产配置基金"启动运转。苏南中心组建专家团队年内系统化走访、服务拟上市企业超30家，为科创企业提供全生命周期高品质、综合性"金牌保姆"服务；链接高端产业项目、优质资源汇入港城，助推产业加速升级。

10月17日，张家港市"北交所"拟上市企业专题研修班开班

（市金融办 提供）

【富淼科技成为张家港市首家上市人才企业】 1月28日，江苏富淼科技股份有限公司在上交所科创板上市，证券简称"富淼科技"，股票代码"688350"，发行价每股13.58元，注册资本1.22亿元，市值28.17亿元，是张家港市第一家上市的领军人才企业。公司主要从事功能性单体、水溶性高分子、水处理膜及膜应用的研发、生产和销售，同时针对集中区内企业提供能源外供。公司产品和服务以亲水性功能高分子为核心，按照产品类型可以分为功能性单体、水溶性高分子、水处理膜及膜应用和能源外供。

【江苏博云在深交所上市】 6月1日，江苏博云塑业股份有限公司在深圳证券交易所挂牌上市，成为张家港市第4家、冶金工业园（锦丰镇）首家“创业板”上市企业，也是“创业板”改革并试点注册制后的市首家“创业板”上市企业。江苏博云塑业股份有限公司注册资本9905.33万元，股票简称“江苏博云”，股票代码“301003”，发行价每股55.88元。公司主要从事改性塑料产品的研发、生产和销售。公司主要产品包括高性能改性尼龙、高性能改性聚酯、工程化聚烯烃及色母粒和功能性母粒等，广泛运用于电动工具、汽车零部件、家用电器、电子电气、家居类制品、医疗器械、轨道交通（高铁）等多个行业领域。

（俞　峥）

【海易森汽车成为市首家纳斯达克上市企业】 北京时间7月19日晚，江苏清能新能源技术股份有限公司控股子公司Hyzon Motors（海易森汽车）通过SPAC方式在美国纳斯达克上市，股票代码为“HYZN”，首次募集约6亿美元资金。Hyzon Motors是全球领先的零排放氢燃料电池汽车供应商，总部位于美国纽约州的罗彻斯特，并在欧洲、新加坡、澳大利亚和中国设有运营机构。

【利柏特在上交所上市】 7月26日，江苏利柏特股份有限公司在上交所主板上市，证券简称“利柏特”，股票代码“605167”，注册资本4.49亿元，发行价每股4.84元，市值44.23亿元。公司专注于工业模块的设计和制造，主要产品为工艺模块、管廊模块以及管道预制件。公司工艺模块主要应用于化工行业，并已延伸到油气能源、矿业、水处理等多个行业。

【中环海陆在深交所上市】 8月3日，张家港中环海陆高端装备股份有限公司在深交所创业板上市，证券简称“中环海陆”，股票代码“301040”，注册资本1亿元，发行价每股13.57元，市值40亿元。中环海陆是国内工业金属锻件的领先企业，是专业从事工业金属锻件研发、生产和销售，具有自主研发和创新能力的高新技术企业。企业具备跨行业、多规格、大中小批量等多种类型业务的承接能力，下游客户分布广泛，在风电、工程机械、矿山机械、核电、船舶、电力、石化等领域均有应用。

【海锅股份在深交所上市】 9月24日，张家港海锅新能源股份有限公司在深交所创业板上市，证券简称“海锅股份”，股票代码“301063”，注册资本8424万元，发行价每股17.4元，市值33.02亿元。公司成立于2001年，总部位于南丰镇，主要从事大中型装备专用锻件的研发、生产、销售，产品主要应用于油气开采、风力发电、机械装备等领域，为全球装备制造商提供综合性能好、质量稳定的定制化锻件产品及零部件。该公司在国际锻件市场已具备较高知名度，成为国内少数能同时为全球主要知名大型油气装备制造商、全球主要大型风电装备制造商提供服务的企业。公司现有注册资本6318万元，固定资产24470万元，有员工470人，占地面积82680平方米，生产面积43280平方米。通过省级高新技术产品认定的有17种，获得授权专利21项，其中10项为发明专利。深海采油装备用锻件产品相继获苏州市、江苏省科技成果奖。

（徐永方）

【灿勤科技在上交所科创板上市】 11月16日，江苏灿勤科技股份有限公司在上交所科创板上市，证券简称“灿勤科技”，股票代码“688182”，注册资本4亿元，发行价每股10.5元，市值96.52亿元。公司主要从事电子陶瓷元器件、组件、无线电通信产品、卫星导航模组的研发、生产和销售，产品广泛应用于海、陆、空等各个军民市场，是全球首家将5G用陶瓷介质波导滤波器实现批量产业化的企业。企业将充分利用先发优势充实5G产品线产能规模，通过新建灿勤科技园和电子陶瓷研究院，创建一流的电子陶瓷材料研发平台，研发更为先进的耐高温、高频段陶瓷元器件，深度拓展5G应用的终端市场和军民两用技术的应用。

【新点软件成为苏州资本市场首次公开募股市值最大】 11月17日，国泰新点软件股份有限公司在上交所科创板上市，证券简称“新点软件”，股票代码“688232”，注册资本3.3亿元，发行价每股48.49元，市值143.39亿元，成为苏州资本市场最大规模IPO（首次公开募股）。公司属于软件和信息技术服务业，是国家规划布局内重点软件企业。公司专注于为智慧城市中的智慧招采、智慧政务及数字建设三个细分领域提供以软件为核心的智慧化整体解决方案。

（程　鑫）

11月17日，国泰新点软件股份有限公司在上交所科创板上市

（市金融办　提供）

【编辑　黄宏庆】

农业

Agriculture

10月15日，市农业农村局与公安、长航公安、海事等部门开展长江禁捕联合巡查　（赵卫军　摄）

平等
社会主义核心价值观
自由

农业综情

【概况】 2021年，全市完成农、林、牧、渔业总产值55.04亿元，实现农、林、牧、渔业增加值33.7亿元。农、林、牧、渔业总产值中，农业产值34.93亿元，林业产值5.46亿元，牧业产值3.05亿元，渔业产值2.77亿元，农、林、牧、渔服务业产值8.83亿元。全市累计建成高标准农田2.8万公顷，实施耕地轮作休耕3285公顷，2018—2021年累计实施面积14004公顷，完成首轮耕地轮作休耕任务，"三高一美"（高标准农田、高标准蔬菜基地、高标准池塘和美丽生态牧场）指数达到92.2%。全市绿色优质农产品比重达到74.46%，农药使用量462.75吨，实现比上年下降0.5%的目标。主要农作物测土配方施肥技术覆盖率达到96%以上，规模养殖场健康生态养殖比重达到100%，畜禽粪污资源化利用率达到99.75%。拥有苏州市级以上农业产业化龙头企业30家，实现销售收入365.66亿元，农产品加工产值与农业总产值比为15.47。集成推广应用一系列绿色防控技术，打造绿色农业，建设水稻、小麦、桃和蔬菜等省级病虫害绿色防控示范区5个，市级水稻病虫害绿色防控示范区16个，创建成全国农作物病虫害"绿色防控示范县"和全省首批生态循环农业示范市。建成苏州市智慧农业示范生产场景4个，农业物联网应用面积达到537.87公顷，作为苏州唯一市（区）入选国家"数字乡村建设"试点。市农业农村局获评江苏省农业农村厅省级财政农业相关专项资金部门绩效优秀单位，现代农业发展、农业科技创新与推广、农业公共服务、农业生态保护与资源利用4个专项均获通报表扬，并获得2021年省级财政资金奖励1650万元。

农业基本建设　2021年，全市新建高标准农田2653.33公顷，基本达到"两区"（粮食生产功能区、重要农产品生产保护区）高标准农田动态全覆盖。改造高标准池塘70.07公顷，新（改、扩）建优质蔬菜基地71.8公顷。新认定苏州市级农业园区2个，累计有省级农业园区1个、苏州市级农业园区9个、张家港市级农业园区3个。全年新增各类农机具545台，报废农机57台。全市粮食生产耕种收机械化水平97.55%，特色农业机械化水平68.67%，农机化综合水平达到94.91%。

农副产品生产　2021年，推广水稻集中育秧，建设0.2公顷以上集中育秧点253个，推广面积109.85公顷，集中供秧比例达到68%。水稻播种面积16154公顷，每公顷产量9122千克，总产量14.73万吨。小麦播种面积12619公顷，每公顷产量4968千克，总产量6.27万吨。推广稻鸭、稻虾等复合种养模式，稻田综合种养94.45公顷。推广水稻机插缓混一次施肥技术554.93公顷。全年引进果品品种10种，引进推广蔬菜新品种、新技术、新模式25种（项），不断提高蔬菜科技含量。蔬菜播种面积8910.67公顷，总产量26.15万吨。果品种植面积1133公顷，总产量2万吨，其中桃5470吨、梨2433吨。

农产品质量安全　做好农产品质量抽检、日常巡查、质量认证等工作，推进食用农产品"治违禁，控药残，促提升"三年行动，全市农产品质量安全水平保持在98%以上。推行农产品质量"三定一考核"（定监管人员，定监管对象，定监管任务，年终考核）网格化监管模式，实现农业基地监管服务全覆盖，开展日常监管巡查7749次。全市纳入省农产品质量安全追溯平台的规模生产主体有1326家，使用承诺达标合格证49万张。开展农产品质量安全风险监测3630批次，监督抽查274批次，农药残留快速检测11413批次。凤凰、南丰、常阴沙3个区镇监管站获评苏州市四星级农产品质量监管站。新增绿色食品54种、有机产品8种。全市绿色食品种植面积2367公顷、有机农产品种植面积213.33公顷、省绿色优质农产品基地1.39万公顷，"二品一标"（绿色食品、有机农产品和地理标志产品）总数达到140种，"苏州大米"区域公用品牌使用企业有6家（常阴沙粮油贸易有限公司、西张粮油购销有限责任公司、善港生态农业科技有限公司、华田家庭农场、江苏鸿逸泰生态农业科技有限公司、现代农业示范园区联农农产品专业合作社）。全市绿色优质农产品比重为74.46%。开展农药包装废弃物和废旧农膜回收工作，全年废旧农膜回收利用率95.5%。

奖农惠农　2021年，全市发放稻谷补贴总额2342.22万元，面积15614.77公顷，补贴标准为每公顷1500元，惠及1.33公顷以上的水稻规模种植农户975户。全市实际种粮农民一次性补贴28768.35公顷，补贴标准每公顷184.95元，补贴总额532.07万元，惠及农户2324户。补贴水稻育秧基质21691立方米，发放补助347.05万元；补贴水稻机插缓混一次施肥示范面积554.93公顷，发放补助120.03万元。

【农业行政执法】 市农业综合行政执法大队全年立案查处各类违法违规案件232件，罚没金额29.05万元。其中，各类涉渔违法违规案件190件、经营依法应当检疫而未经检疫动物等畜产品质量违法案件19件、农资类违法违规案件10件、无证驾驶拖拉机或联合收割机案13件。全年开展农资打假"春雷"行动、农资打假"夏季百日行动"、农资打假秋冬季行动、种子执法活动年、食用农产品"治违禁，控药残，促提升"三年行动、宠物诊疗环节专项整治、夏收夏种和秋收秋种农机专项整治、道路拖拉机交通安全专项整治等活动，全力保障农业生产经营秩序。"吴某无证从事动物诊疗行政处罚案"和"收获未达到安全间隔期的农产品案"，分别获评全省以案释法优秀案例和全省农业行政处罚优秀案卷。"周某携带禁用渔具进入禁渔区案"和"某生猪养殖公司接收未经指定通道检查签章运入本省的动物案"，被评为苏州市农业行政处罚十大典型案例。市农业综合行政执法大队推送的"从'捕鱼人'到'护渔人'的转型"案例入选农业农村部"2021年长江水生生物保护修复优秀案例"，并在全国推广。

【长江禁渔】 3月，市长江禁捕执法联动中心在四干河闸口建立，市渔政部门联合公安、海事、市场监督等部门形成执法合力。全市共设立镇级禁渔专班8个，配置工作人员21人，建立护渔队9个，配置护渔员95人，设置护渔站点10个，开展专题培训6期。与江阴市、靖江市、常州市新北区、常熟市、南通市建立跨区域长江禁捕执法联动机制，开展联合执法行动5次。先后组织开展长江禁捕"百日攻坚"行动、江滩残网剩竹清除行动、"三无"船舶整治回头看、打击长江水域交通运输船携带禁用渔具等专项执法，开展常态化沿江岸堤巡逻1264车次，江上巡逻执法行动269航次，出动执法人员4323人次，累计清除残竹剩网47530米、地笼1429条，清理新发现的"三无"船舶28艘，查处长江涉渔违法案件167起，其中非法垂钓132起、非法捕捞27起、携带禁用渔具进入禁渔区8起。全年违法捕捞案件查处率、涉刑案件移送率均为100%。

（孙畅慧　徐明华　孙玉会）

种　植　业

【概况】 全市主要种植的粮食作物有水稻和小麦，经济作物有油菜、蔬菜和果品等。2021年，水稻种植总面积16154公顷，主栽品种均为优良食味品种，包括"南粳5055""南粳3908""南粳46"和"常香粳1813"，种植面积占水稻总面积的97.8%。小麦种植总面积为12619公顷，主栽品种为"扬麦16""扬麦23""镇麦12"，种植面积占小麦总面积的99.9%。全市超额完成苏州市下达的优良食味水稻品种覆盖率90%以上、稻麦主要农作物商品种子覆盖率85%以上的指标。果品以桃、梨、葡萄、柑橘、枇杷、草莓等为主，少量种植猕猴桃、无花果、莲雾、火龙果等，栽培方式以露地栽培为主，智能化设施栽培比例不断提高。

粮食作物　2021年，全市粮食作物播种面积30009公顷，比上年增加1613公顷，增幅5.68%；总产量21.47万吨，比上年增加7072吨，增幅3.41%。水稻播种面积16154公顷，比上年增加14公顷，增幅0.09%；总产量14.73万吨，比上年增加316吨，增幅0.21%；每公顷产量9122千克，比上年增加11千克，增幅0.12%。小麦播种面积12619公顷，比上年增加1586公顷，增幅14.38%；总产量6.27万吨，比上年增加6392吨，增幅11.35%；每公顷产量4968千克，比上年减少135千克，降幅2.68%。全市共建设0.2公顷以上集中育秧点253个，育秧面积109.85公顷，集中育供秧面积占全市水稻生产总面积的68%。全市建设水稻机插缓混一次施肥示范点35个，示范面积554.93公顷。市沙洲绿农业科技发展有限公司建成省级园艺作物标准园，面积6.7公顷。

经济作物　2021年，全市油菜收获面积1003公顷，比上年增加8公顷，增幅0.8%；总产量2633吨，比上年增加22吨，增幅0.84%；每公顷产量2625千克，比上年增加1千克，增幅0.04%。全市创建高标准蔬菜生产示范基地2个，面积12公顷；创建苏州市"美丽菜园"3个、张家港市"美丽菜园"20个。累计创建高标准蔬菜生产示范基地4个，面积32公顷；累计创建"美丽菜园"118个，建成省级标准菜园7个、苏州市高标准蔬菜生产示范基地6个。全市引进推广新品种、新技术、新模式25种，蔬菜科技含量不断提高，与省内外科研单位和院校开展合作交流，解决连作障碍、绿色防控等方面的问题。果品结构不断优化，产业稳步发展，向品种新、模式精、品质优、效益高转变，呈现出"小而特""小而精""小而优"的特点。全市先后引进"金秋砂糖橘""绿美人""苏翠3号""西山一号""粉玉"等新品种10种，推广应用Y型棚架梨栽培、新型雾化植保技术、莲雾冬季设施保温技术、梨液体授粉技术、葡萄促成栽培技术、"红美人"设施栽培技术等关键技术6项，通过"课堂+田间"的讲、学、听、看、做授课模式，加快新品种、新技术落地，以科技促生产，提高果品产业科技水平。完善果园基础建设，新建智能化大棚设施7.26万平方米，改造老旧设施6.29万平方米，新建沟渠622米，新建Y型梨棚架8200平方米。提升桃、梨、葡萄现代农业产业体系建设，加入江苏"红美人"产业协同推广平台、江浙沪皖长三角枇杷联盟，强化与江苏省农科院、南京农业大学、太湖常绿果树技术推广中心等科研院校合作，破除产业发展瓶颈。7月16日至17日，承办江苏省第三届优质早熟梨品鉴活动暨梨产业发展研讨会，并获金奖4个、银奖8个。12月23日，举办"莓"好"橘"集冬令特色果品品鉴会，评选金奖4个、银奖7个。全年在省级优质果品品鉴活动中，全市共获金奖20个、银奖37个。（丁　峰）

【稻麦品种优化】 全市以贯彻落实《苏州市稻麦良种补贴项目实施管理办法》为契机，推广南粳系列、镇麦系列优质高产抗性稻麦新品种，加快品种优质化进程，品种布局进一步优化，促进粮食生产提质增效。年内，推广"南粳3908"面积4895公顷、"镇麦12号"面积2608公顷，秋播时进一步推广"镇麦15"面积3453公

液体授粉技术　（市农业农村局　提供）

顷，压缩淘汰“扬麦16”等落后品种。为保障新品种顺利推广，全市建立完善“1+2+N”稻麦品种综合测试体系（1个展示主基地、2个展示分基地和多个示范点），开展品种综合测试，共展示稻麦新品种19种，建设新品种示范点13个，示范新品种7种。开展5个大面积应用品种安全性测试评价，为控制品种应用风险和良种补贴项目品种选择提供科学依据。以江苏省稻麦产业技术体系项目、南京农业大学稻茬小麦精播轻简栽培项目等为载体，开展小麦抗冻性、高质高产栽培等技术研究示范，努力提升科技水平，促进技术转化，并在《农业灾害研究》《现代农业科技》《中国种业》杂志发表专业论文3篇。全年组织种植大户、基层技术员“看禾选种”培训观摩活动5次，137人次参加，为品种结构优化提供保障。

【稻麦推广示范基地入选省级示范基地】 3月，省农业农村厅公布新一批省级现代农业产业技术体系推广示范基地，张家港市稻麦推广示范基地入选。基地位于常阴沙现代农业示范园区常东社区，年内设立，由常阴沙现代农业示范园区常东土地股份专业合作社实际运营，占地面积51.33公顷。基地配有育秧流水线1台、水稻插秧机8台、自走式高低杆植保机1台、侧深施肥机1台、激光平地仪2台、无人植保飞机2台、烘干机4台套，建有仓储5间共200平方米，有办公教室、培训教室各1间共100平方米。2021年，基地示范种植“南粳5055”“南粳46”“宁香粳9号”等优质食味品种及“镇麦12”“镇麦15”“扬麦23”等优质专用小麦，联合省稻麦专家开展稻麦新品种、新技术试验示范7项，举办培训4次，接待现场观摩800余人次，示范带动效果明显。 （毛 慧）

【水稻机插缓混一次施肥技术全面示范】 水稻机插缓混一次施肥技术是农业农村部2020年“十大引领性技术”，可有效缓解农业生产中普遍存在的氮肥施用量偏多、施肥成本高、肥料利用率低等问题。该项技术2017年引进，在常阴沙现代农业示范园区开展试验。经过多年试验，技术已较为成熟。2020年、2021年，杨舍镇农义村连续两年采用该项技术开展百亩超高产攻关示范，专家现场测产每公顷产量均超13.5吨，显示了较好的适应性。2021年，市农业农村局利用市财政“粮食稳产增效”专项资金，在各区镇开展全面示范，对符合示范要求的经营主体，按照示范效果给予相应的示范奖补。全市共发放补助120.03万元。在技术推广上，作物栽培、农机、耕地保护3个部门联合发力，与肥料、农机生产厂家联合，在推广过程中共同发现问题、解决问题。在指导服务上，整合各类科技项目，建立示范基地，开展技术对比试验，并不断总结基层农技人员和使用农户的好经验、好办法。通过对应用农户的调查，该技术比常规田每公顷氮肥投入减少10.79%，节约人工234.3元，增收249千克，每公顷效益增加1283.25元。

（顾明柯）

养 殖 业

【概况】 全市养殖的畜禽有猪、牛、羊、鸡、鸭等，养殖的水产品有鱼、虾、蟹等。2021年，实现养殖业总产值5.83亿元，占农、林、牧、渔业总产值的10.59%。其中畜牧业产值3.05亿元，占农、林、牧、渔业总产值的5.54 %。按可比价计算，增幅61.34%。渔业产值2.77亿元，占农、林、牧、渔业总产值的5.05%。按可比价计算，降幅13.5%。

畜牧业 全年生猪出栏1.52万头，年末存栏2.92万头，其中能繁母猪0.39万头；羊出栏0.22万只，年末存栏0.34万只；家禽上市38.84万羽，年末存栏19.2万羽；奶牛存栏3332头。养殖品种主要为外三元、黑白花荷斯坦奶牛、山羊、绵羊、鹿苑鸡、康贝尔鸭、番鸭、雁鹅、鹌鹑等。11月，梁丰机械化奶牛场通过省级布鲁氏菌病净化场现场考核。12月，瑞康牧业（张家港）有限公司创建成省级生态健康养殖示范场，市健康猪场通过省级生态健康养殖示范场复评。发展生态健康养殖，对发酵床养殖、林地养鸡等生态畜牧业给予补贴。扶持发酵床养殖2家、养殖面积6801平方米，林地养殖8家、林地面积39.2公顷，发放生态畜牧业建设补贴资金15.36万元。

水产业 全年水产养殖总面积680公顷，水产品总产量9800吨，其中淡水养殖产量9500吨。主要养殖品种有青鱼、草鱼、鲢鱼、鳙鱼、鲫鱼、鳊鱼、青虾、小龙虾和河蟹。特种养殖品种有鳜鱼、鲈鱼、甲鱼等。多采用河蟹与青虾，河蟹与鳜鱼，河蟹与沙塘鳢等套养模式。至年末，全市有农业农村部健康养殖示范场3家，分别为市旺农水产养殖专业合作社、市华阳生态农业发展有限公司、市正德河蟹养殖基地；有省级示范家庭农场2家，为市建科家庭农场、市长兴家庭农场；有苏州市高标准水产养殖示范基地2家，为市鸿屹水产养殖有限公司、市宏润水产科技有限公司。

【梁丰奶牛场通过省级布鲁氏菌病净化场考核】 江苏梁丰食品集团有限公司机械化奶牛场位于常阴沙现代农业示范园区，始建于1968年，占地20公顷，先后获评农业部奶牛标准化示范场、中国学生饮用奶奶源基地、江苏省畜牧生态健康养殖示范基地、江苏省出口食品牛奶原料示范基地、苏州市美丽牧场。多年来，奶牛场高度重视布鲁氏菌病、结核病等人畜共患病的净化工作，专门组建专业化的疫病净化管理团队，所饲养的奶牛连续十余年未检出布鲁氏菌病、结核病阳性，有力保障张家港市地产奶产品的质量安全。2021年11月23日，省动物疫病净化场考核专家组到奶牛场现场考核，听取有关布鲁氏菌病净化场建设的汇报，实地查看周边环境、设施设备等情况，查阅生产档案、防疫档案和检测记录，并以现场随机抽取的方式采集150个样本送至苏州市动物疫病预防控制中心进行布鲁氏菌病、口蹄疫、结核病等相关疫病检测。专家组认为，梁丰机械化奶牛场布局合理、净化方案科学、防控措施落实到位，同意通过现场考核。梁丰机械化奶牛场成为苏州市首个通过省级布鲁氏菌病净化场的奶牛场。年末，奶牛场存栏奶牛3331头，其中成母牛

1865头、泌乳牛1466头，全年鲜奶产量超过11吨。

【畜禽遗传资源普查】 年内，根据农业农村部统一部署，市农业农村局组织开展全国第三次畜禽遗传资源普查工作。各区镇（街道）由动物防疫部门牵头，以行政村为单位，不漏一村一户，开展入户普查。市农业农村局印发《致全省畜禽养殖场（户）的一封信》500余份，下发至每个在册养殖户，并在每个村公告栏公布，提高公众知晓度。8月20日、9月13日，举办畜禽遗传资源普查专项培训2次。全市共普查行政村274个，登记到在目录内的畜禽遗传资源7种，其中鹿苑鸡8000羽、中国荷斯坦奶牛3130头、二花脸猪5头、湖羊113头、鸸鹋120只、非洲黑鸵鸟96只、浙江蜜蜂263箱。

【水产养殖种质资源普查】 年内，根据江苏省农业农村厅和苏州市农业农村局统一部署，市水产养殖种质资源普查工作办公室（市水产技术指导站）结合水产养殖实际，启动张家港市第一次水产养殖种质资源普查。各区镇（街道）普查人员按照水产养殖种质资源普查工作要求，对辖区内水产养殖场（户）（含水产原良种场、苗种场和普通养殖场等）的鱼、虾、蟹、贝、两栖爬行等水产养殖种质资源（包括原种、地方品系、新品种和引进种）种类、群体数量、区域分布和保护利用等情况，进行普查并采集影像资料，并按照"水产养殖种质资源基本信息登记表"规范填报和汇总普查信息。全市共完成养殖主体入户普查230家，分布于70个行政村（社区），涉及养殖水面656.85公顷（包含稻鱼综合种养面积），水产养殖种质资源物种达到32种。 （杨治凤 黄亚奇）

农业服务

【概况】 2021年，全市实现农、林、牧、渔业服务业总产值8.83亿元，比上年增加1300万元，增长1.43%，占农、林、牧、渔业总产值的16.04%，比上年增加0.24个百分点。

农资供应 年内，全市供应商品有机肥1.5万吨，推广配方肥1.36万吨，全年化肥施用量（折纯）9106吨。全年使用农药463吨。水稻良种补贴面积1.58万公顷，统一供应良种947.6吨，良种统供覆盖率达到97.8%；小麦良种补贴面积1.26万公顷，统一供应良种1891.9吨，良种统供覆盖率99.9%。

农机服务 全市全年新增各类农机具545台，总投入3026.67万元，享受省级农机购置补助702.78万元，获苏州市级财政补助51.57万元，市级财政下发奖励606.47万元。新增农机具中，拖拉机43台（其中智能机1台）、联合收割机19台、乘坐式高速插秧机109台（其中带侧深施肥功能的79台、智能机30台）、自走式喷杆喷雾机17台（其中智能机6台）、植保无人机41台、粮食烘干机9台。完成烘干机热源清洁能源改造16台。报废农机57台，其中拖拉机14台、联合收割机15台、插秧机28台。至年末，全市农机总动力29.89万千瓦，全市粮食生产耕种收机械化水平为97.55%，特色农业机械化水平68.67%，农机化综合水平达到94.91%。全市创建苏州市级粮食生产"全程机械化+综合农事"服务中心10个、苏州市级机械化示范基地18个，完成张家港市农机信息化管理平台（二期）建设。依托农机推广"田间日"活动，开展现场会4次、机库课堂6次，举办多场无人驾驶农机、机插缓混侧深施肥、生态型犁耕、果蔬生产机械化展演示和培训活动，参与农户500余人次，提升农户对智能绿色农机装备的认知度。农机服务团队全年发布各类技术指导志愿服务60余场，深入田间生产一线，发放各类农机宣传资料800余份，服务农户、机手1000余人次，维修各类农机具2800余台次。开展拖拉机、联合收割机操作技术培训4期，培训130人次；开展侧深施肥技术、烘干机操作技术、机收减损技术、生态型犁耕深翻技术、高效植保技术、设施农业机械化生产技术等培训9期，培训470余人次。开展农机维修专项培训1期，培训25人次。4月，市农业机械技术推广站蔡亮、塘桥镇农机维修中心技术骨干曹扬入选江苏省农机使用一线"土专家"。8月，《打造农机维修服务张家港模式》在《江苏农村经济》上发表。9月17日，农业农村部农机化总站副站长涂志强一行到张家港市调研农机维修服务模式及智能农机应用情况。

技术培训 年内，市政府办公室印发《关于进一步做好新型职业农民认定管理工作的通知》，将新型职业农民分为生产经营型、专业技能型和社会服务型三种类型，并通过补助、奖励等形式，优先扶持有发展潜力的新型职业农民。10名在南通科技职业学院就读成人大专的新型职业农民第一学年成绩全部合格，共获补助2.2万元。全年有12名符合条件的新型职业农民享受社保补贴，共4.2万元。新认定新型职业农民659人，累计1634人。获新型职业农民证书的

永联菜篮机械化示范基地 （市农业农村局 提供）

人数占农林牧渔从业人员的9.5%。全市举办农民培训19期，培训1833人，培育农业科技示范户355户。农民徐卫东入选全国共享乡村振兴实践指导师，5人获得乡村振兴技艺师中级职称，6人入选“姑苏乡土人才集聚计划”。市南新农机专业合作社、现代农业示范园区常东土地股份专业合作社、市蔬之园农产品有限公司3个单位入选全国基层农技推广体系改革与建设补助项目中的农业科技示范基地。

（袁建玉　唐　瑜）

【机械化示范基地创建】 3月19日，市农业农村局印发《关于做好苏州市级粮食生产“全程机械化+综合农事”服务中心建设及机械化示范基地创建工作的通知》，明确各区镇机械化示范基地创建任务。9月24日，全市粮食生产“全程机械化+综合农事”服务中心和机械化示范基地创建现场推进会在南丰镇召开，推广永联米业“全程机械化+综合农事”服务中心、永联菜篮（蔬菜）机械化示范基地和港诚生态（果茶桑）机械化示范基地建设经验。12月，通过集中评审和验收，市南新农机专业合作社、杨舍镇章卿村股份经济合作社、市农义农机专业合作社、金港镇朝南村农机专业合作社、市乐杨农民农机服务专业合作社、塘桥镇金村农机服务专业合作社、市永联米业有限公司、市乐源农业社会化服务合作联社、凤凰夏市润众粮食种植专业合作社、现代农业示范园区联农农产品专业合作社10个合作社创建为苏州市级粮食生产“全程机械化+综合农事”服务中心，江苏善港生态农业科技有限公司、市永联菜篮农业专业合作社、市蔬之园农产品有限公司、江苏鸿逸泰生态农业科技有限公司、市神园葡萄科技有限公司、市企源生态农业有限公司、锦丰镇花盛家庭农场、张家港启园农业专业合作社、市俞氏生态果园、市凤凰农业科技有限公司、市港诚生态农业有限公司、江苏梁丰食品集团有限公司机械化奶牛场、瑞康牧业（张家港）有限公司、市宏润水产科技有限公司、市鸿屹水产养殖有限公司、锦丰镇合兴长兴家庭农场、凤凰山茶场、高峰茶场18个单位创建为苏州市机械化示范基地，市南新农机专业合作社、市农义农机专业合作社、金港镇朝南村农机专业合作社、市乐杨农民农机服务专业合作社、塘桥镇金村农机服务专业合作社创建成为苏州市“平安农机”示范合作社，塘桥镇创建为苏州市“平安农机”示范镇。

（邓亚坤）

【农作物病虫害绿色防控】 年内，全市在开展水稻、蔬菜、果品绿色防控技术集成研究的基础上，利用项目技术成果，加大病虫害绿色防控示范力度，开展小麦、水稻、桃、蔬菜等5个省级农作物病虫害绿色防控示范区建设。建成常阴沙现代农业示范园区常东社区小麦绿色防控示范区66.67公顷，辐射1025.5公顷；常阴沙常东社区、杨舍镇南新水稻示范区133.33公顷，辐射12506公顷；杨舍镇善港村蔬菜示范区6.67公顷，辐射66.67公顷；凤凰镇魏庄村桃树示范区6.67公顷，辐射66.67公顷。示范区内绿色防控产品使用面积均为100%。生物、物理等非化学防控措施覆盖率，水稻为50.8%，桃为66.7%、蔬菜为80%、小麦为53.9%。全年农作物农药商品用量462吨，与2020年的470吨相比，下降2.6%。10月，张家港市被农业农村部评为第一批全国农作物病虫害绿色防控示范县和统防统治百强县。年内，市植保植检站被评为全省农药使用强度监测先进集体、“十三五”期间苏州市农药包装废弃物回收利用和处置工作先进单位。

【鹿苑糯玉米种质资源保护】 鹿苑糯玉米种植历史悠久，具有良好的适口性，在当地有较高的知名度。由于农户长期的自然选种和简单留种方式，使其形成白、红、紫、黑、黄等多色的自然杂合群体，具有矮秆、早熟、短季、多穗性、糯性、适口性好等优良特性。鲜果穗种皮薄、糯软、微甜、爽口。腊熟期的老玉米黏性极好，煮透后的果穗外部黏稠。但由于农户缺乏提纯复壮的手段，存在品种退化现象，种植户留种率也越来越低。主要为零星农户种植，一般种植面积约10公顷。如果不加以保护，有逐渐丧失原有品种的优良特征特性，甚至灭绝的风险。2001年，市农业试验站开始关注鹿苑糯玉米的保护和开发工作，分别于2001—2006年、2020—2021年多次广泛收集鹿苑糯玉米种质资源，进行田间种植观察与评价。2001—2010年，又对鹿苑糯玉米进行广泛调查，并对收集到的糯玉米材料进行初步纯化。2021年，开始新一轮调查、收集、整理和保护工作。通过广泛收集，收集到糯玉米地方种质资源5 种，进行提纯复壮，记载其植物学和生物学性状，包括株高、抗病性、抗逆性、熟性等，对其特征特性进行评价。为加快纯化速度，前往海南南繁育种基地进行南繁加代，并通过双列杂交试验，鉴选出抗病性好、种皮薄、适口性佳的糯玉米品种。同时，开展鹿苑糯玉米病虫综合绿色防控技术试验示范，使用生物、物理等防治措施，维护生态安全，提高糯玉米品质。2021年，全市建立核心示范基地1个，推广示范点4个，全市种植面积约10公顷，总产量67吨。

（陶　笑）

【绿色种养循环农业试点】 绿色种养循环模式是一种将畜禽养殖粪污经过处理转化为可利用的有机肥、沼液，撒施还田，实现绿色种养的方式。经过处理后的有机肥既可以实现畜禽粪污资源化利用，又能增加土壤肥力，增强农作物抗逆性和抗病虫能力，有力促进化肥农药减量，改善农村整体生态环境。年内，市农业农村局在常阴沙现代农业示范园区、杨舍镇福前村等开展绿色种养循环农业试点项目，建立统一收集、集中发酵、定向配送、机械施用的粪污还田利用经营模式和“政府引导、市场运作”的粪肥还田服务主体。培育粪肥收集、处理、配送和施用的社会化服务主体3家，促进化肥减量施用和农业绿色发展。全市实施面积6780公顷，施用腐熟粪肥1.86万吨、沼液14.95万立方米、商品有机肥7500吨，实现畜禽粪污综合利用率99.75%。

（孙晓瑜）

农业产业化

【概况】 年内,市绿色中药饮片有限公司、市科力贸易有限公司、江苏福元高科生物科技有限公司3家企业晋升为苏州市级农业龙头企业,张家港威胜生物医药有限公司、苏州永联天天鲜配送股份有限公司晋升为省级农业龙头企业,张家港福吉佳食品股份有限公司获评苏州市“十佳”农业科技企业,张家港威胜生物医药有限公司、中粮东海粮油工业(张家港)有限公司获评苏州市“十佳”农产品加工示范企业。张家港威胜生物医药有限公司、市绿色中药饮片有限公司等2家企业牵头成立产业化联合体,与农民合作社、家庭农场(专业大户)建立稳定利益联结机制,共同推动农业产业化健康持续发展。广种良田张家港科技农业有限公司、市科力贸易有限公司、市新供鲜生鲜配送有限公司、市蔬之园农产品有限公司4家农业龙头企业挂牌江苏省股权交易中心“农业板”,全市累计15家,数量位居苏州市前列。至年末,全市有农业产业化联合体14家,各级农业龙头企业72家,其中国家级2家、省级9家、苏州市级19家、张家港市级42家。年内,杨舍镇善港农民专业合作社获评苏州市“十佳”农民合作社,市南新农机专业合作社获评苏州市“十佳”农业社会化服务组织,市肖坤家庭农场、锦丰镇港有耕香家庭农场被评为省级示范家庭农场,南丰镇金口粮家庭农场、南丰镇金美家庭农场、锦丰镇三兴富耕家庭农场、锦丰镇鱼米之乡家庭农场、锦丰镇合兴陶然家庭农场、锦丰镇悦沁联家庭农场被评为苏州市级示范家庭农场,塘桥建科家庭农场、市文华家庭农场被评为苏州市“十佳”家庭农场。全市评选张家港市示范家庭农场225家。常阴沙现代农业示范园区常西社区、常南社区被评为评苏州市休闲农业精品村,金沙洲壹号庄园被评为江苏省主题创意农园,江南农耕文化园被评为省农耕实践基地,爆发力军事主题农庄被评为省康美基地,“原味长江、魅力乡村”生态之旅获评苏州市休闲农业与乡村旅游精品线路,闲心公社、福前共享农庄、肖家巷共享农庄创建成苏州市共享农庄(乡村民宿)。张家港威胜生物医药有限公司张梅获评全国农村创业创新优秀带头人,永联干部学院、江苏善港生态农业科技有限公司、常阴沙现代农业示范园区、金丰众创空间全国农村创新创业孵化实训基地、张家港经济技术开发区(杨舍镇)善港现代农业园区、南丰镇现代农业示范园区、张家港葡萄星创天地、乐余镇农业综合示范园区8个园区(基地)入选全国农村创业创新园区(基地)目录。

【农业农村领域重大项目推进】 为充分发挥重大项目的示范引领作用,推动农业产业向高端化、集约化、绿色化、规模化、智能化迅速迈进,不断孕育、催生和丰富农业新业态,市政府印发《关于建立市农业农村重大项目领导挂钩联系和工作推进机制的通知》,成立农业农村领域重大项目工作专班,由2名市领导和市农业农村局、市发改委、市资规局等9个部门领导分别挂钩9个重点推进项目,做好跟踪指导,定期督导工作。9个农业农村重大项目分别为:市现代农业科技示范园建设,中粮东海仓储有限公司10万吨筒仓新建、5.2万吨油罐及每小时1000吨卸船设备建设,高标准池塘改造,福前共享农庄建设,双山岛全程机械化综合农事服务中心建设,锦丰镇沙洲中心粮库三期扩建,市苑味斋卤味食品有限公司扩建,高标准农田建设,畜禽屠宰场新建工程。9个项目计划总投资12.86亿元。2021年,完成投资12.22亿元。

【现代农业科技示范园区国家级PPP项目建设】 市现代农业科技示范园位于常阴沙现代农业示范园区永泰路,是由市政府和江苏绿港现代农业发展有限公司共同投资的国家级PPP项目。项目总投资4.09亿元,占地面积53.6公顷,总建设面积31.4万平方米,高端设施农业面积33.15万平方米,是全省最大的现代农业蔬菜产业园、长三角区域最大现代农业蔬菜产业园,也是全国唯一的现代农业蔬菜产业园PPP项目。项目建成后,将成为全国一流的,集智能化生产、标准化育苗、自动化包装物流、高科技展示、现代农业技术培训与推广、三产融合的高科技现代农业产业园,可年产各类标准化蔬果近6000吨,并辐射带动周边1000余公顷生产基地共同发展。至年末,展示智能玻璃温室和种植连栋温室等项目基本完工,第一批标准化蔬果种植启动。

【“原味长江、魅力乡村”生态之旅获评苏州市休闲农业与乡村旅游精品线路】 9月,“原味长江、魅力乡村”生态之旅获评苏州市休闲农业与乡村旅游精品线路。线路位于张家港市西北部,行进路线是张家港湾—永兴生态园—渡江胜利公园—大伯墩生态湿地公园。张家港湾是长江入海前最后一道湾,也是江海交会的第一道湾,西起老沙码头,东至段山港,全长约12千米,百年一遇江堤带、观景亭、塔、轩、驿站等,是长江生态旅游新地标。永兴生态园位于德积街道永兴村境内,占地30余公顷,建成古建园林—明清园、江南民宿—恬憩园、游客中心、荷塘月色、莲池观音、枕江阁、望江亭、垂钓鱼塘、生态农场、百米红色文化长廊、百亩生态梨园、忆乡林等景点,还培育出江上草堂、江边人家、河边人家3家特色餐饮品牌,先后获评全国休闲农业与乡村旅游三星级园区、苏州共享农庄、苏州市田园小综合体示范基地、江苏省乡村旅游重点村。渡江胜利公园位于双山岛西部,是人民解放军渡江战役的最东端战场,占地30余公顷,由主纪念碑广场核心区、“胜利之路”展示区、渡江纪念馆、拓展区和廉园区组成,是苏州市爱国主义教育基地、江苏省党史教育基地。大伯墩生态湿地公园位于双山岛东北角的江滩湿地上,占地面积130余公顷,保留大片原生芦苇,种植类型多样的水湿生植物和禾本科植物,自然资源和人造景观有机结合,形成一道景观别致、生态怡人的观光休闲风景线。 (孙 艺)

【编辑 陆正芳】

工业

Industry

酒的故事·沙洲优黄文化园　（高桥村　提供）

張家港年鑑(2022)

扫码欣赏

钢铁脊梁

工业综情

【概况】 2021年，国内工业经济秩序在常态化疫情防控中加快恢复，张家港市聚焦“4+4”（冶金新材料、智能高端装备、先进高分子材料、高端纺织4条特色优势产业链，新能源、数字经济、生物医药及高端医疗器械、特色半导体4条新兴领域产业链）重点产业链，推进“引增量、锻长板、补短板、强企业”四项工程，产业转型提质增效，经济运行稳中有进。全市规模以上工业企业（全部国有及年主营业务收入500万元以上非国有企业，下同）1472家完成工业产值5974.27亿元，主营业务收入7291.03亿元，完成利税总额560.56亿元。规模以上工业企业按轻重工业分，轻工业企业617家，主营业务收入1322.66亿元；重工业企业855家，主营业务收入5968.37亿元。按企业规模分，大中型企业143家，主营业务收入5015.05亿元；小型微型企业1329家，主营业务收入2275.98亿元。按登记注册类型分，国有企业2家，完成主营业务收入5.98亿元；集体企业2家，完成主营业务收入1.2亿元；股份合作制企业1家，完成主营业务收入0.29亿元；联营企业1家，完成主营业务收入1.88亿元；有限责任公司84家，完成主营业务收入1939.83亿元；股份有限公司14家，完成主营业务收入111.69亿元；私营企业1112家，完成主营业务收入3386.98亿元；港澳台投资企业67家，完成主营业务收入403.14亿元；外商投资企业189家，完成主营业务收入1440.03亿元。全市工业用电量286.79亿千瓦小时，比上年增4.4%。

2021年张家港市九大工业集团一览表

表23

序号	企业名称	所在地	序号	企业名称	所在地
1	江苏沙钢集团有限公司	冶金园	6	浦项（张家港）不锈钢股份有限公司	冶金园
2	永卓控股有限公司	南丰镇	7	江苏骏马集团有限责任公司	经开区
3	陶氏化学（张家港）有限公司	保税区	8	东华能源股份有限公司	保税区
4	江苏华昌（集团）有限公司	保税区	9	张家港市易华润东新材料有限公司	经开区
5	中粮东海粮油工业（张家港）有限公司	保税区			

2021年张家港市75家重点工业企业一览表

表24

序号	企业名称	所在地	序号	企业名称	所在地
1	采埃孚汽车科技（张家港）有限公司	经开区	20	攀华集团有限公司	保税区
2	索尔维（张家港）精细化工有限公司	保税区	21	澳洋集团有限公司	经开区
3	佐敦涂料（张家港）有限公司	保税区	22	张家港市国泰华荣化工新材料有限公司	保税区
4	华芳集团有限公司	高新区	23	江苏鹿港科技有限公司	高新区
5	江苏蔚蓝锂芯股份有限公司	经开区	24	瓦克化学（张家港）有限公司	保税区
6	长江润发集团有限公司	保税区	25	苏州爱得科技发展股份有限公司	冶金园
7	张家港沙洲电力有限公司	冶金园	26	张家港广大特材股份有限公司	凤凰镇
8	江苏长顺集团有限公司	保税区	27	张家港市苏闽金属制品有限公司	冶金园
9	江苏赛宝龙石化有限公司	保税区	28	江苏华盛锂电材料股份有限公司	保税区
10	泰柯棕化（张家港）有限公司	保税区	29	液化空气（张家港）工业气体有限公司	冶金园
11	霍尼韦尔特性材料和技术（中国）有限公司	保税区	30	华灿光电（苏州）有限公司	经开区
12	江苏张家港酿酒有限公司	保税区	31	苏州海陆重工股份有限公司	经开区
13	江苏七洲绿色化工股份有限公司	乐余镇	32	科波西电子材料张家港有限公司	保税区
14	张化机（苏州）重装有限公司	保税区	33	江苏梁丰食品集团有限公司	经开区
15	张家港扬子纺纱有限公司	经开区	34	张家港富瑞特种装备股份有限公司	经开区
16	张家港中集圣达因低温装备有限公司	保税区	35	华奇（中国）化工有限公司	保税区
17	双狮（张家港）精细化工有限公司	保税区	36	信义玻璃（江苏）有限公司	冶金园
18	张家港联合铜业有限公司	冶金园	37	张家港海螺水泥有限公司	大新镇
19	益江（张家港）粮油工业有限公司	保税区	38	江苏协昌电子科技股份有限公司	凤凰镇

续表24

序号	企业名称	所在地	序号	企业名称	所在地
39	江苏灿勤科技股份有限公司	保税区	58	力文特锂业(张家港)有限公司	保税区
40	张家港保税区长源热电有限公司	保税区	59	江苏东渡纺织集团有限公司	经开区
41	苏州圣汇装备有限公司	保税区	60	雅仕德化工(江苏)有限公司	保税区
42	南港(张家港保税区)橡胶工业有限公司	保税区	61	那智不二越(江苏)精密机械有限公司	经开区
43	顺德工业(江苏)有限公司	保税区	62	欧璧医药包装科技(中国)有限公司	经开区
44	江苏金帆电气集团有限公司	经开区	63	戴铂新材料(张家港)有限公司	保税区
45	江苏富淼科技股份有限公司	凤凰镇	64	江苏现代威亚有限公司	凤凰镇
46	江苏新美星包装机械股份有限公司	经开区	65	江苏宏宝集团有限公司	大新镇
47	路易达孚(张家港)饲料蛋白有限公司	保税区	66	江苏新芳科技集团股份有限公司	大新镇
48	麦格纳电子(张家港)有限公司	经开区	67	江苏博云塑业股份有限公司	冶金园
49	江苏沙印集团有限公司	冶金园	68	国一制纸(张家港)有限公司	凤凰镇
50	江苏爱康实业集团有限公司	经开区	69	润英联(中国)有限公司	保税区
51	张家港市恒美纺织有限公司	保税区	70	张家港海锅新能源装备股份有限公司	南丰镇
52	盛禧奥聚合物(张家港)有限公司	保税区	71	江苏联宏纺织有限公司	高新区
53	美利肯纺织(张家港)有限公司	经开区	72	爱丽家居科技股份有限公司	冶金园
54	天宇羊毛工业(张家港保税区)有限公司	保税区	73	张家港中环海陆高端装备股份有限公司	冶金园
55	张家港欣欣高纤股份有限公司	保税区	74	江苏华伟特种薄板有限公司	凤凰镇
56	PPG涂料(张家港)有限公司	保税区	75	苏州龙杰特种纤维股份有限公司	经开区
57	丰田合成(张家港)科技有限公司	保税区			

【工业投入】 2021年，张家港市实施工业项目508项，完成工业投入工作量212.48亿元，比上年增6%。其中传统产业完成投入工作量13.43亿元，占全市工业投入总量的6.3%；新兴产业完成投入工作量199.05亿元，占全市工业投入总量的93.7%。在建1亿元以上项目185项，完成投入工作量164.9亿元，占全市工业投入总量的77.6%；在建5亿元以上项目73项，完成投入工作量113.2亿元，占全市工业投入总量的53.3%。在建技术改造项目186项，计划总投资439.5亿元，完成投资57.3亿元，占工业投资的27%；非技改类项目322项，完成投资155.2亿元。保税区、经开区、冶金园投资占全市投资的比重超70%，其中工业投资158.24亿元，占全市投资的74.47%；新兴产业投资148.84亿元，占全市投资的74.8%。全年保税区、经开区、冶金园实施超1亿元项目145项，其中保税区54项、经开区50项、冶金园41项，占全市超1亿元项目总数的78.4%；完成投资额130.17亿元，其中保税区37.89亿元、经开区44.69亿元、冶金园47.59亿元，占全市超1亿元项目投资额的61.3%。

【转型升级】 2021年，全市制造业增加值占地区生产总值比重的45.9%。规模以上工业核心增加值率比上年提高1.59%，为17.38%。完成工业投资212.48亿元，比上年增6%，其中高新技术产业投资31.49亿元，比上年增12.6%。冶金、机电、化工、纺织、食品五大行业合计完成规模以上产值5457.87亿元，占规模以上工业总产值的93.4%。其中，冶金行业完成规模以上产值2740.56亿元，占比46.91%；机电行业完成规模以上产值1002.26亿元，成为全市第二个超1000亿元产业；化工行业完成规模以上产值867.33亿元，比上年增18.2%；纺织行业完成规模以上产值505.61亿元，行业亏损面由上年的48%缩小至28%。6月26日，全市重点产业链高质量发展大会召开，推动产业链、创新链、金融链等“多链融合”发展。全年全市新引进投资超10亿元产业链重要节点项目28项。其中，沙钢集团超薄带、永钢集团精品线材等项目加快了全市冶金产业集群发展，天兵科技运载火箭及发动机智能生产基地等项目填补高端装备领域短板，推动信义光能、潞能光伏组件等项目，新能源产业链进一步延伸。全市重点产业链有8条，实现营业收入正增长7条。其中，新能源、数字经济产业链营业收入增幅超30%，营业收入总额分别为480.6亿元、511.5亿元；冶金新材料、化工新材料产业链营业收入增幅超20%，营业收入总额分别为3948.1亿元、962亿元；智能装备产业链营业收入总额558.9亿元，增幅16%。年内，张家港市被中国机械工业联合会授予“中国高端石化装备名城”。江苏扬子江国际化学工业园入围中国化工园区30强。德积街道被中国针织工业协会授予“中国针织包芯纱生产基地”称号。9月27日，张家港市承办全省化工产业绿色低碳提质增效现场推进会，张家港市推动化工产业发展的经验做法被全国主流媒体报道及推广。

【智能制造】 2021年，全市开展“智改数转”项目1589项，列苏州各板块第二，涉及企业1186家，其中规模以上工业企业791家。获评首批苏州“智改数转”标杆企业3家、优秀服务商1家。获评省级智能制造示范车间10个、苏州市级示范智能车间43个。获评省级、苏州市级智能工厂各1个。累计省级智能制造示范车间78个、苏州市级示范智能车间129个，省级智能工厂2个、苏州市级智能工厂3个。张家港市级示范智能车间首批认定37个。全市18家企业通过苏州综合金融服务平台获放款金额22.8亿元，占苏州近四分之一。年内，沙钢集团、永钢集团等当地企业专业服务机构成立，其中江苏沙钢高科信息技术有限公司签订对外服务合同金额超8000万元，为10余家企业提供技术服务。工业互联网技术向全市冶金、化工、机电、纺织等支柱行业、细分领域延伸，“县域工业互联网发展指数”列全国第二。腾讯云（张家港）工业云基地实施中小企业“上云上平台”行动计划，全市购买使用工业互联网产品服务企业超500家。全年获评省工业互联网标杆工厂2个（江苏天鹏电源有限公司、江苏沙钢集团有限公司）、省星级“上云”企业81家，累计获评省星级“上云”企业201家（其中五星级“上云”6家、四星级“上云”76家）。全市“上云”企业超1100家，规模居苏州第一。探索运营商与企业围绕智能工厂、智能车间、智慧码头、智慧服务等领域大数据场景化应用，打造江苏扬子江国际化学工业园“工业互联网+安全生产”建设方案、永钢集团转底炉数字化车间、江苏国富氢能技术装备股份有限公司5G智能工厂等可复制、可推广的5G场景应用典型案例。新增省级服务型制造示范企业（平台）4家，成为全市先进制造业和现代服务业深度融合新亮点。

【张家港市首次获评“中国高端石化装备名城”】 5月，张家港市向中国机械工业联合会提交创建“中国高端石化装备名城”的申报材料。6月，中国机械工业联合会到市实地调研考察，经资料审查、现场考察和综合评定，符合中国机械工业联合会关于机械工业产业集聚区域品牌认定的相关要求。28日，中国机械工业联合会批复张家港市“中国高端石化装备名城”称号（有效期五年），成为国内首个获此荣誉的城市。张家港市石化装备起步于20世纪50年代，经过近70年发展，已形成包含上游原材料零部件、中游设备制造及下游石化应用的较为完备的产业链体系，呈现出产业集聚度高、规模优势明显、创新发展、制造与服务融合、智能制造与绿色制造等特点。石化装备产业持续扩大，成为张家港市特色产业之一。主要优势产品为工业锅炉、余热锅炉、大型煤化工压力容器及低温压力容器等。至2020年年末，全市有规模以上石化装备生产企业121家，全年实现营业收入270亿元，占全国同行业的18.8%。有核心骨干企业31家，其中龙头企业有苏州海陆重工股份有限公司，其工业余热锅炉国内市场占有率保持第一；张家港中集圣达因低温装备有限公司，其低温贮罐领域国内市场占有率近三年均为第一；张家港市国富氢能装备产业基地，其智能化集成加氢站设备及高压氢气供氢系统市场占有率第一；张家港市江南锅炉压力容器有限公司，其聚氨醋MDI装备行业换热器领域全国排名第三；张化机（苏州）重装有限公司，其非标压力容器行业排名第三；张家港富瑞特种装备股份有限公司，其LNG装卸车撬、液化工厂、储罐等细分领域国内市场占有率均处于行业前十；张家港海锅新能源装备股份有限公司，是自由锻、模锻和环锻国内唯一生产厂商。　　（陈　毅　冯文峰）

冶金工业

【概况】 2021年，全市规模以上冶金工业企业完成工业总产值2745.03亿元，占全市规模以上工业总产值的45.95%，比上年增24.85%。其中黑色金属冶炼及压延加工企业59家，完成工业总产值2497.51亿元；有色金属冶炼及压延加工企业51家，完成工业总产值247.51亿元。全年销售收入超100亿元的企业4家。沙钢集团（本部）全年完成销售收入1471.78亿元，比上年增28.21%；实现利税172.89亿元，比上年增59.88%。永钢集团完成销售收入1205.61亿元，比上年增20.24%；实现利税71.49亿元，比上年增37.4%。张家港浦项不锈钢有限公司完成销售收入211.28亿元，比上年增19.02%；实现利税12.64亿元，比上年增244.86%。张家港联合铜业有限公司完成销售收入192.64亿元，比上年增19.26%；实现利税1.07亿元，比上年增159.33%。全年冶金工业累计完成投资36.5亿元，比上年减12.28%，投资额占全市投资的17.2%。

2021年张家港市规模以上冶金工业企业主要产品产量情况表

表25

产品名称	年产量（万吨）	比上年增长率（%）	产品名称	年产量（万吨）	比上年增长率（%）
钢材	4175.98	-5.50	十种有色金属	29.40	2.40
其中：冷轧薄宽钢带	337.00	78.80	铜材	1.10	-20.30
线材（盘条）	1054.06	-14.30	铝材	11.32	7.60
钢筋	1029.20	2.20	钢绞线	15.07	-15.60

2021年张家港市冶金工业企业投入1亿元以上竣工项目情况表

表26

企业名称	项目内容	项目类别	总投资（万元）	竣工时间
江苏永钢集团有限公司	中温中压煤气发电机组升级改造项目	内资技改	41000	8月
江苏永钢集团有限公司	平方米烧结机及平方米烧结机烟气净化系统升级改造项目	内资技改	56421	12月
江苏永钢集团有限公司	钢板切割车间项目	内资非技改	25000	12月

【永钢集团开展绿色智能制造】 江苏永钢集团有限公司（简称永钢集团）是一家以钢铁为主业，金融贸易、建筑建材、装备制造、循环经济、新能源等多元产业协调发展的综合性企业集团。有员工1.3万人，年生产能力炼铁900万吨、炼钢900万吨、钢材900万吨。有江苏联峰实业有限公司、江苏永联精筑建设集团有限公司、张家港联峰金属制品有限公司、张家港乐欣再生资源有限公司、南丰小额贷款有限公司、江苏联峰金盾智能科技有限公司、上海铠钺钢铁技术咨询有限公司、江苏象石实业股份有限公司、江苏联峰工业装备科技有限公司、永钢投融公司、苏州昆仑重型装备制造有限公司等18家全资（控股）子公司。2021年，永钢集团调整和优化产业结构，根据企业战略聚焦资源，确定钢铁制造、新能源、赋能制造、建筑、环保、金融贸易等主导产业。启动变革管理，打造“拥抱变革”整体环境，形成“变革与流程”管理方式，提升企业综合管理水平。创新绿色治理方式，推动新时代绿色发展，完成有组织排放和清洁运输方面超低排放现场评估验收和公示，成为江苏省首家通过有组织排放和清洁运输方面超低排放认定的长流程钢铁企业。全年实现炼铁产量860.15万吨，钢材产量931.53万吨，轧材产量973.43万吨，营业收入1205.61亿元，比上年增20.24%。永钢集团列中国企业500强第220位，在中国民营企业500强中列第75位，在中国制造业民营企业500强中列第39位；开发新产品145种，开发新客户907家，获相关认证34项，参与标准制定23项，获评各类奖项62项。年末，永钢集团特种合金棒材全流程智能化改造升级项目获批江苏省智能制造示范工厂建设项目。该项目包含全价值链运营及协同研发平台、网络协同可视化制造平台、制造全流程节能及安环管控平台的打造，打造国际先进的特种合金棒材全流程智能工厂，通过各类智能化技术的应用，提升产品品质、提高生产效率、降低生产能耗及碳排放、提升安全环保能力。项目于2019年1月实施，2022年1月完成，总投入3.8亿元。永钢集团循环经济产业园基于冶金尘泥加工处理、再生粉碎料循环利用的综合建设，形成先进完善的大宗固废综合利用体系，致力于提升数据资源管理和服务能力，在工业互联网框架下实现全产业链优化，构建行业智能制造标准体系。先后获评2020年度中国标杆智能工厂、江苏省级智能制造示范车间、苏州市级示范智能车间。固废利用智能工厂在设计之初，就意在通过加强信息化与智能化建设，在保障连续生产的同时，实现转底炉工艺参数量化管控、生产流程精细化、自动化和高效化运行。结合BIM三维建模技术、5G技术、VR技术等先进数字化技术手段，构建工厂专属的能源管理并接入公司能源管理平台，可支撑公司级的能源调度和管理要求，真正实现无人化生产和智能化管控。

【联合铜业公司电铜产量创历史最好水平】 张家港联合铜业有限公司（简称联合铜业）成立于1996年，由铜陵有色金属集团股份有限公司控股。在职员工800余人。自2013年4月10万吨PC电解工程项目开工建设，联合铜业企业发展方向即由生产粗放型向集约环保型转变，由加工贸易型向资源综合利用型转变，由生产规模型向综合效益型转变。2014年11月，精炼摇炉打通生产工艺流程，生产出第一批合格阳极板。优化阳极炉炉体结构。与徐州燃控合作成功开发出国内首家重油全氧燃烧工艺，重油单耗由过去的每吨铜77千克左右下降到每吨铜34千克左右。此阳极炉全氧燃烧工艺改造获国家实用性新型专利成果。2015年4月，精炼摇炉和PC电解系统联动试车成功，生产出第一批PC电解铜，电铜产能达到30万吨，标志着联合铜业进入一个崭新的发展阶段。是年，冶炼阳极炉采用“重油+全氧”技术，实现国内首次在铜冶炼行业上应用，烟气排放量下降60%左右。2017年1月，脱硫塔成功运行。2018年6月，2号阳极炉重油改天然气技改生产出第一炉铜水。按照张家港市大气污染防治、实现超低排放的要求，率先在全市有色冶金企业进行重油改天然气，对阳极炉实施“重油改天然气”升级改造。2019年，先后建成阳极炉精炼尾气脱硫系统、天然气替代重油燃烧、精炼尾气电除雾改造等节能环保项目，在国内有色金属行业精炼炉技术改造上领先。建造3000立方米初期雨水收集池、日处理500立方米水资源综合利用工程、能源管理中心等技改项目，累计投入超5000万元，实现废气、废水、废渣的循环利用和综合治理，企业生产也由机械化转向自动化、智能化。2021年，利用地处长三角的区位优势，开拓杂铜原料市场，国内原料客户数量较往年增加30%；扩大主产品阴极铜销售，面向浙江、上海和苏中地区，开发下游新用户，提高市场占有率。全年累计生产高纯阴极铜29.4万吨，比上年增3.46%；粗硫酸镍1470吨。实现销售收入192.64亿元，比上年增19.26%；实现账面利润1.17亿元，比上年增15%，入库税金超1亿元，实现利润、税收“双过亿”的目标，电铜产量、利税总额均创历史最好水平。

（陈　洋　何增丁　黄伟城
吴阳舒　杨学文）

纺织工业

【概况】 2021年，全市规模以上纺织工业企业完成工业总产值520.65亿元，比上年增1.68%，占全市规模以上工业总量的8.71%。其中，棉纺织、毛纺织、丝织、印染等纺织企业266家，完成工业总产值301.49亿元；纺织服装、服饰制造企业62家，完成工业总产值71.38亿元；化学纤维制造企业38家，完成工业总产值147.79亿元。全年销售收入超10亿元的企业8家，其中江苏骏马集团完成销售收入89.36亿元，居榜首；其次，张家港华芳集团毛纺织染有限公司销售收入35.26亿元、江苏东渡纺织集团有限公司销售收入28.94亿元、江苏鹿港科技股份有限公司销售收入24.19亿元、天宇羊毛工业（张家港保税区）有限公司销售收入19.12亿元、张家港欣欣高纤股份有限公司销售收入18.24亿元、江苏新芳科技集团股份有限公司销售收入12.26亿元、苏州龙杰特种纤维股份有限公司销售收入10.67亿元。全年纺织行业累计完成投资7亿元，比上年增8.82%，投资额占全市投资的3.3%。

2021年张家港市规模以上纺织工业企业主要产品产量情况表

表27

产品名称	单位	年产量	比上年增长率（%）
化学纤维	万吨	52.96	2.20
其中：合成纤维	万吨	52.88	2.20
布	万米	8943.77	12.90
印染布	万米	20041.00	18.50
帘子布	万吨	8.59	33.40
毛机织物（呢绒）	万米	5287.57	-6.20
服装	万件	15088.77	-5.10

【龙杰化纤公司绿色复合纤维新材料项目竣工】 苏州龙杰特种纤维股份有限公司成立于2003年，注册资本1.19亿元，是一家专业生产差别化涤纶长丝的大型民营高科技纺织新材料企业。2020年4月，公司发挥专注功能性、差别化涤纶长丝和PPT纤维业务优势，优化产品结构，投资5亿元建设新材料生产与研发项目，其中3.59亿元投入绿色复合纤维新材料生产项目。该项目占地面积2公顷，建筑面积7万平方米，年产5万吨绿色复合纤维，其中PTT新型纤维2.5万吨、弹性复合纤维2.5万吨，达产后年新增销售收入8.9亿元，利税1.06亿元；同时建设高性能特种纤维研发中心项目，对生产高性能、多功能纤维产业化作前期研究，开发新产品，为工业化生产提供可行性的生产工艺和产品指标。该项目于2021年6月设备安装到位，12月竣工。

【联宏纺织公司启动数字经济产业园建设】 江苏联宏纺织有限公司始建于1956年5月，1998年通过产权制度改革，改制为民营企业，是全市重点骨干企业之一。有固定资产6亿元，占地面积27万余平方米，员工700余人。2019年公司通过“两化融合”贯标管理体系认定，建立完整的产品质量监控体系，实施分级管理统一管控，实行全过程质量动态监测机制。重视人才培养和梯队建设，建立健全激励和考核制度，引入PCS、MES、ERP三大管理系统，与苏州大学等院校进行产学研合作，提升产品的附加值，依托江苏省企业技术中心——江苏省多功能新型纱线材料工程技术研究中心、省研究生工作站等研发载体，研发出纳米抗菌、轻薄超细等系列新产品，攻克多项技术难题，获得13项国家发明专利、69项国家实用新型专利和5项江苏省高新技术产品项目、2项新产品鉴定。2019年，染色车间、电脑针织车间被评为苏州市示范智能车间。染色车间配备53台中国香港盟熊染缸，采用德国SETEX电脑控制，通过ORGATEX中控软件，直接将染色工艺参数与染缸控制系统进行对接，配备意大利染料助剂全自动称料配送系统TECNORAMA系统自动输送染料助剂，辅助盛格染料立体仓库自动称料系统、意大利全自动滴液机等设备。宏丰电脑针织车间配备85台全自动电脑横机，针对自动化程度、技术高的设备，全部安装EMS可操作性执行系统、PLC程序控制和ERP管控系统，数据统一由中央处理器进行指令。采用现场总线、以太网和分布式控制系统等信息技术和控制技术，建立车间级工业互联网，车间内主要产出工段设备全部实现互联，对生产车间设备运行进行实时监控、故障报警和诊断分析。并可在手机客户端查阅相关资料，重要数据更能自动、及时备份。同时能在生产过程中根据工艺设计、产品参数进行数据采集，自动进行调整，使生产出来的产品质量保持一致。后包装系统，能自动将产品根据不同规格指令，进行二维码生成和识别，根据各机台的产品自动判别并进行分类，通过建立数字档案了解每个批次产品的生产过程和使用物料情况，整个生产全过程可追溯。为加速数字化建设，公司在张家港高新区启动数字经济产业园规划建设，规划面积6.67公顷，拟投资10亿元，建立网红直播基地，围绕跨境电商、电子商务、物联物流仓储、工业云服务平台，与知名平台合作，建立订单处理中心，设计融打样中心、检验验品中心、仓储物流中心于一体，以纺织行业为主的产业服务平台。公司2021年销售收入5.5亿元。

（陈 洋 何增丁 黄伟斌 闵 洁 卢嘉辉）

机电工业

【概况】 2021年，全市规模以上机电工业企业完成工业总产值1036.11亿元，比上年增17.22%，占全市规模以上工业总量的17.34%。主要涉及化工压力容器制造、锅炉及锅炉附件制造、汽车及零部件、输变电设备、机床及精密机械制造、建筑机械、吊装机械、环保机械、洗涤及分离机械制造、纺织机械、医疗机械、电子类等众多门类。全市机电行业建有以保税区与经开区(杨舍镇)为中心的高端机械制造工业园,以乐余镇为中心的汽车及汽车零配件生产集群地,以冶金园(锦丰镇)三兴办事处为主的塑机、饮机生产集群地,以大新镇为中心的五金工具生产集群地和以高新区(塘桥镇)为中心的纺机生产集群地等。全年销售收入超10亿元的企业有9家,其中江苏长江润发集团有限公司72.89亿元,江苏爱康实业集团有限公司36.72亿元,苏州天沃科技股份有限公司26.47亿元,张家港广大特材股份有限公司26.01亿元,苏州海陆重工股份有限公司19.89亿元,张家港富瑞特种装备股份有限公司16.34亿元,江苏宏宝集团有限公司13.92亿元,张家港中环海陆特锻股份有限公司10.86亿元,江苏现代威亚有限公司10.83亿元。全年机电行业累计完成投资89.6亿元,比上年增29.59%,投资额占全市投资的42.2%。

2021年张家港市规模以上机电工业企业主要产品产量情况表

表28

产品名称	单位	年产量	比上年增长率(%)	产品名称	单位	年产量	比上年增长率(%)
金属集装箱	万立方米	7.71	24.00	滚动轴承	万套	12219.10	44.50
电力电缆	万千米	1.45	−3.30	锂离子电池	万块	38560.50	59.80

2021年张家港市机电工业企业投入1亿元以上竣工项目情况表

表29

企业名称	项目内容	项目类别	总投资(万元)	竣工时间
丰田合成(张家港)科技有限公司	扩建年产140万个毫米波自动避撞车标项目	外资技改	11072	5月
丰田合成(张家港)科技有限公司	扩建年产228万套汽车安全气囊气体发生器项目	外资技改	12400	5月
信义电源(苏州)有限公司	年产13亿瓦时锂电池储能系统及电池包项目	港资非技改	50320	6月
江苏能华微电子科技发展有限公司	大功率器件生产线智能化改造项目	内资技改	11545	7月
泰林转向科技(张家港)有限公司	年产600万台电动助力转向系统中间轴及3万吨特种钢管项目	内资非技改	20000	11月
江苏灿勤科技股份有限公司	扩建年产介质波导滤波器8000万个项目	内资技改	60000	11月
江苏薪泽奇机械股份有限公司	高端机械装备研发制造项目	内资非技改	15000	11月
张家港南源光电科技有限公司	无卤低烟环保线缆改性加工生产线项目	内资技改	12000	12月
苏州富淼膜科技有限公司	年产950套分离膜设备制造项目	内资非技改	10800	12月
张家港兰生中睿企业管理有限公司	智能装备及配件组装项目	内资非技改	50000	12月

【丰田合成公司2个汽车配件项目竣工】 丰田合成(张家港)科技有限公司成立于2003年10月23日,是日本丰田合成株式会社投资的一家日本独资企业,总投资4000万美元,注册资本2100万美元,占地面积9万平方米,主要生产、销售汽车方向盘及安全气囊等汽车零部件。2021年5月,新增2个汽车配件项目竣工投产。其中,扩建年产140万个毫米波自动避撞车标项目投资1650万美元,改建涂装车间2956平方米,生产原料为透明聚碳酸酯、黑聚碳酸酯、六苯乙烯胶卷、黑色涂料等,主要工艺流程为双色成型、热印、去毛边、热处理,溅镀、黑色涂装、加温、3次成型、硬膜涂装、外观检查、打磨抛光、衰减率检查、剪交口,采购双色成型机、烫印机、去毛边机、喷镀机、除湿机、光线透射率计、电阻表等主要生产设备173台。扩建年产228万套汽车安全气囊气体发生器项目投资1880万美元,改建厂房3528平方米,改建仓库38平方米,新建加、排气站200平方米,合计面积3766平方米。生产原料为外壳、扩散器、管体、氧气、氩气等;主要工艺流程为激光焊接、气体填充、耐压试、泄露试验、微型气体发生器铆接、穿孔加工、电气特性试验、泄露试验、外观检查、装箱。采购爆破片焊接机、气体充填机、组装机、容器试验机等主要生产设备50台(套)。

【能华微电子公司开展智能化改造】 江苏能华微电子科技发展有限公司成立于2010年6月,注册资本1.02亿元。建有万级、千级、百级、十级无尘车间,工艺涵盖从外延生长、器件制备到封装测试等关键环节。拥有氮化镓(GaN)外延片、功率和射频器件等产品,各类参数已具有世界领先水平。公司已列入攀峰计划企业,以科创板上市为目标,力争成为世界一流的化合物半导体IDM公司。年内,投资1.2亿元智能化改造大功率GaN器件生产线,搭建MES(生产过程执行管理系统)等系统,购置安装新设备,达产后实现月产量3万片。

(陈 洋 何增丁 黄伟城 苏栋汇 闵 洁)

化学工业

【概况】 2021年,全市规模以上化学工业企业完成工业总产值881.87亿元,比上年增21.85%,占全市规模以上工业总量的14.76%。其中,石油加工、炼焦和核燃料加工企业3家,完成工业总产值8.74亿元;化学原料及化学制品制造企业91家，完成工业总产值698.14亿元；橡胶和塑料制品制造企业90家，完成工业总产值161.97亿元；医药制造企业11家，完成工业总产值13.02亿元。全年销售收入超10亿元的企业9家，其中江苏华昌（集团）有限公司161.87亿元、张家港东华能源股份有限公司51.48亿元、江苏长顺集团有限公司39.97亿元、陶氏硅氧烷（张家港）有限公司38.14亿元、佐敦涂料（张家港）有限公司30.16亿元、泰柯棕化（张家港）有限公司26.82亿元、陶氏化学（张家港）有限公司25.9亿元、瓦克化学（张家港）有限公司18.89亿元、陶氏有机硅（张家港）有限公司18.59亿元。全年化学工业累计完成投资32.1亿元，比上年减26.15%，投资额占全市投资的15.1%。

2021年张家港市规模以上化学工业企业主要产品产量情况表

表30

产品名称	单位	年产量	比上年增长率（%）	产品名称	单位	年产量	比上年增长率（%）
硫酸（折100%）	万吨	146.67	17.80	化学农药原药（折有效成分100%）	万吨	0.76	−26.90
纯碱（碳酸钠）	万吨	69.13	0.30	塑料制品	万吨	27.11	−62.90
合成氨（无水氨）	万吨	54.03	−11.90	水泥	万吨	324.51	−2.10
农用氮、磷、钾化学肥料（折纯）	万吨	34.25	−9.50	商品混凝土	万立方米	583.93	25.10

2021年张家港市化学工业企业投入1亿元以上竣工项目情况表

表31

企业名称	项目内容	项目类别	总投资（万元）	竣工时间
陶氏有机硅（张家港）有限公司	年产1.2万吨有机硅树脂扩建项目	外资非技改	32385	4月
庄信万丰（张家港）环保科技有限公司	年产600万件机动车尾气催化剂项目	外资非技改	77256	10月
胜牌（张家港）润滑油有限公司	润滑油防冻液生产项目	外资非技改	66800	12月

【华昌集团推进转型升级】 2021年，江苏华昌（集团）有限公司全年实现销售收入170.74亿元，比上年增41.36%；外贸出口30.34亿元，比上年增18.98%；自营出口3.46亿美元，比上年增35.17%；实现利税42.69亿元，比上年增249.75%；利润38.29亿元，比上年增264.32%；入库税金10.28亿元。下属核心企业江苏华昌化工股份有限公司推进转型升级项目，2台每小时260吨高温超高压循环流化床（6号、7号锅炉）投入试生产；聚酯树脂、新戊二醇二期、1,3-丁二醇，年产30万吨丁辛醇、异辛酸等项目加快实施；建成新材料聚酯树脂研发中心和市场营销部，与吉林市道特化工科技有限责任公司合作成立苏州华昌道特化学技术研发有限公司；新戊二醇车间获评江苏省智能制造示范车间，华昌智典新材料（江苏）有限公司被确定为安全生产二级标准化企业；与南京大学共建氢能催化剂研发公司，氢气充装站和加氢站投入试运行，逐步构建氢能“产—学—研—用”完整体系。下属苏州市华昌能源科技有限公司氢能重卡项目启动，12月17日，自主研发生产25台65千瓦氢燃料电池发动机（型号HCEA70）交付金龙联合汽车工业（苏州）有限公司。该氢燃料电池发动机实现了核心部件全套自主化，系统模块化高度集成化，控制系统高精度智能化，具备完全自主知识产权，助力氢燃料电池汽车的示范运行。下属江苏七洲绿色化工股份有限公司启用新的管理架构，七洲研究院独立负责新产品工艺技术研发、原有产品技术改进创新和各公司的产品技术支持与创新、杂质合成、技术鉴定，持续保持行业技术领先优势；入选张家港领军人才1人、姑苏重点产业紧缺人才4人、苏州高端人才3人；申请发明专利5件、申请注册商标32件；由七洲公司投资的山东亿盛二期高端精细化学品项目，入选山东省优选项目，企业引入世界最先进的美国杜邦安全管理模式，对生产、包装、仓储、运输等实行全过程智能化管理，研发的精草铵膦是国家“十四五”期间重点支持发展项目，性能高于国际同类产品2倍，远销美国、德国、日本、澳大利亚等100余个国家和地区。下属张家港市华瑞危险废物处理中心有限公司全年处置各类危险废物38525吨，处置总量列全省前茅，获江苏省高新技术企业认定和AA级“两化融合”管理体系评定。下属张家港市江南锅炉压力容器有限公司获江苏省高新技术企业认定，创建张家港市“沈佑刚电焊技能大师工作室”和企业研究生工作站，获评江苏省专精特新“小巨人”企业，申请专利6件，研发科技项目备案6项。

【陶氏公司张家港有机硅树脂工厂落成】 1月15日，陶氏公司张家港有机硅树脂工厂落成仪式举行，总投资6900万美元，位于陶氏公司在张家港保税区设立的有机硅一体化生产基地内。项目于2019年6月奠基，2021

年4月投产。投产后年产1.2万吨有机硅树脂，大幅提升陶氏公司高附加值有机硅树脂的全球产能，满足全球相关行业和新兴市场对特种有机硅产品需求。陶氏公司张家港生产基地占地140万平方米，有员工950余人，于2002年投产，是美国陶氏公司在中国最大的生产基地，拥有中国最大、最先进的有机硅一体化生产装置。陶氏公司在张家港市平均每18个月就上1个新项目，2020年3月与张家港保税区签署合作备忘录，未来5年投资3亿美元实施项目扩产，大幅提升有机硅中间体和产品的产能。高附加值有机硅树脂是一种高科技材料，是制造特种有机硅产品的关键原材料，广泛应用于家居与个人护理、压敏胶、消泡剂和二次光学等领域。如能在最高150摄氏度的温度下维持长达6000余个小时的出色光学透明度的可塑性光学有机硅，成为汽车照明制造商Hella新车灯设计成功的重要因素之一。

（陈　洋　何增丁　黄伟城
陈饶忠　苏栋汇）

食品工业

【概况】 2021年，全市规模以上食品工业企业完成工业总产值342.42亿元，比上年增38.51%，占全市规模以上工业总量的5.73%；完成营业收入403.7亿元，比上年增51%，实现利税11.54亿元，利润9.56亿元。其中规模以上农副食品加工企业10家，完成工业总产值325.58亿元；食品制造企业7家，完成工业总产值7.83亿元；酒、饮料和精制茶制造企业2家，完成工业总产值9.01亿元。全年营业收入超1亿元的企业8家，其中超10亿元的企业5家。中粮东海粮油工业（张家港）有限公司营业收入220.43亿元，路易达孚（霸州）饲料蛋白有限公司张家港分公司营业收入89.56亿元，益江（张家港）粮油工业公司营业收入51.05亿元，阿胡斯卡尔斯油脂（张家港）有限公司营业收入10.38亿元，江苏梁丰食品集团有限公司营业收入14.24亿元。

表32　2021年张家港市规模以上食品工业企业主要产品产量情况表

产品名称	年产量	单位	比上年增长率（%）
精制食用植物油	194.07	万吨	1.00
小麦粉	22.77	万吨	1.90
饲料	315.76	万吨	17.60
乳制品	3.60	万吨	23.70
饮料酒	5.48	万千升	4.00

【阿胡斯卡尔斯公司植物油项目投产】 阿胡斯卡尔斯油脂（张家港）有限公司成立于2014年3月，由位于瑞典的国际知名特种植物油生产研发企业欧阿胡斯卡尔斯集团投资建设，总投资9亿元，注册资本3.53亿元，占地面积6.67公顷，已先后建成生产食用植物油、烘焙食品添加剂，巧克力涂层、代可可脂、人造奶油等油脂制品，天然食品添加剂、婴幼儿奶粉营养成分添加剂、护肤品原料添加剂等产品线。生产线由欧洲设计，部分设备由欧洲直接生产安装，从国外采购高端的实验检验设备，在国内同行业率先通过质量管理体系认证。一期项目总投资6亿元，注册资金3500万美元，占地6.67公顷，于2017年10月投产。是年，扩建年产10万吨植物油及制品项目启动，二期项目总投资2亿元，无新增工业用地，建筑面积800平方米，于2021年投产。主要产品为高端营养品及婴儿奶粉用油脂等。

【"啃馋你"系列产品登陆线上网络平台】 张家港苑味斋卤味食品有限公司是一家专门从事鸡鸭类休闲肉制品的生产企业。2011年创立于塘桥镇。旗下"啃馋你"品牌系列产品于2012年8月上市，其口感、品质、包装设计、产品定位、营销策略等均优于市场同类产品，新产品上市后，2年内销量翻番。2013年9月，迁址至凤凰镇双龙村工业园区，其硬件设施达到肉制品行业的标准水平。持续扩大产品线，在烤制技术工艺上创新推出充氮包装风干鸭脖系列，无额外添加防腐剂，依靠氮气保鲜。2018年11月7日，江苏啃馋你食品有限公司成立并启动项目建设，占地1.47公顷，总投资1.1亿元。2021年7月，完成整体车间内部设计装修，新增专业生产自动化设备。其销售网络覆盖全国，有大润发、吉麦隆、沃尔玛等大型商超及"老婆大人""好想来""糖巢量贩零食"等知名品牌休闲零食连锁加盟店，同时发挥网络平台优势，拓展线上推广平台，"啃馋你"系列产品在天猫、淘宝、京东、拼多多、抖音等主流电商平台均实现销售，全年销售额超5700万元。

（刘　琳　苏栋汇　谢凤姣）

其他工业

【概况】 2021年，全市工业除冶金、纺织、机电、化学、食品行业外，有其他行业类别规模型企业171家，全年完成工业总产值448.19亿元，占全市规模以上工业总量的7.51%。其中，皮革、毛皮、羽毛及其制品和制鞋企业4家，完成工业总产值2.51亿元；木材加工和木、竹、藤、棕、草制品企业2家，完成工业总产值6242万元；家具制造企业1家，完成工业总产值1.13亿元；造纸及纸制品企业8家，完成工业总产值13.8亿元；印刷业和记录媒介复制企业35家，完成工业总产值43.43亿元；文教、工美、体育和娱乐用品制造企业16家，完成工业总产值36.95亿元；非金属矿物制品企业71家，完成工业总产值128.5亿元；废弃资源综合利用企业8家，完成工业总产值18.5亿元；电力、热力生产和供应企业10家，完成工业总产值90.53亿元；燃气生产和供应企业7家，完成工业总产值99.8亿元；水的生产和供应企业4家，完成工业总产值4.75亿元；金属制品、机械和设备修理业2家，完成工业总产值2.58亿元；其他制造企业3家，完成工业总产值5.09亿元。全年其他行业累计完成投资47.33亿元，比上年增22.3%，投资额占全市投资的22.3%。

2021年张家港市其他工业企业投入1亿元以上竣工项目情况表

表33

企业名称	项目内容	项目类别	总投资（万元）	竣工时间
信义玻璃（江苏）有限公司	日熔化量580吨和900吨优质浮法玻璃生产线技术改造及配套深加工项目	港资非技改	198770	3月
江苏沙钢集团有限公司	新建东区每日15万吨中水回用项目	内资非技改	13131	6月
江苏沙钢集团有限公司	新建综合利用余渣处理项目	内资非技改	25550	8月
江苏沙钢集团有限公司	固废综合处理资源循环利用二期项目	内资非技改	55000	9月
江苏张家港酿酒有限公司	沙洲优黄展示中心项目	内资非技改	23500	12月
市贝杨橡胶制品有限公司	数控机床制造项目	内资非技改	18000	12月
国一制纸（张家港）有限公司	年产10万吨高级特种纸生产项目	外资技改	44500	12月

【电力工业】 2021年，全市有省调电力生产企业2家，装机运行容量4918.48兆瓦；地方（热）电力生产企业13家，装机运行容量1110.3兆瓦；分布式光伏发电容量379.04兆瓦。运行的2家省调电力生产企业中，张家港沙洲电力有限公司2台630兆瓦机组完成发电量61.93亿千瓦小时，上网电量58.54亿千瓦小时，供电标准煤耗为每千瓦小时300.1克，2台1000兆瓦机组完成发电量90.70亿千瓦小时，上网电量86.36亿千瓦小时，供电标准煤耗为每千瓦小时283.63克，实现售电收入49.19亿元，利润11.76亿元，入库税金1.47亿元。张家港华兴电力有限公司2台390兆瓦燃气机组完成发电量6.01亿千瓦小时，上网电量5.89亿千瓦小时，实现售电收入3.86亿元，净利润1.26亿元，入库税金7400万元。2台439.24兆瓦燃气机组完成发电量20.24亿千瓦小时，上网电量19.85亿千瓦小时，实现售电收入10.78亿元，净利润7400万元，入库税金1500万元。全市地方热电生产企业共13家（含分布式光伏发电项目379.04兆瓦）有供热管网298千米，供热量2974.64万吉焦，发电量51.15亿千瓦小时，其中上网电量7.12亿千瓦小时，自发自用电量36.01亿千瓦小时，综合厂用电量8.02亿千瓦小时。其中，6月21日，张家港博丰新能源科技有限公司稻壳综合利用气化发电5.5兆瓦机组并网发电；12月31日，张家港骏马涤纶制品有限公司热电厂2台15兆瓦燃煤机组关停。

2021年张家港市（热）电力企业基本情况表

表34

（热）电厂名称	发电机组			锅炉		
	单机功率（兆瓦）	台数（台）	合计（兆瓦）	额定蒸发量（吨/小时）	台数（台）	合计（吨/小时）
张家港沙洲电力有限公司	630.00	2	3260.00	1913.00	2	3826.00
	1000.00	2		3100.00	2	6200.00
张家港华兴电力有限公司	390.00	2	1658.48	364.00	2	728.00
	439.24	2		434.00	2	868.00
张家港保税区长源热电有限公司	35.00	2	70.00	220.00 75.00	4 2	1030.00
张家港永兴热电有限公司	15.00	2	30.00	100.00	3	300.00
张家港市印染厂	6.00	2	12.00	65.00 50.00	1 1	115.00
江苏沙钢集团有限公司	50.00	4	200.00	220.00	4	880.00
	50.00	4	200.00	78.00	4	312.00
	135.00	2	270.00	400.00	2	800.00
	16.20	2	32.40	120.00	2	240.00
江苏富森科技股份有限公司	4.50	1	4.50	75.00	2	150.00

续表34

(热)电厂名称	发电机组			锅炉		
	单机功率(兆瓦)	台数(台)	合计(兆瓦)	额定蒸发量(吨/小时)	台数(台)	合计(吨/小时)
张家港骏马涤纶制品有限公司热电厂	15.00	2	30.00	130.00 150.00	2 1	410.00
双狮(张家港)精细化工有限公司	50.00 3.00	2 1	103.00	167.00	2	334.00
江苏永钢集团资源综合利用电厂	80.00	1	80.00	265.00	1	265.00
江苏华昌化工股份有限公司热电厂	12.00 25.00	2 1	49.00	75.00 130.00	3 2	485.00
北控环境再生能源(张家港)	6.00	2	12.00	22.80	3	68.40
江苏碧康环保能源有限公司	1.10	4	4.40	–	–	–
张家港博丰新能源科技有限公司	5.50	1	5.50			
信义玻璃(江苏)有限公司	7.50	1	7.50	16.50 12.50	2 1	45.50
分布式光伏发电项目	—	—	379.04	—	—	—

【新型墙材生产】 2021年,全市新型墙体材料生产企业6家,为张家港市华恒新型建筑材料有限公司、江苏亿大新型墙体材料有限公司、张家港市新乘建材制造有限公司、张家港市苏房墙体材料有限公司、张家港市永茂住宅工业有限公司、江苏德丰建设集团建筑科技有限公司。墙体材料年生产能力5.47亿块标砖,实际产量3.96亿块标砖,其中新型墙体材料产量3.96亿块标砖,占墙材总量的100%。生产新型墙体材料与生产传统的烧结黏土砖相比,相当于节约土地43.54公顷,节约能源2.45万吨标准煤,减少二氧化硫排放4900吨。全年生产新型墙体材料利用工业固体废渣21.16万吨。全年城镇房屋使用新型墙体材料建筑竣工面积367.64万平方米,新墙材建筑比例为97%。

【香港敏华控股高端家居智能核心部件制造基地项目签约】 4月30日,中国香港敏华控股高端家居智能核心部件制造基地项目签约仪式举行。中国香港敏华控股有限公司是集研发、制造、销售、服务于一体的大型跨国智能家居企业,创立于1992年,为中国香港联交所上市企业,市值640亿港币,是全球家居产业的创新者和智能家居推动者,拥有芝华士、头等舱等品牌,全国门店近4500家。该项目利用冶金园(锦丰镇)的码头资源,以及沙钢集团原材料采购配送一体化的优势,引进全球先进的自动化设备和工业机器人,建设高端家居智能核心部件生产线,总投资10亿美元,建成后可实现年销售收入48亿元、年缴纳税收4亿元。

【东方雨虹张家港绿色建材智能生产基地项目开工】 5月27日,东方雨虹张家港绿色建材智能生产基地项目落户大新镇。北京东方雨虹防水技术股份有限公司成立于1998年,是一家以防水业务为核心,民用建材、节能保温、非织造布等多元业务为延伸的建筑建材系统服务商,为国内防水建筑材料行业龙头企业。该项目总投资20亿元,占地面积24公顷,其中一期规划用地15.53公顷、二期规划用地13.53公顷。主要研发生产新型防水卷材、节能保温材料、特种砂浆等绿色新型建筑材料,同时创建江苏区域总部。项目建成投产后实现年产值28亿元、纳税1.8亿元。11月25日,一期项目开工建设,两年后在建项目陆续投产。

(陈　洋　何增丁　黄伟城
曹生明　俞　峥　刘康瑞)

新兴产业

【概况】 2021年,全市规模以上新兴产业企业实现工业产值2732.06亿元,比上年增14.4%,占全市规模以上工业总产值的46.8%。其中,新材料产业实现产值1615.97亿元,比上年增14.1%;新能源产业实现产值257.04亿元,比上年增32.2%;新装备产业实现产值506.18亿元,比上年增4.3%;智能电网及再生利用产业实现产值271.23亿元,比上年增24%;新医药及其他产业实现产值81.64亿元,比上年增10.4%。全年新兴产业完成投资199.05亿元,比上年增16.3%,占工业总投资的93.68%,转型升级步伐不断加快。其中,新能源产业投资22.58亿元,比上年增59.5%;新材料产业投资46.3亿元,比上年增32.8%;生物和新医药产业投资5.4亿元,比上年增162%;节能环保产业投资51.05亿元,比上年减12.6%;软件和集成电路产业投资5.55亿元,比上年增21.2%;智能电网和物联网产业投资12.07亿元,比上年增344.3%;新型平板显示产业投资14.75亿元,比上年增53.6%;高端装备制造产业投资41.33亿元,比上年减7.7%。

2021年张家港市新兴产业分行业产值完成情况表

表35

产业分类	年产值（亿元）	比上年增长率（%）	产业分类	年产值（亿元）	比上年增长率（%）
新材料	1615.97	14.10	智能电网及再生利用	271.23	24.00
新能源	257.04	32.20	新医药及其他	81.64	10.40
新装备	506.18	4.30	合计	2732.06	14.40

【信义集团光能面板项目开工】 1月23日，全市第一季度项目集中开竣工活动在冶金园举行，现场举行信义集团光能面板项目奠基仪式。该项目总投资8亿美元，注册3亿美元，主要生产太阳能装备用2毫米以下厚度轻质高透面板，采用信义光能自主研发的智能化、连续化全自动生产技术，具有低能耗、低排放、高效率等特点，超宽生产等多项关键技术填补国内空白。项目预计2022年投产，建成后形成年产光能面板2.3亿平方米，实现年销售收入45亿元，税收3.6亿元。信义集团创建于1988年，2005年在中国香港联交所主板上市，信义系共4家中国香港联交所上市公司，即信义玻璃、信义光能、信义香港、信义能源，总市值超3000亿港币，其中信义光能和信义玻璃上榜2020年中国上市企业市值500强榜单。信义光能是全球最大的太阳能装备用面板制造商，占有全球超35%的市场份额，居世界第一。信义集团在冶金园的产业布局总投资16.6亿美元，达产后预计年销售收入136亿元，年缴纳税收11亿元，包括高端浮法玻璃和LOW-E镀膜玻璃项目、风能储能投资总部项目、储能锂电池项目、高档节能玻璃深加工项目和光能面板项目等。其中，高端浮法玻璃及深加工项目总投资4亿美元，注册资本2亿美元，占地29.23公顷，产品用于高档汽车玻璃、电子玻璃等，投产后预计年销售21亿元，税收1.9亿元。2021年，一期项目已投产，二期项目进行钢结构吊装，于年末竣工投产。储能锂电池项目两期总投资1亿美元，注册资本3700万美元，占地8.78公顷，建成20亿瓦小时的储能锂电池、储能集成模块生产线，项目已投产。

【丰倍生物公司环保新材料项目开工】 6月9日，全市第二季度重大项目集中开竣工活动在保税区举行。现场举行江苏丰倍环保新材料应用研究院揭牌仪式和苏州丰倍生物科技有限公司环保新材料项目培土奠基仪式。苏州丰倍生物科技有限公司创立于2014年，是江苏省唯一从事油脂副产品和油脂资源综合利用加工的领军人才企业、省高新技术企业。公司环保新材料项目总投资10.8亿元，总占地面积68745.9平方米，采用国际领先的闭环零排放生产工艺，以油脂加工副产品和非食用油脂为原料生产油酸甲酯，用于工业表面活性剂、生物柴油和土壤修复剂，年产油酸甲酯30万吨、工业级混合油1万吨、农用微生物菌剂5万吨、复合微生物肥料1万吨及副产品生物柴油5万吨、甘油8200吨。

（陈　毅　俞　峥　苏栋汇）

江苏沙钢集团

【概况】 江苏沙钢集团总资产超3000亿元，职工4万余人，年产钢能力超4000万吨，为江苏省重点企业集团、国家特大型工业企业、全国最大的民营钢铁企业。沙钢集团做精做强钢铁主业的同时，围绕产业链条纵向延伸、横向拓展，发展资源能源、金属制品、金融期货、贸易物流、风险投资、大数据等多元产业，配套提供仓储配送、延伸加工、电子商务、保税物流、融资担保、综合服务等功能平台，培育新的战略支撑点和效益增长点，已成为跨行业、跨地区和跨国界的企业集团。先后获"中国钢铁行业改革开放40年功勋企业""全国用户满意企业""中国质量服务信誉AAA级企业""中国诚信企业""国家创新型企业""中国环境保护示范单位""国家能效四星级企业""全国钢铁行业清洁生产先进企业""中华慈善奖企业""中国钢铁'A⁺'级竞争力极强企业"等称号。主导产品涵盖普钢、优钢和特钢各大类，形成150余个系列，1.4万个品种，超6000个规格，应用于航空航天、国防核电、石油化工、轨道交通等领域，远销至100余个国家和地区。其中，特钢产品应用于新型歼击机、大型运输机、舰载机的重要部件以及"嫦娥工程""天宫系列空间试验室"、神舟"飞船""长征系列运载火箭"等航天工程；优钢产品应用于沪苏通大桥、平潭海峡公铁两用大桥、港珠澳大桥、"西气东输"等重点工程项目以及中老铁路、克罗地亚佩列沙茨大桥等"一带一路"国际交流合作项目。2021年，面对疫情防控、全球流动性过剩、原辅材料价格高位剧烈波动等形势，沙钢集团围绕节能减排，降本增效，加快结构优化，推进转型升级，实现生产经营平稳高效。全年完成铁、钢、材产量分别为3427万吨、4423万吨、4244万吨，实现营业收入3028亿元、利税349亿元，分别比上年增13.5%、63.5%，利润连续多年居国内同行第二位。在世界500强企业排行榜中列第308位，实现13年蝉联榜单；在《环球钢讯》全球钢企排名中，居第4位；在中国民营企业500强、中国企业500强排名中，分别列第17位、第87位。7月27日，沙钢集团获评首批"江苏省科技创新发展奖优秀企业"。10月25日，被省政府授予"2021年江苏省省长质量奖"称号。

【沙钢集团5项自主研发新品通过鉴定】 12月25日，江苏省工业与信息化厅组织召开沙钢集团新产品鉴定会，沙钢集团5项自主研发的新产品均通过鉴定。其中，"2300兆帕级预应力钢绞线用盘条SWRS92Si-TP""大厚度高品质塑料模具钢S2311""TMCP型海上风电基础桩用钢DH36"整体技术达到国际领先水平，"高品质无取向硅钢50W470""环保型热镀锌家电板DX51X+Z-E"达到国际先进水平。全年开发新品55种,每吨钢新增利润超过50元的新产品全年累计销售超150万吨,实现新品开发及工艺优化创效约8亿元。全年获得授权专利309件,其中发明专利69件,入选2021年中国及全球钢铁企业专利创新指数榜单。“近终型短流程薄带铸轧稳定化生产关键技术创新及应用”项目获2021年度中国钢铁工业协会冶金科学技术奖一等奖和江苏省科学技术奖一等奖。

【沙钢集团参与两项国际标准制定】2021年,沙钢集团作为国际标准化组织(ISO)国际标准专家组成员,先后参与制定钢筋混凝土用不锈钢钢筋、桥梁缆索钢丝用盘条两项国际标准。此两项标准均由中国牵头、沙钢集团与冶金工业信息标准研究院等单位共同研究制定,其中钢筋混凝土用不锈钢钢筋国际标准提案于3月10日被ISO批准立项(ISO/NP 6435),为沙钢集团对外承接的首个钢筋领域专用国际标准,填补国际标准空白,将中国不锈钢钢筋企业的技术纳入国际标准,为规范全球不锈钢钢筋的生产和贸易提供了技术保障。桥梁缆索钢丝用盘条国际标准提案于5月12日被ISO批准立项(ISO/NP 6819),为首个盘条领域专用国际标准,该标准制定以中国桥梁缆索钢丝用盘条行业标准(YB/T 4264-2020)为基础,同时填补国际标准空白,标志中国参与盘条领域国际标准化工作取得重大突破。

【国内最大的矿粉C型料场全线贯通投运】4月16日,国内最大的矿粉C型料场——沙钢集团3号C型料场全线贯通投运。该料场占地总面积6.15万平方米,建筑体积358.2万立方米,可储存80万吨球团用铁精矿和烧结矿粉。这是集“环保、节能、自动化、智能化”为一体的大型智慧料场,实现全过程全封闭无人可视化操作,从根本上解决料场扬尘、扬散、流失等物料损耗,达到超低排放标准。近年,沙钢集团投资超300亿元进行环保提标升级改造,先后实施焦化烧结烟气脱硫脱硝,料仓、出铁场、皮带通廊全封闭改造,全流程配备除尘装置等100余项重大环保技改工程,每吨钢环保运行费用超280元,其生产工序均达到超低排放标准,多项指标居全国同行先进水平。

【全国最大石灰石水洗生产线建成投运】8月23日,沙钢集团在国内首创石灰石“滚筒”水洗模式生产线正式上料投运。该生产线占地面积为其他水处理系统的十分之一,每小时可水洗石灰石300吨,洗净率95%以上,为国内运行能力最大的水洗产线,技术工艺行业领先。该石灰石水洗机应用滚筒洗衣机原理,360度洗净石灰石夹带的泥沙等杂质,阻断运输扬尘,达到超低排标准;对冲洗后的浑水实行全循环,水洗车间墙外装置水处理系统,两个储水塔之间建有沉淀池、过滤池、反应池等净化设施,采用全新水处理工艺、实现泥水分离,使水源全部回收利用;滤出的泥沙通过压滤机压制成泥饼,作为烧结矿的原料,整条生产线完全实现经济效益、环境效益、质量效益多赢。

石灰石水洗生产线　　（沙钢集团　提供）

【沙钢集团企业文化建设】1月6日,张謇企业家学院在南通市委党校揭牌,会上沙钢集团获评“2020中国民营企业社会责任领先企业”。3月11日,沙钢集团有限公司工会获评2020年度全省机冶石化系统“最美职工之家”。4月27日,沙钢集团有限公司获评“全国五一劳动奖”。5月20日至29日,在沙钢集团本部及各成员企业进行“献礼百年华诞,建功百年沙钢”优秀共产党员暨劳模、功勋代表先进事迹巡讲活动。6月30日,沙钢集团举行“红歌交响,扬帆百年”庆祝中国共产党成立100周年大会,1000余名党员、干部和职工代表参加。7月1日,沙钢集团红色教育基地“初心如磐”党建馆开馆。该馆面积近500平方米,展示沙钢集团在中国共产党领导下“与国家共成长、与时代共奋进”所取得的辉煌成就。7月21日,沙钢集团捐款5000万元驰援河南抗洪抢险救灾。9月3日,再次向市慈善总会捐赠1000万用于冶金园扶贫帮困、园企慈善共建以及退役军人帮扶、援疆关爱等项目。9月17日,沙钢集团足球队代表江苏参加第十四届全国运动会群众比赛项目十一人制足球男子组企事业单位组赛事,获“道德风尚奖”。11月30日,由中央广播电视总台与中国钢铁工业协会联合制作的六集大型纪录片《钢铁脊梁》在中央电视台经济频道播出第二集《钢铁纵横》,讲述沙钢集团辉煌的发展历程。12月16日,沙钢集团捐资1.3亿元用于杨锦公路北延伸段提档升级、锦丰第二中心小学新建、锦丰初级中学改扩建工程。12月,2021年中国企业慈善公益500强系列榜单发布活动中,沙钢集团有限公司入选“2021中国企业慈善公益500强”“中国企业抗洪捐赠500强”,沙钢集团党委书记沈彬获评“2021中国慈善企业家”称号。（王　杰）

【编辑　沈立平】

建筑业·房地产业

Architecture & Real Estate

梁丰初级中学西校区　（市住建局　提供）

建　筑
装　潢
房地产

張家港年鑑(2022)

建 筑

【概况】 年内，全市建筑业企业完成建筑业总产值221.12亿元，竣工产值161.21亿元；房屋施工面积1790万平方米，其中新开工房屋建筑面积678万平方米。江苏德丰建设集团有限公司、张家港市双山建筑工程有限公司、江苏兴港建设集团有限公司获评2021年苏州市建筑业优秀企业。年内，全市受理各类企业资质事项申报308家次。全市建筑业资质企业总数518家，其中施工总承包企业226家、专业承包企业399家、劳务分包企业98家，企业主、兼营（增项）涉及专业32个。全市拥有建设工程勘察甲级资质企业1家；拥有建筑设计资质企业3家，均为甲级；拥有工程监理企业14家，包含甲级6家、乙级8家；拥有工程造价咨询企业12家。全市建筑业企业从业人员6.08万人，其中工程技术人员1.05万人，有国家一级注册建造师895人、国家二级注册建造师2983人。有国家注册监理工程师299人，有国家一级注册结构师10人，一级注册建筑师13人，注册岩土工程师3人，注册设备工程师4人。

【建筑市场管理】 年内，以“互联网+政务服务”和“工程建设项目审批制度改革”为主线，进一步推进“放管服”改革。做好省“互联网+监管”系统中82条事项的监管事项和动态维护，事项全部实现在线办理，实际用时在承诺时间的基础上平均压缩19.25%。全年住建窗口办理各类事项2545件，办件零差错、零投诉。施工图审查，对满足条件的工程，实行自审承诺制，缩短审图时间。10月，智慧客服系统审图“店小二”正式上线，即时响应建设单位、勘察设计单位业务咨询、查询、互动等需求。在已实现项目招投标全流程电子化的基础上，利用市公共资源交易信息化平台，构建“不见面开标”新模式，把开标会议从线下搬到了网上，实现从“面对面”到远程“键对键”在线开标，相对于传统开标过程省时近50%。加强招投标诚信体系建设，强化建设工程招投标过程重要节点监督，查处1起涉及2个投标单位的投标人涉嫌串通投标行为。加强建设工程招标代理机构事中事后监管。建立综合评价机制，根据综合评价结果在日常监管、专项督察、政策扶持、评优表彰等工作中实行差别化管理，对9个招标代理单位进行累计20分的考核扣分处理。全年完成建筑工程发包495个标段，建筑面积711.07万平方米，总合同金额为234.66亿元。其中，招标发包287个标段，建筑面积240.66万平方米，中标金额102.47亿元，平均下浮率为11%。探索房屋建筑和市政基础设施工程联合验收新模式，通过规范验收内容和程序、共享验收信息、提高流转效率，实现工程竣工验收和部门联合验收同步实施，减少企业验收环节用时，年内组织联合验收项目101项。持续深化诚信体系建设，加大监管力度，规范从业行为。在苏州市公共资源交易平台的张家港频道共录入企业黑名单及不良记录374家次，其中黑名单155家次，人员黑名单及不良记录71人次，其中黑名单25人次。组织诚信月系列活动，开展建筑业企业信用评价，核发企业年度信用管理手册144件。年内，共向市文明办报送红榜信息42项，黑榜信息15项。加强建筑市场源头治理，加大监管交底力度，对初次发现的不规范行为，通过约谈、发放警示告知书的形式及时告知，共完成市场行为交底293项次，约谈企业14家次。通过常态化日常巡查、高比例专项排查、不间断系统预警等方式相结合，打击“三包一靠”，推动实名制考勤、农民工工资支付等工作落实。全年开展各项检查1346项次，开具责令整改通知单81份，移交处罚34项，不良行为记分16家。加强造价管理与服务，组织开展造价咨询企业咨询质量专项检查，检查企业27家，抽查咨询项目36个，检查结果总体情况较好。全年发布材料信息价14期，发布人工工资指导价2期，组织开展造价网络培训3期，完成计价解释159起，争议调解11起。依法查处建筑领域各种违法违规建设行为，共受理各类移交案件240起，立案233起，作出行政处罚决定218起，处罚金额1208.05万元。贯彻落实《保障农民工工资支付条例》和国家、省、市关于根治欠薪工作的总体要求，扎实做好日常调解，坚持源头治理、标本兼治，防范和化解清欠工作中的各类矛盾纠纷。全年累计受理、调处清欠投诉事件458起，涉及农民工2760人，金额6680.5万元。

【工程建设管理】 市建筑行业监管部门以工程质量提升为目标，完善层次分明、重点突出的分类监管架构，质量监管更精细、标准、规范。加强主体结构质量监管，实行主体结构实体抽测新规定，除混凝土强度抽测频次加倍外，对主体抽测不合格或现场处理过的构件，适当扩大检测范围。加大建筑原材料监管力度，不定期对施工现场的重要原材料进行抽查。严格执行分户验收制度，全年验收住宅工程168幢，建筑面积129万平方米，住宅分户验收率100%。推进质量标准化建设，多次组织现场工程质量标准化观摩、优质工程互联网VR视频云观摩活动，引导企业加强工程质量安全要点控制，强化施工企业质量保证体系的建设。全年在建监督项目3178项，监督总面积2019万平方米。组织监督巡查12次，巡查工程106项；对工程实体结构检验抽测1469次，比上年增75%；对587个桩基检测工程进行检测数据和行为的远程监控。完成原材料检测191715份，其中不合格报告2128份，不合格报告占比为1.11%。年内，有19项工程获评苏州市“姑苏杯”优质工程。加强勘察设计管理，对施工图质量较差的4家装饰设计企业进行约谈；累计完成施工图设计审查项目380余项；审查面积约1300万平方米，纠正违反强制性条文657条、强制性标准3801条。抓好监理履职管理，开展监理人员专题培训2次，培训监理从业人员180余人。先后组织监理履职专项检查、冬季施工监理安全管理履职行为专项检查等，强化监理责任落实。全年检查项目300余项次，责令整改55项次，通报项目12项，约谈企业15家，移交调查处罚11项次，对80余名总监进行计分管理。推动成立市建筑业协会监理与造价咨询专委会,引导行业自律。共评审张家港市级标准化监理项目27项,7个项目获评苏州市标准化监理项目,其中3个项目被推荐申报省级标化监理项目。推进建筑产业现代化,在土地出让环节明确建筑产业现代化相关要求,共出具《项目建设条件意见书》16份,涉及建筑面积130万平方米。12月,组织召开建筑预制“三板”应用现场观摩会。全年新开工装配式建筑面积141.4万平方米,新开工成品住房面积46.9万平方米。大力发展绿色建筑,新建民用建筑绿色建筑占比100%,年内创二星级绿色建筑设计标识和运行标识项目各2项,总面积31.6万平方米;创三星级绿色建筑运行标识项目1项,面积16.2万平方米。树立“隐患即事故”的理念,营造和谐稳定有序的安全生产环境。全年受监房屋建筑(市政)项目569项。开展安全生产月活动,组织“百团进百万企业千万员工”安全生产宣讲,提高从业人员安全防范意识。强化施工现场重大风险防控,对161个超过一定规模、危险性较大的分部、分项工程进行专家论证,并在实施过程中跟踪管理。结合“119”消防月活动,指导、督促56家施工企业239个工程项目开展建筑施工消防安全应急演练活动。开展建筑施工安全生产执法检查,严厉打击“三抢”(抢时间、抢工期、抢进度)等违法违规行为。在全市建筑施工领域实行“苏安码”监管。全面推广使用塔机起重机安全监控管理系统和吊钩可视化视频系统,全年安装系统412台。开展安全生产大检查、大整治。侧重“危大工程管控”“起重机械安全使用”“危化品使用”“建筑施工火灾隐患排查”“防高坠、物体打击”等方面,加大监督检查执法力度,严厉打击“三违”(违章指挥、违章操作、违反劳动纪律)行为,实施行政处罚、联合惩戒。累计巡查工程1369次,签发建设工程施工(局部)停工整改通知书95份、建设工程施工安全隐患整改通知书336份。对违反相关法律、法规规定的,移交处罚73起。强化建筑工地扬尘管控,严格执行“四不开工”原则,应对季节性重污染天气,做好应急保障工作。年内16个工地获评省级标准化文明示范工地、5个工地获评苏州市级标准化文明示范工地。

【市建筑行业党建联盟成立】 年内,市建筑业管理部门积极探索“党建+”新模式,凝聚行业党组织向心合力,激发建筑企业内生动力,展现行业发展创新活力,实现党建与业务双向促进、同步发展。12月22日,市住建局组织召开“虹筑之家”提升行动发布暨建筑行业党建联盟成立大会,并发布《张家港市建筑行业党建联盟章程》。市委组织部、市住建局相关领导及市建筑行业党建联盟首批20家联盟企业负责人和党务负责人参加活动。联盟按照“党建引领、提升素质、优化服务、完善管理”的核心精神,成立“红色引领”“行业标尺”“项目加速”“志愿服务”4个先锋行动支部,筑强党建堡垒,服务行业高质量发展。

【市建筑业协会监理造价咨询专业委员会成立】 9月28日,市建筑业协会监理造价咨询专业委员会成立大会暨第一次会员代表大会在江苏众信工程投资项目管理咨询有限公司召开。会议选举产生专委会主任、副主任及秘书长,审议通过了《张家港市建筑业协会监理造价咨询专业委员会自律公约》等文件。专委会以服务行业高质量发展为目标,深入推进行业诚信建设,维护行业市场秩序,践行社会责任,着力引导行业做好工程建设的“辅警”和“参谋”,推动全市监理造价咨询行业稳步前行。成立后,协会年内先后组织标准化监理项目创建培训、配合迎接苏州市标准化监理项目考评小组2021年下半年标准化项目进行评审等活动。10月30日,为进一步提升“标准化监理项目”创建品质,专委会邀请苏州市建设监理协会专家到张家港举办“标准化监理项目”创建培训、检查辅导等活动。专委会成员单位各企业技术负责人及相关项目总监共60余人参加了培训。通过活动的开展,更好地推动工程监理相关法律法规、规范标准、政策文件在工程一线落地实施生效,发挥工程监理对工程建设的保障作用。

【审图“店小二”上线运行】 10月1日,由张家港市建设工程设计审查中心研发的审图“店小二”智慧客服系统经内测调试,正式上线运行。审图“店小二”智慧客服系统旨在即时全方位响应建设单位、勘察设计单位业务咨询、查询、互动等需求,内设有九大业务菜单,内容包含施工图审查政策规定、报审流程、报审资料清单、收费标准及其他常见咨询问题等,实现7×24小时在线答疑、业务咨询零排队。用户可通过关注“张家港住建”微信公众号或登录“张家港市建设工程施工图数字化审查系统”,即可登陆审图“店小二”系统进行查询、咨询。审图“店小二”可通过电脑端、移动手机端登陆,两种模式可满足建设单位、勘察设计单位不同办公环境的不见面咨询需求。轻轻点击想要查询的业务,即可一键直达想要的答案。并且设置关键词查询功能,例如:搜索“意见”或者“进度”,就能获得解答,既方便又快捷。此外,还设置“意见和建议”专栏,以及时获取社会各方的意见建议。

2021年张家港市获苏州市“姑苏杯”(房建等类)优质工程情况表

表36

工程名称	承建(参建、监理)单位	项目经理
市第一人民医院科教综合用房项目	江苏双山建筑工程有限公司 江苏华通工程管理有限公司 江苏兴安建设集团有限公司 深圳远鹏装饰集团有限公司	赵晓忠

续表36

工程名称	承建（参建、监理）单位	项目经理
锦丰商务中心工程	江苏兴港建设集团有限公司 江苏众信工程投资项目管理咨询有限公司 江苏兴安建设集团有限公司	王玉梅
电力生产检修大楼	江苏顺力建设集团有限公司 江苏众业工程管理咨询有限公司 深圳远鹏装饰集团有限公司	张　妤
张地2006-A19-C号地块（阳光锦程C地块）10号、11号房	江苏德丰建设集团有限公司 江苏众信工程投资项目管理咨询有限公司	徐晓东
通信连接产品制造项目厂房	江苏乐建建设有限公司	郭建华
标准型厂房车间一、车间二、车间三	苏州第一建筑集团有限公司 江苏华申项目管理咨询有限公司	王志强
张家港高级中学公共人防、看台	江苏德丰建设集团有限公司 江苏众信工程投资项目管理咨询有限公司	孙　姣
动迁安置房（北海花苑8至10号房）	苏州市苏城建筑安装工程有限责任公司 江苏华通工程管理有限公司	张忠华
张地2006-A19-D号地块（阳光锦程）三期2号、8号房	江苏双山建筑工程有限公司 江苏华通工程管理有限公司	李　钢
西溪花苑三期动迁安置用房2号、4号房	张家港市永联建筑安装工程有限公司 江苏众业工程管理咨询有限公司	郭香华
福新苑二期动迁安置用房项目9号、10号房	江苏德丰建设集团有限公司 张家港市建筑设计研究院有限责任公司	顾　凯
新东社区二期动迁安置用房4号、6号	江苏德丰建设集团有限公司 江苏华通工程管理有限公司	陶进军
玉景天筑15号、16号楼	江苏鹿苑建设集团有限公司 江苏众信工程投资项目管理咨询有限公司	朱卫东
动迁安置房（北海花苑20号、23号、24号房）	苏州兴业建设发展有限公司 江苏华通工程管理有限公司	夏利达
动迁安置房（振兴花苑二期19号、20号房）	苏州市苏城建筑安装工程有限责任公司 江苏华申项目管理咨询有限公司	陈　涛
动迁安置房（振兴花苑二期14号、18号、21号房）	江苏宏帆建设工程有限公司 江苏华申项目管理咨询有限公司	李步高
新民花苑动迁安置用房二标段4号、5号房、9号、10号房及东侧地下汽 车库（只申报5号房、9号房、10号房）	张家港市东莱建筑工程有限公司 江苏华通工程管理有限公司	许明皋
玉景天筑8号、10号楼	江苏鹿苑建设集团有限公司 江苏众信工程投资项目管理咨询有限公司	曹宇刚
西溪花苑三期动迁安置用房5至8号房	张家港市建业建筑安装工程有限公司 江苏众业工程管理咨询有限公司	李孟浩

（徐荣华）

装　潢

【概况】 2021年年末，全市在市场监管部门登记注册的装潢企业480余家。市装修装饰行业协会（商会）有会员118个。会员企业中，装饰企业77家（公装39家、家装38家），装饰材料生产与经销商28家，室内环境检测单位2个，景观装饰单位1个，加固公司9家，院校1家。当地会员施工企业中具有国家施工资质的27家，其中具有一级施工资质的7家、二级施工资质21家。据不完全统计，会员企业全年完成设计、施工产值16.5亿元，比上年增6.2%，其中公装（含幕墙）12.1亿元（外地市场6.87亿元），比上年增7.1%；家装产值4.4亿元，比上年增5.4%；建材生产经销商销售额近12亿元。4月，协会组织开展2021年度张家港市“梁丰杯”优质（建筑、幕墙、景观）装饰工程奖和2021年度张家港市“家庭装饰示范”优质工程奖评选活动。经专家考评，20项工程获“梁丰杯”优质（建筑、幕墙）装饰工程奖，10项家庭装饰工程获“家庭装饰示范”优质工程奖。协会推荐的豪斯、佑典、美芝3家企业的4个装饰工程获苏州市“姑苏杯”（装饰类）优质工程奖；9月，协会组织开展张家港市第十五届（2021）“菊花杯”室内外装饰优秀设计奖大赛，经设计师现场答辩，专家考评，13个设计作品获优秀设计奖。协会会员企业豪斯、深圳远鹏、创佳、大正、时代金承、鲁班、美芝7家企业9个装饰工程获2021—2022年度中国建筑工程装饰奖。

【“九洲杯”第三届室内装饰方案创意设计大赛举办】 8月16日，由市装修装饰行业协会（商会）、张家港九洲家居（市场）有限公司主办，张家港月星家居广场管理有限公司承办，沙洲职业工学院建筑工程系、市融媒体中心（传媒集团）协办的2021年ICDC张家港市“九洲杯”第三届室内装饰创意设计大赛启动。通过报名、初审、现场答辩等环节，于12月2日与16日经专家初评、终评，大赛领导小组审定，网上公示，评选出30个作品分别获大赛的金奖，最佳公装、家装（创意、实景）奖、灯光、软装、形象、陈述、视觉奖和优秀设计奖。金奖获得者为光合作用空间研究室孟晓虎，设计作品为“太空漫游概念店”。

【5家企业获评市根治欠薪红榜家装企业】 为持续规范全市家装企业工资支付行为，10月，张家港市根治拖欠农民工工资工作领导小组下发通知，由市装修装饰行业协会推荐，经指导培育、综合评审、名单公示等程序，评定5户家装企业为2021年度张家港市根治欠薪红榜家装企业，他们分别是：广东华浔品味装饰集团江苏有限公司张家港分公司、张家港市建筑设计研究院有限责任公司装饰装潢分公司、张家港市金海澜装饰设计工程有限公司、张家港恒大建筑装饰工程有限公司、张家港满堂红装饰工程有限公司。

2021年张家港市装修装饰工程获苏州市级以上奖项情况表

表37

奖项	承建单位	项目名称
苏州市“姑苏杯”优质工程奖	江苏豪斯建设工程有限公司	新建张家港市危化品道路运输综合服务中心提标项目装饰工程
	江苏豪斯建设工程有限公司	永联小镇东街酒店群3号、5至8号装饰工程
	江苏佑典建设工程有限公司	商务（办公）用房（沙洲湖金城大厦）幕墙
	张家港美芝建设工程有限公司	张家港康丽专科医院装饰工程（含水电）
2021—2022年度中国建筑工程装饰奖	江苏豪斯建设工程有限公司	新建张家港市危化品道路运输综合服务中心提标项目装饰工程
	深圳远鹏装饰集团有限公司	张家港市第一人民医院科教楼综合用房项目装饰工程
	深圳远鹏装饰集团有限公司	电力大厦检修大楼、仓库装饰工程
	江苏创佳装饰设计工程有限公司	研发用房C楼室内装饰工程
	江苏创佳装饰设计工程有限公司	实验小学西校区室内装饰工程
	苏州大正建设有限公司	金香苑幼儿园室内装饰工程
	江苏时代金承工程有限公司	江苏奥斯佳材料科技有限公司综合楼室内装饰工程
	江苏鲁班建设集团有限公司	中宜京都大酒店3号楼会议中心室内装饰工程
	张家港美芝装饰装潢工程有限公司	乘航小学室内装饰

（秦亚琴）

房　地　产

【概况】 2021年，市房管中心坚持“房住不炒”定位，不断提升市场监管水平，促进全市房地产市场平稳健康发展。至年末，全市有房地产开发企业103家，其中一级资质企业2家、二级资质企业3家、三级资质企业1家、暂定二级资质企业60家、暂定三级资质企业37家。全市完成房地产开发投资277.62亿元，比上年增12.4%；商品房施工面积912.66万平方米，比上年减3.82%。新开工面积299.76万平方米，比上年增3.7%。竣工商品房面积238.23万平方米，比上年减36%。市区预销售面积140.16万平方米，比上年减2.69%。新核准预售商品房20612套、267.08万平方米，比上年增8.38%。新建商品房成交14836套、214.97万平方米，比上年减3.42%，二手住房成交13649套、176.53万平方米，比上年减1.46%。全市新建商品住房成交均价每平方米15530元，比上年增0.52%，其中市区成交均价每平方米17934元，比上年增0.9%。

2021年张家港市主要竣工楼盘情况表

表38

楼盘	所在区域	开发企业	竣工日期
朗樾名邸1至3幢、5至13幢、15至19幢及地下车库	凤凰镇	张家港中昂地产有限公司	1月22日
誉珑名邸1至3幢、5幢、6幢、8至12幢、18至22幢、27至31幢、36至39幢及地下车库	杨舍镇	张家港建丰房地产开发有限公司	1月25日
泱誉名邸15幢、20幢、26幢、31幢及地下车库	杨舍镇	张家港建祥房地产开发有限公司	1月26日
中凯城市之光花园B区地下车库	杨舍镇	张家港嘉凯城房地产开发有限公司	3月15日
清源名邸19至21幢、23至25幢、27至29幢、31至33幢、43幢	锦丰镇	苏州新赫房地产开发有限公司	3月15日
清源名邸26幢、30幢、34至41幢	锦丰镇	苏州新赫房地产开发有限公司	3月16日
云樾兰庭1至10幢及地下车库	杨舍镇	张家港城西碧桂园房地产开发有限公司	3月17日
阳光锦程3幢、6幢、9幢、12幢、18幢	杨舍镇	张家港市金厦房地产开发公司	4月22日
都会花园11至17幢	杨舍镇	张家港万鑫置业有限公司	4月26日
茗悦华庭S3幢	杨舍镇	张家港市祥盛房地产开发有限公司	4月27日
凤凰春晓花园21至23幢、25至29幢及地下车库	凤凰镇	张家港市金厦置业有限公司	4月29日
青茂源商业广场1幢、2幢	锦丰镇	江苏扬子江沙洲置业有限公司	5月25日
泱誉名邸32幢	杨舍镇	张家港建祥房地产开发有限公司	6月11日
泱誉名邸10幢	杨舍镇	张家港建祥房地产开发有限公司	6月16日
阅塘名邸5至9幢、17幢、18幢、26幢、27幢、37幢、38幢	杨舍镇	苏州昌明置业有限公司	6月22日
誉珑名邸83幢、W1幢	杨舍镇	张家港建丰房地产开发有限公司	6月29日
阅塘名邸地下车库	杨舍镇	苏州昌明置业有限公司	7月1日
绿智科技中心（B幢）	杨舍镇	张家港市金茂投资发展有限公司	7月1日
绿智科技中心（A幢）	杨舍镇	张家港市金城投资发展有限公司	7月1日
清源名邸8幢、15幢、22幢	锦丰镇	苏州新赫房地产开发有限公司	7月5日
凤凰印象花园1至3幢、5至13幢及地下车库	凤凰镇	张家港市金厦房地产开发公司	7月7日
创富大厦	杨舍镇	张家港杰德置业有限公司	7月16日
锦润华庭15幢、18幢	锦丰镇	张家港恒顺房地产开发有限公司	7月20日
嘉瑞商业广场1至3幢及地下车库	杨舍镇	张家港市富玺房地产开发有限公司	7月27日
铂悦花园38幢、39幢及地下车库	杨舍镇	张家港中联铂悦房地产有限公司	7月30日
尚东名邸综合楼（富民路586至596号）	塘桥镇	张家港城东碧桂园房地产开发有限公司	8月13日
悦港名邸1至36幢房及配电房、地下室	金港街道	张家港中联置业有限公司	8月23日
都会花园18至22幢楼及地下车库	杨舍镇	张家港万鑫置业有限公司	9月15日
美邻生活广场2至4幢及地下车库	杨舍镇	金新城置业集团有限公司	9月24日

续表38

楼盘	所在区域	开发企业	竣工日期
清源名邸一期地下车库	锦丰镇	苏州新赫房地产开发有限公司	9月26日
金农联大厦	杨舍镇	张家港新农联置业发展有限公司	9月26日
暨阳湖苑228幢、229幢、250至253幢、255幢、256幢、275幢、276幢、278至280幢、286幢、290幢及地库	杨舍镇	张家港世茂房地产开发有限公司	9月30日
云锦名邸1至20幢及地下车库	金港街道	苏州明湖房地产开发有限公司	10月12日
悦湖雅居1至9幢及地下车库	杨舍镇	张家港智茂置业有限公司	10月22日
依云兰庭1至2幢、4至8幢、10至15幢及地下车库	杨舍镇	张家港市广鑫汇房地产开发有限公司	10月22日
云樾兰庭11幢、12幢	杨舍镇	张家港城西碧桂园房地产开发有限公司	11月2日
好佳雅园商业1幢	塘桥镇	张家港市好家房产有限公司	11月22日
润锦花苑8至12幢及地下车库	锦丰镇	张家港玖隆房地产开发有限公司	11月26日
云筑3幢、5幢、7至15幢	塘桥镇	张家港弘盛置业有限公司	12月17日
滨湖名邸16至23幢、25幢及地下车库	杨舍镇	张家港慧茂置业有限公司	12月21日
玉璟雅苑9至12幢、15至19幢、1-1号地下车库	锦丰镇	张家港保税区鑫悦房地产有限公司	12月29日

【住房保障】 2021年，市房管中心贯彻落实“加快建立多主体供给、多渠道保障、租购并举的住房制度，让全体人民住有所居”的奋斗目标，加快完善以公租房、保障性租赁住房和共有产权住房为主体的住房保障体系。全力解决新市民、青年人的周转性住房困难。降低准入门槛，提高补贴标准，加大住房保障力度。年内进一步上调公共租赁住房和共有产权保障性住房收入控制线，家庭人均月可支配收入从4600元以下提高到4790元以下，让更多的住房困难人群享受到政策红利。不断提升公共租赁住房管理水平，为公租房项目安装智能门锁、开发信息管理平台。棚户区改造有序推进。全市新开工棚改项目1项，新开工棚改安置房616套，基本建成2076套，超额完成上级下达张家港市新开工棚改安置房300套，基本建成1800套的目标任务。获中央和省级棚改项目补助资金153万元，全部下拨到项目主体。公共租赁住房保障稳步实施。经审核公示，有164户家庭符合公共租赁住房租金补贴保障条件，确保城镇住房保障家庭租赁补贴发放120户目标任务的完成。为企业外来务工人员和新就业人员及张家港市户籍家庭提供公共租赁住房869套，为164户家庭发放公共租赁住房租金补贴96万余元。保障性住房购房补贴货币化保障政策稳步推进。2019年，市政府出台《张家港市保障性住房购房补贴发放规定》，进一步完善住房保障体系，将住房保障对象扩大到全市范围内的中等偏下收入住房困难家庭，让更多的住房困难家庭能够享受到政府优惠政策。2021年，共受理19户中等偏下收入住房困难家庭的申请，经审核，有16户家庭符合条件，将于2022年1月1日至2023年12月31日期间内陆续保障，确保实现应保尽保。24户家庭已购房并领取补贴，累计发放购房补贴688万余元。

【房政管理】 2021年，市房管部门完善房产交易线上服务，在“张家港住建”微信公众号业务查询项中增设“存量房交易预约”服务，提高办理效率。全年办理全市二手房交易备案18116笔，比上年增7.1%；成交面积192万平方米，比上年增1%。会同建行和全市主要房地产中介机构共同启用苏州市住房租赁信息服务与监管平台，将房屋租赁管理纳入信息化、数字化监管，更加快捷地为租赁双方办理房屋租赁登记备案证明，并与公安、新市民服务中心实现租赁备案信息共享。全年办理租赁登记备案48笔，备案面积16.57万平方米，重点办理好“人才安居”“新市民入户”和上市企业房屋租赁登记备案工作。持续优化二手房交易资金托管服务，吸纳招商银行作为二手房托管银行，全市托管银行数量增加到16家（工行、建行、农行、中行、交行、张农商行、邮储银行、江苏银行、苏州银行、上海银行、浦发银行、华夏银行、民生银行、光大银行、中信银行、招商银行），拓宽交易双方对托管银行的选择；根据实际服务需求，在40个银行网点开设二手房交易资金托管服务，并同银行房贷业务有效结合，进一步方便交易双方，提升服务品质。全年新增存量房交易资金托管9022笔，比上年减7.15%；申请托管总额87.04亿元，比上年增5.72%；托管平台账户支付房款87.05亿元，比上年增10.32%；存入资金85.93亿元，比上年增8.47%。

【物业管理】 2021年，市房管中心响应政府防疫工作要求，要求全市各物业企业配合社区扎实做好疫情防控工作，保障业主的健康安全。1月，市住建局出台《关于进一步明确张家港市既有多层住宅增设电梯财政补贴相关事项的通知》，推进张家港既有多层增设电梯工作，明确补贴对象、补贴政策、补贴范围及申请程序；4月，出台《张家港市既有多层住宅增设电梯操作流程（试行）》，进一步规范全市增设电梯的申办流程，加强施工监督管理；8月，张家港市既有多层住宅增设电梯办事大厅正式启用，便于群众咨询、办理手续。年内，组织可行性论证237处，专家组论证130台，联合审查112台，核发施工告知书103台，41台完工，70台电梯在施工建设中。党建引领行业建设，在2020年“海棠管家”试点的基础上，扩大试点范围，试点项目由21项增至35项，新成立1个物业企业党支部，选聘党建指导员分片包干指导未成立党支部的物业企业开展党建工作，糅和社区、物业、业委会党员力量，促进物业服务领域健康发展。试点动迁安置小区物业服务收费和停车收费，在南丰镇、冶金园（锦丰镇）、经开区（杨舍镇）安置小区进行试点，带动周边居民建立“花钱买服务”的意识，主动交纳物业服务费。探索“物业+养老服务”模式，长乐物业在滕丰小区、金香花苑进行试点，金新城物业汇金花园对已建成的养老活动中心进行适老化改造，利用员工食堂，提供助餐服务。督促指导各物业企业对照全国文明城市创建关于住宅小区的指标要求进行整改，完成整改4483处。在名都花苑、前溪花园开展“文明楼道、你我共建”志愿服务活动。督促物业企业做好电梯、消防等涉及安全的设施设备管理和防汛、防台、防冻等各项安全管理工作，开展“双随机”检查。5月，《张家港市商品住宅小区物业服务质量“红黑榜”评价办法（试行）》出台，第二、第三、第四季度均发布“红黑榜”。开展“加大物业服务收费信息公开力度让群众明明白白消费”工作，全市各物业服务企业签订信息公开承诺书，规范物业服务企业收费信息公示行为。汇金中心、综治大厦物业管理项目获评省示范物业管理项目，汇金花园、钢村嘉园等6个项目获苏州市示范物业管理项目。做好物业管理项目的招标指导，核实和办理东方瑞景花园、观河锦园、美好风华雅园等16个前期物业管理协议招标项目，总面积223.55万平方米。办理清源名邸、凤凰春晓花园等28个物业用房的产权明晰工作，项目建筑面积331.87万平方米，物业用房面积2.82万平方米，配比均达到千分之七以上。全年归集住宅专项维修资金25419万元，核准使用维修资金1375.82万元。指导业主大会和业委会建设，全年指导鼎尚花园、雅美阁花园等18个业委会成员增选选举工作。全年受理物业投诉4083起，协调沟通处理受理人民信件61件，物业纠纷调解255件。

【不动产登记改革】 2021年，市不动产登记中心办理不动产登记18.09万件，其中产权登记11.4万件、抵押权登记6.24万件、查封登记8149件。推广“互联网+不动产抵押登记”方式，与建行、农行等36家商业银行开展“互联网+不动产抵押登记”业务，群众可直接在银行不动产登记便民服务网点，一站式办理线上抵押登记和抵押注销登记，构建“线上申请、即时审核、立等可取”的不动产抵押登记模式，办理线上抵押登记27496笔，发放电子登记证明17225笔，缩短企业融资时间，降低融资成本。与法院联动开展“互联网+不动产查控”业务，实现司法查询、查解封业务线上办理，全年线上平台共办理法院查解封登记4337笔。联合市税务局创新推出不动产交易登记综合缴费服务，统一出具综合受理单，全年不动产交易纳税登记综合缴费服务成功办理8621笔，为企业群众节省大量时间。严格落实预告登记制度，充分利用银行便民服务网点，联合工行、建行、农行、邮储银行32家商业银行，率先在全市开展双预告和预转本登记银行一站式服务，成功办理业务1092笔，实现购房人、售房人、银行三方共赢。全力推进“交房（地）即发证”，全年完成交地即发证52笔，土地面积2490379.95平方米，出让（租赁）金37.81亿元，交房即发证69套，房屋面积9786.62平方米。整合多方数据构建智能平台，设立EMS水电气网联办窗口，开展二手房过户登记、水电气网有线电视过户及不动产证书EMS邮寄业务联合办理，全年办理3858笔相关业务，邮寄证书3858份，实现多个事项“一个窗口、一次办结”。同时，依托“张家港自然资源和规划”微信公众号，实现不动产申请电子材料下载、登记费用支付、办件进度查询、证书真伪查询“一条龙”服务，通过政务集成平台和“苏易登”App提供不动产登记信息、不动产登记证明实时查询、二手房交易登记等功能。张家港市不动产登记营商环境评价连续三年全省第一。

（陈晓军）

【住房公积金归集使用】 2021年，张家港住房公积金管理中心围绕公积金制度扩容，推进归集扩面工作，多次召开扩面工作推进会、服务企业政策宣讲会，加大对企业的宣传引导，组织实施个体工商户及其雇工、灵活就业人员缴存使用公积金工作，不断提升公积金制度普惠面。强化民生保障功能，深入企业开展公积金租房委提宣讲，指导缴存职工通过苏州公积金App办理公积金租房提取，当年租房提取342笔，金额161.25万元。老旧小区加装电梯提取公积金政策落地后借助张家港电台“抖音”账号、电台连线、电视台采访等方式宣传利用好政策，为符合条件的职工家庭提前上门预审材料，全年办理8笔，金额32.45万元；面向全市中等偏低收入住房困难家庭开展购买保障性住房公积金贷款贴息办理专场，办理贴息业务55笔，金额18.47万元。开设“跨省通办”服务专窗、长三角公积金“一网通办”工作专窗，完善“台前代收、台后联办”工作机制，办理异地贷款77笔，4204万元。试点推进乡镇政务中心全业务综窗改革，打通服务职工的“最后一公里”。持续提升公积金服务温度，在大厅增设“党员先锋岗”、“孝·爱陪办岗”、“巡检值日岗”，为老弱病残孕等特殊群体提供专岗接待、专业讲解、专窗办理、专

国泰熙庭雅苑

（市住建局　提供）

人跟进的“四专”服务；实施大厅服务“午间不打烊”便民利民微实事，持续开展预约服务、现场服务、上门服务、周六服务、代帮代办服务，营造“贴心、舒心、安心”的服务体验，打造最优营商环境住房公积金“最美窗口”。全年归集住房公积金50.9亿元。本年基数调整率85.45%，通过基数调整增加月缴额3548万，人均缴存额1138元。全市新增开户职工4.2万人，净增缴存职工1.6万人，新增缴存单位3353家，新增个体工商户缴存250人，自由职业者缴存57人，期末缴存人数32.4万人。各类提取公积金37.3亿元，年发放公积金贷款5333笔26.7亿元，历年累计助力职工安居圆梦资金469.9亿元。

（缪怡佳）

【景云房产打造“三恒”精装科技住宅】 国泰景云房产为国泰集团旗下的当地地产企业，项目位于暨阳西路南侧，泗港路东侧，名为熙庭雅苑。总占地面积40874.8平方米，出让地价每平方米15300.14元，总建筑面积10.72万平方米，容积率1.8，由9幢高层组成，共446户，绿化率33%，车位配比每100平方米1.3个，有2个出入口，两进两出人车分流。项目为“恒温、恒湿、恒氧”三恒精装科技住宅，已取得绿色建筑三星证书。装修整体风格为流行的现代简约风格，主材均采用一线品牌，橱柜引进德国进口柏丽橱柜。项目最大的亮点在科技系统，通过打造地源热泵系统和顶棚辐射系统，可实现全年室内温度保持在18至26摄氏度。精选超洁净新风系统，配置三级过滤系统，过滤$PM_{2.5}$达到95%，并监控送入室内空气温湿度，让室内湿度全年保持30%至70%的人体舒适范围。1.5小时完成一次全屋空气置换，24小时不间断。项目还通过五重降噪系统，从景观、社区动线规划、入户系统、门窗部件、同层排水等方面，全方位呵护居家环境，消除生活中的各种噪音，打造安静舒适的家。另外还配备净水系统，有效过滤水中的有害物质，提供健康洁净的直饮水。熙庭雅苑除了拥有合理的楼间距，大开间户型，大尺度阳台，打造理想光环境，还配备外遮阳卷帘、LOW-E玻璃等新型材料。所有的细节都充分考虑当代人对于健康概念的需求，从居住者的角度打造设计。年内已售11120平方米68套，销售金额22957万元。

【万科项目打造城市私家花园】 万科公园大道项目位于市区二环内，距离人民路核心行政区域仅一路之隔。项目整体占地面积19.18万平方米，总户数3619户，分三期开发。2015年6月一期对外销售，2019年3月由万科正式接手开发项目的二期和三期，并于是年6月二期开盘，2021年销售面积62303平方米，销售524套，销售金额9亿元，项目二期和三期由万科重新规划和设计，不管是建筑还是园林都做到了匠心升级，建筑设计采用现代典雅的整体立面风格，工艺上采用万科最新的铝膜爬架的设计工艺，打造高质量的万科品质社区，小区景观由上海亦构景观设计公司设计，打造的主题是“万物公园+全龄社区”，呈现有参与性、生态性、主题性的丰富的景观空间。走进公园大道仿佛是一座私家花园，一眼望去绿意盎然，漫步其中，非常惬意。景观采用“一环”“两轴”“多重生活场景”的景观空间结构。旨在为业主打造满足所有年龄层次的业主、即“全生命周期”的生活场所。

（李　凌）

【编辑　张　洁】

服务业

Service Industry

12月，万红新区集贸市场标准化改造竣工开业　（市市场监督管理局　提供）

服务业综情

商　　业

供　　销

粮食和物资储备

专营专卖

电子商务

市　　场

物　　流

服务业综情

【概况】 2021年，全市服务业工作落实各级发展服务经济、促进转型升级的总体要求，强化规划引领，深化融合发展，抢抓有效投资，服务业成为强力牵引经济稳增长的重要引擎。产业地位稳定提升，全年完成服务业增加值1449.58亿元，比上年增9.8%，高于全市GDP增速1.8个百分点，服务业增加值占地区生产总值比重为47.8%。完成服务业投资341.23亿元，比上年增4.8%，占全社会固定资产投资的61.52%。规模以上服务业企业实现营业收入355.14亿元，比上年增25.8%。重点行业稳健运行，社会消费品零售总额800.06亿元，比上年增16.2%。完成商品市场成交额超6200亿元，其中成交额超100亿元5家，超1亿元16家。规模以上服务业10个门类中，6个行业营业收入增速超20%，其中信息传输、软件和信息技术服务业，科学研究和技术服务业，文化、体育和娱乐业分别实现38.2%、35.4%、111.4%的高速增长。集聚效应逐步扩大，市金港物流园区获评省重点物流基地，全市累计获评省重点物流基地4家、省级示范物流园区3家。全市经认定的苏州市级以上现代服务业集聚区达到11家，其中省级服务业集聚（示范）区4家。现代服务业集聚区基础设施和服务功能逐渐完善，初步形成规模化、集约化发展态势。企业实力不断增强，入围全国服务业500强企业14家，入选企业家数再创新高，位居全国县（市）前列。张家港保税港区港务有限公司等3家企业被评定为AAA级物流企业，市盛泰港务有限公司获评省重点物流企业，张家港保税区长江国际港务有限公司等6家企业被认定为张家港市“小巨人”（培育）企业。融合发展持续深化，《张家港市优化提升生产性服务业三年行动计划》实施，张家港市获评2020年度苏州市生产性服务业发展综合评价优秀地区，江苏物润船联网络股份有限公司获评苏州市生产性服务业领军企业。在着力提升生产性服务业总量规模和发展水平的同时，推进先进制造业和现代服务业融合发展，围绕创新体制机制、搭建公共服务载体、完善产业生态、培育新业态新模式、探索重点行业重点领域融合发展新路径、加强示范带动等六方面精准施策。6月，张家港市受邀参加国家级“两业融合”试点（长三角片区）建设工作座谈会并作交流发言，全力打造全省乃至全国“两业融合”县域样本。

金港物流园区 （朱丽辉 摄）

【服务业分行业情况】 据市行政审批局数据，至2021年12月31日，全市（不含张家港保税区）服务业分行业发展状况良好，继续呈现健康、规范、有序的发展态势。其中，交通运输、仓储、邮政业有在册企业（含个体工商户）10410家，比上年增655家，注册资金135.92亿元，从业人员21129人。信息传输、计算机服务业有在册企业（含个体工商户）1564家，比上年增232家，注册资金23.14亿元，从业人员4580人。批发和零售业有在册企业（含个体工商户）62369家，比上年增3529家，注册资金499.93亿元，从业人员154118人。住宿和餐饮业有在册企业（含个体工商户）11533家，比上年增1089家，注册资金27.74亿元，从业人员32742人。金融保险业有在册企业（含个体工商户）462家，比上年增4家，注册资金282.53亿元，从业人员715人。房地产业有在册企业（含个体工商户）1609家，比上年增147家，注册资金395.47亿元，从业人员6708人。租赁和商务服务业有在册企业（含个体工商户）8655家，比上年增1364家，注册资金1531.26亿元，从业人员30835人。其他服务业有企业（含个体工商户）23801家，比上年增2753家，注册资金1037.65亿元，从业人员90649人。

【14家企业位列中国服务业企业500强】 9月，由中国企业联合会、中国企业家协会按国际通行方式，经专家委员会审定后排出的2021年中国服务业企业500强公布，全市有14家服务业企业入选，比上年增4家。企业分别为江苏国泰国际集团有限公司（第135位）、张家港保税区立信投资有限公司（第181位）、东华能源股份有限公司（第213位）、张家港保税区旭江贸易有限公司（第266位）、市沃丰贸易有限公司（第272位）、市泽厚贸易有限公司（第284位）、张家港保税区昌荣贸易有限公司（第313位）、苏州裕景泰控股有限公司（第378位）、张家港保税区日祥贸易有限公司（第394位）、玖隆钢铁物流有限公司（第413位）、张家港保税区彬鹏贸易有限公司（第430位）、张家港银贝贸易有限公司（第446位）、张家港恒泰佳居贸易有限公司（第471位）、江苏张家港农村商业银行股份有限公司（第473位）。其中，昌荣贸易、彬鹏贸易、银贝贸易为新入围企业，张家港农村商业银行为2019年入围企业，2020年退出500强，2021年再次冲入500强。

（崔婷婷 殷 明）

商　业

【概况】 2021年，市商贸业呈现整体平稳发展态势，全市分布有万达广场、曼巴特购物广场、吾悦广场、购物公园、杨舍老街、中骏·世界城、五月花购物广场和凤凰生活广场等集餐饮、购物、娱乐为一体的大型购物场所，有大润发、欧尚、麦德龙、百信生活广场、永辉超市等大型超市，有香港城小商品市场、梁丰五金机电城、九洲家居装饰城、保意建材城、红星美凯龙、月星家居等专业类市场，商品种类丰富，满足居民消费需求。全市11家重点商贸流通企业实现销售额23.56亿元；属全省50强商品交易市场的5家市场实现成交额6208亿元，比上年增46.24%。全市实现社会消费品零售总额800.06亿元，比上年增16.2%。

【餐饮地方特色品牌打造】 市商务局从2017年起设立商务发展专项资金，对新获评中华餐饮名店、江苏餐饮名店及个人荣誉称号获得者予以资金支持，以鼓励和引导餐饮企业引进现代经营方式和先进质量管理模式，推动餐饮行业持续健康发展。2021年，继续坚持品牌引领，打造地方特色，推出“寻味沙洲·领头羊”评选活动。经评选，乐余羊肉馆、乐建味鱼羊鲜、锦丰建宏羊肉店、金港五谷丰登菜馆、大新三郎羊肉酒店、乐余胖子羊肉店、塘桥聚隆羊庄、晨阳周家桥羊肉馆、后塍士明羊肉店、锦丰毛毛羊肉店获评“寻味沙洲·十大领头羊”称号。年内，喜膳园餐厅、华芳新城酒店、永联小镇度假酒店、豪苑大酒店、阳光半岛酒店获评江苏餐饮名店。至年末，全市有馨苑度假村、沙洲宾馆、国贸酒店、联峰宾馆4家中华餐饮名店，华芳金陵国际酒店被列入中餐特色美食企业名录。有江苏餐饮名店25家、苏州餐饮业特色名店10家。

【中骏·世界城开业】 12月18日，位于张家港保税区的中骏·世界城开业。该项目是保税区面积最大、功能最全、体验最佳、业态丰富的一站式城市综合体，建筑面积超12万平方米，定位“一站式家庭欢乐生活革新中心”。外观上，中骏·世界城采用香槟金系列色调，主入口的特色幕墙采用超白玻+背衬铝板，通过铝板的立体编织与韵律，赋予主入口强烈的动感。七成品牌为区域首进，汇集了天虹超市、星轶影城、星巴克、萌多拉、W欢乐王国等150余家各业态主流品牌，并组合有高性价比的城市工厂店。开业当日，总客流21.6万人次，实现销售额1150万元。

【羊肉美食文化街区永乐鲜坊开街】 12月23日，“寻味沙洲·领头羊”推选活动暨首届乐余羊肉文化节开幕，全市首条羊肉美食文化街区永乐鲜坊正式开街。该街选址202县道东侧，永乐中心路两侧、永乐佳宴南侧地块，全长200米，由永乐村在原有建房基础上投资200万元建成。乐建味·鱼羊鲜、胖子羊肉、孙记羊肉、乐余羊肉馄饨等5个单位成为乐余羊肉联盟商家。乐余羊肉采用当地散养山羊，味道香气浓郁，肉酥而不烂、口感鲜而不腻，颇为有名，乐余镇被市烹饪技术协会授予“羊肉美食之乡”称号。永乐鲜坊还引进乐余非遗特色文化，成立永乐杂货铺与乡村振兴直播间，推进羊肉产业、杂货周边、特色农副产品协调发展，带动农民增收和产业发展。

（许柏宏　孙雁群　秦　香）

永乐鲜坊　　（乐余镇　提供）

供　销

【概况】 市供销合作总社下辖管理11家集体企业（市青草巷农副产品批发市场、市农业生产资料总公司以及9家基层供销社）、3家控（参）股企业（市惠农物资有限公司、市青草巷生鲜配送有限公司、市供商烟花爆竹公司）以及5家转制企业。2021年，全系统实现销售收入105.1亿元，比上年增2%，实现消费品零售额1.6亿元，实现利润2161.1万元，分别比上年增6.7%和7.1%。农副产品市场交易额74.9亿元，其中张家港地产农产品市场交易额14.5亿元，分别比上年增7.2%和4.3%。年内，市供销合作总社和金港供销社等6家基层供销社被评为市文明单位。市青草巷农副产品批发市场和市惠农物资有限公司被评为市先进文明单位，市青草巷农副产品批发市场获评2021年度中国农业企业500强、苏州市食品安全工作成绩突出基层集体等荣誉。

【新农合供销集团成立】 年内，市供销合作总社综合改革进一步深化，“组建新供销产业集团”工作被市委、市政府列入“创新提质年”工作清单77项重点任务之一。9月，市新农合供销集团有限公司成立，市委、市政府分别发文确定新农合供销集团有限公司董事长、副总经理人选。10月13日，市供销合作总社组织召开新农合供销集团有限公司第一届董事会第一次会议、第一届监事会第一次会议，分别选举产生集团公司董事长和监事会主席。10月20日，完成新农合供销集团设立登记工作，领取营业执照，依托青草巷市场、惠农公司、生鲜配送公司、参股烟花爆竹公司、蔬之园公司等企业以及拟新成立的资产管理公司，实现政企分开，形成供销合作总社机关主导的行业指导体系和社有企业支撑的经营服务体系，上下贯通、整体协调运转的双线运行机制。

【新供销生鲜配送项目】 年内，市供销合作总社牵头市级“我为群众办实事”首批20项实事重点项目之一新供销生鲜配送项目，不断完善农产品配送体系。强化管理，继续做优中标学校、机关和企事业单位食堂食材配送工作，打造配送行业标杆。在市教育局组织的食材配送招投标中，配送公司以硬件设施第一名成绩顺利入围，为沙洲中学、塘桥高级中学等17所学校提供食材配送，服务师生约3万人。加快推进生鲜配送公司与中国供销海外购品牌跨境电商平台运营商开展战略合作，8月26日，位于市职工文体中心东大门的市供销合作社小背篓精选超市开始试营业，这是全市首家小背篓超市（海外购）。超市经营面积2000平方米，经营品类包括粮油、烟酒、饮料、牛奶、冷藏食品等，除了传统的支付方式，消费者还可以通过自助收银、刷脸支付快速完成付款，减少排队等待时间，店内所有农副产品都经由中华全国供销合作总社品质认证。积极整合基层种养殖大户资源，加大与农产品生产加工企业、种养基地、农民专业合作社等对接，逐步建立稳定可靠的产销合作关系，构建符合产业发展所需的优质农产品供销体系，控制生鲜农产品源头采购成本，确保销售价格合理稳定。2021年年末，覆盖农户数100户，蔬菜品种超50种。

【农资服务】 2021年，市供销合作总社会同市惠农公司确保市域农资供应数量充足、价格平稳、质量安全，农资配送工作高效运行，粮食、果蔬、测土配方肥配送率分别稳定在95%、90%、90%以上，主要农作物高效低毒农药使用面积占比90%，农药残留抽检合格率稳定在99%以上。开展农资技能培训30余次，有效保障了全市春耕、夏种、秋种等工作。完成农药集中配供销售4214.83万元，测土配方肥销售13643.85吨，回收处理废弃农药包装物585万件，全年回收率98%。乐余供销合作社（乐源联社）农业社会化服务土地面积近1500公顷，其中自营土地27.53公顷、全托管土地440公顷。

【青草巷农副产品供应】 4月，市供销合作总社全资企业市青草巷农副产品批发市场获评2020年度全国商品交易市场系统最具影响力品牌市场称号。年内，市场在做好常态化疫情防控前提下，发挥好农产品保供龙头作用。仅国庆期间，市场就实现农副产品成交量13245吨、成交额14919万元。其中，冷冻品成交量1200吨、成交额1900万元，水产品成交量352吨、成交额1810万元，蔬菜成交量4100吨、成交额2732万元，肉禽成交量778吨、成交额1575万元，副食成交量1797吨、成交额3218万元，粮油成交量1785吨、成交额1124万元，水果成交量3233吨、成交额2560万元。同时，强化专项检测力度，年检测合格率99.89%。针对不同时期部分农产品农药残留超标问题，集中力量开展专项抽检活动，确保全面抽检，不留死角，杜绝“问题”农产品流出市场，销毁处置不合格农产品1.85吨。全年农产品市场交易额74.9亿元，总成交量55万吨。

【供销社资产管理系统研发】 年内，市供销合作总社引进“互联网+大数据”模式，研发新一代资产管理系统，基本实现对供销系统资产的现代化管理。资产状态动态更新，由专人负责更新资产状况，出现变动后，及时调整录入系统。定期对资产进行清查，做到账、卡、物相符。对社有资产管理的有关文件、合同、协议、报告等资料及时收集、整理、归档。统计台账随时可查，房产证、土地证等文件资料，实地测量核实、拍摄的资产照片等资产信息由基层社上报，再由专人审核按类统一录入平台，经过系统整合，实现对社有资产整体情况、分布、结构和价值等信息的可视化展示。实行“阳光拍租”，提高资产收益，对零星分散、利用价值不高的资产通过纳入当地政府“三优三保”范围，以置换、变现等方式，实现保值增值。

（张　健）

粮食和物资储备

【概况】 年内，全市粮食流通各项重点工作得到落实，物资储备体系建设成效明显。苏州市粮食和物资储备局将“乡村振兴实绩水平”中的“粮食安全责任制水平”首次列入苏州市高质量发展绩效评价综合指标，共6个大项，占比1分，张家港市获得满分，位列苏州各市区第一。全市粮油工业列入统计的企业14家，其中省级龙头企业4家、外商投资企业2家、苏州市级龙头企业4家。全市粮油企业实现工业总产值348.13亿元，比上年增54.8%，完成销售收入379.85亿元，实现利润8.64亿元。全年大米总产量5.58万吨，面粉总产量16.17万吨，油脂总产量145.6万吨，豆粕总产量368.2吨，饲料总产量9.51万吨。

【粮食收购储备】 2021年，全市粮食和物资储备系统严格执行国家粮食收购政策，发挥国有粮食企业主渠道作用，共收购粮食13.8万吨，其中小麦5万吨、稻谷8.8万吨（优质稻谷8.3万吨），优质粮食占比94%，超额完成优质稻谷收购比例50%的年度目标。完成储备粮储备计划7.58万吨，其中小麦2.27万吨、稻谷5.31万吨。9月，根据苏州市人民政府办公室《市政府办公室关于落实苏州市地方政府成品粮储备新增计划的通知》要求,11月新增部分落实到位。

【粮食安全保障】 年内,市粮食和物资储备部门开展“亮剑2021”专项执法行动,并配合做好巡视巡察和粮食购销领域腐败问题专项整治工作,定期和不定期开展专项检查。经查,地方储备原粮、成品粮油、冻猪肉和应急救灾物资数、质量常态化落实到位,储存安全。市政府印发《张家港市超标粮食处置实施细则》《张家港市粮食应急预案》,建立健全地方粮食和救灾物资安全保障体系。沙洲中心粮库三期作为结转项目列入《全市2021年度基本建设项目计划》,9月22日开工,预计2022年年末竣工。市粮食购销总公司联合国家粮食和物资储备局科学研究院、苏州粮储局等3个单位,共同申报成功国家粮食和物资储备局“绿色储粮标准化试点”项目1项。 (陆 海)

专营专卖

【烟草专卖】 2021年,市烟草专卖局(苏州市烟草公司张家港分公司)推进政务服务“一网、一门、一次”(政务服务一网通办,企业和群众办事力争“只进一扇门”“最多跑一次”)改革要求,最大限度简化流程。严格执行《苏州市烟草制品零售点布局管理规定》,全年受理新办证申请1470户,其中准予许可881户、不予许可589户。延续1399户,变更170户,停业4户;注销1081户,其中歇业885户、审批注销196户。全年销售卷烟5.84万箱,比上年增5.4%,单箱销售额4.53万元,比上年增5.58%。实现利税7.9亿元,比上年增12.93%。打击卷烟贩假售假行为,强化与公安、海事、法院、交通物流运输等部门协作机制,查获涉烟违法案件538起,查获各类违法卷烟1403万支,总案值1649万元。其中,假烟案件164起,数量287万支;走私烟案件20起,数量13万支。查获5万元以上案件89起,其中50万元以上案件3起。刑拘16人、逮捕1人、判刑1人。获省烟草专卖局嘉奖2次。年内,市烟草专卖局获评2018—2020年度苏州市文明单位、2020年度苏州市模范职工之家、2020年度张家港市服务地方奖。 (陈 琴)

【盐业经营】 2021年,市盐业公司围绕国务院盐业体制改革方案,建立健全食盐安全消费网络,配合市市场监督管理局做好盐政协管工作,保障盐业市场稳定有序。出动460人次,走访集贸市场30家、市场经营户340家、餐饮店220家、商超340家,对盐业违法案件进行打击,共查获食盐案件6件,没收盐产品2.9吨,罚款9.13万元,劝退下架处理42家。公司贯彻省盐业集团有限责任公司《关于盐政协管人员转岗安排工作的指导意见》,做好盐政协管人员的岗位安排工作。主动对接北方天普纤维素有限公司、联峰钢铁有限公司、陶氏有机硅有限公司等相关企业,加强对工业副产盐的再利用。共处置工业副产盐1.2万吨,未发生工业副产盐流入食用盐市场情况。积极参加“3·15”消费者权益日宣传、“5·15”防治碘缺乏病日活动,进社区、进学校宣传食盐法规10次,在各大商超开展食盐安全宣传60余场。全年实现销售收入7349万元,实现利润327万元,销售食盐13641吨,销售工业盐13077吨。 (张 磊)

多品种盐 (市委史志办 提供)

【石油经营】 2021年,全市有中国石化销售有限公司江苏苏州张家港石油分公司、中石化壳牌(江苏)石油销售有限公司张家港经营部、中国石油天然气股份有限公司江苏苏州张家港分公司、江苏省中油泰富石油集团有限公司等成品油零售经营加油站(点)102个,其中加油站87个、水上加油站点15个,正常营业加油站82个、水上加油站点7个,停业、歇业加油站(点)13个。中国石化销售股份有限公司江苏苏州张家港石油分公司和中石化壳牌(江苏)石油销售有限公司张家港经营部共有加油站47家(其中2家歇业),其中自有经营站25家、社会租赁和轻资产合作经营加油站22家,全年实现成品油销售总量28.03万吨,比上年增13.48%,其中零售22.23万吨、直分销5.8万吨,分别比上年增10.48%和26.63%。实现非油品销售总额7628万元,比上年增6.86%。中国石油天然气股份有限公司江苏苏州张家港分公司有加油站7个,其中租赁经营2个,实现成品油销售总量2.91万吨,比上年减1.1%,非油品经营收入1017万元,比上年增33%。江苏中油泰富石油集团有限公司有加油站11个,其中租赁经营1个,实现成品油销售总量4.84万吨,比上年减2.8%,其中汽油4.05万吨,柴油7900吨。非油品经营收入1694

万元，比上年增37.3%。

（许柏宏　陆思睿）

电子商务

【概况】 2021年，依托港口、产业和政策优势，全市电子商务产业发展规模不断扩大，应用能力持续提高，发展环境进一步优化，产业发展氛围浓厚，载体平台建设持续完善，电子商务企业实现快速发展。B2C网络零售持续发展，全市网络零售总额72.5亿元，比上年增15.4%。其中，江苏化工品交易中心交割量7725.33万吨，交割金额3982.39亿元；玖隆电子商务平台交易量237.13万吨，交易额124.62亿元。

【市电子商务产业园】 作为全市电子商务产业发展的重要载体，市电子商务产业园2014年8月获批成立，累计入驻电子商务企业350余家。2021年，入驻率稳定在85%左右，入驻企业涵盖电子商务服务、跨境电子商务、B2C电子商务、B2B电子商务、垂直细分电子商务平台等各类电子商务业态。园区年实现开票销售收入8.86亿元、入库税金3800万元，成功举办“海纳讲堂”系列沙龙10场，联合澳洋蒲公英孵化器共同承办“2021苏州·张家港国际创新创业合作云对接欧洲专场活动”、“创业张家港”创新创业大赛上海站和张家港站分赛，共同举办3期沙洲创客投融资对接会，累计为60余家创业企业提供90余次创业辅导、资源对接以及政策申报服务。园区参与投资的市出海孵化中心项目开业，为全市外贸企业及跨境电子商务企业提供一站式海外营销解决方案，至年末，市出海孵化中心同谷歌中国合作举办各类培训活动10余场，服务张家港工厂及外贸企业20家，促成企业出口总额3000万元，同张家港电子商务商会、张家港塑料饮料机械行业协会等行业组织建立了良好合作关系。市电子商务产业园依托TikTok直播平台，以面向海外市场的短视频电子商务创业为主题举办TikTok创业大赛。通过持续完善电子商务配套服务、提升公共服务资源整合和配置能力，园区获评2021年度省级跨境电子商务产业园。

【市跨境电子商务产业园挂牌】 10月26日，市电子商务产业园被认定为省级跨境电子商务产业园。为满足跨境电子商务集聚发展的需求，2020年1月，市电子商务商会9家会员企业合资成立江苏七侠新材料有限公司，购置凤凰镇长江路8号4.33公顷闲置厂房，推进跨境电子商务集聚区建设。2021年4月，在入驻33家企业的基础上，市政府批复同意江苏七侠新材料有限公司挂牌市跨境电子商务产业园。2021年，市跨境电子商务产业园实现销售合同4.6亿元，实际开票4亿元。（许柏宏　张祺欢）

市　场

【概况】 2021年年末，全市有经市市场监督管理局核准登记在业的各类市场52家，其中农贸市场44家，占地总面积36.8万平方米，建筑总面积38.8万平方米，经营户2722户；专业市场7家，主要经营化工、钢材、建材、汽车、木材、纺织原料、粮油、五金、家具、小商品及国际消费品等；生产要素市场1家。年内，新建1家农贸市场，为“美邻集市”，完成升级改造农贸市场13家。各类市场中，有国家级农村文明集市（市场）1家，为塘桥综合市场；有省级文明诚信集市（市场）5家，为塘桥综合市场、万红新区集贸市场、南丰集贸市场、城北菜场、市人才市场；有苏州级文明诚信集市（市场）20家。属全省50强商品交易市场的5家市场全年实现成交额6208.01亿元。张家港保税区各类专业市场完成商品销售总额7486亿元，其中名贵木材市场交易额40.5亿元、汽车口岸交易额34.7亿元，口岸完成整车进口762台，完成改装1837台。保税区专业市场完成税收18.72亿元。市技术市场全年认定备案技术贸易合同621个，技术贸易成交额119.61亿元，其中涉外75.57亿元。市房管部门办理二手房交易备案18116笔，成交面积192万平方米，比上年增1%。市人力资源市场全年举办固定人才集市86场（现场54场、网络招聘32场），进场设摊单位6372个（现场2521个、网络招聘3851个），提供就业岗位117526（现场51083个、网络招聘66443个）。市人力资源市场推进数字化转型，建成智能化、信息化、数字化、便民化的智慧人力资源市场。智慧招聘大厅分为城市展示、智能招聘、自助服务等6个功能区，设置70个智能招聘展位和6个VIP招聘专区，求职者一键扫码就能实现简历投递、岗位匹配、岗位查询。

改造一新的农贸市场　　（市市场监督管理局　提供）

2021年张家港市列入全省50强商品交易市场成交额情况表

表39

单位：万元

市场名称	2021年成交额	比上年增长额
玖隆钢铁物流园	27800000.00	5790000.00
江苏化工品交易中心有限公司	12025187.00	1240718.00
张家港保税区粮油交易市场有限公司	10453578.90	2609466.90
张家港保税区纺织原料市场有限公司	8497049.00	4433461.00
张家港保税区进口消费品展示交易中心有限公司	3304300.08	1083410.08
合计	62080114.98	15157055.98

"美邻集市"外景　　（市市场监督管理局　提供）

【"美邻集市"建成】 年内，位于城北路与华昌路交汇处的"美邻集市"智慧菜场建成。该集市是市重点民生"菜篮子"工程，由金新城资产管理集团开发管理。集市占地面积4697平方米，建筑面积3700平方米，分上下两层，共75个摊位，经营品种有蔬菜、水果、卤味、海鲜水产、肉类、粮油米面、鲜花、炒货、日杂等。主要辐射君临新城、朗诗国泰城、未来城、国泰东方广场、华昌东方广场等小区市民。"美邻集市"智慧菜场2022年1月1日正式开业。

【集贸市场标准化改造】 2021年，按照"设施先进完善、管理标准规范、主体诚信自律、环境洁美有序"的标准，全市完成标准化改造集贸市场13家。其中，悦丰菜场3月竣工开业，中兴市场5月竣工开业，金厦菜场8月竣工开业，东菜场、金港综合市场、南沙集贸市场9月竣工开业，妙桥市场10月竣工开业，后塍菜场11月竣工开业，斜桥市场、万红新区集贸市场、乐余集贸商城12月竣工开业，西张市场、泾东市场2022年1月竣工开业。

【青草巷市场诚信建设】 年内，市青草巷农副产品批发市场三年诚信工程建设进入收尾阶段。通过举办诚信讲座，开展诚信经营示范户评选活动等方式引导经营户文明诚信经营，推动诚信文化建设，形成市场内人人诚信的良好氛围。制定发放诚信经营倡议书、文明经营公约等，与各商户签订诚信经营承诺书，形成比较完善、行之有效的市场诚信经营管理制度。强化市场内部管理，加强秩序管理、现场管理、价格监控、计量管理、食品安全管理，完善投诉机制、诚信积分奖惩制度。8月，经过成立评选小组、交易区推荐、评选小组审核、经营示范户候选人公示等程序，评选出33家诚信经营示范户，通过表彰让诚信经营示范户发挥典型示范引领作用，调动广大经营户诚信经营的积极性，持续推动市场诚信建设。

（邵纪东　刘彦庆　崔婷婷
许柏宏　张　健）

物　　流

【概况】 2021年年末，全市有AAA级及以上物流企业40家。其中，有张家港港务集团有限公司、玖隆钢铁物流有限公司等AAAAA级物流企业2家；江苏澳洋顺昌股份有限公司、江苏高兴达物流有限公司、张家港保税区金港物流中心有限公司、张家港震宇物流仓储有限公司、江苏正大富通股份有限公司、华润张家港百禾医药有限公司等AAAA级物流企业24家；有江苏宏泰物流有限公司、大正信（张家港）物流有限公司、张家港保税区沿江仓储有限公司等AAA级物流企业14家，其中张家港保税物流园区龙亿国际物流有限公司、张家港保税区外商投资服务有限公司、张家港保税港区港务有限公司为年内新增AAA级物流企业。年内，市金港物流园区获评省重点物流基地。市盛泰港务有限公司获评省重点物流企业。全市有邮政企业1家，为中国邮政集团公司张家港市分公司，有邮政普遍服务营业场所34处，直接通邮建制村144个。有持快递业务许可企业8家、快递品牌21个、分支机构13家、备案末端网点278个。共有快递从业人员2900余人，快递车辆1000余辆。2021年，市邮政公司完成业务收入（不包括邮政储蓄银行直接营业收入）11.72亿元，比上年增12.01%；完成邮政行业业务总量11.13亿元，比上年增24.09%。全年全市完成快递业务出件量8660.52万件，比上年增29.95%，进件量12620.18万件，实名收寄终端在全市各寄递企业实现100%，邮件快件处理场所安检机配备覆盖率100%。快递业务完成收入9.07亿元，比上年增7.65%。

2021年张家港市快递企业一览表

表40

类别	企业名称	经营品牌	网点	通信地址
省邮政局发证企业	市明俊中通速递服务有限公司	中通	41	杨舍镇东电大道西200米
省邮政局发证企业	张家港江通速递有限公司	圆通	30	杨舍镇中房路6号
省邮政局发证企业	市申通快递有限公司	申通	28	杨舍镇悦丰路11号龙翔服饰内
省邮政局发证企业	市好韵达快件有限公司	韵达	51	杨舍镇长安北路斜桥看守所对面
省邮政局发证企业	张家港寒西物流有限公司	极兔	13	锦丰镇钢贸楼1号楼北侧101-106及二楼201、202
省邮政局发证企业	市天森快运有限公司	极兔	13	杨舍镇河南村老村委多层车间1-2楼东侧，4楼四北侧
省邮政局发证企业	市港城驿站供应链有限公司	港城驿站	120	杨舍镇农联金街3号M10商铺
国家邮政局发证企业	苏州霞丰国际货运代理有限公司	ZCE	—	杨舍镇港城大道168号
分支机构	厦门雅顺达国际物流有限公司张家港分公司	其他	—	杨舍镇香蜜湖公馆116幢M7
分支机构	苏州工业园区顺丰速运有限公司	顺丰	18	杨舍镇华昌路16号
分支机构	江苏德邦物流有限公司张家港长山分公司	德邦	15	金港镇长山路北侧
分支机构	南京跨越速运有限公司张家港金港分公司	跨越	4	金港镇刘家巷小区
分支机构	上海艾涕西国际物流有限公司张家港分公司	ITC	—	杨舍镇恒大雅苑商铺
分支机构	中国邮政速递物流股份有限公司江苏省张家港市分公司	EMS	9	杨舍镇人民西路
分支机构	中外运-敦豪国际航空快件有限公司张家港分公司	DHL Express	—	杨舍镇新泾西路5号
分支机构	中国外运长江有限公司张家港分公司	其他	—	杨舍镇悦丰新村32栋M12-13门面
分支机构	江苏京讯递供应链管理有限公司张家港分公司	京东	9	杨舍镇悦丰新村北区58幢M2-3
分支机构	联邦快递（中国）有限公司张家港分公司	联邦	—	杨舍镇金塘中路320号
网点	南京晟邦物流有限公司苏州市姑苏区分公司	晟邦	5	—
网点	欧西爱司物流（上海）有限公司苏州分公司张家港营业点	OCS	1	杨舍镇华塘路1号
网点	菜鸟驿站	菜鸟驿站	153	—

东沙物流园

（永钢集团　提供）

【首家农村电子商务与邮政快递末端配送集散中心揭牌】 6月29日，全市首个区镇（街道）农村电子商务与邮政快递末端配送集散中心（张家港港区）揭牌。集散中心总面积约1000平方米，有中通、申通、韵达、百世汇通等四家快递企业加入，寄递配送范围覆盖金港街道港区片区，日均配送分拣量1.6万件。集散中心在保证安全的基础上，充分利用闲置桥下空间资源，实现快递企业集约化运营。快递企业将所在金港街道配送区域划分为24个网格，网格内各快递企业统一编制三段码，统筹人力物力，实施共同分拣，集中配送，很大程度上缩短配送距离，真正实现减员增效。

【“清算通”启动仪式举行】 4月19日上午，由上海清算所和保税科技集团共同推进的大宗商品现货清算业务（“清算通”）举行启动仪式。“清算通”是一种多银行交割支付结算功能，为实体企业提供一个安全便捷、实时同步、规范高效的现货交割与货款支付环境。“清算通”启动标志着大宗商品行业合规高效的资金结算体系由此建立，可以有效整合现货平台、交割仓库、商业银行等优势资源，形成线上交割闭环，实现秒级的款货实时对付，保障交割安全，提升交割效率。通过银行间支付清算体系对接多家银行，形成高效的跨行支付网络。整合实现大宗商品现货市场的交易流、资金流、货物流三流合一，提升数据监测的有效性，完成实体企业主体信用向数字信用的转化。

【“物润数字供应链智慧物流研发运营中心”项目开工】 4月19日上午，“物润数字供应链智慧物流研发运营中心”举行开工仪式。该项目位于保税区勤政路西侧（滨江大厦北侧地块），建筑总面积3.36万平方米。项目以“大数据+供应链+智慧物流”业务发展模式，集成应用5G、大数据、人工智能、云计算、物联网、区块链等新基建核心技术，搭载物润船联两大核心SaaS智能管理系统“商贸云SaaS系统+网络货运SaaS系统”，建成便捷共享的取数据、存数据、用数据平台，推动数据要素开放、流通和应用。江苏物润船联网络股份有限公司是全国“互联网+智慧物流”典型示范企业和全国供应链创新应用与试点企业，公司运用数字技术打造的“数字供应链智慧物流平台”为行业标杆。至2021年年末，平台注册会员超68万个，整合有长江、沿海、大运河船舶运营数据12.6万条。年内，公司获“苏州市生产性服务业领军企业”称号。

【东沙物流园LNG接收站项目启动】 东沙物流园2013年7月获市政府批准设立，2015年3月成立东沙物流园管理委员会。园区位于长江黄金水道下游南岸、地处南丰镇东部，东起长江码头前沿线，西至沿江公路延伸段，南靠张家港与常熟分界线，北邻七干河河口，规划面积10.98平方千米，拥有长江岸线4.36千米。园区距下游长江入海口航道约100千米，20分钟车程可达通锡（S19）、沪武高速（G4221）等主干高速，建成通车的沪苏通铁路货运站距园区15分钟车程。园区码头前沿为水深超过12.5米的东沙公用航道，满足1万吨级以上船舶全天候通航。2021年，园区实现货物吞吐3317万吨，其中长江码头1866万吨、内河码头1451万吨，靠泊12002艘次，其中长江码头1581艘次、内河码头10421艘次。园区建成永泰、宏泰、盛泰3座长江码头，有7个5万吨以上散杂货装卸泊位，总设计吞吐能力1650万吨，配套总面积44万平方米后方堆场。东沙物流园以“前港中园后产业”为发展目标，全力推进张家港海进江LNG接收站（苏州LNG储备中心）项目。主要建设LNG接收站项目以及相关配套产业，最终形成以接收站为依托，集然气电厂、冷能空分、干冰制造、冷冻冷藏库、分布式能源、冰雪世界于一体的综合能源循环利用产业园区。年内，张家港海进江LNG接收站（苏州LNG储备中心）列入国家《长三角一体化“十四五”实施方案》，并推进项目报批各项手续，计划2022年开工建设。

（房舟彤　苏栋汇　徐永方）

【编辑　朱永平】

财税·金融

Taxation & Finance

“行行出状元”职业技能大赛会计实务决赛现场　（市人社局　提供）

财　政
税　务
金融监管
银　行
保　险
证券·期货
其他金融机构

張家港年鑑(2022)

财 政

【概况】 2021年，全市财政部门围绕“聚力三项清单、练就两种境界、争创一流荣誉”的“321”工作主线，统筹收支两端，加强服务优化，为张家港市“十四五”良好开局提供财政支撑。全年完成一般公共预算收入264.13亿元，比上年增5.53%，税收占比84.4%，收入总量位列全省县级市第三。年内，市财政局每月组织召开财税联席会议和板块财政所长会议，完善收入征管保障机制，强化财税协同共治；结合党史学习教育、“两在两同”建新功行动，跟踪服务重点税源和骨干企业。调整区镇财政结算管理体制和土地出让收入分配机制，构建“收入分配合理、事权界定清晰、支出责任明确、转移支付规范、体制运行高效”的财政管理体制，调动区镇发展经济和增收节支的主动性。对上争取各类政府债券资金27.17亿元，运用PPP（政府和社会资本合作）模式支持高铁枢纽和环线建设。落实减费降负政策，公布政府性基金项目7项，行政事业性收费项目33项，考试考务费项目68项，职业与技能鉴定等考试考务费20项，确保清单之外无收费。围绕全市“创新提质年”主线和“创新张家港”建设，实施企业科技创新积分管理，修订“产学研预研资金”管理办法，引导国内外高等院校、科研院所与张家港市企业开展产学研合作，每个项目最高支持30万元；加大对领军人才企业在金融、研发、引才、上市等方面的支持力度，全年兑现各类企业扶持资金17.01亿元；设立总规模8亿元的新兴产业投资基金，年内为1个项目投资7500万元；启动产业扶持政策整合优化工作，探索建设“惠企政策一点通”服务平台，助力惠企政策精准、快速兑现，至年末，平台完成上线准备；在苏州市范围内率先推出总规模26.3亿元的“小微贷”业务，年内有50家企业获“小微贷”资金；发挥企业贷款周转专项资金作用，全年为114家企业办理周转业务196笔，累计周转57亿元，有效缓解中小企业融资难、融资贵问题。面对疫情影响，根据苏州市、张家港市相关政策措施帮助企业纾困解难，全年兑现各类帮扶资金2024.23万元。此外，发放稳岗返还资金11015.24万元，惠及企业1.8万户。

【政府采购管理】 年内，市财政局深化政府采购制度改革，制定采购人主体责任专项检查实施方案，厘清采购人主体责任范围，提升采购人权责意识与履职水平；针对社会代理机构建立日常业务专项监督检查、考核培训情况定期公告机制，为采购人择优选取社会代理机构提供便利；降低企业参与政府采购成本，取消投标保证金收取，允许以非现金形式缴纳履约保证金；拟定政府采购意向公开实施细则，确保社会监督渠道畅通、采购信息公开透明；制作创新产品目录清单，推出促进中小企业发展政策，发挥政府采购政策引导功能；实现政府采购监管系统与江苏省财政厅“苏采云”系统、张家港市公共资源交易中心交易系统相互衔接，三方平台信息互通共享，推进政府采购信息化进程。全年政府采购（货物类、服务类）合同金额22.88亿元，比预算金额节减资金1.25亿元，节约率5.48%。

【公共资源交易】 年内，苏州市公共资源交易中心张家港分中心全年完成交易项目1363项，比上年增40.71%，交易总额281.04亿元，节约国有资金14.35亿元。其中，工程建设项目341项，交易总额106.41亿元，节减资金13.01亿元，节减率10.89%；政府采购项目886项，中标金额19.01亿元，节减金额1.34亿元，节减率6.58%；土地交易完成136宗，交易金额155.62亿元。1月，投标保证金电子保函业务上线，并提供保证金线上收退、综合服务费线上缴费开票自助等一站式综合金融服务，减免不必要的人工干预环节，有效降低制度性交易成本，切实减轻投标企业现金流压力。11月，组织开展招标采购社会代理机构操作线上培训会，为171名政府采购和工程招投标代理机构人员系统讲解进场交易管理要求及智能设施设备使用操作规范，并就交易平台线上操作问题进行答疑解惑。12月，中心承接的首个交通工程项目顺利完成“不见面”开评标工作，为招标人就近开展交通工程项目的招标工作提供便利。

【财政管理】 年内，市财政局对上争取债券额度，新增债券11.75亿元，再融资债券15.42亿元。细化隐性债务化解方案，压实各级化债责任，超额完成化债任务。全年开展政府性债务风险等级评定2次和风险评估3次，对风险偏大的区镇和企业进行预警提示，督促落实风险防控措施。建立经营性债务月报制度和公益性项目市场化融资提级管理制度，提高经营性债务信息化管理水平。继续将债务管理、债务化解、债务风险防范等情况纳入区镇绩效考核和各财政分局（财政所）年度考核内容。持续推动高成本债务压降，协调金融机构与相关单位对接，缓释偿债压力。开展地方政府性债务管理系统、监测平台、综合监管系统等3个债务系统日常填报及监测工作。推进PPP项目建设，“沪通铁路张家港站客运枢纽配套设施项目”被评为省级PPP示范项目，总投资40.75亿元的“张家港市智慧交通及周边配套设施项目”和总投资12.5亿元的“张家港市双山岛生态环境提升和旅游配套设施项目”入选省级PPP项目库。张家港市第二年被认定为推广PPP模式成效明显地区之一，受到省政府办公厅表彰。市财政局对全市已入库的5个PPP项目进行监督，印发《关于做好政府和社会资本合作（PPP）信息公开管理的通知》。优化财政投资评审业务管理信息化平台——“阳光E审”系统功能，加强对政府投资项目事前、事中、事后全过程监管，全年审减、节约资金约3亿元。探索重点信息化项目建设“按效付费”新模式，推动关口前移，试点在市级信息化项目经费支付环节应用绩效评价结果。全面实施预算绩效管理，通过推进事前绩效评估、强化绩效目标管控、做实预算绩效监控、开展多维绩效评价、夯实绩效结果应用等举措，建立起全方位、全过程、全覆盖的预算绩效管理体系。市国库收付中心以江苏省财政厅预算一体化平台上线为契机，优化网上支付审核模式，明确部门职责，简化审核环节。中心采取多组联动、与主管部门互动等方式，赴各预算单位开展现场核验服务，全年上门核验32个单位，出具工作建议21条。定期举办“晨会+培训”活动，组织中心工作人员集中学习江苏省一体化平台使用等业务知识；面向预算单位开展“东财在线”、工资授权支付等财会业务培训。加强行政事业单位资产全生命周期管理，宣传《行政事业性国有资产条例》，推广“资产云”管理系统，一体统筹资产的配置、使用和处置等环节，建立具有张家港特色的“安全规范、节约高效、公开透明、权责一致”的资产管理体系。

2021年张家港市公共财政预算收入情况表

表41

项目	实绩（万元）	比上年增长额（万元）	增长率（%）
税务	1766583	76200	4.51
财政	378565	4358	1.16
保税区	496170	57742	13.17
合计	2641318	138300	5.53

2021年张家港市公共财政预算支出情况表

表42

项目	实绩（万元）	比上年增长额（万元）	增长率（%）
一、一般公共服务	192431	8934	4.87
二、国防和公共安全	136808	9602	7.55
三、教育	364230	10981	3.11
四、科学技术	232011	49545	27.15
五、文化体育与传媒	43358	66	0.15
六、社会保障和就业	241667	27100	12.63
七、医疗卫生	176323	34762	24.56
八、环境保护	81264	−18424	−18.48
九、城乡社区事务	470643	−46984	−9.08
十、农林水事务	185459	8588	4.86
十一、交通运输	88463	18410	26.28
十二、工业商业金融等事务	9103	621	7.32
十三、债务付息及发行费	23239	799	3.56
十四、其他支出	198973	7015	3.65
合计	2443972	111015	4.76

【会计管理】 年内，市财政局继续深化会计管理“放管服”改革，推动会计代理记账机构设立行政许可服务“不见面”审批改革，强化会计代理记账机构资质抽查及年度备案等日常监督。稳步开展会计人员信息采集，至年末，全市有20046人进行会计信息采集申请，审核通过19041人。组织完成2020年度全市364家行政事业单位内部控制报告编报汇总。继续开展网络化会计人员继续教育培训，全年有14216人次参加继续教育。组织4691人参加全国会计初级职称考试，2833人参加中级职称考试，分别通过887人和383人。分别组织18人和1人完成2021年度高级、正高级会计师考评材料初审和上报，13人获高级会计师资格。配合市政府举办“行行出状元”张家港市第九届职业技能大赛会计实务竞赛网上初赛和现场决赛，有6名选手分获一、二、三等奖。

【财政惠民】 年内，市财政局配合市政府出台一系列惠农政策并做好资金保障工作。配合市农业农村局做好长江干流禁捕退捕工作及稳定生猪生产保障市场供应工作，全年承担农业保险财政补贴2136.83万元，发放耕地地力保护、农机购置、农药配送等惠民补贴8158.48万元。持续巩固疫情防控成果，全年安排疫情防控资金2.57亿元。会同市残联出台《关于对听力、言语及视力残疾人发放信息

(流量)补贴的通知》《关于印发张家港市残疾人辅助器具适配补贴实施办法的通知》《张家港市残疾人托养护理服务补贴办法》《关于调整张家港市残疾学生和贫困残疾人家庭学生教育助学补助标准的通知》《关于我市残疾学生和贫困残疾人家庭学生助学补贴政策的补充通知》等文件，会同市民政局、市人才工作领导小组办公室出台《张家港市社会工作人才开发资金使用办法》。

【新兴产业投资基金设立】 11月，张家港新兴产业投资基金(有限合伙)在中国证券投资基金业协会完成备案登记。该基金是由市财政局发起，张家港产业资本投资有限公司、市直属公有资产经营有限公司以及市金茂投资发展有限公司共同参与的政府投资基金。基金总规模8亿元，采用“母基金”运作模式，通过参股设立子基金或对已设立子基金增资的方式开展投资，主要投资于张家港天使投资基金、重点产业链基金和超越摩尔基金、人才基金以及其他符合政策导向及投资要求的子基金，引导社会资本在张家港市设立产业基金、创投基金，投向冶金新材料、智能装备、化工新材料、高端纺织以及新能源、数字经济、生物医药及高端医疗器械、先进特色半导体行业等，年内完成人才一号母基金项目的投资，投资金额7500万元。该基金获评“2021年度中国最佳政府引导基金TOP50”。

【财政助推公共文化服务】 年内，市财政安排公共文化服务体系建设经费5566.04万元，其中用于“村村演、周周演”补助经费419.07万元，公益电影、全民阅读经费80.93万元，公共文化共享经费881.01万元，长江文化艺术节活动经费2020.36万元，文化专项经费184.5万元，图书馆、博物馆、文化馆、美术馆免费开放经费261.6万元，保利大剧院文化惠民经费1230万元，庆祝中国共产党成立100周年系列活动经费488.57万元。投入1614.18万元助推肖家巷入选市级“文旅客厅”点位，湖畔书房、南丰镇科文中心入选江苏省“最美公共文化空间”；完成15家“五彩门”民生实事项目建设，投入370.9万元在全市新建24小时图书馆驿站3家，累计50家。 (朱郑琳)

税 务

【概况】 2021年，全市税务系统发挥税收职能作用，全年组织收入552.91亿元，比上年增15.78%。其中税收收入425.46亿元，比上年增7.21%；非税收入127.45亿元，比上年增57.96%。各项税收中，除个人所得税下降外，其余均呈增长态势。完成公共财政预算收入223.02亿元(含保税区)，比上年增7.22%；完成中央级收入202.44亿元，比上年增7.2%。

2021年张家港市入库税收情况表

表43

项目	金额(万元)	比上年增长率%
收入合计	5529100	15.78
一、税收收入	4254602	7.21
其中:增值税	2198064	9.45
企业所得税	1128659	15.42
个人所得税	286899	-17.56
其他各税	640980	1.03
二、非税收入	1274498	57.96
其中:社会保险费	1114085	59.48
教育费附加	64281	21.20
地方教育费附加	42871	21.17
其他基金(费)	53261	168.51

说明:以上数据含张家港保税区税务局

【税收治理】 年内，市税务局科学开展收入分析研判，组织税源排查，开展税收预测，每月召开收入分析会，分月撰写《税收收入通报》《全市税收经济运行分析报告》，全年共撰写40余篇各类涉税分析报告，利用税收大数据精准研判税收走势，客观分析全市经济税源变动情况及增减收因素，不断提高税收预测质量，发挥以税资政作用。落实规范执法新理念，优化执法方式，运用提示提醒、约谈警示等方式促进纳税人自我遵从，推行证明事项告知承诺制度，严格落实长三角区域发票类税务违法行为行政处罚裁量基准，1365户次纳税人适用“首违不罚”。组织现金税费专项整治“回头看”，配合苏州市税务局做好征管和预算执行专项审计、领导干部经济责任审计和年度执法督察，全年开展风险应对抽查等专项督察42批。以打造“新型智慧税务县域新标杆”为目标，推动“以票管税”向“以数治税”转变，提高税务执法、服务、监管能力。主持起草《“智慧江苏税务”大数据展示项目市县级版优化开发方案》，被省税务局选定为苏州市唯一试点单位。构建税费共治新格局，原个私办委托代征点全部转换成进驻政务中心的办税窗口,全市118名个私办工作人员的管理、培训、考核,以及全市6.51万户个体工商户所有涉税服务均由税务部门直接履行。年内与人社、医保、财政等部门协调互动,完成金税三期与人社一体化平台、医保老平台对接,实现全市3.8万家企业和个体工商户、500个机关事业单位、7万名灵活就业人员、32.3万名城乡居民社保费征收工作的全覆盖。

【税收优惠兑现301.7亿元】 年内,市税务局在收入形势最严峻的时期,守牢"不收过头税"底线,通过减免退缓等方式,兑现各项税收优惠301.7亿元,占同期入库税收的71%。其中,支持高新技术减免21.2亿元,支持小微企业税收优惠17.8亿元,支持金融资本市场减免46.4亿元,支持改善民生、三农、环保等方面税收优惠50.2亿元;办理出口退税134.2亿元,新增减税降费25.6亿元,落实煤电保供和制造业中小微企业税收缓缴6.3亿元。

【税收服务举措优化】 年内,市税务局扩大即办注销范围,简易注销业务实现当场办结,一般注销业务90%以上1个工作日办结,简化"零申报"资料报送,让纳税人不再"开门容易关门难"。推行容缺办理和邮寄服务,出口退税全流程网上办理,其中一类出口退税企业1.5个工作日办结。在办税服务厅挂牌"张家港市政务服务分中心",融入地方政务服务体系,打造"15分钟办税服务圈"。拓宽纳税信用评价结果激励和惩戒范围,完成纳税信用评价确认和复核5.24万家,344家企业信用修复后升级至A级纳税人。先后与13家银行签订战略合作协议,受惠企业覆盖全市89%纳税人,"纳税信用贷"产品累计为全市2.03万家企业授信97.76亿元。

(杨　光)

金融监管

【概况】 2021年,全市有市地方金融监督管理局(简称市金融监管局)、中国人民银行张家港市支行(简称市人民银行)、中国银行保险监督管理委员会苏州监管分局张家港监管组(简称苏州监管分局张家港监管组)、国家外汇管理局张家港市支局(简称市外汇管理局)4家金融监管机构,有从业人员55人,其中市金融监管局16人、市人民银行36人(含市外汇管理局)、苏州监管分局张家港监管组3人。各金融监管机构推动金融服务实体经济走深走实。全市新增社会融资1215.57亿元,年末存量5734.63亿元;银行业本外币存款余额4239.28亿元、贷款余额3507.36亿元,分别比上年增15.14%和19.74%;人民币存贷款加权平均增速16.4%,人民币贷款增速17.87%,均列苏州各县市第一;金融业增加值228.86亿元,占GDP的7.6%;普惠型金融领域贷款余额446.64亿元,占全部贷款的11.51%,比上年提升2.19个百分点。保险机构保费收入67.23亿元,增速3.34%,列苏州各县市第一。价格保险、收入类保险、气象指数保险等产品创新走在全国前列,桃综合气象指数保险试点通过全国农村改革试验任务验收。全市农业保险保费2912万元,为5921户次农户、农业企业及专业合作社提供价值7.6亿元的风险保障。宣传发动全市银行机构全力保生产、保稳定,各银行帮助企业完成贷款周转6040笔、641.44亿元,贷款平均利率由4.54%降至4.42%。张家港市获评2018—2020年度全省金融生态达标县。

【市金融监管局】 年内,市金融监管局举办"春之融"系列恳谈会及人才科技、乡村振兴、普惠专题对接会等系列活动7场,促成251个项目签约落地,达成授信合作意向1360亿元。开拓"港城金融服务万企百亿融通工程""港城普惠金融专员万企万户行"普惠服务双驱通道,建立"市领导重点挂钩、部门行长精准问需、金融顾问专员走访+政银企专场对接"的"3+1"联动工作机制,全年走访企业25272家,其中小微企业10050家,达成授信841.55亿元,放款336.98亿元。当地企业在苏州综合金融服务平台、苏州股权融资服务平台累计注册23973家,获得授信4001.87亿元、放款2649.29亿元,列苏州各县市(区)第一。加快不良资产处置,落实季度统计、预测机制,不良率由0.66%下降至0.43%。常态化开展涉嫌非法集资风险集中大排查,牵头摸排200家疑似私募基金经营情况,会同相关部门对涉金融相关字样市场主体开展联合"双随机、一公开"抽查。开展同创共建"平安金融"金融志愿者宣讲,组织微电影"四进"(进机关、进区镇、进企业、进学校)100场,组织"六进"宣传100余场,短信新媒体宣传覆盖20余万人次;制定《防范和处置非法集资条例》《江苏省地方金融条例》专项宣传方案,提升社会知晓率;新建15家"金融惠民之家"示范点,叠加升级10个普惠金融服务站,开展各类宣传活动310场。持续放大"港城融之汇"党建联盟品牌效应,发布"我为群众办实事"项目6项,完成一批企业上市、融资畅通、普惠服务、主题宣教等民生实事;5月下旬,联合市总工会推出"金融助力港城高质量发展"创新提质立功竞赛活动,在金融系统开展"四学四比四争做"主题活动。

【市人民银行】 年内,市人民银行坚持精准施策,落实稳健货币政策,促进融资总量合理增长。协助市政府举办金融创新发展大会,落实融资合作项目215项,融资金额1270.17亿元;推动当地企业在银行间市场发行债务融资工具,年末发行余额481.1亿元,占苏州市的17.97%。引导信贷结构优化向好,创新产业链、供应链融资,苏州首单直连"中征应收账款融资服务平台"项目落地,推动张家港农商银行利用江苏省设立的普惠金融发展风险补偿基金及配套产品政策,发放苏州市首笔"小微贷";创新运用央行货币政策工具支农再贷款资金,于11月发布"新农央行直通车(新农贷)"金融产品,为新型农业经营主体解决融资难、担保难问题,年末落地2笔,共150万元。提升政策工具直达效果,指导银行机构继续实施2项直达实体经济的货币政策工具,按市场化原则应延尽延,张家港农商银行年内为9452户普惠小微企业延期贷款本息188.5亿元，延期率57.23%，发放普惠小微企业信用贷款88.03亿元，信用贷款发放占比32.9%；指导银行机构深化LPR改革及应用，推动新发放贷款利率水平持续下降，12月新发放小微企业贷款加权平均利率4.74%，比上年降0.04个百分点；全年发放支小再贷款20亿元，惠及小微企业1267家，加权平均利率4.96%，为借款人降低融资成本约1960万元；发放支农再贷款11亿元，惠及农户和企业1295家，加权平均利率4.97%，为借款人降低融资成本1115万元。推动绿色金融发展，落实碳达峰、碳中和决策部署，引导金融资源向绿色创新项目倾斜，指导张家港农商银行成立绿色金融工作小组，出台《2021—2023年三年战略规划》；指导和推动张家港农商银行使用央行再贷款资金为辖区内某印染集团下属子公司成功办理苏州市首单碳排放配额质押贷款业务。至年末，全市银行机构绿色贷款余额240.13亿元，比上年增78.75%。坚持防范化解金融风险。关注重点行业和领域风险变化，对全市主要集团、大型民企开展融资风险排查评估；指导银行处置不良资产，年末不良率降至0.43%；加强法人机构流动性风险管理，推动辖内法人机构多渠道补充资本，张家港农商银行发行无固定期限资本债券20亿元，成为苏州市首家发行的法人机构；在张家港市年内获评全省“2018—2020年度金融生态达标县”的基础上，围绕“2021—2023年度金融生态优秀县”创建目标提出整改措施；组织投保机构按网格化分工开展存款保险宣传，实现所有行政村、基层社区存款保险宣传全覆盖。坚持提升金融监管服务水平。联合市农业农村局等部门发布乡村振兴项目，编制《张家港市金融赋能乡村振兴——银行金融支农产品汇编》；会同市大数据局等部门探索搭建农户信用评级模型及评价体系，推进农村信用体系建设；制定《永联村农户信用信息平台建设方案》，以永联村“数字永联”项目为基础，试点建设农户信用信息平台；推进农村普惠金融服务点建设，至年末，全市共建成71家服务点，累计为农村居民办理基础金融业务30万余笔、消费类业务84万笔、政务民生类业务近6万笔。规范乡镇财政资金支付行为，年内配合财政设立常阴沙现代农业示范园区金库，在塘桥镇、南丰镇、锦丰镇金库开展商业银行代理财政授权支付业务试点，实现全市行政区域乡镇国库、集中支付业务全覆盖，至年末，通过乡镇国库成功办理15907笔、15.71亿元人民银行直接支付业务，办理233笔、2525.73万元授权支付业务；精准拨付财政直达资金4.66亿元，惠及困难群众、优抚对象1.93万人次。营造便捷支付环境，指导张家港保税科技对接上海清算所，在全国首创大宗商品现货清算通业务，全年清算资金2268.63亿元；创新技术手段、辅助人工排查，指导各银行成功劝阻各类电信网络诈骗19起，配合公安部门抓获犯罪嫌疑人5人。会同市海关缉私分局、法院、检察院、公安局、司法局六部门签署《防范和打击洗钱违法犯罪活动协作工作机制》，组织反洗钱成员单位召开洗钱线索研判会，向公安部门移交可疑线索6个，协查反馈200余个银行账户交易信息。推进数字人民币试点工作，完成步行街数字人民币集聚区建设和农村金融服务站接入数字人民币流通服务工作。

【苏州监管分局张家港监管组】 年内，苏州监管分局张家港监管组加强风险监测，持续推进高风险企业风险处置工作，协调市民生银行推迟对欣欣高纤的贷款压降计划，确保企业在疫情特殊时期保持稳定经营；对各家银行高能耗企业的信贷政策进行调研，防范银行抽贷引发次生风险；持续推动银行争取上级支持，压降不良贷款，年末全市银行机构不良贷款率0.43%，比上年下降0.22个百分点。开展走访调研，定期监测保费增速指标，3次走访调研7家主要保险机构；走访巡查6家专业中介机构、25家兼业中介机构，摸清风险底数；处理异地保险中介机构从业人员涉嫌非法集资线索，指导相关机构合规经营；参与建立市道路交通事故一站式服务中心，联合市法院开展诉调在线对接试点工作，加快道路人伤案件调解和理赔速度。推进普惠金融发展，走访14家银行机构，督导相关机构加大普惠贷款投放力度；召集相关银行、保险机构在南丰镇召开2次座谈会，推动相关机构为南丰镇乡村振兴试点新增贷款余额71亿元。常态化开展非法集资风险排查，派员参加电信反诈专班；协调处理消费者咨询16起，牵头办理人大代表建议，指导相关银行提升服务能力。

【市外汇管理局】 年内，市外汇管理局深化外汇重点领域改革，推进贸易外汇收支便利化试点增量扩围，新增1家试点银行、10家试点企业，累计有2家银行、12家企业纳入试点，年内办理试点业务57.27亿美元；持续推进资本项目收入支付使用便利化政策，全年有7家银行为28家企业办理便利化业务1.54亿美元；指导国泰财务公司结售汇业务工作并做好跟踪评估，全年该公司完成结售汇交易额1.83亿美元；率先完成全省首笔便利化薪酬购汇业务落地，全年累计办理该业务31笔、44.25万美元；持续创新区块链融资，指导地方法人银行落地苏州市首批区块链平台保单融资业务；新增1家企业获批跨国公司跨境资金集中运营管理资格，累计6家，获批总量居苏州各县市首位。加大跨境资金异常流动监测，对异常出口、虚假外资、服务贸易个人项下虚假构造交易等异常行为加大监测；全年开展货物贸易现场核查34家，完成6家B、C类企业到期评估，对8家企业、3家银行服务贸易开展现场核查，研提的异常线索筛查公式获江苏省分局采用；打击跨境赌博，协同公安追缴跨境赌博资金580万美元和1亿港币。指导银行为贸易新业态、新模式提供高效便利的跨境结算服务，支持企业委托境外加工业务稳健发展，全年向境外加工厂支付加工费2.17亿美元，占苏州全辖境外加工费支出的85%。畅通外汇政策传导，开展“新政惠企”行动，加强外汇政策宣传与培训，召开新型国际贸易座谈会，支持真实合规的新型离岸国际贸易持续健康发展。协助外汇局苏州市中心支局走访沙钢集团、永钢集团，宣传跨境人民币相关政策，推动对东盟国家的跨境人民币结算。指导部分企业的特殊业务，解决因“偏颇性清偿”撤销引发的特殊退汇业务问题；成功引导辖区内一笔1.56亿美元大额境外投资资金根据汇率变化有步骤地汇出，减少企业财务成本；指导法人银行张家港农商银行申请开办代客人民币外汇衍生品业务。结合国内国际热点信息和地区特色产业开展调研并上报，调研报告获省级以上金融管理系统录用33篇，其中国家外汇管理总局录用5篇、人民银行总行录用1篇；参与完成省分局《跨境赌博资金渠道和治理对策分析》以及苏州市中心支局《全口径境外放款宏观审慎管理研究》《货物贸易与服务贸易融合发展研究》《人民币汇率波动、外汇风险对冲与企业创新能力——基于A股上市公司风险管理的微观视角》等调研课题。

【金融支持新型农业经营主体】 3月，全市金融创新发展大会上发布金融支持乡村振兴发展融资需求113亿元，涉及重点企业、重大项目、重要载体三方面共82个项目。市农业农村局、市人民银行、市金融监管局合作，将各大银行涉农贷款产品、政策性担保产品和三农保险产品汇编成册，制作三农金融画册，并推出“新农央行直通车——新农贷”金融产品，向新型农业经营主体和各镇农业农村部门发放。定期召开金融支持新型农业经营主体对接活动，通过各大银行涉农贷款业务和“农发通”“担担合作”等政策性农业信贷担保产品，拓宽涉农融资渠道。全年259家农业经营主体共获5.8亿元贷款担保支持，其中在保客户88户，贷款总额1.53亿元。统筹整合各级财政资金和贴息政策，对新型农业经营主体进行贷款贴息，降低融资成本，有6家农业经营主体获得财政贴息49.28万元，涉及贷款总额14002.6万元。

（王　洵　戴莹杰　赵　静　徐　伟　孙畅慧）

银　行

【存贷业务】 年末，全市银行业金融机构本外币各项存款余额4239.28亿元，比上年增15.14%。其中人民币各项存款余额4061.29亿元，比上年增15.15%；外币各项存款余额27.92亿美元，比上年增17.4%。在本外币存款余额中，住户存款余额1738.4亿元，比上年增13.9%；非金融企业存款余额1896.71亿元，比上年增17.58%；机关团体存款余额415.91亿元，比上年减7.51%；财政性存款余额31.51亿元，比上年增23.46%；非银行业金融机构存款余额122.84亿元，比上年增131.48%。全市银行业金融机构本外币贷款余额3507.36亿元，比上年增19.74%。其中住户贷款增长较快，全市住户贷款余额1022.62亿元，比上年增14.22%；人民币各项贷款余额3435.53亿元，比上年增17.87%；外币各项贷款余额11.27亿美元，比上年增407.44%；票据融资余额176.01亿元，比上年增31.43%；本外币中长期贷款余额2121.44亿元，比上年增20.53%；短期贷款余额1173.34亿元，比上年增13.8%；购房贷款持续增长，全市购房贷款余额708.64亿元，比上年增7.89%。

2021年年末张家港市银行机构网点一览表

表44

序号	名称	分行（家）	一级支行（家）	二级支行（家）	分理处（家）	储蓄所（家）	邮储营业所（家）	小微支行（家）	社区支行（家）	合计（家）	从业人员（人）
1	农发行	—	1	—	—	—	—	—	—	1	17
2	工商银行	1	—	24	—	—	—	—	—	25	443
3	农业银行	1	—	27	13	—	—	—	—	41	717
4	中国银行	1	—	21	—	—	—	—	—	22	540
5	建设银行	1	—	22	2	1	—	—	—	26	460
6	交通银行	1	—	8	—	—	—	—	—	9	142
7	中信银行	—	1	1	—	—	—	—	—	2	63
8	民生银行	—	1	2	—	—	—	—	2	5	77
9	招商银行	—	1	1	—	—	—	—	1	3	60
10	浦发银行	—	1	1	—	—	—	2	—	4	55
11	光大银行	—	1	—	—	—	—	—	2	3	53
12	华夏银行	—	1	1	—	—	—	—	1	3	45
13	兴业银行	—	1	—	—	—	—	—	—	1	36
14	恒丰银行	—	1	—	—	—	—	—	—	1	29
15	广发银行	—	1	—	—	—	—	—	—	1	23
16	平安银行	—	1	—	—	—	—	—	—	2	25

续表44

序号	名称	分行（家）	一级支行（家）	二级支行（家）	分理处（家）	储蓄所（家）	邮储营业所（家）	小微支行（家）	社区支行（家）	合计（家）	从业人员（人）
17	浙商银行	—	1	—	—	—	—	—	—	1	35
18	江苏银行	—	1	4	—	—	—	—	—	5	68
19	苏州银行	—	1	6	—	—	—	—	—	7	126
20	上海银行	—	1	—	—	—	—	—	—	1	26
21	南京银行	—	1	—	—	—	—	—	—	1	41
22	泰隆银行	—	1	2	—	—	—	1	—	4	69
23	宁波银行	—	1	1	—	—	—	—	—	2	76
24	江西银行	—	1	—	—	—	—	—	—	1	20
25	张家港农商行	—	—	25	51	—	—	—	—	106	1829
26	常熟农商行	—	1	—	2	—	—	—	—	3	95
27	无锡农商行	—	1	—	—	—	—	—	—	1	13
28	江南农商行	—	1	—	—	—	—	—	—	1	16
29	渝农商村镇银行	—	1	—	—	—	—	—	—	1	25
30	友利银行	—	1	—	—	—	—	—	—	1	15
31	汇丰银行	—	1	—	—	—	—	—	—	1	8
32	邮政银行	—	1	6	—	—	32	—	—	39	364
33	沙钢财务公司	—	1	—	—	—	—	—	—	1	34
34	国泰财务公司	—	1	—	—	—	—	—	—	1	25
	合计	5	28	152	68	1	32	3	7	297	5670

说明：此表中张家港农商银行机构总数另包含总行1家、异地机构29家；各银行从业人员数含编内、劳务派遣、外包等多种类型。

2021年年末张家港市银行机构存款情况表

表45

类别 单位	人民币存款		其中 单位存款		其中 个人存款		外币存款	
	年末余额（万元）	比上年增长率（%）	年末余额（万元）	比上年增长率（%）	年末余额（万元）	比上年增长率（%）	年末余额（万美元）	比上年增长率（%）
农发行市支行	55566.66	4.16	55566.66	4.16	—	—	—	—
工行市支行	3321630.12	18.84	1700955.09	0.47	1155707.01	5.94	58073.76	33.78
农行市支行	6845820.00	6.84	3323463.00	9.90	3622357.00	4.17	33855.00	19.87
中行市支行	3357156.00	13.15	1855039.00	12.51	1489798.00	14.09	51732.00	29.58
建行市支行	3160023.00	7.12	1747271.00	4.73	1412753.00	10.24	14591.00	48.70
交行市支行	1399338.00	11.28	918149.00	13.68	476523.00	7.23	8693.00	4.89
中信银行张家港支行	1042124.00	13.48	939602.00	12.43	102239.00	23.97	424.00	−38.28
民生银行市支行	734240.00	18.19	584185.00	17.97	150055.00	19.08	870.00	25.36
招商银行市支行	613337.00	30.94	520588.00	35.85	92683.00	8.79	2790.00	18.72
浦发银行市支行	1110629.00	25.62	932232.00	27.39	177755.00	16.92	969.00	6.13
光大银行市支行	942159.34	26.32	828539.22	28.63	113620.12	11.69	394.23	−79.17
华夏银行市支行	603849.00	2.12	455988.00	14.93	147861.00	25.15	1428.00	−45.64

续表45

类别/单位	人民币存款		其中 单位存款		个人存款		外币存款	
	年末余额（万元）	比上年增长率（%）	年末余额（万元）	比上年增长率（%）	年末余额（万元）	比上年增长率（%）	年末余额（万美元）	比上年增长率（%）
兴业银行市支行	573037.05	21.15	517833.52	22.79	55201.69	7.71	773.55	-3.94
恒丰银行市支行	455350.47	21.57	385753.58	5.79	69596.89	602.63	15.95	131.83
广发银行市支行	207473.69	21.00	78210.63	42.00	17043.06	209.00	169.80	850.00
平安银行市支行	128101.28	47.79	44785.02	104.79	83316.26	28.55	103.41	9.24
浙商银行市支行	514050.00	0.40	325414.00	-0.03	90099.00	-25.90	531.00	83.70
江苏银行市支行	725353.76	35.59	542387.55	40.21	182966.21	23.51	1313.66	65.47
苏州银行市支行	576516.00	20.80	405695.00	20.80	170533.00	20.60	153.00	21.40
上海银行市支行	292182.00	26.80	267770.00	26.88	24414.00	25.93	507.00	123.35
南京银行市支行	684826.70	45.00	573359.29	46.00	111467.41	39.00	32.77	-57.00
泰隆银行市支行	103931.08	20.14	51854.33	-2.32	52064.00	55.82	1209.59	1846.56
宁波银行市支行	564805.00	31.49	483685.00	31.91	81120.00	29.07	23548.00	62.34
江西银行市支行	113895.25	10.71	79966.33	12.99	33928.92	4.18	—	—
张家港农商银行	11692001.03	13.55	5120734.85	5.00	6363153.68	21.70	20586.58	0.85
常熟农商银行	175987.00	42.54	72356.00	48.22	103630.00	38.82	—	—
无锡农商银行	92690.00	6.00	88181.00	4.09	4509.00	65.59	—	—
江南农商银行	95460.28	485.16	84116.75	11343.53	593.91	170.64	—	—
渝农商村镇银行	11470.10	4.50	5983.35	6.04	5486.75	2.88	—	—
友利银行市支行	36092.66	-23.42	27765.08	-27.70	8327.58	-4.56	831.23	-52.75
汇丰银行市支行	21612.76	-11.90	21612.76	-11.90	—	—	925.08	23.13
邮储银行市支行	1554581.89	13.74	238732.92	8.00	1315812.44	14.84	74.68	-23.20
沙钢财务公司	778096.00	-3.08	778096.00	-3.08	—	—	26542.00	143.84
国泰财务公司	286300.94	105.92	286300.94	105.92	—	—	22260.99	-42.13

2021年年末张家港市银行机构贷款情况表

表46

类别/单位	人民币贷款		其中 短期贷款		中长期贷款		外币贷款	
	年末余额（万元）	比上年增减（%）	年末余额（万元）	比上年增减（%）	年末余额（万元）	比上年增减（%）	年末余额（万美元）	比上年增减（%）
农发行市支行	366679.80	8.86	31430.80	-28.09	335249.00	15.40	—	—
工行市支行	3695527.06	11.04	488056.23	-22.34	3195568.28	18.50	4237.18	514.10
农行市支行	4994745.00	21.43	1611569.00	5.02	2872809.00	18.60	17876.00	389.89
中行市支行	4070537.00	12.32	976441.00	9.08	3017795.00	15.92	2786.00	85.74
建行市支行	3978889.00	21.56	1038300.00	25.92	2940588.00	20.09	8782.00	96.03
交行市支行	975087.00	9.97	401726.00	0.30	566657.00	22.62	1826.00	143.14
中信银行张家港支行	1215829.00	5.74	221003.00	-18.62	994826.00	13.27	43092.00	3214.77
民生银行市支行	559528.00	46.23	265475.00	9.77	294053.00	131.39	—	—

续表46

类别 单位	人民币贷款		其中				外币贷款	
			短期贷款		中长期贷款			
	年末余额（万元）	比上年增减（%）	年末余额（万元）	比上年增减（%）	年末余额（万元）	比上年增减（%）	年末余额（万美元）	比上年增减（%）
招商银行市支行	736168.00	20.53	349280.00	21.80	105925.00	12.38	187 .00	-60.63
浦发银行市支行	811481.45	19.70	331774.03	-8.96	479707.42	50.89	660.94	0.60
光大银行市支行	1062132.03	55.28	532331.45	60.55	529800.58	50.32	—	-100
华夏银行市支行	464672.00	4.50	160846.00	-13.65	303826.00	17.57	2290.00	202.51
兴业银行市支行	516121.37	7.00	284292.91	-12.13	231828.46	45.98	—	-100.00
恒丰银行市支行	326292.33	10.75	117091.40	-42.98	209200.93	134.40	—	—
广发银行市支行	116996.38	-9.30	34760.59	-29.00	56517.12	3.70	—	—
平安银行市支行	77434.12	27.93	7967.42	-26.76	69466.70	39.91	—	—
浙商银行市支行	210260.00	2.08	101975.00	-20.11	104004.00	33.74	7964.00	100.00
江苏银行市支行	790711.93	7.52	288920.93	26.49	501791.00	-1.03	256.00	-21.57
苏州银行市支行	686454.00	23.70	262140.00	14.80	351368.00	33.40	156.00	100.00
上海银行市支行	452906.00	28.12	112177.00	6.77	340729.00	37.15	—	—
南京银行市支行	502836.42	75.00	191385.00	54.00	311452.00	91.00	—	—
泰隆银行市支行	173879.30	27.03	156083.13	30.94	15586.36	1.23	1502.32	347.75
宁波银行市支行	387635.00	1.13	229832.00	48.76	157803.00	-31.02	7178.00	622.13
江西银行市支行	140120.45	6.90	115097.40	8.57	25023.05	3.07	—	—
张家港农商银行	9641277.33	17.25	4637430.12	15.43	4183124.92	23.35	8219.21	93.98
常熟农商银行	460469.00	44.99	244596.00	28.57	215873.00	69.51	—	—
无锡农商银行	103691.00	14.40	17310.00	-20.88	86381.00	25.63	—	—
江南农商银行	19914.52	130.15	17134.14	145.14	2780.38	67.15	—	—
渝农商村镇银行	37056.99	12.41	23405.45	40.98	13651.54	16.57	—	—
友利银行市支行	58127.69	81.92	12475.73	85.11	25932.77	2.85	290.00	—
汇丰银行市支行	18062.57	89.87	18062.57	89.87	—	—	580.69	145.08
邮储银行市支行	1562792.86	17.25	352971.15	107.54	896818.98	26.16	—	—
沙钢财务公司	362000.00	4.93	356150.00	28.53	2000.00	—	4779.00	100.00
国泰财务公司	3000.00	—	3000.00	—	—	—	—	—

【政策性银行】 全市有政策性银行1家，为中国农业发展银行张家港市支行。2021年，该行履行国家支农政策，服务长江经济带发展、农村土地流转整体城镇化建设、乡村振兴、扶贫开发等一系列国家战略，全年投放支农资金19.46亿元，年末贷款总额36.67亿元。保障粮食收储安全，完成粮食储备8.5万吨，投放县级储备粮油贷款2.43亿元。发挥政策性金融抗疫作用，助力乡村振兴发展，支持"三优三保"项目5项，投放农村土地流转贷款3.3亿元，年末"三优三保"项目贷款余额29.21亿元。支持生态环境建设，投放长江大保护项目资金2.68亿元。支持农业项目乡镇覆盖率80%。加强普惠金融宣传与服务，支持实体企业扩大经营，为小微企业投放贷款1370万元。获批安置房项目授信额8.5亿元，年内实现投放700万元。全年实现利润2641万元，比上年增28.45%。年内被中国农业发展银行总行评为"五一巾帼标兵岗"。

（侯新亚）

【国有商业银行】 2021年，全市有5家国有商业银行（工商银行、农业银行、中国银行、建设银行、交通银行）的分支机构。机构网点123家，从业人员2302人。

工商银行　中国工商银行股份有限公司张家港分行（简称市工行）年内落实服务实体经济、减费让利、防控风险等政策要求，统筹做好创新转型与改革发展。年末本外币各项贷款余额372.25亿元，比上年增11.7%。开展优质重点项目营销，全年投放项目贷款64.05亿元；支持民营企业发展，年末民营企业贷款余额144.1亿元，比上年增5.2%；践行“工银普惠行”建设，全年投放普惠贷款38.53亿元，比上年增33.28%；支持小微企业复工复产，小微企业综合融资成本比上年降0.24个百分点，为企业及企业主办理存量贷款到期无本续贷32347万元；设立乡村振兴办公室，年末村级经济融资方案余额1.6亿元。全年实现中间业务收入4.18亿元，比上年增19.06%；实现拨备前利润10.22亿元，比上年增5%。年内，市工行获评苏州金融系统优秀青年集体。

农业银行　中国农业银行股份有限公司张家港分行（简称市农行）年内围绕全市经济、社会、民生等各领域的需求提供金融支持。全年本外币各项贷款余额510.87亿元，比上年增23.49%，总量、增量均居四大国有银行首位。人民币制造业贷款余额148.23亿元，为规模以上企业和科创企业提供信用总额130.41亿元和116.15亿元。推广苏微贷、微捷贷等产品以及供应链融资模式，年内上线供应链融资项目10项，授信6.8亿元，银保监口径普惠贷款余额42.21亿元。围绕美丽乡村建设，与全市27个村签署整村授信合作协议；助力智慧城市建设，打造智慧校园75个、智慧厂区28个、智慧社区18个。年内，市农行获评2019—2021年度江苏省文明单位，通过全国文明单位复评。

中国银行　中国银行股份有限公司张家港分行（简称市中行）年内贯彻长三角一体化战略，深度融入“港城发展升级版”，支持当地“三优三保”、城市更新、九年一贯制学校建设等一批重点项目；聚焦场景建设，重点推动智慧校园、智慧食堂、养老机构、智慧寺庙等场景，部分场景实现数字人民币支付。年内实现本外币时点存款规模372.45亿元，比上年增11.62%；本外币贷款规模408.87亿元，比上年增12.5%；普惠金融两增口径余额29.28亿元，比上年增66.93%，新增市场份额占比28.05%；结合文明创建和党史学习教育，组建志愿服务团队，常态化开展“反假币”“防范电信诈骗”等知识宣传，组建各类文体俱乐部等。年内获评2019—2021年度江苏省文明单位、2018—2020年度苏州市文明单位，员工冯玉姣获评江苏省劳动模范。

建设银行　中国建设银行股份有限公司张家港分行（简称市建行）持续推进供应链金融场景建设，依托建行政策与产品优势，为全市企业发展拓宽融资瓶颈，年内投放供应链贷款融资17.62亿元。服务的链条客户中，小微企业贷款占比90%，制造业贷款占比60%。为保税区建发供应链有限公司上线网络供应链“e销通”项目，并实现苏州建行系统内A类下游业务首笔试点投放；为永钢集团发行2021年度第一期5亿元中期票据，该业务是全国首单采用交易型信用增进发行的民企债务融资工具，也是建行首单信用风险缓释合约（CRMA）支持民企债务融资工具发行。加快绿色金融发展，绿色信贷余额46.34亿元，比上年增269.03%。对接区镇“放管服”改革和群众“一站式”服务需求，7月，作为全市首家入驻冶金园（锦丰镇）便民服务中心的银行机构，开办公积金全业务，实现公积金业务“全市通办”。严格落实账户管理主体责任，强化账户风险防控工作要求，堵截电信网络诈骗10余起，涉案金额108万元，获苏州市公安局集体嘉奖，被评为打击治理电信网络诈骗犯罪“无诈企业”创建工作先进单位。至年末，各项存款余额325.3亿元，比上年增7.93%；各项贷款余额403.49亿元，比上年增22.18%，实现利润总额84981.62万元。

交通银行　交通银行股份有限公司张家港分行（简称市交行）立足地方经济特点，落实金融支持实体经济政策，坚持“服务三农、服务地方、服务小微”。年内优化信贷服务，加大实体贷款投放，制造业贷款比上年增7.26亿元；支持当地基础设施建设，为高新区投放建设固定资产贷款2.5亿元。优化线上服务，践行普惠金融，年内监管口径小微客户377户，比上年增166户，实现普惠两增贷款7.45亿元，比上年增3.32亿元。惠民暖企，立足减费让利，为监管口径小微企业贷款发放利率3.85%及以下的贷款786笔，余额4.53亿元，占小微企业贷款发放量的60%，年内监管口径小微企业贷款利率下降0.3%。服务乡村振兴，助力村级经济发展，为锦丰镇投放“三优三保”银团贷款2.1亿元。年内涉农贷款余额净增18.69亿元。

（范天煜　汪少波　李佳蔚
黄　雯　季秋漪）

【股份制商业银行】　全市有12家全国性股份制商业银行（中信银行、民生银行、招商银行、浦发银行、华夏银行、光大银行、兴业银行、恒丰银行、广发银行、平安银行、浙商银行、江西银行）的分支机构。机构网点27家，从业人员521人。

中信银行　中信银行股份有限公司张家港支行克服疫情带来的不利影响，强化“党建+业务”模式，坚持党建与业务工作双融双促双提升，年内在中信银行系统内成功开展全国首单“科创板”员工战略配售业务2660万元。支持民营企业“走出去”和践行“一带一路”金融支持，联合中信海外机构发放10亿美元境外并购贷款。与政府层面深度合作，年内新增“三优三保”项目贷款5亿元，表内投放17.22亿元。累计平台类债券承销规模52.65亿元，市场份额占比20.7%，位列全市金融系统第一。推进农民工工资代发业务，新增代发客户2户，合计代发98.73万元，为农民工权益提供监管保障服务。

民生银行　中国民生银行股份有限公司张家港支行年内坚持服务地方实体经济发展职能，新增实体授信客户22户。拓展资本市场业务，实现投债7笔，中标11.7亿元。疫情期间创新服务产品，以无还本转贷方式为120户企业进行转贷，为800户小微企业降低贷款利率；通过“资信通+易信通”产品，实现首笔融资租赁业务。多举措发展普惠贷款业务，年末普惠金融贷款余额10亿元，比上年增11.61%，超额完成全年指标。全年实现利润2亿元，比上年增21.21%，计划完成率100%。

招商银行　招商银行股份有限公司张家港支行年内全力支持小微企业和重点项目企业，实现普惠贷款余额7.62亿元，比上年增21.73%；零售信贷余额28.09亿元，比上年增

22.29%；存量市场份额2.8%，比上年同期提升0.5个百分点。成功落地“中征应收账款融资服务平台”企业直连项目，助力当地经济发展。与澳洋医院联合举办“党建百年，光影初心”观影活动、与中国移动张家港公司签订党建共建协议。全年净增人民币存款14.49亿元，增幅30.92%；净增人民币贷款12.54亿元，增幅20.53%；零售管户总资产实现快速增长，达到56.85亿元。年内被招商银行苏州分行评为先进支行。

浦发银行　上海浦东发展银行股份有限公司张家港支行年内坚持服务实体经济，支持普惠金融、科创金融等领域。年末总存款余额111.68亿元，比上年增25.47%；各项贷款余额81.57亿元，比上年增19.57%。其中，中小微企业贷款余额40.72亿元，领军人才贷款余额8.29亿元，科技企业贷款余额9.05亿元；普惠金融贷款余额8.48亿元，较年初净增2.46亿元，超额完成目标任务。提供金融创新产品，支持地方经济发展，年末承销债务融资工具累计28.5亿元；成功授信支持11个市级重大项目，授信金额36.7 亿元，全年实现信贷投放6.4亿元。

华夏银行　华夏银行股份有限公司张家港支行年内履行融资主渠道责任，向全市110家企业、172人投放贷款101.03亿元，其中制造业贷款投放13.41亿元，民营企业贷款投放21.18亿元，小微企业贷款投放11.97亿元，科技型企业贷款投放11.75亿元。该行定位“中小企业服务商”，响应金融办“港城金融服务千企行”活动，走访民营和小微无贷企业，了解客户融资需求。利用“互联网+”优势，运用房贷通、循环E贷、网络贷等贷款产品，提供“随借随还”的信贷服务，降低民营企业贷款成本。履行社会责任，组织开展金融知识进校园、进社区、进企业等活动；利用电子显示屏等宣传阵地发布公益广告，提醒市民注意防范非法集资、金融诈骗等。至年末，该行实现一般存款余额61.29亿元，贷款余额47.93亿元。

（叶　芳　赵鸣雷　杨福男　赵　璇　赵晓娟）

【城市商业银行】 2021年，全市有6家城市商业银行（江苏银行、苏州银行、上海银行、南京银行、宁波银行、浙江泰隆商业银行）的分支机构。机构网点20家，从业人员406人。

江苏银行　年内，江苏银行股份有限公司张家港支行推进拓客强基、提质增效、结构调优等工作，发挥机制灵活、决策灵敏的经营优势，为龙头集团企业定制综合金融服务方案，为全市中小微企业提供高效便捷的金融产品和服务。年末各类贷款余额79.23亿元，比上年增7.44%。其中，以“V保代”“人才贷”等“随e贷”特色线上产品为抓手，提升普惠金融服务能力，各项普惠贷款余额8.11亿元，比上年增42.28%；通过债务融资工具、债券投资等服务举措，为企业提供多领域融资渠道，投放新增14.2亿元。在科技赋能方面，利用该行银联B2B网关支付功能，推出“收付宝”“履约宝”等产品，为“易棉网”等多类交易平台提供收付资金清算功能；以特色产品“金管家”“供应链云平台”“资产池”为创新发展点，解决企业在结算、供应链等各方面的业务需求。

苏州银行　苏州银行股份有限公司张家港支行年内与市人才办和金融监管部门联合推出“港城人才贷”产品，支持领军人才企业发展，累计发放专项人才贷款1500万元。与市行政审批局对接，成为全市第九家接入“一窗融合”系统的商业银行，年末完成系统开发对接，准备上线。推进社保卡三代卡上线发卡工作，成为张家港社保第一批三代卡5家发卡银行之一，开展市民卡系统对接、设备铺设及业务培训等，11月通过市人社局验收，开始对外发卡。配合苏州市尊老卡发卡工作，网均发卡量在张家港市位列第二。联合苏州市公积金中心张家港分中心，针对青草巷批发市场灵活就业人员、个体工商户开展住房公积金制度试点，为市场工作人员提供公积金签约服务。重视民生金融建设，发展普惠金融业务，扶持小微金融客户，年内普惠金融贷款余额13.13亿元，比上年增27.48%；中小微企业贷款余额40.83亿元，比上年增28.07%。　（宋张婷　王　坤）

【农村商业银行】 2021年，全市有4家农村商业银行（张家港农商银行、常熟农商银行、无锡农商银行、江南农商银行）及其分支机构。机构网点111家，从业人员1953人（不含异地机构网点及人员）。

张家港农商银行　江苏张家港农村商业银行股份有限公司下辖3家分行，1家营业部，44家支行，50家分理处，机构网点总数98家。1月，冠名“张家港—北京南”复兴号G888次列车在张家港站首发。4月，获准在全国银行间债券市场发行20亿元无固定期限资本债券。7月，与西宁农商银行签订全面战略合作协议，输出微贷技术。8月，接入跨境人民币支付系统（CIPS）标准收发器。9月，在凤凰镇启动“兴村惠农·大家金融”行动，助力乡村振兴；获准在全国银行间债券市场发行25亿元小型微型企业贷款专项金融债券；办理苏州市首单碳排放配额质押贷款业务。11月，上线新信贷系统，助推全面数字化转型；举行“相伴二十载，与爱同行”慈善捐赠仪式，合计捐赠80万元。至年末，全行资产总额1645.79亿元，比上年增14.44%；本外币各项存款余额1211.3亿元，比上年增13.03%，本外币各项贷款余额998.17亿元，比上年增17.63%，其中，民营企业贷款余额586.06亿元，比上年增18.44%。不良贷款率0.95%，比上年降0.22个百分点。全年实现净利润13.04亿元，比上年增30.3%。在英国《银行家》杂志发布的2021年全球商业银行1000强中排名第614位，比上年上升4位。年内获评2021年度苏州金融科技创新示范优秀机构，小微金融事业部获评第二十届“全国青年文明号”。

常熟农商银行　常熟农商银行股份有限公司张家港支行贯彻落实“普惠金融”政策，立足“三农”“两小”，以服务实体经济、小微企业、个体工商户为根本目标，陆续推出农营贷、苏碳融、小微贷等产品，疫情期间通过“星易融”“星续贷”“星享贷”“阳光贷”“无还本续贷”等产品，帮助个体工商户主及小微企业主复工复产，贷款金额35.93亿元。年内各项贷款余额46.05亿元，比上年增44.99%。

其中普惠贷款31.11亿元，比上年增64.69%；中小微贷款16.15亿元，制造业贷款14.65亿元，科技型企业贷款1.96亿元。（沈　阳　宋晓蕊）

【村镇银行】 2021年，全市有村镇银行1家。江苏张家港渝农商村镇银行股份有限公司围绕“服务三农、服务中小企业、服务县域经济”主线，支持地方实体经济发展。年末贷款余额37056.99万元，比上年增12.47%；其中，个人助业贷款余额25630.07万元，占比69.16%；个人消费贷款余额6230.97万元，占比16.81%；单户100万元及以下贷款余额32044.46万元，占比86.47%；贷款户均余额下降至66.41万元，比上年降3.73万元，在贷款规模稳步增长的同时，贷款结构进一步趋于合理。金融产品创新方面，11月推出房快贷线上特色金融产品，12月实现产品投放13笔908万元。金融服务方面，继续按照限时办贷实施细则强化限时办贷服务，最快1天内实现贷款审批发放。同时，为存量小微客户实现应延尽延政策，年内共延期还本16户2173万元，延期客户占比5.86%，有效解决小微客户融资难题。（李　丹）

【外资银行】 2021年，全市有2家外资银行（友利银行、汇丰银行）的分支机构。友利银行（中国）有限公司张家港支行年内在优化资产结构的同时加强风险防控，在维系韩国客户的基础上发展中国企业客户。针对受疫情影响的企业在采购原材料、支付工资等流动性不足方面支援流动资金。全年韩国独资企业贷款客户12户，比上年增1户；中资企业贷款客户4户，比上年增3户。年末本外币贷款余额6亿元，比上年增67%；资产总额6.53亿元,比上年减14%；负债总额6.49亿元，比上年减14%。汇丰银行（中国）有限公司张家港支行内设工商金融服务部和柜台服务部。年末资产总额39492.79万元，贷款业务均服务于实体经济，其中小微企业贷款余额8062.57万元，比上年增44.02%；制造业企业贷款余额18572.91万元，比上年增40.45%；年内新增贷款客户4家。负债总额28187.1万元，比上年减12.12%；其中各项存款余额27510.79万元，比上年减6.99%。表外业务项下，全年办理银承贴现业务210笔，金额13225.78万元；开立备用信用证2笔，金额1200万美元；办理保函业务3笔，金额1935.21万美元。

（郑佳乐　王亚超）

【邮储银行】 2021年，中国邮政储蓄银行股份有限公司张家港市支行以坚持做现代农业优质金融服务提供商为定位，为各区镇企业发放贷款近3亿元，为各乡村经济增授信用贷4640万元。在“港城金融服务万企百亿融通工程”“领军计划”“百行千人进万企”等活动中，落地科技贷近480万元，对百余家企业落实“应延尽延”还款政策，涉及金额2.3亿元。年末普惠金融贷款余额16.05亿元。全面推广极速贷、小微易贷等短平快经营类贷款产品，年内放款10亿元。聚焦基础设施建设、产业结构战略调整等领域，对全市5家AA+平台投债3.6亿元。先后参与光大固废静脉产业园工业固废综合处置填埋场项目、新茂投资张家港高新区生态环境提升及公共服务配套项目，放款1.68亿元，助力绿色经济和环保经济新发展。与常阴沙现代农业示范园区、乐余镇庙港村、塘桥镇蒋家村、杨舍镇农联村等签订党建联盟协议、乡村振兴战略合作协议。年末存款余额155.5亿元，比上年增13.8%；贷款余额156.28亿元，比上年增17.25%。全年实现收入3.32亿元，实现利润2.38亿元，分别居全省县（市、区）支行第二、第三位。（夏　云）

【财务公司】 全市有财务公司2家。沙钢财务有限公司于2010年登记成立，注册资金10亿元，2021年年末本外币存款余额94.73亿元，本外币贷款余额39.25亿元。江苏国泰财务有限公司由江苏国泰国际集团有限公司和江苏国泰国际集团国贸股份有限公司共同出资成立，注册资金5亿元。年末本外币存款余额42.82亿元。（相关内容参见工业和开放型经济类目）

（王　洵）

【苏州首单碳排放配额质押贷款】 年内，为贯彻落实国家“双碳”政策，张家港农商银行在市人民银行、张家港生态环境局指导下召开银企交流会，了解辖内企业绿色低碳转型发展需求。张家港市印染厂是当地首批获准碳排放权交易的小型民营企业，得知该企业尚有9万余吨碳排放权配额未使用，张家港农商银行为其设计以碳排放配额质押的绿色融资模式。9月，张家港农商银行使用央行再贷款资金为该企业成功办理碳排放配额质押贷款业务，金额300万元，期限1年。该笔贷款按绿色贷款绿色审批流程，从上报到放款只用了3天。这也是在全国碳排放权交易市场正式上线后，苏州市在人民银行征信中心动产融资统一登记公示系统进行质押登记和公示的首单碳排放配额质押贷款，有效打通了碳配额质押的各环节和流程，盘活了企业的碳配额资产，是有序推动绿色低碳金融发展的有益探索和创新实践。（沈　阳）

保　险

【概况】 2021年，全市有保险公司46家。其中财险公司22家，寿险公司24家。年内，全市保险机构实现标准保费收入67.23亿元，赔付支出19.95亿元，保险深度2.22%。2月，桃综合气象指数保险试点通过全国农村改革试验任务验收，该险种以连片种植且已正常挂果结果的桃树为承保对象，创新融合防灾减损奖励和灾害损失补偿两大风险管理要素，累计承保桃4.33公顷，签单保费2.34万元，赔付4320元。在苏州市开展首单生猪“保险+期货”项目（生猪价格指数保险），通过“保险+期货”的方式进行探索试点。全年补贴科技保险保费417.97万元，风险保障额度464.74亿元。年内，全市保险行业实现“政策性险种+商业险+附加险”全覆盖。

【财产险公司】 全市有中国人民财产保险股份有限公司张家港中心支公司、中国太平洋财产保险股份有限公司张家港中心支公司、中国平安财产保险股份有限公司张家港支公司等财产险公司22家，保费收入20.21亿元，理赔支出12.95亿元。

人保财险　2021年，中国人民财产保险股份有限公司张家港中心支公司下设城中、锦丰、塘桥等7个营业部和15个营销服务部，从业人员205人。年内新增专利无忧保险、家政服务机构责任保险、家庭农用机械综合保险、无人机第三者责任保险4个险种，累计设险种10个大类200余个。全年完成保费收入79037万元，比上年增2.47%。其中车险收入54708万元、非车险收入22348万元、农险收入1981万元。全年处理赔案210960件，理赔支出54537万元，赔付率69%。其中车险理赔支出34645万元、非车险理赔支出18344万元、农险理赔支出1548万元。保费收入和理赔支出中占比最大的均为车险，分别占69.22%和63.53%。

太平洋产险　2021年，中国太平洋财产保险股份有限公司张家港中心支公司下设总经理室、综管部、财务部、销管部、车意险理赔部、非车险理赔部、营销部等部门，下辖1个支公司、8个营销服务部，从业人员227人。年内，公司中标沪通铁路张家港站客运枢纽配套设施PPP项目和东三环新建工程保险项目等重大项目，独家承保“友爱港城”注册志愿者意外保险和张家港农商银行全市营业场所公众责任险项目，成功落地张家港湾公众责任保险、首个“海外无忧”、省内首个船舶岸电公共责任保险、分公司首单商业性林木综合保险、苏州市首单政策性补充工伤保险以及苏州市首单生猪“保险+期货”等项目，开出疫苗险团单首单、苏州分公司首单特种设备检验检测责任保险和苏州分公司首单车非融合代步车保险等项目，创新落地苏州首单张家港市进口冷链食品防疫综合保险、“常阴沙大米”地理标志保险，入驻全市首家“保险惠民”主题“普惠金融服务站”金融惠民之家。全年完成保费收入7.01亿元，比上年增1.8%。其中机动车辆险收入5.06亿元，非车险收入1.95亿元。全年处理赔案199760件，理赔支出39195万元，比上年增12.4%，赔付率64.3%。保费收入和理赔支出中占比最大的均为车险，分别占72 %和82.7%。公司市场占有率32.15%。

（袁　龙　张　涛）

【人身险公司】　全市有中国人寿保险股份有限公司张家港支公司、中国太平洋人寿保险股份有限公司张家港中心支公司、中国平安人寿保险股份有限公司张家港支公司等人身险公司24家，保费收入47.02亿元，理赔支出7亿元。

人保寿险　2021年，中国人寿保险股份有限公司张家港支公司下设营销发展部、收展发展部、个险培训部、团体业务部、银行保险部、综合部、客户服务中心7个部门，下辖4个营业部和7个营销服务部。有从业人员1031人，比上年减157人。累计设险种3个大类358种。全年完成保费收入118647.77万元，比上年增6.44%。处理赔案9390件，理赔支出5388.92万元，比上年增32.3%。

太平洋人寿　2021年，中国太平洋人寿保险股份有限公司张家港中心支公司下设个险业务部、团体业务部、营运部、综管部，其中个险业务部下辖市区营业部和金港、塘桥、凤凰、乐余、锦丰、杨舍6个营销服务部，塘桥营销服务部为四级机构。从业人员735人。年内，公司以“3I”（即智能、交互、融合）服务标准为核心，深度融合大数据、人工智能、生物识别等科技手段，通过“灵犀机器人”“云柜面”“太E赔”等智能设备及健康检测一体机“小太医”、远程“视频医生卡”、太保家园VR体验等人机交互体验，通过“线上+线下”“现场+离场”全方位的健康干预及诊疗服务，为客户提供个性化的健康管理服务和智慧服务体验。全年完成保费收入89154万元，比上年增6.6%。其中个险期缴收入9450万元、意外险收入2054万元、续期收入71096万元。全年处理赔案8372件，理赔支出6136.81万元，其中团险理赔6374件，赔付2686.83万元；营销险种理赔1998件，赔付3449.98万元。综合赔付率40%。　（庞　沁　周　霞）

【苏州市首单生猪“保险+期货”项目】　2月4日，太平洋产险张家港中心支公司与金港镇健康猪场签订商业性生猪价格指数保险合同，标志着苏州市首单生猪“保险+期货”项目落地。此项目采用普通亚式看跌方式设计，保险价格与大连商品交易所生猪期货的主力合约价挂钩，太平洋产险张家港中心支公司借助期货和期权工具实现风险对冲，为健康猪场4.83吨生猪提供近12万元的风险保障，当生猪价格下跌至保险目标价格时，被保险人通过“保险+期货”的双重保障可获相应赔付，有效降低被保险人因市场风险引起的损失。此项目的落地是苏州市生猪养殖业上“保险+期货”的首次尝试，也是金融保险服务乡村振兴的体现。

（王　洵）

证券·期货

【概况】　2021年，全市新增1家证券公司营业部，为国泰君安证券股份有限公司张家港人民东路证券营业部。全市有东吴证券股份有限公司张家港分公司及杨舍镇、锦丰镇、金港镇证券营业部，华泰证券股份有限公司张家港杨舍东街、金港镇长江中路证券营业部，南京证券股份有限公司张家港东环路证券营业部、中原证券股份有限公司张家港建农路证券营业部、中信建投证券股份有限公司张家港人民中路证券营业部等证券公司营业部24家。全市有东吴期货、道通期货、创元期货、弘业期货等期货公司开设营业部。

【东吴证券】　2021年，东吴证券股份有限公司张家港分公司下设总经理室、综合部、财务部、信息技术部、业务管理部、财富管理中心等6个部门，下辖杨舍、金港、锦丰3个证券营业部。从业人员66人。分公司提供IPO、中小企业私募债、财务顾问、“新三板”等综合金融业务。各营业部开设沪深A股、B股、权证、期权、港股、期货、国债、企业债券、国债回购、封闭式基金等交易品种，提供融资融券、股票质押回购等融资服务，提供现场交易、电话委托交易、网上交易、手机炒股等交易方式，并与中国银行、农业银行、工商银行、建设银行、交通银行等13家银行建立客户保证金三方存管业务。营业部客服中心实行客户经理制，为客户提供一对一服务，并提供电话咨询、在线咨询、短信、盘中提醒等多种咨询服务。全年完成交易额2651.65亿元，比上年增18.16%；实现利润7266.34万元，比上年增15.34%。（肖　贝）

【华泰证券】 2021年，华泰证券股份有限公司有张家港杨舍东街、金港镇长江中路2个证券营业部。杨舍东街证券营业部有在职员工26人，开设A股、B股、债券、基金、权证、新三板、H股、融资融券、个股期权、港股通IB业务等交易品种，提供网上交易、电话委托、磁卡委托、手机炒股、网上页面委托等交易方式，与工商银行、农业银行、中国银行、建设银行、交通银行、浦发银行、招商银行、中信银行、农商行等多家银行建立三方存管业务。年末，华泰公司总部推出涨乐财富通App7.9版，营业部每日平均有3.25万名客户使用该App交易，覆盖率97.29%。年内股基证券开户3551户，有效户1026户，新增融资融券客户525户。全年实现交易额347.33亿元，理财产品销售额41.1亿元，其中公募基金销售占比提升158.8%。实现利润3355.9万元。2021年，营业部在全国1.2万家营业部中综合排名列第93位；在张家港市场占有率38.2%，市场份额排名第一。

（夏良亮）

【南京证券】 2021年，南京证券股份有限公司张家港东环路证券营业部设有多媒体展示区、客户体验区、客户区及贵宾区、期货交易专区，从业人员11人。营业部开设A股、B股、港股通、沪伦通、债券、基金、“新三板”、科创板等传统通道业务以及期货IB、融资融券、股票质押式回购融资、专项融券业务、各类金融产品代销、股票期权等创新业务。提供现场开户、见证开户、网上开户、手机开户多种开户方式，以及现场交易、电话委托交易、网上交易、手机委托交易等交易方式，与工商银行、农业银行、中国银行、建设银行、交通银行等多家银行建立三方存管转账业务。营业部依托公司“快乐阳光”网上营业厅、金罗盘掌厅、微信微厅等客户服务平台以及“95386”全国统一客服热线，为客户提供便捷服务。2021年完成交易量549.17亿元，比上年增31.4%；实现收入1546.09万元，比上年增5.31%；实现利润1226.82万元，比上年增2.88%。（钱文娟）

【东华期货】 2021年，江苏东华期货有限公司张家港营业部有从业人员6人，均持有期货从业资格证书。公司业务范围包括商品期货、金融期货、资产管理等。至年末，拥有固定客户1121人，成交额535亿元，实现客户保证金收入3222万元。（陆丽华）

其他金融机构

【小额贷款公司】 全市有小额贷款公司13家，分别为张家港昌盛农村小额贷款有限公司、市华芳农村小额贷款有限公司、张家港保税区锦泰农村小额贷款有限公司、市国泰农村小额贷款有限公司、市广大农村小额贷款有限公司、市沙钢农村小额贷款有限公司、市南丰农村小额贷款有限公司、市亚泰农村小额贷款有限公司、市中昊农村小额贷款有限公司、市金生科技小额贷款有限公司、市长江农村小额贷款有限公司、市金城泰农村小额贷款有限公司、苏州港口张家港保税区科技小额贷款有限公司。年内累计发放贷款51.47亿元，融资余额10.1亿元，年末贷款余额46.57亿元。

【融资租赁公司】 全市有融资租赁公司4家，分别为江苏金茂融资租赁有限公司、华晟融资租赁股份有限公司、马尼托瓦克（中国）租赁有限公司、江苏万盈融资租赁有限公司。其中，江苏金茂融资租赁有限公司是由国有股东张家港市金茂集体资产经营管理中心控股的台港澳与大陆合资有限责任公司，华晟融资租赁股份有限公司是境内法人及自然人出资成立的内资融资租赁公司，马尼托瓦克（中国）租赁有限公司为外国法人独资，江苏万盈融资租赁有限公司为香港企业独资。至年末，融资租赁资产总额22.03亿元，客户数137户。

【担保公司】 全市有融资性担保公司4家，再担保公司1家，分别为张家港市金港投融资担保有限公司、张家港市金港投融资担保有限公司科创分公司、张家港市农业融资担保有限公司（承担政府性融资担保公司职能）、苏州市住房置业融资担保有限公司张家港分公司、张家港市信用再担保有限公司。年内，融资性担保公司累计担保31.85亿元，担保户数442户；再担保公司未开展业务。

【典当公司】 全市有典当公司9家，分别为江苏广聚源典当有限公司、张家港市锦泰典当有限公司、张家港市鸿笙典当有限公司、张家港保税区宝盛典当有限公司、张家港市铭达典当有限公司、苏州华富典当有限公司、苏州鼎丰典当有限公司、苏州东鑫典当有限公司、苏州亿通典当有限公司。年内开展典当业务2057笔，累计典当额6.63亿元。

【拍卖公司】 全市有正常开展业务的拍卖机构5家，分别为苏州天润拍卖有限公司、苏州市富城拍卖有限公司、江苏广聚源拍卖有限公司、苏州泓泰拍卖有限公司、苏州正泰拍卖有限公司。全年共举办拍卖会125场，拍卖成交额66387.8万元，比上年增23.55%。

【保理公司】 全市有商业保理公司2家，分别为江苏金茂商业保理有限公司、江苏华程商业保理有限公司，资产总额6.1亿元。年内，2家商业保理公司发放保理融资款本金4.41亿元，客户数35户。

（王　洵　刘彦庆）

【编辑　陆文琰】

综合经济管理

Comprehensive Economic Administration

9月19日，苏州市暨张家港市2021年“质量月”活动启动仪式举行　（市市场监督管理局　提供）

宏观经济管理　　　　知识产权保护

国有资产经营管理　　审　　计

市场监督管理　　　　统　　计

质量管理与检验检测

張家港年鑒(2022)

扫码欣赏

金茂·攀峰

宏观经济管理

【概况】2021年，市发改委紧扣“创新提质年”工作主线，全力保障、统筹推进疫情防控和经济社会发展，取得良好成效。全市实现地区生产总值3030.21亿元，按可比价比上年增8%，经济总量继续位列全国百强县第3位，其中服务业增加值占比47.8%。全社会固定资产投资554.67亿元，比上年增5.4%，其中服务业投资341.23亿元，比上年增4.8%。全社会用电321.74亿千瓦小时，其中工业用电量286.79亿千瓦小时。年内，市发改委获评全省脱贫攻坚暨对口帮扶支援合作先进集体、市级机关单位绩效考核突出贡献奖。

规划编制与实施　统筹全市经济社会发展各重点领域，编制《张家港市国民经济和社会发展第十四个五年规划和二〇三五年远景目标纲要》，牵头协调34项“十四五”期间市级重点专项规划编制。聚焦沪苏同城、加快沪港互融，制定《张家港市融入长三角地区一体化发展三年行动方案（2021—2023年）》，明确八大领域158项重点工作。围绕全力打造全国现代服务业县域标杆城市，形成《张家港市“十四五”现代服务业发展规划》。以打造具有国内外影响力的“中国氢港”为目标，出台《张家港市“十四五”氢能产业发展规划》。夯实数字经济发展基础，聚焦“数字”全面赋能发展，推动传统基础设施数字化改造，制定《张家港市推进数字经济和数字化发展三年行动计划（2021—2023年）》和《张家港市推进数字基础设施建设工作方案（2021—2023年）》等8个工作方案。谋划能源项目建设发展格局，编制《张家港市天然气利用发展规划（2020—2030）》和《张家港市“十四五”电动汽车充换电设施规划》《张家港市“十四五”电力设施专项规划》。开展《张家港市先进制造业和现代服务业融合发展模式研究》。绘制“产业链条图、重点项目图、重点企业图、重点招引图”四张图谱，形成《张家港市冶金新材料产业链专题研究报告》。加强清洁低碳能源合作，与国家电投签订“碳达峰、碳中和”能源战略研究及全面战略合作协议。编发《发改资讯》47期。做好经济运行月度、季度监测工作，加强经济形势分析研判，做到实时监测、尽早预警、深入分析、精准施策，全力保障经济平稳运行。系统布局2022年主要经济指标、三级重大项目以及民生实事项目等年度规划。

政策制定与推进　聚焦疫情对全市经济运行带来的冲击和影响，梳理各级各部门助企惠企政策，编订印发《关于积极应对疫情影响助力企业纾困解难保障经济加快恢复若干政策措施的实施办法》。促进农村经济社会持续健康发展，推进乡村全面振兴，研究出台《张家港市深化农村公共基础设施管护体制改革的工作方案》。加强城市运营预警分析，为疫情防控及迎峰度夏期间政府调控决策提供依据，制定《张家港市2021年有序用电方案和电力供应应急预案》。牵头编制《张家港市大面积停电事件应急预案》，完成全市大面积停电应急演练。制定实施《2021年张家港市推动长江经济带发展工作要点》，督促开展《长江经济带生态环境警示片》披露问题整改“回头看”、长江经济带生态环境突出问题专项整治、“以案促改”等行动。实施《张家港市沿江经济带转型发展三年行动计划（2019—2021年）》，滚动推进基础设施、产业项目、环保项目、新型研发机构等6个大类99个项目。积极培育“两业融合”试点企业、集群，依托“清算通”、江苏化工品交易中心苏交网等“互联网+专业市场”平台，打造全省县市最大的平台经济板块。举办“沪苏同城，创新提质”张家港融入上海合作发展说明会，完成总投资563亿元的55个项目签约。揭牌成立上海长三角科创企业服务中心苏南中心。遏制“两高”（高能耗、高排放）项目盲目发展，全面排查梳理全市拟建、在建和存量“两高”项目，建立清单化、动态化管理台账。落实能耗双控任务。坚持生态优先，张家港市推动长江经济带发展工作入选中国经济导报“推动长江经济带发展五周年特别报道”，为江苏唯一入选的县级市。“张家港湾”生态修复项目入选联合国可持续发展目标优秀案例，并入选长三角生态绿色一体化示范案例。助力巩固拓展脱贫攻坚成果，做好对口支援巩留县、云阳县，南北合作宿豫区、丰县，对口合作锦州市及接续帮扶沿河自治县等各项任务，落实2.49亿元对外援助资金，实施42个帮扶项目，1个集体被党中央、国务院授予“全国脱贫攻坚先进集体”荣誉，4个集体、6名个人获江苏省委、省政府表彰。

服务深化与创新　规划实施167个市重大项目，其中杉金偏光片、广大鑫盛、光束汽车、沙钢环保节能综合提升等4个项目列入省重大项目，丰倍环保新材料、潞能高效光伏电池及组件等50个项目列入苏州重点项目，三级重大项目完成年度投资430.45亿元。年内举办集中开竣工活动3次，涉及总投资1693.3亿元的265个项目。其中，开工项目170项、总投资1219.5亿元，竣工项目95项、总投资473.8亿元。发布《张家港市2021年优化营商环境重点工作任务清单》，十四大领域60条举措有序推进，其中企业开办“一日必结”、政务服务“一网好办”、工程建设项目审批“一站通办”、市政服务“一键接入”、信用监管“一链到底”等改革目标全部实现。持续推进包容审慎监管，探索实施首次轻微违法行为不予处罚模式，进一步健全跨部门联合抽查机制。继续保持全省营商环境评价第一方阵。推进民生实事项目建设，15个年度项目全部完成，4个跨年度项目完成计划任务。落实富民增收举措，居民年人均可支配收入66101元，比上年增9%。加强信用监管工作，出具查询报告、审查报告3.2万份，56家企业通过省信用管理培训，8家企业获评苏州市信用示范企业，1家获评江苏省信用示范企业。推进政务诚信建设，张家港市信用综合指数连续7个月位居苏州县市第一。全力做好煤电气等要素保供，建立健全电力、煤炭、热力、天然气等城市运营要素信息调度报送机制，多措并举保障企业用电、用气。油气输送管道、电力、粮食和物资储备行业领域安全生产工作扎实有序，形势平稳向好，行业领域事故起数和死亡人数均为“零”。扎实推进燃煤电厂重大危险源替代改造。粮食安全保障，全年收购粮食13.8万吨，优质粮食占比94%，完成7.58万吨储备粮储备计划。开展“亮剑2021”专项执法行动，印发《张家港市超标粮食处置实施细则》《张家港市粮食应急预案》，建立健全地方粮食和救灾物资安全保障体系。张家港市“粮食安全责任制水平”位列苏州各市区第一。

对上衔接与报批　14家企业入选全国服务业500强，上榜企业数量创新高。江苏沙钢集团有限公司铁前生产管控中心等3个项目获省级现代服务业发展专项资金补助410万元。新点软件中央研究院入选省服务业重点项目，华云数谷数字经济产业园等12个项目入选苏州市服务业重点项目。张家港市获评年度苏州市生产性服务业发展综合评价优秀地区，物润船联获评苏州市生产性服务业领军企业，新增AAA级物流企业3家，金港物流园区获评省重点物流基地，盛泰港务获评重点物流企业。张家港市入选首批全国供应链创新与应用示范城市。经开区、保税港区获批中国(江苏)自由贸易试验区联动创新发展区。张家港海进江LNG接收站(苏州LNG储备中心)、张家港杉金偏光片生产基地、中车张家港氢能基地等项目列入国家《长三角一体化发展“十四五”规划实施方案》。光束汽车、大族激光、广大鑫盛等5个项目列入虹桥国际开放枢纽北线拓展带建设第一批重大项目(苏州)。上海长三角科创企业服务中心苏南中心、苏州市氢能产业创新中心列入虹桥国际开放枢纽北向拓展带建设功能平台(苏州)。张家港市连续两年在省信用办对全省各市、县政务诚信工作评价中列第一等次。市粮食购销总公司联合国家粮食和物资储备局科学研究院、苏州市粮食储备局等3个单位，成功申报国家粮食和物资储备局“绿色储粮标准化试点”项目1项。

【价格管理】 2021年，市发改委着力加强价格调控和服务。坚持市政府领导下的价格调控目标责任制，列入价格调控的12种主要商品价格和服务收费水平低于预期目标，完成价格调控任务。落实社会救助和保障标准与物价上涨挂钩联动机制，发放物价补贴58万元，惠及困难群众6363人次。继续贯彻落实全省交通船闸过闸费、水利船闸过闸费(不含经营性船闸)分别在原有征收标准上给予20%、10%的优惠政策，全年降低企业成本1421.01万元。12月降低部分公证服务收费(经营服务性收费)。价费管理上坚持“房住不炒”定位，稳控房地产市场价格。严格履行定价程序，审慎出台价费政策，对相关价格进行制定和调整。优化居民燃气阶梯气价政策，阶梯气价加量不加价。开展转供电加价清理规范工作，以召开政策提醒会、发放政策提醒函等形式，对转供电环节收费政策开展宣传，同时开展5G基站转供电环节专项清理抽查。开展整治口岸乱收费工作、公共停车收费管理专项整治、物业服务收费信息公开工作，开展降低重点国有景区门票价格“回头看”工作。根据省、苏州市发改委统一部署，对全市2018年至2020年度污水处理成本开展监审调查。严格执行收费目录清单和动态管理制度，公布《张家港市市级政府定价管理的经营服务性收费目录清单(2021年2月1日更新)》《张家港市行政事业性收费项目目录(截至2021年6月30日)》《张家港市口岸收费目录(截至2021年8月30日)》。加强粮油、肉禽蛋菜等与群众生活密切相关的主副食品价格监测，密切关注钢铁、木材、成品油、化肥、粮食、生猪等重要商品价格动态监测。全年上报各类常规价格监测表格744篇，月度、季度监测分析12篇，公示各类民生信息7万条。办理各类价格咨询回复26件，及时为群众答疑解惑。开展购买农资情况调查、存售粮情况调查、小麦成本收益专项调查、粳稻成本收益专项调查及分析，针对农民节本、稳价、增收提出对策建议，为上级农产品价格管理提供科学翔实的基础数据。

【张家港融入长三角地区一体化发展三年行动方案(2021—2023)出台】 3月，新一轮《长三角地区一体化发展三年行动计划》发布，以“服务新发展格局、走在现代化前列”为主题，长三角一体化发展进入前所未有的加速期。为全面贯彻习近平总书记关于长三角区域一体化发展的重要指示精神和长三角区域一体化发展国家战略要求，认真落实《长江三角洲区域一体化发展规划纲要》《〈长江三角洲区域一体化发展规划纲要〉江苏实施方案》《〈长江三角洲区域一体化发展规划纲要〉苏州行动计划》，推动张家港市融入长三角一体化发展取得更大成效，在第一轮三年行动计划(2018—2020年)顺利实施并基本达到预期目标的基础上，经市政府同意，10月26日，市发展和改革委员会印发新一轮《张家港市融入长三角地区一体化发展三年行动方案(2021—2023年)》。行动方案锚定建设创新转型的实力之城、包容并蓄的活力之城、一体融合的协调之城、文明善治的典范之城、美丽和谐的宜居之城、共建共享的幸福之城总目标，提出包括推动科技创新、产业发展、公共服务、基础设施、开放格局、发展环境和重点工作举措共6个方面158项任务。紧紧围绕一体化，始终坚持高质量，服务借力大上海，主动融入都市圈，深度链接大虹桥，写好港铁产城融合、双自联动发展两篇文章，着力构建“产业科创融合、港铁枢纽带动、平台引领示范、重点板块联动”的一体化路径，形成全面深度融入的强大合力。努力加快建设沪苏同城发展战略枢纽，奋力打造区域循环重要节点，在江苏省推进长三角一体化发展中走在前列。

(俞静　刘姗　李峥)

国有资产经营管理

【概况】 2021年，市国资系统围绕国资国企高质量发展目标，全面推进国企改革三年行动。市推进国企改革工作领导小组成立，全市建立政府统一领导、国资中心全面负责、各部门密切配合、国有企业具体落实的工作机制。制定《张家港市国企改革三年行动实施方案》和《张家港市国企改革三年行动重点工作任务清单》，逐项责任分解，明确职责分工。坚持协同联动，全面落实国企改革任务。推进国有资本整合重组，组建文旅集团，搭建文体旅投融资、产业聚集、城市营销等功能平台，推动国有资本进一步向基础设施、新兴产业、现代服务业等领域集中。加快国有企业混合所有制改革，支持国泰新点软件在科创板IPO上市，推进江苏国泰下属子公司瑞泰新能源分拆上市。推进全民所有制企业改革，完成市给排水公司、金厦房地产开发公司、粮食购销总公司公司制改制工作。科学编制"十四五"发展规划，全方位谋划未来五年全市国资国企改革发展路径。修订《张家港市市属国有企业投资监督管理办法》和《张家港市投资决策委员会议事规则》，印发《张家港市市属国有企业融资管理暂行办法》和《张家港市市属国有企业担保管理暂行办法》，出台《张家港市市属国有企业违规经营投资责任追究实施办法（试行）》和《张家港市市属国有企业问题整改监督闭环管理实施办法（试行）》，成立国有企业重大金融风险防控工作领导小组，建立重大对外投资项目专班工作机制。制定并实施国资年度培训计划，举办中共十九届五中全会精神宣讲暨国资"十四五"发展规划编制启动会，组织《2021年中国经济趋势·企业机遇与挑战》和《顶层设计·企业并购重组与资本运作》课程培训，宣传贯彻《省政府办公厅关于规范融资平台公司投融资行为的指导意见》，提升国资系统干部综合素质。年末，全市有一级国资公司15家、二级国资公司47家，总资产2589.67亿元、净资产983.77亿元，实收资本304.61亿元。全年全市国资公司总营业收入461.16亿元，营业利润26.06亿元，实现净利润23.19亿元。（徐雨丹）

2021年张家港市一级国资公司主要经济指标情况表

表47　　单位：亿元

企业名称	资产总计期末余额	所有者权益	实收资本	营业总收入	营业利润	净利润
江苏华昌（集团）有限公司	6.25	5.62	0.94	2.01	0.97	0.97
市交通控股有限公司	50.94	43.20	4.44	0.11	0.33	0.34
市暨阳湖开发发展有限公司（集团）	134.25	75.33	6.30	4.03	2.47	2.48
市金城投资发展有限公司	157.74	87.68	26.97	18.75	3.02	2.39
市金茂投资发展有限公司	36.78	17.54	8.00	4.06	0.84	0.92
市直属公有资产经营有限公司	305.65	67.03	16.45	0.19	−1.79	−0.80
市酒店管理集团有限公司	19.13	17.18	4.95	1.14	−0.19	−0.18
市水务集团有限公司	52.26	29.62	15.37	4.59	0.05	0.06
市城市投资发展集团有限公司	616.54	226.44	41.00	25.33	3.36	2.34
市悦丰投资开发建设有限公司	52.78	20.10	10.00	4.64	−0.78	−0.16
张家港经开区控股集团有限公司	208.78	83.56	84.00	0.59	−1.14	−1.14
张家港保税区金港资产经营有限公司	546.64	163.66	70.79	30.57	3.53	2.91
市粮食购销总公司	9.93	3.63	0.20	4.49	−0.29	0.04
江苏国泰国际集团有限公司	339.63	135.74	8.00	360.58	16.81	13.17
市长江生态保护发展有限公司	52.40	7.42	7.20	0.09	−1.13	−0.16

【城投集团完成投资17亿元】 2021年，市城市投资发展集团有限公司（简称市城投集团）切实履行城建职责，经营管理国有资产，完成投资17亿元，至年末资产总额596.72亿元。城东新区高铁枢纽区站房两侧综合体及蝴蝶造型天幕实现竣工，芯光荟商业项目招商工作稳步推进，梁丰幼儿园东园9月1日如期启用。城西文体广场一期（精神文明建设张家港研究与交流中心）教育用房实现竣工，酒店及后勤用房完成85%内部装饰，二期（城西文体中心）做好方案等前期工作，实验小学西校区、梁丰初中西校区2所新建学校9月1日如期投用。交通路网持续优化，推进市政道路项目19项，总里程14.9千米，面积40.6万平方米。年内沙洲东路提升工程、纬二路等8条道路实现竣工通车。安置项目质优效高，在建安置房项目新乘北苑三期2019年11月开工建设，2021年实现竣工交付。新乘北苑四期项目占地12.17公顷，建筑面积28万平方米，共1674套房，年内开工建设。民生项目推进有力，坚持水环境治理、水景观打造、水文化展示有机融合，东横河步道民生实事项目实现竣工。（姚亚运）

【金茂公司入库税金超8000万元】 2021年，市金茂投资发展有限公司奋力夺取"十四五"发展"首战首胜"，至年末，公司系统总资产78亿元，净资产34亿元，国有资产保值增值率（本部）109%，实现入库税金8300万元，连续八年进入全市入库税金超5000万元企业行列。年内，创投风投考察项目179项，新增投资项目2项1.13亿元，新增基金出资1.26亿元，金茂创投及相关自主投资平台在投项目67项，投资金额约24亿元。加大“免诉保”“小微贷”“投保联动”等担保产品创新力度，农业担保公司转型为全市唯一政府性融资担保公司，融资担保全年为370户客户提供担保29.9亿元，年末在保户数538户，在保余额33.8亿元。租赁保理年发生业务20笔8.35亿元，期末资产余额21.5亿元，实现营业收入1.58亿元，全年净利润超2000万元，金茂租赁成功获批进入江苏省首批35家融资租赁监管名单。全年收取各类租金超4000万元。稳步推进集贸市场升级改造任务，金厦菜场于8月完成改造升级并投入运营，万红新区菜场12月完成改造并投入使用。统筹协调市级畜禽屠宰场建设任务，按时保质完成工程建设及设备安装调试，确保屠宰场2022年上半年投入运营。推进国家卫生城市复评迎检及文明典范城市创建工作，及时高效处理各类问题1600余个，整改问题近300个。妥善做好115名企业退休军转干部、181名托管企业职工的关怀慰问、工资福利发放工作。（王炯叶）

【金城公司实现投资收益1.78亿元】2021年，市金城投资发展有限公司（简称市金城公司）新增投资3.9亿元，实现投资收益1.78亿元，上缴国资收益1298万元，实现全口径税收1.46亿元。至年末，公司总资产159.36亿元，净资产88.9亿元。华兴金城热电联产项目2台机组实现“双投”（即设计为两台发电机组，经过安装、调试、试验合格后，同时具备投入商业运行条件），累计发电20.24亿千瓦小时、供热20.87万吨。建筑垃圾资源化综合利用项目6月投产，共收运建筑垃圾32.01万吨，处置建筑垃圾22.3万吨，再生产品应用场景逐步推广，垃圾处置配套政策推动落地。污泥干化项目启动建设。沙洲湖大厦完成整体出售，与金厦房产合作开发建设阳光锦上、阳光诚域房产项目，项目建设有序推进。“港城e停车”平台投入运营，自营34个停车场点1347个停车泊位实现智能化收费管理，80个停车场点信息接入智能管理平台，全市停车泊位“一张网”格局初步形成。股权投资持续优化，苏州兴联城投资基金全年完成投资项目5项，投资金额3亿元。完成以联嘉资产80%股权置换江苏资产管理公司4.843%股权。向苏州资产管理公司增资4650万元，累计出资1.43亿元。服务民生方面，港华燃气完成民用天然气配套1.48万户，其中老住宅区天然气改造配套6300户，新增点火用户2.5万户，签约工商业用户350户，实现销售气量5.8亿立方米。铺设天然气管网293千米，高压管道全线贯通。投融资平台方面，监管沙洲电力、华兴电力及周口电厂资金往来234.04亿元，给予沙洲电力2亿元借款展期。20亿元超短融债券获准注册，发行小公募债、超短融等债券10亿元，按期支付发债本息17.13亿元。为金厦房产公司提供担保15亿元。继续为双山债务周转提供担保，至年末，双山融资担保余额30.4亿元。（钱 慧）

【张家港产业资本投资公司投资总额36亿元】2021年，张家港产业资本投资公司加快推进各项投资工作。张家港市获评母基金研究中心“2021

建筑垃圾资源化综合利用项目全景　　（市金城公司 提供）

最受投资机构欢迎的区县政府LP TOP20”，张家港产业资本获评融资中国“2020年度中国十佳并购投资机构”、母基金周刊“2021中国市场化母基金TOP10”、融资中国“2020年度中国最佳政府引导基金TOP50”、中合会“2020年度LP100”案例榜单、母基金研究中心“2021国资市场化母基金最佳回报TOP20”、21世纪经济报道“2020—2021年度创新母基金管理机构”，获评2018—2020年度苏州市文明单位、2021年度张家港市纳税超2亿元明星企业。年内，张家港产业资本投资公司共投资21个项目，投资总额36亿元。其中，张家港基金投资13个项目，投资总额超12亿元，公司直投项目8项，均为基金项目，投资总额23.3亿元。产业基金共投资9个项目，投资总额6.71亿元。至年末，产业基金投资的定增项目中，成功退出2项；投资的股权投资项目中，1个项目成功上市，1个混改项目通过证监会审批，1个项目报科创板。母基金共投资3个项目，投资金额5.6亿元。至年末，母基金共投资子基金项目9项，子基金已投项目110项，子基金已投项目中，2个项目上市，2个项目过会。引导基金完成一期投资3亿元，二期基金组建完毕，总规模8亿元。直投项目年内公司直接投资国盛长三角基金、泰康基金、道禾基金、产业基金二期等基金项目8项，投资总额23.3亿元，2021年出资10.5亿元。自主管理的跟投基金投资3个项目，投资金额2300万元。招商引资方面，向区镇推荐项目信息近30条，新增落地项目3项。至年末，累计推荐123个优质项目至各区镇，成功对接杉金光电、变形积木、铁歌科技等14个项目落地，落地项目投资总额超150亿元。累计入驻企业183家，管理基金规模超1000亿元。入驻企业中，在中基协完成备案的基金有41家，注册资本292亿元，基金总规模497亿元。累计引进持股平台27家，注册资本4.1亿元。助力当地经济方面，积极对接优质资源，合作设立基金。与深投控资本、招商局资本、上海国盛集团、苏州基金等机构设立4支基金，总规模36亿元，累计约定不低于14.5亿元的产业返投。跟进返投落实，变形积木项目将上市主体成功落户南丰镇。联合经开区、芯动能收购德国硅光芯片项目，并设立苏州熹联光芯微电子科技公司作为企业全球运营总部落户张家港市，投资总额20亿元。深投控资本、博华资本累计推荐超10个项目至各区镇对接。运营管理上，出台张家港基金绩效管理办法、入驻企业驻后管理办法等管理制度20余个，并根据实际运行情况不断完善。暨阳湖区街区管理积极提升景区品质，投资的“益空间·湖畔书房”正式启用，协助打造“网红”婚姻登记处。

（冯忆晨）

【酒店集团系统营收3.08亿元】 2021年，市酒店管理集团有限公司（简称市酒店集团）所属8家酒店实现营业收入3.08亿元，比上年增31%，实现经营利润3712万元，比上年增56%。年内，市酒店集团通过整合资源、优化资产结构，实施完成2个重大股权项目划转。通过招拍挂方式取得江南大厦的产权。南园宾馆拓展十全街宴杨楼、双塔市集、海市山塘项目，宴杨楼品牌拓展后塍朱家宕、总工会茶餐厅项目，暨阳湖大酒店拓展金融街十全楼项目。酒店管理公司注册成立，与双山岛文旅公司签约朋来馆餐饮项目。旅游公司、君兆丰生态农副产品公司、文化传媒公司及金沙洲物业公司运营平稳。全力配合完成福前人才公寓等集中医学观察隔离点后勤保障工作。成功举行党建“星”品牌启动仪式，增设监督检查部，优化企业薪酬考核体系，开发“酒管人微成长”线上培训平台，深化与沙洲职业工学院产教融合，坚持与江浙沪各专业院校等联系开展校招工作。

（孙　薇）

市场监督管理

【概况】 2021年，市市场监督管理局优化营商环境，坚守安全底线，突出民生保障，提升执法效能，各项工作实现新突破。围绕“全国法治政府建设示范市”争创目标，紧扣“创新提质”工作主题，在法治轨道上推动市场监管工作高质量发展。健全日常学法制度，围绕《中华人民共和国行政处罚法》《中华人民共和国个人信息保护法》等新修订及重点领域法律法规组织各类培训32次。深化落实行政执法“三项制度”，结合案件评查开展执法全过程记录情况检查，根据国家市场监督管理总局文书格式范本进行行政执法文书格式文本修订，更新并印发《张家港市市场监督管理局重大行政执法决定法制审核目录清单》。有效强化行政执法监督，全年审核案件1755件，完成重大法制审核44件，组织召开案审会31次，提请案审会审核研究案件328件。发生行政复议13件，其中在审1件，撤回8件，维持4件；行政诉讼7件，其中一审在审3件，驳回上诉4件；依申请组织召开听证会16场。在市司法局开展的法治建设工作监测评价中，市市场监督管理局基础工作和争先创优连续两年均获得满分。年内，市市场监督管理局获评2019—2021年度江苏省文明单位。

市场主体事中事后监管　突出企业主体责任，拓展年报宣传方式，2020年度企业年报公示率95.3%，位列苏州各县区第二。张家港市2019年建立以分管市长为召集人的“双随机、一公开”监管联席会议制度，构建“政府主导、市场监管局牵头、部门负责、协同推进”工作机制，2020年以市政府名义出台《关于在市场监管领域全面推进部门联合“双随机、一公开”监管的实施意见》，明确抽查工作规范和部门联合机制，并将“双随机、一公开”监管工作纳入市级机关绩效考核体系。2021年，市市场监管信息平台内30个部门通过平台参与“双随机、一公开”抽查工作，平台内梳理双随机抽查事项294项，执法人员库录入执法人员1315人，参与双随机任务395个，抽取各类市场主体6575户，均按时完成检查并录入检查结果。市市场监督管理局会同各相关部门制定全市部门联合抽查计划，在教育培训、公共娱乐场所、旅馆业等领域开展28项部门联合双随机抽查，18个部门参与，抽查市场主体588户。

合同管理　围绕群众关注热点、难点问题开展合同格式条款专项整治。针对校外教育培训、商品房销售和其他投诉举报的热点行业，部署开展合同格式条款侵害消费者权益的违法行为专项整治行动。年内检查教育培训机构合同85份、商品房销售（预售）合同105份、其他消费合同6份，办理合同格式条款违法案件8件，罚款3.4万元。依托省网络交易监测中心系统开展网络交易监测，及时发现互联网领域不正当竞争、侵权假冒、虚假促销、刷单炒信、格式条款违法、不履行信息公示义务等违法行为。年内完成对电商平台、自建交易网站的全覆盖巡查，完成苏州市市场监督管理局部署的巡查、挂标任务。针对社会关注热点、消费痛点开展专项监测，部署实施非法野生动物网络交易专项监测、非法长江捕捞物网络交易专项监测、网络违法销售纪念章专项监测、整治电商领域借庆祝名义从事商业谋利活动专项监测等，完成监测各类网店、网站、微信公众号、App 等电商主体13306个次，发现各类违法线索140条。开展政企共治，探索监测业务外包模式，修订与苏州皓楷公司2021年度互联网监管平台与网络广告监测外包服务合同，协调苏州仕丹尼公司通过技术手段抓取、汇总新增网店数据，完善电商主体库。

商标和广告管理　年内新增国内商标申请8083件、商标注册4729件，马德里国际商标申请43件。创新开展商标预警监测服务，结合复产复工形势特点，将全市品牌企业、规模以上企业、高新企业及进出口企业商标纳入监测范畴。强化广告导向监管，组织实施违法违规商业营销宣传集中整治行动，重点整治对借庆祝中国共产党成立100周年等名义从事商业炒作牟利等市场乱象、妨害社会安定损害社会公共利益违法商业营销及低俗、庸俗、媚俗商业营销宣传行为。发挥广告监测平台功能，强化网络广告、媒体广告监测，规范广告市场秩序，完成监测户外广告6699条，媒体广告6831条，互联网广告14870条，办理违法广告线索案件77件，入围苏州地区广告典型案例2件。推动公益广告事业发展，组织参与江苏省“紫金奖”公益广告设计大赛，完成参赛作品31件。部署推动公益广告备案工作，备案公益广告设计企业11家。

【特种设备安全监管】　年内，市市场监督管理局开展特种设备安全生产专项整治三年行动，开展现场监察3142人次，实际检查在用特种设备10564台，签订安全生产主体责任书6500余份，整改闭环安全隐患2108起。对逾期未整改安全隐患及使用未经检验特种设备的124家企业进行立案查处，共罚没409.2万元。推进电梯无纸化维保全覆盖，有12401台电梯开展无纸化维保，占在用电梯总数82.3%。开发特种设备智慧安全运行平台，推进“工业物联网+大数据”安全监管，通过数字赋能，推动检查精准化、服务规范化、管理标准化，构建“物防+技防+人防”并重的特种设备全生命周期管理体系。开展特种设备大排查大整治专项行动，推动设备赋码与企业自查自纠相结合，为在册每台设备绑定唯一二维码标识，实现特种设备“一码一设备”管理模式，依托“特种设备安全码”实现对设备生产、使用、维保、检验和地理信息的全过程管控。探索建立以各基层分局为“区”、以特种设备企业为“块”、以监察人员和企业安全管理员为“链”的特种设备“区+块+链”安全监管模式，落实特种设备使用单位自我检查和互相监督责任，实现监管重心下移，逐步形成各个特种设备相关单位“块”状监管区域，至年末有7个模范安全管理小组常态化运行。加强气瓶充装单位安全监管，对17家气瓶充装单位开展全覆盖大排查以及交叉式深度抽查，严查过期报废气瓶（立案1件）、非自有气瓶充装、气瓶信息码张贴等内容，送达安全责任告知书17份。年内办理特种设备作业人员资格许可10959人次，其中新取证4837人次，复证6122人次。受理特种设备安装开工告知6605份，完成对特种设备使用单位责任告知2800家，办理新增特种设备注册使用登记6409台。组织“安全生产月”“百团进百万企业”“一帽一带”等宣传教育活动，开展进医院、进学校、进企业、进社区、进村庄等专项特种设备安全知识宣讲。运用LED电子屏、电视台、报纸、微信公众号等载体和入厂张贴起重机械“十不吊”、叉车使用安全操作宣传海报的形式，持续宣传特种设备安全使用知识，营造安全监管良好氛围。全年开展特种设备领域安全生产宣讲和培训84场，9100余人参加，派发各类安全宣传资料1.2万份，1000余名作业人员通过微信模块参加网络培训。

【药品、医疗器械安全监管】　市市场监督管理局开展药品医疗器械日常检查，年内检查零售药店594家次，医疗器械经营企业770家次，二级及二级以下医疗机构138家次，疾控机构、疫苗接种单位109家次。严格落实疫情防控相关要求，向零售药店迅速传达市新冠肺炎疫情防控指挥部发布的各项通告要求，全面现场检查零售药店四类药品销售登记报告情况，累计出动检查人员2307人次，检查536家次，收集登记信息近15万条，发现问题及整改192个，责令8家疫情防控不到位的零售药店停业整改。探索推进药品零售企业分级监管，在全省率先出台《药品零售企业药品安全信用分级监管暂行办法》，成为省药品监管局在该监管领域的县级试点单位。依据企业年度监督检查结果对其进行信用等级评定，在监管方式、抽查比例和频次等方面采取差异化措施，实施分级监管。开展化妆品经营使用环节“双随机，一公开”检查，检查化妆品经营使用单位227个次。开展药品质量抽检85批。加强药品、医疗器械、化妆品不良反应（事件）监测，完成药品不良反应上报初审1879例。推进家庭过期药品定点回收工作，全年回收过期药品9663件，销毁药品827千克。年内办理药品零售经营许可事项284件，其中换证16件，第三类医疗器械经营事项115件，其中延续18件，第二类医疗器械经营备案事项，医疗器械网络销售备案81件，办理医疗器械出口备案7种产品，一类生产备案57件，发放自动售药机备案4台，自动售械机备案9台。会同冶金园（锦丰镇）、省药监局苏州检查分局共同设立张家港市生物医药产业高质量发展服务点，签署市生物医药产业高质量发展合作框架协议。优化办事流程，助力冶金园（锦丰镇）医疗器械经营集聚区建设。加强区内企业统一化管理，从审批与监管全过程摸索具有集聚区特色的管理模式，集聚区共入驻医疗器械经营单位105家，2021年销售总额7.02亿元，税收3567万元。

【食品安全监管】 2021年，市市场监督管理局开展农产品质量安全例行监测4234次，屠宰场瘦肉精抽检2232次、养殖环节瘦肉精抽检97次，药残留快检11320次，监管主体农兽药残留快检实现全覆盖。全市食品生产经营环节相关检测19879次，千人抽检率13.88次。食用农产品专项抽检问题发现率18.5%。监督抽检不合格产品核查处置率、按时完成率和结果公示率均为100%。落实食品分级分类监管，公示在业食品生产企业各类分级管理情况，完成餐饮服务单位量化等级评定7226家，其中优秀609家，食品销售者100%实行风险分级管理，食品生产企业体系检查覆盖率和自查报告率均为100%。加强食品生产经营单位日常监管，检查食品市场主体15464家次，排查问题635条并完成整改，完成市人大、政协会议，中高考等重大活动食品安全保障12场，通过“两库一平台”加强从业人员培训，大型及以上餐饮单位、中央厨房和集体用餐配送单位等的食品安全管理人员监督抽考率和监督抽考合格率在90%以上。督促落实食品生产经营者主体责任，开展放心食品超市、放心餐厅自我承诺活动，以各大中型商场超市、餐饮单位为重点开展线下承诺，有153个单位签订《放心食品超市放心餐厅承诺书》并进行公示。53家农贸市场建档率100%，农贸市场标准化率100%，食用农产品批发市场入场销售者建档率100%，抽样制度100%落实，在全面完成农贸市场标准化基础上，年内完成农贸市场现代化改造13家，新建1家。21家养老机构食堂完成监管全覆盖，量化分级管理全部达良好以上，“明厨亮灶”实施率100%，9家实施“互联网+明厨亮灶”。开展粮食收获质量调查和原粮卫生监测工作，出入库粮食检验率100%。完成监测检测粮食1100余批，合格率100%，其中粮食收获质量调查、品质测报150批，收购监测检验400余批，入库粮食质量监测550余批。加强食品安全刑事案件办理、行刑衔接，设立食品药品和环境犯罪侦查大队。全市立案查办食品一般违法案件1231件，移送司法机关案件18件，对25名犯罪嫌疑人采取刑事强制措施。查办的秦林云等人生产、销售“毒毛肚”系列案件受到公安部发电祝贺。筑牢疫情期间食品安全防线，开展进口冷链食品生产经营单位排查检查，抽查有无核酸及消杀记录、有无走私等非正常途径流入市场。督促生产经营单位严格落实进口冷链食品相关管理要求。打造名特优小作坊“样板区”，出台小作坊培育以奖代补政策，鼓励小作坊提档升级，改造硬件设施，规范生产加工行为，省食品小作坊提档升级工作推进会在张家港市顺利召开，申报省级“名特优”食品小作坊14家，9家通过验收，数量居苏州第一。实施餐饮服务质量提升行动，开展对建成示范区、示范店示范评比“回头看”行动。年内创建苏州市食品安全“十佳”集体用餐配送单位2个，苏州市精品食品安全工作站3家，苏州市食用农产品集中交易市场“四化”提升农贸市场2家。结合食品安全“智慧化”社会共治防控平台建设工程，推进“互联网+明厨亮灶”提质扩面，累计建成582家各类型“互联网+明厨亮灶”食品经营单位，其中191家学校食堂、19家公办养老机构、6个集体用餐配送单位和中央厨房“互联网+明厨亮灶”覆盖率100%，社会餐饮“互联网+明厨亮灶”覆盖300家。曼巴特、万达等5个大型商圈及348家各类社会餐饮、18家大型商超现场制售均入驻市“互联网+明厨亮灶”平台。对接临期食品安全处置试点，制定《临期食品安全管理规范》和《临期食品反浪费指南》，着力打造苏州首个临期食品网络交易平台，推动各类临期食品经营试点单位培育。制定具有张家港特色的老年人管理标准和助餐建设，发布《张家港市老年人助餐点食品安全规范》团体标准，推动老年人助餐标准化、规范化，填补省内空白。

市食品安全委员会全体会议举行 （市市场监督管理局 提供）

【市场执法与维权】 年内，市市场监督管理局加强口罩全产业链执法监管，先后7次组织防疫物资专项监督抽查和风险监测，解决质量低劣、“三无”假冒等违法乱象，办理疫情相关违法案件150余件，扣押问题口罩800余万只。开展商业综合体、产业园区、写字楼转供电环节执法检查，查处违法案件10件。联合市教育局、商务局、文体广旅局等开展单用途预付卡市场秩序专项整治，检查38家经营主体，立案查处违法案件6件。开展长江禁渔专项整治，要求青草巷批发市场和31家集贸市场落实长江水产品禁售措施，检查各类经营户1599家，发送短信提醒650条，张贴"禁渔"宣传画2000余张，清理各类广告、招聘、菜单302个，完成监测网站1351个，监测广告7623条。推进监管执法一体化效能，突出重大案件查办，强化重点行业治乱，严厉查处市场领域各类违法行为，年内查办违法案件1050件，罚没入库4150万元，涉嫌犯罪移送司法机关案件25件。推行"放心消费在港城"行动，全年受理咨询、投诉、举报11921件，为消费者挽回损失348万元。建立线下购物无理由退货机制，8331户商家签订无理由退货加盟协议，受理退货668件，涉及金额66.9万元。

【价格监督检查】 市市场监督管理局做好疫情防控、重大节日期间价格监管，检查农贸市场、药店、商超酒店等1022家，发放政策提醒函320份。布置开展停车收费、殡葬收费和商品房价格专项检查。检查殡葬服务单位22个，发放殡葬服务价格政策提醒函22份。配合纪委、城管等部门开展公共停车收费管理专项整治工作，摸排公共停车设施309个、停车位47353个、道路停车泊位39522个。结合投诉举报，开展停车收费专项检查，立案查处3件，罚没款7472.5元。规范普通商品住房销售行为，查办违法案件18件，罚没款305.4万元。开展商品房价格联合执法检查，会同住建局、发改委对通过双随机抽取的文锦云庭等5个房产项目开展普通商品房销售价格行为联合检查。积极配合依法调查处理房产领域涉及祥生金麟府、建发御龙湾、凤凰中昂地产等项目的投诉举报，维护购房群众合法权益。开展教育培训机构和民办中小学收费专项检查，出动执法人员220人次，检查校外培训机构92家，民办中小学2家，立案查处28起。开展粮食领域专项整治行动，对粮库、粮食生产加工单位等近90个点位进行现场风险隐患排查并抽样，对19家基层粮库开展全覆盖检查，立案调查1件。联合房管、发改等部门开展物业收费回头看，结合开展"加大物业服务收费信息公开力度，让群众明明白白消费"专项整治工作，抽查4个住宅小区物业收费。联合医保、卫健等部门探索建立常态化监管机制，出台《关于规范非公立医疗机构医药价格行为的通知》。完善医药价格公示制度，规范民营医院价格行为，在合兴医院、港城康复医院试点探索实施新型价格公示方式，建立医药价格告知承诺制，与30家民营医院签订医药价格承诺书。把医药价格公示工作纳入《2021年度民营医院综合考核评价办法》加分项目。开展涉企收费专项检查，先后对市气象局、市住建局质监站和市华泰防雷检测中心防雷装置相关收费进行检查。对住建部门在项目竣工验收过程中，要求建设单位提交建筑物防雷装置检测报告是否属于行政机关转嫁应由其承担的技术性服务费用提出看法。对市垃圾分类与资源利用促进会开展行业协会收费检查，未发现违规收费问题。对无锡农村商业银行进行收费检查，未发现强制搭售产品等问题。配合发改、供电等部门开展转供电电价督查，会同农业农村局调研村（社区）转供电情况，针对存在问题提出相应建议，形成调查报告《我市村（社区）转供电电费收取普遍不规范需引起关注》。年内转供电价格立案8件，处罚8件，退款14.97万元，罚没金额115.87万元。

【反垄断调查和反不正当竞争】 市市场监督管理局加大保护宣教，打造商业秘密保护样板。选取7家企业作为全市商业秘密保护指导站和示范点建设单位，指导企业建立健全商业秘密保护制度和措施。年内培育建设成功2家商业秘密保护指导站、5家商业秘密保护示范点。强化反不正当竞争专项整治行动，开展进一步清理整治知名医院被冒牌问题专项行动。注销企业登记1家，变更企业名称2家，对3家存在实际情况的企业，分别提出保留字号和延期变更名称建议。梳理全市14家企业驰名商标，建立商业标识保护目录台账。开展"铁拳行动""两反两保"执法行动，重点围绕民生消费领域和社会关注热点，组织开展房产领域、教育培训机构、保健领域虚假宣传，重点专业市场、消费领域混淆标识，电子商务领域刷单炒信等专项整治行动，全年查处反不正当竞争案件25件，罚没入库184.49万元。结合"3·15"活动，开展《规范促销行为暂行规定》宣传贯彻，发布政策提醒函和动漫图解，发放宣传资料1640份。联合市交通局开展"竞争政策伴你行"宣传活动，对全市43家汽车销售4S店进行竞争政策合规指导。开展打击传销进学校活动，强化与域内高校互动，普及防范传销知识，发放倡议书5000余份。对直销企业经销商进行摸排，加强对直销活动现场监管。完成直销监管课题研究《浅谈新零售背景下直销监管对策与分析》，参加苏州攻关课题成果汇报会。根据上级部署，对地方政府选定公章刻制企业做法，豆芽菜销售准入情况进行座谈调研，完成调研报告并上报。组织全市药品生产经营企业参加反垄断合规培训，指导企业建立合规制度，引导经营者公平参与市场竞争。坚持增量审查和存量清理"两手抓"，组织开展"回头看"工作，共评估梳理政府部门文件948份，涉及市场主体经济活动193份；评估清理文件766份，涉及市场主体经济活动137份，废止3份。

【政务服务优化】 市市场监督管理局助力全市"最舒心招商服务年"，加速审批效率，外资登记由原来承诺5个工作日，实现开办"一日办"。年内办理外资外商投资企业登记63家，其中法人企业41家，分支机构22户；投资总额194997.6万美元，注册资本404275.9万美元。办理各类变更195起，其中增资13户。全年有9个重大项目落户，共办理企业转股15户、增资7户、股权质押3户。继续推进"容缺登记"审批，因疫情耽误的公证材料，由区镇招商局出具证明，可先行办理，帮助6家新设外资企业快速落地、快速投产。办理联峰钢铁（张家港）有限公司、杉金光电（苏州）有限公司及麦德龙物业管理（张家港）有限公司3家公司的股权出质及核准。

佩克建筑配件（张家港）有限公司冠中国名事项通过国家市场监督管理总局核准。推进“互联网+政务服务”体系建设，落实政务服务“好差评”工作，提供政务服务咨询12636件，政务服务满意率100%。9月，召开“证照改革”培训会，持续推进“证照分离”改革工作，围绕精简审批材料、压缩法定审批时限、减少审批环节、优化政务服务做文章，增强审批透明度和可预期性。直接取消广告发布登记，食品经营许可证（仅销售预包装食品）许可改备案。11月，开展食品经营备案试点，发出苏州首张食品经营许可备案。12月，开展外资企业“五年过渡期”宣传工作，为完成外资企业过渡期登记打好基础。在审批流程和材料上，对食品经营许可证、药品经营许可证到期换证、变更实行并联审批，对餐饮单位销售预包装不再需要流通类食品经营许可。在营业执照审批机关提交的资料，无须在申请许可时提交。药品零售企业实现全程网上申办，一窗受理。全年优化审批服务2277家，惠及企业1974家。

（刘彦庆）

质量管理与检验检测

【概况】 市市场监督管理局强化质量品牌建设，以各级质量奖申报为抓手，唱好“孵化、培优、示范”三部曲。2021年，江苏沙钢集团有限公司获评省长质量奖，国泰新点软件股份有限公司获得苏州市质量管理优秀奖，江苏富森科技股份有限公司等13家企业获评苏州市质量奖，获奖数量创历史新高。创新推出中小企业卓越成长计划，遴选重点培育企业18家，收集企业需求61个，开展各类质量培训、标杆参访活动9次。开展年度张家港市市长质量奖申报工作，24家企业参与申报。组织完成品牌认证培育工作，5种产品获评“江苏精品”品牌认证，5种产品获评“苏州制造”品牌认证。发动企业参与省工业企业质量信用AA级及以上等级核定，2家企业分别获评省工业企业质量信用AA、AAA级认定。张家港市获评苏州市级以上质量荣誉企业数量位列苏州市第二。深度融入长三角一体化发展，牵头开展长三角冶金行业质量提升示范试点项目建设，成立长三角冶金行业质量提升工作秘书处，初步形成“企业主体、政府推动、行业引领、协同发展”工作格局。举办长三角冶金行业质量提升推进会，组建冶金行业专家库和技术机构支撑库，50名行业专家及26家专业机构入库。在苏州市率先开展冶金行业质量创新联合体建设，不断完善冶金行业成长生态体系，推动冶金行业竞争力、影响力进一步上升。张家港市作为江苏省唯一代表在四省一市长三角质量提升示范试点项目推进会上进行经验交流。

【标准化工作】 年内，市标准化工作联席会议制度建立，完善市级层面标准化协调机制。指导完成江苏澳洋优居壹佰养老产业有限公司“机构养老管理服务及运营标准化试点”、江苏鸿逸泰生态农业科技发展有限公司“生态农产品全程质量管控标准化试点”2项省级标准化试点项目申报工作。市市场监督管理局承担的“县级市场监督管理局监管服务标准化试点”省级标准化试点项目以优秀通过省市场监督管理局考评验收。将标准制修订纳入企业科技积分范畴，并将企业参与标准制修订数量及参与程度计入积分标准，进一步促进企业参与标准制订的积极性。编制市标准化工作发展报告，介绍全市标准化工作基本情况。启动技术标准战略资助申报工作，组织申报国际标准1项、国家标准19项、行业标准19项、省地方标准2项，标准化战略资助660万元。协助政府行政部门开展标准化工作建设，编写发布《公共文化服务和旅游融合建设规范》《张家港市老年人助餐点食品安全规范》。

【计量工作】 市市场监督管理局完善量传溯源体系，年内完成28项社会公用计量标准到期考核工作，保证计量标准测量能力和量值传递资格确认。针对实施强制管理计量器具目录的调整和全市产业结构布局对检测的需求，新建压缩天然气（CNG)加气机检定装置、无创自动测量血压计检定装置、多参数监护仪检定装置、红外耳温计检定装置等7项社会公用计量标准。指导江苏沙源检测校准技术有限公司新建企业计量标准9项，完善企业计量标准体系。组织开展“520世界计量日——测量守护健康”主题活动，采用座谈沙龙形式，邀请公立医院、民营医院、专科医院、牙科诊所、美容医院、眼镜店等单位共130余人参加，交流计量器具相关法律法规、计量检测守护健康典型案例、计量检测服务、医疗计量培训等。开展水、电、气三表监督检查，实行水表、燃气表月报制度，强化经营者主体责任，督促企业落实到期轮换制度。注重民生，突出重点领域计量监管，组织开展眼镜制配行业计量专项检查。打击超市、餐饮店、水果店、眼镜店等场所使用未经强制检定的计量器具和破坏计量器具准确度的计量违法行为，全年查处各类计量违法案件43起。

【检验检测】 2021年，市检验检测中心“惠民助企”亮新招、见实效，共完成业务收入3400万元，产品质量监督检验检测6800余批，强制检定计量器具5.3万台（件），企业委托检验检测服务19.8万台（件）。高质量做好食品、产商品年度监督抽检，完成市食品安全委员会交办的6520批食品监督抽样任务，配合市市场监管局质量强市产商品监督抽检工作，完成食品包材、化肥、汽柴油等278批产商品抽检工作。紧盯安全生产专项检查，围绕市民关注的液化气、燃气具等民生产品抽检42批，配合市市场监管局开展建筑用钢筋、钢化玻璃、安全防盗门等执法抽检58批，开展全市100份企业标准的监督评价工作。围绕政府监管和地方产业特点，新增食品化工领域29个检测参数，其中新增餐具洗涤剂残留、微生物等参数能力助力食品安全监管。实施“我为群众办实事——测量守护健康”项目，研究制定3项医疗类计量标准，筑牢医疗安全屏障。加快提升业务系统智能化、信息化水平，延伸信息化服务领域，方便企业送检样品，推进计量、检测、标准等方面融合运用。开启疫情防控“绿色通道”,优先保障疫情防控计量器具检定,优化营商环境,以“一室一品”品牌推广为契机,积极推进“一站式”检测服务模式,完成“新能源计量管家”服务品牌建设。全年服务企业5000余家次,减免费用500余万元,帮助企业挽回经济损失55万元。

【产品质量监管】 年内,市市场监督管理局强化产商品质量安全监管,编制完成2021年市产商品质量监督抽查工作计划,对全市648批产商品展开监督抽查工作,其中生产领域152批、流通领域496批,涉及相关商品种类78种,范围涵盖日用消费品、重点工业产品以及市特色产业产品等门类,处理不合格产商品109批。围绕规范认证、检测行业监管,部署展开“双随机”检查工作,涉及相关获证组织78家,重点对列入目录内产品未经认证擅自出厂、销售,伪造、冒用、买卖3C标志和证书及认证机构违法违规等展开现场核查。强化许可证企业证后管理,对工业产品生产许可证获证企业展开全覆盖监管,涉及获证组织65家,范围涵盖建筑用钢筋至食品材料等8大类产品。先后开展货车非法改装专项整治、机动车检测作弊行为突击检查、3C汽车类获证组织专项检查、燃气器具及配件产品质量安全专项整治、3C儿童用品专项检查、机动车检测机构“双随机”检查以及口罩质量监管和提升专项整治等系列质量安全专项工作,检查排摸各类机构、企业近1100家,出动执法人员1200余人。(刘彦庆　沈春琰)

知识产权保护

【概况】 年内,全市新增专利授权12659件,比上年增26.7%,其中发明专利授权960件,比上年增46.56%,有效发明专利拥有量8044件,万人发明专利拥有量56.17件,高价值发明专利拥有量2343件,万人高价值发明专利拥有量16.36件。新增国内商标申请7899件,国内商标注册7037件。开展知识产权“育鹰”行动计划,入库培育企业142家。新增企业知识产权管理体系认证59家。新增省企业知识产权战略推进计划2项、省高价值专利培育项目1项、苏州市企业专利导航计划9项。新增第二十二届中国专利奖8项,累计43项。新增苏州市优秀专利奖一等奖1项、二等奖2项。发布半导体、智能制造产业专利导航产业报告2份。举办专利预审业务、知识产权管理体系内审员、海外知识产权风险防控等7场培训,参训600余人次。编制发布《张家港市知识产权保护和运用“十四五”规划》《张家港市关于强化知识产权保护的实施意见》,全年查处知识产权案件107件,其中商标56件、专利51件,罚没款421.54万元。开展省、市、县三级联合执法工作3次。开展4批1887件非正常专利申请核查整治,撤回率99.47%,位列苏州第一。完成161家“双随机、一公开”企业商标使用行为及专利真实性检查。发布商标预警监测报告12期,发现近似商标1557件,惠及企业94家。推动8家企业投保专利无忧保险,保额1600万元。深化知识产权维权援助专项行动,线下走访服务企业31家,线上开展知识产权微课堂8期,惠及企业1000余家。

市知识产权保护与新闻发布会　　（市市场监督管理局　提供）

2021年张家港市专利授权及拥有情况表

表48　　单位:件

区(镇)名	授权专利	授权发明专利	有效发明拥有量
保税区(金港镇)	2214	275	1954
经开区(杨舍镇)	3664	343	2478
冶金园(锦丰镇)	1504	132	919
塘桥镇	1030	36	372
乐余镇	1422	32	594
凤凰镇	1210	64	462
南丰镇	775	39	638
大新镇	483	23	184
常阴沙现代农业示范园区	357	16	100
其他	—	—	343
合计	12659	960	8044

【商标专利质押融资总额居全省县区市第一】 年内，市市场监督管理局在政策引导、资源运用、服务优化、平台建设方面精准发力，促进知识产权与金融资源深度融合，有效提升中小企业纾困热度，拓展融资渠道宽度。与建设银行、苏州银行、泰隆银行等金融机构签订政银战略合作协议，加强产品、模式、知识产权评估方式创新，丰富金融产品供给，为科技型企业量身打造“善知贷”“云知贷”“苏知贷”等知识产权质押金融产品。线上搭建知识产权金融信息服务平台，引入江苏国际知识产权交易运营中心、中细软等优质服务机构，实现政府、企业、银行、保险、担保等部门机构的信息共享与联动协作，为企业提供知识产权质押融资一站式服务。2021年，全市21家企业实现商标、专利质押融资26笔，融资总额24.65亿元，比上年增146.5%，融资金额位居全省县区市第一。6月，江苏永钢集团通过质押7件发明专利获得一笔10亿元贷款，创下苏州市单笔专利权质押融资金额历史新高。同月，江苏沙钢钢铁研究院通过质押20件发明专利实现融资13亿元，这是苏州年度最大额度知识产权质押贷款。 （刘彦庆）

审　计

【概况】 2021年，市审计局开展审计计划项目18项，完成市委、市政府领导交办项目2项，查出管理不规范金额11.3亿元，审计发现问题210个，提出审计建议66条，出具案件移送书2份、审计决定书16份，促进相关单位制定整改措施279条，建立健全各项内控制度83项，形成发现问题、整改问题、完善制度的工作闭环。围绕全市中心工作，就国资监管、债务风险防范、公立医院改革等形成审计专报9份，审计专报或报告获市领导批示25篇次。

财政审计　运用大数据技术手段，对全市251家市级预算部门的预算编制、预算执行、财务核算、绩效管理等情况进行全覆盖审计，对三公经费支出情况、在建工程结转情况进行数据分析，对31个单位进行现场核查，同时融合开展机关事业单位养老保险改革推进情况、省级战略新兴产业专项资金、垃圾分类管理情况等6个审计专题。财政“同级审”工作报告如实反映财政预算管理、部门预算执行、重大政策落实、专项资金使用等十个方面问题，提出针对性审计建议，跟踪督促相关单位限期整改，促进财政资金提质增效，得到市人大常委会肯定。对12家市属国有企业对外投资绩效情况进行专项审计调查，就经开区、保税区下属企业对外投资调查情况归纳形成两份专报，推动金城、金茂、城投等7家国有企业制度“废改立”10余项，推动国有资产保值增值和高质量发展。

经济责任审计　组织对经开区、市财政局、市工信局等单位8位党政主要领导干部实施经济责任审计，全面客观反映单位财务收支、履职尽责、内控管理及领导干部廉洁自律情况，共发现问题138个，查出管理不规范金额7.24亿元，提出审计建议32条。同步开展大新镇主要领导自然资源资产离任审计，修订《张家港市镇（区）党政主要领导自然资源资产离任审计办法》部分评价指标，对7大类20项指标进行量化分析，有效促进领导干部依法用权和担当作为。围绕部门权力职责，把部门特有的社会管理职能发挥情况作为经济责任审计监督内容，如在市卫健委经济责任审计中，审计关注“免费疫苗”落实情况、家庭医生签约情况、乡村医疗队伍建设等，重点分析全市9家公立医院业务数据，切实推动公立医院综合改革，保障人民群众切身利益。积极开展纪审联动，年内向市纪委监委移送案件线索2件，配合参与纪检监察、巡察工作15人次，纪审协作讲座培训2次，联合开展公共停车收费管理专项整治，增强监督合力，着力促进权力规范运行和反腐倡廉。

工程审计　扩大工程造价审核覆盖面，将市级财政投资的公共工程全部纳入审计监督范围，全年完成政府投资工程结算审核项目324项，送审23.2亿元，为政府节约投资资金5574万元。推进投资审计职能转型，对市集贸市场标准化建设改造工作开展专项审计调查，针对审计发现问题，要求相关部门强抓工程建设改造管理和集贸市场日常管理，统筹智慧农贸建设布局，提高食品检测率，守护群众“菜篮子”。开展保障性安居工程资金投入和使用绩效审计，督促棚户区改造税费减免到账，促使房管部门

审计组实施市卫健委审计项目时核查疫苗库存及安全管理情况

（市审计局　提供）

出台《关于公共租赁住房使用情况自查通知》《关于进一步加强公共租赁住房管理的通知》，从制度层面加强公租房管理使用，保障公租房政策落实到位。

条线项目审计　根据上级审计机关统一部署，组织实施地方政府隐性债务化解情况跟踪审计，加强政府性债务动态监测，开展政府性债务风险评估，促进降低债务率，推动全市债务结构持续优化。赴新疆巩留县开展对口支援新疆发展资金和项目跟踪审计，重点关注援疆政策贯彻落实、项目建设管理、援疆资金使用绩效等，实地察看在建的县城九年一贯制学校和县人民医院综合病房楼项目，督促项目高质高效完成。抽调业务骨干赴无锡实施全省中小学教育经费管理使用情况专项审计调查，聚焦重大政策措施的具体部署、执行进度和实际效果，着力以审计监督推动富民惠民政策落到实处、发挥实效。

【内部审计统计调查制度建立】　为全面、准确、完整掌握内部审计工作开展情况，做好新形势下内部审计指导监督工作，根据国家审计署统一部署，2月，市审计局建立内部审计统计调查制度，对全市61个单位内部审计机构建立情况、人员配备情况和项目开展情况等进行统计调查，归纳分析数据信息形成一篇审计专报并获市领导批示。针对全市内部审计工作存在的机构设置不完善、独立实施能力不足、整改监督不到位等问题，提出针对性意见建议，切实加强内部审计监督指导。年内还组织召开区镇内审骨干人员座谈会，对3家区镇开展内审项目质量检查，启动"以审代训"，安排14名内审人员参加6个项目审计，提升内审人员实战能力，推动全市内部审计工作健康有序发展。

（尚静怡）

统　计

【概况】　2021年，市统计部门扎实推进统计改革，强化经济运行监测研判，拓展统计服务职能，夯实统计基层基础，不断提高统计数据质量和服务水平。执行联网直报各项规定，按时完成各项年定报任务，如期公布各项统计资料。市统计局获评市级机关绩效考核"综合贡献奖"。

统计监测　围绕全市中心工作，强化统计监测、预警、分析，从经济增长、结构调整、质量效益等方面加强对经济形势的专题研究和深度探讨，及时准确反映经济形势和政策执行情况。聚焦重点行业重点指标，对重点企业走访调研，关注房地产、文化产业、核心增加值率等行业及指标。紧盯GDP核算基础指标，加大省内、长三角、同类城市间比较分析，积极对上衔接，定期召开部门联席会议，加强数据分析。紧扣高质量发展，加强对高质量指标体系共性指标的监测和跟踪。创新统计产品，依托"数据张家港"平台，将地区生产总值等主要指标体系纳入数据系统，拓宽统计服务领域。按季召开新闻通气会，通过政府门户网对外发布。全年撰写各类统计分析、专题材料、信息动态300余篇，多篇分析引起市委、市政府主要领导重视并批示，《2020年张家港市工业核心增加值率简析》《数字经济背景下的张家港市服务业转型发展研究——基于规模以上服务业统计数据的分析》分别获苏州市（区）优秀统计分析报告二、三等奖。

依法治统　年初制订《全市统计法治工作要点》和《统计行政执法检查计划》，部署全年统计法治工作，落实统计系统涉企轻微违法行为不予行政处罚制度。全年对110家工业、能源、服务业和贸易企业进行数据质量核查，依法规范核查流程，推进单位核查常态化。完成两批省统计局委托的48家企业的"双随机、一公开"执法检查。开展"四上"企业（规模以上工业企业、资质等级建筑业企业、限额以上批零住餐企业、国家重点服务业企业）全覆盖式法律法规知识宣传培训，落实统计法进党校项目。编印《统计法律法规及文件选编》和3000余册统计业务知识手册作为常态化宣传材料，结合"12·4"全国法制宣传日和"12·8"《中华人民共和国统计法》颁布纪念日等重要宣传节点，开展送统计法进企业、进社区普法活动。将法制宣传与报表布置、业务培训、数据核查、执法检查、行政指导等有机结合，努力营造依法统计浓厚氛围。

统计基层基础建设　规范全市"四上"企业统计基础工作，落实"四上"企业统计人员业务轮训制度。创新实施投资"一项目一档案"制度，进一步完善全市投资统计规范化建设。落实"四上"及"四下"企业考核办法，提升基层统计人员工作积极性。组建全市统计教育讲师团，开展投资、工业等各专业统计业务培训，提升基层统计干部业务素质能力。

【全市第七次全国人口普查公报出炉】　6月，全市第七次全国人口普查公报出炉。普查结果显示，从2010年第六次全国人口普查（简称"六人普"）到2020年第七次全国人口普查（简称"七人普"），全市人口总量增加明显，常住人口143.2万人，较"六人普"增加18.53万人，增幅14.86%。家庭户均人口规模缩小，全市有家庭户521840户，家庭户人口1350793人，平均每个家庭户人口2.59人，比"六人普"的2.99人减少0.4人。城镇化进程加快，全市城镇常住人口占比73.73%，比"六人普"提升12.56个百分点。男女性别比例上升，全市常住人口中，男性人口738317人，占51.56%，女性人口693727人，占48.44%，总人口性别比由"六人普"的102.48上升为106.43。人口老龄化加剧，与"六人普"相比，60周岁及以上人口的比重上升4.94个百分点，其中65周岁及以上人口比重上升5.02个百分点。人口素质显著提升，每10万人中拥有大学文化程度的人口由"六人普"的12017人上升为18568人，高中文化程度的由15610人下降为14980人，初中文化程度的由43804人下降为36249人，小学文化程度的由22112人上升为22461人。

（徐晓华）

【编辑　朱永平】

科学技术

Science and Technology

张家港保税区科创园　（苏栋汇　摄）

科技创新　　科技项目

科技载体　　科技成果

科技人才　　气象科技

張家港年鑑(2022)

科技创新

【概况】 2021年，张家港市推进科技体制机制改革，建立"一把手抓创新"工作机制，实行常态化运作管理，组织召开市委创新委员会工作会议3次，出台《"创新张家港"建设五年行动计划》等9个文件。张家港市首创"企业创新积分制"经验被科技部在59家国家高新区推广试点，且入选"中国改革2021年度地方全面深化改革典型案例"，成为江苏省唯一入选的县（市）案例。落实与江苏省科技厅建立的厅市会商工作机制，与苏州市科技局建立的局市会商工作机制。联合中国经济信息社发布全国首个县域创新驱动发展指数——"创新驱动发展（张家港）指数"。张家港市被省政府表彰为"推进科技政策落实和科技体制改革成效明显的地方"。张家港市再次列入科技部、财政部"百城百园"行动。举办科创孵化载体高质量发展推进大会、创新周·科技人才活动周、中国创新挑战赛（张家港）和科技创新研修院专家论证会。出台《张家港市科技招商工作方案》，引进科技型项目523项。全市财政科技支出23.2亿元，占市级财政一般预算支出的9.5%。研发投入占地区生产总值比重达3.56%，规模以上工业企业研发经费支出95.29亿元。净增高新技术企业67家，高新技术产业产值占规模以上工业总产值比重达到38.7%。入库科技型中小企业904家，比上年增41%；入围苏州"独角兽"培育企业10家。新增苏州市级以上孵化载体6家，获国家级科技企业孵化器绩效评价"优秀"等次3家、江苏省科技企业孵化器绩效评价"优秀"等次3家，获江苏省工程技术研究中心绩效考评"优秀"等次11家，新增科技部创新人才推进计划入选者1人、省"双创"人才（团队）15个、苏州"姑苏"人才38人、苏州"姑苏天使"项目22项。新增省科学技术奖4项，其中一等奖1项、三等奖3项，累计获奖120项。新增产学研合作项目254项，新建成各类政产学研联合体45家，柔性引进"青博荟"专家91人。与省科技资源统筹服务中心合作成立江苏省技术产权交易市场金属新材料行业分中心。8月，第十三批科技镇长团结束挂职。挂职期间，走访企业755家次，收集企业技术需求165项，促成校企合作研发协议36项；帮助指导企业申报省级以上科技项目2项，推荐各类人才项目32项，协助申报并获批研究生工作站7个、工程技术研究中心12个；协助专利申报119件，牵线促成产学研合同50份，签约合同总金额1621万元。至年末，全市"张科贷"（张家港市科技企业贷款风险补偿）在库企业260家，累计61家次企业获批贷款1.87亿元。其中，年内完成放贷业务26笔、7552万元，惠及24家企业。

3月24日，"创新驱动发展张家港指数"在北京启动　（市科技局　提供）

【创新周·科技人才活动周】 7月11日，2021年（第十三届）苏州国际精英创业周张家港分会场暨张家港创新周·第十五届科技人才活动周开幕。开幕式上，"创新驱动发展（张家港）指数"、张家港人才新政4.0版发布，为2021年苏州·张家港全国创新创业大赛城市行业赛部分获奖项目代表颁奖，举行U20张家港名校校友会联盟成立仪式，视频发布"2020年企业创新积分榜单"和《2021年度张家港市企业创新积分管理计分标准》，举行国家生态环境科普基地、中国产学研合作创新示范基地、江苏省留学人员之家、江苏省众创社区揭牌仪式，举行科技创新CEO特训营（半导体专场）全球学员征集令启动仪式，为全市8家企业颁发2020年中国专利奖。该届活动周在20余天内，以"创新张家港，奋进新时代"为主题，举办2021年苏州·张家港全国创新创业大赛、科技创新研修院专家论证会、张家港市科普达人赛决赛等21场专项活动。

【创新驱动发展（张家港）指数】 3月，在科技部中国农村技术开发中心指导下，张家港市联合新华社中国经济信息社开展"创新驱动发展（张家港）指数"研究。该指数基于创新型县（市）发展的客观规律和重点创新要素，结合"全球创新指数"和科技部国家创新型县（市）建设监测评价指标体系，共设计创新投入、创新主体、创新人才、创新生态、创新产出、创新惠民等6个一级指标，13个二级指标和39个三级指标。该指数以自然年为周期，通过对数据进行处理，得出该周期的指数计算结果，并对指数结果、变化趋势、变化动因等进行分析，科学、客观、系统地展示张家港创新发展的特点和优势，以及发展不足和未来展望，为张家港创新驱动发展提供精准画像。7月11日，该指数发布，以2018年为基期（100点），2020年指数达到139.41点，年均增长率为18.07%，张家港市创新质态持续提升。

【第六届中国创新挑战赛(张家港)】 12月9日,以“创新驱动发展,挑战成就梦想”为主题的第六届中国创新挑战赛(张家港)启动仪式暨张家港市“青博荟”双选会举行。高校院所的85位“青博荟”专家、科技处负责人及90余家当地企业等参加活动。大赛聚焦新材料和智能装备两大领域,定向邀约相关行业专家,走访对接企业308家,挖掘企业技术需求156条,其中有效需求124条。赛事举办过程中共开展技术需求精准对接会17场,征集解决方案88条,达成意向合同40项,其中“四技”(技术转让、开发、咨讯、服务)合同21项,意向合同总额2200万元。

【企业科技创新积分管理】 6月,张家港市进一步推广应用“企业创新积分制”,动态调整计分项,设置涵盖“科技创新投入能力”“科技创新管理能力”“科技创新产出能力”“科技创新环境能力”“扣减分”5个类别、153个计分项的企业创新评价体系。强化积分结果应用,首次发布“张家港市产业链创新积分榜单”,与江苏银行等金融机构合作开发“积分贷”产品,对获得创新积分的企业给予信用授信额度和贷款利率优惠。至年末,全市累计5962家次企业获得积分41万分,政府投入扶持经费超8亿元,223名企业人才获得“人才房”补贴5778万元,32家次企业被授予“科技创新标兵企业”荣誉。年内,张家港市“企业创新积分制”作为全省县(市)唯一案例入选“中国改革2021年度地方全面深化改革典型案例”。 (丁娇瑞)

【高新技术企业】 2021年,张家港市新认定高新技术企业255家,净增高新技术企业67家。至年末,有效高新技术企业852家,占苏州市高新技术企业总数的8%。高新技术产业产值占张家港市规模以上工业总产值比重达到38.7%。全年新确认苏州润邦半导体材料科技有限公司、江苏耐维思通科技股份有限公司、张家港中环海陆高端装备股份有限公司、江苏银河数字技术有限公司、江苏英华材料科技有限公司、苏州同大机械有限公司、江苏永联精筑建设集团有限公司、江苏新芳科技集团股份有限公司、江苏赛康医疗设备股份有限公司等省民营科技企业139家。苏州体素信息科技有限公司、江苏普达迪泰科技有限公司入选江苏省潜在“独角兽”企业,张家港威胜生物医药有限公司、苏州锴威特半导体股份有限公司、苏州聚晟太阳能科技股份有限公司等10家企业列入苏州市“独角兽”培育企业名单。组织科技型中小企业备案904家,比上年增41%;组织申报苏州市高新技术企业培育入库企业351家,成功入库255家;入选江苏省瞪羚企业13家、苏州市瞪羚计划入库企业37家。 (邵婷婷)

表49

2021年张家港市新认定高新技术企业一览表

序号	企业名称	序号	企业名称
1	江苏利柏特股份有限公司	22	张家港保税区百瑞坤航空材料科技有限公司
2	江苏神农灭菌设备股份有限公司	23	张家港保税区长江国际港务有限公司
3	苏州灿勤通讯技术有限公司	24	张家港大塚化学有限公司
4	苏州赛智达智能科技有限公司	25	张家港电子口岸有限公司
5	威士达半导体科技(张家港)有限公司	26	张家港木子机械科技有限公司
6	信东仪器仪表(苏州)股份有限公司	27	张家港赛提菲克医疗器械有限公司
7	张家港长泰汽车饰件材料有限公司	28	张家港市恒强冷却设备有限公司
8	张家港高奇化工生物有限公司	29	张家港市金陵纺织有限公司
9	张家港市华孚实业有限公司	30	张家港市圣鼎源制管有限公司
10	张家港志辰光学技术有限公司	31	张家港市天运建筑机械有限公司
11	百佳瑞航天航空新材料(苏州)有限公司	32	张家港市兴隆达机械有限公司
12	贝内克—长顺汽车内饰材料(张家港)有限公司	33	张家港威胜生物医药有限公司
13	江苏长能节能新材料科技有限公司	34	江苏飞佳流体科技有限公司
14	江苏黑森林环保科技有限公司	35	江苏华青流体科技有限公司
15	江苏绿洁节能有限公司	36	江苏康宁化学有限公司
16	江苏启能新能源材料有限公司	37	江苏科幸新材料有限公司
17	江苏双腾管业有限公司	38	江苏三田密封科技有限公司
18	苏州百略信息科技有限公司	39	江苏物润船联网络股份有限公司
19	苏州莱士格车业有限公司	40	江苏英瑞世家实业有限公司
20	苏州美嘉乐机械科技有限公司	41	江苏珑致汽车有限公司
21	苏州锐思突破电子科技有限公司	42	江苏旌航汽车有限公司

续表49

序号	企业名称	序号	企业名称
43	苏州聚龙能源科技有限公司	84	苏州华博电子科技有限公司
44	苏州威尔阳光智能科技有限公司	85	苏州锐迪联电子科技有限公司
45	张家港保税区万盛机械工业有限公司	86	张家港富瑞阀门有限公司
46	张家港保税区卓尔诺新材料科技有限公司	87	张家港考克机械科技有限公司
47	张家港科尔润低温阀门有限公司	88	张家港市金邦铝业股份有限公司
48	张家港勒森机械有限公司	89	张家港市锐正精密工具有限公司
49	张家港市江南锅炉压力容器有限公司	90	张家港市沙工医疗器械科技发展有限公司
50	张家港市三林金泰新能源有限公司	91	江苏百易得医疗科技有限公司
51	张家港市浙华科技有限公司	92	江苏贝尔机械有限公司
52	江苏宏宝锻造股份有限公司	93	江苏东方四通科技股份有限公司
53	苏州顶材新材料有限公司	94	江苏富多士太阳能科技有限公司
54	苏州隆华住宅工业有限公司	95	江苏国朗机械制造有限公司
55	苏州星帆华镭光电科技有限公司	96	江苏哈工药机科技股份有限公司
56	张家港史帝曼五金制品有限公司	97	江苏辉河包装机械有限公司
57	张家港市天优机械有限公司	98	江苏金帆新程装备有限公司
58	张家港市张运机械制造有限公司	99	江苏绿岩生态技术股份有限公司
59	张家港宇新羊毛工业有限公司	100	江苏瑞铁轨道装备股份有限公司
60	惠晶显示科技（苏州）有限公司	101	江苏申威新能源科技有限公司
61	苏州同大机械有限公司	102	江苏申洲毛纺有限公司
62	张家港市润圻瑞模具有限公司	103	江苏天鹏电源有限公司
63	江苏德旺数码科技有限公司	104	江苏欣诺科催化剂有限公司
64	江苏天港箱柜有限公司	105	江苏新锐环境监测有限公司
65	厘壮信息科技（苏州）有限公司	106	杰华特微电子（张家港）有限公司
66	苏州博远特种变压器有限公司	107	骏马化纤股份有限公司
67	苏州长江睿芯电子科技有限公司	108	罗益机械制造（苏州）有限公司
68	苏州高之仙自动化科技有限公司	109	苏州东大金点物联科技有限公司
69	苏州荣纳自动化科技有限公司	110	苏州东方金汇通智能科技有限公司
70	苏州瑞腾照明科技股份有限公司	111	苏州方兴信息技术有限公司
71	苏州盛曼特新材料有限公司	112	苏州杰泰龙精密压铸工业有限公司
72	张家港奥尼斯信息科技有限公司	113	苏州良辰生物医药科技有限公司
73	江苏薪泽奇机械股份有限公司	114	苏州天启粉体设备有限公司
74	江苏新大力电机制造有限公司	115	苏州伟卓奥科三维科技有限公司
75	苏州富淼膜科技有限公司	116	苏州众联智港信息科技有限公司
76	苏州鸿盈博精密模塑有限公司	117	颖索（江苏）汽车零部件技术有限公司
77	张家港宝翔机械有限公司	118	张家港海陆沙洲科技有限公司
78	张家港市保德兴超声设备有限公司	119	张家港华捷电子有限公司
79	张家港市锦力标准件制造有限公司	120	张家港声芯电子科技有限公司
80	张家港源泰玻璃有限公司	121	张家港圣美意机械有限公司
81	华灿光电（苏州）有限公司	122	张家港市港威超声电子有限公司
82	江苏云上电力科技有限公司	123	张家港市金帆箱柜有限公司
83	苏州浩联光电科技有限公司	124	张家港市盛港绿色防火建材有限公司

续表49

序号	企业名称	序号	企业名称
125	张家港市王牌机电设备有限公司	166	张家港凯斯机械有限公司
126	张家港智电柔性输配电技术研究所有限公司	167	江苏丁氏机械有限公司
127	采埃孚汽车科技(张家港)有限公司	168	张家港市恒通机械有限公司
128	江苏富山软件科技有限公司	169	张家港市华瑞危险废物处理中心有限公司
129	江苏国富氢能技术装备有限公司	170	张家港市惠兴机械有限公司
130	江苏耐维思通科技股份有限公司	171	张家港市真智自动化科技有限公司
131	江苏通球建筑科技有限公司	172	张家港市志益医材有限公司
132	江苏铧德氢能源科技有限公司	173	张家港英华材料科技有限公司
133	佩克建筑配件(张家港)有限公司	174	苏州嘉达禾机械有限公司
134	苏州鼎智瑞光智能科技有限公司	175	张家港海锅新能源装备股份有限公司
135	苏州沪港科技股份有限公司	176	爱喏工业科技(苏州)有限公司
136	苏州市通惠新材料装备制造有限公司	177	江苏合丰机械制造有限公司
137	苏州汤姆斯锯业有限公司	178	苏州萌菲过滤技术有限公司
138	苏州智耀机电科技有限公司	179	张家港市润泰机械有限公司
139	铁歌科技(张家港)有限公司	180	宝时得机械(张家港)有限公司
140	星亚(苏州)智能装备制造有限公司	181	江苏大松机械有限公司
141	张家港富瑞深冷科技有限公司	182	江苏金陵体育器材股份有限公司
142	张家港市艾罗执行器有限公司	183	江苏永钢集团有限公司
143	张家港市宏基精密铝材科技有限公司	184	科泰科技(张家港)机械有限公司
144	张家港思高机械有限公司	185	苏州乐天防护用品有限公司
145	张家港新华预应力钢绞线有限公司	186	张家港金泰锋精密五金制造有限公司
146	江苏恩利科智能制造有限公司	187	张家港兴宇机械制造有限公司
147	江苏亚楠电子科技有限公司	188	苏州吉润汽车零部件有限公司
148	苏州奥柯激光科技有限公司	189	张家港氢芯电气系统科技有限公司
149	苏州乐创环保科技有限公司	190	张家港市永达机械制造有限公司
150	张家港市中来机械有限公司	191	张家港市中联建设机械有限公司
151	张家港台达机械制造有限公司	192	能邦(苏州)换热器有限公司
152	江苏蓝慧智能装备科技有限公司	193	张家港市骑士机械有限公司
153	江苏七洲绿色化工股份有限公司	194	张家港市翔华铝业有限公司
154	江苏新美源机械有限公司	195	苏州鉴真智能科技有限公司
155	江苏永发医用设备科技股份有限公司	196	苏州聚晟太阳能科技股份有限公司
156	苏州飞驰环保科技股份有限公司	197	张家港市顾乐仕生活家居科技有限公司
157	苏州禄丰检测科技有限公司	198	张家港市绿环机械有限公司
158	张家港谱析传感科技有限公司	199	张家港市纽迈机械有限公司
159	张家港市五合机械有限公司	200	张家港市友明机械制造有限公司
160	厚发精工(苏州)有限公司	201	张家港永超医疗器械有限公司
161	江苏华港医药包装有限公司	202	箭牌智能科技(张家港)有限公司
162	江苏联峰工业装备科技有限公司	203	江苏新东鑫机械科技有限公司
163	江苏牡丹离心机制造有限公司	204	苏州传洋机电科技有限公司
164	江苏普华盛包装科技有限公司	205	苏州弗朗茨智能电梯有限公司
165	苏州朗建塑胶科技有限公司	206	苏州捷蓝智能设备有限公司

续表49

序号	企业名称	序号	企业名称
207	苏州聚物电子科技有限公司	232	苏州瑞波机械有限公司
208	苏州双瑞机械制造股份有限公司	233	苏州优贝特医疗器械有限公司
209	张家港博佑光电科技有限公司	234	沃尔曼科技张家港有限公司
210	张家港市宏博机械有限公司	235	张家港九力新材料科技有限公司
211	张家港市舜辰机械有限公司	236	张家港荣盛特钢有限公司
212	江苏佰瑞普智能科技有限公司	237	张家港市繁昌机械有限公司
213	江苏广川超导科技有限公司	238	张家港市锦明机械有限公司
214	江苏联宏纺织有限公司	239	张家港市联达机械有限公司
215	江苏维达机械有限公司	240	张家港市普瑞塑胶机械有限公司
216	张家港市阿莱特机械有限公司	241	张家港特恩驰电缆有限公司
217	张家港市瑞鑫精密模具有限公司	242	江苏金荣机械有限公司
218	张家港市天江精密模具制造有限公司	243	赛脉笛生物医学（苏州）有限公司
219	张家港友诚新能源科技股份有限公司	244	苏州安建环保科技有限公司
220	张家港隽新家居建材有限公司	245	苏州凡尔胜精密机械科技有限公司
221	江苏图胜离心机制造有限公司	246	苏州固利环保科技有限公司
222	苏州联冠机械有限公司	247	信义玻璃（江苏）有限公司
223	张家港市艾尔环保工程有限公司	248	张家港力勤机械有限公司
224	海龙（张家港）实业有限公司	249	张家港市升恒机械设备制造有限公司
225	江苏旷科机械有限公司	250	张家港市霞飞塑业有限公司
226	江苏普达迪泰精密机电装备科技有限公司	251	张家港锦亿化纤有限公司
227	江苏普达迪泰科技有限公司	252	江苏阿尔特空调实业有限责任公司
228	江苏优轧机械有限公司	253	江苏盛海智能科技有限公司
229	江苏鑫朋联技术软件有限公司	254	张家港九润机械科技有限公司
230	京港工业炉科技（苏州）有限公司	255	苏州欣荣博尔特医疗器械有限公司
231	苏州力一环境科技有限公司		

科技载体

【概况】 年内，张家港市新增江苏省级众创空间4家，苏州市级众创空间1家。张家港市累计拥有苏州市级以上众创空间29家，其中国家级5家、省级23家、苏州市级1家。新增省级科技企业加速器1家，累计2家。全市3家科技企业孵化器在国家级科技企业孵化器绩效考评中获“优秀”等次，数量列苏州市第一。新增苏州市新型研发机构1家。新增省企业研究生工作站9家，累计337家。获评省工程技术研究中心绩效优秀11家，获评优秀数量列苏州市第一；新增省工程技术研究中心7家，累计116家。新增苏州市工程技术研究中心13家，累计355家。新增张家港市工程技术研究中心38家，累计366家。至年末，张家港市累计建有省级以上科技企业孵化器11家，省级以上企业研发平台656家。

2021年张家港市新增科技载体平台一览表

表50

类别	载体平台名称	承担单位
江苏省众创空间	弘吴数字众创空间	苏州弘吴科技中介有限公司
	豆牛众创空间	张家港豆牛创业服务有限公司
	南岸创新社区众创空间	江苏扬子江国际冶金工业园投资发展有限公司
	ZJGICC众创空间	张家港市集成电路产业发展有限公司

续表50

类别	载体平台名称	承担单位
江苏省科技企业加速器	苏高新科技张家港创新园科技企业加速器	苏高新科技产业发展(张家港)有限公司
江苏省工程技术研究中心	江苏省青蒿素工程技术研究中心	张家港威胜生物医药有限公司
	江苏省大尺寸蓝宝石晶体材料工程技术研究中心	苏州恒嘉晶体材料有限公司
	江苏省新型高效相变储热式热库工程技术研究中心	江苏启能新能源材料有限公司
	江苏省高效节能船用燃油废气锅炉工程技术研究中心	张家港海陆沙洲科技有限公司
	江苏省(长隆)LNG低温装卸设备工程技术研究中心	江苏长隆石化装备有限公司
	江苏省汽车内饰材料工程技术研究中心	贝内克—长顺汽车内饰材料(张家港)有限公司
	江苏省高可靠性功率器件工程技术研究中心	苏州锴威特半导体股份有限公司
江苏省企业研究生工作站	张家港中集圣达因低温装备有限公司研究生工作站	张家港中集圣达因低温装备有限公司
	江苏启能新能源材料有限公司研究生工作站	江苏启能新能源材料有限公司
	江苏腾瑞智联数字科技有限公司研究生工作站	江苏腾瑞智联数字科技有限公司
	张家港市沙工医疗器械科技发展有限公司研究生工作站	张家港市沙工医疗器械科技发展有限公司
	安妥驰(张家港)汽车零部件再制造有限公司研究生工作站	安妥驰(张家港)汽车零部件再制造有限公司
	江苏瑞铁轨道装备股份有限公司研究生工作站	江苏瑞铁轨道装备股份有限公司
	浦项(张家港)不锈钢股份有限公司研究生工作站	浦项(张家港)不锈钢股份有限公司
	张家港沙钢金洲管道有限公司研究生工作站	张家港沙钢金洲管道有限公司
	中科探海(苏州)海洋科技有限责任公司研究生工作站	中科探海(苏州)海洋科技有限责任公司
苏州市众创空间	ZJGICC众创空间	张家港市集成电路产业发展有限公司
苏州市新型研发机构	苏州思萃绿色制造熔接技术研究所	苏州思萃熔接技术研究所有限公司
苏州市工程技术研究中心	苏州市管道相控超声无损检测工程技术研究中心	张家港沙钢金洲管道有限公司
	苏州市燃料电池电堆及系统工程技术研究中心	江苏清能新能源技术股份有限公司
	苏州市数字多媒体系统工程技术研究中心	江苏银河数字技术有限公司
	苏州市高等级缆索及钢绞线工程技术研究中心	张家港荣盛特钢有限公司
	苏州市型材挤出机械工程技术研究中心	张家港市格雷斯机械有限公司
	苏州市高强高模高韧碳纤维智能生产装备工程技术研究中心	张家港市港鹰实业有限公司
	苏州市高铁及大型装备用精密轴承工程技术研究中心	张家港市弘扬金属制品制造有限公司
	苏州市无人驾驶特种应用工程技术研究中心	江苏盛海智能科技有限公司
	苏州市大型风力发电组件工程技术中心	张家港市艾特机械制造有限公司
	苏州市POD新材料工程技术研究中心	江苏宝德新材料有限公司
	苏州市精密结构件轻量化优化设计工程技术研究中心	江苏亿都智能特种装备有限公司
	苏州市汽车精密冲压件及其模具工程技术研究中心	苏州吉润汽车零部件有限公司
	苏州市绿色节能路桥施工工程技术研究中心	江苏港通路桥集团有限公司

【新型研发机构】 2021年，张家港市建有新型研发机构累计16家，申请发明专利785件，授权发明专利198件，孵化企业107家，引进全职研发人才284人。年内，全市实现技术服务收入近1亿元。全市新型研发机构建设始终聚焦产业、服务企业，涵盖冶金新材料、智能装备、先进特色半导体、新能源先进高分子材料五大产业链。其中，苏州市产业技术研究院绿色制造熔接技术研究所依托永钢集团的资金、产业链优势资源，通过延链补链、产业孵化的举措，探索传统产业转型升级的新模式。中科纳米张家港化合物半导体研究所在国内首次研发出894纳米垂直腔激光器大偏角6英寸晶圆。南京工业大学张家港产业学院入围全省首批15家省级重点产业学院建设点，苏州氢能产业创新中心成为苏州氢能产业创新联盟理事长单位。

张家港市新型研发机构名录库及培育库一览表

表51

新型研发机构类别	新型研发机构名称
张家港市新型研发机构名录库	中科院大连化学物理研究所张家港产业技术研究院
	张家港智能电力研究院
	南京理工大学张家港工程技术研究院
	哈工大（张家港）智能装备及新材料技术产业化研究院
	南京工业大学张家港产业学院
	张家港氢云新能源研究院
	苏州市氢能产业创新中心
	张家港集成电路产业促进中心
	西北工业大学（张家港）智能装备技术产业化研究院
	张家港江苏科技大学产业技术研究院
	苏州大学张家港工业技术研究院
	苏州大学化学电源研究所
	江苏冶金技术研究院
张家港市新型研发机构培育库	中科纳米张家港化合物半导体研究所
	上海大学高品质特殊钢冶金与制备国家重点实验室张家港产业中心
	苏州市产业技术研究院绿色制造熔接技术研究所

【科创孵化载体建设】 6月17日，张家港市科创孵化载体高质量发展推进大会举行。江苏省创新创业孵化实训（张家港）基地、张家港高新区（北京）创新中心、张家港高新区（南京）创新中心、长三角科创孵化载体苏州（张家港）党建工作站、张家港长三角生物安全研究院揭牌，中国生物检测监测产学研合作创新示范基地获授牌。《长三角科创孵化载体党建共建协议》《江苏省高新技术创业服务中心、张家港高新区、张家港市科技局战略合作协议》《苏州市产业技术研究院、张家港高新区、张家港市科技局战略合作协议》签署。年内，围绕“建设苏南地区最高水平科创载体”目标，张家港市在全国县市层面率先编制实施《张家港市科创孵化载体“十四五”建设发展规划》。“十四五”期间，规划新增科创载体超260万平方米，总规划投入超200亿元。制定出台《关于支持全市科创孵化载体高质量发展的若干措施》《张家港市科创孵化载体管理办法》，优化原有科创孵化载体的绩效考评体系改革，从“专业化运营、产业方向、投资基金、创新平台建设、项目培育、知识产权、融资对接、孵化收入”等多个维度进行绩效考评，推动科创孵化载体提升运营服务能力。至年末，实现新开工科创孵化载体面积近140万平方米。

【南京工业大学张家港产业学院入围省级重点产业学院建设点】 1月，南京工业大学张家港产业学院入围全省首批15家省级重点产业学院建设点。省级重点产业学院由省教育厅认定，通过创新产教深度融合机制，加强应用性学科专业建设，共建校企实习实训平台等形式，促进人才培养供给侧和产业发展需求侧结构要素全方位深度融合，力争培养行业未来领军人才和高层次创新型、应用型、技术技能型人才。南京工业大学张家港产业学院成立于2018年，由张家港市政府和南京工业大学共同建设，总投入1亿元，是打造新材料研发、新能源研发、高端装备研发及中试平台、实训平台为一体的高端研发平台，是全市首家具有研究生培养功能的新型研发机构。累计培养本科生及研究生80人，与当地企业共建联合实验室5家，并于2019年入围苏州市新型研发机构。

【东渡国际人才创业街区开工】 6月17日，东渡国际人才创业街区开工仪式举行。该街区位于高新区(塘桥镇),占地面积16公顷,建筑面积98万平方米,总投资约49亿元,配套人才公寓、路演中心、科创孵化中心、购物休闲、美食餐饮、公共服务平台等,打造集“生产、生态、生活”于一体的创意产业社区,努力建设成为全市“科创智慧领航区”。“十四五”期间,张家港高新区着力构建“1+N”科创载体体系,打造一个“东渡国际人才创业街区”,并围绕数字经济、生物医药及智能制造等重点产业领域建设若干子社区。作为全市“南沿江科创加速带”的重要组成部分,2021年,60万平方米科创载体启动建设。

【梵创产业园首期发布暨二期启动】 10月15日,梵创产业园首期发布暨二期启动仪式举行。梵创产业园是全市首家民营科技产业园,总规划33.33公顷。一期20公顷,总投资20亿元,建筑面积20万平方米。莱能士光电、赛瑞迈科新材料、格理新材料等7家首批入驻产业园的企业现场集中签约,涉及高端装备、新材料、半导体领域;二期同步启动,主要由10万平方米的高标准厂房、人文中心、人才公寓、金融商业体等7个项目构成,总投资15亿元。梵创产业园以“资源共享、科技创新、协同发展”为核心理念,以“科技产业引领、产业集聚协同、配套功能完善、自主创新活跃”为目标,抓住高端人才集聚、稀缺资源整合、科技创新主旋律,推动产业链的前延后伸和横向集聚,通过“产业+资本+运营服务”的复合发展模式,扶持有潜力的科技创新项目尽快步入产业轨道。 (马玉琳　苏栋汇)

科技人才

【概况】 年内,张家港市组织3批市领军型创新创业人才项目评审,引进人才项目119项,重大团队项目3项,累计超1000项;张家港高新区获评科技部“创新人才培养示范基地”,“万人计划”直报渠道实现新突破;新增自主培育国家级重大人才工程3人,累计23人;新增省高层次创新创业人才引进计划14人、团队1个,列苏州县(市)第二,累计171人;新增姑苏创新创业领军人才计划38人,累计293人。至年末,张家港市领军人才企业实现销售90.9亿元,纳税3.95亿元,销售收入超1000万元的领军人才企业有114家,销售收入超1亿元企业22家。

【科技部首个科技创新研修院落地建设】 6月24日,国家创新人才培养示范基地挂牌暨科技创新研修院启动仪式举行。国家创新人才培养示范基地由科技部等八部门于2012年启动实施,旨在面向高等院校、科研院所、科技园区,打造人才培养政策、体制机制“先行先试”的人才特区。每年江苏省仅有1个至2个科技园区类申报名额。2015年,张家港市启动创建,经过5年努力,张家港高新区获批。2021年7月11日,科技创新研修院(张家港)建设方案专家研讨会在张家港市举办。科技创新研修院(张家港)是市科技系统转变政府科技管理和服务功能的新举措,是科技部科技人才交流开发服务中心拟建设的全国首个科技创新研修院。该研修院以面向地方实体经济产业升级的实际需求为目标,通过导入国家级的科技创新服务体系和资源,提升科技人才、产学机构、政府科技人才部门、科技服务部门的创新能力和孵化经验,推动产业升级加速。立足长三角地区,在半导体、先进制造、新材料等战略新兴产业上,形成辐射全国范围的产业创新加速服务能力,一期选址暨阳湖金融街产业资本中心,二期选址东渡国际人才创业街区。11月,全国首个地方引才CEO(首席执行官)特训营启动,科技部人才中心与张家港市科学技术局合作开展CEO特训营(半导体专题)全球征集活动,探索“品牌活动引才”新模式。

【市领军人才半导体专场开设】 2021年,张家港市半导体产业人才集聚效应显著,全年组织4批姑苏领军人才“区域重点引才专项”半导体项目专场,征集项目81项,评审通过45项。其中,苏州飞芯通半导体科技有限公司、苏州融芯微科技有限公司、穆尔动立微电子(苏州)有限公司、苏州芯汇晶成半导体科技有限公司、普敏半导体科技(苏州)有限公司、艾西森斯微电子(苏州)有限公司、华引芯(张家港)半导体有限公司、张家港芯微感半导体技术有限公司、苏州宏存芯捷科技有限公司、成绎半导体(苏州)有限公司等10家企业获评姑苏领军人才“区域重点引才专项”立项,获得该项目经费1000万元。

梵创产业园 (苏栋汇　摄)

2021年张家港市新增省级和苏州市级高层次创新创业人才一览表

表52

类别	姓名	公司名称
省高层次创新创业人才引进计划	张绍明	中振同铬（江苏）机器人有限公司
	赵　靖	张家港梓阳电子科技有限公司
	余林颇（创新）	张家港市国泰华荣化工新材料有限公司
	马晓明	苏州润邦半导体材料科技有限公司
	奥　飚	张家港马提亚科技有限公司
	张亦皓	苏州日月光电子科技有限公司
	郭伟超	苏州通和景润康复科技有限公司
	胡贤磊	苏州东宝海星金属材料科技有限公司
	孙　强	苏州东方克洛托光电技术有限公司
	范生宏	江苏普达迪泰科技有限公司
	陈　晓	奇点创新（江苏）智能科技有限公司
	洪木南	苏州睿锂物联科技有限公司
	沈嘉祺	张家港谱析传感科技有限公司
	张兰银	苏州盛曼特新材料有限公司
	汤　浩（团队）	苏州市华昌能源科技有限公司
姑苏创新创业领军人才计划	马晓明	苏州润邦半导体材料科技有限公司
	张绍明	中振同铬（江苏）机器人有限公司
	张　磊	江苏琳科森材料科技有限公司
	林信南	苏州辰华半导体技术有限公司
	胡　恒	苏州塔孚新材料科技有限公司
	崔　鹏	苏州朋禾智能科技有限公司
	曹勇民	苏州环诺新材料科技有限公司
	任云鹏	苏州奥柯激光科技有限公司
	刘群坡	中创智造（苏州）智能装备科技有限公司
	张超沂	苏州飞芯通半导体科技有限公司
	杨　爵	苏州融芯微科技有限公司
	商育伟	穆尔动立微电子（苏州）有限公司
	甄西和	江苏布拉维光学科技有限公司
	陈　维	江苏至昕新材料有限公司
	周黎辉	张家港迅见信息技术有限公司
	孙秀岩	张家港安储科技有限公司
	贺　挺	苏州中车氢能汽车有限公司
	张悦凡	江苏长顺集团有限公司
	丁维平	江苏介观催化材料科技有限公司

续表52

类别	姓名	公司名称
姑苏创新创业领军人才计划	陈爱军	苏州芯汇晶成半导体科技有限公司
	曾宪伟	普敏半导体科技（苏州）有限公司
	司宏伟	艾西森斯微电子（苏州）有限公司
	孙雷蒙	华引芯（张家港）半导体有限公司
	熊　琳	苏州坤维传感科技有限公司
	邵珠峰	苏州凌峰博特智能科技有限公司
	付　宇	江苏骥翀氢能源科技有限公司
	刘　源	华灿光电（苏州）有限公司
	王德波	张家港芯微感半导体技术有限公司
	朱立新	江苏沙钢集团有限公司
	洪木南	苏州睿锂物联科技有限公司
	丁　克	苏州显扬科技有限公司
	张　晶	苏州次源科技服务有限公司
	王博赟	柯瑞斯（苏州）智能制造有限公司
	李元章	苏州宏存芯捷科技有限公司
	王　涛	成绎半导体（苏州）有限公司
	关　暘	苏州精力电气有限公司
	阳应华	苏州永诺泓泽生物科技有限公司
	尹翠翠	苏州回文生物种业科技有限公司

（梁玉笛）

科技项目

【概况】 年内，全市有16个项目列入省级科技计划，其中重点研发计划项目5项、省产学研合作项目7项、省国际科技合作计划项目1项、省基础研究计划2项、省科技成果转化专项资金项目1项。组织实施张家港市级科技计划项目185项，其中产业链创新产品攻关计划立项18项、现代农业科技创新项目立项5项、社会发展技术创新研究项目（面上项目）立项7项、社会发展技术创新研究项目（医疗卫生项目）立项45项、软科学计划立项7项、产学研预研资金立项59项、国际科技合作计划立项3项、研发机构建设计划（工程技术研究中心）立项38项、研发机构建设计划（研究生工作站）立项3项。

【低温高强韧钢项目列入省科技成果转化专项资金项目】 年内，由江苏沙钢集团有限公司下属子公司张家港荣盛特钢有限公司牵头，江苏科技大学、沙钢钢铁研究院、张家港宏昌钢板有限公司等单位共同参与的“耐超大焊接线能量的低温高强韧钢研发及产业化”项目获省科技成果转化专项资金项目立项，获得省级财政经费资助1400万元。该项目开发出耐每厘米300千焦以上线能量的钢板及配套焊材，填补国内空白，并突破钢板焊接接头低温韧性一体化调控、冶炼专用包芯线、金属氧化物夹杂物有益化控轧、焊缝金属强韧性协同调控、气电立焊新工艺等关键技术。实施期内，累计生产目标钢板2万吨、配套焊丝盘条钢400吨，实现产品销售额1.3亿元，利税2600万元，实现国家重点重大工程示范应用。

【流体动压机械密封项目列入省重点研发计划】 年内，江苏华青流体科技有限公司“核级无辅助流体供应的流体动压机械密封研发”项目获江苏省重点研发计划项目立项。该项目对核级无辅助流体供应的流体动压机械密封进行研发，利用离心泵工作原理设计具有自泵送效应的流体动压机械密封，开展其密封机理、设计理论与方法、产品加工试制与应用，解决非接触式机械密封中存在的瓶颈技术问题，简化密封系统结构，降低工业运行成本，提升国家核电行业及密封技术的国际竞争力。

2021年张家港市新增省级科技计划项目一览表

表53

项目类别	项目名称	承担单位
省重点研发计划项目	胸部CT多病种AI辅助诊断系统研发	苏州体素信息科技有限公司
	核级无辅助流体供应的流体动压机械密封关键技术研发	江苏华青流体密封科技有限公司
	面向显示与通信融合应用-Micro-LED显示与通信融合应用关键技术研究	苏州晶台光电有限公司
	葡萄新品种"园金香""园红玫"的选育与应用	张家港市神园葡萄科技有限公司
	废旧塑料高效智能分选关键技术及其装备研发	江苏牧格机械有限公司
省国际科技合作计划项目	耐高温、柔软、环保型TPU长丝纤维产品的联合研发	张家港市昌源氨纶制造有限公司
省产学研合作项目	低多层预制装配式再生混凝土建筑关键技术研究	江苏德丰建设集团有限公司
	固体废弃物保温复合墙板PC构件制备关键技术研究	江苏德丰建设集团建筑科技有限公司
	工业绿色洗涤工厂智能装备关键技术开发	江苏海狮机械股份有限公司
	基于农业有机废弃物的生防有机菌肥研发与产业化	苏州三亩良铺农业科技有限公司
	基于新型三维纳米碳材料的功能性面料开发及应用	江苏东渡纺织集团有限公司
	人胚胎早期消化器官发育三维建模技术服务	张家港市德仁科教仪器设备有限公司
	长春胺原料药及长春西汀原料药技术开发	张家港威胜生物医药有限公司
省基础研究计划	基于巨噬细胞代谢重编程探讨从瘀毒论治溃疡性结肠炎的生物学基础	张家港市中医医院
	钢骨超高强混杂纤维混凝土组合柱抗震性能研究	张家港江苏科技大学产业技术研究院
省科技成果转化专项资金项目	耐超大焊接线能量的低温高强韧钢研发及产业化	张家港荣盛特钢有限公司

（丁娇瑞）

科技成果

【概况】 年内，新增张家港市企业主持完成的江苏省科学技术奖4项，其中一等奖1项、三等奖3项，累计获奖120项。全年新增长春胺原料药及长春西汀原料药技术开发、生物基多元醇的开发及性能研究、氢能领域技术研发、乳制品生产过程中危害物AGEs控制关键技术及应用研究、半滑动式液压胀形客车桥壳的冲压模具设计、提档高品质特殊钢冶金与制备国家重点实验室张家港产业中心合作协议（二期）、基于低温加热处理技术的高导电铜包铝复合线材设计开发、污泥低温除湿干燥机等产学研合作项目254项。

【沙钢集团主持项目获省科技奖一等奖】 年内，沙钢集团主持的"近终型短流程薄带铸轧稳定化生产关键技术创新及应用"项目获省科学技术奖一等奖。该项目依托国家科技支撑计划，在薄带铸轧稳定生产的工艺优化、产品规格及品种拓展、装备改进方面进行自主创新，形成关键技术，真正实现了薄带铸轧高效稳定化生产技术的落地，项目成果经中国钢铁工业协会鉴定为"国际领先水平"，并获2021年度"冶金科学技术奖"一等奖。技术已在沙钢集团实现应用，其中2020年全年生产结构钢、高强钢、耐候钢等43万吨，出口占比近50%，新增产值20.04亿元，其中0.8毫米规格吨钢利润超800元。产线长度不足50米，总能耗、二氧化碳排放量仅为传统热轧产线的16%、25%。

【海陆重工公司参与项目获国家科技进步一等奖】 11月3日，苏州海陆重工股份有限公司参与完成的"年产400万吨煤间接液化成套技术创新开发及产业化"项目获2020年度国家科学技术进步奖一等奖。该项目攻克大型煤间接液化"卡脖子"关键核心技术，实现1000吨级中试到400万吨的工程放大，在煤间接液化基础理论、关键技术、重大装备及材料、工程放大及系统集成技术、节能节水等方面取得重要创新成果，形成可复制、可推广的煤间接液化成套技术，整体技术水平居于世界领先地位。整个煤间接液化工程包含气化装置、空分装置、一氧化碳变换装置、低温甲醇洗装置和费托合成油品加工装置等，海陆重工公司几乎参与了所有装置的重大设备的制造。

2021年张家港市获省科学技术奖一览表

表54

获奖项目名称	申报(参与)单位	获奖类别	等级	授奖部门
近终型短流程薄带铸轧稳定化生产关键技术创新及应用	江苏沙钢集团有限公司、江苏省沙钢钢铁研究院有限公司、张家港中美超薄带科技有限公司、中冶京诚工程技术有限公司	江苏省科学技术奖	一等奖	江苏省人民政府
5G通信用介质波导滤波器	江苏灿勤科技股份有限公司	江苏省科学技术奖	三等奖	江苏省人民政府
大功率高光效LED外延与芯片技术	华灿光电(苏州)股份有限公司	江苏省科学技术奖	三等奖	江苏省人民政府
塑料固废再生建筑模板工艺及其成套生产装备	江苏贝尔机械有限公司、江苏科技大学、张家港江苏科技大学产业技术研究院	江苏省科学技术奖	三等奖	江苏省人民政府

(房田文)

气象科技

【概况】 市气象局围绕发挥气象防灾减灾第一道防线作用,统筹推进气象服务、防雷安全监管等工作。5月19日、11月16日分别对能见度仪器进行现场标较维护。6月29日,根据要求,将地面综合观测业务软件(ISOS)升级为3.0.3.508版本,同时DZZ4自动站采集器升级为1.0.1版本。11月10日,完成智能台站应急供电系统调试安装,并投入使用。推进气象科普宣传。3月23日举办"百年气象风云"讲座、"海洋,我们的气候和天气"有奖知识竞答等气象日纪念活动,5月12日开展气象防灾减灾科普讲座进校园、防灾减灾广场宣传等活动,全年开展科普讲座进学校、进机关、进社区等活动5场。依托气象科普体验馆,开展"三色花开,快乐成长"未成年人社会实践活动12场,接待600余人。深化"气象+网格"模式。3月2日,将气象灾情信息采集上报纳入网格事务清单。9月,借助市社会治理现代化指挥中心的集成指挥平台,开设气象信息专版,实现对气象灾害预警、短临天气提醒、自动站阈值提醒等预警信息的实时发布。4月21日召开全市基层气象服务工作站会议,表彰优秀典型。推进"气象+保险"工作模式。该模式先后被《中国气象报》等媒体宣传报道。推进防雷安全监管,6月23日,召开全市雷电防护装置检测单位安全生产工作会议。9月23日,联合市应急管理局在安全生产培训教育基地举办危化企业防雷安全宣讲活动。全年气象窗口受理雷电防护装置设计审核许可35件,雷电防护装置竣工验收19件,升放无人驾驶自由气球活动审批24件,气象灾害性质等级确认65件。推动落实"苏雷码平台+监管",与市应急管理、公安等部门开展联合执法检查,全年共检查重点监管企业220家、"双随机"企业18家,其中危化品企业133家、加油站82家、油库1家、气库3家、烟花爆竹仓库1家、旅游景点9家、文物保护单位1家、其他类型企业8家,现场检查发现防雷安全隐患159条,开具防雷整改意见书124份,隐患整改闭环率100%,对全市防雷重点单位安全监管实现"全覆盖"。强化行政执法,对3家存在防雷安全违法违规行为的企业进行处罚。

【气象预报预警服务】 市气象局全力提升服务能力,做好台风、暴雨、强对流等重大灾害性天气的预报预警服务和应急响应联动工作。全年制发重要天气报告11期,专题气象服务57期,森林防火专报41期,发布预警信号75次。7月21日至27日台风"烟花"影响期间,及时启动应急响应,24小时做好监测、预报预警服务。因抗击台风服务突出,获市水上搜救中心通报表扬。气象"追风小队"的《追风行动》视频在中国气象局微博观看超过200万人次,并收到华风气象传媒集团的表扬信。年内继续服务乡村振兴和"三农"工作,开展小麦赤霉病防治及夏收夏种、秋收秋种专题气象服务,制发《乡村振兴气象服务专报》《夏收夏种专题气象服务》《秋收秋种专题气象服务》材料29期,向大农户开展直通式气象服务,助力农业丰收。

【市"十四五"气象发展规划实施】 10月9日,市气象局组织召开《张家港市"十四五"气象发展规划》专家论证会。是月,完成气象灾害综合风险普查工作,上报、汇交暴雨、干旱、台风等9个灾种致灾因子和历史年度自然灾害灾情信息。11月22日,市政府办公室印发《张家港市"十四五"气象发展规划》。该规划主要包括四方面:聚焦防灾减灾,发挥第一道防线作用;突出能力提升,构建高质量现代气象业务体系;围绕发展大局,为张家港高质量发展贡献气象力量;深化改革创新,推进气象治理体系能力现代化。建设新一代天气雷达系统工程、城市综合运行气象保障工程、气象科普惠民工程三大重点工程。年内,落实新一代天气雷达系统工程建设财政启动资金,初步完成项目香山勘察选址等工作。 (张育萍)

【编辑 沈立平】

教育

Education

沙洲职业工学院

教育综情　　高等教育

基础教育　　社会教育

职业教育　　教师队伍

張家港年鑑(2022)

扫码欣赏

60年,一首教育诗

张家港市
教育发展回眸

教育综情

【概况】 年末，全市有各级各类学校178所，其中高等院校3所、普通高中10所（含完全中学2所）、职业院校5所（含开放大学）、初中34所（含国际学校1所、民办新市民子女学校4所）、小学41所（含民办新市民子女学校5所）、幼儿园84所、特殊教育学校1所。另有市级老年大学1所、社区教育中心9个。2021年，全市教育经费总投入54.63亿元，比上年增9.19%。其中，国家财政性教育经费（包括一般公共预算安排的教育经费、政府性基金预算安排的教育经费）44.67亿元，比上年增6.42%；一般公共预算教育经费36亿元，比上年增3.03%。全市招收新生5.71万人，毕业学生5.28万人，年末，在校学生22.35万人，比上年增加5600人。在校学生中，中小学幼儿园20.76万人、高校1.59万人，新市民子女学生11.41万人（不含3所高校）。在江苏省教育现代化建设监测中，张家港市综合得分91.42分，列苏州各市（区）第一名。年末，市教育局获评2019—2021年度江苏省文明单位，蝉联张家港市级机关突出贡献奖。

教育体制改革　5月，市教育局印发《张家港市集团（联盟）化办学督导评估办法（试行）》《张家港市集团（联盟）化办学项目建设实施方案（试行）》，依托联盟化、集团化、系列品牌化办学优势，加速优质教育力量在城乡、校际、公民办之间共享辐射，激发活力，促进新优质学校成长。深化育人方式改革，推进幼儿园到高中各学段有效衔接、一贯制培养，张家港市获评首批江苏省幼小衔接实验区，南苑幼儿园和市实验小学获评江苏省幼小衔接试点校。确定万红幼儿园和万红小学等12对幼儿园、小学为首批张家港市级幼小衔接结对试点园（校），加大幼小科学衔接探索力度。3月，市教育局、市委编办、市人社局联合制定《关于全面加强新时代教师队伍建设的实施意见》，建立健全教师招录、分配选岗、师资预算、系统培养、轮岗交流等制度，有效提供教师供给，着力化解师资紧缺矛盾。建立区域研训课程体系、重点项目研训体系、校本化研训体系"三位一体"的研训网络，全力推进教师专业成长。年内，全市教师在苏州市及以上评优课、基本功比赛中获奖76人次，其中获省级一、二等奖15人次；在苏州市教师学科素养竞赛中，238名教师获一、二、三等奖，获奖比例达到23.68%。

优质资源配置　年内，教育系统工程项目持续推进，梁丰高级中学"江苏省高品质示范高中"创建项目有序推进，凤凰高级中学、梁丰初中西校区、市实验小学西校区、城南小学、沙洲小学、云盘小学悦丰校区、梁丰幼儿园东园区等18所新建和改扩建学校投入使用，新增学位16050个；南苑幼儿园北园区、农联实验小学、梁丰初中沙洲湖校区、沙洲中学北校区等39个新建和改扩建项目有序推进。教育装备持续改善，全市教育技术装备投入总额2.2亿元，新增微机4680台，新增和改造班级多媒体887套，新建未来教室3间、录播教室33间、云桌面电脑教室7间，添置升降课桌椅36051套，新建改建实验室76间、其他专用教室185间，采购图书18万册。9月，市教育局制定《张家港市智慧教育三年行动计划（2022—2024年）》，推进智慧校园持续升级。全市58所中小学创建成省中小学智慧校园，中兴小学获评苏州市智慧校园发展水平四星级学校，白鹿小学、云盘小学、塘市小学、市第一中学、实验幼儿园、福前实验幼儿园、金港中心幼儿园7所园校获评全国"家校（园）共育"数字化项目示范学校（幼儿园），张家港市获评全国"家校（园）共育"数字化项目示范区。

"五育"并举　坚持德育首要地位，突出新时代爱国主义教育、思想政治教育、心理健康教育、社会实践教育，塘市小学蝉联全国文明校园，合兴小学获评教育部"全国乡村温馨校园"。开展《中小学德育工作指南》典型案例评选，实施"一校一案"。塘市小学《画好家校社"同心圆"，瞄准"三聚"凝合力》获评首批江苏省中小学"一校一案"落实《中小学德育工作指南》典型案例。推动中小学生品格提升"一校一项目"工程，培育市级重点项目9项。推进科技创新教育，全市中小学生在苏州市创新大赛、青少年机器人等高水平科技竞赛中获奖150余人次。常态化开展阳光体育和"三大球"联赛活动，18名校园足球队员入选全国青少年校园足球集训夏令营，凤凰中心小学获2021年江苏省"省长杯"青少年校园足球联赛暨全国青少年校园足球夏令营选拔赛男子甲组亚军，由凤凰中学牵头组队的苏州市队蝉联2021年江苏省青少年足球锦标赛男子16岁组冠军，凤凰中心幼儿园、白鹿幼儿园、崇真幼儿园获评全国足球特色幼儿园示范园。常态化推进"艺术进校园"，实验小学、云盘小学、港区小学、少年宫等单位8个节目参加苏州市第六届中小学生艺术节展演；南丰小学获评江苏省艺术特色学校，管弦乐队参加全国"荷风"艺术节展演；东渡实验学校《四季诗韵》、港口学校《北风吹》分别登上由教育部主办、中国青年报社承办的第四届《传承的力量》学校体育艺术教育成果展示平台，港口学校学生在2021年微博街舞大赛全国总决赛中获少儿组全国总冠军，金港中心小学学生在江苏省"六艺"展演中获书法类一等奖。把劳动教育纳入人才培养全过程，梁丰高级中学、暨阳高级中学、实验小学等多所学校挂牌成立劳动教育实践基地，发挥劳动教育树德、增智、强体、育美的综合育人价值。持续推进国际理解教育，实验小学的"人类命运共同体视野下小学国际理解教育实践"、梁丰初级中学的"基于中美姊妹学校的国际教育实践"和张家港中等专业学校的"中德合作化工人才培养"分别获评江苏省"十四五"期间基础教育和职业教育对外合作交流首批立项建设重点项目，万红小学、梁丰小学、暨阳湖实验学校、东渡实验学校获评苏州市第二批国际理解教育项目实验学校。

师德师风建设　全市教育系统压实学校第一责任人责任，始终将师德师风作为学校工作考核和办学质量评估的重要指标，作为教师资格注册、业绩考核、职称评审、评优奖励的首要内容，实行师德考核负面清单制度，严格执行违反师德规范“一票否决制”，确保责任清晰、层层落实。突出党建引领，发挥教育系统135个党组织、3621名党员的政治优势，打造“书记工作室”“园丁支部”等党建文化品牌项目38项，使教师党支部成为涵养师德师风的重要阵地。实施红色引领“333”提升工程、“百校千师万家”大走访等活动，构建以“爱与责任”为核心的师德文化。党史学习教育主要做法被新华社客户端报道，累计阅读量110.8万人次。应用数字化管理平台，实施24个廉政风险点监管防控，紧盯在职教师以教谋私、教学失范等违规违纪行为，持续加大教育系统师德师风突出问题专项治理监督问责力度，构建形成全体师生、家长和社会共同参与的监督体系。严格落实市委巡察反馈意见整改和经济责任审计整改要求，高标准开展对下属单位主要负责人的任中审计及离任审计。开展“我为群众办实事”师德专题教育活动，塑树新时代教师良好形象。开展纪检干部讲法纪百场专讲、师德宣讲团百场校园巡讲、“我们身边的师德标兵”百部优秀微视频集评比等活动，推动全市教育生态进一步向上向好。

教育服务惠民　9月，市教育局联合市发改委、市财政局、市人社局下发《关于全面推进中小学课后服务进一步提升课后服务水平的实施意见》，全面推进“5+2”（每周五天，每天不少于两小时）课后延时服务，实现义务教育学校全覆盖、有需求的学生全覆盖和学科全覆盖，学生参与率达到95.8%，列苏州各县市区第一，基本形成3个“1+1”课后服务新模式，即作业和特长发展项目“1+1”、学校和社区定点服务“1+1”、教师和志愿者定岗服务“1+1”。乐余小学、实验小学、常阴沙学校的经验做法先后在省落实“双减”工作推进会、“人民教育”微信公众号和“江苏教育发布”微信公众号等平台和媒体上推广。“张家港教育”微信公众号拥有用户近20万人，WCI指数持续位居张家港市各部门、苏州市教育系统前列。张家港教育主要经验先后被国家级媒体报道超过40次、省市级媒体报道超400次。其中，《一盏明灯照亮高三路》《红色育人，培根铸魂！张家港市教育系统同上一堂思政大课》被新华社报道，《江苏张家港：高质量推进城乡教育优质均衡发展》等多篇文章登上“学习强国”全国平台。继续完善新市民子女积分入学管理，为新市民子女提供秋季起始年级公办学位14048个，义务教育阶段准入率达到77.8%。继续依托“金城阳光网校”、苏州线上教育中心等平台，向学生开放课后教育服务，学生线上学习率超过97%，各类课程学生问卷满意率超过90%。开展“我为群众办实事”实践活动，确定青少年社会实践基地“践行公益志愿服务”、市少年宫“流动少年宫”、家庭教育服务中心“心树林”等重点项目10项，累计建成“幸福家长驿站”109个，实现区镇全覆盖。

【教育长三角一体化7个合作项目签约】　10月，市教育局根据市发改委发布的《张家港市融入长三角地区一体化发展三年行动方案（2021—2023年）》，积极促进教育合作共享。12月25日，“沪苏同城·学在港城”张家港教育融入长三角一体化合作项目集中签约仪式举行，7个项目现场签约。张家港市教育局与华东师范大学教育学系合作建设“中小学校长培训基地”，张家港市教育局与中科院上海高等研究院、上海启科教育科技有限公司合作建设“科学家进校园项目”，梁丰高级中学与上海交通大学学生创新中心开展“拔尖创新人才早期培育项目”第二期战略合作，梁丰高级中学与上海交通大学樊春海院士团队合作建设“樊春海院士拔尖创新人才培养工作室”，张家港高级中学与华东师范大学美术学院开展美术教育战略合作项目，凤凰镇政府与华东师范大学教育学系开展区域教育高质量发展战略合作，张家港市实验小学教育集团与上海二师附小教育集团开展“教育现代化2025领先计划”合作等。

【市教师发展中心创建成省级示范中心】　2019年8月，经市委编委同意，市教师发展中心成立，同时启动江苏省示范性县级教师发展中心创建工作。新成立的教师发展中心整合原市教育人才服务中心和原市教学研究室（教研、教科）两个单位，同时纳入原市电教馆信息化教育功能，实现教科研训一体化。中心通过整合传统优势，优化工作机制，形成“一核五维”的工作体系，即以“两式一化”（情境式研训、伴随式研训、网格化研训）的研训为核心、聚焦“学在港城”教改品牌、“e+”智慧云平台、“十百千”科研计划、“教育扶智”牵手项目、“321参考”支持系统等五项重点工作，打造特色品牌。4月14日至16日，受省教育评估院委托，省示范性县级教师发展中心评估专家组通过实地考察、现场研训活动观摩、专题剖析访谈、

12月25日，“沪苏同城·学在港城”张家港教育融入长三角一体化合作项目集中签约仪式举行

（市教育局　提供）

查阅评估佐证材料等方式，对市教师发展中心进行现场评估验收。7月5日，省教育厅公布评估结果，市教师发展中心被评为江苏省示范性县级教师发展中心。年内，市教师发展中心举办首届名优校长高级研修班、优秀青年教师高级研修班，启动新一轮名师工作室建设，完成新教师入职培训，组织第二十三届中小学、幼儿园课堂教学改革经验交流会，遴选全市25所承办学校，开设展示课402节，近9000人次教师参加听评课活动。上报江苏省规划课题43项、江苏省教学研究课题5项、苏州市课题125项，组织张家港市微型课题"千"工程申报工作，收到申报项目2236项，专家评审通过1951项，通过率87.2%。全市各学段教研组、备课组微型课题研究实现全覆盖。组织教育科研示范校和先进校评比，张家港中等专业学校、梁丰高级中学、白鹿小学等9所校（园）获评市教育科研示范校，市实验小学、合兴初级中学、江帆幼儿园等28所校（园）获评市教育科研先进校。在教育教学成果奖评选中，实验小学的《"儿童定制学习"实践探索》获省级三等奖，11项成果获苏州市教育教学成果奖；17篇论文获省"教海探航"论文评比一、二、三等奖。

【市家庭教育服务中心获评首批全国家校社协同育人实践基地】 2010年，市教育局成立未成年人健康成长指导中心。在此基础上，2017年8月又成立直属事业单位市家庭教育服务中心，全面建立家庭教育指导服务机制。市家庭教育服务中心成立"心树林"志愿行动支部，根据学校、社区、企业、事业单位和家庭的实际需求，通过线上线下的方式，开展讲座、沙龙、亲子活动、家庭教育咨询等，提升家长家庭教育素养。2021年，全市开展"幸福家长驿站"家庭教育品牌建设，通过家庭实践、行政推进、学校参与、社会支持的方式，积极实践中小学家庭教育课程项目，形成家庭、政府、学校、社会联动的家庭教育工作机制。至年末，全市建设形成校"幸福家长驿站"、镇"幸福家长驿站"、市"幸福家长驿站"三级"幸福家长驿站"逐层督导扶持运行机制，102家中小学、幼儿园和社区正式挂牌成立"幸福家长驿站"。11月，国家开放大学公布首批全国家校社协同育人实践基地名单，张家港市家庭教育服务中心成为苏州市唯一入选的单位。

（徐晓艳）

基 础 教 育

【概况】 年末，全市有基础教育类学校170所（含特殊教育学校1所），比上年增加7所。年内，新增全国青少年校园足球特色学校4所，累计37所；新增全国足球特色幼儿园4所，累计7所；新增江苏省足球后备人才示范学校1所，累计4所；新增江苏省优质幼儿园5所，累计49所；新增苏州市优质幼儿园2所，累计75所。新增中美"千校携手"项目学校1所、全国"营养与健康示范学校"2所、全国足球特色幼儿园示范园3所、江苏省校园足球工作先进学校4所、江苏省体育传统项目学校3所、江苏省青少年校园篮球特色学校1所、江苏省体育（快乐体操）特色幼儿园1所、江苏省体育（篮球）特色幼儿园1所、江苏省体育特色学校（中小学）7所、江苏省艺术教育特色学校4所、江苏省"十四五"基础教育职业教育对外合作交流重点建设项目学校3所。年末，全市有全国青少年校园篮球特色学校4所、全国排球特色学校3所、全国青少年校园网球特色学校1所、全国国防教育特色学校1所、江苏省绿色学校51所、江苏省语言文字规范化示范学校3所、江苏省中华经典诵读基地学校1所、江苏省规范汉字书写教育特色学校1所、江苏省科技教育特色学校5所、苏州市科技教育特色学校12所、苏州市艺术教育特色学校28所、苏州市艺术教育项目学校7所、苏州市体育传统项目学校31所、苏州市德育先进学校68所，苏州市绿色学校102所、苏州市中华经典诵读基地学校8所、苏州市语言文字推广基地1个、苏州市中华经典诵写讲基地1个，苏州市国际理解教育项目实验学校9所。

学前教育　年内，全市新增滨湖幼儿园、农联幼儿园、新塘幼儿园、外国语学校美邻幼儿园、外国语学校碧桐苑幼儿园、苏阳幼儿园，另新增梁丰幼儿园东园区、锦丰中心幼儿园西园，撤销景巷幼儿园闸上园区、塘桥中心幼儿园小班园区。年末，全市有幼儿园84所，在园幼儿44237人（含新市民子女20524人），比上年减少1674人。其中，0周岁至3周岁婴幼儿入园（所）人数435人。适龄幼儿入园率100%。世茂幼儿园、北庄幼儿园、泗港实验幼儿园、闸上幼儿园、暨阳湖幼儿园创建为江苏省优质幼儿园，省市优质园在园幼儿占比达到85.08%。5月，张家港市首批获评"江苏省幼小衔接实验区"，成为苏州市唯一入选的市（区），市实验小学、南苑幼儿园入选首批省级结对试点园（校）。

小学教育　年内，市城南小学、实验小学西校区、云盘小学悦丰校区建成启用。年末，全市有小学41所（含村校1所），在校学生98800人（含新市民子女52422人），比上年增加3966人。小学适龄儿童入学率、巩固率、跟踪毕业率、升学率均为100%。市实验小学入选第三批省级教师发展示范基地校。塘市小学蝉联全国文明校园。市实验小学、梁丰小学在苏州市小学综合实践活动优秀成果展评中获一、二等奖。新塍小学在全国武术套路网络大赛中获小学组集体项目一等奖、武术影响力奖。暨阳实验小学、白鹿小学、塘市小学、梁丰小学被评为"苏州市中小学家庭教育课程优秀项目学校"。世茂小学被评为苏州市"湿地自然学校"。云盘小学、白鹿小学、梁丰小学被评为苏州市教师发展示范基地校。市实验小学的"综合育人理念下'劳动+'课程建设"、云盘小学的"小学科学'向自然'特色课程建设"、梁丰小学的"项目化学堂综合实践活动的课程基地"、塘桥中心小学"承创围棋文化，培育有格儿童：'童弈'课程文化建设"4个项目获评苏州市课程基地项目。江帆小学"新城区'总角'小学'微创意课程群'的构建与实施"被立为江苏省基础教育前瞻性教学改革项目。在苏州市组织的2020年立项的省、市级课程基地项目现场视导调研中，世茂小学、白鹿小学获示范等第，万红小学、南丰小学获优秀等第。

中学教育　年内，梁丰初中西校区建成启用。年末，全市有中学44所，其中初中34所、普通高中10所（含完全中学2所）。在校学生54678人，其中初中生38480人（含新市民子女20847人）、高中生16198人（含新市民子女6208人）；开设班级1157个，其中初中班级828个、高中班级329个。初中生年度巩固率和毕业率均为100%，升学率为99.87%。梁丰高级中学"'阳光足球'校园足球课程基地"、常阴沙学校"田园记忆：耕读教育课程基地"获评江苏省中小学课程基地与文化建设项目。梁丰高级中学"指向有大爱大德大情怀的新时代高中生培养的红色教育"获评第三批江苏省中小学品格提升工程优秀项目。梁丰初中合作交流项目获评首批省"十四五"基础教育职业教育对外合作交流重点建设项目。塘市初中、晨阳学校、后塍学校文化建设项目获评苏州市初高中课程基地与学校文化建设项目。在苏州市组织的2020年立项省、市级课程基地项目现场视导中，常阴沙学校、市第一中学获示范等第，暨阳湖实验学校获优秀等第。市第二中学的"责任在心，担当在行：融入党史的思政育人体系"项目获评苏州市中小学生品格提升项目。梁丰高级中学、市第一中学、市第二中学、梁丰初中获评苏州市教师发展示范基地校。市第二中学、晨阳学校、锦丰初中、后塍学校、护漕港中学获评苏州市义务教育学校管理标准特色学校。

特殊教育　年内，全市新增融合教育资源中心11个，累计42个，实现各区镇（街道）、各学段融合教育资源中心全覆盖。年末，市特殊教育学校有教职工54人，设班级数18个，在校学生259人。全市义务教育适龄残疾儿童少年入学率100%，并向学前教育和高中教育延伸。市特殊教育学校"县域特殊学生个别化教育"项目获评江苏省特殊教育发展项目。市特殊教育指导中心、福前实验小学、第二中学、花园浜幼儿园获评2021苏州市特殊教育工作先进集体。市特殊教育学校"爱之翼"党建品牌项目获评苏州市中小学校"一校一品"党建文化品牌项目。

【凤凰高级中学建成启用】 9月，凤凰高级中学建成并投用。学校位于凤凰镇飞翔路197号，占地面积8公顷，总建筑面积4.58万平方米，于2019年8月开工建设，总投资2.06亿元。学校南依莺山桃花源公园，东临凤凰山风景区，建有教学楼、行政楼、图书馆、体育馆、报告厅、学生宿舍、食堂、风雨操场等场馆，布局集约化、建筑院落化、景观园林化，彰显古韵今风、书院精神。学校坚持立德树人、五育并举，促进学生的特长发展、多元发展。学校与华东师范大学教育学系开展战略合作，设大夏班4个，为学生量身定制三年领航计划，并开设日语、俄语等小语种班，助力学生提升高考外语水平，让学生有更好的基础、更多的机会进入高层次学习或出国深造。学校还结合凤凰贝贝足球特色，面向苏州大市招收足球特长生18人。2021年秋季，招收高一新生10个班，共482人。年末，学校有教职工51人，其中高级教师11人。

【梁丰初中西校区建成启用】 9月，梁丰初级中学西校区建成并投用。学校位于杨舍镇南庄路88号，占地面积5.33公顷，建筑面积4.96万平方米，设计规模为16轨48个班，于2019年6月开工建设，总投资2.6亿元。学校建有现代化的教室、室内恒温游泳馆、400米8道田径场及其他功能强大的专用教室。西校区延续本部建筑风貌，以红灰白色调为主，钟楼、空中连廊、银杏林独具特色。在本部一体化的办学格局下，西校区将秉承"求真致美"的核心价值观，以"让每一种存在都精彩"为办学理念，以"承梁丰文脉、融现代气息、办美好学校"为办学目标，全面培养"品端学萃、能言善行的自立梁丰人"。2021年秋季，招收初一新生6个班，共287人。年末，学校有教职工39人，其中专任教师31人。

【实验小学西校区建成启用】 9月，实验小学西校区建成并投用。学校位于杨舍镇义巷路1号，占地面积4.73公顷，建筑面积43474平方米，设计规模8轨48个班。学校由市城市投资发展集团有限公司建设，2019年6月开工建设，总投资2.2亿元。校园建筑绿白相间、错落有致，建有"1904"校史博物馆、图书馆、博览馆等。西校区充分发挥优质的体育场馆资源，游泳、网球、足球等项目成为校区的特色体育课程。年末，学校有教职工109人，其中专任教师105人。

【城南小学建成启用】 9月，城南小学建成并投用。学校位于杨舍镇赵庄路8号，占地面积2.63公顷，总建筑面积20200平方米。学校设计规模为6轨36个班，于2019年7月开工建设，总投资9400万元。学校建筑现代、环境优美，拥有绿植研究馆、天文探究馆、创客智造中心、物联网小农庄等

城南小学　　　　（市教育局　提供）

沙洲小学　（冶金园　提供）

近30个专用课程场馆，设施设备现代化、智能化，是一所充满意趣的“问学园”。2021年年末，学校有教职工60人，其中专任教师52人。

【沙洲小学建成启用】 9月，沙洲小学建成并投用。学校位于锦丰镇环新西路100号，占地面积3.67公顷，建筑面积32504.4平方米，设计规模为8轨48个班，于2019年11月开工建设，总投资1.2亿元。学校建有现代化的教室、智能图书馆、多功能报告厅兼剧场、300米8道田径场及其他功能强大的专用教室。2021年秋季，招收一至四年级13个班，共572人。年末，学校有教职工99人，其中专任教师94人。

【云盘小学悦丰校区建成启用】 9月，云盘小学悦丰校区建成并投用。学校位于市区人民西路3号，占地面积约2万平方米，建筑面积1.8万平方米，设计规模为5轨30个班，于2020年1月19日开工建设，总投资1.17亿元。学校建有多功能楼、综合楼（含图书馆、行政楼、专业教室等）、教学楼等，按照公共建筑绿建二星的标准设计、施工，教学楼、综合楼采用钢结构装配式技术，是全市首个钢结构装配式学校。年末，学校有教职工79人，其中专任教师68人。

【5所公办幼儿园建成开园】 9月，滨湖幼儿园、梁丰幼儿园东园区、新塘幼儿园、凤凰中心幼儿园西张分园、锦丰中心幼儿园西园5所公办幼儿园建成开园。滨湖幼儿园位于杨舍镇戴巷路东侧，整体设计以云朵为核心元素，建筑面积约6000平方米，总投资4100万元，设计规模为5轨15班，设有小云朵玩吧、小云朵读吧等5个功能室及3个公共游戏空间。年末，学校有教职工17人。梁丰幼儿园东园区位于杨舍镇民星路东侧、沈巷里路北侧，建筑面积8873平方米，设计规模6轨18班。户外共设树屋、攀爬、滑索、骑行、涂鸦等九大活动区。年末，学校有教职工20人。新塘幼儿园位于塘桥镇维达路东侧、弘吴大道南侧，建筑面积18620平方米，总投资7800万元，设计规模为8轨24班，设9个专用活动室。年末，学校有教职工75人。凤凰中心幼儿园西张分园位于凤凰镇张市路68号，建筑面积6789.31平方米，设有8个专用室，总投资2000万元，设计规模为5轨15班。年末，学校有教职工40人。锦丰中心幼儿园西园位于锦丰镇永新路与锦花路交界处东侧，建筑面积3548平方米，总投资1400万元，设3轨9个班。年末有教职工25人。

【张家港市首批获评省幼小衔接实验区】 3月30日，教育部下发《教育部关于大力推进幼儿园与小学科学衔接的指导意见》，明确深化基础教育课程改革，建立幼儿园与小学科学衔接的长效机制。4月8日，市教育局在梁丰小学和花园浜幼儿园举行幼小衔接专题研讨会，市教育局领导、相关职能科室及全市试点园（校）负责人、骨干教师近300人参加活动。5月，市教育局制定《张家港市推进幼儿园与小学科学衔接攻坚行动实施方案》，以建设“课程无痕融合、知能缓坡提升、身心自然过渡”的幼小衔接体系为工作目标，通过实施课程改革，联合教研、资源建设、家校共育四大行动，在全市范围内整体推进科学幼小衔接工作。市教师发展中心组建环境创设、习惯养成、主题教育、情绪管理、学科融合等12个跨学段研究项目组，指导各学校开展工作。5月，张家港市被江苏省教育厅评为“江苏省幼小衔接实验区”，南苑幼儿园和市实验小学被江苏省教育厅评为“江苏省幼小衔接结对试点园（校）”。12月17日，苏州市教育科学研究院到市实验小学南校区和南苑幼儿园调研，张家港市幼小衔接工作获专家组好评。

【义务教育全面开展“5+2”课后服务】 9月1日起，全市中小学全面推进“5+2”课后服务，实现中小学各学段全覆盖、有需求的学生全覆盖。在“四点半学校”工作的基础上，全市进一步扩面提质，基本形成三个“1+1”课后服务新模式，即作业和特长发展项目“1+1”、学校和社区定点服务“1+1”、教师和志愿者定岗服务“1+1”，实现学校课后服务课程多样化。市教育局先后出台《关于全面推进中小学课后服务进一步提升课后服务水平的实施意见》《张家港市义务教育学校课后服务指引》，就服务时间、主要内容、师资安排、学校管理等方面提出明确要求，尤其是对学校开展课后服务的内容作出明确的规定，要求学校有效盘活学校、社区、家庭三方资源优势，通过精选室场、有机引入少年宫活动、发挥学校社团功能、以购买服务方式外聘专业老师等多种途径，推进服务多元化。至年末，全市义务教育学校参与课后服务学生总数131550人，参与率达到95.8%，位居苏州各市（区）第一。9月24日，在江苏省落实“双减”工作提升义务教育质量推进会上，乐余中心小学作为苏州市唯一代表作经验交流。10月29日，市实验小学的“双减”工作经验受到《人民教育》官微推介。10月27日，《中国教师报》刊发市教育局局长杨志刚的专文《双减重构区域教育发展样态》，介绍张家港市做法。

【新时期学前特殊教育园本课程研讨会在市召开】 为总结推广学前特殊教育园本课程建设经验，提升学前特殊教育和融合教育育人质量，6月3日至4日，省教育学会特殊教育专业委员会、市教育局和《现代特殊教育》杂志在张家港市特殊教育学校、梁丰幼儿园联合主办新时期学前特殊教育园本课程研讨会。全国各地教育部门分管领导、教科研专家及特殊教育学校校长、普通幼儿园园长和教师近250人参加会议。江苏省教育厅基础教育处副处长殷雅竹作《学前融合教育与抢救性康复》的主旨报告，华东师范大学教授周念丽作《学前融合教育课程建构之我见》的专题报告。南京市北京东路小学附属幼儿园阳光分园、张家港市特殊教育学校、张家港市梁丰幼儿园、上海市长宁区虹古路第三幼儿园围绕学前特殊教育课程建设分别作经验分享。会议还举行由张家港市特殊教育学校编写的《学前特殊儿童“生活适应+”课程活动指导用书》发布仪式。该教材的出版弥补了全国学前特殊教育中缺少教师活动用书的状况。

【新高考首战告捷】 2021年是江苏实施“3+1+2”新高考模式的第一年。“3+1+2”模式中“3”为统一高考科目语文、数学、外语；“1”为首选科目，考生须在高中学业水平选择性考试的物理、历史科目中选择1科；“2”为再选科目，考生可在化学、生物、思想政治、地理4个科目中选择2科。考生的选择性考试科目，须符合高校要求，方可报考相关专业（类）。经统计，全市特殊类型招生（包括强基计划、综合评价、高校专项、地方专项、高水平艺术团及军校等类别招生）上线人数2001人，上线率53%；本科上线人数3430人，上线率90.9%，本科上线率继续列苏州市前茅。高分段学生人数有新突破，市外国语学校方译敏、舒静，梁丰高级中学李欣远进入全省前100名，分别列苏州大市历史方向第三、四、五名。进入省前100名人数与常熟、昆山、吴江持平，并列苏州县市区第一，占苏州大市17.6%。进入全省前500名有16人，其中600分以上高分学生176人。梁丰高级中学岳煜文入选2021年清华大学“丘成桐数学科学领军人才”培养计划，是苏州市首位通过该计划录取到清华大学的学生。梁丰高级中学张柏垄被清华大学录取，梁丰高级中学朱希晨、李欣远和市外国语学校方译敏被北京大学录取。梁丰高级中学该届学生在全国学科和科技创新竞赛中，朱希晨获生物奥林匹克竞赛银牌，有15名学生获全国学科奥林匹克竞赛一等奖，162名学生获江苏省一、二等奖。49名学生参加双一流高校的强基计划，119名学生通过重点高校的综评考核。该届学生有45人获省、苏州市三好学生和优秀学生干部称号。梁丰高级中学、常青藤实验学校、市外国语学校和梁丰双语实验学校的国际部有172名同学被国外大学录取，其中132名被剑桥大学、帝国理工大学等世界百强名校录取。

（杭　铁　吴一红　陈宇峰
陈晓芳　仇　君　佟慧颖
朱晓岚）

职业教育

【概况】 张家港市共有职业类学校5所，其中公办职业学校4所（张家港开放大学、张家港中等专业学校、市第二职业高级中学、市第三职业高级中学），民办职业学校1所（市舞蹈学校）。2021年，职业学校招收新生90个班3843人，毕业学生2598人。年末，全市在校中高职学生13265人，其中五年制高职（含高技）6585人，三年制中职（含中技）6680人。职业学校在编教师（含备案制）1016人。其中，高级职称418人，占41.14%；中级职称359人，占35.33%。全市职业学校开设装备制造类、电子信息类、财经商贸类等10个大类56个专业，其中装备制造类专业学生4536人，轻工纺织类专业学生499人，交通运输类专业学生480人，电子信息类专业学生2334人，财经商贸类专业学生3171人，生物化工类专业学生465人，土木建筑类专业学生188人，旅游类专业学生525人，文化艺术类专业学生1019人，教育体育类专业学生48人。电气、机电、机械、计算机、软件、服装、机器人、数控、汽车、会计、烹饪、物流等专业开展“3+3”中职高职衔接项目，项目学生1313人。机电、服装、财会等专业开展“3+4”中职本科衔接项目，项目学生103人。2021年，全市职业学校有602名学生参加江苏省普通高校对口单招考试，本科达线430人，达线率71.43%，本科达线人数连续21年位居苏州市第一。全市职业学校中，有省现代化示范学校1所、省级智慧校园1个、省级优质特色学校1所、省级现代化专业群6个、省级现代化实训基地4个。2021年，新增省级中小学生职业体验中心1个，累计2个；新增江苏联合职业技术学院五年制高职教育高水平专业群2个，累计2个。在2021年江苏省职业院校师生技能大赛中，张家港市获一等奖12个、二等奖12个、三等奖17个；在2021年江苏省职业学校创新创业大赛中，获一等奖5个、二等奖2个、三等奖2个。获奖总数均列苏州各市（区）第一。此外，在2021年全国职业院校技能大赛中获一等奖1个，在第一届全国中等职业学校学生技能大赛中获一等奖2个。

【产教融合、校企合作】 年内，张家港中等专业学校“汇联智通，双元育人”网络技术专业现代学徒制、“校企融通，产学结合”大冈现代学徒制和第二职业中学高星级饭店运营与管理专业现代学徒制、市第三职业中学上海电气现代学徒制联合培养等4个项目获评苏州市现代学徒制建设项目。江苏永钢集团、国泰新点软件股份有限公司入选江苏省第三批产教融合型试点企业，张家港广大特材股份有限公司、市易华润东新材料有限公司、上海电气集团(张家港)变压器有限公司入选苏州市产教融合型企业。张家港开放大学“现代物流”职业体验中心入选江苏省第二批中小学生职业体验中心。市第三职业中学上海电气企业学院获评苏州市优秀企业学院。新增张家港市技能状元2人为市专业技术教育专家库成员。全市组织349名专业课教师深入35家企业开展暑期实践活动,推进产教融合、校企合作项目进程。

【江苏城市职业学院张家港办学点】 办学点又名张家港开放大学。2021年,设专业34个,有各类学历教育班156个,其中全日制班48个。年内,招收新生2183人,其中全日制新生437人;毕业学生1245人,其中全日制毕业生348人。年末,有在籍学生4964人,教职工192人,其中专任教师153人。有副教授、高级讲师、高级教师66人,讲师59人,助教24人。全年开展社会培训2万余人次。年内,扎实开展党史学习教育“红色课程”“红色宣讲”和“红色活动”,利用“红色阵地”和“红色节日”,激发师生爱党、爱国、爱社会主义的情感。完成“大学生创业能力提升”“千名教师进社区”“童在蓝天下”等18个“我为群众办实事”实践活动项目。开展“党员教师进社区”服务活动,组织15名教师进入7个社区开设红色主题宣讲、儿童绘本阅读、舞蹈指导等课程,受益群众400余人。组织校级骨干教师展示课28节、张家港市级展示课11节、苏州市名师展示课3节。组织参加教学能力大赛,获省级二等奖1个,苏州市级三等奖2个,张家港市一等奖1个、二等奖2个、三等奖2个。年内立项省开放大学课题1项、法学会课题2项,苏州社会教育课题1项、苏州市教育学会“十四五”教育科研课题2项。完成物流中心单证处理及VR虚拟实训室改造工作。现代物流职业体验中心开发职业体验课程,并通过江苏省中小学生职业体验中心的认定,为暨阳高中、外国语学校合兴校区、第八中学、合兴初级中学、合兴小学、常阴沙实验幼儿园等学校提供适合的职业体验。组织维修电工中级考证、车工中级考证、数控车高级工考证,共培训中级工104人、高级工55人,考证通过率95%以上。组织参加苏州市“文明风采大赛”,获一等奖1个、二等奖3个、三等奖13个。组织学生参加各级各类技能比赛,获省级一等奖8个、二等奖11个、三等奖9个,苏州市级一等奖2个、二等奖15个、三等奖24个,张家港市级一等奖10个、二等奖12个、三等奖26个。组织参加职业教育创新创业大赛,获省级一等奖1个、二等奖1个,获苏州市级一等奖2个、二等奖3个、三等奖5个,获奖数量及质量均创历史新高。在工程造价专业推进“现代学徒制”试点工作,引企入校,订单式培养学生,推进人才培养模式改革和“三教”改革,在教学团队建设、课程开发、教材改革、教学模式改革等方面取得进展。全年共发布志愿活动166次,参与活动1785人次,志愿服务时长2972小时。年末,学校获评苏州市文明单位、张家港市先进文明单位。

【开放大学现代物流职业体验中心入选省级】 7月,开放大学现代物流职业体验中心通过苏州市级认定,并于11月入选江苏省第二批中小学生职业体验中心。体验中心建筑面积2370平方米,开设物流综合作业、3D仓储、VR港口等体验课程20门,体验项目10项,有授课教师15人,体验工位492个。每年可为2000名以上中小学生提供现代物流工作环境,在专业老师的指导下,进行未来职业的启蒙,使每个学生规划一个未来职场目标,使学生在现代物流职业体验中心体验成人职业角色,培养职业理想,培养劳动至上的观念。年内,市第八中学、合兴初级中学、市外国语学校北校区、锦丰中心小学、合兴小学等校学生进入体验中心开展职业体验。

【第九届“行行出状元”职业技能大赛学生组比赛】 10月23日、30日,由市政府主办,市人社局、市教育局等单位承办的市第九届职业技能大赛学生组比赛分别在张家港开放大学、市中等专业学校、市第二职业中学、市第三职业中学举行。大赛以“新时代、新技能、新梦想”为主题,以“一技之长、能动天下”为口号,沙洲职业工学院、张家港开放大学、张家港中等专业学校、市第二职业高级中学、市第三职业高级中学等5所职业类院校的91名选手参加加工制造类、财经商贸类2个专业类别,数控车、电子技术、机电一体化、会计技能、沙盘模拟企业经营5个竞赛项目的比赛。其中,张家港中等专业学校王林潇、市第三职业中学袁悦刚、张家港开放大学陈锐宁等9人获一等奖,沙洲职业工学院朱涵、张家港中等专业学校李颖等10人获二等奖,张家港开放大学巩广涛、市第三职业中学孙中晨等18人获三等奖。张家港开放大学、张家港中等专业学校、市第三职业中学被市政府授予高技能人才培养先进单位。

【职业教育活动周举行】 5月24日,以“技能:让生活更美好”为主题的市职业教育活动周启动仪式在乐余镇乐创空间举行。现场开展乐余产教融合创新中心揭牌、首批新型学徒制班学员代表证书颁发和市中等专业学校与海狮集团、飞驰环保、友邦精工签约校企合作项目等活动。各界代表80余人参加活动。至5月30日,5所职业学校组织“劳模宣讲扛担当”“红色基因传血脉”“体验活动助活力”“志愿服务惠民生”“校企合作促发展”“名企交流增见识”“技能竞赛提质量”等主题活动68场,深入企业60家,参与师生13808人,实现师生参与活动全覆盖。

【高职园区中专(学)校开工建设】 为解决职业教育用地紧张、场地分散、发展空间受限等问题,打造集职业技术教育、培训、实训、研发、职业指导、创业孵化于一体的国内一流的职教聚集区,市委、市政府决定兴建高职园区中专(学)校。5月25日,学校开工建设。新校区位于经开区(杨舍镇)西闸村,晨丰公路南侧,占地面积21.6公顷,建筑面积21.1万平方米,分教学区和实训区,主要建设教学楼、行政楼、图书馆、体育馆、食堂、宿舍楼、电子信息实训楼、国际交流中心、过街天桥等,计划投资17.3

第九届“行行出状元”职业技能大赛学生组比赛　　（市教育局　提供）

亿元。工程将于2023年6月交付使用。2021年，张家港中等专业学校新设工业机器人、数控技术等16个“3+3”中高职衔接项目专业，增设工业机器人技术应用、汽车智能技术等新专业5个，新增电工实训、数字视频编辑等苏州市中等职业学校精品课程资源2门。学校的“机电一体化技术专业群”“大数据与会计专业群”获评江苏联合职业技术学院五年制高等职业教育高水平专业群，“中德合作化工人才培养项目”被省教育厅认定为“十四五”首批职业教育对外合作交流重点建设项目，秦晓丽“青苹果”科技创新工作室、彭召军“岸芷汀兰”语文工作室被评为苏州市名师工作室，教师在全国职业院校教学能力比赛中获二等奖1个，在省教学能力比赛中获一等奖1个、二等奖3个、三等奖3个，并获省教学成果奖一等奖1个、二等奖2个。

（张　斌　叶　虹）

高等教育

【概况】 2021年，全市有沙洲职业工学院（简称“沙工”）、江苏科技大学张家港校区（简称江科大张家港校区）、江苏科技大学苏州理工学院（简称江科大苏州理工学院）3所高校。其中，江科大张家港校区与江科大苏州理工学院实行统筹管理，即两块牌子、一套班子。年内，3所高校毕业学生4785人，招收新生4370人。年末，3所高校有教职工698人，其中专任教师513人，教授9人、副教授197人、讲师140人。

沙洲职业工学院　设建筑工程、纺织工程、电子信息工程、机电工程、经济管理、基础科学、思想政治理论教研7个系（部）37个专业。年末，学院有教职工315人，其中专任教师244人、正高级职称14人、副高职称130人、中级职称110人、初级职称16人；在校学生7655人，其中普通专科生6017人、成教生1638人。2021年，学院获省重点新编教材建设立项1项，“机械制造与自动化专业群”入选省高水平专业群立项建设项目，《农产品冷链物流》《农产品流通加工》等6门课程入选省教育厅乡村振兴课程。在省高等职业院校技能大赛中，获二等奖3个、三等奖5个。教师获省微课程比赛一等奖1项、二等奖2项、三等奖3项，获省教学能力大赛二等奖1项、三等奖1项，获苏州市教学能力大赛一等奖1项、三等奖1项。年内新增青蓝工程骨干教师2人、产业教授1人、产业导师3人。成功申报江苏省高等教育教学改革研究课题1项、江苏省应用研究精品工程课题3项、江苏省高校哲学社会科学研究项目20项、苏州市社科应用研究规划课题1项、张家港市社科应用研究规划课题10项，授权专利61项，与企业合作开展横向课题15项。2021年，学院报到新生1752人，包括张家港本地生源428人；2021届毕业学生1818人，年终就业率97%，其中有近三分之二学生选择在张家港市发展。

江科大张家港校区和江科大苏州理工学院　设二级学院6个。江科大张家港校区有冶金工程一级学科硕士点1个，本科专业8个；苏州理工学院有本科专业25个。2021年，江科大录取新生2743人，其中江科大张家港校区540人、苏州理工学院1843人、专转本360人，录取分数线均高出省控线，新生总报到率96.8%。到校招聘企业900余家，提供就业岗位近15000个。2021届江科大张家港校区和苏州理工学院年终就业率分别达到98.27%、93.61%，研究生考取率分别为33.57%、10.31%。2021年，组织学生开展“四史”思政大课等主题教育活动40余场，教授博士系列讲座等学风建设活动22场。3个班级、15名学生获省级表彰，44个班级被评为校“优良学风班”。全年发放各类奖助资金3128.5万元，在江苏省学生资助工作绩效考核中获评良好，位列全省独立学院第一。全校开展党史专题学习1596场，组建400余支暑期社会实践队赴109个地区开展实践活动，开展学生文体活动20余场，引领学生创作科创作品300余件、发表论文27篇、专利著作权14篇。苏州理工学院团委获评省五四红旗团委、省共青团工作先进单位。江科大张家港校区引进博士1人、硕士1人，签约第五批客座教授1人，苏州理工学院引进硕士29人、签约特聘教授6人，入选省“青蓝人才工程”3人，入选“双创博士”1人。到账科研经费1051万元，国家自然基金项目立项3项（含1项联合申报），省自然基金项目立项4项，省产学研项目立项3项。校区全年立项自然科学类项目49项、社科项目31项，到款科研经费445.3万元。与沙钢集团、永钢集团、上海电气集团变压器有限公司等60余家企业合作，签署合同88项，合同金额1100万元，到款606万元。全年发表论文243篇，新增ESI论文15篇，申请发明专利58件，授权发明专利27件，获江苏省科学技术进步三等奖1项、中国机械工业科学技术奖三等奖1项、江苏省高等学校科学技术研究成果奖三等奖1项。

【沙工基层“两新”党务工作者培养专业化培训平台搭建】 年内，沙洲职业工学院与张家港市委组织部、长江两新党建学院三方共建专业化培训平台，推行“把优秀学生培养成党员，把党员培养成企业骨干，把企业骨干培养成党务干部”的“三向”培养模式，定向委培能够在基层扎得下、留得住的专（兼）职“两新”（新经济组织、新社会组织）党务工作者。沙洲职业工学院对在校生中积极向党组织靠拢、愿意加入中国共产党、并被列为入党积极分子的优秀学生进行定向培养。6月17日，由学院优选的40名入党积极分子和预备党员组成的星火班正式开课。10月18日，张家港市“两新·专先锋”党建品牌正式发布。11月22日，《光明日报》刊发专文《培育基层“两新”党务工作者》，报道学院做法。12月4日，张家港市“红领企业——星火班”双选会在学院举行。双选会为星火班学员量身定制，根据学员不同专业和岗位需求，从全市1200余家建党组织企业中优选33家有发展潜力、有党建需求的红领成长企业参与招聘，为企业输送一批既懂党务、又懂业务的专业复合型人才。

（陈 琛 陈 敏）

社会教育

【概况】 年末，全市有社区教育中心9家、市级老年大学1所、区镇（街道）老年大学24所、村（社区）市民学校245所、村（社区）老年大学办学点145个，社区教育工作机构实现层级化和体系化，建立行政和业务两条线以及市、镇、村三级管理网络相互交叉的格局。行政的三级管理网络由分管市领导兼任主任的市终身教育促进委员会、区（镇）由分管镇领导兼任主任的终身教育促进委员会、村（社区）市民学校校务委员会组成。业务三级管理由市开放大学（市社区培训学院、区（镇）社区教育中心、村（社区）市民学校组成。2021年，全市统筹发展城乡社区教育，启动市级社区教育公益服务项目200余项，市级财政以奖代补社区教育专项经费投入364万元，直接受益对象近13万人。居民社区教育活动参与率35%以上，满意率98.5%。张家港保税区的社区教育项目“享学保税区·惠民项目化”获评全国终身学习品牌项目，凤凰镇社区教育中心、大新镇社区教育中心创建成苏州市示范性社区教育中心。

社区居民教育　全市社区教育工作以市终身教育促进委员会、市社区学院、市老年大学3个条线为主线，开展终身教育活动。年内，社区教育市级财政投入364万元，区（镇）配套投入600余万元，有250余个社区教育项目进入村（社区），开展社区教育活动的行政村（社区）覆盖率超过57%，社区教育活动覆盖人口近43万人，参与社区教育活动人数近13万人。“美在港城”游学定制项目和“心树林·社区行”家庭教育2个市级社区教育精品项目建设实现区镇全覆盖。启动“扬帆‘企’航”教育惠企和“乡村振兴·港城社教答卷”教育惠农2个市级精品项目建设。12月，市教育局对区镇社区教育项目进行评估，遴选保税区“拥抱花季——智慧父母课堂”、冶金园（锦丰镇）“阅启‘萌’悦美好”、常阴沙“常小美悦读记”、凤凰镇“凤凰花开父母成长学堂”、杨舍镇“马兰花开老来学——心树林祖辈成长”等199个项目为市级社区教育项目。年内，保税区的“享学保税区·惠民项目化”获评全国终身学习品牌项目和江苏省社区教育特色品牌项目，南丰镇的“智慧助老”老年人智能手机运用技术普及教育项目获苏州市老年教育赋能项目立项，张家港保税区、南丰镇、乐余镇、大新镇、凤凰镇、塘桥镇的社区教育中心获评省级“智慧助老·赋能银龄”社区教育专项行动先进集体。

成人高考和自学考试　2021年，全市报名参加全国成人高校招生考试5102人。其中，免试（含二学历、成绩互认、推荐考核、退役士兵）793人，占15.54%；专科起点升本科2949人，占57.8%；高中起点升本科53人，占1.04%；高中起点升专科2100人，占41.16%。全市设张家港中等专业学校、暨阳高级中学2个考点，共144个考场，应考人数4309人，实际参加考试3886人，参考率90.18%。录取3923人，录取率76.89%。其中，专科起点升本科录取2334人，高中起点升本科录取35人，高中起点升专科录取1554人。全年报名参加江苏省高等教育自学考试社会考生6806人，毕业233人，其中专科毕业56人、本科毕业177人。全市参加全国计算机等级考试7735人，参加教师资格考试（笔试）6170人，参加教师资格考试（面试）2996人。

青少年校外教育　年内，全市新审批民办教育非学历教育机构4家。贯彻中共中央办公厅、国务院办公厅

星火班开班仪式　　（沙洲职业工学院　提供）

印发的《关于进一步减轻义务教育阶段学生作业负担和校外培训负担的意见》,开展义务教育阶段学科类校外培训机构专项治理,依法注销和吊销“办学许可证”机构143家,缩减学科类办学资质的有证机构13家。年末,全市持有“办学许可证”面向中小学生开展学科类培训的机构有17家。

老年教育　年末,全市有市老年大学1所(2个办学点)、镇(街道)老年大学24所、村市民学校245所、村(社区)老年大学办学点145个。各级老年大学(办学点)增设老年大学学位800余个,将老年大学和社会教育的资源延伸到村(社区),广泛建立老年人家门口学习点。年内,全市老年教育经费投入250余万元,建立老年教育专业团队9个、培养各类老年教育人才325人。老年教育大数据平台建成,全市老年教育资源共享、合作共赢的平台基本构建完成。近60位老年教育专职管理团队人员,260余位老年大学兼职教师,60余门课程,380余个教学班和3万余名注册学员,全部进入全市老年教育大数据的管理平台。全市形成政府主导、社会参与、覆盖广泛、资源融通、优质均衡、灵活多样、充满活力的老年教育体系,有效满足老年人多样化的学习需求。至年末,全市以各种形式经常性参与教育活动的老年人占老年总人口的比重达到15%以上。

【“享学保税区,惠民项目化”项目获评全国终身学习品牌】 11月23日,在教育部职业教育与成人教育司等单位主办的全民终身学习活动周全国总开幕式上,张家港保税区社区教育中心选送的“享学保税区,惠民项目化”品牌项目获评2021年全国“终身学习品牌项目”。这是继2017年“金港大讲堂”、2019年江苏“3D社区教育发展合作联盟”之后,保税区社区教育获评的第三个全国“终身学习品牌项目”。2015年,保税区(金港镇)在全国率先启动社区教育项目化运作试点工作,立足居民需求,实施“教育惠老”“教育惠少”“教育惠社”“教育惠企”“教育惠特”“教育惠农”六类精准惠民项目,推动社区教育工作向项目化、专业化、社会化发展。至2021年,实施惠民项目318项,开展活动2707次,直接受益16.35万人,直接投入经费243.7万元,带动社会资本投入近150万元,形成代际学习项目、丁老师心灵氧吧、缪一松的谜世界、金夕行老年教育品牌、小橘灯助读会、阳光盒子心驿站、“储蓄时间,提取幸福”时间银行等一批有影响力的品牌项目。　(陆　杰)

教师队伍

【概况】 年内,全市新增事业编制教师739人、备案制教师232人,新增引进人才17人。年末,累计有事业编制教职员工10858人、备案制教师748人,其中普通高中1574人、职业学校1029人、初中2541人、小学4399人、幼儿园1807人、特殊教育学校47人、市少年宫及青少年社会实践基地等校外教育机构209人。新增正高级职称教师(讲师)7人(新评3人、引进4人),累计30人;新增副高级职称116人,累计2477人;新增中级职称180人,累计5158人。年末,全市幼儿园专任教师大专及以上学历比例为99.5%,小学、初中专任教师本科及以上学历比例分别为92.57%和99.65%,高中专任教师中具有研究生学历、教育硕士学位的比例为30.57%。年内,新增省特级教师4人(新评2人、引进2人),累计37人;新增省“333高层次人才培养工程”培养对象3人,累计12人;有“江苏省人民教育家培养工程”培养对象4人,“姑苏教育人才”37人,苏州市名校长、名教师49人,苏州市学科带头人245人。张家港市教坛新秀、教学能手、学科教改带头人及以上骨干教师有3369人,占在编教师总数的31.03%。职业类学校“双师型”教师占专任教师的71.26%。

【名师队伍建设】 年内,市教育系统启动2021—2024学年名师工作室建设,建设名师工作室52个,其中名校长工作室5个、名教师工作室32个、德育名师工作室7个、乡村骨干教师培育站8个,全市437名骨干教师参与工作室建设。组织2021年张家港市级骨干教师复评,2298人通过复评,其中新评教坛(德育)新秀232人、教学(德育)能手1568人、学科带头人498人。新评中小学、幼儿园正高级职称2人、副高级职称106人、中级职称174人,新评职教正高级讲师1人、副高级讲师10人、讲师6人。妙桥中学肖啸入选2021年全国乡村优秀青年教师培养奖励计划人选,金港中心幼儿园黄静、沙洲中学罗建宇获评江苏省教育系统先进个人(优秀教师),梁丰高级中学施坚入选江苏省“苏教名家”培养对象,江帆小学徐芳入选江苏省教育家型校长创新培育计划培养对象,金港中心幼儿园黄静入选江苏省教育家型教师创新培育计划培养对象,梁丰幼儿园“行知”好教师团队、江帆小学“童在中央”好教师团队入选苏州市第二批“四有”好教师重点培育团队,张家港中等专业学校张洪良获评苏州教育时代新人。继续开展优质师范生、乡村教师定向师范生签约与培养工作。年内签约优质师范生21人,累计签约141人;签约定向师范生24人,累计签约53人。

【“守望田园最美教师”评选】 8月,“守望田园最美教师”评选启动,评选范围为市区二环路以外中小学校、幼儿园从事教育教学一线工作10年及以上的教师。通过学校初评推荐、专家评审等环节,全市选出“守望田园最美教师”10人,分别为大新中心小学黄亚萍、乐余中心小学徐赵龙、乐余高级中学高峰、南沙幼儿园严静芳、港口幼儿园王丽娟、港区初级中学耿红玉、塘市小学李虹、塘桥初级中学陈晓红、塘桥高级中学徐建立、锦丰中心小学黄雨华。另有10人获“守望田园最美教师”提名奖,分别为三兴幼儿园陈伟、中兴小学王荷琴、阳光学校田亚芝、青龙小学肖雪英、南丰小学黄丽芳、恬庄小学宋惠元、常阴沙幼儿园陈丽萍、崇真中学黄宝英、第八中学何鹏明、塘市幼儿园李丹。

(殳德明)

【编辑　陆正芳】

文化·体育·旅游

Culture & Sports & Travel

广场舞大展赛 （俞 磊 提供）

文化综情
文学艺术
文化设施
文体广旅市场
媒　　体
体　　育
旅　　游
长江文化节

張家港年鑑（2022）

扫码欣赏

张家港秋天旅游季
活动快剪

文化综情

【概况】 2021年，市文体广旅系统突出公共文化服务提质增效、文艺精品生产创新突破、文化遗产保护传承利用等工作，有力推动文化事业繁荣发展。年内，围绕庆祝中国共产党成立100周年重要时间节点，创排打磨了一批主题文艺作品，包括锡剧《云水谣》、评弹《沙洲第一枪》、舞蹈沙龙剧《小城大爱》、音乐《炊烟·红云》、舞蹈《做你的翅膀》和小戏小品《守》《从军行》等。锡剧《玲珑女》入选2021年中国戏曲像音像工程录制剧目名单。苏州评弹《血粮》入选2020年度国家艺术基金大型舞台剧和作品创作资助项目。苏州评弹《小背篓》获第六届“南山杯”全国曲艺新人新作展演优秀节目。中国画《嘘，别吵他们》入选百年华彩——2021年中国百家金陵画展。在2021年第二十五届“中国少儿戏曲小梅花荟萃”中，获地方戏个人项目“小梅花”称号3个、小梅花集体节目称号2个。独幕剧《喇叭声咽》入选2021年度江苏艺术基金小型舞台剧和作品资助项目。锡剧《云水谣》入选江苏省庆祝中国共产党成立100周年舞台艺术精品创作工程，获第五届江苏省文华奖“优秀剧目奖”，领衔主演季超获“表演奖”。中篇评弹《大江彩虹》获省文华奖“优秀节目奖”。苏州评弹《沙洲第一枪》获“第九届江苏省文艺大奖·曲艺奖”节目奖，戴芳获表演奖，柳涛获新人奖。锡剧《双推磨》选段获“江苏省文艺大奖·第十届戏剧奖”器乐（团体）类节目银奖。陈三石美术作品《张家港保税区》入选“百年江苏”大型美术精品创作工程作品展。群口快板《江姐闯关》获江苏省优秀少儿曲艺作品邀请赛一等奖。在第四届苏州市“繁星奖”中，张家港市选送的23个舞台类作品全部获奖，其中金奖6个、银奖10个、铜奖7个，为苏州大市范围内获奖数量最多。此外，美术、书法、摄影和理论研究成果获金奖2个、银奖8个、铜奖5个，市文化馆贾健获“群文之星”称号，3件作品获网络最佳人气奖。全市共拥有市锡剧艺术中心、市评弹艺术传承中心、市文化馆东方艺术团3个专业艺术团体。年内，推动长江文化节成功升格为由省委宣传部、省文化和旅游厅、苏州市人民政府共同主办的省级节庆活动，创新打造“5+2”馆校研学课堂文教合作项目，新增24小时图书馆驿站3家、累计50家。全市人均公共文化设施面积0.57平方米，人均接受文化场馆服务5.63人次，“居民阅读指数”79.08，均排名苏州大市前列。市文化执法条线连续10年获全国查处侵权盗版案件有功单位和有功个人奖项，市文体广旅局获2021年全国“扫黄打非”先进集体，蝉联省文明单位，并连续三年获评全省境外卫视传播秩序专项整治工作先进单位。市文化市场综合执法大队入选全国文化市场综合执法人员培训标准化体系试点单位（全国同级唯一），获全国文化市场综合执法重大案件办案单位、省文化和旅游系统先进集体，查处的张家港“1·17”销售盗版图书案入选“2020年度江苏省打击侵权盗版十大案件”。市文化馆作为全国唯一县级馆，牵头成立中国文化馆协会小戏小品委员会。市锡剧艺术中心剧场首批获评省示范小剧场，市文化馆、原金港镇文化体育服务中心因在中国艺术节获“群星奖”，被省人社厅记大功。

【公共文化服务】 年内，市文体广旅系统完成“人均接受文化场馆服务次数”高质量绩效考核工作，推进智慧云场馆、24小时图书馆驿站、“最美公共文化空间”等文化设施建设。城市益空间·湖畔书房、南丰镇科文中心获评2021年度江苏省“最美公共文化空间”，4个空间入选2021年度苏州市“最江南·公共文化特色空间”打造对象名单。探索文旅融合，出台《公共文化服务和旅游融合建设规范》，永联社区国家级文旅公共服务机构功能融合试点建设通过省文化和旅游厅专家组验收，成功打造肖家巷文旅融合张家港市级点位，完成15套“五彩门”民生实事项目建设。组织张家港市首届“最美公共文化空间”评选，73家公共文化空间报名参赛，共评选出15家既“美”也“好”又“新”的市级公共文化空间。全年举办“村村演”219场、“周周演”90场、“天天说”1771场。“5+2”馆校研学课堂，依托市图书馆、文化馆、博物馆、美术馆、区镇文化中心、特色文化场馆等阵地优势，助力“双减”提质增效。利用学生放学后的2小时，开设阅读体验、展览展示、文艺培训、艺术普及、非遗传承、传统文化赏析等特色文化实践课程，以文化场馆服务送进学校、学生走进文化场馆等形式，共同参与课后服务工作，提升学生综合素质。至年末，全市有文化馆、图书馆、美术馆等市级公共文化场馆7个，镇级、办事处级文化中心19个，村（社区）综合性文化服务中心标准化建设率达到100%。

【物质文化遗产保护利用】 年内，市文化部门积极推进两大遗址保护利用工作。黄泗浦遗址东部考古发掘区临时性保护工程项目进行招标并进入施工阶段，完成保护性回填。配合推进黄泗浦遗址范围内预动迁工作，完成首批82户动迁农户协议签订。配合完成黄泗浦遗址范围内东三环项目方案的报批工作。推进“海上丝绸之路”申遗和黄泗浦遗址保护规划修编工作，配合省文旅厅、自然资源厅召开保护规划公布前专家论证会。开展编制考古遗址公园可行性报告等3项文评报告。会同保税区推进东山村遗址博物馆项目，赴周边调研学习先进经验，结合保税区发展定位优化和完善方案，完善变更方案设计。稳步提升全市文保单位完好率，树立“文物安全是文物工作生命线”理念，强化管理，确保全市文物安全。常态化开展安全检查和隐患整治工作，全年开展5轮次文物安全巡查，在特殊节点和恶劣天气开展重点部位安全检查。梳理全市文保单位“两线”（文物保护范围及建设控制地带）并进行电子化制图。杨氏宅第保护利用项目列入“苏州创建国家文物保护利用示范区重点项目”，配合凤凰镇开展榜眼府、杨孝子祠展陈提升工程；完成市级文物保护单位梅花堂、若瑟堂和控保建筑知青下乡点修缮工程，联合杨舍镇重点开展市级文物保护单位焦家老宅修缮工作，清理老宅北侧违章经营饭店，完成房屋加固工作。针对市人大常委会开展的《中华人民共和国文物保护法》执法检查，严格落实各项工作部署，保证全市文保单位的完好率。有效活化利用革命文物，完成全市革命文物点位普查及梳理，全市共有5处点位入选《江苏省革命文物名录（第一批）》，分别为烈士陵园、渡江战役登陆纪念处、占文农暴旧址、园茂里、双山渡江战役登陆纪念碑，保存状况整体良好。联合市住建局对园茂里、占文农暴旧址开展白蚁防治工作；渡江战役登陆纪念处、园茂里、烈士陵园等入选张家港市“十大红色文化旅游精品线路”，接待市民和游客超10万人次。推进考古前置工作，会同市资规局赴昆山、常熟等地实地调研，学习考古前置先进经验做法。根据上级要求，起草《关于推进考古前置工作的实施意见（征求意见稿）》，完成两轮意见征求，并在华昌路东侧、长泾路北侧地块开展试点。至年末，全市共有3处全国重点文物保护单位，3处省级文物保护单位和45处市级文物保护单位，与上年一致。

2021年张家港市文物保护单位和控保建筑情况表

表55

区域	名称	时代	地点	保护类别
杨舍镇	太平桥	清	杨舍镇百桥村	市保
	焦家老宅	民国	杨舍镇向阳弄	市保
	北新桥	明	杨舍镇西新村	市保
	塘市长春堂	民国	杨舍镇河北村	市保
	沧江书舍	清	杨舍镇沙洲公园	市保
	黄旂桥	清	杨舍镇李巷村	市保
	“八不准”碑	清	杨舍镇谷渎港	市保
	东风桥	现代	杨舍镇双鹿村	市保
	黄泗浦遗址	南朝至宋	杨舍镇庆安村、双鹿村，塘桥镇滩里村、花园村	国保
锦丰镇	锦丰碉堡群	近现代	锦丰镇常家村、悦来村、明星村、星火村、登瀛村等	市保
塘桥镇	弘济桥	明	塘桥镇鹿苑办事处	省保
	徐家湾新石器时代遗址	新石器时代	塘桥镇花园村	省保
	嘉荫堂兰石轩丛帖刻石	清及民国	塘桥镇镇中社区	市保
	若瑟堂	清	塘桥镇滩里村	市保
	萧家桥	明	塘桥镇周巷村	市保
	方桥	清	塘桥镇滩里村	市保
	徐塘桥	民国	塘桥镇金村	市保
	西资桥	清	塘桥镇韩山村	市保
	嘉荫堂后厅	清	塘桥镇镇中社区	市保
	永昌寺	南朝	塘桥镇金村	市保
	王家花园	清	塘桥镇金村	市保
	钱昌照故居	清	塘桥镇鹿苑办事处	市保
	伍相庵	元	塘桥镇牛桥村	市保
	园茂里	清	塘桥镇金村	市保
	鹿苑抗日碉堡群	民国	塘桥鹿苑办事处	市保
	钱宅	明	塘桥镇周巷村	控保
	陈厅	清	塘桥镇妙桥办事处	控保
	王宅	清	塘桥镇金村	控保
乐余镇	乐余民国商贸街	民国	乐余镇	市保
凤凰镇	杨氏宅第	清	凤凰镇恬庄村	国保

续表55

区域	名称	时代	地点	保护类别
凤凰镇	红豆树	南朝	凤凰镇支山村	市保
	富民桥	清	凤凰镇清水村	市保
	恬庄古镇	清	凤凰镇恬庄村	市保
	永庆寺	南朝	凤凰镇凤凰山	市保
	蒋廷锡墓葬遗址	清	凤凰镇双塘村	市保
	黄家新桥	清	凤凰镇魏庄村	市保
	蒋宅	清	凤凰镇恬庄村	市保
	仿苏式粮仓	1958年	凤凰镇港口社区	市保
	徐宅	清及民国	凤凰镇高庄村	市保
	港口蒋宅	民国	凤凰镇港口社区	市保
	张宅	清	凤凰镇恬庄村	控保
	陈宅	清	凤凰镇恬庄村	控保
双山香山旅游度假区	香山石室土墩群	春秋	双山香山旅游度假区香山	省保
	桃花涧	春秋	双山香山旅游度假区香山	市保
	采香径	春秋	双山香山旅游度假区香山	市保
	烽火台	元	双山香山旅游度假区香山	市保
	香山寺	东汉	双山香山旅游度假区香山	市保
	梅花堂	宋	双山香山旅游度假区香山	市保
	双山渡江战役纪念碑	现代	双山香山旅游度假区双山岛	市保
金港街道	东山村遗址	新石器时代	金港街道东山村	国保
	毗陵寺井	汉	金港街道长山村	市保
	烈士陵园	现代	金港街道	市保
	六朝古井	南朝	金港街道东山村	市保
	渡江战役登陆纪念处	1949年	金港街道巫山村	市保
	占文农暴旧址	民国	金港街道占文村	市保
后塍街道	钱家祖宅	清	后塍街道后塍中心社区	市保
常阴沙现代农业示范园区	知青下乡居住点	现代	常阴沙现代农业示范园区	控保
金港街道	蔡悲鸿办公旧址	近现代	金港街道长江村	控保

【非物质文化遗产保护利用】 至年末，全市有非遗名录项目92项，其中国家级项目4项、省级项目11项、苏州市级项目20项。有非遗项目代表性传承人103人，其中去世15人、健在88人。非遗保护利用体系不断优化，出台《张家港市濒危非物质文化遗产代表性项目保护办法》，并完成后评估工作。新增陈社珍等9名苏州市级非遗代表性传承人，公布张家港市第六批非遗代表性项目和代表性传承人，命名第二批张家港市非遗传习所6家，共14家。融合发展动能强劲，市锡剧艺术中心入选苏州市非遗保护示范基地传承基地，市凤凰文化旅游发展有限公司（河阳山歌馆）入选传播（展示）基地，凤凰山景区入选首批省级非遗旅游体验基地。市文化馆报送的《莳秧歌》节目参演中国原生民歌节，成为江苏省唯一入选节目。非遗普及有力推动，举办2021年“文化和自然遗产日”非遗主场活动，沙上文化印象展示馆对外开放。协助办好第十九届苏州市民间艺术节开幕式及民间工艺精品展，张家港市多位非遗传承人作品入选展览，其中张美英《虎头鞋》获评三类优秀作品、陶永飞竹编《茶具套装》获评优秀作品奖。电视短片《李正楚和他的麦秆画》在“学习强国”学习平台“百灵·藏”频道播出。张家港市古琴艺术苏州市级非遗传承人孙海滨通过举办古琴音乐会、古琴艺术进校园等形式开展古琴艺术普及活动。

2021年张家港市苏州市级以上非物质文化遗产代表作情况表

表56

项目名称	类别	层级	保护单位
苏州评弹	曲艺	国家级	张家港市评弹艺术传承中心
吴歌（河阳山歌）	民间文学	国家级	张家港市凤凰镇文化体育服务中心
宝卷（吴地宝卷）（河阳宝卷）	曲艺	国家级	张家港市凤凰镇文化体育服务中心
庙会（金村庙会）	民俗	国家级	张家港市塘桥镇文化体育服务中心
风筝制作技艺(沙洲风筝)	传统技艺	江苏省级	张家港市乐余镇文化体育服务中心
酿造酒酿造技艺（后塍黄酒酿造技艺）	传统技艺	江苏省级	江苏张家港酿酒有限公司
竹编（后塍竹编）	传统技艺	江苏省级	张家港市金港镇文化体育服务中心
传统棉纺织技艺（雷沟大布制作技艺）	传统技艺	江苏省级	张家港市金陵纺织有限公司
儿科疗法（塘桥陆氏中医儿科）	传统医药	江苏省级	张家港市鹿苑医院
锡剧	传统戏剧	江苏省级	张家港市锡剧艺术中心
宝卷（吴地宝卷）（沙上宝卷）	曲艺	江苏省级	张家港市锦丰镇文化体育服务中心
摸壁鬼	传统舞蹈	苏州市级	张家港市乐余镇文化体育服务中心
施耐庵传说	民间文学	苏州市级	张家港市文化馆、张家港市民间文艺家协会
手工弹棉絮技艺	传统技艺	苏州市级	张家港东好床上用品厂
顾氏中医内科	传统医药	苏州市级	张家港市中医医院
香山石锁	传统体育、游艺与杂技	苏州市级	张家港市金港镇东山村民委员会
吴歌（沙上山歌）	民间文学	苏州市级	张家港市大新镇文体服务中心
苏派酿酒技艺（菊花酒酿造技艺）	传统技艺	苏州市级	张家港市凤凰文化旅游发展有限公司
古琴艺术	传统音乐	苏州市级	沙洲琴社
金属抬凿錾刻	传统技艺	苏州市级	张家港幸运金属有限公司

2021年张家港市（县）级非遗代表性传承人一览表

表57

	类别	项目名称	代表性传承人	公布时间
第一批	曲艺	塘桥唱春	陆永良	2009年4月29日
	传统技艺	沙洲哨口板式类风筝制作技艺	沈彩林	2009年4月29日
	传统技艺	高庄豆腐干制作工艺	谢建忠	2009年4月29日
	曲艺	苏州评弹	张国良	2009年4月29日
	民间文学	河阳宝卷	虞关保	2009年4月29日
	民间文学	河阳山歌	尹丽芬	2009年4月29日
第二批	民间文学	河阳山歌	王祥兴	2010年9月25日
	民间文学	河阳宝卷	胡正兴	2010年9月25日
	传统技艺	沙洲哨口板式类风筝制作技艺	冯太根	2010年9月25日
	传统技艺	后塍竹编	陶永飞	2010年9月25日
	传统技艺	后塍黄酒（沙洲优黄）制作工艺	黄庭明	2010年9月25日
	传统技艺	雷沟大布织染工艺	黄胜良	2010年9月25日
	传统技艺	鹿苑鸡育养技艺	蒋建明	2010年9月25日
	传统美术	沙洲对称剪纸	方国智	2010年9月25日

续表57

	类别	项目名称	代表性传承人	公布时间
第二批	传统技艺	芦苇编织技艺	施洪德	2010年9月25日
	民俗	香山庙会	瞿涌晨	2010年9月25日
	传统技艺	塘桥木雕技艺	钱掌林	2010年9月25日
	民间文学	沙上山歌	孙长富	2010年9月25日
第三批	传统戏剧	锡剧	高惠法	2012年3月19日
	传统戏剧	锡剧	董　红	2012年3月19日
	曲艺	苏州评弹	季静娟	2012年3月19日
	传统技艺	杨舍丁氏风筝制作技艺	丁浩清	2012年3月19日
	民间文学	河阳山歌	陈社珍	2012年3月19日
	民俗	金村庙会	邹正岳	2012年3月19日
	传统医药	塘桥陆氏中医儿科	陆义进	2012年3月19日
	传统医药	塘桥顾氏中医内科	顾仲道	2012年3月19日
	民间文学	沙上民间谚语	余玉红	2012年3月19日
	传统舞蹈	摸壁鬼	姜理新	2012年3月19日
	曲艺	沙上宝卷	杨美兰	2012年3月19日
	传统技艺	沙上农家草舍建筑工艺	施定相	2012年3月19日
	民间文学	张家港老沙语	苏其增	2012年3月19日
	传统体育、游艺与杂技	香山民间武术	瞿兴尧	2012年3月19日
	传统音乐	香山正一道教音乐	黄松春	2012年3月19日
第四批	传统技艺	杨舍拖炉饼制作技艺	唐培龙	2014年3月29日
	传统技艺	后塍手工弹棉絮技艺	黄翠萍	2014年3月29日
	民间文学	香山宝卷	瞿胜尧	2014年3月29日
	民俗	西旸辟尘道场	张　琪	2014年3月29日
	传统技艺	塘桥蒸菜技艺	庞金裕	2014年3月29日
	民间文学	金村宝卷	金正球	2014年3月29日
	传统音乐	三兴元宵锣鼓	施家兴	2014年3月29日
	传统技艺	河豚烹饪技艺	花小荣	2014年3月29日
	传统技艺	西施糕蒸制技艺	陈正明	2014年3月29日
	传统技艺	菊花酒酿制技艺	张福生	2014年3月29日
	传统技艺	沙洲木杆秤制作技艺	龚德宰	2014年3月29日
	传统技艺	沙洲哨口板式类风筝制作技艺	袁凤翔	2014年3月29日
	传统技艺	河豚烹饪技艺	陶卫军	2014年3月29日
	传统技艺	沙上虎头鞋制作技艺	孙玉芬	2014年3月29日
	传统技艺	沙上豆瓣酱制作技艺	沙玉凤	2014年3月29日
	传统技艺	沙上结绳技艺	张玉祖	2014年3月29日
	传统音乐	常阴沙号子	陆宝荣	2014年3月29日
	传统音乐	常阴沙号子	倪正明	2014年3月29日

续表57

	类别	项目名称	代表性传承人	公布时间
第五批	传统技艺	金属抬凿錾刻工艺	黄建良	2018年2月9日
	传统技艺	金属抬凿錾刻工艺	蔡玉娟	2018年2月9日
	传统美术	沙洲对称剪纸	龚保文	2018年2月9日
	传统美术	沙洲对称剪纸	张国珍	2018年2月9日
	传统技艺	珍珠养殖与加工技艺	秦环虎	2018年2月9日
	传统音乐	香山正一道教音乐	顾熙鹏	2018年2月9日
	传统技艺	后塍梅花糕制作技艺	倪　明	2018年2月9日
	传统体育、游艺与杂技	香山民间武术	孙冰军	2018年2月9日
	民俗	金村庙会	钱颂扬	2018年2月9日
	传统技艺	欧桥羊毛衫棒针编织	朱雪琴	2018年2月9日
	传统技艺	欧桥羊毛衫棒针编织	张彩芳	2018年2月9日
	传统技艺	塘桥定胜糕制作技艺	高建芬	2018年2月9日
	曲艺	塘桥唱春	庞祖泉	2018年2月9日
	传统美术	塘桥木雕	李惠刚	2018年2月9日
	传统美术	河阳烙画	陈友忠	2018年2月9日
	曲艺	河阳宝卷	狄秋燕	2018年2月9日
	曲艺	河阳宝卷	蒋健梅	2018年2月9日
	曲艺	河阳宝卷	陈雪珍	2018年2月9日
	曲艺	河阳宝卷	夏根元	2018年2月9日
	传统美术	河阳纸马	金惠平	2018年2月9日
	传统音乐	斫竹歌	杜惠英	2018年2月9日
	民间文学	河阳山歌	骆小妹	2018年2月9日
	传统医药	缪氏中医药	缪南星	2018年2月9日
	民俗	河阳“谢洪”习俗	钱卫东	2018年2月9日
	传统技艺	菊花酒酿制技艺	张建明	2018年2月9日
	民俗	河阳庙会	蔡香妹	2018年2月9日
	传统技艺	沙上刀鱼馄饨制作技艺	花晟杰	2018年2月9日
	传统技艺	沙洲木杆秤制作技艺	龚德元	2018年2月9日
	传统技艺	乐余竹编	陈国芳	2018年2月9日
	传统技艺	乐余竹编	吴秀祥	2018年2月9日
	传统技艺	沙洲打油作坊技艺	刘志洪	2018年2月9日
	传统技艺	圆作技艺	陆照根	2018年2月9日
	传统技艺	芦苇编织技艺	施凤高	2018年2月9日
	曲艺	苏州评弹	金盛侠	2018年2月9日
	传统技艺	沙上蟛蜞豆腐制作技艺	魏永柱	2018年2月9日
	传统技艺	沙上蟛蜞豆腐制作技艺	李　刚	2018年2月9日
	传统音乐	吴派古琴艺术	孙海滨	2018年2月9日

续表57

	类别	项目名称	代表性传承人	公布时间
第六批	民间文学	河阳山歌	蔡香妹	2021年6月30日
	民间文学	河阳山歌	龚晓东	2021年6月30日
	传统音乐	三兴元宵锣鼓	王蓉娟	2021年6月30日
	传统音乐	沙洲古文吟诵	周锦飞	2021年6月30日
	传统音乐	吴派古琴艺术	马先龙	2021年6月30日
	传统音乐	吴派古琴艺术	张品忠	2021年6月30日
	传统音乐	吴派古琴艺术	李　湘	2021年6月30日
	传统体育、游艺与杂技	香山石锁	卢亚荣	2021年6月30日
	传统技艺	沙上油馓子制作技艺	刘旦平	2021年6月30日
	传统技艺	沙上沙酥制作技艺	沙建华	2021年6月30日
	传统技艺	后塍手工弹棉絮技艺	蒋晓栋	2021年6月30日
	传统技艺	金属抬凿錾刻工艺	赵龙英	2021年6月30日
	传统技艺	菊花酒酿制技艺	王彩平	2021年6月30日
	传统医药	塘桥陆氏中医儿科	陆定宏	2021年6月30日
	传统医药	缪氏中医内科（肝胆脾胃）	缪志伟	2021年6月30日
	传统医药	塘桥顾氏中医内科	顾馨予	2021年6月30日

说明：蔡香妹原为“河阳庙会”代表性传承人，后调整为“河阳山歌”代表性传承人

【群众文化】 年末，全市有专兼职群众文化工作人员300余人，业余创作骨干200余人，业余演出骨干600余人，群众文艺团队800余个。年内3个团队入选江苏省“优秀群众文化团队”。全年组织开展“百年·百团·百场”庆祝中国共产党成立100周年系列主题活动、“群星璀璨”张家港市星级群众文艺团队定级赛暨庆祝中国共产党成立100周年群众文艺展演活动、“闪耀星时代”张家港市“东方好少年”少儿街舞齐舞大赛、“读城记·印象张家港”张家港市地域人文有声阅读系列活动、“不忘初心，继续前进”庆祝中国共产党成立100周年主题阅读系列活动、“艺术启智”公共教育活动等70余项。各区镇举办文化活动超过4000余场，服务群众超过500万人次。

【文化志愿服务】 年末，全市有文化志愿者团队96个，注册文化志愿者7000余人。年内，新时代文明实践文化文艺志愿服务实施项目550余项，推动文化志愿服务精准化、常态化、便民化、品牌化发展，全年开展活动1500余次，惠及群众15万余人。开展“信仰的力量”红色故事巡讲、“四史”宣传直通车进基层、“乡村振兴·美好生活”文体旅志愿服务、“各美其美”公益云课堂等活动，举办摄影、养身、科学锻炼、古琴赏析等“各美其美”志愿服务公益课堂20期。市文化志愿者孙海滨入选2020年度全国学雷锋志愿服务“四个100”先进典型宣传推选活动100个“最美志愿者”。

【“伟大征程——永远跟党走”庆祝中国共产党成立100周年文艺演出举行】 6月30日晚，“伟大征程——永远跟党走”张家港市庆祝中国共产党成立100周年文艺演出在保利大剧院举行。市四套班子主要领导出席活动。演出以情景表演开场，由序篇、信仰诞生——时间开始了、站起来了——时间的进军、奇迹年代——只争朝夕、再次出发——新征程，时间的入口等篇章组成，通过情景表演《时间都去哪了》、舞蹈《沙漏岁月》、诗朗诵《时间开始了》、说唱表演《在希望的田野上》、音诗画《风华正茂》等节目，回顾中国共产党成立100年的风雨历程和峥嵘岁月，表达了张家港人民永远听党话、坚定跟党走、奋力夺取全面建设社会主义现代化国家新胜利的信心和决心。最后，全场高唱《没有共产党就没有新中国》，演出落下帷幕。

【凤凰镇再获“中国民间文化艺术之乡”称号】 11月3日，文化和旅游部公布2021—2023年度“中国民间文化艺术之乡”名单，凤凰镇再获“中国民间文化艺术之乡”称号。这是该镇第四次获此称号。凤凰镇以“创新强镇、文旅名镇、生态美镇”为总目标，以国家级非物质文化遗产河阳山歌为依托，多措并举、融合发展，打造河阳山歌馆，组建河阳山歌艺术团，创排河阳山歌艺术作品，举办河阳山歌特色节庆活动，先后获“中国吴歌之乡”“河阳山歌之乡”等荣誉，渐渐形成以河阳山歌为主的区域文化名片。

【《沙洲文艺》入围第四届全国文化（群艺）馆期刊交流展示活动】 11月，

由文化和旅游部全国公共文化发展中心、天津市文化和旅游局、中国文化馆协会主办的第四届全国文化(群艺)馆期刊交流展示活动入选名单揭晓,张家港市文化馆馆办期刊《沙洲文艺》入围“2021年度期刊”,与江苏省文化馆馆办期刊《文化新世纪》一起成为江苏仅有的两部入围刊物。《沙洲文艺》创刊于20世纪60年代,2015年复刊,开设有《大舞台》《文艺范》《影剧院》《读书时》《守艺人》《四季歌》等10余个栏目,收录各类优秀诗歌、散文、美术、摄影等文艺作品,集中展示一线文艺工作者及广大文艺爱好者的创作成果,全面传播最新、优质的综合文艺资讯。复刊后的《沙洲文艺》一年发行4期,至2021年年末发行总第190期。2019年、2020年,《沙洲文艺》先后推出张家港市文化馆工作年报特刊——《阳光和清风》《见证前行》,与广大市民共享群文发展成果,被中国文化馆协会作为优质案例推广。此外,市文化馆强化线上数字文化服务,推出微信版《沙洲文艺》微刊,每月推送两期,内容包括文艺作品文本、文艺微视频、文艺评论、文化工作者的故事等,与《沙洲文艺》实刊内容搭配、形式互补,实现写、摄、画、演、设计等艺术门类的跨界整合。

2021年张家港市文艺作品主要获奖、入展情况表

表58

主创部门	获奖项目	获奖、入展情况	颁发机构
市文化馆	《沙洲文艺》期刊	第四届全国文化(群艺)馆期刊交流展示活动“2021年度期刊”	文化和旅游部全国公共文化发展中心
	歌曲《莳秧歌》	入选2021中国原生民歌节节目	文化和旅游部民族民间文艺发展中心
	群口块板《江姐闯关》	江苏省优秀少儿曲艺作品邀请赛一等奖	江苏省群众文化学会
	小品《喇叭声烟》	江苏省艺术基金资助项目立项	江苏省艺术基金管理中心
	小品《换牙》	第五届江苏省曲艺、喜剧小品邀请赛一等奖	江苏省文化馆
	小品《今夜有雨》	入选第六届“岳池杯”中国曲艺之乡曲艺展演	中国曲艺家协会
	画作《岁月如车》	2021年江苏省青年美术家协会年度大展优秀作品	江苏省青年美术家协会
	画作《乡村行——中我岛》	入选2021年江南如画·长三角美术作品展	长三角城市文化馆联盟
市锡剧艺术中心	器乐作品《双推磨》	“江苏省文艺大奖·第十届戏剧奖”银奖	江苏省戏剧家协会
	锡剧《玲珑女》	入选“2021年中国戏曲像音像工程”	文旅部艺术司
	少儿锡剧《国旗下的公开课》	第25届“中国少儿戏曲小梅花荟萃”活动中被授予“小梅花集体节目”	中国戏剧家协会
	锡剧数字电影《云海谣》	入选中国戏剧梅花奖数字电影工程剧目	中国戏剧家协会
	锡剧《云水谣》	入选“江苏省庆祝中国共产党成立100周年舞台艺术精品创作工程”	江苏省文旅厅
		第五届江苏省文华奖“优秀剧目奖”	江苏省文旅厅
	锡剧小戏《从军行》	江苏省第三届戏剧小戏小品展演“优秀剧目奖”	江苏省戏剧家协会
	锡剧《独角兽之夜》	2020年度苏州市优秀版权一等奖	苏州市人民政府
市评弹艺术传承中心	中篇评弹《大江彩虹》	第八届中国苏州评弹艺术节展演优秀节目	中国曲艺家协会
		第五届江苏省文华奖优秀节目奖	江苏省文化和旅游厅
	评弹《小背篓》	第八届中国苏州评弹艺术节展演优秀节目	中国曲艺家协会
		第六届“南山杯”全国曲艺新人新作展演优秀节目	中国曲艺家协会
	短篇弹词《解秀梅》	第八届中国苏州评弹艺术节展演优秀节目	中国曲艺家协会
	短篇弹词《张桂梅看病》	第八届中国苏州评弹艺术节展演优秀节目	中国曲艺家协会
		第三届中国东部优秀曲艺作品展演优秀节目	中国曲艺家协会
	评弹《血粮》	入选国家艺术基金(一般项目)2020年度资助项目	国家艺术基金管理中心
	评弹《沙洲第一枪》	第九届江苏省文艺大奖曲艺奖节目奖	江苏省文学艺术界联合会 江苏省曲艺家协会

续表58

主创部门	获奖项目	获奖、入展情况	颁发机构
市美术馆	画作《嘘，别吵他们》	入选百年华彩——2021·中国百家金陵画展（中国画）	中国美术家协会
	画作《曾经芳华》之一	入选百年辉煌·庆祝中国共产党成立100周年书画展	江苏省中共党史学会、江苏省炎黄文化研究会、中共江苏省委党史工作办公室、中共江苏省委党校、江苏省哲学社会科学界联合会
	画作《江潮云浪尖》	入选第五届江苏省文华奖	江苏省文旅厅
	画作《张家港保税区》	“百年江苏”大型美术精品创作工程	江苏省委宣传部、江苏省文联
	画作《风华物语》之五	入选“青年力量——南京书画院青年书画院2021交流展”	南京书画院、金陵美术馆
	画作《大国工匠》	入选“百年辉煌·行走江南——新吴门美术作品走四方特展”第二站	中国美协学术指导，中国艺术报社、江苏省美协、中共苏州市委宣传部、苏州市文联
	摄影《你笑起来真好看》	“永远跟党走——坚守人道初心，弘扬奉献精神”图片征集活动中荣获三等奖	江苏省红十字会
	课题《苏州版画60年（1960—2020）艺术家群体发展与口述史研究》	入选2021年度江苏省社科应用研究精品工程课题	江苏省哲学社会科学界联合会
	画作《大国工匠·沪通大桥建设者一》	2020年度苏州市优秀版权二等奖	苏州市人民政府
	画作《“最美奋斗者”“改革先锋”“张家港精神”的塑造者秦振华》	入选百年肖像——庆祝中国共产党成立100周年特展	长三角美术馆联盟、苏州文广旅局

文学艺术

【概况】 至年末，市文学艺术界联合会（简称市文联）下设作家协会、书法家协会、摄影家协会、美术家协会、戏剧家协会、音乐家协会、舞蹈家协会、影视家协会、曲艺家协会、民间文艺家协会、国标舞工作者协会11个专业协会、19个二级文艺家分会，1个艺术指导委员会，市书画院1个事业单位和塘桥、锦丰、南丰、凤凰、乐余和永联6个镇（村）文联。有国家级会员111人，比上年增2人；省级会员257人，比上年增18人；苏州市级会员329人，比上年增21人；张家港市级会员1312人，比上年增50人。年内，市文联及各协会相继举办各类大赛、展览、展示及文艺惠民活动120余项。全年着力打造“我们的中国梦”文化进万家、高雅艺术进校园、书法进万家等传统文艺志愿服务品牌。突出建党百年主题，开展公益文艺惠民活动，结合“我们的节日”开展写送春联、诗词品鉴和传统民俗活动。剧协、曲协承办村村演、周周演、江南小书场演出等传统文化惠民活动超过100场。举办4次“我们的节日”（春节、端午、中秋、重阳）诗词评品鉴大会，组织开展3次书法进万家活动。组织开展大型送春联活动4次，连续举办“美术大课堂”5期，“书画院开放日”活动5次，“戏曲进校园”活动2次。3月，市曲艺家协会完成换届。中国曲协第八届理事会第二次会议暨2021年全国曲协工作会议在张家港市召开。张家港市曲协被授予“2020年度全国先进基层曲协组织”称号。10月，市文联承办第十九届苏州市民间艺术节暨第三届张家港市凤凰镇非遗文化季展示展演活动。

【书画影类活动】 1月，由市委宣传部、市文体广旅局、市文联主办的“全民出彩迎小康·光影定格新时代”肖顺清摄影艺术精品展暨《一片湖光里》摄影集发布仪式在市美术馆举行。展览精选肖顺清摄影艺术代表作品199幅。2月，由中国摄影报社、苏州市摄影家协会、张家港双山香山旅游度假区、张家港市摄影家协会主办的“星火传承，映照时代”2021年中国摄影报全国摄影拉力赛张家港双山香山站赛事启动。3月，由市委宣传部、市文联主办的“沙洲之春”2021年张家港美术展览在苏华美术馆（市区馆）开幕。此次美术大展共展出141位书画艺术家的142幅作品，以书画的形式迎接党的百年华诞。由市文明办、市文联、市工商联(总商会)、凤凰镇新时代文明实践所主办的“万象更新”——全国名家作品邀请展,在苏华美术馆(凤凰馆)举行,共展出作品41幅。3月,庆祝中国共产党成立100周年“我们的中国梦”——文化进万家中国文联、中国曲协文艺志愿服务团“送欢乐下基层”惠民演出走进张家港市。中国曲协主席团部分成员以及多位优秀曲艺艺术家为当地市民奉献了一场包括相声、评弹、京韵大鼓、二人转、梅花大鼓、绍兴莲花落等曲种的曲艺盛宴。由市城管局、市文联、市教育局联合主办的张家港市首届生活垃圾分类书画大赛巡展启动仪式在市城管局举行。4月,由市文明办、市新时代文明实践指导中心、市文联、凤凰镇新时代文明实践所主办的“镜像江南,最美凤凰”肖顺清摄影作品展在苏华美术馆(凤凰馆)举行。6月,“奋斗百年路,启航新征程”书法美术摄影大型展览开幕式在市美术馆开幕。该展览被纳入苏州市“百年辉煌”系列活动,展出作品140余件。展出作品围绕改革开放、乡村振兴、创业奋斗、历史人文、文明发展等题材,再现百年发展辉煌成就。是月,由市税务局、市文明办、市文联、市融媒体中心(传媒集团)联合举办的“汲取奋进力量,描绘改革新局”暨第二届“税”月留影书画摄影作品展在市书画院艺展中心举行。9月,由市文明办、市文联、市关工委、凤凰镇政府主办的“我们的生活充满阳光”张家港凤凰农民画油画作品展在苏华美术馆(凤凰馆)开幕。由市文联、张家港高新区(塘桥镇)主办的市书画院画师作品展系列活动——陆华、庞伟龙、浦宏观作品展在市书画院艺展中心开幕。“丹青写华容,翰墨迎国庆”书法艺术交流会暨双山二十四桥名称发布活动在双山岛文化广场举行。10月,梁丰书社成立暨首届社员作品展、江苏省书协新文艺群体工作委员会作品展、研讨会活动开幕式在市举行。11月,由市文明办、市健康办、市文联等单位主办的第四届“我眼中的健康城市”青少年绘画大赛作品展在市书画院艺展中心开幕。12月,市书画院成立30周年汇报展在院美术馆开幕,展出41件历届院长及第五届专兼职画师的作品,参展作品风格多样,题材丰富,涵盖了中国画、油画、书法的各个门类。是月,“永葆初心,牢记使命”庆祝中国共产党成立100周戏曲音乐会暨2021年度张家港市戏剧家协会年会在市锡剧艺术中心小剧场举行。“唱支新歌给党听”原创歌曲征集颁奖典礼暨张家港市音乐家协会2022新年音乐会在市保利大剧院举行。年内,全市书画考级9个科目共有5493名考生参加,通过率98.8%。

【文学类活动】 市作家协会承办“就地过年·阅读相伴”2021年张家港市诗词品鉴大会、“学党史、砺初心、诵经典、传文明”2021年张家港市诗词品鉴大会暨保税区(金港镇)全民阅读月启动仪式、2021年“我们的节日”(端午、中秋)“学党史、砺初心、诵经典、传文明”诗词品鉴大会、2021年“我们的节日·重阳”“浓浓敬老情、孝亲传文明”张家港市诗词品鉴大会、常阴沙“田园诗会”活动;举办“全国文明城市志愿服务经典故事”和“沿江生态环境保护故事”征文等活动;创作完成《激情燃烧的岁月——经开区(杨舍镇)新时代退役军人代表风采录》。年内,举办各项文学类活动20余场,惠及学生及市民群众8000余人次。会员出版图书及画册25部,总字数在310万字左右,其中出版作品集18部。孙丽萍出版童话集《雨国的秘密》;徐玲出版儿童文学作品13部,分别是短篇小说集《红藤椅》、中篇小说《爱摔跤的猪》《我不是小懒虫》《爱上阅读并不难》《脑筋好好转个弯》《花样百出的活宝》《咖啡色的同桌装》《把快乐找回来》、长篇小说《我要努力去长大》《楼顶上的外婆》《长大后我想成为你》《如画》《流动的花朵》;钱欣葆出版朝鲜文版科学童话集《奇妙的拐棍》;卢丽娟出版散文集《一枝梅 一个春》;瞿华兵出版诗集《多彩的季节》;周成新出版散文集《人间清欢》。在县市级以上公开出版报刊上发表文学作品470篇,在地市级以上刊物发表文学作品71篇。其中钱欣葆在省级以上刊物发表作品32篇,孙丽萍在省级以上刊物发表作品18篇,许国华在省级以上刊物发表作品46篇,张凌云在省级以上刊物发表作品45篇,颜士州在省级以上刊物发表作品73篇,徐玲在省级以上刊物发表作品20篇。会员在地市级以上作协和文联等主办的各类征文大赛上获奖20项。钱欣葆寓言《鸡妈妈的新房子》被贵州民族出版社翻译成4个民族6种少数民族文字,入选6部少数民族教科书,累计入选25部少数民族教科书。朝鲜文版科学童话集《奇妙的拐棍》列入“十三五”国家重点出版物出版规划项目,民族文字出版专项资金资助项目。孙丽萍的组诗《一个孩子的天空》获第二届谢璞儿童文学奖大奖。

【文艺创作】 市文艺工作者全年在市级以上报刊发表各类文艺作品2200余件(幅),省级以上发表、入展(选)、展演、获奖100件。戏剧方面,大型原创锡剧《云水谣》入选“江苏省庆祝中国共产党成立100周年舞台艺术精品创作工程”。小戏《我们都一样》获江苏省第二届戏剧小戏小品展演优秀剧目奖,锡剧小戏《从军行》获江苏省第三届戏剧小戏小品展演“优秀编剧”“优秀导演”“优秀演员”“优秀剧目”4个奖项。在第二十五届“中国少儿戏曲小梅花荟萃”中夺得地方戏个人项目“小梅花”称号3个、小梅花集体节目称号1个。锡剧《江姐》亮相中央电视台,锡剧《玲珑女》入选2021年中国戏曲“像音像”工程,成为苏州市唯一入选剧目。曲艺方面,原创苏州评弹《血粮》入选国家艺术基金(一般项目)2020年度资助项目,苏州评弹《小背篓》获第六届“南山杯”全国曲艺新人新作展演优秀节目,中篇苏州评弹《大江彩虹》获第五届江苏省文华奖优秀节目奖,4个曲艺类作品获第四届苏州市“繁星奖”(金奖1个,银奖2个,铜奖1个)。短篇弹词《张桂梅看病》、中篇评弹《大江彩虹》、短篇弹词《小背篓》、短篇弹词《解秀梅》获第八届中国苏州评弹艺术节参演节目。《十里河塘十里歌》获省第六届民间文艺奖·优秀民间艺术表演第一名。书法方面，1人入展第九届中国书坛新人新作展、1人入展第五届江苏省文华奖优秀美术书法作品展，6人入展江苏省首届篆隶书法作品展，4人入展江苏省第三届妇女书法篆刻展，陆华作品入展"墨香百年"——江苏省行草书作品展。美术方面，徐华翔、陈三石作品《张家港保税区》入选"百年江苏"大型美术精品创作工程，2件美术作品入选中国美术家协会"抱石风骨·首届中国画双年展"。摄影方面，肖顺清作品《报刊亭》组照入展中国第18届国际摄影艺术展，中国摄影报整版发表其作品。朱德明作品《五代同堂全家福》入展中国文联、中国摄影家协会"百年·百姓"中国百姓生活影像大展，苏玉琦《检验工》入选全国摄影作品展。另有7件作品入围苏州市文联、苏州市摄影家协会第16届摄影艺术展，6件作品入围"美丽苏州"全国摄影大展。音乐方面，原创作品《党旗》《屹立》入围2021苏州市青年音乐人才歌曲创作扶持计划名单。

【第十届江苏文学评论奖、第九届扬子江诗学奖在市举行】 11月6日，第十届江苏文学评论奖、第九届扬子江诗学奖颁奖仪式在市举行。江苏文学评论奖是由江苏省委宣传部指导支持，江苏省作家协会、张家港市政府共同设立的省级文学评论奖。颁奖活动由张家港市委宣传部、张家港市文联承办。李章斌的《走出语言自造的神话——从张枣的"元诗"说到当代新诗的"语言神话"》、吴周文的《学者散文与"中国问题"言说的先锋姿态》获一等奖，朱婧的《摩登沉浮和平常人的城市稗史——重读王安忆〈长恨歌〉》等5篇作品获二等奖，刘永春的《历史反思与现实书写的审美熔铸——评孙频中篇小说〈骑白马者〉》等10篇作品获三等奖。扬子江诗学奖颁奖活动由江苏省作家协会和张家港市人民政府联合主办，《扬子江》诗刊、张家港市委宣传部、张家港市文联承办。该奖设立于2013年，每年评选一次。在第九届扬子江诗学奖获奖作品有：海男的《水之赋》（组诗）、鲁羊的《假设》（组诗）、姜念光的《明亮的时刻》（组诗）、灯灯的《清澈》（组诗）获诗歌奖，赵目珍的《"建造内心之神的工作"——关于新世纪以来批评家诗歌创作的考察》获评论奖。

（翟　诚）

文化设施

【文化馆】 至年末，全市有1个市文化馆总馆、10个镇级分馆、14个镇办事处分馆、8个社会分馆、300个村（社区）支馆和1015个文化网格服务点。2021年，文化馆增设"今日智选"网红分馆，累计建成文化馆社会分馆8家。年内完成"村村演"演出120场、"周周演"演出32场；完成少儿公益艺术培训1183课时，惠及1120人次；老年大学全年开课598学时，受益854人次；开展分馆长助理广场舞培训点单服务180次；完成"家长讲坛"春季班、暑期班、秋季班共15讲；举办"暨阳艺术大讲堂"讲座2次；完成"小牡丹曲艺团"18节培训课程，有5名学员参与张家港市小小红色宣讲员活动，学员郑可馨入选长三角故事大赛。联合东渡实验学校创新打造"叮咚"民族吹管乐团，成为一支由民族吹管乐组成的特色青少年民族吹管乐团并成功首演。文化馆与各兄弟单位联手打造"5+2"馆校研学课堂，以寓教于乐的方式开展文化艺术普及。曲艺小品《今夜有雨》入选第六届"岳池杯"中国曲艺之乡曲艺展演。《喇叭声咽》入选江苏省艺术基金资助项目。"梦想+"民族室内乐组合在2021江苏省优秀业余民乐团队展演活动中获"优秀展演奖"。快板《江姐闯关》获省少儿曲艺邀请赛一等奖。小品《换牙》获第五届江苏省曲艺、喜剧小品邀请赛一等奖。音乐《逐浪》《炊烟·红云》、戏剧《村口有一尊雕像》《点赞》、书画《上街去》等在苏州市第四届群众文化繁星奖中摘得金奖。举办"文化和自然遗产日"主题活动。市文化馆被省人力资源社会保障厅记大功，获评2021年度市文明单位标兵。

【博物馆】 年内，张家港博物馆通过考古发掘、政府采购的方式征集文物19件。至年末，有藏品5808件（套），其中一级文物1件、二级文物8件、三级文物588件。全年举办特色临展13个，接待观众14.3万人次。承办国家级展览"考古里的长江文明"1个，引进"伟大开端——中国共产党创建历史图片展"等省级展览8个，举办"另一个黄泗浦——青少年研学创意作品展"等原创展览3个。开展"流动博物馆"送展15次。组织社教活动239次，受众人数16834人。其中"我们的节日"系列活动26次，"七彩的假日"暑期活动14次，"千年黄泗浦"项目14次，"三色花开"20次，展览配套活动61次，特色主题活动8次，志愿服务96次。《张家港黄泗浦遗址发掘的收获和意义》一文获市第九次哲学社会科学优秀成果奖。配合拍摄的《中国影像方志·江苏张家港篇》在中央电视台第十套科教频道进行播出。获评苏州市文明单位、苏州市健康单位。

【图书馆】 至年末，全市有市级公共图书馆1个、市少年儿童图书馆1个，藏书278.4万册（含分馆）；有镇、村公共图书馆（室）248个。市图书馆采购新书8.3万册，收集地方文献214种402册。年内新办借阅证2万张，有效持证读者总数22.8万人，到馆读者162.3万人次。市图书馆和少儿图书馆年举办各类读书活动1026场次，基层图书馆年举办各类读书活动2184场。沧江市民大讲堂举办讲座45场次，参与人次11.5万人次。编印《决策参考》12期、《张图视窗》6期、《静观》4期。"科技工作者之家"为企事业单位提供科技查新服务531例。张图"悦读先锋"文化志愿服务队和少年儿童图书馆志愿服务队开展志愿活动261场次。1个省级课题顺利结项，3个课题和项目获苏州、张家港市级立项；发表专业学术论文5篇，出版小说1部。年内，市图书馆和市少年儿童图书馆获评2021长三角地区公共图书馆阅读马拉松优秀组织奖、2020年度南京图书馆科技查新优秀合作单位、苏州市事业单位脱贫攻坚专项奖励、苏州市文明单位、苏州市“亲子阅读基地”等。

【锡剧艺术中心】 年内,市锡剧艺术中心以“鉴真东渡”史实为基础,创排2020苏州艺术基金舞台艺术扶持项目——大型原创锡剧《东渡纪》,11月该剧作为首演剧目亮相“戏韵长江,薪火相传”长江流域优秀小剧场戏剧展演季。打磨提升江苏艺术基金2020年度大型舞台创作作品资助项目——锡剧《云水谣》,并参加江苏省庆祝中国共产党成立100周年优秀剧目展演,参加第五届江苏省文华奖优秀舞台艺术作品展演并获优秀剧目奖,主演季超获表演奖,且高质量完成了中央电视台戏曲频道《空中剧院》现场录制,2021年该剧完成巡演15场。打磨提升大型红色经典锡剧《江姐》,6月该剧亮相央视戏曲频道《空中剧院》栏目。6月中旬,大型红色经典锡剧《江姐》和锡剧《三三》走进北京大学演出,为庆祝建党100周年营造文化氛围。创排党史题材锡剧小戏《从军行》并参加苏州江南文化戏曲节小剧场演出、第五届江苏省文华奖优秀舞台艺术作品展演。创排“暨阳海棠红”沉浸式党课专题文艺节目——《走进历史,走向未来》,创排关爱听障儿童音乐剧《向阳花开》,该剧参加第四届苏州市群众文化“繁星奖”终评获金奖。创排弘扬抗疫精神主题锡剧小戏《我们都一样》。该剧在2021年“村村演”舞台巡演30余场,参加第四届苏州市群众文化“繁星奖”终评获银奖。创排表演唱《德耀港城,厚道沙洲》,创排锡剧小戏《田记者下乡》《柿子红了》等作品。年内,市锡剧艺术中心获6项国家级荣誉、7项省级荣誉,被评为2021年度第二十五届“中国少儿戏曲小梅花荟萃”优秀组织单位,获江苏省青少年音乐“小茉莉花奖”竹笛比赛优秀组织奖。

【评弹艺术传承中心】 年内,市评弹艺术传承中心积极开展艺“述”党史系列活动,创排中篇苏州评弹《沙洲第一枪》、曲艺专场《星火燎原红沙洲》、苏州评弹《张桂梅看病》、微型弹词《解秀梅》等一批艺术精品。创排扶贫题材微型弹词《小背篓》、苏州评弹与西藏弹唱融合表演唱《放歌春江水》、宣传民法典吴韵说唱《百科全书》、少儿苏州评弹《沙洲星火》、中篇苏州评弹《最美奋斗者》等一系列艺术精品,并广泛参与第七届国际幽默艺术周、第八届中国苏州评弹艺术节、第六届“南山杯”全国曲艺新人新作展演、第三届中国东部优秀曲艺作品展演、江苏省“百年百场”优秀群众文艺作品巡演以及第四届苏州市群众文艺繁星奖、第三届光裕奖曲艺推优活动等各类国家、省、市级赛事、展演活动。其中,苏州评弹《血粮》入选2020年度国家艺术基金大型舞台剧和作品创作资助项目,苏州评弹《大江彩虹》获第五届江苏省文华奖优秀节目奖、中篇苏州评弹《沙洲第一枪》获第九届江苏省文艺大奖曲艺奖节目奖,苏州评弹《张桂梅看病》《沙洲星火》《小背篓》《解秀梅》分别获第四届苏州市群众文艺繁星奖金奖、银奖、铜奖,评弹《大饼嫂嫂》获张家港市文学艺术创作成果奖。戴芳获第九届江苏省文艺大奖曲艺奖表演奖,柳涛获第九届江苏省文艺大奖曲艺奖新人奖。4位青年演员柳涛、陆琴、杨仕君、忻文俊分别获第三届光裕奖曲艺推优活动评弹类新人奖。此外,中心优化地区曲艺市场发展,开展苏州评弹《沙洲第一枪》全市展演活动,演出22场;配合开展《暨阳海棠红》沉浸式党课活动,曲艺专场《星火燎原红沙洲》共计演出6场;对白开篇《一串河豚子》入选并参加江苏省“百年百场”优秀群众文艺作品巡演,演出35场,开展“江南文化小剧场”演出70余场。全年累计开展村村演、周周演等文化民生品牌类活动40余场,组织“长春园31书会”7期,长篇演出1500余场,惠及群众10万余人次。

【美术馆】 年内,市美术馆策划开展“盛世芳华·沪苏浙皖中青年艺术家作品邀请展”、“奋斗百年路,启航新征程”市书法美术摄影大型展、“寻访取经人·付爱民补绘《西游记》连环画作品展”“未来非遗——当代视觉艺术展”等展览13场,推出公共教育活动50余场,编印《张家港美术》2期。市美术馆有注册志愿者271人,全年服务时间2170.5小时,服务次数125次。对接张家港市特殊教育学校,多次走进学校为自闭症儿童提供艺术疗育课程,全年开展活动8次,为特殊群体点亮艺术领航之灯。12月,2021年长江文化节子活动——“文化遗产、日常生活与公共文化服务体系创新”论坛在市举办。论坛以“未来非遗——当代视觉艺术展”为出发点,就当代美术馆“文化遗产、日常生活与公共文化服务体系创新”为主议题,邀请国内知名策展人、评论家、教育家、艺术家、各美术馆馆长、公教人员进行深入讨论,借助论坛与各地区分享文化建设经验成果,促进馆际合作交流。“艺术启智”活动走进全市多所新市民子女学校,创新开展“艺术启智”(高阶版)走进江苏省梁丰高级中学、江苏省沙洲高级中学,该项目获张家港市2021年度社科普及创新引导扶持项目、2021年张家港市“立体关护·成长护航”工程优秀项目。徐华翔艺术工作室精心创作美术作品100余件,入选国家级展览1次,省级展览20余次、苏州市级10余次。陈三石《嘘,别吵醒他们》入展“百年华彩——2021·中国百家金陵画展(中国画)”展览,《“最美奋斗者”“改革先锋”“张家港精神”的塑造者秦振华》入展“百年肖像——庆祝中国共产党成立100周年特展”。陈三石被省人社厅、省文旅厅评为江苏省文化和旅游系统先进工作者。

【新华书店】 市新华书店设中心门店1家,塘桥、乐余、金港、后塍集镇网点4家,校园书店7家,联营书店1家。年内完成销售1.6亿元,比上年增6.7%;销售图书2961.4万册;实现利润2080万元,比上年增3%。全年发行政治理论读物学习材料25.66万册。推动优秀政治读物进校园活动,冠名“我心向党”阅读征文评选、“优秀视频”选送等活动,征集优秀视频作品58篇、阅读征文1400余篇。江苏书展期间,中心门店平均每天接待读者超2000余人次，举办各类阅读文化活动近20余场。“凤凰姐姐讲故事”“春风习习，益读空间”“学史爱党，知史爱国”等现场沉浸式阅读分享体验别开生面，让书展期间活动精彩纷呈。积极融入新时代文化产业建设，主动对接，为社区、站、所、中心建设提供图书采购保障，邀请著名作家车培晶开展“我心向党阅读推广”活动5次，开展中央电视台主持人鞠萍张家港书城小读者见面会1次，利用“云少年校园讲座”平台组织4所学校开展线上文化宣讲活动1次。依托企业文化创建服务区域文化，参与“沙洲优黄”文化产业园图书馆建设，共同打造“全域旅游品牌”战略。新华书店成为图书馆馆配及智能管理系统供应商，首次签订图书管理系统硬件项目17万元，并达成首批采购图书1万册、50万元图书销售合同。倡导履行文化企业社会责任，参与“博爱在港城，人道万人捐”慈善募捐、步行街商户自治、城市管理等活动。在市文明实践志愿者表彰大会上，分公司为全市志愿者免费提供1万元电子书券。公司获“2020年度最佳惠警、暖警商家”称号，被评为2019—2021年江苏省文明单位。

文体广旅市场

【概况】 2021年，全市新增许可和备案登记文体广旅经营单位30个。其中，新增娱乐场所经营单位9个，互联网上网服务经营场所1家，高危险性体育项目经营单位8个，旅行社2家，旅游民宿10家。审批内地营业性演出106件。至年末，经市文体广旅局许可或备案登记的文化市场、体育、旅游经营单位522个。其中，全市有互联网上网服务营业场所156家，歌舞娱乐场所92家，游艺娱乐场所40家，文艺表演团体13个，演出经纪机构4家，演出场所经营单位1个，艺术品经营单位18个，高危险性体育项目经营场所35家（游泳34家、攀岩1家），旅行社43家，分社及门市部98家，星级旅游饭店8家，旅游民宿14家。全年累计检查行业监管单位2035家次，发放安全生产宣传资料1350份，组织开展消防安全专题培训和应急演练12次，全系统安全生产参训人数1400余人次，累计排查隐患437个并全部完成整改。

【文体广旅产业】 2021年，张家港市组织召开全市文化产业高质量发展大会，举办苏州创博会张家港分会场等活动，制定《张家港市“十四五”文化产业发展规划》，编制《张家港市“十四五”体育产业发展规划》，印发《关于实施张家港市文化产业高质量发展行动计划的意见》，创新设立总规模3亿元的市级文化产业发展引导母基金，并顺利完成中基协备案登记，发布张家港“文产贷”金融产品，挂牌成立市文旅集团。发挥多方力量，加速推进沙洲优黄文化园、巢代智能居家设计产业园等16个在建项目，总投资近100亿元。沙洲优黄展示中心项目入选2021年全省重点文化和旅游产业项目，推动稻兴科技8K超高清视频产业基地、百度云计算（张家港）、变形积木等优质项目成功落户，并完成文化企业注册。国泰新点软件股份有限公司在上交所科创板发行上市，开创张家港市科创板挂牌文化企业先河，稳步推进其总投资30亿元的中央研究院项目。全市有规模以上文化企业108家，新增规模以上文化企业26家。规上文体和娱乐业营业收入1.7亿元，比上年增107.5%，工资收入超3470万元，比上年增26.6%。在杨舍老街等夜间文旅消费集聚区，开展篮球嘉年华、非遗夜市等夜经济系列活动上千场，持续擦亮“多彩夜沙洲”夜经济品牌。市体育中心获评省级、苏州市级体育服务综合体。体彩销售4.57亿元。

【文化市场管理】 2021年，市文化市场综合执法大队按照“管市场、办大案、强队伍”的工作要求，对标看齐、争先创优，工作再上新台阶。年内，市文体广电和旅游局、市文化市场综合执法大队双双获2020年度全国查处重大侵权盗版案件有功单位，市文体广电和旅游局获2021年度全省境外卫星电视传播秩序专项整治工作成绩突出单位，执法大队获2020—2021年度全国文化市场综合执法重大案件办案单位、江苏省文化和旅游系统先进集体、2020年度苏州市文化和旅游市场执法案卷评查优胜单位和2018—2020年度苏州市文明单位。承担的文旅部《县级文化市场综合行政执法队伍规范化建设指标体系》课题和文化市场综合执法人员培训标准化试点工作，为文化市场综合执法规范化建设提供张家港样本和。聚焦人才建设，激发执法队伍活力。以文旅部交办的文化市场综合执法人员培训标准化试点工作为契机，建立多形式、分层次、全覆盖的执法人员教育培训模式。邀请苏州市文化市场综合执法支队进行新《中华人民共和国行政处罚法》和旅游市场执法培训，践行老带新“青蓝工程”和执法骨干“拔尖工程”，2名执法骨干积极申报苏州市文化市场综合执法培训师资库，3个规范化课件入选省文旅厅师资库授课内容。6人获2020年度全国查处重大侵权盗版案件有功个人，1名执法人员受邀参加文旅部举办的全国文化市场综合执法重大案件办理培训班并现场授课。聚力综合治理，促进文旅市场规范有序。以案件查办为抓手，持续净化文化环境、规范市场秩序。联合开展各类文化市场管理和“扫黄打非”专项行动23次，收缴非法文化产品1.6万件，有力净化社会文化市场环境。年内共出动检查人员10295人次，检查经营单位3286个次，立案查办各类案件129起，办结117起，查办重大案件3起，连续多年人均办案数位列全省第一，实现零投诉、零复议和零诉讼，无证经营和黑网吧清零。开展“双随机、一公开”抽查工作，开展单一部门随机抽查4次、跨部门随机抽查9次，完成抽查单位34个。继续探索“包容审慎”监管，对5个单位适用从轻、减轻处罚清单，对6个单位适用免罚清单，持续助力营商环境优化。聚能执法质效，推动办案水平显著提升。出台《张家港市文化市场综合行政执法队伍规范化建设指标体系》。每季度开展案卷评查工作，每半年参加全市执法部门案卷评查，1份案卷获评优秀案卷，说理式行政处罚文书获得一致好评并作为范本在全市推广。2份案卷在苏州市文化和旅游市场执法案卷评查中分别获评优秀案卷一等奖和三等奖，报送的2个案例分别获评第二届长三角广播电视行政执法优秀案例一等奖和三等奖。查办的“1·17”销售盗版图书案入选年度省打击侵权盗版十大案件，查办的福州番薯仔网络科技有限公司侵犯著作权案入选2020—2021年度全国文化市场综合执法重大案件。

【市文化市场综合执法大队入选全国文化市场综合执法人员培训标准化体系建设试点单位】 4月6日，文化和旅游部下发通知，在江苏省文化和旅游厅、苏州市文化市场综合执法支队、张家港市文化市场综合执法大队、浙江省湖州市文化市场综合执法队等全国六家省、市、县级单位开展文化市场综合执法人员培训标准化体系建设试点工作，张家港市是全国唯一入选的县级市。该试点旨在统筹整合各种资源，发挥各类培训机构作用，以满足执法人员多样化培训需求，提升培训质量和效率，推动培训工作制度化、规范化、常态化。近年，市文化市场综合执法大队始终将人才队伍建设作为重中之重，坚持“引进来”和“走出去”相结合的原则，采取线上和线下相结合的方式，开展课题申报、以案施训、执法实务训练等人员培训项目，讲求培训考核实效，狠抓执法业务素养提升。至年末，有全国文化市场综合执法师资库师资人员1人，获研究生学历者占全体执法人员的三分之一，文化市场综合执法工作走在全国前列。

媒 体

【概况】 2021年，市融媒体中心（传媒集团）紧扣“全媒体素养提升年”工作主线，统筹推进新闻生产、门户建设、经营创收、行政管理，融合改革稳中有进、稳中向好。利用报、台、网、端、微、屏、户外等全媒体平台，围绕“十四五”规划开新局、两会、党史学习教育、新冠肺炎疫苗接种、争创“全国文明典范城市”、高考、庆祝建党100周年等重大主题活动，启动“奋斗百年路，启航新征程”大型融媒新闻行动，推出专题专栏、系列报道150余个，融媒产品超8000个，策划开展大型商业活动50余场，各类直播近200场。年内，中心（集团）154件作品获奖，其中39件作品获国家级奖项、28件作品获省级奖项、68件作品获苏州市级奖项。广播消息《一张身份证引来9.85亿贷款》获2019—2020年度中国广播电视大奖·广播电视节目奖提名。特别策划《一路向黔·为爱行走：一场特殊的旅行》在全国脱贫攻坚优秀项目及优秀宣传成果评选推广活动中，获“华夏高科技产业创新奖”优秀宣传成果类二等奖。融媒作品《“融入长三角，通达新未来——沪苏通铁路张家港站启用暨弘吴大道通车”大型融媒直播》，获2020年度江苏广播电视媒体融合奖移动直播三等奖。抗疫主题短视频《爸爸，等你回家》获第七届“紫金奖·公益传播设计大赛”金奖。全省仅两件作品获此奖项。“学习强国”全国平台录用稿件180条，录用量在苏州名列第一，被江苏平台录用314条、苏州平台录用1011条，综合排名在苏州各市（区）名列前茅。“今日张家港”成功入围2021城市App综合示范奖，在全国97个抽样县市（区）城市App评估中总体得分第一。中心（集团）先后获评2021年全国广播电视媒体融合先导单位提名奖、全国新闻出版深度融合发展机构组织案例、江苏省县级融媒体中心新型传播平台建设优秀案例、苏州市健康机关，融合改革发展站上更高平台。徐苗、徐敏峰、缪宇欢评获苏州市先进新闻工作者。张敬刘获评苏州市抗击新冠肺炎疫情先进个人。

【报纸】《张家港日报》全年出版295期，每期4个版面（周六8个版面），报纸日发行量3.4万份。年内，重点打造20个专栏，发稿量526篇。重点栏目包括《营商环境大比拼，项目引进再提速》《创新提质开新局》《奋斗之路》等。2021年报纸平台获国家级荣誉奖项36件，其中一等奖3件、二等奖10件、三等奖22件、其他类别奖项1件；省级奖14件，其中一等奖1件、二等奖4件、三等奖8件、其他类别奖项1件；苏州级奖4件，其中二等奖1件、三等奖2件、其他类别奖项1件。

【广播】 年内，市融媒体中心（传媒集团）广播平台重点开设《张广102新闻》《102顺风车》《有啥说啥》《时光里的城》《律师说法》等节目16档。推出年度重大主题报道《张家港“含新量”年报》《民生实事看幸福》《奋斗百年路，启航新征程》《我为群众办实事》等挂牌专栏和策划栏目36个。全年中央人民广播电台录用12条，其中《新闻和报纸摘要》2条、全国新闻联播1条。省台录用29条。公益广告累计播出12498分钟、20324条（次），累计安全优质播出1.6万小时。广播平台获苏州级奖27件，其中一等奖2件、二等奖11件、三等奖12件、优秀栏目2件。

【电视】 2021年，市融媒体中心（传媒集团）电视平台引进电视剧46部1930集，全年下载江苏省内容共享平台19部电视剧790集，外引动画片53部1460集，外引电视栏目4个。此外，围绕各政府职能部门的中心工作，摄制各类专题汇报片32部，总计时长185分钟。围绕科学防疫、文明城市、普法教育、垃圾分类、脱贫攻坚、人口普查、长江文化艺术节等主题策划制作原创电视公益广告12个。2021年电视平台获国家级荣誉奖项1件；省级奖4件，其中一等奖1件、三等奖4件；获苏州级奖38件，其中一等奖3件、二等奖15件、三等奖15件、其他类别奖项5件。

【电影】 年内，全市新增影院2家，分别位于杨舍镇市职工文体中心的职工影城和位于金港街道中骏世界城的星轶影城。年末，全市有院线11条、影院22家、放映厅140座、座位17268个，平均每10万人拥有屏幕数11.5块、座位143个。电影市场回暖，全年实现票房收入7640.4万元，放映23.6万场，观众193.3万人次，票房收入比上年增172.08%。持续推进江苏省农村电影提升试点工程，指导全市村（社区）公益电影放映由室外向室内转变，建成南丰镇永联村、杨舍镇新时代文明实践所2个点位的室内标准化公益电影驿站。继续组织开展“千场优秀电影进社区”活动，全年走进242个村（社区）、77所中小学校、乡镇文化中心及敬老院等放映点免费放映公益电影4784场。

（卢本胜）

【网络新媒体】 年内，市融媒体中心（传媒集团）利用“偶俚张家港”“遇见张家港”微信公众号和“今日张家港”客户端等“两微一端”开设《新思想引领新征程时代答卷》《走生态发展之路，谱长江保护之歌》《祖国颂》《争创文明典范城市》等专题专栏68档，发布宣传海报2000余张，开展重大主题报道22篇，发布资讯4万余条。“今日张家港”App充分发挥技术优势，统筹各方力量，探索打破信息平台壁垒，构建“政务服务中心”“新时代文明实践中心”“市民诉求中心”一站式服务平台，创新媒体参与社会治理新业态。至2021年年末，全市有35个部门、1500余个事项纳入“一网通办”平台；构建44个生活服务专区，改造接入各类服务应用78个；发布媒体新闻资讯超2.5万条；策划组织线上活动180余场，参与人次超200万人次；App下载量突破63万次，注册用户超49万人次，开机频次和活跃用户比上年增28%和37%。在2021第一届中国城市App发展水平评估中位列第一，获评2021城市App综合示范奖，在全国县域保持领先水平。“偶俚张家港”“遇见张家港”微信号粉丝数近65万人，“偶俚张家港”微信号位列全国县级媒体类微信前十；“偶俚张家港”同名抖音号粉丝量超30万人。因地制宜发力“夜经济”，全年谋划开展“多彩夜沙洲·融媒YE精彩”系列活动20余场。开展建党百年、长江文化艺术节、全民带货等各类直播近200场。创新打造“遇见张家港”全媒体商业IP、“四季江湖味”全媒体美食专栏。建立张家港融媒体·京东直播基地。2021年新媒体平台获国家级荣誉奖项2件；省级奖9件，其中一等奖2件、二等奖3件、三等奖4件；苏州级奖13件，其中一等奖1件、二等奖4件、三等奖6件、其他类别奖项2件。

2021年张家港市融媒体中心（传媒集团）主要获奖情况表

表59

名称	荣誉名称	颁发机构	主创单位（人员）
《一路向黔·为爱行走：一场特殊的旅行》	“华夏高科技产业创新奖”优秀宣传成果类二等奖、最佳策划奖	中国扶贫开发协会、华夏高科技产业创新奖办公室、华夏高科技产业创新奖评审委员会华夏高科技产业创新奖评审委员会	策划：张敬刘、陆锦芳、徐燕，编导：余晓燕、包宏，摄像：董皓杰、蒋沙洲、徐振宇，制作：陈嘉铭、王思奇、吴鑫宇，撰稿、解说：韩玉晶，监制：任黎明，技术：赵强、罗奕秋、杨春伟
《奋斗百年路，启航新征程》	第三届北京国际公益广告大会创意征集大赛广播类优秀奖	国家广电总局 北京市人民政府 中共北京市委宣传部 北京市广播电视局	孙钦敏、朱莹
《港城农业生产开启全程“无人”作业时代》	2020年度中国县市区域媒体新闻作品竞赛消息类一等奖	中国县市报研究会	王会信、杨亚权
《鸟飞豚跃，绿色生态再现张家港湾》	2020年度中国县市区域媒体新闻作品竞赛消息类二等奖	中国县市报研究会	钱萍、余继峰
《253名“订单毕业生”助力港城乡村振兴》	2020年度中国县市区域媒体新闻作品竞赛消息类二等奖	中国县市报研究会	浦江、王会信
	2020年度江苏省好新闻（文字作品）消息二等奖	江苏省记协	浦江、王会信、许志平
	2020年度江苏省县市好新闻奖消息二等奖	江苏省记协、江苏省县市报（融媒）研究会	浦江、王会信
《爱的“约定”》	2020年度中国县市区域媒体新闻作品竞赛通讯类二等奖	中国县市报研究会	李敏、王怡心
	2020年度江苏省好新闻（文字作品）通讯三等奖	江苏省记协	李敏、王怡心、褚新意
	2020年度江苏省县市好新闻奖通讯三等奖	江苏省县市报（融媒）研究会	李敏、王怡心
《“船老大”沈国华：从“捕鱼人”到“护渔人”》	2020年度中国县市区域媒体新闻作品竞赛通讯类二等奖	中国县市报研究会	房吉、朱茂华

续表59

名称	荣誉名称	颁发机构	主创单位(人员)
"船老大"沈国华:从"捕鱼人"到"护渔人"	2020年度江苏省县市好新闻奖通讯三等奖	江苏省县市报(融媒)研究会	房吉
《快跟上,张小融带你进张家港站》	2020年度中国县市区域媒体新闻作品竞赛微信公众号、新闻客户端一等奖	中国县市报研究会	胡浩、陶子阳、陆翊涵、卫珂珺、钱琨
《多想和你见一"面"》	2020年度中国县市区域媒体新闻作品竞赛短视频类一等奖	中国县市报研究会	黄佳媛、包宏、陈嘉铭、董皓杰、徐振宇
《张家港新闻》	2021年度江苏省广播电视节目录制技术质量奖(电视新闻)三等奖	江苏省广播电影电视协会	宋亚平、黄颖、邵晓春、刘琳
《遇见·张家港湾——迎中秋庆国庆诗歌朗诵会》	2021年度江苏省广播电视节目录制技术质量奖(电视综艺)三等奖	江苏省广播电影电视协会	李华、宋亚平、张平、邵晓春、黄颖、周涵、张贤、彭玲
《启航——2020年中国(张家港)长江文化艺术节暨金秋经贸周开幕式》	2021年度江苏省广播电视节目录制技术质量奖(电视综艺)三等奖	江苏省广播电影电视协会	宋亚平、李华、杨春伟、周涵、邵晓春、张平、张贤、彭玲
《碧水清湾》	2021年度江苏省广播节目录制技术质量奖(语言类) 二等奖	江苏省广播电影电视协会	陶利国、刘胜、戈燕萍
《梅竹》	2021年度江苏省广播节目录制技术质量奖(戏曲类二等奖	江苏省广播电影电视协会	刘胜、陶利国、何志龙
《遇见张家港湾》	2021年度江苏省广播节目录制技术质量奖(片花类)二等奖	江苏省广播电影电视协会	刘胜、戈燕萍、陈丽
	2020—2021年度江苏电视文艺奖(文学节目)三等奖	江苏省广播电视局、江苏省广播电影电视协会	陈静、徐学渊、花飞、马佳楠
《环境守护者之歌》	2021年度江苏省广播节目录制技术质量奖(音乐类) 三等奖	江苏省广播电影电视协会	黄爱萍、孙钦敏、许杰
《战"疫"一线党旗红》	2020年度江苏省好新闻(网络)作品新闻专题三等奖	江苏省记协	曹嵘、陆锦芳、李燕、吴克
《情系一生的"信"念》	2020年度江苏省县市好新闻奖通讯一等奖	江苏省记协、江苏省县市报(融媒)研究会	王敏悦
《长江往来船舶的动态信息尽在掌控中张家港海事局"港口抗疫预警"功能正式上线》	2020年度江苏省县市好新闻奖通讯二等奖	江苏省记协、江苏省县市报(融媒)研究会	钱海燕
《六载奋战,圆梦今朝(组图)》	2020年度江苏省县市好新闻奖新闻摄影二等奖	江苏省记协、江苏省县市报(融媒)研究会	庞瑞和、陈佳琪、王单
《"融入长三角,通达新未来——沪苏通铁路大型全媒体直播》	2020年度江苏省县市融媒优秀作品奖移动直播一等奖	江苏省记协、江苏省县市报(融媒)研究会	集体
《老罗的事业》	2020年度江苏省县市融媒优秀作品奖移动视频专题一等奖	江苏省记协、江苏省县市报(融媒)研究会	徐学渊、徐敏峰 虞创、庞超
《快跟上,张小融带你进张家港站》	2020年度江苏省县市融媒优秀作品奖新媒体创意互动二等奖	江苏省记协、江苏省县市报(融媒)研究会	胡浩、陶子阳、陆翊涵、卫珂珺、钱琨
《最美"第一湾"》	2020年度江苏省县市融媒优秀作品奖融合创新二等奖	江苏省记协、江苏省县市报(融媒)研究会	集体
"最青春"特别策划	2020年度江苏省县市融媒优秀作品奖融合创新二等奖	江苏省记协、江苏省县市报(融媒)研究会	遇见工作室
《践行"两山"理念,投入37亿元修复长江岸线》	2020年度江苏省县市好新闻奖消息三等奖	江苏省县市报(融媒)研究会	钱萍、余继峰

续表59

名称	荣誉名称	颁发机构	主创单位(人员)
《河阳有“后浪”,“宝卷”薪火传》	2020年度江苏省县市好新闻奖通讯三等奖	江苏省县市报(融媒)研究会	王敏悦
《张家港与版画艺术的首次深情凝望》	2020年度江苏省县市好新闻奖通讯三等奖	江苏省县市报(融媒)研究会	钱超新、朱逸馨
“张家港湾”系列报道	2020年度江苏省县市好新闻奖系列报道三等奖	江苏省县市报(融媒)研究会	王嘉楠、房吉、闵京
去时无畏 归来无恙(组图)	2020年度江苏省县市好新闻奖系列报道三等奖	江苏省县市报(融媒)研究会	庞瑞和、褚珊珊、陈佳琪
7月1日T1版	2020年度江苏省县市好新闻奖报纸好版面	江苏省县市报(融媒)研究会	朱茂华、包丽芬
福前小学这个班只有一个学生,26位老师为他上课	2020年度江苏省县市融媒优秀作品奖微信公众号图文三等奖	江苏省县市报(融媒)研究会	王怡心、余晓燕
跟拍张家港发热观察病房,不需要旁白!	2020年度江苏省县市融媒优秀作品奖微信公众号图文三等奖	江苏省县市报(融媒)研究会	陆佳楠、缪宇欢 虞创、王思奇
爸爸,等你回家	2020年第七届“紫金奖”文化创意设计大赛“公益传播设计”类金奖	江苏省委宣传部	影视制作部
精准帮扶“四个一”携手共圆小康梦	2020年度江苏电视新闻奖连续(系列)报道三等奖	江苏省广播电视局、江苏省广播电影电视协会	王嘉楠、浦江、余继峰、陈型、闵京
第八届“诗歌里的城”诗歌朗诵会	2020年度江苏彩虹奖(对外电视·文艺节目)三等奖	江苏省广播电视局、江苏省广播电影电视协会	花飞、张贤、吴潇芳、马佳楠、季新浩、顾文焘、彭琳、蒋昕恬
张家港四季乐章	2020年度江苏广播电视播音与主持作品奖(电视播音文艺类)三等奖	江苏省广播电视局、江苏省广播电影电视协会	郭晋斌
“融入长三角通达新未来——沪苏通铁路张家港站启用暨弘昊大道通车”大型融媒直播	2020年度江苏广播电视媒体融合奖(移动直播)三等奖	江苏省广播电视局、江苏省广播电影电视协会	刘征、余继峰、高燕、徐群
中华崛起迎盛世	“庆祝建党100周年”广播电视和网络视听公益广告创意征集大赛优秀奖	上海市文明办 上海市文旅局	孙钦敏、朱莹
《百善孝为先,佳话永流传》	第十六届设计之都(中国深圳)公益广告大赛广播类优秀奖	广东省广播电视局 中共深圳市委宣传部	孙钦敏、朱莹

(金 叶)

体 育

【概况】 2021年,市文体广旅系统编制《张家港市“十四五”文化体育和旅游融合发展规划》《2021年张家港市全民健身工作意见》和《张家港市全民健身实施计划(2021—2025年)》。整合文体旅资源,开展3对3篮球赛、“多彩凤凰”第七届短程马拉松等文体活动。深化体教融合,联合市教育局出台《关于进一步加强新时代张家港市青少年体育工作的实施方案(2020—2024)》。推进文体集市进商圈、进景区,打造“多彩夜沙洲”品牌,助力夜经济发展。探索体育旅游融合新模式,创新体育旅游精品线路与项目,慢岛双山、长三角友好城市网球团体赛、多彩凤凰迷你马拉松线路3个项目被认定为苏州市体育旅游精品项目。争先创优再突破,连续5个全运会周期获评全国群众体育先进单位,3人获评全国群众体育先进个人,2位体育工作先进代表受到习近平总书记接见。张家港市在第十四届全运会群众赛事中获集体二等奖、最佳人气奖,获授首批全国县域足球典型、省老年体育特色项目“门球之乡”“太极系列之乡”等称号,成功复评“全国围棋之乡”,蝉联县级体育重点工作督察第一名,市足协入选省改革试点县(市、区)足协名单。设施建设再加速,建成城南文体中心,新建健身步道25.88千米,改扩建体育公园1个,新建五人制足球场3片,完成张家港市2021年民生实事15套“五彩门”学校体育场地对外开放智慧管理系统建设。新建和更新健身路径200套，篮球架40套，乒乓球台50套。完成梁丰生态园1.3千米塑胶健身步道改造，完成全市健身路径公示牌更换，有力推进体育公园和公共体育场馆提档升级。至年末，每1万人拥有体育健身设施数92.29个（按最新人口数143.2万人计算）。赛事活动再优化，高质量承办长三角一体化全民健身示范区联盟论坛、省室外全民健身设施管护专项治理工作推进会、省青少年田径锦标赛等上级赛事活动10余项。举办全民健身大联赛、女王跑系列赛等多项本土赛事，组织各体育协会开展群体赛事活动200余项，全民健身工作经验被“学习强国”学习平台、《人民日报》等主流媒体多次报道，并获《中国体育报》整版点赞。张家港市入选首批省级体育消费城市试点，出台实施《张家港市推进省级体育消费试点城市建设实施方案》。金陵体育获授杭州2022年亚运会官方球类和田径项目赛事器材供应商，市体育中心获评省级、苏州市级体育服务综合体。至2021年年末，全市有体育产业活动单位1002个。

【青少年体育】 2021年，市文体广旅系统举办张家港市级单项体育赛事9项，承办苏州市级体育比赛3项，承办省级体育比赛6项。组队参加市级以上青少年体育竞赛，全年有1021人次参加苏州市级竞赛，305人次参加省级竞赛，包含田径、乒乓球、少儿体适能、举重等20个项目。获得省青少年县组田径比赛、县组举重比赛团体总分、金牌数双第一、省县组举重赛获得团体冠军、县组乒乓球比赛团体总分第二的优异成绩。年内，向省优秀运动队输送正式运动员4人，向苏州市优秀运动队输送运动员54人。

【体育运动学校】 2021年，体育运动学校有在训学生近500人，教练员20人。新招生57人，涉及田径、武术、网球、手球、举重等项目。向国家集训队输送3人，省优秀运动队4人（网球，小轮车，射击），向省体校输送1人，向苏州市输送54人（田径、网球、手球、体适能等项目）。2月，张家港市培养输送的游泳运动员陆建琳（湖南省水球队）获“运动健将”。3月，高嘉怡获得冲浪项目“运动健将”。4月，引进运动员俞元泰入选中国男排集训队，为2024年巴黎奥运周期备战。年内，张家港籍运动员在东京奥运会、十四届全运会中取得优异成绩。竞技项目取得市级以上奖牌200余枚，省县组系列比赛8个参赛项目总成绩列全省第一名。省级与苏州赛事方面，受疫情影响，各级各类赛事活动于4月开始陆续举行。在省级县组赛事（田径、乒乓球、举重、网球、游泳、体适能、足球）上，省县组田径比赛（第一赛区）和省青少年举重县组锦标赛，均获得团体总分第一名、金牌总数第一名；省少儿体适能锦标赛（趣味田径），获团体总分第一和奖牌榜第一名；获省青少年乒乓球锦标赛（县组比赛）团体总分第二名；获省少儿体适能县组锦标赛，女子跑酷团体第一名；获省少儿网球排名赛（第二站盐城）第三名；获省青少年游泳锦标赛暨县组比赛金牌榜第一名，团体总分第五名。在苏州市级赛事活动（武术、田径、游泳、乒乓球、手球）中，5月中小学生武术（套路）比赛，获团体总分第一名；5月小学生田径比赛，获团体第四名；5月乒乓球传统校比赛，获团体总分第二名；6月中小学生游泳比赛，获小学组第二、初中组第四；7月中小学生手球比赛，获初中女子第一、男子第二名；小学女子第一、男子第四名。

【群众体育】 2021年，市文体广旅系统以争创全国全民运动健身模范县（市、区）为目标导向，以增强人民身体素质、提高群众健康水平为出发点和落脚点，着力构建更高质量的全民健身公共服务体系。年内，张家港市获“全国群众体育先进单位”“首批全国县域足球典型”、江苏省县级体育重点工作督察三连冠，成功复评“全国围棋之乡”。第十四届运动会群众赛事比赛中，张家港市获集体二等奖和最佳人气奖。印发《2021年张家港市全民健身工作意见》和《张家港市全民健身实施计划（2021—2025年）》。全年举办全市三级以上培训班10期，培育社会体育指导员400余人，全市社会体育指导员总数8527人，每万人拥有数59.5人；完成对全市1.2万人的国民体质测试工作；年内新增市级体育俱乐部2家，全市共有市级体育类社团33个，民办非企业俱乐部53个，镇级体育类社团59个，有组织体育人口超20万人；开展科学健身大讲堂、健身技能传授、新优项目培训等活动100余项次，累计服务超3万人次；市老年体育大学采用线上线下双线教学，全年举办老年“健康知识讲习班”12期，各项目教练员、裁判员培训班10期，各专项技能培训班60余期，培养老年健身骨干3000余人。年内，承办第十三届全国舞龙舞狮锦标赛、2021年长三角一体化全民健身示范区联盟论坛、江苏省室外全民健身设施管护专项治理工作推进会暨2021年全民健身设施建设管理培训班、江苏省青少年田径锦标赛暨县组田径比赛、江苏省体育舞蹈俱乐部联赛、苏州市第二届农民运动会、苏州市老年人体育门球比赛等上级赛事活动10余项。举办张家港市第十一届全民健身大联赛、第八届全民健身大展示、第四届沙上体育运动会、短程马拉松系列赛、迎新年万人云上健步行、庆祝中国共产党成立100周年广场健身舞精英赛、万人广场舞大展演活动、第十三届“人社杯”太极拳（械）比赛等市级大型赛事活动30余项。围绕红红火火过大年、激情“五一”、快乐中秋、喜迎国庆等主题，开展群众性体育赛事活动300余项。

【竞技体育】 2021年，全市竞技体育取得新突破，盛李豪获东京奥运会男子10米气步枪银牌和巴黎周期中国射击队首枚国际比赛金牌。在第十四届全运会上共获4金2银1铜，创历史新高。市代表队在省青少年县组田径和举重两项比赛中，获团体总分和金牌数双第一的好成绩。市队县办苏州市青少年0506年龄组男子足球队勇夺2021年省青少年足球锦标赛冠军，翁浩获东京体操世锦赛鞍马银牌、全国体操锦标赛鞍马冠军，缪雨航获全国场地自行车锦标赛和中国场地自行车联赛总决赛两项冠军，王伟强获男子手球金牌，袁琦琦获女子100米、4×100米接力银牌，张梓博获速度轮滑500米争先赛银牌。盛李豪、翁浩、王伟强3人被省委、省政府授予“江苏省体育发展突出贡献个人”称号。聚焦竞体赛事承办塑精品，高质量承办2021“壁有一战”省壁球俱乐部联赛、省青少年阳光体育运动联赛开幕式；承办第23届中国足协“贝贝杯”青少年足球赛、长三角地区艺术体操邀请赛、三人篮球集训赛等多项赛事活动，收到中国足协、中国篮协等单位致信感谢。

【体彩销售】 2021年，市体彩中心坚持以服务网点为己任，以购彩者需求为导向，全年体彩销量4.57亿元，其中传统乐透型1.27亿元，竞彩型2.95亿元，即开票3400万元，比上年增10.15%，筹集公益金3200余万元，代缴个人偶得税364.7万元，销量继续保持全省县市区第五、苏州第二。年内，加强网点服务建设，突出竞争能力。2021年，新建实体网点10家，升级全玩法网点16家，新拓展行业网点15家。全年组织网点开展两次联谊活动；持续开展“冬季送温暖，夏季送清凉”“防疫情、保安全、办实事”等活动，全年为网点发放防疫物资及慰问品近15万元；优化网点考核机制，申请19万元专项资金对各类优秀网点实施奖励。积极开展培训，加大产品营销力度。结合各项业务活动，利用视频会议形式开展各类业务培训会15场，印发预防非理性投注行为提示、网点销售员销售须知、疫情防控手册等宣传品1万余册。严格落实总局中心加强网点安全监管，配合省中心开展合规销售纠察和高销量预警填报2000余次，全年未发生一起违规销售行为。通过新春购彩季“牛年票”、江苏“7星彩”上市和“大乐透”10亿元大派送等主题营销活动，持续加大宣传推广力度。通过赏花季、马拉松等全市各类文化体育活动开展10余场即开票地推活动。依托志愿服务，开展温情帮扶。通过开展“拥抱春天携手同行 种植希望同育梦想”——关爱自闭症儿童，“公益体彩 粽香情深”——走进儿童福利院，“助力‘双减’，温暖有光”——送体育器材进张家港市白云学校等活动，进一步宣传体彩公益形象，受到社会一致好评。

【江苏省青少年阳光体育运动联赛在市举行】 4月22日，2021年江苏省青少年阳光体育运动联赛开幕式暨江苏省青少年田径锦标赛县组田径比赛在张家港市举行。江苏省阳光体育运动联赛由省文明办、教育厅、体育局、团省委、省妇联、省发展体育基金会共同主办。作为全省规模最大的年度青少年体育盛会，江苏省青少年阳光体育运动联赛已成功举办14年，成为全省各地展示青少年体育高质量发展和推动青少年沟通交流的重要平台。年内，阳光联赛继续秉承“阳光、运动、活力、和谐、健身、育人”的主题，以推动青少年全面发展为宗旨，通过开展足球、篮球、排球、田径、游泳、体操等42个大项的比赛和活动，丰富青少年体育竞赛活动的内涵，打造江苏省形式多样、人才辈出、精彩纷呈的青少年体育赛事品牌。4月25日，2021年江苏省青少年田径锦标赛暨县组田径比赛（第一赛区）比赛结束。张家港市代表队获得团体总分第一名、金牌数第一名以及体育道德风尚奖。

【缪雨航夺得2021年中国场地自行车联赛总决赛金牌】 4月27日，2021年中国场地自行车联赛总决赛在浙江长兴落幕。该次比赛是奥运会选拔赛暨全运会积分赛，吸引国内众多高手参赛。在男子麦迪逊项目上，张家港籍运动员缪雨航与徐州运动员郭亮搭档，为江苏队夺得金牌。缪雨航，2000年生，张家港市杨舍镇人，2015年开始进行自行车训练，是由张家港市输送至苏州市第二青少年业余体校培养的优秀选手，曾获得2018年江苏省第十九届运动会场地自行车男子甲组4公里个人计时赛冠军和团体追逐赛冠军，后被输送至江苏省队。

【翁浩获2021年全国体操锦标赛鞍马冠军】 5月4日至9日，2021年全国体操锦标赛暨东京奥运会选拔赛在成都开赛。张家港籍运动员翁浩以15.100分夺得男子鞍马单项冠军，并帮助江苏队以335.658分获得男团冠军。翁浩是张家港市体育运动学校运动员，自2016年全锦赛高分夺冠后，陆续拿下了全运会、世界杯等国际国内体操比赛的鞍马冠军，是中国男子体操项目的“鞍马王”。

【张家港市首批入选省级体育消费城市试点单位】 5月14日，江苏省体育局发文公布首批省级体育消费城市试点单位名单，张家港市成功入选。近年，张家港市体育产业初步形成体育装备制造为支撑，体育场馆设施为载体，体育竞赛表演和健身休闲为驱动、体育用品销售、体育培训、体育旅游等业态快速发展的良好态势。“十三五”期间，创新建成中国网球学院张家港分院、职工文体中心、新时代文明实践中心体育分中心等文体地标，基层综合性文化服务中心标准化建设实现全覆盖。全市共建有体育公园19个（14个达县级以上标准），基层健身站点1030个；建有健身步道395条，合计622.33千米，体育场地5302个，体育场地面积773.4万平方米，人均体育场地面积6.11平方米，各项指标领跑全省同级城市。

【张家港市获评首批“全国县域足球典型”】 5月，国家体育总局公布全国首批县域足球典型名单，张家港市作为苏州唯一、全省三家之一光荣上榜。作为“贝贝杯”足球赛的发源地，近年来，张家港市认真学习领会习近平总书记关于校园足球工作系列重要指示批示精神，以落实《中国足球改革发展总体方案》作为主线，奋力推动港城足球高质量发展走在前列。领导重视组织有力，足球运动普及。实施“一把手”工程，由市政府牵头成立校园足球领导小组，市主要领导任组长。市文体广旅局和教育局形成合力，逐步推动市校足办结合市足协实体化发展方向，统筹青少年校园足球与社会足球同轨、协调并行。张家港市先后获评“全国首批校园足球试点县”和“全国青少年校园足球满天星训练营”等国家级荣誉称号。积极投入社会足球场地建设，先后建成白鹿足球公园、梁丰生态足球公园，首创将长泾路、龙潭路两处闲置储备用地改建为临时性公共足球场，均面向社会大众免费开放。创新投放“五彩门”全民健身智慧服务点，开放校园足球场等体育场馆。体系完善实力强劲，协会发展提质。市足协获评国家AAAA级社会组织，蝉联江苏省改革试点县（市、区）足协，在2020年度绩效管理考核中排名全省第一，为全市校园足球定向培训足球专业人才179人，连续13年举办社会足球联赛，创新举办5届市级机关足球锦标赛，每年举办各类足球活动50余项、参与人次超3万人。项目引领人才支撑，品牌打造有力。恢复举办五届中国足协“贝贝杯”足球赛，创立“凤凰贝贝杯”长三角精英赛，每年承办江苏省“省长杯”苏州市“市长杯”足球赛，承接省队县办的省0304女足、市队县办的苏州市0506男足。全面推进校园足球“满天星”训练营，畅通升学通道，在苏州市内首个推出“初升高”足球特长生政策。打造校园足球三级联赛体系，每年全市校园足球赛事1700余场、学生参与人数5万人次。凤凰中心幼儿园被认定为首批全国足球特色幼儿园示范园，南丰小学被认定为全国青少年校园足球特色学校，崇真幼儿园被认定为全国足球特色幼儿园。

【张家港市代表队获2021年省青少年游泳锦标赛暨县组游泳比赛金牌榜第一名】 6月25日至29日，由江苏省体育局主办，江阴市文体广旅局承办的2021年江苏省青少年游泳锦标赛暨县组游泳比赛举行。全省共有22支代表队、109名运动员参赛，比赛设置男女组各10个项目。比赛通过以赛促训，选拔后备人才。比赛共产生20枚金牌，经过激烈角逐，张家港市代表队获得7金1银，列金牌榜第一名，并获团体总分第五名和体育道德风尚运动队称号。

【张家港市射击小将盛李豪奥运会夺银】 7月25日，2020年东京奥运会射击男子10米气步枪决赛在日本朝霞射击馆落下帷幕。张家港市杨舍镇的16岁小将盛李豪，奥运首秀就以250.9环获得银牌，为苏州市、张家港市摘得第一块射击项目奥运奖牌。盛李豪出生于2004年12月，张家港市杨舍镇人。于2017年3月被选入苏州市体育运动学校射击队，2018年入选江苏省射击队。东京奥运会延期后，国家射击队更新了选拔办法，扩大选才范围，通过2020年9月和11月的全国冠军赛和全国锦标赛“海选”。2021年初的中国国家射击队东京奥运会最终队伍选拔赛男子10米气步枪项目中，盛李豪在四场选拔赛后排名第二，获得前往东京的资格。在东京奥运会上，盛李豪成为奥运射击项目历史上夺得奖牌年龄最小的运动员。

旅　　游

【概况】 2021年，全市旅游业接待游客708.76万人次，旅游总收入142.55亿元。其中，暨阳湖欢乐世界、江南农耕文化园、凤凰山景区、香山景区和双山岛旅游度假区5个收费景区实现门票收入7319.05万元，景区营业收入18945.23万元。全市有旅游星级饭店8家，其中五星级3家、四星级3家、三星级2家。有旅行社43家，其中国际旅行社7家。星级旅行社6家，其中省四星级旅行社2家、省三星级旅行社4家。全市有持证导游257人，其中高级导游1人、中级导游16人。全年累计组团人数8.19万人次，接待游客12.02万人次，营业总收入8298.68万元。旅游民宿行业规模增长迅猛，10家旅游民宿通过会办验收、取得资质，至年末全市有旅游民宿14家。凤凰山景区入选首批省级非遗旅游体验基地，“原味长江、魅力乡村”生态之旅获评苏州乡村旅游精品线路，多彩凤凰迷你马拉松线路、慢岛双山分别获评苏州市体育旅游精品线路和体育旅游示范基地。组织评选张家港市十大红色文旅精品线路，超10万人次参与。积极推动暨阳湖等景区游客中心、通景公路提质升优，打造永联小镇会客厅、肖家巷双创中心等文旅融合的全域旅游展示阵地。闲心公社、肖家巷和福前村创建为苏州市共享农庄，“酒的故事”沙洲优黄文化园创建省级工业旅游点，香山景区创建首批省级文明旅游示范单位。

【旅游星级饭店】 2021年，全市有旅游星级饭店8家，其中五星级3家、四星级3家、三星级2家。8家星级饭店全年累计接待人数27.1万人次，比上年减17.18%；营业收入42263.14万元，比上年增10.28%；客房平均出租率40.31%，比上年减0.4个百分点。年内，馨苑度假村、江南花园酒店分别完成五星级、四星级旅游饭店评定性复核。为“打响江南文化品牌”，提升酒店业文化特色服务质量，苏州市文化广电和旅游局开展苏州市“文化特色酒店”评选活动，市沙洲宾馆获评“苏州市文化特色酒店”称号，馨苑度假村获“苏州市文化特色酒店评选优胜奖”。

2021年张家港市星级饭店情况表

表60

单位名称	类别	地址
国贸酒店	五星级	杨舍镇人民中路42号
馨苑度假村		杨舍镇长安南路279号
华芳金陵国际酒店		杨舍镇长安路388号

续表60

单位名称	类别	地址
沙洲宾馆	四星级	杨舍镇暨阳中路170号
江南花园酒店		金港街道长江中路132号
长江国际大酒店		金港街道长江西路99号
景海宾馆	三星级	杨舍镇海关路2号
汀悦酒店		金港街道江海北路5号

【旅行社】 年内，全市新增拾光国际旅行社、畅游旅行社2家国内旅行社。至年末，全市有旅行社43家，其中，国际旅行社7家；在册导游257人，其中高级导游1人、中级导游16人。有星级旅行社6家，其中，省四星级旅行社2家、省三星级旅行社4家。年内，张家港国泰国际旅行社、张家港华泰旅行社均顺利完成四星级旅行社评定性复核；市慢岛双山旅行社导游员张青、马佳裕分别获"苏州市金牌导游员""苏州市银牌导游员"称号，实现历史性突破。全年旅行社累计组团人数8.19万人次，比上年增21.8%；接待游客12.02万人次，比上年增38.68%；营业总收入8298.68万元，比上年增17.42%。根据《关于转发旅游服务质量保证金暂退工作新要求的通知》，在暂退80%质量保证金的基础上，继续为有需要的11家旅行社暂退初次退款后所剩余额的50%，此次合计暂退145万元。指导符合条件的旅行社申报各类奖补，根据《关于开展2021年旅行社企业奖补申报工作的通知》，张家港国泰国际旅行社、张家港华泰旅行社获专项补助资金各10万元；根据《关于开展2021年度张家港市文体旅产业发展专项资金项目申报工作的通知》，11家旅行社获奖补资金480万元。

2021年张家港市星级旅行社情况表

表61

名称	星级	地址
张家港国泰国际旅行社有限公司	江苏省四星级	杨舍镇人民中路国泰时代广场底楼
张家港华泰旅行社有限公司		杨舍镇人民中路50号恒隆大厦
张家港市亚博国际旅行社有限公司	江苏省三星级	杨舍镇暨阳中路170号
张家港环宇旅行社有限公司		杨舍镇港城大道150号
张家港永安旅游有限公司		杨舍镇人民东路19号国泰新天地广场1312室
张家港市康辉旅行社有限公司		杨舍镇南环路115号

【旅游民宿行业发展】 2021年，张家港市推进党史学习教育"我为群众办实事"市级重点项目——"民宿添彩美丽乡村行动"，联合市旅游民宿发展协调小组各成员单位，深入双山岛、永兴村等地的6个民宿项目进行实地调研与规划建设行政指导，做到事前"靠前服务"；对常阴沙、凤凰镇等地的11家民宿申报单位进行现场联合会办，年内对北府海棠、闲心公社民宿集聚区、凤凰花田美宿等10家旅游民宿进行授牌，旅游民宿行业规模得到迅猛发展，家数总量14家，比上年增250%，做到事中"周到服务"；抓牢对已设立民宿的调研回访、督导提升工作，培育行业标杆，指导圃舍有光顺利入选2021年度苏州乡村旅游十大精品民宿，指导江上渔歌、金沙洲等4家规范经营满1年的旅游民宿完成奖补申报，合计金额14.5万元，做到事后"跟踪服务"。全链条的服务举措让群众更有获得感、幸福感，高质量推动全市农文旅产业融合发展与提档升级。

【红色旅游】 2021年，作为省级全域旅游示范区，张家港市整合境内红色旅游资源，以"沙洲印记·初心之旅"为主题，通过广泛征集红色线路、深度宣传红色点位、沉浸体验红色之旅等方式，探索构建"红色旅游+"模式，实现红色旅游与红色初心、乡村振兴、科普研学、城市精神、工业文化、非遗文化、生态保护、亲子体验等领域的融合发展，让红色之旅成为一种时尚。建强阵地，勇立"示范性"红色旅游标杆。深挖双山红色旅游资源，重点打造"信仰之脊"双山岛渡江战役展示馆，先后获评"苏州市爱国主义教育基地"等多项荣誉。同时推进景区景点和乡村红色旅游建设，强化红堡实境体验，打造红旅先锋，建成永兴村明清园、忆乡林和江畔"锋"来党建服务项目，打造永利村党史教育沉浸式体验园、金博园党建主题家庭农场等红色旅游阵地，丰富红色旅游新内涵。据统计，全年全市各红色旅游阵地接待市民和游客近15万人次。丰富形式，倡导"沉浸式"红色旅游时尚。以"沙洲印记·初心之旅"为主题，创新推出"党史教育沉浸体验游"等十大红色旅游精品线路，并在全市网络文化季启动仪式上进行现场发布。同时邀请新浪大V作为“城市形象推介官”，深度体验红色线路，宣传港城红色文化，讲好沙洲红色故事。另外，围绕线路解说、旅游体验、合理消费等环节，通过制作线路宣传手册、设计“红色印记”有声明信片以及唱响红歌、观看红色电影、重温入党誓词等方式，优化红色线路活动内涵形式，倡导“沉浸式”红色旅游时尚氛围。深化融合，打造“多元化”红色旅游品牌。创新构建“红色旅游+”模式，加强红色旅游与红色初心、乡村振兴、科普研学、城市精神、工业文化、非遗文化、生态保护、亲子体验等领域融合。丰富长江流域主题线路征集活动内涵，设置“红色长江薪传之旅”主题线路，优化整合境内优质红色点位，扩大红色旅游品牌影响。融入“惠民利民微实事”项目，通过“红色旅游+亲子体验”，创新开展“大手牵小手、快乐亲子游”红色研学活动，增强红色教育实效。整合长江生态、红色教育等资源，创推“寻渡江胜利印记，走江岛生态之旅”红色文化旅游线路，成功入选“2021年度苏州市乡村旅游十大精品线路”。

【凤凰山景区入选首批省级非遗旅游体验基地】 1月，江苏省文化和旅游厅发布《关于公布江苏省非遗旅游体验基地的通知》，张家港市凤凰山景区入选首批省级非遗旅游体验基地。凤凰山景区包括恬庄古街、肖家巷、河阳山歌馆、永庆寺等，其中河阳山歌馆围绕非物质文化遗产——河阳山歌为重点，展示河阳山歌文化。河阳山歌馆位于张家港市凤凰镇境内，是国家AAAA级旅游景区凤凰山景区的景点之一。河阳山歌是千百年来河阳地区劳动人民自己创造的原生态歌谣，被中国文联原主席周巍峙赞誉为“人民的心声、民族的情结，国家的瑰宝，世界的奇葩”。据专家考证，其代表作《斫竹歌》有六千多年历史，被誉为“华夏古老音乐的活化石”。2006年，河阳山歌作为吴歌的重要组成部分，被列入首批国家级非物质文化遗产名录。凤凰镇也因此被命名为“中国吴歌之乡”“中国民间文化（山歌）艺术之乡”。

【沙洲优黄文化园获评省级工业旅游区】 12月9日，省文化和旅游厅对2021年度申报省级工业旅游区的综合评审结果和对2012—2018年认定的省级工业旅游区复核结果揭晓，张家港市“酒的故事”沙洲优黄文化园获评省级工业旅游区，“钢铁是怎么炼成的”工业旅游区和大唐纺织工业旅游区顺利通过省级工业旅游区复核。“酒的故事”沙洲优黄文化园依托深厚积淀的黄酒文化，以塑造“新江南人文产品内涵”为理念，致力于打造一个集文化、研发、休闲于一体的综合工业旅游项目。近年，市文体广旅局科学谋划全市工业旅游发展，全面梳理工业旅游资源，推进工业与文旅深度融合，形成了一批有特色、有亮点的工业旅游品牌。

长江文化节

【概况】 2021年是长江文化节升格的开局之年，也是张家港市积极践行弘扬长江文化神圣使命的第18年。该届长江文化节由江苏省委宣传部、江苏省文化和旅游厅、苏州市人民政府、南京市人民政府共同主办，以“文物、非遗、戏曲、文旅”四大内容为主线，力争打造成为保护、传承、弘扬长江文化的前沿阵地，彰显“最江南”厚重品格的有力支撑，展示强富美高新江苏建设成果的重要窗口和推动长江经济带高质量发展的文化引擎。携手沿江13个省（区、市），精心组织了4大主项9类子活动。主要包括“踏浪而行”2021年长江文化节开幕式、“一江碧水，寻趣非遗”第九届长江流域民族民间艺术节非遗主题展——“未来非遗”当代视觉艺术展、“考古里的长江文明”专题展览、长江流域优秀小剧场戏剧展演季、“最美风景在路上”自驾游活动暨长江流域主题线路征集活动、“最美风景在路上”系列大型线上直播——“聚焦长江 高峰对话”文化和旅游创新发展论坛暨长江文化高层论坛、成立长江文化高峰智库、“长江颂”主题音乐作品征集活动、第十届江苏文学评论奖、第九届扬子江诗学奖颁奖仪式以及2021年长江文化节成果发布暨闭幕式。通过“线上+线下”相结合的方式，为观众带来全新的文化体验。长江文化节邀请中国文化传媒集团对节庆活动进行舆情跟踪和传播效果分析。统计数据显示，至12月22日，长江文化节话题全网点击播放量超过2亿次。

【文化和旅游部艺术数字资源库长江流域文旅数字资源专题库落户张家港】 12月15日，“最美风景在路上”系列大型线上直播——“聚焦长江，高峰对话”文化和旅游创新发展论坛暨长江文化高层论坛于举办，直播观看人数超670万人次。活动在文旅部指导下，邀请文化和旅游部政策法规司、中国文化传媒集团、中央文化和旅游管理干部学院等部门的领导，长江流域13个省市文化和旅游厅（局）代表、中国工程院专家、社科院专家、高校教授、国内大型文旅企业等领导嘉宾出席，掀起头脑风暴。嘉宾人数、举办规模创历届之最。张家港市委副书记、代市长蔡剑峰作《以“长江文化”品牌推动张家港文化高质量发展》开场主题演讲。论坛期间，文化和旅游部艺术数字资源库长江流域文旅数字资源专题库在张家港落地上线。该项目是经文化和旅游部批准建设的数字化项目，利用信息技术、大数据技术为艺术领域赋能，实现线上、线下协调发展。通过技术推动艺术数字资源入库、资料归集、专题展示和网络传播，是信息革命背景下推动艺术数字化互联、赋能赋彩的强大动力。利用中华优秀传统文化点亮网络空间，是新时代文化艺术守正创新、奋发奋进的坚定指引，是推动中华文化创造性转化和创新性发展的必由之路。该库以“四库全书式”的目录体系为核心，全面收录各类国家级、地方级艺术数字资源，尤其是新中国成立以来各类艺术创作、艺术表演、艺术产品和服务发展相关的艺术图片、视频、音频和文档等数字化资源。

（雷作安）

【编辑　张　洁】

卫生健康

Health

市第一人民医院　（市卫健委　提供）

卫生综情

疫情防控

医　　疗

预防保健

妇幼健康与家庭发展

卫生监督

红十字救护

张家港年鉴(2022)

扫码欣赏

“卫”你我在　　追光者

卫生综情

【概况】 2021年，市卫健委围绕新冠肺炎疫情防控和卫生健康事业高质量发展两条主线，克难奋进、狠抓落实，实现全市卫生健康工作“十四五”良好开局。建成市新冠病毒核酸检测基地等核酸检测实验室4家，最高日检能力达到6.5万份，完成核酸检测超过150万份。全市获评国家自然基金青年项目4项、省自然基金青年项目1项。基本公共卫生服务项目获全省绩效考核第一名，项目绩效考核蝉联苏州市第一名，实现四连冠。南丰镇人民医院会同南丰镇社区卫生服务中心开展优质服务基层行活动，达到国家推荐标准，金港镇社区卫生服务中心达到国家基本标准。建成江苏省星级家庭医生工作室2家、江苏省糖尿病并发症筛查工作站1家。张家港市获评世界卫生组织“健康城市创新发展奖”、江苏省公立医院综合改革示范县（市、区）、2021年度江苏省“安康关爱行动”先进单位。市卫健委获评2019—2021年度江苏省文明单位，蝉联张家港市级机关突出贡献奖。

医药卫生体制改革 年内，继续深化公立医院人事薪酬制度改革，修订完善《张家港市公立医院主要负责人年薪制实施办法》。健全完善岗位设置管理制度，实现在核定人员总控制数内，编内编外人员统筹设岗的政策突破，参照在编人员调整备案制人员养老保险缴费基数，推进编内外人员享受同等待遇。修订《张家港市2021年度公立医院绩效综合考核评价方案》，建立由“公立医院绩效考核评价体系”和“公立医院主要负责人绩效考核评价体系”构成的“双千分”考核评价体系。制定《张家港市卫健系统资产管理制度》，组建系统资产评估专家库。全面实施区域医共体建设，2家牵头医院、5家区镇医院和5家社区卫生服务中心分别签订实施“医共体协议”，初步形成市、区镇、社区三级联动的县域医疗服务体系。全力推进重病救治中心建设，市中医医院通过胸痛中心标准版认证，大新镇人民医院、凤凰镇人民医院在苏州地区一级医院中率先通过国家胸痛救治单元验收，市第六人民医院通过国家胸痛中心基层版验收。市第一人民医院、市中医医院完成三甲医院收费标准调整。

社区卫生 全市基本公共卫生服务项目人均补助标准提高至90元。东城社区卫生服务中心和南丰镇永联社区卫生服务中心建成投用。推进塘桥镇妙桥社区卫生服务中心二期新建及凤凰镇社区卫生服务中心改建工程。5家社区卫生服务站新改扩建工程建成投用，塘桥镇、锦丰镇、乐余镇、南丰镇、大新镇各新建成智能化家庭医生工作室1家，累计17家，建成江苏省星级家庭医生工作室2家，累计4家。开展新一轮基层卫生骨干人才遴选工作，遴选市级骨干65人、省级骨干38人。杨舍镇、金港镇、塘桥镇、锦丰镇、大新镇社区卫生服务中心与辖区医院启动新一轮托管制运行。成立张家港市社区医疗质量管理控制中心，开展三轮医疗质量督察与指导，随机抽查109家次社区卫生服务机构。49家社区卫生服务站推进“6S”精益管理，从整理（SEIRI）、整顿（SEITON）、清扫（SEISO）、清洁（SEIKETSU）、素养（SHITSUKE）、安全（SECURITY）六方面入手，改善服务环境和居民体验。召开苏州市健康市民“531”（建立五大中心：城市多中心疾病协同救治体系，三大机制：居民疾病高危因素筛查机制，一个平台：市民综合健康管理服务平台，最终形成“社区筛查预防—智慧急救—多中心协同救治”的分级防治体系）行动倍增计划信息转诊系统培训动员会，全面推开“531”行动倍增慢病筛查信息化转诊工作。深入实施慢病患者管理项目，将高血压、高血脂、糖尿病、支气管哮喘、慢阻肺、慢性乙肝、骨质疏松、慢性胃炎8个病种、222种慢病药品，下沉到社区，逐步实现用药目录市级医院与基层社区相融，着力解决配药难问题。继续做细做实家庭医生签约服务工作，组织开展第11个世界家庭医生日主题宣传活动，利用各类媒体传播平台，宣传签约服务政策和优秀家庭医生事迹，增加群众对家庭医生的信任度。

科教兴卫 2021年，全市新增重点专科25个，其中苏州市级4个、张家港市级21个；新增重点学科14个，其中苏州市级6个、张家港市级8个。启动张家港市专病中心评审，建成市第一人民医院睡眠中心、市中医医院颈肩腰腿痛一体化诊疗中心、澳洋医院肿瘤专病诊疗中心。市第一人民医院、市中医医院获评国家药物临床试验机构备案资质（GCP）。申报国家、省级科研项目90项，立项7项，其中国家自然基金青年项目4项、省自然基金青年项目1项；申报苏州市科研项目73项，立项11项。申报省市级医学新技术引进奖项目128项，获评省级奖项5项、苏州市级奖项6项。全年发表SCI论文60篇，发表科技核心期刊及以上论文122篇，授权专利120项。全市举办国家级学术活动3项、省级学术活动20项、苏州市级学术活动73项。2人获评第八批“姑苏卫生人才”，其中姑苏卫生A类特聘人才1人、高层次柔性人才1人。

公共卫生 加强疾病预防控制体系建设，提升公共卫生应急处置能力，加强重大传染病防控，艾滋病、结核病防治，完成苏州市目标任务。加强疫情监测、预警，做好新冠疫情防控工作，规范处置学校流感、手足口病等传染病疫情。推进健康“531”系列行动计划，主动开展心脑血管高危人群筛查26739人，适龄儿童水痘疫苗免费接种2.46万人，65岁以上户籍老人肺炎疫苗免费接种5014人，初三学生麻腮风疫苗免费接种1.04万人。

“健健”“康康”党建品牌 全面完成党史学习教育各项任务，融合“两在两同”建新功行动，推出“我为群众办实事”实践活动项目17项，其中“百年初心，百场义诊”先锋行动——农村健康服务集市、“药速达”——农村重要区域配送服务被列为市级重点项目。全系统基层党支部由33个增加至53个。市疾病预防控制中心党总支被评为苏州市先进基层党组织。召开卫生健康系统中国共产党成立100周年庆祝大会，发布党建形象代言人“健健”“康康”，确立以

“红领YI家”综合性党建品牌为龙头，下属基层单位“一单位一品牌”为一体的“1+N”党建品牌体系。党建引领“医”路同行——“红领YI家”民营医院“党建共同体”项目获评2020年度全市基层党建好项目，“‘党建+共建’助力医共体建设”作为全市“揭榜挂帅”首批党建重点项目上榜发布并有序推进。实施“百年初心，百场义诊”先锋行动，开展义诊巡诊健康宣教190场，受益群众1.7万人次。开展“立家规家训，树优良家风”主题活动、“520（我爱廉）”勤廉宣教系列活动，进行集体廉政谈话243人次，常态化开展作风建设“清风行动”，落实大型医院巡查工作，深化运用监督执纪“第一种形态”，纠治不正之风。在市中医医院成功试点的基础上，督促全市其他9家公立医院导入“6S”精益管理，全力打造现代行业管理新特色。

【医疗长三角一体化工程推进】 年初，市卫健委制订新一轮《卫生健康领域融入长三角一体化发展三年行动实施方案（2021—2023）》，明确2021年重点工作清单和三年行动任务分解表。市第一人民医院全面运行苏州大学附属儿童医院“张家港医学中心”，开设12个特色儿童专家门诊和儿外科病区。7月18日，市卫健委举办“卫生健康领域融入长三角一体化发展合作项目”集中签约活动，市第一人民医院挂牌“南京医科大学康达学院张家港临床医学院”，并与复旦大学附属中山医院签订“长三角医疗技术协作中心”，成为“复旦大学附属中山医院长三角感染感控联盟张家港分中心”。市中医医院挂牌南京中医药大学“国家中医药管理局名医验方评价与转化重点研究室张家港临床研究基地”，与上海中医药大学附属龙华医院签订医疗技术协作协议，成为“上海市肺科医院专科联盟——张家港肺科中心”。市第二人民医院与同济大学附属上海第十人民医院签订第二轮紧密合作协议，市第三人民医院与海军军医大学附属长海医院国家消化病临床医学研究中心签约，澳洋医院与上海瑞金医院神经内科诊疗分中心签约。市卫健委与同济大学附属上海第十人民医院合作共建张家港市医院管理干部培养基地。全市7家二级以上医院长三角高级专家诊疗中心常态化运行，定期公示专家排班。市第一人民医院新引进苏州大学附属第一人民医院名医工作室4个，全市累计引进15个。2021年，全市7家医院长三角高级专家诊疗中心诊疗21945人次，会诊手术165台，培训医务人员2700人次。苏州大学附属儿童医院“张家港医学中心”苏州专家门诊接诊2158人次，儿外科住院病人达到656人次。

【区域医共体建设】 9月29日，市卫健委在市第四人民医院举行区域医共体建设推进会，2家牵头医院、5家区镇医院（市第三人民医院、市第五人民医院、凤凰人民医院、南丰医院、大新人民医院）、5家社区卫生服务中心分别签订“医共体协议”，形成“以市级医院为核心、区镇医院为枢纽、社区卫生服务中心（站）为基础”的医共体建设体系，初步实现“市镇联动、镇域一体化”的建设目标，医共体建设进入全面实施的新阶段。市第一人民医院和市中医医院两大医共体常态化运行，定期派专家至成员单位进行帮扶，基层医院医疗服务能力和专科建设水平继续加强。年内，市第一人民医院、市中医医院为区镇医院提供医务人员下沉服务，下沉医务人员287人，全年累计服务4325人次，诊疗63875人次，教学培训3850人次，会诊病例800余例，会诊手术200余例，同时为全市医院提供心电、影像远程服务，开展远程影像会诊18216例。市中医医院通过胸痛中心标准版认证，大新人民医院、凤凰人民医院在苏州地区一级医院中率先通过国家胸痛救治单元验收，市第六人民医院通过国家胸痛中心基层版验收。10月，市静脉血栓栓塞症防治联盟成立，进一步规范全市医疗机构血栓防治管理工作。全年市胸痛联盟会诊2286人次，转诊568人次，急诊PCI（经皮冠状动脉介入治疗）手术190人次；市卒中联盟会诊2201人次，转诊243人次，溶栓327人次，急诊取栓手术48人次。

【凤凰镇人民医院易地新建工程完工】 9月29日，易地新建的凤凰镇人民医院投入使用。医院位于凤凰镇新城区，映山路北、汉江路西，总投资3.5亿元，占地面积2.67公顷，建筑面积3.16万平方米，医院建筑注重江南水乡传统建筑的现代演绎，建筑布局分区合理设计功能齐全，医院整体就医环境优美。医院设置床位250张，是集医疗、教育、科研、预防、保健、康复为一体的一级甲等综合医院。年末，医院在职职工189人，其中卫技人员139人，包括高级职称15人、中级职称49人。开设呼吸科、心内科、消化科、内分泌科、骨科（手足外科）、普外科、妇产科、儿科、五官科、口腔科、皮肤科、眼科、中医科等16个临床科室，其中门诊特色工作室有苏振政医生工作室（消化科）、孙亚鸣医生工作室

9月29日，区域医共体签约仪式举行　　（市卫健委　提供）

（神经内科）、奚晓英医生工作室（儿科）、陈忠琴医生工作室（皮肤科）。医院中医科被评为江苏省乡镇卫生院示范科室，康复科被评为苏州市基层医疗机构特色专科。2021年，医院被评为江苏省老年友善医疗机构，苏州市健康医院、文明单位、平安医院、服务发展先进集体，胸痛救治单元通过国家级胸痛救治单元评审验收。新医院的落成和使用，为就诊患者创造了一个环境优美、流程合理、智慧便捷的诊疗环境，将更好地满足群众医疗卫生服务需求。全年完成门诊、急症9.3万人次，住院2503人次。

【两家社区卫生服务中心建成投用】12月，位于市区华昌路东侧、北水渠路南侧的东城社区卫生服务中心和位于南丰镇钢村路21号的永联社区卫生服务中心投入使用。东城社区卫生服务中心由市中医医院托管运行，为其东城分院，于2019年11月开工建设，是2019年市政府实事工程，总投资4696万元，占地面积约4660平方米，建筑面积9300平方米，其中地上建筑面积6300平方米、地下建筑面积3000平方米。原城区预防接种服务、城区0至3周岁儿童健康管理服务及市中医医院体检中心搬迁至此。中心配备CT、DR、钼靶、超声及自动化药房、智慧疫苗管理系统等先进设备，设有内科、外科、妇科、儿科等门诊，为群众提供诊疗、输液、康复治疗等服务，是一个集基本公共卫生、基本医疗于一体的样板中心。永联社区卫生服务中心于2019年12月开工建设，总投资2500万元，占地面积5670平方米，建筑面积2800平方米。中心由南丰镇人民医院托管运行，为群众开展公共卫生、基本医疗、保健康复、计生指导等服务。

（张媛媛　何丽娜　陈庆利
陈　燕　缪宇燕　王晓蕾
黄　峰　周静娟　郭　浩）

疫情防控

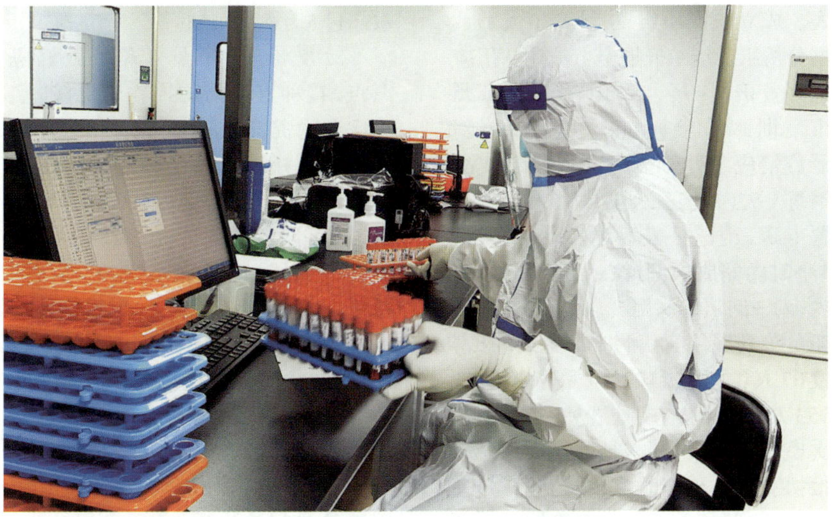

核酸检测实验室　（市卫健委　提供）

【概况】2021年，全市严格落实各项常态化防控措施，常规开设集中隔离医学观察点3家，最多时21家，并协调做好集中医学隔离点规范管理工作。至12月31日，累计居家医学观察7468人，集中隔离医学观察7346人。稳妥处置入境船员检测阳性、入境人员复阳、进口货物检测阳性等涉疫事件18起，完成848名密接、次密接以及96名阳性货物接触者的流调和追踪管理，完成重点人群核酸检测12.7万份，执行涉疫事件环境消杀任务39次、消毒面积6040平方米。常态化开设13个核酸采样点，开展全员核酸检测时扩充至1009个采样点。建成并投入使用市新冠病毒核酸检测基地，检测能力常规每日1万份，最高可达到每日4.5万份。市中医医院和澳洋医院核酸检测实验室最高可达到每日1万份。组建184人的应急核酸检测队伍，储备3508人的采样队伍，累计完成核酸检测超150万份。开展新冠肺炎现场心理援助和心理干预11人次，接听心理援助热线30余次，发布专业科普宣传16篇，服务840小时。紧抓疫情防控保障转运安全，无差错转运疫情相关人员1198人次。开展进口货物（食品）、从业人员及重点场所环境监测，共检测各类样本8.5万份。抽调全市社区卫生服务中心、市直医疗卫生单位和第三方力量，调整充实市级流行病学调查、样品采集、环境消杀三支疫情处置应急队伍，同时扩充常态化疫情防控流调、消杀、采样和检测4个工作组。抽调技术骨干成立疫情防控督导组，指导全市近30家集中隔离场所的点位设置和功能分区，每周开展督察2至3次，督促规范消毒隔离流程和人员健康监测。制订印发学校（幼儿园）春季、秋季开学新冠肺炎疫情防控专项督察方案，对2所高校、40余所直属学校开展现场督察和反馈指导。派出50余人次做好人才招聘、高考和中考、体育赛事、"两会"等重大活动期间的疫情防控保障工作。

医疗救治　各级各类医疗机构全面加强预检分诊，常态化配备经验丰富的医务人员，对每一位就诊人员测体温、查码、询问流行病学史，充分发挥医疗机构"哨点"作用。年内，全市预检分诊653.26万人次。落实市级专家24小时值守制度，对全市医院发现的疑似病人，组织专家会诊排查，提出处理意见。共出动1026人次，会诊病例317例，会诊341次。发挥中医药在疫病防治中的独特作用，市中医医院成立中医专家组，参与疫情防治工作。根据全国多地新冠肺炎疫情防控救治经验，在集中隔离点推广使用中医药，共发放清肺排毒汤2798包、防疫1号方10839包。全力支援南京、扬州抗击新冠肺炎疫情，派出核酸采样队伍、检测队伍、感控指导专家共135人，为全省疫情防控贡献力量。

流行病学调查　年内，市级流行病学调查组扩充流调队伍40支、120人，全市共有流调溯源队成员270人，其中卫生系统180人、公安系统90

人。成立流调小组80个和30人的数据分析组。组织开展全市流调队伍应急处置培训4场,参加国家、省、苏州市培训3场,参训442人次。开展新冠疫情应急处置桌面推演2次、实战演练1次。卫健、公安成立大数据处置专班,组建公安卫健联动指挥群,4小时内完成病例核心信息调查。年内,对3例阳性病例、"嘉奕6"轮阳性船员等开展流行病调查处置,排查密接67人、次密接193人、一般接触者653人;累计排查、处置密接201人、次密647人(包括当地排查、上级通报协查)以及阳性货物接触人员96人,均按照相关要求落实管控。处理新冠预警28次,完成相关处置报告18份。

防疫督察　开展19轮医疗机构防控督察,督导医疗机构2185户次,出动卫生监督人员5472人次。开展10轮社区卫生服务机构和护理院疫情防控督察工作,随机抽查社区卫生服务机构150家次、护理院50家次。累计巡查门诊部、诊所、学校和托幼机构1384户次,其中门诊部、诊所、厂矿医务室等小型医疗机构1187户次,责令限期停业整顿门诊部、诊所23户次,立案调查43户次。

防疫信息化　开展疫情防控相关系统建设和应用,建立防控隔离管理系统、居家健康监测系统、重点人群核酸采样管理系统、新冠肺炎流调管理转运系统、新冠肺炎流行病学史询问记录系统,有效提升疫情防控工作效率。完成市第一人民医院、市中医医院和澳洋医院与苏州市核酸检测系统的对接,组织系统操作培训7场,培训采集操作员7093人,培训各机构管理员72人,保障完成大规模(2000人以上)的核酸采样演练8次。实现通过"健康张家港"向居民提供核酸检测报告查询和新冠疫苗接种预约等服务,加快核酸检测报告信息流转速度。建立统一的电子陪护证系统,完成市第一人民医院、市中医医院、市第二人民医院、澳洋医院的统一接入,电子陪护和探视证生成总数超1万份。创新推进新建的急救会诊音视频系统与原建的医共体急重症会诊系统融合互通,通过系统的远程会诊总数超过5万例。

防疫物资、资金保障　做好隔离点、接种点疫情防控物资保障,启用库存物资管理系统,完善出入库流程。对委托百禾医药公司储备的政府应急物资,定期与百禾医药公司沟通,了解储备物资情况,对临期无法流转的药品,与工信、财政等部门沟通后拟定报废流程,协助百禾医药公司进行报废处置。根据《张家港市"新型冠状病毒感染的肺炎疫情"防控专项资金管理暂行办法》,做好疫情防控资金的申请、审核及使用,全年筹集疫情防控资金1.4亿元,其中用于发热门诊建设、负压病房改造、PCR实验室建设1200万元,核酸检测基地建设及核酸检测费用4690万元,新冠疫苗接种相关支出670万元,核酸检测设备、救护车及车载设备3244万元,其他为隔离点及采样点改造、医废垃圾处理以及疫情防护物资的供给保障等方面。

【新冠疫苗接种】 3月29日,市政府召开全市新冠疫苗接种工作会议,部署全民免费接种工作。年内,调整新冠疫苗接种工作领导小组,下设计划安排、疫苗配送、督导培训、数据统计组4个专业工作组。市卫健委印发《张家港市新型冠状病毒疫苗接种异常反应救治工作方案》,举办培训班7期,培训9617人次,组织开展3轮全覆盖督察。全年接种315.69万剂次,首针接种率97.21%,基础全程接种率94.29%,加强针接种率67.15%,3岁至11岁儿童首针接种率99.28%。

【发热门诊建设】 年内,全市推进发热门诊规范化建设,8家发热门诊全部达到苏州市示范发热门诊标准,其中市第一人民医院、市中医医院、市第三人民医院、市第六人民医院建成江苏省示范发热门诊。同时对照国家最新发热门诊要求,二级以上医院配备5间留观室,三级以上医院配备10间留观室,均配备核酸快检设备,统一安装防护服穿脱实时监控,视频连接至院部,由分管领导直接监管,确保医务人员的职业防护到位。全市接诊发热患者3.5万人次。

【市新冠病毒核酸检测基地建成】 2月,位于市第一人民医院的市新冠病毒核酸检测基地建成使用。基地建筑面积500平方米,配备核酸提取仪25台、全自动核酸扩增仪58台,最高检测能力为每天4.5万份。从全市各医疗机构抽调的180名检验人员组成检测队伍,平时承担市第一人民医院及其医共体单位的新冠核酸样本检测任务,战时负责全市区域核酸检测任务。基地还承担全市核酸检测人员的培训工作,累计培训200余人。除完成张家港市核酸检测任务外,基地还承接苏州市其他地区和常州等地的送检任务。至年末,市新冠病毒核酸检测基地共检测746736份,1190394人次。

(王晓蕾　黄　峰　陈庆利
徐　红　夏维英　蒋　敏
袁　骥　郭　浩　陈　燕)

医　疗

【概况】 年末,全市有医疗卫生机构502个,其中医院39个(综合医院20个、中医医院1个、中西医结合医院1个、专科医院11个、护理院6个),基层医疗卫生机构453个(镇公立医院7个、社区卫生服务机构198个、门诊部27个,卫生室、诊所、护理站221个),专业公共卫生机构5个(卫生监督所、疾病预防控制中心、妇幼保健所、健康促进中心、红十字血站),其他卫生机构5个(卫生发展服务中心、医事联络服务中心、120急救指挥中心、医学检验所、健康体检中心)。2021年,全市医疗机构总诊疗1015万人次,比上年增加80.6万人次,增幅8.63%。其中门诊急诊1005.46万人次。全市医疗机构入院25.89万人次,比上年增加1.29万人次,增幅5.24%。全市医疗机构病床使用率为73.47%,其中医院病床使用率为75.4%,镇公立医院为64.42%。全市医疗机构出院患者平均住院日9.7天,其中医院出院患者平均住院日10.2天,镇公立医院为7.6天。全市医院门急诊均次医疗费用274.5元,比上年增加31.7元,增加13.06%;出院病人均次医疗费用10115.8元,比上年增

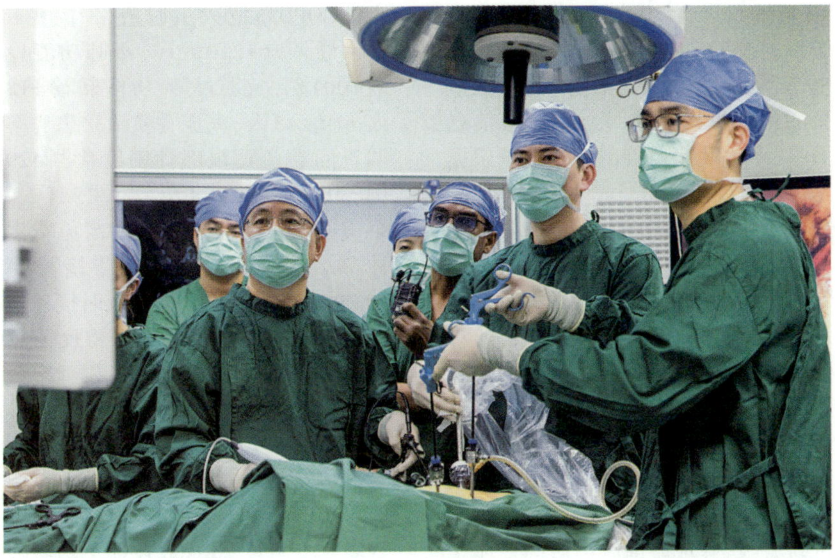

外科手术　　　　（市卫健委　提供）

加619.2元，增幅6.52%。合兴医院、鹿苑医院创建为二级综合医院，香山医院创建为二级骨科医院。

医疗队伍　年末，全市医疗卫生机构人员总数13912人，比上年增加806人，增幅6.15%。其中卫生技术人员11430人，占82.16％。卫生技术人员中，医疗人员4571人、注册护士4823人、药剂人员646人、医技人员746人。按常住人口计算，每千人口卫生技术人员7.98人，执业（助理）医师3.19人，注册护士3.37人。全市注册全科医生651人，每万人全科医生4.52人。加强各类优秀人才培养，2人获评第八批“姑苏卫生人才”，其中姑苏卫生A类特聘人才1人、高层次柔性人才1人。分层分类开展卫技人才招引工作，全年招录高层次人才55人，实用型卫技人才291人。坚持“本土化”加“订单式”培养医学人才，重启省级农村订单定向医学生培养计划，并继续推进落实市级定向培养优秀医学人才、紧缺卫技人才和社区卫技人才定向资助培养政策，全年共签约定向培养人才71人。12名公立医院新任职领导干部赴上海市第十人民医院“张家港市医院管理干部培养基地”跟岗培训。

医疗设施设备　年内，全市各公立医疗机构采购医用设备778台，价值2.1亿元。凤凰镇人民医院、东城社区卫生服务中心、南丰镇永联社区卫生服务中心设备到位，投入运行。全市核定床位总数9408张，核定常住人口千人床位数6.53张。拥有CT、磁共振等大型乙类医用设备29台。

重点学科、重点专科、自然基金项目　年内，市第一人民医院耳鼻喉科、市中医医院中医骨伤科创成苏州市医学重点学科；市第一人民医院儿科、临床护理学，市中医医院眼科、临床护理学创成苏州市医学重点扶持学科；市第一人民医院消化内科、呼吸内科，市第三人民医院眼科创成苏州市临床重点专科，市第六人民医院消化内科创成苏州市临床重点专科建设单位。市第一人民医院消化病学，市中医医院中医脾胃病学、肿瘤治疗学创成张家港市级医学重点学科。市第一人民医院烧伤整形科等8个专科创成张家港市级临床重点专科。年末，全市有各级重点专科90个，其中国家级1个、省级7个、苏州市级21个、张家港市级61个；重点学科30个，其中苏州市级9个（重点扶持学科4个）、张家港市级21个。列入国家自然基金青年项目4项，省自然基金青年项目1项；省卫健委项目4项，省医院协会重点项目1项；苏州市姑苏卫生人才项目5项，苏州市科技项目22项，苏州市卫健委临床重点病种诊疗专项4项，苏州市“科教兴卫”青年科技项目7项；张家港市科技局社会发展项目和软课题项目46项，张家港卫生健康青年项目51项。年内，全市获评江苏省医学新技术奖5项，苏州市医学新技术奖8项，苏州市医学会科技奖7项，苏州市中西医结合学会医学科技奖3项，苏州市预防医学科技奖2项。全年发表SCI论文60篇，发表科技核心期刊及以上论文122篇，授权专利120项。

行业监管　制定印发《2021年市级质控工作计划与改进目标》《张家港市“民营医院管理年”活动实施方案》《全市医院医疗费用不合理增长三年行动计划实施意见（2021—2023）》。组织“医院三级质量管理体系建设”“持续改进PDCA管理方法运用”等专题培训，提升医院业务管理能力。开展全市医疗机构麻精药品、肿瘤和抗菌药物合理使用、药学服务个体化专题培训，实施一级以上医院麻精药品管理专项督察。开展全市医疗机构临床合理用血、基本药物配备使用、抗菌药物临床应用、医学影像管理、临床检验管理、病案管理等专项督察，委托苏州市质控中心专家对二级以上公立医院进行第三方督察和民营医院二级医院创建指导。落实国家基本药物制度，每双月对公立医院基本药物配备使用情况进行监测通报，并纳入公立医院绩效考核。指导全市医疗机构规范申报2021年度临床用血计划，制定临床合理用血质控标准，开展一级以上医院临床合理用血专项督察并编发通报。2021年，严格落实《苏州市医务人员不良执业行为记分管理办法》，对37人次的不合理诊疗行为进行记分处理，共记178分。发出监督检查意见书412份，实施负责人约谈11人，对23家医疗机构进行记分处理，实施行政处罚26家。

【中医药服务能力提升】南丰镇人民医院中医馆创建成江苏省五级中医馆，新增苏州市中医重点专科1个，新备案中医诊所14家。市中医医院、市第一人民医院、南丰镇人民医院及凤凰镇人民医院共211人参加“西学中”培训班，推荐4人分别参加江苏省中医馆骨干人才培训和中药传统鉴定技术人才培训项目。组织13名基层卫生技术人员参加苏州市基层卫生技术人员中医药知识与技能培训。开展2020年度江苏省中医医术确有专长人员医师及2021年传统医学师承资格考核报名工作。组织基层医生参加中医全科医生转岗培训，培养27名老中医药学术继承人。推动中医药类非遗项目申报，市中医医院缪氏中医内科（肝胆脾胃）获批市非物质文化遗产代表性项目。开展中医药“六进”活动即中医药服务进乡村、进社区、进家庭、进校园、进企业、进养老机构。联合市教育局举办“传承瑰宝，弘扬国粹”2021年“岐黄校园行”中医药文化启蒙系列活动，印发2021年“岐黄校园行”中医药文化启蒙活动方案，举办岐黄校园行活动16场。开展中医药健康活动义诊73场，中医健康养生讲座55场中医体质辨识10次，发放中医健康教育资料3000余份。

【青少年脊柱侧弯筛查】 市卫建委与市教育局联合印发《关于开展2021年度青少年脊柱侧弯筛查工作的通知》，委托港城康复医院开展全市初一、初二学生的脊柱侧弯筛查工作。对全市37所学校25491人进行筛查，体态异常人数8538人，占33.5%；脊柱异常人数4211人（其中需干预399人），占16.5%（其中需干预人数占1.57%）。对筛查异常的学生做好专病门诊及随访、指导工作。

【家庭医生签约服务】 年内，全市继续实施家庭医生签约服务工作，老年人、0至6周岁儿童、孕产妇、高血压、糖尿病等重点人群签约率为76.46%；大病困难群众、计生特殊困难家庭家庭医生签约率为99.74%。白血病儿童、住家离休干部、重疾劳模签约率100%。社区医生开展家庭访视30657户次，提供健康咨询服务41396人次，提供常见病多发病诊断指导39675人次，发放健康科普读物20041份，提供常规检查14617项次，提供转诊服务99人次；二级以上医院专科医生提供面对面服务7567人次，提供健康咨询7576人次，开具个性化健康处方4349张；医院组织家庭护理培训25场、培训1553人次，优先预约就诊4498人次，检查1950人次，住院12人次，健康服务卡刷卡14996次，发生费用317.35万元。

【医疗信息化建设】 全市推进医疗电子票据改革信息化建设，完成省医疗电子票据改革的工作任务，建成全市公立医疗机构联网、全面对接、信息共享、多方联动监管的医疗电子票据信息化管理体系。完成区域内基层医疗机构和公立医疗机构检验数据采集对接工作，区域内各医院的检验数据实时汇聚到平台，每天平均汇集信息2万余条。做好与苏州影像平台的对接工作，实现全市各级医疗机构影像资料集中汇总存储。建成通过二维码调阅影像资料的互联网应用服务，总调阅量1.5万次。推动区域智慧急救平台建设，在原有“120”系统基础上进行升级，建成院前院内协同一体化系统，实现院前、院内及急救车辆之间实时数据互通共享。

（张媛媛　袁　骥　陈庆利
何丽娜　郭　浩　蒋　敏
刘　彬）

预防保健

【概况】 年内，全市人均期望寿命84.05岁，孕产妇死亡率每10万人14.05例（1/7118），婴儿死亡率0.98‰，法定传染病总发病率每10万人266.69例。开展65岁以上老年人健康体检15.65万人，高血压健康管理13.99万人，糖尿病健康管理4.5万人。扩大免疫规划疫苗免费接种24.15万人次，组织全市中小学校开展学生体检14.36万人。开展产后抑郁早期筛查和干预857人次；老年痴呆干预2000人次。张家港交通广播开设《健康生活》专题节目195期，组织开展健康教育“五进”活动，累计巡讲196场。2021年严重精神障碍管理核心指标在苏州市名列前茅。

疾病预防控制　全市全年报告乙、丙类传染病4530例，发现活动性肺结核327例，报告伤害监测病例49759例、慢性病28037例、肿瘤6580例，死亡报告7695例。开展企业退休人员和非社会化管理65岁以上老年人健康体检15.65万人，高血压健康管理13.99万人、糖尿病健康管理4.5万人。完成慢性阻塞性肺疾病COPD高危人员筛查和干预工作问卷调查1210人次，小肺功能检测1001例，完成大肺功能转诊118人，确诊45人；完成骨质疏松患病率调查问卷及足跟部骨密度检测429例，其中男性208人、女性221人。全市完成扩大免疫规划疫苗免费接种24.15万人次，一类疫苗接种率99.29%，新生儿乙肝疫苗及时接种率94.27%。完成适龄儿童水痘疫苗免费接种24629人，65周岁及以上户籍老年人肺炎疫苗免费接种5014人，初三学生麻腮风疫苗免费接种10402人。完成2006—2020年期间69例职业病、6例间皮瘤、159例白血病患者职业史调查，完成职业性尘肺病随访调查项目179人，及时调查处置突发职业中毒事故1起。实施空气污染（雾霾）人群健康影响监测项目，定期做好监测点空气$PM_{2.5}$采样分析，组织社区人群和学生健康影响调查。实施苏州市食源性疾病监测与食品安全风险监测项目，开展食源性疾病主动监测工作，全市完成采样1020份，其中阳性244份、阳性率23.92%；处置食源性疾病暴发2起，原因查明率100%。开展生活饮用水采样监测，水样检测合格率100%。开展医院消毒质量监测，检查47家，合格率为96.56%。检查托幼机构16家，合格率93.89%。组织全市中小学校开展学生体检14.36万人，规范学生因病缺课监测网络直报工作，监测学校、学生覆盖率100%。继续实施江苏省儿童口腔疾病干预项目，完成66所小学三年级学生口腔检查14179人，窝沟封闭牙齿30630颗，完成8所学校843名学生1734颗牙齿的早期龋齿填充。与北京大学儿童青少年卫生研究所合作开展小学生“困难与长处”专项调查37566人次；组织开展全民营养周暨“5·20”学生营养日主题宣传，策划“儿童青少年常见病防控健康父母行动短视频大赛”，收到作品1190件。

健康教育　全市发放健康教育宣传资料157种，播放健康教育视频58641次，设置健康教育宣传栏214个，更新宣传栏内容2568次，开展公众咨询活动155场，举办健康知识讲座1248次。在张家港交通广播开设《健康生活》专题栏目，全年播出195期。组织开展健康教育进社区、进学校、进企业、进机关巡讲活动196场。举办中国健康促进与教育协会华东健康教育研究会与社区分会2021年学术年会、"健康苏州杯"——健康促进技能竞赛张家港市级选拔赛、"缤纷冬日，平安寒假"新春网络有奖答题大赛、"健康港城，你我同行"张家港市健康科普微视频大赛、无烟健康跑、世界无烟日微信有奖知识竞答、戒烟竞赛、中秋健康普惠活动、第四届"我眼中的健康城市"青少年绘画大赛、"党建引领新征程，迈步乐享健康行"主题活动等。开展居民健康素养与烟草流行入户监测，调查9个区镇24个社区（村）1213户；开展国家点青少年烟草流行监测工作，调查6个学校18个班级827名学生，完成调查问卷827份。实施健康素养网上学习评估7.8万人次。在健康科普馆共开展青少年健康科普实践活动6期，120名青少年参加活动。

【常见肿瘤综合筛查】 年内，市卫健委以社区为单位，招募45至74周岁张家港市户籍人口1200人，开展常见肿瘤综合筛查。通过流行病学问卷调查，联合相关分子标志物检测，对一般人群进行风险评估，筛选出肿瘤高危人群，分别通过低剂量螺旋CT、结肠镜、内镜以及指示性活检病理检查，进行肺癌、结直肠癌、食管癌、胃癌的免费筛查，提高癌症的早发现、早诊断和早治疗的比例和效率。共完成问卷调查1173份，其中肺癌高危409人、胃癌高危295人、食管癌高危239人、结直肠癌高危591人，分病种进一步转诊肺癌140人、结直肠癌430人、食管癌224人、胃癌187人，结果发现疑似肺癌5例、胃癌1例、结直肠癌3例、结直肠癌前病变19例。

【精神卫生综合管理】 全市登记在册严重精神障碍患者6197人，报告患病率4.9‰；管理患者5955人，管理率96.09%；面访率95.63%；服药率90.79%，规律服药率84.61%，其中精神分裂症患者服药率91.03%。开展严重精神障碍患者联合排查，上报疑似患者321例，确诊175例，联合随访697人次。加强严重精神障碍患者信息管理，上报门诊确诊患者信息6例，出院信息332例。实施大病困难患者家庭医生签约服务民生实事工程，签约服务贫困精神障碍患者家庭292户。继续落实严重精神障碍患者免费服药、免费体检等优惠政策，享受免费服药和服药后安全检测政策5625人。疫情期间，现场接待疫情心理援助185人次，心理援助热线援助43人次。对严重精神障碍患者开展危险性评估339例，与公安等部门交换信息632例，接收公安送治患者40人次。开展健康城市"531"活动，产后抑郁早期筛查和干预857人次，老年痴呆干预2000例，开设严重精神障碍患者亲情照护家属课堂3场。继续实施精神卫生技术服务"门诊前移"，在市第二人民医院、市第三人民医院、市第五人民医院、市第六人民医院开设精神专科门诊，服务15646人次。

（王晓蕾　黄　峰　徐　辉
卢　悦　徐　红）

妇幼健康与家庭发展

【概况】 2021年，全市户籍人口出生4455人，出生率4.8‰，人口自然增长率下降3‰，出生性别比95.12。持续实施"妇幼健康惠民工程""出生缺陷综合防治民生实事项目"等政府惠民政策，制定托育服务发展实施意见。落实全面三孩生育政策，完善生育登记服务制度，简化办证服务流程，推进网上办理，实现跨省通办。农村部分计划生育家庭奖励扶助等事项赋权至区镇。严格执行计划生育各级各类扶助政策，扶助资金发放规范。持续做好计划生育特殊家庭联系人制度、家庭医生签约服务、优先医疗便利服务制度"三个全覆盖"专项行动，进一步做实计划生育特殊家庭重点困难对象帮扶关怀工作。

【妇幼健康】 年内，全市强化妇幼健康服务行业监管，建立母婴危急重症多学科联合救治机制，加强医疗机构和从业人员的技术服务能力、孕产妇新生儿危急重症救治能力建设。严格落实母婴安全五项制度，规范孕产妇高危因素筛查和分类管理，全年筛查发现并规范管理高危孕产妇9464人次。组织开展2021年度全市新生儿窒息复苏技能培训和考核，新增复苏考核合格证人员14人。实施《江苏省出生缺陷防治办法》，深化出生缺陷综合防治民生实事项目，覆盖常住人口。全年完成常住孕产妇免费产前筛查6252人，免费孕前优生健康检查2100人，免费新生儿先天性心脏病筛查7318人，免费新生儿代谢性疾病筛查6749人。持续实施优生优育保险制度，投入19.77万元为3953户符合条件的群众投保优生优育保险，为

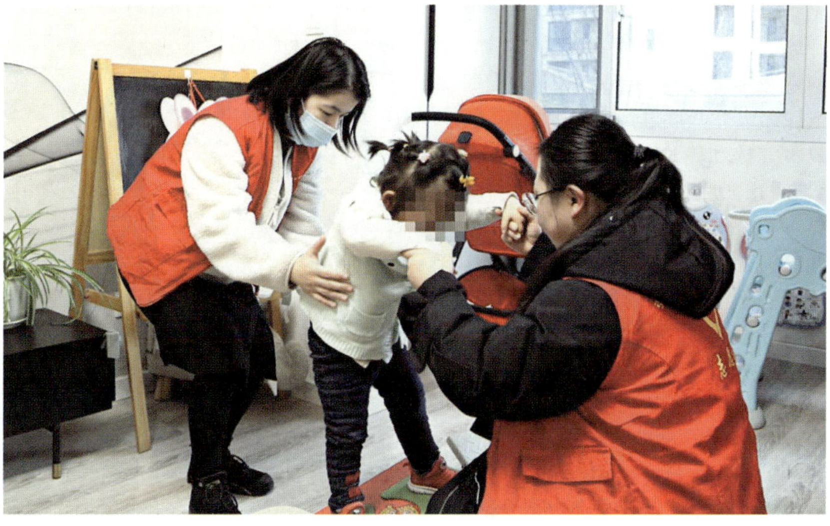

儿童康复训练　　（市卫健委　提供）

目标人群赠送免费优生保险，覆盖率100%。实施0至6周岁儿童免费视力筛查和在园儿童视力健康建档工作，眼保健和视力检查覆盖率97.87%，为学龄前儿童建立视力健康电子档案45960人。持续推进第四轮妇女“两癌”筛查，全年筛查44810人，确诊49例，发现癌前病变495例。开展避孕药具“四进”（进医院、进高校、进企事业单位、进机关）工作，有效落实免费基本避孕服务及流产后关爱，发放流产后关爱包920个，降低非意愿妊娠，保障妇女身心健康。优化免费避孕药具发放流程，将发放关口调整至各社区卫生服务站，方便服务对象获取，全年发放各类免费避孕药具66万余个。在全市公立医院推行避孕药具首诊排查登记，全年完成避孕药具不良反应监测上报768例，达到国家优秀标准。

【家庭发展】 2021年，全市依法实施三孩生育政策，落实和优化生育登记服务制度，实现生育登记网上办理，全年完成生育登记服务5253例，生育登记服务率100%，核发独生子女父母光荣证943本。7月起，新增特扶对象享受政策由年审制调整为实时审验制度，及时落实特扶资金的发放。全年发放农村部分计划生育家庭奖励扶助金1641.3万元，持证企业退休人员一次性奖励金3310.56万元，计划生育特别扶助金2755.49万元，独生子女伤残死亡家庭社会救助金28.6万元，生育关怀基金312.85万元。组织开展人口监测追踪调查，为上级部门制定政策提供第一手真实信息依据。依托多媒介开展形式多样的全面三孩政策宣传和舆论引导活动，联合市文明办、市妇联、市新市民服务中心、巨星影演公司等单位，采用千场电影进社区、家庭文化节、新市民健康城市行、走基层送健康志愿服务等形式开展家庭发展能力建设宣传服务活动，为市民提供科学育儿、婴幼儿护理、青少年健康、家庭幸福等宣传指导服务，转变市民生活理念，提升健康素养，促进家庭和谐幸福。制定《张家港市关于促进0—3岁婴幼儿照护服务发展的实施意见》，稳步推进婴幼儿照护服务工作，规范托育机构备案，年内新增备案托育机构7家，创建省级普惠托育机构1家，市级普惠托育机构3家。“计生家庭健康保险”（参保对象为0至18周岁、符合计生政策的子女）累计投保10万人。杨舍镇“连心家园”获评省“连心家园——关爱失独家庭行动”优秀项目点，锦丰镇大南邻里中心创建成全市第二个国家级暖心家园示范项目点，金港镇家庭健康服务中心创新工作经验得到国家计生协会的肯定和推广。

【计划生育特殊家庭扶助】 年内，市卫健委持续做好计划生育特殊家庭帮扶关爱工作，深入推进计划生育特殊家庭联系人制度、家庭医生签约服务、优先便利医疗服务“三个全覆盖”专项行动，明确一名镇级卫健干部、一名社区医生作为帮扶“双岗”联系人，建立“一对一”或者“多对一”的联系帮扶模式，帮扶结对率100%，实施精准帮扶。全市7家二级及以上公立医院全部确定为特殊家庭成员定点医疗服务机构，特殊家庭成员凭“特殊贴花”防伪标识在定点机构就医可享优先便利的医疗服务，优先提供护理服务及紧急救治“绿色通道”服务。明确澳洋护理院为定点护理机构，为60岁以上特扶对象优先提供护理服务。作为签约服务重点对象，全市全年计生特殊家庭家医签约1762户，100%落实协议定点服务医院，实现家庭医生签约应签尽签。及时做好全市计生特殊家庭重点困难对象个案信息档案的梳理、更新，对337名独居、高龄、失能、重病等特扶对象，根据实际情况和需求，督促属地落实帮扶措施。同时，筛选、确立市级年度计生特殊重点关怀家庭2户（杨舍镇沙玉才家庭、锦丰镇丁秀琴家庭），分别制订年度帮扶个性化工作计划，帮助解决实际困难。

（杨增芳　吴亚红　薛　峰）

卫生监督

【概况】 2021年，市卫生监督所主动融入医疗卫生行业综合监管制度、基层整合审批服务执法力量“两项改革”，全力落实医疗服务、职业健康、公共卫生监管和新冠肺炎疫情防控“四大任务”。全年组织“蓝盾”专项执法行动20次，临时性检查36次，监督检查10373户次，行政审批2405件次，完成国家级抽检任务293个、省级抽检任务272个、市场监管信息平台任务139个，处置投诉举报90起，查处各类卫生行政违法案件242起、罚没款225.3万元，其中区镇185起、87.7万元，卫健委57起、137.6万元。首次依法吊销医疗机构执业许可证1户，向公安部门移送涉嫌非法行医罪人员1人，依法向法院申请强制执行3起、再审应诉1起，无行政复议和

公共场所卫生监督　　（市卫健委　提供）

行政诉讼败诉案件。持续深化“放管服”“三整合”等改革工作,公共场所卫生许可“全流程网办”、医师执业注册系统智能导入分别列入市级政务服务首批试点项目,在公共场所、饮用水供水单位、放射诊疗、医疗机构和医护人员等多个方面提供“不见面”审批服务。完成8个区镇公共场所卫生行政许可赋权,向7个区镇共计移送案件或线索176起。市卫生监督所获苏州市卫生健康行政执法案卷评查第一等次、苏州市职业健康监督执法技能竞赛团体二等奖、苏州市健康卫士“531”监管能力提升先进奖,获评张家港市文明单位标兵、张家港市争创全国文明城市“六连冠”先进集体等。

医疗卫生监管　市卫生监督所纵深推进江苏省医疗卫生行业“信用+综合监管”、卫生监督在线监督监测试点工作,在组织“蓝盾”专项行动、“双随机”抽查的基础上,深化医疗机构“首评”制度,落实新发证医疗机构运行满月监督检查和行政指导28户次。联合生态环境、水务部门深化医疗污水专项整治行动,11家医疗机构建成院内医疗污水在线监测系统,常态化运行医疗废物在线监测系统。在3家口腔诊疗机构试点开展器械消毒灭菌在线监测、视频监控工作,探索小型民营医疗机构互联网监管新路径。依法查处医疗机构26户次,首次吊销医疗机构执业许可证1户。检查涉嫌无证非法行医场所15个,立案查处12起、罚没80余万元,向公安部门移送涉嫌犯罪的人员1人。融入“长三角一体化”发展,会同金港镇协同上海市长宁区卫健部门查处违法案件1起。段某非医师行医案获评“2020—2021年度苏州市卫生健康系统十大行政执法优秀案例”。

职业卫生监管　年内,市卫生监督所结合粉尘危害专项整治行动,在8个区镇选取326家用人单位探索试行职业健康分类监管模式,9月26日,国家卫健委《卫生健康工作交流》专刊专门介绍了张家港市的主要做法。启动“张家港市职业健康综合监管平台”建设并按照时序节点稳步推进。组织“蓝盾”专项行动6次,监督抽检作业场所职业病危害因素44户次,抽取200家用人单位推行“双随机”监管方式。探索职业健康非现场监管,建立每月风险隐患排查化解机制,首次向社会发布职业病防治工作预警信息,完成25家省级督办、33家卫健委交办用人单位的现场督导。累计监督检查用人单位875户次,责令整改504户次,行政约谈职业体检机构3户次,向区镇移送违法线索37条。调查放射诊疗机构96户次、非医疗机构放射工作用人单位83户次,组织放射诊疗专项执法检查3次,备案放射防护预评价报告34份、控制效果评价报告31份,监督抽检放射诊疗机构4户次、设备10台次。

公共场所监管　市卫生监督所组织“蓝盾”专项行动和重点单位监督抽检,全年组织或配合开展各类专项行动36次、监督抽检530户次。出动1076人次,拉网式巡查“四小”行业(小浴室、小美容美发店、小歌舞厅、小旅店)4203户次,统一发放理发店头癣皮肤病患者专用工具箱和公益广告,出具行政提示书1647份、监督意见书464份,向区镇移送违法线索85条。融合学校卫生综合评价内容,试行学校卫生风险分级管理。落实市政供水日常监管、季度监督抽检和二次供水单位监管工作。深化涉水产品生产企业监管信用评价,加强生活饮用水、游泳场所、餐饮具集中消毒等在线监测系统的运行管理,饮用水在线监测从余氯、浊度2项指标升级为包含余氯、浊度、COD、pH值、温度等5项指标,监测项目从11个升级为19个。增加餐具、饮具集中消毒在线温度监控功能,高质量承办苏州市餐具、饮具集中消毒服务工作现场会并作经验交流。

【职业卫生分类监管】 年内,市卫生监督所协同区镇一体化推进职业卫生分类监管试点工作,依托职业病危害风险预警和评估机制,采取现场和非现场相结合的监管方式,合理调配有限的监管力量,有效保障劳动者的健康权益。根据职业病危害企业情况,制定《张家港市职业卫生分类监管试点工作方案》,实行甲类企业市级全覆盖,乙类企业镇级全覆盖,丙类企业按一定比例监管。在企业对照《市用人单位职业病防治责任自查和风险评估方案》完成自评、区镇核定企业监管类别、提交市级监管部门审核后,在全市8个区镇选取326家职业卫生企业试行分类监管,确定甲类66家、乙类105家、丙类155家。通过对甲类企业的全覆盖检查,有63家企业风险等级转为乙类、丙类,监督频次由每年必查转变为按比例抽查。

【医疗卫生行业实施“信用+综合监管”】 年内,市卫生监督所在医疗卫生行业探索信用管理措施,共涉及7个大类、166个单位或个人。向社会公布2020年度个体诊所依法执业诚信服务信用等级,其中A级11家、B级66家、C级11家、未予评定6家(执业未满一年)。2021年,医疗机构不良执业行为记分23户次、111分,医务人员不良执业行为记分37人次、178分。依托苏州市卫生健康综合监管平台,478家医疗机构在线签订依法执业信用承诺书并上传系统,签订率95.79%。2334名医务人员签署依法执业信用承诺书。55家中医诊所签署《中医备案诊所依法执业承诺书》。在全市医疗机构开展各类自查任务(包括年度自查、新冠肺炎疫情防控专项自查、苏州市打击非法医疗美容服务专项整治工作自查等)1300余次,每次自查任务完成率大于95%,全面自查完成率99.57%。　(蒋　敏)

红十字救护

【概况】 3月,市红十字会完成群团改革工作,升格为正科级建制,内设正股级机构1个(赈济救护与捐献服务部)。年内,市红十字会召开六届三次理事会议及六届四次、五次监事会议,制订《张家港市红十字事业发展“十四五”规划(2021—2025年)》,修订机关工作规范制度、财务管理制度、捐赠物资管理制度、物资采购管理制度、值班制度,进一步完善内部控制规章制度。全年接收捐赠款物

344.8万元，捐款使用214.3万元。

组织建设 年内，全市新增江帆小学、华青文化有限公司、花园浜社区、乐海社区4个基层红十字会，建成启用大新镇新东社区、塘桥镇周巷社区、南丰镇瑞丰社区"博爱家园"。锦丰镇大南邻里中心博爱家园蝉联江苏省"优秀博爱家园"，冶金园（锦丰镇）红十字会被评为"江苏省红十字会基层组织工作先进集体"，梁丰小学获批"江苏省红十字示范学校"。年末，全市有红十字会基层组织130个，其中学校红十字会73个、红十字会团体会员单位57个（其中红十字冠名医疗机构3个）；红十字志愿者1735人，红十字会员60029人。

救护活动 年内，培育"粉红守护520"惠民新项目，持续开展"红十字博爱送万家"活动，对全市困难家庭、困难党员、困难老人进行集中慰问，常态化开展"六一"儿童节慰问、"乐善我行，爱心午餐""手拉手——益童成长"等人道救助项目。全年实施重大疾病困难家庭救助13人，发放救助金5.5万元，开展当地定向助学13人次，发放助学金4.9万元。实施省政府"公益性应急救护百万培训项目"，完成普及性培训18671人次，初级救护员培训3702人次，均超额完成培训任务。其中"'救'在身边——全民急救能力提升项目"覆盖全市205个村（社区）10万余人。开展机关工作人员、新录用公务员和事业单位人员救护培训2100人次。贯彻落实新冠肺炎疫情防控工作要求，组织红十字救护培训师录制线上培训课程，确保学习培训不停步。加强红十字救援能力培训体系建设，成立红十字救援队训练基地，全年开展集训演练3次。做好自然灾害和突发事件应急救灾救助物资保障工作，与市邮政分公司签订战略合作协议。开展"我为群众办实事"实践活动，在全市新时代文明实践所站配备急救箱78个，向全市34个邮政网点捐赠急救箱。结合建党100周年，开展党史学习教育和红十字志愿者故事分享会，提升红十字干部和志愿者的政治意识和党性修养。推进新时代文明实践，3个项目入选2021年度市级新时代文明实践服务项目，"救"在身边全民急救能力提升项目获评张家港市"最佳志愿服务项目"。全年开展志愿服务191场，覆盖群众约1万人次。推进"红十字博爱送健康"活动常态化，组织红十字冠名医疗机构走进城际铁路建设工地、社区、企业单位开展义诊、"三献"知识宣传等服务，全年开展活动18场，服务时长120小时，惠及群众2000人次。积极参与疫情防控，常态化开展"健康守护，'疫'路有你"——新冠疫苗集中接种志愿服务项目，助力疫苗接种工作。3名红十字志愿者分别获评省红十字会基层组织工作先进个人、张家港市"最美应急人"、张家港市"最具爱心慈善行为楷模"。组织"红十字博爱周"系列活动，开展应急救护、防灾减灾暨红十字知识网络竞赛，在商业中心大屏及部分公交车车身投放红十字公益广告。结合"世界急救日"，启动新时代文明实践红十字应急救护项目，并开展线上线下应急救护知识培训。联合市血站举办"无偿献血宣传月"启动仪式，联合市疾控中心开展艾滋病防治宣传活动，举办红十字青少年夏令营活动，指导沙洲职业工学院完成"博爱青春"志愿服务品牌项目建设。

【"三献"工作】 年内，克服疫情期间血源紧张的压力，全市无偿献血1.65万人次，献血总量499.4万毫升。完成造血干细胞捐献"志愿者保留"项目，开展造血干细胞捐献宣传动员，新增血样入库352例，成功捐献3例。1月26日，美利肯纺织张家港有限公司员工刘佳在苏州大学附属第一人民医院弘慈血液病医院成功捐献造血干细胞，为一名5岁的白血病患者带去生的希望，成为张家港市第21例造血干细胞捐献者。7月6日，新市民、苏州玉龙春实业有限公司员工潘利红在苏州大学附属第一人民医院，成功捐献造血干细胞悬混液，成为张家港市第22例造血干细胞捐献者。9月14日，市第一人民医院医生季良在苏州大学附属第一人民医院成功捐献造血干细胞混悬液，成为张家港市第23例、市卫健系统第3例造血干细胞捐献者。全市新增遗体捐赠登记点3个，累计9个；遗体捐献登记1631例，成功捐献4例；器官捐献登记3172例，成功捐献1例；眼角膜捐献登记2760例，成功捐献4例。9岁女孩捐献遗体、眼角膜的事迹先后被《人民日报》、中国人体器官捐献网站、苏州电视台等多家媒体报道。清明期间，开设思亲天堂"先行馆"，引导捐献者家属进行网上祭奠缅怀。

【"5·8"世界红十字日活动】 为纪念第74个"世界红十字日"，弘扬红十字精神，传播红十字文化，庆祝中国共产党建党100周年，4月30日下午，市红十字会在江帆小学举行"红十字博爱周"启动仪式暨江帆小学学生十岁成长仪式。会上，市红十字会通报表扬2020年度省红十字会系统抗击新冠肺炎疫情先进个人——市红十字会工作人员谢秋佳和优秀志愿者——市城管局吴珏，并为2019—2020年度3支优秀红十字志愿服务团队及12名优秀红十字志愿者颁奖。现场启动"博爱在港城，人道万人捐"活动和"红十字博爱送万家——困难党员家庭慰问活动"。至年末，共募集捐款214.15万元，慰问困难党员家庭300户，发放慰问金15万元。

【世界急救日活动】 9月10日上午，市红十字会联合市文明办以及市新时代文明实践工作指导中心在经开区（杨舍镇）新时代文明实践所举行2021年"世界急救日"主题活动暨新时代文明实践红十字应急救护项目启动仪式。红十字救护培训师周继清现场进行海姆立克急救法、心肺复苏、狗咬伤、烧烫伤等意外事故的处理等救护知识的培训。近200人参加培训。随着人口老龄化程度的提高和人们生活方式的改变，一些突发事件、突发疾病和意外伤害日渐增多，为增强群众急救意识，提升自救互救能力，市红十字会针对全市新时代文明实践所站，共配备急救箱78个，并在新时代文明实践智慧云平台上发布应急救护知识培训课20场。

（孙　雯）

【编辑　陆正芳】

人事人才与社会保障

Personnel and Social Security

苏州国际精英创业周暨张家港市科技·人才活动周开幕式　（市人社局　提供）

人事人才

劳动就业与维权

社会保险

社会救助与慈善

張家港年鑑(2022)

人事人才

【概况】 2021年，根据市委、市政府提出的“智汇港城计划”“攀峰计划”等人才新政，全市出台《张家港市企业技术创新类博士引才补贴实施细则》《张家港市重点产业青年人才一次性生活补贴实施细则》《“攀峰计划”培育库企业柔性引才补贴实施细则》《“攀峰计划”培育库企业全职引才补贴实施细则》等政策文件。市人社局、市人才办做好人事管理、人力资源管理、人才服务等工作，为全市提供人才保障和智力支撑。完成年度事业单位招录工作，构建完善公益性岗位用工管理“1+N”制度体系；开展各级各类职称评定、专业技术人员管理和人才企业服务等工作；承办苏州·张家港全国创新创业大赛、苏州国际精英创业周张家港分会场暨张家港创新周·第十五届科技人才活动周开幕、人社部2021年创业导师走进张家港留学人员创业园等活动；修订人才礼遇办法配套实施细则，完成人才公寓管理系统升级工作。全市评定各级各类职称4071人，其中初级职称1973人、中级职称1076人、高级职称1022人（其中正高级职称109人）。核发技能等级证书38634份，其中高级技师77人、技师291人、高级工20598人、中级工10975人、初级工6693人。至年末，全市有管理、专业技术人员487721人。其中，研究生22384人、本科生186107人、大专生190709人，中专生和高中及以下人员88521人，高级职称17634人、中级职称74856人、初级职称175063人。年内，人社部同意与江苏省共建中国·张家港留学人员创业园，该园成为全国第二家县域部省共建留创园。

【人事管理】 2021年，市人社局组织开展普通事业单位招聘、专业化青年人才定岗特选、青年党政人才选调、海外留学回国人员选调等各类招聘，指导教育、卫健系统开展专场招聘，共录用工作人员1532人，其中教育系统971人（事业编制739人、备案制232人），卫健系统358人（校园招聘34人、公开招聘151人、省级农村订单医学生3人、疫情防控一线医务人员定向招聘12人、编外合同制卫技人员158人），普通事业单位98人，定岗特选19人，青年党政人才72人，海外留学回国人员14人。构建完善公益性岗位用工管理制度“1+N”制度体系（“1”指《张家港市机关事业单位公益性岗位用工管理暂行办法》，“N”指围绕管理办法制定出台的配套文件，包括公开招聘规程、过渡登记通知、线上培训考核通知、继续教育实施意见等），先后开展公益性（编外）岗位过渡登记、考核培训，完善机关事业单位工资系统对公益性（编外）岗位人员进行实名制管理，推进公益性（编外）岗位全过程管理规范化、科学化。继续实施“一考双录”，面向当年参加当地公务员招录或事业单位招聘面试落聘人员，通过面谈等“双向选择”方式达成意向，经考察、体检合格，公示无异议后免试录用。全年公益性（编外）岗位招录574人，通过“一考双录”方式招录9人。

【人才服务】 2021年，市人社局修订《张家港市人才安居购房贴实施细则》《张家港市人才安居租房贴实施细则》，更新《事业单位支持目录》《人才礼遇分类认定目录》，简化申报材料，优化申报流程。通过“线下高层次人才服务中心+线上人才服务旗舰店”的方式无缝对接各部门资源，实现政策咨询、项目申报、补贴申请、待遇落实等业务“一站式受理”“一网通办”。如期完成人才公寓管理系统升级工作，优化PC端操作系统，上线手机服务端；完善江苏政府服务网高层次人才服务专栏功能，开发子女入学、分类认定信息变更等事项，并根据新政内容做好人才安居租房贴申请、人才安居购房贴资格认定等事项的优化升级。市人社局全年组织开展“人才企业赋能课”“人才咖啡荟”品牌活动14期，涉及专利产权、投融资对接、人力资源、财税审计、法律服务等内容，发挥人才交流桥梁纽带作用，助力人才企业合法合规发展。组织生物医药、芯片半导体专委会成员赴中科院生化与细胞研究所、上海十院科创中心、材料科学姑苏实验室、中科院纳米所等单位对接交流。联合江苏科技大学张家港校区开展领军人才进校园系列活动，促进人才企业与当地高校资源有效对接。向省人社厅争取资源，助力沙钢集团建设“G42+”重点民营企业人才人事综合改革示范基地，协助沙钢在人才引进、人才扎根等方面取得突破。赴苏州大学、江苏科技大学开展“人才落户直通车”专题活动，赴永钢集团、长顺集团、广大特材等企业开展人才落户政策解读服务，全年人才引进落户504人。

市人才公寓外景 （市人社局 提供）

【苏州·张家港全国创新创业大赛】 2021年苏州·张家港全国创新创业大赛城市行业赛以“智汇港城，众创未来”为主题，聚焦张家港市新能源、数字经济、生物医药及高端医疗器械、先进特色半导体4条新兴产业链，自4月至7月，在北京、上海、大连、武汉、南京5个城市举办12场城市分赛，征集报名项目302项，其中52个项目参加总决赛，23个项目获奖，23个项目落户，落户数超过历届水平。

【苏州国际精英创业周张家港专场】 7月11日，2021年（第十三届）苏州国际精英创业周张家港分会场暨张家港创新周·第十五届科技人才活动周开幕。该活动以“创新张家港，奋进新时代”为主题，包括开幕式、载体建设类、峰会研讨类、主题大赛类、合作交流类活动21场，邀请干勇、李灿、郭烈锦、刘科、余翔5名院士参加开幕式。开幕式上发布“创新驱动发展（张家港）指数”、张家港人才新政4.0版、“2020年企业创新积分榜单”，举行国家生态环境科普基地、中国产学研合作创新示范基地、江苏省留学人员之家、江苏省众创社区揭牌仪式。活动前期，张家港市组织各载体对接项目1996项；活动中，开幕式、长三角（张家港）校政企合作联盟创新论坛、长三角（张家港）国际氢能产业人才峰会3场活动邀请嘉宾550余人，线上观看量216万人次；21个载体项目、人才项目、产学研合作项目成功签约。

【创业导师走进张家港留创园】 9月22日至24日，市人社局承办人社部2021年创业导师走进张家港留学人员创业园活动，邀请投融资、生物医药、人工智能、前沿材料及新能源等领域的7名国内知名导师赴张家港留创园，通过名师讲堂、实地考察指导等形式，为海归人才提供创业辅导和资源对接，协助解决企业发展和管理的实际问题。名师讲堂设置以新能源为主体的新型电力配电系统关键技术及展望、新形势下的创新与创业建议等课程，实地考察江苏能华微电子科技发展有限公司、迪亚莱博（张家港）生物科技有限公司、苏州柔触机器人科技有限公司。

劳动就业与维权

【概况】 2021年，全市城镇新增就业23645人，公益性岗位安置82人，高校毕业生就业率99.51%（其中特困家庭毕业生就业率100%），就业困难人员实现就业3883人，全市新增创业3557人，带动就业14613人。城镇登记失业率1.75%。年内发放稳岗返还补贴4747.22万元，用人单位吸纳社保补贴535.2万元，企业一次性吸纳就业补贴106万元；发放重点企业到苏就业补贴20.25万元，为2619人次发放技能提升补贴469.84万元；发放高校毕业生求职创业补贴60.6万元，就业见习补贴102.54万元；发放公益性岗位社保补贴229.19万元，公益性岗位补贴267.93万元；发放各类创业补贴1470.91万元，富民创业担保贷款85万元；发放苏州市级创业孵化基地绩效考核补贴82.5万元，苏州市创业孵化基地认定补助补贴6万元。

【劳动就业】 年内，市人社局对3902名张家港市籍需就业的高校毕业生实名制管理，动态掌握高校毕业生就业创业情况。依托毕业生就业岗位信息采集机制，定期通过张家港人才网、微信公众号等渠道发布适合毕业生的就业岗位30528个。举办2021年春夏高校毕业生就业网络双选会，776个用人单位提供13480个就业岗位；举办2021年高校毕业生就业双选会云直播活动，通过张家港人才网、“今日张家港”App、“遇见张家港”微信公众号等途径发布就业岗位3739个。全年发布就业见习岗位1500个，组织514名青年（含高校毕业生）参加就业见习，402人通过见习实现就业；举办全国知名高校大学生暑期社会实践活动，组织92名高校毕业生到张家港市机关、事业单位开展暑期社会实践；开展校园引才工作，组织14条校园引才线路，在50所高校举办宣讲会及招聘专场，组织481家次用人单位提供23930个就业岗位（其中需博士254个、硕士2737个、本科20939个）；与东北大学、北京科技大学、燕山大学、苏州大学、华东交通大学等9所高校签订张家港引才基地合作协议；在苏州大学和华东理工大学举办硕博人才对接交流会。以“创新引领，协同发展”为主题，举办2021年长三角（张家港）校政企合作联盟创新论坛，聚焦创新、深化校政企合作、促进高校毕业生就业创业等内容，探索校企、校地合作新举措；举办2021年“莘莘学子看港城”

创业导师走进张家港留创园启动仪式 （许冰枫 摄）

活动，帮助毕业生接触社会、了解国情，增强社会责任感，促进校政企合作。开展以“迎新春送温暖、稳岗留工”为主题的专项行动，通过“送温暖”、谈心谈话等方式引导新市民在条件允许的情况下就地过年；调查核对贵州铜仁籍务工人员在苏就业情况，此类务工人员297人，其中贫困户75人；赴陕西省安康市，湖北省十堰市、孝感市，江苏省涟水县等地开展劳务基地对接，全年新增劳务协作基地18个。新增人事代理单位70个，办理毕业生报到1374人次，办理毕业生鉴证2439人，开具调档函662人，出具档案存放证明1022人，接收档案6937份（其中应届毕业生档案4720份），转出档案7700份。组织开展创业宣传月活动，举办创业政策线上竞答、创业政策进基层进企业、创业孵化基地交流体验活动。年内，组织各类创业项目参加评选，“无限回转等离子斜切平台的研发与产业化”等5个项目获评江苏省大学生优秀创业项目，“航海导航设备及ARPA雷达”“液晶显示用钙钛矿/聚合物复合光学薄膜”2个项目获第四届“创响江苏”大学生创业大赛苏州初赛三等奖；张家港市新大新科技创业园孵化基地获评苏州市A级创业孵化示范基地。

【劳动维权】 2021年，市人社局书面审查用人单位6467个，“双随机”（随机抽取检查对象、随机选派执法检查人员）抽查用人单位1989个。受理各类投诉、举报1738件，其中工资纠纷1438件，占比82.7%，立案查处违法企业158家，行政处理处罚37件，追发拖欠工资2920.52万元，涉及职工3549人，向公安机关移送欠薪类案件7起。发布劳动关系预警简报12期，其中红色预警企业71家次，黄色预警企业74家次。全市有A级以上劳动保障诚信企业1066家，其中A级981家、AA级57家、AAA级18家、AAAA级4家、AAAAA级6家。

【构建和谐劳动关系】 2021年，由市人社局起草、市政府办发布《张家港市构建和谐劳动关系“十四五”规划》，市人社局制定《张家港市贯彻落实劳动关系“和谐同行”能力提升三年行动计划实施方案》。3月7日，冶金园（锦丰镇）被确定为全省首批10家省级深化构建和谐劳动关系综合配套改革试点之一；冶金园（锦丰镇）人社服务中心主任王黎江获评2021年江苏省金牌劳动关系协调员。全市有各级“劳动关系和谐园区”5家，各级“劳动关系和谐企业”652家，占全市已建工会且运行正常企业数的75.81%，其中“和谐劳动关系示范企业”46家。培育企业文化，江苏灿勤科技股份有限公司等10家企业事迹入选《苏州市优秀企业文化汇编》，江苏永钢集团企业文化建设经验《点滴见初心，真情促双赢》在人社部《中国劳动保障报》刊登。关注通过互联网平台就业等新就业形态劳动用工情况，开展4轮调研摸底，多渠道掌握新业态企业底数和用工实情。经调研，全市有平台经济相关企业1221家，其中从事网约车服务企业13家，直播服务企业49家，外卖服务企业140家，互联网销售企业966家（食品相关109家），网络货运企业31家，快递物流企业22家。制定下发《张家港市开展维护新就业形态劳动者劳动保障权益专项行动工作方案》，在苏州市域内率先推动新业态行业开展集体协商，建立调解组织，并成立和谐劳动关系先锋驿站。

【劳动人事争议化解】 2021年，市劳动人事争议仲裁院接到劳动争议案件2489起，立案前达成调解1013起，立案处理1476起，总调解率81.28%。其中，集体争议案件23起，涉及劳动者614人，经仲裁，为当事人挽回经济损失1.5亿元。3月8日，苏州地区首家女性主题调解工作室——“Her采”调解工作室成立，全女性调解员用柔性手段打造调处纠纷新模式；工作室联合市职业培训指导中心，以创业培训为载体，在各区镇组织的培训活动中增设劳动法律法规培训课程，年内培训1000余人。4月26日，全省首个“劳动人事争议速裁庭”成立，年内通过要素式审理劳动争议案件343起，调解218起，案件平均审理期限缩短50%；制定出台《张家港市劳动人事争议简易速裁程序工作规则》，速裁工作成果获中国劳动人事争议调解仲裁网、《中国劳动保障报》等多家媒体报道。5月至6月，开展“一周仲裁员”“小小仲裁员”系列活动，将法律服务工作触角延伸到青少年学生。9月，出台《张家港市劳动人事争议兼职仲裁员管理办法》《张家港市劳动人事争议仲裁委员会兼职仲裁员绩效考核办法》等规范性文件，聘任2名律师兼职仲裁员。年内，市劳动人事争议联合调解服务中心首批获评江苏省“金牌劳动人事争议调解组织”，市劳动人事

“小小仲裁员”参加法律体验营 （市人社局 提供）

争议联合调解服务中心、张家港曼巴特购物广场劳动争议调解委员会、张家港保税区劳动人事争议调解中心、锦丰镇劳动人事争议联合调解服务中心获评苏州市“金牌劳动人事争议调解组织”;网上调解平台服务能力持续提升,陆政龙调解专家团队蝉联调解平台绩效考核全省第一。

【农民工工资支付保障】 年内,市人社局发挥市根治拖欠农民工工资工作领导小组办公室牵头作用,谋划整体工作并推进落实。1月,成立市根治拖欠农民工工资工作专班,在春节、元旦期间,由主要成员单位抽调业务骨干联合接访,“一站式”受理到访群众讨薪诉求。通过例会、通报、个案研讨等形式,对梳理掌握的各类欠薪线索集中研判、统一协调、快速处置。提升“一窗式”劳动保障维权服务水平,在劳动保障维权大厅内设立工程建设领域农民工维权专窗,实现职工劳动权益保障事项“一窗式受理、一网化联动、一站式办结”。5月,在全市组织开展《保障农民工工资支付条例》实施一周年系列宣传,包括拍摄一部纪录片、开展一次知识竞赛、举办一场征文活动、组织一系列送法上门活动等“八个一”系列活动。制定市根治欠薪新“四项要求”,加强对建设单位人工费拨付、施工企业用工管理、总包代发工资等环节监管,推进工程建设领域农民工工资月结月清覆盖率提升专项行动,年末完成72%在建工程项目农民工工资月结月清。组织开展保障农民工工资夏季、冬季专项行动,联合市住建局、市交通局、市水务局等部门,对全市200余个工地实地督察。开展“全国根治欠薪线索反映平台”欠薪线索及上级交办重大欠薪线索核查处置工作,年内接收线索944条并全部办结,周办结率在苏州市连续34次排名第一。与市检察院联合建立劳资纠纷联动调处机制与平台,下发《关于追索劳动报酬加强协作配合的实施意见》,落实保障农民工工资支付工作执法联动协作机制,年内向社会公布重大劳动保障违法行为7起,均以涉嫌构成拒不支付劳动报酬罪移送公安机关。继续开展“根治欠薪红榜”家装企业培育评定活动,年内评估确定张家港市红榜家装企业5家,累计10家。

【全国首家劳动保障维权一体化服务中心揭牌】 12月16日,全国首家“调裁审执”劳动保障维权一体化服务中心在市人社局揭牌成立。服务中心将劳动者原需分别在人社局、法院办理的10余项业务,包括投诉、举报、调解、仲裁、支付令、诉前财产保全、司法确认、立案起诉、审理、强制执行等事项统一归并至一个窗口办理,通过法院派驻专员形式,实现劳动者在一处提交材料后,两部门内部完成材料移送和立案事宜,打造“协商、调解、仲裁、诉讼、执行”办理全链条。中心设有智能取号系统、等候区、填报区、触屏自助查询等板块,对申请诉前财产保全、支付令、仲裁裁决先予执行;对涉及劳动报酬、工伤保险待遇的裁决书、调解书予以执行的,开辟裁审衔接“绿色通道”。成立后接待劳动者2605人次。同时,市人社局与市法院共同签署《关于强化劳动人事争议“调裁审执”衔接工作的实施意见》,以制度规范保障工作水准、提升服务能级;与工会、法律援助中心合作,为劳动者提供免费法律咨询、代写法律文书和援助代理服务,年内开展法律咨询援助业务944件。

(许书培)

社会保险

【概况】 年内,市人社局按照8月至9月疫情期间全省工伤保险费率降低20%政策,为企业减负667.94万元。制定下发《关于实施张家港市长江流域退捕渔民养老保险缴费补贴的通知》,对全市符合条件的36名退捕渔民落实养老保险缴费补贴。加速推进人社领域基本公共服务信息化建设,按照“补全缺失数据、纠正错误数据、剔除重复数据、清除无效数据”的要求,做好各类参保信息等基础数据清理、转换与迁移等准备工作;省机关事业单位养老保险信息系统、省人社一体化信息平台分别于5月11日、10月11日上线,城乡居民社会养老保险子系统于12月6日上线。年内,市医疗保障局以《中共中央国务院关于深化医疗保障制度改革的意见》为纲领,深化基本医疗保险和生育保险市级统筹,推进药品耗材招采制度改革,主攻医保基金监管、医保便民服务、标准化信息化建设,提升党建引领、规划法治、风险防范和干部队伍能力,保障参保群众权益。6月,实现医保“苏州一卡通”,张家港市112万名参保群众可在苏州大市范围内所有定点医药机构直接刷卡就医购药。贯彻执行医疗服务项目、药品和医用耗材等15项医疗保障信息业务编码标准,10月,完成医保信息系统独立化改造,年末顺利上线国家医保信息平台,推进医保信息工作标准化、统一化、规范化。在苏州大市范围内率先实现大病保险“一单式”结算,张家港市参保群众省内就医免垫付。实施“慢病用药下沉社区”、长期护理险创新推广模式等10项“我为群众办实事”项目,医保基金监管、行政执法、政务服务等工作考评位列苏州第一。成立“暖心医保”志愿服务团队,开展志愿服务43批,走进22个社区演出长护情景剧,全年为近1000名长护对象提供政策服务、生活关爱和健康指导。年内,市医疗保障局获评苏州市抗击新冠肺炎疫情先进集体。

【养老保险】 2021年,市人社局为企业退休人员、城乡居民保险参保人员、机关事业单位退休人员、被征地农民等类别共37.46万人调整待遇。1月,完成10801名机关事业单位退休人员基本养老金调整,平均每人增资250.75元,合计补发1617万元。1月1日起,为26.82万名企业退休人员调整养老金,调整后人均养老金水平为每月2106.31元;是日起,为5.82万名城乡居保待遇领取人员调整基础养老金,调整后人均待遇水平为每月466元;为3.65万名征地保养金领取人员调整征地保养金,调整后标准为每月490元,如调整后征地保养金和其他养老待遇合计数低于每月1018元的,补足至1018元;为895名征地补助金领取人员调整征地养老补助金，调整后的标准按满60周岁、75周岁、80周岁分别为每月845元、850元、855元，与省定最低基础养老金合计为每月1018元、1023元、1028元。

【医疗保障】 2021年，市医疗保障局继续推进“基本医疗保险和生育保险市级统筹”，基本政策、待遇标准、基金管理、经办管理、定点管理、信息系统基本实现“六统一”。继续实行参保扩面联动机制，市、镇、村三级参与，联动公安户籍人员信息库，由基层专管员分块排摸，动态监测，全市参保率99.7%。根据防范化解因病致贫返贫长效机制，继续对低保、低保边缘等重点救助对象和罕见病患者、器官移植患者等拓展救助对象实施精准救助，为4899人发放救助金788万元，实现托底保障功能。至年末，全市职工基本医疗保险和居民基本医疗保险参保人数分别为78.6万人和33.43万人，生育保险参保47.78万人。全市职工医保住院实际报支率（含大病补偿）和政策范围内报支率分别为73.88%和93.3%，居民医保住院实际报支率（含大病补偿）和政策范围内报支率分别为64.04%和79.17%。全市有享受医疗救助的特定困难人员15.79万人次，发放救助金3825万元；有享受大病保险人员12472人，发放大病保险补偿款9702元；有享受长期护理险的失能人员5757人，支付待遇4598.13万元。生育5065人次，生育保险支出1.45亿元。

【医保基金监管】 年内，市医保局创新监管模式，着力构筑标准化、全覆盖、多层次的医保监管格局。建成“医保智慧眼”可视化平台，以医保大数据为基础，整合“实用查询、点单培训、指标分析、基金监管、费用剖解、费用控制”六大核心模块，实现对定点医药机构“事前、事中、事后”全流程监管，提升医保基金监管的智能化、精准化和科学化。会同市纪委、市卫健委、市公安局、市市监局等部门开展打击欺诈骗保专项整治行动，全年定点机构现场检查覆盖率247%，约谈100家，暂停医保定点服务协议96家，解除协议10家，退回追回医保基金623.54万元，曝光70个案例，行政处罚3例，处罚款19.7万元，举报奖励3例，发放举报奖励金4495.31元。建立“医保+信用”机制，印发《张家港市定点门诊部、诊所信用评价规程（试行）》《张家港市定点零售药店信用评价规程（试行）》，组织全市“两定”单位法定代表人、医务工作人员签订3924份信用承诺书，将医保信用纳入医保协议管理，对接市公共信息共享平台，实行医保信用共享，年内对3家药店进行失信等级认定和行政处罚公示。建立通报联动机制，定期向市委组织部、市纪委监委、市绩效办、市文明办等部门通报公职人员违规行为，向市卫健委、市市场监管局等部门通报定点医药机构违规情况，并组织开展联合执法，形成医保基金监管合力。2021年，市医保局向市卫健委、市市场监管局通报8批次，涉及医药机构133家，移交纪检部门1例，移送公安机关4例。

工作人员在医保结算大厅回复市民咨询 （市医保局 提供）

【医药价格和药品耗材招采监管】 年内，市医保局继续指导医疗机构强化药品耗材采购内控机制，全市公立医疗机构药品、医用耗材省平台网采率分别稳定在99%和98%以上。落实国家、省、苏州市组织的药品耗材集中采购任务，做到优先使用中选品规，按时完成合同量和及时回款，采购进度均高于苏州市平均水平。升级“慢病患者用药进社区”服务，继续扩面优化，年内增加慢性胃病、骨质疏松2种慢病30个药品，同时对前两批6种慢病药品进行优化调整。至此，全市有8类慢病222个药品下沉社区，覆盖慢病患者80%的用药需求。推进国家集采、省平台议价等改革落地社区，50个集采药品直接进入慢病药品目录。牵头各医疗机构和配送公司协商谈判，实现65个药品配送让利4%。引导医疗机构率先在省平台公开议价，10个药品采购降价，最高降幅12%。各项举措使慢病患者人均配药费用每年减少500余元，惠及18余万名参保群众。结合医疗器械企业诉求，加强政策培训，化解政策堵点。

【多元复合式医保支付方式改革】 年内，市医保局在全市实施以按病种付费为主的多元复合式医保支付方式改革，提高医保基金使用绩效，助推“三医联动”（医保体制改革、卫生体制改革与药品流通体制改革联动）。市医保局以国临2.0版疾病诊断和手术操作编码以及国家版临床路径为标准，协商制定价格清单和病种结算标准，规范合理诊疗，促进监管前移，为按疾病诊断相关分组DRG付费改革奠定基础。全年实施320个病种、448个结算标准、1964个病种清单,经测算，患者减少支出约5%，医保基金减少支出约4%，医疗机构节余约6%，初步实现患者、医院、医保三方受益的良好局面。

【医保公共服务优化】 年内，张家港市实现住院、门诊异地就医直接结算全国无障碍，全年异地就医门诊直接结算率95.31%。全市定点医院、社区卫生服务站、口腔诊所、门诊部全部纳入国家异地联网平台，纳入数量苏州第一，在苏州大市范围内最早实现区域内异地结算医疗机构全覆盖。完成定点零售药店纳入省内异地就医直接结算，实现"沪苏同城"异地就医自主转诊，落实"不见面"办理，开通微信服务号自主转诊异地备案功能。推进使用医保电子凭证，全市826家定点医药机构按国家医保电子凭证信息规范完成业务系统升级，实现医保电子凭证购药扫码结算，覆盖率100%。医保电子凭证激活人数68.6万人，激活率61.84%。推进"一网通办"，配合公安、民政等部门，做好出生、身后"一件事"等项目。持续开展"减证便民"行动，针对基本医疗保险个人账户一次性支取、产前检查费支付两个事项，推行证明事项告知承诺制。推进业务网上办、掌上办，"张家港市医疗保障局"微信服务号实现医保业务可查可办。经开区行政审批局成为首批"15分钟医保服务圈"省级示范点，通过区镇、街道、银行、医院、村(社区)等服务点位，将23项医保高频经办业务和咨询事项下沉，扩大服务圈半径，拓展服务圈内涵。10月，市第一人民医院"医保便民服务站"揭牌启用，年内建成30个医保便民服务站，持续推进"四最服务"(服务质量最优、所需材料最少、办理时限最短、办事流程最简)。

2021年张家港市参加社会保险情况表

表62

项　目	参保单位数(个)	参保人数(人)	人员参保率(%)	基金收缴率(%)	支付情况(万元)
机关事业单位养老保险	570	23401	100.00	100.00	238682.00
企业养老保险	39241	525775	99.74	97.60	710565.00
工伤保险	39254	659995	100.00	99.78	25805.00
失业保险	38524	467648	100.00	100.00	21773.91
职工基本医疗保险	38868	786019	99.80	99.83	265289.00
居民基本医疗保险	—	334252	99.80	100.00	60700.00
生育保险	38861	477832	99.80	99.98	14513.00

说明：支付情况为基金支出，不含上解支出；机关事业单位养老保险含机关试点数据；工伤保险参保单位数含建筑业农民工单位数489个，参保人数含建筑业农民工179611人

(许书培　韦　苇)

社会救助与慈善

【概况】 2021年，市民政局构建"弱有众扶"社会救助格局，持续开展社会救助、慈善事业和社会福利工作，组织为各类困难群众、低保对象发放救助款和生活补贴。出台低收入人口认定和动态监测、低收入人口医疗费用支出帮扶项目等系列政策，落实城乡低保和特困供养标准自然增长机制。做好疫情期间困难群众救助工作，多渠道筹集善款资助困难对象。加强特殊群体关爱保障，探索构建未成年人保护体系，完善儿童福利和残疾人福利保障政策。落实困境儿童基本生活保障标准、残疾人两项补贴保障标准动态调整机制，提升关爱保障水平。年内，张家港市《全域推广乡村公益医疗互助》入选第三批全国农村公共服务典型案例，市民政局获评"全国农村留守儿童关爱保护和困境儿童保障工作先进集体"。

【社会救助】 2021年，市民政局组织春节慰问19个大类近8万户困难群众，发放慰问金1.2亿元；在劳动节、国庆节前，对低保、低保边缘、孤儿等困难对象6909人次按每人100元标准发放"节日红包"，共发放69.1万元。配合市委组织部对2236户低保、低保边缘、孤儿等困难对象发放党员关爱基金553.1万元。至年末，全市有在册低保对象1579户、2285人，特困对象392户、392人，其中集中供养385人，分散供养7人，低保边缘家庭330户906人，支出型困难家庭1户1人，其他困难家庭331户888人。全年发放低保(含低保边缘、特困人员)补助金3550.64万元，为低保对象发放水电气电视补助135.87万元。5月，张家港市高标准通过省民政厅、省财政厅检查组对社会救助资金使用管理情况的核查，并开展社会救助专项治理"回头看"工作，通过书面情况汇报、查阅户档材料、入户调研和检查资金发放等方式，对全市低保政策落实情况进行全面摸底和纠正补差。7月1日起，城乡低保标准由每月1045元调整为每月1095元，特困人员供养标准由每

开展春节送温暖慰问活动 （市民政局 提供）

月1463元提高到1533元。9月，开展全市民政领域建筑安全隐患排查整治专项行动，对在册低保、分散供养特困人员住处的建筑安全进行逐一排查，督促指导村（社区）做好排查整治工作。10月，《苏州市居民最低生活保障实施细则》出台后，开展张家港市居民最低生活保障实施细则培训会，印发《张家港市社会救助对象年审规程（修订）》，规范社会救助对象年度审核工作。12月，印发《关于开展张家港市低收入人口认定和动态监测工作的通知》《张家港市推进低收入人口认定和动态监测工作的实施方案》，推进全市低收入人口认定和动态监测工作。市社会救助服务中心落实经济状况核对机制，年内核查新增（在册）低保、低保边缘、特困人员、重残、特残、廉租房等各类救助申请8198户、14491人，产生预警1103户，预警率13.45%，检出214户，检出率2.61%；依托社会救助管理平台，在继续做好原“基础信息库”人员“因病致贫”风险预警基础上，扩大主动发现风险预警范围并优化预警条件，将重大自然灾害、失业、残疾、职业病等13类基本生活高风险人群纳入监测范围，一旦出现大病、大灾、重大事故或医疗费用支出过大等情况即时触发预警，由社会救助服务中心第一时间将预警转办救助部门，变被动接受申请为主动介入救助，实现由传统的事后救助转变为事前干预；全年发出各类预警132人次，发放医疗支出型生活补贴28.35万元。年内实施困难群众安居工程，为全市29户困难家庭补助安居资金126.4万元，其中帮建（修）户27户、动迁（预动迁）安置户2户。对口帮扶新疆巩留、宿迁宿豫区、锦丰镇西界港村90万元。疫情期间对困难群众开展临时救助166户452人，发放救助金115.69万元；为全市救助对象发放医用外科口罩9.5万个，免洗手部消毒凝胶、消毒液、洗手液2879瓶；向全市养老机构和未成年人关爱保护中心封闭式管理工作人员发放“爱心包”，物资折合30.1万元。推动社会力量参与社会救助关爱援助项目，2020—2021年第三期36个关爱援助项目由12家社会组织承接，累计投入356.77万元，提供个性化服务3233人次，个案服务2531人次，小组服务3185人次，倡导活动服务1.2万人次，总受益2.6万人次。加强流浪乞讨人员救助和流浪未成年人保护工作，全年救助流浪乞讨人员134人，救助（保护）流浪乞讨未成年人5人。建立返乡受助人员回访制度，对返乡受助人员采取电话回访、实地走访等方式跟踪回访，从源头上减少再次流出现象；建立易走失人员信息台账；与公安部门联合开展“送爱回家”专项救助项目，送返5名居无定所、无正当工作的非张家港市户籍人员返乡；长效推进“数字化寻亲”项目，为6名无身份人员成功寻亲，完成落户安置2人。

【社会福利】 全市有特困对象392人，其中集中供养385人，分散供养7人。年内继续实行特困对象供养标准自然增长机制，供养标准由每月1463元提高到1533元。全市有在册困境儿童694人，其中机构孤儿38人、社会散居孤儿8人、事实无人抚养儿童99人、重病重残儿童405人、贫困家庭儿童144人。困境儿童基本生活费补贴标准提高，机构孤儿基本生活费标准从每人每月2640元提高至2750元，社会散居孤儿、事实无人抚养儿童、艾滋病感染儿童基本生活费标准从每人每月2280元提高至2450元，重病重残儿童每月发放1225元。全年发放困境儿童基本生活费补贴570.91万元。实施“明天计划”项目，投入资助金17.33万元，惠及78名困境儿童。落实“福彩圆梦·孤儿助学工程”，为2名孤儿发放资助金2万元。全年办理收养登记23例。全市有在册享受困难残疾人生活补贴5615人，享受重度残疾人护理补贴9327人。年内，重度残疾人护理补贴标准从每人每月120元提高至140元。全年发放残疾人两项补贴6216.68万元，其中困难残疾人生活补贴4766.84万元、重度残疾人护理补贴1449.84万元。完成2020年度全省残疾人两项补贴工作绩效考核。《张家港市促进精神障碍社区康复服务发展实施方案》发布，区镇、街道精神障碍社区康复驿站实现全覆盖。全年福利彩票销售额2.24亿元，完成苏州下达年度目标任务的179%，筹集本级福彩公益金2375.9万元。以党建引领业务工作，围绕公益宗旨，开展“福彩图书室”公益项目，列支福彩公益金10万元购置4000余本书籍，在6家养老机构、2家新市民子女学校建设“福彩图书室”；连续3年开展福彩销售点“以奖代补”工作，对单机电脑票销量在综合绩差线以上的站点每月发放奖励性补贴300元，2021年共发放65.34万元，以扶持站点生存发展；建立动态管理机制，优化销量网络，对“快乐8”销量靠后的站点进行销售权限调整，在商圈、超市投放智能投注机、增设福彩兼营店；开展即开票自主营销活动，激发站点销售潜力，提升即开票销量。

【慈善事业】 9月，全市举办“爱满港城”金秋慈善晚会，晚会通过播放短片、现场访谈、表彰先进、现场捐赠、文艺会演等形式展现市慈善事业发展情况。会上授予江苏沙钢集团有限公司等9家企业和陈玉忠等3人“抗击新冠肺炎疫情慈善捐赠突出贡献奖”，授予江苏永钢集团有限公司等18家企业“最具爱心慈善捐赠企业或单位”称号，授予沈彬等11人“最具爱心慈善行为楷模”称号，评选出“村级医疗互助”等15个项目为“最具影响力公益慈善项目”，授予市志愿者协会等17家组织“最具影响力公益慈善组织”称号。晚会现场募集善款1.1亿元，创历史新高。年内完善“互联网+慈善超市”平台，建立手机申请、后台审核、统一发布、在线捐助、上门取件、免费派送工作模式，精准对接慈善资源与困难群众个性化救助需求，全年有各类爱心组织和个人捐资1026件，帮助困难群众793人。结合“中华慈善日”“社会救助宣传月”开展慈善图片展、慈善义卖、《中华人民共和国慈善法》普法宣传等慈善宣传活动。市慈善总会年内支出善款1.04亿元，其中，“爱满港城”活动支出4776.85万元，专项、冠名基金支出116.93万元；定向捐赠支出5307.2万元，包含信义玻璃1000万元用于沙洲小学图书馆建设、380万元用于购买消防云梯，沙洲印染1000万元用于助困，朱钱明100万元用于外地助学，苏城建筑100万元用于大新学校助学，永钢集团150万元用于村道路建设等；对全市开展“村级医疗互助”的经济一般村发放补助金175.42万元；开展慈善对口帮扶，市慈善总会联合永联为民基金会为响水县困难家庭送价值60万元小家电，捐赠新疆巩留县10万元。江苏永钢集团有限公司获评“中华慈善奖”。

【主动发现精准救助项目】 年内，市民政局采取线上、线下同步运行方式，构建“大数据+网格化+铁脚板”主动发现精准救助网络。线上依托市社会救助管理平台设置“主动发现功能模块”精准锁定困难群众，落实救助政策和帮扶措施；对接“阳光e助”微信公众号、“张家港民政”微信公众号、“今日张家港”App、“联动张家港”App和江苏政务服务张家港旗舰店网站等线上救助申请端口，方便群众办事。线下依托基层民政工作人员、网格员、村（社区）干部等组成主动发现工作队伍，定期排查辖区潜在困难群众，发现和收集困难群众救助需求，帮助申报各类救助事项，实行“一对一”个性化服务。年内通过实施主动发现精准救助项目救助困难群众271人次，投入75.68万元。

【村民医疗互助项目】 年内，为解决农村基本医疗报销补助水平低、医疗救助受惠面窄等问题，张家港市参照职工医疗互助模式，在全市继续推广实施乡村公益医疗互助项目，以“村民出一点、社会赞助一点、集体扶持一点”的方式筹集设立村级医疗互助基金，引入第三方专业公司管理运营项目，对患病家庭进行补助。村民医疗互助的筹资标准由各镇自行确定，最低每人每年50元；筹资渠道以群众互助出资为主，鼓励社会力量和村集体经济进行资助，特殊困难群体由乡镇资助参加互助；补助对象为经基本医保报销后个人支付金额达到起付线的住院群众，全年补助不限次数，年度累计最高可补助20万元。至年末，该项目覆盖194个村（社区），在册参保人员60.3万人，累计募集资金1.98亿元，补助17.9万人次，补助金额1.55亿元；个人累计最高报销金额8.75万元，个人累计最高报销次数32次。经测算，基础报销比例提高5%至10%，大病报销比例提高10%至15%。

【市未成年人保护工作委员会调整设立】 4月，市委办、市政府办联合发布《关于调整设立张家港市未成年人保护工作委员会的通知》，明确主要职责、成员单位和职能分工。5月，召开2021年全市未成年人保护工作委员会全体会议。9月，市政府办印发《张家港市创建全国未成年人保护示范市工作实施方案》，召开争创“全国未成年人保护示范市”动员部署会。年内，全市实现困境未成年人个案管理分级服务全覆盖，完成分级评估622例，开展个案服务1515人次。实施突发困境未成年人干预保护，接收转介个案24例，提供干预保护服务110人次。发布未成年人保护工作站工作指引，区镇、街道未成年人保护工作站实现全覆盖，累计开展服务3.4万人次。市民政局全年为12家市级儿童“关爱之家”发放补助金36万元。实施未成年人保护专业能力提升项目，开展10期主题培训、8期小组工作坊、12期益童读书会，培养儿童社会工作者30人。 （汤景茹）

2021年金秋慈善晚会 （市民政局 提供）

【编辑 陆文琰】

居民事务

Resident Affairs

张家港市亲情（虚拟）养老院　（市民政局　提供）

居民收入与消费

民政专项事务

社区治理

养老事业

退役军人事务

残疾人事业

关心下一代工作

新市民服务

便民服务

社会调解服务

居民收入与消费

【概况】 2021年，全市有农村从业人员33.34万人，其中第一产业1.73万人、第二产业23.87万人、第三产业7.73万人。有城镇非私营单位从业人员22.15万人，其中制造业从业人员10.85万人，占比最大。从业人员平均工资12.01万元。按行业分，公共管理类从业人员平均工资最高，为20.62万元；金融业从业人员其次，为20.18万元，农、林、牧、副、渔业收入最低，为3.86万元。

【居民可支配收入】 2021年，城镇居民人均可支配总收入77939元，比上年增8.54%。其中工资性收入50050元、经营净收入7481元、财产净收入9717元、转移净收入10691元，分别比上年增8.18%、8.29%、8.46%、10.52%。农村居民人均可支配总收入41859元，比上年增10.34%。其中工资性收入23284元、经营净收入7907元、财产净收入4461元、转移净收入6207元，分别比上年增10.49%、9.9%、9.02%、11.34%。

【居民生活消费支出】 2021年，城镇居民人均消费支出44216元，比上年增19.29%。其中食品烟酒支出11956元、衣着支出2400元、居住支出9121元、生活用品及服务支出2319元、交通和通信支出8993元、教育文化娱乐支出6507元、医疗保健支出1827元，分别比上年增11.97%、19.7%、18.79%、12.41%、26.72%、24.08%、27.41%。农村居民人均消费支出27234元，比上年增22.32%。其中食品烟酒支出7364元、衣着支出1489元、居住支出5392元、生活用品及服务支出1811元、交通和通信支出4464元、教育文化娱乐支出3903元、医疗保健支出2076元，分别比上年增14.99%、27.7%、10.58%、31.04%、40.11%、24.1%、29.91%。

【居民耐用消费品拥有量】 2021年，每百户居民拥有家用汽车91辆，其中城镇居民拥有103辆、农村居民拥有69辆，分别比上年增23%、68%。拥有电冰箱（柜）113台，其中城镇居民拥有108台、农村居民拥有120台，均与上年持平。拥有洗衣机107台，其中城镇居民拥有108台、农村居民拥有103台，分别比上年增1%、减3%。拥有空调291台，其中城镇居民拥有307台、农村居民拥有261台，分别比上年增7%、减3%。拥有彩色电视机183台，其中城镇居民拥有181台、农村居民拥有186台，分别比上年减7%、1%。拥有移动电话282台，其中城镇居民拥有278台，农村居民拥有290台，分别比上年增4%、12%。拥有空气净化器（含新风系统）18台，其中城镇居民拥有25台，农村居民拥有4台，比上年增9%、33%。

（统计局）

民政专项事务

【概况】 2021年，市民政局继续推进殡葬改革，持续开展殡葬基础设施建设，做好清明节祭扫服务保障，开展殡葬业价格秩序、公益性安葬设施建设经营专项整治行动。完成金港镇撤镇改街道行政区划变更后续工作，完成镇级地名规划编制工作，持续清理整治不规范地名；根据第二次全国地名普查成果，编纂地名相关书籍和区划地名图。完成"苏泰线"第四轮联检工作。年内，市民政局婚姻登记处被省民政厅确定为"江苏省首批婚姻登记机关规范化建设试点单位"。

【婚姻登记】 2021年，市民政局婚姻登记处办理结婚登记4363对，补发婚姻登记证1518对，查档服务2476人次，全年登记合格率100%。1月1日起，执行《中华人民共和国民法典》离婚登记"冷静期"新婚姻登记制度，全年办理申请离婚登记2103对，撤回申请566对，办理离婚登记1237对。3月，引入专业社会组织开展婚姻家庭教育服务，辅导介入151对，有效调解90对，劝和率59.6%。5月20日，举办"情定520珍爱告白"主题颁证仪式，为212对新人开展婚礼式颁证。6月1日起，实施内地居民婚姻登记"跨省通办""市域通办"，全年办理苏州市域结婚登记15对，省内跨市结婚登记102对，跨省结婚登记151对。11月，在离婚登记室设立不动产登记便民服务点。10月22日，位于暨阳湖生态旅游区湖南路的婚姻登记新办公楼易地改建项目开工。

【殡葬管理】 3月，市民政局下发《关于做好2021年清明祭扫服务管理工作的通知》，落实严防严控措施，发布文明祭扫通告、倡议书等，引导市民网上预约、网上祭扫、错峰祭扫。升级"思亲网"网上祭扫平台，配套设置覆盖全市骨灰堂的"实景云祭扫"手机版，69.7万人次通过网上祭扫寄托哀思。清明期间，全市祭扫场所累计接待群众68.5万人次，开展集体代为祭扫活动2场。年内，指导乐余镇祥安园完成骨灰堂内部改建，指导塘桥镇、大新镇殡仪服务中心二期规划建设；持续推进锦丰镇、乐余镇、凤凰镇等镇的墓区焚烧炉除尘设备升级改造，因地制宜规划凤凰山公墓生态葬区建设。全年集中文明办丧724例。市财政下发殡葬改革补贴资金313.9万元，免除基本殡葬服务费944.43万元，惠及7106人。

【地名勘界】 年内，市地名办完成道路命名44个（含更名2个、延伸7个、注销2个），小区命名20个（含调整1个、注销1个），桥梁命名2个，建筑物（群）命名11个；完成金港镇行政区划变更后续工作，完成镇级地名规划编制工作，备案率100%；持续清理整治"大、洋、怪、重"不规范地名，年内清理整治2个不规范地名；推进平安边界建设，10月，苏泰线"第四轮"联检工作总结会议暨平安边界建设联席会议在金港街道召开，与会人员联合踏勘双山岛界线界桩及标志物管护情况；完成第二次全国地名普查地名变更和补充登记。开展地名文化宣传和成果转化，编纂修订《江苏省标准地名词典》《江苏省标准地名志》《江苏省标准地名录》张家港部分，出版《张家港市标准地名图集》《张家港市政区图》《张家港市城区图》。

社 区 治 理

【概况】 4月,凤凰镇恬源社区撤销,并入双塘村。至年末,全市有村委会144个,与上年持平;有社区居委会120个,比上年减1个。年内,围绕"打造'共建共享'基层治理典范"目标,持续推进城乡社区治理体系现代化建设,深化建设"社区协商""民生微实事""邻里港湾""全员全科社工"等社区治理特色品牌。3月,全市村(居)民委员会换届选举工作完成。选举产生新一届村(居)民委员会主任261人、副主任424人、委员680人,有238个村(社区)实现书记、主任"一肩挑"。4月,市政府办印发《关于推行城乡社区"全员全科社工"服务模式的实施意见》,意见规定"全科社工"不设名额限制,实行轮值,不参与网格化管理工作,确保工作时间"全科社工"全程在岗,实现"全科社工"与网格化治理相互融合,提高基层运转效率。6月,以"线上+线下"同步培训的方式开展年度全科社工业务知识培训。9月,民政部委托省民政厅组织专家到市就"全国农村社区治理实验区"建设进行结项评估,专家组对张家港市农村社区治理作出"勤耕作、品牌多、可持续、有未来"的评价;是月,各区镇、街道完成年度全科社工上岗考试,产生全科社工681人。

【"邻里港湾"服务模式推行】 年内,市民政局在全市首批选取45个社区,试点推行"邻里港湾"新型城乡社区综合服务模式。该模式着眼社区阵地的提档升级,优化完善功能设置和服务配给,解决社区用房各类服务设施割裂、资源整合不够、社区服务人气不旺、吸引力不足等问题;运用原有村居民议事平台,引入"微自治"理念,探索设立"邻里港湾"议事话题,将居民群众纳入打造和运营全过程;融合"三社联动"、民生微实事、养老、困境儿童帮扶等民政自身工作,将"邻里港湾"建成社区为民服务的"集合体"。建设全市社区治理和服务创新"智囊团",举办社区治理和服务创新专题研讨班,挑选各区镇、街道部分社区治理创新观察点、"邻里港湾"以及老年友好社区试点负责人,开展为期9个月,总时长14至16天的学习交流活动。11月,组织召开"邻里港湾"社区综合服务工作推进会。年内,"张家港市创新推行'双侧融合'社区治理模式"和"'邻里港湾'新型城乡社区综合服务模式"获评2020—2021年度苏州市城乡社区治理创新案例;塘桥镇金村村的"千年古村复繁华,数字赋能新慈乌"、锦丰镇永新社区的"'三张清单'助力'4050'妇女再就业"、南丰镇永合社区的"党建引领聚合力,五治融合促发展"、金港街道马桥社区的"'三马'工作法"、金港街道金都社区的"'睦邻合伙人',奏响社区治理'大合唱'"、德积街道元丰社区的"'邻理庭'党建引领,'邻理'共治,奋力打造吾邻共理新元丰"6个案例获评2020—2021年度苏州市社区(村)级创新案例。

【社工队伍建设】 年内,据不完全统计,全市有117人通过全国社会工作者职业水平考试。至年末,全市有持证社会工作者3400人,有注册登记民办社会工作服务机构32家。市民政局、市社区发展基金会开展社会组织公益创投活动,共资助13家社会组织的26个项目。"专业社工疏通社区治理服务末梢——永合社区综合服务托管项目"获评2020—2021年度第一批江苏省优秀社会工作项目三等奖,2人获第二届苏州市社工专业人才奖。9月,市政府办出台《关于推进张家港市基层社会工作站(室)建设的实施意见》,意见要求按"两年全覆盖,三年全规范,五年成体系"的思路,推动建设区镇、街道社会工作站和村(社区)社会工作室。年内,全市11个区镇、街道社会工作站实现全覆盖。

【社会组织管理】 2021年,全市新增社会组织17家,其中社会团体5家、民办非企业单位12个;注销社会组织37家,其中社会团体7家、民办非企业单位30个;撤销社会组织8家,其中社会团体4家、民办非企业单位4个。至年末,全市有登记注册社会组织937家,其中社会团体475家(行业性社团81家,学术性社团40家,联合性社团44家,专业性社团310家,行业性社团中包括苏州市下放登记管理权限的2家异地商会),民办非企业单位441个(教育类82个,卫生类9个,文化类8个,科技类8个,体育类46个,人社类22个,社区服务类128个,其他类138个),基金会20个,异地商会1个。全市有备案的社区社会组织2455家,每

11月,"全科社工"业务技能大赛举办　　(市民政局　提供)

1万名户籍人口拥有登记社会组织10家；有等级社会组织376家，等级社会组织数占应评总数的42.94%；有已认定慈善组织20家。年内，社会组织综合党委开展中国共产党成立100周年系列庆祝活动，融合推进"先锋益友"党建品牌。召开社会组织管理工作联席（扩大）会议，专题部署进一步打击整治非法社会组织专项行动。在专项行动中，取缔非法社会组织16家、劝散2家、引导登记1家、自行解散2家、批评教育1家，关停非法社会组织活动场所7处、制止非法社会组织演出筹备活动4起，开展广场宣传14场、发放宣传折页2万余份。上半年，组织召开部分社会组织集体约谈会，举办2021年度社会组织年度检查暨业务培训会。下半年，开展"僵尸型"社会组织专项整治行动，重点针对此类对象开展年度抽查，发放行政指导文书42份。深入推进"放管服"改革，年内开始实行住所（场所使用权）证明事项告知承诺制。

2021年张家港市新核准登记社会团体一览表

表63

社会团体名称	法定代表人	业务主管部门	登记日期
市集集智慧合作商商会	丁　俊	市工商联	6月7日
市医疗保险定点药店协会	李　洁	市医疗保障局	6月7日
市全民阅读促进会	汪晓帆	市委宣传部	8月17日
市梁丰书社	高　翔	市总工会	9月27日
市无人机驾驶人协会	褚新程	市公安局	11月10日

2021年张家港市新核准登记民办非企业单位一览表

表64

单位名称	法定代表人	业务主管部门	登记日期
市海港幼儿园	杨中雪	市教育局	1月25日
市暖馨社会服务社	圣　芳	市民政局	4月6日
市吴派古琴艺术馆	杨　洋	市文体广旅局	7月16日
市海豚暖暖社会服务社	陈小波	市民政局	7月23日
南丰镇永合社区悦合残疾人之家	张亚兰	市残联	8月2日
市启德至美惠学公益社	李启德	市民政局	8月19日
市佳成职业培训学校	钱国平	市人社局	9月18日
市暨阳公益文明研究服务促进中心	杜　勇	市新时代文明实践工作指导中心	11月10日
市锦绣戎耀退役军人工作室	李浩芳	市退役军人事务局	11月10日
市多佳维居家养老服务中心	虞国芳	市民政局	11月22日
市精诚社会工作事务所	黄小东	市民政局	11月30日
市光速职业培训学校	张晓燕	市人社局	12月27日

【民生微实事项目常态化实施】 2月，市民政局组织开展"'微'暖人心"民生微实事自媒体宣传活动，对12个社区、40余个民生微实事项目进行视频宣传。6月，市委办、市府办联合印发《张家港市民生微实事项目实施办法（修订）》，简化审核程序，加快资金拨付速度。全年在121个城市社区征集项目建议455项，经居民议事会商议及区镇、街道审核后产生项目405项，资金预算2073.07万元，社区覆盖率100%。此外，锦丰镇持续通过村自筹资金和镇村资金1∶1等方式在农村社区参照民生微实事项目流程实施镇级民生项目，年内该镇有23个农村社区实施项目40项，资金预算275.3万元。8月，市民政局组织召开民生微实事项目政策解读会，推动各区镇、街道理解掌握修订后的民生微实事项目工作机制。全年开展民生微实事项目"四不两直"走访2次，随机抽取工程类项目24项，访谈社区民生微实事项目负责人及群众89人，了解项目实施情况，收集意见建议。市民生微实事部门联席会议成员单位每半年度抽查一次民生微实事项目，年内共抽查民生微实事项目14项。（汤景茹）

养老事业

【概况】 年末，全市户籍人口中有60周岁及以上老年人262161人，比上年增190人，占全市户籍总人口的28.2%。其中，70周岁及以上老年人138257人，比上年增7086人，占全市老年人口的52.73%；80周岁及以上老年人43448人，比上年增2617人，占全市老年人口的16.57%；90周岁及以上老年人6224人，比上年增83人，占全市老年人口的2.37%；100周岁及以上老人123人，比上年增6人。年内，市老龄委在《张家港市2021年老龄工作要点》中融入积极老龄观、健康老龄化理念。根据省委、省政府要求，张家港市将老年人运用智能技术专项普及培训纳入卫生系统惠民项目，市卫健委、市委老干部局、市发改委、市教育局、市民政局、市老龄办联合开展该培训项目，全年举办培训400余场，培训13646人次。在全市100虚岁老年人中选取158人，对其人生经历、生活状况、身体情况、饮食习惯等方面进行调查研究。加强老龄宣传工作，《张家港老年报》和“张家港老年网”“张家港老年”微信公众号3个老龄宣传平台全年刊登稿件2598篇。

【养老服务体系建设】 2021年，全市有各类养老床位14438张，千名老人拥有各类养老床位数55.1张。其中，养老机构42个，总床位10028张，均为护理型床位。全市建成20家标准型老年人助餐点，255家居家养老服务中心（点），居家养老服务中心（点）覆盖率100.4%，社会化运营率100%。市、镇两级联合验收新建住宅小区居家养老用房11处，总面积2656平方米。全市接受上门服务的居家老人46283人，占比17.7%，市亲情（虚拟）养老院总服务1127.6万人次，综合满意度99.66%。推动老年友善医疗机构建设、示范性老年友好型社区创建等，全市21家医疗机构通过老年友善医疗机构专家组评审，其中市第一人民医院、市中医医院、市第三人民医院、澳洋护理院4个单位被评为江苏省优秀等级老年友善医疗机构；南丰镇永合社区获评2021年全国示范性老年友好型社区。

【养老服务保障】 10月，按照苏州市民政局要求，张家港市扩大尊老金发放年龄段并提高发放标准，65周岁及以上符合发放条件的老年人，按照年龄段发放30元至600元尊老金。市、镇两级财政全年为65周岁及以上老年人发放尊老金6177.89万元。年内，由政府投保的“幸福港城·惠老保险”完成续签，保费保持每人27元不变，赔付标准保持不变，总保费支出692.9万元；年内理赔3100起，赔付841.72万元。市养老志愿者协会整合全市养老志愿服务资源，开展养老志愿服务培训、孵化专业团队和优秀项目，承接养老服务时间银行试点项目，完成“遗忘的单向线”“探索养老服务志愿者礼遇”“尊老敬老，传递爱心”“让爱更专业，养老志愿者培训”4个服务项目，招募志愿服务团队50个、养老服务志愿者10186人，志愿活动时长74.87万小时，平均每天在平台发布养老志愿服务活动15个。开展全市养老护理员初级持证培训395人次，自2010年起累计培训初、中、高级养老护理员2316人次。落实《张家港市养老从业人员入职奖励管理细则（试行）》，对符合条件的20名养老服务从业人员发放奖励共计26.76万元。年内，社会福利服务中心高级养老护理员贾雪娇获评苏州市第三届“最美养老护理员”。

【孝老敬老活动】 10月，全市开展以“实施积极应对人口老龄化国家战略，乐享智慧老年生活”为主题的敬老月系列活动。市老龄办举办庆祝第34个老年节文艺演出、第十届重阳健康养生文化节、“中国梦我的梦”——重阳圆梦微心愿、老年人获奖书画巡展、健康养生大讲堂等活动，与市老年协会联合举办20场敬老月文艺演出进社区和“传承红色基因、牢记初心使命”读书征文及优秀案例征集活动，与保利大剧院联合举办锡剧《珍珠塔》《沙家浜》、黄梅戏《姑溪谣》大型戏剧老年人专场演出，与市养老志愿者协会联合开展“幸福之城、耆彩晚年”关爱老年人活动，与市老年体协联合开展返老还童传统体育项目运动会，与市退教协会联合开展纪念新中国成立72周年老园丁系列活动，与市老年活动中心联合举办红歌会、红歌快闪、“爷孙情”敬老爱老照片征集活动，与市老年公寓联合举办敬老主题活动。市法院开展老年人防诈骗知识宣传，市老干部局与江苏梁丰律师事务所合作推出“律政先锋法护银龄”法律公益服务项目，市老干部局举办老干部桌球赛，市农业农村局开展“九九敬老、情暖重阳”活动，市文化馆文化志愿服务团开展“九九重阳节、浓浓敬老情”文艺演出进社区，市人社局对当年逢70周岁、80周岁、90周岁及100周岁以上纳入社会化管理

养老服务时间银行志愿者陪伴老人　　（市民政局　提供）

的退休人员开展走访慰问。各区镇均开展健康知识讲座、文艺演出、趣味运动会、法律咨询、送戏下乡、义诊、重阳节茶话会、集体生日会、知识竞赛等敬老主题宣传服务活动。"敬老月"活动期间，全市65052人参与走访慰问和为老服务志愿活动，发放慰问金929.19万元，发放物品329422件，惠及老年人26.2万人；开展惠老健康文体活动300余场，惠及老年人近10万人。持续关爱帮扶，开展"实施积极应对人口老龄化国家战略，乐享智慧老年生活"主题公益宣传，协调老龄委成员单位落实老年人各项优待政策，为老年人衣食住行、精神慰藉和为老服务等提供优质服务。

【老年友善医疗机构建设】 根据江苏省卫健委、省中医药管理局下发的《关于开展老年友善医疗机构建设的通知》要求，从文化、管理、服务、环境等方面推进老年友善医疗机构建设。6月，市卫健委印发《张家港市开展老年友善医疗机构建设实施方案》，明确老年友善医疗机构的建设对象、建设内容、建设标准、建设程序及工作要求；月末组织召开老年友善医疗机构建设专题培训会。7月，28家医疗机构对照《江苏省老年友善医疗机构建设标准（试行）》进行自评申报，市卫健委对存在问题进行梳理、跟踪指导、整改落实。8月，市卫健委组织市第一人民医院、市中医医院、澳洋护理院老年医学科专家，对全市经自评符合建设标准的28家医疗机构进行现场综合评审，其中21家通过专家组评审。10月，苏州市专家验收组到张家港市现场验收，抽查市第一人民医院、市中医医院、健华医院、合兴医院、妙桥医院5家医疗机构。11月，省卫健委评审复核组到市现场复核，抽查市第一人民医院、市第六人民医院2家医疗机构，对张家港市高标准、高质量推动全市老年健康服务体系建设给予肯定。市第一人民医院、市中医医院、市第三人民医院、澳洋护理院4家医疗机构被评为江苏省优秀等级老年友善医疗机构，其余17家医疗机构建成江苏省老年友善医疗机构。

（祝　青　蔡志锋）

退役军人事务

【概况】 2021年是《中华人民共和国退役军人保障法》实施之年，市退役军人事务局围绕"服务、管理、保障"三大主业推进各项工作。开展第十二届江苏省双拥模范城创建工作，完成创建工作自评、申报和迎检考评；承办苏州市双拥工作领导小组扩大会议暨争创省级双拥模范城（县、区）动员大会。全市11家镇级退役军人服务站、48家200人以上服务对象的村级退役军人服务站创建全国"示范型"退役军人服务站并全部达标。全市创建成省级双拥示范基地、优秀"戎耀之家"、退役军人就业创业示范基地各1家，分别是双山岛渡江胜利公园、市易华润东新材料有限公司、江苏海狮机械股份有限公司，新增1家拥军社会组织——市锦绣戎耀退役军人工作室；市易华润东新材料有限公司董事长孙永华获评第二届"苏州最美退役军人"，市检察院寇建坤获提名奖。市退役军人事务局"感恩功臣，关爱行动"优抚服务项目被评为市第七届慈善奖"最具影响力慈善项目"。市委组织部、市退役军人事务局作品——《英雄从未远去》获第十五届全省党员教育"新媒体作品"二等奖。组织参加省"老兵永远跟党走"系列活动，在主题演讲比赛中获二等奖、三等奖各1项。双山岛渡江胜利公园被江苏省双拥工作领导小组办公室命名为"江苏省双拥示范基地"，"戎耀沙洲"退役军人志愿服务经验做法获省退役军人事务厅全省推广，"橄榄绿退役军人志愿服务队"获评全国学雷锋志愿服务"四个100"最佳志愿服务组织。

【双拥工作】 1月，江苏省退役军人事务厅副厅长一行到市慰问抗美援朝退役军人代表吴栋材和全国"最美退役军人"、永联村党委书记吴惠芳。3月，市退役军人事务局联合市人武部开展"情系边海防"活动，走访慰问执行任务一线部队军人家属。5月，市委书记带队开展拥军支前慰问，看望码头驻训官兵，送去慰问物资。6月，投入94万元支持苏州军分区塑胶篮球场建设和营房整修工程。7月，由市委党史学习教育领导小组办公室、市委组织部、市委宣传部主办，市退役军人事务局、经开区（杨舍镇）承办的"百年风华，老兵风采"主题展览启动仪式在万达广场举行，该活动被中央电视台国防军事频道等媒体报道。8月，"港城·戎保1号"保险项目完成续保。10月，与灌云县开展国防建设设备交接仪式暨党性教育活动。11月，投入20万元支持巩留县退役军人服务保障体系场所建设，持续打造"双拥+扶贫"工作品牌。春节、建军节期间，市委、市政府走访慰问

退役老兵参观"百年风华，老兵风采"主题展览

（市退役军人事务局　提供）

驻军单位并赠送慰问物资。年内，为全市25个立功受奖军人家庭送喜报，其中二等功1人、三等功24人；协调落实20名军人子女入学入托，1名6级残疾军人子女中考入学优待加分。市人武部出资8万元扶持贵州赫章县60余名支部书记到善港农村干部学院培训，出资10万元结对帮扶井冈山"百名功臣"家庭。

【优抚工作】 年内，市退役军人事务局持续采集全市退役军人及优抚对象信息，加强人员常态化管理，及时更新人员信息数据；审批各类优抚对象，包括伤残人员、"三属"（烈士遗属、因公牺牲军人遗属、病故军人遗属），部分农村籍退役士兵、企退"两参"专项慰问人员、优抚对象遗属等。对全市享受国家抚恤补助的优抚对象完成年度确认工作，发放抚恤补助和生活用水电燃气费、临时物价补贴、节日慰问金等，为优抚对象遗属发放生活补助，为企业退休"两参"退役人员发放专项慰问金，为伤残人员换发新版残疾军人证，为义务兵家庭发放优待金，为荣立军功的张家港籍现役军人家庭发放奖励金，为重点优抚对象发放优待金，为在乡老复员军人发放立功荣誉金，组织重点优抚对象赴江苏省荣军院开展短期疗养。开展全市村（社区）退役军人服务站"光荣牌"悬挂情况"交叉互检"，抽查核查悬挂"光荣牌"35531块。开展烈士纪念设施管理保护专项行动，完成全市烈士纪念设施整修工程。开展关爱烈属活动，健全烈士遗属定期联络制度，走访慰问177户烈士遗属家庭；开展"关爱烈属·圆梦微心愿"活动，投入3.5万元为全市35名烈士父母、配偶和生活困难的烈士子女送去生活物资。

【退役军人移交安置】 年内，市退役军人事务局完成转业军官和符合政府安排工作条件的退役士兵接收安置工作，帮助解决子女入学、随军家属就业、随迁入户、社保接续等实际困难。做好自主就业退役士兵接收工作，开展退役士兵返乡接站活动，抓好补贴性教育培训，帮助自主就业退役士兵提升职业技能。做好退役军人就业创业指导和服务，组织5场退役军人专场招聘会。组织人员参加江苏省首届退役军人创业产品陈展活动和江苏省第二届退役军人创新创业大赛，参赛作品"田园综合体军事体验营""毛灸器和助力型气管插管组套"被苏州市退役军人事务局推荐参加省创业创新大赛并获优胜奖。

【烈士陵园管理】 年内，市退役军人事务局组织改造提升陵园内烈士纪念设施，投入75.4万元完成"革命烈士纪念馆"改造工程，纪念馆内陈列展示41名烈士的英雄事迹。举办2批4处烈士墓集中迁移入园安放仪式，开展"9·30"烈士纪念日公祭活动。全年烈士陵园接待机关、企事业单位、部队和学校等团体312批、1.1万人次，接待烈士亲属及生前战友162批、约1500人次。

【退役军人服务保障体系建设】 年内，市退役军人事务局以全国"示范型"退役军人服务站创建和市"五星级"退役军人服务站创评为抓手，召开退役军人体系建设现场推进会，下发工作指南和清单，举行服务保障体系培训，开展服务保障体系专项督察，全市区镇、街道退役军人服务站和服务对象200人以上的村（社区）退役军人服务站"示范型"退役军人服务站均创建达标。塘桥镇退役军人服务站获评2020年度全省"优秀退役军人服务中心（站）"，高新区（塘桥镇）金村村退役军人服务站获评2021年度全省"百家红色精品退役军人服务站"，大新镇获评2021年度"五星级"镇（区）、街道退役军人服务站，经开区（杨舍镇）农联村等12个村（社区）获评2021年度"五星级"村（社区）退役军人服务站。

【退役军人志愿服务队成立】 3月3日，张家港市"戎耀沙洲"退役军人志愿服务大队成立大会召开。会上，举行授旗仪式，对所有服务分队和小队统一旗帜、标识、服装，发布卡通形象代言"兵兵""绒绒"，公布14项志愿服务项目，形成"1+19+N"志愿服务架构模式。志愿服务队下设19支服务分队和若干支村（社区）、单位、企业服务小队。常态化开展"红旗飘扬"退役军人国旗护卫队服务、"红色故事"退役军人讲师团宣讲、长江大保护等志愿服务项目。年内，"戎耀沙洲"退役军人志愿服务大队获评全省"百支优秀退役军人志愿服务队"。

（钱秋仪）

残疾人事业

【概况】 2021年年末，全市有持证残疾人21816人，占户籍人口的12.19%。其中，肢体残疾11577人，占持证残疾人的53.06%；视力残疾2086人，占9.6%；听力残疾1900人，占8.7%；言语残疾138人，占0.63%；智力残疾2806人，占12.86%；精神残疾2426人，占11.12%；多重残疾883人，占4.05%。11月，市残联根据《张家港市残疾人联合会改革实施方案》，加强残联干部队伍建设，落实兼职、挂职副理事长制度，市委组织部任命市融媒体中心副主任曹嵘兼职副理事长，市文体广旅局文物保护管理中心主任韩冰青挂职副理事长；落实《苏州市关于加强残疾人专职委员队伍建设的实施意见》，加强区镇专职委员队伍管理，提高待遇保障，2名区镇残疾人专职委员明确为自用人员；加强残疾人专门协会队伍建设，市肢残人协会增选副主席1人、改选副秘书长1人，调整市精神残疾人及亲友协会主席、秘书长人选。5月全国助残日活动期间，《张家港日报》头版刊登市委、市政府《自强不息谱新篇、携手奋进现代化，全力推动新时代残疾人事业高质量发展》署名文章；市残联举办第三十一次全国助残日主题活动暨"无障碍环境综合提升"民生实事工程启动仪式，发布"张家港残联"抖音号和"圆梦"党建助残联盟，表彰2020年度"最美残疾人""优秀残疾人工作者""优秀社会助残组织""扶残助残爱心企业""五星助残服务机构"；举办"残健共融、共享美好"残疾人事业发展成就展。5月，市残联被省政府残疾人工作委员会评为

5月14日，市领导带队开展“全国助残日”走访慰问活动

（市残联 提供）

“2020年度按比例安排残疾人就业工作优胜单位”；7月，市政府残工委被国务院残工委评为“全国残疾人工作先进单位”。

【残疾人康复与救助】 年内，市残联加强对全市康复机构的管理，规范机构建设和服务标准，健全机构年终评估核查机制，新认定1家视力康复医疗机构。优化补贴申报流程，开通微信公众号业务申请功能，全年为634人发放实施康复、救助补贴684万元，为1947名残疾人适配辅具、补贴228万元，为94户家庭实施无障碍改造、补助25万元。加强残疾人证管理，出台《张家港市残疾评定实施方案》，更新30名专家组成的评残专家库，全年新增持证残疾人1224人。市残联全年为834名残疾人发放社会保险补贴141.38万元，为2.7万人次购买团体商业保险123.2万元，为涉险残疾人理赔33.57万元，为411名残疾学生及贫困残疾人家庭子女发放助学金62.46万元。

【残疾人就业服务】 年内，市残联开展“线上+线下”残疾人招聘服务，70余个用人单位提供近600个残疾人就业岗位。针对用人单位按比例安排残疾人就业情况开展年审，优化线上年审流程，年审271个用人单位，安排1934名残疾人就业。推广残疾人就业实训，69名残疾人在13家企业实训，其中11人与企业签订就业协议。新增残疾人实名制就业264人。组织开展残疾人就业培训，包含残疾人钩针编织、盲人按摩、插花、咖啡师、网页制作等20个培训项目，选派残疾人赴苏州、省残联参加残疾人咖啡师、医疗按摩、数据标注培训，实名制培训残疾人401人次。在第六届苏州市残疾人职业技能比赛中，张家港市代表队获团体第二名。

【残疾人文体活动】 年内，市残联开展“不忘初心感党恩、携手奋进新时代”残健共融党建活动、“我和残疾人保障法”读书征文活动，“红心向党、礼赞百年”合唱比赛等，丰富残疾人文化生活。组织残疾儿童参加苏州市残联的绘画、朗诵、演讲等比赛，其中刘文浩在苏州市第三届听障儿童演讲比赛中获大龄组一等奖；组织开展残疾人门球、羽毛球、排舞、聋人篮球等体育比赛，12月，市残疾人门球队男女队在苏州市第七届残疾人门球锦标赛中均获冠军。市残疾人各专门协会继续开展“残健共融、快乐悦跑”、盲人板铃球、趣味运动会等活动，其中盲人板铃球在苏州市残联组织的比赛中获男女单项第一、二名。

【社会助残服务】 年内，市残联结合党史学习教育，实施残疾人就业赋能提升、社区康复示范点建设、优化残疾人证评定与管理等8项“我为群众办实事”项目。市残联组建“圆梦”党建助残联盟，市政府残工委24个成员单位发挥党建引领作用，根据工作实际为残疾人办实事42项。征集并实施2021年度市级助残志愿服务项目18项，涉及邻里守护、相伴前行、教育培训、权益维护、医疗卫生等8项服务，服务残疾人1921人次。依托“互联网+慈善超市”，开展“关爱残疾人、点亮微心愿”活动，帮助残疾人完成50条微心愿。凝聚社会慈善力量，“99公益助残日”期间，市残联完成“‘童’享美好未来”项目和市慈善总会“阅读无障碍”项目网络募捐，募集善款37.5万元。

【残疾人之家建设】 年内，全市新建7家残疾人之家，累计28家，市残联全年发放残疾人之家日常运行补贴131.46万元和考核资金92.9万元。根据苏州市残疾人之家星级达标创建要求，金港街道乐康残疾人之家、锦丰镇大南残疾人之家、常阴沙残疾人之家完成星级达标创建。4月，市残联出台《关于全面推进我市残疾人社区康复服务示范点建设的实施意见》，依托残疾人之家服务平台，强化康复服务功能配置，打造社区康复服务工作新亮点，完成各类康复服务指导415人次。全市14家镇级残疾人之家吸纳215名残疾人进行辅助性就业，残疾人辅助性就业年均增收5000余元。

【残疾人民生实事项目】 年内，市残联根据省政府民生实事项目实施要求，出台《2021年度张家港残疾人托养工作方案》《张家港市残疾人托养护理服务补贴办法》，明确托养护理服务对象、托养护理服务机构、补贴标准和申请审批程序等。全市新增残疾人托养服务对象（主要是日间照料和居家托养对象）167人，累计408人。实施市政府民生实事项目，继续会同区镇、街道推进低收入残疾人家庭“幸福亮居”工程，为100户困难残疾人家庭实施居家无障碍改造、水电气安全隐患排除和局部功能提升;实施无障碍环境综合提升工程,会同住建、城管等部门做好无障碍地图、共享辅具、无障碍设施提档升级、交通出行无障碍、无障碍文旅、无障碍公园、无障碍停车位等8个项目,系统构建城市无障碍环境。

(赵丹萍)

关心下一代工作

【概况】 2021年,全市有关心下一代工作委员会(简称关工委)组织1048个,其中区镇(街道)办事处27个、社区(村)246个、教育系统92个、民企系统673个、市级机关和系统5个。从事关工工作的“五老”(老干部、老战士、老专家、老教师、老模范)及志愿者5044人。年内,由苏州市和张家港市两级财政提供资金,全市对主题教育宣讲员、校外教育辅导员、网吧义务监督员和结对帮教帮扶员等优秀“五老”志愿者以“以奖代补”形式给予工作补贴,全市220名“五老”志愿者每人获500元补贴;由张家港市财政提供资金,对假期到校外教育辅导站志愿服务、经考核优秀的219名在职教师给予“以奖代补”津贴共7.81万元。年内,各有关单位继续推进“三扶两创一促进”工作,市农业农村局组织离退休农业技术专业人员与青年农民结对帮扶;市人社局举办劳动者职业技能培训,全年培训500余人次,助力毕业生充分就业。市市场监管局和保税区市场监管局落实“党建带关建”的工作机制,推进民营企业关工委建设,培育民企关工工作典型,全年培育江苏兆丰金杰建设集团有限公司等9家企业关工委典型。加强“网上关工委”建设,“张家港关工委”微信公众号每周发布重点工作和活动信息,省关工委主办的《薪火》杂志第九期刊发《树立融媒体思维,建好用好“网号群”》一文,介绍张家港市网上关工委建设成效。市关工委网站全年发稿1814篇,每月一期的《关工委工作简讯》全年发稿513篇。全市有6篇文章被《薪火》杂志录用。10月,杨舍镇关工委、教育局关工委获评省关心下一代工作优秀集体,茅永良等6人获评优秀个人。12月,乐余镇关工委等14个单位获评苏州市关心下一代工作优秀集体,汤汉民等26人获评优秀个人。

【“颂建党百年、做时代新人”主题教育活动】 2月,市关工委与市文明办、市教育局、团市委、市妇联联合下发《关于开展“颂建党百年、做时代新人”主题教育活动的通知》。全市各基层关工委组织宣讲团,利用重要节日、纪念日,推进“四史”宣讲教育活动进课堂、进基地;利用香山烈士陵园、双山渡江战役纪念馆等本土红色资源,现场开展“红色文化长廊”“初心堡”“网格红巴士”主题教育实践活动。6月7日,《人民日报》《新华日报》对此作专题报道。年内,全市举办主题教育培训班98期,参加培训4385人次;组织宣讲员675人编写宣讲材料802份,青少年受众15.17万人次。10月,市关工委将优秀宣讲稿汇编后发放给学校、辅导站和部分“五老”宣讲人员,作为主题教育参考材料。全市5300余名中小学生参加省关工委组织的“童心永向党 筑梦新辉煌”创作演讲比赛,在省关工委“童声齐颂建党百年”主题征稿活动中,上传江苏少年网作品963篇,崇真小学等3所学校获组织奖;市关工委组织举办“绘中华锦图、颂百年党恩”张家港市老少主题书画作品展和“咏春——老少同乐春联展”;承办苏州市“颂建党百年、做时代新人”老少同台文艺节目会演,市关工委和塘桥镇关工委联合创编的音诗画《信念》、杨舍镇关工委联合市锡剧团创编的表演唱《绣红旗》分获特等奖和一等奖;市关工委联合市评弹艺术传承中心创编、市实验小学学生参演的评弹表演唱《沙洲星火》代表苏州市参加全省老少同台节目展演并获特等奖。

【校外教育辅导站建设】 全市有校外教育辅导站319家,其中示范辅导站80家,工作人员4530人,其中“五老”2192人,在职教师1359人,其他志愿者979人。各辅导站利用双休日和假期,组织中小学生开展经典诵读、文明礼仪、志愿服务、社会实践活动,开展主题教育宣讲(演讲)、读书征文、电子小报制作、琴棋书画、音乐舞蹈、文艺演出、手工制作等培训和比赛,将思想道德教育与课业辅导、兴趣拓展、社会实践等活动相结合,增强辅导站的教育阵地功能、学习园地功能、才艺拓展功能和文体娱乐功能。同时,线上线下结合,发挥“网上关工委”和电子阅览室作用,提高主题教育效果。全市校外教育辅导站(点)全年开展活动6009次,参加学生10万余人次。辅导站建有电子阅览室229个,有电脑1002台,全年利用电子阅览室开展征文比赛等活动2139次,参加学生5.04万人次。年内,省关工委奖励市校外教育辅导总站10万元,奖励杨舍镇棋杆社区校外教育辅导站和锦丰镇合兴社区校外教育辅导站各1万元,苏州市关工委奖励乐余镇永利村校外教育辅导站4万元。

【青少年法治教育】 全市建立法治教育报告团(宣讲团)97个,有“五老”宣讲员600人,全年宣讲722场,听讲学生22万人次。建有“五老”关爱工作站223个,参加关爱工作的“五老”和志愿者1603人;年末评出首批市新时代文明实践优秀“五老”关爱工作站24个。政法系统各部门挑选149名优秀政法干警担任中小学校兼职法治副校长,全年为师生开展普法教育722场,受众14万人次。各区镇(街道)关工委以未成年人“零犯罪”社区(村)创建为抓手,与司法所、派出所及宣传文明办、工青妇等部门联合开展“关爱明天,普法先行”青少年普法教育活动,通过“法治教育第一课”、“小警察夏令营”、禁毒日、交通安全月等活动,推进法治教育进校园、进社区、进家庭。3月,市关工委会同团市委、市教育局、市司法局、市民政局联合下发《关于做好特殊青少年(“五失”青少年及困境儿童)情况调查和帮教的通知》,各基层关工委对“五失”(失足、失业、失亲、失管、失学)重点青少年进行排查、建档、落实帮教措施。全市建立帮教小组180个，参加帮教的“五老”568人，170名重点对象通过帮教，160名有明显转化，转化率94%。各级关工委把困境家庭和孤贫残困境儿童作为关爱重点，全年筹集助学助困资金1039万元，扶贫助学1589人。各基层关工委组织283名“五老”义务监督员，对全市121家网吧等文化娱乐场所进行义务监督检查。年末，16名“五老”被评为市优秀文化市场义务监督员。全市有258个社区（村）实现未成年人“零犯罪”，零犯罪率97.7%。

（陆玉生）

新市民服务

【概况】 年末，全市登记出租房屋8.09万户，流动人口（新市民）70.75万人，其中就业人数49.03万人，流动党员1256人。年内新增登记流动人口16.43万人，变更39.47万人次，注销56.62万人次。4月，《张家港市新市民积分管理办法》2021年修订版发布实施，全年有4459名新市民子女获积分入学准入资格，674名新市民子女获积分入医准入资格，178名新市民获积分落户准入资格。1月，开展疫情防控期间留张家港新市民系列关怀活动。推出《支持企业稳岗留工、鼓励新市民留港过年的十条措施》建言献策微信宣传；开展留张家港新市民积分管理入学申请加分政策宣传，通过各积分业务窗口向新市民发放宣传品750余份；联合市融媒体中心、市总工会、市总商会、金新城集团举办“见字如面，云上拜年——我在张家港过年”主题网络活动，号召新市民上传祝福语或拜年视频，通过“今日张家港”App、万达双子楼同步直播；开展“舞动空竹贺新春”留张家港新市民子女志愿服务，邀请市空竹协会老师教70余名新市民子女学习抖空竹基本技巧。3月至11月，开展“心连新”新市民融入共建工程，面向新市民青年志愿者代表、新市民亲子代表、新市民流动党员代表等，开展5期市内观览活动，结合地域特色展示、民风民俗体验、政策文化宣讲、实境教学互动，让新市民深入认识和了解张家港。4月至9月，与融媒体中心联合推出“国学子弟、才艺少年”校园行志愿服务项目第五季，在10所新市民子女学校的基础上增加2所新市民子女较多的公办学校，全年开设国学堂课程10期。加强新市民青少年思想道德建设，围绕新修订的《中华人民共和国未成年人保护法》开展线上普法，制作“法护青春”新市民青少年普法课堂有声系列读物10期，4月至12月，通过“张家港市新市民事务中心”微信公众号发布。有声读物采取音频解说方式，由生活事件引申至青少年法律权益保障，深入浅出解析法律案件，引导新市民子女树立正确的法治观。建立新市民流动党员信息库，年内通过新市民服务网发放《致全市新市民流动党员的一封信》，以建立微信交流群的形式搭建服务平台，提供技能培训、政策咨询、普法宣传、困难帮扶等关爱服务，同时线上线下结合，组织开展党史知识竞答、“红堡”阵地实境教学、观看红色电影、志愿服务、普法和调解知识培训等活动。继续发挥特困新市民救助政策和新市民意外保险作用，救助特困新市民19人（含河南籍暴雨洪涝灾害受灾家庭4户），发放救助金11.14万元；成功理赔26例，赔付69.2万元。持续关注新市民群体工作、学习、生活，挖掘优秀典型，录制《新市民在港城》16期，在市电视台专栏播出。

2021年张家港市流动人口分布情况表

表65 单位：人

区镇名	流动人口登记数	16周岁及以上男性登记数	16周岁及以上女性登记数	未满16周岁人数	就业总人数	第一产业人数	第二产业人数	第三产业人数	投资经商人数	无业人员数
保税区（金港镇）	152210	76485	52310	23415	104969	582	71835	27038	5514	639
经开区（杨舍镇）	254918	126056	93553	35309	172722	668	103932	60836	7286	399
冶金园（锦丰镇）	77189	40460	23940	12789	54323	1085	38697	11726	2815	56
塘桥镇	78420	37334	28795	12291	56557	609	44941	9721	1286	174
乐余镇	21667	10672	6917	4078	13660	886	9880	2427	467	13
凤凰镇	53008	26174	19315	7519	40347	417	33371	5355	1204	24
南丰镇	29494	15452	8868	5174	19525	399	15028	3548	550	16
大新镇	36365	17674	12357	6334	24595	398	19814	3511	872	59
常阴沙现代农业示范园区	4201	2272	1310	619	3582	301	2658	433	190	—
合计	707472	352579	247365	107528	490280	5345	340156	124595	20184	1380

【新市民居住信息自主申报】 年内，市新市民事务中心健全完善新市民信息采集模式，在全市范围内加大居住信息自主申报宣传力度。其间，向用工单位、出租房屋房东、新市民这三类主体宣传自主申报的意义、操作流

程和奖惩措施。相关申报对象通过“苏州公安微警务”“张家港市新市民事务中心”微信公众号、张家港市新市民服务网或手机扫描出租房屋二维码进入“新市民居住信息自主申报服务平台”,可进行居住信息自主申报。同时,在南丰镇碧桂园工地宿舍开展居住信息自主申报试点,探索解决建筑工地人员流动性大、信息采集难等问题。年内收到各类自主申报信息58万条,比上年增87.3%。公安机关对885名不按规定登记承租人信息的出租人进行查处。

【新市民法律法规知识竞赛】 年内,市新市民事务中心组织开展“百年荣光,逐梦远航”张家港市第九届新市民法律法规知识竞赛。5月下旬,开展法律法规微信答题活动,通过“张家港市新市民事务中心”等微信平台刊载竞赛题,总浏览量285960人次,96255人次参与答题。6月25日,在沙洲湖会议中心举办决赛,6支企业新市民职工代表队参赛。竞赛围绕中共党史、《中华人民共和国宪法》、《中华人民共和国民法典》、《居住证暂行条例》、《张家港市新市民积分管理办法》等法律法规和相关知识,以现场竞答形式开展。南丰镇永钢代表队获一等奖,塘桥镇维克罗代表队和乐余镇乐建代表队获二等奖,乐余镇海狮代表队、杨舍镇爱康代表队、常阴沙现代农业示范园区赛康代表队获三等奖。

【消防安全“331”治理】 4月,根据市政府办《关于印发全市构筑消防安全“331”治理机制实施方案的通知》,张家港市成立消防安全“331”治理机制领导小组。领导小组下设办公室(简称市“331”机制办),与市新市民事务中心合署办公。年内,市“331”机制办通过开展常态化排摸、显性隐患攻坚“飓风”行动、“百日攻坚”行动等,排查出租房(群租房)8万家、“9+1”场所1.4万家,排查隐患12万处、整改10.7万处。协调市住建局、市消防救援大队、市市场监管局等部门,查处出租房违法租赁案件29起,出租房消防违法案件298起,履职管理职责不到位的物业企业案件86起,非法销售改装电动自行车案件116起。创建并上线农村自建房出租房样板、动迁小区样板18处;创建“331”治理示范(老旧)小区10处、示范商业街区7处、示范村(社区)10处;建成全市社区和校园“心防工程”建设示范点28处。试点推广应用一批智能监管成果,其中物防技防应用工具入库8款、推广9款,数据赋能模型推广应用入库13项、推广38项。深化群租房火灾隐患整治“2+N”疏导安置模式(“2”指两种集宿区建设模式;“N”指鼓励各地创新,完善租房疏导安置“工具箱”),推进企业集宿区、蓝领公寓等安居场所建设,累计建设安置点3.58万个。推进全市机关企事业单位、住宅小区、农村出租房电动自行车集中停放场所及充电设施建设,新建充电头35306个、提档升级1.25万个,回收老旧电动车4673辆。全年完成3批30个重点隐患点位整改及验收。 (季聪慧)

便民服务

【概况】 年内,“12345”政务服务便民热线受理市民电话、网络邮件等各类求助3281756件,比上年增11.92%,正式受理2148734件。受理电话中,政策咨询类964394个,占44.88%,主要为疫情防控、水电气、社会保险、医疗保险、住房公积金、市民卡业务、预约挂号、行政许可办理、政府部门信息等方面的咨询;市民求助类1101216个,占51.25%,主要是移车、出租车电召、家庭生活服务等方面的求助;监督投诉类83124个,占3.87%,主要是路况管理、物业管理、道路设施、噪声污染、市容管理、环卫设施、大气污染、消费维权等方面的意见和投诉。至年末,市民求助事项办结率99.9%,回访综合满意率99.9%。年内,市便民服务中心向市委、市政府报送《社会治理现代化指挥中心工作专报》59期,市主要领导作出批示10次;中心获评2021年度全国“‘12345’政务服务便民热线实践典范单位”、全国“服务企业满意热线优秀单位”,在苏州市便民服务中心组织的“12345”政务服务便民热线运行绩效第三方测评中,张家港“12345”热线名列苏州11条热线第一名。

【“市民诉求中心”平台开通】 年内,市委宣传部、市融媒体中心与市“12345”热线协作,在“今日张家港”App、“联动张家港”App、“12345”微信公众号等新媒体同步设立“市民诉求中心”平台,将App原有的政府求助、政策咨询、投诉曝光等功能与“12345”政府公共服务体系相融合,在传统电话求助的基础上,开辟网络平台开展诉求受理、部门流转、处置回复等功能,拓宽群众诉求表达渠道。“市民诉求中心”平台于4月21日上线后至年末,受理市民各类诉求9700余件,办结率、满意率均为100%。 (任婉清)

社会调解服务

【概况】 2021年,市社会调解服务中心接待到访群众128批486人次;直接调处社会矛盾纠纷27起,受益当事人152人,涉案金额1613.51万元;市医患纠纷调解办公室接待调处医患纠纷24起,涉及金额330万元。

【意外工伤事件调解】 11月26日,江苏籍工人张某在工作时缺氧晕倒,经抢救治疗后只能维持生命体征。张某家中有老人及多名未成年子女需照顾,其遗孀及亲属到市社会调解服务中心申请调解,要求企业主给予张某生命终止后的工亡赔偿。市社会调解服务中心接案后联系当事人家属面谈,安抚情绪,了解具体诉求;与企业主褚某面谈,从法理和情理两方面向褚某说明解决此事的紧迫性及必要性,并了解褚某的赔付能力。经五天四轮的协调沟通与商议,最终褚某按《江苏工伤工亡赔偿标准》补偿张某家庭265万元,一起意外工伤事件得到妥善处理。 (薛向红)

【编辑 陆文琰】

区镇（街道）

Zones and Towns (Streets)

ZHANGJIAGANG · SUZHOU

苏州·张家港

双山岛胜利公园拓展基地　（双山香山旅游度假区　提供）

保税区

经开区（杨舍镇）

冶金园（锦丰镇）

高新区（塘桥镇）

乐余镇

凤凰镇

南丰镇

大新镇

常阴沙现代农业示范园区

双山香山旅游度假区

金港街道

后塍街道

德积街道

張家港年鑑（2022）

扫码欣赏

凤凰来仪　　水韵南丰

保 税 区

【概况】 保税区位于市域西部，含保税港区、扬子江化工园、扬子江装备园、环保新材料产业园等多元载体。2021年年初，实行保税区、金港镇区镇合一管理模式。总面积131.6平方千米，耕地面积3095公顷。3月，金港镇撤镇，改设3个街道；5月8日，金港、后塍、德积街道正式挂牌，开启"区街一体"发展新模式。保税区紧扣"跻身全省开发区第一方阵、争当全市各板块排头兵"目标，全年实现地区生产总值849.96亿元。一、二、三产业增加值分别为3.68亿元、410.88亿元、435.39亿元。完成全口径财政收入123.39亿元，其中公共财政预算收入63.91亿元，比上年增15.26%。完成全社会固定资产投资99.51亿元。其中，工业投资51.04亿元、服务业投资48.47亿元，新兴产业投资50.29亿元。社会消费品零售总额73.42亿元，比上年增14.75%。主要经济指标均实现两位数增长，获评苏州市"推进高质量发展先进地区"。金港镇获评江苏省文明镇。

经济建设　全区有企业17397家，其中工业企业2897家。420家规模以上工业企业全年实现总产值1552.15亿元，比上年增25%，营业收入1818.01亿元，利润总额123.05亿元。年内，举办上海知名中介机构恳谈会、深圳产业合作推介会等30余场招商活动，大族激光智能装备基地、雅保锂电材料、韩国亿恩科电解液、货拉拉华东运营中心等21个优质项目签约落户，其中超1亿美元项目10项。积极启动科技招商，完成科技招商项目128项。举办4次重大项目集中开竣工活动，总投资超165亿元的迪爱生合成树脂、海陆聚力重型装备、梅塞尔气体等21个项目竣工投产，总投资超260亿元的杜邦胶粘剂、陶氏有机硅、海虹老人涂料等35个项目开工建设。江苏利柏特、海易森汽车和灿勤科技3家企业成功上市。全区进出口总额204.03亿美元，其中出口总额44.87亿美元。新批外资及港澳台资企业21家，注册外资及港澳台资8.57亿美元，实际利用外资及港澳台资3亿美元，比上年增19%。全区实现农、林、牧、渔业总产值8.19亿元，粮食、油菜籽和水产品总产量分别为5.41万吨、4800吨、2440吨。

科技支撑　全区获评省级绿色工厂2家、省级示范智能车间3个、苏州市级示范智能车间10个。新增省级专特精新"小巨人"企业6家。新开工科创孵化载体面积超20万平方米，全市首个民营科创孵化载体梵创产业园首期建成投运。保税区科创园三期、半导体产业园三期开工建设。新增有效高新技术企业52家，累计166家。新增"姑苏计划"以上人才16人，获评市领军人才重大团队项目2项，数量均居全市第一。张家港综保区2.0方案成功过审。促成苏交网与上海清算所合作，推出"大宗商品现货清算通"业务，实现签约客户超1500家，清算金额超2000亿元。化工、纺织、汽车等六大市场现货成交7486亿元。保税区获评省级"互联网+先进制造业"特色产业基地。

智慧管理　"一网通办"改革推进，12项省级和设区市级行政许可、备案在保税区实现"一站式"办理。设置"5年5亿元"专项资金扶持村级经济高质量发展，组建专班筑牢港口码头疫情常态化防控"坚固防线"，深化整治巩固提升文明典范城市创建水平。"张家港湾生态提升工程"获评联合国可持续发展目标实践行动优秀案例。全国首创的供应链公共服务平台实现授信6亿元，助推张家港市成为全国唯一获评首批供应链创新与应用示范城市的县级市。扬子江化工园获评"中国智慧化工园区试点示范单位"。封庄村金丰众创空间入选全国农村创新创业孵化实训基地。狠抓基层组织建设，强化党建服务功能，金香社区、长乐物业入选省级党建引领物业示范点。聚焦干部队伍建设，完成村(社区)"两委"换届。举办新任村(社区)"两委"班子成员能力提升专项培训班，启动区街首届中青年干部"菁英创造营"。长江村党委获评全国先进基层党组织。

【总投资75亿元重大项目集中签约】 3月27日，保税区举行一季度重大项目集中签约仪式，大族控股集团有限公司董事长高云峰，货拉拉基金高级总监陈渊，润英联中国区总裁陈韶晖等参加活动。此次签约的大族控股碳酸锂、货拉拉华东区域总部项目、润英联二期，总投资达到75亿元、单个项目投资额均超10亿元，涵盖新能源、新材料、现代物流等领域，科技含量高、示范效应强。大族控股集团主营业务涉及高新装备制造、新能源产业、健康医疗，此次在保税区投资建设电池级碳酸锂产业基地，将年产10万吨电池级碳酸锂。货拉拉是一家专业的"互联网+物流平台"企业，正在开拓企业端业务，重点服务平台企业用户的物流需求。货拉拉将在保税区建设华东区域总部项目，承载华东区域办公职能和业务拓展，集合平台结算、技术研发及大数据中心。润英联张家港工厂是润英联集团在国内的第一家全资工厂，一期项目2016年3月已投产，每年可生产10万吨润滑油添加剂。二期扩建项目占地面积逾13万平方米，重点满足国内及亚太地区日益提升的高端润滑油市场需求。

【迪克化学新项目开工】 4月17日，作为2021年全市重大项目之一，张家港迪克汽车化学品有限公司年产2万吨制动液、9.5万吨防冻液、5000吨太阳能低温热利用工质新建项目开工奠基。近年，张家港市把化工新材料列入全市"八大主导产业"，加快绿色化、高端化转型步伐，保税区凭借日趋完善的功能配套和优质卓越的创新生态，成为发展化工新材料的主阵地。迪克化学新项目投资规模大、科技含量高、带动作用强，将为全市延伸产业链条、拓展发展空间提供助力。项目占地5.93公顷，位于江苏扬子江国际化学工业园内，总投资5亿元，计划于2022年6月建设完成。项目达产后，预计年产值超过12亿元。

【杜邦张家港生产基地奠基】 11月10日，杜邦张家港生产基地奠基仪式在保税区举行。杜邦全球副总裁兼亚太区总裁张毅为项目培土。基地位于江苏扬子江国际化学工业园，是杜邦在中国的一体化生产基地，将以先进的工艺和制造实力，可靠的质量、充足的产能以及便利的交通运输条件和物流优势有效满足区域需求。公司一期项目年产1.6万吨新型粘胶剂，主要用于新能源汽车产业。作为一家拥有219年辉煌历史的化工巨头，杜邦公司是最早开展对华投资的跨国企业之一，自2018年与张家港市签订一体化生产基地项目后，双方秉承合作共赢理念，携手克服全球疫情蔓延等不利影响，有效保障项目的顺利推进。此次项目奠基，不仅是杜邦深耕中国市场的标志性成果，也将为张家港打造规模更大、质效更高、竞争力更强的先进制造业集聚区加注动力。

【大族激光华东区域总部基地签约】 10月12日，大族激光华东区域总部基地签约仪式在苏州举行。省委常委、苏州市委书记许昆林和大族集团董事长高云峰为基地揭牌。大族激光是全球最大的工业激光设备生产商，也是中国基础工业装备及自动化设备主要供应商，在中国高科技领域拥有广泛影响力。2020年大族激光销售收入达到120亿元。此次，大族激光华东区域总部基地落户张家港保税区，占地53.33公顷，涵盖生产、研发、销售和华东区总部功能，产品以高端智能制造装备为主，包括高功率激光装备、新能源装备、激光及自动化配套设备、显示面板装备、半导体及光伏产业装备等，将成为全球最大的激光产业基地。项目计划于2022年一季度开工，五年建成。建成后，张家港基地产能将达到大族激光总产能的60%至70%。

【奎克好富顿高级工业介质项目落户】 10月27日，奎克好富顿高级工业介质项目落户保税区。奎克好富顿集团是全球金属加工业领域的龙头企业，总部位于美国宾夕法尼亚州，世界各大钢厂的冷轧厂大多使用奎克的冷轧油进行轧制，集团年销售额超20亿美元。此次，奎克好富顿集团将在保税区投资新建高级工业介质生产基地，占地5.67公顷。达产后，将年产7万吨各类金属加工润滑脂、润滑油、润滑剂。 （苏栋汇）

经开区(杨舍镇)

【概况】 经开区(杨舍镇)位于市域西南部，是市委、市政府所在地。总面积153.08平方千米，耕地面积2616公顷。下辖5个城郊办事处和4个城区街道，23个行政村、51个社区。有常住人口42.5万人，户籍96961户，户籍人口284717人。年内，经开区(杨舍镇)构建“新能源汽车、光电和半导体、智能装备，航天航空、氢能、新经济、生物医药”“3+4”现代产业体系，全年实现地区生产总值900.43亿元，比上年增13.49%。一、二、三产业增加值分别为3.78亿元、290.73亿元和605.92亿元，分别比上年减2.33%，增18.04%、11.54%。完成公共财政预算收入59.51亿元，比上年增3.33%，入库税收119.8亿元。完成全社会固定资产投资220.17亿元，比上年增10.01%。其中，工业投资53.86亿元，比上年增11.58%，服务业投资166.31亿元，比上年增9.52%；新兴产业投资51.5亿元。社会消费品零售总额241.51亿元。经开区获评江苏省特色创新(产业)示范园区、“互联网+先进制造业”特色基地，苏州市特色先导产业集聚区，通过国家生态工业示范园区技术核查，排名全省经济开发区科学发展综合考核评价第12位。杨舍镇位居全国千强镇第2位。

经济建设　年末，有企业27786家，其中工业企业4530家，工业总产值1052亿元。365家规模以上工业企业全年实现工业总产值911.47亿元，比上年增18.57%；营业收入956.08亿元，利润36.04亿元。其中，实现新兴产业产值520亿元，比上年增22%，占规模以上工业总产值的59%；有营业收入超1亿元企业153家，完成营业收入794亿元，比上年增26%；规模以上服务业企业实现营业收入124.5亿元，比上年增23%。澳洋集团、东渡纺织公司入选中国制造业企业500强，国泰集团等4家企业入选中国服务业企业500强，新点软件实现科创板上市“零”的突破。天兵科技、瑞士安迈机械、欧璧医药二期、国富氢能三期等36个总投资超300亿元项目签约。杉金光电、领诚领诺汽车零部件等总投资446.5亿元的33个三级重大项目进展顺利。采埃孚汽车底盘系统等15个项目土建竣工，光束汽车年内实现试生产。1月18日，张家港智慧科学城(二期)签约仪式举行。计划投资约107亿元，占地29.93公顷，项目包含建设一座地标性塔楼，引进一家国际连锁五星级酒店，配套建设金茂府系、悦系高端住宅。张家港智慧科学城将争创国家级绿色低碳示范新城。11月12日，经开区举行金秋重大项目集中签约仪式，16个项目集中签约，总投资193.55亿元。其中，战略性新兴产业项目8项，总投资182.7亿元；科技招商项目8项，总投资10.85亿元。全年区(镇)新增各类市场主体1.2万家，注册资本280亿元。完成进出口总额95.34亿美元，其中出口总额84.35亿美元。新批外资及港澳台资企业17家，注册外资及港澳台资1.57亿美元，到账外资及港澳台资3.1亿美元。获评中国专利奖优秀奖4项、省重点研发计划项目2项、省知识产权战略推进计划项目1项，建成全省首个专利特派员工作站。获批全国第二家县域省部共建留学人员创业园，新增省级众创空间2家。获评省级企业技术中心8家、苏州级4家，获评数创年度历史新高。爱特微项目获评“国家高端外国专家项目”。新增省“双创”人才4人，姑苏人才11人，市领军人才34人，人才企业全年销售23亿元。新增江苏省星级上云企业4家、示范智能车间2家，苏州市示范智能车间13家，张家港市示范智能车间8家。龙杰化纤项目获评省关键核心技术攻关项目，天鹏电源公司获评省工业互联网标杆工厂，新点软件、腾瑞智联、方兴信息、远大信息公司入选省工业互联网服务资源池，易华润东公司获评省绿色工厂，金帆新程装备、港鹰实业公司获评省专精特新“小巨人”企业，贝尔机械公司获评国家专精特新“小巨人”企业，中天科堡、扬子纺纱产品获评国家绿色产品。区（镇）年内新增高标准农田、蔬菜地和池塘200公顷，粮食种植面积2086.67公顷，产能1.68万吨，粮食安全基础进一步夯实，实现“三高一美”（高标准农田、高标准蔬菜地、高标准池塘，美丽牧场）全覆盖。累计培育绿色食品、有机农产品45种。获批苏州市智慧农业示范生产场景1个、智慧农村示范村2个，建成南新、善港2个省级病虫害绿色防控示范区。神园葡萄被农业农村部推介为2021年数字农业农村新技术新产品新模式优秀案例。17家农业龙头企业实现销售收入超75亿元，比上年增长超90%。培育福前共享农庄等休闲观光经营主体10家，休闲农业接待首次突破100万人次。区（镇）实现农、林、牧、渔业总产值52591万元，蔬菜、肉类、禽蛋、水产品总产量分别为27206吨、18.6吨 、98吨、513吨。

社会事业　年末，有学校44所、幼儿园43所，教师6938人（其中小学2823人、中学3555人），在校学生107643人。推动教育优质均衡发展，有序推进西溪幼儿园等6所学校建设。落实“双减”政策，“5+2”课后延时服务实现全覆盖。有图书馆3个、剧场11座、体育场馆8座、公园5个，年内新增文体设施面积10万平方米、智慧广场3个、24小时自助图书馆2个，开展群众性文化活动近1000场，人均接受公共文化服务8.5人次，群众精神生活日益丰富。农联村联合出品的电视剧《红旗渠》在央视一套热播，梁丰小学少儿戏曲获全国小梅花荟萃最佳节目奖，杨舍镇群星舞蹈队获第十四届全运会群众项目二等奖。持续开展“人人微文明、区镇大文明”行动，全年新增志愿者730人，开展志愿服务活动4500余场、超10万小时。持续打造“暨时办”政务服务品牌，启用联谊社区等政务服务e站4个，提供社保等超1400项自助服务，“暨时办”累计为企业、群众提供行政审批及公共服务8.3万次。有医疗卫生机构223个，其中医院7所、社区服务机构42个，执业（助理）医师2720人。创建全市唯一省级“15分钟医保服务圈”示范点，全年服务参保群众13万人次。坚持开展常态化疫情防控，加强重点场所、重点人群管理，储备集中隔离点，科学设置核酸检测采样点，提升疫情防控应急处置水平。加大新冠疫苗规定年龄段接种力度，构建免疫屏障。深化安全生产监管，推进工业企业安全生产风险报告及“创蓝行动”，覆盖企业3400余家。开展既有建筑、危化品、有限空间、重工重装等重点领域及行业集中整治，整改安全隐患近1万个，10家三级重大事故隐患单位全部整改到位。扎实开展消防安全“331”治理，摸排出租屋等各类场所超4万家，东莱五金机电广场等挂牌督办事项整改完成。深入推进社会矛盾纠纷大排查大化解，推动诉源治理，促进社会和谐。网格联动体制机制优化，建立分析研判及综合性指挥调度机制，基层治理更系统高效。做好金融等重点领域风险防范，“打处非”排查市场主体1500余家，关停11家。开展打击治理电信网络诈骗犯罪，经开区（杨舍镇）获评苏州市“百日会战”先进集体。科学布点1000路高清摄像头，实现重要道路、重点区域全天候“网上巡查”。推行机动车违停贴单“先行提醒纠正”新模式，处置违章停车9.5万起。拆除违建70万平方米、违规广告1.9万平方米。垃圾分类全域推广，群众参与率95%，创建星级小区98个。高标准推进“公厕革命”，竣工交付公厕40座。城南区域试点市场化、一体化环卫保洁模式，保洁实效进一步提升。落实能耗“双控”要求及节能减排任务，单位工业增加值能耗比上年下降13.6%。完成VOCs深度综合治理8家、天然气锅炉低氮改造7家，$PM_{2.5}$年均浓度比上年降12.9%。新增危险废物全生命周期监控系统云端管理企业450家，覆盖量全市第一。完成35个小区、城中村雨污分流，建成乘航、东莱、城北12.6平方千米污水处理提质增效达标区。环境信访总量比上年下降33.7%。建成乘航小学弄等道路10条及黎明中心路等农村四好道路4条。实施善港、章卿等4个项目区生态美丽河湖建设工程，建设生态美丽河道37条、疏浚76条、生态修复7条，拆坝建桥5座。新增成片林10.67公顷。完成悦丰、斜桥、东莱农贸市场标准化改造。创成苏州农村人居环境整治示范村3个、特色康居乡村10个、特色宜居乡村65个。

城东悦杨综合为老服务中心　（市发改委　提供）

福民工程　全年村级可支配总收入9.43亿元，村均超2300万元，比上年增25%。全力壮大村级经济，实施村级联合发展项目8项，竣工投运6项。投入6300万元扶持6个经济一般村项目。开工建设总面积45万平方米的安置小区5个，竣工近1000套福前人才公寓。全年新增就业岗位1万个，开发公益性岗位180个，支持自主创业近500人，创业带动就业超2100人，应届高校毕业生就业率100%。新增社保扩面2.4万人，住房公积金扩面近5000人。发放低保、特困等民政救助资金2200万元、尊老金1350万元。居民基本医疗保险参保人数92183人。实现村级医疗互助项目全覆盖，区（镇）参与人数超15万人，年内发放医疗互助资金总计1450万元，累计3522万元。完成章卿等医疗服务站改扩建5家，开展社区门诊53万人次，家庭医生签约服务1.1万户。打造“暨阳客厅”8个、五星级退役军人服务站4个、综合养老服务中心1家、老年人助餐点4个，升级社区居家养老服务站5家，“虚拟养老”服务49万人次，“暨阳学堂”惠及群众3万人。

2021年张家港经济技术开发区（杨舍镇）办事处和街道办事处基本情况表

表66

名　称	所在集镇（街道）面积（平方千米）	党工委书记	办事处主任	党工委副书记	办事处副主任
塘市办事处	2.50	魏　立（12月免） 张耀军（12月任）	—	邹丽萍（女，2月免） 陈韵红（女） 陈　云（2月任）	徐海栋（11月免） 陈　云（2月免） 王同海（11月任） 查　英（女，11月任）
乘航办事处	1.50	郭广益（11月免） 唐　宏（11月任）	刘　忠（5月免）	刘　忠（6月免） 毛建芳（女） 李雪东（11月任）	葛卫荣（5月免） 李雪东（11月免） 季浩锋 唐厉兵（11月任）
东莱办事处	2.00	秦剑洋（11月免） 邓衍子（兼，11月任）	季　刚（11月免）	季　刚（11月免） 王　蕾（女）	谢建彪 沈　波 季利本（12月任）
泗港办事处	2.10	蒋　炜（11月免）	宋海忠（4月免）	宋海忠（6月免） 徐　波（女，5月免） 钱海峰（兼，11月任） 徐　一（11月任）	徐　一（11月免） 程　亚（女，12月任）
晨阳办事处	0.80	唐　宏（11月免） 惠　荣（11月任）	—	黄　琴（女）	钱海峰（11月免） 卢向华（12月任）
城东街道办事处	12.23	马海兵（11月免） 沈　敏（女，11月任）	沈　敏 （女，11月免）	沈　敏（女） 杨荣华 钱得栋（11月任）	贺　妍（女，11月免） 张晓红（女） 葛春峰（12月任）
城南街道办事处	18.40	邹丽萍（女）	朱　磊（11月免）	袁　琦（女，2月免） 朱　磊（11月免） 徐海栋（11月任） 孙春霞（女，11月任）	孙金方（6月免） 王　献（5月免） 郭新辉（12月任）
城西街道办事处	6.30	金　忠	虞宁漪 （女，兼，11月任）	蔡　健（兼） 虞宁漪（女，兼，11月任）	丁伟民 黄　英（女）
城北街道办事处	18.20	周　军（5月免） 施　律（兼，11月任）	—	许利刚（11月免） 陆　豪	钱得栋（11月免） 陈丽萍（女） 任建刚（2月任） 朱　军（11月任）

2021年张家港经济技术开发区（杨舍镇）村（社区）基本情况表

表67

村（社区）	面积（平方千米）	户数（户）	人口数（人）	集体经济总收入（万元）	可用财力（万元）	总资产（万元）	村（社区）党委（总支、支部）书记	村（社区）主任
斜桥村	3.91	3401	12646	2534.23	2371.00	10515.31	戴德祥	许立东（4月免） 戴德祥（4月任）
田垛里村	7.14	1960	7080	8614.85	5588.00	46922.84	郭建锋	郭建锋
闸上村	2.41	631	2640	2435.45	1716.03	12198.37	王建军	王建军（4月任）
章卿村	4.50	1240	4056	3225.76	1726.39	18716.12	吴　坚	吴　坚

续表67

村（社区）	面积（平方千米）	户数（户）	人口数（人）	集体经济总收入（万元）	可用财力（万元）	总资产（万元）	村（社区）党委（总支、支部）书记	村（社区）主任
善港村	9.70	1195	8214	3680.40	2228.00	20784.15	葛剑锋	葛剑锋（4月任）
百家桥村	4.71	1435	5077	2407.92	1682.08	16805.00	王利明	惠晓东（4月免） 王利明（4月任）
李巷村	7.20	1843	6868	5940.00	2276.00	16822.00	陈　云	孟雪春（4月免） 章国峰（4月任）
河北村	5.29	1618	5446	1337.00	975.00	11798.00	徐海栋（12月免）	陆惠良（4月免） 徐海栋（4月任）
蒋桥村	3.40	821	2525	2453.00	1643.00	49031.00	支益明	支益明
庆安村	7.50	1619	5668	3771.45	1893.00	22950.71	李雪东	魏春雷（4月免） 李雪东（4月任）
农义村	2.38	584	2129	4625.00	960.00	14364.00	钱　彬（8月免）	周正星（4月免） 虞伟平（4月任）
双鹿村	3.50	873	3084	1434.58	769.00	6149.27	陈海江	陈海江
新民村	3.50	1033	3359	1481.00	1195.00	14140.00	季浩锋	陆正东（4月免） 季浩锋（4月任）
民丰村	5.80	1649	5518	2485.00	1893.00	34314.00	陈卫佳	陈卫佳
农联村	6.50	1952	6725	9166.00	10095.00	119241.00	赵建军	赵建军
东莱村	11.50	2249	6842	3875.73	2649.00	22715.00	刘　兵	刘　兵
福前村	8.00	2038	6068	3606.06	2987.32	30137.09	赵国忠	张　园（4月免） 赵国忠（4月任）
徐丰村	1.59	400	1054	2361.00	1189.56	13081.72	季海滨	季海滨（11月任）
西闸村	3.25	1159	3691	1717.00	752.00	8524.00	戴晓华	戴晓华
黎明村	5.80	1265	4811	1390.00	870.00	14866.00	徐　平	徐　益（4月免） 徐　平（4月任）
晨新村	4.27	1096	3114	1701.00	1558.00	14766.00	卢向华	陆建东（4月免） 卢向华（4月任）
晨南村	4.90	1309	3781	1368.14	1003.31	8442.68	朱永安	刘　华（11月免） 朱永安（11月任）
南新村	6.14	1940	5500	1546.00	1008.00	7448.00	王幽兰（女）	王幽兰（11月任）
芦庄社区	0.62	3612	9216	—	—	—	葛蒙娜（女）	缪雪芳（4月免） 葛蒙娜（女，4月任）
塘市社区	0.74	3708	1462	—	—	—	陈瑞虎	张炜浩（4月免） 陈瑞虎（4月任）
南庄社区	3.50	3200	11959	1879.03	725.89	10496.72	戴　宇	顾彩云（女，4月免） 戴　宇（4月任）
棋杆社区	3.00	8121	8215	2163.98	2115.22	12218.45	陈　勇	许建良（4月免） 陈　勇（4月任）
汤联社区	2.50	3181	11000	1255.00	721.00	7054.00	蔡文娅（女）	高丽萍（女，4月免） 蔡文娅（女，4月任）
河南社区	3.00	1090	3299	1282.00	1276.00	8241.00	徐岳云	吴国洪（4月免） 徐岳云（4月任）
七里庙社区	1.05	5018	12000	3352.00	3270.00	40252.00	徐　一（11月免） 杨爱华（11月任）	徐　浩（4月免） 徐　一（4月任）

续表67

村(社区)	面积(平方千米)	户数(户)	人口数(人)	集体经济总收入(万元)	可用财力(万元)	总资产(万元)	村(社区)党委(总支、支部)书记	村(社区)主任
通桥社区	2.70	3854	4844	—	—	—	李春燕(女)	惠利波(4月免) 李春燕(女,4月任)
泗港社区	2.00	1501	4600	—	—	—	潘　黎(女)	潘　黎(女,4月任)
江帆社区	2.28	5589	2992	—	—	—	许　春	季利本(4月免) 许　春(4月任)
东莱社区	5.00	6766	19186	—	—	—	姚雪青(女)	张小燕(女,4月免) 姚雪青(女,4月任)
福新苑社区	2.20	6996	1752	—	—	—	黄海峰	张卫兴(4月免) 黄海峰(4月任)
青草巷社区	3.12	11058	913	—	—	—	何永贤 (女,8月免) 周　超 (兼,8月任)	何永贤(女)
乘航社区	2.50	2152	6506	—	—	—	钱　红(女)	钱　红(女,4月任)
江南社区	1.24	5659	1813	—	—	—	徐宇洲(女)	徐宇洲(女,4月任)
农鹿社区	1.40	3350	10008	—	—	—	李文艳 (女,8月免) 李文涛(8月任)	李　娟(女,4月免) 李文艳(女,4月任)
万红社区	0.93	4709	12400	799.00	581.00	7259.00	匡卫祥	潘永华(4月免) 匡卫祥(4月任)
景巷社区	1.17	5435	13500	—	—	—	徐　敏(女)	朱　萍(女,4月免) 徐　敏(女,4月任)
暨阳社区	0.40	2742	5376	—	—	—	路　敏(女)	蒋　燕(女,4月免) 路　敏(女,4月任)
云盘社区	0.32	3957	9885	—	—	—	陈　果	陈　果
城西社区	0.53	3546	12050	8174.37	7100.00	69853.98	蔡　健	赵石平(4月免) 蔡　健(4月任)
庆丰社区	0.35	1888	4200	—	—	—	王雅芳(女)	徐佩铭(4月免) 王雅芳(女,4月任)
西门社区	0.42	3001	3431	—	—	—	陈　亮(女)	汤　炜(4月免) 陈　亮(女,4月任)
钱塘社区	0.70	4440	8141	—	—	—	周　科(女)	周　科(女)
悦盛社区	0.79	3710	4752	—	—	—	黄　燕(女)	王季芳(4月免) 黄　燕(女,4月任)
城南社区	0.88	5500	11500	3925.78	3404.47	51670.47	宋　涛	陆晓峰(4月免) 宋　涛(4月任)
小城市社区	2.50	5967	8227	1030.00	1365.00	11314.00	朱　磊(11月免)	曹盘军(4月免) 朱　磊(4月任)
南苑社区	0.85	5846	17888	—	—	—	曹　荣	曹　荣
赵庄社区	3.41	6802	11143	1203.88	1198.00	23084.00	徐金宝	徐惠锋(4月免) 徐金宝(4月任)
暨阳湖社区	1.62	6237	15832	—	—	—	徐　敏(女)	钱雪花(女,4月免) 徐　敏(女,4月任)
永安社区	1.50	5216	4334	—	—	—	许　娟(女)	许　娟(女,4月任)

续表67

村（社区）	面积（平方千米）	户数（户）	人口数（人）	集体经济总收入（万元）	可用财力（万元）	总资产（万元）	村（社区）党委（总支、支部）书记	村（社区）主任
白鹿社区	0.68	4245	10610	—	—	—	陈红静（女）	陈红静（女，4月任）
旺西社区	1.17	3091	2708	2056.00	2100.00	27810.00	顾剑平	徐国华（4月免） 顾剑平（4月任）
包基社区	3.00	1131	2069	626.37	607.61	10453.45	惠　扬	叶　文（4月免） 惠　扬（4月任）
联谊社区	2.20	6573	853	—	—	—	徐　炜（女）	徐　炜（女，4月任）
邻湖社区	0.63	6101	742	—	—	—	张　健	张　健（4月任）
城东社区	1.20	7360	22200	2341.51	3157.15	26226.84	郭新贤	陈瑗瑗（女，4月免） 郭新贤（4月任）
前溪社区	2.50	6288	16681	772.77	772.77	28107.44	葛春峰	王晓英（女，4月免） 葛春峰（4月任）
花园浜社区	1.74	5941	16255	—	—	—	许品洁（女）	许品洁（女，4月任）
老宅社区	1.80	4397	10627	—	—	—	任　丹（女）	任　丹（女）
勤丰社区	0.83	3183	8229	—	—	—	钱雪峰	钱雪峰（4月任）
景溪社区	1.30	4281	12677	—	—	—	潘艳丽（女）	赵海萍（女，4月免） 潘艳丽（女，4月任）
锦程社区	0.45	5290	6402	—	—	—	马　洁（女）	陈军伟（4月免） 马　洁（女，4月任）
南杨社区	0.51	3903	5230	—	—	—	赵　晓（女）	赵　青（4月免） 赵　晓（女，4月任）
横河社区	4.20	4356	20558	1496.63	1076.63	7891.77	陈文晓	陈文晓
城北社区	1.50	3366	8263	1069.90	910.15	13889.46	任建刚	徐　虹（女，4月免） 任建刚（4月任）
范庄社区	1.38	5115	13582	1012.00	1011.00	7175.00	钱得栋（11月免）	陈　洁（女，4月免） 钱得栋（4月任）
锦绣社区	2.60	7602	8294	—	—	—	许颂艳（女）	周海燕（女，4月免） 许颂艳（女，4月任）
陈东庄社区	1.40	5705	12484	—	—	—	陆　豪	钱蔡荣（4月免） 陆　豪（4月任）
仓基社区	1.25	524	9860	704.01	555.55	12283.89	孙　斌	许春芳（女，4月免） 孙　斌（4月任）
晨阳社区	0.83	1529	1021	—	—	—	丁　静（女）	丁　静（女）

说明：社区户数为社区管理户数，人口数为户籍登记数

2021年张家港经济技术开发区（杨舍镇）投资1亿元以上开工项目情况表

表68

投资企业名称	项目名称	投资额（万元）
苏州潞能能源科技有限公司	高效光伏电池及组件项目	300000
凡润显示科技（张家港）有限公司	液晶面板加工项目	300000
市领诺智能科技有限公司	领诺智能光纤制造项目	204066
市领诚智能科技有限公司	领诚智能光纤制造项目	196229
苏州晶台光电有限公司	小间距生产线建设项目	61000
采埃孚汽车科技（张家港）有限公司	集成式制动控制系统相关的核心汽车零部件项目	58000

续表68

投资企业名称	项目名称	投资额(万元)
苏州晶台光电有限公司	晶台光电显示生产项目	51000
市给排水有限公司	市第四水厂深度处理改造工程	41485
江苏朗信电气有限公司	新能源汽车热管理系统部件项目	40000
张家港安能管业有限公司	华友管业加工配送中心	37000
江苏能华微电子科技发展有限公司	大尺寸功率器件扩产项目	33000
张家港百盛新材料有限公司	工业化塑料包装制品装饰面板五金制品扩建项目	31000
优莱(张家港)科技有限公司	汽车智能检测设备及系统项目	30000
江苏国富氢能技术装备股份有限公司	氢能装备产业基地二期项目	20000
江苏发埃斯流体控制阀门有限公司	新能源车用阀门项目	20000
张家港富瑞深冷科技有限公司	新型智能罐箱及小型可移动液化装置生产项目	15759
苏州恒嘉晶体材料有限公司	蓝宝石单晶和单晶片生产项目	10000

【天兵科技运载火箭及发动机智能生产基地开工】 4月23日,总投资40亿元的天兵科技运载火箭及发动机智能生产基地在经开区奠基开工。天兵科技是国内领先的民营火箭公司,连续攻克了多个国内首创的关键技术。此次奠基的项目,主要用于液体火箭发动机和液体运载火箭的组件生产、部段总装、系统测试、全箭交付。项目总投资40亿元,用地13.33公顷,可年产30发液体运载火箭和300台火箭发动机。开工现场,省委常委、苏州市委书记许昆林,天兵科技董事长康永来为天兵苏州航天智造研究院揭牌。该研究院将围绕新技术、新工艺、新材料的系统集成,进行商业航天前瞻性智能制造技术攻关,打造人才高地和创新高地,促进商业航天未来应用技术开发、成果转化和产业化。

【总投资70亿元杉金光电偏光片项目开工】 3月5日,由杉金光电(苏州)有限公司投资的年产5000万平方米宽幅LCD偏光片项目在经开区开工,总投资70亿元,占地28.67公顷,为2021年度江苏省重大项目。省委常委、苏州市委书记许昆林,苏州市委副书记朱民出席开工仪式。杉金光电(苏州)有限公司是知名民营企业杉杉股份与全球偏光片巨头之一的韩国LG化学共同设立的中韩合资企业,注册资本11亿美元,其中外资3.3亿美元,将在经开区投资设立企业总部和投资基地,目标成为全球最大的偏光片供应商。开工的一期项目占地10.27公顷,计划建设两条宽幅LCD偏光片生产线,将于2022年三季度建成投产,预计年产出30亿元。经开区将以杉金光电公司为依托,打造光电产业园。生产基地将按照现代化标杆工厂标准建设,积极参与行业标准制定。仪式上,经开区一季度重大项目同步集中开工,15个开工项目总投资267亿元。

【安迈工程设备张家港生产基地项目建设启动】 4月29日,安迈工程设备张家港生产基地项目启动仪式以视频连线的方式在张家港举行。瑞士安迈集团始创于1869年,是全球工程机械前50强,世界领先的搅拌站供应商。安迈工程设备张家港生产基地项目位于经开区南区,预计总投资1.2亿美元,一期占地面积5.33公顷,年产80至100台(套)具有世界领先技术的沥青搅拌站。受新冠肺炎疫情影响,项目委托经开区代建,10月正式开工,预计2023年1月竣工投产。项目达产后,预计年销售10亿元,纳税约5000万元。

【全国首家镇级农村集体"三资"监管中心建成】 1月18日,全国首家镇级农村集体"三资"监管中心——经开区(杨舍镇)农村集体"三资"监管中心建成运行。该中心依托农村集体"三资"综合监管平台,打造"线上集成+线下实务"一体模式,把实时监测中心、业务培训中心、交易服务中心、信访接待中心、集中办公区5个功能模块有机统一,实现交易、培训、监管等功能的相互融合,让监管更加精准高效。农村"三资"实时监管推动"多中心"转化为"一中心",让"最多跑一地""最多跑一次"成为实实在在的惠民举措。2021年,监管41个村、社区总资产达到94亿元。

【"15分钟医保服务圈"省级示范点和"暨时办"政务服务e站建设】 6月11日,经开区(杨舍镇)举行创建"15分钟医保服务圈"省级示范点、"暨时办"政务服务e站启动仪式。经开区着力创建全市唯一省级"15分钟医保服务圈"示范点,根据《江苏省医保公共服务"15分钟医保服务圈"示范点建设方案》,2021年年末前,经开区作为全省首批32个省级"15分钟医保服务圈"示范点之一,将按标准全面建成到位。5月6日,省医保局公布首批省级示范点建设单位名单,经开区行政审批局榜上有名。至2021年年末,全年服务参保群众13万人次。"暨时办"是经开区2020年推出的"放管服"改革特色政务服务品牌,当年在《张家港日报》、融媒体广播、电视台同步宣传报道,并陆续被"学习强国"苏州平台、全国平台实践栏目宣传推介。2021年,区(镇)持续打造该品牌,启用联谊社区等政务服务e站4个,提供社保等超1400项自助服务。"暨时办"全年累计为企业、群众提供行政审批及公共服务8.3万次,群众满意度持续攀升。(唐红宇)

冶金园（锦丰镇）

【概况】 冶金园（锦丰镇）位于市域北部，与南通如皋市、通州区隔江相望。有沿江岸线13.8千米，是以钢铁冶炼为核心，加工、贸易、仓储、物流全面发展的江苏省首家特色产业园区，拥有高端产业集聚区、科技创业园、新兴产业园、玖隆物流园、医疗器械产业园等产业载体。总面积114.58平方千米，耕地面积4040公顷。6月，常家村、十一圩港村、滨江社区、三兴社区、合兴社区建立党委。年末，园（镇）辖2个办事处，23个行政村，11个社区（其中4个为“村社合一”体制，分别为大南、悦来、天福、联兴社区）。有户籍40781户，户籍人口114886人。全年实现地区生产总值675.51亿元，比上年增13.17%。按户籍人口计算，人均生产总值58.8万元。一、二、三产业增加值分别为4.21亿元、479.5亿元、191.8 亿元。完成全口径财政收入81.25亿元，其中公共财政预算收入42.63亿元，入库税金79.24亿元。工业战略性新兴产业总产值823.9亿元，累计值比上年增44.6%。完成全社会固定资产投资92.45亿元。其中，工业投资53.34亿元、服务业投资39.11亿元，新兴产业投资47.05亿元。社会消费品零售总额57.8亿元。锦丰镇跻身中国乡镇综合竞争力百强第7位、中国综合实力千强镇第11位。获张家港市区镇绩效考核第一等次第二名、张家港市文明区镇标兵“四连冠”。

经济建设　年末，有企业5304家，其中工业企业1821家。139家规模以上工业企业全年实现总产值2116.38亿元，比上年增25.94%；营业收入2495.8亿元，利润总额191.28亿元。有销售收入超1亿元企业52家，其中10亿元至50亿元企业5家，50亿元至100亿元企业1家，100亿元以上企业5家；入库税收超5000万元企业22家。年内超5000万元在建项目63项，总投资832.8亿元。其中，绿色钢铁精品基地高质量提升项目、信义光能太阳能装备用轻质高透面板项目、信义玻璃（二期）项目、博云高端材料研发及生产基地项目、乐铠骨水泥、防黏连膜项目、沙电燃煤机组污泥干化发电项目、励迪医疗器械产业创新港项目、爱舍伦微创介入项目等在年内陆续开工，总投资546.99亿元。新增超1亿元项目25项，总投资540.62亿元。实现工业战略性新兴产业总产值823.9亿元。进出口总额70.83亿美元，其中出口总额21.66亿美元。注册外资及港澳台资73430万美元，实际利用外资及港澳台资30358万美元，完成时序进度的202.38%，比上年增97%。新批私营企业884家，注册资本92.35亿元；新增个体工商户1845户，注册资本2.27亿元。玖隆物流园引进150余家物贸和加工企业，全年实现开票销售3000亿元，入库税收超10亿元。6月1日，江苏博云塑业股份有限公司在深圳证券交易所挂牌上市，成为全市第4家“创业板”上市企业，也是“创业板”改革并试点注册制以后的首家“创业板”上市企业。8月3日，张家港中环海陆高端装备股份有限公司在深交所创业板挂牌上市。园（镇）全年申报高新技术企业74家，其中31家企业获批，年度净增高新技术企业17家，累计100家。有省研究生工作站43个，有效发明专利拥有量919件。年内新引进市领军型创新创业人才16位、重大创新创业团队2个，获评苏州市“姑苏计划”人才2人，获评省“双创计划”人才项目3项。获评国家推进计划1人。全年水稻种植2302.2公顷，小麦种植2416.84公顷，秸秆综合利用率100%，机械化还田面积100%。实现农、林、牧、渔业总产值99620万元，粮食、油菜籽和水产品总产量分别为72743吨、528吨、1100吨。

社会事业　年末，有学校8所，其中初中2所、九年一贯制学校2所、小学3所、民办小学1所（附设1所幼儿园），幼儿园4所（含民办幼儿园1所）。教师721人，其中骨干教师193人、省特级教师2人、苏州市学科带头人6人。9月1日，投资2亿元的沙洲小学、投资1000万元的锦丰中心幼儿园（西园）正式启用。投资6000万元的锦阳幼儿园破土动工。2021年中考，园（镇）1153名考生（含外校北区），梁丰中学录取107人，超计划指标47人；高中录取472人，超下达指标102人；普高率取率58.56%。园（镇）有体育场馆5座，公园6个，健身广场14片，室外球场31片，晨、晚健身点117个，健身步道48千米，剧场4座，图书馆2个，24小时图书驿站6家。有文体团队近70个，社会体育指导员1052人。全年线上阅读活动440场，参加阅读活动人次超过1万人次。全年完成一般作品登记量1725件，有8家企业注册版权，每家完成版权作品登记25件以上。围绕“我们的节日”、建党100周年等各类主题陆续开展“红红火火过大年”、“金牛贺岁齐拜年·笔墨飘香迎新春”文化送福、猜灯谜闹元宵、“党旗锦华百年丰”庆祝中国共产党成立100周年主题活动、“一村一品”特色比赛、“哦哩沙朗宁”方言故事大赛等文化惠民活动30余场，参与人数近2万人次。“金沙洲艺术团”文化志愿行共巡回演出30余场，参与人数近3万人次。创作高质量文艺作品100余件，歌舞《红色摇篮》《战地山花别样红》《美丽锦丰》，朗诵《我的锦丰，我的骄傲》，音乐快板《昂首阔步新征程》《护航复兴路》等，其中相声《春暖花开》、故事《文明遛狗》、舞蹈《攀峰》、小品《回声》、舞蹈《门》5个作品分别获张家港市首届“繁花奖”1金3银1铜；9月，器乐合奏《逐浪》、表演唱《二胡弦上的江南》、舞蹈《攀峰》、小品《回声》4件作品分获第四届苏州市群众文化“繁星奖”1金3银；在“百年风华”市庆祝中国共产党成立100周年歌咏比赛中，园（镇）合唱队获银奖。“讲讲沙上故事·传承沙上文化”全民阅读项目获苏州市“优秀阅读创新项目”。园（镇）有医疗卫生机构47个，其中医院4所、基层医疗卫生机构26个（社区卫生服务中心1个、社区卫生服务站25个），家庭医生工作室3个，有执业（助理）医师291人，核定床位1125个。统筹推进新冠肺炎疫情防控与医疗卫生工作，按照推进区域医共体建设三年行动计划，继续深化社区卫生服务中心与市第六人民医院医共体合作，完善医疗服务体系。开展专家下社区活动，累计开展专家门诊84次，诊疗2500余人次。扎实推进合兴社区、沙洲社区、联兴社区卫生服务机构新改扩建工作。强化组织领导，加强制度建设，规范资金管理，搭建服务平台，基本公共卫生服务项目工作取得预期成效。居民电子健康档案建档率达到93.6%；各类免疫规划疫苗基础免疫接种率均达到95%以上；完成老年人体检22955人；妇女病普查931人；“两癌”筛查初步检查7080人；严重精神障碍患者规范管理率98.8%。2月，锦丰镇代表张家港市接受江苏省基公项目绩效评价，获全省第一名。失独家庭关爱行动得到深化，惠及计生特困家庭314户、503人，向1160个持独生子女父母光荣证企业退休人员发放一次性奖励417.6万元，7月锦丰镇计划生育协会被江苏省计划生育协会评为全省计划生育协会工作成绩突出单位；4月冶金园（锦丰镇）红十字会被苏州市红十字会评为苏州市红十字系统“人道奉献奖”先进集体，7月被省红十字会评为“江苏省红十字会基层组织工作先进集体”。12月，大南邻里中心博爱家园被江苏省红十字会表扬为“2021年度优秀博爱家园”。全年园（镇）开展矛盾纠纷排查324次，调解各类矛盾纠纷3044件，完成社会稳定风险评估项目30个，顺利化解国家交办重复信访件100%的目标任务。高标准建成合兴微型消防站，完成建设住宅小区微型消防站34个，组建“331”机制办实体化运作，累计复查出租房13578家（其中群租房1275家），“九小场所”2865家、“三合一”场所912家。以“平安先锋岗”创建为抓手，全年精选社会治理项目计划30个，重点打造7个乡村治理示范点（联兴村、建设村、十一圩港村、福利村、悦来社区、书院社区、新港村），推动乡村治理民生效应。织密雪亮技防工程，完成实施长江堤岸护桥应急广播、一干河沿岸、镇域边界、智慧反恐、小区人脸识别、高空抛物等6类技防建设项目，新增枪机676套、球机30套、车辆标卡26套、车辆超卡38套、人脸识别66套。持续强化26名涉邪人员、124名涉毒人员、35名社区矫正人员和310名安置帮教对象专人管控，未发生滋事事件。深入推进新市民同城管理，共登记出租房屋17422户、新市民76494人，受理积分申请702人，其中入户申请16人、入学申请599人、入医申请87人。强化铁路护路联防，整治铁路沿线各类隐患问题15起。深入开展提升群众安全感九大行动，开展“安全伴我成长”国家安全等主题活动20余次，发放宣传资料8万余份。“国家反诈中心”App下载量10.3万次，列全市第一。投入20万元在悦兴、悦来两个小区建设反诈反恐教育基地，推送反诈短信150万条，微信朋友圈推送量达到40万次。全面开启园（镇）公共法律服务进网格“一村一特色、一社区一品牌”创建活动，先后推出村（社区）公共法律服务项目30项，133个三级综合网格均配备“法律明白人”、学法中心户，实现法治宣传网格队伍全覆盖。在全市首推党建引领“非诉专员”工作制度，试点孵化5个村（社区）网格非诉团队，易地新建锦丰镇非诉服务中心。新建十一圩港村、耕余村法治微广场2个，镇村法治文化广场达到17个。启动基层“援法议事”创建活动，以书院社区“三团”模式为试点，建立健全基层协商民主建设协调联动机制；深入开展法治建设课题调研，入选市法学会年度重点项目1项、一般项目2项。开展送法进社区、送法进网格等法治宣传活动196场，发放法治宣传品1.3万份。提供法律援助38人次，发放法律援助大礼包1200余份。举办园（镇）首届习近平法治思想暨依法行政主题培训班。在全市率先组建法制专家库，扩大政府制规决策合法性审查力量。提升网格治理水平，率先在全市乡镇层面实施智能网格管理、成立城乡环境整治工作专班。根据部分村（社区）辖区调整，及时更新优化网格划分，新增联兴村、永新社区网格各2个、沙洲社区网格1个，减少滨江社区网格1个，园（镇）共有一级网格1个、二级网格32个、二级专属网格3个、三级综合网格133个、三级专属网格34个。持续推进“一埭一楼”网格行动项目30项。依托网格学堂，开展网格员业务能力培训12场，上报各类网格事件10.6万件次，办结率100%，“12345”便民服务转接单4700件，答复率100%。网格员入户走访宣传28.6万人次，核查中高风险人员6.5万人次。分批次打造永新路、大南水街等9条重点精细化管理样板路。承办全市户外广告现场推进会，楼顶广告设施全市率先清零。创新“网格+微执法”城市管理，完善“双微”快速处置机制，共计修复破损基层设施1200余处，办理城市管理类案件11204起。建立镇综合执法联席会议制度，落实宽容审慎执法理念，制定园（镇）行政指导工作制度和涉企行政指导清单，全面推行说理式执法等柔性执法方式。启动公众参与评价行政执法工作，在全市率先推行“区块链+公证”行政执法全过程记录，首推“综合执法+社区管理服务”模式，创新开展“融合+垃圾分类”执法。组建违建治理实体化专班，承办全市违法建设治理现场会，建立镇、办事处、村（社区）三级联动巡查机制，累计拆除芳顺毛条等市镇重点违建2037处，拆除面积100.21万平方米。实现已拆违建总量、平台销项面积两项指标位居全市第一。镇二十届人民代表大会第六次会议期间，收到代表意见和建议21件，办复率、满意率100%。政务服务中心围绕镇村两级政务服务体系标准化、便利化、创新性三方面，深化“放管服”改革。创建“锦快办”政务服务品牌，以群众的事为紧要事，优化流程、高效办事、品质服务。开设首个区镇公积金全业务网点；开设“政银合作”专窗为新办企业提供“一站式”登记注册服务；制定首批“一件事”服务清单20个并开设“一业一证”综合窗口；建成“24小时政务服务智慧驿站”。全年中心受理各类行政审批（公共服务）事项117447件，服务测评满意度保持在99.9%以上，实现全年“零投诉”。关停“散乱污”企业（作坊）23家、整治提升27家，完成4家企业VOCs有组织深度改造、18家企业碘值800以上颗粒活性炭替换、

2家企业29台天然气炉窑低氮改造。空气质量优良天数比例为86.8%，比上年增1.8%；$PM_{2.5}$年均浓度为每立方米31微克，比上年降8.8%。

福民工程　年末，村级集体总资产396351万元，净资产121893万元，总收入42959万元，村均1790万元。村级可用财力（不含公共服务补贴）共计21869万元（不含镇北社区，下同），比上年增2338万元，村均950.85万元，比上年增11.97%。村级联合建设经营性载体重大项目7项。五棵松科技园二期74198.5平方米厂房交付使用，整体招商率达到70%，研发楼开工建设；锦阳科技创新园80872.48平方米厂房交付使用，招商率达到90%；投资5000万元建筑面积8497.91平方米的锦阳幼儿园开工建设；23个村及镇北社区股份经济合作社联合成立“苏州鸿锦企业管理发展有限公司”，利用村级经营性载体屋面建设分布式光伏电站，装机总容量约11兆瓦，项目预计总投资4070万元；预算总投资3亿元建筑总面积83924平方米的青草巷企业用房及配套项目开工建设；星火村、洪桥村、洪福村、南港村以成交价3705.86万元联合竞拍合力化纤公司土地房屋资产；合兴片区8个村联合出资5690万元收购龙潭湾度假村房产，建筑面积18952.22平方米，拆除后新建龙潭湾星火智造园。其他单村投资经营性载体项目7项。洪桥村投资182.76万元收购垃圾分拣中心用房，建筑面积3000平方米；十一圩港村（占股10%）联合市金城投资发展有限公司及张家港沙洲华晨环保科技有限公司成立张家港金源环保科技有限公司，实施污泥干化耦合发电项目，预算总投资26350万元；乐杨村投资764.13万元收购市粮食公司及三兴粮油公司房屋土地资产，建筑面积3944.39平方米；耕余村投资118.13万元收购锡通高速公路旁双面高炮广告牌4块；建设村出资129.2万元收购长鑫机械厂房，建筑面积1066.17平方米；星火村出资100万元收购原宏盛特种车辆维修厂资产，建筑面积923.55平方米；乐杨村出资340.31万元收购原三兴影剧院及北侧游戏厅用房，建筑面积1433.9平方米，拆除后新建综合性办公服务用房。全镇23个行政村及镇北社区规范运行市农村集体“三资”综合监管平台，切实发挥平台核算、统计、监管等功能，重点围绕应收款收缴、资产出租、农村产权交易等方面加强管理，严格执行“先交后用”“应进必进”，强化源头治理，提升农村集体“三资”管理水平。开展村级集体企业风险防控排查整顿专项行动，加强村级集体企业规范化管理。港有耕香家庭农场被评定为省级示范家庭农场，鱼米之乡、悦沁联、合兴陶然、三兴富耕4家家庭农场被评定为苏州市级示范家庭农场。全年发放涉农补偿资金2985.65万元。其中，全镇水稻生态补偿面积2420.97公顷，每公顷补贴6300元，补贴金额1525.21万元；耕地地力保护补贴面积3570.22公顷，每公顷补贴1800元，补贴金额642.64万元；规模稻谷生产者补贴面积2151.06公顷，每公顷补贴1500元，补贴金额322.66万元；稻谷和小麦价外补贴数量分别为1208.84万千克、627.4万千克，每千克补贴0.2元，补贴金额367.25万元；秸秆还田水稻和小麦补贴面积分别为2295.18公顷、1967.91公顷，每公顷补贴300元，补贴金额127.89万元。完成新增社会保险扩面人数5211人，居民基本医疗保险参保43232人，住房公积金扩面净增1639人。举办65人创业指导培训班、60人家政服务培训班。开展“迎新春送温暖、稳岗留工”专项行动，积极宣传“张家港市支持企业稳岗留工、鼓励新市民留港过年十条措施”内容，在维护疫情防控成果的同时，做好“稳就业”“保就业”工作，为企业和求职者提供免费信息发布渠道，全年提供就业岗位10414个，开发公益性岗位140个。开展企业内技能人才自主评价工作，培训人员2100人，协助申领补贴共计498万元。全年投入136.93万元，完成13户安居工程、23户亮居工程及3户乐居工程改造。有养老床位1528张，千名老人拥有床位数42.9张，民营床位占100%。有持证社会工作者453人，其中社工师121人、助理社工师332人。有低保户314户432人，低保边缘重病困难对象90户98人，特困人员65人，重残救助对象608人，贫困学生119人，发放保障金、救助金等1663.87万元。发放春节慰问金827.65万元，惠及困难群众3.39万户。发放尊老金140379人次，金额899.04万元，购买虚拟养老服务331.34万元。

表69　**2021年江苏扬子江国际冶金工业园（锦丰镇）办事处基本情况表**

名　称	所在集镇面积（平方千米）	党工委书记	主任	党工委副书记	副主任	党工委委员（均为9月任）
三兴办事处	2.20	惠正刚	陆海燕（女）	陆海燕（女，兼）	樊祥忠（9月免） 徐　萍（女，9月免）	戴　峰 朱亚军 徐　萍（女） 倪海洋 邢　杰
合兴办事处	2.80	陈　英（女，5月免） 许晓明（5月任、10月免） 张　涛（11月任）	巩谆贤（4月免）	巩谆贤（9月免） 张　涛（9月任）	张　涛（6月免） 施尧平 徐　星（女，9月任）	徐　星（女） 缪志毅 钱李军 倪　宏（女） 张永明

表70

2021年江苏扬子江国际冶金工业园(锦丰镇)村(社区)基本情况表

村(社区)名	面积(平方千米)	户数(户)	人口数(人)	集体经济总收入(万元)	可用财力(万元)	总资产(万元)	村(社区)党委(总支、支部)书记	村委(社区)主任
店岸村	7.83	2161	7200	2777.85	1307.82	29797.38	卞春生(4月免) 翟卫华(6月任)	叶海平(6月免) 翟卫华(主持工作,6月任)
联兴村	10.36	1946	4670	2800.37	1833.10	23765.05	沈晓燕(女)	杨德芳(3月免) 沈晓燕(女,3月任)
向阳村	3.48	952	2769	1802.08	826.24	20110.37	魏天明(6月免) 季卫星(6月任)	丁　浩
郁桥村	2.31	608	1890	1908.66	752.00	22860.33	姚理伟(6月免) 钱跃平(6月任)	姚理伟(3月任,6月免) 钱跃平(主持工作,6月任)
建设村	5.02	1613	4989	4064.27	2288.47	34869.36	陈卫菊(女,6月免) 黄桂华(6月任)	陈卫菊(女,6月免) 黄桂华(主持工作,6月任)
协仁村	4.31	1347	4198	1769.62	695.79	12819.59	黄桂华(6月免) 黄　飞(6月任)	黄桂华(主持工作,3月免) 姜义祥(3月任)
西港村	3.97	1275	3693	1783.63	644.16	16013.35	许天明	许天明(主持工作,3月免) 陆　林(3月任,12月免) 许天明(12月任)
福利村	5.73	1538	4737	1344.76	486.52	10407.72	肖正才	肖正才
交通村	5.08	1372	4065	1731.20	611.59	10909.88	陆亚勇	陆亚勇(主持工作,3月免) 曹　宏(3月任,12月免) 陆亚勇(12月任)
新港村	4.18	1236	4150	1778.87	794.59	18208.58	毛　伟	黄卫平(3月免) 沙　峰(3月任,12月免) 毛　伟(12月任)
西界港村	3.67	1245	3781	1538.57	715.94	12397.50	朱海峰	朱海峰(3月任)
登瀛村	4.47	1480	4424	1546.56	587.54	12297.23	王　飞	袁　洁(女,3月免) 王　飞(3月任)
耕余村	3.45	928	3078	1675.35	777.26	15109.71	孙晓平	孙晓平
鼎盛村	4.94	1589	4519	1664.73	836.66	14742.43	姚兴兵	姚兴兵
乐杨村	5.01	1543	4645	1468.59	798.30	12538.16	黄　波	吴建清(3月免) 陈建华(3月任,12月免) 黄　波(12月任)
十一圩港村	8.21	3060	8520	2531.02	1386.93	20084.76	陆　军	陆　军
星火村	5.97	1676	5286	1793.21	1195.37	25114.70	毛　虎	丁建军(3月免) 毛　虎(3月任)
洪桥村	4.06	1098	3411	1354.43	727.10	13554.28	聂恩峰	聂恩峰(3月任)
洪福村	5.20	1401	3909	1596.88	677.92	13628.10	钱李军(9月免) 张永明(9月任)	钱李军(9月免) 张永明(12月任)
悦来村	3.37	3860	7856	815.79	569.14	8095.37	徐　萍(女)	徐　萍(女)
光明村	3.56	1046	2950	1047.16	607.87	11037.69	殷亚华	倪春军
南港村	4.36	1183	3535	1197.63	615.91	12929.49	钱　萍(女,6月免) 任　浩(6月任)	钱　萍(女,6月免) 任　浩(主持工作,6月任)
常家村	4.48	1361	3845	2387.95	2133.23	22016.05	张　涛(6月免) 钱　萍(女,6月任)	张剑平(3月免) 张　涛(3月任,6月免) 钱　萍(女,主持工作,6月任)
镇北社区	1.98	4100	9120	579.74	163.63	3044.13	樊　红(女)	樊　红(女)

续表70

村（社区）名	面积（平方千米）	户数（户）	人口数（人）	集体经济总收入（万元）	可用财力（万元）	总资产（万元）	村（社区）党委（总支、支部）书记	村委（社区）主任
滨江社区	0.80	4233	10044	—	—	—	黄　飞（6月免） 樊　波（主持工作，6月任） 樊　波（12月任）	黄　飞（6月免） 樊　波（主持工作，12月任）
三兴社区	1.53	2401	6116	—	—	—	倪海洋（6月免） 徐　亮（主持工作，6月任） 徐　亮（12月任）	倪海洋（6月免） 徐　亮（主持工作，12月任）
合兴社区	0.70	1946	4826	—	—	—	钱海霞（女）	钱海霞（女，3月任）
永新社区	2.00	693	2050	—	—	—	钱　艺（女）	钱　艺（女，3月任）
书院社区	0.75	3904	10381	—	—	—	翟卫华（6月免） 朱珊珊（女，6月任）	翟卫华（6月免） 朱珊珊（女，主持工作，6月任）
沙洲社区	1.84	268	615	—	—	—	孙陈洁（女）	孙陈洁（女，3月任）
联兴社区	—	—	—	—	—	—	李　颖（女）	李　颖（女，3月任）
大南社区	—	—	—	—	—	—	袁建惠（女）	张　涛（3月免） 袁建惠（女，3月任）
天福社区	—	—	—	—	—	—	陈晓敏（女）	陈晓敏（女，3月任）
悦来社区	—	—	—	—	—	—	周春花（女）	徐　萍（女，主持工作，3月免） 周春花（女，3月任）

说明：大南、悦来、天福、联兴社区为“村社合一”社区，数据仅列书记、主任信息

2021年江苏扬子江国际冶金工业园（锦丰镇）投资1亿元以上开工项目情况表

表71

投资企业名称	项目名称	总投资额（万元）
江苏沙钢集团有限公司	绿色钢铁精品基地高质量提升项目	3550000
信义光伏（苏州）有限公司	信义光能太阳能装备用轻质高透面板项目	560000
信德房地产开发（张家港）有限公司、信置房地产开发（张家港）有限公司	信义房产信德商业综合开发项目	425000
江苏扬子江国际冶金工业园投资发展有限公司	冶金园商业体综合改造项目	100000
北京劢迪可可医学技术有限公司	劢迪医疗器械产业创新港项目	100000
市锦丰城乡开发投资有限公司	杨锦公路快速衔接线项目	70000
信义玻璃（江苏）有限公司	信义玻璃（二期）项目	70000
江苏扬子江国际冶金工业园投资发展有限公司	港邻花苑项目	68000
苏闽（苏州）精密合金材料有限公司	苏闽金刚线母线、精密线缆及拉丝模项目	50000
爱舍伦医疗科技（张家港）有限公司	爱舍伦微创介入医疗耗材项目	50000
江苏博云塑业股份有限公司	高端材料研发及生产基地项目	47000
熔兴高导科技（江苏）有限公司	高导线材项目	39000
江苏乐铠生物技术有限公司	骨水泥、防粘连膜项目	35000
市金城投资发展有限公司、张家港沙洲电力有限公司、江苏扬子江国际冶金工业园投资发展有限公司	燃煤机组污泥干化发电项目	31500
张家港坤达房地产开发有限公司	大南万悦商业广场项目	31000
张家港洪桥企业管理发展有限公司	洪桥创业园项目	30000

续表71

投资企业名称	项目名称	总投资额(万元)
苏州美港生物医疗科技有限公司	生物医美医疗美容项目	30000
江苏协鲲生物技术有限责任公司	光激化学发光医疗检测平台项目	30000
江苏医路通检验检测技术服务有限公司	医路通医疗器械检测平台与研发孵化中心	20000
张家港沙洲电力有限公司	沙电脱硝工艺技改工程	14000
乔胜科技(江苏)有限公司	新能源设备制造项目	14000
江苏扬子江沙洲置业有限公司	青藤源商业广场项目	11200
江苏医路通检验检测技术服务有限公司	医疗器械检验检测与研发孵化中心项目	10500
苏州中科苏净生物技术有限公司	体外诊断与生物检测监测项目	10000
浦项(张家港)不锈钢股份有限公司	浦项原料堆场环保棚化工程	10000

【爱舍伦医疗张家港创新基地落户】 7月13日,冶金园(锦丰镇)举行爱舍伦医疗张家港创新基地暨乡村振兴项目集中签约活动。签约的有爱舍伦医疗张家港创新基地项目和6个乡村振兴代表项目,村级经济联合体分别与6家企业签订投资协议。江苏爱舍伦医疗科技集团股份有限公司副总经理、财务总监李毓珂介绍爱舍伦医疗张家港创新基地项目情况。冶金园党工委副书记、管委会主任马春青发布村级集体经济"十四五"发展规划。爱舍伦医疗科技集团董事长、锦丰籍企业家张勇代表企业向市慈善总会"爱满港城"定向捐赠100万元。11月11日,爱舍伦医疗张家港创新基地项目开工奠基。项目总投资1亿美元,注册资本3000万美元,主要专注于运动康复类用品及微创介入类医疗耗材的研发和生产,计划建设厂房6.8万平方米,引进国外先进智能加工设备,形成以工业机器人、智能机床、3D打印为驱动的自动化生产线,致力于打造全国领先的示范性智能化工厂,并成为爱舍伦集团在国内的标杆创新基地。项目全面达产后预计年产值超8亿元,入库税收超5000万元。

【稻兴科技8K超高清视频(张家港)智能制造基地项目签约】 8月28日,稻兴科技8K超高清视频(张家港)智能制造基地项目签约仪式在苏州举行。省委常委、苏州市委书记许昆林,苏州市委常委、秘书长顾海东,信义玻璃控股、信义光能控股董事局主席李贤义,稻兴集团董事长陈全炼,张家港市领导等参加活动。稻兴集团是一家专注于超高清视频产业的制造型企业和超高清应用技术的完整解决方案服务商,拥有激光光机、液晶显示领域专利2000余项,将在冶金园打造涵盖超高清视频研究院、超高清全产业链以及超高清生产示范基地、创新应用示范基地的"一院一链两基地"。基地项目占地10公顷,总投资8亿美元,预计建成后年产值30亿元、纳税3亿元。活动现场,稻兴科技8K超高清视频产业基地项目协议、稻兴科技8K超高清视频创新应用基地项目协议、张家港稻兴富海联合母基金战略合作协议正式签署。

【劢迪医疗器械产业创新港项目开工】 11月11日,劢迪医疗器械产业创新港项目在冶金园(锦丰镇)开工奠基。项目总投资38亿元,聚焦建设"三中心、三平台"(医疗器械创新研发中心、成果转化中心、检验检测中心,公共实验平台、CDMO平台、投融资平台),构建成熟开放的医疗器械闭环生态产业链,搭建高端医疗器械科创孵化基地。创新港正式运营后,将新增入驻医疗器械企业100家,实现年开票销售额100亿元、入库税收超10亿元。

【博云高端材料研发生产基地等3个项目开工】 12月16日,江苏博云高端材料研发生产基地暨冶金工业园12月集中开工仪式举行,开工总投资16亿元的3个项目。博云高端材料研发生产基地项目是江苏博云塑业股份有限公司募投项目,总投资约6亿元,年产6万吨新材料改性工程塑料,产品覆盖电动工具、食品包装、电子电器、汽车等多个领域。项目竣工达产后,预计实现年销售收入13.5亿元。苏闽高端金属新材料项目总投资约5亿元,可年产1.2亿千米金刚线母线、2000万千米高端精密有色金属丝、1000吨精密线缆以及高精密拉丝模,预计实现年销售收入6亿元。洪桥创业园项目由锦丰镇13个行政村共同出资建设,总投资约5亿元,项目依托青草巷渠道优势和规模效应,建设现代化物流配送基地,为村级经济发展注入新动力。

【庆祝中国共产党百年华诞系列活动】 3月23日,冶金园(锦丰镇)举办"四季海棠"庆祝中国共产党成立100周年系列活动启动仪式,组织启动开展百名先锋达人秀、百个先锋故事颂、百句先锋祝福赞、百件先锋实事办等八大主题活动,全年开展活动90余场。6月30日,"党旗锦华百年丰"——冶金工业园(锦丰镇)庆祝中国共产党成立100周年主题活动在锦丰镇文化中心广场举行。市委副书记、市委政法委书记陈羔,市委宣传部、市委组织部相关领导及园(镇)领导等出席活动。宣读了园(镇)《关于表彰2021年度优秀共产党员、优秀党务工作者、先进基层党组织的决定》,对优秀党务工作者、优秀共产党员、先进基层党组织代表进行颁奖,对10位50年党龄老党员代表颁发纪念章,新党员宣誓,园党工委书记、镇

6月30日，“党旗锦华百年丰”——冶金园（锦丰镇）庆祝中国共产党成立100周年主题活动举行（冶金园　提供）

党委书记万资平领誓。活动现场组织文艺演出，有序篇、星火燎原、春潮涌动、锦绣丰茂等篇章，通过吴韵情景剧《杨门轶事》、配乐诗朗诵《我的锦丰，我的骄傲》、音乐快板《昂首阔步新征程》、舞蹈《钢花里的荣光》等节目，致敬老党员，激励新党员，汇聚起园（镇）上下奋斗新时代的磅礴力量。

（俞　峥）

高新区（塘桥镇）

【概况】 高新区（塘桥镇）位于市域东南部，与常熟市海虞镇交界，设有张家港高铁枢纽站，沪苏通铁路与建设中的通苏嘉城际、沿江城际铁路交会于此。区（镇）总面积94.29平方千米，耕地面积3547公顷。辖14个行政村、7个社区（其中2个为“村居合一”社区，分别是周巷、青龙社区），有户籍27899户，户籍人口93819人。区（镇）对照“争创国家高新区，打造城市新中心”奋斗目标，实现创新载体建设、招商引智、项目建设“三大突破”，全年完成地区生产总值150.45亿元。按户籍人口计算，人均生产总值16万元。一、二、三产业增加值分别为3.1亿元、71.13亿元、76.22亿元。完成全口径财政收入19.66亿元，其中公共财政预算收入11.94亿元，比上年增12.32%。入库税金19.25亿元，比上年增5.94%。完成全社会固定资产投资44.4亿元，比上年增15.84%。其中，工业投资9.36亿元、服务业投资35.04亿元，新兴产业投资8.47亿元。社会消费品零售总额46.7亿元。高新区（塘桥镇）获评全国卫生镇、全国文明镇。

经济建设　年末，有企业4899家。164家规模以上工业企业全年实现总产值183.63亿元，营业收入197.85亿元，利润-1.25亿元。区（镇）完成进出口总额7.82亿美元，其中出口总额7.11亿元。新批外资及港澳台资企业8家，注册外资及港澳台资3.28亿美元，到账外资及港澳台资3836万美元。新增私营企业711家，注册资本14.71亿元；新增个体工商户2067户，注册资本3.7亿元。华芳集团年营业收入161亿元。鹿港、钰润、银河、华程、联宏、华鹿等骨干企业营业收入超过5亿元。华芳、华程智能化改造等6个重大技改项目落地，新增江苏维达机械有限公司、江苏亿都智能特种装备有限公司、江苏银河数字技术有限公司3家“小巨人”企业，培育智能车间3个，全年完成78家企业智能化改造。聚晟太阳能科技股份有限公司入选苏州市“独角兽”培育企业。6月17日，项目集中开竣工活动暨智能装备产业园·国泰智达特种设备项目开工仪式举行，开竣工项目18项，总投资153.1亿元。其中，开工13项，总投资145.8亿元；竣工5项，总投资7.3亿元。推进总投资292.3亿元的德尔智能家居、阳地钢装配式建筑、国泰智能制造产业基地、博桥联、华云数谷等14个重大项目开工建设，年内完成投资29.5亿元。推动总投资14.5亿元的创新创业服务中心、孵化中心、人才公寓、梦想加速器、长三角生物安全研究中心等服务业项目，年内完成投资2亿元。服务好博桥联、联宏航空装饰新材料、华云数谷、德尔智能家居、AI城际空间站等14个三级重大企业项目。新项目招引实现重大突破，签约产业项目23项，总投资182.6亿元。完成科技招商项目62项。新开工科创孵化载体面积超64万平方米，新增省级以上科技企业孵化器1家，苏高新节能环保创新园获批为省级科技企业加速器。永钢科创中心、苏州思萃绿色制造熔接技术研究所、中科院生物安全研究院先后落地。全国首个科技创新研修院、张家港长三角生物安全研究中心等平台相继落户。有博士后科研工作站1家，省工程技术研究中心3个，江苏省研究生工作站10个。举办首届全球数字经济创新创业大赛和高峰论坛，年内新增张家港市领军人才16人、苏州市级以上人才6人。全年新增各类人才项目超20项，申报高新技术企业65家，规模以上工业企业研发费支出超5.38亿元。高新区获评全市首家国家创新人才培养示范基地，获批创建江苏省知识产权示范园区。各房地产公司累计在区（镇）完成投资开发19.46亿元。重点商业大润发塘桥零售店零售总额1.92亿元，华芳金陵国际酒店营业收入8078万元。塘桥综合市场（含妙桥、鹿苑）成交额6800万元。区（镇）推进产城融合发展，先后成立5家国资公司，全年完成利税超5000万元。发展现代农业，新增高标准农田757.33公顷，项目总投资4633.3万元。完成高标准鱼池改造20.86公顷，总投资142.97万元。建有设施农业82.74公顷，大棚1453个。菜地面积263.46公顷，蔬菜总产量23711吨。严守2053公顷耕地红线，水稻种植面积2099.53公顷，总产量19824.8吨，小麦种植面积1392.2公顷，总产量6745.2吨，累计粮食总产量26570吨。蒋家丰产方、华田家庭农场申报水稻绿色防控示范区，申报面积超200公顷。水产品养殖面积74公顷，总产量873吨。全年实现农、林、牧、渔业总产值46787万元。提升农业机械化水平，更新植保机等农机75台套。创成全市首家省级全程机械化综合农事服务中心。建科家庭农场、启园农业专业合作社等4家农业生产单位申报农业“四新”技术示范项目。打造远枫农林科技、红美人科技、果酱新农人、启园农庄、昊盛实业等农业企业，培育红美人柑橘、CC草莓、铁皮石斛饮料、启园枇杷等特色农产品。

社会事业　年末，有中小学校12所，幼儿园7所。其中，有1所民办小学，即常青藤实验学校东校区；3所民办新市民子女学校，分别是金城学校、阳光学校、阳光学校巨桥分校；1所民办普惠性幼儿园，即阳光小辰光幼儿园；2所民办幼儿园，分别是清桦幼儿园和常青藤实验学校附属幼儿园。除市教育局直属学校塘桥高级中学外，公办中小学、幼儿园在职在编教师736人，代课教师136人（含派遣教师24人），民办小学、幼儿园自聘教师280人。累计在校学生和幼儿16909人，其中张家港市籍6969人，非张家港市籍9940人（在公办学校就读6938人），占学生比例的59%。年内，投资超1亿元建设的新塘幼儿园启用。培育苏州市级以上骨干教师8人，张家港市级骨干教师253人。有70余名教师获市级及以上荣誉，妙桥中学肖啸被列入“教育部乡村优秀青年教师奖励计划”，妙桥中学陈冬、塘桥初级中学陈晓红被评为江苏省优秀援疆干部人才，塘桥中心小学顾洁被评为苏州市劳动模范。投入4760万元实施青龙小学行真楼内装工程，鹿苑中学综合楼和实验楼新建及塘桥中心幼儿园北园改造等工程，更新信息化教育装备。新塘幼儿园创建为苏州市优质幼儿园、苏州市智慧安防校园。统筹推进新冠肺炎疫情防控。落实集中隔离、居家健康监测等分类管控措施5487人。排查重点管控人群7842人、集中隔离观察891人，完成核酸检测1.5万人次，开展流行病学调查并落实管控密接和次密接72人。社区卫生服务站开展预检分诊、流调244152人次，高铁站累计排查、采样7439人次。累计完成新冠疫苗接种328924针次，全程接种率92.98%。全镇有医疗卫生机构47个，其中医院3家、社区卫生服务中心2家、社区卫生服务站和家庭医生工作室17家，有执业（助理）医师382人，其中社区服务执业（助理）医师67人，全科医生45人。年内，完成国家优质服务基层行基本标准复审。实施塘桥镇社区卫生服务中心整体托管，推进省糖筛工作站、省中医馆、苏州市三高慢病防治站、苏州市儿童肥胖防治站等项目建设。完善市第三人民医院整体托管塘桥社区卫生服务中心工作机制，并实施6S管理。有序推进苏州成人三高代谢性疾病防治站、国家PCCM呼吸疾病防诊治体系等项目建设。推进“智慧社区”建设，探索线上线下联动健康教育新模式。开展慢病用药“下基层”扩面和中医药协定方、养生膏方、冬病夏治进社区等活动。建成周巷村“博爱家园”阵地。妙桥社区卫生服务中心在全市率先启用$HIS_{5.6}$医疗云系统，列入国家PCCM呼吸疾病防诊治体系培育单位。计划免疫新建卡1290人，完成免疫规划疫苗接种22313针次、非免疫规划疫苗接种2722人次、“531”疫苗接种4226人次。辖区0至6周岁儿童健康管理7107人，儿童健康管理率99.26%。完成“两癌”筛查和妇女病普查5755人。完成65周岁及以上老年人体检13608人，体检率76.68%。组织开展卫生知识讲座、健康义诊44场，受益群众3769人次。完善各类人群电子档案，建档率92.38%；规范化管理高血压患者13841人，规范化管理糖尿病患者3925人。大病困难群众、计生特殊困难家庭签约率100%；重点人群家庭医生签约率51.98%，点单式签约732户2217人。常住人口符合政策生育率99.58%。落实计生奖扶政策，投入477.59万元，向0至16周岁计生家庭赠送计生家庭险。新设17家机关党支部，新增友诚科技等非公企业党组织8家，新建成“青乡里”等红堡点位8家，实施市级党建项目《“红引擎”助力“两高”融合新发展》，打造“五心服务”党建品牌。开展庆祝中国共产党成立100周年专题活动，制作100处电子屏公益广告、墙面广告、立牌和灯箱，以及一批展板、大型广告牌、高炮小品景观等，开展主题宣讲484场，覆盖人群18250人次。举办“奋斗百年路，启航新征程”大党课、“邮票上的党史”展览、“百年路，盛世情”书画影展、“以文艺凝聚力量，学党史赓续初心”文艺党课，举行原创现代大型锡剧《金风村的故事》巡演、“回望奋斗路、眺望奋进路”音乐诗歌会等活动。1926年金村党支部纪念馆园茂里接待参观考察团80批3700余人次。在主流媒体上刊发庆祝中国共产党成立100周年大党课、《打造高质量科创孵化载体》等文章150余篇。组织文明创建测评、督察40余次。区（镇）各志愿服务团队在“友爱港城”网申报并完成活动2500余次，服务超6万人次。在各类媒体刊发“身边好人”宣传60余篇。5位“身边好人”选送申报市第七届道德模范，有2人入选，其中诚实守信道德模范1人、助人为乐道德模范提名1人。区（镇）主要领导深入基层开展大调研活动10余次，确定39个“我为群众办实事”重点项目。区（镇）有图书馆3个、剧场1座、体育场6座、公园6个。新建的塘桥基督教堂交付使用，举办全市民族宗教政策法规宣讲活动暨高新区（塘桥镇）民族文化展示节，慰问9户困难民族家庭。开展食品安全“五进”宣传活动，203名民间厨师培训率及体检率达到100%，完成7家社区家宴会所“明厨亮灶”改造。强化平安建设，首创“书记护路日”示范品牌。持续开展安全生产专项整治三年行动，区（镇）安委会发文19件，召开工作会议13次，领导带队督察检查17次，销号市、镇重点挂牌隐患5处。先后举行3场集中培训、5期法人培训、6场安全生产现场咨询日和企业安全知识竞赛活动。推进安全发展示范城市创建，发放宣传海报1000余份，累计悬挂横幅220余条，宣传手册及海报5700余份。开展“百团进百万企业千万员工”活动，累计宣讲15场，受众3000余人次。完成1069家工业企业风险报告工作、569家企业创蓝行动；新增3家二级标准化企业，完成241家企业标准化复评、审计。开展危化品使用专项整治工作，全年聘请第三方专家开展3轮排查，排查隐患764项；持续开展粉尘涉爆、有限空间、小冶金等专项行动，完成隐患整改558条，关闭涉粉企业2家。“三优三保”复垦土地60公顷；完成土地储备73.33公顷、出让36.67公顷。关停低端低效企业50家，完成“腾笼换凤”14.67公顷；拆除各类违章建筑95.2万平方米，腾出空间72.4公顷。推进“331”专项整治，消除安全隐患4500处。整治河道90条，完成市级河道涉河违建整治133处。深化生态治理，整治散乱污企业96家，建成滩里湾、欧桥小区等4个特色康居乡村，治理黑臭河道11条，疏浚河道81条，拆坝建桥6座，新建排涝站4座。建设生态美丽河道9条，加高加固永南河圩堤1千米，新建馨塘社区防洪排涝泵站1座。完成10家企业VOC深度治理、8台锅炉、炉窑的提标改造。开展扬尘专项治理，$PM_{2.5}$、空气优良率分别为每立方米30微克、80.5%。11个市级地表水断面优Ⅲ类水比例达到100%。完成刘村新世纪炉渣场地修复、巨桥奚浦化工历史遗留填埋点环境综合整治项目的方案编制和专家评审。完成100余家重点产废单位危废达标化建设工作，完成6家重点土壤监管企业隐患排查、自行监测，完成1家化工企业优化整治提升。对中央、省级环保督察和长江经济带等重点突出环境问题开展回头看，完成6张督办单18个环境问题事项的整改销号工作。优化政务服务，设置“一办一委六部六口”组织架构，推进政务服务标准化进程。60余项便民服务事项向村级延伸，累计服务群众6万人次。镇为民服务中心开展“一窗融合”“一证一业”等改革。服务事项扩大至70余项，提供服务359次。梳理219项行政权力和公共服务事项清单，服务群众4341次。打造“东渡网格”品牌，网格队伍由130人组建，年内处理网格事件7.8万件，发现违法违规事件435起，好人好事377件，管理流动人口7.8万人，建成韩山、周巷两个“网格平安前哨工作站”，区（镇）网格化联动中心被评为“2020年张家港市担当作为好单位”。开展国家反诈App安装动员工作，累计下载73780次。镇中社区建成反诈主题公园。

福民工程　区（镇）村级可用财力总量达到2.06亿元，比上年增14.4%。韩山村、青龙村联合收购常熟市苏州百安茂金属制品有限公司土地3.47公顷，厂房2万平方米。花园村在妙桥工业园区内新建标准型厂房3.2万平方米。妙桥社区投资新建5348平方米经营用房。全面推行“三资”智慧监管平台，17个村（社区）股份经济合作社的资产、合同、财务管理及资金支付全部进入平台运行。《关于塘桥镇落实粮食安全责任制确保粮食稳产增效的通知》和《关于成立塘桥镇创建苏州市“平安农机”示范镇工作领导小组的通知》印发，保障粮食安全和生产安全。开展农业农村重大项目摸底调查，建立农业农村现代化项目库，涉及项目69项。农业保险投保总保费281万元。为325户规模经营户投保农业保险，投保面积超2866公顷。发放农户种粮补贴62.04万元，补贴面积3354.67公顷；规模经营补贴303.37万元；水稻价外补贴244.04万元，小麦价外补贴91.44万元；秸秆还田补贴102.79万元；市级农机补贴80.47万元。水稻良种补贴面积2095.15公顷，供种125.71吨；小麦良种补贴面积2147.43公顷，供种402.64吨。职业农民培训160人次，认定职业农民75人。新增农业龙头企业2家，总计8家。全面推进征地安置工作，安置农业人员4808人。拨付土地补偿费15112万元。全年发放整体预安置资金3467.14万元。1200余名失业人员实现再就业，发放各类救助金2000余万元。全年认定就业困难人员429人，394人享受保险补贴，举办各类线上线下招聘会13场，提供就业岗位4230个，组织失业人员、高校毕业生等参加免费技能培训，全年580余人参加创业、月嫂、家政服务员、中级育婴员、焊工、电工、钗车转业转岗等技能培训。开展张家港市“留港优技”项目制培训，30家企业培训2774人，申请补贴83.22万元；为40名农转城灵活就业到龄人员和87名居保人员办理退休手续，27人办理基础养老金申领，做好908人（其中精准扶贫84人）城乡居民基本养老保险年度征收；居民基本医疗保险参保39230人，医保个人基金缴纳667.56万元，市、镇两级财政补贴1907.3万元。发放各类低保、低保边缘资金164.13万元；发放孤儿、困境儿童资金30.27万元；发放重残、特残、精智残、护理补贴444.15万元；发放特困资金35.24万元。投入36万元，实施4个弱势群体社会关爱援助项目。村级医疗互助惠及62210人，筹集资金644.78万元。春节各类慰问资金1330.16万元，惠及群众5000余人。投入社会救助资金5.7万元，救助23人次；投入慈善救助资金5.25万元，资助16人次。社会福利中心完成二期改造，入住老人170人。完善2家老年过渡房居家养老服务设施。开展“爱满港城”慈善募捐活动，筹集善款415万余元。施行镇、村两级7类34个慈善项目，项目资金280余万元。新确定5个慈善项目，得到22家社会组织参与。镇级殡仪服务中心年内集中文明办丧27户。投入60万元，完成滩里福善堂墓地改造，投入108万元建设妙桥憩园生态葬区。征集到18个民生微实事项目，通过11个项目，总预算资金79万元。投入500万元，开辟胡同社区“邻里港湾”。高新区（塘桥镇）退役军人服务站创成全国示范退役军人服务站。

表72　**2021年张家港高新技术产业开发区（塘桥镇）办事处基本情况表**

名　称	集镇面积（平方千米）	党工委书记	党工委副书记	主　任	副主任
鹿苑办事处	4.00	曹　健（11月免）	—	邹海兵（11月免）	王爱国（8月免）
妙桥办事处	5.00	朱俊峰（5月免）	—	张萍华（5月免）	秦朝华（女）

2021年张家港高新技术产业开发区(塘桥镇)村(社区)基本情况表

表73

村(社区)名称	面积(平方千米)	户数(户)	人口数(人)	集体经济总收入(万元)	可用财力(万元)	总资产(万元)	村(社区)党委(总支、支部书记)	村(社区)主任
周巷村	6.90	2268	8710	2159.11	1318.99	77831.59	欧义光(8月免) 王晓峰(8月副书记主持工作)	—
何桥村	7.28	1857	6540	3225.00	2403.63	35554.00	钱腾冰	钱腾冰
青龙村	4.30	1318	4741	2841.72	1935.58	3589.90	马卫锋	马卫锋
韩山村	4.50	1495	5225	3631.60	2325.00	49434.40	蔡　晖	黄　伟
顾家村	4.46	1086	3886	1112.04	519.54	23413.01	陈向东(8月免) 杨平(8月任)	—
横泾村	8.90	1795	7106	1955.00	1459.00	5684.00	陆学军	陆学军
金村村	10.20	1965	7907	1400.00	900.00	16800.00	钱敏峰	钱颂扬(3月免) 钱敏峰(3月任)
欧桥村	7.01	1670	5968	3400.00	730.00	32000.00	陆余丰	陆余丰
蒋家村	5.60	1292	4646	650.00	340.00	14328.80	徐军海(8月免) 苏泽新(8月任副书记主持工作)	仇建宇
花园村	5.59	1312	5383	2800.00	2509.68	87269.00	钱　益(8月免) 钱再飞(8月任)	钱　益(3月任,8月免)
滩里村	7.80	1680	5880	3172.00	2327.00	255339.00	钱再飞(8月免) 郑卫兵(8月任)	钱再飞(8月免)
牛桥村	6.20	1455	4773	1336.00	898.00	17638.00	王爱国(8月免) 侯宇峰(8月任)	王爱国(8月免)
巨桥村	6.80	1609	5568	1811.00	1170.00	3933.00	郑卫兵(8月免) 王爱国(8月任)	郑卫兵(8月免)
刘村村	3.60	1148	3648	1206.65	505.01	31450.98	钱惠星(8月免) 顾海兵(8月副书记主持工作)	—
镇中社区	4.20	1684	4935	918.00	448.00	7755.00	庞利新	朱颂伟(3月免) 庞利新(3月任)
妙桥社区	3.10	1109	3883	1327.00	606.00	28897.00	朱建江	卢宏伟(3月免) 朱建江(3月任)
鹿苑社区	1.80	1731	3580	635.00	523.00	10173.00	钱震杰	钱震杰
胡同社区	0.33	1780	5255	—	—	—	杨晓军	杨晓军
馨塘社区	0.90	7853	11000	—	—	—	王伟芳(女)	—

2021年张家港高新技术产业开发区(塘桥镇)投资1亿元以上开工项目情况表

表74

投资企业名称	项目名称	投资额(万元)
博桥联实业发展(张家港)有限公司	博桥联汽车零部件综合产业中心项目	210000
江苏联宏纺织有限公司	联宏航空领域高档配套装饰新型材料制品项目	110000
张家港巢筑建设产业发展有限公司	德尔巢代智能家居项目	100000
张家港联宏数字经济产业园管理有限公司	联宏数字经济产业园项目	100000
张家港沪铁城市开发建设有限公司	东渡国际人才创业街区(一期)项目	100000
张家港瓴锐企业管理有限公司	瓴锐智造产业园项目	60000
市国泰智达特种设备有限公司	国泰智能制造产业基地项目	50000

续表74

投资企业名称	项目名称	投资额（万元）
阳地钢装配式建筑（张家港）有限公司	阳地钢装配式模块化建筑项目	50000
苏州思萃熔接技术研究所有限公司	苏州市产业技术研究院绿色制造熔接技术研究所项目	42000
市格雷斯机械有限公司	格雷斯慧格机械装备制造及研发基地项目	36000
江苏思尔德科技有限公司	思尔德水氧阻隔膜生产基地项目	30000
市东部新城投资发展有限公司	梦享加速器项目	16000

【博枫—博桥联汽车零部件综合产业中心项目签约】 4月12日，总投资1.55亿美元的博枫—博桥联汽车零部件综合产业中心项目签约落户高新区。博枫资产管理公司为世界500强企业，是全球排名前三的房地产资产管理公司。该项目选址于高新区智能智造区，占地面积13.07公顷，计划引入新能源汽车零部件产业、“互联网+物联平台”以及智能供应链管理平台，将打造长三角地区极具影响力的新能源汽车零部件生产及研发中心。博枫资产管理公司在全球新能源行业布局多年，在资产管理领域具有丰富经验。签约仪式中，双方表示将在新能源、项目资产管理方面开展更多合作，助力张家港提高城市能级，充分融入长三角区域一体化发展。

【中科院过程所生物安全平台及检测设备项目签约】 4月15日，中科院过程所生物安全平台及检测设备项目签约落户高新区。生物安全平台由张家港高新区、江苏苏净集团有限公司、中科院过程所生物安全团队联合发起建设，总投资6700万元，拟依托生物安全研究院建设生物安全实验室，推动创新成果落地转化，构建具有国内影响力的专业生物安全创新转化机构，吸引优质项目落地；构建生物安全装备效能评估标准，服务相关领域企业并支撑生物安全装备产业规范发展。

【百度“三中心一基地”项目签约】 5月31日，张家港高新区百度“三中心一基地”项目签约仪式举行。百度是全球领先的人工智能平台公司，也是全球领先的信息与知识服务的科技互联网公司，人工智能专利申请量已经突破1万件，在全球设有六大研发中心、九大实验室，在搜索引擎、自动驾驶技术方面已经跻身世界领先地位。百度计划在高新区导入百度各种人工智能技术优势资源，建设“三中心一基地”项目，即云计算中心、AI算力中心、百度大脑创新体验中心、打造5A级碳中和数据中心基地，进一步推动、助力、赋能张家港产业智能化。

【智能装备产业园·国泰智达特种设备项目开工】 6月17日，高新区（塘桥镇）举行2021年度项目集中开竣工活动暨智能装备产业园·国泰智达特种设备项目开工仪式，有18个项目集中开竣工，总投资153.1亿元。其中，开工项目13项，总投资145.8亿元；竣工项目5项，总投资7.3亿元。活动主场位于高新区智能装备产业园·国泰智达特种设备项目建设现场，作为智能装备产业园首批入驻项目，国泰智达特种设备项目由中国500强企业江苏国泰国际集团和科创板上市企业苏州绿的谐波传动科技股份有限公司共同投资，总投资5亿元，主要生产制造配备清洗、打磨、焊接、检测等功能的特种作业爬壁机器人，产品在核工业、储油罐、大型建筑、救援等领域拥有广泛应用场景，项目达产后预计新增销售16亿元。首批入驻智能装备产业园的项目还有总投资5.5亿元的七星瓢虫工业级环境监测设备项目，主要生产各类型、多用途环境监测设备，搭载自主研发环境监测系统；总投资1.5亿元的格雷斯机械装备项目，主要生产塑料管道制造和回收设备，将填补国内O-PVC管道行业空白。

【《巨桥村志》首发和巨桥村史馆开馆】 4月10日，巨桥村举行《巨桥村志》首发、巨桥村史馆开馆仪式。《巨桥村志》由文汇出版社出版，于2016年启动编纂，记录下限为2015年，大事记、照片延至2018年。全书设14卷42章149节，记述了巨桥村巨桥、鹿东、奚浦三区合一的历史和村情，反映了巨桥村工业发展、乡村建设等方面的特色、亮点及文保、非遗和精神文明建设先进典型；巨桥村史馆投资50万元，展馆分“奚浦塘畔，金桥飞架”“巨桥足印，大事记录”等篇章，以《巨桥村志》为蓝本，把历史脉络与时代变迁、基本地情与文明实践、党建廉政等融入展陈。活动中，与会领导向巨桥村村民代表赠书，村志将发放到全村每家每户。（张维民）

乐余镇

【概况】 乐余镇位于市域东北部，隔长江与南通相望，有全市唯一的民国老街。总面积78.65平方千米，沿江岸线17.84千米，耕地3971公顷。辖1个办事处，19个行政村、6个社区。有户籍24657户，户籍人口73912人。全年完成地区生产总值63.65亿元，比上年增12.36%。按户籍人口计算，人均生产总值8.61万元。一、二、三产业增加值分别为2.88亿元、35.46亿元、25.3亿元 。完成全口径财政收入9.6亿元，其中公共财政预算收入5.31亿元，比上年增7.06%；入库税金9.34亿元，比上年增3.32%。完成全社会固定资产投资15.88亿元，比上年增58.48%。其中，工业投资5.06亿元、服务业投资10.82亿元，新兴产业投资3.69亿元。社会消费品零售总额123.41亿元。乐余镇通过国家卫生镇复审并建成省级健康镇，获评2020年度全省基层党员冬训工作示范镇、2018—2020年度苏州文明镇，2020年度张家港市书香之镇。乐余镇退役军人服务站获评全国示范退役军人服务站。永利村获评苏州市“智慧农村”示范村、苏州市美丽庭院示范村、苏州市特色康居示范区和苏州市特色田园乡村，常丰村获评苏州市农村人居环境整治工作示范村。

经济建设　年末，全镇有企业2047家，其中工业企业1205家。年内完成工业开票收入151.95亿元，比上年增9.7%。84家规模以上工业企业全年实现总产值88.08亿元，营业收入89.13亿元，利润4.22亿元。全镇完成进出口总额33371万美元，其中出口总额31837万美元。注册外资及港澳台资3430万美元，到账外资及港澳台资1249万美元。新增私营企业656家，注册资本20.71亿元；新增个体工商户815户，注册资本1.5亿元。签约项目27项，含产业项目10项、总投资41.15亿元，其中超1亿元项目10项。高技术制造业投资1.65亿元，高技术服务业投资5000万元；突出“一谷一园一社区”（“一谷”即乐余净谷，“一园”即兆丰机电园，“一社区”即临江绿色科技产业园）产业布局，聚焦数字经济、新物贸等领域，持续实施乐余智能制造“235”计划，海狮机械、新城万斯达获评苏州市示范智能车间，七洲化工、华港医药等9个企业车间认定为张家港市示范智能车间，玉成精机、长力机械公司获评省企业技术中心，亚楠电子获评苏州市信用示范企业。“乐余镇工业企业大数据服务平台”初步完成搭建，净增国家级“两化融合”贯标企业10家，规模以上企业上云实现全覆盖。创新实施产业用地“一标准两办法”，建立产业用地“1+2+3”模式，即一个工作原则（《产业用地“一标准两办法”专项管理实施方案》）+两项提升工程（村集体厂房优化提升工程、单体小微工业园优化整治提升工程）+三种发展模式（企业转型模式、镇村抱团模式、腾笼换凤模式）。实现税收增幅超30%。加速推动千亩单体小微工业园整治提升工程，完成20.67公顷低端低效工业用地再开发。携手央企和社会资本启动总投资50亿元的乐余净谷综合开发项目。签约京东长三角智能产业基地、明昇锂电等超1亿元项目10项、总投资41.15亿元，数量创历史新高，实现500强企业入驻乐余镇零的突破。首创项目“红绿灯”预警机制，推动张家港云联智能智造大数据产业园、乐创工业园、昕烨日化扩建项目开工，实现三级重大项目开工率100%。中昊港创科技创新产业园、置信智造谷一期等竣工项目完成验收，首批23个项目入园，释放二次投资“乘数效应”。乐歌张家港现代供应链管理中心、中昊港创科技创新产业园入选苏州市服务业重点项目。乐余镇年内举办创新创业大赛2场，新增省“双创计划”人才1人、苏州市“姑苏计划”人才3人，张家港市领军人才8人，领军人才完成率全市第一。实体化运作科技招商专班，挂牌中国张家港欧洲海外创新中心乐余联络站，全年招引科技招商项目42项。发布经开区—乐余镇经济合作热力图，统筹推进1.7平方千米“四大区域”建设。临江绿色产业园进入市印染行业发展规划。新开工科创载体8.18万平方米。规模以上工业企业研发支出达到2.22亿元，新增有效高新技术企业92家，质押发明专利数完成率全市第一。依托北部1200公顷农田，启动智慧农业大田场景建设。与中科院、苏州农科院等专业团队深度合作，完成中科农创平台（乐余）概念性规划设计。做优农旅融合文章，打造全市首个羊肉主题街区，推出体验式农家乐，塑造品牌IP。村（社区）抱团投资的16.4万平方米的乐创工业园、乡村振兴产业园建设均超既定进度。稳定4733.33公顷粮食、560公顷蔬菜生产；投入2870万元新建540公顷高标准农田；完成733.33公顷有机水稻申报工作。全年实现农、林、牧、渔业总产值71974万元，粮食、油菜籽、蔬菜、水产品总产量分别为34742吨、552吨、55895吨、587吨，完成长江护渔队伍建设，落实24小时巡江护渔；促进一、三产业融合发展，新建1家农产品配送中心，申报张家港市级农业龙头企业2家。

社会事业　年末，有中小学校4所，幼儿园2所，教师699人，其中中小学教师479人；在校学生和幼儿8186人，其中中小学学生6521人。投入超1000万元实施校园设施提升工程，成立“乐学”教育基金，“择邻处”家庭教育获评苏州市社区教育品牌项目。加快“乐益家”社区服务品牌打造，兆丰社区和乐余社区“邻里港湾”投入使用，建成乐江社区结合居家养老服务中心、社会服务工作站、精神障碍社区康复服务站。在全市率先启动儿童友好乡镇建设，建成苏州首家镇级未成年人保护工作站，乐海社区儿童“关爱之家”获评省级儿童“关爱之家”。建设乐海社区、乐江社区为“三全”社区家庭教育试点，乐江社区打造为“儿童友好型”社区，并申报“苏州市儿童友好示范社区”。加速82万平方米临江福苑安置房建设，竣工乐江二期安置房5万平方米，完成分房372套。改造道路7条，乐园路南延段8月实现通车，路网布局更加优化。投入2500万元实施城市更新行动，改造老旧安置小区13个，新建公厕2座，新增停车位410个，充电棚31个，恢复绿化面积约1万平方米。新建口袋公园1处，铺设污水管网7.2千米，改造天然气管道8552户。总投资1600万元的乐余农贸商城标准化改造工程竣工，乐余市集全新启用。全镇有医疗卫生机构30个，其中医院3家、社区卫生服务中心1个、社区卫生服务站20个，执业（助理）医师196人。全科医生增至66人。成立全市首家产教融合创新中心。有体育场馆4座、健身房4个，公园2个、图书馆2个、剧场1座，村（社区）篮球场24片、1.8万平方米。建设庙港健身公园，打造文明家风口袋公园，新增公共文化体育设施面积3.4万平方米。新建乐江社区未成年人保护工作站、乐海幸福街等特色文化阵地，建成苏州市首家乡村“复兴少年宫”永利乡村复兴少年宫，村（社区）综合性文化服务中心标准化建设达到100%。优化“10分钟体育健身圈”建设，对乐余公园多功能运动场进行改造，新建5人制足球场1片，翻新篮球场1片；在兆丰学校新建全市首片校园门球场；乐余风筝放飞场申报为苏州市农民风筝基地。年内开展各类非遗集市、非遗展览活动5次。启动完成第十五届镇全民阅读节系列活动，推荐申报的永利村“档案忆空间”获评2021年张家港市最美文化空间——美丽乡村文化空间。抓好常态化疫情防控，推进疫苗接种工作，完成首针接种68308人，接种率95.27%；完成三针疫苗接种33162人，接种率48.55%。高效运转集成指挥中心，全年上报网格事件52666件，办结率100%。深化城乡社区协商和村居民自治，开展民生微实事项目13项。首创“乐管家”城市管理服务品牌，商贸街精细化管理提升项目获评苏州市容环境专项整治示范项目，年内治理违法建设21.5万平方米。全面启动“八五”普法，乐余镇未成年人保护工作站、河长制文化主题公园获评“苏州市法治文化建设示范点”。在乐创空间打造“惠企法治驿站”，并申报2021年苏州市“关爱民生法治行”项目，解决企业涉法“疑难杂症”。加强矛盾纠纷排查化解，化解信访积案3个。创新实施“个十百千万”打击网络诈骗行动，破获电信网络诈骗案21起，止损金额超100万元。推进安全生产专项整治，整改各类安全隐患8873个，整改率94.8%。启动“创蓝行动”，创建蓝码企业259家。成立全市首家“安全学校”，实现规模以上工业企业风险报告全覆盖。以“互联网+政务服务”为导向，引入OSM现场管理理念，完善“前台综合受理、后台分类审批、综合窗口出件”模式，全年办件总量101682件，实现“线上线下、虚实一体”的24小时“不打烊”政务服务。擦亮“乐无忧”政务服务品牌，组建专业帮代办服务团队，为重大项目提供“五个百分之百”全程预审代办服务。常态化开展网格员培训，举办“网格学堂”6期，培训1300余人次。以“乐民安·集先锋”党建品牌创建为引领，立体化打造“1+4+N”网格便民窗口，实施“我为群众办实事”网格集先锋项目。镇网格化工作和集成指挥建设相关经验做法被《新华日报》《人民日报》等主流媒体宣传报道。推行政务公开、村（居）务公开和民主管理，全年办复人大代表建议16件，办结“12345”民生诉求3168件；主动公开政府信息120件，依申请公开信息3件，行政诉讼实现“零败诉”。围绕“天蓝地绿水清”，持续开展“263”环境整治、“331”消防整治等专项行动，聚焦水气危废治理，15家企业完成活性炭提质增效；开展大气管控、秸秆禁烧工作，$PM_{2.5}$平均浓度比上年降12.1%、空气优良天数比例同比上升4.6%；开展太湖流域涉磷企业排查工作，关停搬迁13家涉磷企业。对省生态环境厅一级排查的374个疑似排污口进行现场二级排查，对270个排污口全部完成溯源和监测工作。疏浚整治河道42条、32.07千米，建成生态美丽河道20条、13.59千米，地表水Ⅲ类达标率100%。构建智慧水务管理平台，建设30余个在线水质监测点位，创新设立“河长夜间接访站”。完成235项整改任务，拆除违章建筑3000平方米，清理地笼网簖481处，打捞水葫芦1700吨，规范零星养殖80处，完成农村生活污水截污纳管143户，完成全镇市级河道排污口排查工作，累计完成监测、溯源207个。持续推行农村人居环境整治“红黑榜”。率先在全市建成并投入使用建筑装潢垃圾利用中心和再生资源回收分拣中心，创新开展垃圾分类五百行动和“510”行动，打造4个镇级垃圾分类宣传阵地。创建垃圾分类星级小区12个（1个五星级、2个四星级、9个三星级）。特色宜居乡村建设实现全覆盖，全镇范围内82个自然村获评苏州市特色康居乡村；在苏州市村庄环境长效管理第三季度考核，综合考评第一。

福民工程　年内，乐余镇多渠道促进村级经济转型升级，优化提升村集体厂房18.33万平方米、村集体土地5.73公顷，增加村级收入1317万元，村级年可支配收入总量突破1.3亿元，比上年增12.5%，村均收入700万元，实现超1000万元村3家。全年提供就业岗位3051个，完成社保扩面1560人。持续实施整镇制村（居）民医疗互助项目，年度参与数69121人，参与率96.8%，完成缴费691.21万元。发放互助补贴5941人次，互助金684.2万元。启动养老服务“时间银行”，建成养老助餐点3家，居家养老上门服务突破4万人次。发放尊老金95450人次，发放总金额610.47万元，居家养老服务中心实现阵地和社会化运作全覆盖，全年虚拟养老服务39628人次。走访慰问困难人员1014人，发放各类救助慰问金2527万元。开展“爱满港城”慈善募捐活动，筹得善款和实物592万元。家庭医生签约服务提标扩面，签约覆盖率达到60%。启动乐享健康惠民工程，建成“五彩门”全民健身智慧服务点2个。开展各种助残志愿活动，“打开心门”门球活动有全市6支队伍50余人参加；40余人参加残疾人就业创业技能培训、就业实训等项目，通过各途径新增就业19人。组建社区型残疾人文体活动团队4支，涵盖舞蹈、体育、书画、手工艺等类别。住房公积金净增人数817人，新开户257家。居民养老保险扩面征缴584人，居民基本医疗保险参保24392人。医疗保险报销审核结报2259人次，审核总费用1493.05万元，报销783.59万元。组织25627名社会化管理人员免费健康体检。对全镇257名高校应届毕业生建立工作台账，进行动态跟踪和就业指导，255人就业，就业率99.22%。落实“留港优技”项目制培训，助力企业稳岗留工，审核通过1033人，发放补贴30.99万元。企业技能人才自主评价工作完成10家企业998人次；引导农民工、下岗失业人员、就业困难人员等群体参加免费技能提升培训，完成创业培训27人、月嫂培训41人、家政培训31人，技能提升补贴审核75人。新增低保户19户、低保边缘户5户、特困人员1人，退出低保户26户、低保边缘户13户。年末有低保户240户346人、低保边缘户44户46人，特困人员（含“五保户”）33人，累计发放救助金478.04万元。发放“五一”慰问金4.41万元，国庆节慰问金4.06万元，物价补贴3.87万元。对16户急难型、支出型困难家庭发放临时救助金11.4万元。发放无固定收入重度残疾人生活补贴381.34万元，一户多残、依老养残对象生活补贴21.73万元，无业精神、智力残疾人生活补贴35.34万元，低保中残疾人生活补贴49.59万元，重度残疾人护理补贴153.28万元，累计发放各类补贴641.28万元。对困境儿童发放生活补贴，享受补贴的困境儿童有46人，其中孤儿1人，发放资金44.28万元。大病困难群众及计生特殊家庭的家庭医生签约率100%。组织优抚对象健康体检，重点优抚对象2批13人参加年度短期疗养。全年发放优抚金和退伍军人慰问金519万元。

表75

2021年乐余镇办事处基本情况表

名　称	所在集镇面积(平方千米)	党工委书记	主　任	党工委副书记	副主任
兆丰办事处	31.25	吴永兵	王　忠(4月任)	—	—

表76

2021年乐余镇村(社区)基本情况表

村(社区)名	面积(平方千米)	户数(户)	人口数(人)	集体经济总收入(万元)	可用财力(万元)	总资产(万元)	村(社区)党委(总支、支部)书记	村(社区)主任
乐余村	4.33	1528	4890	851.00	623.55	4943.37	杨　斌(9月免) 陈　峰(9月任)	张兴祥(3月免) 杨　斌(3月任,9月免) 陈　峰(9月任)
乐西村	2.19	785	2416	1021.10	555.26	4870.52	闻忠贤(9月免) 唐志刚(9月任)	张　宇(3月免) 闻忠贤(3月任,9月免) 唐志刚(9月任)
永利村	3.02	986	3198	3498.00	2705.65	18013.63	许文生	许文生
永乐村	2.19	717	2383	1213.00	1010.05	8676.48	余　刚	姚叶平(3月免) 余　刚(3月任)
庙港村	2.24	787	2498	688.70	374.92	3692.29	周　峰	周　峰(3月任)
扶海村	3.44	1142	3424	995.00	638.25	5193.33	张永清	张永清
向群村	2.63	843	2648	1140.00	741.04	7143.36	陈　洪	陈　洪(3月任)
双桥村	5.53	1725	5222	1081.00	579.33	4671.79	刘亚飞	沙小康(3月免) 刘亚飞(3月任)
闸西村	3.31	994	3050	732.90	472.19	2897.03	吴玉平	马　泉(3月免) 吴玉平(3月任)
登全村	2.14	727	2246	506.00	376.94	2340.59	郭晓波(9月免) 胡凯琳(9月任)	王　征(3月免) 郭晓波(3月任,9月免) 胡凯琳(9月任)
东兴村	5.09	1473	4716	1416.00	666.65	5687.42	朱建中	张晓波(3月免) 朱建中(3月任)
齐心村	9.60	1723	5251	1312.00	836.46	8683.14	司　健	司　健
常丰村	4.37	1498	4533	1150.00	999.78	14014.27	张　勇	张　勇
庆丰村	3.61	1178	3422	638.00	426.61	2892.63	钱耀华	龚利平(3月免) 钱耀华(3月任)
联丰村	3.97	1238	3643	877.00	357.91	3945.72	樊益东	樊益东
红闸村	3.36	1150	3077	940.00	487.59	5734.39	张　涛	严　超(3月免) 张　涛(3月任)
红星村	4.60	1420	4200	1024.00	642.99	4530.64	胡志明	胡志明
红联村	4.78	1530	4503	535.00	535.08	3568.48	闻　彬	闻　彬
东林村	4.79	1502	4276	1285.30	494.76	3230.78	俞　萍	俞　萍
稻麦场社区	1.22	316	884	475.00	474.57	—	陈　峰(9月免) 周小卫(9月任)	陈　峰(3月任,9月免) 周小卫(9月任)
畜禽场社区	0.49	63	168	742.00	669.52	—	曹亚忠	曹亚忠(3月任)
乐余社区	3.00	1470	4963	—	—	—	龚永芬	龚永芬
兆丰社区	1.80	391	777	—	—	—	王丽娟	王丽娟(3月任)
乐江社区	0.46	185	687	—	—	—	张一庆(9月免) 李　玥(9月任)	张一庆(9月免) 李　玥(9月任)
乐海社区	1.00	119	339	—	—	—	黄锦贤	黄锦贤

说明:3月换届选举,书记、主任"一肩挑",原村主任任副书记

表77

2021年乐余镇投资1亿元以上开工项目情况表

投资企业名称	项目名称	总投资额（万元）
港城云联（苏州）数据系统有限公司	港城智能智造大数据产业园项目	900000
市乐创租赁服务有限公司	乐创工业园项目	38000
市昕烨日化喷雾器有限公司	昕烨日化扩建项目	30000
澳普托自动化技术（江苏）有限公司	OPT机器人末端技术生产基地项目	12500
张家港新巨威机械有限公司	新巨威高端装备项目	12000
智慧港创（苏州）机械科技有限公司	智慧港创新能源线材设备生产项目	10000

【京东长三角智能产业基地落户】 8月30日，京东长三角智能产业基地项目签约仪式在沙洲湖大酒店举行。项目主要包括京东长三角智能供应链基地、京东长三角智能制造中心，定位为京东长三角区域电商物流、运营及结算中心，建设包括订单生产中心、大型分拨中心、大型转运中心、大型仓储中心、智能制造基地等功能的综合产业园区。一期项目计划用地12公顷，建设智能电商（一期）项目，总投资1.5亿美元，注册资金5000万美元。京东长三角智能产业基地乐余项目投产后，可带动全市现代服务产业链发展，推动在跨境电商、智能制造等多个领域寻求更大突破。

【159亿元投资的20个项目集中开竣工】 11月12日，经开区（杨舍镇）—乐余镇“区域带动”推进会暨乐余镇四季度项目集中开竣工仪式举行。有20个项目集中开竣工，总投资159亿元，涵盖智能制造、数字经济、科创平台等新产业、新载体。开工项目有港城智能智造大数据产业园项目、乐创工业园项目、昕烨日化生产扩建项目等16项，竣工项目有乐歌张家港现代供应链管理中心项目、置信智造谷项目、中昊港创科技创新产业园项目、新巨威高端装备项目4项。其中，开工的港城智能智造大数据产业园项目由港城云联（苏州）数据系统有限公司投资建设，总投资约90亿元，位于乐余镇乐坤路南侧、X202东侧，占地14公顷，建筑面积26万平方米，项目达产后预计年产值25亿元，年税收1.5亿元；乐创工业园项目是由乐余镇常丰村等11个村经济合作社联合打造的智能制造科技产业综合体，总投资3.8亿元，占地7.13公顷，建筑面积9.9万平方米，项目达产后预计年产值5亿元，年税收4500万元；昕烨日化生产扩建项目由市昕烨日化喷雾器有限公司投资建设，总投资3亿元，占地2公顷，新建6万平方米厂房，项目达产后预计年产值3亿元，年税收1500万元。竣工的乐歌张家港现代供应链管理中心项目由乐歌集团投资建设，总投资1亿美元，占地12.47公顷，项目达产后预计年产值11亿元，年税收7500万元；置信智造谷项目由温州置信集团投资建设，总投资10亿元（其中一期投资3亿元、二期投资7亿元），项目达产后预计年产值10亿元，年税收8000万元；中昊港创科技创新产业园项目由苏州东方净谷企业管理有限公司投资建设，总投资15亿元，占地面积12.27公顷，建筑面积17万平方米，项目达产后预计年产值15亿元，年税收1.2亿元；新巨威高端装备项目由张家港新巨威机械有限公司投资建设，总投资1.2亿元，项目达产后预计年产值1.5亿元，年税收1000万元。

【地热井温泉出水】 1月18日，温泉发布会在乐余地热钻井现场举行。该地热井位于港丰公路以北、乐坤路以南、乐兴南路西侧，井深2818米，出水温度为42摄氏度，单井出水量每日509吨。经国土资源部南京矿产资源监督检测中心根据理疗热矿水水质标准检测得出，乐余净谷地热水泉为CL-NA化学型水，pH值6.7，矿化度为每升3564毫克，咸水（每升大于3000毫克），铁、偏硼酸、偏硅酸、碘含量丰富，达到矿水浓度，有一定的医疗价值。下一步，乐余镇将围绕地热水打造长三角地区知名康养、休闲温泉度假村和田园综合体。

【市首个农文旅一站式体验市集全新启用】 12月28日，乐余市集启用仪式举行。市集前身为乐余农贸商城，由乐余镇政府于2003年6月投入约1500万元建设，地处乐富路南侧，建筑总面积7800平方米。2021年8月，投资1600万元，从行业布局、功能设施、服务能力等方面对乐余农贸商城进行全面改造升级，主要从基础设施整修、智能化优化、外立面改造、沙上文化嵌入等4个方面进行。改造后市集共设置摊位146个，新增内铺24间。工程于12月全面竣工并正式启用。乐余市集设计理念融入沙上文化、临江渔文化等地域传统元素，以“在乐余市集，遇见烟火里的沙上‘知’味”为主题，融合乐智、乐农、乐享、乐驿、乐游“五乐”服务理念，设置政务服务站、公共休息区、无障碍通道、便民母婴室等公共服务设施。为更好地传播文明、弘扬新风，市集中打造了“新时代文明实践点·乐文明驿站”，延伸文明实践触角；为加大长江水族资源知识科普，依托一站式水族工程服务商乐余有机玻璃制品厂，创新打造首家建在市集里的长江水族科普馆；为探索网络直播销售新模式，打造“海棠云铺”惠农服务平台，由党群志愿者线上直播推荐当地特色优质农产品，并开辟融合式特色美食街区，提供便利、舒适、暖心的一站式餐饮服务。（孙雁群　秦　香）

凤　凰　镇

【概况】 凤凰镇位于市域南部，总面积78.8平方千米，耕地面积2472公顷。4月14日，恬源社区与双塘村合并，设立新的“双塘村”。年末，全镇辖15个行政村、5个社区。有户籍20046户,户籍人口66660人。全年实现地区生产总值131.33亿元,比上年增11.32%。按户籍人口计算,人均生产总值19.7万元,比上年增11.05%。一、二、三产业增加值分别为3.98亿元、81.82亿元、45.53亿元,比上年增0.25%、16.9%、3.45%。完成全口径财政收入21.19亿元,其中公共财政预算收入11.86亿元,比上年增8.71%。入库税金20.73亿元,比上年增6.91%。完成全社会固定资产投资29.66亿元,比上年增3.8%。其中,工业投资13.84亿元,比上年增27.44%,服务业投资15.82亿元,比上年减10.72%;新兴产业投资12.77亿元,比上年增103.99%。社会消费品零售总额138.71亿元。年内,凤凰镇获评2021—2023年度中国民间文化艺术之乡、2020年度苏州市"推进高质量发展进步地区"。

经济建设　年末,全镇有企业2200家,其中工业企业1500家。168家规模以上工业企业完成产值306.81亿元,实现利润10.31亿元。实施新改扩建项目60项,其中超1亿元项目21项。总投资85.8亿元的广大鑫盛、豪泰新能源电动车等7个三级重大项目实现100%开工;总投资13亿元的薪泽奇高端装备、同大机械智能集成成套装备等5个超1亿元项目竣工投产;总投资8.5亿元的垠坤未来汇——垠坤南大全球校友会智造社区、韩国科技成果转移转化中心等4个项目签约落地。凤凰科创园二期建成投用,海外联合创新中心落成。全镇获评省"双创计划"人才1人、苏州姑苏领军人才3人、张家港市领军人才7人,新增省专精特新"小巨人"企业4家、高新技术企业22家、市"小巨人"企业4家,入选市"攀峰计划"企业5家。人才企业全年完成开票销售22.5亿元、纳税9000万元。广大特材获评国家级"专精特新"小巨人企业。协昌科技公司车间获评"省智能制造示范车间"。"富淼科技"作为全市首家人才企业登陆科创板。同大机械、富淼科技公司获2021年苏州市质量奖、2021年度张家港市质量管理优秀奖。全镇完成进出口总额15.12亿美元,其中出口总额10.79亿美元。新批外资企业1家,注册外资160万美元,到账外资1510万美元。新增内资企业488家,注册资本16.88亿元;农民专业合作社2户,出资总额51万元;个体工商户957户。新建市级高标准农田252公顷,省级农田252公顷;改造标准化池塘22.67公顷。创建1433.3公顷绿色优质水稻生产基地,拥有绿色食品17种,绿色优质农产品种植面积1939.5公顷,绿色优质农产品比重82.91%。全镇上市农产品上级抽检合格率100%,全镇重点基地产品追溯率100%。凤凰水蜜桃产业园区列入首批苏州市级现代农业园区转型升级示范园区建设名录。全镇实现农、林、牧、渔业总产值67333万元,粮食、蔬菜、水产品总产量分别为20636吨、14423吨、1740吨。

社会事业　全镇有公办中小学6所(含高中1所),教师597人,在校学生7222人;幼儿园5所(含分园2所),教师247人,在校幼儿2208人;新市民子女学校1所(含普惠民办幼儿园1所),在校学生533人、幼儿197人。义务教育阶段有4354名新市民子女在公办学校就读,占比64.6%。普惠性幼儿园覆盖率达到100%。农村义务教育专任教师本科及以上学历比例达到91.8%,市级以上骨干教师125人。在2021年张家港市中小学生"市长杯"校园足球联赛中,凤凰中心小学男、女足球队分别包揽小学男子甲组和小学女子甲组冠军;凤凰中学女队在市中小学"市长杯"校园足球联赛(初中组)中连续三年蝉联冠军。凤凰中心小学、凤凰中学、港口学校在2021年苏州市全国青少年校园足球工作建设质量管理与考核中获一等奖;镇社区教育中心获市2021年度综合考评突出贡献奖。3月末,凤凰镇达成与华东师范大学教育学系区域教育合作协议,成立张家港市凤凰教育集团,5所合作学校成为华东师范大学教育学系实验学校。凤凰高级中学,港口学校初中部实验楼、教学楼,凤凰中心幼儿园西张分园等一批学校改扩建民生实事项目投入使用。凤凰高级中学完成首批对外招生。2021年中国足协第二十三届"贝贝杯"青少年(12岁男子组)足球赛举办,凤凰镇创新开展全国青少年足球训练大纲发布、青少年足球嘉年华、中足协青少年足球训练营等活动。新增健身路径17套,更新18套,新增健身步道3千米。年末,有体育场馆4座、健身步道55.3千米,剧场2座、公园10个、图书馆2个,农家书屋实现村(社区)全覆盖。凤凰镇全年举办文体活动121场,其中文化活动52场、体育赛事20场,"全民阅读"活动28场,非遗活动21场。加大文教联盟项目投入力度,在港口学校开设河阳宝卷少儿讲唱、京剧进校园2个项目的基础上,新增1个河阳少儿基地——凤凰中心小学。河阳山歌艺术团入选"省优秀群众文化团队培育名单",歌表演《十里河塘十里歌》获江苏省文艺大奖·第六届民间文艺奖·优秀民间艺术表演奖。全镇有医疗卫生机构24个,其中医院3家、社区卫生服务中心1家和分中心3家、社区卫生服务站11家,有床位215张,执业(助理)医师113人。总投资3.5亿元的凤凰镇人民医院建成投用,并与南京医科大学附属逸夫医院签订合作共建协议。年内建预防接种证5101人,建证率100%,0至6周岁儿童预防接种14647人次。新冠疫苗接种237008人次。电子健康档案建档85840份,建档率90.8%。有产妇405人,新生儿412人,早孕建卡率91.02%,住院分娩率100%,儿童建卡率100%。为13513名老年人开展健康评估。家庭医生签约15268人,大病困难群众和计生特殊家庭家庭医生签约率100%。社区卫生服务门诊量26.02万人次。总投资4000万元、建筑面积7000平方米的为民服务中心大楼启用,"河阳e站"政务服务品牌对外发布。社会福利服务中心全面建成。推进重点安置房项目建设,投资6.5亿元建设莺山花园二期安置房工程,投资6000万元建设安庆4幢保障安置房工程,投资4.66亿元建设徐市印象花园三期工程。全年安置农户810户。完成"三优三保"拆旧复垦土地面积47.77公顷,其中低效工业用地20.78公顷。深入开展重点领域安全隐患排查整治,全面推行工业企业"创蓝"行动、企业风险报告制度,苏州、张家港市两级“331”挂牌督办重点隐患点位整治全部完成。持续放大综合行政执法改革优势，办理行政处罚案件种类涉及11个条线1.3万起（一般程序行政处罚类案件860起），开展垃圾分类、流动摊贩、占道经营、乱涂乱贴等专项整治80余次。拆除违章搭建60余处，实现违建销项70万平方米。完成河道整治196条，疏浚河道89条，建设7条生态河道。全年空气优良天数比率83.2%，$PM_{2.5}$年均浓度降至每立方米30微克。新增各类绿化7.45公顷。通过“国家卫生镇”复审验收，获评2021年度苏州市农村人居环境整治提升工作示范镇，魏庄村、程墩村获评2021年度苏州市农村人居环境整治提升工作示范村。年内，全镇创建成苏州市特色康居示范区1个、苏州市特色康居乡村14个。出台《凤凰镇争创“全国文明镇”三年行动方案》，开展洁美镇区、文明交通、示范窗口三大“百日攻坚”行动，通过“苏州市文明镇”复评。完成镇禁毒工作站规范化建设和金谷“枫桥式”警务站、无讼村居一体化建设，推进“雪亮工程”，新增治安监控510个。

福民工程　全镇农民人均纯收入4.4万元，比上年增7.3%。土地适度规模经营比例98%。村级总资产13.55亿元，比上年增7.4%。集体经济总收入2.6亿元，比上年增14.3%。村均可支配收入1004万元，比上年增10.6%。村级惠民支出1729万元，比上年减9.4%。全年村集体及村级抱团平台完成经营性建设项目10项，投资1.1亿元，购买、新建、改造厂房5.2万平方米，新建光伏发电项目3处，收购门面房3600平方米，新增资产性收益1032万元。新增社保参保3423人、公积金开户缴存1512人，居民基本医疗保险参保13121人。开展线上职业技能培训2834人次。在“爱满港城”活动中募集善款352.84万元，全年累计发放各类生活保障、救助救济、慰问帮扶资金1350万元。全镇21家居家养老服务中心（站）100%签约永联惠民等3家社会组织，常态化开展养老活动。完成村（社区）“两委”换届，以“70后、80后”为主体、“90后”占比25%左右的村（社区）“两委”干部梯队全面形成。“一人一委一网”基层监督体系建立。各村（社区）“三社联动”覆盖率100%，村（居）民议事平台协商案例161个。实施“民生微实事”项目22项。“一村（社区）一法律顾问”签约率100%，推进“法律明白人”培育工程，培育、遴选出合格法律明白人111人，分布在全镇90个网格中。深入开展提升群众安全感“八项攻坚行动”，创新实施非诉纠纷化解模式，镇人民来访接待中心被省政府信访局授予“省级人民满意窗口”称号，凤凰镇群众安全感、法治建设满意度均超92%。办理各类行政审批和便民服务事项18.47万件，办结率99.99%，窗口群众满意率保持在99%以上。形成省政务服务网、自助终端机、移动终端机、邮政寄递、全程代办5种“不见面审批”服务新方式。全年通过“网上办、自助办、帮代办、一网办”等渠道完成网上不见面审批14.04万件，不见面审批实际办件率超76%。

2021年凤凰镇村（社区）基本情况表

表78

村（社区）	面积（平方千米）	户数（户）	人口数（人）	集体经济总收入（万元）	可用财力（万元）	总资产（万元）	村（社区）党委（总支、支部）书记	村（社区）主任
双龙村	8.41	1604	5226	2736	2352	23507	许建江	许建江
安庆村	4.42	1244	4138	2230	1201	9128	徐　卫	陆仁达（3月免） 徐　卫（3月任）
金谷村	6.29	1355	4405	1774	1081	7754	吉　伟	吉　伟
魏庄村	4.31	855	2942	2320	1301	9702	程建华（11月免） 彭仲贤（11月任）	彭仲贤
西参村	3.28	809	2819	1212	1104	4191	钱仲刚	钱仲刚
程墩村	5.06	953	3227	1776	1552	14040	吕亚平	吕亚平
恬庄村	5.15	1103	3837	1561	1138	4084	陈利新	陈利新
双塘村	5.52	1051	3675	1385	1309	15554	罗　斌	张　健（3月免） 罗　斌（3月任）
清水村	6.61	1136	3813	1608	1056	5791	钱春云	周建平（11月免） 钱春云（11月任）
杏市村	2.13	445	1618	650	511	3517	张志强	张志强
凤凰村	5.43	1203	3712	2300	1654	9797	陆建东	陆建东
支山村	6.06	1111	3603	1534	833	6568	肖　安	徐卫龙（3月免） 肖　安（3月任）
杨家桥村	5.82	968	3192	2185	530	4619	唐月忠	唐月忠
高庄村	7.34	1379	4699	2193	515	5118	钱恒丹	冯建东（11月免） 钱恒丹（11月任）

续表78

村(社区)	面积(平方千米)	户数(户)	人口数(人)	集体经济总收入(万元)	可用财力(万元)	总资产(万元)	村(社区)党委(总支、支部)书记	村(社区)主任
夏市村	2.96	633	2120	839	505	12135	龚　秋(女,11月免) 张国平(11月任)	龚　秋(女,11月免) 张国平(11月任)
西张社区	—	1120	3531	—	—	—	李晓燕(女)	李晓燕(女)
凤凰社区	—	582	1572	—	—	—	肖　军	陈　芳(女,3月免) 肖　军(3月任)
港口社区	—	1511	4475	—	—	—	谢钰君(女)	谢钰君(女)
湖滨社区	—	542	2236	—	—	—	张新亚(女)	张新亚(女)
桃源社区	—	442	1820	—	—	—	孙丽萍(女)	孙丽萍(女)

表79　**2021年凤凰镇投资1亿元以上开工项目情况表**

投资企业名称	项目名称	投资额(万元)
江苏广大鑫盛精密智造有限公司	大型高端装备核心精密零部件项目	420000
江苏富淼科技股份有限公司	年产3.3万吨水处理及工业水过程专用化学品及其配套1.6万吨单体扩建项目	28700
苏州同大机械有限公司	挤出中空成型吹塑机生产项目	25000
豪泰新能源科技(苏州)有限公司	新能源电动车生产项目	25000
大一汽配(张家港)有限公司	新能源汽车零部件项目	20700
江苏富淼科技股份有限公司	每年950套分离膜设备制造项目	10800
江苏钰特耐磨材料科技有限公司	球磨机用耐磨钢球项目	10000
苏州市沃美生物技术有限公司	生物培养基项目	10000

【广大鑫盛精密零部件智造项目奠基】 6月11日,江苏广大鑫盛精密智造有限公司精密零部件智造项目奠基仪式顺利举行。广大鑫盛精密零部件智造项目列入江苏省2021年重大项目,是张家港广大特材有限公司积极对接国家“十四五”规划,着力解决行业“卡脖子”问题而投建的项目,也是广大特材在巩固拓展“总部特材基地”“如皋风电基地”“德阳新材料基地”的基础上,进军大型高端装备精密零部件制造领域,打造“精密智造基地”的关键项目,是广大特材“四大战略核心”产业板块之一。项目于2020年10月开始筹备建设,总投资42亿元,占地约40公顷。项目规划配置国外高精度设备300余台套,以智能制造为目标,实现从生产、检测、出入库等全流程自动化和24小时无人化生产,年产能16.83万件,产值约55亿元,对广大特材推进产业升级、打造全产业链、填补行业产能缺失、带动港城产业投资延伸具有里程碑意义。

江苏广大鑫盛精密智造有限公司车间　　（龚晓东　摄）

【“贝贝杯”足球赛开幕暨镇乡村“复兴少年宫”揭牌】 7月19日,2021年中国足球协会第二十三届“贝贝杯”青少年(12岁男子组)足球赛在凤凰镇开幕。开幕式上,凤凰镇乡村“复兴少年宫”揭牌。此届足球赛至7月24日落幕,进行48场比赛,有全国11个省(直辖市)的16支高水平青少年足球队、280余名运动员参赛。为丰富赛事内容,做强“贝贝杯”品牌,赛事期间还举办包含中国足协第三期精英青训教练员培训班、《青少年运动能力测试阶段报告》全国首发、《中国足协青少年训练大纲》宣讲、《青少年运动心理学》调查报告等高质量足球专业内容的“贝贝杯”论坛。凤凰镇乡村“复兴少年宫”是苏州市首个足球特色乡村“复兴少年宫”。它以镇新时代文明实践所为主体，结合5片专业的足球场地，链接初心学堂、非遗传习所、山歌驿站、家风馆等阵地资源，系统化、常态化开展乡村“复兴少年宫”课程项目；组建集专业的足球教练、非遗传承人、阅读推广人、退休老教师、文化志愿者等为主的一支专兼结合的少年宫辅导员队伍，为青少年儿童开辟妙趣横生的“第二课堂”；立足道德培育、文化体育、劳动实践三大主题，为青少年儿童定制独具地方文化特色的“课程表”，足球、山歌、烙画、书画、国学、手工等课程趣味纷呈。至年末，凤凰镇已挂牌建立凤凰镇新时代文明实践所贝贝特色乡村复兴少年宫、湖滨社区乡村复兴少年宫两个点位。同时，创新在科创园建立“科创新动力”乡村复兴少年宫，服务科技人才的未成年子女。年内三个乡村复兴少年宫点位开展“暖暖河阳情，欢乐港城年”凤凰镇复兴少年宫——青少年冬令营活动、“我和我的社区”公益儿童营队发展计划项目、“传河阳文化扬少年风采”湖滨社区职工子女暑期“团伴”项目、湖滨小记者“家风隽永”微电台传播教育项目等各类活动50余次，受益青少年500余人。

【凤凰镇“海外联合创新中心”揭牌】 10月22日，凤凰镇举办“科技招商进行时”——凤凰镇“海外联合创新中心”暨“五芯红企党建联盟”“‘科创新动力’新时代文明实践点”落成仪式。中科院院士、上海交通大学化学化工学院王宽诚讲席教授樊春海，中美化学及化学生物学教授协会创始人、首任主席黄震，张家港市领导张志明、陈卫兵、张庆，凤凰镇党委书记王卫民参加活动。凤凰镇“海外联合创新中心”将聚焦先进特色半导体、生物医药、智能装备等新兴产业，链接全球科创资源，集聚一批高端人才，孵化一批科技人才项目；同时在凤凰科创园建设在岸基地，为海外项目提供创业服务，推动海外人才到凤凰创业、科技成果在凤凰转化。凤凰镇“五芯红企党建联盟”整合涉企职能部门力量，组建设立“党群创意坊”“政务直通车”“专家在身边”“创业帮帮团”“益企成长吧”五大模块，上线“政务直通车”，梳理服务菜单100项，将孵化惠企党群项目60项，提供一站式企业服务。“‘科创新动力’新时代文明实践点”重点服务科创园园区企业、人才和职工家庭。活动现场，富淼科技公司获科创板上市奖励；凤凰镇韩国科技成果转移转化中心、金沙江（凤凰）股权投资基金、凤凰镇·万众一芯股权投资项目签约；成绎半导体、宏存芯捷科技、燎塬半导体、晶睿半导体等科技人才项目，上海小马创业村、上海赢火虫律师事务所、苏州创元专利商标事务所等第三方服务机构入驻凤凰科创园二期；矩阵光电、万众一芯、保邦电气发布新产品。

【凤凰镇新的社会阶层人士联谊会成立】 9月16日，凤凰镇新的社会阶层人士联谊会成立大会暨“河阳新动力”统战工作阵地揭牌仪式在河阳山歌馆举行。省委统战部新的社会阶层人士工作处处长郭冬梅，苏州市委统战部二级调研员、苏州市社会主义学院院长沈蓉，张家港市委常委、组织部部长、统战部部长朱艳，凤凰镇党委书记王卫民等出席活动。郭冬梅和王卫民共同为“河阳新动力”统战工作阵地揭牌。大会选举产生新联会会长、副会长、秘书长、副秘书长。第一届凤凰镇新的社会阶层人士联谊会由35名会员组成。江苏天翔电气有限公司总经理钟佳诚当选为第一届会长。“河阳新动力”统战工作阵地包含河阳山歌馆和苏华美术馆，建筑面积约950平方米，既是新阶层人士工作的宣传展示窗口，也是服务广大市民的一个公共活动空间。“河阳新动力”凤凰镇新联会创作基地位于李可染画院，由文学创作、河阳山歌、书法、河阳烙画、摄影5个工作室组成。12月，该基地被评为苏州市新的社会阶层人士统战工作实践创新示范基地。 （谢凤姣）

南丰镇

【概况】 南丰镇位于市域东部。总面积62.44平方千米，耕地面积2519公顷。辖1个办事处，12个行政村，5个社区。年末有户籍21072户，户籍人口57843人。全年实现地区生产总值195.94亿元。按户籍人口计算，人均生产总值33.87万元。一、二、三产业增加值分别为3.63亿元、143.17亿元、49.15亿元。全口径财政收入29.33亿元，其中公共财政预算收入15.52亿元，比上年增24.26%；入库税金28.44亿元，比上年增20.92%。完成全社会固定资产投资27.09亿元，比上年增30.87%。其中，工业投资21.05亿元，比上年增30.1%，服务业投资6.04亿元，比上年增33.63%；新兴产业投资20.9亿元，比上年增31.86%。社会消费品零售总额26.96亿元。全国综合实力千强镇排名位列第67位，为全国文明镇。南丰镇承办江苏省数字乡村建设现场会，获评苏州市平安镇、“法治苏州”先进集体、苏州市土地执法模范乡镇，永联村获评苏州市级“智慧农村”。永合社区获评全国示范性老年友好型社区，永丰村获评苏州市农村人居环境整治工作示范村，建农村获评苏州市特色田园乡村。

经济建设　年末，有企业1525家，其中工业企业658家。41家规模以上工业企业全年实现总产值707.12亿元，比上年增27.6%，营业收入1308.4亿元，比上年增19.59%，实现利润64.45亿元。有销售收入超1亿元的工业企业15家。限上批发业销售额115亿元，比上年增66.7%。全镇实现进出口总额35.23亿美元，其中出口总额7.34亿美元。新批办外资企业2家，注册资本796万美元，到账外资2257万美元，比上年增82%。新增法人企业数266家，注册资本63341万元；新增个体工商户584户，注册资本7370万元。加强与市产业资本中心、上海国盛、深投控资本等合作，创新打造“政府+产业+基金”的招商新模式，引进总投资超10亿元的变形积木总部项目。签约落地兴鲁空分设备、克洛托光电等超1亿元项目9项。推进总投资48亿元智能制造项目13项，年内完成投资约14亿元。有序推进总投资近250亿元的8个重大项目，海进江LNG接收站项目列入国家《长三角一体化发展规划“十四五”实施方案》，建筑垃圾资源化项目建成投产，建华建材项目完成三条生产线建设。完成丰云智谷产业园一期项目，新增科创孵化载体3.6万平方米，建成“上海浦东·南丰创新中心”飞地。举办创新创业大赛2场，获评张家港市领军人才项目5项、姑苏人才项目2项。发布《南丰镇高质量发展惠企21条》。永钢集团获评国家级“能效领跑者”称号，智能制造项目成为2021年度“江苏省智能制造示范工厂建设项目”。海锅新能源装备股份有限公司在深交所创业板上市并获评省级专精特新小巨人企业，科泰科技有限公司获评张家港市“小巨人”培育企业。新增省级智能制造示范车间2个，分别为联峰钢铁转底炉智能车间、创基新能源350兆瓦光伏组件车间。联峰钢铁转底炉智能车间、联峰实业高端合金棒材智能车间、顺航电子精密注塑电子配件智能生产车间3个车间获评苏州市级示范智能车间。新增产学研合作项目23项，规模以上工业企业研发经费支出超30亿元，累计拥有有效高新技术企业49家。推进农村农业现代化建设，年内新添置农机24台(套)，农机总动力3.4万千瓦，水稻机插秧面积100%，小麦机条播面积90%以上，农机装备智能化绿色化水平100%。建成农业物联网系统1套，全镇农药配送覆盖率100%，推广生物有机肥1600吨，推广绿肥种植面积13.3公顷，农作物秸秆还田率100%。新建高标准农田面积246.6公顷，累计1553.1公顷，实现粮食产区和重要农产品生产区高标准农田全覆盖。夏季小麦实现公顷单产4680千克，秋季水稻公顷单产9450千克，全年粮食总产量20263吨。125.3公顷规模以上蔬菜基地提档升级，高标准蔬菜地面积达到406.7公顷，全年生产蔬菜31213吨、水产品567吨。全年实现农、林、牧、渔总产值60010万元。承办市粮食生产“全程机械化+综合农事”服务中心建设和机械化示范基地创建现场推进会。永联天天鲜配送有限公司创建成省级农业龙头企业，南丰镇现代农业园区创建成全国农村创业创新园区，镇农产品质量监管站获评苏州市四星级监管站。

社会事业　年末，有中小学校2所，幼儿园3所，成人教育中心校1所。教师422人，在校学生4420人、幼儿1528人。镇中小学全面落实“双减”政策，持续深化“三名”教育工程，开展镇乡村教育带头人培育站建设。南丰中学永联荷风管弦乐团建成，南丰小学管弦乐团参加“田埂上的童年”腾讯荷风艺术行动音乐会。南丰小学创建成江苏省中小学智慧校园，南丰实验幼儿园通过苏州优质幼儿园验收。镇复兴少年宫揭牌成立，启动未成年人“青苗”培养计划。镇“儿童关爱之家”建成运行，全市首家“警心护童”工作站成立。全镇开展各类文体活动500余场，人均接受文化场馆服务次数10.1次，镇科文中心获评2021年度江苏省“最美公共文化空间”。擦亮“‘YUE’动南丰”文化品牌，启动“四季阅读，书香南丰”项目建设，南丰镇获评2021年度苏州市全民阅读先进单位。实施文化产业倍增计划，有规模以上文化企业1家，完成文化产业增加值1.46亿元，比上年增38%。永联小镇客厅项目列入国家级文旅融合试点，永联江南田园风情小镇获评省级重点文化和旅游项目，永联江南田园风情夜市入选2021年度苏州市夜间文化和旅游消费聚集区。全镇有体育场馆5座，公园12个，其中体育公园2个，镇健身主题公园获评江苏省最美乡村健身公园和苏州市“十佳美丽乡村健身公园”。全镇有医疗卫生机构15个，其中医院1所、社区卫生服务中心2个、社区卫生服务站12个，执业(助理)医师76人。永联社区卫生服务中心启用，永丰社区卫生服务站创成省级甲级社区卫生服务站。全年0至6周岁儿童预防接种11188人次，强化免疫215人，新增预防接种证359份。新冠疫苗接种第一针57710人、第二针56126人、第三针28577人。新建居民电子健康档案903份，累计64376份。有产妇287人，新生儿288人，早孕建卡率90%。社区卫生服务门诊量17.94万人次，比上年增1%。试点推行“家庭医生点单式签约”服务，家庭医生签约11009人，困难群众家庭医生签约率100%。建成全市首家糖尿病筛查站。落实常态化疫情防控举措，基础全程免疫完成率92.14%。加快城镇更新速度，年丰新村安置房二期(B区)竣工，建筑面积9.1万平方米，房屋10幢、568套。年丰新村安置房三期工程在建，建筑面积20.1万平方米，房屋19幢、1367套。南丰集贸市场标准化改造完成。安全生产专项整治三年行动推进，工伤事故数比上年降15%。生态环境治理加强，$PM_{2.5}$浓度比上年下降10%，空气质量优良天数比例90.7%，全镇地表水100%达到或好于Ⅲ类水体。整治“散乱污”企业(作坊)477家，依法拆除违法建设57.23万平方米，复垦耕地57.7公顷，新增植树造林4.7公顷。投资250万元打造南丰镇生活垃圾分类信息化管理平台，推进“投、收、运、处”四个环节信息化改造，实现镇域垃圾分类信息化建设全覆盖。投资1500万元新建垃圾中转站和厨余垃圾处理站，升级处理设备。南丰镇获评苏州市生活垃圾分类工作全覆盖片区、苏州市生活垃圾分类工作优秀集体。疏浚河道30条，建成生态美丽河道15条。实施镇级河道洞子港南段、海丰河及永兴河综合整治工程，实施南中心河岸坡整治工程。全年拆坝建桥5座，全镇32名河长巡河700余次。清理整治河道“两违”90余处，清理河道400余条，清理地笼网簖300余处，拆除阻水围网100余处，清除阻水坝头40余处，整治乱堆乱放350余处，清理河面垃圾300余吨，清理岸边杂树200余棵。在全市率先推行“全链通”服务，企业开办时间缩短至0.5个工作日内，推出“自然人全生命周期服务”，试点推广“好差评”“苏服码”，审批事项办理时间平均压缩90%以上。落实“证照分离”改革，发放苏州首张食品经营许可备案制营业执照，率先试点“一业一证”改革，结合“一件事”套餐，发放张家港市首张“综合许可证”。提升执法效能，在全市率先实施“区块链＋公证”综合行政执法全过程记录，在水务、教育、卫生健康、住房和城乡建设4个领域办理全市首例行政处罚案件，年内累计办结普通程序案件891起、简易程序案件1.2万起，无一起行政复议或行政诉讼。创新社区治理新模式，打造"圩田沙塘，幸福瑞丰"邻里港湾品牌。全镇一般类村庄100%获评特色宜居村庄，"风韵江南"特色康居示范片区通过苏州验收。

福民工程　全镇村级经济可支配收入3.12亿元，村均2600万元，比上年增30.2%。推进强村富民，深化农村产权制度改革，完成股份经济合作社股权证发放工作。加强村企联建，依托村级联合发展公司抱团发展，推进民丰商务楼、盘扣式脚手架等项目建设，不断优化民生服务供给，推进民生实事工程项目7项、民生微实事项目14项。常态化开展"洁美南丰"同创共建活动。深化"德润南丰"公民道德提升工程，新获评省道德模范、苏州时代新人、张家港市道德模范各1人，评选表彰南丰镇第六届道德模范。构建15分钟新时代文明实践志愿服务圈，累计开展新时代文明实践活动1000余次，志愿服务时长5万余小时。文明创建经验获江苏卫视《德行天下》报道，建农村成为全省唯一入选全国村级"文明乡风建设"典型案例。开展党建引领基层治理"根系工程"试点，探索"村村结对""村企结对""多方联建"合作模式，实施结对共建项目32项。开设书记、埭上、实境、文艺和实践五大课堂，实施"我为群众办实事"和"两在两同"建新功行动，累计解决群众"急难愁盼"问题700余件。举办"春风行动"招聘会3场，提供就业岗位3200余个，开发公益性岗位65个，其中新安置就业困难公益性岗位28个。举办各类技能培训班5场，213人参加培训并获技能证书。录用就业困难人员43人，帮助128名就业困难人员申报灵活就业人员社会保险补贴。完成社保扩面新增人数1883人，公积金扩面净增459人，公积金新增开户146户，南丰镇获评"2020年度苏州市住房公积金目标考核先进单位"。推进公共法律服务进网格，启用"互联网·无人律所"。16个村（社区）司法行政服务站（人民调解委员会）实现全覆盖。新建法治文化阵地5个，开展"游园式"普法活动20余次，研创法治文化作品30余件，开展法治宣传活动100余场。继续实施"福村宝"村级医疗互助项目，全年报销约590万元，受益群众4400余人次。成立镇养老综合服务中心、瑞丰居家养老服务中心，提供虚拟养老服务3.48万人次。全镇居民基本医疗保险参保23081人，年内组织13059名退休人员免费健康体检。为现役军人发放优待金补助140.07万元，为2021年度自主就业退役士兵发放经济补助金126.02万元，发放各类优抚经费301.41万元。有低保户180户268人、低保边缘户35户41人、特困人员（含五保户）32人、重度残疾人2人、特殊困难残疾人12人、精神（智力）残疾41人，累计发放救助金741.21万元、各类慰问金244.8万元。对3户急难型、支出型困难家庭发放临时救助金4.55万元。为重点残疾人发放护理补贴124.7万元，对10名残疾学生和1名困难残疾人家庭子女发放助学金12.45万元，对无业重度及精神（智力）三、四级残疾人发放生活补贴31.5万元。募集慈善捐款441万元，创历史新高。

2021年南丰镇办事处基本情况表

表80

名称	所在集镇面积（平方千米）	党工委书记	主任	副主任
东沙办事处	0.70	朱建明（3月免） 陈　立（3月任）	徐美珠（女，5月免） 倪春峰（5月任）	严　芸（女）

2021年南丰镇村（社区）基本情况表

表81

村（社区）名	面积（平方千米）	户数（户）	人口数（人）	集体经济总收入（万元）	可用财力（万元）	总资产（万元）	村（社区）党委（总支、支部）书记	村（社区）主任
民乐村	3.01	1092	3097	1089.18	510.71	14114.23	曹　娟（女）	曹　娟（女）
南丰村	4.96	1738	4840	1210.96	623.46	9285.38	赵　君	赵　君
民联村	3.02	1050	3019	612.60	397.88	9926.30	马亚萍（女）	马亚萍（女）
东港村	4.38	1665	4749	1441.67	409.71	7041.06	曹　红（女）	曹　红（女）
海坝村	3.75	1487	4130	1135.14	522.32	6494.72	倪春峰（6月免） 秦海军（6月任）	—
建农村	3.20	890	2565	1877.76	1,164.53	8074.03	沈　兰（女，6月免） 王　舰（6月任）	—
和平村	6.39	2158	6202	1313.00	647.67	7162.05	庞　浒	庞　浒（3月任）
永丰村	5.02	1544	4427	1292.10	447.26	6165.04	陈　健	陈　健（3月任）
新德村	3.71	1390	3858	1194.57	394.85	6086.48	陆　军	陆　军
永联村	10.50	2997	6859	54149.50	24,713.27	283473.43	吴惠芳	—

续表81

村(社区)名	面积(平方千米)	户数(户)	人口数(人)	集体经济总收入(万元)	可用财力(万元)	总资产(万元)	村(社区)党委(总支、支部)书记	村(社区)主任
东风村	7.06	1606	4563	1084.45	557.41	10037.22	江　湧	江　湧(3月任)
东联村	2.63	692	2066	483.75	329.80	5160.05	张　琪	张　琪
振兴社区	2.50	775	1545	—	—	—	王在栋	王在栋
新丰社区	0.51	144	407	—	—	—	匡亚军	陈栋梁
永合社区	—	1386	4387	—	—	—	秦　欢	秦　欢
东沙社区	0.60	153	343	—	—	—	陈　燕(女)	陈　燕(女)
瑞丰社区	0.27	6	17	—	—	—	茅庆花(女)	茅庆花(女,3月任)

说明:户数及人口为派出所数据,东联村含畜牧场、水产养殖场

2021年南丰镇投资1亿元以上开工项目情况表

表82

投资企业名称	项目名称	投资额(万元)
建华建材(苏州)有限公司	绿色建筑科技产业园项目	100000
南丰城建投资开发有限公司	年丰新村安置房(三期)项目	75000
江苏永钢集团有限公司	炼钢三分厂新增9号连铸机及配套设施项目	53600
江苏联峰能源装备有限公司	特钢公司电炉分厂新建2号连铸机项目	40439
南丰镇村级经济联合发展有限公司	丰云智谷产业园项目	35000
江苏金陵体育器材股份有限公司	高端篮球架智能化生产项目	21701
江苏同泽过滤科技有限公司	离心机制造项目	12000

【法国埃顿集团高端装备产业园项目签约】 5月7日,埃顿张家港高端装备产业园项目签约仪式在上海举行。法国埃顿集团携手南丰镇合力打造埃顿张家港高端装备产业园,项目由埃顿集团投资建设,占地10.67公顷,总投资约10亿元,围绕世界500强汽车零配件企业、研发中心、产业孵化中心、相关配套供应商及供应链管理等,按照国际最高规格的通用工业仓储及研发设施要求,配套建设总面积约6万平方米的高标准生产厂房、研发办公大楼、产业孵化中心、客户配套中转仓库。园区建成招商投产后,预计年税收1亿元。

【央视大型直播节目聚焦永联村】 7月17日,中央广播电视总台的《走进乡村看小康》大型直播特别节目组走进永联村,报道永联村在乡村振兴方面做出的努力和现代农业发展的成果。在永联菜篮农业专业合作社的果蔬基地,央视记者从“绿色种植,笨功夫种出好梨子”说起,聚焦永联村农业产销一体化及一、二、三产融合发展、农民富裕富足等典型事例。近年,永联村不断发展特色农业产业,强化农业产业化经营,形成“基地—加工—美食—销售—观光”农旅结合全产业链,探索出一、二、三产业融合的“永联模式”。2020年,永联村一产、二产销售收入达到5亿元,全村已建成一个经济发达、管理规范、文化繁荣、环境优美、村民富裕的可学可鉴农村现代化建设新样本,成为江苏省农村一、二、三产业融合发展先导区。

【变形积木总部项目签约】 10月16日,变形积木总部项目签约仪式在张家港举行。变形积木(北京)科技有限公司是智能装配式装修行业的领军企业,公司通过自主研发,打造了智能化B2B2C全链路闭环的数字化产业平台,先后获评国家高新技术企业、北京市“专精特新”企业等称号。此次落户南丰镇的变形积木总部项目总投资10亿元,涵盖智慧工厂、研发中心和数字化产业平台三大板块功能。

【东港改造提升工程】 东港村具有一定的历史底蕴和人文风情,然而处于东港入村口的老街因缺乏系统规划,建筑空间无序、违章搭建现象普遍,日渐成为“脏乱差”的代名词。2021年,南丰镇投资3500万元,启动东港老街入口改造提升工程,以东港路为中心轴,因地制宜打造4个特色康居乡村点位(10至12组,31、34组,30、32组,33组),惠及全村8个组300余户村民,同时围绕“近郊多彩田园,生态宜居乡村”目标,深入挖掘东港丰厚的历史文化底蕴,植入红色农旅的理念,打造记忆老宅、时光隧道、模拟老街等景观节点,构建村民休闲娱乐、学习教育的新空间。作为“求是读书会”宣传阵地之一,定期以东港村的历史人文、红色资源等开展实境教学活动,组织开展好人故事宣讲、垃圾分类宣传、移风易俗宣传等活动,开展五星文明家庭、好邻里、好少年、好儿媳、好子女等评选活动,组织开展亲子手工制作、传统民俗等特色活动。新铺设的东港路南起长安路,

北至港丰公路，长1500米，宽8米，以黑色沥青铺面。长安路旁打造有3万平方米樟树林，其间建有蜿蜒灵动的健身步道，配合错落其间的林地景观，成为百姓身边的“森林氧吧”。东港村的美丽蝶变，是南丰镇全域打造宜居乡村，推进农村人居环境整体提升的一个缩影。（徐永方）

大新镇

【概况】大新镇位于市域北部江滨，与南通如皋市隔江相望，有长江岸线7.9千米。总面积40.64平方千米，耕地面积1497公顷。辖8个行政村、4个社区（其中1个为“村居合一”社区，为长新社区）。年末，有户籍13876户，户籍人口38782人。全年实现地区生产总值48.89亿元，按户籍人口计算，人均生产总值12.6万元。一、二、三产业增加值分别为1.86亿元、29.51亿元、17.51亿元。完成全口径财政收入6.98亿元，其中公共财政预算收入3.96亿元，入库税金6.79亿元。完成全社会固定资产投资22.57亿元，其中工业投资4.07亿元、服务业投资18.5亿元，新兴产业投资3.55亿元。社会消费品零售总额67.31亿元。大新镇获2019—2021年度江苏省文明镇、2020年度苏州市平安镇、2018—2020年度苏州市文明镇等称号。

经济建设　年末，全镇企业有2250家。65家规模以上工业企业全年实现总产值82.68亿元，营业收入83.19亿元，利润5.17亿元；有销售收入超1亿元工业企业14家，税收超5000万元企业3家。全镇实现进出口总额2.29亿美元，其中出口总额2.15亿美元。到账外资及港澳台资705万美元。新增私营企业315家，注册资本174.52亿元；新增个体工商户481户，注册资本5.21亿元。宏宝工具、优特管业、中天达工具、张运机械公司获国家“两化”融合贯标（累计8家），宏宝锻造、宏宝工具被认定为省级专精特新小巨人企业，实现大新镇在此荣誉零的突破，新芳科技、华远环境等11家企业完成星级上云申报，全镇累计有6家企业获评省级星级上云；获评苏州市质量奖1个、苏州市级示范智能车间1个。新增张家港市领军人才项目5项，拥有省高新技术企业29家、有效发明专利178件，新开工科创孵化载体5.65万平方米。总投资20亿元的东方雨虹绿色建材项目落地，投资总额创历史新高。新增高效设施农业面积2公顷、高标准农田354.4公顷，秸秆综合利用率100%。新置各类农机具26台套，粮食生产达到全程机械化。有各类农业基地13个，绿色农产品占全镇农产品的79%，规模经营面积944.13公顷。全镇实现农、林、牧、渔业总产值26793万元，粮食、蔬菜、水产品总产量分别为10243吨、20952吨、562吨。

社会事业　年末，有学校2所，筹建1所，幼儿园3所，教师509人，在校学生和幼儿7382人。年内，中心小学东扩工程竣工，童星幼儿园全新开园。统筹实施“我为群众办实事”22个项目和“两在两同”建新功六大行动。编撰出版《大新革命斗争纪实》，收录斗争故事86个，建成启用“大新抗战历史纪念园”。中山村“田园学舍”入选苏州市“海棠花红”先锋阵地。有公共文体设施42万平方米、图书馆1个、剧场1座、体育场馆2座，举办线上新春联欢、百姓群星大舞台、“我们的节日”等文艺活动59场。10月9日，“友恒杯”张家港市第四届沙上体育运动会在大新镇新海坝生态湿地公园开幕。运动会设置沙上大丰收、弹弓、赶猪跑、泥潭摸鱼等8个团队挑战项目，各区镇600余名群众参加，大新镇获沙上大丰收、铁环接力赛、飞镖等3个项目的团体第一。运动会已连续举办4年，成为传承沙上文化的品牌活动。全镇有医疗卫生机构18个，其中医院1所、社区卫生服务中心1个、社区卫生服务站8个，执业（助理）医师67人。大新医院成功创建“国家胸痛救治单元”，通过“优质服务基层行”国家推荐标准复审，获评“江苏省老年友善医疗机构”。居家养老服务中心（站）建设率和社会化运行率均达到100%。镇域安全生产和生态环境形势持续向好。启动全市首家安全警示教育馆建设，245家企业完成“创蓝行动”。严把项目准入关，全年环评执行率100%。深化水环境治理，完成新丰港、新润花苑南河等4条重点河道整治，建成6条生态美丽河湖，地表水均达到或好于Ⅲ类水体。中山村伏兴三圩埭、四圩埭获评江苏省特色田园乡村，桥头村、龙潭村获评苏州市农村人居环境整治示范村；集聚提升类和特色保护类村庄实现康居村全覆盖，其他一般类村庄实现宜居村全覆盖。全年网格事件按期处置率超99%，结案率100%。在全市率先实施“三岗十八级”管理体系，村（社区）工作者队伍趋于专业化、职业化。

福民工程　年内，村均年可支配收入832万元，比上年增33.6%。发放涉农补贴和奖农资金1482万元，惠及农户7342户。提供就业岗位2654个，开发公益性岗位34个。推荐免费技能培训120人次，高校毕业生就业率100%。新增就业困难人员灵活就业补贴158人，社保扩面1560人，住房公积金扩面690人，居民基本医疗保险参保17034人。新市民积分入医25人、入学448人。为低保户、低保边缘户、贫困学生等困难群体发放各类救济救助金1542万元；完善社会救助体系，募集善款349万元。农业保险投保总保费约150万元。有养老床位583张，每千名老人拥有床位数50.2张。有低保户106户、161人，低保边缘重病户40户、44人，特困户23户、23人，贫困学生119人，重残救助对象200人，春节慰问惠及困难群众6370人，发放慰问资金875.89万元。全年为9124名65周岁及以上老人发放尊老金154.96万元。新建1家辅助性助餐点，位于大新镇养老服务中心。有虚拟养老服务对象1732户，智慧养老服务对象28人。8个村全面开展村级医疗互助，已受益群众3370人，年内发放补助289.85万元。为23名义务兵发放优待奖励金104万元，为6名退役士兵发放自主就业一次性经济补助金70万元，发放各类优抚对象经费225万元，退役军人就业安置率100%。通过居民议事会商议、镇审核确定民生微实事项目22项，其中工程类16项、服务类6项，涉及金额64.16万元，100%覆盖全镇社区。

2021年大新镇村(社区)基本情况表

表83

村(社区)	面积(平方千米)	户数(户)	人口数(人)	集体经济总收入(万元)	可用财力(万元)	总资产(万元)	村(社区)党委(总支、支部)书记	村委(社区)主任
新凯村	3.10	1209	3404	994.72	621.40	8461.54	秦燕军(11月免) 孙一波(12月任)	朱耀祥(3月免) 秦燕军(4月任,11月免) 孙一波(12月任)
长丰村	4.00	1725	4896	1622.31	905.53	14076.29	李忠华	王国平(3月免) 李忠华(4月任)
桥头村	3.24	1218	3474	1145.24	564.68	7294.91	孙浩明	孙浩明
朝东圩港村	8.25	2509	6869	1389.42	1013.11	13886.13	任亚超(11月免) 徐海芳(12月任)	陈　建
新闸村	3.60	799	2187	820.44	402.67	5831.12	陈礼霞	陈礼霞
新海坝村	6.10	1639	4204	5195.08	1849.62	25773.70	王晓勇	王晓勇
中山村	5.00	1507	4420	916.99	600.92	12627.78	刘　钧	刘　钧
龙潭村	4.87	1464	4288	1038.93	700.20	9553.49	胡爱忠	顾　惠(1月免) 刘文斌(11月免) 胡爱忠(12月任)
大新社区	1.30	1196	3129	—	—	—	张玉丽	张玉丽
新东社区	0.53	180	490	—	—	—	孙　涛	孙　涛
新南社区	1.15	300	1042	—	—	—	孙一波(11月免) 黄　健(12月任)	孙一波(11月免) 黄　健(12月任)

2021年大新镇投资1亿元以上开工项目情况表

表84

投资企业名称	项目名称	投资额(万元)
张家港东方雨虹建筑材料有限公司	东方雨虹张家港绿色建材研发和生产一期项目	100000
丰楚实业发展(苏州)有限公司	丰树张家港汽车零部件项目	50000
张家港世珍集装箱部件有限公司	世珍智能模块化装备二期项目	20000

【大新抗战历史纪念园建成启用】 9月3日,大新镇在新海坝生态湿地公园举行大新抗战历史纪念园开园仪式。纪念园占地0.53公顷,建设投资130余万元。园内根据大新镇抗战时期曾设有新四军六师十八旅修械所和后方医院第一疗养所的史实,设有抗战雕塑群、抗战历史路、后方医院展示馆、修械所体验馆、初心宣誓墙、军民鱼水情步道等网红打卡点,并创新推出"党史学习教育1小时"实景式、沉浸式、自助式、套餐式路线。纪念园被张家港市委组织部、市新四军革命研究会授予"海棠花红"先锋阵地和新四军革命传统教育基地称号。开园后,作为张家港市委常委会党史学习教育专题(扩大)读书班实境研学点位,接待参观团队30余个。

【全市首家镇级安全警示教育馆建设】 5月,为推动安全知识科普从平面走向空间、从理论走向实践,大新镇投资约150万元建设500平方米的全市首家镇级安全警示教育馆。警示教育馆融知识性、互动性和趣味性于一体,分"序厅、体验区、大讲堂"三大板块。安全教育项目体验区是全馆的主要部分,按照实际应用分为工业生产、生活现场两大场景,涵盖企业"六防"、交通安全、建筑施工安全、消防安全、特种设备安全、危险化学品安全、居家安全、自然灾害应急处置八大主题。体验形式包括展板、互动游戏、互动触摸屏以及多项模拟实际操作的情景体验等,利用声、光、电、机械设备,通过动画视频、虚拟仿真、互动游戏等表现形式,帮助体验者感同身受,直观清晰学习各类安全知识,提升安全应急综合素质。警示教育馆预计2022年8月建成,将委托第三方运营,面向企业、建筑施工单位、学校及社会公众开放,为大新镇乃至全市企业及居民提供深层次的学习体验。计划每周组织辖区企业员工30至50人进入免费体验学习,学习结束后,采取书面闭卷的方式进行考核,考试结果予以公示。同时,依托警示教育馆,全镇还将常态化开展"网格卫士在行动"、安全经验分享沙龙活动,组织同类型的企业开展专题活动,培育创建一批安全文化示范企业,不断强化企业安全管理水平,促进企业主体责任落实。

【中山村伏兴三圩埭、四圩埭获评省特色田园乡村】 12月10日,第八批次省特色田园乡村名单公布，中山村伏兴三圩埭、四圩埭被命名为“江苏省特色田园乡村”。项目围绕“特色生态、特色产业、特色文化”三条主线，依托双杏寺、年丰老街等周边历史文化资源，培育开发稻花乡俚、朴墅庭院等特色精品载体；通过深化乡村治理、产业联动升级、文化传承保护、农文旅田园景观建设等综合措施，打造集精致乡村生活、生态农业观光、民俗文化体验、田园休闲度假为一体的生态型特色精品乡村，描绘“沙上田园，农乐伏兴”的美丽画卷。2021年，中山村以“治水先治违，水美村更美”为基本理念，发动党员群众大力推进村埭临河拆违工作，打造无违村埭；清理河道，畅通水系，活化水源，提升村民的生态环境质量，擦亮“梦之江南，田园中山”品牌。运用“三会三解”书记工作法，全域推进中山伏兴拆违，特别是沿河违章的整治，堵塞的水岸逐步贯通，空出水岸线并加以建设一新。全年拆除违章1.75万平方米，被推荐为苏州市整村推进无违村埭的现场点位。开展爱河、护河宣传和整治，利用活动和会议向村民宣传不拦网养鱼、拦河养殖、私设网簖，清理河道淤泥，落实截污纳管，避免污水直排，劝导村民垃圾不入河。发挥“先锋护河队”“环境巡护队”等志愿服务队伍作用，全年清理河中围网、网簖500余只，清除河边鸡鸭棚30余个，清理垃圾200余吨，河道清淤10余千米，80%村域实现截污纳管。下发《人居环境整治积分管理办法》与其他惠民政策，编写《中山惠民十条》村民手册，激发群众参与村庄环境治理热情。域内村组河道常年保持无五类水，市、镇河道常年保持在三类水水质。中山村通过“身边好人”、文明家庭、美丽庭院等评比表彰，让文明乡风蔚然成风。乡贤能人带头，在“特田”建设过程中，号召大家一起退出沿河垦种土地，并协助村委整治提升打造美丽菜园，做通群众思想把视线内有碍环境的厕所违建全部拆除；发挥乡村振兴“先锋”作用，在10余家有鸡鸭棚的群众家中，以诚心、耐心赢得群众理解和支持。9月，中山村以“优秀”等次通过苏州验收，12月通过省级验收。（刘康瑞）

常阴沙现代农业示范园区

【概况】常阴沙现代农业示范园区位于市域东南部，东临长江，与南通市隔江相望。有沿江岸线9.7千米。总面积37.45平方千米，其中耕地面积2411.52公顷。辖7个社区、1个居委会。年末，有户籍7438户，户籍人口20057人。全年实现地区生产总值14.05亿元。一、二、三产业产值分别为2.62亿元、8.68亿元、2.76亿元。按户籍人口计算，人均生产总值5.97万元。完成全口径财政收入1.63亿元，其中公共财政预算收入9000万元。入库税收1.58亿元。完成全社会固定资产投资2.17亿元，其中工业投资8100万元、服务业投资4050万元。社会消费品零售总额24.24亿元。园区获评全国农村创业创新园区（基地），获评首批省级现代农业产业示范园、省级生态文明建设示范乡镇，成功创建苏州市文明镇、苏州市特色康居示范区、苏州市节水型农业园区。常阴沙退役军人服务站获评全国示范型退役军人服务中心（站）。常兴社区获评全国生态文化村，常北社区获评美丽家园省级示范点，常东社区获评苏州市“智慧农村”示范村，常南、常西社区获评苏州市“十佳休闲农业和乡村旅游精品村”。

经济建设 年末，有企业693家。全年完成工业开票销售收入40亿元，其中有销售收入超1亿元企业9家。22家规模以上工业企业实现总产值23.98亿元，主营业务收入23.54亿元，实现利润1.11亿元。新兴产业实现产值13.15亿元，占规模以上工业总产值的54.8%。新批私营企业75家，注册资本4.9亿元；新批个体工商户158户，注册资本2600万元。园区完成进出口总额6104万美元。创建张家港市“小巨人”培育企业2家，创建江苏省专精特新“小巨人”企业2家。授权发明专利16件。完成产学研合作项目13项。获评高新技术企业7家，新增省民营科技企业7家。获评苏州市科技支撑计划2项、张家港市科技支撑计划2项、张家港市产学研预研资金项目5项。完成“腾笼换凤”土地面积5.4公顷。成功申报苏州市信用管理培训合格企业3家、苏州市信用管理示范企业1家，新增苏州科普惠农服务站1家。举办第四届“现代农业”专场招才引智推介会，新增高层次人才项目注册落户5项，完成苏州“姑苏”人才计划1个、苏州“姑苏天使”计划1个、张家港市领军人才计划2个。年引进稻麦新品种20种，在全市率先推广水稻机插缓混一次施肥技术266.67公顷，添置侧深施肥装置17套，施用水稻缓混肥200吨。新增农业机械64台（套），农业全程机械化总投入387.2万元。秸秆还田率100%。全年实现农、林、牧、渔业总产值43471万元，粮食、蔬菜瓜果、油菜籽、水产品总产量分别为26211吨、20952吨、99吨、1438吨。常阴沙稻麦示范方获评全国基层农技推广体系农业科技示范展示基地、省现代农业产业技术体系推广示范基地。常阴沙智慧农业公共服务平台获评省数字农业农村新技术新产品新模式优秀案例、苏州智慧农业品牌。常阴沙智慧农场被认定为苏州市智慧农业示范生产场景。

社会事业 年末，有九年一贯制学校1所，教师73人，在校学生701人，其中新市民子女477人。义务教育学龄人口入学率100%，初中升学率100%。另有幼儿园1所，教师及保育人员42人，在园幼儿260人，其中新市民子女126人。年内出台《常阴沙2021年社区教育工作要点》，组织各社区（居委会）、机关各科室、企事业单位积极开展“张家港学习在线”学习活动，年新增注册人数120人。开展社区教育重点品牌项目7项，分别为“田园牧歌传乡音”——“语”你共话新时代、“常小美·阅读记”、“巧手秀幸福”、“特殊人群智多星”、“遇见更好的自己”心理团辅、“智在指尖”智能手机应用课程、“家门口的暑托班”和“七彩童年·缤纷暑期”——绿色科普梦项目青少年服务项目。其中“田园牧歌传乡音”游学项目成功立项为苏州市第三批游学项目。园区老年大学全程依托“乐龄学堂”实现大数据管理，开设春季、秋季班共16门课程。有医疗卫生机构8个，其中民营医院1家、社区卫生服务站7家，有执业（含助理）医师42人。新建预防接种卡67份，一类接种疫苗1862人次。建立居民健康档案19417份，对65周岁及以上老年人开展中医体质辨识服务4482人次，覆盖率88.14%。园区纳入妇幼保健管理产妇54人，孕妇早孕建卡率91%，住院分娩率、儿童建卡率均为100%。开展35至64周岁育龄妇女“两癌”筛查，服务1425人次。社区卫生服务站全年诊疗4.65万人次，其中中医诊疗1.77万人次。排查纠纷52起，调解成功率100%。受理“12345”政府服务热线563件，全部按期办结，满意率100%。网格员全年上报事件11432件。疫情期间，协助核查返港人员1万余人次，发放宣传资料5万余份，为居家隔离户提供采购物资、清理生活垃圾等日常服务500余次。组织开展法律早市、校园“开学第一课”、民法典宣讲等法治安全宣传教育活动3次，发放各类宣传资料3000余份，为50余名群众提供法律帮助。开展VOCs专项整治“回头看”行动，督促28家涉有机废气排放企业完成“一企一策”编制实施，6家企业完成碘值800以上活性炭替代，4家涉气企业完成清洁原辅材料替代、金鸟纺织公司天然气锅炉低氮化改造；做好夏收秋收秸秆禁烧工作，实现上级督察“零火点”目标；推进秋冬季大气污染管控，修改2021年度园区28家涉气企业应急管控减排措施表，监督指导相关企业在污染预警期间开展停减产措施；开展金属表面处理企业专项整治，5家企业完成标准化改造；开展走马塘省考断面专项整治，制定“一断面一工程”方案，定期取样检测；开展42家涉磷企业排摸，完成平台申报；对36个太湖入河排口、11个长江排口开展排查整治；开展危废专项整治，与30家产废企业签订守法告知书，全年排查整改问题103条；开展汽修场所联合整治行动，园区9家汽修场所全部实现网格化监管；对180处“散乱污”点位开展整治成效“回头看”行动，取缔新增及回潮点位7处。完成健康新村、常虹新村、振兴新村及医院小区居民生活污水改造。疏浚河道40条，打造苏州市生活垃圾分类高质量全覆盖片区；集镇居委会禾丰佳苑成功创建苏州市生活垃圾分类五星小区；常东、常北获评张家港市垃圾分类星级社区。做好环境信访处理，环境执法立案调查17起，处罚金额近202万元。深入开展“331”火灾专项整治，出动检查人员1588人次，排查隐患759处，整改率100%；开展“331”领域常态化宣传，发放宣传资料32605份；新建电动自行车充电桩300个，电动自行车充电桩提档升级230个，回收老旧电动车54辆；申报小餐饮“瓶改气、气改电”专项整治6家；消除三级挂牌点位5处，其中镇级挂牌3处、区级挂牌2处；物防技防设施入库1处；出租房新增烟感报警器617个；完成市安全发展示范城市三项创建，其中示范老旧小区2处、示范村（社区）1处；查处出租房消防违法案件6起，违法改装销售电动车4起。落实安全责任，签订各级《安全生产目标管理责任书》255份；强化宣传教育，全年法定培训301人，发布“我跟常小安”学安全视频8期，开展“百团进百万企业千万员工”、安全宣讲“五进”等活动，全年宣传受众2900余人次；开展安全发展示范城市创建，推进46家企业落实标准化建设，完成1处出租厂房集中区的规范化管理；加强风险管控，工业企业安全风险报告208家、核销185家，累计报送较大风险524条。136家企业开展“创蓝”自评，蓝码率75.7%，开展自然灾害综合风险普查，摸清园区自然灾害风险隐患底数；深化隐患治理，开展安全生产专项整治“三年行动”及危化品使用专项治理，检查单位6000余个次，排查整改隐患2900余处，完成市、镇两级重大隐患挂牌督办4处；落实上级督导问题整改，配合国务院、省、苏州市及张家港市四级督导组做好督导工作；推动应急体系建设，完成1个突发事件总体预案和10个专项预案修订，开展镇级有限空间作业事故应急演练1次；严格监督执法，累计抄告违法企业14家，行政处罚14起，罚金30.5万元。

福民工程　年内，社区可支配总收入3713万元，平均可支配收入530.43万元。发放农机购置补贴194.1万元。农业保险粮油、高效设施农业参保率均达100%，出险定损理赔279.78万元。新增城镇职工养老保险人数251人，累计7629人。农村居民医疗参保人数3139人。医疗互助整镇推行，4月19日启动第二年度居民医疗互助项目，按照“政府组织引导、居民自愿出一点、集体经济资助一点、社会各界捐助一点”的方式筹集资金近170万元，6月1日起启动报销至12月末，共理赔747人次，发放互助金105万元。新增住房公积金缴费企业10家，累计174家，住房公积金扩面220人，累计3173人。新增就业岗位1010个。开展家庭医生签约服务扩面工程，其中大病困难群众、计生特殊家庭签约91户246人，高血压、糖尿病等重点人群个性化家医签约543户1385人；孕产妇家医签约63人，签约率90%；0至6周岁儿童签约54人，签约率98.18%。为持《独生子女父母光荣证》企业退休人员办理一次性奖励246人次，发放奖励金88.56万元。落实农村计划生育家庭奖励、独生子女伤残死亡家庭帮扶1065人次，合计发放各类补助169.18万元。完成职业危害申报169家，职业病体检29家，职业病危害因素检测20家。1222名80周岁及以上老人和32名60周岁及以上的特扶家庭老人，分别享受由政府提供的80元每户每月和200元每人每月的上门居家养老服务，年服务10265人次。全年发放尊老金180万元。实现居家养老服务中心（站）在社区全覆盖，并全部实现社会化服务，年服务老人2万人次；配套支出70余万元，实现虚拟养老专项服务常态化，年服务80周岁及以上老人1万人次。发放低保金、低保边缘生活补助金101万元，发放低保户水费补贴2万元。临时救助17人，发放救助金7.8万元。有120余家爱心企业及机关、社区600余名爱心人士参与慈善募捐，筹集善款41.12万元。开展“共享阳光”慈善助学活动，9.2万元资助27名贫困学子入学。对38类慰问对象发放慰问金122.42万元，惠及1562户困难群众。实施困境儿童个案管理项目，扶持孤贫儿童9人。投入15万元建成常阴沙儿童“关爱之家”镇级未成年人保护工作站1个。投入20万元对辖区5户低收入家庭开展“幸福亮居”工程，投入建设资金19.5万元解决危房改造3户。养老服务“时间银行”项目全面推开，127名困难高龄老人、35名低龄志愿者纳入系统。为7105名60周岁及以上老人办理尊老卡。发放残疾人生活、护理补贴127万元，社保补贴3.5万元；持续实施“爱·从头开始”残疾人免费上门理发项目，惠及53名重度残疾人；继续提升“残疾人之家”建设品质，17位机构辅助性就业对象人均每月增收650元；常阴沙残疾人之家2021年获评张家港市“五星助残服务机构”、苏州市“残疾人之家”星级达标单位。3月，启动“美美家园”——常阴沙老兵康居守护行动，吸纳退役军人志愿者80余人，开展“绿色清明”“长江保护”“普法宣讲”等志愿服务10余次。向重点优抚、现役军人家庭等对象发放生活补助、优待金、退伍费等153万余元。

2021年常阴沙现代农业示范园区社区（居委会）基本情况表

表85

社区（居委会）名	面积（平方千米）	户数（户）	人口数（人）	集体经济总收入（万元）	可用财力（万元）	总资产（万元）	社区（居委会）党总支书记	社区（居委会）党总支副书记
常东社区	5.35	833	2259	1153	545	4007	刘青松	盛振清
常南社区	6.50	1322	3661	2149	603	3519	李金海	吴海平
常西社区	4.39	809	2211	924	461	3473	陈　东	刘　燕（女）
常北社区	5.07	1060	2930	1822	493	3866	徐卫华	顾靖霞（女）
常红社区	5.24	1086	2960	2395	548	4330	沈维良	陈坚强
常兴社区	5.13	713	1968	740	431	3457	陆　磊	陆　忠
常沙社区	5.75	1157	3087	711	632	3035	李　平	吴　瑞（9月任）
集镇居委会	—	458	981	—	—	—	孙惠祥	孙建国

说明：表格中数据为农村调查数

【常阴沙携手苏州农发集团开展战略合作】 9月17日，常阴沙现代农业示范园区、苏州市农业发展集团举行战略合作共建启动仪式。苏州市副市长蒋来清，苏州市委农办副主任、农业农村局党组副书记、副局长宁春生，苏州市农业发展集团党委书记、董事长俞颂家，苏州市农业发展集团党委副书记、总经理吴果伟等出席活动。活动现场发布了“苏芯农场”党建合作品牌。“苏”体现苏州农发集团立足苏州打造标杆，“芯”体现党建引领智慧农业发展。“苏芯农场”党建合作项目致力为农业企业提供舒心创业环境，为现代农业打造苏南示范高地。双方签订合作项目意向协议，将立足各自优势，创新实施“1+4”合作模式，即以“苏芯农场”党建合作为引领，深入推进“美美乡村”“头头是稻”“新新向荣”“顶顶有名”四大合作项目，推动现代农业提质增效、转型升级，为常阴沙建设“苏南地区最高水平农业园区”加注强劲动力，也为苏州现代农业发展积累鲜活经验。“美美乡村”特色田园党建项目是围绕苏州“美美乡村·扎根计划”赋能乡村振兴书记项目，常阴沙利用独特的资源禀赋和党建载体，为苏州农发集团提供独具田园特色的党建联系点、基层实践站、党员示范田，加强双方党建互动。双方单位共同实施“新农菁英联合培养工程”，以“田秀才+农教授”的模式整合师资力量，常态化开展技术培训，每季度举办高端培训，辐射长三角的政府单位、农业企业、家庭农场，培养懂科技、善经营的“新农人”，打造苏州最高水平的农业技术培训学院。“新新向荣”农业产业招商项目是以常阴沙52公顷农创园为核心，合力建设“苏芯现代农业创新服务中心”。借助苏州农发集团行业战略性地位，充分发挥常阴沙农创园“筑巢引凤”作用，围绕生物组培、种子种苗、智慧农业等精细化产业节点，共同对接招引成熟产业项目、农业领军人才。同时农发集团与常阴沙积极开展乡村振兴金融合作，为农业基础设施建设、现代农业智能装备、城乡建设、乡村治理等提供金融支持。“头头是稻”智慧农业示范项目是立足常阴沙农业资源禀赋和坚实基础，联合农发集团技术、团队、营销优势，打造“一核心两产业”，争当现代农业“领头雁”。“一核心”：打造33.33公顷核心区“未来农场”样板，创建省级粮食生产“无人化农场”，展现最高水平智慧农业集成、最先进农业装备技术应用场景，提供行业标准、模式复制和产品推广。“两产业”：打造万亩优质小麦良种繁育和优质稻米产业基地，积极引育优质稻麦新品，探索新型农业经营组织形式，培育现代农业产业技术工人，推广现代农业先进技术、构建现代农业产业营销网络。“顶顶有名”区域品牌推广项目是依托农发集团丰富的农产品销售市场资源，放大“常阴沙大米”国家地理标志产品和“常阴沙”公共区域品牌影响力。借助线上线下多种途径，开展产销深度对接，扩大区域农业品牌的知名度和市场占有率。探索深化合作模式，带动区域内农业企业、合作社、农户共同成长、增收致富。同时进一步发掘地方特色文化、放大生态宜居优势，拓展农文旅融合发展项目，推动乡村振兴各项事业全面发展。

【智慧农业服务平台获评省数字农业农村新技术新产品新模式优秀案例】 8月6日，江苏省互联网农业发展中心发布《关于推介2021年江苏省数字农业农村新技术新产品新模式优秀案例的通报》，常阴沙智慧农业公共服务平台案例入选。该平台以构建常阴沙农业园智慧农业生产管理体系、全面助力园区农业产业发展为目标，针对园区管理信息化、农业生产智能化、经营服务在线化、产业发展融合化等方面的需求，集成运用物联网、大数据、云计算以及农业智能装备技术，探索形成了“1+1+N”（1批物联网基础设施与智能装备、1个农业数据中心以及N个智慧农业场景化应用）模式的现代农业产业园智慧农业服务体系。平台建设完成后，已在园区全域范围内推广应用，为园区入驻企业、农业专业合作社、种植农户以及上级管理单位提供7大类30余项数字化服务，共覆盖包括园区7个社区62个种植大户，170个小户公家田在内的1667公顷稻麦种植区，水培生产、设施生产大棚133公顷，形成园区合同、补贴、农机、党建、培训等各类电子档案1500余份，形成绿色稻麦、设施果蔬农产品电子档案1000余份，发布常阴沙优质农产品33种，2021年度有效积累农业生产档案数据2.7G，为园区生产组织规划与调度管理提供科学的支撑，实现园区农业信息化和智能化水平的全面提升，支撑产业升级与效益提升，助力种植户增收。

【常兴社区获评全国生态文化村】 4月13日，常兴社区被中国生态文化协会评为全国生态文化村。近年，社区先后投入资金4000余万元，对662户农户进行美丽乡村建设，三星级康居乡村建设率100%。依托良好的生态环境和完善的基础设施，大力发展乡村休闲旅游，建成“常阴沙花海”66公顷以上，成功举办10届“常阴沙油菜花节”，并精心打造“夏季采摘节”、“农民丰收节”、“常阴沙短程马拉松赛”等一批品牌节庆活动。社区对农户房屋、路面、桥面等进行装修、拓宽，道路宽敞、设施配套、空气清新、环境优美，成为集休闲度假、旅游观光、垂钓采摘、绿色农产品采购等多功能的现代生态休闲型社区。同时，社区开启“党建引领+居民自治”的多效管理制度，建好“原乡茶馆”新时代文明实践站等阵地，常态化开展乡风文明活动，提升了居民对社区生态环境改善的认同感，托起了常兴社区“田园文明综合体”，续写了文明乡村的振兴故事。 （陈佩蕾）

双山香山旅游度假区

【概况】 双山香山旅游度假区分两个片区，其中双山岛片区20平方千米、香山片区4.37平方千米。双山岛片区位于市域西北郊，地处张家港作业航道与长江主航道之间，与苏州、无锡、泰州和南通四市的长江水域相连，是长江中下游地区“生态岛”之一，岛内堤坝外滩涂湿地面积约4平方千米，堤坝内面积16平方千米，环岛岸线长16.8千米，适度规模经营面积260.48公顷，耕地地力保护面积725.79公顷，辖4个行政村、1个社区。香山片区位于金港街道辖区内，东西长2.3千米，南北长1.9千米，东至江海路、南至东横河、西至市界、北至张杨公路，最高海拔136.6米（张家港制高点），为国家AAAA级旅游景区、江苏省首家“文明旅游示范景区”，区内有采香径、梅花堂、桃花涧等古景，有香山梅岭、竹境、樱花园等新景，其中香山梅岭占地20公顷，种植万株梅花树，为360度全角度观赏的专类园，在长三角地区具有较高知名度。度假区2021年接待游客118万人次，成功举办中国女子职业高尔夫巡回赛、超级荔枝全国业余高尔夫球希望赛、中国摄影报全国摄影拉力赛3个全国影响力活动，举办张家港解放日主题活动、赏花季（梅花节）、樱花节文明礼游主题活动、红叶节、张家港秋天旅游季暨“江岛之夜”双山香山露营节等省市级影响力的文旅活动。入选2021年度长三角地区精品体育旅游目的地、苏州市体育旅游示范基地，获评文化和旅游部江苏培训基地现场教学点；渡江胜利公园获评江苏省双拥示范基地、江苏省党史教育基地、苏州市爱国主义教育基地，老圩村入选全国红色美丽村庄试点。在2021年江苏省级旅游度假区发展考评中排名上升1位，列第35位。

经济建设 年内，全区粮食、水产品产量分别为3308.5吨、842.5吨。乡伴理想村屿光温泉酒店实现品质化运营，平均入住率达到60%，中秋国庆一房难求。明珠灯塔完成基础施工，老街呈现成熟商业点位20个，特色餐饮、民宿初步形成集群效应。飞行营地完成机库及俱乐部两地块出让，AAAAA级房车营地项目已完成立项手续办理。雅荟庄园完成土地出让，粮仓民宿启动方案设计。渡江胜利公园“信仰之脊”渡江战役展示馆6月28日落成，得到中宣部、中央文明办组织开展的“百年征程路，奋进文明城”主题宣传、央视《新闻联播》等主流媒体聚焦。拓展基地项目完成项目设计规划和前期筹备。南北码头综合整治完成港务集团集宿楼拆除和场地平整，初步完成南码头改造提升概念方案设计，南北码头泊位改造已上报交通部纳入港口岸线规划。双山老街双山居、福姜沙顺利运营，朋来馆建成开业。江岛绿舟完成改造装饰工程。“慢岛双山”号完成首航。皓景度假酒店、曼塔（Manta）水乐园、乡味菜园、“江岛之夜”星空露营地等一批项目签约，“星光岛·野享空间”9月28日开营。加大项目招引力度，累计新增客商40家，重点拓展高意向投资客商4家。

社会事业 年末，全区有社会卫生服务站1所，面积380平方米，有医护人员5人，病床6张，家庭医生签约60户。年内，社区配备用房、荷塘月舍、枫林营地和海棠湾配套服务用房建设启动。常态化落实疫情防控，有效核查中高风险地区到苏州人员信息1428人次，完成新冠疫苗接种971人，接种率90.92%。完成南沙工业集中区18家企业及香山景区安全生产风险评估，排查隐患177处、整改率79%。绘制度假区环境提升工作清单，推进重点区域环境整治，清除各类垃圾670余吨，拆除河道围网25处、废弃船只17艘，河道保洁33.1千米，集中清理香山北麓群众垦种土地1500平方米。联合长航公安、消防大队等开展消防检查，排查整改消防隐患20余处。推进垃圾分类信息化建设。修改轮渡通行管理规定，调整轮渡票价。年初，双山香山旅游度假区网格化联动分中心成立，全年上报平台处理各类事件192起、民情走访218户。加大矛盾纠纷化解力度，接访80件、139余人次，办结率100%，国办交办信访化解率100%。

福民工程　双山岛村均可用财力601.75万元。有以村为经营主体的土地股份合作社4家，全区土地规模经营率100%。水稻生态补偿192.7万元，耕地地力保护补贴130.64万元，稻谷生产补贴39.88万元，秸秆还田补贴14.16万元，稻麦价外补贴44.86万元，实际种粮农民一次性补贴9.37万元，水稻倒伏救灾资金3744.73元。完成安置房分房818套，完成率83.21%；完成安置房办证213套，完成率31.32%；清退过渡房52间。完成老职工慰问2000元，低保户慰问9.31万元，低保边缘户慰问5.54万元，重残人员补助2万元，优抚对象补助3.7万元，困境儿童补助4500元，扩面金等慰问26.66万元。居家养老服务612人，居民医疗保险参保3233人，居民新增集中参保1936人，为辖区10691人购买40.66万元的“港城惠民”意外重疾险，发放临时救助金36万元，为双山岛居民6821人购买村级医疗互助31.96万元，发放其他补贴222.13万元。

2021年双山香山旅游度假区村（社区）基本情况表

表86

村名	面积（平方千米）	户数（户）	人口数（人）	集体经济总收入（万元）	可用财力（万元）	总资产（万元）	村（社区）党总支（党支部）书记	村（社区）主任
渡口村	2.08	556	1822	1106	873	8356	杜国平	杜国平
双中村	3.73	953	2590	530	493	5765	蔡亦忠	杜　琳
老圩村	3.71	879	2903	593	528	4677	陆　婷	赵凤强
新圩村	3.28	683	2398	542	513	5811	陈　忠	陈　忠
渡口社区	0.04	187	598	—	—	—	孙东枭	孙东枭（11月任）

【全国级赛事开展】 4月19日，“星火传承，映照时代”2021中国摄影报全国摄影拉力赛——张家港双山香山站在度假区举行，比赛由中国摄影报社、苏州市摄影家协会、双山香山旅游度假区、张家港市摄影家协会主办，张家港双山香山文化旅游发展有限公司、张家港金港半农摄影协会承办，共入选20幅优秀作品。4月22日至25日，超级荔枝搜狐体育全国业余高尔夫球希望赛—双山站在双山高尔夫球场举办。该场比赛为超级荔枝希望赛冠军榜再添两位新人，选手王鑫兴和纪钰爱同时获个人首个超级荔枝希望赛桂冠。11月1日，CLPGA中国女子职业高尔夫球巡回赛张家港双山挑战赛拉开序幕，比赛由中国高尔夫球协会和张家港市政府联合主办，江苏省高尔夫球协会、双山香山旅游度假区协办，张家港市双山休闲运动俱乐部有限公司冠名赞助。该赛事自2016年落户张家港双山休闲运动俱乐部，为张家港带来首场拥有世界积分的高尔夫赛事，至2021年已连续举办六届。经过三天激烈角逐，选手赵志萌最终获该场比赛的冠军，同时也是她的职业生涯首冠，并跻身女子中巡奖金榜第三位，选手曾莉棋获此赛季第三个女子中巡亚军，再次刷新女子中巡的多项纪录。

【“慢岛双山”号大型客渡船首航】 9月28日，“慢岛双山”号客渡船在双山岛北码头举行首航仪式。该船是长江内河江苏段最大的一艘客渡船，也是提升度假区旅游服务形象的全新载体，体现“长江慢岛、沙上绿洲”的发展定位，彰显“山水为形、文化为魂”的价值导向。整船外观采用三层游艇式设计，为钢体船，船体总长38.82米，型宽8.6米，型深2.8米，总吨397吨，核定客位280位，运行区间为双山客运码头（金港街道）—双山岛。

“慢岛双山”号客渡船　（双山香山旅游度假区　提供）

【双山岛渡江战役展示馆开馆】6月28日，“颂百年风华，忆入党初心，走胜利之路”主题活动暨双山岛渡江战役展示馆落成仪式在双山岛举行。双山岛渡江战役展示馆位于双山岛渡江胜利公园，布馆面积500平方米，总投资约800万元。展示馆分序厅、“千里渡江最东端，苏州解放第一枪”“军民同心耸双山，势如破竹过大江”“大军自兹乘胜行，天翻地覆慨而慷”和尾厅5个部分，通过大量实物、模型和文献资料，展示沙洲人民与解放军在渡江战役中所发生的事迹故事，引导大家铭记历史、感怀先辈，奋斗新时代，实现新跨越。活动当天，全市100名新党员在渡江胜利公园进行了入党宣誓。至年末，双山岛渡江胜利公园已获评江苏省双拥示范基地、党史教育基地，苏州市爱国主义教育基地，入选2021年张家港市最美公共文化空间，成为张家港深入推动党史学习教育的实境新课堂。（杨嘉卉）

金港街道

【概况】金港街道位于市域西部，是张家港港和张家港保税港区所在地。5月8日正式挂牌成立。辖10个行政村、22个社区（其中9个为“村社合一”体制，分别为长江、巫山、安利、金桥、滩上、镇山、香山、马桥、长欣社区）。年末，有户籍25196户，户籍人口75588人。年内，长江村、长山村获评江苏省文明村。

经济建设　84家规模以上工业企业全年实现工业总产值187.91亿元，营业收入278亿元，利税总额11.86亿元。有销售收入超1亿元企业26家，其中超20亿元企业3家，超10亿元企业8家；利税超5000万元企业8家。总投资7.6亿元的13个项目落地。39家规模以上服务业企业营业收入438.51亿元，缴纳税金及附加1.26亿元。6家规模以上住宿餐饮企业营业收入9.68亿元，税金及附加5000万元。年内完成9.9公顷标准化农田建设，高效农业25.4公顷，大棚设施栽培种植20公顷。土地规模经营面积45.4公顷。年末，有机食品1种，苏州市级以上名牌农产品1种。

社会事业　年末，有中小学校7所，其中中学3所、小学4所，幼儿园4所，教师885人。中学、小学在校学生分别为5197人、8289人，幼儿园在园3121人。香山学校、中央广场二期、东山文化产业园等项目启动实施。街道推出“我为群众办实事”重点项目10项，发布“惠民利民微实事”项目清单162个，其中“香邻客厅解民忧”纳入市第四批重点项目。开展“七个一”（党员关爱暖人心、我为党送祝福、“学党史、悟思想、办实事、开新局”主题征文比赛、“红心永向党、启航新征程”党史知识竞赛、“百年恰风华、奋进新时代”主题演讲比赛、“红色记忆”宣讲活动、“花样”主题党日）系列活动。全年组织“群心向党，金启新篇”文艺巡演16场，开展“金彩”服务项目进基层活动100余场，受益群众超1万人。长江村“党旗飘扬，长江之路”展示厅获评张家港市级最美基层文化空间，巫山村千百度服务中心获评张家港市级最美商圈文化空间。11月12日，省人大常委会副主任曲福田到长江村参观“党旗飘扬，长江之路”展厅。街道有医疗卫生机构20家，其中医院3家、社区卫生服务中心1家、社区卫生服务站16家，执业医师228人，执业助理医师46人。有体育场馆1座、健身广场37片、健身房23个，村、社区有篮球场15片。退役军人服务站、未成年人保护站加快建设。深化28个“海棠花红”先锋阵地功能，组建行动支部30余个，街道、村（社区）干部、党员、网格员、楼道长、志愿者、两新组织成员下沉一线，开展疫情防控志愿服务6000余次。检查企业486家，发现隐患2870条，复查企业362家次，整改隐患2654条。化解重点信访积案1件、国家交办件1件。上级挂牌的14条黑臭水体完成销号。实施张家港闸国考断面综合整治，断面水质优Ⅲ比例100%。拆违治理36.4万平方米，完成“三优三保”拆旧4.67公顷。张家港河拆违建景项目入选全市“拆治建靓”典范案例。推进集镇区门店垃圾分类收运，挂牌“三星级”分类小区11个，在苏州70个镇（街）中位列前五。长山村特色康居乡村建设、长江村特色田园观光旅游项目快速推进，长江村殷家埭建成苏州市特色田园乡村。长山村、东山村、中德社区、中圩社区4个点位获评江苏省、苏州市健康村（社区），东山村获评苏州市农村人居环境整治提升工作示范村，金港环境卫生管理处获评苏州市健康单位。

福民工程　村均可用财力1906.57万元，村级可支配收入2.29亿元。其中，长山村、巫山村可用财力达到4736万元、3513万元。村级第三产业增加值36.14亿元，缴纳税金及附加4.32亿元。实施村集体资产、资源差异化租赁政策，三林法兰、圣汇南厂区、太平洋氨纶纱等收购资产落地。南沙标准化老年助餐点建成投用。管理中兴菜场东南侧15个民生公益坊。年末有居家养老服务中心7家，居家养老服务站16家，规范化助餐点1家。建成“邻里港湾”8个。推广金都“睦邻合伙人”、金香“海棠管家”、山北“乡贤驿站”等治理经验和模式。民生微实事项目投资380.08万元，实施项目60项，其中金润社区的“小程序，大民情——建设信息化平台，打造智慧型社区”和中德社区的“民生凉亭——社区德邻善治新模式”2个项目被评为市优秀民微项目。实施困难老年人家庭适老化改造50户、残疾人幸福亮居10户。征地安置3842人。社保扩面9400人，住房公积金扩面3848人，新增住房公积金扩面单位606个。参加居民基本医疗保险25471人。2021年为医保过渡期，个人保费减半征收，个人基金缴纳445.74万元，市、镇两级财政补贴1273.55万元。7月3日，金港街道在南沙香山广场举办“毕业季”大型公益现场招聘会，120余家企业到场设摊，提供就业岗位3039个，达成就业意向871人。全年提供各类就业岗位4239个，达成就业意向1131人，开放公益性岗位15个，高校毕业生就业率100%。处理劳资纠纷19起。春节慰问1397万户，发放慰问金1132.07万元，惠及1397户次困难群众。发放低保（含低保边缘重病困难对象、一户多残）补助金、临时救济金24.32万元。财政补贴467.7万元，保障150户、225名低保人员及59名低保边缘重病对象等困难群众基本生活。为111名贫困学生发放助学金18.7万元。完成116例民生保险理赔，赔付金额95.14万元。为17395名65周岁及以上老年人发放尊老金624.83万元。有虚拟养老服务对象3319户，"智慧养老"服务33人。有10个村（社区）开展村级医疗互助，受益群众5083人，发放补助244.08万元。

2021年金港街道村（社区）基本情况表

表87

村（社区）名	面积（平方千米）	户数（户）	人口数（人）	集体经济总收入（万元）	可用财力（万元）	总资产（万元）	村（社区）党委（总支、支部）书记	村（社区）主任
长江村	5.20	1920	7320	2245.30	2029.37	21293.33	郁霞秋（女）	黄忠和（2月免） 刘建华（2月任）
长山村	6.90	2106	7744	5778.76	4736.08	65731.34	陈　强	陈　强
巫山村	2.62	1575	4625	3536.00	3513.00	27416.61	申小芳（女）	杨惠忠（2月免） 申小芳（女，2月任）
山北村	5.80	2190	6032	3263.90	2261.09	10833.48	庞建华	孙瑞龙（2月免） 庞建华（2月任）
柏林村	4.70	2542	7965	2364.69	2151.53	23568.18	殷品龙	谢建兴（2月免） 殷品龙（2月任）
张家港村	1.53	2649	4488	390.11	195.70	5706.00	施忠法	朱阿云（2月免） 施忠法（2月任）
滩上村	4.15	2038	6023	570.00	297.00	51862.00	李永奇	郁　兴（2月免） 李永奇（2月任）
占文村	2.41	1069	4216	1860.07	1782.49	11349.47	顾凯洪	何　华（2月免） 顾凯洪（2月任）
东山村	3.21	947	3204	1169.24	1006.78	6446.76	宋国芳	邬曦忠（2月免） 宋国芳（2月任）
港西村	2.60	1089	3548	1622.98	1067.22	7723.20	王海荣	许国平（2月免） 王海荣（2月任）
中德社区	0.18	1743	5126	402.00	235.00	4074.00	李　兰（女）	李　兰（女）
中港社区	0.42	1260	4422	214.05	150.49	887.22	朱建龙	朱建龙
中南社区	0.15	1548	4350	301.00	313.00	2279.00	许　珂	许　珂
中苑社区	2.55	634	4255	380.00	374.34	2273.07	葛海卫	葛海卫
中兴社区	0.05	905	2886	338.35	195.52	1755.98	居正平	居正平
安定社区	0.08	1018	3173	299.54	168.69	1021.28	黄建忠	黄建忠
中圩社区	0.09	1796	5158	445.13	277.39	6708.25	何晓东	何晓东
南沙社区	0.80	2113	7185	—	—	—	张丽琴（女）	张丽琴（女）
海港社区	0.06	1087	3500	—	—	—	陈　云	陈　云
金润社区	0.63	6688	13181	—	—	—	周金良	周金良
金都社区	0.43	5824	15205	—	—	—	奚　洋（女）	奚　洋（女）
金香社区	0.33	2245	5863	—	—	—	李　萍（女）	李　萍（女）
廊桥社区	0.23	3317	6800	—	—	—	王汉明	王汉明

【金港街道首届民俗运动会开幕】10月12日，张家港市重阳健康养生节开幕式暨金港街道首届民俗运动会在香山景区茗香湖畔启动。首届民俗运动会共设置舞龙团体赛、石锁友谊赛外、拔河团体赛、跳绳团体赛、广场舞打卡拉力赛、负重跑个人赛和滚铁环个人赛7个比赛项目。开幕式结束后，开展登高、石锁、舞龙比赛。市第二人民医院健康先锋志愿服务队的15位医务工作者开展现场义诊。经过为期2个月的角逐，金香社区获舞

龙团体赛一等奖，中苑社区获拔河团体赛第一名，广和医院获跳绳团体赛第一名，长江村健身舞蹈队获广场舞打卡拉力赛第一名；石锁友谊赛拳类第一名许华、霸王举鼎类第一名江正阔、架肘类第一名邬芳洲，负重跑个人赛第一名张凯明，滚铁环个人赛第一名王康。

【东山村获评苏州市农村人居环境整治提升工作示范村】 东山村在2018开展美丽乡村建设并通过验收的基础上，深入开展农村人居环境整治。是年，建设亲水平台及休闲运动广场“月湖广场”，对道路进行整体梳理，修复改造道路1.1万平方米，组织外立面清洗、修补6万平方米。月湖里、苗圃里路灯全面改造升级，新增太阳能路灯50盏，补种区域内绿化，整理回土复绿2000平方米，种植绿化、苗木500平方米。打造乡风文明主题文化墙500米，内容包括村规民约、爱国主义核心价值观、讲文明树新风、“中国梦”、健康卫生等，设置3D生动巨幅画面两幅，增强村民游客参与性。在月湖里绿色步道，沿途用50幅绚丽多姿的摄影作品，艺术展示东山乡村建设成果。2019年，完成全村500户民房雨污分流合规化改造。2020年，对邬家巷八组违占养殖家畜家禽地块进行清整和覆土，设置居民垃圾分类小桶506只。2021年4月初，东山村召开大环境整治推进会，全力推进农村人居环境整治全覆盖工作。组建整治队伍2支，配备整治人员10人、清运车辆（拖拉机）3辆，投入垃圾治理经费30万元，清理卫生死角120余处、家前屋后150余处，治理河道13条，清理垃圾350余吨，整理杂乱菜地篱笆500余米，整治不规范养殖5处。发放垃圾分类宣传品1500余份，配备14人的常态化保洁队伍及垃圾清运车1辆、电瓶保洁车3辆、垃圾分类收运车4辆。组建1支河道清理维护队，对13条村组河道定期清理整治。年末，东山村顺利获评为苏州市农村人居环境整治提升工作示范村和江苏省健康村。

【长江村“家风馆”开馆】 12月26日，长江村“家风馆”开馆。省文化和旅游厅党组书记、厅长杨志纯，省委宣传部副部长、省文明办主任葛莱，省妇联党组成员、副主席沈梅出席活动。长江村“家风馆”集爱国主义、家教家风、廉政建设等教育功能为一体。作为长江村的“第一课堂”，长江村“家风馆”记录长江村从江边滩涂到江畔名花的美丽蜕变，从农业到工业再到大健康产业的华丽转型。郁全和扎根农村50余年，立下“有福不懒享，遇难不畏惧，有荣不漂浮，做人要堂正”优良家风。女儿郁霞秋接过接力棒，传承好家风，舍“小家”，为“大家”，带领长江村实现全国文明村四连冠。从全国文明城市、全国文明镇到全国文明村、全国文明家庭，文明的基因根植于心，长江村“家风馆”成为新时代文明实践“打卡点”。

（邱亚峰）

后塍街道

【概况】 后塍街道位于市域西部。5月8日正式挂牌成立。辖8个村、6个社区（其中3个为“村社合一”体制，分别为金丰社区、文昌社区、善政社区）。6月，街道机关党总支部及下属4个支部成立。学田村党总支部和后塍中心社区党总支部升格党委。12月，后塍街道工会联合会成立。全年发展党员34人。年末，有户籍19352户，户籍人口53140人。街道党工委下辖党组织39个，其中机关单位党组织1个，村（社区）党组织11个、市镇单位党组织10个、企业党组织17个，有党员2661人。年内，晨阳村被评为江苏省文明村，晨阳村、朱家宕村被评为苏州市文明村，塍德社区、后塍中心社区被评为苏州市文明社区。

经济建设　有企业1100余家，其中工业企业约680家。71家规模以上工业企业全年实现总产值101亿元，营业收入103.5亿元，利润14.3亿元。有销售收入10亿元企业1家（国泰华荣），超1亿元企业18家，其中，机械冶金行业占32.9%、化工占25.9%、轻工占15.3%、纺织化纤占11.2%。种植引进水稻绿色防控、葡萄机器换人新技术2项。新增绿色食品2种，新认证有机食品4种，新增有机水稻种植319.14公顷，新增绿色水稻种植146.67公顷。新增市级农业产业化龙头企业1家，新增家庭农场8家，新增农业机械73台套，农机化总投入225.62万元。秸秆还田率保持100%，农药配送率95%以上。举办后塍街道首届农民丰收节。

社会事业　有中小学校5所，幼儿园7所，教师350人（在职公办老师）。在校学生5790人、在校幼儿2734人。金丰社区蒋琴华当选10月“苏州时代新人”。党史宣传报道文章《张家港后塍街道：热度+深度+温度推动党史学习教育》先后被学习强国和央广网录用。由街道与市文化馆合作的小品《换牙》获第五届江苏省曲艺喜剧小品邀请赛一等奖。街道有健身房1个，村、社区有篮球场17片。有医疗卫生机构11家，其中医院1家、社区卫生中心1家、社区卫生服务站9家，执业医师7人，执业助理医师11人。晨阳村获评张家港市健康村。年内办理一孩生育登记126人、二孩生育登记99人、三孩生育登记5人，办理照顾生育审批手续5人，办理独生子女父母光荣证38张，办理持独生子女父母光荣证企业退休人员一次性奖励477人。计划生育免费服务及奖励政策兑现率100%，群众满意率98%以上。常住人口出生216人，其中女性106人。组织村、社区开展既有建筑全国第一次自然灾害综合普查，调查房屋建筑19723栋，建筑面积994.48万平方米。推动总投资9000万元澄杨路改造工程开工建设，完成总投资1320万元的后塍农贸市场标准化改造，建设“金湾花园、文星小区、府苑新村、康新路、东隆东路”5个电动车停放和充电点位，解决居民电动车充电问题；完成两个标段区域内水环境综合治理工程，总投资1583万元。9月10日，国税后塍分局大楼资产转交后塍社区管理，开始建设“平安前哨工作站”，11月2日完工。12月25日，朱家宕村“乡村振兴学堂”开馆，建筑面积750平方米，体现江南水乡风格，设有可容纳300余位观众的文化大礼堂、妇儿之家、老年手工制作坊、老年休闲区、健身房等，推动宣传文化、党员教育、青老年科学普及、体育健身等基层设施资源整合。拆除各类违章搭建24.62万平方米，"三优三保"拆旧复垦面积25.67公顷（低效用地6.87公顷、宅基地18.8公顷）。全年排查出租房（群租房）隐患4081处、"九小场所"隐患1185处，辖区新建提档升级智能充电棚216个，充电头数量2170个。完成特色康居乡村、宜居乡村创建工作，高桥村5个点位通过苏州市特色康居乡村验收，朱家宕村等7个村33个点位通过苏州市宜居乡村验收。新改建厕所12座。塍德、中心、塍丰社区获评苏州市垃圾分类三星级小区。江苏张家港酿酒有限公司等4个单位获评张家港市生活垃圾分类工作优秀单位，杜美芬等10个家庭获评张家港市垃圾分类工作优秀家庭，缪建峰等9人获评张家港市垃圾分类工作优秀个人。12月，后塍中心社区成立"华海物业有限公司"，针对辖区内垃圾分类和街区保洁开展行动，调整保洁队伍，新招录保洁员15人。"黑臭河道"全面消除销号，19条河道通过"美丽河道"考核，5条河道通过"生态河道"验收。全年处理信访及开展"民生面对面"解决问题90余件次。12月14日，在朱家宕村开展"护航新时代·普法健步行"活动。开展第十一届"法治文化月"暨第四个"宪法宣传周"、青年普法志愿者法治文化基层行、"律师说法""向轻微违法行为说'不'"等主题普法活动35场，发放宣传材料5万余份。启动"公共法律服务进网格"工作，全年接待法律咨询100余人次，开展法律宣传66场，协助调解纠纷19起，开展法律援助申请13件，提供律师服务19次，代写法律文书5份。袁家桥村"民生茶馆润民心"项目获评全市基层民主法治建设优秀项目。实施"法律明白人"培育工程，辖区45个网格"法律明白人"均配备到位。同辖区内519家企业签订安全生产承诺书，开展"安全生产月""百团进百万企业千万员工""有限空间、涉爆涉爆、涉危化品使用及六防委外作业""安全生产早市"等安全专题宣教活动20余场，培训人数1800余人次，累计发放宣传手册2万余份。对照安全生产"三年专项整治行动"要求，检查企业1500余家次，发现问题隐患3700余条。重点组织开展危化品使用企业排查和整治，以及违法违规"小化工"清理整顿，排查危化品使用企业47家，关停取缔"小化工"5家。健全街道灾害信息员队伍体系，建立街道、村（社区）两级灾害信息队伍16人，各村（社区）开展演练20次。"创蓝行动"262家企业已完成阶段性工作，总计完成上报349家，完成核销449家。5至9月，开展打击防范电信网络新型违法犯罪专项行动，发放宣传品3万余件，累计完成国家反诈中心App下载2.3万人。

福民工程 各村实现村级总收入1.21亿元，村均可支配收入1510万元。1月16日，朱家宕村启动第一次股金收益发放，每股100元，总计发放30余万元。10月15日，后塍中心社区对接市金茂公司、市供销总社、崇真中学、市教育局等单位，拟收购运输公司、酱厂、凌虹集团、德发内燃机配件厂等多处闲置资产。街道实施家庭适老化改造，年内完成30户改造任务、30户入户评估及改造方案设计。塍丰社区办理安置房产权证1750余份，完成农村房地一体不动产办证2750户。民生微实事工作实现社区全覆盖，服务类项目占比不低于30%，涉及总资金82.5万元。9户困难残疾人家庭幸福亮居改造工程完工。开展慈善募捐，募集资金369.71万元。完成社保扩面新增1105人。全面完成196名高校毕业生生源核查、就业指导工作，督促辖区内企业提供就业岗位220余个，就业率100%。办理灵活就业参保271人，灵活就业参保中断154人，指导198人在江苏智慧人社APP自主办理灵活就业参保。办理城镇职工灵活就业人员退休待遇登记102人，城镇职工死亡退费登记89人，发放一次性丧葬费和抚恤金375万元。为98名精准扶贫人员办理居民保险免缴手续。新增居民养老保险参保41人，超龄补缴45人。居民基本医疗保险参保31000余人。医保事后结报1544人次，报销金额447.39万元。办理居外信息登记65人次，转院信息登记98人次，全国异地就医登记163人次，申请取消居外医疗信息登记43人次，死亡人员医保卡清卡16人次。办理灵活就业人员职工医保参保5人次，指导灵活就业人员利用张家港医疗保障局公众号自主办理职工医保参保67人次和医保中断32人次。调解劳动争议纠纷130起，开展大型工伤预防及劳动法律法规培训会2次。发放退役军人安置费192.1万元、抚恤经费102.6万元，现役军人优待金158.6万元。累计悬挂光荣牌和拥军卡1750块。排查困难退役军人9人，上门发放防疫物质，对106名优抚对象开展免费体检。11月30日，后塍街道全面依法治街委员会成立。12月31日，街道人民调解委员会成立，村（社区）调委会名称变更。各级各类调委会全年受理并化解矛盾纠纷169件。

2021年后塍街道村（社区）基本情况表

表88

村（社区）名	面积（平方千米）	户数（户）	人口数（人）	集体经济总收入（万元）	可用财力（万元）	总资产（万元）	村（社区）党委（总支、支部）书记	村（社区）主任
新塍村	3.00	1521	4670	898.77	674.07	13188.50	奚　涛	肖云星
高桥村	4.80	2166	6341	2320.50	1425.26	15500.40	向　一	陈　良（2月免） 向　一（2月任）
袁家桥村	3.50	1749	5187	905.26	548.74	5463.59	许海东	许海东

续表88

村(社区)名	面积(平方千米)	户数(户)	人口数(人)	集体经济总收入(万元)	可用财力(万元)	总资产(万元)	村(社区)党委(总支、支部)书记	村(社区)主任
晨阳村	8.54	3567	8562	2427.95	2116.22	22768.32	高燕晓	高燕晓(2月任) 刘荷英(2月免)
朱家宕村	2.50	1110	3330	1615.60	1518.20	5529.70	高　峰	高　峰
封庄村	3.86	1501	7300	1069.00	418.00	7609.00	张丽芳	赵君晓
三角滩村	4.50	1655	5792	1187.94	1018.86	10132.08	叶浩翔	叶浩翔
学田村	3.68	2420	5120	1159.00	832.00	9556.00	唐向阳	唐向阳
后塍中心社区	4.00	3363	13351	1378.76	411.28	2617.74	张　海	张　海
塍德社区	0.50	4232	10000	—	—	—	沙　尧	沈　辰(1月免) 沙　尧(2月任)
塍丰社区	0.79	2730	8360	—	—	—	黄　轩	黄　轩

说明:另有金丰社区由封庄村代管,文昌社区由三角滩村代管,善政社区由学田村代管

【后塍入选首批“苏州红色地名录”】红色地名是地名文化建设的重要内容,也是弘扬革命精神、传承红色基因、赓续红色血脉的有效载体,它见证着中华民族百年沧桑,凝聚着党的光辉历史。6月30日,苏州市地名办组织制定《苏州市第一批红色地名名录》,后塍入选首批红色地名之“重大历史发生地”。后塍是一个有着光荣革命传统的红色小镇,在轰轰烈烈的大革命中,农民运动得到了毛泽东的高度评价。在1927年11月5日,茅学勤带领后塍农民参加中共江阴县委举行的后塍第一次农民暴动,打响了沙洲地区革命的第一枪。抗日战争时期,后塍是敌后根据地,有地下交通站、抗日民主政府的办公点,还有新四军血战南横套的英勇史迹。解放战争时,后塍是南北交通和情报联络的战略要地。

【“塍心为民,塍意惠民”后塍街道首届庆农民丰收节举行】9月19日,“塍心为民,塍意惠民”后塍街道首届庆农民丰收节暨“多彩夜沙洲,后塍欢乐购”文化集市活动在后塍街道学勤广场举行。开幕式上为获绿色高产高效创建示范村(朱家宕村、高桥村、新塍村、三角滩村、袁家桥村)、农业社会化服务优质企业(后塍华高水产养殖场、市藏联生物研究所有限公司、清逸生态园、市金丰生态农业发展有限公司)以及种粮能手(江录堂、谢付腾、史学为、周七九)颁奖,并举行文艺演出。活动现场设有文化集市展区、便民服务展区及后塍特色产品区,有暖制被所、藏联虫草、金丰众创空间及当地美食美物一同亮相。街道还在张家港融媒体·京东直播基地开设后塍馆,以直播带货形式展示后塍特色产品,做到惠民惠企。在“我为群众办实事”便民服务展区,设有党史教育主题展位,为居民现场答疑解惑。现场市民还可享受免费理发、测量血压、口腔健康咨询等服务。此次是街道举办的首届庆农民丰收节和文化集市活动,为期两天。其中“多彩夜沙洲,后塍欢乐购”文化活动丰富了群众夜生活。

【后塍街道创建为苏州市“醉美香村”特色康居示范区】年内,后塍街道投资6500余万元,覆盖13.69平方千米,串联高桥、朱家宕、新塍、袁家桥4个行政村,涵盖2个特色康居示范村、44个特色康居乡村和1个沙洲优黄文化园,以一线三片区,即总长9.5千米的参观线路和红色文化、农文旅游、酒香文化三大片区,勾画“醉美香村”。其中,沙洲优黄文化园占地5.53公顷,总投资5亿元,新建建筑面积2.5万平方米,在白墙青瓦、小桥流水的江南建筑元素基础上融合新中式建筑风格,含沙洲优黄博物馆、陈年酒库、年产3500吨的手工酿造间、水戏台、卡通乐园、面宴等28个功能景点,是集文化、研发、休闲于一体的综合工业旅游项目。(邱晓华)

德积街道

【概况】德积街道位于市域北部,北临长江。是抗日战争和解放战争时期沙洲地区共产党员活动的根据地,被称为“革命的摇篮”。辖区坐拥江海交汇第一湾——张家港湾12千米岸线,生态优势明显,是全国氨纶纱之乡。5月8日,街道正式挂牌成立。区域面积35平方千米。辖8个行政村、2个社区。6月,德积街道启动“三整合”改革,组建“六室一局”(即党政办、党群工作办、农村工作办、社会事业办、建设管理办、社会治理办、综合行政执法局),形成“德行在线、积惠百姓”工作品牌。年末,有户籍19713户,户籍人口44588人。街道党总支设25个基层党支部,党员1745人。年内,街道被授予“中国针织包芯纱生产基地”“中国包芯纱名城”两项殊荣。德丰社区获评江苏省文明社区。

经济建设　有企业1000余家,其中工业企业约600家。84家规模以上工业企业全年实现总产值91.4亿元,营业收入100.9亿元,利润1.1亿元。有销售收入超10亿元企业1家(张家港锦亿化纤有限公司),超1亿元企业21家,其中机械冶金行业占19%、化工行业占5%、纺织化纤行业占76%。突出产业转型发展,年内腾退低效工业用地5.33公顷、企业

22家，全力推进总投资20亿元、规划面积30.4公顷的高端纺织产业园建设项目立项。12月25日，市氨纶纱行业商会第三届理事会召开，完成商会换届选举，新一届商会将利用高端纺织产业园建设契机，助推产业二次腾飞。街道建有高标准农田753.33公顷，1家企业获评苏州市农业龙头企业。12月31日，街道举办“融汇江湾，融创未来”全面赋能乡村振兴合作推进会，实施产村联合、资本撬动、美村深耕、农旅互促、资源盘活、抱团取暖等6类项目，签约龙头振兴项目9项，苏州乡村振兴研究院调研基地揭牌。

社会事业　年末，有中学1所、小学2所，幼儿园3所，教师342人。中学、小学在校学生分别为1095人、3009人，幼儿园在校幼儿1197人。有医疗卫生机构9家，其中医院1家、社区卫生服务站8家，执业（助理）医师17人。有健身广场9片，村、社区有篮球场9片。5月至12月，累计开展各类文体活动360余场，服务18万人次。成立全市首个街道24小时政务服务驿站，科学设置街道为民服务大厅，推广“全员全科社工”模式，优化“1+1+N”审批服务模式。疫情防控期间，实行领导蹲点包干和专班化运作。抽调2名班子成员、2名街道工作人员支援港口涉外疫情防控，累计排查中高风险地区重点人员5000余人，全员核酸检测演练预登记5.65万人，登记率97.6%。扎实开展氨纶纱行业火灾隐患整治，开展日常巡查和集中夜查活动180余次，完成隐患整改2700余条，关停重点消防隐患企业9家、散乱污点位20个，拆除消防通道违规顶棚企业25家，释放1.8万平方米“生命通道”。累计检查（群）租房、“9+1”场所4700余户，整改各类安全隐患3400余处。拆除违法建设524宗26万平方米。成立街道全面依法治街委员会，依托10个驻村（社区）法律顾问接待咨询126件，开展普法宣传48次。推进村（社区）自治、德治、法治“三治融合”，德丰社区“网格巴士”项目获评市基层民主法治建设“十佳”优秀项目。街道“防风险、守底线”工作专题会议召开，完成土地征收稳评项目11项，组织反诈专题宣传活动36场，覆盖群众近2万人。组织社会矛盾大排查大化解、防范非法集资、扫黑除恶、提升人民群众安全感等专项行动，落实群防群治和网格化管理，排查及化解辖区内各类风险矛盾隐患16件。扎实开展垃圾分类，福民村获苏州市农村垃圾分类月度考核第一名，德积街道在苏州市农村生活垃圾分类三季度通报中跻身前五。启动“333”污水处理提质增效专项行动，常态化推行河长巡河，在市第十期“河长制”通报中排名位居全市第一。推进美丽乡村建设，创建永兴村、朝南村、小明沙村、双丰村7个特色宜居乡村点位，涉及农户317户，以点带面带动辖区人居环境不断改善。推进市政配套设施完善、老旧设施和老旧小区改造，对千禧南路、德申路、灿香路两侧破损设施进行更新，加快环宇北路街景提升项目建设，新增停车位1300余个。

福民工程　村均可支配收入942.92万元。9月28日，由德积街道牵头八村一社区成立的乡村抱团发展主体——市德积乡村发展有限公司注册成立。公司成立后，占股30%参与江苏德积高端纺织产业园建设。年内，探索“四旅”融合模式，发起永兴村、朝南村等文旅特色村抱团发展项目，通过团队共建、资源互补、特色整合、线路串联，打造具有“美村乡链”文旅新品牌。“民生微实事”项目社区全覆盖，累计投入金额49万余元。推进元丰社区“邻理庭”等“邻里港湾”建设，超额完成“爱满港城”慈善募捐。全年对各类弱势群体、困难对象发放补助606万元、惠及1535人，为4.15万人次老人发放尊老金近260万元。春节期间，对辖区低保、低保边缘户、特困人员、困难家庭、优抚对象、困境儿童、残疾人员、困难党员（职工）、现役军人家属等21类对象731户738人开展慰问，发放市、街两级慰问金约233万元。通过“民生面对面”和“12345”平台等渠道，妥善调处群众意见、建议690余件，办结率超98%。征地安置766人。社保扩面1100人，年末参加居民基本医疗保险15632人。住房公积金扩面600人，新增住房公积金扩面单位90个。高校毕业生就业率100%。处理劳资纠纷260起。为29名贫困学生发放助学金8.95万元。完成32例民生保险理赔案件，赔付金额23.75万元。有居家养老服务中心2家，居家养老服务站5家，规范化助餐点2家。有虚拟养老服务对象1572户，“智慧养老”服务479人。9个村（社区）开展村级医疗互助，受益群众2553人，发放补助176.88万元。

永兴村明清园　（侯一华　摄）

2021年德积街道村（社区）基本情况表

表89

村（社区）名	面积（平方千米）	户数（户）	人口数（人）	集体经济总收入（万元）	可用财力（万元）	总资产（万元）	村（社区）党委（总支、支部）书记	村（社区）主任
福民村	5.24	1780	5620	1601.35	1506.82	17960.87	陈品锋	张亚华
小明沙村	4.50	1323	5560	1074.85	746.86	7529.83	孙　清	孙　清
朝南村	5.64	1755	6053	1802.38	1103.03	8012.17	曹　俊	曹　俊
新套村	3.06	1211	3292	1914.73	1082.08	14655.29	李云才	李云才
德积村	3.24	1031	3775	1223.38	653.67	12183.74	陆晓锋	陆晓峰
永兴村	2.90	807	3406	1042.24	638.55	5306.93	黄学贤	黄学贤
双丰村	2.92	1298	4128	1633.31	852.81	6489.70	陈永法	陈永法
北荫村	2.18	2500	6135	1139.76	959.51	10469.60	王建军	朱卫国
元丰社区	0.13	711	1946	252.96	129.92	3802.05	方鸿宇	方鸿宇
德丰社区	0.33	4033	12000	—	—	—	张　华	张　华

【德积街道被授予"中国针织包芯纱生产基地""中国包芯纱名城"称号】 德积街道是国内最集中的包芯纱产业集群，早在2004年，就荣获"中国氨纶纱名镇"称号。由于行政区划调整，原"金港镇"不复存在，经街道向中纺联申请，并经中纺联审议通过，2021年10月9日正式升级更名为"中国包芯纱名城——张家港·德积"。同年，参加中国国际纺织纱线（秋冬）展览会，会上，为充分肯定德积街道在针织包芯纱领域的突出贡献，中国针织行业协会特授予德积街道"中国针织包芯纱生产基地"称号。德积有各类包芯纱企业245家，纺纱产能350万锭，年产各类特种包芯纱近70万吨，产值达到150余亿元。品种包括氨纶包芯纱、仿兔毛纱、氨纶包覆纱、TR、TC、棉麻等混纺纱、有色纱、涤纶包覆丝等八大类1000余个品种,集群整体运行平稳。2021年度，集群工业总产值107亿元，在全市纺织行业中占比19%，主营业务收入116亿元，利润总额1亿元。其中规模以上相关企业97家、规模以下企业225家，从业人数4万余人。

【"暖在德积·美在乡村""百日行动"及"再战百日"行动】 为持续提升大环境面貌，建立长效管控体制机制，围绕文明典范城市创建的高点定位，推进社会治理，7月10日，德积街道启动"暖在德积·美在乡村"——"宜居宜业美德积"大环境提升提质"百日行动"。"百日行动"安排以"项目清单、任务清单、责任清单"3个清单构建项目化、清单式工作规范。以"精细化管理、常态化保持、全民化参与、社会化协作"4个项目标制定靶向式、全链条工作机制，以"街容街貌提升提质、规范管理提升提质、人居环境提升提质、垃圾分类提升提质、文明意识提升提质"五大提升提质推动"宜居宜业美德积"具体行动。至年末，街道组建六大专项工作组，推行上下联动、跟进督察、激励考核三项机制，常态化开展周末义务劳动、志愿实践活动500余场，参与人数超4100人次。持续开展门店环境秩序整治，累计整改问题2300余件。集中开展沿江公路沿线市容环境秩序整治、户外广告设施整治，持续对太字港流动摊贩进行集中整治，专项开展"非标拆除""洗修车场"、废品收购点联合整治。在灿香路、友邦路、护漕港南路等路段科学增设机动车停车位1724个、非机动车停车框571个，增划网格5个。全面完成26座公厕的新建、升级、见新、无障碍设置改造等建设工作，其中朝南村顶海圩和双丰村6组公厕为高标准AA级公厕。持续推进生态美丽河湖建设。先后清除各类散乱污点位44个，疏浚整治黑臭河道10余条，拆除涉河违章3万余平方米，清理沿河土坡10余处，督促问题河道整改30余条，关停企业2家，清理整治码头2座。结合康居宜居村庄建设，开展河道整治22条。街道涉及挂牌的17条黑臭水体已全部完成批复销号。河湖"两违"专项整治初见成效，辖区内97处市级河湖疑似违建全部完成复核，复核完成率100%。

【江苏德积高端纺织产业园建设启动】 11月19日，江苏德积高端纺织产业园有限公司揭牌成立。德积街道响应全市盘活低效工业用地的号召，全力推进老旧工业集中区改造升级，向存量建设用地要空间、要质量，年内累计腾退低效工业用地31.33公顷，关停散乱污企业62家。通过成立高端纺织产业园有限公司，依托市场化方式运作建设产业园，为推动氨纶纱产业转型升级、全面提升产业竞争力夯实发展基础，也为当地产业载体提档升级、村级经济提质增效做出了先行示范。高端纺织产业园计划分三期建设，一期项目占地6.73公顷，投资预算4.8亿元，2022年竣工投产，预计年产值16亿元。未来，占地30.4公顷的高端纺织产业园全部建成，年产值可超65亿元。

（张　翼）

【编辑　汪丽菁】

人物·先进集体

Personages & Advanced Collectives

11月，张家港市获世界卫生组织西太区健康城市联盟“健康城市创新发展奖”，是全省唯一获奖城市　（夏军　摄）

新任市领导

新闻人物

逝世人物

先进个人

先进集体

新任市领导

韩 卫

1972年11月生，江苏省苏州市常熟市人，党校研究生学历，中共党员。张家港市委书记，张家港保税区党工委书记（副厅），市委机构编制委员会主任。

1995年8月参加工作。1995年8月至1996年12月，任常熟市初级卫生保健委员会办公室工作人员。1996年12月至1997年7月，任常熟市卫生局团委书记。1997年7月至1999年12月，任常熟市卫生局团委书记、预防保健科科员。其间，1998年11月至1999年12月，挂职任常熟市福山卫生院副院长。1999年12月至2001年1月，任常熟市卫生局副局长。2001年1月至2002年8月，任常熟市卫生局副局长、党委委员。2002年8月至2003年2月，任常熟市梅李镇党委副书记、纪委书记。2003年2月至3月，任常熟市徐市镇党委副书记。2003年3月至6月，任常熟市徐市镇党委副书记、镇长。2003年6月至12月，任常熟市董浜镇党委副书记、人大主席、纪委书记。2003年12月至2007年11月，任苏州市卫生局副局长、党委委员。其间，2004年9月至2007年7月，江苏省委党校政治经济学专业研究生学习。2007年11月至2012年5月，任昆山市副市长、党组成员。2012年5月至6月，任苏州市委台工办主任。2012年6月至2016年4月，任苏州市委台工办主任、苏州市政府台办主任、苏州市政协港澳台侨外事（民族宗教）委副主任（兼）。2016年4月至2017年1月，任苏州市政府副秘书长、苏州市政府办公室党组成员、苏州市口岸办公室主任、苏州市政协港澳台侨外事（民族宗教）委副主任（兼）。2017年1月至2019年1月，任苏州市政府副秘书长、苏州市政府办公室党组成员、苏州市口岸办公室主任。2019年1月至2020年4月，任苏州市政府副秘书长、苏州市政府办公室党组成员（正处级）。2020年4月至2020年5月，任张家港市委副书记，市政府副市长、代理市长。2020年5月至2020年12月，任张家港市委副书记，市政府副市长、代理市长、党组书记，市委机构编制委员会副主任。2020年12月至2021年1月，任张家港市委副书记，市政府副市长、代理市长、党组书记，张家港保税区党工委副书记、管委会主任（副厅），市委机构编制委员会副主任。2021年1月至2021年9月，任张家港市委副书记，市政府市长、党组书记，张家港保税区党工委副书记、管委会主任（副厅），市委机构编制委员会副主任。2021年9月，任张家港市委书记，张家港保税区党工委书记（副厅），市委机构编制委员会主任。 （张组轩）

蔡剑峰

1978年4月生，江苏省泰州市人，党校研究生学历，中共党员。张家港市委副书记，市政府市长、党组书记，市委机构编制委员会副主任。

1998年6月入党，2000年8月参加工作。2000年8月至2001年9月，任兴化市戴窑镇政府科员。2001年9月至2002年7月，任兴化市委宣传部办事员。其间，2002年1月至2002年7月，借泰州市人事局工作。2002年7月至2003年3月，任兴化市委宣传部理论教育科科员。2003年3月至2004年3月，任兴化市中堡镇副镇长。其间，2003年9月至2004年1月，江苏省行政学院第7期青年公务员班学习。2004年3月至12月，任兴化市对外贸易经济合作局副局长。2004年12月至2006年12月，任兴化团市委书记。其间，2006年5月至7月，江苏省委党校第6期市级团委书记培训班学习。2006年12月至2013年2月，任苏州团市委副书记、党组成员。其间，2008年9月至2011年7月，中央党校研究生院经济学专业研究生学习；2010年9月至11月，江苏省委党校第40期中青班学习。2013年2月至2017年8月，任苏州市科技局副局长、党组成员。其间，2015年10月至11月，苏州市第12期中青年干部培训班学习；2016年9月至12月，江苏省委党校2016年第2期中青年干部培训班学习。2017年8月至2019年1月，任苏州市经信委副主任、党组副书记。2019年1月至2020年4月，任苏州市工业和信息化局副局长、党组副书记。2020年4月至2021年2月，任苏州市工业和信息化局局长、党组书记。2021年2月至9月，任苏州市委副秘书长、市委办公室主任、市委新闻发言人。2021年9月至2022年1月，任张家港市委副书记，市政府副市长、代理市长、党组书记，市委机构编制委员会副主任。2022年1月，任张家港市委副书记，市政府市长、党组书记，市委机构编制委员会副主任。

（张组轩）

王亚方

1966年11月生，张家港市凤凰镇人，党校研究生学历，中共党员。张家港市人大常委会主任、党组书记。

1989年8月参加工作。1989年8月至1995年4月，先后任张家港市杨舍供销社办事员、市供销学校教师、市供销合作总社办事员。1995年4月至1997年10月，先后任市政府办公室工交财贸科办事员、科员、副科长。1997年10至1998年5月，任市政府办公室工交财贸科副科长、秘书科副科长（正股级）。1998年5月至1999年12月，任市委办信息科科长（副主任科员）。1999年12月至2001年9月，任市委办副主任（正科级）。2001年9月至2003年3月，任市劳动和社会保障局副局长（正科级）。2003年3月至8月，任鹿苑镇党委副书记，农工商总公司副董事长、总经理，资产经营公司副董事长、总经理。2003年8月至2004年3月，任塘桥镇党委副书记，农工商总公司副董事长、总经理，资产经营公司副董事长、总经理。其间，2003年9月至2006年7月，江苏省委党校政治经济学专业研究生学习。2004年3月至4月，任市政府办公室党总支书记。2004年4月至2005年11月，任市政府秘书长，市政府办公室主任、党总支书记。2005年11月至2010年2月，任市政府副市长、党组成员。2010年2月至2011年2月，任市委常委，市政府副市长、党组副书记兼市机构编制委员会副主任。2011年2月至2012年2月，任市委常委，市政府副市长、党组副书记兼市机构编制委员会副主任，沙洲职业工学院党委副书记、院长。2012年2月至10月，任市委副书记、政法委书记，沙洲职业工学院党委副书记、院长。2012年10月至2013年8月，任市委副书记、政法委书记，沙洲职业工学院党委书记、院长。2013年8月至2016年8月，任市委副书记、政法委书记、沙洲职业工学院党委书记。2016年8月至2018年9月，任市委副书记，统战部部长，沙洲职业工学院党委书记。2018年9月至2019年8月，任市委副书记、沙洲职业工学院党委书记。2019年8月至2020年5月，任市委副书记（正处）。2020年5月至7月，任市委副书记（正处），市委党校（市行政学校）校长、市委机构编制委员会副主任。2020年7月至2021年1月，任市委副书记（正处）、一级调研员，市委党校（市行政学校）校长、市委机构编制委员会副主任。2021年1月，任市人大常委会主任、党组书记、一级调研员。 （张组轩）

卞东方

1968年1月生，张家港市金港街道人，党校研究生学历，中共党员。张家港市政协党组书记、主席。

1989年8月参加工作。1989年8月至1995年9月，任张家港市南沙乡经联委办公室主任，党委办秘书、副主任、主任。1993年9月入党。1995年9月至1996年12月，任南沙镇纪检委员、纪委副书记。1996年12月至1997年7月，任南沙镇党委宣传委员。1997年7月至2003年7月，任张家港市委研究室秘书科科长（副科级）、副主任，市政府办公室副主任。其间，1998年8月至2000年12月，中央党校函授学院经济管理专业本科班学习。2001年9月至2004年7月，江苏省委党校政治经济学专业研究生班学习。2003年7月至2004年3月，任张家港市委副秘书长、办公室副主任（正科级）。2004年3月至2006年10月，任张家港市委副秘书长、办公室主任，市委秘书长、办公室主任。其间，2005年8月至9月，参加苏州市第九期青年干部培训班学习。2006年10月至2010年2月，任张家港市政府副市长、党组成员。2010年2月至2011年6月，任张家港市政府副市长、党组成员，凤凰镇党委书记、资产经营公司董事长。2011年6月至2012年2月，任张家港市委常委、政法委书记，凤凰镇党委书记、资产经营公司董事长。2012年2月至5月，任张家港市委常委，张家港保税区党工委副书记、管委会副主任，金港镇党委书记、资产经营公司董事长。2012年5月至2014年2月，任张家港市委常委，张家港保税区党工委副书记、管委会副主任，金港镇党委书记、资产经营公司董事长（正处级）。2014年2月至2016年7月，任张家港市委常委（正处级），张家港保税区党工委副书记、管委会副主任兼金港镇党委书记。2016年7月至8月，任张家港市委常委（正处级）兼金港镇党委书记。2016年8月至2019年1月，任张家港市委常委（正处级），市政府副市长、党组副书记兼市机构编制委员会副主任。2019年1月至2月，任张家港市委常委（正处级），市政府副市长、党组副书记兼市委机构编制委员会副主任。2019年2月至2021年7月，任张家港市委常委，市政府副市长、党组副书记，张家港经开区党工委书记兼市委机构编制委员会副主任。2021年7月至2022年1月，任张家港市政协党组书记（正处）。2022年1月，任张家港市政协主席、党组书记。 （张组轩）

新闻人物

朱 敏

1965年10月生，张家港市锦丰镇三兴人，中共党员，古脊椎动物学家，鱼类演化生物学家。中国科学院院士。

1984年在南京大学地质系获学士学位，1987年获中国

地质科学院研究生部（中国地质大学）古生物地层专业硕士学位，1990年获中国科学院古脊椎动物与古人类研究所博士学位并留所工作。1993年至1996年，在法国巴黎自然历史博物馆做博士后研究，1996年至1997年获洪堡基金资助在德国柏林自然博物馆进行合作研究。1999年起任中国科学院脊椎动物演化与人类起源重点实验室主任、研究员、博士生导师，中国科学院大学教授，南京大学和云南大学客座教授，《古生物学报》和《古脊椎动物学报》编委。

朱敏主要从事古鱼类演化生物学研究，在解决生命演化中的若干重大难题方面做出了系统性的创新性成果，包括颌起源、硬骨鱼纲起源与演化、鱼类登陆等，在《Nature》《Science》和《Cell》上发表论文16篇（含第一或通讯作者11篇），其他论著150余篇（部）。领衔主办国际早期/低等脊椎动物研讨会。带领团队使早期脊椎动物研究水平居国际前列，相关内容被引入国外权威教科书。领衔研制的多套CT装置在古生物学研究新技术应用中发挥了引领作用；主持创建的“深骨”全球数据库已成为古脊椎动物领域物种数最全的平台。1999年获中国科学院青年科学家奖二等奖，国家杰出青年基金资助，被评为“中国科学院优秀青年”。2000年，被授予“中央国家机关杰出青年”称号，获政府特殊津贴。2001年，参与研究项目获中国高校科学技术奖自然科学奖一等奖（第五完成人）；2002年，获“中国青年五四奖章”。2004年，研究项目获中国青年科技奖。2006年，获中国青年科学家奖。2013年，研究项目获国家自然科学奖二等奖（第一完成人）；2014年，获何梁何利基金科学与技术进步奖。2015年7月，入选中国科学院院士增选初步候选人名单；2016年，入选国家“万人计划”领军人才、科技部重点领域创新团队负责人。2019年，获中国科学院朱李月华优秀教师奖等奖项。2021年11月，当选中国科学院院士（地学部）。 （史志办）

吴惠芳

1960年10月生，张家港市南丰镇人，研究生学历，中共党员，永联村党委书记。全国优秀共产党员。

2005年，吴惠芳放弃师级军官身份，脱下军装到永联村做了一名“村官”。回到永联村第二年，他便主导制定《关于建设社会主义现代化新永联的决议》，启动现代化新永联建设。2006年，抓住国土资源部开展“城乡建设用地指标增减挂钩”试点契机，建设占地66.67公顷的集中居住区——永联小镇，并配套建设医院、农贸市场、商业街等现代化公共设施，顺利实现农民集中居住。2013年，为推进美丽乡村建设，吴惠芳又提出乡村建设“四美”标准，分产业美、生活美、生态美、素质美四个方面。他的这些理论和观点，在全国农村发展治理专家中引起强烈反响。18年中，吴惠芳始终将群众利益装在心里，把“致富路上一个都不能少”作为不懈追求。为让村民共享集体经济发展成果，吴惠芳在村里建立养老尊老、助学奖学、生活补助等多项福利保障和二次分配机制，共建共享共同富裕在永联逐步落地开花。在他的带领下，永联村走出一条“以工业化为牵引，带动城镇化，进而实现农业农村现代化”的发展道路，实现产业兴旺、生态宜居、乡风文明、治理有效，成为乡村振兴的领跑者。2021年6月，吴惠芳被中共中央授予“全国优秀共产党员”称号。 （徐永方）

黄 强

1982年1月生，张家港市杨舍镇东莱人，大专学历，中共党员，高级工程师、高级技师。张家港港务集团有限公司港埠分公司现场操作一部黄强组组长、门机司机。全国优秀共产党员。

2000年8月，他至张家港港务局港埠分公司电机队任门机司机。2003年12月至2007年3月，任张家港港务集团有限公司港埠分公司电机队门机三组组长、门机司机。2007年3月至2019年11月，任港埠分公司起重操作部黄强组组长、门机司机（其中：2007年9月至2009年7月在中央广播电视大学函授乡镇企业管理专业学习）。2019年11月至2021年8月，任江苏省港口集团第一届工会联合会兼职副主席、张家港港务集团有限公司港埠分公司起重操作部黄强组组长、门机司机。2021年8月起，任江苏省港口集团第一届工会联合会兼职副主席、张家港港务集团有限公司港埠分公司现场操作一部黄强组组长、门机司机。作为港口产业工人的杰出代表，黄强坚持一生一事、一事一生的信念，扎根港口一线，用精湛的技能锻造了“像放鸡蛋一样做水泥制品”“像做豆腐一样做马口铁”“像堆积木一样做大型设备”等门机作业品牌，赢得了客户和行业的高度认可和评价。2012年8月，张家港港务集团有限公司成立以黄强名字命名的“黄强工作室”。黄强带领工作室团队累计开展工艺革新和技术创新50余项，为企业创效近1000万元。其中，独创的以“稳、准、快，一钩准、无声响”为精髓的“黄强门机操作法”，更是为门机司机的培养创造了便利。该操作法于2020年获评“江苏省省部属企业职工十大先进操作法”。研制的防倾式水泥管桩吊钩、集装箱型颗粒物料转运装卸装置、无线遥控底开转运装置分别于2018年、2021年获国家实用新型专利。推行的“一车多挂”和“司机理货交接”模式，每年为企业减少数百万元人工成本支出，获第十七届全国交通企业管理现代化创新成果奖。创新的“抓木机+专用托架+无线遥控抓斗”工艺，将木材卸船单作业线效率提升64%，每年可节约成本300万元，彻底消除了木材卸船作业人、货混杂的安全生产隐患，安全效益不可估量。2020年，黄强主动参加新冠疫情防控志愿服务，组建党员突击队，以“三人开两车，人停机不停”的作业模式有力保障防疫物资运输，成功研制了张家港口岸首个“船岸通道移动消杀平台”，在强化港口防疫的同时大大缩短了联检准备时间，得到口岸单位认可并推广。黄强曾获全国劳动模范、全国第十一届金锚奖、“全国最美港口人”、全国交通技术能手、全国交通建设工匠、江苏省劳动模范、江苏工匠、江苏省交通工匠、江苏省交通技术能手、“江苏省最美交通人”、江苏省五一劳动奖章、江苏省企业首席技师、江苏省有突出贡献中青年专家、“长航十大杰出青年”、苏州市劳动模范、苏州市优秀共产党员、张家港市青年岗位能手、张家港市技能状元等荣誉。2021年6月，被中共中央授予“全国优秀共产党员”称号，被中共江苏省委授予“江苏省优秀共产党员”称号。（港务集团）

钱　宇

1994年10月生，江苏省泰州市靖江市人，本科学历，共青团员。江苏沿江高速公路有限公司张家港保税区收费站收费员。全国优秀共青团员。

2016年毕业于南京审计大学金审学院，是年11月进入江苏沿江高速公路有限公司张家港保税区收费站，从事收费工作。作为高速公路窗口服务人员，她始终坚定“让服务更有温度更具质感”的理念，从微笑到坐姿、从用语到手势、从语气到操作，都以最严格的标准要求自己，设身处地为司机排忧解难，曾多次获沿江高速公路有限公司“微笑之星”，也多次被“96777”客服热线点名表扬。她发挥先锋模范作用，动员身边青年组建“红五星”青年突击队，攻坚急、难、险、重、新任务，做到“哪里有困难就往哪里冲”。作为青年突击队队长，已有8个月身孕的她在全国ETC推广发行期间，带领全站员工发行ETC设备780套，200%完成目标任务。作为一名注册志愿者，她努力奉献社会，组织“沿路有你·爱在南房”项目之“大手牵小手”关爱留守儿童主题活动、“穹窿山·行走的格桑花”公益徒步、“关爱残友，走进社区”助残志愿服务活动等，组织参与志愿服务活动累计70余场，志愿服务时长300余小时，服务5000余人次。先后获2016—2017年度江苏沿江高速公路有限公司优秀共青团员、2017年度江苏沿江高速公路有限公司先进个人、2018年度江苏交通控股系统优秀共青团员、2019年度江苏省优秀共青团员等荣誉。2021年5月，被中国共产主义青年团中央委员会评为全国优秀共青团员。

（陈宇峰）

陆德峰

1975年12月生，江苏省南通市如皋市人，党校研究生学历，中共党员。张家港市委常委、张家港市援疆工作组组长。全省脱贫攻坚暨对口帮扶支援合作先进个人。

1998年参加工作，1998年8月至2000年8月，任苏州市平江区娄门街道办事处市场管理科科员、党政办副主任、纪工委副书记；2000年8月至2001年11月，任苏州市平江区政府办公室科员；2001年11月至2004年4月，任苏州市人事局专业技术人员管理处、人才开发管理处科员；2004年4月至2005年7月，任苏州市人事局专业技术人员管理处、人才开发管理处副主任科员；2005年7月至2008年5月，任苏州市委组织部知工（人才）处副主任科员；2008年5月至12月，任苏州市委组织部知工（人才）处副处长；2008年12月至2010年12月，任苏州市委组织部干部教育处副处长；2010年12月至2012年8月，任苏州市委组织部干部教育处副处长、主任科员；2012年8月至2016年3月，任苏州市委组织部干部教育处处长；2016年3月至4月，任张家港市委常委、组织部部长；2016年4月至2019年1月，任张家港市委常委、组织部部长兼市机构编制委员会副主任；2019年1月至12月，任张家港市委常委、组织部部长兼市委机构编制委员会副主任；2019年12月起，任张家港市委常委、张家港市援疆工作组组长。

陆德峰作为第十批张家港市援疆工作组组长，带队前往新疆巩留县，开启为期三年的对口援疆征程。他坚持把支持新疆巩留县打赢脱贫攻坚战作为援疆工作的首要任务，切实解决好受援地最急需、最现实的民生问题。他深入打造产业援疆新平台，牵头成立巩留招商小分队，赴全国各地招商引资，全面推进张巩两地园区共建，持续壮大城北工业园建设。依托张家港引进的产业项目和民生工业园，助推近万人就地就近就业。在消费扶贫上，他积极开发拓宽销售渠道，不仅把巩留的农副产品销到了南京、南通等城市，还依托张家港“北纬43度”线上线下销售平台优势，累计帮助销售巩留农副产品8000余万元。在两地镇村结对共建的基础上，他组织张家港市9个优强社区与巩留县9个社区结对共建，重点开展帮强组织建设、帮建先进文化、帮促就业富民，助力提升巩留社区城市党建工作水平。探索推进的“党建+共建+扶贫”模式成为伊犁州先进典型。他延伸拓展援疆公益关爱基金的覆盖面，在持续救助就学、就医等特殊困难群体的同时，也将关爱对象延伸到扎根基层的干部，2年共发放公益关爱基金300万元，实施帮扶148人。其包联的吉尔格朗乡阔克加孜克村是自治区级软弱涣散村，他积极寻找壮大村集体经济渠道，为该村谋划了一条“旅游+夜市”的创富路径。他把提升巩留县乡村公共文化服务作为文化润疆的突破口，引进全国领先的张家港24小时自助图书体系，在巩留兴建全国首家以民族团结为主题的24小时自助书屋——石榴籽书屋。在此基础上，积极推动出台石榴籽书屋建设体系，实现石榴籽书屋乡村全覆盖，并在巩留乡村全面推行图书馆、文化馆总分馆体系，切实打通文化扶贫最后一千米。2021年6月，他带领的张家港市援疆工作组党组织获评新疆先进基层党组织。10月，陆德峰被江苏省委、江苏省人民政府授予“全省脱贫攻坚暨对口帮扶支援合作先进个人”称号。（张组轩　魏新阳）

陈世海

1966年10月生，江苏省淮安市人，研究生学历，张家港市政协党组成员、副主席。全省脱贫攻坚暨对口帮扶支援合作先进个人。

1983年参加工作，1994年3月，任团市委书记。1997年8月，任市经济体制改革委员会主任。1998年12月，任大新镇党委副书记，镇农工商总公司副董事长、总经理。2001年2月，任南沙镇党委书记、镇农工商总公司董事长。2002年9月，任市发展计划委员会副主任、党组成员。2003年2月，任市委宣传部副部长。2003年7月，任市委宣传部常务副部长、市新闻工作者协会主席。2005年8月至2021年5月，任市委宣传部常务副部长兼市委对外宣传办公室主任。2007年4月至2010年5月，赴宿迁市宿豫区挂职区委副书记。2010年5月至10月，任江苏省张家港经济开发区主任助理。2010年10月至2016年12月，任市委宣传部副部长，市文化广电新闻出版局党委书记、局长，市版权局、市文物局局长，市广播电视台（市广播电视总台）党委书记、台长（总台长）。2016年12月起，任市政协党组成员，市委宣传部副部长、市文化广电新闻出版局党委书记、局长（副处级）。2017年10月至2021年6月，挂任贵州省铜仁市中共沿河土家族自治县委常委、县人民政府副县长（挂职），江苏省对口帮扶贵州省铜仁市工作队沿河土家族自治县工作组组长。2018年1月至2020年1月，任张家港市政协党组成员，市委宣传部副部长、市文化广电新闻出版局（市文体广电和旅游局）党委书记。2020年1月，任市政协党组成员、副主席。

2007年，陈世海受命赴张家港市对口帮扶的宿迁市宿豫区挂职区委副书记。10年后的2017年，51岁的他再次踏上东西部扶贫协作的新征程。他到贵州沿河任职，为沿河县抢抓机遇，强化党建引领，创新探索实践“三个全覆盖”帮扶新模式，分别为结对帮扶机制“五位一体”（张家港市与沿河县两地市县、区镇、村村、村企、园区五位一体）全覆盖，结对帮扶领域（教育、医疗卫生、文化文明、产业等）全覆盖，结对帮扶要素（资金人才、土地、市场、技术等）全覆盖，张家港市10个区镇与沿河县22个乡镇、街道进行结对，18个行政村、6个国资企业、10个民营规模企业、9个机关事业单位、5个社会化组织、2个金融机构与50个深度贫困村进行结对，深度贫困村结对帮扶实现全覆盖，形成“多元投入、精准帮扶”“扶智扶志、智志双扶”的工作格局，扶贫协作工作取得明显成效。2019年12月13日，新华社客户端、半月谈网刊发《“张家港精神”激荡乌江之滨》，对张家港市携手沿河土家族自治县决战脱贫攻坚进行报道。2020年8月4日，江苏省委书记娄勤俭率江苏党政代表团到贵州省考察，充分肯定张沿两地东西部扶贫协作“一片叶子”打造“洲州茶”品牌、“一把手术刀”帮设医院胸外科、“一条生产线”帮建“产业军校”、“一间玻璃屋”搭起新时代文明驿站等成效。2018年6月，陈世海被中共贵州省委授予“全省脱贫攻坚优秀共产党员”称号。2021年10月，被江苏省委、江苏省人民政府授予“全省脱贫攻坚暨对口帮扶支援合作先进个人”称号。（张组轩　史志办）

李　刚

1974年7月生，张家港市常阴沙人，本科学历，中共党员。市农业农村局党委委员、副局长。全省脱贫攻坚暨对口帮扶支援合作先进个人。

1996年参加工作，1996年8月至2000年3月，任常阴沙农场宣传科、办公室办事员；2000年3月至9月，任常阴沙农场办公室办事员、团委书记；2000年9月至2002年4月，任常阴沙农场党群办宣传干事、团委书记；2002年4月至2004年1月，任常阴沙农场党政办科员、团委书记；2004年1月至2005年4月，任常阴沙农场党政办副科级干部、团委书记；2005年4月至2006年4月，任常阴沙管理区党政办主任、团委书记；2006年4月至2008年12月，任常阴沙管理区党政办主任、招商办主任、团委书记；2008年12月至2010年6月，任现代农业示范园区党政办主任、团工委书记；2010年6月至2011年2月，任现代农业示范园区党政办主任、团工委书记、党工委宣传（统战）委员、工作委员会副主任；2011年2月至2013年9月，任现代农业示范园区党工委宣传（统战）委员兼工作委员会副主任、团工委书记，市政协现代农业示范园区工作委员会副主任；2013年9月至2016年4月，任常阴沙现代农业示范园区党工委宣传（统战）委员兼市政协常阴沙现代农业示范园区工作委员会副主任；2016年4月至2016年6月，任常阴沙现代农业示范园区党工委委员、管委会副主任兼市政协常阴沙现代农业示范园区工作委员会副主任；2016年6月至2017年7月，任常阴沙现代农业示范园区党工委委员、管委会副主任；2017年7月至2019年2月，在市委农村工作办公室工作；2019年2月起，任市农业农村局党委委员、副局长。

他多年耕耘乡村振兴。在抓好农业信息宣传、农业科技培训、农业生态保护等日常工作外，心系贫困地区和贫困群众，推动脱贫攻坚取得累累硕果。他组织全市机关部门和企事业单位挂钩帮扶经济一般村，对经济一般村实行“用地指标、发展项目、资金奖补、综合补助”四个优先。2020年全市经济一般村村均可支配收入比2015年增91%。他走访贫困户，竭力构建全方位、多层次的兜底扶贫体系，推动全市3093名正股职及以上干部与2580余户困难家庭实现结对帮扶。他多次前往沿河参与对口帮扶，促进当地形成“一场两园三业”的产业形态，带动贫困人口2012人脱贫。在他努力下，张家港市实现了经济一般村发展快速、贫困户帮扶常态化制度化、对外帮扶成效显著的多重目标，开辟了一条村级经济精准发展的新经验，打造了“政府主导、社会参与、慈善救助、志愿者帮助”的多元化社会扶贫新格局，全国多个省份和地区前往学习。2021年10月，李刚被江苏省委、江苏省人民政府授予“全省脱贫攻坚暨对口帮扶支援合作先进个人”称号。（孙畅慧）

李红波

李红波，1977年5月生，重庆市黔江区濯水镇人，本科学历，中共党员。沙洲中学副校长，沙洲中学北校区筹建校长，中小学高级教师。全省脱贫攻坚暨对口帮扶支援合作先进个人。

2000年8月参加工作，任职于沙洲中学。2004年8月至2017年8月，先后任沙洲中学团委书记、政教处副主任、德育处主任兼年级组长。2017年8月至2018年7月，任沙洲中学副校长、文科党支部书记。2018年8月至2019年12月，赴新疆巩留县援疆支教，担任张家港市第九批中期轮换援疆教师领队，挂职巩留县高级中学副校长。2021年7月，被市教育局明确为完中校长级干部。援疆期间，他带领张家港援疆教师团队深耕课堂，构建高效美丽课堂，所带班级高考成绩有重大突破，被《新华日报》和“学习强国”江苏平台宣传报道。他聚焦发展，建言献策，参与巩留高级中学学校内涵建设，为巩留教育提供“苏派”教育模式。2018年、2019年，被江苏省对口支援伊犁州前方指挥部评为“江苏省援疆工作先进个人”；两次被伊犁州教育局评为“优秀援疆教师”。2020年1月，被新疆维吾尔自治区党委、自治区政府授予“第九批省市优秀援疆干部人才”称号，并记功一次。2020年12月，被苏州市人力资源和社会保障局记功一次。2021年10月，被江苏省委、省政府授予“全省脱贫攻坚暨对口帮扶支援合作先进个人”称号。（教育局）

钱永明

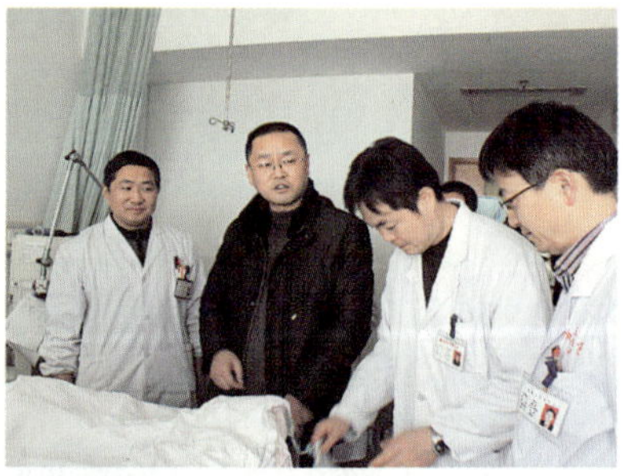

1964年12月生，张家港市凤凰镇港口人，中共党员，本科学历，市第三人民医院党总支书记、院长。全省脱贫攻坚暨对口帮扶支援合作先进个人。

钱永明先后担任市卫校办公室主任，南沙卫生院党支部书记、院长，市卫生局医政科科长，市医学会秘书长，市卫生监督所副所长，市康乐医院党支部书记、院长。2010年12月至2013年12月，他作为全省第七批、张家港市首批援疆工作组成员，援疆挂任新疆巩留县卫生局副局长。在新疆巩留县，强化受援医院专科建设、人才培养、技术引进等，全面推动巩留县卫生事业的整体提高、蓬勃发展。在做好援疆工作指定任务之时，他还创新援助机制，积极组织巩留爱心义诊、贫困学生结对活动，获得当地群众的好评。2014年起担任市第三人民医院院长，他针对当时门急诊发展空间受限、流程不够合理、病区设置一级粗放等关键问题，科学谋划，出台了医院发展五年规划。他开源节流，强化成本核算；狠抓质量，细化指标，优化服务，医院绩效考核在全市公立医院中名列前茅；立足创新，推进重点专科建设。医院先后引进开展新技术新项目70余项，填补了多项技术空白，获得苏州科技计划项目立项4项，眼科提档升级为市重点专科，新增皮肤科为市重点专科建设单位。与此同时，发挥片区医疗中心主体优势，2019年托管妙桥中心，2020年与塘桥社区卫生服务中心签订整体托管协议，推动塘桥片区卫生综合服务效能整体提升，获评张家港市区镇一体化管理"改革创新奖"。钱永明先后获"第七批江苏省卫生援疆先进个人"、"江苏省五一劳动奖章"、张家港市劳动模范、张家港市医疗卫生工作先进个人、张家港市优秀共产党员等荣誉。2021年10月，被江苏省委、省政府授予"全省脱贫攻坚暨对口帮扶支援合作先进个人"称号。 （邹丽贤）

徐振扬

1983年10月生，江苏省盐城市建湖县人，本科学历，中共党员，张家港出入境边防检查站办公室副主任，一级警长。全省脱贫攻坚暨对口帮扶支援合作先进个人。

2005年6月参加工作，2005年6月至2006年6月，任张家港边防检查站学员；2006年6月至2009年6月，任张家港边防检查站警务装备训练科参谋（副连职）；2009年6月至2010年6月，任张家港边防检查站司令部警务装备训练科参谋（正连职）；2010年6月至2011年4月，任张家港边防检查站监护二中队指导员；2011年4月至12月，任张家港边防检查站监护一中队指导员；2011年12月至2012年6月，任张家港边防检查站政治处宣传纪检保卫科副科长（副营职）；2012年6月至2013年3月，任张家港边防检查站信息中心主任；2013年3月至2014年6月，任张家港边防检查站司令部参谋（副营职）；2014年6月至2015年4月，任张家港边防检查站金港分站执勤业务科政治教导员（正营职）；2015年4月至2016年6月，任张家港边防检查站金港分站执勤业务科检查员（正营职）；2016年6月至2017年6月，任张家港边防检查站执勤业务二科政治教导员（正营职）；2017年6月至2019年1月，任张家港边防检查站政治处副主任（正营职）；2019年1月至2019年9月，任江苏出入境边防检查总站正科级干部；2019年9月至2021年4月，任张家港出入境边防检查站办公室副主任（正科职）；2021年4月起任张家港出入境边防检查站办公室副主任、一级警长（副处级）。

广西三江侗族自治县独峒镇八协村是张家港边防检查站定点帮扶村。2020年年初，徐振扬作为驻点帮扶干部，在三江县创新形式开展电商扶贫，帮助扶贫企业成立农业科技有限公司，整合零散农副产品，创建"独佳侗品"新品牌，将三江农特产品挂上扶贫832平台和中国社会扶贫网。他引入社会帮扶资金15万元打造网红扶贫馆，帮助当地村民开通淘宝、抖音小店等销售平台，协调注册商标品牌和食品经营许可证，拍摄了18个宣传微视频，培养了4名电商运营人员和3名万粉主播，彻底打通线上的销售渠道，带动当地58户贫困户，在两个月内销售了价值30万元的农特产品，每户贫困户受益2000余元。两年中，徐振扬协调单位投入资金146.4万元，引进社会帮扶资金80万元，援建种植养殖产业项目4项，培训技术人员270人，直接购买农特产品4.37万元，帮助销售农特产品316万元，有力提升村民和村集体发展经济的内生动力。八协村实现整村脱贫。他还与同事一起，帮助八协村改造危房、修建道路、援建篮球场、维修水利设施，新建八协村寨门和具有民族特色的"文明示范街"，安装104盏太阳能路灯，村容村貌焕然一新。2020年4月，他被国家移民管理局表彰为2019年度国家移民管理局扶贫工作先进个人；2020年2月，被江苏出入境边防检查总站授予三等功，并记嘉奖；2021年10月，被江苏省委、省政府授予"全省脱贫攻坚暨对口帮扶支援合作先进个人"称号。 （刘传业）

李　刚

1981年10月生，张家港市杨舍镇人，本科学历，中共党员。中国电信股份有限公司张家港分公司IT中心主任。江苏省劳动模范。

2005年8月，李刚进入中国电信股份有限公司张家港分公司工作。2008年，他定制基于多环节的CDMA建设管控系统，提升基站建设环节之间的交流以及管控效率。2010年，李刚将谷歌卫星地图与公司内部的设备资源GIS系统进行结合，大大提升光缆建设的响应效率，同时避免光缆的重复建设。2012年，任职于资源中心，他利用IT特长和手段提升中心工作效率及质量。在2014年的江苏省电信网络安全技能竞赛中，获得团体一等奖、个人二等奖的好成绩。后在当年苏州网络安全技能竞赛，一举获苏州市第一名，并获苏州总工会颁发的"苏州市五一劳动奖章"。是年，张家港市政府组织"行行出状元"比赛，李刚获得网络管理员项目三等奖。2015年，调至营维支撑中心及客户响应支撑中心，着力开发"社区店支撑系统"和"小区宽带攻防管理系统"。在做好本职工作的同时，他利用业余时间开发多款软件，申报取得5项国家软件著作权证书。通过多年实践锻炼，成为网络安全领域的专家，曾参与厦门金砖会晤保障工作，多次参加各类网络安全技能竞赛并获奖。2021年4月，被江苏省委、省政府评为江苏省劳动模范。

（总工会）

钱晓萍

1974年10月生，张家港市锦丰镇人，本科学历，中共党员。江苏港通路桥集团有限公司中心试验室副主任。江苏省劳动模范。

1994年8月，钱晓萍从南京交通学校路桥专业毕业后，进入市公路管理处试验室工作。2000年，她配制成功先进的Superpave沥青混合料，在张家港道路施工中得到广泛应用。2003年7月起，钱晓萍担任江苏港通路桥集团有限公司中心试验室副主任。2005年，在苏州市交通工程质量检测技能竞赛中获个人第一名。2016年，港通路桥集团成立“钱晓萍劳模创新工作室”，由钱晓萍带领团队，围绕技术改造、工艺革新、工程质量、安全生产等方面创新创优，先后组织开展桥面铺装层施工工艺、桥涵台背回填质量、沥青混合料热再生施工技术及半柔性路面抗车辙技术等研究应用，帮助公司承建的多项工程获评优质工程。依托“创新工作室”，钱晓萍开展“以师带徒”等传帮带活动，助力公司试验检测人员持证数量增加、技术水平提高，多名员工获“张家港市技术能手”“优秀专家”等称号。2021年4月，她被江苏省委、省政府评为江苏省劳动模范。（总工会）

冯玉姣

1990年10月生，张家港市杨舍镇人，本科学历，中共党员。中国银行股份有限公司张家港港区支行综合柜员。江苏省劳动模范。

2012年，冯玉姣至中国银行张家港分行工作。2016年，IT蓝图对公业务发生巨大改变，冯玉姣联合技能高手第一时间将操作笔记整理成册，供分行员工接受最新技能练习。在电子支付飞速发展的时代，冯玉姣依旧保持练习点钞的习惯，在张家港市银行业“点钞识假”技能大赛中，所在团队连续三年获团体二等奖。2017年，“冯玉姣技能工作室”成立，先后被苏州市总工会命名为“冯玉姣劳模创新工作室”，全国金融工会命名为“全国金融系统劳模和工匠人才创新工作室”。工作室有成员27人，编制形成《冯玉姣技能操作手册》，为中国银行张家港分行技能水平提升奠定了技术基础。作为一名中共党员，冯玉姣发挥先锋模范作用。在其带动下，2015年年末，其所在港区支行总代发量达到1.8亿元，累计约3500张存单。在时间紧、任务重的情况下，冯玉姣主动承担起整个网点的代发工作，带动身边人拧成一股绳，齐心协力完成任务。凭借其扎实的工作基础、出色的带队能力、积极向上的团队氛围，冯玉姣在张家港分行员工中收获了良好口碑。2021年4月，被江苏省委、省政府评为江苏省劳动模范。（总工会）

朱田中

1965年8月生，张家港市金港镇人，硕士学历。江苏灿勤科技股份有限公司董事长。江苏省劳动模范。

自20世纪90年代起，朱田中开始从事压电陶瓷谐振器、压电陶瓷滤波器和压电陶瓷鉴频器产品的研发和制造，积累了丰富的压电陶瓷成型、金属化、调频等工艺技术经验。2004年，朱田中主导研发的介质谐振器凭借优异性能，替代进口产品打入通信行业市场。依托丰富的微波陶瓷材料及介质陶瓷产品的研发制造经验，2012年起，朱田中主导介质波导滤波器研发工作，带领公司于2018年成为全球首家量产5G基站介质波导滤波器生产厂商。作为公司的实际控制人之一和核心技术人员，朱田中获得授权发明专利10项，参与行业标准制订1项，引领灿勤科技成为一家专业从事微波介质陶瓷产品研发和生产的高新技术企业，稳步走在全国电子陶瓷行业发展的第一方阵。作为一名市政协委员，朱田中牢记责任，在致力于企业发展的同时，积极参加社会公益活动，承担社会责任，2018年至2020年共计向保税区（金港镇）慈善会捐款28万元，同时通过走访、调研，深入了解更多中小企业的发展状况，积极向政府建言献策。2021年4月，被江苏省委、省政府评为江苏省劳动模范。（总工会）

徐若海

1971年11月生，张家港市杨舍镇人，本科学历。中国移动通信集团江苏有限公司张家港分公司总经理。江苏省劳动模范。

1989年，徐若海加入市邮电局。1998年移动公司从邮电局整建制剥离后，徐若海带领中国移动张家港分公司团

队开拓创新，攻克难题，取得优异成绩。2015年，公司成立“徐若海劳模创新工作室”。作为工作室主要负责人，徐若海牵头成立劳模工作室党小组，激发员工创新能力。自2017年起，工作室共有20余项创新研究成果获奖。2019年，团队的创新项目“基于用户感知的网络问题定位工具”“体育场重大活动保障研究”分获中国移动江苏公司技术革新一类成果和三类成果。2018—2019年，在国家提速降费、携号转网、5G商用等异常激烈的竞争环境下，徐若海通过“做细存量运营、抓住新兴业务、盯紧发展质量”三大抓手，带领张家港分公司连续两年业务发展指标在全区名列前茅，取得大众市场收入增幅全区第一，创造全年信息化收入增幅全区第一。2019年5G正式商用，徐若海大力推进5G建设，在张家港开通基站近700个，实现城区及重点区域的连续覆盖，并与张家港市政府、高铁新城签订5G战略合作协议，在交通、公安、城管、医疗等行业探索5G应用方案，在张家港港务集团落地智慧港口，在永钢集团、沙钢集团实现5G智慧钢厂应用，加速推进张家港湾5GVR智慧旅游和张家港光速宝马5G数字工厂项目进程，公司年收入规模超10亿元，用户数超100万人。同时，徐若海不忘社会责任，2003年，鼓励带动公司员工定期给湖北五峰土家族自治县三坪希望小学捐款捐物，搭起两地文明帮扶的桥梁，在他的带动下，“张闻明”从中国移动张家港分公司的默默奉献扩展为整座城市的爱心接力，从一个爱心举动发展成颇具影响的志愿者品牌，被评为2020年中国移动第十二届优秀企业社会责任实践“CSR长青实践奖”。2021年4月，他被江苏省委、省政府评为江苏省劳动模范。

（总工会）

李金华

1978年6月生，张家港市常阴沙现代农业示范区园区人，高中学历，中共党员。市金乐华家庭农场有限公司总经理。江苏省劳动模范。

2000年，李金华作为常阴沙第一批“农二代”投身农业工作。他从学习农机操作技术开始，熟练掌握一手栽培管理知识。从父亲手中接过26.67公顷稻麦田承包权后，当年稻麦两熟效益达到每公顷2.25万元。2010年后，李金华先后学习收割机、高低茎植保机、水稻插秧机等农业机械使用。2014年，带头在常阴沙开始推广水稻育秧，当年秧苗成活率达到85%以上。2015年，他划出3.33公顷承包田，用于种植“苏香粳”系列水稻，当年水稻田效益提高30%。2016年，李金华实现从种田大户向专业化经营者的成功转型，组建金乐华家庭农场，以家庭农产品为核心着力打造金乐华大米品牌。他与常阴沙联农合作社签订收种协议，向农产品商品化方向发展，同时签订“常阴沙大米地产地理标志”种植协议，种植稻米作为“常阴沙”品牌大米销售。2021年4月，他被江苏省委、省政府评为江苏省劳动模范。（总工会）

庞建华

1964年6月生，张家港市金港街道人，大专学历。金港街道山北村民委员会党委书记、主任、经济合作社社长。江苏省劳动模范。

作为基层工作者，庞建华荐贤人，整班子，夯实党员干部队伍，通过“优胜劣汰”竞争，疏通“能上能下”渠道，吸引优秀党员大学生走上村相关工作岗位。引领党组织、党员发挥战斗堡垒和先锋模范作用，用2个月时间顺利完成1225个坟的迁移工作，为香山风景区建设提供有利条件。他抓产业，促增收，带领全村群众致富，主导“推动产业转型升级，向土地要效益”思路，扶持辖区内私企高力特医疗器械有限公司发展，同时淘汰落后产业，加强存量土地开发利用，深化木材专业市场产业发展，打造全国最大的木材交易中心。在他的带领下，村级可用财力从2010年的500余万元提高到2017年的1360万元。他借外力，夯基石，完善村庄民生实事，建设区镇范围内首个乡贤文化馆，搭建以党群议事会、村民议事会会为主的自治共治平台，开展全面提速河道治理工程、木材行业锅炉专项整治、全村生态修复及道路升级等实事，积极稳妥推行股权固化分红，保障村集体经济成员的共同利益。他重统筹，抓建设，助力城乡一体大局，完成9个项目涉及730余户动迁工作，圆满落实超160万平方米安置房建设。2021年4月，他被江苏省委、省政府评为江苏省劳动模范。

（总工会）

陈希云

1970年3月生，张家港市锦丰镇人，专科学历。江苏沙

钢集团有限公司转炉炼钢厂设备科科长助理。江苏省劳动模范。

1992年5月，陈希云进入江苏沙钢集团有限公司工作，从事电气设备安装和维护工作。陈希云每年主动加班30天以上，加点350小时以上。面对电气控制技术迅猛发展，陈希云刻苦钻研业务技术，在PLC系统的编程调试和传动的控制方向练就一手绝活，汇编形成快速方便独特的编程方法。2020年5月，转炉厂一次除尘煤气回收系统因SIS系统的投运，多次出现煤气压力高、击穿水封、煤气逸出等现象，陈希云现场跟踪分析，通过在煤气回收系统三通阀和水封阀的控制上增加安全联锁的方法，彻底解决煤气逸出产生的安全隐患，大幅增加煤气回收实绩。近年，陈希云主持参加"转炉一、二车间RH焦炉煤气替代天然气消改造""转炉氮氩切换改造"等数十项小改小革活动，积极参与国家级智能制造项目"高端线材全流程智能制造新模式应用"建设。作为"江苏工匠工作室"和"苏州市电气技能大师工作室"的创办人，陈希云带领工作室每年完成技术改造及课题攻关活动，每年开展各类技术培训20余期、培训学员600余人次，选送选手在全国钢铁行业职业技能大赛、苏州技能状元职业大赛等活动中获奖20余人次，工作室参与的45个炼钢连铸项目全部完成并通过工信部验收。2021年4月，他被江苏省委、省政府评为江苏省劳动模范。（总工会）

罗云秋

1975年10月生，张家港市杨舍镇人，专科学历。市易华润东新材料有限公司制造一厂冲床车间主任。江苏省劳动模范。

2001年，罗云秋进入市易华润东新材料有限公司工作。她刻苦学技术，仅1个星期就能独立操作，不到1年技术就达到老员工水准，进厂2年就成为一位"老师傅"，为公司培养了一大批技术娴熟、品德优良的高素质员工。2007年，罗云秋被提拔为冲床车间带班长，2013年被任命为车间主任。为管理好团队，她以身作则，每天早上六点半左右到车间，开始一天繁忙的工作，生产任务紧时还亲自操作。有一年由于交货压力大，罗云秋每天中午放弃休息到车间工作，带领车间产量提高10%以上。她对质量把控十分严格，不断提高车间等品率，经她本人和班组生产的pvc地砖出口到世界各地，从没有因为质量和延误交货期受到投诉。2021年4月，她被江苏省委、省政府评为江苏省劳动模范。（总工会）

朱金龙

1964年6月生，张家港市凤凰镇人，高中学历。市七彩明珠农业科技专业合作社社长。江苏省劳动模范。

2012年，朱金龙投资500余万元成立七彩明珠农业科技园，从事葡萄种植。他采用日本"限根栽培"技术，在固定空间里限制根的生长，确保更多养分输送到葡萄果粒。同时，依托"数字化栽培"技术，确保葡萄品质均匀；引进国际最先进的"H"型双杆整枝新技术，采用最先进的疏花疏果及整枝技术，将公顷产量严格控制在9000至11250千克。2014年7月6日，市七彩明珠农业科技专业合作社葡萄园正式开园，成为上海交大"葡萄限根栽培技术"的实验推广基地。开园现场，合作社还与凤凰镇文化旅游发展公司签订了观光休闲旅游、采摘、团购等合作协议。2020年，朱金龙联合凤凰镇各个水蜜桃合作社，与相关单位合作，为桃农累计销售水蜜桃约2万千克。2021年4月，他被江苏省委、省政府评为江苏省劳动模范。（总工会）

王树生

1964年5月出生，张家港市乐余镇人，本科学历，中共党员。市第一人民医院原党委书记、院长，普外科医生、主任医师、教授。江苏省先进工作者。

1986年9月至1995年10月，王树生在市中医院工作；1995年10月至1997年8月，任市晨阳卫生院副院长；1997年8月至2006年10月，任市中医医院副院长；2006年11月至2008年12月，任市中医医院党委书记；2008年12月至2012年12月，任市中医医院党委书记、院长；2012年12月至2021年3月，任市第一人民医院党委书记、院长。

其间，2012年12月至2018年7月，兼任张家港市卫生局（卫计委）副主任、党委委员。王树生调入市第一人民医院初期正值全面医改，他抓住时机探索建立“质量建院、科教兴院、服务立院、人才强院”的发展战略，明确“建立高质量发展一流的县域医疗中心”的发展愿景，为2020年三甲医院创建、五大中心创建、综合医院中医示范单位建设奠定了坚实基础。他推进重点专科建设，全面抓好18项医疗核心制度，优化医疗总值班制度，完善医疗纠纷预防处置办法，推动医疗质量提升，医疗纠纷数逐年降低。积极推行分时段预约诊疗、移动支付、床旁结算、多学科MDT等便民服务措施，推广“互联网+护理”、在线问诊、处方购药等智慧医疗服务，打通服务“最后一千米”。他建立院内菜单式人才培养体系，选送优秀医务人员赴美国、德国、以色列等地进修学习，制定激励政策，鼓励员工外出学习进修，实施开展核心技术奖励政策，激发医务人员工作积极性，推动加入中国—以色列医院合作联盟、省人医战略合作医院联盟，扩大长三角一体化合作范围，为提升医院品牌效应做出了积极努力。市第一人民医院在中国县级医院竞争力排行连续三年位列第7，省级重点专科数量在苏州市同级医院中名列前茅，科研创新模式被苏州大学推广为“张家港模式”。2021年2月，他被评为市担当作为好干部；4月，被江苏省委、省政府授予“江苏省先进工作者”称号。

（总工会　卫健委）

宋卫群

1970年9月生，张家港市乐余镇人，本科学历，中共党员。乐余中心小学校长。江苏省先进工作者。

1988年8月参加工作，任教于东沙中心小学。1990年8月至2011年7月，任教于兆丰小学，其中1998年4月至2011年7月任副校长。2019年8月起，任乐余中心小学书记、校长。她怀揣教育初心，30余年执着守望农村教育。在东沙中心小学期间，自己做“识字转盘”等卡片教具，形象直观地教孩子们感受汉字的趣味，和孩子一起手工做体育活动器材。在乐余中心小学，她将所带班级取名“朵朵班”。从二年级至六年级，宋卫群从“讲故事、读绘本”起步，帮助越来越多学生爱上阅读与写作。她所带的学生共出版“日记土书”《花儿朵朵》79本。作为苏州市阅读推广人，宋卫群还创建了“海狮悦读·花朵朵读书吧”，吸引老师、学生、家长及社会人员共读书、共成长。作为市级名教师工作室暨乡村教师培育站主持人，宋卫群工作室成员有6名市学科带头人、2名市教学能手。近年，她先后到20余所农村薄弱学校、外省县市讲座30余次。作为苏州市劳动模范，宋卫群带领“花朵朵”劳模志愿者团队，进行线上线下服务，有365户家庭成功建档。2020年，新冠肺炎疫情突袭，宋卫群一方面带领五年级语文线上教学团队精心备课录课；另一方面发动志愿者组建“2020寒假读写成长营”，精心制作27堂“读写分享伴你宅”系列微课，在江苏有线电视台“读写在线”栏目播出。她先后被评为江苏省首届师德先进个人、优秀班主任，苏州市劳动模范、名教师、优秀阅读推广人，张家港市守望田园美丽教师、港城教育领军人才。2021年4月，被江苏省委、省政府授予“江苏省先进工作者”称号。

（总工会　教育局）

张　迁

1981年2月生，张家港市南丰镇人，本科学历，中共党员。江苏永钢集团有限公司工会主席。全国“安康杯”职工安全应急技能知识普及竞赛先进个人。

2002年9月，张迁进入江苏永钢集团有限公司，担任助理员。2014年1月至10月，张迁负责主抓销售处、供应处工作，分管联峰能源装备有限公司工作。2014年10月，任特钢总厂厂长。2015年6月至2020年1月，历任生产运营部部长、钢轧事业部经理、安全环保部部长。2020年1月，任江苏永钢集团有限公司工会主席。

张迁注重加强职工思想政治引领，实施学习强会行动，运用好“学习强国”、职工书屋、电子职工书屋等平台，开展劳模宣讲、党史知识竞赛等活动。注重深化产业工人队伍建设，组织“建功‘十四五’、奋进新征程”主题职业技能竞赛，完善竞赛绩效评估指标体系，开展职工技术创新活动，激发职工创造活力。注重持续提高员工生活品质，坚持员工新婚、生病、退休、去世慰问“四必到”，为员工公寓引入专业化物业团队，开发在线点餐系统，举办暑期夏令营等活动，惠及员工家庭近1000户。2021年11月，他被全国“安康杯”竞赛组委会办公室表彰为全国“安康杯”职工安全应急技能知识普及竞赛先进个人。

（总工会）

杨正荣

1971年1月生，江苏省南通市如东县人，本科学历，中共党员，高级工程师，高级技师，江苏永钢集团有限公司动力厂电气自动化主管。“江苏工匠”。

1991年4月参加工作。2003年8月，由南通市如东县岔河制罐厂调职至江苏永钢集团有限公司动力厂担任电气自动化主管。在永钢集团工作期间，杨正荣秉持敦本务实的态度，凭着百折不挠的精神和精益求精的技艺，在节能降耗、设备改造、技术攻关等方面取得了突出的成绩。作为“苏州市、张家港市杨正荣电气自动化技能大师工作室”的创办人，攻克DCS、PLC、DEH、ETS等系统程序、硬件模块、网络通信、高低压电气设备、发电机保护、励磁、同期等设备及智能仪器仪表等方面的关键性技术难题，其中多项技改创新项目达到行业领先水平。攻克重大设备技术难题80项，实施设备改造20余项、小改小革100余项。他提出的“减少高炉煤气放散提高自发电量”专项合理化建议，为公司创造年经济效益约4273万元，累计经济效益2亿元，获评苏州市总工会“十佳金点子奖”一等奖，江苏省总工会、江苏省经济和信息化委员会、江苏省环境保护厅联合授予的“我为节能减排献一计”活动三等奖。曾获国家授权专利16项，发明专利3项，实用新型专利13项。杨正荣积极参加志愿服务，充分利用业余时间开展自学，不断提高人文素养与专业技能。同时，立足“苏州市市杨正荣电气自动化技能大师工作室”，通过“传、帮、带”，培养了技术管理干部与技术骨干25人。他先后获评江苏数字工匠、江苏省企业首席技师、“江苏省十佳行业工匠”、江苏省百姓学习之星、苏州时代工匠、苏州杨正荣技能大师工作室领衔人、苏州市姑苏高技能突出人才、苏州市姑苏高技能重点人才、苏州市学习之星、苏州市最美劳动者、张家港市优秀高技能人才等荣誉。2021年，成功入选中国设备管理协会设备工程专家库、江苏省高技能人才专家信息库。12月，被江苏省政府授予“江苏工匠”称号。

方　治

1969年生，张家港市杨舍镇人，大专学历，中共党员，市粮食购销总公司副总经理。“江苏工匠”。

1989年参加工作。1989年8月至2008年3月，任市东沙粮管所会计；2008年3月至2012年4月，任市粮食购销总公司乘航粮库主任；2012年4月至2013年2月，任市粮食购销总公司沙洲中心粮库主任；2013年3月至2015年8月，任市粮食购销总公司总经理助理、仓储部部长；2015年8月起，任市粮食购销总公司副总经理。

他心系粮食。2013年，一路过关斩将，在第三届全国粮食行业职业技能竞赛中获粮油保管员职业职工组优秀个人一等奖。他勇于创新，为绿色仓储精耕细作。牵头组建“方治劳模创新工作室”，并先后与国家粮食和物资储备局科学研究院、南京财经大学、江南大学等高校科研院所合作，组织实施低温储粮、惰性粉、多杀菌素等多项前沿科技应用，取得实用新型专利1项，参与完成市级课题1项，组织各类小技术改进10余项。2020年，方治工作室被国家粮食储备局第三批评为“全国粮食行业技能拔尖人才和工作室项目”。2010年，他被评为苏州市粮食系统先进工作者；2011年，被授予“张家港市文明示范职工”称号；2013，被评为“苏州市技术能手”；2014年，被评为“全国粮食系统劳动模范”；2017年，被评为江苏省财贸金融轻纺系统“十大行业”工匠；2019年，获评江苏省企业首席技师；2020年，被国家粮食和物资储备局评为“全国粮食行业技能拔尖人才”。2021年12月，被江苏省政府授予“江苏工匠”称号，并被中国粮油学会评为“最美粮油科技工作者”。

（于文龙）

肖　啸

1986年10月生，张家港市凤凰镇人，本科学历，中共党员。妙桥中学教务处副主任，塘桥镇人大代表。入选教育部教师工作司2021年乡村优秀青年教师培养奖励计划、江苏省乡村优秀青年教师奖励计划。

2008年8月进入崇实初级中学任教，2015年8月调入妙桥中学任教。2018年8月至2019年1月任教务处副主任，2019年2月至2019年7月任总务处副主任，2019年8月起再次任教务处副主任。其间，2021年9月起在市第一中学交流。在班主任工作方面，他一直奉行“做孩子生命中的重要他人”原则，深入了解孩子思想，帮助学生树立远大理想，强化学生责任意识。其所带班级获评张家港市美丽班级，肖啸获评市优秀班主任。在教育教学方面，不断打磨教学技能，提升教育教学水平，获评苏州市评优课一等奖，苏州市教师专业素养竞赛一等奖、二等奖，张家港市评优课一等奖等。在行政工作方面，为确保学校控辍保学工作的顺利开展，家访的足迹遍布妙桥及周边乡镇，通过与班主任及德育处的密切配合，确保每个学生都能接受适合的教育。同时在教科工作方面，以课题研究为载体，不断提升学校教师的专业素养发展。肖啸曾获评苏州市中等学校教坛新秀"双十佳"、苏州周氏德育奖励金、张家港首届"青年拔尖人才"、张家港市优秀教育工作者、张家港市道德与法治学科带头人等。2021年9月，入选教育部教师工作司、中国教师发展基金评选的2021年乡村优秀青年教师培养奖励计划，同时入选江苏省乡村优秀青年教师奖励计划。

（教育局）

刘挺松

刘挺松，男，1975年5月生，张家港市杨舍镇人，本科学历，中共党员。解放军某部队副师职飞行员，大校军衔。部队二等功获得者。

1993年入伍，该同志政治合格、军事过硬，积极投身强军实践，聚焦练兵备战，苦练杀敌本领。飞行时间数千小时，先后荣立二等功两次、三等功三次，为维护国家海洋权益、维护南海和平稳定做出了重要贡献。其在2020年度工作中表现突出，经海军航空兵某部队批准荣立二等功。

（退役军人事务局）

逝 世 人 物

卢宇恒

1998年1月12日生，张家港市杨舍镇人，本科学历，共青团员。生前为张家港市公安局塘市派出所民警。个人一等功获得者。

毕业于江苏警官学院，2020年11月参加公安工作。2021年9月7日晚，卢宇恒在接处警过程中不幸遭遇车祸，于9月8日凌晨抢救无效因公牺牲。9月9日，被共青团苏州市委员会追记苏州市优秀共青团员。2022年1月20日，被江苏省公安厅追记个人一等功。

（公安局）

先 进 个 人

2021年张家港市获国家级和国家条线表彰的先进个人一览表

表90

姓名	荣誉名称	授予单位	工作单位
吴惠芳	全国优秀共产党员	中共中央	南丰镇永联村
黄　强	全国优秀共产党员	中共中央	张家港港务集团港埠分公司
葛剑锋	全国岗位学雷锋标兵（第六批）	中宣部	杨舍镇善港村
王志勇	2020年度全国学雷锋志愿服务"四个100"先进典型宣传推选活动"最美志愿者"	中宣部、中央文明办等19部门	大新镇金银杏志愿者协会
孙海滨	2020年度全国学雷锋志愿服务"四个100"先进典型宣传推选活动"最美志愿者"	中宣部、中央文明办等19部门	沙洲琴社文化志愿服务团队
钱　宇	全国优秀共青团员	共青团中央	沿江高速公路张家港保税区收费站

续表90

姓名	荣誉名称	授予单位	工作单位
孙建忠	全国文化和旅游系统先进工作者	人力资源和社会保障部、文化和旅游部	市文体广电和旅游局
	2017—2020年度全国群众体育先进个人	国家体育总局	
	2020年度全国查处重大侵权盗版案件有功个人(第三批)	国家版权局	
刘欣石	2017—2020年年度全国群众体育先进个人	国家体育总局	市文体广电和旅游局
盛李豪	全国体育系统先进工作者	国家体育总局	中国射击队
李　江	生态环境监测“技术骨干”	生态环境部	苏州市张家港生态环境局
陆　磊	生态环境监测“技术骨干”	生态环境部	苏州市张家港生态环境局
李　祥	2020年感动交通年度人物	交通运输部、中华全国总工会	张家港港务集团港盛分公司
王　峰	全国交通运输文化建设先进个人	中国交通企业管理协会、交通行业优秀企业管理成果评审委员会	张家港港务集团党群工作部
张　迁	全国“安康杯”职工安全应急技能知识普及竞赛先进个人	全国“安康杯”竞赛组委会办公室	江苏永钢集团有限公司
陆国强	全国“小个专”党建工作表现突出先进个人	国家市场监督管理总局	市市场监督管理局
张小伟	2020年度全国查处重大侵权盗版案件有功个人(第三批)	国家版权局	市委宣传部
陈东平	2020年度全国查处重大侵权盗版案件有功个人(第三批)	国家版权局	市版权局
朱正东	2020年度全国查处重大侵权盗版案件有功个人(第三批)	国家版权局	市公安局网络安全保卫大队
张云峰	2020年度全国查处重大侵权盗版案件有功个人(第三批)	国家版权局	市公安局城西派出所
葛显平	2020年度全国查处重大侵权盗版案件有功个人(第三批)	国家版权局	市文化市场综合执法大队
顾人英	2020年度全国查处重大侵权盗版案件有功个人(第三批)	国家版权局	市文化市场综合执法大队
李　明	2020年度全国查处重大侵权盗版案件有功个人(第三批)	国家版权局	市文体广电和旅游局
周　军	2020年度全国查处重大侵权盗版案件有功个人(第三批)	国家版权局	市文化市场综合执法大队
钱　欢	2020年度全国查处重大侵权盗版案件有功个人(第三批)	国家版权局	市文化市场综合执法大队
丁　天	2020年度全国查处重大侵权盗版案件有功个人(第三批)	国家版权局	市版权局
朱群军	2020年度全国查处重大侵权盗版案件有功个人(第三批)	国家版权局	市文体广电和旅游局

续表90

姓名	荣誉名称	授予单位	工作单位
卢宇恒	个人一等功	公安部	市公安局塘市派出所
曹洪波	个人二等功	公安部	市公安局塘市派出所
相少鹏	个人二等功	公安部	市公安局兆丰派出所
王　腾	个人三等功	公安部	市公安局鹿苑派出所
张　星	个人嘉奖	公安部	市公安局乐余派出所
朱伦虎	个人嘉奖	公安部	市公安局刑警大队现场勘查中队
张　跞	个人嘉奖	公安部	市公安局交警大队杨舍中队
严奇敏	个人嘉奖	公安部	市公安局城北派出所

2021年张家港市获省级和省条线表彰的先进个人一览表

表91

姓名	荣誉名称	授予单位	工作单位
陆德峰	全省脱贫攻坚暨对口帮扶支援合作先进个人	江苏省委、江苏省政府	市委
陈世海	全省脱贫攻坚暨对口帮扶支援合作先进个人	江苏省委、江苏省政府	市政协
李　刚	全省脱贫攻坚暨对口帮扶支援合作先进个人	江苏省委、江苏省政府	市农业农村局
李红波	全省脱贫攻坚暨对口帮扶支援合作先进个人	江苏省委、江苏省政府	沙洲中学
钱永明	全省脱贫攻坚暨对口帮扶支援合作先进个人	江苏省委、江苏省政府	市第三人民医院
徐振扬	全省脱贫攻坚暨对口帮扶支援合作先进个人	江苏省委、江苏省政府	张家港出入境边防检查站
李　刚	江苏省劳动模范	江苏省委、江苏省政府	中国电信股份有限公司张家港分公司
钱晓萍	江苏省劳动模范	江苏省委、江苏省政府	江苏港通路桥集团有限公司
冯玉姣	江苏省劳动模范	江苏省委、江苏省政府	中国银行股份有限公司张家港分行
朱田中	江苏省劳动模范	江苏省委、江苏省政府	江苏灿勤科技股份有限公司
徐若海	江苏省劳动模范	江苏省委、江苏省政府	中国移动通信集团江苏有限公司张家港分公司
李金华	江苏省劳动模范	江苏省委、江苏省政府	金乐华家庭农场有限公司
庞建华	江苏省劳动模范	江苏省委、江苏省政府	金港街道山北村
陈希云	江苏省劳动模范	江苏省委、江苏省政府	江苏沙钢集团有限公司

续表91

姓名	荣誉名称	授予单位	工作单位
罗云秋	江苏省劳动模范	江苏省委、江苏省政府	市易华润东新材料有限公司
朱金龙	江苏省劳动模范	江苏省委、江苏省政府	市七彩明珠农业科技专业合作社
王树生	江苏省先进工作者	江苏省委、江苏省政府	市第一人民医院
宋卫群	江苏省先进工作者	江苏省委、江苏省政府	乐余中心小学
盛李豪	江苏省体育发展突出贡献个人	江苏省委、江苏省政府	中国射击队
翁　浩	江苏省体育发展突出贡献个人	江苏省委、江苏省政府	中国体操队
王伟强	江苏省体育发展突出贡献个人	江苏省委、江苏省政府	苏州市专业运动队管理中心
缪雨航	江苏省体育发展记大功	江苏省委、江苏省政府	中国自行车队
张　帅	江苏省体育发展记大功	江苏省委、江苏省政府	苏州市专业运动队管理中心
沈　彬	江苏省优秀共产党员	江苏省委	江苏沙钢集团有限公司
黄　强	江苏省优秀共产党员	江苏省委	张家港港务集团港埠分公司
	江苏“最美职工”	江苏省委宣传部、江苏省总工会	
方　治	“江苏工匠”	江苏省政府	市粮食购销总公司
杨正荣	“江苏工匠”	江苏省政府	江苏永钢集团有限公司
泮廷镇	“江苏工匠”	江苏省政府	江苏申港锅炉有限公司
周晓成	首届江苏省科技创新发展奖先进个人	江苏省政府	市委组织部
殷志兰	江苏省道德模范	江苏省精神文明建设指导委员会	南丰镇新德村
沈　琳	2020年度第二届“江苏十大河湖卫士”提名奖	江苏省精神文明建设指导委员会办公室、共青团江苏省委、江苏省水利厅	市水政监察大队
葛永平	2021年度省委巡视工作表现优秀干部	江苏省委巡视工作办公室	市委巡察办公室
张　婷	全省纪检监察系统先进工作者	中共江苏省纪律检查委员会、江苏省监察委员会、江苏省人力资源和社会保障厅	市纪委监委
金俊龙	2020年度宣传信息工作先进个人	江苏省委宣传部	市委宣传部
余亦维	2020年度全省基层党员冬训工作先进个人	江苏省委宣传部、江苏省委组织部	市委宣传部
陈三石	江苏省文化和旅游系统先进工作者	江苏省人力资源和社会保障厅、江苏省文化和旅游厅	市文体广电和旅游局
李　祥	全省国资系统先进个人	江苏省人力资源和社会保障厅、江苏省国资委	张家港港务集团港盛分公司
	江苏省技术能手	江苏省人力资源和社会保障厅	
	省属企业优秀共产党员	江苏省国资委党委	
徐　光	江苏省事业单位脱贫攻坚专项奖励记大功个人	江苏省人力资源和社会保障厅	市长江治理工程管理处
罗建宇	江苏省教育系统先进个人(优秀教师)	江苏省人力资源和社会保障厅、江苏省教育厅	沙洲中学
黄　静	江苏省教育系统先进个人(优秀教师)	江苏省人力资源和社会保障厅、江苏省教育厅	金港中心幼儿园

续表91

姓名	荣誉名称	授予单位	工作单位
夏晓勇	2019—2020年江苏省青年岗位能手	共青团江苏省委、江苏省人力资源和社会保障厅	江苏永钢集团有限公司
崔　艳	2020年度江苏省“十佳青年志愿者”提名奖	共青团江苏省委	市英特星儿童服务中心
路　宽	2020年度江苏省优秀共青团员	共青团江苏省委	金港镇滕德社区居民委员会
虞宁漪	2020年度江苏省优秀共青团干部	共青团江苏省委	经开区(杨舍镇)团委
瞿海燕	2020年度江苏省优秀共青团干部	共青团江苏省委	港区小学
李　冀	2020年度江苏省优秀共青团干部	共青团江苏省委	江苏科技大学苏州理工学院
陆嘉慧	江苏省优秀团支部书记	共青团江苏省委	市疾病预防控制中心
王苏嘉	2020年度全省共青团工作“先进工作者”	共青团江苏省委	共青团张家港市委员会
刘笑菱	2021全省妇联优秀妇女工作通讯员	江苏省妇联	市妇女联合会
盛　敏	2021年度江苏省巾帼建功标兵	江苏省城镇妇女“巾帼建功”活动领导小组、江苏省妇女“双学双比”竞赛活动领导小组、江苏省妇女联合会	市人民检察院
唐秋冬	江苏省五一创新能手	江苏省总工会	张家港港务集团港埠分公司
马　壮	江苏省五一创新能手	江苏省总工会	市公安局刑警大队
夏晓勇	2020年全省青年职业技能大赛计算机网络管理员职工组第九名	共青团江苏省委、江苏省人社厅、江苏省总工会	共青团张家港市委
秦　洁	2021年全国行业职业技能竞赛江苏赛区优秀选手	江苏省农业农村厅、江苏省人力资源和社会保障厅、江苏省总工会	市农业农村局
	2021年江苏省水产技术推广先进个人	江苏省渔业技术推广中心	
陆玉生	江苏省关心下一代工作优秀个人	江苏省关心下一代工作委员会、江苏省精神文明建设指导委员会办公室	市关工委
孙相虎	江苏省关心下一代工作优秀个人	江苏省关心下一代工作委员会、江苏省精神文明建设指导委员会办公室	锦丰镇合兴社区关工委
茅永良	江苏省关心下一代工作优秀个人	江苏省关心下一代工作委员会、江苏省精神文明建设指导委员会办公室	市新四军研究会
姚汉斌	江苏省关心下一代工作优秀个人	江苏省关心下一代工作委员会、江苏省精神文明建设指导委员会办公室	德积街道永兴村关工委
王建新	江苏省关心下一代工作优秀个人	江苏省关心下一代工作委员会、江苏省精神文明建设指导委员会办公室	高新区(塘桥镇)党群工作部关工委
陶明亮	江苏省关心下一代工作优秀个人	江苏省关心下一代工作委员会、江苏省精神文明建设指导委员会办公室	市农业系统关工委
彭印玲	江苏省大中专学生志愿者暑期文化科技卫生“三下乡”社会实践先进工作者	江苏省委宣传部、江苏省教育厅等	梁丰高级中学
金响梅	江苏教师年度人物	“江苏教师年度人物”推选活动组委会	市特殊教育学校
张　维	江苏省五一创新能手	江苏省教育厅、江苏省发改委、江苏省工信局等14个单位	张家港中等专业学校

续表91

姓名	荣誉名称	授予单位	工作单位
黄　磊	江苏省五一创新能手	江苏省教育厅、江苏省发改委、江苏省工信局等14个单位	张家港中等专业学校
谈雅琴	江苏省校园足球工作先进学校校长	江苏省教育厅	梁丰高级中学
施建东	江苏省校园足球工作先进学校校长	江苏省教育厅	梁丰初级中学
王忠明	江苏省校园足球工作先进学校校长	江苏省教育厅	塘桥高级中学
杨丽娟	江苏省校园足球工作先进幼儿园园长	江苏省教育厅	凤凰中心幼儿园
陈霞飞	江苏省校园足球工作先进教师	江苏省教育厅	凤凰中心幼儿园
钱向东	江苏省校园足球工作先进教师	江苏省教育厅	凤凰中心小学
蒋珂玮	江苏省校园足球工作先进教练员	江苏省教育厅	凤凰中心小学
黄云涛	江苏省校园足球工作先进教练员	江苏省教育厅	白鹿小学
陆磊洪	江苏省校园足球工作先进教练员	江苏省教育厅	凤凰中学
申士兵	江苏省校园足球工作先进教练员	江苏省教育厅	梁丰高级中学
张华飞	江苏省校园足球工作先进教练员	江苏省教育厅	塘桥高级中学
黄　奇	全省教育系统关心下一代工作先进个人	江苏省教育系统关工委	市教育局
谢步时	全省教育系统关心下一代工作先进个人	江苏省教育系统关工委	市教育局
许　平	全省教育系统关心下一代工作突出贡献奖	江苏省教育系统关工委	沙洲职业工学院
龚　萍	2020年度社会服务工作特别贡献奖	民盟江苏省委	乐余有机玻璃制品厂
陆　华	2020年度社会服务先进个人	民盟江苏省委	市少年宫
朱敏娟	2020年度宣传工作先进个人	民盟江苏省委	民盟市委办公室
朱长明	庆祝中国民主同盟成立80周年先进个人	民盟江苏省委	市卫健委
谢国锋	庆祝中国民主同盟成立80周年先进个人	民盟江苏省委	江苏广川超导科技有限公司
黄　鹏	庆祝中国民主同盟成立80周年先进个人	民盟江苏省委	江苏科技大学张家港校区
孟博学	庆祝中国民主同盟成立80周年先进个人	民盟江苏省委	双山香山旅游度假区党政办
陈　娟	庆祝中国民主同盟成立80周年先进个人	民盟江苏省委	市中等专业学校
黄　浩	庆祝中国民主同盟成立80周年先进个人	民盟江苏省委	市城建信息中心
黄融融	庆祝中国民主同盟成立80周年先进个人	民盟江苏省委	沙洲职业工学院
高　倩	参政议政先进个人	民建江苏省委	市医疗保障局
张　科	全省自然资源系统优秀党务工作者	江苏省自然资源厅	市自然资源和规划局
刘　勇	全省地质资料管理成绩显著个人	江苏省自然资源厅	市自然资源和规划局
陈　冬	优秀援疆干部人才	中共江苏省对口支援新疆克州前方指挥部委员会	妙桥中学
陈晓红	优秀援疆干部人才	中共江苏省对口支援新疆克州前方指挥部委员会	塘桥初级中学

续表91

姓名	荣誉名称	授予单位	工作单位
李　骏	优秀援疆教师	中共江苏省对口支援新疆克州前方指挥部委员会	塘桥高级中学
王群刚	2021年度全省“安康关爱行动”先进个人	江苏省老龄工作委员会办公室	市疾病预防控制中心
王浩宇	记三等功	江苏海事局	张家港海事局
陆君华	全省交通运输行业精神文明建设先进工作者	江苏省交通运输厅	张家港港务集团港盛分公司
王　峰	全省交通运输行业优秀党务工作者	中共江苏省交通运输行业委员会	张家港港务集团党群工作部
姜　斌	“交通控股杯”第六届“江苏十大见义勇为好司机”提名奖	江苏省见义勇为基金会	江苏港城汽运集团有限公司
孙敏叔	2020年度全省检察机关信息工作先进个人	江苏省人民检察院	市人民检察院
郑　莉	全省检察机关“守正有为检察人”	江苏省人民检察院	市人民检察院
葛丹琼	全省法治巡讲人才库	江苏省人民检察院第八检察部	市人民检察院
庞惠平	2020年度全省公安百优刑警	江苏省公安厅	市公安局刑警大队
陆　斌	个人二等功	江苏省公安厅	市公安局
赵　成	个人二等功	江苏省公安厅	市公安局禁毒大队
叶　锋	个人二等功	江苏省公安厅	市公安局交警大队
徐高峰	个人二等功	江苏省公安厅	市公安局
胥　亮	个人嘉奖	江苏省公安厅	市公安局南沙派出所
陈　来	个人嘉奖	江苏省公安厅	市公安局城中派出所
韩　毅	2020年度全省公安机关命案积案攻坚行动有功个人	江苏省公安厅	市公安局刑警大队
葛仕恩	江苏省优秀人民监督员	江苏省司法厅	沙洲职业工学院
赵　铮	全省社区矫正和安置帮教工作先进个人	江苏省司法厅	锦丰司法所
魏　冉	2021年全省“扫黄打非”先进个人	江苏省“扫黄打非”工作领导小组	市文化市场综合执法大队
陈建弘	江苏省红十字会基层组织工作先进个人	江苏省红十字会	市健康促进中心
王黎江	2021年江苏省金牌劳动关系协调员	江苏省协调劳动关系三方委员会	锦丰镇人社服务中心
黄　峰	2020年度《江苏疾病预防控制信息》编审工作优秀通讯员	江苏省疾病预防控制中心	市疾病预防控制中心
陆翠珍	全省食品安全工作先进个人	江苏省食品安全委员会	市市场监督管理局
高　曦	2021年度全省药品稽查执法暨“雳剑2021”专项行动先进个人	江苏省药品监督管理局	市市场监督管理局
俞鞠敏	《江苏省社会科学普及促进条例》实施工作成绩显著个人	江苏省社会科学普及工作联席会议	市社科联
张佳音	江苏省第十八届社会科学普及宣传周主题知识竞答活动先进个人	江苏省社科联	市社科联

2021年张家港市获地市级表彰的先进个人一览表

表92

姓名	荣誉名称	授予单位	工作单位
陈　冬	优秀援疆干部人才	阿图什市委、阿图什市政府	妙桥中学
郁霞秋	最美姑苏人才	苏州市委、苏州市政府	金港镇长江村
陈建国	苏州市劳动模范	苏州市委、苏州市政府	苏州中康电力运营有限公司
王庆轮	苏州市劳动模范	苏州市委、苏州市政府	张家港联合铜业有限公司
胡大永	苏州市劳动模范	苏州市委、苏州市政府	江苏培达塑料有限公司
蔡沈刚	苏州市劳动模范	苏州市委、苏州市政府	江苏海狮机械股份有限公司
黄建南	苏州市劳动模范	苏州市委、苏州市政府	市市政工程养护工程队
林　华	苏州市劳动模范	苏州市委、苏州市政府	市给排水有限公司
王浩宇	苏州市劳动模范	苏州市委、苏州市政府	张家港海事局
李　祥	苏州市劳动模范	苏州市委、苏州市政府	张家港港务集团港盛分公司
陈建如	苏州市劳动模范	苏州市委、苏州市政府	江苏华昌化工股份有限公司
刘晓黎	苏州市劳动模范	苏州市委、苏州市政府	张家港沙洲电力有限公司
高云峰	苏州市劳动模范	苏州市委、苏州市政府	江海粮油(张家港)产业有限公司
周毅海	苏州市劳动模范	苏州市委、苏州市政府	江苏永钢集团有限公司
陈　峰	苏州市劳动模范	苏州市委、苏州市政府	市金港汽车维修有限公司
许　静	苏州市劳动模范	苏州市委、苏州市政府	太平洋财产保险股份有限公司张家港支公司
奚　涛	苏州市劳动模范 苏州市优秀党务工作者	苏州市委、苏州市政府 苏州市委	后塍街道新塍村
邹长东	苏州市劳动模范	苏州市委、苏州市政府	江苏沙钢集团有限公司
陈丽新	苏州市劳动模范	苏州市委、苏州市政府	国网江苏省电力有限公司张家港市供电分公司
季敏峰	苏州市劳动模范	苏州市委、苏州市政府	市城市投资发展集团有限公司
黄庭明	苏州市劳动模范	苏州市委、苏州市政府	江苏张家港酿酒有限公司
何建锋	苏州市劳动模范	苏州市委、苏州市政府	江苏新美星包装机械股份有限公司
黄和芳	苏州市劳动模范	苏州市委、苏州市政府	江苏新芳科技集团股份有限公司
徐卫华	苏州市劳动模范	苏州市委、苏州市政府	常阴沙现代农业示范园区常北社区
吴　健	苏州市劳动模范	苏州市委、苏州市政府	市华田家庭农场
钱国平	苏州市劳动模范	苏州市委、苏州市政府	市司法局
高　嵘	苏州市劳动模范	苏州市委、苏州市政府	市第一人民医院
顾　洁	苏州市劳动模范	苏州市委、苏州市政府	塘桥中心小学
周　钧	苏州市劳动模范	苏州市委、苏州市政府	市退役军人事务局
邵继东	苏州市劳动模范	苏州市委、苏州市政府	市信访局
张艳文	苏州市劳动模范	苏州市委、苏州市政府	市财政局
葛剑锋	“农业农村现代化法治苏州”先进个人	苏州市委、苏州市政府	经开区(杨舍镇)善港村

续表92

姓名	荣誉名称	授予单位	工作单位
徐　晶	“法治苏州”先进个人	苏州市委、苏州市政府	市人民检察院
魏长军	抗疫先进个人	苏州市委、苏州市政府	市公安局出入境管理大队
苏侃斌	苏州市拥军优属先进个人	苏州市委、苏州市政府、苏州军分区	高新区（塘桥镇）
席林仙	苏州市拥军优属先进个人	苏州市委、苏州市政府、苏州军分区	市邮政分公司
李鹤宇	苏州市拥政爱民先进个人	苏州市委、苏州市政府、苏州军分区	武警张家港中队
陈　强	苏州市优秀共产党员	苏州市委	金港街道长山村
徐卫民	苏州市优秀共产党员	苏州市委	东渡集团
季　东	苏州市优秀共产党员	苏州市委	冶金园（锦丰镇）
蔡　晖	苏州市优秀共产党员	苏州市委	高新区（塘桥镇）
余　刚	苏州市优秀共产党员	苏州市委	乐余镇经济发展局
邓立新	苏州市优秀共产党员	苏州市委	市发改委
许坚伟	苏州市优秀共产党员	苏州市委	市市场监督管理局开发区分局
王　强	苏州市优秀共产党员	苏州市委	市住房和城乡建设局
许建江	苏州市优秀共产党员	苏州市委	凤凰镇双龙村
王志勇	苏州市优秀共产党员	苏州市委	大新镇金银杏志愿者协会
陈海文	苏州市优秀党务工作者	苏州市委	经开区（杨舍镇）
陈晓怡	苏州市优秀党务工作者	苏州市委	冶金园（锦丰镇）
朱浩锋	苏州市优秀党务工作者	苏州市委	大新镇
陈　东	苏州市优秀党务工作者	苏州市委	常阴沙现代农业示范园区常西社区
陈　娟	苏州市优秀党务工作者	苏州市委	市教育局
朱本绪	苏州市优秀党务工作者	苏州市委	市公安局大新派出所
吴丽萍	苏州市优秀党务工作者	苏州市委	市自然资源和规划局
季向红	苏州市优秀党务工作者	苏州市委	南丰镇党群工作局
杨　平	苏州市优秀党务工作者	苏州市委	高新区（塘桥镇）党群工作部
宋国华	苏州市知识产权保护工作先进个人	苏州市政府	江苏固耐特围栏系统股份有限公司
印　刚	苏州市知识产权保护工作先进个人	苏州市政府	江苏新美星包装机械股份有限公司
蔡　洁	苏州市知识产权保护工作先进个人	苏州市政府	江苏金陵体育器材股份有限公司
何国锋	苏州市知识产权保护工作先进个人	苏州市政府	江苏富淼科技股份有限公司
胡　环	苏州市知识产权保护工作先进个人	苏州市政府	中国建设银行张家港支行
方海峰	苏州市知识产权保护工作先进个人	苏州市政府	江苏科技大学张家港校区
陆海媛	苏州市知识产权保护工作先进个人	苏州市政府	江苏华盛锂电材料股份有限公司
项　伟	苏州市知识产权保护工作先进个人	苏州市政府	市科技局
宋　科	苏州市知识产权保护工作先进个人	苏州市政府	市市场监管局南丰分局

续表92

姓名	荣誉名称	授予单位	工作单位
顾秋月	苏州市知识产权保护工作先进个人	苏州市政府	高新区创新发展部
沈　坚	苏州市创建全国禁毒示范城市先进个人	苏州市政府	市法院
蒋铭明	苏州市创建全国禁毒示范城市先进个人	苏州市政府	市公安局治安大队
徐卫峰	苏州市创建全国禁毒示范城市先进个人	苏州市政府	保税区政法和社会管理办公室
朱晓春	苏州市创建全国禁毒示范城市先进个人	苏州市政府	市自强社会服务社
陈三石	2020年度苏州市优秀版权奖二等奖	苏州市政府	市美术馆
潘　虎	苏州市民兵工作先进个人	苏州市政府、苏州军分区	大新镇人武部
吴　杰	苏州市民兵工作先进个人	苏州市政府、苏州军分区	常阴沙现代农业示范园区人武部
毛栋丞	苏州市民兵工作先进个人	苏州市政府、苏州军分区	高新区(塘桥镇)党群工作部人武部
孙东枭	苏州市民兵工作先进个人	苏州市政府、苏州军分区	双山香山旅游度假区人武部
钱疆远	苏州市民兵工作先进个人	苏州市政府、苏州军分区	乐余镇人武部

先进集体

2021年张家港市获国家条线及以上表彰的先进集体一览表

表93

获奖单位	荣誉名称	授予单位
张家港市	全国文明典范城市创建试点城市(全国唯一县级城市)	中央文明办
	健康城市创新发展奖	世界卫生组织西太区健康城市联盟
	国家卫生城市(十连冠)	全国爱卫会
	2020年度健康城市建设样板市	全国爱卫办
	2021—2025年度全国科普示范县(市、区)	中国科协
	全国农作物病虫害绿色防控示范县和统防统治百强县(第一批)	农业农村部
	全国农村创业创新典型县	农业农村部办公厅
	国家水土保持示范县	水利部
	全国节水型社会建设达标县(区)(第四批)	水利部
	2018—2020年全国计划生育优质服务先进单位	国家卫生健康委
	全国民族团结进步示范区示范单位(第九批)	国家民族事务委员会
	全国县域足球典型(首批)	国家体育总局

续表93

获奖单位	荣誉名称	授予单位
张家港市	全国围棋之乡	中国围棋协会
	2021年中国领军智慧城市	中国国际高新技术成果交易会智慧城市展组委会
	全国“家校（园）共育”数字化项目示范区	国家教育行政学院家庭教育研究中心等
	中国高端石化装备名城	中国机械工业联合会
经开区（杨舍镇）善港村	全国脱贫攻坚先进集体	中共中央、国务院
	全国民主法治示范村	司法部、民政部
	全国乡村治理示范村	中央农办、农业农村部、中央宣传部、民政部、司法部、国家乡村振兴局
经开区（杨舍镇）善港现代农业园	全国农村创业创新园区（基地）	农业农村部
金港街道长江村党委	全国先进基层党组织	中共中央
市委宣传部	2020年度舆情信息工作优秀单位	中央宣传部
南丰镇永联爱心互助志愿者联合会橄榄绿志愿服务队	全国最佳志愿服务组织	中央宣传部、中央文明办等18部门
南丰镇永合社区	2021年全国示范性老年友好型社区	国家卫健委、全国老龄办
市司法局锦丰司法所	全国模范司法所	司法部
凤凰镇	2021—2023年度“中国民间文化艺术之乡”	文化和旅游部
张家港农商行小微金融事业部	第20届全国青年文明号	共青团中央等23个单位
市第八中学	2021年度“申报示范”类“小平科技创新实验室”建设学校	共青团中央
市妇联	全国维护妇女儿童权益先进集体	全国妇联
市文化中心志愿服务科	全国巾帼文明岗	全国妇联
江苏永钢集团有限公司智能炼钢生产车间	全国工人先锋号	中华全国总工会
江苏沙钢集团有限公司	全国五一劳动奖状	中华全国总工会
张家港留学人员创业园	省部共建留创园	人力资源社会保障部
德积街道	中国针织包芯纱生产基地	中国针织工业协会
冶金园（锦丰镇）	2020年中国产学研合作创新示范基地	中国产学研合作促进会
市政府残疾人工作委员会	全国残疾人工作先进单位	国务院残疾人工作委员会
市民政局	全国农村留守儿童关爱保护和困境儿童保障工作先进集体	农村留守儿童关爱保护和困境儿童保障工作部际联席会议办公室
张家港生态环境综合行政执法局	2021年生态环境保护执法大练兵表现突出集体	生态环境部
常阴沙现代农业示范园区常兴社区	全国生态文化村	中国生态文化协会
市家庭教育服务中心	全国家校社协同育人实践基地(首批)	国家开放大学社会教育部

续表93

获奖单位	荣誉名称	授予单位
白鹿小学	全国“家校(园)共育”数字化项目示范学校(幼儿园)	国家教育行政学院家庭教育研究中心等
云盘小学	全国“家校(园)共育”数字化项目示范学校(幼儿园)	国家教育行政学院家庭教育研究中心等
市第一中学	全国“家校(园)共育”数字化项目示范学校(幼儿园)	国家教育行政学院家庭教育研究中心等
实验幼儿园	全国“家校(园)共育”数字化项目示范学校(幼儿园)	国家教育行政学院家庭教育研究中心等
塘市小学	全国“家校(园)共育”数字化项目示范学校(幼儿园)	国家教育行政学院家庭教育研究中心等
福前实验幼儿园	全国“家校(园)共育”数字化项目示范学校(幼儿园)	国家教育行政学院家庭教育研究中心等
金港中心幼儿园	全国“家校(园)共育”数字化项目示范学校(幼儿园)	国家教育行政学院家庭教育研究中心等
凤凰中心幼儿园	全国足球特色幼儿园示范园	全国青少年校园足球工作领导小组办公室
白鹿幼儿园	全国足球特色幼儿园示范园	全国青少年校园足球工作领导小组办公室
崇真幼儿园	全国足球特色幼儿园示范园	全国青少年校园足球工作领导小组办公室
德积小学	《义务教育综合实践活动教学装备配置标准》验证学校	教育部教育装备研究与发展中心
市检察院	2021年度全国检察宣传先进单位	最高人民检察院、检察日报社
市检察院“合规护企”检察办案团队	2021年度全国检察机关优秀办案团队	最高人民检察院
市检察院四部	2020年度查处重大侵权盗版案件有功单位	国家版权局
市公安局	2020年度查处重大侵权盗版案件有功单位	国家版权局
市公安局经侦大队	集体三等功	国家证监会
市版权局	2020年度查处重大侵权盗版案件有功单位	国家版权局
市公安局网安大队	2020年度查处重大侵权盗版案件有功单位	国家版权局
市看守所	全国基础设施建设示范公安监所	公安部监所管理局
市法院知识产权审判庭	2020年度查处重大侵权盗版案件有功单位	国家版权局
市文体广电和旅游局	2017—2020年度全国群众体育先进单位	国家体育总局
	第25届“中国少儿戏曲小梅花荟萃”优秀组织单位	中国戏剧家协会
	2021年全国“扫黄打非”先进集体	全国“扫黄打非”工作领导小组
市文化市场综合执法大队	2020年度全国查处重大侵权盗版案件有功单位	国家版权局
	2020—2021年度全国文化市场综合执法重大案件办案单位	文化和旅游部办公厅
市锡剧艺术中心	第25届“中国少儿戏曲小梅花荟萃”优秀组织单位	中国戏剧家协会
经开区(杨舍镇)晨阳社区	2021年书香社区	中国图书馆学会

续表93

获奖单位	荣誉名称	授予单位
市交通运输局	2021年全国“安康杯”职工安全应急技能知识普及竞赛活动优秀组织单位	全国“安康杯”竞赛组委会办公室
张家港港务集团有限公司	全国交通运输文化建设卓越单位	中国交通企业管理协会、交通行业优秀企业管理成果评审委员会
	第七届全国交通运输企(事)业法治先进单位	中国交通企业管理协会、交通行业优秀企业管理成果评审委员会
张家港港务集团有限公司港盛分公司	亚太绿色港口	亚太港口服务组织(APEC Port Services Network)
张家港港务集团有限公司船务分公司	2020年度国家海(水)上搜救突出贡献社会力量	中国海上搜救中心、交通运输部海事局
市委政法委	2021年度《长安》杂志宣传通联工作先进单位	中央政法委办公厅
市社会治理现代化指挥中心	2021年全国政务热线服务质量评估“服务企业优秀单位”	中山大学数字治理研究中心、清华大学数据治理研究中心、政务热线发展联盟、才博智慧治理研究院
市疾病预防控制中心	2021年肿瘤登记工作进步奖	国家癌症中心
南丰镇人民医院	2021年“优质服务基层行”活动中表现突出、成效显著机构	国家卫生健康委员会办公厅、国家中医药管理局办公室
大新镇人民医院	2020年优质服务基层行活动中表现突出、成效显著机构	国家卫生健康委员会办公厅、国家中医药管理局办公室
张家港澳洋医院	第五届“县域医疗榜样力量”最美县医院奖	中国县域卫生发展研究中心

2021年张家港市获省级和省条线表彰的先进集体一览表

表94

获奖单位	荣誉名称	授予单位
张家港市	2020年度全省基层党员冬训工作示范市	江苏省委宣传部、江苏省委组织部
	江苏省自然资源节约集约利用资金奖励地区	江苏省自然资源厅
	省级耕地保护激励单位	江苏省自然资源厅
	江苏省全域旅游示范区(第三批)	江苏省文化和旅游厅(省文物局)
	江苏省体育消费城市试点单位(首批)	江苏省体育局
	江苏省公立医院综合改革示范县(市、区)	江苏省深化医改暨省级综合医改试点工作领导小组办公室
	2021年度江苏省“安康关爱行动”先进单位	江苏省老龄工作委员会办公室
	江苏省幼小衔接实验区(首批)	江苏省教育厅
	全省农作物病虫害“绿色防控示范县”	江苏省植物保护检验检疫站
市发改委	全省脱贫攻坚暨对口帮扶支援合作先进集体	江苏省委、江苏省政府
市人社局	全省脱贫攻坚暨对口帮扶支援合作先进集体	江苏省委、江苏省政府
金港街道长江村党委	江苏省先进基层党组织	江苏省委

续表94

获奖单位	荣誉名称	授予单位
市纪委监委机关	2021年度江苏省纪检监察机关先进集体	中共江苏省纪律检查委员会、江苏省监察委员会、江苏省人力资源和社会保障厅
市政协	全省政协系统先进集体	江苏省人力资源和社会保障厅、江苏省政协办公厅
市委宣传部	2020年度宣传信息工作先进单位	江苏省委宣传部
市总工会	全省优秀农民工工作先进集体	江苏省农民工工作领导小组
市总工会职工援助服务中心	江苏省五一劳动奖状	江苏省总工会
	在困难职工解困脱困工作中做出优异成绩的集体	江苏省总工会
市妇女联合会	第三届江苏女性融媒体创意大赛全国邀请赛优秀组织奖	江苏省妇联
市妇女联合会“暨阳玫瑰”巾帼志愿服务总队	江苏省巾帼志愿服务十佳组织	江苏省妇联
共青团张家港市委	2021年度全省团属报刊宣传工作先进典型	共青团江苏省委
	2020年度江苏新疆西藏青海少年儿童“手拉手”互助活动优秀组织奖	共青团江苏省委、江苏省少工委、中国邮政集团公司江苏省分公司
市青年志愿者协会	2020年度江苏省青年志愿服务行动组织奖	共青团江苏省委
市外国语学校团委	2020年度江苏省五四红旗团委（团工委）	共青团江苏省委
市中医医院团委	2020年度江苏省五四红旗团委（团工委）	共青团江苏省委
张家港海事局团委	2020年度江苏省五四红旗团委（团工委）	共青团江苏省委
江苏沙钢集团有限公司钢板总厂团总支	2020年度江苏省五四红旗团支部（团总支）	共青团江苏省委
大新镇新东社区团支部	2020年度江苏省五四红旗团支部（团总支）	共青团江苏省委
开放大学2016级会计	2020—2021学年度江苏省省级先进班集体	江苏省教育厅、共青团江苏省委
杨舍镇关工委	江苏省关心下一代工作优秀集体	江苏省关心下一代工作委员会、江苏省精神文明建设指导委员会办公室
市教育局关工委	江苏省关心下一代工作优秀集体	江苏省关心下一代工作委员会、江苏省精神文明建设指导委员会办公室
杨舍镇	2019—2021年度江苏省文明乡镇	江苏省精神文明建设指导委员会
杨舍镇河南社区（村）	2019—2021年度江苏省文明村	江苏省精神文明建设指导委员会
杨舍镇福前村	2019—2021年度江苏省文明村	江苏省精神文明建设指导委员会
杨舍镇善港村	2019—2021年度江苏省文明村	江苏省精神文明建设指导委员会
杨舍镇花园浜社区	2019—2021年度江苏省文明社区	江苏省精神文明建设指导委员会
锦丰镇	2019—2021年度江苏省文明乡镇	江苏省精神文明建设指导委员会
	2020年度江苏新疆西藏青海少年儿童“手拉手”互助活动贡献奖	共青团江苏省委、江苏省少工委、中国邮政集团公司江苏省分公司
	2021年省级耕地保护激励单位	江苏省自然资源厅
锦丰镇建设村	2019—2021年度江苏省文明村	江苏省精神文明建设指导委员会

续表94

获奖单位	荣誉名称	授予单位
锦丰镇星火村	2019—2021年度江苏省文明村	江苏省精神文明建设指导委员会
锦丰镇西界港村	2019—2021年度江苏省文明村	江苏省精神文明建设指导委员会
锦丰镇书院社区	2019—2021年度江苏省文明社区	江苏省精神文明建设指导委员会
塘桥镇	2019—2021年度江苏省文明乡镇	江苏省精神文明建设指导委员会
	暖心家园	江苏省卫生健康委员会、江苏省计生协会
塘桥镇横泾村	2019—2021年度江苏省文明村	江苏省精神文明建设指导委员会
塘桥镇滩里村	2019—2021年度江苏省文明村	江苏省精神文明建设指导委员会
塘桥镇金村村	2019—2021年度江苏省文明村	江苏省精神文明建设指导委员会
乐余镇	2019—2021年度江苏省文明乡镇	江苏省精神文明建设指导委员会
乐余镇常丰村	2019—2021年度江苏省文明村	江苏省精神文明建设指导委员会
乐余镇永乐村	2019—2021年度江苏省文明村	江苏省精神文明建设指导委员会
乐余镇永利村	2019—2021年度江苏省文明村	江苏省精神文明建设指导委员会
乐余镇乐海社区	2019—2021年度江苏省文明社区	江苏省精神文明建设指导委员会
凤凰镇	2019—2021年度江苏省文明乡镇	江苏省精神文明建设指导委员会
凤凰镇程墩村	2019—2021年度江苏省文明村	江苏省精神文明建设指导委员会
凤凰镇双龙村	2019—2021年度江苏省文明村	江苏省精神文明建设指导委员会
凤凰镇魏庄村	2019—2021年度江苏省文明村	江苏省精神文明建设指导委员会
凤凰镇湖滨社区	2019—2021年度江苏省文明社区	江苏省精神文明建设指导委员会
南丰镇	2019—2021年度江苏省文明乡镇	江苏省精神文明建设指导委员会
	2020年度全省基层党员冬训工作示范镇	江苏省委宣传部、江苏省委组织部
南丰镇永联村	2019—2021年度江苏省文明村	江苏省精神文明建设指导委员会
南丰镇建农村	2019—2021年度江苏省文明村	江苏省精神文明建设指导委员会
南丰镇新德村	2019—2021年度江苏省文明村	江苏省精神文明建设指导委员会
大新镇	2019—2021年度江苏省文明乡镇	江苏省精神文明建设指导委员会
大新镇桥头村	2019—2021年度江苏省文明村	江苏省精神文明建设指导委员会
大新镇新海坝村	2019—2021年度江苏省文明村	江苏省精神文明建设指导委员会
大新镇大新社区	2019—2021年度江苏省文明社区	江苏省精神文明建设指导委员会
常阴沙现代农业示范园区常兴社区	2019—2021年度江苏省文明社区	江苏省精神文明建设指导委员会
金港街道	2019—2021年度江苏省文明乡镇	江苏省精神文明建设指导委员会
金港街道长江村	2019—2021年度江苏省文明村	江苏省精神文明建设指导委员会
金港街道长山村	2019—2021年度江苏省文明村	江苏省精神文明建设指导委员会
德积街道德丰社区	2019—2021年度江苏省文明社区	江苏省精神文明建设指导委员会

续表94

获奖单位	荣誉名称	授予单位
市财政局	2019—2021年度江苏省文明单位	江苏省精神文明建设指导委员会
张家港海关(金港海关)	2019—2021年度江苏省文明单位	江苏省精神文明建设指导委员会
张家港海事局	2019—2021年度江苏省文明单位	江苏省精神文明建设指导委员会
市水政监察大队	2019—2021年度江苏省文明单位	江苏省精神文明建设指导委员会
市公安局	2019—2021年度江苏省文明单位	江苏省精神文明建设指导委员会
市民政局	2019—2021年度江苏省文明单位	江苏省精神文明建设指导委员会
市自然资源和规划局	2019—2021年度江苏省文明单位	江苏省精神文明建设指导委员会
市住房和城乡建设局	2019—2021年度江苏省文明单位	江苏省精神文明建设指导委员会
市交通运输局	2019—2021年度江苏省文明单位	江苏省精神文明建设指导委员会
	2018—2020年度全省交通运输行业文明单位	江苏省交通运输厅
市人民检察院	2019—2021年度江苏省文明单位	江苏省精神文明指导委员会
	全省检察机关信息工作先进单位	江苏省人民检察院办公室
市卫生健康委员会	2019—2021年度江苏省文明单位	江苏省精神文明建设指导委员会
市审计局	2019—2021年度江苏省文明单位	江苏省精神文明建设指导委员会
市行政审批局	2019—2021年度江苏省文明单位	江苏省精神文明建设指导委员会
市市场监督管理局	2019—2021年度江苏省文明单位	江苏省精神文明建设指导委员会
市水务局	2019—2021年度江苏省文明单位	江苏省精神文明建设指导委员会
市新时代文明实践工作指导中心	2019—2021年度江苏省文明单位	江苏省精神文明建设指导委员会
苏州市张家港生态环境局	2019—2021年度江苏省文明单位	江苏省精神文明建设指导委员会
国家税务总局张家港市税务局	2019—2021年度江苏省文明单位	江苏省精神文明建设指导委员会
长江航运公安局苏州分局	2019—2021年度江苏省文明单位	江苏省精神文明建设指导委员会
中国人民银行张家港市支行	2019—2021年度江苏省文明单位	江苏省精神文明建设指导委员会
中国农业银行股份有限公司张家港分行	2019—2021年度江苏省文明单位	江苏省精神文明建设指导委员会
中国银行股份有限公司张家港分行	2019—2021年度江苏省文明单位	江苏省精神文明建设指导委员会
江苏张家港农村商业银行股份有限公司	2019—2021年度江苏省文明单位	江苏省精神文明建设指导委员会
中国邮政集团有限公司江苏省张家港市分公司	2019—2021年度江苏省文明单位	江苏省精神文明建设指导委员会
中国移动通信集团江苏有限公司张家港分公司	2019—2021年度江苏省文明单位	江苏省精神文明建设指导委员会
中国电信股份有限公司张家港分公司	2019—2021年度江苏省文明单位	江苏省精神文明建设指导委员会
中国联合网络通信有限公司张家港分公司	2019—2021年度江苏省文明单位	江苏省精神文明建设指导委员会

续表94

获奖单位	荣誉名称	授予单位
国网江苏电力有限公司张家港市供电分公司	2019—2021年度江苏省文明单位	江苏省精神文明建设指导委员会
江苏凤凰新华书店集团有限公司张家港分公司	2019—2021年度江苏省文明单位	江苏省精神文明建设指导委员会
江苏沙钢集团有限公司（本部）	2019—2021年度江苏省文明单位	江苏省精神文明建设指导委员会
澳洋集团有限公司（本部）	2019—2021年度江苏省文明单位	江苏省精神文明建设指导委员会
江苏永钢集团有限公司（本部）	2019—2021年度江苏省文明单位	江苏省精神文明建设指导委员会
江苏新芳科技集团	2019—2021年度江苏省文明单位	江苏省精神文明建设指导委员会
市教育局	2019—2021年度江苏省文明单位	江苏省精神文明建设指导委员会
市机关幼儿园	2019—2021年度江苏省文明单位	江苏省精神文明建设指导委员会
江帆小学	2019—2021年度江苏省文明校园（中小学）	江苏省精神文明建设指导委员会
江苏省梁丰高级中学	2019—2021年度江苏省文明校园（中小学）	江苏省精神文明建设指导委员会
	江苏省校园足球工作先进学校	江苏省教育厅
市实验小学	2019—2021年度江苏省文明校园（中小学）	江苏省精神文明建设指导委员会
塘市小学	2019—2021年度江苏省文明校园（中小学）	江苏省精神文明建设指导委员会
市文体广电和旅游局	2019—2021年度江苏省文明单位	江苏省精神文明建设指导委员会
	2021年度江苏省境外卫星电视传播秩序专项整治工作成绩突出单位	江苏省广播电视局
市文化市场综合执法大队	江苏省文化和旅游系统先进集体	江苏省人力资源和社会保障厅、江苏省文化和旅游厅
张家港港务集团有限公司港埠分公司装载操作部司机二组	江苏省青年安全生产示范岗	共青团江苏省委、江苏省应急管理厅
张家港港务集团有限公司港埠分公司现场操作一部	江苏省交通运输行业文明示范窗口	江苏省交通运输厅
民盟张家港市委	2020—2021年度宣传工作先进集体一等奖	民盟江苏省委
	庆祝中国民主同盟成立80周年先进集体	民盟江苏省委
民盟张家港市科技支部	庆祝中国民主同盟成立80周年先进基层组织	民盟江苏省委
市人民防空办公室	江苏省人防工作县（市、区）人防工作先进单位	江苏省人民防空办公室
市农业农村局	省级财政农业相关专项资金部门绩效自评价优秀单位	江苏省农业农村厅
冶金园（锦丰镇）新时代文明实践所	江苏省民族工作“红石榴家园”（首批）	江苏省民族宗教事务委员会
高新区（塘桥镇）花园村	工作成绩突出单位	江苏省计划生育协会
高新区（塘桥镇）退役军人服务站	江苏省优秀退役军人服务站	江苏省退役军人服务中心
高新区（塘桥镇）金村村退役军人服务站	江苏省“百家红色精品退役军人服务站”	江苏省退役军人事务厅
南丰小学	江苏省教育系统先进集体	江苏省教育厅

续表94

获奖单位	荣誉名称	授予单位
闸上幼儿园	江苏省优质幼儿园	江苏省教育厅
暨阳湖幼儿园	江苏省优质幼儿园	江苏省教育厅
	江苏省节水型学校	江苏省水利厅、江苏省教育厅
世茂幼儿园	江苏省优质幼儿园	江苏省教育厅
泗港实验幼儿园	江苏省优质幼儿园	江苏省教育厅
北庄幼儿园	江苏省优质幼儿园	江苏省教育厅
梁丰初级中学	江苏省足球后备人才示范学校	江苏省教育厅
	江苏省校园足球工作先进学校	江苏省教育厅
凤凰中心小学	江苏省校园足球工作先进学校	江苏省教育厅
塘桥高级中学	江苏省校园足球工作先进学校	江苏省教育厅
	江苏省智慧校园	江苏省教育厅、江苏省工业和信息化厅
塘桥初级中学	江苏省智慧校园	江苏省教育厅、江苏省工业和信息化厅
鹿苑中学	江苏省智慧校园	江苏省教育厅、江苏省工业和信息化厅
塘桥中心小学	江苏省智慧校园	江苏省教育厅、江苏省工业和信息化厅
鹿苑小学	江苏省智慧校园	江苏省教育厅、江苏省工业和信息化厅
妙桥小学	江苏省智慧校园	江苏省教育厅、江苏省工业和信息化厅
青龙小学	江苏省智慧校园	江苏省教育厅、江苏省工业和信息化厅
徐市小学	江苏省智慧校园	江苏省教育厅、江苏省工业和信息化厅
万红小学	江苏省智慧校园	江苏省教育厅、江苏省工业和信息化厅
东莱小学	江苏省智慧校园	江苏省教育厅、江苏省工业和信息化厅
白鹿小学	江苏省智慧校园	江苏省教育厅、江苏省工业和信息化厅
暨阳实验小学	江苏省智慧校园	江苏省教育厅、江苏省工业和信息化厅
港区小学	江苏省智慧校园	江苏省教育厅、江苏省工业和信息化厅
崇真小学	江苏省智慧校园	江苏省教育厅、江苏省工业和信息化厅
乘航小学	江苏省智慧校园	江苏省教育厅、江苏省工业和信息化厅
南沙小学	江苏省智慧校园	江苏省教育厅、江苏省工业和信息化厅
世茂小学	江苏省智慧校园	江苏省教育厅、江苏省工业和信息化厅
梁丰小学	江苏省智慧校园	江苏省教育厅、江苏省工业和信息化厅
锦丰中心小学	江苏省智慧校园	江苏省教育厅、江苏省工业和信息化厅
城北小学	江苏省智慧校园	江苏省教育厅、江苏省工业和信息化厅
凤凰中心小学	江苏省智慧校园	江苏省教育厅、江苏省工业和信息化厅
云盘小学	江苏省智慧校园	江苏省教育厅、江苏省工业和信息化厅

续表94

获奖单位	荣誉名称	授予单位
泗港小学	江苏省智慧校园	江苏省教育厅、江苏省工业和信息化厅
常阴沙学校	江苏省智慧校园	江苏省教育厅、江苏省工业和信息化厅
南丰小学	江苏省智慧校园	江苏省教育厅、江苏省工业和信息化厅
乐余高级中学	江苏省智慧校园	江苏省教育厅、江苏省工业和信息化厅
常青藤实验学校	江苏省智慧校园	江苏省教育厅、江苏省工业和信息化厅
暨阳高级中学	江苏省智慧校园	江苏省教育厅、江苏省工业和信息化厅
崇真中学	江苏省智慧校园	江苏省教育厅、江苏省工业和信息化厅
张家港高级中学	江苏省智慧校园	江苏省教育厅、江苏省工业和信息化厅
市第七中学	江苏省智慧校园	江苏省教育厅、江苏省工业和信息化厅
市第八中学	江苏省智慧校园	江苏省教育厅、江苏省工业和信息化厅
市外国语学校	江苏省智慧校园	江苏省教育厅、江苏省工业和信息化厅
市第二中学	江苏省智慧校园	江苏省教育厅、江苏省工业和信息化厅
港区初级中学	江苏省智慧校园	江苏省教育厅、江苏省工业和信息化厅
塘市初级中学	江苏省智慧校园	江苏省教育厅、江苏省工业和信息化厅
大新实验学校	江苏省智慧校园	江苏省教育厅、江苏省工业和信息化厅
晨阳学校	江苏省智慧校园	江苏省教育厅、江苏省工业和信息化厅
后塍学校	江苏省智慧校园	江苏省教育厅、江苏省工业和信息化厅
凤凰中学	江苏省智慧校园	江苏省教育厅、江苏省工业和信息化厅
东渡实验学校	江苏省智慧校园	江苏省教育厅、江苏省工业和信息化厅
港口学校	江苏省智慧校园	江苏省教育厅、江苏省工业和信息化厅
市第三职业高级中学（市高级技工学校）关工委	全省教育系统关心下一代工作先进集体	江苏省教育系统关工委
沙洲职业工学院关工委	全省教育系统关心下一代工作先进集体	江苏省教育系统关工委
凤凰镇人民来访接待中心	2020年度年全省信访系统“人民满意窗口”示范单位	江苏省政府信访局
双山岛渡江胜利公园	江苏省双拥示范基地	江苏省双拥工作领导小组办公室
	江苏省党史教育基地	江苏省委党史工办
双山香山文化旅游发展有限公司	江苏省文明旅游示范单位	江苏省文化旅游厅
市第三人民医院	江苏省示范发热门诊	江苏省卫生健康委员会
	2021年江苏省老年友善医疗机构优秀单位	江苏省卫生健康委员会、江苏省中医药管理局
市中医医院	2021年江苏省老年友善医疗机构优秀单位	江苏省卫生健康委员会、江苏省中医药管理局

续表94

获奖单位	荣誉名称	授予单位
市第五人民医院	2021年江苏省老年友善医疗机构优秀单位	江苏省卫生健康委员会、江苏省中医药管理局
	江苏省健康促进医院	江苏省卫生健康委办公室
市第六人民医院	2021年江苏省老年友善医疗机构优秀单位	江苏省卫生健康委员会、江苏省中医药管理局
市第二人民医院	2021年江苏省老年友善医疗机构优秀单位	江苏省卫生健康委员会、江苏省中医药管理局
南丰镇人民医院	2021年江苏省老年友善医疗机构优秀单位	江苏省卫生健康委员会、江苏省中医药管理局
凤凰镇人民医院	2021年江苏省老年友善医疗机构优秀单位	江苏省卫生健康委员会、江苏省中医药管理局
大新镇人民医院	2021年江苏省老年友善医疗机构优秀单位	江苏省卫生健康委员会、江苏省中医药管理局
张家港澳洋医院	2021年江苏省老年友善医疗机构优秀单位	江苏省卫生健康委员会、江苏省中医药管理局
张家港澳洋顺康医院	2021年江苏省老年友善医疗机构优秀单位	江苏省卫生健康委员会、江苏省中医药管理局
张家港澳洋护理院	2021年江苏省老年友善医疗机构优秀单位	江苏省卫生健康委员会、江苏省中医药管理局
张家港优居壹佰护理院	2021年江苏省老年友善医疗机构优秀单位	江苏省卫生健康委员会、江苏省中医药管理局
张家港锦圆护理院	2021年江苏省老年友善医疗机构优秀单位	江苏省卫生健康委员会、江苏省中医药管理局
张家港广和中西医结合医院	2021年江苏省老年友善医疗机构优秀单位	江苏省卫生健康委员会、江苏省中医药管理局
张家港港城康复医院	2021年江苏省老年友善医疗机构优秀单位	江苏省卫生健康委员会、江苏省中医药管理局
张家港健华医院	2021年江苏省老年友善医疗机构优秀单位	江苏省卫生健康委员会、江苏省中医药管理局
鹿苑医院	2021年江苏省老年友善医疗机构优秀单位	江苏省卫生健康委员会、江苏省中医药管理局
妙桥医院	2021年江苏省老年友善医疗机构优秀单位	江苏省卫生健康委员会、江苏省中医药管理局
合兴医院	2021年江苏省老年友善医疗机构优秀单位	江苏省卫生健康委员会、江苏省中医药管理局
张家港常阴沙医院	2021年江苏省老年友善医疗机构优秀单位	江苏省卫生健康委员会、江苏省中医药管理局
市人民法院	全省法院援藏援疆管理工作先进集体	江苏省高级人民法院
市人民法院民事审判第一庭	全省法院指导人民法庭工作先进集体	江苏省高级人民法院
市公安局交警大队	2020年度全省超限超载运输治理工作优秀集体	江苏省交通运输厅、江苏省公安厅
市公安局法制大队	全省公安机关成绩突出党员集体	江苏省公安厅

续表94

获奖单位	荣誉名称	授予单位
市公安局指挥中心	集体二等功	江苏省公安厅
“926”部督跨境开设赌场案专案组	集体二等功	江苏省公安厅
市公安局交警大队办案中队	2020年度新时代江苏公安交警基层所队标杆单位	江苏省公安厅
市公安局城北派出所	节水型机关	江苏省水利厅、江苏省机关事务管理局
市商务局	节水型机关	江苏省水利厅、江苏省机关事务管理局
江苏华昌化工股份有限公司	节水型机关	江苏省水利厅、江苏省机关事务管理局
双山香山旅游度假区管委会	节水型机关	江苏省水利厅、江苏省机关事务管理局
市检验检测中心	节水型机关	江苏省水利厅、江苏省机关事务管理局
市新闻出版局	2020年全省扫黄打非先进集体	江苏省“扫黄打非”工作领导小组
市市场监督管理局	全省食品安全工作先进集体	江苏省食品安全委员会
市市场监督管理综合执法大队	2021年度全省药品稽查执法暨“雳剑2021”专项行动先进集体	江苏省药品监督管理局

2021年张家港市获苏州市级表彰的先进集体一览表

表95

获奖单位	荣誉名称	授予单位
张家港市	苏州市人才科技工作创新进步地区	苏州市委、苏州市政府
	2021年度全市质量工作先进地区	苏州市政府
	2021年度全市食品安全工作先进地区	苏州市政府
凤凰人民法庭	2020年度“法治苏州”先进集体	苏州市委、苏州市政府
市公安局	2020年度“法治苏州”先进集体	苏州市委、苏州市政府
市公安局指挥中心（办公室）	抗疫先进集体	苏州市委、苏州市政府
金港镇	苏州市双拥工作先进镇	苏州市委、苏州市政府、苏州军分区
锦丰镇	苏州市双拥工作先进镇	苏州市委、苏州市政府、苏州军分区
	苏州市创建全国禁毒示范城市先进集体	苏州市政府
南丰镇	苏州市双拥工作先进镇	苏州市委、苏州市政府、苏州军分区
市人武部	苏州市拥政爱民先进单位	苏州市委、苏州市政府、苏州军分区
市财政局	苏州市拥军优属先进单位	苏州市委、苏州市政府、苏州市军分区
市教育局	苏州市拥军优属先进单位	苏州市委、苏州市政府、苏州军分区
	苏州市创建全国禁毒示范城市先进集体	苏州市政府

续表95

获奖单位	荣誉名称	授予单位
经开区	2020年度推进高质量发展先进地区	苏州市委、苏州市政府
凤凰镇	2020年度推进高质量发展先进地区	苏州市委、苏州市政府
凤凰人民法庭	2020年度“法治苏州”先进集体	苏州市委、苏州市政府
张家港留学人员创业园	最佳人才落地平台	苏州市委、苏州市政府
市农业农村局	“农业农村现代化、法治苏州”先进集体	苏州市委
江苏永钢集团有限公司党委	苏州市先进基层党组织	苏州市委
江苏永钢集团有限公司	苏州市知识产权保护工作先进集体	苏州市政府
江苏德丰建设集团有限公司党委	苏州市先进基层党组织	苏州市委
市科技局机关党总支	苏州市先进基层党组织	苏州市委
市东城综合开发有限公司党支部	苏州市先进基层党组织	苏州市委
市疾控中心党总支	苏州市先进基层党组织	苏州市委
乐余镇齐心村党总支	苏州市先进基层党组织	苏州市委
市天府苑党支部	苏州市先进基层党组织	苏州市委
杨舍镇福前村党委	苏州市先进基层党组织	苏州市委
锦丰镇建设村党委	苏州市先进基层党组织	苏州市委
凤凰镇程墩村党委	苏州市先进基层党组织	苏州市委
杨舍镇人武部	苏州市先进基层人民武装部	苏州市政府、苏州军分区
凤凰镇人武部	苏州市先进基层人民武装部	苏州市政府、苏州军分区
金港镇基干民兵营	苏州市民兵工作先进单位	苏州市政府、苏州军分区
锦丰镇人武部	苏州市先进基层人民武装部	苏州市政府、苏州军分区
塘桥镇基干民兵营	苏州市民兵工作先进单位	苏州市政府、苏州军分区
大新镇龙潭村基干民兵连	苏州市民兵工作先进单位	苏州市政府、苏州军分区
经开区科技人才局	苏州市知识产权保护工作先进集体	苏州市政府
江苏沙钢集团有限公司	苏州市知识产权保护工作先进集体	苏州市政府
华灿光电(苏州)有限公司	苏州市知识产权保护工作先进集体	苏州市政府
沙洲职业工学院	苏州市知识产权保护工作先进集体	苏州市政府
市市场监管局知识产权科	苏州市知识产权保护工作先进集体	苏州市政府
市锡剧艺术中心	2020年度苏州市优秀版权奖一等奖	苏州市政府
市禁毒委员会	苏州市创建全国禁毒示范城市先进集体	苏州市政府
锦丰镇社区戒毒社区康复办公室	苏州市创建全国禁毒示范城市示范点(第二轮首批)	苏州市政府
市易制毒化学品行业协会	苏州市创建全国禁毒示范城市示范点(第二轮首批)	苏州市政府

【编辑　汪丽菁　陆婷婷】

附 录

Appendices

杨舍镇善港村"善见花海"　（市委史志办　提供）

2021 年经济和社会发展统计

社会调查

报告和文件选录

组织机构及其负责人

张家港年鉴（2022）

2021年经济和社会发展统计

2021年张家港市行政区划、面积、人口一览表

表96

项 目	单 位	数 值	项 目	单 位	数 值
一、行政区划			全市人口当年出生数	人	4455
镇	个	7	出生率	‰	4.79
街道办事处	个	3	全市人口当年死亡数	人	7212
常阴沙现代农业示范园区	个	1	死亡率	‰	7.76
双山岛旅游度假区	个	1	自然增长率	‰	-2.97
村民委员会	个	144	年内迁入人口	人	4018
社区居民委员会	个	120	其中:省内迁入	人	1684
二、全市总面积	平方千米	986.73	省外迁入	人	2334
不含长江水域面积	平方千米	786.43	年内迁出人口	人	1958
三、全市总户数	万户	31.72	其中:迁往省内	人	583
全市总人口	万人	92.93	迁往省外	人	1375

2021年张家港市地区生产总值一览表

表97

单位:亿元

项 目	2021年	按可比价计算比上年增长率(%)	项 目	2021年	按可比价计算比上年增长率(%)
地区生产总值(当年价)	3030.21	8.00	工 业	1442.57	6.90
、按产业分			建筑业	108.88	-2.60
第一产业	29.75	2.10	批发和零售业	334.04	15.50
第二产业	1550.88	6.30	交通运输、仓储和邮政业	90.73	7.90
第三产业	1449.58	9.80	住宿和餐饮业	35.96	6.90
二、按行业分			金融业	228.86	9.30
农、林、牧、渔业	33.70	2.10	房地产业	186.14	5.80

2021年张家港市平均每日数据表

表98

项 目	单 位	数 值	项 目	单 位	数 值
一、每天创造的财富			工农业总产值(当年价)	万元	165187
地区生产总值(当年价)	万元	83019	其中:农业总产值	万元	1508

续表98

项　目	单　位	数　值	项　目	单　位	数　值
工业总产值	万元	163679	农用化肥	吨	938
公共财政预算收入	万元	7236	食用油	吨	5317
社会消费品零售总额	万元	21920	乳制品	吨	99
进出口总额	万美元	11907	饮料酒	千升	150
其中:出口总额	万美元	4988	粮食	吨	588
全社会用电	万千瓦小时	8815	水产品	吨	27
城乡居民人均生活用电	千瓦小时	2.99	出栏生猪	头	42
固定资产投资完成额	万元	15196	出栏家禽	羽	1064
商品房销售面积	平方米	6201	三、每天人口变动		
二、每天主要产品产出			出生人数	人	12
钢材	吨	114410	死亡人数	人	20
铜材	吨	30	迁入人数	人	11
水泥	吨	8891	迁出人数	人	5

2021年张家港市农、林、牧、渔业总产值和增加值一览表

表99　　单位:万元

项　目	总产值	增加值	项　目	总产值	增加值
合　计	550444	336971	其中:水果	133360	—
一、农业	349268	242486	二、林业	54615	28973
1. 谷物及其他作物	65061	—	三、牧业	30515	11932
其中:谷物	58013	—	其中:牲畜饲养	17829	—
豆类	1351	—	猪饲养	6723	—
油料	1548	—	家禽饲养	5439	—
棉花	—	—	四、渔业	27762	14095
2. 蔬菜园艺作物	149387	—	其中:鱼类	19658	—
其中:蔬菜	143349	—	甲壳类	4540	—
3. 水果、茶作物	133760	—	五、农、林、牧、渔服务业	88284	39485

2021年张家港市农作物播种面积和产量一览表

表100

作物名称	面积（公顷）	总产量（吨）	作物名称	面积（公顷）	总产量（吨）
农作物总播种面积	—	—	二、经济作物	10848	—
一、粮食作物	30009	214696	1.棉花	—	—
1.夏收粮食	12770	63032	2.油料	1143	2932
其中：小麦	12619	62696	其中：花生	120	276
蚕豌豆	151	336	油菜籽	1003	2633
2.秋收粮食	17239	151664	3.甘蔗	—	—
其中：稻谷	16154	147343	4.药材	68	—
薯类	147	1018	5.蔬菜	8911	261465
豆类	673	1823	6.瓜果	726	24859
玉米	265	1480	三、其他作物	2250	—

2021年张家港市工业总产值一览表

表101　　单位：万元

项　目	数　值	项　目	数　值
一、全部工业合计	59742673	3.按登记注册类型	
1.按轻重工业分		国有企业	44490
轻工业	12079615	集体企业	11179
重工业	47663059	股份合作制企业	2860
2.按企业规模分		有限责任公司	12755148
大型企业	25076061	股份有限公司	1100042
中型企业	14672696	私营企业	28706502
小型企业	19182321	港澳台投资企业	3839773
微型企业	811596	外商投资企业	13264838

2021年张家港市规模以上工业企业主要产品产量一览表

表102

产品名称	单　位	数　值	产品名称	单　位	数　值
发电量	亿千瓦小时	230.02	服装	万件	15088.77
小麦粉	万吨	22.77	农用氮、磷、钾化学肥料（折纯）	万吨	34.25
大米	万吨	5.41	化学农药原药（折有效成分100%）	万吨	0.76
饲料	万吨	315.76	化学纤维	万吨	52.96
精制食用植物油	万吨	194.07	橡胶轮胎外胎	万条	565.84
乳制品	万吨	3.60	水泥	万吨	324.51

续表102

产品名称	单 位	数 值	产品名称	单 位	数 值
饮料酒	万千升	5.48	钢化玻璃	万平方米	425.05
纱	万吨	33.16	钢材	万吨	4175.98
布	万米	8942.77	锂离子电池	万块	38560.50
印染布	万米	20041.00	自来水	万立方米	16908.00

2021年张家港市规模以上工业企业分行业能源消耗情况表

表103　　单位:吨标准煤

行业名称	数 值	行业名称	数 值
总 计	25160954	非金属矿物制品业	157706
农副食品加工业	126800	黑色金属冶炼和压延加工业	18485498
食品制造业	6843	有色金属冶炼和压延加工业	59166
酒、饮料和精制茶制造业	3398	金属制品业	165673
纺织业	324112	通用设备制造业	47276
纺织服装、服饰业	19691	专用设备制造业	30695
皮革、毛皮、羽毛及其制品和制鞋业	1944	汽车制造业	38178
木材加工和木、竹、藤、棕、草制品业	1203	铁路、船舶、航空航天和其他运输设备制造业	4622
家具制造业	625	电气机械和器材制造业	45549
造纸和纸制品业	45172	计算机、通信和其他电子设备制造业	79521
印刷和记录媒介复制业	25109	仪器仪表制造业	2246
文教、工美、体育和娱乐用品制造业	14026	其他制造业	1317
石油加工、炼焦和核燃料加工业	215	废弃资源综合利用业	18257
化学原料和化学制品制造业	2076329	电力、热力生产和供应业	2776735
医药制造业	8896	燃气生产和供应业	733
化学纤维制造业	377654	水的生产和供应业	7292

2021年张家港市外向型经济主要指标一览表

表104

项 目	单 位	数 值	项 目	单 位	数 值
一、进出口总额	万美元	4346039	其中:保税区	万美元	85668
其中:三资企业	万美元	—	五、到账外资	万美元	100915
保税区	万美元	2040283	其中:保税区	万美元	30000
二、出口总额	万美元	1820486	六、新派境外劳务人员	人	8
其中:三资企业	万美元	—	七、逐年累积批办三资企业	家	1103
保税区	万美元	448689	八、年末实有开业三资企业	家	917
三、新批三资企业	家	64	九、新签境外工程、劳务合同额	万美元	2880
其中:保税区	家	21	十、完成境外工程、劳务营业额	万美元	308
四、注册外资	万美元	211869			

2021年张家港市社会消费品零售总额分布情况表

表105　　单位：万元，%

区镇	社会消费品零售总额	占比	区镇	社会消费品零售总额	占比
合计	8000645	100.00	乐余镇	1234131	15.40
保税区（金港、后塍、德积街道）	734159	9.20	凤凰镇	1387119	17.30
经开区（杨舍镇）	2415143	30.20	南丰镇	269588	3.40
冶金园（锦丰镇）	577957	7.20	大新镇	673128	8.40
高新区（塘桥镇）	466966	5.80	常阴沙现代农业示范园区	242455	3.00

2021年张家港市全社会固定资产投资完成情况表

表106　　单位：万元

项目	合计	项目投资	房地产
总　计	5546665	2770420	2776245
其中：当年开工	—	—	—
一、按产业性质分			
第一产业	9560	—	—
第二产业	2124782	2124782	—
第三产业	3412323	636078	2776245
二、按建设性质分			
新建	4643567	1867322	2776245
扩建	326199	326199	—
改建	472875	472875	—
其他	104024	104024	—
三、按工程构成分			
建筑安装工程	2986002	1449128	1536874
设备工器具购置	966672	964552	2120
其他	1593991	356740	1237251

2021年张家港市交通、邮电基本情况表

表107

项　目	单　位	数　值	项　目	单　位	数　值
一、交通基本情况			省道	千米	159
1. 公路总里程	千米	1600	县道	千米	269
其中：高速公路	千米	72	2.公路桥梁	座/米	753/56879
一级公路	千米	247	3.航道通航里程	千米	425
二级公路	千米	717	4. 张家港口岸吞吐量	万吨	25730
其中：国道	千米	88	其中：外贸货物吞吐量	万吨	6954

续表107

项　目	单　位	数　值	项　目	单　位	数　值
港口集装箱运量	万标箱	87	其中:设在农村的局所	处	23
5. 机动车总计	辆	495419	2. 邮路总条数	条	46
其中:汽车	辆	481895	邮路总长度(单程)	千米	1526
摩托车	辆	8710	农村投递路线(单程)	千米	9336
二、邮政、电信基本情况			3. 邮政业务总量	万元	30229
1. 邮政局所总数	处	34	4. 电信业务总收入	亿元	19.97

2021年张家港市预算内财政收入、支出情况表

表108　　单位:万元

项　目	数　值	项　目	数　值
一、财政收入合计	6451504	(12)罚没收入	53136
1. 公共财政预算收入	2641318	(13)专项收入	114572
(1)增值税(50%部分)	1099032	(14)国有资源有偿使用收入	204534
(2)营业税(地方部分)	—	(15)行政性收费收入	22067
(3)企业所得税(40%部分)	446055	(16)其他收入	16843
(4)个人所得税(40%部分)	114759	2. 基金收入	1854580
(5)城市维护建设税	119057	3. 中央级财政收入	1945516
(6)房产税	94416	(1)国内消费税	5262
(7)印花税	46524	(2)增值税(50%部分)	1099032
(8)城镇土地使用税	32126	(3)企业所得税(60%部分)	669083
(9)土地增值税	75188	(4)个人所得税(60%部分)	172139
(10)车船税	18855	二、财政支出合计	4166504
(11)耕、契两税	170497	1. 公共财政预算支出	2443972
其中:耕地占用税	13776	2. 基金支出	1552035

2021年张家港市金融机构信贷收支情况表

表109　　单位:万元

项　目	数　值	项　目	数　值
一、各项存款	40612916	(2)定期及其他存款	12654089
(一)境内存款	40478858	2.非金融企业存款	17535027
1.住户存款	17278854	(1)活期存款	5132843
(1)活期存款	4624765	(2)定期及其他存款	12402184

续表109

项　目	数　值	项　目	数　值
3.机关团体存款	4121438	（2）中长期贷款	8207412
4.财政性存款	315132	消费贷款	7430510
5.非银行业金融机构存款	1228407	经营贷款	777102
（二）境外存款	134058	2.企（事）业单位贷款	24127611
二、各项贷款	34355298	（1）短期贷款	9260551
（一）境内贷款	34353404	（2）中长期贷款	12998181
1.住户贷款	10225793	（3）票据融资	1760123
（1）短期贷款	2018181	（4）各项垫款	108757
消费贷款	871630	3.非银行业金融机构贷款	—
经营贷款	1146552	（二）境外贷款	1894

2021年张家港市保险业务情况表

表110　　单位：万元

项　目	数　值	项　目	数　值
一、保险收入	672332	二、赔款和给付	199523
1. 财产险	202135	1. 财产险	129528
其中：企业财产险	10685	其中：企业财产险	2621
机动车辆险	153014	机动车辆险	104811
货物运输险	2143	货物运输险	197
家庭财产险	720	家庭财产险	257
2. 人身险	470197	2. 人身险	69995
其中：寿险	347333	其中：寿险	42243

2021年张家港市科技基本情况表

表111

项　目	单　位	数　值	项　目	单　位	数　值
一、科技经费			国家科学技术奖	项	—
科学技术支出	亿元	23.20	省科学技术奖	项	4
占财政支出比重	%	9.50	产学研合作项目	项	254
二、高新技术			2. 申请专利情况		
1. 高新技术企业	家	852	有效发明专利拥有量	件	8044
2. 当年净增高新技术企业	家	67	当年有效发明专利授权量	件	960
3. 高新技术产业产值占规模以上工业总产值比重	%	38.70	四、技术贸易		
三、科研成果			1. 签订各类技术合同	项	621
1. 科学技术奖			2. 技术合同成交额	亿元	119.61

2021年张家港市公务员人事情况表

表112　　单位:人

项　目	数　值	项　目	数　值
公务员总数	5106	(2)本科	3811
公务员年龄结构		(3)大专	565
(1)35岁以下	1557	(4)中专	13
(2)36—45岁	1537	(5)高中及以下	25
(3)46—54岁	1413	在总数中:	
(4)55岁以上	599	(1)女	1349
公务员文化结构		(2)少数民族	48
(1)研究生	692	(3)中共党员	4077

2021年张家港市学校基本情况表

表113

项　目	学校(所)	毕业人数(人)	招生人数(人)	在校学生(人)	教职工(人)	专任教师(人)
合　计	93	37119	44285	183242	13594	11831
高校	2	4785	4370	15967	698	513
电大	1	294.	437	2083	192	150
中等专业学校	4	2019	2980	11455	1005	869
普通中学	44	16144	18947	54678	5056	4492
其中:高中	10	4670	5690	16198	1664	1551
小学	41	13861	17531	98800	6589	5760
特殊教育学校	1	16	20	259	54	47
附:幼儿园	84	16446	12768	44237	5438	3156

2021年张家港市群众文化、广播电视、体育事业基本情况表

表114

项　目	单　位	数　值	项　目	单　位	数　值
一、机构数			市文化馆	次	192
市文化馆	个	1	五、举办公益培训班人数		
区镇(街道)文体服务中心	个	8	市文化馆	人次	85621
二、职工数			六、广播电视		
市文化馆	人	81	电视覆盖率	%	100
三、创作艺术作品数			电视节目	套	1
市文化馆	件	95	有线电视用户	万户	32.50
四、组织文艺活动次数			无线电视每周播出时间	小时	126

续表114

项 目	单 位	数 值	项 目	单 位	数 值
广播电台	座	1	其中:国家队	人	—
广播节目	套	1	省队、省体校	人	4
广播覆盖率	%	100	苏州市级训练单位	人	54
七、体育事业			在全国比赛中获得金牌	枚	7
体育系统体育场(馆)数	个	12	在省级比赛中获得金牌	枚	35
举办省级以上比赛	次	10	在苏州市级比赛中获得金牌	枚	57
年内输送运动员	人	58			

2021年张家港市卫生机构基本情况表

表115

项 目	单 位	数 值	项 目	单 位	数 值
一、卫生机构数	个	502	(1)执业助理医师	人	610
1.医院	个	39	(2)注册护士	人	4823
综合医院	个	20	(3)药师	人	646
中医医院	个	1	(4)技师	人	746
中西医结合医院	个	1	其中:检验师	人	430
专科医院	个	11	(5)其他	人	586
护理院	个	6	三、卫生机构床位数	张	9408
2.基层医疗卫生机构	个	453	1.医院	张	7487
3.专业公共卫生机构	个	5	其中:综合医院	张	4389
4.其他卫生机构	个	5	中医医院	张	912
二、卫生机构人员数	人	13912	中西医结合医院	张	450
卫生技术人员	人	11430	专科医院	张	873
医生	人	4571	护理院	张	863
执业医师	人	3961	2.基层医疗卫生机构	张	1921

2021年张家港市前十位疾病死因以及比重一览表

表116

位 次	合 计		男 性		女 性	
	死 因	构成比(%)	死 因	构成比(%)	死 因	构成比(%)
1	恶性肿瘤	28.80	恶性肿瘤	34.63	脑血管病	32.37
2	脑血管病	27.98	脑血管病	24.10	恶性肿瘤	22.23
3	心脏病	12.35	心脏病	10.58	心脏病	14.34
4	损伤和中毒	8.90	损伤和中毒	8.72	损伤和中毒	9.25
5	呼吸系统疾病	6.67	呼吸系统疾病	8.59	内分泌、营养和代谢疾病	6.03
6	内分泌、营养和代谢疾病	4.80	内分泌、营养和代谢疾病	3.72	呼吸系统疾病	4.35

续表116

位次	合计		男性		女性	
	死因	构成比(%)	死因	构成比(%)	死因	构成比(%)
7	消化系统疾病	2.90	消化系统疾病	2.20	神经系统疾病	3.69
8	神经系统疾病	1.94	神经系统疾病	1.94	消化系统疾病	1.95
9	精神和行为障碍	0.74	泌尿生殖系统	1.00	精神和行为障碍	1.01
10	泌尿生殖系统	0.71	精神和行为障碍	0.63	肌肉骨骼和结缔组织	0.77

2021年张家港市城镇非私营单位从业人员及平均工资情况表

表117

行业	平均工资(元/人)	行业	平均工资(元/人)
总计	120097	10.金融业	261825
1.农、林、牧、渔业	38605	11.房地产业	69454
2.采矿业	—	12.租赁和商务服务业	107524
3.制造业	105728	13.科学研究、技术服务业	168866
4.电力、燃气及水的生产和供应业	115794	14.水利、环境和公共设施管理业	114164
5.建筑业	73302	15.居民服务、修理和其他服务业	40197
6.批发和零售业	135182	16.教育	141765
7.交通运输、仓储及邮政业	111231	17.卫生和社会工作	169246
8.住宿和餐饮业	65219	18.文化、体育和娱乐业	128208
9.信息传输、软件和信息技术服务业	107645	19.公共管理、社会保障和社会组织	206228

2021年张家港市居民人均可支配收入情况表

表118 单位:元

项目	全体居民	城镇居民	农村居民
可支配收入合计	66101	77939	41859
一、工资性收入	41268	50050	23284
1.工资	39391	48011	21740
2.实物福利	554	548	565
3.其他	1323	1491	979
二、经营净收入	7621	7481	7907
1.第一产业净收入	1399	1154	1899
2.第二产业净收入	2700	2660	2782
3.第三产业净收入	3522	3667	3226
三、财产净收入	7992	9717	4461
其中:利息净收入	1043	1143	839
红利收入	1466	1843	695
转让承包土地经营权租金净收入	239	73	579
出租房屋净收入	1907	1799	2130
自有住房折算净租金	3003	4469	—
四、转移净收入	9220	10691	6207

社 会 调 查

从住户调查数说“十四五”开局之年港城居民共同富裕

2021年，张家港市委、市政府统筹推进疫情防控和经济社会发展，全面贯彻落实党的十九大和十九届历次全会精神，与时俱进大力弘扬“张家港精神”，坚持以人民为中心，聚焦聚力富民增收，扎实推进共同富裕，形成“十四五”开局之年居民收入增长“稳”，总量排名“前”，消费势头“好”的良好局面；实现城乡收入比再缩小、收入结构再优化、中等收入群体再扩大的“全民富”目标。

一、“十四五”开局之年收支概况

（一）收入增长步伐“稳”

2021年，张家港市全体居民人均可支配收入达66101元，比上年增9.0%，高出“十三五”期间的年均增速（7.9%）1.1个百分点。从各季度增幅来看，一、二、三、四季度增速分别为13.6%、13.1%、10.4%和9%，虽增幅呈逐季度放缓态势，但全年增速仍保持较快增长。从横向对比看，张家港全体居民人均可支配收入的增幅水平在苏州大市范围内排名第三，仅次于昆山市和太仓市，与苏州市平均增速持平，分别低于全省、全国0.5和0.1个百分点，增长步伐总体平稳。

2021年苏州地区全体居民人均可支配收入一览表

表119

地区	2021年（元）	2020年（元）	增幅（%）	增量（元）
苏州市	68191	62582	9.00	5609
市辖区	69698	64170	8.60	5528
吴江区	65294	59997	8.80	5297
常熟市	65755	60439	8.80	5316
张家港市	66101	60623	9.00	5478
昆山市	67871	62238	9.10	5633
太仓市	64890	59442	9.20	5448

（二）收入总量排名“前”

从收入绝对量看，2021年张家港市全体居民人均可支配收入66101元，位居全省县级市第三，仅次于昆山市（67871元）和江阴市（67555元）。其中城镇居民人均可支配收入77939元，位居全省县级市第一；农村居民人均可支配收入41859元，位居全省县级市第三，仅次于昆山市（42420元）和常熟市（41986元）。

（三）消费增长势头“好”

2021年，张家港市委、市政府一手抓疫情防控，一手抓经济社会发展，通过开设“长江文化节”、打造旅游消费聚集区、启动“多彩夜沙洲”等多种方式，拉动消费扩容、推动消费升级，促进消费回暖升温，且成效显著。一体化住户调查数据显示，张家港市全体居民人均消费支出38664元，同比增长20.1%；分城乡来看，城镇居民人均消费支出44216元，同比增长19.3%；农村居民人均消费支出27234元，同比增长22.3%。从收支结余来看，张家港市全市居民人均收支结余为27457元，较上年（28444元）减少987元；从消费率来看（生活消费支出占可支配收入的比重），全市居民消费率达58.5%，较上年的53.1%提升了5.4个百分点，消费潜力进一步激发。

二、“十四五”开局之年推进共同富裕取得成效和存在短板

（一）取得成效

1.城乡居民收入比再“缩小”。2021年，张家港市城镇居民人均可支配收入77939元，比上年增8.5%，两年平均增速6.1%；农村居民人均可支配收入41859元，同比增长10.3%，两年平均增速8.7%。农村居民两年平均增速高于城镇居民2.6个百分点，城乡居民人均收入比由上年同期的1.893∶1缩小至1.862∶1，城乡居民收入比差距进一步缩小。

张家港市历年城乡收入比一览表

表120

年份	城镇居民收入（元）	农村居民收入（元）	城乡收入比
2015年	50618	25715	1.968∶1
2016年	54602	27849	1.961∶1
2017年	59200	30188	1.961∶1
2018年	64055	32664	1.961∶1
2019年	69243	35453	1.953∶1
2020年	71805	37935	1.893∶1
2021年	77939	41859	1.862∶1

2.居民收入结构再“优化”。从居民收入结构来看，工资性收入占比62.4%，较上年同期下降 0.2个百分点；经营净收入占比11.5%，较上年同期下降0.1 个百分点；财产净收入占比12.1%，较上年持平；转移净收入占比14.0%，较上年同期提高0.3个百分点。工资性收入占比虽仍占据可支配收入的半壁江山，但比重逐渐减少，收入结构更加优化，加之政府落实共同富裕政策到位，转移净收入占比逐步提高，体现了政府对居民政策性扶持的显著效果。

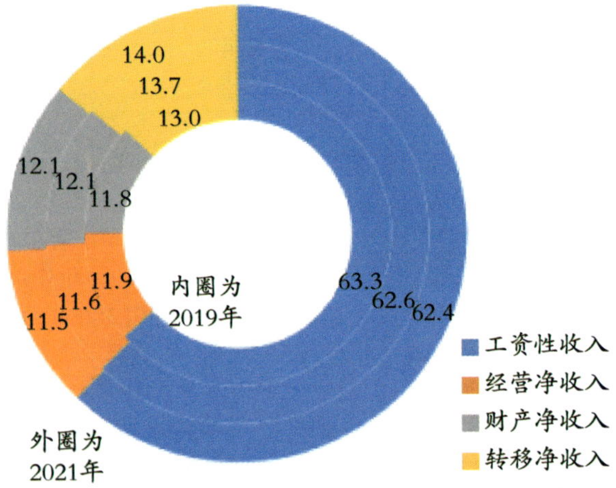

2019—2021年张家港居民收入结构对比（%）

3.人均收支中位数呈“双增”。从收入中位数来看，2021年，张家港市全体居民人均可支配收入中位数55140元，比上年增15.7%，中位数是平均数的83.4%。从消费中位数来看，2021年，张家港市全体居民人均消费支出中位数为31923元，比上年增25.1%，中位数是平均数的82.6%。

4.中等收入群体占比再“扩大”。根据国家统计局2019年1月关于中等收入设定标准（三口之家全年家庭可支配收入10万~50万元，即人均3.3万~16.6万元）界定，低于下限10万元的为“低收入群体”，高于上限50万元的为“高收入群体”。从住户调查数据看，2021年张家港市中等收入群体约占总人口的76.8%，较上年同期占比提高5.6个百分点；低收入群体约占18.3%，占比较上年下降6.9个百分点；高收入群体约占4.8%，占比较上年提高1.3个百分点，呈现出“橄榄型”结构。

（二）存在短板

1.城乡收入差距扩大。随着乡村振兴工作持续推进，张家港城乡居民收入比持续缩小，但城乡居民收入差距的绝对量仍在继续扩大。2021年，张家港市城乡居民人均收入的绝对差额为36080元，较上年同期差距扩大了2210元，缩小城乡居民收入绝对差距任务依然艰巨。

2.高低收入比扩大。从收入五等分来看，2021年，张家港市低收入户人均可支配收入28716元，高收入户人均可支配收入156331元，高低收入比为5.44∶1，较上年同期略有扩大（见表121）。

张家港市居民收入五等分对比一览表

表121

指标名称	2020年（元）	2021年（元）	同比增幅（%）
低收入户	23869	28716	20.30
中低收入户	34886	43292	24.10
中等收入户	46514	55758	19.90
中高收入户	63629	72394	13.80
高收入户	128465	156331	21.70
高低收入比	5.382∶1	5.444∶1	—

三、“十四五”开局之年推进共同富裕成功举措

（一）扣紧乡村振兴扣子，实现农村居民稳增收。一是加快“三高一美”示范基地建设，实现“两区”内高标准农田全覆盖，推进常阴沙设施蔬菜PPP项目建设，高标准池塘改造务120余公顷；提升农业质量效益，年内绿色优质农产品比重超七成；二是强化乡村产业发展，推动现代农业园区转型升级，年内新增共享农庄3家、省级主题创意农园1家，农业电子商务销售额超过14.5亿元，各类休闲农业营业收入超过6.8亿元；三是聚焦农村现代化，张家港将推进张家港湾特色精品乡村示范区和“一带两山三线”特色康居示范区建设，因地制宜发展休闲旅游、保健康养等新兴产业，加强用工、用地、资金等要素保障，统筹推动种养加、贸工农、产供销一体化发展，通过合作社等形式推动更多农民参与，带动富民增收。

（二）压实民生保障担子，缩小低收入群体占比。一是积极提高退休人员的养老保障待遇标准，人社数据显示，截至2021年11月末，全市共有26万余名企业退休人员，人均每月领取退休养老金为每月2106元，比上年增5.3%；二是加大对低收入困难人员的帮扶，城乡低保由每人每月1045元提高到每人每月1095元，特困供养人员基本生活标准由每月1463元调整到每月1533元，其他困难人员补助标准相应提高，同时给困难群众增发临时生活补贴，全年累计发放基本生活救助金3565万元；三是通过稳步提高医保覆盖面、全面开放异地就医结算限制、统一城乡大病保险等进一步减轻群众就医负担。

（三）钉牢分配制度钉子，推进港城居民共富裕。一是增加居民收入在初次分配中的比重，即工资性收入的稳步增长，张家港市2021年前三季度规模以上单位从业人员平均工资为67014元，比上年增12.0%（全年数据未公布）；二是完善再分配制度，通过加大保障和改善民生力度，建立健全改善城乡低收入群体等困难人员的政策体系，保障减税缓税政策“落地生根”，相关部门数据显示，2021年全年减税11.5亿元，缓税超6亿元，同时进一步完善个人所得税政策，纠正个人所得税代扣代缴不规范之处，实行全员全额扣缴申报制度；三是充分发挥第三次分配作用，把慈善事业作为改善民生、健全社会保障制度、构建和谐社会的一项重要工作来抓，为发展慈善事业提供了多方面的保障，引导高收入群体和企业向善向上，落实公益性捐赠税收优惠政策，

加快制定税前抵扣操作细则，加大对慈善典范及榜样的宣传激励力度。

四、持续推进共同富裕的几点建议

（一）扎实做好城乡居民的“托底”和“提升”工作。共同富裕不是简单的平均主义，一方面，共同富裕强调“兜底”，即基本医疗养老保障体系的进一步完善，公共服务进一步优化，做到均等供给，让百姓摆脱生病、就业、上学等担忧，托牢基本底；另一方面做好居民收入能力提升工作，通过就业创业培训指导，提高劳动者就业素质和就业能力，以授人以渔的方式提升居民收入，同时要鼓励创业致富带头人，形成共同奋斗的社会氛围，充分激发共同富裕的社会积极性。

（二）充分发挥好率先实现农业农村现代化排头兵作用。一方面以绿色化转型、高质量为引领，科技创新和制度创新为动力，通过项目建设建立农民持续增收长效机制，推动农民思想观念、素质能力、行为方式现代化；另一方面坚持农业农村优先发展，构建更加成熟的城乡协同发展体质和政策体系，实现城乡要素自由流动、基础设施互联互通，做好率先实现农业农村现代化的开路者、领路人。

（三）合理制定并落实好收入分配改革制度。坚持以人民为中心的发展思想，通过规范分配秩序，加大调节力度，构建初次分配、再分配、三次分配统筹安排，解决收入差距过大，分配不均的问题，将蛋糕做好做大的同时，也要注意“分蛋糕”技巧，要进一步完善税收、社保、转移支付、公益慈善等方面制度和落实情况，缩小低收入群体比重，扩大中等收入群体比重，形成更优的中间大、两头小的橄榄型分配结构，促进港城全民共同富裕。

撰稿：高　蕾　核稿：卢　珊

农民收入逆势回温　消费活力有待激发

——2020年张家港农村居民收支简析

2020年，张家港市委、市政府统筹推进疫情防控和经济发展，全面深入实施乡村振兴战略，扎实推进新时代“三农”工作，积极拓宽强村富民新渠道，乡村振兴实现良好开局，农民收入稳步增长。虽然在年初疫情的影响下，第一季度农村居民收支出现近年来首次负增长现象，但随着疫情的有效控制，居民生产生活恢复正常，农村居民收入逐季回暖，全年收入同比增幅高出城镇3.3个百分点，消费降幅呈现逐步收窄的态势，但农村居民消费仍存在有待激发释放的潜能。

一、收入概况

（一）收入增速由负转正

2020年张家港农村居民人均可支配收入第一季度、第二季度、第三季度、第四季度增速分别为−0.8%、3.2%、5.8%、7%，增速于第二季度转正并逐季上升。

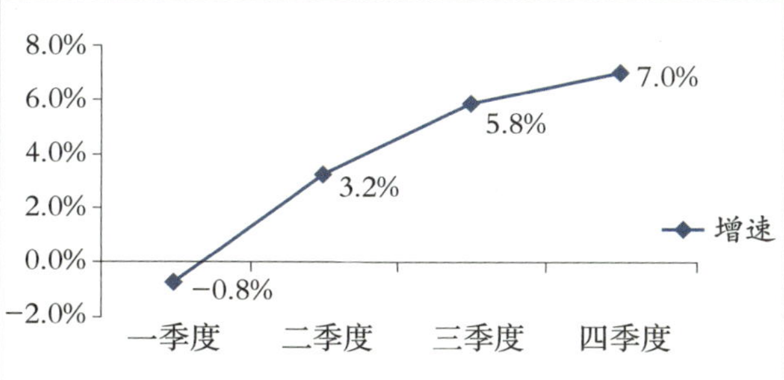

2020年张家港农村居民分季度收入增速

（二）农村居民收入增速高于城镇居民

2020年张家港农村居民人均可支配收入为37935元，比上年增速为7%，增速高出城镇3.3个百分点，城乡收入比进一步降低，由2019年的1.953下降到2020年的1.893。

（三）收入水平高于苏州平均水平

张家港农村居民收入绝对值居苏州五个板块第三位，高于苏州平均水平，收入增幅仅次于昆山，比苏州平均水平高0.1个百分点。

2020年苏州市农村居民人均可支配收入一览表

表122

地区	2020年（元）	2019年（元）	同比增幅%
苏州市	37563	35152	6.90
张家港市	37935	35453	7.00
吴江区	37216	34879	6.70
常熟市	38031	35576	6.90
昆山市	38320	35779	7.10
太仓市	37521	35198	6.60

（四）收入结构进一步优化

从2020年农村居民的收入构成（见表121）来看，工资性收入占比55.5%，较上年同期下降0.4个百分点；经营净收入占比19%，较上年同期下降0.5个百分点；财产净收入占比10.8%，较上年同期上升0.2个百分点；转移净收入占比14.7%，较上年同期上升0.7个百分点，财产净收入占比的提高体现了农村集体分红的增加与农村居民“以钱生钱”能力的增强，转移净收入占比的提高体现了政府对农村居民政策性保障与扶持的效果显著，收入结构进一步优化。

2019—2020年张家港农村居民收入构成情况表

表123

指标名称	2020年（元）	占比（%）	2019年（元）	占比（%）
可支配收入	37935	100.00	35453	100.00
工资性收入	21073	55.50	19830	55.90
经营净收入	7195	19.00	6915	19.50
财产净收入	4092	10.80	3749	10.60
转移净收入	5575	14.70	4959	14.00

（五）收支结余增长明显

农村居民收支结余逐年增长，2020年张家港农村居民人均可支配收入37935元，人均生活消费支出22265元，人均收支结余15670元，比上年增26.9%，增长明显。

2016—2020年农村居民人均收支结余及增幅

二、收入特点及分析

（一）工资性收入发挥"稳定器"作用

2020年农村居民人均工资性收入21073元，比上年增6.3%，拉动农村居民人均可支配收入增长3.5个百分点，占可支配收入的比重为55.5%，仍然是农村居民收入的主要来源。农村居民工资性收入增长与政府积极促进农村劳动力转移就业并进一步加强农村劳动力的就业技能培训密不可分。

1.在促进农村劳动力转移就业方面，进一步建立健全城乡劳动者平等就业制度，鼓励农村劳动力就近就地转移就业，人社局全年举办线上线下招聘会60余场，提供8万余个岗位数，同时面向农村零转移家庭高校毕业生提供基层公共服务岗位。

2.在加强农村劳动力就业技能培训方面，将建档立卡的低收入农户和低保对象中的劳动力、登记失业的农村转移劳动者纳入免费技能培训群体，在组织定点培训的同时加大线上培训扶持力度；开展职业技能提升行动，培训群体包括农村转移就业劳动者、农村未继续升学初高中毕业生等青年、建档立卡低收入农户和城乡低保对象中的劳动力、职业农民和农村实用人才带头人等就业重点群体。

（二）经营净收入担当"减压阀"角色

2020年农村居民人均经营净收入7195元，比上年增4%。经营净收入的增长得益于政府对创新创业的支持与村集体经济的转型升级。

1.在农村创新创业产业培育方面，张家港积极探索定向培养基层农业农村人才，与高校合作定向培养五届农林经济管理专业人才，助力乡村振兴；截至2020年年末，张家港已拥有农村创业创新园区13个，全国农村创业创新孵化实训基地2个，农村创业创新人才创办的经营主体包括家庭农场、农民合作社、农业企业和农产品加工流通企业等，呈现出一、二、三产融合互动、竞相发展的趋势。

2.在政策支持方面，张家港立足"城乡互补、融合发展"的先发优势，不断完善金融服务乡村振兴的市场体系、组织体系、产品体系，实施"金融服务农业现代化""金融助推农村现代化""金融促进农民现代化""金融助力城乡一体化"四项工程，持续加大对"三高一美""三特一古"、农民就业创业、集体经济转型升级、城乡优质公共服务等方面的金融信贷服务，有效满足乡村振兴的金融需求。

3.在村级集体经济发展方面，提出并实践联合发展、异地发展、多元发展的方向和方式，创新了村级集体经济发展的经营主体，实现了村村联合、镇村联合和村企联合；拓宽了村级集体经济发展的路径，支持有条件"退二进三"的村发展商业、旅游业等三产服务业；加速推进了重大项目建设，近三年来，全市村级集体每年新增经营性项目投资超10亿元，其中三产服务业项目投资占比超过50%。

（三）财产净收入开启"动力源"模式

2020年农村居民人均财产净收入4092元，同比增长9.1%。财产净收入的增长离不开村居条件的改善与收支结余的增长。

1.深入推进美丽乡村建设。2020年，张家港建成省级现代农业产业示范园。高质量承办中国农民丰收节江苏主场活动。凤凰水蜜桃获评"国家地理标志农产品"。2020年张家港建成5个特色精品乡村、5个苏州市康居特色村、99个三星级康居乡村，农村地区房租水平随之提高，农房的出租利用为农村居民带来财富，一体化住户调查资料显示，2020年农村居民出租房屋净收入增长9.5%。与此同时，农村大力发展经营性资产并对外出租来获取租赁收入，村集体经济稳步提高，2020年张家港村均可支配收入超1200万元，同比增速超过上年，村集体经济的发展也提高了村民的分红收入，一体化住户调查资料显示，集体分配的红利收入增长9.7%。

2.收支结余的增长增强了"以钱生钱"的能力。截至2020年12月底，张家港金融机构住户存款余额1526.27亿元，较上年同期增加226.42亿元，比上年增17.4%。住户存款余额的增长带动农村居民利息净收入的提高。

（四）转移净收入喜现"领跑者"姿态

2020年农村居民人均转移净收入5575元，同比增速居四项收入之首，为12.4%，拉动农村居民人均可支配收入增长1.7个百分点。转移净收入的提高来源于财政的有效保障与扶持。

1.社会保障水平不断提高。人社局资料显示，2020年底企退养老金月平均水平1994元，比上年增加每月71元；自2020年7月1日起基础养老金按每人每月30元标准增加，对高龄老人有适当倾斜；第四年龄段被征地农民征地保养金每人每月增加10元，按月享受养老补助金的养老年龄段被征地农民，养老补助金按每人每月40元标准增加，且对高龄老人有适当倾斜。

2.政策扶持村级发展。2020年完成5个苏州市定经济薄弱村脱贫转化工作，并积极开展宣传引导工作；2020年共计拨付各类村级经济发展资金1.22亿元，加大了对村级集体经济发展的扶持。

三、农村居民支出构成特点及分析

2020年农村居民人均生活消费支出22265元，比上年减3.6%，降幅高出城镇1.9个百分点。

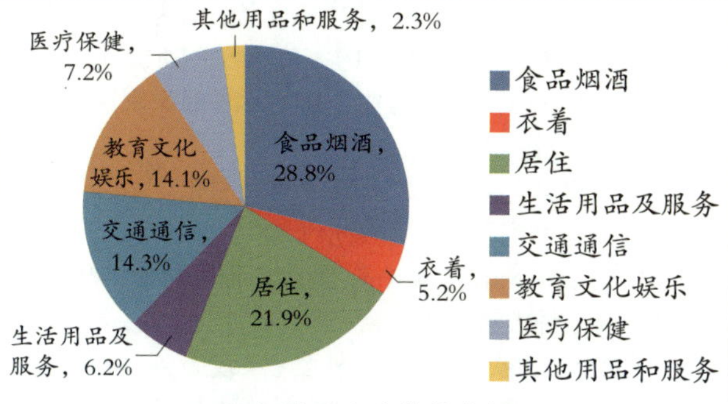

2020年农村居民消费构成情况

（一）八大类支出“四增四减”

八大类支出“四增四减”，其中“四增”同比增速从高到低排序依次为生活用品及服务、居住、食品烟酒、医疗保健，分别为2.2%、0.7%、0.6%、0.5%；八大类支出中“四减”同比降幅从高到低依次为交通通信、衣着、教育文化娱乐、其他用品和服务，分别为-12.6%、-10.6%、-9.4%、-5.8%。

（二）食品烟酒支出略有增长

食品烟酒支出是农村居民消费支出的主要构成之一，2020年农村居民人均食品烟酒支出6404元，占生活消费支出的比重为28.8%，占比同比上升1.3个百分点。一体化住户调查资料显示，2020年农村居民食品烟酒支出中的食品类、烟酒类、饮料类支出均略有增长，而在外饮食支出同比下降0.8%，表明在持久性、常态化疫情防控阶段，农村居民为避免增加聚集机会，减少了外出就餐。

（三）衣着支出有所下滑

农村居民对衣着的功能还保持着相对保守和基础的态度，更新换代较慢，追求时尚的频次明显低于城镇居民。受疫情影响，农村居民外出减少，对衣着的需求进一步降低，支出减少。一体化住户调查资料显示，全年人均衣类支出与鞋类支出分别同比下降4.5%与24.8%。

（四）生活用品及服务支出增幅最高

2020年，受疫情影响，居家生活时间变长，使得非耐用的生活用品与部分家用器具使用加速，一体化住户调查资料显示，全年人均家庭日用杂品支出比上年增2.9%，全年人均家用器具支出比上年增3.1%，同时带动了家庭服务支出增长，全年人均家庭服务支出同比增长0.7%。

（五）交通通信支出和教育文化娱乐支出降幅较大

交通通信支出和教育文化娱乐支出的降幅分别为12.6%与9.4%。受疫情影响，居家生活时间明显增长，交通消费需求有所趋缓，一体化住户调查资料显示，交通费、交通工具用燃料、交通工具使用及维修支出同比分别下降15.7%、16.6%、12.6%；农村居民通信工具更新换代的速度有所降低，通信服务需求也相应减少，一体化住户调查资料显示，通信工具支出同比下降14.7%，通信服务同比下降8.8%。虽然休闲娱乐场所、景区已经重启，但上半年因疫情防控导致的停业、半停业状态对文化娱乐消费抑制的影响仍未完全消除，同时线下培训机构也受到冲击，一体化住户调查资料显示，全年人均文化娱乐支出与人均教育支出分别同比减少14.1%与3.9%。

四、需要关注的问题

（一）转移净收入增收空间有限。从本轮农村样本来看，农村地区的转移净收入主要由离退休金与报销医疗费组成，离退休金基数的逐年上升与农村地区人口老龄化程度的不断加深使财政在养老方面的投入不断加大，而要保持相对较高的增幅存在压力。另一方面，作为转移净收入的一部分，医疗费报支的上升空间相对局限。主要原因是张家港农村地区医保覆盖面广，报支率高，未来增长空间有限，一体化住户调查资料显示，农村居民报销医疗费同比上升11.7%，占转移净收入的比重为13.0%。张家港医保局数据显示，截至2020年12月底，张家港职工基本医疗保险和居民基本医疗保险覆盖城乡全体居民，两种医疗保险政策范围内的报支率分别为93.2%和75.7%，分别比上年上升0.4个百分点和10个百分点，报支率已达较高水平，上升空间有限。

（二）农村居民消费活力有待进一步激发。农村居民收入增幅7.0%，支出降幅3.6%，收支增速形成10.6个百分点的剪刀差，比城镇高5.2个百分点。农村居民消费理念相对传统，疫情也抑制了农村居民部分消费需求，有待进一步激发农村居民消费活力。

（三）医疗保健支出挤占消费空间的程度高于城镇地区。一体化住户调查资料显示，农村居民全年人均医疗保健支出的绝对值比城镇多164元，占生活消费支出的比重为7.2%，高出城镇3.3个百分点，农村居民医疗保健支出挤占其他生活消费支出的空间比城镇大。

五、若干建议

（一）持续发力村级经济，千方百计扩大就业。村级集体经济的做大做强是提升村级惠民福利的前提条件，能够为村民提供更多的补助与扶持，包括可持续增长的集体分红、具有福利性质的商业保险、更加完善、全面的村级养老设施条件，同时能够提供更多的工作岗位，进一步促进农村富余劳动力的就近就地充分就业与农村困难群体的就业与增收。

（二）持续瞄准农民需求，不断调优服务类型。农村居民部分消费需求相对传统，应进一步提高相关商品的质量，同时引入更多中高端居家、日用、出行等商品，激发农村居民购买欲望，在保证农村居民基本消费的同时，努力推动农村居民转变消费理念，提升消费预期，进一步补充完善农村可购买服务类型与质量，通过集中购买、联合购买、送服务下乡等方式拓宽农村服务类型与购买渠道，进一步提高农村居民服务性消费水平，从而提升农村居民生活幸福感与获得感。

（三）持续完善保障政策，切实补齐医保短板。进一步加强慢病管理工作，充实人手、提高随访频率与随访有效率，切实做好老年人体检与诊疗服务工作，进一步宣传推广“福村宝”等商业医疗保险，同时开发更多利民惠民保障模式，让更多居民有保障。

（国家统计局张家港调查队）

网购消费亮点纷呈　存在问题不容小觑

随着信息技术飞速发展，智能手机不断普及，网络购物已然成为生活消费中不可或缺的一部分，为更好地了解张家港网购消费现状，国家统计局张家港调查队依托住户调查样本以问卷调查的方式组织开展了居民网购消费情况调查。调查结果显示，张家港居民网购频率高，覆盖面广，购物渠道多样，网购总体评价高，衣食学行网购消费潜力将继续释放，但也存在网购市场监管力度不够，虚假广告宣传，维权困难等诸多问题。

一、调查对象基本情况

（一）调研对象

此次调研对象为一体化住户调查样本中近一年内有网购行为的家庭，共回收有效问卷82份。

（二）样本结构信息

从城乡属性划分来看，城镇居住地占比63.4%，农村居住地占比36.6%；从家庭常住人口来看，三口之家占比最高达40.2%；从家庭年收入水平来看，家庭收入10万元以下的占比为20.7%，10万元至20万元占比为31.5%，20万元至30万元占比25.6%，30万元以上的占比为23.2%；从网购比重来看，网购消费占家庭总消费比重10%以内的占36.6%，10%至30%占41.5%，30%至50%占17.1%，50%至100%占4.9%。总体看来，网购消费已经不是某类单独群体（家庭）的消费行为特征，网购占家庭总消费比重集中在10%至30%。

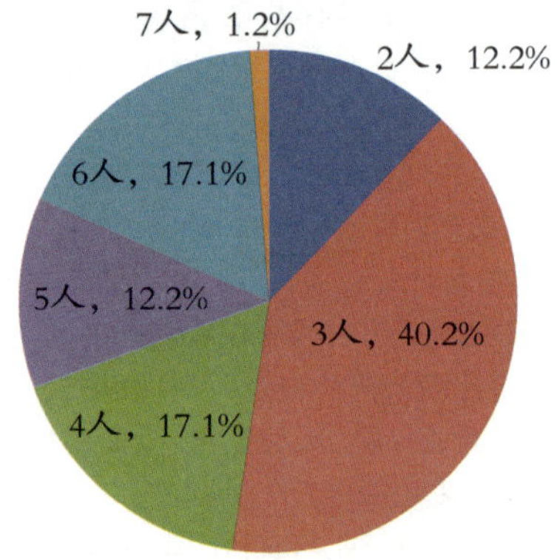

常住人口比例图

二、网购消费特点分析

（一）网购频率较高，消费理念趋理性

调查显示，月均网购频次5次及以下的占36.6%；月均网购6至10次的占58.5%；月均网购10次以上的占15.9%。从调查结果来看，虽然调查家庭月均的网购频率较频繁，但是日常消费理念趋于理性，仅39%的家庭因为网购增加了消费频次和消费金额；68.5%的家庭购买的都是生活必需品，没有增加消费频次和消费金额；2.4%的家庭因为网购减少了不必要的消费。

（二）网购消费覆盖面广，消费渠道多样化

随着各大电商平台品牌效应（淘宝、京东、苏宁、拼多多）的扩大、饮食和出行类App、微信小程序的推广和使用，居民网购商品种类越来越丰富，消费覆盖面广泛，新型小家电、智能家居、水果生鲜、餐饮外卖、家政服务等各类物品服务应有尽有。调查显示，网购商品中占比最高的是新型小家电和水果生鲜，占比分别达58.5%、57.3%；网购的服务中占比最高的是餐饮外卖和教育学习，占比分别是69.5%和39%（见表124）。

张家港市网购商品、服务占比情况表

表124

网购商品类型	占比（100%）	网购服务类型	占比（100%）
新型小家电	58.50	餐饮外卖	69.50
智能家居	31.70	家政服务	6.10
水果生鲜	57.30	文化旅游娱乐	29.30
医用药品	14.60	教育学习	39.00
地方特产	35.40	医疗保健服务	6.10
网红品牌	29.30	养老服务	0.00
进口商品	30.50	交通运输	17.10
其他	8.50	其他	12.20

（三）网购总体评价较高，衣食学行消费潜力将继续释放

调查显示，近八成被访者对网购总体评价满意，其中非常满意占比为30.5%，满意占比为47.6%，一般占比为22%，没有被访者表示不满意。网购方便快捷，覆盖面广泛，成为未来消费主流方式的趋势愈加明显，伴随着各种新兴线上购物模式兴起，消费潜力将进一步释放。调查数据显示，分别有69.5%、32.9%和22%的被访者预期未来在服装、食品及生活用品、在线教育学习、交通出行领域增加消费。

三、网购存在问题

（一）市场监管力度欠缺，产品质量参差不齐

网店经营覆盖食品、衣着、日用品等各方面各领域，

很多微店、代购等并未工商注册，也不需要依托相关平台，只需要简单建立微信、QQ等群就可以直接"营业"，经营地点不固定，存在跨省市区经营的现象，对相关部门监管造成不便，加之很多经营者为了眼前利益，以次充好，商品质量参差不齐。调查显示，56.1%的被访者认为目前制约网购最主要的因素是商品和服务质量。增强市场监管力度，提高产品质量将为后期激发网购市场活力注入不竭动力。

（二）线下消费体验缺乏，存在刷流量虚假宣传

网购商品具有很强的虚拟性，大部分电商没有线下体验店，消费者只能通过网络上商家的描述和部分消费者的评价来了解商品情况，无法掌握商品的实际情况，加之很多电商利用新媒体炒流行，玩概念，刷流量等方式进行虚假宣传，对消费者甄别选购产品产生误导，最终造成到货商品与预期不同。调查显示，35.4%的受访户表示"线下体验缺乏，消费者难以全面掌握商品实际情况；近六成的受访户表示曾经经历过网购产品存在误导描述或虚假描述的购物体验。

（三）网购侵权发生率高，维护权益难点重重

网购群体涉及广泛，文化程度差异度大，对产品真伪鉴别能力不同，加之商家过度宣传，不真实描述，网购权益受侵犯发生率较高。调查显示，近九成网购消费者均被侵犯过权益，网购权益完全没有受到过侵犯的被访者仅占12.2%，其中因商品描述不真实、平台刷单评论等影响判断的权益受侵犯占比最高，分别为56.1%和42.7%。与此同时，网购维权困难重重，主要是原因有以下几个，一是缺少熟悉维权的渠道或平台（占48.8%）；二是维权流程复杂，自己不了解具体维权方式（占42.7%）；三是自己收集证据困难，难以划分责任（占35.4%）；四是维权时间太长，自己精力不足（占30.5%）。

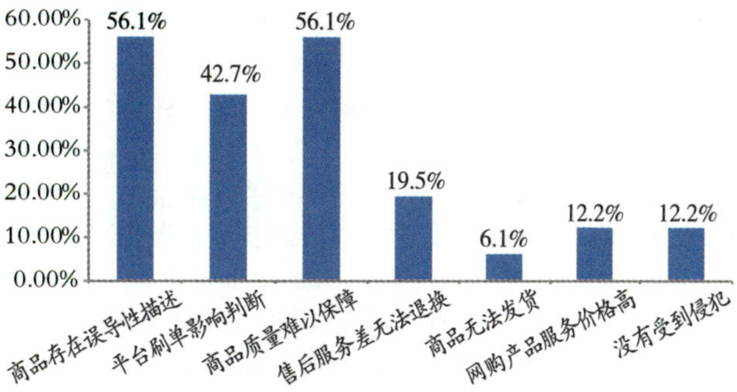

网购权益侵犯占比

四、几点建议

（一）加强法律法规建设，提高消费者法律意识

一是继续健全和完善网购相关法律法规，就责任划分、维权途径、处理纠纷机制等方面出具更加翔实的相关法律法规；另一方面网购消费者要提高法律意识，理性甄别商品，做到货比三家，不盲目听从虚假宣传广告，遇到欺诈侵权时，及时利用法律武器保护自己。

（二）建立完善监管平台，加强网络商品管理

一方面利用好大数据监管平台，实现全国联网一体化商品监管模式，针对电商平台及网络直播卖家进行日常监督，对违法经营加大惩处力度；同时也加强对QQ、微信购物群管理，对建群规模、用途、经营产品范围等进行实名制登记注册，便于后期管理；另一方面相关部门加强对网络商品质量的监管，确保商品真实性。

（三）创新网购体验服务，增强网购"真实感"

为消费者提供在线体验服务和一些线下门店一站式体验服务，加速推动互联网5G信息技术运用，优化网购平台，加快最新科技AI、AR/VR技术应用，为网购者提供沉浸式的网购消费体验服务。

撰稿人：高　蕾　核稿人：卢　珊

报告和文件选录

政府工作报告

2022年1月7日在张家港市第十五届人民代表大会第一次会议上

代市长　蔡剑峰

一、本届政府工作回顾

市十四届人大一次会议以来，本届政府在中共张家港市委的正确领导下，全面贯彻落实党的十九大和十九届历次全会精神，深入学习贯彻习近平总书记视察江苏重要讲话指示精神，与时俱进大力弘扬张家港精神，全力推动"聚焦转型、创新驱动、绿色发展、文明引领"，深入推进港城"经济、功能、生态、生活、治理"升级版建设，聚力打造"临港转型示范区、综合枢纽辐射区、美丽幸福引领区、文明城

市策源地”，较好完成了十四届人大确定的目标任务，为开启现代化建设新征程奠定了坚实基础。

这是稳健前行、创新突破的五年，“经济强”的基础更加坚实。地区生产总值、一般公共预算收入年均分别增长6.4%、6.8%，综合实力保持全国同类城市前三。“创新张家港”建设全面启动，建成省级高新区，全社会研发投入占GDP比重达3.45%，五年提升0.68个百分点。成立张家港产业资本中心，管理基金规模超千亿。新上市企业14家，总数达28家。市属国资规模突破1800亿元，年均增长9%。积极抢抓长三角一体化机遇，开展科技、产业、交通等合作项目超200个。获批苏州自贸片区联动创新区、江苏自贸区联动创新发展区，复制推广改革试点经验69条，实施自主创新举措11项。“放管服”改革、相对集中行政许可权改革试点持续深化，营商环境连续三年位列全省同类城市第一方阵。坚持“房住不炒”，房地产市场保持平稳健康发展。粮食生产连年丰收，获评国家农产品质量安全县。连续三年荣获省推进高质量发展先进县（市、区）第一等次。

这是倾力民生、彰显温度的五年，“百姓富”的成果更加丰硕。民生支出占比始终保持在80%以上，居民人均可支配收入6.5万元，年均增长7.3%。城乡居民收入比缩小至1.86∶1。沪苏通铁路及长江公铁大桥开通运营，成功开行上海、北京方向始发列车，城区快速路启动建设。在全省率先实施民生微实事项目，获民政部肯定推广。城镇新增就业9.05万人，登记失业率保持在2%以下。新增社保参保人员27.27万人。困难群众精准救助率达100%。新建改扩建学校50所，新增学位4万个，获评新时代首批江苏省义务教育优质均衡发展县（市、区），教育现代化水平稳居全省第一方阵。成功创建三级甲等医院2家、三级综合医院1家，建成全国首批健康城市建设示范市，实现国家卫生城市“十连冠”。新冠肺炎疫情防控取得阶段性成果，常态化防控举措精准有力，“外防输入、内防反弹”屏障更加坚固。全市社区居家养老服务中心（站）覆盖率达100%。实施全市首个乡村振兴战略五年规划，村均可支配收入超1500万元。助力贵州省沿河县如期脱贫摘帽，对口援疆、南北挂钩等帮扶工作成效明显。获评“中国最具幸福感城市”“中国率先全面建成小康社会范例城市”。

这是标本兼治、综合施策的五年，“环境美”的底色更加亮丽。深入打好污染防治攻坚战，省考以上断面、通江骨干河道水质优III比例达100%。空气优良天数比例达83.6%，五年提高14.8个百分点。全面推行生活垃圾四分类，实现垃圾分类“三定一督”小区全覆盖。完成长江沿岸造林绿化近200公顷，退出生产岸线6千米，生态岸线占比超50%。“张家港湾”生态修复入选联合国可持续发展优秀实践案例。荣膺国家生态园林城市。关停淘汰低端低效企业1323家，“三优三保”累计完成拆旧复垦超2000公顷，单位GDP能耗、水耗累计下降均超20%，土地节约集约利用获国务院通报表扬。东沙化工园成为全省首个整建制关停化工区，相关经验入选“江苏省推动长江经济带绿色发展典型案例”。

这是崇德向善、示范引领的五年，“社会文明程度高”的标识更加凸显。荣膺全国文明城市“六连冠”，实现中央文明委创建表彰“大满贯”。新时代文明实践网络实现市、镇、村（社区）全覆盖。设立全国县级市首个志愿者学院，中国好人数居全国县（市）第一。长江文化艺术节荣获“最具国际影响力节庆”称号。“群星奖”“牡丹奖”获奖数量位列全国县（市）第一。获评首批全省“书香城市”建设示范市。建成省级全域旅游示范区。入选全省首批现代社区治理创新实验区，扫黑除恶专项斗争“治本”任务基本完成，生产安全事故保持“双下降”，获评全国平安建设先进县（市、区）。成为全省唯一荣膺全国双拥模范城“七连冠”的县级市。

这是改进作风、务实担当的五年，政府履职更加有为。坚持用习近平新时代中国特色社会主义思想武装头脑、指导实践、推动工作，大力倡导事事马上办、人人钉钉子、个个敢担当的工作作风，“只争朝夕谋发展、心无旁骛抓落实”在政府系统蔚然成风。深入开展“两学一做”学习教育、“不忘初心、牢记使命”主题教育、党史学习教育，扎实推进“我为群众办实事”实践活动和“两在两同”建新功行动。严格落实中央八项规定及其实施细则精神，文风会风进一步改进。顺利完成机构改革，纵深推进综合执法改革，不断强化行政监察、审计监督和绩效评估。健全重大行政决策规范管理标准体系，全面推行行政执法“三项制度”，圆满完成“七五”普法，获评省法治政府建设示范县（市、区）。自觉接受人大法律监督、政协民主监督，累计办理人大代表议案1件、建议850件，政协提案1144件。

各位代表，刚刚过去的2021年，面对错综复杂的宏观形势和日趋激烈的竞争态势，全市上下牢牢把握高质量发展主题，始终紧扣“创新提质年”工作主线，统筹疫情防控和经济社会发展，较好完成了年度各项目标任务，实现了“十四五”开局首胜。预计全年地区生产总值增长8%左右，跃上3000亿元台阶；完成一般公共预算收入264.13亿元、增长5.5%，实际利用外资10亿美元、增长67.4%，进出口总额415亿美元、增长24%，社会消费品零售总额783.5亿元、增长13.8%。

经济运行稳中有进。预计全年完成规模以上工业总产值5800亿元，增长19%。167个三级重大项目有序实施，完成固定资产投资568亿元、工业投资221亿元。稻兴科技、大族激光、天兵科技等产业项目以及货拉拉、正创等新零售新业态项目签约落户，广大鑫盛高端装备零部件、信义光能面板等项目开工建设，天鹏极片中心、布伦泰格高端精细化工品等项目竣工投产。落实减税降费25.02亿元，新增市场主体2.68万户。积极举办“五五”“双12”等系列活动，大力推进夜间经济发展，全力释放消费潜能。新建市级文化产业发展母基金，发布张家港“文产贷”金融产品。新增社会融资超900亿元，实体经济贷款余额超2700亿元。新增上市企业8家，其中科创板上市企业3家，均创历年新高，新点软件刷新苏州A股首发募资规模记录。

产业转型提质增效。聚焦八条重点产业链，深入推进“引增量、锻长板、补短板、强企业”四项工程，新引投超10

亿元重要节点项目28个。工业战略性新兴产业产值占规上工业比重达39%，同比提高3.5个百分点。“智改数转”高效推进，获评省级智能工厂1个、省级示范智能车间10个、苏州市级智能工厂1个、苏州示范智能车间43个。县域工业互联网发展指数位列全国第二。龙头企业持续做大做强，沙钢集团连续13年入围“世界500强”，荣获“省长质量奖”。4家企业入围“中国企业500强”，9家企业入围“中国民营企业500强”，14家企业入围“中国服务业企业500强”、列全国县（市）第一。中小企业不断做精做优，新增国家级专精特新“小巨人”企业2家、省级瞪羚企业13家、省级潜在独角兽企业2家。

创新能级不断提升。全国首发创新驱动发展（张家港）指数，联合科技部人才中心创办全国首个科技创新研修院，企业创新积分制在国家级高新区扩面推广，张家港留学人员创业园升格为省部共建留创园。张家港籍科学家朱敏当选中国科学院院士。全面启动科技招商，成立科技招商中心，完成科技招商项目超500个，新认定有效高新企业255家、科技型中小企业900家，新增“姑苏计划”以上人才60个。总投资49亿元的东渡国际人才创业街区开工建设，新开工科创孵化载体超130万平方米，新增苏州市级以上孵化载体6家。霍尼韦尔先进材料亚太区总部及研发中心、PPG中国应用创新中心等外资研发机构正式落户。“张科贷”、产学研预研资金管理等政策优化实施，新增产学研合作项目254项。

改革开放活力释放。深度融入长三角一体化发展，与上海清算所、道禾长期投资、国盛集团深度合作，在全国首创大宗商品“清算通”业务，建成运营上海长三角科创企业服务中心苏南中心。张家港综保区2.0方案成功过审。实现国际贸易“单一窗口”报关全覆盖。入选首批全国供应链创新与应用示范城市。完成口岸货物吞吐量2.57亿吨、外贸运量6650万吨、一般贸易进出口360.6亿美元。服务业增加值占GDP比重达50.6%。98%政务服务事项实现“一网通办”，工程建设项目审批常态化实现“653”，成立华为·张家港数字政府联合创新中心，获评全国数字政府管理创新奖。深入开展国企改革三年行动，国有企业重大金融风险防范机制加速健全，组建成立文旅集团。民营企业事前合规建设相关做法获最高检主要领导调研肯定。金港镇撤镇改设金港、后塍、德积三个街道。

城乡融合协调推进。南沿江铁路快速推进。城区快速路杨锦公路锦丰段启动建设；346国道改建工程西段（港华路至一干河）建成通车，东段（一干河至张杨公路）开工建设；东三环新建工程超计划完成年度目标任务。各区镇至高铁枢纽实现公交线路全覆盖。治理违建超450万平方米。新开工安置房260.7万平方米，竣工84万平方米。建成“口袋公园”3个，改造园林路等背街小巷4条，既有多层住宅加装电梯数量突破100台。第四水厂每天40万立方米深度处理改造工程基本完工，新增污水处理能力每天4.5万吨。创成国家水土保持示范县、全国节水型社会建设达标县。完成集贸市场改造升级14家。新（改）建公厕107座。新增停车位5772个。新建高标准农田2653.3公顷，创成全国农作物病虫害绿色防控示范县。开展国家数字乡村建设试点，获评全国农村创业创新典型县。建成苏州市特色康居示范区3个、苏州市特色康居乡村49个。

绿色发展有力有效。坚持把修复长江生态环境摆在压倒性位置，扎实开展突出环境问题整改“回头看”，统筹推进大气污染联防联控，钢铁行业超低排放改造评估基本完成。全市$PM_{2.5}$年均浓度降至每立方米30微克。整治劣Ⅴ类水体45个，疏浚镇村河道450条，拆坝建桥26座，建成排水达标区48个、生态美丽河道91条。新增农村成片造林39 公顷。每年4万吨危废填埋项目、每年3万吨危废焚烧项目基本建成，每天2250吨生活垃圾焚烧发电项目主体完工。严格落实能耗“双控”任务，与国家电投签订“碳达峰、碳中和”能源战略研究及全面战略合作协议，单位GDP能耗下降3.7%。完成“三优三保”复垦333.3公顷。

民生福祉普惠共享。19个民生实事、405个民生微实事项目高效推进。城镇新增就业2.25万人，发放稳岗返还资金4747万元、失业保险金2466万元。课后服务“5+2”模式实现义务教育阶段全覆盖。18所新建改扩建学校投入使用，新增学位1.6万个。樊春海院士拔尖创新人才培养工作室等9个教育领域融入长三角一体化项目落地揭牌。实现苏州大市医保“一卡通”。与长三角地区12家三甲医院常态化开展75项专科合作。8大类慢病实现市级诊疗、社区配药。凤凰镇医院（新院）正式启用。创成全省首家公立医院综合改革示范县。荣获世界卫生组织“健康城市创新发展奖”。养老服务“时间银行”工作站实现村（社区）全覆盖。“邻里港湾”城乡社区综合服务品牌全面推广。村（居）民医疗互助项目入选全国农村公共服务典型案例。镇级退役军人服务站“示范型”创建100%达标。实现全国学雷锋志愿服务“四个100”先进典型“大满贯”。长江文化节升格举办。新增24小时图书馆驿站3家，2个项目入选江苏省“最美公共文化空间”。全运会实现历史最佳成绩。获评首批“全国县域足球典型”。实现全国科普示范县（市、区）“五连冠”。

社会治理全面加强。慎终如始抓牢常态化疫情防控，全人群疫苗接种有序推进，核酸检测、流调、医疗救治等能力进一步提升，疫情防控形势持续平稳向好。安全生产专项整治“三年大灶”和“一年小灶”回头看纵深推进，实现规上工业企业风险报告全覆盖，全市生产安全事故起数、死亡人数分别下降23.5%、42.9%。入选全省综合行政执法改革暨指挥中心建设试点，构建形成“1+N+10”集成指挥体系。扫黑除恶斗争常态化推进。圆满完成建党100周年大庆安保维稳。全市违法犯罪警情连续13年下降，群众安全感达99.67%、位列全省第一。

各位代表，过去一年，我们持续强化政府系统党的建设，坚定不移贯彻落实中央、省、苏州和市委各项决策部署，不断提升政治判断力、政治领悟力、政治执行力。坚持厉行节约，带头过紧日子，持续压减“三公”经费。开馆运行市法治宣传教育中心，依法推进政务信息公开，实现重大民生行政决策民意调查工作全覆盖。自觉接受人大、政协和社会各界监督，办复人大代表建议124件、政协提案184件。“12345”热线获评全国服务企业满意热线优秀单位。与此同时，对台、侨务、民族宗教、兵役、人民武装、气象、外事、档案、地方志、供销、检验检测、妇女、儿童、残疾人、红十字会和关心下一代等工作都取得了新的进步。

各位代表，时代眷顾奋斗者，星光不负赶路人。五年来，所有成绩的取得，是市委总揽全局、坚强领导的结果，是市人大、市政协和社会各界有效监督、鼎力支持的结果，是全市上下团结拼搏、不懈奋斗的结果。在此，我谨代表市人民政府，向全市广大干部职工、企业家和全体市民，向人大代表、政协委员，离退休老领导、老同志，各民主党派、工商联和无党派人士，各人民团体、垂直部门和涉外单位，驻军指战员、人民武装部官兵、武警官兵、公安民警、消防救援队伍指战员，以及所有关心支持张家港建设发展的海内外朋友，致以崇高的敬意和衷心的感谢！

在充分肯定成绩的同时，我们也清醒认识到，跨越发展道路上还存在着不少矛盾问题和挑战，主要表现在：一是在碳达峰、碳中和背景下，产业结构偏“重”、能源结构偏“煤”的短板进一步凸显，以创新为核心驱动力的绿色低碳转型迫在眉睫；二是土地空间资源约束日益趋紧、利用效率相对偏低，节约集约发展任务艰巨繁重；三是“港铁联动”枢纽效应还未充分显现，区域合作广度和深度不足，在长三角城市群中的显示度、影响力和竞争力有待提升；四是城市规划建设管理的先发优势呈递减态势，教育、医疗、养老、生态、交通等公共服务供给水平与百姓期待还有差距；五是对照“五个过硬”“七种能力”，部分政府公务人员的眼界、理念、能力与当前发展要求还不相适应，在干事创业中还存在惯性思维和路径依赖，法治型、创新型、服务型政府建设需要付出更多努力。对此，我们将牢牢坚持问题导向，有力有效加以解决。

二、新一届政府工作的总体思路和目标任务

各位代表，本次会议将选举产生新一届张家港市人民政府。新一届政府任期的五年，是我国全面建设社会主义现代化国家、向第二个百年奋斗目标进军的五年，也是张家港坚持轻装上阵、加快产业转型的五年。我们将在市委的坚强领导下，与时俱进大力弘扬张家港精神，实干担当、砥砺奋进，全力开创港城现代化建设新局面。

建议新一届政府的总体思路是：坚持马克思列宁主义、毛泽东思想、邓小平理论、“三个代表”重要思想、科学发展观，全面贯彻习近平新时代中国特色社会主义思想，坚持稳中求进工作总基调，精准把握“新发展阶段、新发展理念、新发展格局”的深刻内涵，紧扣“强富美高”总目标总定位，自觉扛起“争当表率、争做示范、走在前列”的光荣使命，认真落实中央、省、苏州和市委决策部署，与时俱进大力弘扬张家港精神，坚持轻装上阵、加快产业转型，推动两个文明持续领跑，全力打造“创新转型的实力之城、包容并蓄的活力之城、一体融合的协调之城、文明善治的典范之城、美丽和谐的宜居之城、共建共享的幸福之城”，在向第二个百年奋斗目标迈进的新征程中，谱写港城现代化建设新篇章。

重点将围绕打造“六个城市”，做到“六个坚持”：

——围绕打造“创新转型的实力之城”，坚持总量和质量并重，让产业集群更高端。坚定不移把创新作为引领发展的第一动力，牢固树立“项目为王”理念，加大科技招商、产业招商、人才招引力度，推动更多优质项目、创新要素集聚，加快存量优化、增量崛起，全力打造更具竞争力的5个千亿级、若干个百亿级产业集群。力争到2026年，地区生产总值突破4300亿元，一般公共预算收入突破370亿元。

——围绕打造“包容并蓄的活力之城”，坚持改革和开放并驱，让内生动力更强劲。积极抢抓长三角一体化、苏州市域一体化发展机遇，更加精准对接“双循环”市场需求，更深层次推进跨区域协同合作，努力在产业、创新、金融、公共服务等领域取得更多合作成果。聚焦行政审批制度改革、国资国企改革等重点领域，强化系统集成、科学配置资源，打造更多具有示范引领意义的改革成果。

——围绕打造“一体融合的协调之城”，坚持精致和精细并行，让城市品质更美好。加快城市重大基础设施、新型基础设施建设，完成城区“环线+十字”快速路建设，如期形成“三铁交会”格局，全面凸显节点枢纽功能，努力让城市更具承载力、辐射力。加快打造“国家农业科技园区”，持续扮靓美丽乡村“面子”、丰盈乡风文明“里子”，不断增强村级经济“造血”功能，让农村更富吸引力、竞争力。

——围绕打造“文明善治的典范之城”，坚持率先和领先并进，让城市特质更鲜明。大力培育和践行社会主义核心价值观，纵深推进新时代文明实践，全力擦亮文明城市“第一品牌”。统筹发展文化事业与文化产业，持续扩大长江文化节等文体品牌影响力，文化产业增加值占GDP比重超8.5%。深化“智慧张家港”“平安张家港”“法治张家港”建设，优化“大数据+网格化+铁脚板”工作机制，不断提升城市治理体系和治理能力现代化水平。

——围绕打造“美丽和谐的宜居之城”，坚持治标和治本并施，让生态环境更怡人。坚定不移走生态优先、绿色发展之路，持续打好蓝天、碧水、净土保卫战，全面筑牢生态安全屏障，绘就最美生态图景。扎实推动能耗“双控”向碳排放总量和强度“双控”转变，让能源资源配置更加合理、利用效率大幅提高，向碳达峰、碳中和迈出坚实步伐，全力争当“美丽中国”的县域样板。

——围绕打造“共建共享的幸福之城”，坚持富民和利民并举，让民生福祉更普惠。持续拓宽富民增收渠道，着力提高低收入群体收入，扩大中等收入群体，扎实推动共同富裕。高标准落实民生兜底保障，大力度优化公共服务供给，全面构建与经济社会发展水平相匹配的教育资源供给体系、公共卫生管理体系、养老救助服务体系，不断满足群众多层次、多元化民生需求。

三、2022年重点工作安排

各位代表，2022年是党的二十大召开之年，是张家港建县（市）60周年，也是新一届政府履职的起始之年。新的一年，我们既要清醒认识需求收缩、供给冲击、预期转弱带来的困难和挑战，更要看到“一带一路”、长江经济带、长三角一体化、苏州市域一体化发展等多重战略机遇正深度

叠加，高质量发展新动能正加速集聚，港城制造业基础优势正不断巩固，经济持续恢复、长期稳定向好的态势总体没有改变。只要我们坚决贯彻上级和市委决策部署，把握大势、精准发力，就一定能够战胜风险挑战，不断推动港城高质量发展取得新成效。2022年政府工作的总体要求是：以习近平新时代中国特色社会主义思想为指导，全面贯彻党的十九大和十九届历次全会精神，深入贯彻习近平总书记视察江苏重要讲话指示精神，紧扣“强富美高”总目标总定位，自觉扛起“争当表率、争做示范、走在前列”的光荣使命，认真落实中央、省、苏州和市委决策部署，坚持“稳字当头、稳中求进、全面向好”的工作定位，与时俱进大力弘扬张家港精神，紧扣“创新转型加速年”工作主题，继往开来打造“六个城市”，接续谱写港城现代化建设新篇章，以过硬实绩迎接党的二十大、献礼建县（市）60周年。

建议2022年经济社会发展主要预期目标：地区生产总值增长5.5%以上；一般公共预算收入增长4.5%左右；固定资产投资增长7.4%、工业投资增长17.6%；实际利用外资、进出口总额保持稳定；城乡居民收入增长与经济增长基本同步；生产安全事故起数和死亡人数双下降15%。

市政府将重点做好以下八方面工作：

（一）赶好“三驾马车”，夯实经济增长基石

扩大有效投资。规划实施三级重大项目268个。深入落实“三即”快审批、容缺预审等推进机制，加快建设“一站式”服务中心、项目报建“微客厅”，持续完善全周期、保姆式服务体系，全力推动大族激光、天兵科技等项目快开工，凡润液晶显示模组、潞能高效光伏电池及组件等项目快建设，光束汽车、国泰智能制造产业基地一期等项目快投产，确保省、苏州重大项目开工率、投资完成率均达100%，固定资产投资达610亿元，工业投资超260亿元。

繁荣消费市场。顺应消费升级趋势，引导传统商贸创新转型，优化实体零售业态布局，培育壮大社区电商、流量经济等新业态，大力招引一批新零售、电子商务龙头企业，加快促进生活性服务业向多样化、高品质转变。不断拓展“五五”“双12”等促消费活动内涵，提质发展早餐经济、夜间经济、节庆经济，持续完善“互联网+消费”生态体系，全力推动线上线下消费双向提速。深入挖掘文化、旅游、体育资源优势，加快实施文化产业高质量发展行动计划，充分发挥文化产业发展母基金、“文产贷”杠杆作用，培育一批文化企业、文旅产品，全面激发消费潜力活力。确保社会消费品零售总额增长7%。

拓展外贸空间。深度融入“双循环”新发展格局，全面抢抓RCEP、CPTPP新机遇，加快培育外贸新业态新模式。指导企业用足用好政策红利，通过跨境电商、离岸贸易、海外仓等模式，持续巩固欧美传统市场，积极开拓东南亚、拉美等新兴市场，不断推动高质量、高附加值产品出口，加快扩大先进技术、重要设备、关键零部件进口。聚焦贸易风险多、成本上涨多、供应链堵点多等现实瓶颈，用好出口退税、出口信用保险等政策，全力推动对外贸易量稳质升。

（二）突出科技招商，加快产业转型升级

持续深耕新兴产业。紧扣新能源、数字经济、先进特色半导体、生物医药及高端医疗器械4条新兴产业链，聚焦北京、上海、深圳、香港以及日韩、欧美等地区和国家，瞄准“四类500强”、独角兽、瞪羚、专精特新“小巨人”，完善投资强度、亩均效益、创新水平、综合能效等评价办法，统筹科技招商、产业招商、人才招引，发挥“三区一园”招商主力军作用，放大各板块协同合力，探索企业化管理、市场化运作招商模式，大力招引一批“高精尖”“小特新”项目，全面集聚一批科技领军人才和创新团队。年内，新引投超10亿元产业链重要节点项目30个以上、超亿元工业项目200项以上，新增科技招商项目1000项，新认定有效高企300家、“姑苏计划”以上人才60人。

构建一流创新生态。聚焦重点产业发展，以“制定一个产业规划、建设一个功能园区、设立一只发展基金、成立一个服务机构、搭建一批合作平台、打造一个品牌展会”为导向，加快构建全要素全链条创新生态。大力推进保税区泛半导体产业园、经开区新能源汽车城、冶金园医疗器械高新产业园、高新区数字经济产业园等园区建设；不断强化中科纳米张家港化合物半导体研究所、集成电路产业促进中心等平台的研发引育功能；全力推动张家港基金二期、新兴产业基金、人才天使母基金等直投本地，积极促进合作基金返投落地；针对性举办专业展会及相关赛事。完善创新委运作模式，打响“创新张家港”品牌，确保获批国家创新型县（市）。年内，新开工科创孵化载体超60万平方米，新增产学研合作项目240项，全社会研发投入占GDP比重达3.5%。

改造提升传统产业。引导冶金、化工、纺织、智能装备等传统优势产业走好“创新论英雄、亩产论英雄、绿色论英雄”路径，全力保障沙钢超薄带和硅钢、海虹老人特性涂料等项目建设，不断提升传统优势产业整体水平和竞争力，确保规模以上工业增加值增速超6.5%。大力推进“智改数转”，实现规模以上工业企业全覆盖，建成苏州市级以上示范智能车间超30个，力争获评省高端技改项目。加快腾讯云（张家港）工业云平台二期建设，新增上云企业500家。出台实施“小巨人”企业培育计划2.0，新增省级以上专精特新“小巨人”企业8家。

优化要素资源保障。实施产业用地更新“两集聚两提升”、“三优三保”行动，开展产业用地二级市场转让试点，优化工企评价结果运用，腾退低端低效工业用地，整合更多连片工业净地，优化高标准厂房建设，把最稀缺的资源配置给最优质的项目，腾出发展空间超333.3公顷，争创全国自然资源节约集约示范县（市）。建成运行“惠企政策一点通”平台，打造“政策计算器”，让产业扶持政策兑现更趋高效透明。创新金融产品和服务，用好苏州综合金融服务平台，构建企业信用画像指标体系，深入实施港城金融服务万企百亿融通工程，推动重点领域普惠型金融供给增量提质，新增社会融资800亿元。优化“港城上市通”服务，新增上市企业4家至5家。

（三）深化改革开放，增创区域竞合优势

加强区域协同。深度融入长三角科技创新共同体、苏南国家自主创新示范区，高水平运营长三角科创企业服务中心苏南中心、上海—张家港技术转移协作中心、张家港上

海高校协同创新中心。靠前对接长三角制造业协同发展规划，不断拓展与上海电气等企业的合作空间。积极对接长三角基础设施互联互通专项规划，加快推进虹桥国际开放枢纽北向拓展带协同发展区建设。创新合作方式，持续引进长三角教育、医疗、养老等优质公共服务资源。

提升港口功能。深入对接上港集团，加速“联动接卸、视同一港”模式落地，实现更大范围“业务协同、结果互认”。加快综保区2.0建设，复制推广自贸区政策，重点发展全球检测维修、保税仓储物流等新业态，全力打造供应链创新与应用、汽车平行进口、大宗商品“清算通”平台等特色亮点，加快推动港口由装卸运输港向物流贸易港升级。突出口岸“监管、贸易、服务”智慧化建设，着力打造现代智慧口岸。年内，培育“两业融合”试点集群4个至5个，口岸货物吞吐量、外贸运量继续保持县域口岸前列。

推进重点改革。实施优化营商环境创新行动，深化“一业一证”改革，拓展“一件事”服务，推动“一网通办”向“一网好办”升级，实现高频政务服务事项“异地可办”、长三角地区主要城市“跨省通办”全覆盖，争做全国县域数字政府排头兵。以国企改革三年行动计划为引领，梳理明确市属国资公司功能定位，推动行政事业单位经营性资产纳入国资统一监管，提升国有资本配置效率和国企自主融资能力。巩固深化企业合规改革试点。优化区镇街道管理体制，提升“三整合”改革成效。深化“双随机、一公开”监管，全面加强包容审慎监管。

（四）强化规划引领，升级城市功能品质

强化规划刚性约束。加强全市域范围发展规划、空间规划、专项规划的配套衔接，高标准完成国土空间总体规划编制，科学划定生态保护红线、永久基本农田、城镇开发边界三条控制线，不断优化“一城双核四片区”空间布局。实体化运作规委会，统筹规划编制、实施、管理全过程，加强对规划重大问题的决策咨询、集体审议和审查把关，强化规划权威性、严肃性，真正将规划的“一张蓝图”变成美好现实。

打造综合交通枢纽。开工建设张靖皋长江大桥、通苏嘉甬铁路，基本完成南沿江铁路工程建设。积极推动苏张高速、苏虞张市域（郊）轨道线、宜锡张轨道线、无锡至张家港快速通道规划建设。提速城区快速路建设，建成东三环，启动东二环、南二环建设，确保346国道改建总工程量完成55%以上。常态化开展福南水道应急疏浚，加快太字圩港闸站、十一圩港枢纽改建和走马塘泵站工程建设，启动十一圩港河道综合整治，推进申张线凤凰段航道整治。强化主要经济板块与高铁站的交通联系，构建高品质城乡公交三级网络。

推动城市有机更新。开展城市更新规划研究，设立城市更新基金，加强对REITs等融资工具的探索和运用。围绕高铁枢纽、黄泗浦等重点区域，做靓形态面貌、做优功能配套，加快建设城市新中心。深化违建治理，实现四类重点整治任务“清零”。建设城区步道系统，完成30个“口袋公园”更新项目。新开工安置房180万平方米，竣工50万平方米。新增公积金缴存职工2万人。提速金港污水厂二期扩建、高新区水处理中心新建项目建设，城区、区镇建成区“污水处理提质增效达标区”面积分别达80%、70%。健全生活垃圾闭环管理机制，全市生活垃圾回收利用率超35%。实现镇级以上集贸市场标准化率100%。加快公共充电服务网络建设。新增停车位8000个。加大土地收储力度，试行土地出让与房产去化周期直接挂钩机制，促进房地产市场良性循环和健康发展。

（五）聚焦强村富民，奏响乡村振兴强音

提升农业发展活力。稳住“米袋子”、守住“菜篮子”，推进“三高一美”示范基地建设，打造86.7公顷高标准农田改造提升示范区、1266.7公顷“菜篮子”工程绿色蔬菜保供基地，完成66.7公顷养殖池塘生态化改造。争创省级农业生产全程全面机械化示范市，特色农业机械化水平达75%。推进“1210”智慧农业建设，加快部级绿色种养循环农业试点县项目建设，绿色优质农产品比重超67%。鼓励村级集体经济抱团发展、多元发展，加快20个超千万元村级载体项目建设，力争村均可支配收入达1600万元。

建设美丽宜居乡村。科学编制“多规合一”实用性村庄规划，分类实施农村住房建设试点，大力开展农房集中规划建设第二轮试点，以点带面提升全市农村风貌。常态化开展农村人居环境整治，提升农村公共基础设施管护水平，完成农村户厕改造提升4500户，争创农村人居环境整治激励县。重点抓好规划发展类村庄、长江沿线特色康居乡村建设，新建苏州市特色康居示范区2个、苏州市特色康居乡村26个。

（六）注重减污降碳，提升美丽港城颜值

巩固污染防治成果。深入打好污染防治攻坚战，严格落实上级生态环境保护督察反馈问题整改。深化挥发性有机物、扬尘等大气污染综合治理，$PM_{2.5}$年均浓度、单位GDP二氧化碳排放量下降率完成上级下达目标任务。狠抓入河排污口整治，推进水污染物总量减排，确保省考以上断面、通江骨干河道、集中式饮用水源地水质优Ⅲ比例继续保持100%，坚决杜绝劣Ⅴ类波动。推动危废填埋、危废焚烧、生活垃圾焚烧项目稳定运行。

加强生态保护修复。完成全市国土空间生态保护和修复规划编制，加强生态修复政策集成，推进资源承载降负、生态空间扩容。推动“张家港湾”向常态化管养、运营转变，完善新沙洲生态湿地规划，构建西水道沿江生态系统，优化双山香山生态修复，以点带面、连点成片打造滨江城市独特风景。实施山水林田湖草沙系统保护修复，深化“河长制”“林长制”改革，建设生态美丽河道87条。

推进绿色低碳发展。严格执行长江经济带发展负面清单，全力推动生态产业化和产业生态化。积极推进碳达峰、碳中和，建立水权交易制度，坚决遏制“两高”项目盲目发展，单位GDP能耗、水耗下降率完成上级下达目标任务。强化天然气供应基础设施建设，深挖光伏发展潜力，提高配电网智能化水平，持续推进行业结构低碳化、制造过程清洁化、资源能源利用高效化。加快建设一批生态文明示范基地、生态工业园区、绿色社区，实现省级生态文明建设示范镇全覆盖。

（七）坚持以人为本，创造更高品质生活

让民生保障更暖心。高质量办好重点民生实事，持续擦亮民生微实事品牌。强化就业优先导向，城镇新增就业1.9万人，本市籍高校毕业生就业率稳定在98%以上。在全国率先推行工资救助责任保险，全市劳动关系和谐企业占比超78%。探索跨区域合作养老服务“时间银行”模式，建成综合养老服务中心6家、标准型老年人助餐点10家。完善主动发现精准救助机制，加快“互联网+慈善超市”建设，构建“弱有众扶”社会救助大格局。力争创成首批全国未成年人保护示范市，积极推进儿童友好城市建设。实现“标杆型”退役军人服务站镇级全覆盖，争创新一轮省级双拥模范城。

让公共服务更贴心。扎实做好“双减”工作，优化提升中小学课后服务。新建改扩建学校15所，新增学位1.9万个。强化产教融合、校企合作，提升技术技能人才培养规模和水平。深入实施教育人才“5151”计划，新招聘教师923人。争创全国义务教育优质均衡发展县（市、区）。加快市中医医院异地新建、市一院急诊医学中心、市六院住院综合楼项目建设。整合医疗资源，推动区域医共体发展。深化医疗服务价格改革，加强医保基金监管，拓展“15分钟医保服务圈”。实施居民健康素养提升工程，建成省级健康镇1个、省级健康村（社区）13个。

（八）聚力常态长效，打响文明善治品牌

厚植文明优势。以争创首批“全国文明典范城市”为目标，持之以恒抓好文明城市常态长效建设。推进婚俗改革实验区建设，办好精神文明建设张家港研究与交流中心，建设全国文明城市建设展览馆、志愿者主题公园，升级新时代文明智慧云平台。深化国家全域旅游示范区创建，打造双山香山旅游景区、凤凰肖家巷等一批文旅融合示范点。加快城西文体中心、美术馆（长江文化展示馆）、东山村遗址博物馆等项目建设。推进全域科普。争创全国全民运动健身模范县（市、区）。

创新社会治理。科学精准抓好常态化疫情防控，完善公共卫生服务体系建设，不断加强流调溯源、集中隔离、核酸检测等能力建设。完善网格化大联动指挥体系，打造集成指挥中心全省县域示范点。实现村（社区）社会工作室全覆盖。实施智慧城管二期建设，放大“城警联动”“小微执法”实效。创新食品安全监管手段，推进“互联网+明厨亮灶”，争创全国质量强市示范城市。纵深开展安全生产专项整治“三年大灶”，重点加强危化品、冶金、消防、建筑施工、交通运输等行业领域安全监管，争创省级安全发展示范城市。完善市应急管理综合应用平台建设，提高防灾减灾抗灾救灾能力。常态化开展扫黑除恶斗争，高标准推进新一代雪亮技防工程，扎实做好信访工作，确保群众安全感全国领先。

各位代表，新形势新任务对政府工作提出了新的更高要求。我们将着力加强自身建设，切实改进工作作风，不断提升政府执行力、公信力、创新力。把准政治方向之舵。学深悟透习近平新时代中国特色社会主义思想，坚决把党的领导落实到政府工作各领域、全过程，确保上级和市委各项决策部署落地生根。提高依法行政之能。推进“八五”普法。整合公共法律服务资源，建成“覆盖城乡、便捷高效、均等普惠”的公共法律服务体系。深化全国法治政府建设示范项目创建，全力打造法治政府建设的“县域样板”。昂扬争先率先之志。紧盯全年目标任务及高质量发展考核，健全完善政府系统落实、推进、协调、督察体系，久久为功，在化解矛盾短板上出实招，在增创竞争优势上见实效，努力以政府系统的实干担当，推动港城高质量发展始终走在前列。绷紧纪律规矩之弦。深入落实全面从严治党各项要求，严格履行“一岗双责”。坚持过紧日子，严控“三公”经费和一般性支出，把更多的财力用到刀刃上、紧要处，坚决防范化解政府性债务风险。加快公共资源交易数字化转型，加大对公共资金、政府投资项目、国资国企等重点领域的监管力度，让干净干事、清正廉洁成为干部自觉追求。

各位代表，征程万里阔，奋进正当时。让我们紧密团结在以习近平同志为核心的党中央周围，高举中国特色社会主义伟大旗帜，在中共张家港市委的坚强领导下，与时俱进，大力弘扬张家港精神，以“归零”心态、“冲刺”姿态、“赶考”状态，干在实处、走在前列，为书写港城现代化建设新答卷不懈奋斗。

有关用语说明

1.“三优三保”：以优化建设用地空间布局保障发展，以优化农业用地结构布局保护耕地，以优化镇村居住用地布局保护权益。

2.行政执法“三项制度”：行政执法公示制度、执法全过程记录制度、重大执法决定法制审核制度。

3.八条重点产业链：全市冶金新材料、智能装备、化工新材料、高端纺织、新能源、数字经济、生物医药及高端医疗器械、先进特色半导体等八条产业规模和配套优势明显，创新能力较强的产业链。

4.“引增量、锻长板、补短板、强企业”四项工程：产业链重要节点“引增量”工程、产业链基础能力“锻长板”工程、产业链薄弱环节“补短板”工程、产业链主导企业“强企业”工程。

5.创新驱动发展（张家港）指数：张家港市联合新华社中国经济信息社开展研究，于2021年7月在“张家港创新周”上正式发布。指数基于创新型县（市）建设的客观规律和重点创新要素，用指标量化的方式全面衡量张家港创新发展水平，为科技部编制国家创新型县（市）创新驱动发展指数提供借鉴。

6.大宗商品“清算通”：上海清算所会同商业银行，为实体企业通过大宗商品现货平台达成或交收的大宗商品现货交易提供相关资金清算结算服务。

7.“653”：全市工程建设项目审批时间除重大工程建设项目外，政府投资房屋建筑及其他类项目、政府投资线性工程类项目从申报立项用地规划许可阶段到竣工验收阶段，审批时间控制在60个工作日内；一般社会投资项目（除带方案出让用地及小型社会投资项目）从取得用地到竣工验收，审批时间控制在50个工作日内；带方案出让用地的社会投资项目及小型社会投资项目，从取得用地到竣工验收，审批时间控制在30个工作日内。

8.口袋公园：规模很小的城市开放空间，常呈斑块状散落或隐藏在城市结构中，为当地居民服务。

9.课后服务“5+2”模式：义务教育学校每周5天（周一到周五）、每天2小时开展课后服务。

10.养老服务“时间银行”：鼓励低龄老人为70周岁以上老人提供养老服务，以此储蓄服务时间，并按需兑换养老服务。

11.全国学雷锋志愿服务“四个100”先进典型：中宣部、中央文明办等部门每年评选的四大类学雷锋志愿服务先进典型，包括100个最美志愿者、100个最佳志愿服务组织、100个最佳志愿服务项目和100个最美志愿服务社区。

12.“1+N+10”集成指挥体系：以市社会治理现代化指挥中心为统领，以市场监管、应急管理、农业农村、交通运输等专业平台为补充，以10个区镇（街道）集成指挥中心为基础，建立健全横向到边、纵向到底的集成指挥体系，市指挥平台与区镇（街道）、部门专业平台实现数据实时双向推送。

13.“三即”快审批：签约即挂牌、拿地即开工、竣工即投产的快审快批机制。

14.“一站式”服务中心：将工程建设审批高频事项集中办理、审批人员集中办公，为企业群众提供接待、咨询、会商等服务，完成相关项目申报。

15.项目报建“微客厅”：在提供帮代办服务的基础上，更加注重与企业群众的沟通交流，并在同一个空间内完成自主填报指导。

16.RCEP：《区域全面经济伙伴关系协定》（Regional Comprehensive Economic Partnership，RCEP），由包括中国、日本、韩国、澳大利亚、新西兰和东盟十国共15方成员制定的协定，是当前世界上人口最多、经贸规模最大、最具发展潜力的自由贸易区。于2022年1月1日对中国生效。

17.CPTPP：《全面与进步跨太平洋伙伴关系协定》（Comprehensive and Progressive Agreement for Trans-Pacific Partnership，CPTPP），由日本、加拿大、澳大利亚、智利、新西兰、新加坡、文莱、马来西亚、越南、墨西哥和秘鲁11国于2018年签署，并在当年年底生效。2021年9月，中国正式提出申请加入CPTPP。

18.“四类500强”：世界500强、中国企业500强、中国民营企业500强、中国服务业企业500强。

19.“一城双核四片区”：“一城”指城市全域统筹布局；“双核”指经开区（杨舍镇）—高新区（塘桥镇）中心城区、保税区区域市域副中心；“四片区”指锦丰片区、南丰片区、乐余片区、凤凰片区。

20.REITs：不动产投资信托基金（Real Estate Investment Trusts，REITs），是一种将特定多数投资者资金汇集在一起，然后通过购买、运营或融资等方式进行不动产相关投资，并将收益按比例分配给投资者的一种信托基金。

21.“1210”智慧农业：“1”指1个农业农村数字化平台建设；“2”指“常阴沙大米”和“凤凰水蜜桃”2个全产业链智慧品牌；“10”指10家智慧农业示范场景。

22.“标杆型”退役军人服务站：“示范型”退役军人服务站的升级版，更加注重软硬件配套和功能作用发挥。

23.教育人才“5151”计划：在5年内引进50名左右教育特聘人才，选拔培养10名左右教育名家、50名左右教育领军人才、100名左右青年拔尖人才。

24.区域医共体：区域医疗服务共同体的简称，指将同一区域内不同级别医疗机构的医疗资源有机整合在一起，实现区域医疗资源共享、优势互补、互赢共惠、联动发展，旨在构建优质高效的分级诊疗服务体系。

25.“互联网+明厨亮灶”：通过视频监控和互联网技术，对餐饮单位后厨进行实时直播，监管人员和公众通过手机App或电脑客户端可实时查看厨房环境卫生、食品加工操作情况。

张家港市全民健身实施计划（2021—2025年）

全民健身是增强人民体质、提高人民健康水平的重要途径，是满足人民群众对美好生活向往、促进人的全面发展的重要手段。为贯彻健康中国和全民健身国家战略，提高人民群众身体素质和健康水平，根据《全民健身条例》和《全民健身计划（2021—2025年）》（国发〔2021〕11号）、《江苏省全民健身实施计划（2021—2025年）》（苏政发〔2021〕80号）、《苏州市全民健身实施计划（2021—2025年）》（苏府办〔2021〕272号）要求，按照《张家港市国民经济和社会发展第十四个五年计划和二〇三五年远景目标纲要》（张政发〔2021〕15号）部署，制定本实施计划。

一、指导思想

以习近平新时代中国特色社会主义思想为指导，深入贯彻中共十九大和十九届二中、三中、四中、五中、六中全会精神以及习近平总书记关于体育工作“四个重要”的新定位，立足新发展阶段，贯彻新发展理念，构建新发展格局，坚持以人民为中心，创新推进体卫、体教、体旅等融合发展，提升全民健身公共服务智能化、信息化、数字化水平，构建更高水平的全民健身公共服务体系，推动全民健身各项工作高质量发展，为建设“全民运动健身模范县（市）”和“新时代体育强县”发挥积极作用。

二、发展目标

到2025年，全市全民健身公共服务体系更加完善，人民群众体育健身意识普遍增强、健康水平持续提高，全民健身发展水平在全省处于领跑地位、在全国县域地区位居前列，广大市民幸福感和获得感进一步增强。

——全民健身广泛普及。“十四五”期间，经常参加体育锻炼人数比例达全市总人口的58.5%以上，城乡居民达到《国民体质测定标准》合格以上的人数比例达95.5%以上，学生在校期间每天至少参加1小时体育锻炼活动，老年人、妇女、残疾人等群体参加体育锻炼人数比例明显提高。

——全民健身设施完善。“十四五”期间，市、镇、村三级体育健身场地设施体系更加优化，体育健身场地设施规划建设、管理维修、更新升级等问题得到有效解决。人均体育场地面积达到6.3平方米以上，全市建成健身步道700千米，各类公共体育场馆全部纳入全市体育公共服务平台。

——全民健身组织健全。“十四五”期间，全民健身组织更加完善，承接全民健身公共服务活动能力水平显著增强。全市拥有市级体育协会38家以上，有组织体育人口达到22万人以上，全市社会体育指导员达到1万人以上。新增晨（晚）练健身站点100个以上。

——全民健身活动丰富。“十四五”期间，丰富创新群众运动项目，做优做强全民健身大联赛、张家港湾马拉松等品牌赛事。每年举办一批具有较大影响力的国内外重大体育比赛，组织全民健身培训300场以上，开展全民健身活动800场以上，打造具有港城特色的全民健身活动品牌。

——全民健身指导深入。“十四五”期间，市、镇两级国民体质监测网络更加完善，体质测试和运动能力评估工作有效开展，“体医融合”扎实推进，健康端口前移意识明显增强。每年全市免费为群众进行体质监测服务1万人以上，各区镇、街道组织国民体质监测样本1000人以上。

——体育消费后劲增强。“十四五”期间，全市城乡居民体育健身消费意识显著增强，体育健身产品有效供给不断增加，体育健身市场更加规范有序，体育健身服务产业链、生态圈、增长极加速形成，体育消费对经济社会发展的贡献度和影响力不断提升。

三、主要任务

（一）推进更高质量的全民健身规范发展。规范和引领全民健身工作，严格落实全民健身公共服务体系国家、江苏省、苏州市建设标准和要求，坚持现代治理和制度创新，提升全民健身科学化、法治化水平。落实国家体育总局《“十四五”体育发展规划》（体发〔2021〕2号）等文件要求，建立健全政府主导、部门联动的全民健身发展机制，促进全民健身城乡基本公共服务均等化和区域全民健身精准化、个性化发展，提高全民健身治理体系和治理能力现代化水平。落实《长三角区域一体化发展规划纲要》，依托长三角一体化全民健身示范区联盟平台，推进全民健身场地设施、组织网络、赛事活动、健身指导、文旅交流的互联互通，建立长三角一体化全民健身示范区联盟创新研究中心，推动全民健身高质发展。

（二）建设更高标准的全民健身场地设施。贴近群众“零距离健身”和“家门口运动”需求，夯实全民健身设施基础。建成城西文体中心，加快奥体中心等文体设施建设。推广智慧体育设施应用，完善优化新时代文明实践全民健身分中心建设，高标准推进规模体育公园、高等级健身步道、小型健身综合体、社区大众健身房等全民健身特色项目建设。结合新农村建设，推动各区镇、街道规划建设一批优质体育设施，打造高水平公共服务平台。稳步推进全市健身路径更新。创新公共文体设施管理模式，探索开展公共文体设施社会化运营试点，通过委托或招投标等方式，吸引社会组织和企业参与公共体育设施运营。

（三）组织更加丰富的全民健身体育活动。贴近群众需求，围绕“活力四季”主题，举办春季“奔跑港城”、夏季“沙上体育运动会”、秋季“全民健身嘉年华”、冬季“万人健步行”等系列特色活动。持续开展“全民健身科普行”、节日民俗健身等群众性体育活动，引导大众体育活动健康、规范、有序开展。提高公共体育服务供给精准度，大力扶持地方特色体育项目，创新推行公益体育活动社会化运营模式。鼓励市民自办体育，支持成立各类群众体育团队，创新优秀体育团队星级评选办法。继续推行《国家体育锻炼标准》，广泛开展创新性、示范性国家体育锻炼标准达标测验活动。

（四）打造更具人气的全民健身品牌赛事。突出活动吸引力和关注度，承办全国广场舞、拔河、桌式足球、斯诺克、搏击争霸、武林大会等优质大型赛事，并统筹开展好全民健身大联赛、大展示、大比拼、短程马拉松系列赛等群众性品牌赛事，同时组织好沙上体育运动会、端午龙舟大奖赛、香山石锁比赛等传统体育赛事，让群众能够家门口观赛、零距离参与，实现在运动健身中聚人气、增活力。

（五）发展更具活力的全民健身活动组织。围绕群众体育“六个身边”工程，提高市体育总会及市级体育单项协会服务质量，推动体育社会组织基层化发展，探索体育社会组织发展新模式，引导体育社会组织实体化、社会化、规范化、专业化改革。优化和完善体育社会组织结构，突出体育协会主体地位，构建覆盖城乡的组织网络，鼓励企事业单位和社会力量建立青少年体育俱乐部、社区体育健身俱乐部等体育组织，推进区镇、街道文体中心和村（社区）文体站建设，确保每年新增体育社会组织2个以上，其中“AAA”级以上比例逐年增长。

（六）构建更加科学的全民健身体测平台。依托互联网、大数据、云计算及物联网等技术，探索构建“体质监测+数据分析+健康服务”模式，打造全民健身指导服务平台，健全优化国民体质监测网络，开展体质监测和运动处方评估工作，构建全民健身科学指导专家共享机制，形成科学健身专家共同体，全面推广科学健身方法，推进全民健身和全民健康深度融合。建立运动处方库，编制体育健身手册，开展运动风险评估，全面提升城乡居民科学健身水平。

（七）提供更加专业的全民健身指导服务。深化社会体育指导员管理制度改革，搭建社会体育指导员信息平台，优化社会体育指导员年龄和等级结构，推动体育教师、退役运动员、教练员等体育专业人员加入社会体育指导员队伍，做到数量与质量并重，全面提高健身指导专业能力和水平。贴近市民健身需求，引导社会体育指导员参加社区体育服务，传授健身方法、运动伤害防护等专业知识和技能，积极为社区居民提供赛事活动、健身指导等服务。构建体育社会组织与线上运动平台合作模式，通过直播、短视频等方式，开发在线健身课程，提供在线体育健身指导服务，鼓励市民在常态化疫情防控下参与居家健身活动。搭建运动健康知识平台，开设“科学健身大讲堂”，通过线上线下相结合的形式，普及健康知识，扩大健身指导覆盖范围和应用群体。

（八）促进更加多元的全民健身融合发展。强化“大健康”理念，建设覆盖城乡、结构合理、功能完善的体卫融合服务机构，建成一批“健康中心”“健康小屋”“健康驿站”，支持以港城康复医院为代表的医疗机构开设康复科室和运动医学门诊，建强市、镇两级国民体质监测中心，推动“城区5分钟、区镇10分钟体育健身圈”与“15分钟医保服务圈”无缝对接。促进体教融合，协助学校指导学生掌握基本运动和专项运动技能，完善学校、家庭和社会三位一体的青少年体育教育网络，组织开展形式多样的体育活动。深入实施体旅融合发展规划，培育一批体旅融合发展示范基地和创新项目，打造足球和高尔夫特色小镇，打造生态、环保、养生、宜人的体旅品牌；推动景区、旅游度假区、乡村旅游重点村增加健身配套设施，优化体育旅游线路，丰富体育旅游活动，创新体育旅游项目，实现体育健身多元发展。

（九）构建更加智慧的全民健身体育平台。优化完善“一中心（体育大数据中心）、一平台（智慧体育应用平台）”的智慧体育框架体系，引进健身器材智能管理系统，依托二维码识别、物联网、“互联网+”以及网络动态管理等技术平台，将区域性健身器材纳入系统管理，实现健身器材安装、验收、巡检、维修、报废等管理网格化、常态化。推动智慧社区健身中心建设，实现市、镇两级智慧体育指导站全覆盖。加强智慧体育建设，创新研发学校体育场馆对外开放智慧系统，推广施行“五彩门”建设，全面提升智慧健身水平。

（十）提供更加优质的全民健身志愿服务。坚持志愿服务与政府服务、市场服务相衔接，社会倡导与自愿参与相结合，构建参与广泛、内容丰富、形式多样、机制健全的体育志愿服务体系。创新服务内容、工作方式和活动载体，培育具有地方或行业特色的体育志愿服务品牌。将“志愿服务”与“体育共享”有机结合，创新公共体育服务共享模式，提升志愿服务精准度和美誉度。完善体育志愿者注册招募、服务记录、管理评价和激励保障等机制。健全完善全民健身志愿服务激励与评价机制，激发社会体育指导员工作热情，打造一批具有张家港特色的全民健身志愿服务项目。实施体育健身指导“五进工程”（进农村、进社区、进家庭、进企业、进机关），全面提升全民健身志愿服务水平。

（十一）建强更加高质的全民健身人才队伍。树立新型全民健身人才观，发挥健身人才的基础性、先导性作用。遵循体育发展规律和人才成长规律，将体育健身人才队伍建设纳入全市人才发展规划，营造有利于出人才、出效益的政策环境。拓宽人才引进渠道，丰富人才引进形式，通过签约、兼职、聘请等方式，引进高端体育人才，优化体育队伍人员结构。同时，通过“走出去”“请进来”方式，开设各类体育健身人才培训班，提高体育从业人员素质，推动体育健身事业发展。

四、保障措施

（一）强化组织领导。市、镇两级要把构建更高水平的全民健身公共服务体系摆在重要位置，将重点工作纳入政府年度民生实事加以推进和考核，确保有效推进落实全民健身国家战略。市全民健身工作指导委员会要切实加强对执行《张家港市全民健身实施计划（2021—2025年）》的组织领导；各部门、各行业要结合实际，制定相应的全民健身工作计划，并认真组织实施；各区镇、街道要建立健全全民健身工作领导机构，切实加强组织领导，把全民健身工作列入重要议事日程，定期研究解决工作中的困难和问题，确保本计划高质高效施行。

（二）落实经费保障。按照《全民健身条例》要求，将全民健身事业纳入全市经济社会发展规划，将全民健身工作所需经费列入市、镇两级财政预算，在经费、机构、人员等方面给予支持。要加大公共财政对全民健身公共服务体系的投入力度，并每年公布全民健身事业经费支出情况。体育彩票公益金应根据有关规定重点用于全民健身事业，并加强监督管理，确保专款专用。引导相关资本对全民健身事业的投入，积极推广政府资本与社会资本合作模式，鼓励社会力量投资建设体育设施，支持群众健身消费。按规定落实全民健身体育场馆的水、电、气价格不得高于一般工业标准的要求。

（三）确保活动安全。坚持底线思维，明确责任主体，增强风险意识，落实赛事活动监管责任，制定全市体育安全防范工作指南，健全安全风险排查、评估、化解和管控制度。市、镇两级要加强各类健身设施的安全运行监管，加大公共体育场馆、重大体育赛事活动的安全检查力度。持续抓好疫情防控工作，建立健全全民健身赛事活动疫情防控指挥体系和工作机制，围绕组织运营、服务保障、安全管理、应急救援、疫情防控等内容，协调公安、卫生健康等部门，按照“一赛事一方案”原则，周密制定赛事防控工作方案和突发事件处置预案。全面梳理排查各类体育赛事活动，加快完善管理制度，建立安全应急事件“熔断机制”，健全标准规范，确保每个关键环节都要有清晰、明确、具体可行的工作要求。

（四）跟进督导检查。建立健全全民健身计划实施效果评估考核机制，市文体广电和旅游局要会同有关部门不定期对《张家港市全民健身实施计划（2021—2025年）》的实施情况进行指导督察；中期要对全市实施《张家港市全民健身实施计划（2021—2025年）》情况进行阶段评估，并及时做出调整；2025年，对全市实施《张家港市全民健身实施计划（2021—2025年）》成效进行全面评估，评估报告报市人民政府。适时开展第三方评估和公众健身服务满意度调查，确保圆满完成全民健身各项目标任务。

——摘自《市政府关于印发张家港市全民健身实施计划（2021—2025年）的通知》（张政发〔2021〕115号）

住房公积金政策调整

自3月26日起，职工租赁自住住房（含公租房）提取住房公积金最高限额由每月1100元提高到每月1500元；职工及配偶租赁同一自住住房提取住房公积金最高限额由每月2200元提高到每月3000元。职工租赁自住住房（不含公租房）的，在住房公积金个人账户扣除规定的留存额后的可用余额内，每月提取额度按房屋租赁合同（协议）载明的月租金、月缴存额的65%和最高限额三者之间取最小值。自4月21日起，苏州大市范围内正常参加社会保险的个体工商户可以参照企业全员参加住房公积金制度。个体工商户雇主直接到工商注册地住房公积金服务大厅办理缴存登记手续，经办人员通过"大数据"直接获取个体工商户工商注册、社保缴纳等相关信息，个体工商户不需再提交纸质材料。缴存登记办妥后，按现有规定办理委托收款业务，开通单位网上业务。个体工商户及其雇工缴存住房公积金的缴存基数以本人社会保险缴费基数为准，并按年度基数调整文件的规定调整缴存基数。缴存比例、个人账户设立、封存、启封、转移、托管等业务按现有规定执行。已缴存住房公积金的个体工商户及其雇工参照本市住房公积金提取、使用政策使用住房公积金。自5月8日起，凡按照张家港市对既有多层住宅加装电梯的相关规定实施加装电梯的，出资加装电梯的职工可以申请提取住房公积金，用于支付加装电梯个人分摊费用。提取申请人的范围包括加装电梯房屋产权人、配偶及产权人同一本户口簿的直系亲属。本条所指直系亲属，仅指产权人的父母、子女（含配偶）。提取额度及提取时限分别为：加装电梯提取金额为电梯使用注册登记当月的余额扣除规定的留存金额，合计提取总额不超过既有多层住宅加装电梯费用扣除政府补贴后的个人分摊费用。个人住房公积金账户须至少按最新缴存基数留存一个月的缴存额（不含新职工补贴）；自电梯使用注册登记之日起两年内，缴存职工可以申请提取一次住房公积金。自7月1日起，全市住房公积金缴存基数调整及缴存单位基础信息核对工作启动。缴存基数按职工本人2020年度月平均工资收入（工资总额）核定。缴存基数最高不得超过28400元。职工缴存月工资基数超过最高限额的按最高限额计算，不到最高限额的按实计算。各单位应当严格按职工本人上年实际月平均工资收入（工资总额）开展缴存基数调整。调整后的职工缴存基数不得低于张家港市社保最低缴费基数。住房公积金缴存比例，调整为单位和职工各5%至12%。对7月至办理基数调整时之间月份少缴部分的住房公积金，单位在调整时，应做一次性补缴。调整后，单位应将相关调整情况告知每个职工。参加住房公积金制度的个体工商户及其雇工工资基数应与本人社保缴费基数一致。工资基数和缴存比例上下限按照缴存企业相关规定执行。参加住房公积金制度的自由职业者，本住房公积金结算年度月缴存额最低为每月500元，每增加500元为一档，最高不超过每月5000元。自7月20日起，张家港市以灵活就业人员身份参加社会保险并正常缴纳社会保险费，在法定就业年龄范围内且具有完全民事行为能力的各类自谋职业人员以及从事非全日制、临时性和弹性工作的自主就业或非正规就业人员、劳务用工人员等。以灵活就业人员身份参加社会保险并正常缴纳社会保险费的个体工商户及其雇工参照执行。自由职业者应到社保缴纳地住房公积金服务大厅办理个人账户设立、银行代扣等相关手续。办理时应携带本人身份证、指定银行借记卡。自由职业者之前已设立个人账户且未注销的，应当沿用已有的个人账户，按规定办理个人账户转移、启封手续。自由职业者缴存住房公积金采用固定金额档次。试点时最低从500元开始，每500元一档，最高不超过5000元。由自由职业者根据自身经济状况自主选择。自由职业者采用委托银行按月扣缴方式按月缴存住房公积金，划转时间为每月10日，遇节假日顺延。当月10日未能划款成功的，20日再补划款。同时保留柜面渠道，自由职业者也可通过指定银行网点办理缴存。自由职业者可以补缴或预缴公积金，补缴公积金的，最早不能早于从以灵活就业人员身份参加社会保险或者实施细则发布之月。预缴公积金的，最长不得超过当前公积金结算年度（每年7月1日至次年6月30日）。符合条件的自由职业者可以提取住房公积金，办理条件、办理流程、所需材料等，参照张家港市住房公积金提取相关规定执行。其中自由职业者存在住房公积金贷款记录的，贷款偿还期间，仅可办理该笔贷款的还贷提取。参与自由职业者贷款额度计算的金额不予提取，还清后可以提取。不再参加住房公积金制度或者不再缴纳社会保险的，办理提取时可提取自愿缴存部分。符合条件的自由职业者可以申请办理住房公积金贷款。主要包括：（1）连续缴存期限：在申请日前应按期足额缴存住房公积金6个月（含）以上（申请日前6个月内累计补缴月份不得超过3个月）、累计缴存住房公积金24个月（含）以上（贷款申请日之后的预缴月份不得计入缴存月份）；缴存职工转为自由职业者的，缴存职工期间的缴存月份可合并计算。（2）信用要求：自由职业者在个人征信系统、公积金信息系统和公共信用信息主管部门的信用管理系统中存在规定负面信息的，不予办理公积金贷款。（3）可贷额度：自由职业者公积金累计缴存年限超过两年（含）不足五年的，可贷额度为借款申请人（含参与计算可贷额度的自由职业者共同借款申请人）个人账户余额之和（不含预缴超出金额）×3（倍）；公积金累计缴存年限超过五年（含）的，可贷额度为借款申请人（含参与计算可贷额度的自由职业者共同借款申请人）个人账户余额之和（不含预缴超出金额）×5（倍）。借款申请人同时存在缴存职工账户余额和自由职业者账户余额的，可分别计算可贷额度后合计贷款额度。月还款额应当不超过借款申请人和参与计算可贷额度的共同借款申请人公积金缴存基数之和的50%。(4)贷后管理：自由职业者办理住房公积金贷款后，应当在贷款结清前按期缴存住房公积金；未能按期缴存且连续逾期三期以上的，将要求其提前偿还贷款剩余本息或对其剩余贷款本金按同期LPR贷款市场报价利率计息。

2021年中共张家港市委部分文件目录

1月14日	张委发〔2021〕1号	中共张家港市委关于制定张家港市国民经济和社会发展第十四个五年规划和二〇三五年远景目标的建议
2月19日	张委发〔2021〕3号	中共张家港市委关于转发《市人大常委会2021年度工作要点》的通知
2月19日	张委发〔2021〕4号	中共张家港市委关于转发《政协张家港市第十二届委员会常务委员会2021年度工作要点》的通知
4月6日	张委发〔2021〕14号	中共张家港市委、张家港市人民政府关于报送张家港宿豫工业园区高质量发展总体方案和发展规划的请示
4月23日	张委发〔2021〕16号	关于选派张家港市第十四批科技镇长团的请示
4月29日	张委发〔2021〕18号	中共张家港市委、张家港市人民政府关于命名2021年张家港市劳动模范的决定
5月10日	张委发〔2021〕21号	中共张家港市委关于召开中国共产党张家港市第十二次代表大会的请示
5月11日	张委发〔2021〕22号	中共张家港市委、张家港市人民政府印发关于加快推进人才引领智汇港城计划若干措施的通知
5月7日	张委发〔2021〕23号	中共张家港市委、张家港市人民政府《关于完善地方国有金融资本管理的实施意见》的通知
5月7日	张委发〔2021〕24号	中共张家港市委、张家港市人民政府《关于全面实施预算绩效管理的实施意见》的通知
5月18日	张委发〔2021〕32号	中共张家港市委员会关于印发《2021年全市各级党委(党组)理论学习中心组专题学习计划》的通知
5月17日	张委发〔2021〕33号	中共张家港市委、张家港市人民政府关于印发《张家港市推进数字经济和数字化发展三年行动计划(2021—2023年)》的通知
5月27日	张委发〔2021〕35号	中共张家港市委员会、张家港市人民政府关于明确张家港保税区与金港、后塍、德积街道管理体制的通知
6月2日	张委发〔2021〕36号	中共张家港市委员会、张家港市人民政府关于授予锡剧《云水谣》等作品和陈宇等同志第九届“张家港市文学艺术奖”的决定
6月15日	张委发〔2021〕38号	中共张家港市委员会关于印发《法治张家港建设规划(2021—2025年)》的通知
7月14日	张委发〔2021〕40号	关于江苏科技大学苏州理工学院转设工作推进情况的报告
8月7日	张委发〔2021〕44号	中共张家港市委员会、张家港市人民政府关于印发《张家港市“十四五”青年发展规划》的通知
8月21日	张委发〔2021〕46号	中共张家港市委印发《关于全市党员干部中开展“两在两同”建新功行动的实施方案》的通知
11月10日	张委发〔2021〕50号	中共张家港市委员会、张家港市人民政府转发《市委宣传部、司法局关于在全市公民中开展法治宣传教育的第八个五年规划(2021—2025年)》的通知

2021年张家港市人民政府部分文件目录

1月11日	张政发〔2021〕4号	市政府关于表彰“行行出状元”张家港市第八届职业技能大赛优秀选手和先进单位的决定
1月14日	张政发〔2021〕7号	市政府关于印发张家港市推进制造业智能化改造和数字化转型若干措施的通知
1月20日	张政发〔2021〕9号	关于印发市政府2021年工作目标任务的通知
1月23日	张政发〔2021〕2号	市政府关于印发张家港市培育“独角兽”企业实施意见的通知
2月9日	张政发〔2021〕12号	市政府关于调整张家港市被征地农民相关安置政策的通知
2月10日	张政发〔2021〕13号	关于市十四届人大常委会第三十二次会议审议意见办理情况的报告
3月3日	张政发〔2021〕15号	市政府关于印发张家港市国民经济和社会发展第十四个五年规划和二〇三五年远景目标纲要草案的通知
3月8日	张政发〔2021〕17号	张家港市人民政府关于申请346国道张家港绕城段改建工程涉及张家港市土地利用总体规划修改方案暨永久基本农田补划方案省级论证的请示
3月8日	张政发〔2021〕18号	张家港市人民政府关于申报张家港沙钢环保节能综合提升项目空间规模周转指标的请示
3月9日	张政发〔2021〕19号	市政府关于公布张家港市第九次哲学社会科学优秀成果奖的决定
3月11日	张政发〔2021〕16号	张家港市人民政府关于国有土地上房屋征收的决定（香山环路建设项目）
3月11日	张政发〔2021〕22号	关于逐级向省政府提请出具走马塘江边泵站工程建设范围“停建令”的请示
3月12日	张政发〔2021〕20号	张家港市人民政府关于申请张家港海进江LNG接收站项目（苏州市LNG储备中心）涉及张家港市土地利用总体规划修改方案暨永久基本农田补划方案省级论证的请示
3月12日	张政发〔2021〕23号	关于逐级向省政府提请出具十一圩江边枢纽改建工程建设范围“停建令”的请示
3月29日	张政发〔2021〕25号	市政府关于将兴塍苑顾家庭院文化酒店、福罗德莱包装制品有限公司列为2021年度市级重大火灾隐患挂牌督办整改单位的通知
3月31日	张政发〔2021〕26号	市政府关于印发《张家港市2021年度国有建设用地供应计划》的通知
3月31日	张政发〔2021〕28号	市政府关于下达2021年张家港市重大项目投资计划的通知
4月6日	张政发〔2021〕29号	市政府关于印发张家港市数字乡村试点实施方案的通知
4月10日	张政发〔2021〕31号	市政府关于变更部分行政区划的通知
4月25日	张政发〔2021〕35号	市政府印发关于助推人才企业上市“攀峰计划”行动实施方案的通知
4月27日	张政发〔2021〕39号	市政府关于表彰2020年度张家港市市长质量奖获奖组织的决定
5月15日	张政发〔2021〕49号	张家港市人民政府关于以金港、后塍、德积三个街道办事处名义行使赋予原金港镇相对集中行政处罚权的请示
5月15日	张政发〔2021〕51号	张家港市人民政府关于申报国家火炬张家港骨科医疗器械特色产业基地的请示
5月17日	张政发〔2021〕50号	张家港市人民政府关于申请346国道张家港绕城段改建工程涉及张家港市永久基本农田补划方案暨土地用途调整方案省级论证的请示
5月22日	张政发〔2021〕52号	张家港市人民政府关于保障农民工工资支付工作的自查报告
5月29日	张政发〔2021〕53号	张家港市人民政府关于张家港市2020年保障性安居工程资金投入和使用绩效情况审计的整改报告

5月31日	张政发〔2021〕54号	张家港市人民政府关于申请走马塘江边泵站工程涉及张家港市土地用途调整方案暨永久基本农田补划方案省级论证的请示
6月25日	张政发〔2021〕63号	张家港市人民政府关于申请启动苏州港张家港港区东沙作业区专项规划调整的请示
6月30日	张政发〔2021〕67号	市政府关于公布第六批张家港市非物质文化遗产代表性项目名录和代表性传承人名单的通知
7月2日	张政发〔2021〕65号	关于张家港市一干河新港桥备用水源地矢量图调整的请示
7月5日	张政发〔2021〕68号	市政府关于发布2020年度张家港市企业创新积分榜单的通知
7月25日	张政发〔2021〕71号	市政府关于提请授予马可等6名外籍人士“张家港市荣誉市民”称号的报告
8月10日	张政发〔2021〕72号	张家港市人民政府关于上报“大棚房”问题专项清理整治行动“回头看”工作的报告
8月13日	张政发〔2021〕73号	市政府关于授予赵胜广等12位人士“张家港市城市贵宾”称号的决定
8月18日	张政发〔2021〕74号	张家港市人民政府关于申请我市公共租赁（廉租）住房建设补充资金的请示
8月18日	张政发〔2021〕75号	张家港市人民政府关于举办2021年长江文化节的请示
8月23日	张政发〔2021〕76号	市政府关于印发张家港市既有建筑安全隐患大排查大整治专项实施方案的通知
8月26日	张政发〔2021〕77号	张家港市人民政府关于调整部分省级以上生态公益林的请示
8月27日	张政发〔2021〕78号	市政府关于印发张家港市推进省级体育消费试点城市建设实施方案的通知
8月31日	张政发〔2021〕79号	张家港市人民政府关于部分行政区划变更组织实施情况的报告
9月3日	张政发〔2021〕81号	市政府关于印发张家港市2021年“质量月”活动方案的通知
9月7日	张政发〔2021〕82号	关于颁发张家港市第八届青少年科技创新市长奖的决定
9月7日	张政发〔2021〕83号	张家港市人民政府关于办理346国道张家港绕城段改建工程建设项目用地手续的请示
9月12日	张政发〔2021〕84号	市政府关于印发《张家港市赋予保税区第二批集中行使行政审批事项清单》的通知
9月12日	张政发〔2021〕85号	市政府关于印发《张家港市赋予街道经济社会管理权限目录》的通知
9月13日	张政发〔2021〕87号	关于市十四届人大常委会第三十六次会议审议意见办理情况的报告
9月24日	张政发〔2021〕88号	市政府关于表彰第七届“张家港慈善奖”获得者的决定
9月24日	张政发〔2021〕89号	市政府关于印发“行行出状元”张家港市第九届职业技能大赛方案的通知
10月9日	张政发〔2021〕91号	关于市十四届人大常委会第三十八次会议审议意见办理情况的报告
10月21日	张政发〔2021〕95号	张家港市人民政府关于开展新泾东路—苏虞张—南二环快速化改造工程占用生态空间管控区域论证的请示
10月27日	张政发〔2021〕96号	关于市十四届人大常委会第三十九次会议审议意见办理情况的报告
11月3日	张政发〔2021〕98号	市政府关于印发张家港市“十四五”水务发展规划的通知
11月5日	张政发〔2021〕100号	市政府关于公布2020年度张家港市和谐劳动关系示范企业等名单的通知
11月23日	张政发〔2021〕103号	张家港市人民政府关于调整张家港市永钢大道（妙丰公路—红旗路段）规划县道性质的请示
12月7日	张政发〔2021〕110号	市政府关于印发张家港市产业用地更新“两集聚两提升”行动实施方案（2020—2024）的通知
12月20日	张政发〔2021〕114号	市政府关于表彰2021年度张家港市市长质量奖获奖组织的决定
12月23日	张政发〔2021〕115号	市政府关于印发张家港市全民健身实施计划（2021—2025年）的通知
12月23日	张政发〔2021〕116号	市政府关于表彰“行行出状元”张家港市第九届职业技能大赛优秀选手和先进单位的决定

【编辑　宋佳辰】

组织机构及其负责人

市级领导机构

中共张家港市第十二届委员会

书　记　潘国强（9月免）
　　　　韩　卫（9月任）
副书记　蔡剑峰（9月任）
　　　　陈　羔（9月免）
常　委　陆德峰　邵军民
　　　　许晓云（11月免）　王永学
　　　　张志明　朱　艳（女）
　　　　陆崇珉　常　征（2月任）
　　　　陈卫兵（7月任）
　　　　任伏军（12月任）
委　员　（按姓氏笔画为序）
　　　　丁　峰　万资平　王卫民
　　　　王卫国　王亚方　卞东方
　　　　邓根保　成家武　朱劼纯
　　　　吴　剑（12月免）　吴惠芳
　　　　何　剑　沙立平　沈晓波
　　　　张莉莎（女）
　　　　陈　磊（12月免）
　　　　陈雪明　赵　瑜（女）
　　　　秦真智（女）　夏立新
　　　　钱晓锋　钱锦东　徐溪椿
　　　　翁羽人（女）　曹鹰飞
　　　　梁　曦
候补委员　（按得票多少为序）
　　　　季　冬　赵志凯
　　　　孙惠芳（女）　张　平
　　　　奚卫明　季晓阳　糜　正

张家港市第十四届人民代表大会常务委员会

主　任　王亚方（1月任）
　　　　张　伟（1月免）
副主任　黄亚平（1月任）　陆颂义
　　　　顾　放　卢懂平（1月任）
　　　　秦毅峰（1月免）
　　　　应　梓（1月免）
委　员　（按姓氏笔画为序）
　　　　丁一红（女）　王苏嘉
　　　　王惠忠　龙凤清　成家武
　　　　汤卫华（1月任）　杨建钟
　　　　沈学如　张建新（女）
　　　　张满兴　张耀明　陆卫东
　　　　陈建明　季洪良
　　　　於海良（1月任，11月免）
　　　　赵建军　施向东　姚金泉
　　　　秦真智（女）　顾彩萍（女）
　　　　钱云华　徐　刚
　　　　徐　敏（女）　徐卫明
　　　　徐文虎（1月任）
　　　　徐凤琪（1月任）
　　　　唐红英（女）　唐利刚
　　　　蓬　元　瞿刘华
党组书记　张　伟
党组副书记　王亚方（1月任）
　　　　　　黄亚平（1月任）
　　　　　　陆颂义
党组成员　卢懂平（1月任）　秦毅峰
　　　　　应　梓　钱云华　徐凤琪

张家港市人民政府

市　长　韩　卫（9月免）
代市长　蔡剑峰（9月任）
副市长　卞东方（7月免）
　　　　张志明（7月任）　徐平观
　　　　王松石　陈卫兵（7月免）
　　　　梁　曦
　　　　翁羽人（女，7月任）
　　　　吴　剑（12月免）
　　　　蒋　鹏（12月任）
　　　　钱　飞（12月任）
　　　　仇玉山（8月免）
　　　　张　庆（挂职，8月任）
党组书记　韩　卫（9月免）
　　　　　蔡剑峰（9月任）
党组副书记　卞东方（7月免）
　　　　　　张志明（7月任）
党组成员　陆崇珉（1月免）
　　　　　王松石　吴　剑（12月免）
　　　　　陈卫兵（7月免）
　　　　　梁　曦（1月任）
　　　　　翁羽人（女，7月任）
　　　　　蒋　鹏（12月任）
　　　　　钱　飞（12月任）
　　　　　常　征（2月免）
　　　　　江伟男（挂职，2月任）
　　　　　刘东兴（3月免）
　　　　　钱晓锋（3月任）

政协张家港市第十二届委员会

主　席　黄雪元
副主席　景惠新　丁学东
　　　　周　兵（1月免）　陈世海
　　　　徐　江　王文伟（1月任）
秘书长　陈　飞
常务委员　（按姓氏笔画为序）
　　　　王春松　朱长明
　　　　朱田中　朱亚军
　　　　刘玉梅（女）　许　峰
　　　　孙礼江　孙利婵（女）
　　　　孙浩元　杜思梅（女）
　　　　苏　勇　苏国兴
　　　　李　峰　李兴华
　　　　李笑梅（女）　吴　平
　　　　陆一珉（1月任）　陆学清
　　　　陈卫芳（女）　何一雷
　　　　余爱华（女）　沈　祥
　　　　张　萍（女）　陈鹤忠
　　　　范义东　金双龙
　　　　周卫君　法　禅
　　　　孟伟言　施　律
　　　　赵剑锋　侯蔚枫（女）
　　　　姜　嵘（女）　秦国平
　　　　钱毅群（女）　唐雷刚
　　　　夏　敏（女）　钱　伟
　　　　钱王平　徐若海
　　　　徐建龙　徐锦章
　　　　郭宏杰（女）　高卫平
　　　　高　翔（1月任）　高冰峰
　　　　唐　锋　黄冰青（女）
　　　　黄美华（女）
　　　　曹丽华（女）
　　　　蒋丽华（女）　谢永锋
　　　　解志荣　蔡克荣
　　　　翟二生　缪闻鼎
　　　　樊建兵　潘雪平
党组书记　卞东方（7月任）
　　　　　黄雪元（7月免）
党组副书记　黄雪元（7月任）
　　　　　　朱　艳（女，兼，7月任）
　　　　　　邵军民（兼，7月免）
　　　　　　景惠新
党组成员　陈世海　王文伟（1月任）
　　　　　周　兵　陈　飞

市纪委监委

中共张家港市第十二届纪律检查委员会

书　记　王永学
副书记　茅哲峰（5月免）　李维兵

徐卫杰(7月任)
常　委　袁胜华　孙朝枫(5月免)
张　勇　周天鹏(3月任)
徐培科(7月任)
委　员　(按姓氏笔画为序)
马建新　王永学　李维兵
吴卫中　张　勇
张　婷(女)　陆定峰
陆建忠　周　颖(女)
周天鹏　赵品锋　袁胜华
钱晓东　徐卫杰　徐向前
徐培科　曹　徐

市监察委员会

主　任　王永学
副主任　茅哲峰(7月免)
李维兵　徐卫杰(7月任)
委　员　袁胜华(7月免)　张　勇
徐培科　张　婷(女,11月免)
赵品锋(7月任)
倪建鑫(12月任)

市纪委派驻纪检组

市纪委监委派驻市委办公室纪检监察组组长　倪雅萍(女)
市纪委监委派驻市委组织部纪检监察组组长　钟　椆(女)
市纪委监委派驻市委宣传部纪检监察组组长　陆　骏
市纪委监委派驻市委统战部纪检监察组组长　曹　平
市纪委监委派驻市委政法委员会纪检监察组组长　薛建华
市纪委监委派驻市政府办公室纪检监察组组长　丁中群(女,2月任)
市纪委监委派驻市发展和改革委员会纪检监察组组长　夏　良
市纪委监委派驻市交通运输局纪检监察组组长　樊益斌
市纪委监委派驻市财政局纪检监察组组长　周国忠(11月免)
陈子兵(11月任)
市纪委监委派驻市人力资源和社会保障局纪检监察组组长
钱　剑(2月免)
郭　璟(10月任)
市纪委监委派驻市住房和城乡建设局纪检监察组组长
黄永平(11月免)
向家林(11月任)
市纪委监委派驻市教育局纪检监察组组长　黄明祥
市纪委监委派驻市卫生健康委员会纪检监察组组长
钱培红(女,10月免)
盛建东(10月任)
市纪委监委派驻市农业农村局纪检监察组组长　陈　丽(女)
市纪委监委派驻市市场监督管理局纪检监察组组长　钱燕秋(5月免)
市纪委监委派驻市公安局纪检监察组组长　张静东
市纪委监委派驻市城市管理局纪检监察组组长　王　慧(女)

市委巡察工作办公室

主　任　袁胜华(兼)
副主任　唐爱斌(兼)
殷　焕(4月免)　葛永平
王　辉(女,11月任)

市委巡察组

组　长　瞿医蕾(女)
任和平(11月免)
张金珠(女,11月免)
杨文杰(11月免)
张　勇(11月任)
黄永平(11月任)
徐　丹(11月任)
副组长　丁建平　汤栋梁(2月任)
王修亮　陆　兵(11月免)
刘　丹(女)　杨志刚
张玉海　杨敬波(2月任)

保税区、经开区、冶金园、高新区工作机构

保税区

中共张家港保税区工作委员会

书　记　潘国强(9月免)
韩　卫(9月任)
副书记　韩　卫(9月免)
石锡贤(1月免)
陆崇珉(1月任)
委　员　季　冬　翁羽人(女,7月免)
温献民(4月免)　季　峰
顾卫彬(2月任)　沈　琳
刘东兴(2月任)
陆定峰(6月任)

张家港保税区管理委员会

主　任　韩　卫(9月免)
副主任　石锡贤(1月免)
陆崇珉(1月任)　季　冬
翁羽人(女,7月免)
季　峰　顾卫彬(2月任)
黄晓伟　沈　琳
刘东兴(2月任)

张家港保税区党政办公室(宣传文明办公室)

主　任　奚卫明(4月免)
副主任　沙卫军(11月免)
徐卫凤(女)
严海燕(女,7月任)
翟　宁(11月任)

张家港保税区外事办公室

主　任　张卫星

张家港保税区组织人事局

局　长　孙惠芳(女,4月免)
肖　锋(4月任)
副局长　仇治君　徐　红(女)

张家港保税区财政局

局　长　施　靖(女)
副局长　吴晓春　张祖宇

张家港保税区规划建设局

局　长　孟伟言
副局长　徐　群(10月免)　秦　瑜
黄国华(10月任)
王一澄(10月任)

张家港保税区发展改革局(重大项目办公室)

局　长　刘忠华
副局长　包金华(4月任)
陆炜炜(女)　谢　海
严正斌(4月任)

张家港保税区招商局

局　长　章海铭(5月免)
张奎军(5月任)
副局长　张奎军(5月免)

张家港保税区科技人才局

局　长　周晓成(3月免)
宓灏文(4月任)
副局长　吴仲文(10月免)　张　俊
沙　建　花　放(11月任)

张家港保税区安全环保局

局　长　王卫东
副局长　许永华(10月免)　徐　舟
叶　楠(7月任)

刘　畅（10月任）

张家港保税区企业服务管理局

局　长　邹文彪（11月免）
副局长　瞿　锋（4月免）
　　　　龚锦乾（11月任）
　　　　宋　波（女，4月任）
　　　　唐建岳（7月任）

张家港保税区投资服务中心

副主任　卞　震（5月免）

张家港保税区物流贸易局
（张家港保税物流园区管委会办公室、
服务业办公室）

局　长　彭　烨（4月免）
　　　　缪　飞（4月任）
副局长　赵　旭（4月免）
　　　　廖祚根　任　琰（女）
　　　　倪　军

张家港保税区城乡发展局

局　长　袁达新（4月任）
副局长　陆　剑（4月任）
　　　　李群慧（4月任）
　　　　周　峰（4月任）

张家港保税区社会事业局（至5月止）

局　长　何　俊（4月免）
副局长　陆　剑（4月免）
　　　　李群慧（4月免）
　　　　柳志兵（4月免）
　　　　周　峰（4月免）

张家港保税区农村工作局（至5月止）

局　长　曹　东（4月免）
副局长　李新华（4月免）
　　　　徐劲松（4月免）
　　　　毛东兴（4月免）

张家港保税区政法和社会管理办公室

主　任　沈　军
副主任　张国良　袁金良（4月免）
　　　　徐卫峰

张家港保税区行政审批局
（政务服务中心）

局　长　何　萍（女，5月免）
　　　　周国新（5月任）
副局长　惠　涛
　　　　王子硕（10月任）

张家港保税区监察工作委员会

主　任　温献民（4月免）
　　　　陆定峰（7月任）
副主任　夏　琼（5月免）
　　　　孙朝枫（5月任）

张家港保税区（金港镇）机关党委
（至5月止）

书　记　孙惠芳（女，兼，4月免）
副书记　卢向群（女，兼，4月免）

张家港保税区机关党委

书　记　肖　锋（4月任）

张家港保税区（金港镇）
非公企业党工委（至5月止）

书　记　卢向群（女，兼，4月免）

张家港保税区非公企业党工委

书　记　仇治君（兼，8月任）

市自然资源和规划局保税区自然资源所

局　长　季佩欣（1月免）
　　　　闻　炯（1月任）

江苏扬子江化学工业园管理办公室

主　任　邵　浒（10月任）
副主任　殷益敏（10月任）
　　　　徐　吉（10月任）
　　　　王　晨（10月免）

张家港保税区市场监督管理局

局　长　谷晓晖
副局长　黄敏东　王　敏　陆　钧

张家港保税区税务局

局　长　朱永剑

经开区

中共张家港经济技术开发区
工作委员会

书　记　卞东方（兼，7月免）
　　　　邵军民（7月任）
副书记　卢懂平（5月免）
委　员　张　雷　赵志凯
　　　　顾卫彬（2月免）　陆忠理
　　　　吴卫中　马春青（2月免）
　　　　袁政国（2月任）
　　　　杨立清（2月任）

张家港经济技术开发区管理委员会

主　任　邵军民
副主任　卢懂平　李　良（12月免）
　　　　张　雷　赵志凯　顾卫彬
　　　　陆忠理　马春青
　　　　吐尔逊买买提·艾山（维吾尔族，12月免，挂职）
　　　　袁政国（2月任）
　　　　杨立清（2月任）

张家港经济技术开发区
纪律检查工作委员会

书　记　吴卫中
副书记　金　炯（11月免）
　　　　周国忠（11月任）

张家港经济技术开发区监察工作委员会

主　任　吴卫中
副主任　金　炯（11月免）
　　　　周国忠（11月任）

张家港经济技术开发区党政办公室

主　任　黄　明（12月免）
　　　　毛建锋（12月任）
副主任　朱洪春　朱　峰

张家港经济技术开发区招商局

局　长　石建军
副局长　杨　岷（女，兼，7月免）
　　　　徐　宏（5月免）
　　　　苏　斌（5月免）
　　　　钱　华（女）

张家港经济技术开发区商贸局

局　长　杨立清（5月免）
　　　　徐　宏（5月任）
副局长　吴建江（5月免）　吕　浪
　　　　郭一沁（女，3月任）

张家港经济技术开发区发展改革局

局　长　施林峰
副局长　杨立清（兼，5月免）
　　　　庞建东（11月免）
　　　　张海军（11月免）
　　　　张　浩　许文虎
　　　　钱　莉（女，10月任）

张家港经济技术开发区科技人才局

局　长　杨　岷（女，7月免）
　　　　邱树立（7月任）
副局长　黄　蓉（女，5月免）
　　　　丁国秋　徐　徽（女）
　　　　李海华（12月免，挂职）
　　　　张爱军

张家港经济技术开发区安全环保局

局　长　毛建锋（12月免）
　　　　石　勇（12月任）
副局长　邱树立（7月免）
　　　　魏　立（12月任）
　　　　陈银锋　沈品忠

张家港经济技术开发区建设局

局　长　李仲平（10月免）
　　　　钱　斌（10月任）
副局长　陈俊彪（10月免）
　　　　陈　光（11月免）
　　　　张耀军（5月任，12月免）
　　　　马海兵（11月任）

朱　尧（5月任）

张家港经济技术开发区财政与资产管理局

局　长　吉鲁平（5月免）
　　　　卢丹清（5月任）
副局长　卢丹清（5月免）
　　　　王丽华（女，11月任）
　　　　郭文彩（女，10月免）
　　　　沈　兵（10月任）

张家港经济技术开发区党群工作局

局　长　陈海文
副局长　袁　琦（女，5月免）
　　　　秦建忠（11月任）

张家港经济技术开发区社会事业局

局　长　邱晶嘉（女）
副局长　许志贤
　　　　俞秀娟（女，11月免）
　　　　陆晓刚（11月任）
　　　　季　刚（11月任）

张家港经济技术开发区农业农村局

局　长　徐建军（11月免）
　　　　蒋　炜（11月任）
副局长　郭广益（11月任）
　　　　石丽华（女，11月免）
　　　　施亚忠（11月免）
　　　　郭建锋　李迎辉（10月任）

张家港经济技术开发区政法和社会管理办公室

主　任　张旦忠
副主任　缪俐琳（女，11月免）
　　　　成　凯（5月任）
　　　　钱海峰（11月任）

张家港经济技术开发区行政审批局

主　任　徐卫杰（10月免）
　　　　陈　昕（10月任）
副主任　徐松林（7月任）
　　　　杨浩东（11月免）
　　　　柯欣荣（3月免）
　　　　缪俐琳（女，11月任）

张家港经济技术开发区综合行政执法局

负责人　石　勇
副负责人　邓衍子（11月免）
　　　　　朱　尧（11月任）
　　　　　陆晓刚

张家港经济技术开发区（杨舍镇）机关党委

书　记　陈海文（兼）
副书记　袁　琦（女，兼，12月任）

市高新技术创业服务中心

主　任　孙海蓉（女，11月免）
　　　　尹钰达（11月任）
副主任　贺　妍（女，11月任）

张家港经济技术开发区机关服务中心

主　任　（缺）

市自然资源和规划局张家港经济技术开发区分局（2月更名为市自然资源和规划局张家港经济技术开发区自然资源所）

局　长　孙建华（11月免）
　　　　张峰鹰（11月任）

冶金园

中共江苏扬子江国际冶金工业园工作委员会

书　记　常　征（2月免）
　　　　万资平（2月任）
副书记　马春青（2月任）　李刚强
委　员　唐晓东　王静娟(女，11月免)
　　　　许海峰（10月任）
　　　　张　婷（女，11月任）

江苏扬子江国际冶金工业园管理委员会

主　任　万资平（2月免）
　　　　马春青（2月任）

江苏扬子江国际冶金工业园党政办公室（宣传文明办公室）

主　任　蒋卫军（3月免）
　　　　黄建浩（3月任，11月免）
　　　　连丽丹（女，11月任）
副主任　陈　宇（5月免）
　　　　吴　铃（女，5月任）
　　　　赵胜宏（11月免）
　　　　赵宏斌（7月任）

江苏扬子江国际冶金工业园组织人事局

局　长　许海峰（10月免）
　　　　丁建东（10月任）
副局长　方　洁（女，11月任）

江苏扬子江国际冶金工业园科技招商局（发展改革局）

局　长　卞春生（3月免）
　　　　金　鑫（3月任）
副局长　陈　龙　项　伟（5月免）
　　　　连丽丹（女，11月免）
　　　　朱俊杰
　　　　金今花（女，朝鲜族，5月免）
　　　　顾　琪（5月免）　陆永华
　　　　卢　璟（9月任，挂职）

江苏扬子江国际冶金工业园经济服务局

局　长　蒋忠明（11月免）
　　　　黄建浩（11月任）
副局长　朱国生（11月免）
　　　　李　春　卞新峰（5月免）
　　　　钱庆华（11月任）

江苏扬子江国际冶金工业园安全环保局

局　长　余耀明
副局长　钱　军　陈凌霄（11月任）

江苏扬子江国际冶金工业园规划建设局

局　长　张国华（10月免）
　　　　许晓明（10月任）
副局长　朱子平　王　振　徐　峰

江苏扬子江国际冶金工业园财政和资产管理局

局　长　何胜旗
副局长　赵向东（10月免）
　　　　李建兴　肖　军（5月免）
　　　　魏天明（5月任）
　　　　高　雯（女，7月任）

江苏扬子江国际冶金工业园社会事业局（农村工作局）

局　长　糜　正（5月免）
　　　　张艳丽（女，5月任）
副局长　李卫忠　宓武忠（11月免）
　　　　叶海平（5月任）

江苏扬子江国际冶金工业园政法和社会管理办公室

主　任　鞠江平（兼）
副主任　吴　铃（女，5月免）
　　　　夏永刚　巩谆贤（5月任）
　　　　龚伟专（女，3月任）

中共江苏扬子江国际冶金工业园纪工委

书　记　王静娟（女，11月免）
　　　　张　婷（女，11月任）
副书记　钱凤娟（女，11月免）
　　　　黄　炜（11月任）

高新区

中共张家港高新技术产业开发区工作委员会

书　记　常　征（2月任）

副书记　夏立新　严亚明　陶彦斌
委　员　朱卫兵（11月免）　黄晓东
　　　　郭文谦　金　雳（11月任）
　　　　吴红波（11月任）
　　　　赵　瑜（女，挂职）

张家港高新技术产业开发区管理委员会

主　任　严亚明
副主任　陶彦斌　赵　瑜（女，挂职）

中共张家港高新技术产业开发区纪律检查工作委员会

书　记　朱卫兵（11月免）
　　　　金　雳（11月任）

张家港高新技术产业开发区党政办（宣传文明办）

主　任　郭文谦（10月免）
　　　　吴红波（11月任）
副主任　潘晓忠　宋联军（4月免）
　　　　谢丹丹（女，4月任）

张家港高新技术产业开发区党群工作部

部　长　张左平（4月任）
副部长　殷建刚（11月免）
　　　　沈礼强　袁　辉（4月任）

张家港高新技术产业开发区创新发展部（科技人才部）

部　长　王　恒
副部长　袁　梦（女）　彭　程（7月任）
　　　　肖春峰（11月任）

张家港高新技术产业开发区招商部

部　长　卞　震（5月任）
副部长　张艳丽（女，4月免）
　　　　王金萍　季春晨（女，11月任）

张家港高新技术产业开发区建设管理部（规划部）

部　长　郭文谦（10月任）
副部长　李建华（10月免）
　　　　许建东　杨　悦　许燕忠
　　　　孙耀辉（7月免）

张家港高新技术产业开发区财务资产部

部　长　陈耀明（5月免）
　　　　肖　军（5月任）
副部长　王丽华（女，11月免）
　　　　胡　伟（11月任）

张家港高新技术产业开发区经济服务部

部　长　黄晓东
副部长　卢建刚（4月免）
　　　　朱　新（4月任）
　　　　何红晓（5月任）
　　　　张颖哲（11月任）

各镇（区）领导机构

杨舍镇

中共杨舍镇委员会

党委书记　卢懂平（5月免）
　　　　　邵军民（兼，5月任）
副书记　赵国锋
　　　　石　勇（4月任，12月免）
　　　　许瑞兴（4月免）
　　　　赵琦萍（女，4月免）
　　　　施　律（4月任）
　　　　徐　科（12月任）
　　　　张旦忠（兼）
委　员　崔立华（5月免）
　　　　张耀军（4月免）　陈　强
　　　　苏　斌（4月任）　邓衍子
　　　　袁　琦（女，4月任）
　　　　王文华（女）
　　　　朱　尧（4月免）
　　　　顾　琪（4月任）
　　　　张　徐（女，11月任）
纪委书记　陈　强
纪委副书记　黄　成（11月免）
　　　　　　吴　昊（11月任）

杨舍镇人民代表大会

主　席　陆卫东（4月免）
　　　　赵琦萍（女，4月任）
副主席　秦建岳

杨舍镇人民政府

镇　长　赵国锋
副镇长　石　勇（4月免）　陶文华
　　　　展亚东　马　洁（女）
　　　　张贵林（5月免）
　　　　陈　忠（5月任）
　　　　虞宁漪（女，7月任）

市政协杨舍镇工作委员会

主　任　赵琦萍（女，兼，5月免）
　　　　施　律（5月任）
副主任　王文华（女，兼）

杨舍镇经济服务中心（招商服务中心）

主　任　汤文军（5月免）

塘桥镇

中共塘桥镇委员会

党委书记　夏立新
副书记　彭　炜（5月免）
　　　　黄祥亮（5月任）　朱栋裕
　　　　张艳丽（女，4月免）
　　　　张　溢（4月任）
委　员　庞卫刚（4月免）　朱　新
　　　　黄治平（4月免）
　　　　潘晓忠（4月免）
　　　　袁　飞（4月免）
　　　　张左平（4月任）
　　　　卞　震（5月任）
　　　　肖　军（5月任）
　　　　殷　焕（4月任）
　　　　谢丹丹（女，4月任）
　　　　袁　辉（4月任）
　　　　许　忠（兼）
纪委书记　袁　飞（4月免）
　　　　　殷　焕（4月任）
纪委副书记　朱志良

塘桥镇人民代表大会

主　席　朱瑞栋（11月免）
　　　　王卫国（11月任）
副主席　李建华（10月免）
　　　　袁　辉（12月任）

塘桥镇人民政府

镇　长　彭　炜（5月免）
　　　　黄祥亮（5月任）
副镇长　王　恒　许建东
　　　　张　溢（4月免）
　　　　张国平（11月免）
　　　　郑启伟　宋联军（4月免）
　　　　陶　科（5月免）
　　　　孙耀辉（7月免）
　　　　季春晨（女，11月任）
　　　　袁　梦（女，5月任）
　　　　梅思楠（11月任）

市政协塘桥镇工作委员会

主　任　朱栋裕（12月免）
　　　　张　溢（12月任）
副主任　潘晓忠（4月免）
　　　　谢丹丹（女，4月任）

塘桥镇经济服务中心（招商服务中心）

主　任　周爱军（5月免）
　　　　陶　科（5月任）

金港镇

中共金港镇委员会（至5月止）

党委书记　石锡贤（1月免）
　　　　　陆崇珉（1月任）

副书记　何　俊
委　员　卢向群(女)　张惠锋
　　缪　飞　程艳杰(女)
　　缪静艺(女)
　　孙　亮　严正斌
纪委书记　缪静艺(女)

金港镇人民代表大会(至5月止)

主　席　王惠忠
副主席　方建祥

金港镇人民政府

镇　长　何　俊
副镇长　包金华　李光磊
　　曹　军　封　皎(女)
　　宋　波(女)　周文超

市政协金港镇工作委员会(至5月止)

副主任　张惠锋(兼)

金港镇经济服务中心主任(招商服务中心)

主　任　(缺)

锦丰镇

中共锦丰镇委员会

书　记　常　征(2月免)
　　万资平(2月任)
副书记　李刚强　黄建浩(3月免)
　　鞠江平(兼)
　　许晓明(10月免)
　　陈卫菊(女,4月任)
委　员　褚　辉(4月免)
　　孙　力(5月免)
　　陈　英(女,5月免)
　　惠正刚(4月任)
　　陈　宇(4月任)
　　金今花(女,朝鲜族,4月任)
　　卞新峰(4月任)
　　陆　兵(11月任)
　　叶海平(4月免)
　　陈子兵(11月免)
　　朱伟力(女)
　　王皓琼(女,4月任)
纪委书记　陈子兵(11月免)
　　陆　兵(11月任)
纪委副书记　王志清(3月免)
　　叶江峰(3月任)

锦丰镇人民代表大会

主　席　陈建明(3月免)
　　蒋卫军(3月任)
副主席　褚　辉(4月任)

锦丰镇人民政府

镇　长　李刚强
副镇长　卞春生(3月免)
　　陈卫菊(女,4月免)
　　丁亚军(11月免)
　　蒋亚东(11月免)
　　黄　宏(女)
　　张亚芳(女,11月免)
　　张　涛(5月任)
　　邬明霞(女,8月任)
　　李雯倩(女,4月任)
　　赵志浩(7月任)

市政协锦丰镇工作委员会

主　任　黄建浩(兼,5月免)
　　陈卫菊(女,兼,5月任)
副主任　褚　辉(兼,5月免)
　　王皓琼(女,兼,5月任)

锦丰镇经济服务中心(招商服务中心)

主　任　陈银洲(7月任)

乐余镇

中共乐余镇委员会

党委书记　黄祥亮(5月免)
　　张莉莎(女,5月任)
副书记　张莉莎(女,5月免)
　　薛盘芳(5月任)
　　庞天舒(女)
　　吴红波(11月免)
　　张贵林(11月任)
委　员　吴永兵(4月免)
　　陈　兰(女,4月免)
　　钱　斌(4月免)　季　忠
　　杨卫兴　朱礼斌(兼)
　　邹　伟(5月任,12月免)
　　项　伟(4月任)
　　朱文骁(女,11月免)
　　范颖飞(11月任)　王　巍
　　陶静华(12月任)
　　葛　霞(4月任)
纪委书记　杨卫兴
纪委副书记　朱莉玲(女,8月免)

乐余镇人民代表大会

主　席　於海良(11月免)
　　邹　铜(11月任)
副主席　朱文骁(女,兼,11月免)
　　范颖飞(兼,12月任)

乐余镇人民政府

镇　长　张莉莎(女,5月免)
　　薛盘芳(5月任)
副镇长　许文生(4月免)
　　王　忠(4月免)
　　邹　伟(5月免)
　　孙顾力(4月免)　黄利明
　　陶静华(女,12月免)
　　陈　洪(5月任)
　　闻忠贤(5月任)
　　蒋　皓(4月任)
　　季君理(5月任)
　　钱　辉(12月任)

市政协乐余镇工作委员会

主　任　庞天舒(女,兼)
副主任　陈　兰(女,兼,4月免)
　　葛　霞(女,兼,4月任)

乐余镇经济服务中心(招商服务中心)

主　任　方向明

凤凰镇

中共凤凰镇委员会

党委书记　王文伟(2月免)
　　王卫民(2月任)
副书记　王卫民(2月免)
　　吴文军(3月免)
　　田文华(2月任)
　　戴　艳(女)
　　薛　奇(3月任)
委　员　李　新(5月免)
　　朱春秋(5月免)
　　赵文中(5月免)
　　邓　敏(女)　黄旭东
　　魏新阳
　　王卫星(女,5月免)
　　钱晓波(5月任)
　　汤伟刚(4月任)
　　邹丽花(女)
　　刘梦甜(女,5月任)
　　黄博文　郭志浩(兼)
纪委书记　邹丽花(女)
纪委副书记　周丽群(女)

凤凰镇人民代表大会

主　席　张耀明(11月免)
　　张　平(11月任)
副主席　何正岳(5月免)
　　马宏鹏(5月任)

凤凰镇人民政府

镇 长 王卫民（2月免）
田文华（2月任）
副镇长 马宏鹏（5月免）
钱晓波（5月免）
徐丹芸（女） 周 忠
魏新阳（5月任，11月免）
刘梦甜（女，5月免）
朱镕博（11月任）
黄晓刚（5月任）
殷立华（7月任）
王亮兴（9月任，挂职）

市政协凤凰镇工作委员会

主 任 吴文军（兼，5月免）
薛 奇（兼，5月任）
副主任 黄博文

凤凰镇经济服务中心
（招商服务中心）

主 任 庞晓畅

南丰镇

中共南丰镇委员会

党委书记 陈 磊（12月免）
陈 稳（12月任）
副书记 陈 稳（11月免）
王 希（11月任）
邵 浒（10月免）
陈 立（10月任）
委 员 朱建明（2月免）
方荣胜（2月任）
陈 立（10月免） 严 武
戴 俭（4月免）
陆静亚（女，11月任）
钱海东
成 凯（4月免）
高 蕾（女，4月任）
杨 明（4月任）
纪委书记 钱海东
纪委副书记 尤江峰（女）

南丰镇人民代表大会

主 席 陈晓英（女，4月免）
戴 俭（4月任）
副主席 戴 俭（4月免）

南丰镇人民政府

镇 长 陈 稳
副镇长 倪玉祥（4月免）
陆静亚（女，11月免）
沈 兰（女，5月任）
徐 晋 方荣胜（5月免）
邵 帅（5月任）
陶晓峰（11月任）

市政协南丰镇工作委员会

主 任 邵 浒（兼，10月免）
陈 立（兼，10月任）
副主任 严 武（兼，5月免）
高 蕾（兼，5月任）

南丰镇经济服务中心
（招商服务中心）

主 任 邹 江

大新镇

中共大新镇委员会

党委书记 何 剑
副书记 沈海峰 卞振磊（11月免）
朱文骁（女，11月任）
胡增荣（挂职）
委 员 顾 芳（女，5月免）
张 平（4月免）
朱浩锋（11月免） 肖 斌
秦燕军 钱艳虹（女）
孟令剑
谢 玲（女，5月任）
朱 江（11月任）
张晨悦（女，11月任）
牛 楠（女，5月任，11月免）
纪委书记 钱艳虹（女）

大新镇人民代表大会

主 席 汤卫华

大新镇人民政府

镇 长 沈海峰
副镇长 张爱华（11月免）
谢 玲（女，5月免）
牛 楠（女，5月免）
孙耀辉（7月任）
严志萍（5月任）
任亚超（5月任）
朱磊燕（女，11月任）

市政协大新镇工作委员会

主 任 卞振磊（兼，11月免）
朱文骁（女，兼，11月任）
副主任 秦燕军（兼，5月免）
牛 楠（女，兼，5月任，11月免）
朱 江（11月任）

大新镇经济服务中心
（招商服务中心）

主 任 石 燕（女，5月任）

常阴沙现代农业示范园区

中共常阴沙现代农业示范园区
工作委员会

党工委书记 钱晓锋（3月免）
丁 峰（3月任）
副书记 王 希（11月免）
牛 楠（女，11月任）
张左平（4月免） 张 进
委 员 杨 彬（10月免）
黄新波（女，11月免）
吴振宇 陆 燕（女）
管陈浩（11月任）
丁益宇（11月任）
纪工委书记 吴振宇

常阴沙现代农业示范园区管委会

主 任 王 希（11月免）
牛 楠（女，11月任）
副主任 虞伟明（5月免）
钱 平（11月免） 陆 燕（女）
徐巡军 翟 涛
丁益宇（5月任，11月免）
黄 华（11月任）

市人大常阴沙现代农业示范园区
工作委员会

主 任 张 进（兼）

市政协常阴沙现代农业示范园区
工作委员会

主 任 张左平（兼，5月免）
副主任 杨 彬（兼，10月免）
管陈浩（兼，12月任）

双山香山旅游度假区

中共双山香山旅游度假区工作委员会

书 记 张 平（11月免）
张毓鸿（11月任）
副书记 张毓鸿（11月免）
卞振磊（11月任）
李 彬（10月免）
邹 铜（11月免）
朱浩锋（11月任）
委 员 何兴娟（女） 高品强
丁忠良 王贤美（5月任）
纪工委书记 丁忠良

双山香山旅游度假区管委会

主 任 张毓鸿（11月免）
卞振磊（11月任）
副主任 丁 德（11月免）

徐　群(兼,10月免)
孟新华(5月免)　曹建峰

金港街道办事处

(3月设立)

金港街道党工委

党工委书记　奚卫明(5月任)
副书记　杜锁军(5月任)
张惠锋(5月任)
委　员　封　姣(女,5月任)
曹　军(5月任)
袁金良(5月任)
包建兵(5月任)
柏　杨(女,11月任)
钱小潇(11月任)

市人大金港街道工委

主　任　彭　烨(5月任)

金港街道办事处

主　任　杜锁军(5月任)
副主任　封　皎(女,5月任)
柏　杨(女,5月任)
单松萍(女,5月任)
谭晓维(10月任)

市政协金港街道工作委员会

主　任　张惠锋(兼,5月任)
副主任　柏　杨(女,兼,12月任)

后塍街道办事处

(3月设立)

后塍街道党工委

党工委书记　糜　正(4月任)
副书记　孙　亮(5月任)
程艳杰(女,4月任)
杨　彬(10月任)
委　员　张　平(4月任)
毛东兴(4月任)
黄　超(4月任)

市人大后塍街道工委

主　任　沙卫军(11月任)

后塍街道办事处

主　任　孙　亮(5月任)
副主任　李杏珍(女,5月任)
奚　涛(5月任)
叶浩翔(10月任)

市政协后塍街道工作委员会

主　任　程艳杰(女,兼,4月任)

德积街道办事处

(3月设立)

德积街道党工委

党工委书记　孙惠芳(女,5月任)
副书记　王苏嘉(5月任)
丁萍芬(女,5月任,11月免)
陆云松(11月任)
委　员　戴志钊(5月任)
黄晓旻(10月任)
王　湞(女,11月任)
周文超(5月任,12月免)
李　杰(12月任)

市人大德积街道工委

主　任　丁萍芬(女,11月任)

德积街道办事处

主　任　王苏嘉(5月任)
副主任　孟　伟(5月任)
王　湞(女,5月任,11月免)
谭　涛(5月任)
赵新浩(10月任)

市政协德积街道工作委员会

主　任　陆云松(兼,12月任)
副主任　王　湞(女,兼,12月任)

法院、检察院

市人民法院

党组书记、院长　朱劼纯
副院长、党组副书记　陆建忠
副院长　李清泉　吴　丹(11月任)
洪　春(11月任)
党组成员　顾　博　李清泉
朱　伟(女)
吴　丹(11月任)

市人民检察院

党组书记、检察长　邓根保
党组副书记　丁建勤
副检察长　丁建勤
吴晓敏(女,挂职)
陆鹏程(5月免)
余爱华(女,11月任)
马建新
党组成员　吴晓敏(女,挂职)
马建新　刘　霞(女)
韩广强　王友艳(女)

市委工作机构

市委办公室

主　任　陈雪明
副主任　薛盘芳(5月免)
丁　浩(3月免)
朱　江(11月免)
王金武(3月任)
周文超(12月任)
庞　涛(4月任)
曹志云(5月任)

市委机要局

局　长　王彦文(4月免)
副局长　张晓莉(女)

市委研究室

主　任　薛　奇(3月免)
副主任　杨小冬　王金武(3月免)

市委组织部

部　长　朱　艳(女)
副部长　刘　俭(兼)
徐敏娟(女,兼)　成家武
周　颖(女)
周晓成(2月任)

市公务员局

局　长　成家武
副局长　肖　锋(4月免)
陈观龙(4月任)

市委非公有制企业和社会组织工作委员会(与市委组织部合署办公)

书　记　周晓成
副书记　陈　昕(10月免)
王　维(12月任)

市委党的建设工作领导小组办公室

主　任　周　颖(女)
副主任　陶纪元(12月任)

市委老干部局

局　长　徐敏娟(女)
副局长　朱纯敏(女,10月免)
朱光华(女,3月任)
苏新雅(女,11月任)

市委宣传部

部　长　朱　艳(女,7月免)
陈卫兵(7月任)
副部长　张小伟(4月免)
钱晓东　陈永泽(11月免)
黄卫琼(女,4月任)
李忠影(女,5月任)

市精神文明建设委员会办公室

(在市委宣传部挂牌)

主　任　钱晓东
副主任　王海燕(女)　蔡　磊

市政府新闻办公室

(在市委宣传部挂牌)

主　任　陈永泽(兼,5月免)

市新闻出版局

（市版权局，在市委宣传部挂牌）

局　长　陈永泽（兼，5月任，11月免）
　　　　李忠影（女，11月任）
副局长　陈东平

市互联网信息办公室

主　任　黄卫琼（女，4月任）
副主任　金俊龙（11月免）

市委统一战线工作部

部　长　邵军民（7月免）
　　　　朱　艳（女，兼，7月任）
副部长　唐雷刚（3月免）
　　　　尹　洁（女，3月任）
　　　　解志荣（兼）
　　　　赵志刚（4月免）　谢正国
　　　　金俊龙（11月任）
　　　　王世芳（女，11月免）

市民族宗教事务局

（在统战部挂牌）

局　长　赵志刚（兼，4月免）
　　　　金俊龙（11月任）
副局长　王舒凤（女）

市委台湾工作办公室

（市政府台湾事务办公室，在市委统战部挂牌）

主　任　张耀清
副主任　瞿秋霞（女，11月免）

市政府侨务办公室

主　任　谢正国
副主任　董雪明

市委政法委员会

书　记　黄亚平（1月免）
　　　　陈　羔（兼，1月任，9月免）
副书记　吴　剑（兼，12月免）
　　　　钱　飞（兼，12月任）
　　　　邓根保（兼）　朱劼纯（兼）
　　　　赵剑锋　沙雪松（回族）
　　　　徐昀宇　唐　蔚（10月任）
委　员　曹　徐（兼）

市委机构编制委员会

主　任　潘国强（兼，9月免）
　　　　韩　卫（兼，9月任）
副主任　韩　卫（兼，9月免）
　　　　蔡剑峰（兼，9月任）
　　　　王亚方（兼，1月免）
　　　　陈　羔（兼，1月任，9月免）
　　　　卞东方（7月免）
　　　　张志明（7月免）
　　　　陆德峰　朱　艳（7月任）
委　员　陈雪明
　　　　刘东兴（3月免）
　　　　钱晓锋（3月任）　成家武
　　　　刘　俭　徐溪椿　张　毅

市委机构编制委员会办公室

主　任　刘　俭
副主任　陈　楠　唐爱斌　李　松

市人大、政协机关

市人大常委会办公室

主　任　徐凤琪
副主任　彭　炜（11月任）
　　　　张成兵　徐龙斌
　　　　周凯燕（女）

市人大常委会人事代表联络工作委员会

主　任　徐　敏（女）
副主任　李锦华（11月任）
　　　　张天若（11月任）
　　　　蓬　元（11月免）

市人大常委会监察和司法工作委员会

主　任　杨建钟
副主任　陈　霞（女，11月任）
　　　　陈晓锋（11月任）
　　　　李锦华（11月免）

市人大常委会财政经济工作委员会

主　任　施向东
副主任　陆一珉（11月任）
　　　　苏花兰（女，11月任）
　　　　陆　洲（11月任）
　　　　徐建龙　陈晓平

市人大常委会城建环保工作委员会

主　任　徐文虎
副主任　胡　燕（女）　朱保明

市人大常委会教科文卫（外事民宗侨台）工作委员会

主　任　高　翔（11月任）
　　　　唐红英（女，11月免）
副主任　瞿秋霞（女，11月任）
　　　　翟海燕（女，11月任）
　　　　苏花兰（女，11月免）
　　　　张天若（11月免）

市人大常委会农业农村工作委员会

主　任　姚金泉
副主任　顾彩萍（女）
　　　　蓬　元（11月任）

市政协

秘书长　陈　飞
副秘书长　周小军（3月任）
　　　　陈　丽（女，12月免）
　　　　蔡克荣

市政协办公室

主　任　陈　飞
副主任　周小军（3月任）
　　　　陈　丽（女，12月免）
　　　　蔡克荣　焦频频（女）

市政协提案委员会

主　任　潘雪平
副主任　匡雄华（12月任）
　　　　黄　蓉（女，5月任，12月免）
　　　　朱文焰（12月任）
　　　　张亚萍（女）
　　　　陈　刚（兼，12月免）
　　　　丁　浩（兼，3月免）

市政协经济科技和农业农村委员会

主　任　李笑梅（女）
副主任　葛云芳（女）　纪　峰
　　　　孙利婵（女，兼）
　　　　庞建阳（兼）　解志荣（兼）
　　　　吴彦刚（兼）　蒋　昊（兼）
　　　　李　刚（兼，3月任）

市政协社会事业委员会

主　任　陈剑浩
副主任　张　澄（女，12月任）
　　　　陆　洲（12月免）
　　　　张雅红（女）　赵剑锋（兼）
　　　　钱洁雅（女，兼）
　　　　李忠影（女，兼，5月免）
　　　　朱长春（兼）　钱晓东（兼）

市政协城乡建设委员会

主　任　王春松
副主任　张　舟（12月任）
　　　　李建华（10月任）
　　　　张　曲　秦国平（兼）

市政协港澳台侨（民族宗教）委员会

主　任　黄　蓉（女，12月任）
　　　　陆一珉（12月免）
副主任　黄冰青（女）
　　　　赵志刚（兼，5月免）
　　　　姜　嵘（女，兼，10月免）
　　　　谢正国（兼）
　　　　樊建兵（兼，3月免）
　　　　唐雷刚（兼，3月免）
　　　　张耀清（兼）

尹　洁(女,兼,3月任)
金俊龙(兼,12月任)
王世芳(女,兼,12月任)

市政协文化文史委员会

主　任　许　峰
副主任　陈永泽(12月任)
陈　丽(女,12月任)
朱文焰(12月免)
汪丽菁(女,兼)

市政府工作部门

市政府办公室

党组书记、主任　刘东兴(3月免)
钱晓锋(3月任)
副主任　陈　刚(11月免)　周建江
钱　斌(10月免)
金　鑫(3月免)
杜锁军(5月免)　周荣兴
林　源(7月任)
邱仲生(10月任)　赵中华
邵继东(兼,2月免)
黄耀平(2月挂)
党组成员　陈　刚(11月免)
马学锋(女)
李秋菊(女,2月免)
邵继东(2月免)
周建江　顾雪峰
钱　斌(10月免)
金　鑫(3月免)
杜锁军(5月免)　周荣兴
丁中群(2月任)　林　源
邱仲生(10月任)　赵中华
陈俊杰(12月任)
王　林(12月任)

市金融工作服务中心

(保留市政府金融工作办公室牌子,在市政府办公室挂牌,3月单独设立)
主　任　李秋菊(女,3月免)
副主任　宋国华(3月免)
张君华(3月免)
陆云松(3月免)

市大数据管理中心
(市信息资源管理中心)

主　任　肖春峰(12月免)
陈俊杰(12月任)

市政府研究室

主　任　林　源(兼)
副主任　王　林(12月任)

市政府外事办公室

(在市政府办公室挂牌)
主　任　马学锋(女)

市发展和改革委员会

党委书记、主任　袁政国(3月免)
沙立平(3月任)
党委副书记　顾　青
副主任　顾　青　曹　阳　严　忠
马正阳　刘恒然
徐道娟(女)
季晓阳(7月免)
党委委员　曹　阳　严　忠
夏　良　马正阳　刘恒然
徐道娟(女)　严景阳(女)
季晓阳(7月免)

市粮食和物资储备局

(在市发改委挂牌)
局　长　顾　青(兼)
副局长　严景阳(女)

市重大项目推进中心

主　任　沙美秀(女)

市教育局

(挂市政府教育督导室牌子)
市委教育工委书记、局长　杨志刚
副局长　钱洁雅(女,10月免)
王柳军　葛敏亚(女)
朱治国　高冰峰
徐　健(11月任)
市委教育工委委员　钱洁雅(女)
王柳军
葛敏亚(女)
朱治国　黄明祥
谈雅琴(女,3月任)
徐　健(11月任)

市科学技术局

党组书记、局长　赵　瑜(女)
副局长　俞　萍(女)
朱晨阳　孙顾力(4月任)
孙东亮　宓灏文(4月免)
张金岱(回族)
赵　蒙(挂职)
乔正国(挂职)
党组成员　俞　萍(女)　朱晨阳
孙顾力(4月任)
宓灏文(4月免)
张金岱(回族)

市工业和信息化局

党委书记、局长　曹鹰飞
党委副书记、副局长　吴彦刚
党委委员、副局长　夏燕良(4月免)
赵学刚　袁　俊
侯　忠
朱敏燕(女)
苏　健(4月任)

市公安局

党委书记、局长、督察长
吴　剑(12月免)
钱　飞(12月任)
党委副书记、政委　徐向前
副政委　李本清
政治处主任　徐高峰
副局长　赵剑锋　陆　斌
陈立峰　唐新荣
陆银佳
梁宇伟(8月免,挂职)
党委委员　赵剑锋　李本清
陆　斌　张旦忠
戴冷松　陈立峰
沈　军　张静东
唐新荣　徐高峰
鞠江平
梁宇伟(8月免,挂职)
陆银佳

市民政局

党委书记、局长　范一明
党委副书记、副局长　徐　丹(11月免)
党委委员、副局长　孙　海　徐志斌
马筱宇(女)
黄　健(12月任)
党委委员　朱管军(12月任)

市司法局

党委书记、局　长　曹　徐
副局长　周卫君(11月免)
陈　霞(女,11月免)
陶广成　周炳芳　张金龙
王雪松(10月任)
党委委员　陈　霞(女,11月免)
陶广成　周炳芳
徐　健　张金龙
桂　林(12月任)

市财政局

(挂市政府国有资产监督管理办公室牌子)
党委书记、局长　徐溪椿

党委副书记 许啸文(女)
副局长 许啸文(女) 许 佳(女)
牛建平(女)
陆小玲(女,10月免)
许向英(女,10月任)
党委委员 周国忠(11月免)
牛建平(女)
陈子兵(11月任)
周明明 徐 旻(女)
陆小玲(女,10月免)
许向英(女,10月任)

市委国有企业工作委员会

党委书记 徐溪椿
党委副书记 许啸文
周明明

市人力资源和社会保障局

党委书记、局长 张 毅
副局长 朱志斌 陈晓烽 张远勇
金 霄(11月免)
薛 蕾(女,11月任)
党委委员 钱 剑(3月免) 朱志斌
陈晓烽 张远勇
金 霄(11月免)
薛 蕾(女)
盛宇红(3月任)
郭 璟(10月任)
周林生(11月任)

市自然资源和规划局

党委书记、局长 杨惠亚(女,8月免)
孙建华(8月任)
党委副书记 孙建华(8月免)
副局长 陆惠民(2月免) 文清泽
张峰鹰 张爱民
黄 宇(4月任)
党委委员 施文军 陆惠民(2月免)
闻 炯 张峰鹰
张爱民 张宏斌(4月任)
黄 宇(4月任)
总规划师 张宏斌(4月任)

市住房和城乡建设局

党委书记 张宇洲
局 长 蒋新峰
副局长 徐晓立(4月免)
曹 峥(10月免)
钱 耿(3月免)
顾竹江(7月任)
陈 英(女,10月任)
顾汝斌(10月任)
赵 敏(11月任)
党委委员 徐晓立(4月免)
曹 峥(10月免)
王 强 杨 枫(女)
刘中平(5月免)
顾竹江
黄永平(11月免)
邹 伟(12月任)
秦 芳(女) 袁寨平
徐 科(12月免)
陈 英(女,10月任)
余 雷(7月任)
顾汝斌(10月任)
向家林(11月任)
赵 敏(11月任)

市房产管理中心

(为市住房和城乡建设局下属正科级单位)

主 任 张宇洲
副主任 郭宏杰(女,5月免)
秦 芳(女) 袁寨平

市城市管理局

(挂市综合行政执法局牌子)

党委书记、局长 殷沪飞
副局长、党委委员 沈洪源 惠海宁
刘新德 马耀博
王 慧(女)
高 明
钱国浩(7月任)

市交通运输局

党委书记、局长 朱瑞栋(3月免)
李 星(3月任)
副局长 张 辉 王晓冬
叶德元(12月免) 沙豫华
徐 德 瞿 伟(3月任)
张 宇(12月任)
党委委员 张 辉 王晓冬
叶德元(12月免)
沙豫华 樊益斌
徐 德 瞿 伟(3月任)
张 宇(5月任)
仲斐斐(5月任)

市水务局

党委书记、局长 严栋兴
副局长 翟二生 俞鹏科 何继军
徐 红
党委委员 俞鹏科 何继军 徐 红

市农业农村局

党委书记、局 长 沈晓波
党委副书记 陆明程
副局长 陆明程 李 刚 孟凡珍
宋向洪 朱新华
张晨悦(女,11月免)
蔡东林(12月任)
党委委员 李 刚 陈 丽 宋向洪
朱新华 戴玉胜
张晨悦(女,11月免)
蔡东林(12月任)

市商务局

(挂市口岸办牌子)

党委书记、局长 尹 洁(女,3月免)
卞春生(3月任)
副局长 庞建阳 叶 新
黄 炜(11月免) 张愫阳
吴 昊 张 敏
季春晨(女,11月免)
党委委员 庞建阳 叶 新
黄 炜(11月免)
张愫阳 吴 昊
张 敏 黄 珮(12月任)
邵 玲(女,12月任)

市文体广电和旅游局

(挂市文物局牌子)

党委书记 孙建忠(3月任)
局 长 孙建忠
党委副书记 孙建忠(3月免)
党委委员 张 舟(11月免)
金 涌(10月免)
李 彬(10月任)
杜文献
李忠影(女,5月免)
孙天华 钱 凯
副局长 张 舟(11月免)
金 涌(10月免)
李 彬(10月任)
李 峰 杜文献
李忠影(女,5月免)
孙天华 钱 凯

市卫生健康委员会

党委书记、主任 王卫国(11月免)
於海良(11月任)
党委副书记 阳 曦
党委委员 丁 浩(3月任)
蔡 贤 黄卫星
朱长春
朱光华(女,3月免)
王群刚

钱培红（女，10月免）
盛建东（10月任）
李　浩（7月任）
副主任　蔡　贤　黄卫星
朱长春　蒋　锋（5月免）
王群刚　何一雷（4月任）

市退役军人事务局

党组书记　周　钧
党组副书记、局长　李军强
副局长　周　钧
党组成员、副局长　陈晓锋（11月免）
祁俊龙（11月任）

市城乡环境卫生指导中心（市卫生健康委员会下属事业单位）

主　任　阳　曦
副主任　徐一中
冯　春（11月免）
冯庆华（11月任）
陆海涛

市审计局

党组书记　袁　勋（10月免）
陆小玲（女，10月任）
局　长　袁　勋（11月免）
陆小玲（女，11月任）
副局长　徐德华（12月免）
周卫君（10月任）
李春洪　陆　嶙（女）
陆维江
陈　英（女，10月免）
党组成员　陆　嶙（女）
徐德华（12月免）
陆维江　李春洪

市行政审批局

（挂市政务服务管理办公室牌子）
党组书记、局长（主任）　屈荣杰
党组成员、副局长　顾一武
宋永乾
陆吟远（女）
万仁松
林　源（7月免）
袁瑞燕（女）
崇爱华（11月任）

市应急管理局

党委书记、局长　陈国庆
党委副书记、副局长　匡雄华（11月免）
副局长　管长兴　徐志斌
唐　蔚（10月免）
林学军　陶　健（11月任）
党委委员　管长兴　徐志斌
唐　蔚（10月免）
林学军
邱仲生（10月免）
杨　顺
陶　健（7月任）
黄　宁（11月任）
张　伟（11月任）

市市场监督管理局

（挂市知识产权局牌子）
党委书记、局长　田文华（3月免）
樊建兵（3月任）
党委副书记　高　攀
副局长　高　攀　孙跃忠　苏伟刚
陆翠珍（女）
郑大勇　田晓燕（女）
党委委员　周　枫（11月免）
孙跃忠　钱燕秋（5月免）
苏伟刚　朱爽秋
郑大勇　田晓燕（女）
何　华

市统计局

党组书记、局长　巫　刚
党组成员、副局长　孙浩龙
陶晓峰（7月免）
瞿海丰
陈　莉（7月任）

市医疗保障局

党组书记、局长　丁　峰（3月免）
何　俊（4月任）
党组成员、副局长　沈　斌　赵　达
党组成员　吴　军（12月任）

市信访局

（挂市委信访局牌子）
党组书记、局长　邵继东（3月免）
黄耀平（3月任）
副局长　黄耀平（3月免）
陈　珍（女，兼）
李　磊（10月任）
周凯燕（10月挂任）
钱秋松（10月挂任）
袁英凯（10月挂任）
邵振峰（10月挂任）
督察专员　李　磊（10月免）
贾吉喆（12月任）
党组成员　黄耀平（3月免）
陈　珍（女）　李　磊
贾吉喆（12月任）

市社会调解服务中心

（挂市人民政府接访中心牌子）
主　任　邵继东（兼，3月免）
黄耀平（兼，3月任）
副主任　黄耀平（兼，3月免）
陈　珍（女，兼）
李　磊（兼，10月任）

市地方金融监督管理局

（3月设立，挂市政府金融工作办公室牌子）
党组书记、局长　李秋菊（女，3月任）
党组成员、副局长　宋国华（3月任）
张君华（3月任）
陆云松（3月任，11月免）
徐　昇（4月任）

苏州市公共资源交易中心张家港分中心

主　任　顾一武（兼）

民主党派、社会团体

中国国民党革命委员会张家港市基层委员会

主　委　张满兴
副主委　蔡克荣　何一雷
蒋丽华（女）

中国民主同盟张家港市委员会

主　委　高冰峰
副主委　周卫君　刘玉梅（女）
严　飞　童先峰

中国民主建国会张家港市基层委员会

主　委　刘会荪
副主委　徐建龙　葛庆贤

中国民主促进会苏州市张家港市基层委员会

主　委　李　峰
副主委　李晓华
委　员　蒋　恒　黄晓波

中国农工民主党张家港市委员会

主　委　顾　放（9月免）
翟二生（9月任）
副主委　翟二生（9月免）
杜思梅（女）　蒋　锋
苏国兴（9月任）

中国致公党苏州市张家港支部委员会

主　委　蓬　元
委　员　吴　健　李　键　黄美华
温　虹（女）

九三学社张家港市基层委员会

主　委　徐平观
副主委　秦国平　郭宏杰（女）
　　　　严红艳（女）

市无党派人士联谊会

会　长　徐　江
副会长　余爱华　陆鹏程　钱　耿
　　　　沈雪健　孙东亮　严佳栋

市工商业联合会（总商会）

党组书记　解志荣
主席（会长）　钱　耿（3月任）
副主席（副会长）　解志荣　陈志勇
　　许海萍（女）
　　孙永华（12月任）
　　李兴华（兼）
　　吴　毅（兼，12月任）
　　吴耀芳（兼，12月免）
　　吴建明（兼）
　　沈　彬（兼）
　　沈学如（兼）
　　郁霞秋（女，兼）
　　黄和芳（兼）
　　杨培兴（兼，12月免）
　　黄庭明（兼）
　　施建刚（兼，12月免）
　　陈玉忠（兼，12月免）
副会长　朱郁健（兼，12月免）
　　邹承慧（兼，12月免）
　　徐卫民（兼，12月免）
　　朱田中（兼，12月任）
　　许培新（兼）
　　李　刚（兼，12月任）
　　吴银河（兼，12月任）
　　严加彬（兼，12月免）
　　张云法（兼，12月任）
　　季　颖（兼，12月任）
　　钟瑞麟（兼，12月任）
　　徐　蓉（兼，12月任）
　　徐卫明（兼）
　　徐彩君（女，兼）
　　唐朱发（兼，12月任）
　　唐利刚（兼）　黄刻松（兼）
　　曹立斌（兼）　熊益新（兼）
　　缪向阳（兼）
　　朱　忻（兼，12月免）
　　金双龙（兼，12月免）
党组成员　陈志勇　许海萍（女）
　　彭　嫣（女）
　　马为军（兼）

市总工会

党组书记、主席　季洪良
副主席　金　涌（10月任）
　　高　翔（11月免）
　　谭德宝（12月任）
　　孙卫忠
　　张秀兰（11月任）
　　黄　慧（女）
　　张　澄（女，11月免）
　　朱志斌（兼）
　　翟晓东（兼）
　　翟　涛（挂职）
　　雷爱斌（兼）
　　马筱宇（兼）
　　张　婷（女，挂职）
党组成员　金　涌（10月任）
　　谭德宝（12月任）
　　高　翔（11月免）
　　孙卫忠
　　张秀兰（11月任）
　　黄　慧（女）
　　黄声笑（女）

共青团张家港市委员会

书　记　王苏嘉（4月免）
　　季晓阳（7月任）
副书记　施　律（4月免）
　　翟梓均（女）
　　朱镕博（11月免）
　　丁　天（女，12月任）
　　郑　晔（女，挂职）
　　陈思雨（女，挂职）

市青年联合会

主　席　王苏嘉（4月免）
　　季晓阳（7月任）
副主席　刘　琨　杨海青
　　吴　毅　施　律（4月免）
　　奚　涛　高　蕾（女）

市妇女联合会

党组书记、主席　秦真智（女）
党组成员、副主席　曹丽华（女）
　　刘晓霞（女）
　　刘　兰（女）
副主席　钱洁雅（女，兼）
　　朱光华（女，兼，3月免）
　　郁敏芳（女，兼）
　　李雯倩（女，挂职，4月免）
　　蔡　贤（女，兼，11月任）
　　郭　敏（女，挂职，11月任）

市文学艺术界联合会

党组书记　钱梁斌
主　席　钱晓东
党组成员、副主席　董　红（女）
　　孙丽萍（女，11月任）

市科学技术协会

党组书记、主席　龙凤清
党组成员、副主席　徐松林（7月免）
　　陶晓峰（7月任）
　　孙利婵（女）
　　侯蔚枫（女，7月免）
　　孟凡珍（女，兼）
　　王树生（兼，3月免）
　　谈雅琴（女，兼）
　　施一新（兼）
　　高　嵘（兼，3月任）

市归国华侨联合会

主　席　姜　嵘（女，10月免）
　　王世芳（女，11月任）
副主席　黄　霞（女）
　　熊晓建　陈　刚（兼）
　　赵永立（挂职）

市残疾人联合会

党组书记、理事长　曹跃飞
党组成员、副理事长　王新法
　　姚红梅（女）
　　曹　嵘（兼）
　　韩冰青（挂职）

市哲学社会科学界联合会

主　席　黄卫琼（女，4月免）
　　陈　刚（11月任）
副主席　俞鞠敏　丁洪斌

市红十字会

会　长　王松石（兼）
常务副会长　王卫国（兼）
专职副会长　朱光华（女，3月免）
　　丁　浩（3月任）

中国国际贸易促进委员会张家港支会

会　长　尹　洁（女，兼，3月免）
　　卞春生（兼，3月任）

直属事业单位

中共张家港市委党校

（挂张家港市行政学校牌子）

校　长　王亚方（兼，1月免）
　　陈　羔（兼，1月任，9月免）

常务副校长　马狄武
副校长　魏　欣
周国新(5月免)
周小军(3月免)
余　涛　雷　莹(女)
张耀明(12月任)

市委党校校务委员会

委　员　马狄武　魏　欣
周国新(5月免)
周小军(3月免)　余　涛
雷　莹(女)
张耀明(12月任)

市委党史地方志办公室

主　任　陈飞健
副主任　汪丽菁(女)
陆文瑛(女)

市档案馆

党组书记、馆长　施建彬
副馆长、党组成员　孙　静(女)
孙晓霞(女)
徐立恩

市合作交流服务中心

主　任　吴彦飞
副主任　张秀兰(女,11月免)
袁英凯　汪彦廷(女)

市融媒体中心

党委书记、主任　陶　惠
党委副书记　郭晓红
党委副书记、总编辑　陈红霞(10月免)
任黎明(10月任)
党委委员、纪委书记　陈　红(女)
党委委员　钱　萍　任黎明
曹　嵘
李云雷(12月免)
杨　洁(女)
李　敏(12月任)
副主任　钱　萍　任黎明(10月免)
曹　嵘　李云雷(12月免)
李　敏(12月任)

市新时代文明实践工作指导中心

主　任　钱晓东(兼)
副主任　谭德宝(12月免)
王　飞　张　烨(11月任)
张　炜(12月任)

市级机关事务管理中心

党委书记、主任　詹亚军
党委委员、副主任　王云良　毛信东
张卫中　曹　忠

张家港生态环境局

党组书记、局长　沙立平(4月免)
张　明(4月任)
副局长　邹建忠　秦国平　黄利忠
陈　贤　张文波
党组成员　邹建忠　陈　浩
黄利忠　陈　贤
张文波
机关党委书记　陈　浩

市土地储备中心

(为市自然资源和规划局下属事业单位)

主　任　施文军
副主任　倪晓峰　包峥华　朱　炯

市新市民事务中心

主　任　戴冷松
副主任　黄　晟(3月任)
陈　强　张功志
雷爱斌(女,瑶族)

市社会治理现代化指挥中心

(市网格化联动中心)

主　任　李建刚
副主任　冯庆华(11月免)　郁　彬
孙屹东　罗云飞
刘庆雅(女,11月任)

市国有资产管理办公室

主　任　许啸文(女,兼)
副主任　徐　旻(女)　陆桂萍(女)

市供销合作总社

党委书记、主任　江建胜
党委副书记　穆　军
副主任　穆　军　陆大革(11月免)
陈　波(11月任)
薛　平(3月免)
李　晶(3月任)　戴国强
监事会主任　刘伟芳(女)
党委委员　陆大革(11月免)
薛　平(3月免)
李　晶(3月任)
戴国强　刘伟芳(女)

市检验检测中心

党组书记、主任　陆晓平
党组成员、副主任　王　刚　李　刚
薛　平(3月任)

市城市建设基金管理中心

主　任　张满兴
副主任　张海峰　陈　波(11月免)
冯　春(11月任)　王俊峰

沙洲职业工学院

党委书记　王松石
党委副书记、院长　钱锦东
副院长　易顺明　杨志刚　陈海英
纪委书记　袁　勋(3月任)
纪委副书记　项丽霞(女)
党委委员　易顺明　杨志刚
陈海英　袁　勋
倪春锋　张　峰

张家港开放大学

校　长　王柳军(10月免)
钱洁雅(10月任)
党委书记　王柳军
党委副书记　钱洁雅(10月任)
陆盘忠
党委委员　黄黎燕(女)
孙慧霞(女)
朱国斌(4月免)
副校长　黄黎燕(女)　孙慧霞(女)
朱国斌(4月免)　孙　贤
纪委书记　陆盘忠

江苏省梁丰高级中学

党委书记、校长　谈雅琴

市属企业

市城市投资发展集团有限公司

党委书记、董事长　邵建芳
党委副书记、副董事长　孙国兵
宋华东
总经理　孙国兵
副总经理　宋华东　徐东晖
季敏峰　曹　兴
樊毓峰(7月任)
党委委员　李　军　季敏峰
曹　兴　高维华
樊毓峰(7月任)
纪委书记　李　军

市金茂投资发展有限公司

党委书记、董事长　陈建兴
副总经理　姚　辉　陆文朝
关恩超　邵振峰
纪委书记　丁中群(女,3月免)
姚志豪(11月任)
党委委员　姚　辉　陆文朝
丁中群(女,3月免)
姚志豪(11月任)
关恩超　邵振峰

朱海鹰（女，11月任）
许晓东（11月任）
总会计师　朱海鹰（女）

市金港投融资担保有限公司

董事长　陈建兴（兼）
总经理　姚　辉

市金城投资发展有限公司

党委书记、董事长　赵　晖
党委副书记、副总经理　龚锦乾（11月免）
副总经理　宋一兵　王向军
张永华　费晓锋
党委委员　宋一兵　王向军
邱月花（女）
张永华　费晓锋
纪委书记　邱月花（女）
总会计师　刘颖虹（女）

张家港产业资本投资有限公司
（市暨阳湖开发发展有限公司）

党委书记　陆江山（10月免）
朱龙友（10月任）
董事长　朱龙友
副董事长　陆江山（10月免）
党委委员、副总经理　茅卫忠（7月免）
张利斌
高　彦
纪委书记　张玉芳

张家港市长江生态保护发展有限公司

董事长　陆江山（10月任）
副董事长、总经理　陶　雷
副总经理　张鲁平　王　伟
王海荣（11月任）
俞　强（11月任）

市水务集团有限公司

党委书记、董事长　罗晓骏
党委委员　卢东亮　刘　峰
副总经理　卢东亮　刘　峰　周　广
党委委员、纪委书记　蔡晓峰

市酒店管理集团有限公司

党委书记、董事长　王义东（12月任）
党委副书记、副总经理　王义东（12月免）
党委委员、副总经理　季忠明（7月免）
茅卫忠（7月任）
杨冬梅（女）
党委委员、纪委书记　王　海

江苏沙钢集团有限公司

党委书记　沈　彬
党委第一副书记　龚　盛
党委常务副书记　陈晓东
党委副书记　季永新
党委常委　施一新　马　毅
黄永林　杨龙胜
雷学民　王　科
纪委书记　陈晓东

江苏国泰国际集团股份有限公司

党委书记、董事长　张子燕
党委副书记　陈晓东　张　斌
才东升　张　健
纪委书记　张　健

江苏华昌（集团）有限公司

党委书记、董事长　胡　波
副董事长、总经理　张光耀
党委副书记　张光耀　贺小伟
副总经理　谭　旋
纪委书记　陈饶忠

张家港沙洲电力有限公司

党委书记　张集英（12月免）
眭　斌（12月任）
董事长　张铨平
总经理　凌晓定
党委副书记　巩家富　张铨平
党委委员　刘俊伟　凌晓定　赵　凯
副总经理　鲁玉强　陈卫国　朱世春
季永华　赵　兵
纪委书记　赵　祥

江苏有线网络发展有限责任公司
张家港分公司

党委书记　陈　浩
党委委员　徐颂雅（女）　钱文斌
唐　浩
纪委书记　徐颂雅（女）

张家港市传媒集团有限公司

董事长　陶　惠
副董事长、总经理　郭晓红（女）
副总经理　庞瑞和　杨　洁（女）

条线管理部门、涉外单位

国家税务总局张家港市税务局

党委书记、局长　江伟男（2月免）
叶卫康（2月任）
党委委员、副局长　肖维贤　唐建国
黄　越　顾志明
纪检组组长　李　嵩

中国邮政集团公司
江苏省张家港市分公司

党委书记、总经理　席林仙（女）
副总经理、纪委书记　王　俊
副总经理　朱伟民　张　开（女）

中国电信股份有限公司张家港分公司

党委书记、总经理　杨　勇（3月免）
陈小飞（3月任）
纪委书记、副总经理　宋郁峰
党委委员、副总经理　邵建锋
戴萍萍（女，7月免）
孙婷婷（女，7月任）
蒋煜天(7月任)

中国移动通信集团江苏有限公司
张家港分公司

总经理　徐若海
副总经理　朱洪斌　潘江峰

中国联合网络通信有限公司
张家港市分公司

总经理　邹斌才
副总经理　张军辉
周　玲（女，8月免）
孙爱琴（女）

市气象局

局　长　王建明
副局长　周卫兵（6月免）
谢　洁（女，7月任）
陈　彦（女，6月任）

市盐务管理局

局　长　杨　勇
副局长　侯　军

市烟草专卖局

局　长　石冬萍（女）
副局长　邱　峰
副经理　全剑敏

苏州市住房公积金管理中心
张家港分中心

主　任　张新华
副主任　顾　斌　陈　健

中国人民银行张家港市支行

党组书记、行长　蒋　昊
党组成员、副行长　童　琳（女）
党组成员、副行长、纪检组组长
纪检组组长　童　琳（女）

中国工商银行股份有限公司
张家港分行

行　长　顾佳伟
副行长　许　雷　凌学诚
陈　敏（女）

纪委书记　宗亚冰

中国农业银行股份有限公司张家港分行

行　长　张曾博
副行长　张　剑　吴　伟
　　　　盛晓颖(女)
　　　　赵宇驰(3月免)
　　　　王　健
纪委书记　陈一意(8月免)
　　　　黄　蓉(9月任)

中国农业发展银行张家港市支行

行　长　顾晓明
副行长　杨青山
　　　　吕　婷(女)

江苏张家港农村商业银行股份有限公司

党委书记、董事长　季　颖
党委副书记、行长　吴　开
纪委书记、监事长　顾晓菲(女)
党委委员、副行长　郭卫东
　　　　孙　瑜(女)
　　　　陆亚明　陈金龙
　　　　陶　怡　王　辉

江苏常熟农村商业银行股份有限公司张家港支行

行　长　周　童

中国建设银行股份有限公司张家港分行

行　长　顾永明(9月免)
　　　　詹　伟(9月任)
副行长　屈陈洲(12月免)
　　　　胡　环(女)
　　　　陈　平
　　　　藏智军(9月任)
　　　　宋丽娇(女,10月任)

中国银行股份有限公司张家港分行

行　长　钱向军
副行长　朱义忠　顾惠红
　　　　张惠娟(女)

交通银行股份有限公司张家港分行

行　长　秦晓红(女,2月免)
　　　　肖伟刚(2月任)
副行长　杜艳营(女)
　　　　李　仁　丁莉红(女)
　　　　丁晓峰

中国邮政储蓄银行张家港市支行

行　长　吴义文(2月任,12月免)
副行长　郭海斌(9月免)
　　　　程　罡　濮　伟(11月任)

江苏银行股份有限公司张家港支行

行　长　陆　群

中信银行股份有限公司张家港支行

行　长　李建东

中国民生银行股份有限公司张家港支行

行　长　冯如建(2月免)
　　　　华心赟(2月任)

上海浦东发展银行股份有限公司张家港支行

行　长　秦少杰(5月免)
　　　　张晓红(女,7月任)
副行长　陈　雷　沈　燕(女)
　　　　苏东贤

招商银行股份有限公司张家港支行

行　长　薛　栋

江苏张家港渝农商村镇银行股份有限公司

行　长　马天明

华夏银行股份有限公司张家港支行

副行长　程晓东(主持工作)
　　　　吴　彬　李　嘉

苏州银行股份有限公司张家港支行

行　长　张忆如
副行长　童　炜　陶　华(女)

国网江苏省电力有限公司张家港市供电分公司

总经理、党委副书记　黄璧荣
党委书记、副总经理　司小庆
纪委书记　俞　伟
副总经理　朱永元　陈　泉
　　　　孙　旗　沈　嵘

中国人民财产保险股份有限公司张家港中心支公司

总经理　金　华
副总经理　许　洁(女)　陆敏忠
　　　　卜英杰

中国人寿保险股份有限公司张家港支公司

总经理　缪　江
副总经理　于　昕(4月任)
　　　　蔡　伟
　　　　喻惠惠(女,5月任)

中国太平洋财产保险股份有限公司张家港中心支公司

党委书记、总经理　陆正明
副总经理　朱　霞(女)

中国太平洋人寿保险股份有限公司张家港中心支公司

总经理　潘吉林(1月任,5月免)
　　　　朱建雄(5月任)
副总经理　范苏仁　尹晓强

中国石化销售股份有限公司江苏苏州张家港石油分公司

经　理　周艳君(女,满族)

张家港海关

党委书记、关长　顾克中(4月免)
　　　　黄　毅(4月任)
副关长　顾泳洪(6月任)
　　　　何松涛(6月免)
　　　　尹聚技(6月免)
　　　　杜国兴(12月免)
　　　　钱学铭　陈小俊(6月任)
党委委员　林　骏　石卫国
　　　　杜国兴(12月免)
　　　　顾泳洪(6月任)　钱学铭
　　　　陈小俊(6月任)

金港海关

党委书记、关长　李晓晋
党委副书记、副关长　张宗琪(4月免)
党委委员、副关长　顾泳洪(6月免)
　　　　程　郁
　　　　陆晓飞(7月任)

长江航运公安局苏州分局

党委书记、局长　蒋　健
党委委员、副局长　何　健　徐裕华
党委委员、政治处主任　葛　峰

张家港海事局

党委书记、局长　宋儒卿
党委副书记、政委、纪委书记
　　　　王燕辰(11月免)
　　　　彭慧敏(11月任)
党委委员、副局长　陈华文(4月免)
　　　　陆　义
　　　　丁　波(4月任)
　　　　许云刚

张家港引航站

站　长　葛剑平
党支部书记　费鹤良
副站长　卜荣江　高志华

张家港出入境边防检查站

站　长　张　群(1月免)
　　　　王亚洲(1月任)
政　委　蔡慧江
副站长　吴旭光　王锡华

【编辑　黄宏庆　宋佳辰】

索引

Indexes

霞映金塘桥　（张潮涌　摄）

条目索引

表格索引

随文图片索引

張家港年鑑(2022)

说 明

一、索引采用主题分析法编制，大部分选用关键词。

二、索引设有条目索引、表格索引、随文图片索引三个分目，按标引词首字的汉语拼音音序排列，首字相同按第二字音序排列，以此类推。

三、由类目、分目提取的索引用黑体字标明。标引词后的阿拉伯数字表示内容所在的页码，数字后面的a、b、c分别表示从左至右第一、二、三栏。标引词后第二个页码起，表示该索引参见内容所在位置。

四、为便于读者检索，张家港市的企事业单位以及在张家港市发生的事件名称，除易产生歧义者外，省略"张家港市"或"张家港"。

条目索引

A

B

C

D

H

Q

R

S

T

W

表格索引

B

C

D

F

G

H

J

K

L

随文图片索引

【编辑 陆文琰】

主审人员名单

（按姓氏笔画排序）

丁圭准	丁亚娟	丁　浩	马正阳	马学峰	马筱宇	王　俊
王　湞	王晓峰	王　海	车　溢	牛建平	毛信东	卞振磊
成家武	朱长春	朱亚玲	朱光华	朱先法	朱　伟	朱　江
朱志斌	朱洪春	朱敏燕	朱　霞	刘玉梅	刘伟芳	刘恒然
汤红燕	祁俊龙	许　洁	许晓东	许海萍	阮文伟	孙丽萍
孙晓霞	纪　峰	严红艳	苏虹瑛	杜思梅	杜艳营	李汉忠
李　刚	李建东	李建刚	李　峰	李　嘉	杨小冬	杨　枫
杨晓冬	杨　彬	连丽丹	吴　开	吴　伟	吴旭光	汪丽菁
沈　斌	宋华东	宋国华	张功志	张成兵	张宝珠	张钟玉
张晓红	张　萍	张　蓉	张耀清	陆　义	陆晓飞	陆盘忠
陆维江	陆　群	陈　珍	陈　俊	陈饶忠	陈晓东	陈　浩
邵建锋	邵　玲	范天煜	罗云飞	金　涌	周　正	周　钧
周　童	郑大勇	赵　晖	赵　静	胡　环	柏　杨	俞　萍
施文明	桂　林	钱晓东	钱　萍	钱淑贞	钱锦东	徐一中
徐　红	徐　良	徐　昇	徐　旻	徐高峰	徐道娟	徐　德
凌　吉	高　蕾	陶　华	陶晓峰	黄　宇	黄晓东	黄　越
黄　霞	曹　阳	曹丽华	常　铨	崇爱华	葛　霞	韩广强
韩冰青	童　琳	温　虹	谢丹丹	谢　洁	蔡克荣	管陈浩
翟梓均	潘建伟	薛　栋				

保税区（苏栋汇　摄）

经开区（杨舍镇）（靳　泉　摄）

冶金园（锦丰镇）一干河风光（季永祥　摄）

高新区（塘桥镇）（高新区　提供）

乐余镇永利村党史学习沉浸式体验园（乐余镇　提供）

大新湖（大新镇　提供）

南丰之战纪念广场（南丰镇　提供）

常阴沙现代农业示范园区稻田画（杨海平　摄）

凤凰镇（杨海平　摄）

双山岛湿地（双山香山旅游度假区　提供）

金港街道巫山村（陈华东　摄）

后塍街道高桥村（后塍街道　提供）

德积街道永兴村（德积街道　提供）

盟以养正

张家港市史志馆联盟

2015年1月，张家港市委史志办突破传统，以“实际、实用、实效”为出发点，在市图书馆四楼开设张家港市史志馆。2016年，又在市青少年实践基地建成全省首家青少年史志教育馆，并启动区镇史志分馆全覆盖工程。2017年，在全市村志编纂取得实效的基础上，提出“一村一志一馆”建设的概念，指导有条件的村建设村史馆，全方位记录乡村发展变迁。2021年，在庆祝中国共产党成立100周年之际，全力打造青少年红色文化第二课堂，大力宣传地方党史、地情文化。2022年，根据中共中央办公厅、国务院办公厅印发的《“十四五”文化发展规划》，张家港市委史志办进一步用活用好史志资源，联合区镇（街道）、部门、企业、学校、村（社区），组建“盟以养正”张家港市史志馆联盟，形成合力，共同为乡村振兴、青少年教育、党员群众学习提供平台服务，养正气，促发展。

作为江苏省史志馆联盟苏州首个试点单位，已加入成员单位56个，包括市史志馆、市青少年史志教育馆，区镇、部门、企业、学校史志场馆25个，村级史志场馆29个，类型多、分布广。

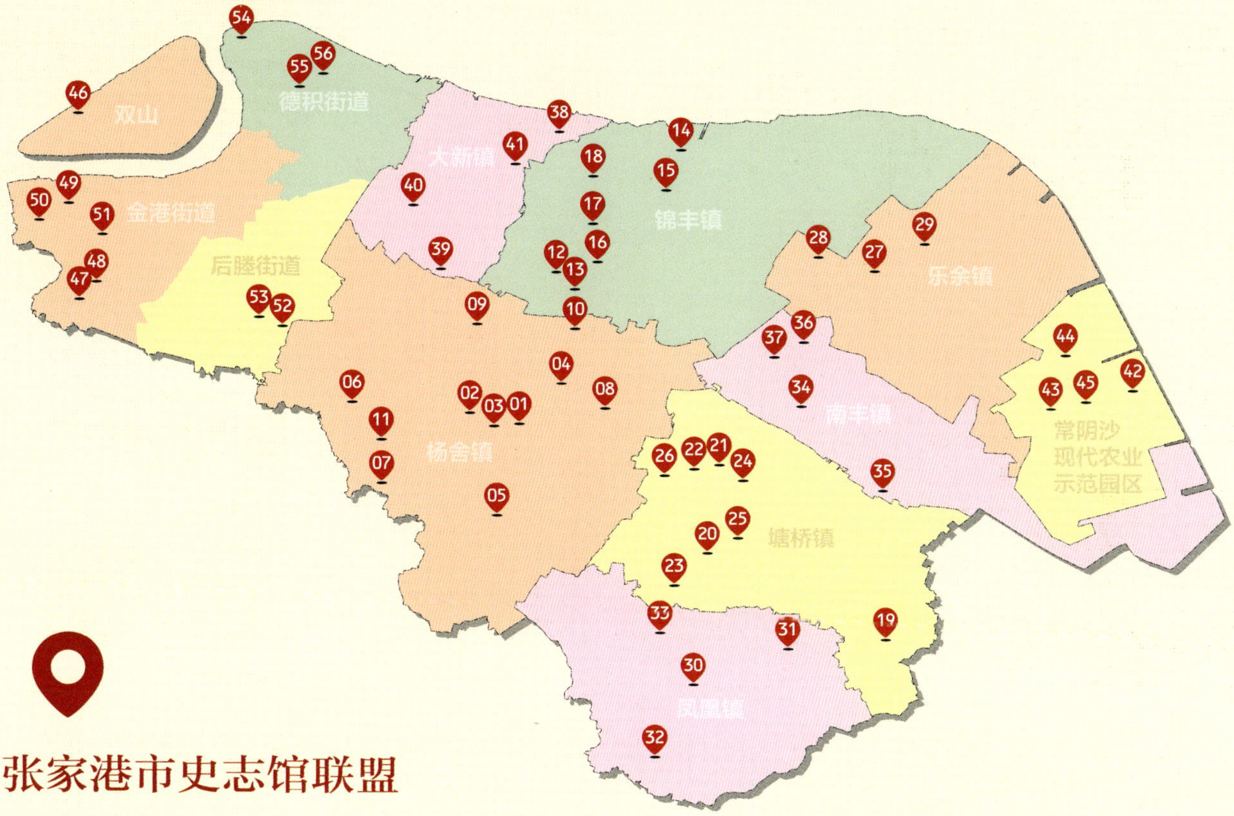

张家港市史志馆联盟

01 张家港市史志馆
02 张家港海关史陈列馆
03 张家港市人民法院院史陈列馆
04 杨舍镇农联村史馆
05 杨舍镇旗杆社区清风馆
06 杨舍镇七里庙社区家园展示馆
07 杨舍镇包基村史长廊
08 杨舍镇黎明村乡贤名人馆
09 杨舍镇福前村史馆
10 沙洲职业工学院校史馆
11 江苏省梁丰高级中学校史馆
12 沙洲县抗日民主政府纪念馆
13 沙上文化印象馆
14 沙钢展示馆
15 张家港市史志馆锦丰分馆
16 锦丰镇常家村史馆
17 锦丰镇福利村红色老围垦
18 锦丰镇店岸村史馆
19 塘桥镇金村园茂里
20 张家港市史志馆塘桥分馆（塘桥文化中心展示馆）
21 钱氏名人馆
22 钱昌照故居
23 谢恺烈士故居
24 塘桥镇巨桥村史馆
25 塘桥镇青龙村青乡里
26 塘桥镇滩里村史馆
27 红色新沙洲党史教育展览馆
28 乐余镇永利村史馆（党史学习教育沉浸式体验园）
29 乐余镇双桥村史长廊
30 河阳山歌馆
31 张家港市家风教育基地
32 张家港水蜜桃博物馆
33 凤凰镇双龙村史馆
34 南丰镇政治生活馆
35 南丰镇永联展示馆
36 南丰镇东港村室外村史馆
37 金陵体育展示馆
38 大新抗战历史纪念园
39 大新镇中山村田园学舍
40 大新镇桥头村史馆
41 大新镇新海坝村史长廊
42 张家港市青少年史志教育馆
43 常阴沙新时代文明实践所（综合地情馆）
44 常阴沙现代农业示范园区常西社区村史馆
45 常阴沙现代农业示范园区常北社区知青主题园
46 双山岛渡江战役展示馆
47 张家港市烈士陵园
48 香山历史文化展示馆
49 金港街道长江村家风馆
50 金港街道长山村史馆
51 金港街道山北村乡贤馆
52 沙洲优黄博物馆
53 后塍街道高桥村史馆
54 张家港湾展示中心
55 德积风貌馆
56 德积街道永兴村史馆

盟以养正

张家港市史志馆联盟

沙洲县抗日民主政府纪念馆

张家港市史志馆

双山岛渡江战役展示馆